Theodor Kellenter

DIE GOTTBEGNADETEN

Hitlers Liste unersetzbarer Künstler

ARNDT

Die Titelseite zeigt den Schauspieler Heinrich George als „Götz von Berlichingen".
Das Gemälde von Paula Wessely auf der Rückseite des Buches
stammt von Robert Streit (1885–1957).

Bibliographische Information der Deutschen Bibliothek
Die Deutsche Bibliothek verzeichnet diese Publikation in der Deutschen Nationalbibliographie;
detaillierte bibliographische Daten sind im Internet unter www.dnb.de abrufbar.

ISBN 978-3-88741-290-6

© 2020 ARNDT-Verlag. Alle Rechte vorbehalten

ARNDT-Verlag
Postfach 3603, D-24035 Kiel

Gedruckt in der Europäischen Union

Einleitung

Das Dritte Reich und damit die Zeitspanne von 1933 bis 1945 ist eine breit erforschte historische Epoche der deutschen Geschichte, und obwohl seither über siebzig Jahre vergangen sind, ergießt sich immer noch Jahr für Jahr eine Flut neuer Bücher auf den Markt, die sich mit einschlägigen Themen dieser zwölf Jahre befassen.

Bedauerlicherweise ist ein Großteil dieser Veröffentlichungen von undifferenzierten, lückenhaften und teilweise verfälschenden Darstellungen geprägt. Wichtige Aspekte bleiben im dunkeln, weil sie verschwiegen oder ignoriert und weil über die Thematik immer noch Klischees transportiert werden. Diese Fehlentwicklung resultiert vor allem aus dem gebrochenen Verhältnis, das die Deutschen zu ihrer Geschichte pflegen und hat wesentlich zu der die historischen Ereignisse verzerrenden Geschichtsdeutung in Deutschland beigetragen, welche „Wahrheiten" unter Mißdeutung der realen Abläufe dekretiert und das intellektuelle Deutungsmonopol über unsere Geschichte und unsere Identität beansprucht.

Vor diesem Hintergrund ist an die von dem Historiker Martin Broszat entwickelte These zur „Historisierung des Nationalsozialismus" zu erinnern. Broszats Forderung nach einer „Historisierung" der NS-Zeit leitet sich primär aus der Erkenntnis ab, daß es ein „Kurzschluß" sei zu behaupten, „dieses Kapitel deutscher Vergangenheit" habe, „weil es von extremen Verfehlungen und Verbrechen angefüllt" sei, keinen Anspruch darauf, „geschichtlich genaugenommen und mit den in der Geschichtswissenschaft üblichen Methoden quellenkritischen Verstehens erforscht und dargestellt zu werden".[1]

Da die These Broszats sich ohne weiteres auch auf die Kunstwissenschaft übertragen läßt, war sie für das vorliegende Buch ebenfalls maßgeblich, da es dringend geboten ist, auch in dieser wissenschaftlichen Disziplin einen objektiven Beitrag zur Analyse des Nationalsozialismus zu leisten, wobei „Historisierung" insbesondere „als Prozeß der quellengebundenen Überprüfung fest installierter Pauschalurteile"[2] zu verstehen ist.

In diesem Umfeld bieten sich die „Gottbegnadeten" als Untersuchungsgegenstand besonders an, weil einerseits dieser Personengruppe bisher kaum Beachtung geschenkt wurde, andererseits auch in den wenigen Werken zu diesem Thema festzustellen ist, daß dort nicht der Anspruch auf wissenschaftlichen Erkenntnisgewinn dominiert, sondern auch Stereotypen und Vorurteile Platz greifen, wie bereits der Titel des vom österreichischen Historiker Oliver Rathkolb 1991 vorgelegten Buches belegt: „Führertreu und gottbegnadet: Künstlereliten im Dritten Reich."

Mit der Verknüpfung von „führertreu" mit „gottbegnadet" wird nämlich insinuiert, bei den Künstlereliten des Dritten Reiches habe es sich generell und ausnahmslos um Hitleranhänger oder um überzeugte Nationalsozialisten gehandelt. Eine derartige Zuschreibung geht jedoch an der Realität vorbei (was übrigens Rathkolb entgegen der Intention des Titels in seinem Buch selbst belegt), denn allenfalls eine Minderheit der in Frage stehenden Personen entsprach – wie nachfolgend dargelegt wird – dem Bild des von der Politik der Nationalsozialisten überzeugten Parteigängers. Vielmehr gab es neben

---

[1] Hesse, S. 327.

[2] Ebd.

einfachen „Mitläufern" auch viele innerlich Distanzierte, die sich aus Liebe zu ihrer Kunst oder aus Sorge um sich und ihre Angehörigen politisch opportun verhielten, sowie Künstler, die ihre herausgehobene Position dazu nutzten, um Verfolgten oder in Not Geratenen zu helfen.

Der 1938 nach Großbritannien emigrierte Publizist Sebastian Haffner hat nach dem Zweiten Weltkrieg zu dieser Problematik zutreffend festgestellt, „daß Goebbels einen großen Teil seiner Propaganda unter williger Mitwirkung von Leuten machte, die sich als Anti-Nazis empfanden, es der Gesinnung nach auch waren […] Man darf ihnen das nicht vorwerfen, denn sie hatten Geld zu verdienen wie jeder andere, […] der im Dritten Reich durch ehrliche Arbeit sein Geld verdienen wollte…"[3]

Dieses Buch will eine objektive und faktengesättigte Übersicht über den Personenkreis der „Gottbegnadeten" bieten und damit das weit verbreitete Vorurteil widerlegen, wonach wegen der Emigration einiger Künstler nach der Regierungsübernahme der Nationalsozialisten Anfang 1933 Deutschland zu einer kulturellen Wüste verkommen wäre. Es will zeigen, daß es – entgegen der heute üblichen simplifizierenden Darstellung – insoweit keinen revolutionären Bruch gab, sondern sich im Gegenteil die künstlerische und ästhetische Kontinuität und Qualität nach 1933 fortsetzte. Nicht zuletzt will es festhalten, daß hinsichtlich der Künstlereliten sehr vielschichtige strukturelle, institutionelle und personelle Kontinuitäten auch zwischen Drittem Reich und der Bundesrepublik Deutschland zu konstatieren sind.

Dabei muß jede einzelne der weit über tausend Kurzbiographien separat für sich betrachtet und differenziert beurteilt werden, denn es geht hier nicht darum, „Verstrickungen" in den Nationalsozialismus anzuprangern oder „Mitläufer" und „Belastete" zu enttarnen, um sie mit dem moralisierenden Gestus des erhobenen Zeigefingers auf der Basis heutiger Maßstäbe zu beurteilen und zu verurteilen, sondern um die Beschreibung von Künstlern, die sich und ihr Werk – aus den unterschiedlichsten Motiven – auch in den Dienst des Nationalsozialismus gestellt haben.

Doch wer waren überhaupt die „Gottbegnadeten", deren Leben und Wirken wir nachfolgend betrachten wollen? Dieser Personenkreis wurde 1944 im wesentlichen durch den deutschen Reichskanzler Adolf Hitler und den Minister für Volksaufklärung und Propaganda Dr. Joseph Goebbels bestimmt und in einer insgesamt 38 Seiten langen Liste mit dem Aktentitel „Gottbegnadeten-Liste" schriftlich fixiert. Die Liste befindet sich heute in den Aktenbeständen des Bundesarchivs in Berlin-Lichterfelde.

Bevor wir uns der „Gottbegnadeten-Liste" und dem lexikalischen Teil dieses Buches mit den Einzelbiographien der Künstler zuwenden, ist es zum besseren Verständnis und als Einstieg in unser Thema sinnvoll und zweckmäßig, sich einen kursorischen Überblick über Kunst und Künstler im Dritten Reich zu verschaffen.

Doch zuvor noch eine Bemerkung in eigener Sache: Dieses Buch erhebt weder dem Umfang noch dem Inhalt nach den Anspruch auf Vollständigkeit. Nicht immer gelang es dem Verfasser, genauere oder sogar überhaupt irgendwelche Angaben zu finden, und er ist sich daher bewußt, daß sein Werk im lexikalischen Teil Lücken aufweist. Bei der Masse der Daten und der Art ihrer Überlieferung liegt dies jedoch in der Natur der Sache, so daß der Verfasser seine Bemühungen vor allem unter dem Motto sieht: „Colligite fragmenta, ne pereant" (Sammelt die übrig gebliebenen Stücke, damit sie nicht verloren gehen; Johannesevangelium Kap. 6, Vers 12).

Der geneigte Leser wird um verständnisvolle Kritik sowie Korrekturen und Anregungen gebeten.

Reichskanzler Adolf Hitler

Dr. Joseph Goebbels

---

[3] Zit. bei Barbian, S. 72 f.

Kunst im Dritten Reich

Einige zeitgenössische Stimmen

Nachdem die Nationalsozialisten 1933 die Regierung übernommen hatten, beschränkten sie sich keineswegs primär auf die Umgestaltung der sozialen, wirtschaftlichen und politischen Gesellschaftsbereiche, denn nach ihrer Auffassung gehörte auch die Kunst als integraler Bestandteil des nationalen Lebens zu den Kernaufgaben ihrer politischen Agenda. Da nach NS-Auffassung während der Weimarer Republik als zwangsläufige Folge der liberalistischen und materialistischen Weltanschauung, unter der Mittelklasse und Arbeiter in Deutschland jahrelang gelitten hätten, ein beschleunigter kultureller Niedergang eingesetzt habe und das nationale Gemeinschaftsverständnis unter den permanenten Angriffen „des Großkapitals" und „des Judentums" zusammengebrochen sei, müsse nun die Reinigung der deutschen Kultur auf nahezu allen Gebieten erfolgen, die Adolf Hitler bereits 1924 während seiner Festungshaft in Landsberg im ersten Band seines Hauptwerkes „Mein Kampf" mit den Worten angekündigt hatte: „Theater, Kunst, Literatur, Kino, Presse, Plakat und Auslagen sind von den Erscheinungen einer verfaulenden Welt zu säubern und in den Dienst einer sittlichen Staats- und Kulturidee zu stellen."[4]

Das nationalsozialistische Kunstverständnis basierte auf den Schlüsselbegriffen Volk und Rasse und setzte voraus, daß die Kunst der kollektiven Seele des Volkes entspringe und ein unvergängliches Zeugnis seiner Kultur sei. Die Kunst müsse zwingend aus einer „rassischen Bindung" erwachsen und könne keinesfalls lediglich aus einer ästhetischen Theorie resultieren. In der Weimarer Republik sei dem deutschen Volk quasi die Kunst gestohlen worden, verblieben sei eine Kunst für „die oberen Zehntausend" als Selbstzweck nach dem Motto l'art pour l'art. In seinen Reden zu Kunst und Kultur griff Reichskanzler Adolf Hitler diese Problematik immer wieder auf. Die nachfolgenden Zeilen aus seiner Rede zur Eröffnung der „Großen Deutschen Kunstausstellung" 1937 sprechen als exemplarisches Beispiel für sich: „Ich möchte daher an dieser Stelle heute folgende Feststellung treffen: Bis zum Machtantritt des Nationalsozialismus hat es in Deutschland eine sogenannte moderne Kunst gegeben, das heißt also, wie es schon im Wesen dieses Wortes liegt, fast jedes Jahr eine andere. Das nationalsozialistische Deutschland aber will wieder eine ‚deutsche Kunst', und diese soll und wird wie alle schöpferischen Werte eines Volkes eine ewige sein. Entbehrt sie aber eines solchen Ewigkeitswertes für unser Volk, dann ist sie auch heute ohne höheren Wert. […] Denn die Kunst ist nun einmal keine Mode. So wenig wie sich das Wesen und das Blut unseres Volkes ändert, muß auch die Kunst den Charakter des Vergänglichen verlieren, um statt dessen in ihren sich fortgesetzt steigernden Schöpfungen ein bildhaft würdiger Ausdruck des Lebensverlaufs unseres Volkes zu sein. Kubismus, Dadaismus, Futurismus, Impressionismus usw. haben mit unserem deutschen Volke nichts zu tun. Denn alle diese Begriffe sind weder alt noch sind sie modern, sondern sie sind einfach das gekünstelte Gestammel von Menschen, denen Gott die Gnade einer wahrhaft künstlerischen Begabung ver-

---
[4] Hitler, S. 279.

sagt und dafür die Gabe des Schwätzens oder der Täuschung verliehen hat. Ich will daher in dieser Stunde bekennen, daß es mein unabänderlicher Entschluß ist, genauso wie auf dem Gebiete der politischen Verwirrung nunmehr auch hier mit den Phrasen im deutschen Kunstleben aufzuräumen.

Und das ist entscheidend: Denn eine Kunst, die nicht auf die freudigste und innigste Zustimmung der gesunden breiten Massen des Volkes rechnen kann, sondern sich nur auf kleine – teils interessierte, teils blasierte – Cliquen stützt, ist unerträglich. Sie versucht das gesunde, instinktsichere Gefühl eines Volkes zu verwirren, statt es freudig zu unterstützen."[5]

Und auch der Reichsminister für Volksaufklärung und Propaganda Dr. Joseph Goebbels zog immer wieder einen deutlichen Trennstrich zwischen „deutscher" und – so das zeitgenössische Schlagwort – „entarteter" Kunst. Er wertete die im Volk verwurzelte „deutsche" Kunst als „die edelste Betätigung der menschlichen Seele und Phantasie. Sie ist formgewordenes Gefühl. Das, was der Künstler in seinem Herzen birgt, bringt er in der Kunst zum Ausdruck."[6] Deshalb dürfe sich die Kunst auch nicht im „modernen Zivilisationstaumel" verlieren, in das „blutleere Experiment" oder bloßes „morbides Artistentum" flüchten, das nicht mehr das Typische, sondern das „Atypische und Abartige" gestalte. Die Kunst müsse im übrigen das Volkstum als Mitproduzenten anerkennen, wobei allerdings die entsprechende Gesinnung allein nicht ausreichend sei, sondern der Künstler das entsprechende Können mitbringen müsse. Der ideologische Imperativ der „deutschen" Kunst könne naturgemäß nichts Chaotisches, Dissonantes oder Ungesundes dulden.

Anläßlich seiner Rede zur Jahrestagung der Reichskammer der bildenden Künste in München am 15. Juli 1939 verwies Dr. Goebbels darauf, daß das Schlagwort „Die Kunst dem Volke!" zwar im nachrevolutionären, republikanisch-demokratischen Deutschland geprägt wurde. Allerdings sei es lange nur eine Worthülse ohne innere Verpflichtung und ohne lebendigen Inhalt geblieben; erst dem Nationalsozialismus sei es gelungen, „diese blasse Theorie zu einer realen Wirklichkeit umzugestalten. Damit wurden auch alle die besserwissenden Einwände jener Skeptiker abgeschlagen, die da meinten, die Kunst sei immer eine Angelegenheit der oberen Zehntausend von Besitz und Bildung, und es könnte und würde niemals gelingen, sie in den breiten Massen des arbeitenden Volkes zu verankern und heimisch zu machen."[7]

Dialektische Kristallisationspunkte des nationalsozialistischen Kunstverständnisses bildeten zwei im Jahre 1937 zeitgleich durchgeführte Ausstellungen in München, der „Hauptstadt der Bewegung": Auf der einen Seite die „Große Deutsche Kunstausstellung" im neu erbauten „Haus der Deutschen Kunst"[8] (die dann bis 1944 jährlich neu aufgelegt wurde), die ausschließlich Exponate „deutscher" Kunst im Sinne nationalsozialistischer Vorstellungen präsentierte. Auf der anderen Seite die Ausstellung „Entartete Kunst", über welche die Zeitung „Westdeutscher Beobachter" am 28. Juli 1937 unter der Überschrift „Übelriechender Morast – Ein abschreckendes Gegenstück" in derart drastischer Diktion berichtete, daß auch der heutige Leser sich anhand des auszugsweisen Zitates unschwer ein klares Bild darüber machen kann, wie sich „moderne" (also im NS-Duktus „entartete") Kunst aus nationalsozialistischer Perspektive darstellte: „Es fehlen die Worte, das zu beschreiben, was hier an sogenannten Kunst-

Werbezettel für die Ausstellung „Entartete Kunst"

---
[5] Zitiert bei Schuster 1998, S. 245 ff.
[6] Goebbels 1936, S. 64.
[7] Goebbels 1941, S. 205.
[8] Vgl. Friedrich Burgdorfer. Das Haus der Deutschen Kunst 1937–1944. 3 Bde. Kiel: Arndt-Verlag, 2011/13.

Einleitung

werken aus dem Gebiet der Malerei und Plastik zusammengetragen ist. Wer vom Haus der Deutschen Kunst die wenigen Schritte herüber macht in die Galeriestraße in München, wo die Ausstellung ‚Entartete Kunst' untergebracht ist, geht den Weg von einer Welt in eine andere, geht den Weg von der Sonne zum übelriechenden Morast. Eine übersichtliche Gruppierung[9] erleichtert das Verständnis für die Schau. Auch die jüdische Kunst ist mit all ihren deutlichen Kennzeichen vertreten. Die Begeiferung der Auffassungen vom Sinn der Kunst, die jedem Deutschen heilig sind, trieb namentlich hier tollste Blüten. Es waren Auswüchse, für die es weder eine Grenze der Scham noch ästhetische Grundgesetze gab. Und in ihrem Gefolge marschierten die anderen Kunstbolschewisten, die sich aus Schwachheit oder weil es ‚interessant' war, von jener Clique ins Schlepptau nehmen ließen, und auch noch nach der Machtübernahme geglaubt hatten, so weitermachen zu können. Es sind weniger berühmte als berüchtigte Namen, die sich hier ein Stelldichein vor den Augen der deutschen Öffentlichkeit geben müssen: Nolde, Heckel, Kirchner, Marc, Pechstein, Kokoschka, Adler, Katz, Kandinsky, Jofer[10], George Grosz, Klee, Dix, Campendonck, Paula Modersohn-Becker, Schmidt-Rottluf, Beckmann, Molzahn."[11]

Welche eminente Bedeutung der NS-Staat der Kunst beimaß, ergibt sich nicht zuletzt daraus, daß er hierfür so viele öffentliche Finanzmittel zur Verfügung stellte, „wie kein deutscher Staat vor ihm".[12] Daß die NS-Regierung neben der Förderung der „deutschen" Kunst aber auch größten Wert auf die Ausschaltung der „modernen" Kunst legte, zeigt sich zum Beispiel an der Begründung der Kabinettsvorlage des Gesetzes über Einziehung von Erzeugnissen entarteter Kunst vom 17. März 1938 (R 43 II/1235b, Bl. 64v Ausfertigung, Umdruck). Danach seien Kunsterzeugnisse, von denen eine „schädliche Wirkung" ausgehe, „für immer den Augen der Öffentlichkeit zu entziehen". Das Verfügungsrecht über diese Erzeugnisse behielt sich ausdrücklich Adolf Hitler vor, im übrigen wurde die Durchführung des Gesetzes dem Reichsminister für Volksaufklärung und Propaganda übertragen.[13]

Hitler, der schon als junger Mann gelobt hatte, sein Leben ganz der Kunst zu weihen,[14] sorgte dafür, daß sein Bild als Künstler und Kunstförderer in der Öffentlichkeit kontinuierlich thematisiert und in Erinnerung gerufen wurde, wie auch der Bericht der „Rhein-Ruhr-Zeitung" vom 14. Juni 1938 anläßlich der am Vortag von Dr. Goebbels in der Wiener Staatsoper gehaltenen Rede zeigt, als er sich abschließend an die deutschen Künstler wandte: „Sie leben heute in einer großen und glücklichen Zeit. Sie sehen über sich einen Mann als Führer von Volk und Staat, der zur gleichen Zeit auch Ihr mächtigster und verständnisvollster Beschützer ist. Er liebt die Künstler, weil er selbst ein Künstler ist. Unter seiner gesegneten Hand ist nun über Deutschland eine Art von neuem Renaissance-Zeitalter angebrochen."[15]

Wiener Staatsoper

---

[9] Laut Ausstellungsführer: Gruppe 1 „Zersetzung des Form- und Farbempfindens", „absolute Dummheit der Stoffwahl"; Gruppe 2 „Unverschämter Hohn auf jede religiöse Vorstellung"; Gruppe 3 „Der politische Hintergrund der Kunstentartung"; Gruppe 4 „Politische Tendenz"; Gruppe 5 „Einblick in die moralische Seite der Kunstentartung", „Bordell, Dirnen, Zuhälter"; Gruppe 6 „Abtötung des letzten Restes jedes Rassebewußtseins"; Gruppe 7 „Idioten, Kretins, Paralytiker"; Gruppe 8 „Juden"; Gruppe 9 „Vollendeter Wahnsinn".

[10] Soll wahrscheinlich Hofer heißen.

[11] Zit. bei Wulf 1983, S. 357 f.

[12] Barbian, S. 68; hier wird auch detailliert beschrieben, welche Einrichtungen und Veranstaltungen finanziell gefördert und subventioniert wurden.

[13] Vgl. Akten der Reichskanzlei, Band V: 1938, S. 219 f.

[14] Vgl. Adam, S. 41.

[15] Zit. bei Wulf 1964 – Theater und Film, S. 49.

Die Anti-Moderne als kulturpolitische Staatsdoktrin

Hinsichtlich der apodiktischen Feststellung des Kunsthistorikers und Professors für Architekturgeschichte Achim Preiß, die Antimoderne sei „mit dem Beginn des Dritten Reiches zur kulturpolitischen Staatsdoktrin in Deutschland"[16] geworden, besteht Konsens in der Historikerzunft. Allerdings bleibt in diesem Zusammenhang festzustellen, daß der Kampf der Nationalsozialisten gegen die Moderne kein kulturpolitischer Bruch war, sondern nur eine Entwicklung fortsetzte, die nach dem Ersten Weltkrieg von den völkisch-nationalen Kräften Deutschlands begonnen worden war. Diese sahen durch den nach ihrer Auffassung entstandenen „Kulturverlust" ihre kulturelle Identität bedroht und stritten daher für ein Kunstprogramm, das ihnen in der Rückbindung an die Kunstformen des späten 19. Jahrhunderts den gemeinsamen Identifikationsrahmen bot. Die strukturellen Merkmale der Moderne wie etwa die zunehmende Individualisierung und Intellektualisierung, das Verschwinden transzendenter Vorstellungen oder der Verlust des kohärenten Sinngehaltes der Volksgemeinschaft waren ihnen ein Greuel. „Moderne Kunst bedeutete für sie den geistigen Ausverkauf nationaler Werte durch dekadente Künstler [...] Moderne wurde zum Schimpfwort; sie stand für Dekadenz, internationale Kunst, Judentum, Homosexualität, Kulturbolschewismus, Großstadt-Kapitalismus."[17]

Die Nationalsozialisten übernahmen dieses konservative Kunstprogramm, dessen Ziel die Wiederherstellung der aus der Renaissance geborenen abendländischen Kunsttradition war, die auf einer idealen Naturauffassung basierte. Die „moderne" Kunst hatte sich den radikalen Bruch mit dieser Tradition auf die Fahne geschrieben, negierte die Natur als Objekt künstlerischer Gestaltung und deformierte in den Stilrichtungen des Expressionismus, Kubismus und Dadaismus das Naturbild bis zur Unkenntlichkeit, um sich schließlich völlig von der Wiedergabe oder Interpretation der realen Welt zu lösen. Die Modernisten leugneten die von der klassischen Kunstphilosophie angenommene kontinuierliche Entwicklung der Kunst und die daraus resultierende Existenz der „ars una" (lat. die eine und einzige Kunst), sondern propagierten, daß jede Epoche ihre ureigene, von jeder Tradition gelöste Kunst besäße. Das entscheidende Wesenselement dieser „modernen" Kunst sahen sie in der Originalität, dem Dogma des Neuen um des Neuen willen. „Die modernistischen, natur- und gegenstandslosen Moderichtungen glaubten, eine neue Kunstära eingeleitet zu haben. Damit verband sich eine radikale Intoleranz gegenüber der Kunst traditionellen Charakters, denn der Modernismus ging von der Vorstellung aus, daß die traditionelle Kunst sich nicht nur zeitlich überlebt hatte, sondern ihre Werte durch das modernistische Formdogma ungültig geworden wären."[18]

Der offizielle Ausstellungskatalog zur „Großen Deutschen Kunstausstellung" von 1937 setzte zu dieser Sichtweise einen argumentativen Kontrapunkt, der beachtlichen Widerhall in der deutschen Bevölkerung fand: „Es handelt sich [bei den Exponaten der Ausstellung, der Verf.] heute gar nicht um die ‚Nachahmung' der Alten, sondern um ein sich Wiederbesinnen auf die Grundlagen der künstlerischen Darstellung. Die Mittel räumlicher und körperlicher Darstellung hat sich die deutsche Kunst im Rahmen der europäischen Entwicklung erarbeitet, und eine Befreiung von der Beherrschung dieser Mittel gibt es für keinen Künstler, so wenig es eine Befreiung

Beispiele „entarteter" Kunstrichtungen:

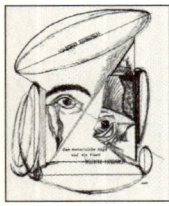

Dadaismus

Kubismus

Expressionismus

---

[16] Preiß 1999 a, S. 400.
[17] Adam, S. 38.
[18] Scholz, S. 77.

von der Beherrschung der Sprache für den Schriftsteller und Dichter gibt."[19]
Zusammenfassend bleibt festzuhalten, daß die zwischen 1933 und 1945 in Deutschland dominierende konservative Kunstdoktrin und die damit verbundene Kulturpolitik bei objektiver Betrachtung als Abwehrreflex gegen die sich seit 1918 zunehmend verschärfende Kulturkrise verstanden werden muß, die auch von den zeitgenössischen Philosophen konstatiert wurde.[20] Im übrigen lassen sich die vorstehenden Ausführungen bezüglich des Kulturkampfes der Nationalsozialisten gegen die Moderne – mit graduellen Unterschieden – grundsätzlich auf alle Ausdrucksformen der Kunst analog übertragen. Dies zeigen auch eindrucksvoll die plakativen und undifferenzierten Verdikte im folgenden Abschnitt, denen keine Ausdrucksform der während des Dritten Reiches offiziell entstandenen Kunst nach 1945 entkommen konnte, als der Kulturkampf mit umgekehrtem Vorzeichen fortgesetzt wurde.
Die kunsthistorische Diskussion, die nach 1945 entflammte, wurde mit einer verblüffenden und allen Grundprinzipien wissenschaftlicher Arbeit hohnsprechenden Simplifizierung in folgenden Positionen zementiert: „Die pauschale Verneinung künstlerischer Qualität der NS-Kunst auf der einen Seite und die Rehabilitierung der von den Nationalsozialisten verfolgten ‚Moderne' andererseits."[21]

„NS-Kunst" nach 1945 im Lichte der Stereotype und Vorurteile

Wenn man sich die holzschnittartige Darstellung und zielgerichtete Einseitigkeit zu Gemüte führt, mit welcher nach 1945 die deutschen Meinungseliten das Kunstleben im nationalsozialistischen Staat bewerteten, dürfte es für den deutschen Bildungsbürger an der jeweiligen Stimmung liegen, ob er amüsiert und kopfschüttelnd zur Tagesordnung übergeht oder ob er zornig feststellen muß, mit welcher Unverfrorenheit Politiker, Journalisten, Publizisten, ja, selbst Ordinarien versuchen, ihn hinters Licht zu führen.
Der Kunsthistoriker Reinhard Müller-Mehlis, von dem ein vielzitiertes Standardwerk für die Kunstgeschichte in der Zeit des Nationalsozialismus vorliegt, hat diese Problematik des kreativen Verbiegens historischer Fakten zu geschichtsscholastischen Zwecken treffend definiert: „Die Kunst-Legende fördert die Vorstellung, daß 1933 das Licht erlosch, um 1945 umso heller erneut zu erstrahlen. Für andere Bereiche des Geschehens hat die Geschichtsschreibung die Differenzierungen des Tatsächlichen längst geleistet – bei den bildenden Künsten bleibt die ahistorische Darstellung des Geschehens nach wie vor bestehen. Jede Revision stört die Bewertung."[22]

Hier folgen einige Stimmen aus dem immer noch anschwellenden Chor derjenigen „Experten", die sich mit unsauberen und vor allem unwissenschaftlichen Methoden krampfhaft bemühen, das gewünschte Ergebnis vorlegen zu können, wobei auch ihre teilweise haßerfüllte, bewußt diffamierende und unsachliche Diktion bemerkenswert ist.
Der bereits erwähnte Kunsthistoriker Preiß konstatiert etwa, die staatlichen Eingriffe in den Kulturbetrieb des Dritten Reiches hätten „nur jene Trivialkunst" hervorgebracht, „jene gemalten, gekneteten und gemeißelten Groschenromane, wie es sie bereits seit Jahrzehnten gab, und die niveaulosesten Stücke wurden mit einem noch nicht dagewesenen Pomp zur neuen Hochkunst erklärt."[23]
Staunend nimmt der Leser sodann Preiß' Theorie zur Kenntnis, daß die

---
[19] Offizieller Ausstellungskatalog, S. 19, Hervorhebungen im Original.
[20] Vgl. Scholz, S. 82.
[21] Hesse, S. 5.
[22] Müller-Mehlis 2003, S. 133 f.
[23] Preiß 1999 b, S. 410.

„strikte Beibehaltung des vulgären, populistischen und biederen Niveaus in allen kulturellen Dimensionen [...] sicherlich dazu beigetragen [hat], daß die Mehrheit der Bevölkerung bis zum bitteren Ende an den Erfolg und die Gemeinnützigkeit des Dritten Reiches [...] glaubte."[24]

Auch für den Autor Peter Adam gibt es keinen Zweifel: „Was immer das Dritte Reich in kultureller Hinsicht produzierte, es war von peinlicher Mittelmäßigkeit, sei es Literatur, Theater, Film oder Malerei, Skulptur und Architektur. Hitler hatte die Uhren zurückgestellt. [...] Es gab keine Entwicklung in diesen zwölf Jahren, sondern nur eine endlos sich wiederholende Zurschaustellung immer gleicher Themen. Eine handwerklich brav und im Detail naturgetreu ausgeführte Kunst sollte ewige Werte und Ideale vermitteln, an die man glauben konnte. So dominierte eine monotone Routine. Außer bombastischen Proklamationen lieferten die deutschen Künstler nur Arbeiten von plattem Durchschnitt." Folgerichtig kommt Adam zu der kühnen Schlußfolgerung: „Deutschland aber verdummte zu einem kulturell rückständigen Land."[25]

Die im Jahre 2000 verstorbene „NS- und Holocaust-Forscherin" Sybil Halpern Milton kam zu einem ähnlichen Urteil: „In den zwölf Jahren brachten die NS-Künstler nichts hervor, was echt kreativ oder von dauernder Bedeutung gewesen wäre. Sie stellten ihre ganze Kunst in den Dienst der Barbarei und schufen somit ein kulturelles Vakuum, in dem politische Sicherheit und wirtschaftliche Privilegien den Opportunismus und die Mittelmäßigkeit belohnten."[26]

Parallel zu derartigen auf sämtliche Kunstformen gemünzten Pauschalaussagen existieren ebensolche, die sich speziell auf künstlerische Teildisziplinen beziehen. Auch von jenen wollen wir nur einige exemplarische Beispiele anführen.

Der besonders auf die Architekturgeschichte spezialisierte britische Kunsthistoriker Sir Nikolaus Pevsner griff zu der bequemen – aber bedauerlicherweise unwissenschaftlichen – Methode der Tabuisierung und konstatierte lapidar: „Was die nationalsozialistische Architektur angeht, so ist jedes Wort über sie zuviel."[27]

Der Kunsthistoriker, Maler und Graphiker Heinrich Dilly bestätigt die verbreitete Tendenz des Verdrängens mit den Worten: „Die Gemälde, die Skulpturen und die Bauten, die während des Nationalsozialismus entstanden sind, bilden für viele Vertreter des Faches schlichtweg keinen Gegenstand der Kunsthistorie."[28]

Der Musikwissenschaftler und Ordinarius für Theorie und Geschichte der populären Musik an der Berliner Humboldt-Universität Peter Wicke hat aus Sicht seiner Disziplin ebenfalls ein kategorisches Urteil parat: „Ein einstmals blühendes europäisches Zentrum der musikalischen Unterhaltung versank binnen weniger Jahre im verklemmten Provinzialismus von uniformierten Kleinbürgern."[29]

Daß das Werk eines direkt mit dem Nationalsozialismus in Kontakt stehenden Designers zwangsläufig von minderer Qualität zu sein hat, zeigt der Beitrag des Autoren Klaus-Jürgen Sembach in der Propyläen-Kunstgeschichte. Hermann Gretsch war ein auch in den 1930er Jahren bekannter Designer, der zahlreiche hochprämierte und zeitlose Entwürfe schuf; exemplarisch sei nur das Kaffee- und Tafel-Service „1382" genannt. Die hochprämierte Form „1382" fand 1950 Aufnahme in die vom Museum of Modern Art in New York veranstaltete Ausstellung

Geplante Krönung der NS-Architektur: Die „Große Halle" des Architekten Albert Speer in Berlin

---

[24] Ebd., S. 417.
[25] Adam, S. 303 ff.
[26] Zit. bei Davidson, S. 19.
[27] Zit. bei Fuhrmeister, S. 94.
[28] Hesse, S. 6.
[29] Zit. bei Jockwer 2004, S. 193.

"Good Design" und gilt noch heute als Musterbeispiel für zeitlos schlichtes Design. Herr Sembach dagegen wertet Gretschs Porzellan oder die von ihm geschaffenen Möbelformen als „bieder" und „spießig", liest aus ihnen eine „geistesfeindliche Haltung" und hält sie gar in ihrer „falschen Vorbildlichkeit regelrecht [für] gefährlich".[30]

Insgesamt wird die Kunst im Dritten Reich aus der Geschichte ausgeschlossen, indem diese Kunst mit dem damals herrschenden politischen System gleichgesetzt und total negiert wird. Es wird ihr vorgeworfen, eine Schlüsselrolle bei der Verbreitung der nationalsozialistischen Ideologie gespielt zu haben, sie wird auf ihre propagandistischen Elemente reduziert und als Kitsch oder primitive Reklame für das System denunziert.

Aufgrund dieser diskursiven Ineinssetzung gab es bis vor einigen Jahren so gut wie keine Versuche, kunsthistorische Methoden der Werkanalyse auf sie anzuwenden; eine Beweisführung für die grundsätzlich unterstellte mangelnde Qualität fand bis heute ebenso nicht statt, wie ein Nachweis für das ihr unterstellte Pathos, ihre fiktive, behauptete oder sie vermeintlich charakterisierende Banalität.[31] „Indem so die Kunsthistoriographie die Kunst des Dritten Reichs mit diesem selbst identifiziert, handelt und urteilt sie politisch – nicht kunsthistorisch – und muß sich demnach eine politische Würdigung ihres Engagements gefallen lassen."[32]

Von besonderer Bedeutung ist in diesem Gesamtzusammenhang die Tatsache, daß der Terminus „NS-Kunst" eine Fiktion und höchst unscharf, wenn nicht gar haltlos ist. Zu dieser Schlußfolgerung kam unter anderen der Franzose Jean-Michel Palmier, ein linksextremistischer Autor, dem wir bemerkenswerte Abhandlungen über den Expressionismus und die Exilliteratur verdanken. Er schreibt: „Nazi-Kunst? Dieser Ausdruck ist ein Nonsens, da eine solche Kunst nie bestanden hat."[33]

Der britisch-israelische Historiker Robert Wistrich bescheinigt denn auch der Kunst im Dritten Reich, daß sie imstande war, an die romantischen und klassischen Elemente der deutschen kulturellen Tradition anzuknüpfen,[34] und auch der deutsche Kunsthistoriker Berthold Hinz bestätigt, „daß die nationalsozialistische Kunstpolitik vorhandene Traditionen bestens gewahrt und Kontinuitäten realisiert hat, die längst vor dem Faschismus vorhanden waren."[35]

Außerdem gilt auch für die Kunst, was für die historiographische Forschung der letzten Jahre feststeht: dem Dritten Reich war hinter der Einheitsfassade des „Führerprinzips" ein weitgehend polykratisches Wesen immanent, und auch bei der monolithischen Natur, die dem Nationalsozialismus zugesprochen wurde, handelt es sich somit um eine Fiktion.[36] Auch in der vermeintlichen „NS-Kunst" existierten zahlreiche unterschiedliche Strömungen und ein breites Spektrum künstlerischer Tendenzen und Leistungen, so daß insoweit auch hier von einer Gleichschaltung keine Rede sein kann.[37]

„NS-Kunst" als monolithischer Block?

Anhand der Musik läßt sich dieser Aspekt am besten herausarbeiten, da sie sich „im Dritten Reich als die am wenigsten zensierte, als die autonomste aller Künste"[38] erwies.

Es kommt nicht von ungefähr, daß in den 1930er und 1940er Jahren unzählige Evergreens, Stimmungs- und Tanzlieder entstanden sind, so daß

---

[30] Zit. bei Cremer-Thursby, S. 9.
[31] Vgl. Hesse, S. 6 ff.
[32] Hinz, S. 11.
[33] Zit. bei Davidson, S. 20.
[34] Vgl. Wistrich 1996, S. 23.
[35] Hinz, S. 42.
[36] Vgl. Davidson, S. 9.
[37] Vgl. Petsch, S. 245.
[38] Kater 1998, S. 363.

man diese Zeit mit Recht als „die Goldene Zeit der deutschen Schlager- und Unterhaltungsmusik bezeichnen kann".³⁹
Die Kulturpolitik der Nationalsozialisten berücksichtigte sehr wohl die rasante Entwicklung der international verflochtenen Populärkultur, akzeptierte die moderne Medienunterhaltung und beschränkte sich keineswegs auf deutschvölkische Konzepte und Inhalte. Die „Hitparade des Dritten Reiches" umfaßte eben nicht nur Wagner, Marsch und Volkstanz, sondern auch eine Vielzahl von Musikprodukten, „die im Unterschied zu anderen offiziell akzeptierten künstlerischen Erzeugnissen der NS-Zeit (beispielsweise aus den Bereichen Literatur, Dichtung und Bildende Kunst) eine unproblematische Konsumierbarkeit bis in die Gegenwart ermöglichen".⁴⁰
Der Medienhistoriker Axel Jockwer stellt fest, daß die Produkte der Unterhaltungsindustrie während der NS-Zeit „den Kern des Bewährten und Erprobten der Jahre vor 1933 ebenso deutlich in sich tragen, wie den des Zukünftigen und technisch Fortschrittlichen der Zeit nach 1945. Es ist dabei kein Widerspruch, daß jene Produkte eine spezifisch nationalsozialistische Prägung, Verstärkung und stilistische Modifikation erfuhren und so wiederum Standards setzen und Entwicklungen einleiten konnten.
Das Thema Unterhaltungsmusik im Dritten Reich läßt sich adäquat nur im Kontext der gesamten zeitgenössischen Medienwelt erschließen. Die neuen, sich damals noch in der Etablierungsphase befindlichen Medien Rundfunk und Tonfilm erlebten ihren eigentlichen Durchbruch zur Massenwirksamkeit im Deutschland Adolf Hitlers. Rundfunkformate und Sendekonzepte wurden adaptiert, ausgebaut".⁴¹

Dies hatte im übrigen auch den Effekt, daß es im Bewußtsein der damaligen Musikinteressierten zu einer erkennbaren Verbesserung des deutschen Musiklebens kam, indem an Bestehendes angeknüpft, dieses ausgebaut und modifiziert wurde.⁴²
Reichsminister Dr. Goebbels, der im Gegensatz zu manch anderem Nationalsozialisten alles andere als ein unflexibler Dogmatiker war, hatte früh erkannt, daß Gleichschaltung und plumpe ideologische Einflußnahme sich im Kulturbereich als nachteilig und kontraproduktiv erweisen würden und verbat sich daher eine „Propaganda mit dem Holzhammer"⁴³ und ein „dramatisiertes Parteiprogramm".⁴⁴ Goebbels verwahrte sich daher zum Beispiel auch gegen die Forderung, daß „der Walzer unserer Großväter und Großmütter das Ende der musikalischen Entwicklung sein solle, und alles, was darüber hinausgeht, vom Bösen ist. Auch der Rhythmus ist ein Grundelement der Musik. Wir leben nicht in der Biedermeierzeit, sondern in einem Jahrhundert, dessen Melodie vom tausendfältigen Surren der Maschinen und Dröhnen der Motoren bestimmt wird".⁴⁵ Bereits 1934 hatte Goebbels konzediert, daß der Staat trotz straffer politischer Führung die Zügel bei künstlerisch und intuitiv tätigen Menschen locker lassen müsse.⁴⁶
Die amerikanische Musikwissenschaftlerin Pamela Potter kommt vor diesem Hintergrund zu dem verblüffenden Fazit: „Bei genauer Prüfung können wir im Dritten Reich Elemente finden, die wir in der Wörterbuch-Definition eines totalitären Regimes nicht erwarten würden: das Fehlen von Kontrollmechanismen, kreative Bewegungen,

---

³⁹ Vgl. Jockwer 2004, S. 6.
⁴⁰ Jockwer 2004, S. 1.
⁴¹ Ebd.

⁴² Vgl. Koch, S. 333.
⁴³ Goebbels-Tagebücher Teil II, Band 9, S. 84.
⁴⁴ So Goebbels in seiner Rede zur Eröffnung der Reichskulturkammer in der Berliner Philharmonie am 15.11.1933, zit. bei Loiperdinger, S. 38.
⁴⁵ Zit. bei Jockwer 2006, S. 2.
⁴⁶ Vgl. Kater 1998, S. 28 f.

die wie Jazz und Swing Freiheit meinten, den anhaltenden Einfluß jüdischer Kultur und ihrer Verfechter, sogar avantgardistische Versuche in moderner Geistesrichtung, die wohl nicht im Einklang mit den modernistischen Konzepten der frühen Republik standen, aber nichtsdestoweniger neuartig waren und als solche faktisch offiziell begrüßt und sogar subventioniert wurden. Noch ältere Traditionen, die aus der Kaiserzeit stammten, wurden im großen und ganzen ebenfalls weitergeführt, wobei das beste Beispiel Richard Strauss ist. Somit ergab sich schließlich eine Mixtur ästhetischer Stile und Formen, von denen einige bloße Kopien des Erprobten und Wahren waren und obendrein noch schlecht, einige synkretistisch und interessanter und andere kühne neue Schritte in der Welt von Kunst und Kultur unternahmen. Diese Bestrebungen wurden von ihren Schöpfern durch mannigfaltige politische Überzeugungen motiviert und häufig begleitet."⁴⁷

An der Arbeit von Richard Strauss kann man leicht den Vorwurf der „peinlichen Mittelmäßigkeit" der im Dritten Reich entstandenen und geförderten Musikwerke widerlegen. Strauss hatte sich seit dem später 19. Jahrhundert einen Namen gemacht als Meister für orchestrale Programmmusik, für seine Liedern und Opern. Die bekanntesten sind wohl „Salome" (1905), „Elektra" (1909), „Der Rosenkavalier" (1911) und die 1942 in München uraufgeführte Oper „Capriccio". Anläßlich der Olympischen Sommerspiele 1936 komponierte Strauss die Eröffnungsmusik, mit der er schon 1932 vom Internationalen Olympischen Komitee (IOK) in Lausanne beauftragt worden war. Am 1. August 1936 erklang im Olympiastadion Berlin die Olympische Hymne „Völker! Seid des Volkes Gäste" nach einem Text von Robert Lubahn. Insgesamt hat der Komponist 220 Lieder gedichtet, das letzte kurz vor seinem Tod 1948. Entgegen älteren Urteilen wird Strauss' Musik der Moderne zugerechnet. So schreibt Jan Brachmann in der FAZ: „Lange Zeit ist Strauss […] von seinen geschichtspolitischen Gegnern der Welt von gestern zugerechnet worden. Lange hielt sich der Unsinn, Strauss wäre ein Reaktionär und hätte mit der ‚mozartischen Wende' seiner Oper ‚der Rosenkavalier' die Moderne ‚verraten' […]".⁴⁸

Es habe Jahrzehnte gedauert, bis diese intellektuellen Verkrampfungen sich zu lösen begannen und „die Diffamierungen von Strauss als das zutage traten, was sie sind: taub, blind und dumm."⁴⁹ Strauss fasziniere wegen seiner klanglich wie arbeitspsychologisch brillanten Disposition von Orchestersätzen. Der Musikwissenschaftler Winrich Hopp, Leiter des Musikfester Berlin, sagte, Strauss sei ein Zentrum der Moderne und Auslöser der Avantgarde gewesen. Und er habe sich „regelrecht in die Muskulatur der Musiker hineinkomponiert. Das hat nur er geschafft, das macht ihn einzigartig".⁵⁰

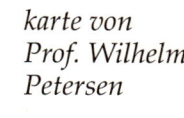

Partitur von Richard Strauss

Mittelmäßigkeit kann man auch den im Dritten Reich öffentlich geförderten Malern nicht pauschal unterstellen. Nicht wenige hatten ihre Karriere vor 1933 begonnen und setzten sie nach 1945 fort. Wilhelm Petersen etwa arbeitete in realistischem Malstil und wird vom Kunsthistoriker Alfred Kamphausen „als einen berechtigten Nachfolger des Niederländers Peter Breughel"⁵¹ beschrieben. Er fertigte Malerei zum Nibelungenlied, Skizzen und Zeichnungen aus seinem Kriegsdienst, illustrierte Kinderbücher und schuf für die Zeitschrift „Hör Zu" die Figuren Mecki und Charly Pinguin.

Schulwandkarte von Prof. Wilhelm Petersen

---

⁴⁷ Zit. ebd., S. 19.
⁴⁸ Vgl.: www.faz.net/aktuell/feuilleton/komponisten-villa-in-garmisch abgerufen am 28.8.2019.
⁴⁹ Ebd.
⁵⁰ Ebd.
⁵¹ Zit. n. Burgdorfer, Band I; S. 27.

Werner Peiner besuchte die Düsseldorfer Kunstakademie und verschrieb sich dem Stil der Neuen Sachlichkeit. Er entwickelte eine neue Technik der Tapetenmalerei, eine Mischung aus Freske und klassischem Gobelin. Nach dem Krieg erhielt er u.a. Aufträge vom äthiopischen Kaiser Haile Selassi, in den 1950er und 60er Jahren schuf er zahlreiche Gemälde nach religiösen, mythologischen und phantastischen Motiven. Die Kunsthistorikerin Anja Hesse schreibt in ihrer Dissertation, daß Peiners Werke nicht als qualitätslos abgeurteilt werden können. Er sei kein Genremaler gewesen. „Peiner änderte nach 1933 weder seinen Malstil, noch wandte er sich oberflächlichen und aussagelosen Bildthemen zu. [...] Überwiegend verzichtet Peiner dabei auf Identifikationsmuster wie Hakenkreuze oder Runen. Daß die Arbeiten Peiners während des Dritten Reiches entstanden sind", lasse sich nur über das Entstehungsdatum erfassen.[52]

In puncto Architektur und Städtebau herrschte in den den Jahren 1933 bis 1945 alles andere als Mittelmäßigkeit, vielmehr vollzogen sich zukunftsweisende Modernisierungsschübe. Neben dem nüchternen Baustil des Neoklassizismus erlebten der „Heimatschutzstil" und die „Neo-Romantik" einen Auftrieb. Daneben gab es den durch Sachzwänge definierten sachlichen Stil industriellen Bauens, der sich „formal an Formen des ‚Neuen Bauens' der sonst verpönten zwanziger Jahre"[53] orientierte. Viele Bauten, die die Kriegszerstörungen überdauert hatten bzw. wiederaufgebaut wurden, gehören weiterhin zur Architekturlandschaft der Bundesrepublik Deutschland, dazu zählen Verwaltungsbauten, Brücken, Krankenhäuser, Flughäfen, Sportstätten, Sakralbauten, Wohnungs- und Siedlungsbau.[54]

Der Historiker Robert Smelser hat bezüglich der Arbeit des DAF-Führers Dr. Robert Ley festgestellt, dieser habe für die Nachkriegszeit ein Konzept für den Wohnungsbau entworfen, „das unter Verwendung von Fertigbauteilen und nach ökologisch vernünftigen Grundsätzen nicht nur grüne Stadtrandsiedlungen schaffen, sondern auch Stadtkerne wiederbeleben sollte".[55] Der Soziologe Dieter Münk schreibt, durch Zwänge der Kriegswirtschaft im Bauwesen sei ein Rationalisierungs- und Modernisierungsschub ausgelöst worden, „der für die Phase des Wiederaufbaus wesentliche geistige, kulturelle sowie auch entwurfs- und produktionstechnische Voraussetzungen schaffte, ohne die der ‚Wiederaufbau' und das sogenannte ‚Wirtschaftswunder' undenkbar gewesen wären."[56]

Naturgemäß können in dieser knappen Einführung nicht alle analogen Vorgänge der übrigen Kunstformen vorgestellt werden, daher lediglich noch einige Sätze zur Literatur unter dem Nationalsozialismus. Obwohl gerade die Literatur für Gleichschaltung und eine strenge Zensur gut geeignet ist, muß auch in diesem Bereich entgegen den allgemeinen Annahmen ein erstaunlich breites Spektrum an veröffentlichten Werken konstatiert werden. Neben der Literatur mit ideologischem Inhalt gab es unpolitische Belletristik, die nach Forschungen des Literaturwissenschaftlers Tobias Schneider „weitaus erfolgreicher als gemeinhin angenommen"[57] war. Anhand einer Bestseller-Liste für die Jahre 1933 bis 1944 weist Schneider nach, daß neben wenigen Werken von ausgewiesenen NS-Autoren „hauptsächlich unpolitische Unterhaltungsromane im Dritten

---

[52] Zit. n. Burgdorfer, S. 29 f.
[53] Zit. n. Kellenter, Erbe, S. 34.
[54] Liste in: Kellenter, Erbe, S. 35 f.
[55] Zit. n. Kellenter, Erbe, S. 10.
[56] Dieter Münk. Die Organisation des Raumes im Nationalsozialismus: Eine soziologische Untersuchung ideologisch fundierter Leitbilder in Architektur, Städtebau und Raumplanung des Dritten Reiches. Bonn 1993, S. 264.
[57] Schneider, S. 77.

Einleitung

Reich zu Bestsellern avancierten, von denen fast die Hälfte noch heute im Buchhandel erhältlich ist."[58] Der durchschnittliche Leser dieser Zeit habe vorwiegend Wirtschaftsromane und heitere Romane sowie Kassenschlager aus dem Ausland gelesen. Dazu zählten K.A. Schenzingers „Anilin" mit bis 1944 920.000, Ehm Welks „Die Heiden von Kummerow" mit 739.000, Trygve Gulbranssens „Und ewig singen die Wälder" oder „Heinrich Spoerls „Die Feuerzangenbowle" mit jeweils 565.000 verkauften Exemplaren. Der erste „politische" Bestseller erschien auf Rang 12 mit Hans Zöberleins „Der Befehl des Gewissens" (480.000 Exemplare). Hans Grimms Roman „Volk ohne Raum" folgte erst an 25. Stelle (330.000 Exemplare) der Liste der meistverkauften Bücher in Deutschland.[59]

Noch 1936 wurden die Bücher des 1933 emigrierten Schriftstellers Thomas Mann, dem schließlich die deutsche Staatsbürgerschaft aberkannt und das 1919 verliehene Ehrendoktorat der Universität Bonn entzogen wurde, in Deutschland frei verkauft. Werke ausländischer und ideologisch nicht genehmer Autoren wie zum Beispiel von Ernest Hemingway oder Sinclair Lewis wurden ebenso geduldet wie die bei der jüngeren Generation beliebten Thomas Wolfe oder William Faulkner; von Margaret Mitchells Weltbestseller „Vom Winde verweht" wurden in NS-Deutschland 300.000 Exemplare verkauft. Die Zahl der aus fremden Sprachen übersetzten Bücher summierte sich bis 1945 auf drei Millionen Exemplare.[60] „Eine spezifisch nationalsozialistische Literatur gab es nur in Ansätzen", und neben der „ideologisch konformen existierte zwischen 1933 und 1945 auch eine nicht-nationalsozialistische Literatur. In diesem Zusammenhang gehörten alle Texte, die in der ‚inneren Emigration' entstanden und meistens im klassischen oder historischen Gewand, verborgen hinter unverfänglichen Themen, auch deutliche Kritik übten",[61] wie etwa verschiedene Werke der nationalrevolutionären Intellektuellen Friedrich Georg Jünger und dessen Bruder Ernst Jünger, des konservativen Schriftstellers Werner Bergengruen oder der Dichterin und Historikerin Ricarda Huch. Der Publizist und Literaturkritiker Joachim Günther resümierte die Gesamtsituation im Literaturwesen nach dem Zweiten Weltkrieg mit den Worten: „Aufs Ganze gesehen haben wir jedoch im Inneren weit weniger unter Atemmangel gelitten, als es von heute aus den Anschein hat."[62]

Kontinuitäten

Daß die Kunst im Dritten Reich sich nicht als uniformer und ausschließlich an der nationalsozialistischen Ideologie orientierter Einheitsbrei, sondern als vielschichtiges Konglomerat mit erheblichen Unterschieden in Inspiration und Stil darbot, liegt wesentlich auch darin begründet, daß seit dem Jahr 1933 kein entscheidender revolutionärer Bruch der ästhetischen und künstlerischen Prinzipien erfolgte. Denn abgesehen vom Wegfall moderner Stilrichtungen und dem Ausschluß jüdischer Künstler herrschte in vielen Bereichen der Kulturpolitik „nach wie vor der Geist der zwanziger Jahre",[63] wie der jüdische Publizist und Literaturkritiker Marcel Reich-Ranicki in seiner Autobiographie schreibt.

In weiten Teilen wurden Entwicklungen und Strömungen aus der Weimarer Republik oder dem Ausland übernommen, wie folgende Beispiele zu Film, Theater sowie zu Architektur und Stadt- bzw. Regionalplanung zeigen: Der Historiker, Regisseur und

---

58 Ebd., S. 78.
59 Ebd., S. 80–86.
60 Vgl. Weißmann, S. 178–182.
61 Weißmann, S. 180.
62 Zit. ebd., S. 182.
63 Zit. bei Koch, S. 336.

Produzent Felix Moeller beschreibt die Situation im deutschen Filmwesen ab etwa 1935 in seiner Dissertation mit den Worten: „Kontinuität zur Weimarer Zeit wurde durch unauffällige und künstlerisch unergiebige Unterhaltungsfilmsujets (Künstler-, Konsum-, Glücks- und Aufstiegsträume von Angestellten) ebenso gewahrt wie durch die filmische Überhöhung von Ordnung, Tapferkeit, Militär, Autorität und Gehorsam – augenfälliges Beispiel ist die nahtlose Fortsetzung der 1922 begonnenen Fridericus-Rex-Filmreihe."[64]

Und der ehemalige „Spiegel"-Autor Heinz Höhne, dessen Sachbücher über das Dritte Reich heute schon klassische Referenzen der historischen Forschung sind, schrieb in seinem Buch „Gebt mir vier Jahre Zeit: Hitler und die Anfänge des Dritten Reichs" über die Situation im deutschen Film- und Theaterwesen dieser Zeit: „Aus dem Spielfilm schien die NSDAP fast völlig verschwunden zu sein. Unverhüllte Nazifilme […] wurden nicht mehr gespielt. Auch der Theaterbetrieb lief wieder, als stünde noch immer ‚Weimar' auf dem Spielplan – minus der sozialkritischen Stücke und der jüdischen Schauspieler und Regisseure."[65]

Obwohl die in der Weimarer Republik entwickelten Ansätze des sogenannten Neuen Bauens im Dritten Reich offiziell verpönt waren, wurden sie von den Nationalsozialisten – insbesondere in der Rüstungsindustrie – übernommen und fortentwickelt; im Bereich der Stadt-, Raum- und Verkehrsplanung orientierte man sich am modernsten Stand internationaler Entwicklungen.[66] Derartige Kontinuitäten sind im übrigen nicht nur auf sehr vielen Gebieten als Übernahme aus der Weimarer Republik, sondern in ebenfalls breitflächigem Ausmaß auf vielen Feldern als Übernahme aus dem Dritten Reich in die Zeit nach 1945 mit grundlegenden Auswirkungen bis in die heutigen Tage festzustellen.[67]

Dies ist im künstlerischen Bereich vor allem darauf zurückzuführen, daß die das kulturelle Leben des Dritten Reiches prägenden Menschen mit ihrer künstlerischen Arbeit in den meisten Fällen schon in der Weimarer Republik begonnen hatten und diese auch nach 1945 erfolgreich fortsetzten. Weder die Architektur, Bildhauerei, Graphik und Malerei noch Literatur, Musik, Film und Theater des Dritten Reiches vermag man analytisch aus dem historischen Zusammenhang herauszulösen und isoliert zu betrachten, und bei präziser Analyse werden die personellen und inhaltlichen Kontinuitäten deutlich.

Heutzutage werden aber gern die Augen vor der Tatsache verschlossen, daß im nationalsozialistischen Staat auch Modernisierungsschübe initiiert wurden, die ebenso als Grundlagen für das demokratische Nachkriegsdeutschland dienten, wie verschiedene konzeptionelle, strukturelle und personelle Kontinuitäten, die aus der NS-Zeit bruchlos bis weit ins Nachkriegsdeutschland reichten. Insbesondere den personellen Kontinuitäten werden wir uns später bei der Vorstellung der „Gottbegnadeten" noch eingehend widmen. In diesem Zusammanhang fällt auf, in welch erstaunlichem Ausmaß Künstler ihre Arbeit bald nach 1945 wieder aufnehmen konnten und an Hochschulen, Universitäten, Bildungseinrichtungen, in Ateliers, Theater und Filmstudios zurückkehren konnten. Unzählige Schauspieler, Musiker, Sänger, Kabarettisten usw. finden wir später im aufkommenden Fernsehen wieder. Der Grad an Kontinuität und Wertschätzung läßt sich auch an den zahllosen Ehrungen ermessen, insbesondere an der Verleihung von Professorentiteln, an der Verleihung des Filmbandes in Gold, den Ehrenzeichen für Verdienste um die Republik Österreich, sowie der Verleihung des Bundesverdienstkreuzes.

---

[64] Moeller 1998, S. 162.
[65] Höhne, S. 314.
[66] Vgl. Durth, S. 13.

[67] Vgl. Theodor Kellenter. Das Erbe Hitlers. Kiel: Arndt-Verlag, 2010.

Künstler im Dritten Reich

Die hohe Qualität der Kunstschaffenden

Da hierzulande in der veröffentlichten Meinung immer noch vehement einer objektiven Betrachtung und Wertung der im Dritten Reich entstandenen Kunst entgegengewirkt wird, ist es besonders geboten, das Kriterium der Qualität im Auge zu behalten, wenn man sich den damals wirkenden Künstlern zuwendet. „Falsch ist es, die Kunst und die Kulturschaffenden jener Jahre a priori abzulehnen, nur weil sie unter dem Hakenkreuz reüssierten. Von Ausnahmen abgesehen, besaß die Kunst Qualität."[68] Und zwar, um es noch einmal zu verdeutlichen, eine hohe Qualität, und diese Aussage gilt durch die Bank für alle Kunstformen, auch wenn Kunsthistoriker heute sehr oft absolut gegenteilige Wertungen abgeben.

Erfreulicherweise erheben sich aber auch objektive Stimmen, wie die von Marcel Reich-Ranicki, der als NS-Verfolgter bestimmt kein beschönigender Zeitzeuge war. Er spricht in seiner Autobiographie gar von einer „wahren Blütezeit der deutschen Bühnenkunst" in den dreißiger Jahren und bringt mit seiner retrospektiven Anerkennung der „Leistungen der Künstler die Ambivalenz der Darbietungen und der Darbietenden" ausführlich zum Ausdruck.[69]

Die Qualität der damals kreierten Kunst zeigte sich beispielsweise im Münchner Museum „Haus der Deutschen Kunst", das mit seiner Geschichte und seinen Ausstellungen ein Kristallisationspunkt der damaligen Kunstentwicklung war. Sicherlich fand sich dort in Einzelfällen – wie in jeder Ausstellung – auch künstlerisches Mittelmaß, aber es dominierten „Werke von einem guten bis hohen künstlerischen Niveau".[70]

Ein eindrucksvolles Beispiel für die hervorragende Qualität der „NS-Kunst" ist für den Bereich Film und Musik der unter der Ägide des „Filmministers" Dr. Goebbels geschaffene kreative Spielfilm „Wir machen Musik", der im Oktober 1942 nach lediglich zwei Monaten Drehzeit in die deutschen Kinos kam. Dem Streifen, in dem der „Kampf zwischen E- und U-Musik als Geschlechterkampf mit guten Einfällen, witzigen Dialogen und interessanten Kamerafahrten inszeniert"[71] wird, wurde 1993 vom Filmwissenschaftler Karsten Witte eine erfrischende „Bissigkeit im Dialog und Witz im visuellen Schauwert"[72] attestiert.

Auch die zeitgenössische Auslandspresse würdigte den Film sehr positiv, wie folgender Auszug aus dem „Luzerner Filmberater" belegt: „Einen solchen Rhythmus in der Folge der Bildeinfälle […] waren wir aus Europa schon lange nicht mehr gewohnt. Und der Charme der Darbietung macht es uns mit Ausnahme der Revue-Szenen im Finale leicht, die amerikanischen Vorbilder wenn nicht zu vergessen, so doch für diesmal in unserer Erinnerung wegzuschließen."[73]

Für den Bereich Film sind künstlerisch-ästhetische Hochleistungen nicht abzuleugnen. Hier wurden Standards gesetzt, die nach 1945 ihre Fort-

---

[68] Koch, S. 340.
[69] Vgl. Koch, S. 340 f.
[70] Scholz, S. 42.
[71] Jockwer 2006, S. 4.
[72] Zit. bei Jockwer 2006, S. 4.
[73] Zit. ebd., S. 7.

setzung erlebten. Zahlreiche während der Zeit des Dritten Reiches erfolgreiche Schauspieler der Ufa konnten nach Kriegsende ihre Karriere im deutschen Film und Fernsehen nahtlos fortsetzen. Neben den auf der Liste stehenden Hans Albers, Willy Fritsch, Johannes Heesters oder Heinz Rühmann zählten dazu auch ausgewiesene Publikumslieblinge wie Paul Dahlke, Werner Hinz, Brigitte Horney oder Marika Rökk.[74]

Auch technische Innovationen führten zu Qualitätssteigerungen, wie das in Deutschland entwickelte Agfa-Color-Verfahren, das Farbfilme möglich machte. Geradezu hymnisch feierte der Schweizer „Tagesanzeiger" 1943 den Film „Immensee" nach einer Novelle von Theodor Storm: „Beim Farbfilm ‚Immensee' ist gegenüber den ersten Agfa-Color-Filmen eine derartige Besserung zu konstatieren, daß der Beschauer oft lange Zeit sich nicht der Farbe kritisch bewußt wird, und das ist ein gutes Zeichen." Die Handlung erwecke „mit bemerkenswerter Einfühlungsgabe die lyrisch-zarte und elegische Grundstimmung der Erstlingsnovelle des Husumer Dichters. Namentlich ist die dem Geschehen angepaßte Musik [...] zuweilen von strahlender sinfonischer Farbigkeit", und die Kamera habe „bezaubernde Landschaftsbilder und Idylle von Gutshof Immensee geschaffen, so daß dieser Film schon optisch ein Genuß ist."[75]

Dabei waren „Wir machen Musik" und „Immensee" keine Einzelfälle, sondern können ohne weiteres als pars pro toto stehen, zumal Dr. Goebbels es bestens verstand, seine individualistischen Filmschaffenden zu motivieren und nicht müde wurde, diesen gegenüber immer wieder zu betonen, „daß sie in ihrer praktischen, filmkünstlerischen Arbeit – nur eben nicht hinsichtlich des zugrunde liegenden Inhalts – völlig frei seien".[76]

Obwohl von heutigen Meinungsmachern und auch sogenannten Kino-Experten weitgehend als Kitsch und Tendenzfilme verrissen, gehören viele der zwischen 1933 und 1945 in Deutschland produzierten Filme „schon rein darstellerisch gesehen, zu dem Besten [...], was Filmkunst hervorgebracht hat".[77]

Eindeutig propagandistische Filme mit politisch-ideologischer Tendenz spielten im Dritten Reich nur eine untergeordnete Rolle. Dieses Genre hatte bei den 1.097[78] zwischen 1933 und 1945 produzierten Spielfilmen lediglich einen Anteil von 14 Prozent. Aber auch Filme wie „Hitlerjunge Quex" oder „Ohm Krüger" waren u.a. mit Heinrich George und Emil Jannings – der 1929 als erster Schauspieler überhaupt den US-Filmpreis „Oscar" als bester Hauptdarsteller erhalten hatte – hervorragend besetzt und schauspielerisch sowie dramaturgisch glanzvoll inszeniert.

Jannings habe dem Burenpräsidenten „Format und inneres Gewicht"[79] gegeben. In dem Film seinen „künstlerische Gestaltung und schauspielerische Leistung in hervorragendem Maße zu einer Einheit gebracht worden".[80]

George spielt den kommunistischen Vater des Hitlerjungen Heini Völker. Der Medienwissenschaftler Rolf Seubert schreibt, der Streifen sei ein „gut gemachter und erfolgreich laufender Film" gewesen.[81] Peter Laregh urteilt in seiner George-Biographie, der Mi-

---

[74] Vgl. Theodor Kellenter. Das Erbe Hitlers. Kiel 2016, S.338.
[75] Boguslaw Drewniak. Der deutsche Film 1938 – 1945: Ein Gesamtüberblick. Düsseldorf 1987, S. 675.
[76] Heiber, S. 170.
[77] Ziegler, S. 263.
[78] Kellenter, S. 338.
[79] Drewniak, S. 338.
[80] Ebd.
[81] Rolf Seubert: „Junge Adler". Technikfaszination und Wehrmachthaftung im nationalsozialistischen Jugendfilm. In: Bernhard Chiari/Matthias Rogg/Wolfgang Schmidt (Hg.): Krieg und Militär im Film des 20. Jahrhunderts. München 2003, S. 382 f.

me zeichne „mit ungewöhnlicher Eindringlichkeit die Kontur eines Proleten".[82] George, der sich einen Namen als Theaterschauspieler und in der Interpretation des „Götz von Berlichingen" gemacht hatte, brillierte in jeder Rolle. Im 1940 gedrehten Film „Der Postmeister" nach Alexander Puschkin „tanzte er" dem Theaterregisseur Jürgen Fehling zufolge „wie ein [...] mozärtlicher Elephant [...] ein Granitblock, dem diamantene Tränen entfallen [...] mit einem Ausmaß an Phantasie, das Gott in hundert Jahren nur ein paarmal an Schauspieler verschenkt".[83] In dieser Rolle hat George kurz vor seinem Tode im sowjetischen Speziallager Sachsenhausen sogar seine russischen Bewacher „fasziniert".[84]

Zahlreichen Kassenschlagern war gemeinsam, daß sie keinerlei Bezug zur politischen Gegenwart hatten: „Kein Parteiabzeichen weit und breit, keine Hakenkreuzfahne und kein Hitlergruß, sondern ein formvollendeter Handkuß in einer gehobenen Bürgergesellschaft, samt Abendkleid und Frack – und nirgendwo Uniformen, es sei denn die alten und farbenfrohen einer längst vergangenen Zeit. Darum können die Filme aus den Dreißigerjahren heute nostalgisch im Fernsehen gezeigt werden, und wer sie anschaut, gewinnt den Eindruck, daß es ein ‚Drittes Reich' niemals gegeben hat."[85] Gerade dieser Punkt ist es, den einige zeitgenössische Kritiker als besonders perfiden Propagandatrick ausgemacht haben wollen: Daß nämlich der unpolitische Film, das Lustspiel oder die Revue zur Ablenkung, Entspannung oder Erholung vom grauen Kriegsalltag gedient habe. Dem hätte Propagandaminister Dr. Goebbels nicht widersprochen.

„Hitlers Künstler" – Nazis, Opportunisten und Karrieristen oder Opfer und Widerstandskämpfer?

Die in Hitlers Deutschland wirkenden Künstler und ihre Biographien werden heute überwiegend an heutigen Maßstäben und Wertvorstellungen gemessen; schnell ist man damit bei der Hand, ihnen vorzuwerfen, „am Funktionieren des Systems mitgewirkt", „Schuld auf sich geladen" und sich nach 1945 „nicht mit ihrer verhängnisvollen Rolle auseinandergesetzt" zu haben. Wir haben bereits einleitend kurz darauf hingewiesen, daß nicht alle diese Künstler der NS-Ideologie nahestanden, sondern daß das Spektrum dieses Personenkreises vom überzeugten Nationalsozialisten, über den Opportunisten und Mitläufer bis zum innerlich Distanzierten oder Regimefeindlichen reichte. Einerseits ist es nicht das Thema dieses Buches, sich eingehend mit dieser komplexen Problematik zu befassen, aber andererseits kann es auch nicht die Aufgabe sein, in den selbstgerechten Chor derjenigen einzustimmen, die den Stab über jene brechen, denen zufälligerweise nicht die „Gnade der späten Geburt" zuteil wurde.

Ein wichtiger Aspekt bei der Betrachtung der Künstler im Dritten Reich im allgemeinen und der „Gottbegnadeten" im besonderen liegt in der Frage, ob womöglich eine konsequente Wechselbeziehung zwischen politischer Überzeugung und künstlerischer Begabung bestand. Diese Frage ist jedoch einfach zu beantworten: Eine solche naturwüchsige Wechselbeziehung bestand eindeutig nicht. Es gab in allen Bereichen hervorragende Künstler, die mit dem politischen System in Deutschland sympathisierten, und auf der anderen Seite mittelmäßige Künstler, welche den Nationalsozialismus kategorisch ablehnten und überzeugte Anhänger der De-

---

[82] Peter Laregh. Heinrich George: Komödiant seiner Zeit. München 1992, S. 181.
[83] Zit. n. https://de.wikipedia.org/wiki/Der_Postmeister (29.8.2019)
[84] Vgl. Werner Maser. Heinrich George: Mensch aus Erde gemacht. Berlin 1998, S. 418.
[85] Krockow, S. 178.

mokratie waren; außerdem fanden sich zwischen diesen Extrempositionen noch unzählige Varianten.⁸⁶

Reichsminister Dr. Goebbels hatte schon 1935 bekräftigt, daß generell „Kunst nicht vom Wollen, sondern von Können herkommt. Auch eine ostentativ zur Schau getragene nationalsozialistische Gesinnung ersetzt noch lange nicht den Mangel an wahrer Kunst. [...] Der Nationalsozialismus bedeutet unter gar keinen Umständen einen Freibrief für künstlerisches Versagen."⁸⁷

Daß diese Feststellung kein Lippenbekenntnis war, belegt zum Beispiel im Bereich der Musik die Tatsache, daß zwischen 1933 und 1945 zwar rund 20.000 Kompositionen für politische Zwecke produziert wurden, daß aber der weitaus größte Teil davon keinerlei Anerkennung fand, weil er von krassen Dilettanten verfaßt wurde. Neben Komponisten versuchten nach 1933 auch zahlreiche Dirigenten und Instrumentalisten, die bis dato mangels Talents beruflich nicht erfolgreich waren, durch Eintritt in die NSDAP oder besonderes Engagement in nationalsozialistischen Organisationen einen Karriereschub für sich zu erzielen. „Sie scheiterten trotzdem an ihrer Inkompetenz."⁸⁸

Hinsichtlich derartigem politischen Opportunismus bzw. der Vermischung von Kunst und Politik arbeitete der kanadische Historiker Michael Hans Kater, der zu den international renommiertesten Forschern auf dem Gebiet des Nationalsozialismus zählt, folgenden Drei-Stufen-Prozeß politischer Praxis heraus: „Wenn zum ersten ein Musiker künstlerisches Talent und Loyalität gegenüber dem Regime in mehr oder weniger gleichem Maß unter Beweis stellte, konnte beruflicher Erfolg so gut wie garantiert werden; wenn zweitens ein Mangel an musikalischer Befähigung peinlich offensichtlich war, dann konnte auch die äußerste politische Hingabe sein künstlerisches Überleben nicht garantieren; wenn drittens die Bindung eines Musikers an das Regime minimal oder nicht existent war, konnte er immer noch an einer eindrucksvollen Karriere arbeiten, außer er gab sich besondere Mühe, das Regime zu schmähen. Die dritte Stufe erklärt den entsprechenden Erfolg von Dirigenten wie Rosbaud und Furtwängler, Komponisten wie Strauss und Sängern wie Hans Hotter."⁸⁹

Unter diesen Prämissen konnte also der größte Teil der Künstler im Dritten Reich erfolgreich arbeiten. Für Juden, Marxisten und Personen, die offen gegen den Nationalsozialismus opponiert hatten oder opponierten, galt das allerdings nicht. Sie wurden nach 1933 weitgehend offen ausgegrenzt, aus ihren Stellen entfernt, verhaftet oder in die Emigration gezwungen.

Bei den aktiv arbeitenden Künstlern zogen die verantwortlichen NS-Funktionsträger keineswegs ihre Parteigenossen vor, sondern bemühten sich um jeden Prominenten. Ein plakatives Beispiel ist in diesem Zusammenhang der Komponist Wilhelm Furtwängler, der als einer der bedeutendsten Dirigenten des 20. Jahrhunderts gilt und sich mehrfach unbeliebt machte, indem er sich öffentlich für Juden oder als „entartet" verpönte Künstler einsetzte. Der Schauspieler Victor de Kowa berichtet in seiner Autobiographie: „Ich war dabei und habe es gehört, wie bei der Eröffnung des Hauses der Deutschen Kunst in München (1937) Hitler über Furtwängler sagte: ‚Das ist einer der unangenehmsten Zeitgenossen, die ich kenne.'"⁹⁰

Auch ein Ausspruch von Dr. Goebbels über Furtwängler zeigt deutlich dessen Haltung zu Furtwängler, aber auch seinen Pragmatismus: „Es interessiert mich nicht, ob Furtwängler Nationalsozialist ist oder nicht. Er kann meinetwegen schimpfen und kritisieren, so viel er will. Das ist er mir wert. Er ist schließlich kein

---

⁸⁶ Vgl. Kater 1998, S. 51.
⁸⁷ Goebbels 1935, S. 119.
⁸⁸ Kater 1998, S. 32; auf S. 32 f. belegt Kater diese Aussage an einigen konkreten Fällen.
⁸⁹ Ebd., S. 29 f.
⁹⁰ Zit. bei Wulf 1963, S. 80.

politischer Funktionär, sondern ein Aushängeschild unserer Kunstgesinnung!"[91] Furtwängler pochte wie mancher andere Künstler vor allem auf das Unpolitische seiner Kunst und kritisierte in einem offenen Brief an Reichsminister Dr. Goebbels („Vossische Zeitung" vom 11. April 1933) die Diskriminierung jüdischer Musiker. Dieser antwortete umgehend ebenso öffentlich in verschiedenen Zeitungen (zum Beispiel in der Morgenausgabe des „Berliner Lokal-Anzeiger" vom 11. April 1933); diesen Briefwechsel kommentierten in den folgenden Wochen schlesische Musiker, Musikkritiker und Musikwissenschaftler in verschiedenen Fachzeitschriften. In diesen Schreiben prallen die symptomatischen Kernpunkte der „liberalen" bzw. „westlichen" Kunstauffassung der „Kunstidee an sich" (Furtwängler) mit der Idee der „Kunst aus dem Volk für das Volk" (Goebbels und die schlesischen Kritiker) aufeinander und werfen so gerade für den heutigen Zeitgenossen ein erhellendes Schlaglicht auf die damalige kunstpolitische Gemengelage.

Furtwängler an Dr. Goebbels, veröffentlicht am 11. April 1933 in der „Vossischen Zeitung":

Sehr geehrter Herr Reichsminister!

Angesichts meines langjährigen Wirkens in der deutschen Öffentlichkeit und meiner inneren Verbundenheit mit der deutschen Musik erlaube ich mir, Ihre Aufmerksamkeit auf Vorkommnisse innerhalb des Musiklebens zu lenken, die meiner Meinung nach nicht unbedingt mit der Wiederherstellung unserer nationalen Würde, die wir alle so dankbar und freudig begrüßen, verbunden sein müssen.
Ich fühle mich hierbei durchaus als Künstler. Kunst und Künstler sind dazu da, zu verbinden, nicht zu trennen. Nur einen Trennungsstrich erkenne ich letzten Endes an: den zwischen guter und schlechter Kunst. Während nun aber der Trennungsstrich zwischen Juden und Nichtjuden, auch wo die staatspolitische Haltung des Betreffenden keinen Grund zu Klagen gibt, mit geradezu theoretisch unerbittlicher Schärfe gezogen wird, wird jener andere, für unser Musikleben auf die Dauer so wichtige, ja entscheidende Trennungsstrich, der zwischen gut und schlecht, allzu sehr vernachlässigt. [...]
Wenn sich der Kampf gegen das Judentum in der Hauptsache gegen jene Künstler richtet, die – selber wurzellos und destruktiv – durch Kitsch, trockenes Virtuosentum und dergleichen zu wirken suchen, so ist das nur in Ordnung. Der Kampf gegen sie und den sie verkörpernden Geist, der übrigens auch germanische Vertreter besitzt, kann nicht nachdrücklich und konsequent genug geführt werden. Wenn dieser Kampf sich aber auch gegen wirkliche Künstler richtet, ist das nicht im Interesse des Kulturlebens. Schon weil Künstler, wo es auch sei, viel zu rar sind, als daß irgendein Land sich leisten könnte, ohne kulturelle Einbuße auf ihr Wirken zu verzichten.
Es muß deshalb klar ausgesprochen werden, daß Männer wie Walter, Klemperer, Reinhardt[92] usw. auch in Zukunft in Deutschland mit ihrer Kunst zu Worte kommen können müssen.
Deshalb noch einmal: Unser Kampf gelte dem wurzellosen, zersetzenden, verflachenden, destruktiven Geist, nicht aber dem wirklichen Künstler, der in seiner Art immer, wie man seine Kunst auch einschätzen möge, ein Gestaltender ist und als solcher aufbauend wirkt. In diesem Sinne appelliere ich an Sie im Namen der deutschen Kunst, damit nicht Dinge geschehen, die vielleicht nicht mehr gutzumachen sind.
In vorzüglicher Hochachtung
Ihr sehr ergebener
Wilhelm Furtwängler[93]

---

[91] Zit. bei Barbian, Seite 72.
[92] Bruno Walter (1876–1962), Dirigent; Otto Klemperer (1885–1973), Dirigent; Max Reinhardt (1873–1943), Regisseur.
[93] Abgedruckt bei Wulf 1963, S. 81 f.

Dr. Goebbels' Antwort, ebenfalls am 11. April 1933 in der „Vossischen Zeitung" publiziert:

Sehr geehrter Herr Generalmusikdirektor!

[…]

Es ist Ihr gutes Recht, sich als Künstler zu fühlen und die Dinge auch lebendig vom künstlerischen Standpunkt aus zu sehen. Das aber bedingt nicht, daß Sie der ganzen Entwicklung, die in Deutschland Platz gegriffen hat, unpolitisch gegenüberstehen. Auch die Politik ist eine Kunst, vielleicht die höchste und umfassendste, die es gibt. Es ist nicht nur die Aufgabe der Kunst und des Künstlers, zu verbinden; es ist weit darüber hinaus ihre Aufgabe, zu formen, Gestalt zu geben, Krankes zu beseitigen und Gesundem freie Bahn zu schaffen. Ich vermag deshalb als deutscher Politiker nicht lediglich den einen Trennungsstrich anzuerkennen, den Sie wahrhaben wollen: den zwischen guter und schlechter Kunst. Die Kunst soll nicht nur gut sein, sie muß auch volksmäßig bedingt erscheinen oder, besser gesagt, lediglich eine Kunst, die aus dem vollen Volkstum selbst schöpft, kann am Ende gut sein und dem Volke, für das sie geschaffen wird, etwas bedeuten. Kunst im absoluten Sinne, so wie der liberale Demokratismus sie kennt, darf es nicht geben. Der Versuch, ihr zu dienen, würde am Ende dazu führen, daß das Volk kein inneres Verhältnis mehr zur Kunst hat und der Künstler selbst sich im luftleeren Raum des L'art pour L'art-Standpunktes von den treibenden Kräften der Zeit isoliert und abschließt. Gut muß die Kunst sein; darüber hinaus aber auch verantwortungsbewußt, gekonnt, volksnahe und kämpferisch. […]

Es wäre aber angebracht gewesen, gegen künstlerische Experimente zu protestieren in einer Zeit, in der das deutsche Kunstleben fast ausschließlich von der Experimentiersucht volks- und rassefremder Elemente bestimmt und dadurch das deutsche künstlerische Ansehen vor der ganzen Welt belastet und kompromittiert wurde.

Gewiß haben Sie ganz recht, wenn Sie sagen, daß die Qualität für die Musik nicht nur eine ideale, sondern schlechthin eine Lebensfrage sei. Mehr noch haben Sie recht, wenn Sie den Kampf gegen die wurzellos destruktive, durch Kitsch und trockenes Virtuosentum verdorbene künstlerische Gestaltung mit uns bekämpfen. Ich gebe gern zu, daß auch germanische Vertreter sich an jenem üblen Treiben beteiligt haben; das ist aber nur ein Beweis dafür, wie tief die Wurzeln dieser Gefahren schon in den deutschen Volksboden hineingedrungen waren, und wie notwendig es auf der anderen Seite erschien, dagegen Front zu machen. Wirkliche Künstler sind rar. Man muß sie deshalb fördern und unterstützen. Es sollen dann aber in der Tat wirkliche Künstler sein. […]

In besonderer Hochachtung
Ihr sehr ergebener
Dr. Goebbels[94]

Und schließlich mischen sich Musikexperten aus Schlesien mit einem eigenen Beitrag in diesen Streit ein:

Hochverehrter Herr Reichsminister!

Für Ihre ebenso mutige wie tief einsichtige Stellungnahme zu dem wehleidigen Brief des Herrn Dr. Furtwängler über angebliche Unentbehrlichkeit jüdischer Dirigenten im deutschen Kunstleben gestatten wir uns, Ihnen vom Standpunkt des ausübenden Künstlers, des Kritikers und Musikwissenschaftlers unseren aufrichtigen Dank auszusprechen. Ihre klaren Worte werden in weitesten Kreisen befreiend vom letzten Alpdruck des Liberalismus wirken. Sie müssen umso wichtiger erscheinen, als es hier um Letztes geht und die deutsche Wendung von heute der deutschen Zukunft von Generationen ihr Gepräge geben muß. Von jeher haben wir den Standpunkt vertreten, daß der Künstler nur aus dem Grun-

---
[94] Abgedruckt ebd., S. 82 f.

de seines Volkstums heraus und nur für sein Volk Großes schaffen kann. Darum kommt es uns unendlich bitter an, Herrn Furtwängler, den wir als Künstler hochschätzen, jetzt einen so instinktlosen Irrweg einschlagen zu sehen. Es muß dem heute so herrlich bewährten deutschen Lebensgefühl im Innersten widersprechen, von ihm unsere nachschaffenden deutschen Künstler als nur mittelmäßiger Leistung fähig hingestellt zu sehen. Hier irrt aber Furtwängler! Der Aufschwung der deutschen Kunst vor dem Kriege ist zuallererst deutschen Künstlern zu verdanken gewesen, und nur ihre Verdrängung und die planmäßige Zurücksetzung unseres Nachwuchses durch die alles beherrschenden Vertreter einer volksfremden Asphaltkunst hat Zustände herbeigeführt, deren gegenwärtiges Ergebnis Herr Furtwängler lediglich sieht, deren unnatürliche Voraussetzungen ihm aber entgehen. Sonst müßte er – auch aus geschichtlicher Betrachtung – wissen, daß die deutsche Musikbegabung schlechthin unerschöpflich ist, solange der deutsche Mensch sich nicht selber aufgibt. Diese Zusammenhänge empfinden wir im Grenzland des deutschen Ostens besonders sinnfällig. Darum, Herr Reichsminister, kam Ihr mannhaft Wort zur rechten Zeit, wofür Ihnen die deutsche Musik der Gegenwart und vermutlich auch der Zukunft allen Dank schuldet.

Stadttheater Breslau
Schlesische Philharmonie
Arbeitsgemeinschaft Deutscher Musikkritiker,
Provinzialverband Schlesien[95]

Die Stellung der Künstler im Dritten Reich

Die Künstler besaßen im Dritten Reich einen besonders privilegierten Status, der sich einerseits direkt aus dem herausgehobenen Stellenwert ableitete, den die nationalsozialistische Führung der Kunst grundsätzlich beimaß. Andererseits war Adolf Hitler die Förderung und Unterstützung von Künstlern eine Herzensangelegenheit, weswegen er sich höchstpersönlich um allgemeine und grundsätzliche Fragen wie etwa die Alterssicherung kümmerte, aber er unterstützte auch gezielt einzelne Künstler.

Insgesamt wirkte sich die intensive Subventionierung merklich positiv auf die wirtschaftliche und soziale Lebenssituation der deutschen Künstler aus. Beispielsweise wurden im Bereich des Theaterwesens die Arbeitsbedingungen der Schauspieler verbessert, Ganzjahresverträge eingeführt und neue Stellen geschaffen. Die Zahl der Theaterschaffenden an subventionierten Theatern verdoppelte sich von rund 22.000 im Jahre 1933 bis 1940, und die Zahl der Theater stieg in der gleichen Zeit um 60 Prozent von 147 auf 248. Vielerorts wurden die Eintrittspreise gesenkt, Spielzeiten verlängert und Theater renoviert, so daß sich die Zuschauerzahlen von 1932 bis 1936 von 520.000 auf 1.600.000 verdreifachten.[96]

Abgesehen von ihrem großzügigen Mäzenatentum billigte die NS-Regierung den Künstlern auch eine gewisse Narrenfreiheit zu. Ihr war es gleichgültig, ob sie Parteimitglieder waren, da sie sowieso für „politisch unzurechnungsfähig" gehalten wurden[97]. Der spätere Reichsminister Albert Speer berichtete in diesem Zusammenhang über folgende Äußerung Hitlers aus dem Jahre 1939: „Schon in dem Wort Künstler läge ein gewisser Tick, und

---

[95] Abgedruckt ebd., S. 84. Rischbieter bietet in seinem Beitrag (S. 227–244) einen aufschluß- und detailreichen Überblick über die unterschiedlichen Anpassungsformen an das nationalsozialistische Regime anhand der vier Theaterintendanten Gustaf Gründgens (Preußisches Staatstheater), Heinz Hilpert (Deutsches Theater), Eugen Klöpfer (Volksbühne) und Heinrich George (Schiller-Theater), welche die vier wichtigsten Schauspielbühnen im damaligen Deutschland repräsentierten.

[96] Vgl. Heinrich, S. 4.
[97] Vgl. Backes, S. 85.

das sollte man doch respektieren. Solche Leute seien eben jenseits von Gut und Böse, und man könne sie nicht in einen allgemeinen Lebenszwang einordnen. Die machten nun einmal alles anders, und je verrückter sie wären, um so größer sei auch tatsächlich ihre Kunst."[98]

Der zuständige Reichsminister Dr. Goebbels beurteilte die Künstler in seiner Tagebucheintragung vom 30. März 1945 ähnlich, aber noch kritischer: „Überhaupt bin ich mit der politischen Haltung unserer Künstler sehr unzufrieden. Aber man kann von ihnen wohl auch keine tapfere Gesinnung erwarten. Sie sind eben Künstler, das heißt, in politischen Dingen völlig unbelastet, um nicht zu sagen charakterlos."[99]

Nicht nur Hitler und Goebbels traten als Künstlermäzene auf, sondern auch zahlreiche andere nationalsozialistische Führungspersönlichkeiten. Die Künstler – insbesondere die Bühnen- und Filmprominenz – wurden auch verstärkt in das öffentliche Leben einbezogen und waren häufig bei großen und kleinen Empfängen der Staats- und Parteigrößen zugegen. „Zwischen hohen Nazis und Schauspielern entstand so ein komplexes psychologisches Geflecht aus Verachtung, Neid, Fürsorge, Überheblichkeit, Zuckerbrot und Peitsche. [...] Fritz Hippler [Reichsfilmintendant, der Verf.] konstatiert eine ‚schizophrene Haltung, Künstler zu hofieren und zu schmähen' bei Hitler, Goebbels und anderen führenden Nazis. Die NS-Politiker traten als moderne Fürsten und Mäzene in einem Hofstaat alimentierter Künstler auf."[100]

Der Prominentenstatus der Künstler definierte sich wie heutzutage auch über die teilweise exorbitanten Gagen und Honorare. Hitler erwiderte einem Kritiker über zu hohe Honorare: „Meine Künstler sollen leben wie die Fürsten und nicht in Dachkammern hausen, wie es Ihrer romantischen Vorstellung vom Künstlerdasein wahrscheinlich vorschwebt."[101]

Und ein gewisser Teil der Künstler lebte im Dritten Reich tatsächlich auf fürstlichem Niveau, wie der folgende kursorische Überblick über Gagen, Vergünstigungen und Auszeichnungen belegt.

In den Akten des Bundesarchivs findet sich eine Auflistung vom 13. Oktober 1939 mit den Tagesgagen von 32 Spitzenverdienern unter Theater- und Filmschaffenden (Beträge in Reichsmark):

Name	Tagesgage
Käthe Dorsch	1.500
Marianne Hoppe	1.500
Maria Cebotari	1.200
Erna Sack	1.200
Ida Wüst	1.200
Lilian Harvey	1.000
Käthe Gold	1.000
Marika Rökk	1.000
Sybille Schmitz	1.000
Agnes Straub	1.000
Luise Ullrich	1.000
Fita Benkhoff	900
Lil Dagover	900
Karin Hardt	900
Lucie Englisch	900
Elisabeth Flickenschildt	750
Heinrich George	2.000
Eugen Klöpfer	2.000
Hans Moser	2.000
Paul Hartmann	1.500
Paul Hörbiger	1.500
Helge Roswaenge	1.200
Paul Wegener	1.200
Werner Hinz	1.000
Attila Hörbiger	1.000
Friedrich Kayßler	1.000
Werner Krauß	1.000

---

[98] Zit ebd.
[99] Goebbels-Tagebücher, Teil II, Band 15, S. 638.
[100] Moeller 1998, S. 405. Zu Details über Filmschaffende, die als „Lieblinge und Favoriten" der Nationalsozialisten galten, wie etwa Carola Höhn, Hilde Körber, Jenny Jugo, Leni Riefenstahl, Heinz Rühmann usw., vgl. Moeller 1998, S. 439–455.
[101] Zit. bei Backes, S. 85.

Harald Paulsen	1.000
Johannes Riemann	1.000
Joachim Gottschalk	900
Johannes Heesters	750
Georg Alexander	600[102]

Der Spitzenreiter Hans Albers gab in seiner Steuererklärung für 1937 sogar Jahreseinnahmen von 562.000 Reichsmark an. Die Relation dieser Gagengrößenordnungen wird erst deutlich, wenn man sich vor Augen hält, daß damals ein Staatssekretär im Reichsministerium mit jährlich rund 20.000 Reichsmark besoldet wurde und der deutsche Facharbeiter einen Jahresverdienst von durchschnittlich rund 2.500 Reichsmark erzielte.[103]

Neben den lukrativen Gagen konnten sich die deutschen Künstler auch über strukturelle Verbesserungen freuen, wie etwa die Tagebucheintragung von Reichsminister Dr. Goebbels vom 29. Januar 1937 zeigt: „Wir errichten jetzt ein neues, klares System der Künstleraltersversicherung. Es gibt noch einige Schwierigkeiten, aber die überwinden wir. Eine historische Tat, die allen Künstlern zugute kommen soll."[104]

Außerdem wurden prominente Künstler seit 1938 auf Weisung Hitlers steuerlich bevorzugt behandelt und erhielten erhebliche Nachlässe. Hitler traf beispielsweise eine steuerliche Einzelfallregelung für seinen favorisierten Bildhauer Arno Breker, der daraufhin nur noch maximal 15 Prozent seines Jahreseinkommens von rund 1 Million Reichsmark an den Fiskus abführen mußte. Die allgemeingültige steuerliche Regelung hielt Goebbels in seiner Tagebucheintragung vom 28. Juli 1938 fest: „Die Frage des Steuernachlasses für Künstler ist nun erledigt: regulär 20 Prozent. Was darüber, wird von mir geprüft und entschieden."[105]

Als sich herausstellte, daß einigen Künstlern diese Steuerbelastung immer noch zu hoch war, wurde nochmals nachgebessert, wie die Tagebucheintragung von Dr. Goebbels am 15. Oktober 1940 zeigt: „Der Führer hat mir erlaubt, steuergequälten Filmkünstlern steuerfreie Extrahonorare zu zahlen. Große Erleichterung. Prof. Ritter [gemeint ist hier der Regisseur Karl Ritter, der Verf.] stand schon vor dem Bankrott. Den werde ich sanieren."[106] Ritter erhielt daraufhin ebenso wie zum Beispiel Fritz Hippler, der Schauspieler Emil Jannings oder der Regisseur Veit Harlan eine einmalige Geldzahlung in Höhe von 60.000 Reichsmark, der Schauspieler Heinz Rühmann eine von 40.000 Reichsmark; einige Künstler erhielten einen monatlich gezahlten Ehrensold. Diese Geldgeschenke und Ehrensolde waren entweder als Ehrengabe für künstlerische Verdienste oder als Hilfe für in Not geratene Künstler gedacht und steuerfrei.[107]

Hitler ließ den von ihm bevorzugten Künstlern noch weitere Gunstbeweise zukommen: Dem Bildhauer Breker schenkte er 1940 ein großes Anwesen mit Wohnhaus, Atelierneubau sowie einem großen Park, außerdem erhielt Breker 1942 eine steuerfreie Dotation in Höhe von 250.000 Reichsmark. Ateliers bekamen auch der Architekt Albert Speer und der Bildhauer Josef Thorak vom Staat geschenkt, weiterhin bekamen etliche, auch weniger bekannte Künstler Geld- und Sachgeschenke. Hitler spendierte auch große Beträge für Renovierungen, stellte ab 1938 monatlich 1.000 Reichsmark zur Verpflegung junger Künstler bereit sowie große Beträge für Stipendien an Architekten und bildende Künstler, kurz: die immensen Ausgaben, die der Reichskanzler für bestimmte Künstler leistete, sind kaum überschaubar, so

---

[102] Abgedruckt bei Drewniak, Seite 171. Weitere Beispiele und Details finden sich auf den Seiten 149–154.
[103] Vgl. ebd., S. 149.
[104] Goebbels-Tagebücher, Teil I, Band 3, S. 27.
[105] Ebd., S. 493.
[106] Goebbels-Tagebücher, Teil I, Band 4, S. 365.
[107] Vgl. Drewniak, S. 162.

Deutscher Nationalpreis für Kunst und Wissenschaft

Goethe-Medaille für Kunst und Wissenschaft

Adlerschild des Deutschen Reiches

daß der interessierte Leser auf die einschlägige Fachliteratur verwiesen werden muß.[108]

Mit den sogenannten Nürnberger Gesetzen und deren antisemitischen Regelungen wurden Juden und „jüdische Mischlinge" erheblich diskriminiert und weitgehend von der Teilhabe am staatsbürgerlichen Leben ausgeschlossen. Nachdem diese am 16. September 1935 öffentlich verkündet worden waren, wurden unter der Hand für zahlreiche prominente Künstler von Goebbels ausgesprochene „Sondergenehmigungen" erteilt. Dadurch konnten diese Künstler ungeachtet ihrer teilweise jüdischen Abstammung oder trotz jüdischer Ehepartner weiter ihrer Berufstätigkeit nachgehen.[109]

Schließlich wurden die Künstler noch durch Preise, Orden und dekorative Titel geehrt und zu weiterer Tätigkeit angehalten.

Im Vergleich zur Weimarer Republik stieg nach 1933 die Zahl der Preise und Auszeichnungen stark an. 1937 existierte in der Schrifttumsabteilung des Reichsministeriums für Volksaufklärung und Propaganda eine Liste von etwa 70 Literaturpreisen, die von den verschiedensten Stellen und Institutionen an Schriftsteller verliehen wurden. Fünf Jahre später benannte eine andere Liste des Ministeriums aus dem Jahre 1942 55 „reichswichtige Kunstpreise", die mit Beträgen zwischen 100 und 100.000 Reichsmark dotiert waren, 76 „wichtige Kunstpreise von lokaler Bedeutung", deren Dotation bei 150 bis 15.000 Reichsmark lag sowie 20 „Kunstpreise von lokaler Bedeutung", deren Höhe sich zwischen 200 und 53.000 Reichsmark bewegte.[110]

Im Gesetz der Regierung des Deutschen Reiches über Titel, Orden und Ehrenzeichen vom 1. Juli 1937 hatte Adolf Hitler sich deren Verleihung ausdrücklich persönlich vorbehalten; entsprechende Anträge wurden von den jeweils zuständigen Reichsministerien über den Chef der Präsidialkanzlei, Staatssekretär Otto Meissner, an den „Führer und Reichskanzler" gestellt.

Der wichtigste vom Deutschen Reich verliehene Preis war der von Hitler 1937 geschaffene „Deutsche Nationalpreis für Kunst und Wissenschaft" in Höhe von 300.000 Reichsmark. Er galt als Ersatz für den Nobelpreis, dessen Annahme Deutschen verboten worden war, und wurde an einen oder auch mehrere Künstler oder Forscher verliehen. Ebenfalls von besonderer Bedeutung waren der 1935 von Hitler gestiftete „Preis der NSDAP für Kunst und Wissenschaft", der mit 20.000 Reichsmark und einem Stipendium versehen war, und der „Nationalpreis des 1. Mai" über 12.000 Reichsmark. Außerdem wurden noch verschiedene Preise seitens der Länder, Gaue und Oberpräsidien, von einigen Städten und schließlich noch von privaten Stiftern vergeben.[111]

Als weitere herausragende Ehrungen seien noch die „Goethemedaille für Kunst und Wissenschaft" sowie der „Adlerschild des Deutschen Reiches" genannt, welche bereits von der Weimarer Republik gestiftet und verliehen worden waren.

Die „Goethe-Medaille" (nicht zu verwechseln mit der 1955 vom Goethe-Institut gestifteten „Goethe-Medaille", einer nicht tragbaren, silbernen Gedenkmünze, die seit 1975 als einer der offiziellen Orden der Bundesrepublik Deutschland gilt) wurde relativ oft und meist nicht für eine herausragende Einzelleistung, sondern als Krönung „eines im wesentlichen abgeschlossenen Lebenswerkes eines Künstlers oder Wissenschaftlers" verliehen.

Der „Adlerschild" rangierte als zweithöchste Auszeichnung des Deutschen

---

[108] Vgl. Backes, S. 84 f. Zu den Dotationen Hitlers an Architekten, Bauräte, Künstler und Schriftsteller siehe Ueberschär/Vogel auf S. 113–123.

[109] Zu weiteren Details mit etlichen Fallbeispielen vgl. Rathkolb, S. 33–37.

[110] Vgl. Barbian, S. 71 f.

[111] Zu weiteren Details und Fallbeispielen vgl. Drewniak, S. 161 f.

Reiches nach dem „Deutschen Nationalpreis für Kunst und Wissenschaft" und wurde nur an wenige herausragende Persönlichkeiten vergeben, „deren Schaffen und Wirken weit über den Rahmen ihres eigentlichen Arbeitsgebietes hinausgehen und Gemeingut des deutschen Volkes geworden sind".[112] Abschließend ist in diesem Gesamtzusammenhang noch kurz auf die Verleihung von Titeln einzugehen, zum einen des Professorentitels, den nach einer ersten Durchführungsverordnung zum Gesetz über Titel, Orden und Ehrenzeichen jene Personen erhalten konnten, „die sich auf ihren Fachgebieten besonders hervorgetan" hatten. 1937 und 1938 verlieh Adolf Hitler am „Jahrestag der nationalen Erhebung" (der 30. Januar eines jeden Jahres als Erinnerung an die Regierungsübernahme von 1933) verschiedene Ehrenprofessuren, beispielsweise an die Architekten Albert Speer und Hermann Giesler sowie die Maler Hermann Kaspar, Franz Triebsch und Adolf Wissel. Abgesehen von Ehrenprofessuren verlieh Hitler in Einzelfällen auch ordentliche Professuren.[113]

In einer zweiten Durchführungsverordnung wurde die Verleihung von Titeln „für Bühnen-, Film- und Tonkünstler" geregelt, die in diesen Bereichen führende Positionen innehatten: „Generalintendanten, Generalmusikdirektoren, Staatsschauspieldirektoren, Staatsoperndirektoren; Dirigenten: Staatskapellmeister; Schauspieler und Sänger: Staatsschauspieler und Kammersänger; Musikvirtuosen: Kammervirtuosen; Mitglieder eines Musikensembles: Kammermusiker. Am 5. Juni 1939 wurden noch zusätzlich die Titel „Staatsballettmeister" und „Meistertänzer" eingeführt."[114]

Ein weiterer bedeutender Titel geht auf Dr. Goebbels zurück, der anläßlich der 2. Jahrestagung der Reichskulturkammer den „Reichskultursenat" ins Leben rief, in welchem laut Goebbels „die wirklich führenden Köpfe des deutschen Kulturlebens vereinigt werden" sollten, um sich „mit den aktuellen und grundsätzlichen Fragen des deutschen Kulturlebens" zu beschäftigen. Zu Reichskultursenatoren wurden zum Beispiel folgende Künstler ernannt: die Dirigenten Wilhelm Furtwängler und Clemens Krauß, der Komponist Hans Pfitzner, die Theaterintendanten Eugen Klöpfer und Gustaf Gründgens, der Sänger Heinrich Schlusnus, der Theaterregisseur Lothar Müthel und der Schriftsteller Hanns Johst.[115]

Der Terminus „gottbegnadet"

Hört man von einer Liste der „Gottbegnadeten", stellt sich automatisch die Frage, was sich hinter diesem Begriff verbirgt. Was zeichnet einen „Gottbegnadeten" aus, was unterscheidet ihn vom Normalsterblichen? Im religiösen Kontext ist unter der Gnade Gottes immer dessen unmittelbares Eingreifen in das weltliche Geschehen, das Helfen und Geben zu verstehen, woraus sich eine unmittelbare Beziehung des „Gottbegnadeten" zu Gott ableitet. Im Neuen Testament wird wiederholt von dem Reichtum gesprochen, der aus der Gnade resultiert; die Gnade Gottes „gibt dem Menschen etwas Strahlendes; sie beflügelt ihn, daß er mit göttlicher Leichtigkeit und unwiderstehlicher Siegesgewalt schwierige Aufgaben löst." So werden es die meisten meinen, wenn sie von einem Künstler sagen: „Er ist gottbegnadet. Das bedeutet: ihm ist ein göttlicher Überfluß gegeben; und das, was andere mit allen Kraftanstrengungen nicht bewältigen können, geht bei ihm zwanglos."[116]

---

[112] Zu weiteren Details vgl. Backes, S. 87 f. und Drewniak, S. 156 f.
[113] Vgl. Backes, S. 88 und Drewniak, S. 156.
[114] Drewniak, S. 156.
[115] Vgl. ebd., S. 158.
[116] Vgl. Ralf Luther in seinem Beitrag über die Gnade im Neutestamentlichen Wörterbuch.

Das Grimmsche Deutsche Wörterbuch enthält einen Beitrag zum Terminus „gottbegnadet" und faßt ihn summarisch als Sprachfloskel zusammen, die auf den Resten einer ursprünglich religiösen Idee basiert: „Das erst seit der Mitte des 19. Jahrhunderts bezeugte Kompositum setzt wohl den christlichen Gottesbegriff voraus, wird aber gewöhnlich religiös unentschiedener, als starke Auszeichnung überhaupt empfunden."[117]

Gemäß dem Kulturwissenschaftler und Publizisten Andreas Mertin wurde das Wort „gottbegnadet" als verstärkendes Adjektiv von der Kulturschickeria zu Anfang des 20. Jahrhunderts verwendet, so wie man heute etwa von einem „herausragenden Schriftsteller" oder einem „bahnbrechenden Maler" spricht.[118]

Reichsminister Dr. Joseph Goebbels definierte den Terminus „Gottbegnadete" in seiner Tagebucheintragung vom 26. August 1944 als relativ kleinen Kreis von „wirklich hervorragenden, über die Zeit hinaus wirkenden Künstlern, die von Front- und Arbeitsdienst freigestellt werden sollen. Diese Künster rekrutieren sich aus allen Sparten unseres Kulturlebens".[119]

Bei den auf der „Gottbegnadeten-Liste" genannten Künstlern handelte es sich nach nationalsozialistischem Verständnis um solche, die sich quasi durch einen genialischen Funken von der Masse der übrigen Künstler abheben und insoweit als eine exzellente Elite in der Hierarchie der künstlerischen Begabungen die virtuose Spitze bilden. Dieser Grundgedanke scheint auch im „geistigen Gesetz der Hermann-Göring-Meisterschule für Malerei" auf; dieses Statut der am 9. Juni 1938 vom späteren Reichsmarschall Göring eingeweihten Meisterschule sollte der Schulgemeinschaft eine ordensmäßige Bindung verleihen:

- „Der Künstler ist seiner Gabe verpflichtet. Ihrer Entfaltung gehört seine ganze Kraft.
- Die Gabe selbst ist eine Gnade, und nur ihre Entfaltung steht in seiner Macht.
- Die Größe dieser Entfaltung ist sein Persönlichkeitswert.
- Die Gabe ist nicht die virtuose Fertigkeit, nicht der Nachahmungstrieb oder die verstandesmäßige Spekulation: Sie ist die schöpferische Kraft der Seele, die Empfangsbereitschaft des Herzens und die Fähigkeit, alle Spannungen des Erlebens im Werk zu lösen."[120]

Die Realisierung dieser Zielsetzung, also die volle Entfaltung der als Gnade empfangenen künstlerischen Gabe, konnte demnach nur dem „Gottbegnadeten" gelingen, nicht jedoch der Masse der Künstler, denen nicht der genialische Funke gegeben ist.

Die „Gottbegnadeten-Liste"

Grundsätzlich waren mit Beginn des Zweiten Weltkrieges auch sämtliche Künstler des Deutschen Reiches zum Wehrdienst verpflichtet, allerdings erhielten zur Aufrechterhaltung des Spielbetriebes im kulturellen Bereich viele von ihnen eine „uk"-Stellung. Dabei handelt es sich um die militärrechtliche Kennzeichnung von Personen, die wegen der Unabkömmlichkeit in ihrer momentanen zivilen Tätigkeit vom Wehrdienst freigestellt werden. Den Gegensatz dazu bildet der Terminus „kv" = kriegsverwendungsfähig. Adolf Hitler hatte dies im Oktober 1939 angeregt und den Vorsitzenden des Ministerrates für die Reichsverteidigung, Generalfeldmarschall Hermann Göring, entsprechend beauftragt. Da Reichsminister Dr. Goebbels es ablehnte, sämtliche Künstler „uk"

---

[117] Deutsches Wörterbuch von Jacob und Wilhelm Grimm, Band 8, Spalte 1148.
[118] Mertin, http://www.theomag.de/74/am371.htm (16.02.2013).
[119] Goebbels-Tagebücher, Teil II, Band 13, S. 333.

[120] Zit. bei Hesse, S. 291.

zu stellen, erteilte er seinem Staatssekretär Leopold Gutterer die Weisung, eine entsprechende Auswahl zu treffen und eine Liste der Künstler anzulegen, die überdurchschnittlich befähigt seien und deshalb für den Kunstbetrieb erhalten bleiben sollten.[121]

Die Nationalsozialisten hatten seit ihrer Regierungsübernahme immer wieder verschiedene schwarze und weiße Listen geführt, die als Grundlage für ideologisch bedingte Berufsverbote beziehungsweise für die Begünstigung einzelner Personengruppen dienten. Als Beispiel sei hier nur die „Steuererleichterungs-Liste" genannt, mit deren Hilfe die von Adolf Hitler im Jahre 1938 vorgesehene Steuererleichterung für Künstler realisiert werden sollte.

Für die „uk"-Liste trugen die Reichspropagandaämter 773 Namen von Personen aus dem Kunst- und Kulturbetrieb zusammen, aus denen der Leiter der Theaterabteilung des Reichsministeriums für Volksaufklärung und Propaganda, Rainer Schlösser, sodann eine Endauswahl vornahm. „Bereits bei dieser Auswahl wurde die Struktur der späteren uk-Listen bzw. ‚Gottbegnadeten-Listen' erstellt."[122] Im Gegensatz zu der von Schlösser erstellten Liste, die ohne weiteres auch seine politischen Präferenzen widerspiegelt, standen allerdings bei der späteren „Gottbegnadeten-Liste" eher Zweckmäßigkeitserwägungen im Vordergrund. Dort war das Ziel, möglichst alle herausragenden Künstler zu berücksichtigen, und zwar unabhängig von deren politischer Einstellung. „Das heißt, daß das NS-Regime auf hoher und höchster Entscheidungsebene anscheinend unpolitische bis materialistische Präferenzen zeigte und die Bedeutung der ‚reinen' Unterhaltung als systembewahrend einstufte."[123]

Dies führte dazu, daß die „Gottbegnadeten-Liste" ein weites Spektrum von Persönlichkeiten aufweist, das von überzeugten NSDAP-Mitgliedern wie Hanns Johst, Lothar Müthel oder Helge Roswaenge über engagierte Kämpfer um die Rechte verfolgter Kollegen wie Käthe Dorsch bis zu den als „jüdisch versippt" geltenden Schauspielern Theo Lingen und Hans Moser reicht, die trotz des ihnen drohenden Berufsverbotes zu ihren jüdischen Frauen standen und energisch für sie eintraten. Die Breite dieses Spektrums wirkte „in ihrer Gesamtheit beruhigend bis stimulierend auf die Bevölkerung" ein und bestärkte „sie in ihrer loyalen Einstellung gegenüber dem NS-Staat."[124]

Als Auswirkung des 1943 verkündeten „Totalen Krieges" wurden in der Endphase des Zweiten Weltkriegs zum 1. September 1944 die Theater geschlossen. Viele Künstler wurden zum Kriegsdienst eingezogen oder an der Heimatfront in der Rüstungsindustrie beschäftigt. Nur eine Minderheit von den etwa 140.000 Mitgliedern der Reichskulturkammer war davon ausgenommen und wurde auf der Gottbegnadeten-Liste genannt. Diese ausgewählten „Gottbegnadeten" galten zwar trotzdem als dienstverpflichtet, sollten aber nur zu Veranstaltungen im Sinne der Kulturpropaganda und zur Truppenbetreuung herangezogen werden. Hiervon völlig ausgenommen waren die Personen, die „überragendes nationales Kapital" darstellten und auf Sonderlisten genannt wurden. Ihr geistiges Potential galt es für die Nachkriegszeit zu erhalten. Darunter fielen auch die Künstler, die schon aufgrund ihres hohen Alters – Gerhart Hauptmann, Richard Strauss – gar nicht kriegsdienstverpflichtet werden konnten, deren Überleben aber sichergestellt werden sollte, damit sie nach einem wie auch immer ausfallenden Kriegsende ihr Kulturschaffen fortführen konnten.

---

[121] Vgl. Drewniak, S. 350.
[122] Rathkolb, S. 166. Die entsprechenden Namen der Liste finden sich bei Rathkolb, S. 167 ff.
[123] Ebd., S. 169.
[124] Ebd., S. 170.

I. Gottbegnadeten-Liste.

A. Sonderliste.

Schrifttum:

1. Hans Carossa
2. Gerhart Hauptmann
3. Erwin Guido Kolbenheyer
4. Hanns Johst
5. Agnes Miegel
6. Ina Seidel

Bildende Kunst:

7. Arno Breker
8. Georg Kolbe
9. Josef Thorak
10. Fritz Klimsch
11. Hermann Gradl
12. Artur Kampf
13. Willy Kriegel
14. Werner Peiner
15. Leonhard Gall
16. Hermann Giesler
17. Wilhelm Kreis
18. Paul Schultze-Naumburg

Musik:

19. Richard Strauss
20. Hans Pfitzner
21. Wilhelm Furtwängler

Einleitung

- 2 -

B. Alle Übrigen:

a) Schrifttum:

Hans Friedrich Blunck
Bruno Brehm
Hermann Burte
Friedrich Griese
Gustav Frenssen
Hans Grimm
Max Halbe
~~Hans Johst~~
Heinrich Lilienfein
Börries Freiherr v. Münchhausen
Wilhelm Schäfer
Wilhelm v. Scholz
Emil Strauss
Lulu v. Strauss u. Torney
Helene Voigt-Diederichs
Josef Weinheber
Heinrich Zillich

- 3 -

b) Bildende Kunst:

Bildhauer

Albiker Karl
Behn Fritz
Bitterlich Hans
Bleeker Bernhard
Bredow Gustav
Breker Hans
Cauer Ludwig
Drobil Michael
Edzard Kurt
Enseling Josef
Esser Max
Frass Wilhelm
Geibel Hermann
Gerstel Wilhelm
v. Grävenitz Fritz
Kahn Hermann
Harth Philipp
Hoffmann Arthur
Hoffmann Oswald
Kaspar Ludwig
~~Klimsch Fritz~~
Knecht Richard
Meller Willy
Müllner Josef
Powolny Michael
Rauch Ernst-Andreas
Scheibe Richard
Scheuernstuhl Hermann
Schliessler Otto
Ullmann Robert
Wackerle Josef
Waldschmidt Arnold

Die Seiten 1 bis 3 der „Gottbegnadeten-Liste". Verzeichnet sind hier bekannte Schriftsteller, bildende Künstler, Komponisten und Dirigenten.

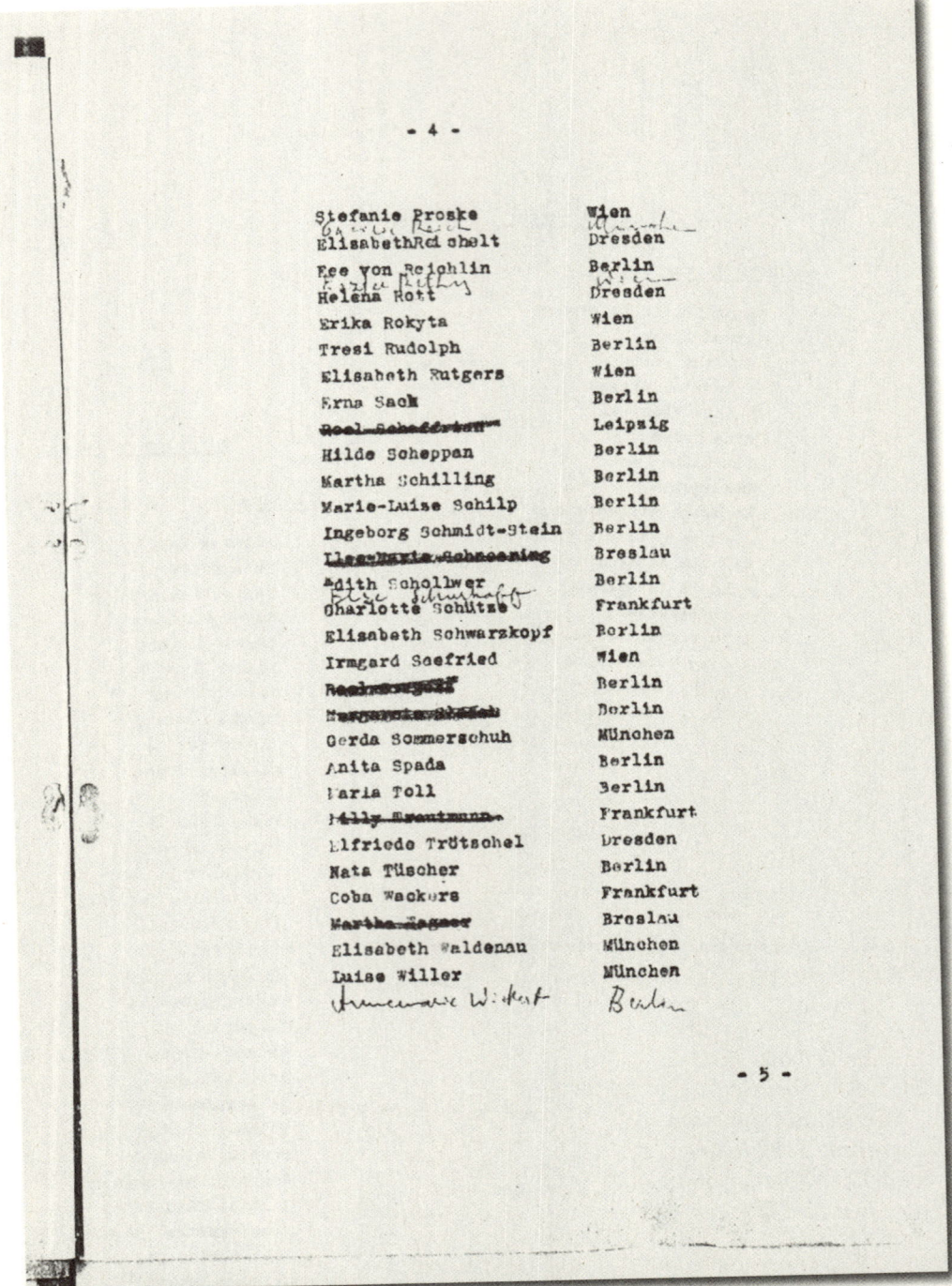

Die Seiten 36 bis 38 der vollständigen „Gottbegnadeten-Liste" – als Unterkapitel mit einer abweichenden Paginierung versehen.

8. Kabarettisten.

~~Willi Reichert~~	*Stuttgart*
Rotraut Richter	Berlin
Betty Bahr	Berlin
Jupp Hussels	Berlin
~~Ludwig Manfred Lommel~~	Berlin
Kurt Pratsch-Kaufmann	Berlin
Udo Vietz	Berlin
~~Peter Marino Bell~~	Berlin
Bruno Fritz	*Berlin*
Karl Napp	*Dortmund*

9. Sprecher

Robert Klupp	Berlin
~~Robert Taube~~	Berlin
Konrad Wagner	Berlin
Lothar Müthel	Wien
Ullrich Bettac	Wien
Eduard Wolters	Wien
Fritz Rochter	"
Walter Richter	"
Kurt v. Ruffin	*Berlin*

10. Sprecherinnen

~~Karin Evans~~	Berlin	*Wilma v. Eckard Berlin*
Ursula Burg	Berlin	*Elis Lemnitz*
Ruth von Riedel	Berlin	~~Hildegard Grethe~~
Ilse Stapff	*Weimar*	*Mila Kopp-Kayser*
Sara Michel-Schillbach	*Berlin*	

11. Autoren und Sprecher für aktuelle Sendungen (Zeitspiegel, Vorträge usw.)

Gerhard Wandel	Berlin
Pels von Felinau	Berlin
Fritz Hausmann	Babelsberg-Ufastadt
Friedrich Maier-Bode	Berlin
~~Georg Endress~~	Berlin
Erich Krug	Babelsberg
Gerd Prager	Berlin-Halensee
Werner Schott	Berlin
Dr. Heinz Frieling	München
Dr. Herbert Michael	Dresden
Prof. Dr. Gicklhorn	Prag
Dr. med. Brandt	Dresden

12. Schriftsteller

~~Margarete Schiestl-Bentlass~~	Markkleeberg/Sa.
Friedrich Forster	Schlehdorf b. Kochel
Robert Hohlbaum	Wien
Dr. Keienburg	Kleinmachnow b. Berlin
~~Dr. Otto Langenbeis~~	Oeslau b. Coburg
Herywert Menzel	Tirschtiegel/Oisen
Eckart von Naso	Berlin
Heinz Steguweit	Bensberg-Frankenfurst
~~Josef Magnus Wehner~~	München

Allgemein bekannt wurde die im Bundesarchiv verwahrte Liste [BArch R 55/20252a] durch eine Veröffentlichung des 1955 geborenen Wiener Historikers Oliver Rathkolb aus dem Jahr 1991.

Die Existenz dieser Liste war im Dritten Reich nicht allgemein bekannt, sprach sich jedoch in Künstler-Kreisen herum, denn die vom Kriegseinsatz ausgenommenen Kulturschaffenden erhielten ein Anschreiben mit dem Inhalt, daß der „Herr Reichsminister Sie in seiner Eigenschaft als Präsident der Reichskulturkammer auf Grund Ihrer künstlerischen Leistung vom Wehrmacht- und Arbeitseinsatz freigestellt hat. […] Diese Freistellung, die in Würdigung Ihrer besonderen künstlerischen Fähigkeiten ausgesprochen wurde, geschah unter der selbstverständlichen Voraussetzung, daß Sie sich vorbehaltlos einer umfassenden künstlerischen Betreuung zur Verfügung stellen. […] Ich bitte, dieses Schreiben im Sinne der Maßnahmen des totalen Kriegseinsatzes als Ihre Dienstverpflichtung für die von mir geleitete Künstler-Kriegseinsatzstelle aufzufassen." Dieses Anschreiben galt als amtliche Mitteilung, die dem „zuständigen Arbeitsamt vorzulegen" war.[125] Niemand war zur Geheimhaltung des Schreibens verpflichtet und wird darüber mit Freunden und Bekannten gesprochen bzw. Amts- und Behördenvertreter davon in Kenntnis gesetzt haben. Jedoch sorgte die der angespannten Kriegslage geschuldete Fixierung der Menschen auf das tägliche Überleben dafür, daß das Wissen darum über den engen Kreis der direkt Betroffenen kaum hinausging.

Nach der Bildung des Deutschen Volkssturms am 18. Oktober 1944 konnten im Prinzip auch „Unersetzliche Künstler" wie Wilhelm Furtwängler zum Kriegseinsatz herangezogen werden, weswegen am 30. November 1944 „Sonderlisten" erstellt wurden, um sie davon auszunehmen.

Die Grundstruktur der im zweiten Halbjahr 1944 aufgestellten „Gottbegnadeten-Liste" sieht folgendermaßen aus:

Freistellungsschreiben des Präsidenten der Reichskulturkammer Dr. Schlösser

---

[125] Rathkolb, S. 174.

I.	**Gottbegnadeten-Liste**	
	A. Sonderliste	Seite 1
	Schrifttum, Bildende Kunst, Musik, Theater	
	B. Alle übrigen	Seite 2 bis 14
	a) Schrifttum	Seite 2
	b) Bildende Kunst	
	Bildhauer	Seite 3 und 4
	Maler	Seiten 4 bis 6
	Architekten	Seiten 6 und 7
	Gebrauchsgraphiker, Entwerfer	Seiten 7 und 8
	c) Musik	
	Komponisten, Dirigenten	Seite 9
	Pianisten, Geiger, Cellisten	Seite 10
	Organisten, Quartette, Konzertsänger	Seite 11
	d) Theater	Seite 12 bis 14
II.	**A. Filmliste**	Seite 15 bis 25
	B. Rundfunkliste	Seite 26 bis 28
	Dirigenten, Instrumental-Solisten	Seite 26
	Sänger, Arrangeure	Seite 27
	Arrangeure, Kopisten, Sprecher und Autoren	Seite 28
	C. Komponisten für Film und Funk und Begleiter für Funk und Konzert	Seite 29 bis 30
	Komponisten	Seite 29 und 30
	Begleiter	Seite 30
III.	**Orchester und Kapellen**	Seite 31 bis 32
	a) Kulturorchester für Funk-, Film- und Konzerteinsatz	Seite 31
	b) Große Rundfunkorchester	Seite 31
	c) Unterhaltungsorchester für Funk, Film und Konzert	Seite 31
	d) Unterhaltungs- und Tanzkapellen für Funk, Film und Konzert	Seite 32
IV.	**Liste der im Rüstungseinsatz tätigen aber für Stunden in Rundfunk und Konzert gelegentlich beschäftigten Künstler:**	Seite 33 bis 38
	Dirigenten und Chorleiter, verschiedene Instrumental-Solisten	Seite 33
	Quartette, Sänger	Seite 34
	Sängerinnen	Seite 35 und 36
	Kabarettisten, Sprecher und Autoren	Seite 37
	Schriftsteller	Seite 38

Man sieht auf den ersten Blick, daß die Liste in ihrer ersten Ordnungsebene mit römischen Zahlen vier Kapitel bildet:

Kapitel I   Gottbegnadeten-Liste, Seite 1 bis 14

Kapitel II   (ohne eigene Kapitelbezeichnung), Seite 15 bis 30

Kapitel III Orchester und Kapellen, Seite 31 und 32

Kapitel IV Liste der im Rüstungseinsatz tätigen aber für Stunden in Rundfunk und Konzert gelegentlich beschäftigten Künstler, Seite 33 bis 38.

Daraus folgt, daß es sich lediglich bei den in Kapitel I genannten Personen um „Gottbegnadete" nach dem Verständnis der NS-Führung handelt, zumal Adolf Hitler, soweit bekannt, auch nur bezüglich dieses Kapitels persönlich tätig geworden ist und eine entsprechende Auswahl vorgenommen hat.

Zudem spricht für diese Annahme, daß Dr. Goebbels in seiner Tagebucheintragung vom 26. August 1944 „von etwa 300 bis 400 wirklich hervorragenden, über die Zeit hinaus wirkenden Künstlern"[126] aus allen Sparten des Kulturlebens spricht, die auf die „Gottbegnadeten-Liste" gesetzt werden sollten. Das paßt zum Kapitel I mit insgesamt 375 Personen.

Ein weiteres Indiz hierfür ist die Tatsache, daß in den Kapiteln II bis IV zahlreiche Personen genannt sind, die auch den damaligen Zeitgenossen weitgehend unbekannt waren und von denen mit einiger Sicherheit angenommen werden kann, daß sie lediglich aus Nützlichkeitserwägungen (zum Beispiel zur Aufrechterhaltung des Spielbetriebes) berücksichtigt wurden. Als exemplarisches Beispiel hierfür kann der Kapellmeister und Arrangeur Hanns Steinkopf gelten. In seinem Fall ist nachgewiesen, daß der Leiter der Musikabteilung im Reichsministerium für Volksaufklärung und Propaganda Dr. Heinz Drewes 1944 die „uk"-Stellung von Steinkopf nicht wegen dessen Genialität verlangt hatte, sondern weil Mangel an Arrangeuren herrschte. Es existieren noch weitere analoge Fälle.

Daß bei der Zusammenstellung der Personen in den Kapiteln II bis IV sehr pragmatisch vorgegangen wurde und hier reine Zweckmäßigkeit den Maßstab bildete, läßt sich an einer Reihe von Personen ablesen, die man aufgrund ihrer Lebensgeschichte kaum in einer NS-„Gottbegnadeten-Liste" erwarten würde. Nur einige Beispiele: Der Sänger Kurt von Ruffin war homosexuell und saß längere Zeit im Konzentrationslager ein. Der Schauspieler Otto Sauter-Sarto war rechtskräftig wegen Verstoßes gegen den § 175 StGB verurteilt. Der Schauspieler Ernst Rotmund war zeitweilig wegen Verstoßes gegen § 175 StGB im Konzentrationslager. Der Schauspieler Robert Klupp war rassisch Verfolgter. Der Gitarrist Franz Fijal war Jude.

Auch die vom Verfasser durchgeführten Recherchen lassen bei vielen der aufgeführten Personen nur schwer oder gar nicht erkennen, worin eine auch nur annähernd genialische oder gottbegnadete künstlerische Lebensleistung derselben liegen könnte.

Es fällt das Fehlen bekannter Schriftsteller wie z.B. Werner Beumelburg oder Edwin Erich Dwinger auf. Beumelburg leistete Kriegsdienst und führte das Kriegstagebuch des Oberkommandos der Luftwaffe. Dwinger hingegen diente seit Kriegsbeginn als Sonderführer in einer Propagandakompanie an der Front. Politisch in Ungnade gefallen, bekam er im Herbst 1943 Schreibverbot und wurde unter Hausarrest gestellt.

Insoweit ist auch die von Rathkolb für sein Buch „Führertreu und gottbegnadet. Künstlereliten im Dritten Reich" vorgenommene Auswahl aus der Gesamtliste nur nachzuvollziehen, wenn man berücksichtigt, daß dessen Ar-

Werner Beumelburg

Edwin Erich Dwinger

---

[126] Goebbels-Tagebücher, Teil II, Band 13, S. 333.

Abteilung T   Berlin, den 1. August 1944

An
Herrn Leiter T.

    Die anliegende Liste der sogenannten Gottbegnadeten überreichte mir heute nachmittag ORR.Reimer.
    In der Sitzung wurde die Liste durchgegangen. Herr Hinkel konnte sich einige Bemerkungen über die "wohl" von Abteilung T vorgeschlagene Schauspielerin Maria Eis/Wien nicht verkneifen.

                            Heil Hitler !
                            Scherzer

Schriftverkehr zur von Dr. Goebbels gebilligten Gottbegnadeten-Liste

---

Personalabteilung   Berlin, den 31. August 1944.

                                Vertraulich !

a) Herrn Leiter T
b) Herrn Ministerialdirektor Hinkel
c) An die Reichskulturkammer
   z.Hd. Herrn Dr. Schrade
d) An den Reichsfilmintendanten
   z.Hd. Herrn Oberregierungsrat Frowein

Betrifft: Liste der sog. Gottbegnadeten.

    In der Anlage erhalten Sie ein Stück der vom Herrn Minister gebilligten Gottbegnadeten-Liste, welche möglicherweise noch durch einige Mitglieder der Preussischen Staatstheater nach Eingang der Wünsche des Reichsmarschalls ergänzt werden muss.

                              Heil Hitler!

> Abteilung T   Berlin, den 1.September 1944
>
> 1.) Vermerk.
>
> Dr.Schrade teilt am 1.September spätnachmittags mit, daß die Aufforderung zur Dienstpflicht im Rahmen der Kulturkammer auf Grund übereinstimmender Ansicht vom Minister und Sauckel keinen Altersunterschied mehr machen wird, sondern jeden Kammerangehörigen, praktisch auch den 75-jährigen zur Meldung und Erlassung und zum etwaigen Einsatz vorsieht. Unter diesen Umständen muß sofort die sogenannte Gottbegnadetenliste um diejenigen Männer und Frauen ergänzt werden, von deren Namhaftmachung bisher im Hinblick auf das erreichte 50. bezw. 65.Lebensjahr abgesehen wurde (Kayssler, Hedwig Bleibtreu usw.).
>
> 2.) Herrn Referent Dürr
>
> mit der Bitte, diese Ergänzung der Gottbegnadetenliste möglichst bis Sonnabend gegen 11 Uhr zu erstellen, da sie dann schon Schrade zwecks Abstimmung mit Präsident Hartmann zugeleitet werden muß.
>
> Heil Hitler !

beitsziel eine exemplarische Analyse des Themas war. Rathkolb beschränkt sich für diese Analyse auf Kapitel „I. Gottbegnadeten-Liste" plus „Unterkapitel A. Filmliste" aus Kapitel II (summa summarum also die Listenseiten 1 bis 25). Für seine Berechnung der Zahl der „Gottbegnadeten" verzichtet er auf die „Rundfunk-Liste" sowie die „Liste der im Rüstungseinsatz tätigen, aber für Stunden in Rundfunk und Konzert gelegentlich beschäftigten Künstler", somit auf die Seiten 26 bis 28 und 33 bis 38, mit einiger Sicherheit jedoch auch auf das Unterkapitel „C. Komponisten für Film und Funk und Begleiter für Funk und Konzert" des Kapitels II, also die Seiten 29 und 30, und errechnet daraus eine Gesamtzahl von 1.041 „Gottbegnadeten".[127]

---
[127] Diese Zahl und weitere von Rathkolb verwendete Zahlen sowie behandelte Personen finden sich beispielsweise auch im Wikipedia-Beitrag über die „Gottbegnadeten-Liste".

Einleitung

Der Verfasser ist der Meinung, daß man bei der Bearbeitung des „Gottbegnadeten"-Themas konsequent verfahren sollte: Entweder man beschränkt sich auf die „Gottbegnadeten-Liste" im engeren Sinne und damit auf Kapitel „I. Gottbegnadeten-Liste" mit 375 Künstlern, oder aber man berücksichtigt die Gesamtliste von 38 Seiten, zuzüglich eines nachträglich gefertigten Aktenvermerkes vom 23. Oktober 1944 mit Ergänzungen, die von Dr. Hans Erich Schrade, dem Generalsekretär der Reichskulturkammer und Geschäftsführer der Reichstheaterkammer, veranlaßt wurden, indem berücksichtigt wird, daß deren Intention neben dem Schutz der „Gottbegnadeten" auch die Erfassung derjenigen Personen war, die aufgrund ihrer beruflichen Kenntnisse und Fähigkeiten für den Kunst- und Kulturbetrieb für unverzichtbar gehalten wurden.

Der Verfasser hat sich für die zweite Option entschieden, da die strengen Kriterien, die der Auswahl der „Gottbegnadeten" im engeren Sinne zugrunde lagen, im Prinzip auch in analoger Weise für die Personen galten, deren Namen auf den Seiten 15 bis 39 stehen. Dies erscheint auch deshalb gerechtfertigt, weil diese Personen ebenfalls weit überdurchschnittliche berufliche Leistungen vorweisen konnten und so die hohe Qualität des künstlerischen Lebens im Deutschland jener Jahre widerspiegeln. Es liegt auf der Hand, daß die Ermittlung der Lebensdaten und des Berufsweges um so schwieriger wurde, je weiter der einzelne Künstler von der hundertprozentigen Erfüllung des Anforderungsprofils eines „Gottbegnadeten" entfernt und je weniger prominent er war; insoweit kann wohl zumindest tendenziell eine lineare Beziehung zwischen hinreichender Ermittlung von Informationen zur Person und erfüllter „Gottbegnadung" angenommen werden. Dies ergibt sich nicht zuletzt aus der Tatsache, daß von den „Gottbegnadeten" im engeren Sinne (Seiten 1 bis 14) nur bei vier Künstlern keinerlei Informationen gefunden werden konnten (was einer Erfolgsquote von 98,9 Prozent entspricht), während zu den Künstlern in den Kapiteln II bis IV mit insgesamt 828 Künstlern leider zu 44 Personen kein entsprechendes Datenmaterial ermittelt werden konnte (dies entspricht einer Erfolgsquote von 94,7 Prozent).

Unter Berücksichtigung der Gesamtheit der Künstler, also aller auf den 38 Seiten genannten Künstler zuzüglich der von Dr. Schrade ergänzten neun Künstler, konnten für einen Anteil von 96,0 Prozent Daten oder sonstige Informationen ermittelt werden.

Auf der Gesamtliste standen ursprünglich 1.238 Namen, hiervon wurden 135 wieder gestrichen sowie 96 handschriftlich (teilweise unleserlich) ergänzt, dazu kommen neun Namen des erwähnten Aktenvermerkes. Außerdem mußten noch weitere fünf Namen gestrichen werden, weil sie sich doppelt auf der Liste befanden, so daß sich die Recherchen bezüglich der Einzelbiographien auf insgesamt 1.203 Personen erstreckten.

Zu den in der Gesamtliste aufgeführten 30 Orchestern/Kapellen, vier Quartetten, zwei Chören mit je 48 Mitgliedern sowie einem Chor mit 32 Mitgliedern wurden jeweils nur summarische Recherchen durchgeführt.

Soweit es die Datenlage ermöglicht, werden die Kurzbiographien der 375 „Gottbegnadeten" im engeren Sinne (Kapitel I der Liste) etwas ausführlicher gestaltet. Im übrigen hält sich die folgende Darstellung exakt an die Gliederungs- und Ordnungsstruktur der „Gottbegnadeten-Liste".

Abschließend bleibt dem Verfasser zu hoffen, daß die folgenden Kurzbiographien helfen mögen, das Bewußtsein für einen Teil deutscher Kulturgeschichte zu schärfen, dessen Bedeutung für die kulturelle Entwicklung des heutigen deutschen Staates bisher noch nicht hinreichend ausgelotet ist.

I. Gottbegnadeten-Liste

A. Sonderliste

Seite 1

Schrifttum

CAROSSA, HANS
Dr., * 15.12.1878 in Tölz,
† 12.9.1956 in Rittsteig bei Passau

Sohn des Arztes Karl Carossa und dessen späterer Ehefrau, der Lehrerin Maria Voggenreiter. Auf Wunsch seiner Eltern nahm Carossa 1897 das Studium der Medizin auf, das er 1905 mit der Promotion über das Thema „Dauerfolge bei Dammrissen dritten Grades" abschloß. Während seines Studiums bekam er Kontakt zu Dichterkreisen in München um Rainer Maria Rilke und Frank Wedekind. 1904 übernahm Carossa die Praxis seiner Vaters in Passau und ließ sich als Arzt für Herz- und Lungenkrankheiten nieder. 1906 schickte er dem Dichter Richard Dehmel einige seiner Gedichte und lernte über diesen den Dramatiker und Lyriker Hugo von Hofmannsthal kennen, der ihn an den Insel-Verlag vermittelte, der später sämtliche Werke Carossas veröffentlichte. Im selben Jahr brachte dessen Verlobte Valerie Endlicher den gemeinsamen Sohn Hans Wilhelm zur Welt; im folgenden Jahr erfolgte die Heirat. Carossas erstes Werk „Gesammelte Gedichte" erschien 1910; in seinem ersten Prosawerk „Die Schicksale Doktor Bürgers", das 1913 erschien, setzte er in der Figur der „Hanna Cornet" seiner Ehefrau ein literarisches Denkmal. Das Thema des Arztberufes tauchte in seinem Werk immer wieder auf, so etwa 1931 in „Der Arzt Gion" oder 1955 in „Tagebuch eines jungen Arztes". 1914 zog die junge Familie nach München, wo Carossa fortan als Arzt praktizierte und gleichzeitig schriftstellerisch tätig war. In den Jahren 1916 bis 1918 wurde er als Bataillonsarzt an der Ost- und Westfront eingesetzt und 1918 in Frankreich schwer verwundet. Nach seiner Entlassung aus dem Militärdienst praktizierte er wieder als Arzt, widmete sich aber weiterhin nebenberuflich der Schriftstellerei. 1922 wurde seine Autobiographie „Eine Kindheit" veröffentlicht, 1924 das „Rumänische Tagebuch", in dem seine Kriegserlebnisse an der Ostfront verarbeitet sind. Dabei stellte er den Krieg als zwar verhängnisvoll, aber dennoch mit einem verborgenen Sinn behaftet dar. Trotz der ständigen Konfrontation mit dem Kriegsgrauen, mit Verwundung und Tod stellte Carossa den Krieg als solchen nicht in Frage. Im Jahre 1928 erschien seine autobiographisch geprägte Erzählung „Verwandlungen einer Jugend", und er erhielt den Dichter-

Hans Carossa

preis der Stadt München. 1929 gab Carossa seine Arztpraxis auf und war nun als freier Schriftsteller tätig. Da er den größten Teil seines Lebens in Bayern verlebte, tauchen in seinem Werk häufig dessen Menschen, Folklore und Mythen auf. Mit seinen zahlreichen autobiographisch geprägten Romanen und Erzählungen trug er maßgeblich zur Entwicklung des autobiographischen Romans in Deutschland bei. Außerdem sah Carossa sich in der Tradition Goethes, indem er seine humanistische Erziehung in seinem Werk zum Ausdruck brachte. Trotz der Erkenntnis, daß das Böse der Welt wesensimmanent ist, stellte Carossa sie als ordnende und heilende Schöpfung eines gütigen Gottes dar. 1931 erhielt Carossa den Gottfried-Keller-Preis, den renommierten Literaturpreis der schweizerischen „Martin Bodmer-Stiftung". Nach der Regierungsübernahme Adolf Hitlers blieb Carossa im Gegensatz zu vielen anderen Schriftstellern in Deutschland, was ihm später häufig als Mitläufertum angekreidet wurde; er lehnte aber die ihm angetragene Berufung in die „Deutsche Akademie der Dichtung" ab, versuchte sich von der Politik fernzuhalten und hielt Kontakt zu Emigranten, zum Beispiel zu Thomas Mann. Die Nationalsozialisten versuchten mehrfach, Carossa wegen dessen großen Renommées in In- und Ausland propagandistisch einzubinden, was dieser aber verhinderte. Trotzdem war er in dieser Zeit einer der am meisten geförderten Schriftsteller Deutschlands, da er insbesondere Dr. Goebbels als Repräsentant einer liberalen Kulturpolitik und Vertreter eines humanitären Idealismus wichtig war. 1936 erschien Carossas Roman „Geheimnisse des reifen Lebens". Im Jahre 1938 nahm Carossa als Gast am NSDAP-Reichsparteitag teil und erhielt den Frankfurter Goethe-Preis, ein Jahr später nahm er in Italien den San Remo-Preis entgegen. 1941 erschien seine dritte Autobiographie „Das Jahr der schönen Täuschungen", im selben Jahr akzeptierte er zwar den Posten als Präsident der Europäischen Schriftstellervereinigung in Weimar (nahm aber nicht an den Jahrestreffen dieser Vereinigung teil); im selben Jahr starb seine Ehefrau. Im Jahre 1943 heiratete er Hedwig Kerber, die er bereits seit 1927 kannte und mit der er eine dreizehnjährige Tochter hatte. In der 1944 erschienenen Anthologie „Lyrik der Lebenden" war Carossa mit 15 Gedichten vertreten. Hitler nahm ihn in seine Sonderliste der „Gottbegnadeten-Liste" der sechs wichtigsten deutschen Schriftsteller auf. Kurz vor Kriegsende forderte Carossa in einem Brief den Oberbürgermeister von Passau zur kampflosen Übergabe der Stadt auf, wofür er in Abwesenheit zum Tode verurteilt wurde. Auch nach 1945 erreichte Carossa wieder große Popularität wie in den 1920er und 1930er Jahren. 1946 erschienen „Aufzeichnungen aus Italien", die Carossas Erlebnisse auf verschiedenen Italienreisen zwischen 1925 und 1943 schildern, im Jahre 1948 machten ihn die Städte Passau und Landshut zu ihrem Ehrenbürger, und 1951 zog er in seinem Buch „Ungleiche Welten" eine selbstkritische Bilanz. Im Jahre 1953 wurde Carossa mit dem Großen Verdienstkreuz der Bundesrepublik Deutschland geehrt. 1955 erschien seine letzte Autobiographie „Der Tag des jungen Arztes". Noch in seinem letzten Lebensjahr 1956 wurde Carossa die Paracelsus-Medaille der deutschen Ärzteschaft verliehen; bald nach dem Tod seiner Ehefrau Hedwig verstarb auch Carossa, der große deutsche Lyriker und Erzähler, am 12. September 1956.

Carossa 1934 bei einem Vortrag

HAUPTMANN, GERHART
Dr. phil. h.c. lit. Dr. h.c.,
* 15.11.1862 in Ober-Salzbrunn,
† 6.6.1946 in Agnetendorf

Gerhart Hauptmann

Büste Hauptmanns von Arno Breker

Sohn des Hotelbesitzers Robert Hauptmann und dessen Ehefrau Maria (geb. Strähler). Hauptmann absolvierte die Realschule in Breslau und begann 1878 eine landwirtschaftliche Ausbildung auf dem Rittergut eines Onkels in Schlesien. Im Oktober 1880 trat er in die Bildhauerklasse der Breslauer Königlichen Kunst- und Gewerbeschule ein, etwa ein Jahr später verlobte er sich mit der begüterten Kaufmannstochter Marie Thienemann, die danach für seinen Unterhalt aufkam. Später unternahm er eine Mittelmeerreise und arbeitete ab 1883 in Rom als Bildhauer. 1884 trat Hauptmann in die Zeichenklasse der Königlichen Akademie in Dresden ein. Im Jahre 1885 heiratete er seine Verlobte, mit der er in der Folge drei Söhne hatte, und zog mit ihr nach Erkner bei Berlin. 1887 entstand seine Novelle „Bahnwärter Thiel". Im Oktober 1889 wurde Hauptmanns sozialkritisches Drama „Vor Sonnenaufgang" uraufgeführt, das ihm den Ruf eines der führenden Dramatiker der Moderne einbrachte. 1892 stellte er nach Recherchen im schlesischen Webergebiet sein gesellschaftskritisches Drama „Die Weber" fertig. Die Uraufführung im Deutschen Theater führte zu erheblichem Aufsehen, Kaiser Wilhelm II. kündigte seine dortige Loge, und der Berliner Polizeipräsident verbot weitere Aufführungen des Stückes. 1893 wurden Hauptmanns Komödie „Der Biberpelz" und die dramatische Traumdichtung „Hanneles Himmelfahrt" uraufgeführt. Als er die Musikstudentin Margarete Marschalk näher kennenlernte, kam es zu einer Ehekrise, die 1894 zur Trennung des Ehepaares führte. 1901 übersiedelte Hauptmann nach Agnetendorf im Riesengebirge, das wechselweise mit Berlin, Hiddensee und später Italien zu seinem ständigen Wohnsitz wurde. 1903 verarbeitete Hauptmann seine Eindrücke aus einem Prozeß gegen eine Landarbeiterin – die wegen Kindesmordes angeklagt war und in dem er als Geschworener fungierte – zum Schauspiel „Rose Bernd"; die Uraufführung erfolgte noch im selben Jahr. Nach der offiziellen Scheidung von seiner Ehefrau heiratete der Dichter Margarete Marschalk, mit der er später einen Sohn hatte. Am 13. Januar 1911 wurde im Lessing-Theater in Berlin sein Schauspiel „Die Ratten" uraufgeführt, ein Jahr später erhielt er den Nobelpreis für Literatur. Nach dem Ersten Weltkrieg begann Hauptmann, sich aktiv für die Weimarer Republik einzusetzen; weitere Stücke von ihm wurden uraufgeführt und er erhielt zahlreiche Ehrungen, beispielsweise wurde ihm 1924 der Orden Pour le Mérite (Friedensklasse) verliehen, 1928 wurde er in die Sektion Dichtkunst der Preußischen Akademie der Künste aufgenommen. 1932 erfolgte die letzte Uraufführung eines seiner Dramen zu seinen Lebzeiten, das den symbolischen Titel „Vor Sonnenuntergang" trägt. In diesem Jahr unternahm Hauptmann eine Reise in die USA, um den Ehrendoktorhut der Columbia University entgegenzunehmen, außerdem wurde er vom amerikanischen Präsidenten Herbert Hoover im Weißen Haus empfangen. Da der konservativ und national denkende Hauptmann in der Weimarer Republik als kosmopolitisch und sozial engagiert wahrgenommen wurde, war er den Nationalsozialisten zunächst sehr suspekt und wurde von ihnen als „Gewerkschafts-Goethe" verspottet; die nationalsozialistische „Deutsche Kultur-Wacht", das Presseorgan des Kampfbunds für deutsche Kultur, schrieb noch am 9. September 1933:

"Wer einst der Weimarer Republik gefeiertster Poet gewesen ist, dem steht es wohl an, die verstimmte Leier hinterm Ofen zu bergen und sich [...] die Wohltat des Vergessenwerdens zu erwerben." Diese ablehnende Haltung änderte sich jedoch in den Jahren nach 1933, da Hauptmann sich vorbehaltlos hinter die nationalsozialistische Politik stellte und die Wirtschaftspolitik Hitlers sowie dessen außenpolitische Maßnahmen – wie etwa den Austritt Deutschlands aus dem Völkerbund im November 1933 oder den Einmarsch deutscher Truppen in die entmilitarisierte Rheinlandzone im März 1936 – offen begrüßte. Nach dem erfolgten Österreich-Anschluß schrieb Hauptmann am 2. April 1938 im „Berliner Tageblatt": „Die untrennbare Vereinigung Deutsch-Österreichs mit seinem deutschen Mutterlande und des Mutterlandes mit Deutsch-Österreich ist die unabwendbar folgerichtige Verwirklichung einer geschichtlichen Notwendigkeit. Es war ein Sohn Deutsch-Österreichs, dessen eisernen Willen die Mächte hinter den Sternen ausersahen, um ihr längst gefallenes Verdikt über Nacht zu verwirklichen." Den Zweiten Weltkrieg sah Hauptmann als notwendige Korrektur der Geschichte mit dem Ziel, Deutschland den ihm gebührenden Platz als geistige, wirtschaftliche und militärische Macht zu erringen. Auch in der Endphase des Krieges unterstützte der Nobelpreisträger weiterhin die NS-Politik in Zeitungen sowie im Rundfunk. 1937 erschien Hauptmanns Autobiographie „Das Abenteuer meiner Jugend", und 1944 vollendete er seinen Dramenzyklus der „Atriden-Tetralogie", an dem er vier Jahre lang gearbeitet hatte und der erst 1948 uraufgeführt wurde. Zu seinem 80. Geburtstag 1942 fanden aufwendige Ehrungen für den greisen Dichter in Wien und Breslau mit einer Vielzahl von Festaufführungen statt. Gerhart Hauptmann war zweifelsfrei einer der bedeutendsten naturalistischen Dichter. Eine rein stilistische Einordnung seines Werkes würde aber seiner herausragenden Bedeutung nicht hinreichend gerecht, da es auch impressionistische, klassische, romantische und symbolistische Elemente beinhaltet.

Hauptmanns Grabstein auf Hiddensee

KOLBENHEYER, ERWIN GUIDO
Dr. phil. Dr. med. h.c., * 30.12.1878 in Budapest, † 12.4.1962 in München

Der später im Dritten Reich meistdekorierte Dramatiker, Lyriker und Romanautor Kolbenheyer wurde als Sohn eines karpatendeutschen Vaters, der Architekt war, und einer sudetendeutschen Mutter geboren. Er besuchte das Gymnasium in Eger, studierte dann an der Universität Wien die Fächer Philosophie, Psychologie und Zoologie und wurde 1905 zum Dr. phil. promoviert. In Wien trat er 1906 in das akademische Corps Symposion ein. Bereits im Jahre 1903 war die Tragödie „Giordano Bruno" entstanden, 1904 etablierte Kolbenheyer sich als freier Schriftsteller und spezialisierte sich auf historische Romane, deren erster, der Spinozaroman „Amor Dei", 1908 erschien, gefolgt 1910 von „Meister Joachim Pausewang" und 1910 von „Montsalvasch". Diese Werke ließen bereits deutlich die künstlerische Eigenart des Dichters erkennen. Ab 1914 arbeitete er an der Romantrilogie „Die Kindheit des Paracelsus", „Das Gestirn des Paracelsus" und „Das dritte Reich des Paracelsus", die 1925 vollendet wurde und ihm viel Beifall eintrug. 1911 hatte er bereits den Bauernfeld-Preis erhalten, 1926 wurde ihm der Adalbert-Stifter-Preis verliehen, ein Jahr später trug er den Ehrendoktorhut der Universität München, und 1932 folgte die Goethe-Medaille für Kunst und Wissenschaft. 1919 war Kolbenheyer nach Tübingen übersiedelt, wo er bis 1932 als freier Schriftsteller lebte. Das Selbstverständnis der sudetendeutschen Minderheit, unter der er gelebt hatte, spiegelt sich in der typischen Hervorhebung des Deutschtums in seinen Werken und in seinen Ro-

Büste Kolbenheyers von Rudolf Schmidt

Erwin Guido Kolbenheyer

Adlerschild des Deutschen Reiches

Schallplatte der Paracelsus-Rede von 1941

manhelden wider, die fast ausnahmslos typische Germanen sind, die mit einer feindlichen Umwelt ringen, oder aber Mystiker, welche gegen die Scholastik des Mittelalters und den Internationalismus der Kirche ankämpfen. Sowohl seine historischen Romane als auch seine theoretischen Schriften wie „Die Bauhütte" von 1926 nahmen zahlreiche Aspekte und Gedanken des Nationalsozialismus vorweg. So behauptete Kolbenheyer etwa, daß das Schicksal der deutschen Nation vorbestimmt habe, sich vom „artfremden Glauben des aus jüdischen Wurzeln gewachsenen Christentums" abzuwenden. 1928 trat er dem Förderkreis des Kampfbunds für deutsche Kultur bei, 1932 übersiedelte er nach München-Solln. Von den Nationalsozialisten wurde er hoch geschätzt und im Mai 1933 in die Deutsche Akademie der Dichtung der „gesäuberten" Preußischen Akademie der Künste berufen. Am 19. August 1934 war Kolbenheyer Mitunterzeichner des Aufrufs der Kulturschaffenden zur Vereinigung des Reichskanzler- und Reichspräsidentenamtes: „Wir glauben an diesen Führer, der unseren heißen Wunsch nach Eintracht erfüllt hat". Er schrieb in NS-Zeitungen und in der von Reichsminister Dr. Goebbels intellektuell geprägten Wochenzeitung „Das Reich". Er hieß die von den Nationalsozialisten initiierten Bücherverbrennungen als „notwendige Reinigung" gut. Kolbenheyer war als wichtiger Kulturfunktionär für die Nationalsozialisten von eminenter Bedeutung. Trotz seines ausgeprägten Nationalismus' sah er den Nationalsozialismus trotzdem nicht unkritisch. Die geistige Nähe zur nationalsozialistischen Ideologie war allerdings neben seinen herausragenden schriftstellerischen Leistungen mit der Grund dafür, daß er mit Ehrungen und Preisen geradezu überschüttet wurde, von denen hier nur eine Auswahl genannt werden kann: Goethe-Preis der Stadt Bremen (1935), Literaturpreis der Stadt München (1936), Goethe-Preis der Stadt Frankfurt (1937), Adlerschild des Deutschen Reiches (höchste Auszeichnung für ganz außerordentliche Verdienste von Hitler mit der Widmung: „Dem deutschen Dichter", 1938), Kant-Plakette der Stadt Königsberg (1941), Paracelsus-Preis der Stadt Villach (1942), Grillparzer-Preis der Stadt Wien (1944). Auch während der NS-Zeit schuf Kolbenheyer zahlreiche bedeutende Werke, zum Beispiel „Das gottgelobte Herz" (Roman, 1938), „Widmungen" (Gedichte, 1938), „Vox humana" (Gedichte, 1940) und als Abschluß seines dichterischen Schaffens die dramatische Tetralogie „Menschen und Götter" (1944). Nach dem Zweiten Weltkrieg wurde Kolbenheyer wie viele seiner Kollegen aufgrund seiner Nähe zum Nationalsozialismus mit Berufsverbot belegt. 1945 wurde ihm sein Haus in München-Solln genommen, er war Anfeindungen ausgesetzt, und eine Spruchkammer stufte ihn als „belastet" ein; dieses Urteil wurde später gemildert in „Mitläufer". 1950 wurde Kolbenheyer Mitglied der Gesellschaft für freie Publizistik. In den verbleibenden Lebensjahren widmete er sich der Weiterführung seiner Bauhütten-Philosophie, schrieb die dreibändige Selbstbiographie „Sebastian Karst über sein Leben und seine Zeit" (1957/58) und arbeitete an einer Gesamtausgabe seiner Werke. Zu seinem 80. Geburtstag wurde der greise Dichter mit dem Sudetendeutschen Kulturpreis des Bundesverbandes der Sudetendeutschen Landsmannschaften und einer Matinee im Wiener Burgtheater geehrt, an der auch die Schauspieler Hanns Ernst Jäger und Victor de Kowa mitwirkten. Auch wenn manches an Kolbenheyers Werk kritikwürdig ist wie etwa seine Bauhütten-Philosophie, rechtfertigt dies keinesfalls eine pauschale Verurteilung seines Schaffens, denn die „Gedrängtheit der Sprache, die Ballung der Bilder, die Dynamik der Erzählkunst, die Architektur der Romane sind beeindruckend".

JOHST, HANNS
*** 8.7.1890 in Seehausen bei Riesa,
† 23.11.1978 Ruhpolding**

Der Sohn eines Volksschullehrers besuchte in Leipzig das Königin-Carola-Gymnasium, an dem er 1911 das Abitur ablegte. Da er ursprünglich Missionar werden wollte, arbeitete Johst kurzzeitig als Pfleger in der Bodelschwingh'schen Anstalt in Bethel, studierte dann jedoch Kunstgeschichte, Germanistik, Medizin und Philosophie an den Universitäten Leipzig, München und Wien. Bereits 1914 veröffentlichte er sein erstes Drama „Die Stunde der Sterbenden". Zu Beginn des Ersten Weltkrieges meldete er sich als Kriegsfreiwilliger, wurde aber schon nach kurzer Zeit wegen Krankheit entlassen und lebte sodann als freier Schriftsteller und Regieassistent. 1917 war sein Werk „Der Einsame" über den Dramatiker Christian Dietrich Grabbe sein Durchbruch als Bühnenautor. Nach seiner Heirat mit der wohlhabenden Johanna Feder bezog er mit dieser ein Anwesen in Allmannshausen am Starnberger See, wo er expressionistische Dramen wie „Der König" (1929) und „Thomas Paine" (1927) verfaßte. Während dieser Zeit wandte er sich einem mehr realistischen Stil zu und avancierte zu einem der führenden deutschen Nachwuchsdramatiker mit engen Verbindungen zur politischen Rechten. Etwa um 1923 traf Johst erstmals mit Adolf Hitler zusammen, den er im Hause des Verlegerehepaares Bruckmann traf. 1929 wurde Johst Präsident der nationalsozialistischen Kulturorganisation „Kampfbund für deutsche Kultur", dem er ein Jahr zuvor beigetreten war. Sehr erfolgreich war sein drei Jahre später geschriebenes berühmtes patriotisches Drama „Schlageter" über den Freikorpskämpfer Albert Leo Schlageter, der 1923 von einem französischen Militärgericht wegen Anschlägen auf Verkehrsverbindungen im von Frankreich besetzten Rheinland zum Tode verurteilt und hingerichtet worden war. Dieses Stück, das an Hitlers Geburtstag, dem 20. April 1933, uraufgeführt und von Johst mit der Widmung „Für Adolf Hitler in liebender Verehrung und unwandelbarer Treue" versehen wurde, beeindruckte Hitler sehr; das Stück wurde in den folgenden Jahren unzählige Male aufgeführt. Im Juni 1933 wurde Johst der Vorsitz der Deutschen Akademie der Dichtung der Preußischen Akademie der Künste übertragen. Weitere Ehrungen folgten: Im Januar 1934 wurde er Preußischer Staatsrat, und am 11. September 1935 erhielt er auf der Kulturtagung des NSDAP-Reichsparteitages als erster Schriftsteller den von Hitler gestifteten Preis der NSDAP für Kunst und Wissenschaft, der mit 20.000 Reichsmark dotiert war, gleichzeitig wurde er von seinem Duz-Freund, Reichsführer-SS Heinrich Himmler, als SS-Oberführer in dessen persönlichen Stab aufgenommen und später bis zum Gruppenführer befördert (was dem Dienstgrad eines Generalleutnants entsprach). Ebenfalls 1935 wurde Johst Präsident der Reichsschrifttumskammer. Bis etwa 1935 war er schriftstellerisch und dichterisch sehr produktiv, danach versiegte seine künstlerische Schaffenskraft mehr oder weniger, was jedoch nicht zuletzt auf seine zahlreichen Ämter und Funktionen zurückzuführen sein dürfte. 1939 erhielt der Multi-Funktionär den Deutschen Nationalpreis für Kunst und Wissenschaft, er wurde 1940 mit der Goethe-Medaille

Hanns Johst

Johst 1936 mit seiner Familie

für Kunst und Wissenschaft und 1941 mit dem Kantate-Preis der Stadt Leipzig geehrt. Nach 1945 wurde Johst interniert und in einem Spruchkammerverfahren am 7. Juli 1949 zunächst als „Mitläufer" eingestuft, allerdings wurde er im selben Jahr in einem Berufungsverfahren als „Hauptschuldiger" eingestuft und mit einer dreieinhalbjährigen Arbeitslagerstrafe belegt. Nach der Haftentlassung und einem erneuten Entnazifizierungsverfahren wurde er schließlich als „belastet" eingestuft. Johst kämpfte jedoch weiter um sein Recht und erreichte die Aufhebung dieser Entscheidung mit gleichzeitiger Verfahrenseinstellung auf Kosten der Staatskasse, womit er de facto rehabilitiert war.

Schriftstellerisch konnte der Dichter in der Bundesrepublik Deutschland jedoch keinen Erfolg mehr erzielen.

Agnes Miegel

MIEGEL, AGNES
Dr. h.c., * 9.3.1879
in Königsberg/Pr.,
† 26.10.1964
in Bad Salzuflen

Die bedeutende Balladendichterin und Schriftstellerin wurde als Tochter des Kaufmanns Gustav Adolf Miegel und dessen Ehefrau Helene geb. Hofer geboren. Nach dem Besuch der Höheren Mädchenschule in Königsberg lebte sie von 1894 bis 1896 in einem Mädchenpensionat in Weimar, wo sie ihre ersten Gedichte verfaßte. Ab 1900 wurde Miegel in einem Berliner Kinderkrankenhaus zur Kinderkrankenschwester ausgebildet und arbeitete von 1902 bis 1904 als Erzieherin in einem Mädcheninternat in Bristol (England). Danach ging sie auf das Berliner Lehrerseminar, mußte diese Ausbildung aber krankheitsbedingt abbrechen und besuchte 1905 eine landwirtschaftliche Maidenschule bei München. Schon 1906 kehrte sie jedoch nach Königsberg zurück, um ihre kranken Eltern zu pflegen, insbesondere ihren erblindenden Vater bis zu dessen Tod im Jahre 1917; hier lebte sie, nur unterbrochen von größeren Reisen, bis 1945 und war als Autorin, Journalistin und ab 1927 als freie Schriftstellerin tätig. Miegel schuf Lyrik, Märchen und Erzählungen, die von heimatlich-christlichem Gedankengut beeinflußt waren. Mit ihren Balladen und Liedern prägte sie bis in die 1960er Jahre den literarischen Kanon der deutschen Lesebücher. Schon als Zwanzigjährige hielt sie im Königsberger Artushof ihre erste eigene Dichterlesung. Gerade zu Beginn ihres Schaffens fand sie in dem Schriftsteller und Lyriker Börries Freiherr von Münchhausen einen wichtigen Förderer, der ihre Balladen und Gedichte in seinen neuromantischen Kreis brachte. Miegels erstes Buch „Gedichte" erschien 1901, 1907 folgte „Balladen und Lieder". Besondere Beachtung fand ihre Ballade „Die Frauen von Nidden", die den Untergang des Dorfes Nidden in Ostpreußen bei einer Pestepidemie beschreibt. In ihren Werken thematisierte sie immer wieder ostpreußische Bezüge und erwarb sich dadurch den ehrenvollen Beinamen „Mutter Ostpreußens". Als weitere wichtige Werke Miegels sind beispielsweise zu nennen: „Geschichten aus Alt-Preußen" (1928), „Der Vater" (1932), „Gang in die Dämmerung" (1934), „Frühe Gedichte" (1939), „Im Ostwind" (1941) oder „Heimgekehrt" (1942). Die Gesamtausgabe ihrer Werke umfaßt sieben Bände. Die Popularität der Dichterin war auch während des Dritten Reiches ungebrochen. 1933 wurde sie Mitglied der NS-Frauenschaft und Vorstandsmitglied der Deutschen Akademie der Dichtung. Sie unterzeichnete im Oktober 1933 das „Gelöbnis treuester Gefolgschaft" vom 88 deutschen Schriftstellern für

Adolf Hitler sowie im Jahre 1934 den Aufruf der Kulturschaffenden zur Zusammenlegung der Ämter des Reichspräsidenten und des Reichskanzlers.
Sie war im Dritten Reich eine besonders produktive Künstlerin, durfte uneingeschränkt publizieren und wurde mehrfach mit Preisen und Auszeichnungen geehrt (nachdem sie bereits 1916 den Kleist-Preis und 1924 die Ehrendoktorwürde der Königsberger Albertus-Universität erhalten hatte), wie etwa mit dem Ehrenring des Allgemeinen deutschen Sprachvereins (1935), dem Johann-Gottfried-von-Herder-Preis der Stiftung F.V.S. (1936), dem Goldenen Ehrenzeichen der Hitler-Jugend (1939) oder dem Goethepreis der Stadt Frankfurt am Main (1949). Im März 1945 flüchtete die Dichterin vor der näherrückenden Roten Armee und gelangte in das dänische Flüchtlingslager Oksbøl, konnte im Jahre 1946 nach Deutschland zurückkehren und fand in der Britischen Besatzungszone Aufnahme bei der Familie ihres inzwischen verstorbenen Förderers Börries Freiherr von Münchhausen. 1948 siedelte sie nach Bad Nenndorf über, wo sie bis zu ihrem Lebensende wirkte und auch über ihre Vertreibung schrieb. Als ihr immer wieder ihre Nähe zum Nationalsozialismus vorgehalten wurde, entgegnete sie: „Dies habe ich mit meinem Gott alleine abzumachen und mit niemand sonst." Die greise Künstlerin erhielt auch in der Bundesrepublik Deutschland zahlreiche Ehrungen: Westfälischer Kulturpreis (1952), Ehrenbürgerin der Gemeinde Bad Nenndorf (1954), Ehrenplakette des Ostdeutschen Kulturrates (1957), Großer Literaturpreis der Bayerischen Akademie der Schönen Künste (1959), Westpreußischer Kulturpreis (1961), Kulturpreis der Landsmannschaft Westpreußen (1962), Ehrensold der Städte Duisburg und Hameln.
Zu ihrem 100. Geburtstag brachte die Deutsche Bundespost 1979 eine von Elisabeth von Janota-Bzowski gestaltete Sonderbriefmarke heraus. Zahlreiche Straßen, Wege, Plätze und Schulen sind nach der großen deutschen Künstlerin benannt. Seit einiger Zeit sind immer mehr Bemühungen zu verzeichnen, die nach Agnes Miegel benannten Straßen und Einrichtungen umzubenennen.

SEIDEL, INA
* 15.9.1885 in Halle/Saale, † 2.10.1974 in Ebenhausen bei München

Die deutsche Lyrikerin und Romanautorin wurde als Tochter eines Chirurgen geboren; ihre Kindheit verbrachte sie in Braunschweig, wo ihr Vater das herzogliche Krankenhaus leitete. Nachdem dieser 1895 Suizid begangen hatte, zog die Mutter mit ihren Kindern zuerst nach Marburg und später nach München. 1907 heiratete Seidel ihren Cousin, den Schriftsteller Heinrich Wolfgang Seidel. 1919 wurde ihr Sohn Georg Seidel geboren, der später als Essayist, Kritiker und Reporter wirkte. 1927 kam ihr „Brömseshof" heraus, und im Jahre 1934 wurde ihr Hauptwerk, der Roman „Das Wunschkind" veröffentlicht, an dem sie seit 1914 gearbeitet hatte. Dieses Buch brachte ihr sehr viel Erfolg und den Durchbruch als Schriftstellerin; 1932 wurde sie, als zweite Frau nach der Dichterin und Schriftstellerin Ricarda Huch, zusammen mit Gottfried Benn in die Preußische Akademie der Künste in Berlin aufgenommen. Der Schriftsteller und Lyriker Börries von Münchhausen, dem Seidel ansonsten persönlich wie politisch verbunden war, kritisierte sie wegen der Annahme der Wahl. Sie unterzeichnete im Oktober 1933 das Treuegelöbnis 88 deut-

Ina Seidel

scher Schriftsteller für Adolf Hitler. Zu Hitlers 50. Geburtstag am 20. April 1939 schrieb die Dichterin: „Wir Mit-Geborenen der Generation, die im letzten Drittel des vergangenen Jahrhunderts aus deutschem Blute gezeugt war, waren längst Eltern der gegenwärtigen Jugend Deutschlands geworden, ehe wir ahnen durften, daß unter uns Tausenden der eine war, über dessen Haupte die kosmischen Ströme deutschen Schicksals sich sammelten, um sich geheimnisvoll zu stauen und den Kreislauf in unaufhaltsam mächtiger Ordnung neu zu beginnen."

Im Jahre 1941 wurde Seidel mit dem Grillparzer-Preis der Stadt Wien geehrt, 1942 fungierte sie als Mitherausgeberin der Kriegsbriefe von Nachrichtenhelferinnen in „Dienende Herzen". Auch nach 1945 setzte Ina Seidel ihr umfangreiches Schaffen als Lyrikerin und Romanautorin erfolgreich fort und erhielt zahlreiche Auszeichnungen: Sie wurde ordentliches Mitglied der Bayerischen Akademie der Schönen Künste (1948), erhielt den Wilhelm-Raabe-Preis der Stadt Braunschweig, das Verdienstkreuz der Bundesrepublik Deutschland (1954), wurde ordentliches Mitglied der Akademie der Künste Berlin (West), mit dem Großen Kunstpreis des Landes Nordrhein-Westfalen (1958) und dem Großen Verdienstkreuz der Bundesrepublik Deutschland (1966) geehrt und schließlich Ehrenbürgerin der Stadt Starnberg (1970). Am 28. August 2012 beschloß der Bezirksausschuß Neviges der Stadt Velbert, wegen Seidels Affinität zum Nationalsozialismus den nach ihr benannten Weg am Wimmersberg umzubenennen.

Bildende Kunst

BREKER, ARNO
**Prof., * 19. 7.1900 in Elberfeld,
† 13.2.1991 in Düsseldorf**
Der als Sohn eines Steinmetzes geborene Breker begeisterte sich schon als Fünfzehnjähriger für die Bildhauerei, nachdem er im Düsseldorfer Museum eine Arbeit Auguste Rodins gesehen hatte. Er lernte im väterlichen Unternehmen, das er 1916 nach der Einberufung seines Vaters zum Kriegsdienst übernahm, und besuchte gleichzeitig Kurse an der Kunstgewerbeschule Elberfeld. Nach dem Besuch der Düsseldorfer Kunstakademie erhielt er seine ersten Aufträge durch den Düsseldorfer Kunstverein und hatte erste berufliche Erfolge bei einigen Architekturwettbewerben. Der Verkauf eines seiner Werke ermöglichte ihm 1923 einen einjährigen Aufenthalt in Paris, wo er in Verbindung zu zahlreichen Künstlern wie beispielsweise Jean Cocteau oder Jean Renoir kam. Nach seiner Rückkehr setzten sich seine künstlerischen Erfolge fort. 1927 kehrte er nach Paris zurück, wo er bis 1934 sein Atelier unterhielt, enge Verbindungen zu weiteren bekannten Künstlern und Schriftstellern knüpfte und bei dem Bildhauer Aristide Maillol sein Handwerk vervollkommnete. Er hielt jedoch nach wie vor Verbindungen nach Deutschland, stellte dort seine Werke aus und erhielt mehrere Aufträge, z.B. für die Gestaltung eines Heinrich-Heine-Denkmals der Stadt Düsseldorf und eines Röntgen-Denkmals für die Stadt Remscheid. 1933 erhielt er den Rompreis, der mit einem einjährigen Aufenthalt in der Villa Massimo verbunden war und zu Studienreisen nach Neapel und Florenz führte. Als er 1934 nach Deutschland zurückkehrte und sich in Berlin niederließ, konnte er bald zunehmende Aufträge und weitere künstlerische Erfolge verzeichnen. 1936 wurde Breker bei dem im Zusammenhang mit den Olympischen Spielen ausgeschriebenen Bildhauerwettbewerb die Silbermedaille für seine Arbeiten „Die Siegerin" und „Der Zehnkämpfer" und im Jahre 1937 eine Professur an der Hochschule für bildende Künste in Berlin verliehen. Er erhielt nun immer mehr Aufträge; sein von Goebbels

beauftragtes Werk „Prometheus" wurde bei der Einweihung des Hauses der Deutschen Kunst vorgestellt. Auf den acht Großen Deutschen Kunstausstellungen war Breker mit insgesamt 42 Exponaten vertreten. Insbesondere die von dem Generalbauinspektor für die Reichshauptstadt Albert Speer an Breker erteilten Aufträge beim Bau der Neuen Reichskanzlei machten Hitler, der bis dahin kein besonderes Interesse an Breker bekundet hatte, auf den Künstler aufmerksam. Neben den zwei Marmorreliefs „Kämpfer" und „Genius" für den Kuppelsaal begeisterten Hitler vor allem die Figuren der „Partei (Fackelträger)" und der „Wehrmacht (Schwertträger)". Die Wertschätzung Hitlers war für Breker trotz aller vorherigen Erfolge der entscheidende Durchbruch, der ihm für seine weitere Arbeit bis 1945 den Weg bereitete und zu hohen Ehrungen führte (etwa 1940 zur Berufung als Mitglied des Reichskultursenats und der Preußischen Akademie der Künste). 1940 eröffnete Breker sein Atelier in Jäckelsbruch bei Berlin. Am Morgen des 22. Juni 1940, nach dem Abschluß des deutsch-französischen Waffenstillstandes, wurde Breker in Hitlers Hauptquartier geflogen, wo ihn Hitler bat, zusammen mit Albert Speer an einem Blitzbesuch in Paris teilzunehmen. Bei diesem Besuch erklärte Hitler, daß in den Jahren 1934/35 zahlreiche Denunziationen gegen Breker vorgetragen worden seien. Im Mai 1942 fand auf Einladung französischer Persönlichkeiten in Paris eine Ausstellung von 45 Plastiken und 120 Handzeichnungen Brekers statt, die 120.000 Besucher hatte. Maillol rühmte Breker anschließend als den „Michelangelo Deutschlands". Breker half während des Zweiten Weltkrieges immer wieder rassisch und religiös Verfolgten, Regimekritikern und anderen Gefährdeten durch Fürsprache bei den deutschen Behörden,

Innenhof der Neuen Reichskanzlei mit den von Breker geschaffenen Skulpturen „Die Partei" und „Die Wehrmacht"

Arno Breker

Büste Cosima Wagners in Bayreuth

obwohl Speer ihm dringend empfahl, sich aus politischen Gründen zurückzuhalten. Nach Kriegsende ließ Breker sich in Wemding (Bayern) nieder. Seine drei Ateliers in Berlin, Jäckelsbruch und Wriezen wurden von den Alliierten beschlagnahmt und verwüstet, über 80 Prozent der vorhandenen Arbeiten Brekers zerstört oder gestohlen. Nach 1945 konnte Breker aus Platzmangel kaum noch bildhauerisch arbeiten und war vorerst überwiegend zeichnerisch tätig. Ein Zyklus mittelgroßer Aquarelle auf Büttenpapier entstand. 1948 wurde Breker „entnazifiziert" und als „Mitläufer" zu einer Geldstrafe von 100 DM verurteilt. 1950 zog Breker nach Düsseldorf und führte in den folgenden Jahren vor allem Architekturarbeiten in München, Düsseldorf, Essen, Hagen usw. aus. Ab 1960 wurde er wieder bildhauerisch tätig und eröffnete auch ein Atelier in Paris. Er schuf nun eine große Zahl von Zeichnungen, Stichen und Lithographien. Besonders aber eine Reihe von Büsten (z.B. Jean Marais 1963, Ludwig Erhard 1973, Konrad Adenauer 1979) verhalf Breker zu neuem Ruhm. Ab 1970 erhielt Breker immer wieder auch Aufträge ausländischer Staatschefs und hatte erneut bedeutende Ausstellungen seiner Werke, so 1972 in Bonn und Paris, 1980 in München, Washington und Chicago. 1976 begann er einen olympischen Zyklus, zu dem ihm deutsche Spitzensportler (Walter Kusch, Peter Nocke, Eberhard Gienger, Kurt Bendlin, Ulrike Meyfarth) Modell standen. 1980 wurde das Schloß Nörvenich bei Köln Arno Breker zum Aufbau eines Museums bereitgestellt. 1981 begann eine Kampagne gegen Breker anläßlich einer Ausstellung in Paris, bei der er mit drei Werken vertreten sein sollte, worauf er auf eine Teilnahme verzichtete. Weitere Kampagnen gegen ihn folgten, und trotz zahlreicher in- und ausländischer Ehrungen und öffentlicher Anerkennung, die Breker erhielt, sah er sich zunehmenden polemischen Anfeindungen ausgesetzt, die eine direkte Beziehung zwischen seiner Kunst und dem Nationalsozialismus suggerierten, ihn als „Nazi" beschimpften und ihm die Verherrlichung des NS-Systems vorwarfen. Der Kulminationspunkt dieser Entwicklung war die Medienhetzjagd mit dem Tenor „Nazi-Kunst ins Museum?", die gegen Breker in den Jahren 1986/87 veranstaltet wurde, nachdem er den Kunstsammler, Industriellen und Kunsthistoriker Professor Dr. Dr. h.c. mult. Peter Ludwig sowie dessen Frau Professor Irene Ludwig porträtiert hatte und diese Porträtbüsten im Kölner Wallraf-Richartz-Museum/Museum Ludwig aufgestellt werden sollten. 1991 fanden die Feierlichkeiten zum 90. Geburtstag des Künstlers mit 1.524 geladenen Gästen aus aller Welt auf Schloß Nörvenich statt. Arno Breker starb in seinem Heim in Düsseldorf, an der Beisetzung nahmen zahlreiche Trauergäste und Freunde Brekers aus Europa, Asien und USA statt. Prof. Ludwig charakterisierte Leben und Werk Brekers, das eine verdiente Renaissance erfährt, treffend in folgenden Sätzen: „Seine Monumental-Plastiken der dreißiger Jahre zeigen ein Pathos, das damals internationaler Stil war. Seine Menschlichkeit steht für mich außer Frage. Daß Hitler ihn verehrte, macht ihn nicht zum Nazi. Kein Fehlverhalten aus den Jahren seines Glanzes ist überliefert. Vielmehr hat er geholfen, wo er konnte, und ist sich als Mensch und Künstler treu geblieben. Wenn viele seiner heutigen Kritiker vergessen sein werden, bleiben Brekers Werke Zeitzeichen dieser Jahrzehnte."

KOLBE, GEORG
Prof., * 15.4.1877 in Waldheim an der Zschopau, † 20.11.1947 in Berlin

Der als viertes von acht Kindern des Malermeisters Emil Kolbe geborene Georg Kolbe begann bereits im Alter von vierzehn Jahren 1891 das Studium der Malerei und Graphik an der Dresdener Kunstgewerbeschule. 1895 ging er auf die Münchener Kunstakademie und besuchte dort gleichzeitig die Privatschule des ungarischen Malers Simon Hollósy. 1897 eröffnete er ein Atelier in Schwabing, zog aber noch im selben Jahr nach Paris und besuchte die Académie Julien. Ende 1898 wechselte er nach Rom und eröffnete dort ein Atelier. 1899 machte er eine Studienreise nach Algerien und Tunesien und lernte dort den Bildhauer Richard Scheibe kennen. Er kam durch diesen zur Bildhauerei, begann neben seiner Malerei auch zu modellieren und nahm Unterricht bei August Gaul und Louis Tuaillon. 1901 kehrte Kolbe nach Deutschland zurück und zog 1904 nach Berlin, wo er das Malen ganz aufgab und sich der Künstlervereinigung „Secession" anschloß. Von Dezember 1905 bis April 1906 war Kolbe als Stipendiat der Villa Romana in Florenz. 1909 ging er erneut nach Paris, wo er Rodin in seinem Atelier besuchte. 1912 machte ihn seine in der Nationalgalerie Berlin ausgestellte Plastik „Tänzerin" schlagartig berühmt. 1914 zum Kriegsdienst einberufen, legte er 1915 die Feldpilotenprüfung ab, konnte aber weiterhin in Berlin seiner künstlerischen Tätigkeit nachgehen. Er erhielt u.a. den Auftrag für das Gefallenen-Denkmal des Ehrenfriedhofes im belgischen Eppeghem, das 1918 eingeweiht wurde. Anfang 1917 wurde Kolbe erneut eingezogen und auf Veranlassung des deutschen Botschafters Richard von Kühlmann nach Istanbul versetzt. Hier betätigte er sich als Porträtist und schuf neben Bildnissen, Grabmälern und Kleinplastiken auch das Kriegerdenkmal für den Ehrenfriedhof in Therapia. Hier erreichte ihn auch die Verleihung des Professorentitels durch das königlich-preußische Kultusministerium. In Berlin wendete sich Kolbe nach Kriegsende einige Zeit dem Expressionismus zu. Etwa 1925 begann Kolbes erfolgreichste Schaffensphase; durch eine rege Ausstellungstätigkeit wurde er immer bekannter und konnte viele seiner Werke verkaufen. Zu Beginn der 1930er Jahre gingen die Aufträge für Kolbe wegen der allgemein verschlechterten Wirtschaftslage stark zurück. 1931 gewann er den Wettbewerb der Stadt Düsseldorf für ein Heinrich-Heine-Denkmal, das nach der Regierungsübernahme der Nationalsozialisten nicht mehr zur Ausführung kam. Wegen dieses Denkmals kam es zu nationalsozialistischen Angriffen auf Kolbe; Albert Speer gelang es aber, ihn zu rehabilitieren. Kolbe galt in den Anfangsjahren des Dritten Reiches als umstrittener Künstler, zumal er sich auch gegen die völkische Kulturpolitik Alfred Rosenbergs und den „Kampfbund für deutsche Kultur" engagierte. Ab 1934 verbesserte sich seine Auftragslage wieder erheblich. 1935 schuf er die Monumentalskulptur „Ruhender Athlet" für das Reichssportfeld in Berlin. 1937 wurde seine Arbeit „Verkündung" im Deutschen Haus der Pariser Weltausstellung gezeigt. Zum 60. Geburtstag Kolbes schrieb der spätere Bundespräsident Theodor Heuss in einem Artikel: „Zwischen dem plastischen Werk Kolbes atmet man eine freie und saubere Luft." In den Großen Deutschen Kunstausstellungen 1937 bis 1943 waren insgesamt elf Werke Kolbes zu finden. Im Sommer 1938 modellierte Kolbe während einer Spanienreise eine Büste des spanischen

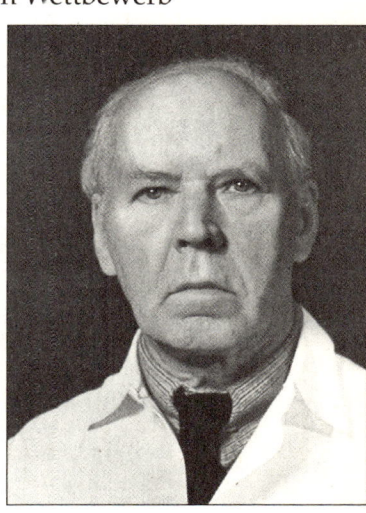

Georg Kolbe

Sonderbriefmarke „Brunnenfigur" zum 100. Geburtstag 1977

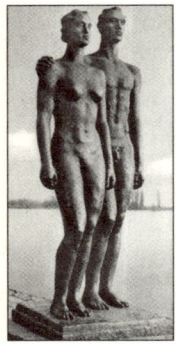

„Menschenpaar" am Maschsee in Hannover

Staatschefs Francisco Franco, die später als Geburtstagsgeschenk an Hitler übergeben wurde. Schon zu Beginn dieser Reise war Kolbe schwer krebskrank, nach seiner Rückkehr Ende Juli 1939 wurde er von Ferdinand Sauerbruch in der Charité operiert; es kam zu Komplikationen, und Kolbe schwebte zeitweise in Lebensgefahr. 1941 zeigten sich bei Kolbe erste Anzeichen einer schweren Augenerkrankung. Nachdem sein Atelier im Dezember 1943 durch Luftminen stark beschädigt worden war, ging Kolbe im Frühjahr 1944 nach Sprottau in Schlesien; 1945 kehrte er wieder nach Berlin zurück, 1946 wurde sein Atelier wieder hergestellt, so daß er wieder arbeiten konnte, bis er an seinem Krebsleiden verstarb.

THORAK, JOSEF
* 7.2.1889 in Wien,
† 25.2.1952 in Endorf am Chiemsee

Thorak wurde als Sohn eines Töpfermeisters geboren. Nach seiner im Salzburger Kloster Edmundsburg verbrachten Kindheit erlernte er das Töpferhandwerk und begab sich auf eine lange Wanderschaft, die ihn durch Mitteleuropa und über die Balkanländer Ungarn, Kroatien, Serbien und Bulgarien bis Konstantinopel führte. Zeitweise arbeitete er in Sofia beim Bau des Schlosses für Zar Ferdinand von Bulgarien. Nach seiner Rückkehr im Jahre 1906 arbeitete Thorak als Töpfer und besuchte gleichzeitig die Abendkurse der Wiener Kunstgewerbeschule. 1910 bestand er die Aufnahmeprüfung der Wiener Akademie der Künste und bekam hier seine weitere künstlerische Ausbildung. 1914 erhielt er bereits die österreichische Goldene Staatsmedaille. Durch Julius Alwin Ritter von Schlosser, den Direktor des Wiener Kunsthistorischen Museums, lernte er Wilhelm von Bode, den Direktor der Nationalgalerie und Generaldirektor aller Deutschen Museen kennen, der Thorak riet, auf die Berliner Kunstakademie zu wechseln. Nach dem Umzug nach Berlin studierte er dort Graphik bei dem Bildhauer Ludwig Manzel. Während des Ersten Weltkrieges mußte er sich seinen Lebensunterhalt zeitweise mit Gelegenheitsarbeiten verdienen, einige Monate leistete er Kriegsdienst. Nach Beendigung des Krieges kehrte er kurz nach Österreich zurück, um auf einem Bauernhof zu arbeiten, schloß aber dann sein Studium in Berlin ab. Im Jahre 1919 erhielt er mehrere bedeutende Preise, darunter den Staatspreis des Kultusministeriums Berlin für ein monumentales Denkmal des Torgauer Reiterregiments. Sein künstlerischer Stil war nun deutlich beeinflußt von Auguste Rodin, der naturalistischen Schule und dem österreichischen Altbarock. In den folgenden Jahren nahm Thorak an zahlreichen Kunstwettbewerben teil und erzielte mehrere bedeutende Preise, z.B. den 2. Preis für ein General-Botha-Denkmal in Melbourne und den 1. Preis für ein Kleist-Denkmal der Stadt Berlin. An der Berliner Akademie wurde er 1928 ständiger Ausstellungsgast, und das Hans Cürlis-Institut produzierte den später weltberühmten Film „Schaffende Hände" über Josef Thorak. 1930 stellte er mit der Berliner Künstlervereinigung „Secession" im Münchener Glaspalast aus. Für seine Monumentalskulpturen erhielt der Künstler 1934 in einem von der türkischen Regierung ausgeschriebenen Wettbewerb den 1. Preis. Er rief die Öffentlichkeit auf, bei der Volksabstimmung vom 19. August 1934 für die Vereinigung der Ämter des Reichspräsidenten und des Reichskanzlers in der Person Adolf Hitlers zu stimmen. 1935 nahm Thorak an der von der NS-Kulturgemeinde veranstalteten

Josef Thorak

Kollektivausstellung in Berlin teil, wobei die Modelle seiner in der Türkei geschaffenen Monumentalplastiken ebenso wie die Büste des polnischen Marschalls Józef Pilsudski großen Anklang fanden. Thorak erreichte nun den Zenit seiner öffentlichen Anerkennung; er war Hitlers unangefochtener Favorit unter den deutschen Bildhauern, bis etwa 1938 Breker diese Spitzenposition übernahm. Mit einer 1936 für das Reichssportfeld in Berlin geschaffenen Skulptur errang er eine olympische Medaille, zahlreiche öffentliche Aufträge schlossen sich an, wie z.B. das Werk „Bekrönungsgruppe" für die Haupttribüne des Nürnberger Märzfeldes oder die Reiterfiguren „Schwertträger" und „Fahnenträger" für den Eingang zum Spielfeld des Deutschen Stadions zu Nürnberg (Reichsparteitagsgelände). Für die Werke „Kameradschaft" und „Familie" bekam Thorak 1937 auf der Pariser Weltausstellung den Grand Prix du Jury zugesprochen, die Modelle beider Gruppen wurden bei der 1. Großen Deutschen Kunstausstellung in der Ehrenhalle des Hauses der Deutschen Kunst ausgestellt. Auf den Großen Deutschen Kunstausstellungen waren von 1937 bis 1944 insgesamt 42 Werke Thoraks zu sehen. Das herausragende Können Thoraks fand auch in zahlreichen weiteren Ehrungen seine verdiente Anerkennung; er wurde Leiter einer Meisterschule für Bildhauerei an der Münchener Kunstakademie und Mitglied der Preußischen Akademie der Künste. Um optimale Arbeitsbedingungen für die Herstellung der Monumentalplastiken zu gewährleisten, baute der mit Thorak befreundete Speer ein riesiges Atelier in einem Pinienwald bei Baldham in der Nähe der Reichsautobahn München-Salzburg, das mit 22 Metern Höhe eines der größten der Welt war. Auch in den einschlägigen Kunstzeitschriften wurde Thoraks Werk gebührend gewürdigt. Ab 1940 befand sich Thorak auf der Höhe seiner Schaffenskraft und schuf auch während des Zweiten Weltkrieges einige bedeutende Werke. Nach Kriegsende wurden viele seiner Arbeiten von amerikanischen Soldaten zerstört oder gestohlen. Im Entnazifizierungsverfahren wurde Thorak, der erst 1943 der NSDAP beigetreten war, 1945 von der Münchener Spruchkammer zwar freigesprochen, trotzdem wurde über ihn bis 1948 ein Arbeits- und Verkaufsverbot verhängt. Er arbeitete in einer angemieteten Garage heimlich weiter und betätigte sich ansonsten erneut im Töpferhandwerk.

Figurengruppe von Thorak vor dem Deutschen Pavillon auf der Weltausstellung in Paris 1937

KLIMSCH, FRITZ
Prof., * 10.2.1870 in Frankfurt am Main, † 30.3.1960 in Freiburg

Der Bildhauer Klimsch stammte aus einer Frankfurter Künstlerfamilie, sein Großvater war der Maler und Lithograph Ferdinand Klimsch, sein Vater der Kunstmaler Eugen Klimsch; seine beiden älteren Brüder waren ebenfalls Kunstmaler. Er studierte an den Königlichen Akademischen Hochschule für die bildenden Künste in Berlin. Schon während seines Studiums schuf der junge Bildhauer erste bedeutende Arbeiten, er gewann Preise und erste Bekanntheit. Aus der 1894 geschlossenen Ehe mit Irma Lauter gingen vier Kinder hervor. Auf der Hochzeitsreise nach Paris sah Klimsch die Werke Rodins, die ihn sehr beeindruckten und nachhaltig beeinflußten. Außer Rodin sah er den Bildhauer Adolf von Hildebrand als Paten seines eigenen Werkes, da dieser die Lebendigkeit Rodins durch Architektonik und Statik ergänzte und auf diesem Wege den Ausgleich schaffte, den Klimsch für seine Bildhauerei erreichen wollte. 1898 war er Mitgründer

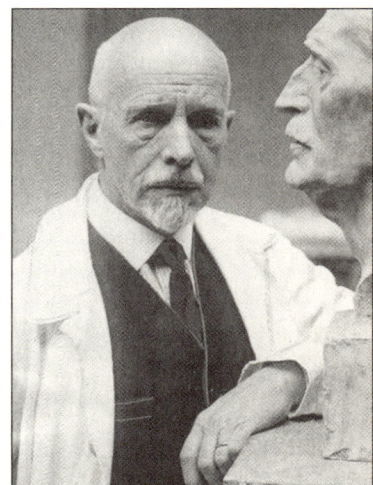

Fritz Klimsch

„Die Hockende"

Großes Verdienstkreuz der Bundesrepublik Deutschland

„Der Kämpfer"

der Berliner „Secession". Seine 1895 und 1901 durchgeführten Reisen nach Italien und eine Reise nach Griechenland 1901 prägten seinen künstlerischen Stil. In seinen Anfangsjahren war Klimschs Schaffen eindeutig vom Jugendstil geprägt, in seinen späteren Jahren wandte er sich vermehrt klassischen Formen zu und erfuhr besonders für seine Frauenakte große Bewunderung. Klimsch war in diesen Jahren außerdem mit Porträtarbeiten, Denk- und Grabmälern außerordentlich erfolgreich. Aufgrund seines großen Erfolges konnte Klimsch einen großbürgerlichen Lebensstil pflegen. Im Jahre 1910 erhielt er den Professoren-Titel, er wurde 1912 Mitglied der Preußischen Akademie der Künste, 1916 deren Senator, und 1921 berief man ihn an die Akademische Hochschule für bildende Künste. 1935 wurde er, seinem Lebensalter entsprechend, in den Ruhestand versetzt. Da er im Dritten Reich ein hochangesehener Künstler war, erlebte er nach 1933 einen erneuten Höhepunkt seiner erfolgreichen Bildhauerkarriere. Bei den Großen Deutschen Kunstausstellungen war er von 1937 bis 1944 mit insgesamt 21 Werken vertreten. Klimsch war einer der künstlerischen Favoriten Hitlers, über dessen Werke er sich im Oktober 1937 begeistert äußerte und von dem er 1942 sagte, daß dieser „in seinen Arbeiten immer größer und bedeutender" werde, während die von Georg Kolbe, „je älter der Meister werde, desto mehr an Vollendung abnähmen"; Hitler erwarb in der Großen Deutschen Kunstausstellung von 1938 die Figur des Tänzers „Erinnerung an Nijinski". Auch Reichsminister Dr. Goebbels war ein Bewunderer Klimschs und hielt am 25. März 1939 in seinem Tagebuch fest: „Er hat wundervolle Plastiken für den Aufgang unseres Ministeriums geschaffen." Goebbels notierte am 6. Februar 1940: „Klimsch bekommt auf meinen Vorschlag statt der Goethemedaille den Adlerschild." Klimsch schuf eine ganze Reihe von Büsten, unter anderem von General Erich Ludendorff, vom Reichsminister des Inneren Dr. Wilhelm Frick, von Adolf Hitler aber auch von der Schauspielerin Marianne Hoppe. 1944 wurden bei den Ausstellungen Deutsche Künstler und die SS in Breslau ein Bronzestandbild „Jugend" und in Salzburg eine „Mädchenfigur im Gewand" sowie eine „Jünglingsfigur" von Klimsch gezeigt. Nach dem Zweiten Weltkrieg siedelte Klimsch mit seiner Familie nach Salzburg über, wurde aber am 8. Februar 1946 als Reichsdeutscher ausgewiesen; er ließ sich schließlich auf dem Hierahof von Saig im Breisgau bei seinem Sohn Uli Klimsch nieder. Hier erfuhr er neue Wertschätzung, wurde Ehrenbürger von Saig und 1960 mit dem Großen Bundesverdienstkreuz ausgezeichnet.

GRADL, HERMANN
Prof., * 12.5.1883 in Marktheidenfeld, † 15.2.1964 in Nürnberg

Gradl wurde als Sohn des Juristen und Bezirksamtmanns des selbständigen Landkreises Marktheidenfeld und dessen Frau Theresia geb. Tritschler geboren. Wegen des frühen Todes seiner Mutter gab Vater Gradl seine Söhne in die Betreuung seiner Schwester nach Dillingen; der spätere Maler, Zeichner und Illustrator ging dort auf das Gymnasium, das er mit dem Einjährigen, heute vergleichbar der Mittleren Reife, verließ. 1899 begann er seine künstlerische Ausbildung auf der Städtischen Gewerbeschule in München. Schon jetzt fertigte er erste künstlerische Entwürfe für die Nymphenburger Porzellanmanufaktur; bei der Pariser Weltausstellung von 1900 wurden seine Entwürfe mit einem Grand Prix ausgezeichnet. Im Jahre 1901 nahm man ihn in die Münchener Kunstgewerbeschule auf. Er kam in der Klasse für Weberei und wurde Schüler bei Professor Theodor Spieß, zu dessen Meisterschüler er 1905 avancierte. Nebenbei studierte er in der Neuen Pinakothek die Meister des 19. Jahrhunderts und übte sich in Kopien von deren Werken; außerdem arbeitete er als Gebrauchsgraphiker. 1907 wurde Gradl als Lehrer für Weberei, Keramik und Kinderspielzeug an die Königliche Kunstgewerbeschule Nürnberg berufen. 1908 übersiedelte er nach Nürnberg und heiratete seine Verlobte Mary, die ihm im November 1909 einen Sohn schenkte. Parallel zu seiner Lehrtätigkeit bildete sich der junge Künstler autodidaktisch als Maler weiter und gewann einen Kunstwettbewerb der Stadt Nürnberg. Seit diesem Erfolg arbeitete er als Landschaftsmaler. Die Stadt Nürnberg kaufte sein Ölgemälde „Am Täubleinshof", mit einigen seiner Werke nahm er 1913/14 erfolgreich an einer Ausstellung im Münchener Glaspalast teil. Bei einer Ausstellung von Nürnberger Künstlern in Leipzig konnte Gradl alle seine dort gezeigten zwölf Gemälde binnen einer Stunde verkaufen. Sein Bekanntheitsgrad stieg nun auch durch mehrere Veröffentlichungen über ihn und seine Kunst, wie etwa die 1920 erschienene Monographie „Hermann Gradl, ein neuer deutscher Malerromantiker"; 1921 wurde er in ein Künstlerlexikon aufgenommen und zählte nunmehr zum Kreis der arrivierten Kreativen. Er widmete sich nun auch verstärkt der Buchillustration, beispielsweise illustrierte der Autodidakt eine Wilhelm-Raabe-Trilogie, das „Märchenbuch Deutscher Dichter" und 1924 Josef Victor von Scheffels „Ekkehard", weitere von ihm illustrierte Bücher folgten. Von 1924 bis 1927 schuf Gradl mehr als 200 Ölstudien und Zeichnungen vom Rhein, 50 entsprechende Gemälde wurden in der Kölner Dom-Galerie und in weiteren Orten am Rhein ausgestellt. 1926 wurde Gradl zum ordentlichen Professor für kunstgewerbliches Zeichnen von Gewebe, Tapeten und Intarsien ernannt. Mit seinem romantisch geprägten Werk unterlag der Künstler im Dritten Reich keinerlei Beschränkungen, im Gegenteil erlebten sein Malstil und seine Werke einen regelrechten Durchbruch, da sie sich am Naturalismus des 19. Jahrhunderts orientierten. 1934 trat Gradl dem Nationalsozialistischen Lehrerbund bei. 1937 fielen Gradls Werke Adolf Hitler auf, als dieser im Atelier des Architekten Franz Ruff einige Gemälde von diesem sah. Hitler wählte daraufhin acht von Gradls Werken für die Ausstellung im Haus der Deutschen Kunst aus, in den Großen Deutschen Kunstausstellungen war Gradl von 1937 bis 1944 mit insgesamt 43 Werken vertreten. Der spätere Verleger und Publizist Henri Nannen schrieb als Kunstkritiker in der Zeitschrift „Die Kunst für Alle": „In den Landschaften Hermann Gradls wird das Gesicht der deutschen Erde sichtbar." Gradl selbst schrieb in einem Brief am 19. Oktober 1937 an Nürnbergs Oberbürgermeister Willy Liebel über den Besuch Hitlers in seinem Atelier: „Ich hatte das unverdiente Glück, die höchste Auszeichnung, die sich ein deutscher Mann denken und erhoffen kann, zu erleben: Vom Führer empfangen zu werden, einige Stunden neben dem Führer verleben zu dürfen. Dieses herrlichste und unvergeßliche Erlebnis, diesen Höhepunkt meines Lebens, verdanke ich Ihrem Wohlwollen, sehr geehrter Herr Oberbürgermeister. Meinen Dank hierfür glaube ich auch in Ihrem Sinne am besten dadurch zum Ausdruck zu bringen, indem ich mit aller Kraft mein ganzes Können dazu verwende, das von unserem Führer geschaffene, wundervolle Dritte Reich und insbesondere unsere fränkische Heimat im Bilde zu verherrlichen, um es dem deutschen Volke

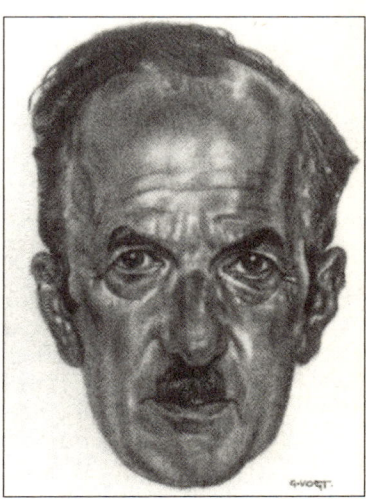

Hermann Gradl

„Landschaft"

„Dorfstraße"

noch näher zu bringen. Heil dem Führer!" Gradl wurde zu einem der gefragtesten deutschen Künstler, er verkaufte seine Werke an viele Politiker wie etwa an die Reichsminister Dr. Goebbels und Speer sowie an Adolf Hitler selbst; er konnte sein Einkommen im Vergleich zu den Vorjahren verdoppeln. 1938 wurde er von Hitler zum Lehrer an die Nürnberger Staatsschule für angewandte Kunst berufen, ein Jahr später machte Hitler ihn zum Direktor. Hitler beauftragte den Künstler, der bisher nur klein- und mittelformatige Werke gefertigt hatte, mit sechs Monumentalgemälden für den Speisesaal der Neuen Reichskanzlei. Gradl wurde nun auch vielfach geehrt, beispielsweise verlieh ihm die Universität Erlangen 1943 die Ehrenbürgerwürde, zu seinem 60. Geburtstag schlug die Stadt Nürnberg seine Ernennung zum Reichskultursenator und die Verleihung des Präsidenten-Titels für den Akademie-Direktor Gradl vor. Nach dem Zweiten Weltkrieg wurde der Künstler seines Amtes als Akademie-Direktor enthoben, da er im Entnazifizierungsverfahren nur als „Mitläufer" eingestuft wurde, bekam er dieses Amt jedoch 1948 wieder zurück, allerdings trat er noch im selben Jahr in den Ruhestand. Er war jedoch weiterhin künstlerisch tätig und schuf noch viele Gemälde. Der Künstler erfuhr auch in der Nachkriegszeit noch zahlreiche Ehrungen; der populäre und beliebte Hermann Gradl verstarb an einem Herzschlag.

KAMPF, ARTHUR
Prof. Dr. phil. h.c. Dr.-Ing. E.h.,
*** 26.9.1864 in Aachen, † 8.2.1950 in Castrop-Rauxel**

Der Hochschullehrer, der nach wie vor als der letzte bedeutsame Historienmaler gilt, studierte nach dem Realschulabschluß ab 1879 an der Düsseldorfer Kunstakademie bei dem Maler und Kunstprofessor Eduard von Gebhardt sowie dem Historienmaler Peter Janssen, der einen bestimmenden Einfluß auf Kampfs weitere künstlerische Entwicklung ausüben sollte und dessen Meisterschüler dieser im Jahre 1883 wurde. Ab 1891 wurde der junge Künstler hier als Hilfslehrer und ab 1893 als ordentlicher Professor angestellt. Kampf unternahm bis 1898 mehrere Studienreisen nach Belgien, Frankreich, Holland, Italien und Spanien, wobei nach eigener Aussage die dort kopierten Werke des spanischen Barockmalers Diego Velászquez einen nachhaltig prägenden Eindruck auf ihn hinterließen. 1899 folgte er einem Ruf an die Königliche Akademie der Künste in Berlin und übernahm bis 1933 die Leitung des Meisterateliers für Malerei. In der Zeit von 1907 bis 1912 wurde er zweimal Präsident der Akademie, 1912 wurde ihm der Württembergische Personaladel zuerkannt; 1915 bis 1924 fungierte er als Direktor der Königlichen Akademischen Hochschule für Bildende Künste in Berlin. Nach 1945 lebte der Künstler nahezu vergessen in Angermund bei Düsseldorf und bei seinem Sohn in Castrop-Rauxel. Während des Zweiten Weltkrieges waren seine Werke durch Ausbombung nahezu vollständig vernichtet worden. Er hatte sich schon früh der Historienmalerei zugewendet und errang, dem Zeitgeschmack entsprechend, durch heroisierende Bearbeitung von Bildthemen der nationalen Vergangenheit schnell einen hohen Bekanntheitsgrad und frühe Erfolge, vor allem durch seine Monumentalgemälde. Eines seiner Hauptwerke ist das 1905/06 entstandene dreiteilige Wandgemälde „Szenen aus dem Leben Ottos des Großen" im neu erbauten Magdeburger Kaiser-Friedrich-Museum, an dessen farblicher Ausgestaltung er weiter maßgeblich mitwirkte. Dieses Monumentalgemälde ist das einzige erhaltene Werk dieser Art aus dem Oeuvre Kampfs. Nach der NS-Regierungsübernahme trat Kampf in die NSDAP ein. Auf der

„Im Walzwerk"

I. – Sonderliste – Bildende Kunst

Selbstbildnis von Arthur Kampf von 1920

Großen Deutschen Kunstausstellung 1939 war er mit 18 Werken vertreten, unter anderem mit der Leihgabe der Reichskanzlei „Der Kampf des Lichts gegen die Finsternis"; ebenfalls 1939 wurde ihm der Adlerschild des Deutschen Reiches mit der Inschrift „Dem deutschen Maler" verliehen, und man hob ihn in der wichtigen Zeitschrift „Die Kunst im Deutschen Reich" (vor 1939: „Die Kunst im Dritten Reich") als „Maler des Weltkrieges 1914–1918" heraus. Nach seiner Pensionierung im Jahre 1933 führte er sein Berliner Atelier weiter und trat im Dritten Reich besonders durch seine Buchillustrationen hervor wie etwa mit den 80 Zeichnungen, die er für Hans Friedrich Bluncks „Deutsche Heldensagen" schuf. Auch die bis zum Zweiten Weltkrieg entstandenen Gemälde wurden in der Presse sehr lobend vorgestellt. Gegen Ende des Zweiten Weltkrieges mußte der greise Künstler, der sich nach Niederschlesien zurückgezogen hatte, vor der Roten Armee fliehen und zog sich vorübergehend nach Angermund bei Düsseldorf zurück. Kampf, der sich in seinem Oeuvre primär auf Historie und Genre festlegte, thematisierte jedoch in seinem über-aus produktiven malerischen, zeichnerischen und graphischen Schaffen fast alle übrigen künstlerischen Gattungen wie die Allegorie, Landschaft, Industrie und auch Jagd, wobei das Kinderporträt qualitativ in den Vordergrund tritt. Darüber hinaus versuchte sich Kampf auch an plastischen Werken wie beispielsweise einer Fichte-Büste (1919), allerdings blieb dies nur ein Randaspekt seines Werks. Der Maler, Graphiker und Radierer Arthur Kampf prägte die deutsche Kunstlandschaft seiner Zeit nicht zuletzt auch durch seine Mitgliedschaften in mehreren Künstlervereinigungen; neben seiner Mitgliedschaft im Verband der rheinisch-westfälischen Künstler, in der Gesellschaft deutscher Aquarellisten und im Verband deutscher Illustratoren war er in Berlin Mitglied im Verein Berliner Künstler (1900 bis 1930), in Düsseldorf zählten ihn der „Malkasten" (1887 bis 1898), der Künstlerklub St. Lucas (1892 bis 1903), der Verein Düsseldorfer Künstler und die Freie Vereinigung Düsseldorfer Künstler zu ihren Mitgliedern.

„Volksopfer 1813"

KRIEGEL, WILLY
Prof., * 23.2.1901 in Dresden, † 20.3.1966 in Starnberg
Der Maler durchlief in Plauen von 1915 bis 1919 eine Lehre als Musterzeichner im kunstgewerblichen Atelier von Reinhold Lorenz. Danach studierte er bis 1921 bei den Professoren Gross und Baranowski an der Staatlichen Akademie für Kunstgewerbe und erhielt hier 1920 für seine Werke die Bronzene Preismünze der Staatlichen Kunstakademie Dresden; 1923 wurde er mit einer Anerkennungsurkunde der Kunstakademie Dresden geehrt. An diese Akademie war er im Jahre 1921 gekommen und studierte bei den Professoren Ferdinand Dorsch, Otto Gussmann und Otto Hettner, bis er ein eigenes Atelier als Meisterschüler bei Oskar Kokoschka bekam. Dieser be-

Willy Kriegel an seiner Leinwand

Das Gemälde „Friedlicher Wald" von Willy Kriegel, gezeigt bei der Großen Deutschen Kunstausstellung 1944

„Eisvogel"

einflußte ihn künstlerisch auch noch in den ersten Jahren nach seinem Studienabschluß, in denen er sich vorwiegend mit Stilleben und Landschaften beschäftigte. Außerdem intensivierte Kriegel seine handwerkliche Fähigkeit in der botanisch korrekten Darstellung von Pflanzen für den Arzneimittelhersteller Madaus, dabei entstanden rund 450 entsprechende Gouachen, die sich noch heute im Besitz der Firma Madaus befinden. 1931 bekam er den Albrecht-Dürer-Preis der Stadt Nürnberg. Während sein Lehrer Kokoschka als wichtiger Vertreter des Expressionismus 1934 nach Prag emigrierte, war das Dritte Reich für Kriegel eine erfolgreiche Periode, auch wenn er aus dem Umfeld des nun verpönten Malers Otto Dix stammte und noch 1937 in der kunstpolitischen Kampfschrift des Autors Wolfgang Willrich „Säuberung des Kunsttempels" als „entartet" denunziert wurde. Im selben Jahr nahm er in Paris an der Weltausstellung „Exposition Internationale de Arts et Techniques dans la Vie Moderne" teil und gewann eine Goldmedaille. Reichsminister Dr. Goebbels, dessen Ehefrau mit Kriegel befreundet war, notierte am 30. März 1941 nach einem Gespräch mit dem Künstler: „Kleine Besuchsstunde mit dem Dresdner Maler Kriegel, dem Dürer unserer Zeit in der Blumen- und Kleintiermalerei." Die besondere Wertschätzung, die Hitler dem Maler entgegenbrachte, war auch daran zu erkennen, daß er ihm am 1. Juli 1943 den Professorentitel verlieh, obwohl Hitler selbst eine generelle Titel-Sperre für die Dauer des Zweiten Weltkrieges verhängt hatte; die Begründung für diese Ausnahme lautete, Kriegel verfüge über eine einmalige Begabung für „Kleinmalerei". Wie Dr. Goebbels in seinem Tagebuch am 25. Juni 1943 festhielt, sah Hitler in Kriegel „den gegenwärtig größten deutschen Landschaftsmaler". Im Zweiten Weltkrieg war Kriegel vom Kriegsdienst befreit, weil er seit seiner Geburt an einer Atrophie im linken Bein litt und daher schwer gehbehindert war. Auf den Großen Deutschen Kunstausstellungen war der Künstler in den Jahren 1937 und 1939 bis 1944 mit insgesamt 21 Werken vertreten; die meisten dieser Werke befinden sich heute im Deutschen Historischen Museum in Berlin. Nach Kriegsende lebte Willy

Kriegel am Starnberger See, wo er bis zu seinem Lebensende noch zahlreiche Ölbilder, Gouachen und Collagen schaffen konnte, außerdem setzte er die Arbeit an seiner Serie von Heilpflanzen-Illustrationen fort, die er für die Firma Madaus bereits 1934 begonnen hatte. Viele deutsche Museen wie etwa Leipzig, Dresden oder Freital haben Werke des Malers in ihrem Fundus. 1964 wurde Kriegel Professor an der Otto-Klein-Schule in Köln.

PEINER, WERNER
Prof., * 20.7.1897 in Düsseldorf,
† 19.8.1984 in Leichlingen
Peiner meldete sich bei Kriegsbeginn 1914 freiwillig, wurde später Leutnant und als Adjutant im Stabsdienst an der Westfront eingesetzt. Nach Kriegsende ging er auf die Düsseldorfer Kunstakademie. In seinem besonders von der fernöstlichen Kunst und der niederländischen Malerei beeinflußten Stil malte er längere Zeit Landschaftsbilder, Porträts, Stilleben, Akte und Tiermotive, wechselte aber dann zum Stil der Neuen Sachlichkeit. Außerdem arbeitete er im Bereich angewandter Kunst und stellt Mosaiken, Gobelinentwürfe, Wand- und Glasmalereien her. Peiner schloß sich Anfang der zwanziger Jahre mit Fritz Burmann und Richard Geßner zur künstlerischen Arbeit im „Dreimann-Bund" zusammen und führte jahrelang Kollektivausstellungen mit den beiden Kollegen durch. Er entwickelte eine neue Technik der Tapetenmalerei, eine Mischung aus Freske und klassischem Gobelin. Schon in den zwanziger Jahren war Peiner ein in bürgerlich-konservativen Kreisen geschätzter Maler und avancierte um 1925 zu einem gefragten Porträtisten der Düsseldorfer Gesellschaft; wegen seiner guten Kontakte zu Architekten bekam er zahlreiche Aufträge zur Ausgestaltung von Großbauten. 1931 zog Peiner sich in das kleine Eifeldorf Kronenburg zurück und richtete sich in dem bäuerlichen Trakt der einstigen Burganlage häuslich ein. Auch nach 1933 malte er seine Gemälde im Stile der Neuen Sachlichkeit, und in seinem Werk ist kein künstlerischer Bruch zu entdecken. Trotzdem erhielt er 1933 eine Professur an der Düsseldorfer Akademie, obwohl Peiner erst 1937 in die NSDAP eintrat. Mitte 1935 unternahm er eine viermonatige Studienreise nach Zentralafrika. Aufgrund der von dort mitgebrachten Bilder, die in ihrem Stil sowohl an der Neuen Sachlichkeit als auch an Henri Rousseau orientiert sind, wurde Peiner in verschiedenen Zeitungsbeiträgen als „undeutscher Künstler" angegriffen. Nachdem Hitler jedoch persönlich das Triptychon „Das schwarze Paradies" für die Neue Reichskanzlei erworben hatte, verstummten diese Anwürfe. Aufgrund der Monumentalmalereien für das „Haus der Flieger" in Berlin wurde Hermann Göring auf Peiner aufmerksam, und es entstand eine persönliche, von freundschaftlicher Zuneigung geprägte Beziehung zwischen beiden. Das Angebot Görings, ab Juni 1937 die Leitung der Hermann-Göring-Meisterschule für Malerei in Kronenburg zu übernehmen, nahm Peiner daher an. 1937 wurde er Mitglied der Preußischen Akademie der Künste, obwohl im selben Jahr eines seiner Bilder in Düsseldorf als „entartet" beschlagnahmt worden war. In den acht Großen Deutschen Kunstausstellungen war er mit 33 Gemälden vertreten, davon allein 21 in der Großen Deutschen Kunstausstellung von 1938. 1938 kaufte Hitler das Bild „Deutsche Erde" und erteilte Peiner den Auftrag über sieben monumentale Gobelins mit Themen der Schicksalsschlachten deutscher Geschichte für

Werner Peiner

die Marmorgalerie der Neuen Reichskanzlei. Außerdem erhielt Peiner Aufträge verschiedener Reichsministerien und für Görings Gemäldegalerie. 1940 wurde er zum preußischen Staatsrat ernannt. Nach der Auflösung der von ihm geleiteten Meisterschule im Jahre 1945 wurde Peiner nach Gimborn im Bergischen Land evakuiert, wo er von den Alliierten festgenommen und sechs Monate in einem Lager interniert wurde; sein gesamter Besitz wurde beschlagnahmt. Nach seiner Entlassung nahm er seine künstlerische Tätigkeit im Haus Vort bei Leichlingen wieder auf und versuchte, hier eine neue Meisterschule zu etablieren. Dies wurde allerdings von Malern wie Georg Meistermann und Mitgliedern der Künstlergemeinschaften „Rheinische Sezession", „Westfälische Sezession" und der Bergischen Kunstgenossenschaft verhindert. Als Peiner 1949 im Gespräch für einen Auftrag zur würdigen Gestaltung von Bonner Repräsentationsräumen war, wurde dieser Auftrag ebenfalls durch Intervention der „Rheinischen Sezession" hintertrieben. Ende der vierziger Jahre wurde Peiner in Köln wegen „Verbrechen gegen die Menschlichkeit entweder aus politischen, rassischen oder religiösen Gründen" angeklagt, wurde allerdings wegen offensichtlicher Unschuld im Mai 1951 freigesprochen. Peiner erhielt dann größere Aufträge vom Gerling-Konzern und vom äthiopischen Kaiser Haile Selassi. In den 1950er und 1960er Jahren schuf er zahlreiche Gemälde nach religiösen, mythologischen und phantastischen Motiven, Triptychen zum Thema Apokalypse, Malereien zur Passion Christi sowie Kriegsfresken. Gerade die Person Werner Peiners ist als herausragendes Beispiel für diejenigen Künstler geeignet, die auch während des Dritten Reiches hohe Anerkennung fanden und deren Werke deshalb nach 1945 pauschal als banal, harmlos, vordergründig und qualitätslos abgeurteilt oder mit ähnlich plumpen generalisierenden Verdikten belegt wurden. Eine 1995 als Buch veröffentlichte kunsthistorische Dissertation geht zwar davon aus, daß Peiner mit seiner Kunst das Dritte Reich „repräsentiert und stabilisiert" habe und daß er sich durch sein Geschenk der zweiten Version des Bildes „Deutsche Erde" an Hitler zum NS-Regierung bekannt habe. Gleichzeitig weist sie jedoch explizit darauf hin, daß Peiners Werke eben nicht als qualitätslos abgeurteilt werden können und daß man in ihm keiner „Künstlerpersönlichkeit des Dritten Reiches [begegnet], der an einer banalen, bloß oberflächlichen Anlehnung an das Regime gelegen war. Auch vor 1933 war Peiner kein Genremaler, der sich künstlerisch mit Bildthemen wie ‚Mönch mit dem Maßkrug', [...] ‚Förster mit Bart und Pfeife' oder ‚Kinderchen am plätschernden Bach', wie er es in seinen Lebenserinnerungen umschrieb, auseinandersetzte. [...] Peiner änderte nach 1933 weder seinen Malstil, noch wandte er sich oberflächlichen und aussagelosen Bildthemen zu. [...] Überwiegend verzichtet Peiner dabei auf Identifikationsmuster wie Hakenkreuze oder Runen. Daß die Arbeiten Peiners während des Dritten Reiches entstanden sind, läßt sich in erster Linie über das Entstehungsdatum erfassen."

„Deutsche Erde"

GALL, LEONHARD
Prof., * 24.8.1884 in München, † 20.1.1952 ebd.
Der Architekt lernte 1908 seinen Berufskollegen Paul Ludwig Troost kennen, arbeitete später mit diesem zusammen und wurde schließlich Chefarchitekt in dessen Münchner Architekturbüro, das Adolf Hitler sehr schätzte. Gall und Troost entwickelten zusammen den sogenannten „Dampferstil", der für die Inneneinrichtung von Passagier-Schnelldampfern obligatorisch wurde. Gall trat 1932 in die NSDAP ein; nachdem Troost am 21. Ja-

nuar 1934 verstorben war, übernahm Gall zusammen mit der Witwe Gerdy Troost die Leitung des Büros. Unter der neuen Leitung wurde das von Troost geplante Haus der Deutschen Kunst, dessen Grundstein am 15. Oktober 1933 Adolf Hitler gesetzt hatte, fertiggestellt und am 18. Juli 1937 eingeweiht. Als ein Jahr darauf in diesem Neubau die erste Architekturausstellung stattfand, präsentierte Gall die Prestigeprojekte für den Münchner Führerbau (Eingangsbereich und Arbeitszimmer) und die Neue Reichskanzlei (Empfangssaal). Den Führerbau hatte noch Troost geplant, die Fertigstellung erfolgte erst drei Jahre nach dessen Tod; der Bau diente Adolf Hitler als Repräsentationsbau, und hier erfolgte in der Nacht zum 30. September 1938 die Unterzeichnung des Münchner Abkommens. Der Bau der Neuen Reichskanzlei erfolgte zwischen 1938 und 1943, die offizielle Einweihung erfolgte zwar Anfang 1939, doch die Ausbauarbeiten gingen danach weiter, bis Adolf Hitler kriegsbedingt den Baustop anordnete. Gall war noch an einer Reihe anderer Repräsentationsbauten von Staat und Partei beteiligt, so fertigte er beispielsweise den Entwurf der Führerbibliothek in Linz und plante den Verwaltungsbau der NSDAP in München; dieser wurde allerdings ebenfalls kriegsbedingt nicht fertiggestellt, sondern lediglich die Bunkeranlagen im Kellergeschoß. Hitler schätzte Gall sehr, zum Richtfest des Hauses der Deutschen Kunst 1935 hatte er ihn zum Professor ernannt, und der Architekt wurde auch danach mit weiteren Auszeichnungen und zahlreichen Ämtern bedacht. Er wurde 1943 Vizepräsident der Reichskammer der bildenden Künste und war in dieser Funktion sowie als Mitglied im künstlerischen Beirat der Stadt München vor allem kulturpolitisch aktiv.

Leonhard Gall (links), Hitler und Speer besichtigen den Baufortschritt am Haus der Deutschen Kunst in München.

Gall war zudem neben Albert Speer und dem Bildhauer Richard Klein Herausgeber der wichtigen Zeitschrift „Die Kunst im Dritten Reich" (ab 1939: „Die Kunst im Deutschen Reich"), die laut Werbung des Zentralverlags der NSDAP „nach dem Willen des Führers die würdige Repräsentantin des neuen deutschen Kulturwillens" sein sollte und seit 1937 mit einer Auflage von bis zu 50.000 Exemplaren erschien. Weiterhin saß Gall im Stadtrat von München, wurde 1936 von Reichsminister Goebbels zum Treuhänder der von dessen Ministerium gestifteten Spende „Künstlerdank", einer Art sozialen Fürsorge für hilfsbedürftige Künstler; 1937 wurde Gall zum Ehrenmitglied der Preußischen Akademie der Künste berufen. Trotz aller Ehrungen stand er aber immer im Schatten seines ehemaligen Chefs Troost. Selbst noch zum Anlaß seines 60. Geburtstages im Jahre 1944 nannte ihn die Presse den „neuschöpferischen Wahrer großen Erbes", der stolz darauf sein könne, „als enger Mitarbeiter Paul Ludwig Troosts an der Entwicklung des Baustils unserer Zeit mitgewirkt […] zu haben". Viele Zeugen aus der Münchner Künstler- und Architektenszene bescheinigten ihm nach dem Zweiten Weltkrieg ei-

Ehemaliger „Führerbau" in München

nen so intensiven Einsatz für seine künstlerische Arbeit, daß dieser „eine politische Inanspruchnahme nicht mehr zuließ", so daß er von der Spruchkammer in seinem Entnazifizierungsverfahren als „Mitläufer" eingestuft wurde. In der Wiederaufbauphase der Nachkriegszeit konnte Gall sich nicht mehr etablieren, und er beschäftigte sich lediglich noch mit Möbelentwürfen.

GIESLER, HERMANN
Prof., * 2.8.1898 in Siegen,
† 20.1.1987 in Düsseldorf

Villa Sauckel

Der Sohn eines Architekten war der Bruder von Paul Giesler, der im Dritten Reich Gauleiter der NSDAP und 1942 bis 1945 bayerischer Ministerpräsident war. Hermann Giesler diente im Ersten Weltkrieg als Soldat und arbeitete dann als Maurer, Zimmermann und Schlosser, bis er von 1919 bis 1923 die Kunstgewerbeschule München besuchte und an der Technischen Hochschule München Architektur studierte. Er trat schon in der sogenannten Kampfzeit in die SA ein, trat für die NSDAP als Parteiredner auf und wurde 1931 ihr Mitglied. Seit 1930 arbeitete er als freier Architekt und Keramiker im Allgäu. Nach dem NS-Regierungsantritt wurde Giesler in Sonthofen Bezirksbaumeister und plante und realisierte den Bau der Ordensburg Sonthofen, die ab 1937 eine der Adolf-Hitler-Schulen war. Er erhielt weitere wichtige Aufträge für Repräsentationsbauten der Nationalsozialisten wie etwa das Gauforum Weimar, dessen Bau am 1. Juli 1936 begann, die Planungen für die Gauhauptstadt Augsburg und die Hohe Schule der NSDAP am Chiemsee, die von Alfred Rosenberg projektierte und von der NSDAP finanzierte nationalsozialistische Universität. 1938 wurde Giesler von Adolf Hitler zum Professor und „Generalbaumeister der Hauptstadt der Bewegung" ernannt. In dieser Funktion plante er zusammen mit Paul Bonatz einen neuen Hauptbahnhof für München, für die Grünflächen Münchens zog er Alwin Seifert und für Wohn- und Siedlungsfragen Rudolf Rogler hinzu. Nachdem Hitler 1939 Linz sowie Berlin, München, Nürnberg und Hamburg zu „Führerstädten" erhoben hatte, wurde Giesler am 28. April 1942 mit der „Monumentalverbauung links der Donau" beauftragt und damit als Nachfolger von Roderich Fick, dem Reichsbaurat für die Neugestaltung der Stadt Linz, insoweit auch für Linz zuständig. Giesler legte Adolf Hitler noch am 13. Februar 1945 seine aktualisierten Baupläne für Linz vor. Und es wurden ihm weitere wichtige Aufgaben übertragen, beispielsweise sah ihn Hitler 1940 als Architekten für sein Grabmal vor, und bereits ein Jahr vorher hatte ihn Gauleiter Fritz Sauckel mit der grundlegenden Überplanung Weimars beauftragt. Nachdem die „Villa Sauckel" 1941 fertiggestellt worden war, ernannte Sauckel Giesler zum Ehrenbürger der Stadt Weimar. 1941 wurde im Zuge des Zweiten Weltkrieges für sämtliche Bauvorhaben Gieslers der Baustop er-

Prof. Hermann Giesler mit Hitler am Modelltisch

klärt. Im selben Jahr übernahm er verschiedene Führungsaufgaben für die Organisation Todt (OT): die Leitung der „Baugruppe Giesler", die im Baltikum zum Einsatz kam, er wurde Einsatzgruppenleiter Rußland-Nord der OT (1942 bis 1944) sowie Einsatzgruppenleiter VI der OT (Bayern und Donaugaue). 1943 wurde Giesler dazu noch Mitglied des Reichstages, und im folgenden Jahr berief Albert Speer ihn in seinen Arbeitsstab für den Wiederaufbau bombenzerstörter Städte. Giesler war auch Reichskultursenator, Präsidialrat der Reichskammer der bildenden Künste und ab 20. April 1945 SA-Brigadeführer. Nach Kriegsende wurde er von der US-Militärregierung festgenommen und als „Belasteter" bis 1946 interniert, 1947 im sogenannten KZ-Mühldorf-Hauptprozeß mit weiteren 13 Personen von einem US-Militärgericht wegen Tötungsverbrechen angeklagt und zu einer lebenslangen Freiheitsstrafe verurteilt. Diese Strafe wurde am 6. Mai 1948 auf 25 Jahre Haft und am 7. Juli 1951 auf zwölf Jahre Haft reduziert. Hermann Giesler wurde schließlich am 18. Oktober 1952 entlassen und ließ sich in Düsseldorf nieder, hier wirkte er als freier Architekt und Autor. Die von ihm im Dritten Reich realisierten Bauten sind alle noch erhalten, unter anderem die Ordensburg Sonthofen (heute als Generaloberst-Beck-Kaserne von der Bundeswehr genutzt), das Gauforum Weimar (heute als Landesverwaltungsamt genutzt; die ehemalige Mehrzweckhalle ist ein Freizeit- und Einkaufscenter namens „Atrium") oder die „Villa Sauckel" (heute Schulungsstätte der Bundesagentur für Arbeit).

KREIS, WILHELM
Prof., * 17.3.1873 in Eltville,
† 13.8.1955 in Honnef
Geboren als Sohn eines Oberlandmessers, studierte Kreis von 1892 bis 1894 Architektur in München und wechselte nacheinander an die Technischen Hochschulen in Braunschweig, Karlsruhe und Berlin-Charlottenburg. 1898 wurde er mit 25 Jahren Assistent von Paul Wallot an der Dresdner Kunstakademie. Er bedauerte später, daß er so früh in die Lehre eingespannt wurde, weil dadurch eigene Studien zu kurz gekommen seien, andererseits habe er aber den Umgang mit Studenten immer als fruchtbar und gewinnbringend erlebt. Seit der Jahrhundertwende war der junge Architekt ununterbrochen an Kunstgewerbeschulen, Kunstakademien und Technischen Hochschulen in Dresden und Düsseldorf lehrend tätig. Kreis, der unter anderem 1907 auch zu den Gründungsmitgliedern des Deutschen Werkbundes gehörte, hatte lebenslang neben seiner Lehrtätigkeit immer zahlreiche Ämter inne und wurde vielfach geehrt. In den Jahren 1900 bis 1910 nahm er mit Architekturbeiträgen, Raumkunst und Möbelentwürfen sowie kunstgewerblichen Arbeiten an den Weltausstellungen in Paris, Turin, St. Louis und Brüssel teil, wo er mehrfach durch goldene Medaillen und Ehrendiplome ausgezeichnet wurde und sich so schon früh auch international einen Namen machte. Trotz seines immensen Erfolges und seiner umfangreichen beruflichen Tätigkeit beteiligte sich Kreis bis ins hohe Alter regelmäßig an wichtigen Wettbewerben zu renommierten, großen Bauaufgaben oder gehörte Preisrichtergremien an. Er war seit seinem 22. Lebensjahr selbständig tätig und in seinem schwerpunktmäßigen Arbeitsgebiet, der Gestaltung nationaler Gedenkstätten und Bismarckdenkmäler, nicht nur in Architekturkonkurrenzen außerordentlich erfolgreich. 1902 wurde Kreis zum Professor für Raumkunst an der Kunstgewerbeschule Dresden ernannt. Sein erstes großes Projekt war hier die Friedrich-August-Brücke. Weitere bedeutende Bauten, die Kreis vor dem Ersten Weltkrieg schuf, sind die Warenhäuser für die Leonhard Tietz AG in Köln und Wuppertal-

Burschenschaftsdenkmal in Eisenach

Briefmarke „100 Jahre Deutscher Werkbund"

Ehrenmal der Panzerarmee Afrika, El Alamain

Elberfeld sowie für die Geschwister Knopf in Karlsruhe und für die Theodor Althoff AG in Dortmund und Essen. 1908 erhielt Kreis den Ruf als Direktor an die Kunstgewerbeschule Düsseldorf, 1920 wurde er Professor der Kunstakademie Düsseldorf, 1926 Professor an der Kunstakademie Dresden. Im Jahre 1927 avancierte er zum Präsidenten des Bundes Deutscher Architekten und trat der Deutschen Volkspartei bei. 1930 baute Kreis eines seiner wichtigsten Projekte, das Deutsche Hygiene-Museum in Dresden. Mit diesem Museumsneubau gelang ihm die Umsetzung eines multifunktionalen Raum- und Nutzungsprogramms zu einem einheitlichen Baukomplex mit dem Anspruch eines „Gesamtkunstwerks". Die komplexen Anforderungen wurden scharf „seziert" und so strukturiert, daß ein durchdachtes Ganzes, ein funktionierender Organismus entstand. 1931 stieß Kreis zum engsten Freundeskreis von Albert Speer, der später auch zu engen beruflichen Kontakten führte. Im Dritten Reich verlor Kreis anfangs mehrere große Aufträge und schien wegen seiner umfangreichen Tätigkeit für jüdische Bauherren ins Abseits zu geraten. Doch wegen seiner unbestrittenen Qualitäten und seines außerordentlichen Renommees erhielt er schon bald auch von der NS-Regierung große Aufträge wie das Gauforum Dresden (1935), das Luftgaukommando Dresden (1937) oder die Erweiterungsbauten der Dresdener Oper. Am wichtigsten wurde naturgemäß jedoch seine Mitarbeit an den geplanten Monumentalanlagen Berlins unter der Regie von Albert Speer. 1938 ernannte man Kreis zum Reichskultursenator der bildenden Künste, 1938 zum Rektor der Staatlichen Hochschule Dresden, und 1941 verlieh Hitler ihm des Posten eines „Generalbaurats für die deutschen Kriegerfriedhöfe"; in dieser Eigenschaft entwarf er zahlreiche Ehrenmäler und sogenannte Totenburgen, darunter das Ehrenmal der Panzerarmee Afrika und eine monumentale Totenburg am Dnjepr. Hinsichtlich dieser Ernennung erging die Weisung an die deutsche Presse, deutlich darauf hinzuweisen, „daß Deutschland eine seiner besten Baumeister-Persönlichkeiten zur Ausgestaltung der Krieger-Friedhöfe und Helden-

Wilhelm Kreis (links) erhält von Dr. Joseph Goebbels den Adlerschild.

ehrenmale einsetzt, während der pietät- und kulturlose Bolschewismus seine Menschen ohne jede Erinnerung einscharrt". Nachdem Kreis bereits 1938 mit der Goethe-Medaille für Kunst und Wissenschaft ausgezeichnet worden war, erhielt er 1943 auf Speers Anregung die höchste Auszeichnung Deutschlands, den Adlerschild des Deutschen Reiches, im selben Jahr wurde er Präsident der Reichskammer der bildenden Künste. 1944 berief Speer ihn in seinen Arbeitsstab für den Wiederaufbau bombenzerstörter Städte. Nach Kriegsende siedelte Kreis nach Bad Honnef über und erhielt einige weitere Aufträge, beispielsweise baute er die Landeszentralbank Dortmund. Von der zuständigen Entnazifizierungskommission war er als „Mitläufer" eingestuft worden und öffentlich rehabilitiert aus dem Verfahren hervorgegangen, wurde jedoch immer wieder wegen angeblicher „Verstrickung" mit den Nationalsozialisten angegriffen. Er selbst betonte in diesem Zusammenhang die berufliche Unsicher-

Landeszentralbank in Dortmund

heit und seine großen Unannehmlichkeiten zwischen den Jahren 1933 und 1935 und führte schwerwiegende private Gründe für seine den Umständen geschuldete berufliche Tätigkeit im Dritten Reich an. Aus heutiger Sicht dürfte es äußerst schwierig sein, eine solche Reaktion unter Berücksichtigung der Arbeits- und Handlungsbedingungen in den Jahren 1933 bis 1945 objektiv zu erörtern oder gar retrospektiv zu beurteilen. Naturgemäß erlangte Kreis für die deutsche Architekturentwicklung nicht mehr annähernd die Bedeutung, die er in den Jahrzehnten zuvor erreicht hatte. Trotzdem wurde Wilhelm Kreis zu Recht 1953 mit dem Großen Verdienstkreuz des Verdienstordens der Bundesrepublik Deutschland ausgezeichnet.

SCHULTZE-NAUMBURG, PAUL
Prof. Dr. h.c., * 10.6.1869 in Naumburg, † 19.5.1949 in Jena
Geboren als Sohn des Porträtmalers Gustav-Adolf Schultze unter dem Namen Paul Schultze, hängte der Architekt in seiner Studienzeit einfach den Namen der väterlichen Geburtsstadt an den Familiennamen, um eine Verwechslung mit einem gleichnamigen Schüler zu vermeiden. Er besuchte nach Absolvierung des Realgymnasiums die Kunstgewerbeschule und anschließend die Kunstakademie in Karlsruhe. 1891 wurde er Meisterschüler des Historienmalers der Gründerzeit Ferdinand Keller. 1894 gründete er in München eine Mal- und Zeichenschule, 1901 siedelte er nach Saaleck über. Im selben Jahr wurde er vom Großherzog von Sachsen-Weimar zum Professor für Maltechnik an die Akademie Weimar berufen, außerdem gründete er die Schulwerkstätten Saaleck, in denen zunächst Möbel im Jugendstildesign hergestellt wurden. Im Jahre 1904 entstand die Saalecker Werkstätten G.m.b.H., das Unternehmen hatte 1910 bereits 70 Mitarbeiter und wuchs bis 1914 um Niederlassungen in Berlin, Köln und Essen. Schon hier zeigte sich der Hang des Künstlers zum „Eigentlichen, Normalen, Natürlichen und Deutschen", während er dem Expressionismus und der experimentellen Kunst ablehnend bis feindlich gegenüberstand; trotzdem hatte der Architekt das Image des Modernen, da er sich mit seinen Publikationen schnell zu einem führenden Kunsttheoretiker entwickelte und 1907 zu den Mitbegründern des Deutschen Werkbundes gehörte, dessen Ziel die Verbindung moderner Technik und traditioneller Formen war. Im Jahre 1904 übernahm er bis 1913 den Vorsitz des Heimatschutzbundes, der sich gegen die Profitgier und die „Vergnügungssucht auf Kosten der Natur" richtete. In dieser Funktion hatte er maßgeblichen Anteil an der Institutionalisierung des Umwelt- und Naturschutzes-Gedankens. Der Heimatschutzbund (ab 1937 Deutscher Heimatbund) schuf ein Problembewußtsein und gab Anregungen für das Naturschutzgesetz von 1935. 1928 schrieb er das Buch „Kunst und Rasse", die Programmschrift der nationalsozialistischen Kulturpolitik und eine Gegenüberstellung mißgebildeter und psychisch kranker Menschen mit Werken von Picasso, Modigliani usw. als Beispiel „entarteter" Kunst. Als Architekt war er sehr erfolgreich und wurde gern von gutsituierten Bauherren mit der Gestaltung repräsentativer Landhäuser betraut. Kaiser Wilhelm II. beauftragte ihn 1912 mit dem Bau einer Residenz für den Kronprinzen in Potsdam. Auf Wunsch des Kronprinzen Wilhelm sollte ein Schloß im Tudorstil entstehen, so daß Schultze-Naumburg zu Studienzwecken nach England, Wales und Schottland geschickt wurde. Das so entstandene Schloß Cecilienhof, das im August 1945 der Potsdamer Konferenz

Schloß Cecilienhof in Potsdam

Paul Schultze-Naumburg

Eingangstor zur Villa Schultze-Naumburg in Saaleck

als Verhandlungsort diente, hat 176 Zimmer, einen zweigeschossigen Festsaal sowie einen Ehrenhof. Es wurde 1917 bezogen und ist das komfortabelste aller Hohenzollernschlösser. Schultze-Naumburg arbeitete von 1901 bis 1944 nachweislich an 85 Wohnhäusern, 34 gewerblichen Projekten, 40 Schlössern und Gutsanlagen sowie an sechs Grabmalen und vier Parkanlagen. Dazu existieren noch mindestens 15 Objekte, bei denen die Urheberschaft noch ungeklärt ist, sowie eine Reihe von nicht realisierten Entwürfen und Bebauungsplänen. 1930, das Jahr, in dem er auch in die NSDAP eintrat, wurde er zum Leiter der Abteilung Lichtbildkunst an der Weimarer Kunsthochschule berufen. 1928 hatte er den Zusammenschluß konservativer Architekten, den „Block", ins Leben gerufen, der sich gegen das „moderne" Bauen wendet. In seiner Villa unterhalb der Ruine der Burg Saaleck traf sich die NSDAP-Prominenz, auch Adolf Hitler verkehrte hier. Als Sachverständiger für Baukunst und Bildende Kunst gehörte Schultze-Naumburg von 1932 bis 1945 zur NSDAP-Fraktion im Deutschen Reichstag. Als Starredner des Heimatschutzbundes kämpfte er vehement gegen die künstlerische Moderne an. Dr. Wilhelm Frick, der thüringische Staatsminister für Inneres und Volksbildung, berief Schultze-Naumburg, den Kämpfer gegen das „jüdisch-bolschewistische" Flachdach, am 1. April 1930 zum Direktor der Weimarer Kunstschule. In seinem Buch „Rassengebundene Kunst" (1934) stellte der Künstler die Frage: „Was ist denn das eigentlich Ausschlaggebende für die Gestalt der Kunst?" Seine Antwort: „Ein nordischer Mensch empfindet und wertet anders als ein ostischer Mensch, oder als ein Jude. […] Wenn man die Kunst Deutschlands wirklich erkennen will, so kann man dies nur, indem man sich über die rassischen Elemente der Bevölkerung und ihren Anteil an den jeweiligen Kunstleistungen klar wird. Denn deutlich spiegelt sich in ihr der Ideengehalt und die seelische Grundstimmung der einzelnen deutschen Rassen ab." Daher erfordere die Zukunft Deutschlands eine „Aufnordung". 1933 verlegte der 64jährige seinen Wohnsitz von Saaleck nach Weimar. Er gehörte am 19. August 1934 zu den Mitunterzeichnern des Aufrufs der Kulturschaffenden zur Vereinigung des Reichskanzler- und Reichspräsidentenamts in der Person Hitlers: „Wir glauben an diesen Führer, der unseren heißen Wunsch nach Eintracht erfüllt hat." Wegen des Umbaus der Nürnberger Oper kam es 1935 zum Zerwürfnis mit Hitler, danach erhielt Schultze-Naumburg kaum noch größere Aufträge. 1939 bekam der Künstler die Goethe-Medaille für Kunst und Wissenschaft sowie den Goethe-Preis der Stadt Frankfurt am Main. 1940 wurde er aus dem Hochschuldienst in den Ruhestand versetzt und später nach einem Parteiausschlußverfahren verwarnt. Trotzdem wurde er von Adolf Hitler am 30. Januar 1943 mit dem Goldenen Parteiabzeichen der NSDAP und 1944 mit dem Adlerschild des Deutschen Reiches mit der Inschrift „Dem deutschen Baumeister" geehrt. Nach dem Ende des Zweiten Weltkriegs wurden ihm sämtliche Pensionsansprüche aberkannt und ein Großteil seines Besitzes enteignet. Seine letzten Lebensjahre waren durch zunehmende Erblindung gekennzeichnet. Auch wenn Paul Schultze-Naumburg unzweifelhaft ein aktiver Parteigänger des Dritten Reiches und engagierter Nationalsozialist war, so dürfen seine wesentlichen Verdienste nicht übersehen werden. Als Reformer hat er einen maßgeblichen Beitrag zur Lebensreform geleistet und als Architekt großen Einfluß auf den Heimatschutz, das Bauschaffen und die Denkmalpflege in Deutschland ausgeübt.

Musik

STRAUSS, RICHARD
* 11.06.1864 in München, † 08.09.1949 in Garmisch-Partenkirchen

Geboren als Sohn eines der bekanntesten Waldhornsolisten seiner Zeit, wurde das „musikalische Wunderkind" durch den berühmten Dirigenten Hans von Bülow 1885 in Meiningen in die Musikwelt eingeführt, als Strauss sein Amt als Herzoglicher Hofkapellmeister übernahm. Schon 1886 wurde Strauss dritter Kapellmeister an der Münchner Oper, drei Jahre später dirigierte er bereits in Bayreuth und war zum Protegé Cosima Wagners geworden. Obwohl noch keine dreißig Jahre alt, hatte er bereits internationales Ansehen mit symphonischen Dichtungen wie „Don Juan", „Tod und Verklärung" und „Till Eulenspiegel" gewonnen. 1898 wurde er Hofkapellmeister in Berlin. Um die Jahrhundertwende war er weithin als größter deutscher Komponist seit Wagner und Brahms anerkannt. Der junge Strauss war ein revolutionärer Neuerer und Bilderstürmer, der seine Zeitgenossen in manchen seiner frühen Orchesterwerke mit herben Dissonanzen schockierte – aber auch mit bewußter Hinwendung zu den Nachtseiten der menschlichen Natur und makaberer Erotik in Opern wie „Salome" (1905) nach dem Text von Oscar Wilde. Mit der Tragödie „Elektra", die am 25. Januar 1909 uraufgeführt wurde, begann seine zwanzig Jahre andauernde Zusammenarbeit mit dem berühmten Wiener Dichter und Librettisten Hugo von Hofmannsthal. Ihr größter Erfolg, „Der Rosenkavalier" (1911), eine heitere, melodiöse, sinnliche Barockkomödie, brachte Strauss auf den höchsten Gipfel des Ruhmes und der Popularität. 1919 folgte er Gustav Mahler als Dirigent an der Wiener Staatsoper und behielt diese Stellung bis 1924, danach lebte er als freischaffender Komponist und Dirigent teils in Wien, teils in Garmisch-Partenkirchen. Zur Zeit der Weimarer Republik genoß er einen Status, der sich nur mit dem des Dramatikers Gerhart Hauptmann vergleichen ließ. Nach der Regierungsübernahme der Nationalsozialisten ließ er sich 1933 zum Vorsitzenden der Reichsmusikkammer ernennen, übernahm die Stelle des im Exil befindlichen Bruno Walter als Gastdirigent der Berliner Philharmoniker und sprang in Bayreuth für Toscanini ein. Er sandte Reichsminister Dr. Goebbels ein Telegramm, in dem er ausdrücklich die Maßnahmen guthieß, die gegen den Komponisten Hindemith und gegen Furtwängler ergriffen wurden, der sich für Hindemith eingesetzt hatte. Desungeachtet mißbilligte er die antisemitische Politik und damit auch die Entlassung begabter jüdischer, teilweise mit ihm befreundeter Musiker durch die Reichsmusikkammer. Öffentlich erklärte er jedoch am 13. Februar 1934 zur Eröffnung der ersten Arbeitstagung der Reichsmusikkammer in Berlin: „Ich fühle mich verpflichtet, an dieser Stelle Herrn Reichskanzler Adolf Hitler und Herrn Reichsminister Dr. Goebbels für die Schaffung des Kulturkammergesetzes den herzlichsten Dank der gesamten deutschen Musikerschaft auszusprechen." Als er aber feststellte, daß der Name seines jüdischen Librettisten Stefan Zweig bei der Uraufführung seiner Oper „Die schweigsame Frau" (1935) ungenannt bleiben sollte, drohte er, Dresden zu verlassen, bis man sich bequemte, Zweigs Namen zu drucken. Er erklärte, daß es für ihn nur zwei Arten von Menschen gäbe, diejenigen, die Begabung hätten und diejenigen, denen sie fehle. Strauss schrieb Zweig, er habe wiederholt vor wichtigen Entscheidungsträgern geäußert, daß er die antijüdische Kampagne Streichers und Goebbels' als eine Schmach für die deutsche Ehre, als die niedrigste Art der Kriegsführung talentloser, fauler Mittelmäßigkeit gegen höhere Begabung ansehe. Weiter sagte

Anny Gress in Strauss' Oper „Der Rosenkavalier"

er, er habe von Juden so viel Hilfe, Selbstaufopferung, Freundschaft und Anregung erfahren, daß es ein Verbrechen wäre, dies nicht in größter Dankbarkeit anzuerkennen – seine schlimmsten und übelsten Gegner und Feinde seien vielmehr Arier gewesen. Weiter schrieb Strauss: „Wie es mir die Schmierantenpresse auslegt, geht mich nichts an, und Sie sollten sich auch nicht darum kümmern. Daß ich den Präsidenten der Reichskulturkammer mime? Um Gutes zu tun und größeres Unglück zu verhüten. Einfach aus künstlerischem Pflichtbewußtsein! Unter jeder Regierung hätte ich dieses ärgerreiche Ehrenamt angenommen. Aber weder Kaiser Wilhelm noch Herr Rathenau hatten es mir angeboten." Dieser Brief wurde von der Gestapo abgefangen und führte 1935 zu der Absetzung von Strauss als Präsident der Reichsmusikkammer und Vorsitzender des Verbandes deutscher Komponisten. Der erschrockene Strauss schrieb nun einen erläuternden Brief an Hitler, in dem er versuchte, jeden Gedanken daran zu zerstreuen, daß er es mit dem Antisemitismus nicht ernst nehme. Sein Verhalten sei größtenteils auf seine Naivität und auf die Illusion zurückzuführen, daß er „über der Politik" schwebe. Dazu kam wohl auch noch der Wunsch, sein Werk durch staatliche und Partei-Organisationen weiterhin gefördert zu sehen. Tatsächlich wurden seine Kompositionen in sämtlichen Opernhäusern und Konzertsälen Deutschlands aufgeführt und regten manchen jungen, weniger begabten Musiker zur Nachahmung an. Strauss komponierte weiter bis zum Ende des Dritten Reiches, war als Gastdirigent an verschiedenen internationalen Opernbühnen engagiert und arbeitete während des Zweiten Weltkriegs in erster Linie als Dirigent in Bayreuth; er war ein liebevoller Familienvater, schützte seine jüdische Schwiegertochter, an der er sehr hing, vergrub sich in seinem Studio in Garmisch-Partenkirchen und ignorierte die politische Gemengelage, die außerhalb seiner vier Wände herrschte. Erst gegen Ende des Krieges, als alle großen Opernhäuser in Dresden, Berlin, Wien und München, an denen er gewirkt hatte, zerstört waren, schien er das Ausmaß der Katastrophe zu begreifen, die mit dem Krieg über Deutschland hereingebrochen war. Im Mai 1945 resümierte er gegenüber dem mit den US-Truppen zurückgekommenen Klaus Mann, dem ältesten Sohn des Schriftstellers Thomas Mann, seine Lebensphase während des Dritten Reiches: „Von ein paar dummen Zwischenfällen abgesehen, hatte ich nicht zu klagen." Im Herbst 1949 suchte Richard Strauss, einer der ganz Großen der deutschen Musikgeschichte, in der Schweiz Zuflucht, nachdem er noch einen leidenschaftlich-klagenden Nachruf auf das Deutschland geschrieben hatte, das für immer untergegangen war. Am 8. Juni 1948 sprach eine Entnazifizierungskammer in München Strauss in allen Punkten von den gegen ihn erhobenen Anklagen frei. Man hatte ihm vorgeworfen, er habe an der nationalsozialistischen Bewegung teilgenommen und sei Nutznießer des Regimes gewesen.

Richard Strauss

PFITZNER, HANS
Prof. Dr. h.c., * 5.5.1869 in Moskau, † 22.5.1949 in Salzburg
Der bedeutende Komponist wurde als Sohn eines Musikdirektors und Violinisten am Frankfurter Stadttheater geboren und erhielt durch seinen Vaters sowie durch James Kwast und Iwan Knorr am Hoch'schen Konservatorium in Frankfurt am Main eine fundierte musikalische Ausbildung. Seit 1892

war er in mehreren deutschen Städten als Musikdozent und Dirigent tätig, beispielsweise in Straßburg, wo er ab 1908 als städtischer Musikdirektor und Direktor des Konservatoriums, später auch als Operndirektor wirkte. Zu seinen bekanntesten Kompositionen zählen die Musikdramen „Der Arme Heinrich" (1891 bis 1893), „Die Rose vom Liebesgarten" (1897 bis 1900) und vor allem die „musikalische Legende" „Palestrina" (1912 bis 1915). 1913 wurde er zum Königlich Preußischen Professor ernannt, außerdem erhielt er die Ehrendoktorwürde der Philosophischen Fakultät der Universität Straßburg und wurde im Jahr 1919 Mitglied der Berliner Akademie der Künste, wo er eine Meisterklasse leitete. Später unterrichtete er als bayerischer Generalmusikdirektor an der Akademie der Tonkunst in München. Pfitzner war ein zwar selbständiger, aber deutlich der Tradition und vor allem Richard Wagner verpflichteter Protagonist der Romantik. Pfitzner war es ein Herzensanliegen, auf die Gefahren des „Modernismus" oder, mit seinen Worten, des „Futurismus" hinzuweisen und diese energisch zu bekämpfen, wie etwa seine Polemik „Futuristengefahr" 1917 in den „Süddeutschen Monatsheften" belegt. Insoweit war er auch ein exponierter Vertreter der besonders nach dem Ersten Weltkrieg aufkommenden patriotischen Strömungen in der europäischen und vor allem auch der deutschen Musik. Da er regelmäßig den deutschen Charakter seiner Werke herausstrich – seine romantische Kantate von 1921 nannte er sogar „Von deutscher Seele" –, war es wenig verwunderlich, daß er in rechtsnationalen Kreisen viele Bewunderer und Anhänger fand. Der Komponist war ein schwieriger und unleidlicher Charakter, dünnhäutig und überempfindlich, ständig im Streit mit seiner Umwelt, so überwarf er sich etwa mit seinen Kindern Peter und Agnes. Er wähnte sich als Fortsetzer des schon von Richard Wagner geführten Kampfes um die Wahrung deutscher Werte und deutscher Kultur, und obwohl er immer wieder einmal Zwistigkeiten mit Parteigrößen der NSDAP hatte, unterstützte er aus voller Überzeugung die Kampagne gegen jede „Neutönerei" und gegen das Überhandnehmen „artfremder, zersetzender" Elemente in die deutsche Musik. Modernistische Tendenzen der zeitgenössischen Musik stellte Pfitzner in Zusammenhang mit Strömungen wie Bolschewismus, Amerikanismus und Pazifismus, die seiner Meinung nach entschieden zu bekämpfen waren. Der Künstler unterstützte auch aktiv kulturpolitische Aktionen unter dem Motto „Die Kunst dem Volke". So dirigierte er 1937 beispielsweise ein Konzert mit eigenen Kompositionen in der ungewöhnlichen Umgebung eines Reichsbahnausbesserungswerkes. Mangelndes deutsches Nationalbewußtsein und insbesondere „das Judentum" schienen ihm symptomatisch und verantwortlich für die „Impotenz", den „Verfall der schöpferischen Kräfte". Pfitzner parallelisierte die politische und musikalische Entwicklung, nach der sich das deutsche Volk in der Revolution von 1918/19 von fremden Interessen leiten ließ. Mit einer Art „musikalischer Dolchstoßlegende" – so die Musikwissenschaftlerin Annkatrin Dahm – prophezeite er das „Ende der deutschen Kunst", sollten nicht neue Wege beschritten werden. In seiner Schrift „Die neue Ästhetik der musikalischen Impotenz. Ein Verwesungssymptom" aus dem Jahre 1920 erklärte Pfitzner: „In der Schmach und dem Frevel der Revolution erlebten wir mit Trauer, daß deutsche Arbeiter, deutsches Volk sich von russisch-jüdischen Verbrechern

Hans Pfitzner

anführen ließen und ihnen eine Begeisterung zollten, wie sie sie noch keinem ihrer deutschen Helden und Wohltäter gönnten. In der Kunst erleben wir, daß ein deutscher Mann aus dem Volke, von so scharfem Verstande und reichem Wissen, wie Herr Bekker […] die international-jüdische Bewegung in der Kunst leitet. Ich sage: international-jüdisch, meine also nicht die Juden als Individuen. Es ist ein Unterschied zwischen Jude und Judentum. Der Grenzstrich der Scheidung in Deutschland geht nicht zwischen Jude und Nichtjude, sondern zwischen deutsch-national empfindend und international empfindend." Er sprach der Neuen Musik jegliche Legitimität in der Musiktradition ab und begründete dies öffentlichkeitswirksam antisemitisch. Nicht zuletzt aufgrund paralleler politischer Ziele bejahte der berühmte Komponist den Regierungsantritt durch die Nationalsozialisten; er wurde im Dritten Reich vielfach geehrt, beispielsweise 1934 mit der Goethemedaille der Stadt Frankfurt oder 1944 mit dem Ehrenring der Stadt Wien. Pfitzner stand aber zunehmend im Schatten von Richard Strauss; seine Oper „Das Herz" (1932) war nicht erfolgreich, und im Musikleben des Dritten Reiches blieb er eine Randfigur, die von den Medien kaum beachtet wurde. Immer wieder beklagte er die Vernachlässigung seiner Werke, und nach dem Ausbruch des Zweiten Weltkrieges wurde er daher von führenden NS-Politikern „als deutschester der zeitgenössischen deutschen Komponisten" eingeladen, seine Werke in den besetzten Ländern aufzuführen. 1943 wurde Pfitzners Villa in München-Bogenhausen zerbombt, so daß er nach Wien übersiedelte und später auf der Flucht vor der Roten Armee nach Garmisch-Partenkirchen gelangte. Hier schrieb er seine Autobiographie und sein letztes Kammermusikwerk, das Sextett op. 55. Bis 1949 lebte Hans Pfitzner in geradezu ärmlichen Verhältnissen in einem Altenheim in München und verstarb während einer Reise in Salzburg. Die künstlerische Genialität steht für die Fachwelt, wie sich in der Literatur vielfach belegen läßt, eindeutig außer Frage. Seine nationalkonservative Gesinnung, besonders seine positive Haltung zum Dritten Reich, standen lange der Rezeption seines Werkes im Wege; in jüngster Zeit finden Originalität und künstlerischer Rang seiner Beiträge zur Kammermusik und zum Kunstlied, mit einzelnen Werken auch zur Symphonik und mindestens mit „Palestrina" zur Musikdramatik, zunehmend Anerkennung.

FURTWÄNGLER, WILHELM
Prof. Dr., * 25.1.1886 in Berlin,
† 30.11.1954 in Ebersteinburg
Geboren als Sohn eines Professors für Klassische Archäologie, begeisterte sich Furtwängler schon frühzeitig für Musik und bekam ab 1899 Privatunterricht in Tonsatz, Komposition und Klavier. Seine Ausbildung zum Pianisten übernahmen renommierte Pianisten, Komponisten und Musikpädagogen. Seine ersten Engagements, die er in Berlin, Breslau, Zürich, München sowie Lübeck hatte, waren nur Zwischenstationen auf seiner steilen Karriereleiter. Ab 1915 übernahm der Künstler schon bedeutendere Aufgaben: Er wurde Operndirektor in Mannheim, 1919 bis 1921 wurde er Chefdirigent des Wiener Tonkünstlerorchesters, und 1920 trat er in die erste Reihe der Musikprominenz, als er die Nachfolge von Richard Strauss als Dirigent der Konzerte des Orchesters der Berliner Staatsoper antrat. Von 1921 bis 1927 teilte er sich mit Leopold Reichwein die Stelle des Konzertdirektors der Gesellschaft der Musikfreunde in Wien und dirigierte in dieser Funktion das neu gebildete Wiener Symphonieorchester (ab 1933: Wiener Symphoniker). Ab 1922 wirkte er als Chefdirigent der Berliner Philharmoniker und dirigierte bis 1928 als Ge-

Wilhelm Furtwängler am Dirigentenpult

wandhauskapellmeister das Leipziger Gewandhausorchester. 1933 folgte seine Ernennung zum Leiter der Berliner Staatsoper, und er gastierte gleichzeitig am Deutschen Opernhaus Berlin-Charlottenburg. Im Dritten Reich wurde Furtwängler wegen seiner internationalen Reputation von Staat und Partei umworben, er selbst sah sich als unpolitischen Künstler und gab nach 1945 an, er sei gegen den Nationalsozialismus gewesen und habe beispielsweise die Position als Vizepräsident der Reichsmusikkammer nur übernommen, um taktischen Einfluß nehmen und „das Schlimmste verhindern" zu können. Belegt ist, daß Furtwängler sich für Juden einsetzte, ebenso für Nichtjuden, die mit den NS-Regierung Schwierigkeiten hatten. Angeblich soll er sogar bedrängte Kollegen vor der Gestapo in seiner Wohnung versteckt haben. Seine Gesinnung wurde öffentlich, als er sich in einem offenen Brief an Reichsminister Dr. Goebbels gegen die Diskriminierung jüdischer Musiker wandte, worauf Goebbels in mehreren Presseorganen im Ton verbindlich, in der Sache aber scharf antwortete (vgl. insoweit die längeren Zitate aus diesem öffentlichen Briefwechsel in der Einleitung dieses Buches). Furtwängler machte sich in weiteren Fällen mißliebig: Im Februar 1934 führte er den „Sommernachtstraum" des jüdischen Komponisten Felix Mendelssohn (1809–1847) auf und ehrte diesen damit plakativ zu dessen 125. Geburtstag. Im selben Jahr dirigierte er die Uraufführung von „Mathis der Maler" des als „entartet" titulierten und mit einem Aufführungsverbot belegten Komponisten Paul Hindemith und ergriff mit einem aufsehenerregenden Zeitungsartikel für diesen Partei. Furtwängler wurde wegen des hieraus resultierenden Zwistes zum Rücktritt von sämtlichen Ämtern gezwungen; ab April 1935 nahm er seine öffentliche Tätigkeit wieder auf, 1936 dirigierte er bei den Bayreuther Festspielen, die einen der Höhepunkte des musikalischen Kalenders und der Opernsaison darstellten. Dr. Goebbels notierte am 27. Juni 1936 zufrieden in seinem Tagebuch: „Er hat viel gelernt und ist ganz bei uns." Als Furtwängler nach dem Österreich-Anschluß die ersten (von Dr. Goebbels finanzierten) Salzburger Festspiele dirigierte, schrieb Goebbels am 22. November 1939 erfreut: „Er hat uns wieder im Ausland große Dienste getan." Der Star-Dirigent wohnte seit 1944 mit Billigung der Regierung überwiegend im schweizerischen Luzern, drei Monate vor der Einnahme Berlins durch die Rote Armee ging er endgültig dorthin. Nach Kriegsende belegten die amerikanischen Besatzungsbehörden den Künstler zunächst mit einem Dirigierverbot, allerdings war für ihn die internationale Medienhetze als Sündenbock noch belastender: Er wurde entgegen den Tatsachen als „Hitlers gehätschelter Maestro", „musikalischer Handlanger der nazistischen Blutjustiz" oder auch „eine der verhängnisvollsten Figuren des Nazireiches" bezeichnet. Er selbst äu-

Konzert des Gewandhausorchesters Leipzig

Briefmarke zum 1. Todestag Furtwänglers 1955

Briefmarke zum 100. Geburtstag Furtwänglers 1986

ßerte sich im September 1945 in einer Verteidigungsschrift: „Ich bin innerhalb des gesamten deutschen Musiklebens derjenige, der weitaus am aktivsten und konsequentesten gegen die N[azis] aufgetreten ist." Die emigrierten Künstler hingegen verübelten Furtwängler vor allem seinen Erfolg auch im Dritten Reich. Dabei wurde vergessen, daß er bereits zu Zeiten der Weimarer Republik ein Stardirigent war. Der Musikwissenschaftler Fred K. Prieberg analysierte die Problematik des Verhalten Furtwänglers und dessen öffentliche Rezeption folgendermaßen: „Er war ein Symbol. Er verkörperte – vor der großen Öffentlichkeit, ja in den Schlagzeilen der Weltpresse – wie kein anderer deutscher Musiker die deutsche Tonkunst. Er hatte, nicht erst seit 1933, sondern schon während der Republik, eine so fest etablierte Machtstellung, daß in der öffentlichen Meinung Aufgabe und Person verschmolzen: Furtwängler, Begriff für genialische Kunstübung, Symbol der treibenden Kraft im Musikbetrieb des Reiches. Welche Herausforderung für Emigranten! Da lebte ein unvergleichlicher Künstler in Deutschland unter der Herrschaft der Nationalsozialisten, und er weigerte sich, sie – die Emigranten – dadurch in ihrer Rolle zu bestätigen oder wenigstens ihr erzwungenes Los zu teilen, daß er der Barbarei den Rücken kehrte." Furtwängler wurde schließlich 1947 vor allem freigesprochen, weil er in den „entarteten" Musikern Paul Hindemith, Yehudi Menuhin, Szymon Goldberg und seiner langjährigen jüdischen Sekretärin Berta Geissmar entschiedene Fürsprecher für sich fand. Am 25. Mai 1947 fand erstmals wieder ein öffentliches Konzert der Berliner Philharmoniker unter dem Dirigat von Furtwängler statt. Nach weiteren fünf Jahren war Wilhelm Furtwängler durch die Ernennung zum Chefdirigenten der Berliner Philharmoniker auf Lebenszeit quasi öffentlich rehabilitiert.

Theater

FLICKENSCHILDT, ELISABETH
Prof., * 16.3.1905 in Hamburg,
† 26.10.1977 in Stade

Die Tochter eines Seekapitäns begann nach dem Abitur zunächst eine Lehre in einem Modegeschäft, brach diese aber ab und nahm Schauspielunterricht. Sie debütierte als Bäuerin Armgard im „Wilhelm Tell" am Hamburger Schauspielhaus. 1933 bewarb sich die Schauspielerin bei Otto Falckenberg, dem Direktor der Münchner Kammerspiele, der sie nach dem Vorsprechen sofort engagierte. 1936 wechselte sie zum Deutschen Theater in Berlin zu Heinz Hilpert. Dr. Goebbels bemerkte am 1. Dezember 1936 in seinem Tagebuch: „Abends Deutsches Theater ‚Katte' von Burte [...] Zu sentimental. Aber gut gespielt. Besonders die Dannhoff und eine neue Frau, die Flickenschildt." Im selben Jahr heiratete sie den Theaterwissenschaftler Prof. Rolf Badenhausen, nach neun Jahren wurde die Ehe jedoch geschieden. 1936 wurde auch der Film auf sie aufmerksam, und man sah sie bis 1945 in 33 Filmen, etwa „Der zerbrochene Krug" (1937), „Die barmherzige Lüge" (1939), „Rembrandt" (1942), „Altes Herz wird wieder jung" (1943) und in vielen anderen bedeutenden Werken des damaligen Filmschaffens. Von 1939 bis 1944 entwickelte sich die Mimin unter den Regisseuren Jürgen Fehling und besonders Gustaf Gründgens am Staatlichen Schauspielhaus Berlin zu einem Star mit bereits beachtlichem Ruhm. Gründgens nannte die 1,79 Meter große, rothaarige Schauspielerin mit markantem Gesicht, breitem Mund und leicht angerauhter Stimme liebevoll „Flicki". Zwischen den beiden entstand ein so enger geistiger und feinsinniger Kontakt, daß Gründgens einmal meinte, in einem anderen Leben müsse „die Flickenschildt" einmal seine Frau oder seine Schwester gewesen sein. Nach dem Zweiten Weltkrieg spielte Elisabeth Flickenschildt zunächst in München, bis Gustaf Gründgens sie 1947 nach Düsseldorf in seine Schauspielertruppe rief, mit der sie 1955 nach Hamburg ging. Unter Gründgens, der höchste Ansprüche stellte und ihr das Äußerste abverlangte, entwickelte sie sich zu einer der größten deutschen Theaterschauspielerinnen. Ihre Rollen zeichneten sich durch beißende Ironie, Abgründigkeit, Intelligenz, Herzlichkeit und Demut aus und schlugen ihr Publikum immer wieder in Bann. Ihre faszinierende Stimme konnte zugleich drohen und schmeicheln, tönen und locken, lachen und keifen. Besonders überzeugend wirkte sie in der hinreißenden Wucht einer Klytämnestra und der Dämonie einer Lady Macbeth, in der tragischen Verwirrung von Sophokles' Jokaste, der Egozentrik der Schauspielerin Akadina in Tschechows „Möwe" und als Shakespeares Königin in „Hamlet", die sie schon äußerlich dramatisch charakterisierte, mit totenbleich geschminktem Gesicht und drei langstieligen Rosen in den hochgebundenen Haaren. Sie spielte die klassischen Frauenrollen der Weltliteratur ebenso meisterhaft wie die großen Damen der Moderne, die komplizierten Zeitgeschöpfe Christopher Frys und Thomas Eliots – in „Venus im Licht", „Familientag", „Stella" mit Gründgens als Partner und „Mutter Courage", die Irrenärztin in Dürrenmatts „Physikern" und Claire Zachanassian in seinem Stück „Der Besuch der alten Dame". Der unerwartete Tod von Gustaf Gründgens im Jahre 1963 erschütterte die Künstlerin tief und machte sie künstlerisch heimatlos. Danach nahm sie keine festen Engagements mehr an, sondern trat nur noch bei Gastspielen und Tourneen auf. 1967 inszenierte sie Ernst Buchors Aischylos-Übertragung der „Perser" selbst als Erstaufführung und übernahm die Hauptrolle der Königin Atossa. Zum letzten Mal stand sie kurz vor ihrem Tod als Volumnia in William Shakespeares „Colorian" auf der Bühne des Hamburger Thalia-Theaters. Die Schauspielerin trat nach dem Zweiten Weltkrieg auch in vielen Filmen auf, die jedoch nicht immer erstklassig waren, wie etwa „Die Bande des Schreckens" (1960), „Das Gasthaus an der Themse" (1962), „Das indische Tuch" (1963) und „Lausbubengeschichten" (1964). Auch im Fernsehen war sie vielfach zu sehen. 1965 verlieh ihr die nordrhein-westfälische Landesregierung „als einer der hervorragendsten Schauspielerinnen der deutschen Bühne" den Titel Professor. 1975 wurde sie wegen ihrer Verdienste für die Kultur mit dem Großen Bundesverdienstkreuz ausgezeichnet. Anläßlich ihres 70. Geburtstages erklärte sie rückblickend: „Ich habe mich nie als Star gefühlt, nie wie ein Star gelebt. Richtig ist, daß ich mich immer total engagiert habe. Das Theater war mein Lebensinhalt." Kenner rühmten die vielseitige und imponierende Künstlerin als „magic lady", „Monument des deutschen Theaters" und „Königin des Theaters". Sie lobten ihre raffinierte sprachliche Prägnanz, ihre Neigung zu hintergründigem Sarkasmus, ihre eisige Brillanz und ihren Hauch von Hoheit, den sie nie verlor. Mit ihr ging die Zeit der großen Diven zu Ende.

Elisabeth Flickenschildt

FALCKENBERG, OTTO
**Prof., * 5.10.1873 in Koblenz,
† 25.12.1947 in Starnberg**

Der Sohn eines Hofmusikalienhändlers begann 1891 eine Lehre im väterlichen Betrieb, die er 1893 in Berlin fortsetzte. Ab 1894 studierte er in Berlin, später in München Philosophie, Geschichte sowie Kunst- und Literaturgeschichte, allerdings ohne Abschlußprüfungen abzulegen. In dieser Zeit schrieb er verschiedene Theaterstücke, beispielsweise das Drama „Erlösung", das 1899 im Münchner Schauspielhaus uraufgeführt wurde. Er war einer der Mitgründer und Schriftführer des Goethebundes und inszenierte als Dramaturg und Regisseur des Akademisch-Dramatischen Vereins mehrere Uraufführungen. 1901 war Falckenberg Mitgründer des Kabaretts „Die Elf Scharfrichter", für das er als Texter, Darsteller (Bühnenname: Peter Luft) und Regisseur arbeitete. 1903 wurde er freier Schriftsteller und Regisseur und zog sich nach Emmering zurück. 1908 folgte die Uraufführung seines Stückes „Doktor Eisenbart" in Mannheim. 1915 verpflichtete man ihn als Oberspielleiter und Dramaturg an die avantgardistischen Münchener Kammerspiele, von 1917 bis 1944 war er hier Direktor und künstlerischer Leiter, ab 1939 Städtischer Intendant. Das Münchener Theaterleben wurde durch Falckenberg nachhaltig geprägt, besonders seine Shakespeare- und Strindbergaufführungen galten als richtungweisend. Falckenberg war ein Förderer Bert Brechts und brachte 1922 dessen Stück „Trommeln in der Nacht" zur Uraufführung. Falckenbergs Bedeutung für die deutsche Theatergeschichte besteht in der Ausbildung einer spezifischen Münchener Note des nachnaturalistischen Bühnenstiles, die sich vom norddeutschen unterschied etwa wie die Künstlergruppen „Der blaue Reiter" und „Die Neue Sezession" von derjenigen der „Brücke". Grundlegend waren die konsequent surreale Welturaufführung von Strindbergs „Gespenstersonate" am 5. Mai 1915 und die Wiedererweckung von Shakespeares „Wie es Euch gefällt" auf musikalische, tänzerische, atmosphärische, scheinbar improvisierende Art am 21. Januar 1917. Hieran schlossen sich seine traditionsbildenden Strindberg-, Shakespeare- und Sturm- und Drang-Aufführungen an sowie zahlreiche Uraufführungen der Expressionisten Georg Kaiser, Ernst Barlach, Bert Brecht, Arnolt Bronnen und andere. Dazu kam eine Liebe zur Folklore (beispielsweise Richard Billinger); Klassikerinszenierungen waren, 1921 mit Friedrich Schillers „Fiesco" beginnend, die dritte, sich erst im Schauspielhaus breit entfaltende Gattung. Dem Spielplan ging die Art der Regieführung parallel, die, anfangs expressiv, immer souveräner und lockerer, das Stück durchleuchtender, den Schauspieler weckender und lösender wurde – nie vergewaltigend und in ein Schema zwingend. Kurz nach der NS-Regierungsübernahme wurde der Künstler verhaftet, kam aber nach kurzer Zeit wieder frei. Daß zumindest örtliche Parteigrößen nur zu gerne einen Grund suchten, Falckenberg den kreativ-künstlerischen Garaus zu machen, lag an der personellen und ästhetischen Situation der Kammerspiele vor 1933, die er maßgeblich mitgestaltet hatte und welche einigen Vertretern der neuen Regierung ein Dorn im Auge war. Zum Beispiel waren die berühmtesten Schauspieler des Hauses zu der Zeit jüdischer Herkunft, unter ihnen Therese Giehse und Kurt Horwitz. Ein Gutachten aus dem Amt für Beamte/Abteilung Bildungsbeamte, das der dortige Gauhauptstellenleiter an die Gauleitung München-Oberbayern sandte, macht deutlich, daß Falckenberg im Visier der Münchner NS-Bürokratie war: "[Falckenberg] war nicht nur der von den Juden und Marxisten Geschobene, sondern seine geistige Einstellung war die gleiche." Letztlich verzichteten die örtlichen Entscheidungsträger allerdings auf

Otto Falckenberg

Gedenkplatte in München-Schwabing

weitere Maßnahmen gegen den Künstler, „da Falckenberg ein vom Führer außerordentlich geschätzter Künstler ist und durch das persönliche Eingreifen des Führers schon einige Male gedeckt wurde". Falckenberg geriet in den folgenden Jahren immer wieder mit den Münchner Parteigrößen aneinander und konnte sich gerade deshalb die Fürsprache Hitlers nie so recht erklären. Die Verteidigung Falckenbergs seitens der prominenten Nationalsozialisten Goebbels und Hitler bleibt wohl für immer ein Mysterium. Dieser unerklärliche Schutz sicherte ihm eine für die damalige Zeit überdurchschnittliche künstlerische Freiheit. Berühmt wurde Falckenberg vor allem auch als Schauspieler-Entdecker, -Former und -Umformer. Zahlreiche Prominente jener Jahre begannen bei ihm oder erlangten durch ihn ihre persönliche Note wie etwa Berta Drews, Elisabeth Flickenschildt, Käthe Gold, Therese Giehse, Will Dohm, Heinz Rühmann, Axel von Ambesser, Carl Wery und Horst Caspar. Wie Dr. Goebbels am 27. April 1944 in seinem Tagebuch notierte, hielt Hitler Falckenberg „für den besten Schauspielerfinder [sic] in der ganzen deutschen Theaterwelt". 1936 ließ der Künstler das antisemitische Stück „Rothschild siegt bei Waterloo" von Eberhard Wolfgang Möller aufführen. 1939 wurde anläßlich seines 25jährigen Bühnenjubiläums eine Festwoche veranstaltet und er von Adolf Hitler mit dem Titel Staatsschauspieldirektor sowie mit der Goethe-Medaille für Kunst und Wissenschaft ausgezeichnet. Im Jahre 1943 verlieh Hitler ihm trotz bestehender Titelsperre den Professorentitel. Nach dem Krieg wurde Falckenberg mit einem Inszenierungsverbot belegt, 1947 jedoch rehabilitiert. Zuletzt erteilte er in Starnberg privaten Schauspielunterricht. Die den Münchner Kammerspielen angeschlossene Schauspielschule wurde nach seinem Tod Otto-Falckenberg-Schule benannt.

KAYSSLER, FRIEDRICH
* 7.4.1874 in Neuenrode/Schlesien,
† 24.4.1945 in Klein-Machnow bei Berlin

Als Gymnasiast wurde der früh verwaiste Arztsohn Kayssler durch ein Gastspiel des Meininger Theaters so beeindruckt, daß er beschloß, Schauspieler zu werden. Während seines Philosophiestudiums im München widmete er sich daher weit mehr dem „Akademisch-dramatischen Verein" als dem Hörsaal. Bei einer Aufführung von Georg Hirschfelds „Die Mütter" wurde der Theaterleiter Otto Brahm auf den begabten Dilettanten aufmerksam und holte ihn nach Berlin an das Deutsche Theater. Nach Ableistung seines Militärdienstes trat Kayssler sein Engagement an, wurde vom Oberspielleiter Emil Lessing unter die Fittiche genommen und begab sich später auf Lehrjahre nach Görlitz, Halle und Breslau und kehrte 1900 als gestandener Schauspieler an das Deutsche Theater zurück. Durch die Intensität und Echtheit seiner Schauspielkunst eroberte er sich bald die Gunst des Berliner Publikums und auch die Anerkennung seiner Kollegen. Trotz der großen Aufgaben, die Emil Lessing ihm zu bieten hatte, wechselte Kayssler an die Kammerspiele des Deutschen Theaters zu Max Reinhardt und blieb bis 1913 in dessen Ensemble. Hier spielte er unter anderem den „Prinz von Homburg" (1907), „Faust I" (1909), „Faust II" (1911) und „Peer Gynt" (1913). Später nahm er diverse Verpflichtungen wahr, etwa am Deutschen Schauspielhaus, am Lessing-Theater, an der Neuen Wiener Bühne und am Berliner Theater. Er wurde 1919 Direktor der Neuen freien Volksbühne, entdeckte noch unbekannte Regisseure wie Jürgen Fehling und verpflichtete Schauspieler, die später berühmt wurden, wie etwa Veit Harlan und Lucie Mannheim. Ab 1923 gab er seinen Direktorenposten auf und gönnte sich zwischen den nun folgenden Engagements auch längere Pau-

Die Volksbühne in Berlin

sen, um verstärkt schriftstellerisch tätig sein zu können; er schrieb meist impressionistische Märchendramen und Lustspiele, machte aber auch mit Gedichten, Aphorismen und Essays auf sich aufmerksam. Ab 1930 trat er auch immer öfter vor die Filmkamera. Das Jahr 1933 war nicht nur wegen der NS-Regierungsübernahme eine Zäsur, für Kayssler begann in diesem Jahr mit seinem Eintritt in das von Gustaf Gründgens geleitete Ensemble des Preußischen Staatstheaters, dem er bis zu seinem Tode angehören sollte, auch ein neuer, bedeutender Lebens- und Berufsabschnitt. Der Künstler, dessen Spiel als „zielbewußt, fein abgetönt, maßvoll und frei von jedem unwahren Pathos" gerühmt wurde, trug im Laufe seiner Karriere wesentlich zum Ruf Berlins als Theaterstadt bei. Eine wirklich breite und alle Bevölkerungsschichten umfassende Popularität war ihm – wie vielen anderen Schauspielern – allerdings erst durch das Medium Film beschieden. Seine ersten Erfahrungen vor der Kamera hatte Kayssler bereits in frühen Stummfilmzeiten in dem Ehebruch-Drama „...welche sterben, wenn sie lieben" (1913) als Maler Marbach gesammelt. Seit den 1920er Jahren war er dann schon öfter auf der Leinwand in Erscheinung getreten wie etwa in Teil 1 und 4 des Historienfilms „Fridericus Rex" (1922/23), in dem er neben Otto Gebühr als Preußenkönig Friedrich II. den Staatsminister Graf von Finckenstein gab, als welcher er auch in dem Tonfilm „Das Flötenkonzert von Sanssouci" (1930) zu sehen war. Weitere starke Stummfilmrollen hatte er beispielsweise in der Hebbel-Adaption „Mutter und Kind" (1924) als Bremer Kaufmann und Senator Hansen, der nach dem Tod seines einzigen Sohnes das neugeborene Kind seiner Köchin Lene für sich beanspruchen will oder in dem Unterhaltungsfilm „Eine Dubarry von heute" (1926) als wohlhabender Cornelius Corbett. Mit dem Aufkommen des Tonfilms war der nun schon über 50jährige Kayssler ein vielbeschäftigter Schauspieler, der vorwiegend hochgestellte Persönlichkeiten, Adelige, Offiziere und besonders auch historische Figuren verkörperte. In „Luise, Königin von Preußen" (1931) mimte er an der Seite von Henny Porten den preußischen Staatsmann Freiherr vom Stein oder in „Marschall Vorwärts" (1932) den preußischen General Scharnhorst neben Paul Wegener als Generalfeldmarschall Blücher, der wegen seiner schnellen Angriffsvorstöße von den Russen den Ehrennamen „Marschall Vorwärts" erhalten hatte. In dem Streifen „Der alte und der junge König" (1935) gab er den Vater des jungen Leutnants Katte, der als Kronprinz Friedrichs Fluchthelfer von Friedrich Wilhelm I. hingerichtet wird. Im Streifen „Bismarck" (1940) brillierte er an der Seite seines Kollegen Paul Hartmann als Preußenkönig Wilhelm I. Die Reihe dieser herausragenden Rollen ließe sich beliebig fortsetzen. Im Dritten Reich gehörte Friedrich Kayssler zur ersten Garde der herausragenden Künstler, die auch regelmäßig gesellschaftlichen Kontakt mit Partei- und Politprominenz pflegten, er war oft bei den Abendgesellschaften von Reichsminister Dr. Goebbels, und auch an der Tafel Adolf Hitlers war er mehrfach zu Gast. Im Jahre 1933 tröstete er die damalige Lebensgefährtin des jüdischen Theaterleiters Max Reinhardt,

Friedrich Kayssler in dem Film „Friesennot (Dorf im roten Sturm)" von 1935

Friedrich Kayssler in einer Rolle

die sich wegen Hitlers Ernennung zum Reichskanzler Sorgen um Reinhardts Zukunft machte: „Haben Sie keine Angst, seien Sie ganz unbesorgt. Ich war heute nachmittag bei Hitler zum Kaffee geladen. Ein ganz demütiger Mensch." Die NS-Kulturbeauftragten schätzten den großen Mimen sehr und ließen ihm neben seinen Spitzengagen noch zahlreiche Ehrungen zuteil werden: Kayssler wurde Reichskultursenator, Staatsschauspieler, bekam zum 65. Geburtstag einen seine großen Leistungen würdigenden Artikel im „Völkischen Beobachter" und schließlich noch die höchste Auszeichnung des Dritten Reiches, die Goethe-Medaille für Kunst und Wissenschaft. Der Tod erreichte den großen Schauspieler wie Tausende andere Männer bei Kriegsende: Als er sich schützend vor seine Ehefrau stellte, um sie vor der Vergewaltigung durch sowjetische Soldaten zu retten, wurde er durch eine MP-Garbe von Rotarmisten getötet.

KÖRNER, HERMINE
*30.05.1878 in Berlin, † 14.12.1960 ebd.
Fast zwei Generationen hindurch war die Künstlerin die dominierende tragische Heldin der deutschsprachigen Bühne. Viele Jahre lang war sie Leiterin künstlerisch engagierter Theater, Regisseurin und Interpretin europäischer Dichtung. Vollendet beherrschte sie Konversation und großes Pathos. Geboren als Tochter eines Professors der Naturgeschichte, zeigte sie schon früh ihre künstlerische Neigung und wandte sich zunächst der Musik zu. Sie besuchte das Wiesbadener Konservatorium und studierte Klavier, unter anderem bei dem damals noch unbekannten Max Reger. Doch schon bald gewann ihr Drang zum Theater die Oberhand, und 1898 erhielt sie, ohne je dramatischen Unterricht genossen zu haben, ein Engagement am Wiener Burgtheater, schied dort aber bereits nach einem Jahr wieder aus. Sie wurde am Kaiserjubiläum-Theater verpflichtet, debütierte dort als Prinzessin Adelma in Schillers „Turandot" und erweckte durch ihr evidentes Talent erste Aufmerksamkeit; sie bekam schon bald Gelegenheit, sich in sehr großen Rollen zu beweisen wie etwa der Salome. In der Spielzeit 1904/05 ging die junge Mimin zum Berliner Residenz-Theater und wirkte anschließend bis 1909 in Düsseldorf, wo sie bei der großen Schauspielerin Luise Dumont ihre eigentliche Schauspielausbildung erhielt. Danach ging Hermine Körner an das Dresdener Hoftheater und errang hier ihre ersten umjubelten Erfolge als moderne junge Lulu. Hier gab sie auch erstmals Rezitationsabende, eine künstlerische Ausdrucksmöglichkeit, an der sie bis 1959 festhielt. Ihr Wechsel an das Berliner Deutsche Theater erfolgte im Jahre 1915 mit einem Paukenschlag: Die Schauspielerin konnte

Dresdner Hoftheater

Hermine Körner (mittig im Bild)

Briefmarke zum Andenken Körners

nur unter Inkaufnahme eines Kontraktbruches gegenüber dem Dresdener Intendanten Graf Seebach zum Ensemble von Max Reinhardt gehen mit der Folge, daß Reinhardt aus dem Deutschen Bühnenverein austreten mußte. Erst im Jahr 1917 konnte die Schauspielerin durch einen Brief an Graf Seebach den Streit beilegen, da sie die Rechtsauffassung der Dresdener nun ausdrücklich anerkannte. 1919 verließ sie Berlin in Richtung München, wo sie als Pächterin das Münchner Schauspielhaus übernahm, im Jahre 1925 das Albert-Theater in Dresden, 1926 das Dresdener Kammerspielhaus „Die Komödie" und im Herbst 1927 wiederum das Albert-Theater. 1931 verpflichtete Max Reinhardt sie zur Eröffnung des Theaters am Kurfürstendamm mit Edouard Bourdets „Das schwache Geschlecht". Anschließend unternahm sie mit einem eigenen Ensemble Gastspielreisen durch ganz Deutschland und auch ins Ausland. 1934 folgte sie dem Ruf von Gustaf Gründgens an das Staatliche Schauspielhaus Berlin. Weil sie mit Emmy Sonnemann befreundet war, nahm sie an deren Hochzeit mit dem Preußischen Ministerpräsidenten Hermann Göring am 10. April 1935 teil und wurde bei dieser Gelegenheit mit dem Titel Staatsschauspielerin ausgezeichnet, womit gleichzeitig die Berufung als Lehrerin an die Staatliche Schauspielschule verbunden war. Berlin blieb bis zur Schließung der deutschen Theater zum 1. September 1944 ihr Berufsmittelpunkt. Der Dichter Jochen Klepper, der mit seiner jüdischen Ehefrau im Dezember 1942 Suizid beging, notierte am 11. Februar 1942 über Hermine Körner in seinem Tagebuch: „Sie ist ja die unerschrockene und unermüdliche Fürsprecherin für ehemals namhafte jüdische Kollegen und die Schauspielermischehen." Am 22. November 1942 wurde die Mimin durch ihren Auftritt am Staatstheater Krakau als „Trägerin des deutschen Kulturwillens im Osten" eingesetzt. Nach dem Zweiten Weltkrieg ging sie an das Württembergische Staatstheater nach Stuttgart und wirkte dort bis 1949 als Schauspielerin und Regisseurin. Allerdings spielte sie von 1946 bis 1948 gleichzeitig auch in Berlin an der „Komödie" und am Theater am Kurfürstendamm. 1950 ging sie in der Titelrolle von Giraudoux' „Irre von Caillot" auf Tournee und führte das Stück zu einem enormen Erfolg. Von 1951 bis 1953 arbeitete die Künstlerin als Schauspielerin und Regisseurin am Deutschen Schauspielhaus in Hamburg, danach gastierte sie in Berlin, Düsseldorf, Stuttgart und in anderen Städten. Sie war stilbildende Tragödin in den klassischen Rollen der dramatischen Weltliteratur, aber auch in weniger bekannten Stücken der modernen Dichtung; ihre größten Erfolge errang sie vor allem in Werken von Ibsen, Shaw, Anouilh, Rehberg, Fry, aber auch in Dramen der klassischen Literatur. Ihre bekanntesten Bühnenrollen waren unter anderem „Königin Isot", „Maria Stuart", „Lady Macbeth", „Gräfin de la Roche", „Königin Elisabeth", „Frau Alwing" und „Lulu". Der Film gab der großen Schauspielerin nur wenige Aufgaben, ihre Filmographie umfaßt lediglich zwölf Titel. Wiederholt wurde Hermine Körner für ihre großartigen Leistungen ausgezeichnet, beispielsweise im Jahre 1951 durch den Kunstpreis der Stadt Berlin, 1955 durch ihre Aufnahme in die Akademie der Künste und 1956 durch den Louise-Dumont-Goldtopas, ein Gegenstück zum Ifland-Ring, und 1957 durch das Bundesverdienstkreuz. Hermine Körner, die große alte Dame des deutschen Theaters und eine der letzten großen Tragödinnen, starb im Alter von 82 Jahren an den Folgen einer schweren Infektionskrankheit, die sie Anfang Oktober 1960 im Rheinland befiel. Das Deutsches Bühnen-Jahrbuch faßte das Leben der Schauspielerin prägnant zusammen: „Eine Königin des Theaters."

B. Alle übrigen

Schrifttum

BLUNCK, HANS FRIEDRICH
Dr. jur., * 3.9.1888 in Altona,
† 24.4.1961 in Hamburg

Der Sohn eines Lehrers studierte an den Universitäten von Kiel und Heidelberg Rechtswissenschaften und war als Burschenschafter aktiv. Im Ersten Weltkrieg diente er als Offizier, unter anderem in der Zivilverwaltung Belgiens. Ab 1920 arbeitete er als Regierungsrat, seit 1925 als Syndikus der Universität Hamburg. In den 1920er Jahren begann er mit seiner schriftstellerischen Arbeit, die eine antimodernistisch-romantisierende Denkweise widerspiegelte, wie sie dem traditionellen Literaturverständnis entsprach. Sein literarisches Werk läßt seine Herkunft aus dem norddeutschen Bauerntum, dem er stets verbunden blieb, sowie seine Verwurzelung in den volkstümlichen Überlieferungen insbesondere der Ost- und Nordseeküstenbewohner erkennen. Märchen und Romane aus vorgeschichtlicher Zeit, die nordische Lichtbringermythen, Wikingersagen und Erdichtetes miteinander verbinden, sowie niederdeutsche Lyrik bilden den Hauptteil seines Werkes, das sich auch mit dem Alltag und Leben des einfachen Volkes befaßt. Besonders bekannt waren seine Romane, in denen markante Personen, Anführer oder Könige die Hauptrolle spielen: „Hein Hoyer" (1922), die Geschichte eines hanseatischen Söldnerführers aus dem fünfzehnten Jahrhundert, der Staatsmann wird, „Volkswende" (1930) und „König Geiserich" (1936). Andere sehr beliebte Bücher des Schriftstellers aus der Zeit des Dritten Reiches waren: „Die Urvätersage" (1934), „Deutsche Heldensagen" (1938), „Die Jägerin" (1940) und „Sage vom Reich" (1941). Er zeigte Sympathie für die NS-Bewegung und erklärte 1934, eine alte Welt sei zusammengebrochen; die Deutschen seien im Begriff, den Weg zu einer neuen Lebensform zu zeigen und trügen einen neuen Glauben an die Menschheit im Herzen. Nach der NS-Regierungsübernahme wurde er am 7. Juni 1933 zum zweiten Vorsitzenden der Sektion für Dichtung der Preußischen Akademie der Künste gewählt und noch im selben Jahr zum ersten Präsidenten der Reichsschrifttumskammer bestellt. Er trat sein Amt mit Enthusiasmus an, weil er in der berufsständischen Selbstverwaltung eine große Chance für das Gedeihen des deutschen Schrifttums und aller mit dem Medium Buch befaßten Berufsgruppen sah. Die größte Leistung seiner Amtszeit war neben dem organisatorischen Aufbau der Kammer die Reform der buchhändlerischen Ausbildung. Kernstück war die Einführung der Gehilfenprüfung und die Gründung ei-

Hans Friedrich Blunck

ner Reichsschule des deutschen Buchhandels, die vor Ablegung der Gehilfenprüfung im Block zu besuchen war. Blunck lehnte Rassenhaß ab, allerdings finden sich in seinen Dichtungen und Briefen gelegentlich auch zeitgeistige antisemitische Äußerungen. Mit den üblichen rassischen Klassifizierungen konnte er allerdings nichts anfangen, er verurteilte den Judenboykott vom 1. April 1933 und weigerte sich, den persönlichen Umgang mit Juden aufzugeben, die sich um Deutschland verdient gemacht hatten. Den in den letzten Jahren des Ersten Weltkriegs und danach nach Deutschland gekommenen, kulturell und habituell nicht assimilierten Ostjuden stand er distanziert gegenüber, doch war diese Distanz sogar unter den alteingesessenen deutschen Juden weit verbreitet. Blunck machte die Annahme des Amtes als Präsident der Reichsschrifttumskammer davon abhängig, daß Juden nicht diskriminiert würden. Dies wurde ihm von Ministerialrat Schmidt-Leonhardt vom Propagandaministerium mit dem Hinweis zugesichert, daß das Kulturkammergesetz an keiner Stelle Juden ausschließe, was formal betrachtet auch zutraf. Da er Reichsminister Dr. Goebbels nicht radikal genug war, wurde Blunck im Oktober 1935 als Präsident der Reichsschrifttumskammer abgelöst. Kurz zuvor hatte Blunck noch bei einer Rede in London erklärt: „Das echte dichterische Schaffen ist im Dritten Reich so frei wie nie zuvor – und statt von den vollkommen gestrigen und gleichgültigen Machwerken jener vom Zerfall zehrenden Literaten zu reden, sollte die Welt lieber ein Augenmerk darauf richten, daß unsere Regierung als die erste in Europa alle Angelegenheiten der schönen Künste in der Einrichtung einer sich selbst regierenden Kulturkammer zusammengefaßt hat." Der sehr produktive Schriftsteller, der auch Reichskultursenator und seit 1937 Mitglied der NSDAP war, veröffentlichte zwischen 1933 und 1944 insgesamt 97 Buchpublikationen und schrieb allein im „Völkischen Beobachter" 100 Aufsätze. Nach dem Zweiten Weltkrieg wurde Blunck in seinem Entnazifizierungsverfahren als „Mitläufer" eingestuft und zu einer Geldbuße von 10.000 Reichsmark verurteilt. Er war weiterhin als Schriftsteller tätig, schrieb aber im wesentlichen nur noch Märchen und Sagen.

BREHM, BRUNO
Dr. phil., * 23. 7.1892 in Laibach,
† 5.6.1974 in Altaussee

Der Sohn eines k.u.k. Offiziers studierte nach dem Abitur ein Semester Germanistik und meldete sich bei Ausbruch des Ersten Weltkrieges freiwillig. Während des Krieges wurde er zum Offizier befördert und geriet im September 1914 in russische Kriegsgefangenschaft, wo er den Schriftsteller Edwin Erich Dwinger (1898–1981) kennenlernte. Nachdem er 1916 gegen russische Gefangene ausgetauscht worden war, wurde Brehm bei Asagio in Venetien schwer verwundet. Nach dem Krieg, aus dem er als Hauptmann zurückgekehrt war, studierte er in Wien, Göteborg und Stockholm Kunst- und Urgeschichte und schloß sein Studium mit Promotion ab. Anschließend war er kurzzeitig als Assistent an der Wiener Universität und als Verlagsbuchhändler tätig, bis er sich im Jahre 1928 in Wien als freier Schriftsteller

Grabplatte von Hans Friedrich Blunck

Bruno Brehm (rechts)

niederließ. Erfolgreich wurde er durch seine nostalgisch-heitere Auseinandersetzung mit dem Niedergang der Habsburger Monarchie und mit mehreren sehr beliebten Büchern wie etwa die Trilogie „Apis und Este" (1931), „Das war das Ende" (1932) und „Weder Kaiser noch König" (1933). Später folgten noch Werke wie „Heimat ist Arbeit" (1934), „Zu früh und zu spät" (1936), „Soldaten-Brevier" (1937) und „Die sanfte Gewalt" (1941). Zur Volksabstimmung über den Österreich-Anschluß warb der Schriftsteller im April 1938 mit den Zeilen: „Jede Stimme ein Stein,/alle Steine der Wall./Vom Walle umfriedet das Reich,/das der Führer geeint." Er wurde Ratsherr in Wien und fungierte von 1938 bis 1942 als Herausgeber der „Monatsschrift der Ostmark" genannten Publikation „Der getreue Eckart". 1939 wurde er mit dem Nationalen Buchpreis sowie dem Staatspreis ausgezeichnet. Während des Zweiten Weltkrieges diente Brehm als Ordonnanzoffizier in Griechenland, Rußland und Nordafrika. Daß er politisch mit der NS-Regierung konform ging, zeigt seine Erklärung anläßlich des Weimarer Dichtertreffens von 1941: „Jetzt, da die größte Gefahr für Europa gebannt ist, könnte Frieden sein, säßen nicht in London und New York – verantwortungslos, bodenlos, volkslos – die jüdischen Hetzer." Im selben Jahr wurde Brehm auch Präsident der Wiener Kulturvereinigung. Brehm wurde 1945 zwar wegen seines politischen Engagements verhaftet, kam aber nach kurzer Zeit wieder frei und war wieder schriftstellerisch tätig, beispielsweise mit der Trilogie „Das zwölfjährige Reich" (1960/61). Im Jahre 1960 wurde er Mitglied der konservativen Kulturvereinigung Gesellschaft für freie Publizistik. Brehm wurde auch in der Nachkriegszeit mehrfach ausgezeichnet, er erhielt den Nordgau-Kulturpreis der Stadt Amberg (1958), den Peter-Rosegger-Preis (1961) und den Sudetendeutschen Kulturpreis (1963). Folgende Anekdote kennzeichnet den Schriftsteller Bruno Brehm: Er nahm in den Jahren 1953 bis 1955 an den Pürgger Dichterwochen teil. Dort soll er dem Journalisten Friedrich Torberg, der sich mit den Worten „Friedrich Torberg, von der ‚Neuen Zeit'" vorstellte, erwidert haben: „Bruno Brehm, von der alten Zeit."

BURTE, HERMANN
Dr. h.c., * 15.12.1879 in Maulburg/ Baden, † 21.3.1960 in Lörrach
Geboren unter dem Namen Hermann Strübe, besuchte der Sohn eines Kanzleigehilfen und Mundartdichters nach dem Abitur die Kunstgewerbeschule Karlsruhe und studierte anschließend Malerei an der Karlsruher Kunstakademie; von 1900 bis 1904 gab er stundenweise Unterricht an der Kunstgewerbeschule. Aufgrund seiner guten Leistungen erhielt Burte ein Stipendium für eine Studienreise nach England. Durch diesen Kontakt mit der englischen Literatur stieg sein Interesse an der Dichtung, und er nahm 1905 an einem Preisausschreiben für einen „Volksroman" mit dem Fragment „Der blonde Teufel" teil und gewann einen Trostpreis. Daraufhin beschloß er, Schriftsteller zu werden und wählte als Pseudonym den Namen seines ersten Protagonisten. Seine Vorbilder waren Jeremias Gotthelf, Friedrich Nietzsche und Carl Spitteler. 1912 erschien Burtes erster Roman „Wiltfeber der ewige Deutsche. Die Geschichte eines Heimatsuchers", der ein Kultbuch der völkischen Jugendbewegung und ein großer Erfolg war, für den er ein Jahr später den Kleist-Preis erhielt. 1914 wurde seine Tragödie „Katte" veröffentlicht. Im Ersten Weltkrieg war er 1916 bei der Zen-

Hermann Burte

tralstelle für Auslandsdienst, einer Propagandaeinrichtung des Deutschen Kaiserreichs eingesetzt. Er gehörte zum Kreis völkischer Intellektueller, die bereits lange vor Aufkommen des Nationalsozialismus existierten. Die Swastika erschien als germanisches Heilssymbol bereits 1912, lange vor Hitler und ohne politischen Bezug, im „Wiltfeber". 1931 verfaßte er Weiheverse auf Adolf Hitler: „Und was verspricht er uns, der Retter? / - Er fordert Opfer, unbedingt, / aus einem Willen, der durch Wetter / und Wahn zum Reich der Guten dringt." Von 1924 bis 1932 war Burte Mitherausgeber und wichtiger Mitarbeiter der in Lörrach vierzehntäglich erscheinenden deutschnational-völkischen Zeitschrift „Der Markgräfler". Der kirchlich geprägte Burte war bis zu ihrer Auflösung im Juni 1933 Mitglied der Deutschnationalen Volkspartei. Im Januar 1936 beantragte er die Aufnahme in die NSDAP. Dr. Goebbels schätzte den Schriftsteller nicht, wie seine Tagebucheintragung über Burte vom 1. Dezember 1936 zeigt: „Keine Leuchte. Ein alemannischer Spießer." Im Dritten Reich erhielt Burte eine Reihe von Auszeichnungen, unter anderem den Johann-Peter-Hebel-Preis (1936), den Großdeutschen Mundartenpreis „Goldener Spatz von Wuppertal" (1938), die Goethe-Medaille für Kunst und Wissenschaft (1939) und das Kriegsverdienstkreuz 2. Klasse (1942). In den Nachkriegsjahren wurde er ebenfalls mehrfach ausgezeichnet, etwa mit dem Ehrenring der deutschen Lyrik (1953), mit der Jean-Paul-Medaille (1957) und der Ehrenbürgerschaft der Gemeinde Efringen-Kirchen. Nach dem Zweiten Weltkrieg wurde Burte neun Monate im Lörracher Gefängnis interniert, verlor sein Wohnrecht im Flachsländer Hof und mußte bis 1958 bei Freunden in Efringen-Kirchen Zuflucht suchen. Im Entnazifizierungsverfahren wurde er 1949 als „Minderbelasteter" eingestuft, er bekam eine zweijährige Bewährungsfrist und das Verbot politischer Betätigung.

Kriegsverdienstkreuz

FRENSSEN, GUSTAV
Dr. h.c., * 19.10.1863 in Barlth/ Dithmarschen, † 11.4.1945 ebd.

Geboren als Sohn eines Tischlermeisters, studierte er nach dem Abitur Theologie an den Universitäten von Tübingen, Berlin und Kiel und wurde anschließend Pastor. Seinem 1896 veröffentlichten Werk „Die Sandgräfin" folgte 1901 der Entwicklungsroman „Jörn Uhl", der bei Kritik und Lesern großen Erfolg hatte. Wegen dieses Erfolges gab er seine Pastorenstelle auf und ließ sich als freier Schriftsteller nieder. Die Universität Heidelberg verlieh ihm 1903 für seine „Dorfpredigten" die Ehrendoktorwürde. Auch die nächsten Bücher, „Hilligenlei" (1905) und 1906 „Peter Moors Fahrt nach Südwest", waren sehr erfolgreich, und von beiden wurden in den ersten zwei Monaten nach Erscheinen über 100.000 Exemplare verkauft. Die Gesamtauflage seiner Werke liegt bei rund drei Millionen Exemplaren. In den 1920er Jahren wurde Frenssen sogar für den Literatur-Nobelpreis vorgeschlagen. 1919 zog er sich an seinen Geburtsort Barlth zurück. Wie viele seiner Zeitgenossen war der Schriftsteller nationalliberal und antidemokratisch gesinnt und strebte ein starkes Deutschland mit deutlich autoritären Zügen an. Die NS-Regierungsübernahme begrüßte er. Im Oktober 1933 wurde er in die Sektion Dichtung der Preußischen Akademie der Künste aufgenommen und zum Ehrensenator des Reichsverbandes Deutscher Schriftsteller, einer Untergliederung der Reichsschrifttumskammer ernannt. Er wurde 1933 mit dem Raabe-Preis ausgezeichnet, und 1938 verlieh Adolf Hitler ihm die Goethe-Medaille für Kunst und Wissenschaft. Frenssen war Vorstandsmitglied im Eutiner Dichterkreis, einer der damals bedeutendsten Autorengruppen. 1936 brachte er sein Buch „Der Glaube der Nordmark" heraus, mit dem er sich von der christlichen Religion lossagte und ein nordisches Neuheidentum forderte.

Gustav Frenssen

Nach „Vorland. Grübeleien" (1937) und „Der Weg unseres Volkes" (1938) erschienen 1940 seine Autobiographie „Lebensbericht", in der er Großstadtleben, Intellektualismus und Modernismus ablehnte, sowie „Recht oder Unrecht – mein Land!", in dem er die NS-Juden- und Außenpolitik verteidigte. Sein letztes Buch „Lebenskunde" erschien 1942. In den letzten Jahren seines Lebens arbeitete er vorwiegend für den Rundfunk und die Reichspressestelle der NSDAP.

Trotz seiner Parteinahme für die NS-Regierung blieb Frenssen auch nach dem Zweiten Weltkrieg zumindest in Schleswig-Holstein als Heimatdichter im kulturellen Gedächtnis präsent. Zahlreiche Straßen waren nach ihm benannt. Erst in den 1980er Jahren setzte eine politisch-motivierte Bilderstürmerei ein, die diese Ehrungen – die bereits vor 1933 erfolgt waren – wieder rückgängig machen wollte.

GRIESE, FRIEDRICH
* 2.10.1890 in Lehsten,
† 1.6.1975 in Lübeck

Geboren als Sohn eines Kleinbauern und späteren Tagelöhners, mußte Griese zeitweise zum Einkommen seiner Familie beitragen und sich als Kuhhirte verdingen. Nach seiner pädagogischen Ausbildung arbeitete er ab 1913 als Volksschullehrer in Stralendorf bei Parchim. Er zog als Freiwilliger in den Ersten Weltkrieg und wurde nach einer schweren Verwundung, die fast zur Taubheit führte, im Jahre 1916 aus dem Kriegsdienst entlassen. Im Jahre 1921 erschien sein erstes Buch „Feuer", in dem er mit autobiographischer Färbung das Thema der Kriegsheimkehrer behandelte. Bis 1926 arbeitete er wieder als Lehrer in Stralendorf und ging anschließend bis 1931 als Lehrer an eine Kieler Volksschule. 1931 wurde er zur Förderung seiner dichterischen Tätigkeit zum Rektor ernannt und mit vollen Bezügen beurlaubt. Grieses Werk umfaßt mehr als 50 Titel, davon allein 14 Romane, 17 Erzählbände und sechs Dramen. Er war beeinflußt von Autoren wie Knut Hamsun, Selma Lagerlöf, Arthur Schopenhauer und Houston St. Chamberlain und traf schon in der Weimarer Republik den Geschmack einer national-konservativen Leserschaft. Seinen literarischen Durchbruch errang er 1927 mit dem Roman „Winter", der ihm zwei Auszeichnungen einbrachte und auch nach 1945 mehrfach neu aufgelegt wurde. Der bundesdeutsche Star-Kritiker Marcel Reich-Ranicki betonte, daß sich Grieses Bücher „durch atmosphärische Dichte, durch intensive Stimmungen und eine einfache und sehr anschauliche Sprache" auszeichnen. Griese verstand sich als unpolitischer Autor, der in seinen Werken bewußt traditionelle Lebensmodelle und Wahrheiten der „modernen", entfremdeten städtischen Lebensweise gegenüberstellte. Seine produktivste Phase als Autor begann mit dem NS-Regierungsantritt. Die von ihm propagierte „Einheit zwischen dem Blut und dem Boden" als völkische Lebensgrundlage machte ihn zum wichtigen Vertreter der Literatur im Dritten Reich. 1933 wurde er Mitglied der Sektion Dichtkunst der Preußischen Akademie der Künste. In den folgenden Jahren erhielt er wahrscheinlich mehr Preise als jeder andere Schriftsteller im Dritten Reich. Griese trat 1942 der NSDAP bei.

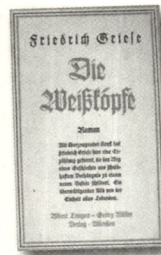

In den 1930er Jahren stiegen die Auflagen seiner Werke auf mehrere hunderttausend, nicht zuletzt aufgrund von Sonderauflagen für die Wehrmacht. Am erfolgreichsten waren seine historische Erzählung „Die Wagenburg" (1935) und das „Roman eines starken Geschlechts" genannte Werk „Die Weißköpfe" (1939). 1940 verlieh Adolf Hitler dem Schriftsteller die Goethe-Medaille für Kunst und Wissenschaft, worauf Griese Hitler ein Dankschreiben sandte: „Mein Führer! Sie haben mir zu meinem 50. Geburtstag am 2. Oktober die Goethemedaille verliehen. Für diesen deutlichen Beweis Ihrer Anerkennung meiner Arbeit danke ich Ihnen mit der Ehrfurcht, die wir alle Ihnen, gerade in dieser Zeit entgegenbringen. Heil mein Führer!" Am 22. Juni 1945 wurde Griese aufgrund einer Denunziation verhaftet und dem sowjetischen NKWD übergeben. Zunächst wurde er im sogenannten GPU-Keller in Parchim eingesperrt, dann ohne Prozeß und Urteil für fünf Monate in das Zuchthaus Alt-Strelitz verlegt. Von dort kam er in das sowjetische Speziallager Fünfeichen, das er schwer erkrankt am 13. Februar 1946 verlassen konnte. Um einer zweiten Verhaftung zu entgehen, floh Griese am 24. Juli 1947 in den Westen und ließ sich in dem Dorf Velgen im Kreis Uelzen nieder. Er arbeitete wieder als Schriftsteller, und seine Werke erschienen bis Mitte der 1960er Jahre in vielen Auflagen. Im Oktober 1954 und noch danach gab es wiederholt Bemühungen, Griese zur Übersiedlung in die DDR zu bewegen und ihn in Ahrenshoop anzusiedeln. Bis Ende der 1960er Jahre waren seine Texte in bundesdeutschen Schulbüchern zu finden. Bundespräsident Heinrich Lübke würdigte Grieses Lebenswerk 1965 in einem Glückwunschtelegramm zum 75. Geburtstag mit den Worten: „Ihre zahlreichen Romane, Novellen und Bühnenwerke künden von der Kraft des einfachen Lebens und der Stille der Tradition des Bauerntums und seiner schicksalhaften Verbundenheit mit der Landschaft. Sie haben darin vor allem Ihrer mecklenburgischen Heimat ein Denkmal gesetzt." In seinem Geburtsort Lehsten sowie in Lübeck und Groß Grönau sind Straßen nach Friedrich Griese benannt. Sein 1935 erbautes Wohnhaus bei Parchim, das Kinderkurheim „Markower Mühle", trägt seit 1990 ebenfalls den Namen des Dichters.

Friedrich Griese

GRIMM, HANS
Dr. phil h. c., * 22.3.1875 in Wiesbaden, † 27.9.1959 in Lippoldsberg

Schriftstellerisches Talent war bei Hans Grimm schon im Alter von zwölf Jahren zu erkennen, als er ein Drama über Robin Hood schrieb. Das 1894 in Lausanne begonnene Studium der Literaturwissenschaft brach er auf Druck seines Vaters bereits nach einem Jahr wieder ab und absolvierte eine Ausbildung zum Außenhandelskaufmann. Nach deren Abschluß wurde Grimm 1897 von einem deutschen Handelsunternehmen in Port Elizabeth/Südafrika eingestellt. Ab 1901 war er selbständiger Kaufmann und Hafenagent in East London und bewirtschaftete zusätzlich eine Farm. 1908 kam er für kurze Zeit nach Deutschland, ging aber schon 1910 zurück nach Afrika, wo er Presseberichte aus der deutschen Kolonie Deutsch-Südwestafrika (heute Namibia) verfaßte. 1911 begann er ein Studium der Staatswissenschaften in München und Hamburg. 1913 erschienen seine „Südafrikanischen Novellen", in denen er seine Jahre in Deutsch-Südwestafrika verarbeitete. Im Ersten Weltkrieg kämpfte der Schriftsteller zunächst an der Front, später wurde er als Dolmetscher eingesetzt. Das 1918 erschienene Werk „Der Ölsucher von Duala" war eine Auftragsarbeit für das Reichskolonialamt. Nach dem Krieg ließ er sich als freier Schriftsteller nieder. Wie die Mehrheit der Deutschen quer durch das gesamte politische Spektrum empfand auch Grimm die deutsche Niederlage im Ersten Weltkrieg – und insbesondere den damit verbundenen Verlust der deutschen Kolonien – als nationale Schmach, und er stand der Weimarer Republik ablehnend gegenüber. Ab 1920 arbeitete Grimm an dem Roman „Volk ohne Raum", der ihn bei seinem Erscheinen 1926 schlagartig prominent machte und dem die Nationalsozialisten eines ihrer zündendsten Schlagwörter verdankten. Dabei war das Werk ein reiner Kolonialroman und vertrat die These, daß der deutsche Bevölkerungsüberschuß in Ermangelung eigener Überseeterritorien gezwungen sei, ins Ausland abzuwandern und somit für Deutschland verloren gehe. Mit der von Adolf Hitler in „Mein Kampf" entwickelten Zielsetzung vom „Lebensraum im Osten" hatte der Roman nicht das geringste zu tun. Das Buch brachte es auf rund 700.000 verkaufte Exemplare und wurde später zur Pflichtlektüre an deutschen Schulen. Der Schriftsteller war bereits seit 1923 Sympathisant der NSDAP – obwohl er das Gebaren einiger Parteigrößen nach 1933 heftig kritisierte – und wurde 1933 zum Senator der Deutschen Akademie der Dichtung ernannt. Grimm hatte ein ambivalentes Verhältnis zum Nationalsozialismus, das der Literaturwissenschaftler Werner Mittenzwei folgendermaßen skizzierte: Grimm galt „doch einerseits als Wortführer nationalsozialistischer Politik, andererseits widersprach er der offiziellen Politik in einem Maße, wie das in Deutschland kaum noch einer wagte […] Seine dichterische Vision, das einige, starke Reich der Deutschen, sah er durch Hitler in die Tat umgesetzt. Ihn be-

Hans Grimm

trachtete er als Inkarnation der nationalen Idee. Deshalb unterstützte er Hitler, ohne von ihm sonderlich beeindruckt zu sein". Sein Verhältnis zu Dr. Joseph Goebbels blieb gespannt, da es dem Reichsminister nicht gelang, den Schöpfer des „deutschen Nationalepos" auf die geforderte Parteilinie festzulegen. Auf seinen „Lippoldsberger Dichtertagen" bot Grimm von 1934 an abseits des gleichgeschalteten Kulturbetriebs Schriftstellern und Dichtern eine Bühne. Aufgrund von politischen und ideologischen Differenzen erfolgte im Jahr 1935 seine Entlassung aus der Reichsschrifttumskammer. Grimm, der noch immer Kritik an Auswüchsen des NS-Staates äußerte, wurde 1938 vom Propagandaminister Dr. Goebbels scharf zurechtgewiesen, indem er ihm mit Inhaftierung und Konzentrationslager drohte. Grimm zog sich daraufhin weitgehend aus der Öffentlichkeit zurück. Obwohl er nie der NSDAP beitrat,

zeigten seine Werke viele Denkmuster, die auch die zeitgenössische NS-Ideologie vertrat. Er hegte die gleichen Elitevorstellungen wie die offizielle Politik, die auch in dem im Dritten Reich entstandenen aber erst nach Kriegsende veröffentlichten Roman „Heynade und England" zum Ausdruck kamen. In diesem Werk setzte Grimm sich mit dem deutsch-englischen Antagonismus auseinander, der zweimal in einen Weltkrieg gemündet war, obwohl beide Staaten im Sinne von Rudyard Kiplings „White man's burden" ausersehen seien, die Welt als gleichberechtigte Führungsmächte zu beherrschen. Grimm betrachtete den Nationalsozialismus als „zweite deutsche Reformation", als „grandiosen" Versuch, Luthers Werk durch Rückkehr zum wahren nordischen Wesen zu vollenden. Auch nach 1945 blieb der Dichter bei seinen Ansichten. Als Antwort auf eine Botschaft, die der Erzbischof von Canterbury am 29. November 1945 an das deutsche Volk richtete, verfaßte Grimm seine „Erzbischofsschrift: Antwort eines Deutschen". Hierin griff er den „Seelenmord" an, der von den siegreichen Alliierten an den Deutschen begangen werde, und prangerte die Nürnberger Prozesse wegen ihrer Einseitigkeit an. Er kritisierte die Entnazifizierung und den Begriff der Kollektivschuld. Vom Nationalsozialismus behauptete er, er habe in seinen Anfangsjahren Europa viel Segen gebracht, denn er habe das „deutsche Volk und mit ihm die so zusammengedrängte mitteleuropäische Masse vor dem großen Überlaufen zum Kommunismus, und das bedeutet, vor der völligen Vermassung bewahrt". Grimm war in der Nachkriegszeit publizistisch, verlegerisch und kulturpolitisch tätig. Er ließ 1949 die „Lippoldsberger Dichtertage" – zu denen sich jährlich 2.000 bis 3.000 Zuhörer im Klosterhof einfanden – wieder aufleben und kandidierte 1953 auf der Liste der Deutschen Reichspartei für den Bundestag. Die Literaturwissenschaftlerin Annette Gümbel stellt fest, daß „die Dichtertage, der Verlag und die Buchhandlung in Lippoldsberg [...] in den Prospekten des Heimat- und Verkehrsvereins Lippoldsberg der Fremdenverkehrswerbung" dienten, was die unveränderte Popularität und Akzeptanz des Schriftstellers nach 1945 belege. Die Hans-Grimm-Gesamtausgabe in 35 Bänden wurde im Klosterhaus-Verlag herausgegeben und ist nach wie vor im Buchhandel erhältlich.

HALBE, MAX
Dr. jur., * 4.10.1865 in Güttland bei Danzig, † 30.11.1944 in Neuötting/Bayern

Der Schriftsteller gehörte zu den wichtigsten Exponenten des deutschen Naturalismus. Der Sohn eines westpreußischen Gutsbesitzers begann sein Studium der Rechtswissenschaften 1883 und schloß es 1888 mit der Promotion ab. Sodann ließ er sich als freier Schriftsteller in Berlin nieder. 1893 erschien sein Bühnenstück „Jugend", das neben „Die Weber" von Gerhart Hauptmann zum erfolgreichsten naturalistischen deutschen Drama wurde. 1895 ging er nach München, wo er das „Intime

Max Halbe im Porträtgemälde von Albert Weisgerber (1909)

Theater für dramatische Experimente" gründete und Kontakt zu Ludwig Thoma und Frank Wedekind pflegte. Kurz vor der Jahrhundertwende wendete sich der Dichter zunehmend vom Naturalismus ab und neigte sich der Neuromantik zu. Mit seinen weiteren Bühnenstücken konnte er nicht mehr an den Erfolg von „Jugend" anknüpfen und verfaßte daher mehrere Romane, wie etwa „Die Tat des Dietrich Stobäus" oder „Generalkonsul Stenzel und sein gefährliches Ich", in denen er sich besonders auf die Ausgestaltung der Gedankengänge seiner Figuren konzentrierte. Seine beiden Autobiographien „Scholle und Schicksal. Geschichte meines Lebens" von 1933 und „Jahrhundertwende. Geschichte meines Lebens 1893–1914" aus dem Jahr 1935 sind bedeutende Quellen für die deutsche Literaturgeschichte. Nach der NS-Regierungsübernahme hielt sich Halbe von der Politik fern. Er trat lediglich in seiner Eigenschaft als Mitglied der Deutschen Akademie der Dichtung der Preußischen Akademie der Künste am 15. März 1933 als Unterzeichner einer Loyalitätserklärung für die neue Regierung in Erscheinung. Dr. Goebbels war dem greisen Dichter freundlich gesonnen und schrieb am 22. Februar 1938 in sein Tagebuch: „Max Halbe bedankt sich in einem rührenden Brief für die 5.000 Mark. Das war ein gutes Werk." Und am 27. Juni 1938 schrieb Goebbels anläßlich einer Kulturkundgebung im Danziger Staatstheater: „Max Halbe ist auch da. Ein liebenswürdiger alter Herr!"

LILIENFEIN, HEINRICH
Prof. Dr. phil., * 20.11.1879 in Stuttgart, † 20.12.1952 in Weimar
Der Juristensohn studierte Geschichte, Philosophie und Kunstwissenschaft an den Universitäten in Tübingen und Heidelberg und ließ sich nach seiner Promotion 1902 als freier Schriftsteller in Wilmersdorf nieder. Ab 1915 diente er als Soldat im Ersten Weltkrieg, ab 1920 wurde er Generalsekretär der Deutschen Schillerstiftung in Weimar. Der Schriftsteller verfaßte zahlreiche erfolgreiche Theaterstücke und schrieb auch Romane und Erzählungen. Seine Werke sind philosophisch vom deutschen Idealismus und formal von der Weimarer Klassik beeinflußt und bezeugen die konservative Grundeinstellung Lilienfeins. Er war im Kuratorium der Goebbels-Stiftung für Kulturschaffende, erhielt 1939 den Schwäbischen Dichterpreis und die Goethe-Medaille für Kunst und Wissenschaft. Obwohl der Schriftsteller im Oktober 1933 zu den Unterzeichnern der an Adolf Hitler gerichteten Ergebenheitsadresse „Gelöbnis treuester Gefolgschaft" gehörte, meinen spätere Exegeten, aus Lilienfeins bedeutendstem erzählerischen Werk – dem Roman „In Fesseln frei" – eine versteckte Kritik am Dritten Reich herauslesen zu können. Auf jeden Fall hatte der Schriftsteller – im Gegensatz zu vielen seiner Kollegen – in der Nachkriegszeit keine beruflichen Nachteile zu erleiden, im Gegenteil: Er konnte ab 1947 sein Amt als Generalsekretär der Schillerstiftung auch in der sowjetisch besetzten Zone und in der frühen DDR wieder ausüben, 1949 wurde er Ehrenbürger von Weimar, und 1952 ließ die DDR-Regierung ihm eine Ehrenpension zukommen.

Heinrich Lilienfein

MÜNCHHAUSEN, BÖRRIES FREIHERR VON
Dr. jur., * 20.3.1874 in Hildesheim, † 16.3.1945 in Windischleuba
Der Balladendichter, Schriftsteller und Lyriker sowie Dom- und Kammerherr auf Gut Windischleuba bei Altenburg studierte Rechts- und Staatswissenschaften in Göttingen, Berlin und München, absolvierte das erste juristische Staatsexamen in Celle und wurde 1899 in Leipzig promoviert. Münchhausen hatte bereits während seiner Studienzeit erste Balladen und Gedich-

te geschrieben. 1897 erschien sein erster Band „Gedichte", der einigen Erfolg hatte. Von 1898 bis 1922 gab er den Göttinger Musenalmanach heraus, der sich vor allem für die Veröffentlichung von Balladen einsetzte und in dem u.a. erste Texte von Agnes Miegel und Lulu von Strauß und Torney erschienen. Münchhausens Balladen, die fast ausschließlich historische Stoffe behandeln und traditionelle Formen aufnehmen, waren im Kaiserreich und in der Weimarer Republik sehr populär. Vielfach wurden sie vertont („Jenseits des Tales standen ihre Zelte") und gehörten zum Kanon der Jugendbewegung der Zeit. Im Ersten Weltkrieg diente er zunächst als Oberleutnant im Königlich sächsischen Garde-Reiter-Regiment, ab 1916 arbeitete er in der Auslandsabteilung der Obersten Heeresleitung. Nach dem Krieg bewirtschaftete er sein Gut und war publizistisch tätig, unter anderem bei der Zeitschrift „Volk und Rasse", bei der er Schriftleiter der Beilage „Volk im Wort" war. Nach der nationalsozialistischen Regierungsübernahme wurde Münchhausen in die Deutsche Akademie der Dichtung berufen, ein Jahr später wurde er deren Senator. Auch er gehörte im Oktober 1933 zu den 88 Unterzeichnern des an Hitler gerichteten „Gelöbnisses treuester Gefolgschaft" und unterzeichnete im August 1934 nach dem Tod Hindenburgs den Aufruf der Kulturschaffenden zur Volksbefragung zugunsten der Zusammenlegung der Ämter des Reichspräsidenten mit dem des Reichskanzlers. Zu dieser Zeit wurde Münchhausen mit mehreren Texten eindeutig im Sinne des Nationalsozialismus aktiv. Er attackierte moderne zeitgenössische Autoren und polemisierte gegen die in Deutschland verbliebenen, wie etwa Gottfried Benn. Sein Verhältnis zum Judentum war ambivalent. Trotz seiner teilweise massiven Ausfälle verstand sich Münchhausen jedoch nie als Antisemit, sondern lediglich als Verteidiger des Deutschtums. 1929 schrieb er an Ina Seidel: „Wie Sie wissen, bin ich nicht Antisemit, glaube aber allerdings, das Deutschtum in seinem verzweifelten Abwehrkampfe gegen eine Überwucherung des jüdischen Geistes schützen zu müssen." Später zog er sich aus der Tagespolitik zurück, wurde aber nach wie vor seitens Staat und Partei sehr gefördert. Kurz vor dem Ende des Zweiten Weltkrieges beging Münchhausen Suizid. In der Bundesrepublik Deutschland wurden verschiedene Gedichte Münchhausens in Schullesebücher aufgenommen. Die Balladen Münchhausens fanden seit den 1960er Jahren weniger Beachtung, aber der bekannte Literaturkritiker Marcel Reich-Ranicki nahm 2005 zwei Gedichte Münchhausens in seine Anthologie „Der Kanon" auf.

Börries Freiherr von Münchhausen

SCHÄFER, WILHELM
Dr. h. c., * 20.1.1868 in Ottrau/Hessen, † 19.1.1952 in Überlingen

Der Schriftsteller, dessen Werk überwiegend aus Kurzgeschichten und Anekdoten im Stile Kleists und Hebbels besteht, wurde mit seinem Buch „Dreizehn Bücher der deutschen Seele" einer der populärsten Autoren der Weimarer Republik und des Dritten Reiches. Für Meyers Lexikon von 1942 sprach Schäfers „nationale Gesinnung [...] am schönsten aus den ‚13 Büchern der deutschen Seele'".

Wilhelm Schäfer

I. – Alle übrigen – Schrifttum

Der Dichter wurde als Sohn eines Schuhmachers geboren und wurde ab 1883 als Volksschullehrer ausgebildet. Von 1890 bis 1897 war er als Lehrer in Vohwinkel und Elberfeld tätig und veröffentlichte in dieser Zeit erste literarische Werke. Durch einen Vertrag mit dem Cotta-Verlag wurde er finanziell so unabhängig, daß er 1897 Studienreisen nach Paris, Zürich und München machen konnte. Ab 1898 arbeitete er als Anzeigentexter in Berlin, gab ab 1900 in Düsseldorf die Kulturzeitschrift „Die Rheinlande" heraus und übernahm die Geschäftsführung des Verbandes der Kunstfreunde in den Ländern am Rhein. Der in dieser Zeit mit Hermann Hesse befreundete Dichter lebte später zeitweilig in Braubach, in Vallendar und in Hofheim, bis er sich 1918 auf der Sommerhalde in Bodmann am Bodensee niederließ. 1931 verließ Schäfer gemeinsam mit Erwin Guido Kolbenheyer und Emil Strauß wegen ideologischer Differenzen die Preußische Akademie der Künste, deren Mitglied er seit 1926 gewesen war. Nach dem NS-Regierungsantritt wurde er Ehrensenator der Institution. Schäfer identifizierte sich weitgehend mit den nationalsozialistischen Gedanken, war aber selbst kein Mitglied der NSDAP. Er wurde von Adolf Hitler und besonders von Reichsminister Dr. Goebbels geschätzt. Letzterer schrieb am 12. Oktober 1942 nach dem Weimarer Dichtertreffen, das unter dem Motto „Dichter und Krieger" stand, in sein Tagebuch: „Es ist ergreifend zu sehen, wie ein so greiser Dichter noch an seinem Lebensabend die Rückkehr zur neuen Zeit antritt." Schäfer erhielt u.a. folgende Auszeichnungen: 1927 die Ehrendoktorwürde der Universität Marburg, 1932 die Goethe-Medaille der Stadt Frankfurt am Main, 1937 den Rheinischen Literaturpreis, 1941 den Goethepreis der Stadt Frankfurt, 1942 den Immermann-Preis, 1938 wurde er zum Ehrenbürger von Ottrau, 1948 zum Ehrenbürger von Bodman ernannt. Wegen seiner Affinität zum Nationalsozialismus fand nach 1945 eine objektive Auseinandersetzung mit Wilhelm Schäfers Werk kaum noch statt.

SCHOLZ, WILHELM VON
**Dr. phil., * 15.7.1874 in Berlin,
† 29.5.1969 Gut Seeheim bei Konstanz**

Der Sohn des preußischen Finanzministers Adolf von Scholz studierte nach dem Abitur 1892 Literaturgeschichte und Philosophie in Berlin, Lausanne und Kiel und wurde 1897 an der Münchener Universität mit einer Arbeit über die Lyrikerin Annette von Droste-Hülshoff promoviert. Im Jahre 1916 wurde er Erster Dramaturg und Spielleiter am Hoftheater in Stuttgart. Scholz wurde zunächst als Lyriker und Dramatiker, danach auch als Erzähler und Romancier bekannt. Seine Stücke wurden auf vielen deutschen Bühnen aufgeführt. Er war mithin ein früh renommierter Autor, dem die Stadt Konstanz zu seinem 50. Geburtstag 1924 eine Festwoche ausrichtete; ein Jahr später benannte sie eine Straße nach ihm. Zu Scholz' bekanntesten Werken gehören die Dramen „Der Jude von Konstanz. Tragödie in fünf Aufzügen" (München, 1905), das 1905 in Dresden uraufgeführt und 2013 im Stadttheater Konstanz wieder aufgenommen wurde, „Der Wettlauf mit dem Schatten" (1921), „Der Zufall und das Schicksal" (1935), in dem seine Neigung zu okkulten Themen gipfelt, „Claudia Colonna" (1941), Bearbeitungen von Dramen des spanischen Dichters Pedro Calderon de la Barcas und „Das Säckinger Trompeterspiel" (1955), „Perpetua. Der Roman der Schwestern Breitenschnitt" (Berlin und Leipzig,

Wilhelm von Scholz

1926), die Biographie „Friedrich Schiller" (1956) sowie der Roman „Theodor Dorn" (1967). 1926 wurde der Dichter Präsident der Sektion für Dichtkunst in der Preußischen Akademie der Künste, trat aber 1928 von diesem Posten zurück und übersiedelte nach Konstanz auf das Familiengut Schloß Seeheim. 1932 wurde der Dichter mit der Goethe-Medaille für Kunst und Wissenschaft ausgezeichnet. Nach der NS-Regierungsübernahme war er Mitunterzeichner der Loyalitätserklärung der Deutschen Akademie der Dichtung vom 16. März 1933 und der an Adolf Hitler gerichteten Ergebenheitsadresse „Gelöbnis treuester Gefolgschaft" im Oktober desselben Jahres. 1935 und 1936 veröffentlichte er Essays in der monarchistischen Zeitschrift „Weiße Blätter". 1941 trat er der NSDAP bei. Nach dem Ausbruch des Zweiten Weltkrieges publizierte er mehr als 50 Beiträge in der deutschsprachigen „Krakauer Zeitung", 1944 schrieb er in der Anthologie „Lyrik der Lebenden" des Dichters Gerhard Schumann hymnische Verse auf Adolf Hitler: „In ihm ist das Volk auf die Tat vereidet./Um ihn wird das Volk/von allen Völkern der Erde beneidet./Grabt in Erz das Wort/und erbt es fort:/Ist solch ein Führer zum Volk gekommen,/dann wird statt des Jahrwerks/ das Jahrtausendwerk wieder aufgenommen." Im Juni desselben Jahres wurde ihm die Ehrendoktorwürde der Ruprecht-Karls-Universität Heidelberg verliehen, und auf Vorschlag von Reichsminister Dr. Goebbels erhielt er von Adolf Hitler eine Dotation in Höhe von 30.000 Reichsmark. Nach dem Zweiten Weltkrieg als „Mitläufer" entnazifiziert, wurde Scholz 1949 Präsident des Verbandes deutscher Bühnenschriftsteller und Komponisten, der ihn 1951 zum Ehrenpräsidenten machte. Als ihm die Stadt Konstanz 1964 zum Ehrenbürger ernennen wollte, verzichtete Scholz auf diese Auszeichnung, weil in der Öffentlichkeit eine kontroverse Diskussion über ihn und sein Verhalten im Dritten Reich aufgeflammt war. Wilhelm von Scholz wurde in der Nachkriegszeit mehrfach ausgezeichnet, unter anderem mit der Eichendorff-Plakette (1959), mit der Hebbel-Medaille, deren erster Träger er war (1964), mit der Dauthendey-Plakette (1964) und der Humboldt-Plakette (1968).

STRAUSS, EMIL
Prof. Dr. h.c., * 31.1.1866 in Pforzheim, † 10.8.1960 in Freiburg
Der Schwager des Dichters Gerhart Hauptmann und Sohn eines Goldwarenfabrikanten studierte zunächst einige Zeit Philosophie, Germanistik und Volkswirtschaftslehre, brach aber das Studium ab, um freier Schriftsteller zu werden. Seine erste Erzählung „Der Tier- und der Menschenfreund" erschien 1892. Im selben Jahr ging er nach Brasilien, um aus der „deutschen Domestizierung" auszubrechen. Zwei Jahre später kehrte er zurück und ließ

Emil Strauß (sitzend, 2. v.r.)

sich auf dem Lande bei Ludwigshafen in einfachsten Verhältnissen nieder. Anfang des 20. Jahrhunderts stieg die Bekanntheit von Strauß durch seine Romane „Der Engelwirt" und „Freund Hein" erheblich, er hatte mit seinen Büchern teilweise sehr hohe Auflagen und publizierte viel. Nach der Kriegsniederlage Deutschlands im Jahre 1918 näherte er sich immer mehr der politischen Rechten an, wie sein 1923 entstandenes Drama „Das Vaterland" zeigte, das nach seiner Uraufführung verboten wurde. 1925 erhielt Strauß den Dichterpreis des Verbandes der Kunstfreunde sowie die Ehrendoktorwürde und wurde in die Preußische Akademie der Künste berufen. Seine herausragenden dichterischen und schriftstellerischen Qualitäten wurden allgemein anerkannt. Auch politisch anders gesinnte Künstler wie Oskar Loerke im „S. Fischer Almanach" oder Arnold Zweig 1929 in der „Weltbühne" würdigten bzw. verwiesen auf Strauß. Er stand 1928 auf der Förderer-Liste der Nationalsozialistischen Gesellschaft für Deutsche Kultur und trat 1930 in die NSDAP und den Kampfbund für Deutsche Kultur ein. Bei der Uraufführung von Hanns Johsts Drama „Schlageter" zu Hitlers Geburtstag am 20. April 1933 war Emil Strauß einer der geladenen Gäste. Im Jahre 1936 wurde er durch Dr. Goebbels in den Reichskultursenat berufen und erhielt die Goethe-Medaille für Kunst und Wissenschaft. 1936 wurde er Ehrenbürger der Stadt Freiburg, 1941 erhielt er den Johann-Peter-Hebel-Preis und 1942 die höchste Auszeichnung des Deutschen Reiches, den Adlerschild. Obschon auch während der NS- und Kriegszeit weiterhin neue Werke („Das Riesenspielzeug" 1935 und „Lebenstanz" 1940) erscheinen konnten, erreichten vor allem die bereits ab 1949 im Carl Hanser Verlag gedruckten Neuauflagen in der Bundesrepublik Deutschland hohe Auflagen. Er lebte ab 1955 in einem Altenheim, 1956 wurde ihm der Professorentitel verliehen.

STRAUSS UND TORNEY, LUISE („LULU") VON
* 20.9.1883 in Bückeburg,
† 19.6.1956 in Jena

Geboren als Tochter eines Generalmajors, bildete sich die Dichterin nach dem Besuch der Höheren Töchterschule autodidaktisch weiter und unternahm früh Reisen durch Europa. 1898 veröffentlichte sie erste Gedichte. Ihre Themen fand sie im idyllischen Schaumburger Land, aber auch im Marschland und an der Nordsee. 1901 erschien ihre erste Novelle „Bauernstolz". Ab 1900 hatte sie Verbindungen zum Göttinger Schriftstellerkreis um Börries von Münchhausen und zu literarischen Kreisen in Berlin und München. Sie war lebenslang mit der Dichterin Agnes Miegel und dem späteren Bundespräsidenten Theodor Heuss befreundet. 1916 heiratete sie den Verleger Eugen Diederichs und gestaltete in den 1920er Jahren als Lektorin das literarische Programm des Diederichs-Verlages maßgeblich mit; dieser Verlag gab – neben Werken der Klassik, Philosophie und Romantik – Bücher zur Lebensphilosophie, Freimaurertum und Volkstumsbewegung heraus. Sie selbst fand vor allem in der Ballade die ihr gemäße Ausdrucksform und bevorzugte in Ballade und Lyrik die Darstellung der heimatlich-bäuerlichen Welt, was im Dritten Reich zur Popularität ihres Schaffens beitrug. Ihre traditionsgebundenen Romane und Novellen um ihre niedersächsische Heimat waren thematisch verwandt. Ihre wichtigsten Werke entstanden alle vor dem Ersten Weltkrieg. Im Oktober 1933 legte sie das an Adolf Hitler gerichtete „Gelöbnis treuester Gefolgschaft" ab. Ihr 1911 erschienener Roman „Judas" wurde 1937 unter dem Titel „Der Judashof" neu verlegt und gilt als literarische Umsetzung des nationalsozialistischen Erbhofgedankens. Lulu von Strauß und Torney wurde im Jahre 1937 mit der Goethe-Medaille für Kunst und Wissenschaft ausgezeichnet.

Lulu von Strauß und Torney

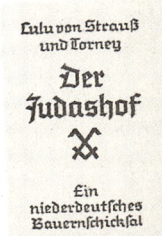

VOIGT-DIEDERICHS, HELENE
*** 26.5.1875 auf Gut Marienhoff bei Eckernförde, † 3.12.1961 in Jena**

Die Tochter eines Gutsbesitzers lernte während einer Italienreise in Florenz den Verleger Eugen Diederichs kennen und heiratete diesen im Jahre 1898; das Ehepaar lebte zunächst in Leipzig, ab 1904 in Jena. Nach außerehelichen Beziehungen von Voigt-Diederichs zu dem Philosophen Max Scheler und dem Illustrator ihres Werkes „Aus Kinderland" Erich Kuithan wurde die Ehe 1911 geschieden. Die nächsten zwanzig Jahre verbrachte die Dichterin in Braunschweig. Mit ihrem englischen Lebensgefährten Stafford Hatfield reiste sie 1911 durch die Pyrenäen und durch England und schrieb über diese Reise „Wandertage in England" (1912) und „Zwischen Himmel und Steinen" (1919). Von 1931 bis zu ihrem Tode lebte Voigt-Diederichs wieder in Jena. Ihre bekannteren Werke sind „Dreiviertel Stund' vor Tag" (1905), „Auf Marienhoff" (1925), „Schleswig-Holsteiner Blut" (1928), „Aber der Wald lebt" (1935) und „Vom alten Schlag" (1937). Die Dichterin schrieb zahlreiche Erzählungen aus dem Volksleben, aber auch Novellen, Gedichtbände und Jugendschriften. Ihr Roman „Dreiviertel Stund' vor Tag" wurde mit dem niedersächsischen Kulturpreis ausgezeichnet. Zahlreiche Werke Voigt-Diederichs gehören zur Heimatliteratur und stellten mit suggestiver Kraft das ländliche Leben der Bauern und das idyllische Leben in der Natur dar. Auch die Lage der Bauersfrau, die ihre Erfüllung im Leben in der Familie und der Arbeit auf dem Land im Glauben an Gott findet, war eines der zentralen Themen in Voigt-Diederichs Werk. Ihre Romane und Erzählungen fanden auch im Dritten Reich großen Anklang.

Helene Voigt-Diederichs

WEINHEBER, JOSEF
Prof. h.c. Dr. h.c., * 9.3.1892 in Wien-Ottakring, † 8.4.1945 in Kirchstetten/ Niederösterreich

Das Werk des Lyrikers und Erzählers Weinheber wird sehr ambivalent beurteilt und ist Gegenstand weltanschaulicher und politischer Kontroversen. Einerseits wird er als gemütvoller Heimatdichter geschätzt und als Dichterfürst verehrt, andererseits gilt er als prononcierter „Poet des Nationalsozialismus", weil er zu einem wichtigen Funktionär in der Kulturpolitik des Dritten Reiches aufstieg und in der Zeit als „bedeutendster lebender Lyriker der Gegenwart" gewürdigt wurde. Der Sohn eines Metzgers lebte ab 1901 im Waisenhaus, erlangte keinen Schulabschluß und arbeitete von 1911 bis 1932 im Postdienst. Seine schriftstellerische Karriere begann 1919 mit Beiträgen in der satirisch-humoristischen Zeitschrift „Die Muskete".

Josef Weinheber

1920 erschien sein erster Lyrikband „Der einsame Mensch", und 1924 kam der autobiographische Roman „Das Waisenhaus" heraus, eines seiner wenigen Prosawerke. Mit seinem Gedichtband „Adel und Untergang" (1934) wurde Weinheber schlagartig berühmt und einer der angesehensten Lyriker seiner Zeit. Als sein dichterisches Hauptwerk gilt der 40 Oden umfassende Zyklus „Zwischen Göttern und Dämonen" (1938).

Der Beginn seiner Verbindung zur NS-Bewegung kann auf 1931 datiert werden, als der Dichter in die in Österreich illegale NSDAP eintrat. 1933 wurde er Fachschaftsleiter Schrifttum im österreichischen „Kampfbund für deutsche Kultur". Besonders beliebt wurde Weinhebers Gedichtsammlung „Wien wörtlich" (1935), lyrische Milieu- und Charakterstudien, die teilweise im Wiener Dialekt geschrieben sind. Beeinflußt vom „eminenten Sprachgeist Nestroys", zeichnete Weinheber das Porträt seiner Heimatstadt entlang der verschiedenen Schichtungen des Dialekts. Nach dem Österreich-Anschluß bezog Weinheber sowohl durch seine Reden als auch durch eine Lesereise in die Schweiz politisch Stellung im Sinne der NS-Kulturpolitik. Im Oktober 1938 hielt Weinheber auf dem Weimarer Dichtertreffen einen Bekenntnisvortrag als Dichter der Ostmark und äußerte sich über Erich Maria Remarques 1930 erschienenen und in der Weimarer Republik stark kritisierten Roman „Im Westen nichts Neues": „Die böse, hinterhältige, weithin tragende, auf Vernichtung des deutschen Wesens abzielende Wirkung des Buches ist ja wettgemacht. Sie ist wettgemacht durch dasjenige Buch, das uns Deutschen, allen Deutschen in der Welt, das Bewußtsein unseres Wesens […] zurückgegeben hat: Adolf Hitlers ‚Mein Kampf'." Weinheber erhielt im Dritten Reich mehrere Auszeichnungen, darunter der Mozart-Preis der Goethestiftung (1936), der Grillparzer-Preis der Stadt Wien (1941) und die Ehrendoktorwürde der Universität Wien (1942). Der depressive und alkoholkranke Josef Weinheber beging einen Monat vor Ende des Zweiten Weltkrieges Selbstmord. Seine Werke fanden auch nach Kriegsende weiterhin ihre Leser. Von 1953 bis 1956 erschien eine erste Gesamtausgabe, allerdings ohne seine politischen Gedichte aus der Zeit des Dritten Reiches. Diese wurden erst in einer Neuausgabe der Sämtlichen Werke 1994 publiziert. 2005 nahm der Literaturkritiker Marcel Reich-Ranicki in seinen Kanon deutscher Lyrik vier Gedichte Weinhebers („Ich liebe den Tod", „Biedermeier", „Dezember auch Christmond" und „Im Grase") auf und bemerkte: „In dem von mir herausgegebenen Kanon der deutschen Literatur werden Autoren in Anerkennung nicht ihres politischen Wohlverhaltens aufgenommen, sondern ihrer literarischen Leistungen. Das gilt auch für Josef Weinheber." Auch heute noch ist Weinheber in österreichischen Schullesebüchern mit seinen Gedichten vertreten und wird gerne und häufig in Programmen Wienerischer Lyrik vorgetragen.

ZILLICH, HEINRICH
Dr. rer. pol. Dr. h.c., * 23.5.1898 in Kronstadt/Siebenbürgen, † 22.5.1988 in Starnberg

Der Sohn eines Zuckerfabrikanten nahm am Ersten Weltkrieg als Tiroler Kaiserjäger in der Armee Österreich-Ungarns teil und beteiligte sich 1919 nach dem Anschluß Siebenbürgens an Rumänien als rumänischer Leutnant an den Kämpfen gegen das kommunistische Ungarn. Anschließend studierte er in Berlin und erlangte 1922 den Abschluß als Diplom-Kaufmann; das Anschlußstudium der Staatswissenschaften schloß er mit der Promotion zum Dr. rer. pol. ab. Er gründete mit „Klingsor" das wichtigste deutschsprachige Kulturperiodikum in Südosteuropa und war von 1924 bis 1939 auch Herausgeber dieser Zeitschrift. Thomas Mann begrüßte das Erscheinen der Zeitschrift als „ins Leben wirkende kulturelle Institution", Josef Weinheber veröffentlichte darin seine erste Arbeiten, ebenso wie

Heinrich Zillich

einige deutschsprachige jüdische Autoren aus der Bukowina. Trotz dieses Pluralismus wurde die Hauptaufgabe der Zeitschrift unter Zillichs Leitung die nationalistische, später offen nationalsozialistische „Volkstumsarbeit". Ab 1936 lebte Zillich, der seit den 1920ern Novellen und Gedichte veröffentlicht hatte und seit den 1930er Jahren als freier Schriftsteller lebte, am Starnberger See. In seinen Büchern schildert Zillich das Leben und die Bräuche der Auslandsdeutschen im rumänischen Siebenbürgen und ihre Umwelt. Sein literarischer Durchbruch gelang dem Dichter mit dem Entwicklungsroman „Zwischen Grenzen und Zeiten" (1936). 1937 wurde er für sein Schaffen mehrfach ausgezeichnet, und während der 7. Berliner Dichterwoche empfing ihn Adolf Hitler. Bis 1945 erreichten Zillichs Bücher eine Gesamtauflage von rund 1,5 Millionen Exemplaren, und er gehörte zur ersten Garde der herausragenden Literaten des Dritten Reiches. 1940 wurde erhielt er, der bis dahin noch rumänischer Staatsbürger war, als Volksdeutscher die deutsche Staatsbürgerschaft und trat ein Jahr später in die NSDAP ein. 1943 war er kurzzeitig als Kandidat für die Präsidentschaft der Deutschen Akademie, dem Vorläufer des Goethe-Instituts, im Gespräch. Als Offizier der Wehrmacht war er im Zweiten Weltkrieg dann unter anderem Herausgeber der „Feldpostausgaben deutscher Dichtung". Nach 1945 war er weiter als Schriftsteller tätig, seine Bücher erschienen in Zillichs altem Verlag Langen-Müller sowie bei Bertelsmann. Ferner wurde er einer der aktivsten Funktionäre der westdeutschen Vertriebenenverbände, war ab 1952 Sprecher und ab 1963 Ehrenvorsitzender der Landsmannschaft der Siebenbürger Sachsen. Von 1959 an war er bis zu seinem 82. Lebensjahr Herausgeber und Autor der „Südostdeutschen Vierteljahresblätter". Er erhielt zahlreiche Preise, darunter der Volksdeutsche Schrifttumspreis der Stadt Stuttgart sowie die Ehrendoktorwürde der Universität Göttingen (1937), der Südostdeutsche Literaturpreis (1953), der Kulturpreis der Siebenbürger Sachsen (1968) oder der Mozartpreis der Goethe-Stiftung Basel (1970).

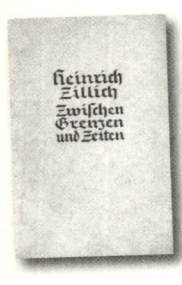

Bildhauer

ALBIKER, KARL
Prof. Dr. h.c., * 16.9.1878 in Ühlingen/ Schwarzwald, † 26.2.1961 in Ettlingen

Der Sohn eines Apothekers studierte als Meisterschüler an der Akademie der bildenden Künste in Karlsruhe und anschließend 1899/1900 an der Adadémie Julian in Paris. Dort lernte er den Bildhauer Auguste Rodin kennen, der ihn als Schüler aufnahm. Ab 1903 besuchte er Italien zu Studienzwecken und eröffnete nach seiner Rückkehr 1905 ein Atelier in Ettlingen. 1910 wurde er mit dem Villa-Romana-Preis ausgezeichnet und besuchte Florenz. Ab 1919 lehrte der Künstler als Professor an der Akademie der bildenden Künste in Dresden; später wurde er Mitglied der „Badischen

Karl Albiker

Secession" sowie der „Neuen Münchener Secession". Durch den sogenannten Kunst-am-Bau-Erlaß vom 22. Mai 1934, dessen Regelung der Deutsche Bundestag 1950 übernahm, wurde die künstlerische Berufsausübung strukturell gefördert, und auch Albiker partizipierte von den zunehmenden öffentlichen Aufträgen. Er schuf etwa das Relief „Die Luftwaffe" am Bau des Luftgaukommandos Dresden und wurde in dem Programm zur plasti-

Skulpturenpaar „Die Staffelläufer" von Karl Albiker auf dem Olympiagelände Berlin

schen Gestaltung des Reichssportfeldes berücksichtigt, für das er die Gruppe „Diskuswerfer" fertigte. Er wurde Mitglied der Jury „Deutsche Kunst" und war in den Großen Deutschen Kunstausstellungen der Jahre 1937 und 1944 mit je einem Werk vertreten. Nachdem durch die alliierten Bombenangriffe auch seine Wohnung und sein Atelier zerstört worden waren, kehrte er in seine badische Heimat zurück und gründete 1947 seine Karl-Albiker-Stiftung, durch welche seine Werke sowie seine Sammlung anderer Kunstwerke wie etwa rund 80 Arbeiten des Malers Karl Hofer dem Museum der Stadt Ettlingen übertragen wurden. Sein Oeuvre umfaßt weibliche Aktfiguren, monumentale Gruppen und Bildnisplastiken sowie Tonarbeiten, Medaillen und Lithographien. Für sein Werk erhielt er mehrfach bedeutende Auszeichnungen, er wurde 1925 Ehrendoktor der Technischen Hochschule Karlsruhe und erhielt 1943 die Goethe-Medaille für Kunst und Wissenschaft sowie 1957 das Große Bundesverdienstkreuz.

BEHN, FRITZ
Prof., * 16.6.1878 in Klein Grabow/ Mecklenburg, † 26.1.1970 in München
Der besonders für seine Tierplastiken bekannte Bildhauer studierte von 1898 bis 1900 an der Akademie der bildenden Künste in München, war Schüler von Adolf von Hildebrand und Wilhelm von Rümann sowie der Freund des Prinzregenten Luitpold, welcher ihn förderte und ihm später den Professorentitel und die Prinzregent-Luitpold-Medaille verlieh. In den Jahren 1907 bis 1909 unternahm der Künstler ausgedehnte Reisen nach Südamerika und Afrika, um anatomische Zeichenstudien und Gipsabdrücke von Großwild zu fertigen; im Winter 1911/12 ging er auf eine Studienreise nach Paris und besuchte dort auch das Atelier von Auguste Rodin. 1914 meldete er sich als Kriegsfreiwilliger, kam zunächst an der Westfront zum Einsatz und diente sodann bis zu seiner Entlassung Anfang 1916 im Hauptquartier des Heerführers Rupprecht von Bayern in Lille. Nach dem Ersten Weltkrieg lebte er einige Jahre zurückgezogen im Karwendelgebirge und ging 1923 bis 1925 erneut auf eine Südamerika- sowie 1931/32 auf eine Afrikareise. 1927 wurde Behn Mitarbeiter für bildende Kunst im Feuilleton des „Völkischen Beobachters". Von 1939 bis 1945 wirkte er als Professor und Leiter der Bildhauerklasse an der Akademie der bildenden Künste in Wien, danach betrieb er eine Bildhauerschule in Ehrwald/Tirol. Auf den Großen Deutschen Kunstausstellungen war Fritz Behn in den Jahren 1937 bis 1940 mit insgesamt 18 Werken vertreten, darunter die Bronzeplastiken „Reh" sowie „Adler" (beide 1939).

Fritz Behn

Bismarck-Statue Behns in München

BITTERLICH, HANS
Prof., * 28.4.1869 in Wien, † 5.8.1949 ebd.
Der Sohn des Bildhauers und Historienmalers Eduard Bitterlich ergriff nach seinem Studium bei Edmund Hellmer und Kaspar von Zumbusch den Beruf seines Vaters und wirkte von 1901 bis 1931 als Professor an der Akademie der bildenden Künste in Wien, deren Rektor er 1930 wurde. Seine bekanntesten Kunstwerke sind das Gutenberg-Denkmal am Lugeck (1900) sowie das Kaiserin-Elisabeth-Denkmal im Wiener Volksgarten. Hans Bitterlich wurde 1943 mit der Goethe-Medaille für Kunst und Wissenschaft ausgezeichnet mit der Begründung des Eintretens für das „Deutsche der Bildhauerkunst

*„Kaiserin Elisabeth von Österreich"
von Hans Bitterlich*

in den Donau- und Alpengauen". Seit 1929 erinnert die Bitterlichstraße im Wiener Gemeindebezirk Favoriten an Vater und Sohn Bitterlich.

BLEEKER, BERNHARD
Prof., * 26.7.1881 in Münster,
† 11.3.1968 in München

Nach einer Steinmetzlehre in Münster und München arbeitete Bleeker zunächst an mehreren Großbauten in München. Im Jahre 1903 erhielt er seinen ersten öffentlichen Auftrag für ein Ehrenmal in Miesbach/Bayern und schuf einen Brunnen mit einer Figur des Heiligen Michael als Drachentöter. Im Jahre 1908 lehnte er eine Berufung an die Akademie der bildenden Künste in Düsseldorf ab. 1910/11 entstand seine Büste „Prinzregent Luitpold", 1910 bis 1913 unternahm er mehrere Studienreisen nach Frankreich und Italien. Am Ersten Weltkrieg nahm der Künstler von 1915 bis Kriegsende als Soldat teil, 1918 lehnte er eine Berufung an die Akademie der bildenden Künste in Berlin ab und folgte ein Jahr später dem Ruf an die Akademie der bildenden Künste in München, wo er 1922 Professor wurde. 1924/25 erstellte er die Figur des „Toten Kriegers" für die Krypta des Ehrenmals im Münchener Hofgarten, 1930 eine Plastik für das Grabmal Franz von Stucks, 1931 ein Porträt Friedrich Eberts für den Reichstag sowie Porträtbüsten von Max Liebermann, Paul von Hindenburg und Max Slevogt. 1935 schuf er eine zweite Version des „Toten Kriegers" für die Hindenburg-Gruft im Tannenberg-Denkmal. Da sich sein neoklassizistischer Stil mit der Kunstauffassung nationalsozialistischer Kunstpolitiker traf, erhielt Bleeker im Dritten Reich zahlreiche öffentliche Aufträge, unter anderem den für eine Porträtbüste Adolf Hitlers. Hierfür überarbeitete er die 1935 im Auftrag der Reichsärztekammer gefertigte Hitler-Büste mehrfach, so daß bis 1944 insgesamt 25 Exemplare für die NSDAP entstehen. Auf den Großen Deutschen Kunstausstellungen sind in den Jahren 1937, 1940 und 1941 insgesamt acht seiner Werke zu sehen. 1944 entstand sein Denkmal „August Neidhardt von Gneisenau" für die Stadt Posen. 1944/45 wurden Bleekers Wohnung und sein Atelier verheerend zerstört, so daß er nach Teisendorf/Oberbayern übersiedelte. 1945 wurde er als vermeintlicher „Nazi-Bildhauer" seines Amtes an der Akademie enthoben, ab 1947 kehrte er nach München zurück und erhielt wieder öffentliche Aufträge für Brunnengestaltun-

Prinzregent Luitpold

Stadtplatzbrunnen in Miesbach

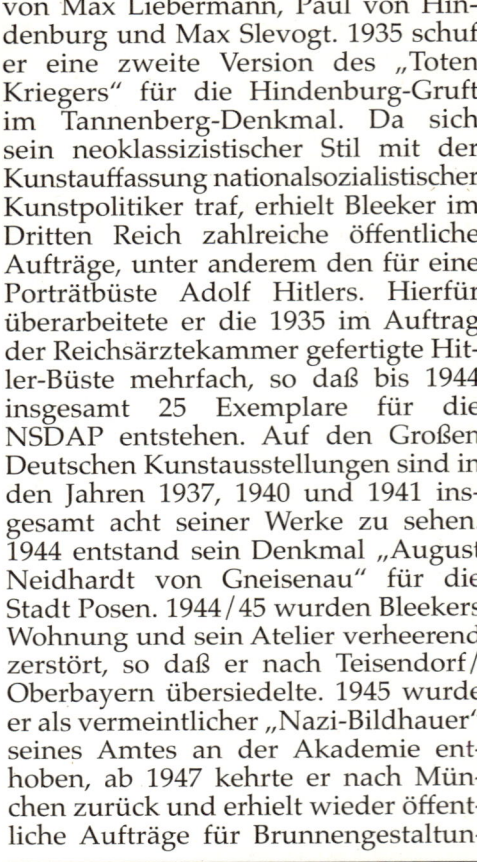

*Bernhard Bleeker an seiner Büste
von Friedrich Ebert*

gen und Porträts. Bernhard Bleeker wurde für sein Werk vielfach geehrt, beispielsweise mit dem Bayerischen Maximiliansorden (1928), mit der Aufnahme in die Preußische Akademie der Künste (1930), mit der Aufnahme in die Akademie der schönen Künste in Wien und der Ehrenmitgliedschaft der Münchener Kunstakademie (1951), mit dem Kulturpreis der Stadt München (1956) und der Ehrenmünze der Stadt München.

BREDOW, GUSTAV ADOLF
* 22.8.1875 in Krefeld,
† 1953 in Stuttgart

Nach dem Studium an der Düsseldorfer Kunstakademie von 1892 bis 1897 übersiedelte der Bildhauer nach Stuttgart und entwickelte sich in den folgenden Jahren zum Spezialisten für Bauplastik und Sakralplastik. 1910 erhielt er den Ersten Preis für den Entwurf eines figurenreichen Monumentalbrunnens in Buenos Aires, außerdem schuf er die Bauplastik für das Linden-Museum in Stuttgart sowie für den Neubau des Rathauses in Hannover. Auf den Großen Deutschen Kunstausstellungen der Jahre 1939 bis 1944 war Gustav Bredow mit insgesamt elf Werken vertreten, darunter das aus Gips geschaffene Hochrelief für die „Adolf-Hitler-Kampfbahn" in Stuttgart-Canstatt (1939).

BREKER, HANS
Prof., * 5.11.1906 in Elberfeld,
† 15.11.1993 in Düsseldorf

Da er häufig mit seinem berühmten Bruder, dem Bildhauer Arno Breker verwechselt wurde, verwendete Hans Breker zeitweise das Pseudonym Hans van Breek. Das künstlerische Talent hatten die Brüder wohl vom Vater geerbt, der Steinmetz war und bei dem Hans Breker in die Lehre ging. Auf den Großen Deutschen Kunstausstellungen waren in den Jahren 1937 und 1940 bis 1942 insgesamt sieben Werke von Hans Breker zu sehen, darunter 1940 die Bronzen „Friedrich der Große 19jährig" und „Friedrich Wilhelm I." sowie die Gipsplastik „Mutter mit Kindergruppe". Der Bildhauer übernahm 1948 den Lehrstuhl für Freie Plastik in Weimar, ging aber – da nach eigener Aussage die DDR ihm nicht die erforderliche künstlerische Freiheit ließ – 1954 nach Westdeutschland, wo er in Düsseldorf als freischaffender Künstler arbeitete. Seinen Wohnsitz nahm er allerdings bis 1974 in Monheim, wo er wie kein anderer Künstler im Stadtbild präsent ist, denn allein sechs Plastiken zeugen hier von Brekers gegenständlicher Bildhauerkunst: Die älteste Plastik ist die steinerne „Ruhende", die Breker noch in Weimar geschaffen und 1958 an die Gemeinde Monheim verkauft hatte, und die nun vor dem Deusser-Haus steht. 1967 entstand die Bronzestatue „Schwester", die Blickfang vor dem St. Josef-Krankenhaus ist, ebenfalls aus Bronze wurde der „Lesende Junge" gefertigt, der am Eingang der Anton-Schwarz-Schule plaziert ist. Für das Otto-Hahn-Gymnasium entwarf der Bildhauer 1973 den Brunnen „Atomspaltung", und 1972 wurden in Monheim für den Heinrich-Zille-Platz gleich zwei Bronzestatuen Brekers enthüllt, eine Zille-Büste und die großdimensionierte Plastik „Mutter und Kind"; beide Werke rechnete Hans Breker „zu den typischen Aussagen meines plastischen Gestaltens".

CAUER, LUDWIG
Prof., * 28.5.1866 in Bad Kreuznach,
† 27.12.1947 ebd.

Geboren in einer Bildhauerfamilie, führte Ludwig Cauer wie seine beiden Brüder die Bildhauertradition schon in der dritten Generation fort, wobei der Schwerpunkt seines Schaffens bei

Hans Breker

Skulptur „Liegende mit Kind" (1971)

Statue des Telemachos in Saarbrücken von Ludwig Cauer

Denkmälern, Brunnen und Büsten lag. Seine erste Ausbildung erhielt er in der Werkstatt seines Vaters, nach dessen Tod arbeitete er von 1886 bis 1888 in den Werkstätten von Albert Wolff und Reinhold Begas und machte 1887 in Koblenz das Examen als Kunsthandwerker. Zusammen mit seinen Brüdern realisierte er das noch vom Vater entworfene Hutten-Sickingen-Denkmal in Bad Münster am Stein, das 1889 eingeweiht wurde. Anschließend leistete er seinen einjährigen Militärdienst ab, lebte danach zwei Jahre in London und von 1895 bis 1905 in Berlin. Dort konzentrierte er sich auf die Monumentalplastik und schuf unter anderem mehrere Statuen für die Berliner Siegesallee sowie 1901 eine Tritonen- und eine Najadengruppe für die Brunnenanlagen beim Bismarck-Nationaldenkmal vor dem Reichstagsgebäude; ab 1900 verwendete der Künstler eine schlichtere Formensprache. 1909 hielt er sich längere Zeit in Paris auf, 1912 folgte ein Studienaufenthalt in der Villa Romana des Deutschen Künstlerbundes in Florenz. Im Jahre 1916 wurde er zum Professor und Mitglied der Akademie der bildenden Künste in Berlin ernannt. 1918 zog sich der Künstler nach Bad Kreuznach zurück und schuf vorwiegend Grabmalkunst.

DROBIL, MICHAEL
* 19.9.1877 in Wien, † 13.9.1958 ebd.
Der Bildhauer wurde 1920 Mitglied der „Wiener Secession" und 1940 des Künstlerhauses, das ihn mit dem Goldenen Lorbeer auszeichnete. Er schuf vorwiegend Denkmäler, unter anderem in Wien das Denkmal des berühmten österreichischen Mediziners Theodor Billroth, das kriegsbedingt von Drobil 1944 zunächst provisorisch und erst 1950 in Marmor ausgeführt wurde, oder das Kriegerdenkmal in Ried und das Mahnmal in St. Pölten. Er fertigte jedoch auch Altäre, Gedenkplatten und Porträtreliefs und erhielt für seine Werke mehrere Staatspreise. Auf den Großen Deutschen Kunstausstellungen war der Künstler in den Jahren 1937 bis 1939 und 1943 mit insgesamt acht Werken vertreten. Michael Drobil war seit ihrer gemeinsamen Zeit in der italienischen Kriegsgefangenschaft in den Jahren 1918/19 eng befreundet mit dem Philosophen Ludwig Wittgenstein (1889–1951); dieser modellierte zwischen 1926 und 1928 im Atelier des Freundes einen Mädchenkopf aus Terrakotta. Diese Arbeit ist das einzig bekannte bildhauerische Werk Wittgensteins und stellt möglicherweise die junge Schweizerin Marguerite Respinger (1904–2000) dar, welche er in Wien kennenlernte und die einzige Frau sein soll, in die der Philosoph sich je verliebte.

Michael Drobil

EDZARD, KURT
Prof., * 26.5.1890 in Bremen,
† 14.7.1991 in Hamburg
Der Sohn eines Rechtsanwaltes studierte Bildhauerei an der Kunstakademie Karlsruhe, war anschließend bis 1911 in Berlin tätig und ging danach bis 1914 nach Paris. Im Ersten Weltkrieg diente er als Flieger. Ab 1919 wohnte er wieder in Berlin und teilte sich mit Ernesto de Fiori ein Atelier. 1925 folgte er einem Ruf als Professor an die Kunstakademie Karlsruhe, wo er bis 1928 die Bildhauerklasse leitete. Von 1928 bis 1938 lebte er als bekannter Porträtist in Paris und London und kehrte dann wieder nach Berlin zurück. 1946 übernahm er die Professur für Modellieren und Aktzeichnen im

Fachbereich Architektur an der Technischen Hochschule Braunschweig. Bei der ersten Großen Deutschen Kunstausstellung im Jahre 1937 war Kurt Edzard mit einem Werk beteiligt. Er interessierte sich in Paris zuerst für die Arbeiten Auguste Rodins und Aristide Maillols, wurde aber besonders durch Charles Despiau beeinflußt. Edzard schuf existentielle Figuren, seine Themen waren Anmut und Stille. Fast unmerklich archaisierend und auch Deformierungen zulassend, modellierte er schmale, stilisierte Körper, die sehr jugendlich wirken. Seine Werke waren meist klein, die größten unterlebensgroß. Die Figurenauffassung des Künstlers entsprach weder dem im Dritten Reich präferierten Menschenbild, noch lief sie Gefahr, als „entartet" zu gelten. Der leicht impressionistische Stil des mit Arno Breker eng befreundeten Bildhauers wurde in den 1940er Jahren einfach und stark reduzierend. Die statische Form, meditierend erdhaft und ausgewogen, blieb das wesentliche Element seines Werkes.

ENSELING, JOSEPH
**Prof., * 28.11.1886 in Coesfeld,
† 16.7.1957 in Düsseldorf**
Nach einer Bildhauerlehre studierte Enseling von 1905 bis 1910 bei dem Bildhauer Rudolf Bosselt, dem Maler und Designer Peter Behrens und dem Architekten Wilhelm Kreis an der Kunstgewerbeschule Düsseldorf und anschließend bis 1912 an der Pariser Académie Colarossi bei Aristide Maillol. Ab 1922 lehrte der Bildhauer an der Essener Folkwangschule für Gestaltung und von 1938 bis 1952 als Professor an der Düsseldorfer Kunstakademie. Seine Werke, die meist Auftragsarbeiten waren, umfassen Industrie- und Bergarbeiterdenkmaler sowie Bauplastiken, die er häufig in Zusammenarbeit mit dem Architekten Georg Metzendorf schuf. Beispiele seiner Werke sind etwa die 1910 entstandenen „Putten", die auf der Moltke-Brücke über die Eisenbahnlinie nach Werden stehen, sowie in der Nähe zwei allegorische „Giganten" aus dem Jahre 1911 vor der ehemaligen Baugewerkschule im Essener Moltkeviertel, eine Hindenburg-Büste, ein Kriegerdenkmal in Essen sowie die Ehrenhalle für die im Ersten Weltkrieg gefallenen 3.000 Krupp-Werkleute der Essener Gußstahlfabrik. Außerdem schuf der Künstler Ehrenmale, Frauenköpfe und Masken. Bei den Großen Deutschen Kunstausstellungen waren in den Jahren 1937, 1940 und 1942 bis 1944 insgesamt neun Werke von Josef Enseling zu besichtigen.

Josef Enseling

ESSER, MAX
*** 16.5.1885 in Barth,
† 23.12.1945 in Berlin**
Der Künstler wurde insbesondere als Tierbildhauer und Schöpfer von Porzellanfiguren bekannt, außerdem liegen einige Medaillen von ihm vor. Er war von 1900 bis 1903 Absolvent der Unterrichtsanstalt des Kunstgewerbemuseums Berlin und studierte an der dortigen Akademie der bildenden Künste bei seinem Schwiegervater, dem Tierbildhauer August Gaul. Ab 1906 beteiligte sich der Künstler regelmäßig bei der Großen Berliner Kunstausstellung, ab 1908 arbeitete er in den Schwarzburger Werkstätten für Porzellankunst in Unterweißbach. 1920 übersiedelte Esser nach Meißen, wo er von 1920 bis 1931 Mitarbeiter der berühmten Manufaktur war, ab 1924 als Leiter eines Meisterateliers. Später schuf er Porzellanmodelle für Hutschenreuther, die Königliche Porzellanmanufaktur Berlin und Rosenthal,

Fuchsbrunnen

verlegte sich aber auch auf Bronze-Tierplastiken wie „Perlhuhn" oder „Pfaufasan". Bei der Weltausstellung von 1937 in Paris bekam Esser für seine Plastik „Fischotter" einen Grand Prix. Auf den Großen Deutschen Kunstausstellungen war Esser in den Jahren 1937, 1939, 1940, 1942 und 1944 mit insgesamt 18 Werken vertreten, darunter das Bronzeobjekt „Fruchtbarkeitsbrunnen" (1939) und „Mutter" (1942).

FRASS, WILHELM
*** 29.5.1886 in St. Pölten,
† 1.11.1968 in Wien**

Der Sohn des Direktors der Gaswerke St. Pölten besuchte gemeinsam mit seinem Bruder Rudolf die Staatsgewerbeschule in Wien und später die dortige Akademie der bildenden Künste. Im Ersten Weltkrieg kämpfte Frass als k.u.k. Infanterieoffizier an der Front. Er lebte nach dem Krieg in einem Staatsatelier in Wien und machte sich in den 1920er Jahren im Genre Kriegerdenkmal einen Namen. Werke von ihm stehen in Böheimkirchen, Tarrenz, Melk, Schwertberg, Mautern und St. Pölten. 1934 begann er die Arbeit an dem „Heldendenkmal" im äußeren Burgtor. Er amtierte während der Ständestaatsdiktatur von 1934 bis 1938 als Präsident des Künstlerverbandes der österreichischen Bildhauer und wurde 1936 mit dem Großen Österreichischen Staatspreis ausgezeichnet. Seit 1933 war er Mitglied der in Österreich illegalen NSDAP. Nach dem Österreich-Anschluß wurde der Künstler Leiter der Hochschulklasse der Kunst- und Modeschule der Stadt Wien und außerdem Sachberater für Bildhauerkunst im Wiener Kulturamt. 1939 wurde er Mitglied des Wiener Künstlerhauses und war mittlerweile ein vielbeschäftigter Künstler, der zahlreiche öffentliche Aufträge für Anschluß-Denkmäler, Hitlerbüsten und allegorische Skulpturen bekam. Auf den Großen Deutschen Kunstausstellungen wurden in den Jahren 1937 bis 1940, 1943 und 1944 insgesamt sieben Werke von Frass ausgestellt. Nach dem Zweiten Weltkrieg wurde er im Entnazifizierungsverfahren als „minderbelastet" eingestuft und war bald wieder in den Kunstbetrieb integriert; von 1948 bis 1950 war Wilhelm Frass Mitglied der „Wiener Secession".

Wilhelm Frass

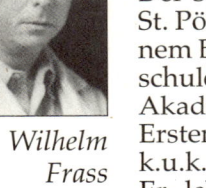

„Arbeiter mit Hammer"

GEIBEL, HERMANN
**Prof., * 14. 5.1889 in Freiburg,
† 20.8.1972 in Darmstadt**

Geibel studierte 1909 an der Dresdner Kunstakademie, 1910 ging er an die Münchner Kunstakademie. Später wurde er in Paris wesentlich durch die Künstler Barye, Rodin und Maillol beeinflußt, nahm seit 1913 an den Ausstellungen der „Münchener Secession" teil und veranstaltete 1917 und im November 1919 Kollektivausstellungen in der Münchner Galerie Thannhauser. Er widmete sich zunächst besonders dem Tierstudium und schuf Raubtierplastiken in scharf beobachteter natu-

„Flötenspielerin" von Hermann Geibel

ralistischer Darstellung, wandte sich aber später unter gleichzeitiger Abwendung vom Naturalismus dann auch der menschlichen Gestalt zu, die er in edlen, strengen, rhythmischen, sehr persönlich gefärbten Formen stilisierte. 1934 wurde er außerordentlicher Professor an der Technischen Hochschule Darmstadt. Bei den Großen Deutschen Kunstausstellungen waren in den Jahren 1937 bis 1939 insgesamt sieben seiner Werke zu besichtigen, darunter die Marmorplastik „Kopf eines jungen Ostfriesen" und die Bronzeplastik „Elchkuh" (beide 1939).

GERSTEL, WILHELM
Prof. 7.1.1879 in Bruchsal,
† 23.1.1963 in Freiburg

Parallel zu seiner Ausbildung als Steinmetz und Steinbildhauer in Pforzheim besuchte Gerstel Abendkurse der Kunstgewerbeschule und studierte sodann von 1898 bis 1903 an der Akademie der bildenden Künste Karlsruhe in der Bildhauerklasse. Nach einer Studienreise nach Italien in den Jahren 1905/06 wurde er bis 1908 Meisterschüler und ließ sich dann als freischaffender Bildhauer in Karlsruhe nieder. Ab 1915 nahm er als Soldat am Ersten Weltkrieg teil und geriet in Kriegsgefangenschaft, aus der er erst 1920 zurückkehrte. Er lehrte ein Jahr als Professor an der Karlsruher Kunstakademie und folgte 1921 einem Ruf nach Berlin an die Unterrichtsanstalt des Kunstgewerbemuseums, wechselte 1924 als Lehrer für Plastik an die Vereinigten Staatsschulen für freie und angewandte Kunst und lehrte dort bis zu seiner Zurruhesetzung am 1. Februar 1945. Zu seinen Schülern gehörten später bekannte und erfolgreiche Bildhauer, wie etwa Cay von Brockdorff, Fritz Cremer und Ruthild Hahne. Nachdem er 1946 erneut berufen worden war, ging Wilhelm Gerstel nach Freiburg, wo er 1949 Leiter der Bildhauerklasse an der Kunstakademie wurde; hier wirkte er bis zur Auflösung der Klasse im Jahre 1956. Sein Werk war bereits 1956 mit dem Verdienstkreuz der Bundesrepublik Deutschland gewürdigt worden.

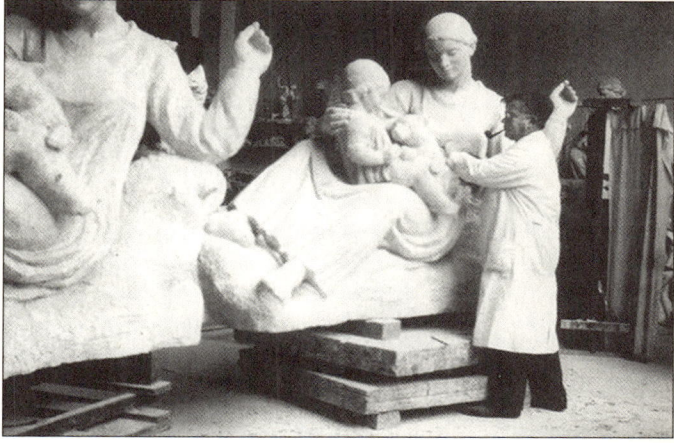

Wilhelm Gerstel um 1930 in seinem Atelier

GRAEVENITZ, FRITZ VON
Prof., * 16.5.1892 in Stuttgart,
† 6.6.1959 in Gerlingen

Geboren als Sohn des Generals der Infanterie Wilhelm Friedrich von Graevenitz absolvierte der Künstler von 1903 bis 1910 eine militärische Ausbildung in den Kadettenanstalten Potsdam und Berlin-Lichterfelde. 1911 wurde er zum Grenadier-Regiment „Königin Olga" versetzt, das er nach dem Ersten Weltkrieg als Hauptmann verließ. Er kämpfte ab 1914 bis zum Kriegsende an den Fronten in Frankreich, Serbien, Polen und Rußland. Bereits kurz nach Kriegsbeginn erlitt er eine schwere Kopfverletzung und behielt am rechten Auge nur noch eine minimale Sehkraft; seine Brüder Richard und Karl fielen beide während des Krieges. 1919 begann er gegen den Willen seines Vaters ein Studium der bildenden Kunst an der Stuttgarter Kunstakademie, wechselte aber 1920 an das Gustav-Britsch-Institut für bildende Kunst in Starnberg, wo er sein Studium fortsetzte. Ab 1921 ließ der Bildhauer sich als freischaffender Künstler auf der Stuttgarter „Solitude" nieder, kurz danach starben sowohl sein Vater wie auch die von dem Bildhauer abgöttisch geliebte jüngere Schwester Elisabeth. Der Künstler versuchte in seinem skulpturalen Werk immer wieder, ihr Gesicht und ihren Charakter einzufangen. Im Jahre 1937 wurde er als Lehrer für Bildhauerei an die Stuttgarter Akademie der bildenden Künste berufen; ein Jahr später übernahm er als Direktor die Leitung der Hochschule. Auf den Großen Deutschen Kunstausstellungen waren in den Jahren 1937, 1940 bis 1943 insgesamt sieben seiner Werke zu sehen, darunter die Bronzeplastik „Jüngling" (1940) und die Zinkskulptur „Jungfrau" (1943). Im Jahre 1940 war Graevenitz wegen schwerer Augenbeschwerden zu einem längeren Aufenthalt in einer Höchenschwander Augenklinik gezwungen. Da ihm dort die Bildhauerei untersagt wurde, begann er zu malen. Zum Ende des Zweiten Weltkrieges trat der Künstler von seinem Amt an der Stuttgarter Kunstakademie zurück, wirkte aber weiter als Bildhauer, Maler und Lehrer auf der „Solitude". Graevenitz schrieb im Laufe seines Lebens mehrere Bücher, unter anderem 1940 das grundlegende Werk „Kunst und Soldatentum".

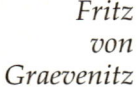

Fritz von Graevenitz

HAHN, HERMANN
Prof., * 28.11.1868 in Kloster Veilsdorf, † 18.8.1945 in Pullach

Beide Eltern des Bildhauers waren in der Herstellung und Bemalung von Porzellan tätig, so daß es nicht erstaunte, als der Sohn schon als Knabe nach Stift und Skizzenblock verlangte; er erhielt Zeichenunterricht bei dem Hofmaler Rudolf Oppenheim in Rudolstadt, wo sich die Familie 1878 angesiedelt hatte. Hahn verließ das Gymnasium nach der Mittleren Reife und begann eine Holzbildhauerlehre, danach begann 1887 sein künstlerisches Wirken in München. Zunächst wurde er an der dortigen Kunstgewerbeschule aufgenommen und erhielt Fachunterricht für Bildhauerei, ein Jahr später wechselte er zur Akademie der bildenden Künste in die Plastik-Klasse von Professor Wilhelm von Rümann. Anschließend unternahm der junge Künstler Studienreisen nach England, Frankreich, Belgien, Holland sowie Griechenland und hielt sich längere Zeit in Italien auf, wo er sich intensiv mit der Kunst der italienischen Frührenaissance befaßte. Schließlich ließ er sich in München nieder und wurde 1902 zum Professor an der Münchener Kunstakademie berufen. 1919 wurde er auswärtiges Mitglied der Sektion für Bildende Kunst der Preußischen Akademie der Künste ernannt. Hahn, der für seine realistische Porträtplastik schnell bekannt wurde, erzielte im Jahre 1900 einen großen Erfolg, nachdem er in einem Wettbewerb unter 68 Teilnehmern den Zuschlag für seinen Entwurf des Liszt-Denkmals in Weimar erhalten hatte. Als „bleibende Zierde der Stadt" würdigte die „Neue Musikzeitung" 1900 das Denkmal. Mit einem Festakt wurde es am 31. Mai 1902 vor 47 Delegationen aus ganz Deutschland enthüllt. Vor großem Publikum mit Großherzog Wilhelm Ernst, einem Vertreter der Königlich-Ungarischen Regierung, den Repräsentanten musikalischer Institutionen und in- und ausländischen Künstlern wurde unter den Klängen der Weimar-Hymne (Text Peter Cornelius,

Hermann Hahn

Melodie Franz Liszt) das Denkmal enthüllt. Das Werk Hahns war ungemein vielgestaltig, es umfaßte Arbeiten aller Größenordnungen: Medaillen, Plaketten, Statuetten, Porträtbüsten, Grab- und Kriegerdenkmäler, Baugebundenes und Kolossalplastiken. Bei den Großen Deutschen Kunstausstellungen der Jahre 1937 bis 1939, 1942 und 1943 war Hahn mit insgesamt 17 Werken vertreten. Er begeisterte sich zeitlebens für die antike Einfachheit und war auch in den 1930er Jahren zunächst ein geschätzter Künstler; da er sich jedoch kategorisch dem Zeitanspruch nach heroisierender Darstellung verschloß, wurde der Künstler 1937 aus der Münchner Kunstakademie ausgeschlossen. Hahn zog sich daraufhin nach Pullach zurück, wo er bis zu seinem Tode in bescheidenen Verhältnissen lebte. Woldemar Grzimek resümierte in seinem Buch „Deutsche Bildhauer des 20. Jahrhunderts" von 1974: „In München wird er geachtet als einer der Pioniere der künstlerischen Erneuerung zu Beginn des 20. Jahrhunderts und als der bescheidene Förderer einer nachfolgenden Generation."

HARTH, PHILIPP
* 9.7.1887 in Mainz,
† 25.12.1968 in Bayreuth

Der Sohn eines Steinmetzes wurde im väterlichen Betrieb zum Steindrucker ausgebildet und absolvierte von 1901 bis 1903 eine Bildhauerlehre in Mainz und Karlsruhe. 1908/09 hielt sich der Künstler zeitweise in München, Worpswede und Mainz auf, wo er auch als Lehrer an der Kunstgewerbeschule wirkte. In seinen ersten Schaffensjahren fertigte Harth Holzreliefs mit Tierdarstellungen und Holzplastiken. Ab etwa 1925 lag der Schwerpunkt seines Schaffens in der Tierplastik, die er in Holz, Stein oder Bronze schuf. Werke des Künstlers stehen in verschiedenen deutschen Städten, unter anderem in Mainz, Berlin, Hamburg und im Gruga-Park in Essen; im Essener Folkwang-Museum ist sein „Sitzender Adler" zu sehen. Im Jahre 1910 übersiedelte er nach Berlin, wo bis 1941 sein Lebensmittelpunkt blieb. Aus dem Ersten Weltkrieg, an dem er als Soldat teilnahm, kehrte er 1917 schwer verwundet zurück. Er studierte an der Kunstgewerbeschule Charlottenburg und wurde später Mitarbeiter der (in den 1990er Jahren wegen sexuellen Mißbrauchs von Schülen in Verruf geratenen) Odenwaldschule, an der er bis 1930 als Lehrer für Kunsterziehung wirkte. In diese Zeit fielen mehrere Studienreisen, unter anderem nach Paris, Rom und zum Hauptgestüt Trakehnen in Ostpreußen. Anschließend war Harth zeitweise als freischaffender Künstler in Schwaz/Tirol tätig. Er kehrte 1933 nach Berlin zurück und wurde im Mai des Jahres Vorstandsmitglied der „Berliner Secession". Nachdem 1941 durch alliierte Bombenangriffe seine Wohnung und sein Atelier zerstört worden waren, übersiedelte Hart mit seiner Familie nach Offenhausen. Dort wurde er später wegen abfälliger Äußerungen über die nationalsozialistische Kunstpolitik von der Gestapo verhört und dann unter Polizeiaufsicht gestellt. Nach dem Zweiten Weltkrieg lebte der Bildhauer bis zu seinem Tode in Bayrischzell.

HOFFMANN, ARTHUR
* 1874, † 1960

Der Bildhauer wirkte vorwiegend in Berlin und absolvierte sein Studium an der dortigen Akademie der bildenden Künste bei dem Bildhauer und Medailleur Gerhard Adolf Janensch. 1903 gewann er den Großen Staatspreis und

Philipp Harth 1940 im Atelier

Harths Löwe in Mannheim

Ausschnitt des Tiegelgußdenkmals

ging für ein Jahr auf Studienreise nach Italien. Von 1900 bis 1920 war der Künstler auf der Großen Berliner Kunstausstellung vertreten. Seine Denkmäler stehen in verschiedenen deutschen Städten, darunter sein 22 Meter langes und neun Tonnen schweres Tiegelgußdenkmal, das Szenen aus einer alten Krupp-Eisenhütte zeigt, 1935 geschaffen und erst 1952 in der Altendorfer Straße in Essen aufgestellt wurde.

HOFMANN, OSWALD
Prof., * 23.3.1890 in Schmiedeberg/ Sudetenland, † unbekannt

Der Künstler begann sein Studium am 13. Februar 1919 an der Akademie der Bildenden Künste in München, wo er später auch arbeitete; er fertigte Plastiken aus Stein, Holz und Bronze. Auf den Großen Deutschen Kunstausstellungen war er in den Jahren 1937 bis 1944 mit insgesamt 24 Werken vertreten, darunter die Bronzeplastik „Frauenstatue" (1939). Eines der von ihm entworfenen Werke, die Skulptur „Fahrender böhmischer Musikant", steht seit 1963 in Hohenberg an der Brücke über die Eger.

Gruppe Maria mit Jesuskind und zwei Engeln

KASPER, LUDWIG
* 2.5.1893 in Gurten, † 28.8.1945 in Braunau

Der Bildhauer Ludwig Kasper gehörte zu den Künstlern, die auch im Dritten Reich eine eigenständige Bildsprache pflegten. Seine an der griechischen Frühklassik orientierte Kunst entsprach nicht vollends dem Zeitgeschmack. Da er nicht im Verborgenen bleiben, sondern eine Öffentlichkeit finden wollte, nahm er es in Kauf, stets aufs neue um Anerkennung kämpfen zu müssen und Kritik ausgesetzt zu sein. Er absolvierte zunächst eine Lehre als Holzschnitzer in der Fachschule für Holzbildhauerei in Hallstadt. Ein Wiener Kunstmäzen, Eugen von Miller zu Aichholz, ermöglichte Kasper ab 1912 den weiteren Unterricht an der Münchner Akademie der bildenden Künste. Der Erste Weltkrieg unterbrach seine Studien, und erst 1919 konnte er seine Ausbildung für weitere vier Jahre fortsetzen. Kasper lebte seit Mitte der 1920er Jahre als freischaffender Künstler in München. Seine auf Ausstellungen präsentierten, fast nur noch im Foto überlieferten Werke waren zumeist Porträts, er schuf aber auch einige wenige Ganzfiguren. 1928/29 ging der Künstler zu Studienzwecken nach Paris, wo er vor allem im Louvre die Kunst der frühen Hochkulturen studierte. 1930 heiratete er seine Künstlerkollegin Ottilie Wolf, die ihn bereits nach Frankreich begleitet hatte, und ging für drei Jahre auf das elterliche Gut seiner Ehefrau nach Schlesien. Hier festigte sich das Werk des Bildhauers: Erstmals ließ er ganzfigurige Arbeiten gelten und entwickelte seine stehenden männlichen und weiblichen Akte zu konzentriert gearbeiteten Statuen in einer summarischen Formensprache. Da das elterliche Gut wegen der Weltwirtschaftskrise in Schwierigkeiten geraten war, ging das Künstlerehepaar nach Berlin in die Ateliergemeinschaft Klosterstraße. Die dort wirkende Künstlergruppe versuchte, ein vom Zeitgeschmack abweichendes Kunstverständnis zu verarbeiten, während die Vertreter des Dritten Reichs einen einheitlich-klassizistischen Stil bevorzugten, der primär in der architekturgebundenen Plastik realisiert werden sollte. Kasper stellte seit 1935 einige Male in der Berliner Akademie der bildenden Künste aus, war auf überregionalen Ausstellungen vertreten und beschickte 1937 die erste Große Deutsche Kunstausstellung in München, bei der im Vergleich zu späteren Jahren noch eine größere stilistische Vielfalt herrschte. Größere Aufträge erhielt Kasper nicht, vermutlich arbeitete er nur einmal in militärischem Auftrag: die Figur eines Speerträgers für einen Fliegerhorst. 1940 erhielt Kasper

Ludwig Kaspar

ein Stipendium der Berliner Kulturinstitution, den „Rom-Preis", der einen einjährigen Aufenthalt in der Villa Massimo ermöglichte. Der 50jährige Ludwig Kasper wurde 1943 gemustert und nur deshalb nicht eingezogen, weil er im Herbst 1943 eine Berufung an die Meisterschule des Deutschen Handwerks in Braunschweig erhielt. Vor den alliierten Bombenangriffen floh das Ehepaar Kasper 1944 nach Österreich, wo der Bildhauer im Sommer 1945 überraschend an einem Nierenleiden starb.

KNECHT, RICHARD
**Prof., * 25.1.1887 in Tübingen,
† 14.8.1966 in München**
Der Bildhauer wurde 1929 zum Professor ernannt und 1934 Ehrenmitglied der Akademie der bildenden Künste in München; im Jahre 1937 wurde

Das Theodor von Cramer-Klett-Denkmal in Nürnberg

Knecht ordentliches Mitglied der Preußischen Akademie der Künste in Berlin. Bei den Großen Deutschen Kunstausstellungen wurden in den Jahren 1937, 1939 und 1940 insgesamt sieben Werke von Knecht ausgestellt, darunter die Gipsplastiken „Friedrich der Große" und „Helmuth von Moltke" (beide 1939). Ab 1. November 1939 wurde er Lehrbeauftragter der Akademie der bildenden Künste in München. Von 1937 bis 1939 war der Künstler zusammen mit Hermann Kaspar von der Gauleitung München verantwortlich für die Gestaltung des Festzuges „Zweitausend Jahre deutsche Kultur". Der „Völkische Beobachter" nannte Richard Knecht in der Würdigung zu dessen 50. Geburtstag den bedeutendsten Münchener Bildhauer. 1942 wurde Knecht ordentlicher Professor für Bildhauerei an der Münchener Kunstakademie.

MELLER, WILLY
**Prof., * 4.3.1887 in Köln,
† 12.2.1974 in Rodenkirchen-Weiß**
Der Bildhauer erlangte eine besondere Bekanntheit 1936 durch seine Arbeiten für das Olympiastadion Berlin, etwa die „Siegesgöttin" für das Reichssportfeld sowie 1938/39 für die Objekte „Feuermal" und „NS-Ordensburg Vogelsang" auf der Deutschen Architektur-Ausstellung im Haus der Deutschen Kunst zu München. Seine Ausbildung erhielt Meller zunächst in einer Bildhauerlehre von Hugo Rothe, die er 1905 abschloß. Anschließend arbeitete er am Bau und ging 1907 an die Kunstgewerbeschule Köln. Nachdem er bei einem Wettbewerb für den Kölner Römerbrunnen den zweiten Preis gewonnen hatte, erhielt er von der Stadt Köln ein Stipendium für ein dreijähriges Studium an der Akademie der bildenden Künste in München. Dieses Studium beendete der Künstler im Jahre 1914 und kehrte nach Köln zurück. Am 17. Juli 1915 wurde er zum Militär eingezogen und an der Westfront eingesetzt. Das Ende des Krieges verbrachte er in Belgien bei der Zivilverwaltung mit der Ausgestaltung von Soldatenfriedhöfen. Nach dem Weltkrieg wirkte Meller als freischaffender Künstler in Köln und arbeitete eng mit den Architekten Paul Bonatz und Clemens Klotz zusammen. Neben seinen bauplastischen Werken fertigte der Bildhauer auch kunsthandwerkliche Arbeiten an, außerhalb Kölns zahlreiche Kriegerdenkmäler, beispielsweise in Lüden-

Einer der vier Evangelisten, Auferstehungskirche Bebra

Willy Meller

„Deutsche Nike" von Willy Meller auf dem Olympiagelände in Berlin

scheid, Bochum und Dülken. Mit der Aussage und Formensprache dieser Denkmäler empfahl sich Meller für seine Tätigkeit im Dritten Reich. Hier bekam Meller immer mehr Aufträge, so daß er neben seinem Kölner Atelier noch Ateliers in Berlin sowie bei den Ordensburgen Vogelsang und Crössinsee, an denen er künstlerische Aufträge durchführte, einrichten mußte. 1937 wurde der Künstler Mitglied der NSDAP, 1939 wurde er anläßlich des 50. Geburtstages von Adolf Hitlers zum Professor ernannt. Bei den Großen Deutschen Kunstausstellungen war Willy Meller in den Jahren 1940 und 1942 bis 1944 mit insgesamt sieben Werken vertreten. Nach dem Zweiten Weltkrieg mußte der Bildhauer sich zunächst mit Gelegenheitsarbeiten über Wasser halten, wegen seiner Künstlertätigkeit im Dritten Reich erhielt er seitens der Stadt Köln keine Aufträge mehr. In den 1950er Jahren konnte Meller seine Arbeit im öffentlichen Raum wieder fortsetzen und schuf bis in die 1960er Jahre erneut Plastiken und architekturgebundene Werke, die sich in Ausdruck und Stil nicht von seinen früheren Werken unterschieden, beispielsweise die Betonplastik „Liegende mit Kind" in Bonn (1950) und „Der Wagenlenker" am Hauptportal des Postgebäudes in Hagen. Diese Betonplastik von 4,70 × 6,80 Meter wurde allerdings nach einem Eigentümerwechsel des Gebäudes im Jahre 2002 zerstört.

MÜLLNER, JOSEF
Prof., * 1.8.1879 in Baden bei Wien, † 25.12.1968 in Wien

Der Kaufmannssohn studierte von 1896 bis 1902 an der Akademie der bildenden Künste in Wien. Mit dem 1903 gewonnenen „Rom-Preis" war es ihm möglich, auf eine einjährige Studienreise nach Italien zu gehen. Von 1906 bis 1911 war er Mitglied der „Secession", ab 1912 war er Mitglied des Künstlerhauses. 1910 zum Professor an der Wiener Kunstakademie ernannt, wurde er im Jahre 1927 deren Rektor und war ab 1929 für acht Jahre Prorektor. Müllner bildhauerte im neoklassischen Stil, und sein umfangreiches Werk beinhaltet unterschiedlichste Sujets von Kriegsdenkmälern über Reliefs bis zu Porträtbüsten und anderes mehr. Viele seiner Auftragsarbeiten fanden ihren Standort im öffentlichen Raum und stießen allgemein auf Anerkennung. Als exemplarische Beispiele seiner Werke seien genannt: der 1910 geschaffene „Forellenbrunnen" im Garten von Franz Schuberts Geburtshaus, das „Heldendenkmal" der Universität Wien von 1922 und das „Karl-Lueger-Denkmal" von 1926. Zwischen 1899 und 1949 erhielt der Künstler 23 hohe Auszeichnungen, darunter die Ehrenbürgerschaften von Wien und Baden. Nach dem Zweiten Weltkrieg wurde der Lehrbetrieb der Wiener Kunstakademie mit 94 Hörern, darunter Angehörige der Alliierten, wieder aufgenommen. Am 27. Juni fand die erste Kollegiumssitzung statt, bei der nur die Professoren Boeckel, Müllner, Pauser und Pirchan anwesend waren und bei der interessanterweise die beginnenden Entnazifizierungsmaßnahmen nicht beachtet wurden. Wegen seiner künstlerischen Tätigkeit im Dritten Reich sind Müllner und seine Werke stark umstritten. Er selbst vertrat auch

„Fackelträger"

immer aktiv seine deutschbewußte Haltung und leugnete sie nie. Seine Meinung hat er explizit geäußert. „Mit Reden ist in der bildenden Kunst nicht viel getan. Das Werk muß sprechen,

„Wehrmann in Eisen" in Wien

nicht der Mund." Josef Müllner trat mit Ablauf des Studienjahres 1947/48 nach 38 Jahren Lehrtätigkeit in den Ruhestand. Ihm zu Ehren wurde eine Straße in Baden Josef-Müllner-Straße genannt.

POWOLNY, MICHAEL
* 18.9.1871 in Judenburg/Steiermark, † 4.1.1954 in Wien

Der Keramikdesigner und Bildhauer absolvierte zunächst eine Hafnerlehre, besuchte von 1891 bis 1894 die Fachschule für Tonindustrie in Znaim und anschließend bis 1901 die Wiener Kunstgewerbeschule. 1906 gründete Powolny mit Bertold Löffler die Wiener Keramik, die ein Jahr später von der Wiener Werkstätte übernommen wurde. Der Künstler lehrte von 1909 bis 1936 als Lehrer an der Wiener Kunstgewerbeschule. Seine Werke wurden auf zahlreichen internationalen Ausstellungen gezeigt und erzielten hohe Preise. Powolny wurde bei der Ausgestaltung des Cabaret Fledermaus und des Palais Stoclet sowie mehrerer großzügiger Villen in Wien beigezogen. Der Entwurf für die 1952 herausgegebene österreichische Ein-Schilling-Münze stammt ebenfalls von Powolny. Zu seinem 80. Geburtstag würdigte die Bundeshauptstadt Wien den Künstler mit ihrer Ehrenmedaille, im Jahre 1965 wurde im 22. Gemeindebezirk Wiens die Powolny-Gasse nach ihm benannt.

RAUCH, ERNST-ANDREAS
Prof., * 11.1.1901 in Teisendorf an der Salzach, † 7.2.1990 in München

Der Künstler wurde 1941 Professor an der Akademie der bildenden Künste in München. Auf den Großen Deutschen Kunstausstellungen zeigte er in den Jahren 1937, 1938, 1940 bis 1942 und 1944 insgesamt sechs seiner Werke, darunter der Brunnen „Nackte Frau auf Delphin" (1941).

SCHEIBE, RICHARD
Prof. Dr. h.c., * 19.4.1879 in Chemnitz, † 6.10.1964 in Berlin

Der Sohn eines Offiziers studierte von 1897 bis 1899 Malerei in Dresden und München und ging um 1900 für zwei Jahre auf eine Studienreise nach Italien. Dort lernte er seinen Bildhauerkollegen Georg Kolbe kennen, und die beiden schlossen eine lebenslange Freundschaft, die auch aus ihrem künstlerischen Werk herauszulesen ist. Ab 1907 wendete sich Scheibe immer mehr der Bildhauerei zu und ging nach Berlin; sein malerisches Frühwerk ist weitgehend verschollen. In

Michael Powolny

Richard Scheibe

„Widerstand"

„Die Morgenröte"

seiner plastischen Arbeit konzentrierte er sich auf die Tierwelt und beschäftigte sich erst später mit der menschlichen Gestalt. Seine Akte machte er zum Träger von Inhalt und Ausdruck, Bewegung stellte er nur latent dar und ist nur bei wenigen Motiven konzentriert anzutreffen. Sein Stil wurde wesentlich beeinflußt durch Georg Kolbe und die Hauptvertreter der französischen Plastik Auguste Rodin und Aristide Maillol. Ab 1913 stellte die „Berliner Secession" seine Werke aus, 1914 wurde er Mitglied der Künstlervereinigung. Ab 1918 wohnten Kolbe und Scheibe beide in einem Haus, und auf Ausstellungen wurden ihre Werke gemeinsam präsentiert. Kritiker betonten grundsätzlich das Gemeinsame ihres Werkes, vernachlässigten jedoch die individuellen Charakteristika. In den 1920er Jahren erhielt Scheibe eine Reihe großer Aufträge, beispielsweise für das später vor der Frankfurter Paulskirche aufgestellte Friedrich-Ebert-Denkmal. 1925 übernahm er als Professor die Leitung des Städelschen Kunstinstituts in Frankfurt am Main. Nach der NS-Regierungsübernahme wurde Scheibe als Professor entlassen, sein Friedrich-Ebert-Denkmal zerstört. 1934 wurde der Künstler rehabilitiert, wechselte an die Hochschule der bildenden Künste in Berlin-Wilmersdorf und wirkte dort bis 1945. 1936 nahm die Preußische Akademie der Künste ihn als Mitglied auf. Bei den Großen Deutschen Kunstausstellungen der Jahre 1937 bis 1940 und 1942 bis 1944 wurden insgesamt elf Werke Richard Scheibes gezeigt. Im Jahre 1944 erhielt er die Goethe-Medaille für Kunst und Wissenschaft. Im Jahre 1946 schuf Scheibe mehrere weibliche Figuren: „Aufsteigende", „Stehendes Mädchen", „Hockende", „Liegende" und „Flora". Im Jahre 1953 wurde Scheibes „Ehrenmal der Opfer des 20. Juli 1944" in Anwesenheit des Regierenden Bürgermeisters Ernst Reuter im Bendlerblock in Berlin enthüllt. Richard Scheibe erhielt auch in der Nachkriegszeit zahlreiche Auszeichnungen, unter anderem den Kunstpreis der Stadt Berlin (1952), das Große Bundesverdienstkreuz (1953), das Halskreuz des Großen Verdienstordens der Bundesrepublik Deutschland und die Goethe-Plakette der Stadt Frankfurt am Main (1954), die Aufnahme als ordentliches Mitglied der West-Berliner Akademie der Künste (1955) und zu seinem 80. Geburtstag die Ernennung zum Ehrensenator der Akademie der Künste (1959).

SCHEUERNSTUHL, HERMANN
Prof., * 15.12.1894 in Pforzheim,
† 24.2.1982 in Hannover

Scheuernstuhl begann seine künstlerische Ausbildung in Pforzheim und studierte anschließend Bildhauerei zuerst in Karlsruhe bei Wilhelm Gerstel und dann bei Bernhard Bleeker in München. Er führte ausgedehnte Studienreisen nach Frankreich, England, Italien und den Niederlanden durch. Im Jahre 1925 übernahm er als Professor die Leitung der Abteilung Plastik an der Werkkunstschule Hannover. Der Künstler trat in die NSDAP ein und erhielt aufgrund seines dem Zeitgeschmack entsprechenden Stils zahlreiche Aufträge, deren Ergebnisse teilweise noch heute im öffentlichen Raum verschiedener deutscher Städte zu finden sind, beispielsweise in Hannover: die Büste von Heinrich Tamm im „Neuen Rathaus" (1932), am Maschsee die „Fackelträgersäule" (1936, 18 Meter hohe Säule zur Erinnerung an des Bau des Sees) sowie die Bronzeskulptur „Fischrei-

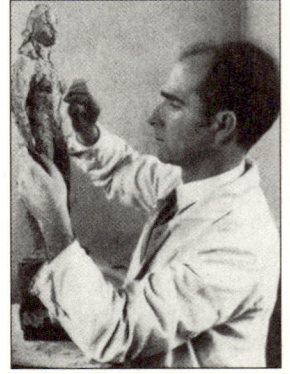

Hermann Scheuernstuhl

ter" (1938). Auf den Großen Deutschen Kunstausstellungen waren in den Jahren 1937, 1938, 1940, 1941 und 1944 insgesamt sechs Werke von Hermann Scheuernstuhl zu besichtigen.

SCHLIESSLER, OTTO
Prof., * 18.10.1885 in Forbach,
† 4.1.1964 in Baden-Baden

Als Sohn eines Bauunternehmers kam der Künstler recht früh mit der Bildhauerei in Berührung. In einer Mosbacher Töpferei erlernte er das Handwerkliche, und ab 1902 besuchte er die Kunstgewerbeschule Karlsruhe, wo Karl Kornhaas und Karl Eyth seine Lehrer im Zeichnen und Modellieren waren. Nachdem er aufgrund des Unfalltodes seines Vaters auf sich gestellt war, sammelte er am Bau handwerkliche Erfahrungen in Bruchsal, Dresden und München und bildete sich in der Bildhauerei von 1905 bis 1914 an der Akademie der bildenden Künste in Karlsruhe als Meisterschüler von Hermann Volz weiter; parallel dazu war er ab 1907 als Fachlehrer an der Kunstgewerbeschule Karlsruhe tätig. 1913 schuf er erste Großplastiken, Akte und Büsten, die auf Ausstellungen in Süddeutschland Beifall fanden. Nach Ausbruch des Ersten Weltkrieges kämpfte er als Kriegsfreiwilliger mit dem bayerischen Schneeschuh-Bataillon Nr. 2 in den Karpaten. Nach dem Krieg richtete er sich im Seitenbau des Schwetzinger Schlosses eine Werkstatt ein, wo er bis 1933 immer wieder arbeitete. Er betrieb intensive anatomische Studien und fertigte danach auch Kleinplastiken. In den 1920er Jahren errang er mehrere Preise: 1922 den Ernst-Ludwig-Preis des Verbandes der Kunstfreunde in den Ländern am Rhein, 1928 die Goldene Medaille in der Düsseldorfer Schau Deutsche Kunst sowie 1929 den ersten Preis für eine feingliedrige weibliche Figur in der Baden-Badener Kunsthalle. Von 1933 bis 1945 übernahm Schließler eine Professur für Bildhauerei an der Akademie der bildenden Künste in Karlsruhe. Bei den Großen Deutschen Kunstausstellungen der Jahre 1937 und 1940 bis 1944 war er mit insgesamt 15 Werken vertreten. Nachdem alliierte Bomben seine Wohnung und die Werkstatt in Karlsruhe zerstört hatten, zog sich der Künstler in sein kleines Landhaus beim Kohlhof in Heidelberg zurück. Ihm zu Ehren wurde 1974 im Karlsruher Ortsteil Grötzingen die Otto-Schließler-Straße benannt.

ULLMANN, ROBERT
* 18.7.1903 in Mönchengladbach,
† 19.3.1966 in Wien

Der Künstler wurde als Bildhauer hauptsächlich durch seine Mitarbeit in der Porzellanmanufaktur Augarten bekannt. 1931 erhielt er als Auszeichnung ein Staatsatelier in Wien, 1936 wurde er Mitglied des Künstlerhauses Wien. Ullmann schuf die Grabdenkmäler für Franz Schubert und Anton Bruckner. In den Jahren 1938 und 1940 war er bei den Großen Deutschen Kunstausstellungen mit je einem Werk vertreten sowie 1943 mit der Brunnengruppe „Die Morgenröte". Adolf Hitler nannte den Bildhauer am 30. Mai 1942 bei einem Tischgespräch eine Entdeckung: Ullmann habe in Wien völlig unbekannt dahingelebt und sei „erst von Speer herausgestellt worden". Robert Ullmann wurde im Jahre 1953 mit dem Preis der Stadt Wien für bildende Kunst ausgezeichnet.

WACKERLE, JOSEF
Prof., * 15.5.1880 in Partenkirchen,
† 2.3.1959 ebd.

Der Sohn eines Baumeisters besuchte die Schnitzschule in Partenkirchen, danach die Kunstgewerbeschule München und die dortige Akademie der bildenden Künste. Er erweiterte seine künstlerischen Kenntnisse durch einen zweijährigen Studienaufenthalt in Florenz und Rom, den er sich durch den „Rom-Preis" ermöglichen konnte. Mit

Büste des Staatsministers Otto Wacker

Brunnengruppe „Die Morgenröte" von Robert Ullmann

Josef Wackerle

"Rosseführer", Olympiastadion Berlin

Neptunbrunnen in München

"Durch Nacht zum Licht", Jena

26 Jahren gewann er bei einer Ausstellung in Dresden seine erste Goldmedaille. Um diese Zeit etwa begann er auch, als künstlerischer Leiter der Nymphenburger Porzellanmanufaktur zu arbeiten, entwarf aber dort auch Modelle, unter anderem die großen Majolika-Figuren des Ausstellungsparks auf der Theresienhöhe. Er lehrte von 1913 bis 1917 an der Unterrichtsanstalt des Kunstgewerbemuseums Berlin und ging danach als Lehrer an die Münchener Kunstgewerbeschule; 1924 folgte er dem Ruf an die Münchener Akademie der bildenden Künste, an der er bis 1950 unterrichtete und deren Ehrenmitglied er schließlich wurde. Wackerle ragt besonders durch seine Leistungen auf den Gebieten der Architekturplastik, der Keramik und der Bronze- und Steinplastik hervor. Als Meister religiöser Bildwerke trat er besonders in dem Relief „Grablegung" (1924) und durch „Rastender Pilgrim" (1950) hervor. Im Dritten Reich war der Künstler geschätzt und erhielt höchste Auszeichnungen: Er wurde Reichskultursenator, Reichsminister Dr. Goebbels schlug, wie er am 10. Juni 1936 seinem Tagebuch anvertraute, Wackerle für den Deutschen Nationalpreis für Kunst und Wissenschaft vor, und 1940 erhielt der Bildhauer zu seinem 60. Geburtstag die Goethe-Medaille für Kunst und Wissenschaft. Zwei Akte Wackerles zierten Adolf Hitlers Speisezimmer in der Reichskanzlei, ovale Stukkreliefs mit einer Nymphe und einem Pan als Jüngling schmückten Hitlers Teehaus auf dem Obersalzberg, und eine Aktstudie Wackerles befand sich in Hitlers Berliner Wohnung. Auf den Großen Deutschen Kunstausstellungen sah man 1937 bis 1941 und 1943 insgesamt acht Werke von Wackerle. Nach 1945 konnte der Bildhauer seine Tätigkeit bruchlos fortsetzen, da er nicht in der NSDAP gewesen war, und wurde – insbesondere im Münchener Raum – besonders geschätzt. 1953 verlieh die Stadt München ihm den Förderpreis bildende Kunst.

WALDSCHMIDT, ARNOLD
**Prof., * 2.6.1873 in Weimar,
† 1.8.1958 in Stuttgart**

Der Sohn eines preußischen Hauptmanns wuchs auf einer Farm in Brasilien auf, wohin seine Eltern ausgewandert waren. Er ging mit 15 Jahren zur See und umfuhr sieben Jahre lang mit Segelschiffen die Welt. Anschließend ließ er sich zum Offizier der Handelsmarine ausbilden, trat 1898 als aktiver Offizier in das Infanterieregiment Nr. 65 in Köln ein und wurde kurz darauf zur Kaiserlichen Marine auf das Kriegsschiff „SMS Charlotte" kommandiert. Da er sich dort nicht wohlfühlte, quittierte Waldschmidt den Dienst. Später studierte er an der Karlsruher Kunstakademie und betätigte sich als Maler. 1904 wurde er zum Professor einer Malklasse an der Hochschule für bildende Künste in Berlin ernannt, wo er 1908 Mitglied der „Berliner Secession" wurde. In dieser Zeit verlegte der Künstler seinen beruflichen Schwerpunkt sukzessive auf die Bildhauerei. Wegen kunstpolitischer Querelen zog er sich in die Einsamkeit Oberbayerns zurück und widmete sich intensiven Tierstudien, bis er 1917 als Professor und Leiter einer Akt- und Komponier-Klasse der Kunstakademie Stuttgart berufen wurde. 1927 übernahm er als Direktor auch die Leitung der Hochschule. 1938 wurde er Professor und Leiter eines Meisterateliers für Bildhauer an der Preußischen Akademie der Künste in Berlin und bald darauf auch noch deren Senator. Waldschmidt war seit Juli 1920 NSDAP-Mitglied und seit 15. Dezember 1933

Arnold Waldschmidt

Landesleiter der Reichskammer der bildenden Künste Württembergs. Später wurde er auch SS-Mitglied und stieg bis zum Range eines SS-Oberführers auf. Er pflegte häufigen Kontakt mit den maßgeblichen Entscheidungsträgern wie Reichsführer-SS Heinrich Himmler und Adolf Hitler. Der Bildhauer erhielt am 3. Juni 1943 die Goethe-Medaille für Kunst und Wissenschaft mit der Begründung: „Im Hinblick auf seine Gestaltung soldatischen Wesens" habe Waldschmidt „zudem als erster die Ideen des ‚Führers' in die Künstlerschaft getragen". Bei Kriegsende zog sich Waldschmidt auf die Insel Rügen zurück, wurde von dort unter ungeklärten Umständen in die Sowjetunion verschleppt und zu 25 Jahren Arbeitslager verurteilt. Nach seiner Begnadigung kehrte er 1953 nach Deutschland zurück und lebte bis zu seinem Tode in Stuttgart.

WAMPER, ADOLF
Prof., * 23.1.1901 in Würselen,
† 22.5.1977 in Essen
Adolf Wamper gehörte zu den bedeutenden klassischen Bildhauern des 20. Jahrhunderts und ist ein typischer Repräsentant der Kunst, die dem Schönen und dem Ideal huldigt. Seine Werke waren vorwiegend gegenständlich mit einem teilweise abstrakten Realismus. Wamper kam 1935 nach Berlin und war zusammen mit Prof. Paul Baumgarten verantwortlich für die Gestaltung der Oper Berlin-Charlottenburg und 1936 beteiligt an der Ausgestaltung des Reichssportfeldes, also des Geländes für die Olympiade von Berlin, wo er einige Eingangsreliefs an der Freilichtbühne ausführte. Er bekam seit 1935 zunehmend öffentliche Aufträge und war auf den Großen Deutschen Kunstausstellungen von 1937, 1938, 1940 und 1941 mit insgesamt acht Exponaten vertreten, darunter die Plastiken „Genius des Sieges" (1940) und „Sommer" (1941). Sein berühmtestes Alterswerk ist „Die schwarze Madonna von Remagen", welche aus dem Schlamm des US-Kriegsgefangenenlagers „Golden Mile" gefertigt ist. Das Lager wurde nach der Eroberung der Brücke von Remagen südlich von Bonn durch amerikanische Truppen errichtet. Dort wurden monatelang mehr als 300.000 Soldaten der deutschen Wehrmacht unter freiem Himmel nach Augenzeugenberichten „erbärmlicher als Tiere gehalten". Adolf Wamper, der seit 1948 die Bildhauerklasse an der Folkwangschule für Gestaltung in Essen leitete, wurde 1970 zur Verabschiedung in den Ruhestand mit dem Professorentitel ausgezeichnet.

WINDE, ARTHUR
Prof., * 7.6.1886 in Dresden,
† 14.2.1965 in Münster
Der Sohn eines Holzbildhauers ging 1905 nach Abschluß seiner Holzbildhauerlehre auf Wanderschaft und nahm 1908 das Studium an der Kunstgewerbeschule Dresden auf. Im Jahre 1918 wurde er als Professor an die Akademie für Kunstgewerbe in Dresden berufen mit der Aufgabe, dort eine selbständige Abteilung für Holzgestaltung aufzubauen. 1925 kristallisierte sich die sogenannte Arbeitsgemeinschaft Winde heraus, in welcher er gemeinsam mit Studenten das Lernen und Arbeiten organisierte. In diesen Jahren kam Winde auch enger mit der erzgebirgischen Spielzeugwelt in Kontakt. Ebenso wie die von ihm gestalteten kunstgewerblichen Fahrspielzeuge und thematischen Szenerien sind die feinen Püppchen in zeitmäßem Kleidungsstil mit Hütchen, Stöckchen oder

Adolf Wamper

Seite 4

Schirmchen nur noch auf Fotografien erhalten. Nach der nationalsozialistischen Regierungsübernahme wurde Winde aus der Akademie entlassen. Er arbeitete hauptsächlich für den inneren Ausbau von öffentlichen Gebäuden (Türen, Schränke Supraporten usw.) und verzierte Fußböden, Truhen, Jagdschränke u.ä. Im Jahre 1946 wurde er auf seinen alten Lehrstuhl zurückberufen, wo er noch bis 1949 wirkte.

JANSSEN, ULFERT
Prof., * 11.12.1878 in Bilawe/Glogau, † 19.2.1956 in München
Der Architekt und Bildhauer studierte von 1899 bis 1902 an der Technischen Hochschule Braunschweig und ging anschließend nach München, wo er sich zum Steinmetz ausbilden ließ und an der Akademie der Bildenden Künste in München studierte. Ab 1904 arbeitete er bis 1910 als selbständiger Bildhauer in München; 1909 gewann er die Goldmedaille bei der Internationalen Ausstellung im Münchener Glaspalast. 1911 wurde er Professor an der Technischen Hochschule Stuttgart, wo er Aktzeichnen und Modellieren lehrte. 1933 wurde Janssen zum Ehrenmitglied der Akademie der bildenden Künste in München berufen, 1937 gewann er auf der Weltausstellung in Paris eine Silbermedaille. Auf den Großen Deutschen Kunstausstellungen war der Künstler von 1937 bis 1944 mit insgesamt 20 Werken vertreten. Nach dem Ende des Zweiten Weltkrieges wurde er als Professor entlassen, ging 1948 nach München zurück und beteiligte sich in den 1950er Jahren an Ausstellungen im Haus der Kunst. Janssen schuf unter anderem den „Jahrhundert-Brunnen" in Essen (1907), den „Ceres-Brunnen" in der Stuttgarter Markthalle (1916) und das Carl-Peters-Denkmal in Hannover. Werke von ihm befinden sich beispielsweise in den Museen von München, Stuttgart, Darmstadt, Nürnberg, Düsseldorf, Augsburg, Ulm, Berlin und Rom.

Maler

ANDRI, FERDINAND
Prof., * 1.3.1871 in Waidhofen/Niederösterreich, † 19.5.1956 in Wien
Der Maler und Graphiker studierte 1887 bis 1891 an der Wiener Akademie der Künste und 1892 bis 1894 an der Kunstakademie Karlsruhe. Anschließend unternahm er Studienreisen nach Italien, Paris, London und Nordamerika. Andri gehörte zu denjenigen Mitgliedern der Künstlervereinigung „Secession", deren Schaffensschwerpunkt nach dem Ersten Weltkrieg lag. Die dekorativen und farbenfrohen Werke des Künstlers waren durch Landschaft und Volksleben seiner Heimat beeinflußt. Sein Werk umfaßt die Holzbildnerei, das monumentale Wandbild, das repräsentative Porträt und Gemälde aus dem bäuerlichen Milieu. Er bemühte sich daneben um die Wiederbelebung der kirchlichen Kunst und schuf beispielsweise 1896 für eine Ausstellung in der „Secession" ein Taufbecken mit einer Halbfigur von Johannes dem Täufer aus vergoldetem Holz. Im Jahre 1919 wurde er auf eine Professur an der Wiener Akademie berufen und war dort von 1923 bis 1929 Leiter einer Meisterschule für Malerei; 1923 bis 1926 sowie

Skulptur an der Friedenskirche in Essen

„Kristandl aus Taufers im Münstertal 1916"

1931 bis 1933 hatte er den Posten des Prorektors inne. 1939 wurde er zwar in den Ruhestand versetzt, blieb aber bis 1945 als dienstvertraglich bestellter Leiter der Meisterschule für Freskomalerei im Amt. Im Jahre 1941 erhielt Andri die Goethe-Medaille für Kunst und Wissenschaft, wobei er zur Begründung als Verfechter des Nationalsozialismus gelobt wurde. Er erhielt 1944 den Waldmüller-Preis und 1951 den „Goldenen Lorbeer" des Künstlerhauses. Ferdinand Andri schuf in Wien Mosaiken über dem Hochaltar in der Schmelzer Pfarrkirche, Apostelbilder der Neuottakringer Pfarrkirche sowie eine Statue des Erzengels Michael aus getriebenem Metall für das Zacherlhaus Plečniks.

BARTNING, LUDWIG
Prof., * 30.4.1876 in Hamburg,
† 27.12.1956 in Berlin

Der Kaufmannssohn konnte sich aufgrund des väterlichen Vermögens die Ausbildung zum bildenden Künstler ermöglichen. Vermutlich lernte er in der Malschule seine spätere Frau kennen, mit welcher er nach der Heirat nach Berlin ging und dort ein Haus nebst Maleratelier baute. Später wurde er dort Professor an den Vereinigten Staatsschulen für Freie und Angewandte Kunst. Neben seiner Lehrtätigkeit schuf er zahlreiche Blumen- und Landschaftsbilder sowie Porträts, die vorwiegend verkauft oder als Auftrag gemalt wurden. Seine künstlerische Entwicklung begann im Stil der Spätromantik und entwickelte sich im Spätwerk zu impressionistischen und expressiven, teilweise abstrakten Bildern. Bartning diente als Freiwilliger im Ersten Weltkrieg und war Führer einer Munitionskompanie an der Westfront. Im Dritten Reich bekam er wegen seines kirchlichen Engagements als Gemeindekirchenratsvorsitzender und seiner Kontakte zur Bekennenden Kirche mehrfach Schwierigkeiten mit der Gestapo und verbrachte mehrere Tage in Haft im Prinz-Albrecht-Palais, dem Berliner Gestapo-Hauptsitz. Bei den Großen Deutschen Kunstausstellungen war er in den Jahren 1937 bis 1940 jeweils mit einem Bild vertreten. In seinen letzten Jahren war Ludwig Bartning nach einem Schlaganfall teilweise gelähmt und nur noch eingeschränkt sprachfähig, trotzdem malte er bis wenige Wochen vor seinem Tode.

BAYERLEIN, FRITZ
* 9.1.1872 in Bamberg,
† 19.6.1955 ebd.

Der Maler studierte 1889 bis 1893 an der Kunstgewerbeschule Nürnberg, 1893 bis 1897 an der Kunstakademie München und war spezialisiert auf Landschaftssujets und Historienmalerei im Stil des Spätrokoko und der Romantik. Er unternahm Studienreisen

Ludwig Bartning

„Strudengau"

nach Italien, Österreich und in die Schweiz, lebte rund 50 Jahre in München, beteiligte sich an vielen Ausstellungen und gewann zahlreiche Medaillen. Auf den Großen Deutschen Kunstausstellungen waren in den Jahren 1937 bis 1944 insgesamt 24 seiner Werke zu sehen, darunter das Bild „Erntesegen" (1940). Fritz Bayerlein übersiedelte im Jahre 1943 wieder in seine Geburtsstadt Bamberg.

BERGEN, CLAUS
Prof., * 18.4.1885 in Stuttgart,
† 4.10.1964 in Lenggries
Der als Sohn eines Malers und Illustrators geborene Bergen erhielt bereits im väterlichen Atelier in München viele künstlerische Anregungen. Er besuchte die Münchener Kunstakademie und wandte sich besonders der Landschaftsmalerei zu. Ab 1907 illustrierte der Künstler die Reiseerzählungen von Karl May und malte bis in die dreißiger Jahre immer wieder Indianerbilder. Anläßlich einer Norwegenreise und der folgenden Reisen nach Hamburg und Helgoland sah er erstmals Kriegsschiffe. An der Nordsee sah der Künstler nun plötzlich Richtung und Ziel seines späteren Schaffens: In der See entdeckte er „sein" Element. In den Jahren 1908/1909 befaßte er sich erstmals mit Schiffsmotiven, wobei er bewußt eine theatralische und pathetische Darstellung des Meeres vermied. Zu Beginn des Ersten Weltkrieges war er beim Roten Kreuz und ab Ende 1915 als Kriegsmaler bei der Kaiserlichen Marine auf dem Linienschiff „SMS Markgraf" eingesetzt. Dort malte Bergen anhand der Informationen der Vizeadmirale Reinhard Scheer und Franz Ritter von Hipper sowie der Kommandanten der beteiligten Großkampfschiffe Monumentalgemälde über die Seeschlacht am Skagerrak, die durch ein hohes Maß an malerischer Qualität, Gestaltungskraft und großem schiffstechnischen Sachverstand künstlerisch überragende Zeitdokumente wurden. Wichtige Eindrücke für sein künstlerisches Schaffen lieferte ihm seine Teilnahme an der 11. Feindfahrt des U-Bootes U 53 vom 18. Juni bis 13. Juli 1917. Hierbei kam es zu verschiedenen Seegefechten mit britischen U-Boot-Fallen und einem Wasserbombenangriff eines gegnerischen Zerstörers. Von nun an sah er sich primär als Marinemaler; nach Kriegsende malte er zwar verstärkt Darstellungen aus der Handelsschiffahrt und dem zivilen Luftverkehr, behielt aber enge Verbindungen zu Marinekreisen und der im Aufbau befindlichen Reichsmarine. Am 1. Juli 1918 wurde Bergen von König Ludwig III. zum Königlich bayerischen Professor ernannt. In den folgenden Jahren hatte er zahlreiche Ausstellungen – vor allem im Münchener Glaspalast – und erhielt unter anderem Aufträge vom Deutschen Museum in München, vom Münchener Rathaus und vom Museum der Stadt München. Er unternahm einige Seereisen, so etwa 1930 eine Mittelmeer-Ausbildungsreise der Reichsmarine unter Vizeadmiral Iwan Friedrich Oldekop. 1932 wurde er Mitglied der NSDAP. Aufgrund seiner engen Beziehungen zur Kriegsmarine erhielt er weitere Einladungen zu Studienfahrten auf dem Torpedoboot „Seeadler", dem Panzerschiff „Deutschland" und dem Zerstörer „Karl Galster". 1936 ließ Adolf Hitler für 4.000 Reichsmark Bergens Gemälde „Die Seydlitz im Kampf" durch die Kieler Kunsthalle erwerben und im Kieler Marineoffizierskasino aufhängen. Auf den Großen Deutschen Kunstausstellungen war Bergen zwischen 1937 und 1944 mit insgesamt 13 Gemälden ver-

Claus Bergen

treten, so etwa 1940 mit dem Werk „Die Beschießung der Westerplatte", das die ersten Schüsse des Polenfeldzuges durch das Linienschiff „Schleswig-Holstein" zeigte. Während des Zweiten Weltkriegs war er als „Künstler im Kriegseinsatz" auf verschiedenen U-Booten und dem Schweren Kreuzer „Prinz Eugen", außerdem besuchte er den Befehlshaber der U-Boote, Admiral Karl Dönitz, in dessen Hauptquartier Kerneval bei Lorient in Frankreich; aufgrund dieser Reiseeindrücke schuf er verschiedene Monumentalwerke. 1943 übersiedelte Bergen von München nach Lenggries an der Isar, wo er ein Haus mit einem großen Atelier eingerichtet hatte. Nachdem das im Januar 1946 durch die Amerikaner erteilte Malverbot im Oktober desselben Jahres aufgehoben worden war, wandte sich Bergen besonders historischen Themen zu. Er konnte wieder erfolgreich arbeiten und hatte in den folgenden Jahren mehrere bedeutende Ausstellungen. 1961 wurde das großformatige Gemälde „U-Boot auf Feindfahrt" aus dem Zweiten Weltkrieg als Spende dreier Marinegenerationen anläßlich des fünfzigjährigen Bestehens der Marineschule Mürwik der Bundesmarine überreicht. Claus Bergen lebte in seinen letzten Jahren relativ zurückgezogen in Lenggries und starb an einer Farbvergiftung.

Eduard Bischoff im Atelier

BISCHOFF, EDUARD
Prof., * 25.1.1890 in Königsberg/Pr., † 1.4.1974 in Soest

Der Kaufmannssohn widmete sich ab 1908 dem freien Studium der Kunst und unternahm einige Schiffsreisen in den Mittelmeerraum und Vorderen Orient. Ab 1910 studierte er bis 1920 an der Kunstakademie Königsberg; während des Ersten Weltkrieges diente er als Soldat in Ostpreußen, Galizien und Frankreich. Ab 1920 lebte Bischoff als freier Künstler in Königsberg; 1936 wurde er Professor an der dortigen Kunstakademie. 1934 erhielt er den ersten Preis für die künstlerische Ausgestaltung des Auditorium Maximum der Handelshochschule Königsberg, auf der Großen Deutschen Kunstausstellung von 1938 wurde ein Werk Bischoffs gezeigt. Nach dem Kriegsdienst im Zweiten Weltkrieg flüchtete er nach Mecklenburg. Er ließ sich 1948 in der Gelsenkirchener Künstlersiedlung um den Halfmannshof nieder und arbeitete erneut als freier Künstler. 1962 übersiedelte der Maler, der vorwiegend Landschafts- und Tierbilder schuf, nach Soest, wo er bis zu seinem Tode lebte und arbeitete. Eduard Bischoff, der in seinem Schaffen dem Sujet seiner ostpreußischen Heimat stets treu blieb, erhielt mehrere Auszeichnungen, darunter der Kunstpreis der Stadt Gelsenkirchen (1960) und das Bundesverdienstkreuz 1. Klasse (1970).

CLARENBACH, MAX
Prof., * 19.5.1889 in Neuß, † 5.6.1952 in Wittlaer bei Neuß

Nachdem der Landschaftsmaler Andreas Achenbach bereits früh das künstlerische Talent Clarenbachs erkannt hatte, wurde dieser mit 13 Jah-

Max Clarenbach

„Schafherde bei aufziehendem Gewitter" von Max Clarenbach

ren in die Elementarklasse der Kunstakademie Düsseldorf aufgenommen und studierte dort bis 1903. Anschließend schuf der besonders durch die französischen Impressionisten beeinflußte Künstler nuancenreiche Architektur- und Landschaftsbilder, engagierte sich im Ausstellungsverband Düsseldorf und organisierte mit anderen Künstlern erste Ausstellungen, aus denen 1909 der „Sonderbund" hervorging, der sich allerdings bereits 1915 wieder auflöste. Von 1917 bis 1945 lehrte Clarenbach als Professor an der Kunstakademie Düsseldorf. Auf den Großen Deutschen Kunstausstellungen war er in den Jahren 1937 bis 1944 insgesamt mit 19 Werken vertreten, darunter das Ölbild „Mondnacht bei Ebbe" (1942). Im Dritten Reich fungierte er als Landesleiter der Reichskammer der bildenden Künste. Während Clarenbach in seinen Anfangsjahren vorwiegend Landschaften des Niederrheins malte, erweiterte er sein Schaffen später auch auf den Westerwald, das Bergische Land, das Ruhrtal und das Sauerland.

COSSMANN, ALFRED
Prof., * 2.10.1870 in Graz,
† 31.3.1951 in Wien

Der Radierer und Kupferstecher kam im Jahre 1886 nach Wien, wo er den größten Teil seines Lebens wirkte. Er studierte zunächst an der Kunstgewerbeschule das Fach künstlerische Keramik, dann Radierung bei William Unger, dem er auch an die Wiener Akademie der bildenden Künste folgte. Nachdem er 1900 seine Ausbildung abgeschlossen hatte, wandte er sich autodidaktisch dem Kupferstich zu, der zu dieser Zeit (ausgenommen für Reproduktionen, Briefmarken und Banknoten) kaum Beachtung fand; er schuf weit über 100 Exlibris. Ab 1920 lehrte der Künstler an der Graphischen Lehr-

Alfred Cossmann

und Versuchsanstalt Wien. Im Jahre 1940 wurde er mit der Goethe-Medaille für Kunst und Wissenschaft ausgezeichnet. Alfred Cossmann hinterließ ein umfangreiches Werk an Zeichnungen, Radierungen, Kupferstichen und Buchillustrationen. Die meisten Arbeiten seines graphischen Werkes befinden sich heute in der Kupferstichsammlung der Österreichischen Nationalbibliothek, eine Reihe von Blättern ist im Besitz des Burgmuseums von Deutschlandsberg. Cossmann wurde auch nach dem Zweiten Weltkrieg vielfach geehrt, unter anderem mit der Großen Ehrenzeichen der Republik Österreich und im Jahre 1970 mit der Sonderpostmarke „Alfred Cossmann, 100. Geburtstag"; zu seinem 125. Geburtstag veranstaltete der Landesverband der Niederösterreichischen Kunstvereine in St. Pölten eine Gedächtnisausstellung.

DACHAUER, WILHELM
Prof., * 5.4.1881 in Ried im Innkreis, † 26.2.1951 in Wien

Der Maler studierte von 1899 bis 1907 an der Wiener Akademie der bildenden Künste und lehrte dort später von 1927 bis 1945 (ab 1928 als außerordentlicher Professor, ab 1930 als ordentlicher Professor). Er wurde vor allem durch seine Briefmarkenserien bekannt, beispielsweise die Nibelungensage-Serie, die in Philadelphia als „schönste Briefmarke der Welt" ausgezeichnet wurde (1926), die Heerführer-Serie (1935), die Erfinder-Serie (1936), die Ärzte-Serie (1937). Er schuf auch Einzelmarken wie die von Engelbert Dollfuß (1936) und war auch nach dem Zweiten Weltkrieg in diesem Metier produktiv, etwa mit der Heimkehrer-Serie (1949). Dachauer malte Porträts, Landschaften und figurale Großkompositionen. Bei den Großen Deutschen Kunstausstellungen der Jahre 1942 bis 1944 waren insgesamt fünf seiner Werke zu sehen, darunter die Tempera-Gemälde „Der Morgen", „Der Frühling geht übers Land" und „Bergbauern" (alle 1942). Wilhelm Dachauer wurde mehrfach ausgezeichnet, so mit dem „Rom-Preis", der Goldenen Füger-Medaille und dem Künstlerhaus-Preis.

DETTMANN, LUDWIG
Prof., * 25.7.1865 in Flensburg, † 19.11.1944 in Berlin

Dettmann studierte an der Berliner Kunstakademie und war zunächst als Illustrator tätig. Beeinflußt durch Max Liebermann, wandte er sich der Landschaftsmalerei zu und fertigte Aquarelle und Stimmungsbilder in Öl. 1898 war er einer der Mitgründer der Künstlervereinigung „Secession". Um 1906 schuf er dekorative Gemälde für die Technischen Hochschulen von Danzig und Königsberg. Im Eingangsbereich des Kieler Rathauses finden sich noch heute zwei größere Wandgemälde Dettmanns aus dem Jahre 1913. Er gehörte zu der Gruppe von Künstlern, die für den Schokoladenfabrikanten Ludwig Stollwerck Bilder für dessen Sammelalben entwarfen. Dettmann wurde 1896 zum Professor der Berliner Kunstakademie, 1901 der Königsberger Kunstakademie ernannt. Von 1914 bis 1918 diente er als Kriegsmaler, und 1921 wurde er Senator der Königsberger Kunstakademie. Dett-

Wilhelm Dachauer

Ludwig Dettmann

mann trat nach der nationalsozialistischen Regierungsübernahme in die NSDAP ein und gehörte später zum Vorstand im Reichsverband Bildender Künstler. Er wurde im Jahre 1935 mit der Goethe-Medaille für Kunst und Wissenschaft ausgezeichnet. 1938 wurde er als Autor des Buches „Ostfront. Ein Denkmal des Deutschen Kampfes" bekannt. Im November des folgenden Jahres bezeichnete ihn die Zeitschrift „Die Kunst im Deutschen Reich" als „Maler des Weltkrieges 1914–1918".

EDERER, CARL
**Prof., * 23.4.1875 in Wien,
† 2.4.1951 in München**
Der Künstler besuchte eine private Malschule und erhielt 1899 den „Rom-Preis"; von 1905 bis 1909 war er Mitglied der „Secession". 1911 folgte er einem Ruf als Professor für dekorative Malerei an die Kunstakademie Düsseldorf, wo er bis 1944 lehrte. Bei den Großen Deutschen Kunstausstellungen waren in den Jahren 1937 und 1939 bis 1942 insgesamt neun Werke von ihm zu besichtigen, darunter „Ländliche Szene" (1939), „Am Brunnen" (1940) und „Schafe im Schnee" (1941). Der Künstler fertigte eine Entwurfszeichnung für das Mosaikaltarbild des Wiener Jugendstil-Gotteshauses „Kirche am Steinhof" und prozessierte diesbezüglich wegen Plagiatsvorwürfen gegen Kolo Moser; der Prozeß endete mit einem Vergleich. Carl Ederer zeichnete auch die Entwürfe für die Goldmosaiken der Elisabethkapelle in der Mexikokirche von Wien-Leopoldstadt.

Carl Ederer

„Dengler" von Georg Ehmig

EHMIG, GEORG
*** 27.3.1892 in Altona,
† 21.5.1969 in Würzburg**
Geboren als Sohn eines Lithographenehepaares, verbrachte der Maler seine Kindheit in Schweinfurt und absolvierte später eine Lehre als technischer Zeichner bei Fichtel & Sachs. Im Ersten Weltkrieg kämpfte er im Deutschen Alpenkorps und ging anschließend nach Berlin, wo er an der Kunsthochschule bei Ferdinand Spiegel zeichnerische Studien betrieb, während er das Malen bei Paul Plontke lernte und schließlich Meisterschüler bei Arthur Kampf wurde. Auf den Großen Deutschen Kunstausstellungen war er von 1937 bis 1944 mit insgesamt 24 Werken vertreten. Ehmig verlor durch die alliierten Bombenangriffe seinen gesamten Besitz in Berlin sowie einen großen Teil seiner nach Posen, Rathenow und Würzburg ausgelagerten Werke. Kurz vor Kriegsende übersiedelte er nach Osttirol, wo er schon früher in den Sommermonaten gearbeitet hatte. Da er als Reichsdeutscher 1947 aus Österreich ausgewiesen wurde, lebte er danach bis zu seinem Tode in Würzburg. Georg Ehmig gehört zu den deutschen Maler-Romantikern, deren Schlichtheit Ausdruck ihres eigenen Wesens ist, fern

von jeder Tagesmode; Inhalt wie Form bilden in seiner Arbeit eine wirkliche Einheit.

EISENMENGER, RUDOLF
Prof., * 1.8.1902 in Fischdorf/ Siebenbürgen, † 3.11.1994 in Wien
Der Tafel- und Wandmaler zog 1921 mit seinen Eltern nach Wien und begann ein Studium an der Wiener Akademie. 1930 wurde er das jüngste Mitglied des Wiener Künstlerhauses, hatte im selben Jahr seine erste Ausstellung und erreichte 1932 mit 32 ausgestellten Werken seinen künstlerischen Durchbruch. Seine Werke waren geprägt vom traditionellen klassischen und romanischen Element. 1936 vertrat er Österreich für die Olympischen Spiele in Berlin und gewann im olympischen Kunstwettbewerb die Silbermedaille mit seinem Gemälde „Läufer vor dem Ziel". Er wurde mit dem Österreichischen Verdienstkreuz für Kunst und Wissenschaft 1. Klasse und dem Preis der Stadt Wien ausgezeichnet. Bereits auf der ersten Großen Deutschen Kunstausstellung von 1937 war er mit dem Opus „Sinkende Nacht" vertreten und wurde in der Besprechung des damaligen Kunstbetrachters (und nachmaligen Herausgebers und Chefredakteurs der Zeitschrift „Stern") Henri Nannen im Oktober 1937 in der Zeitschrift „Die Kunst für Alle" hervorgehoben: „Hier ist eine Harmonie der Fabel mit der Form erreicht." Adolf Hitler war ein großer Bewunderer der Kunst Eisenmengers und kaufte zahlreiche Werke von ihm. Der Künstler wurde 1939 Präsident der Gesellschaft der bildenden Künstler Wiens. Im März 1941 schrieb die Zeitschrift „Die Kunst im Deutschen Reich" über den Maler: „Der Künstler wird ein Pionier der Weltanschauung, weil er an die Kraft seiner Sendung glaubt." Am 1. Juli 1943 wurde er trotz der bestehenden Titelsperre von Adolf Hitler zur Eröffnung der Großen Deutschen Kunstausstellung zum Professor ernannt. Rudolf Eisenmenger arbeitete nach dem Krieg weiter in Wien und erhielt zahlreiche Aufträge und Preise, von 1951 bis 1972 wirkte er als Professor an der Technischen Hochschule Wien.

Selbstbildnis Eisenmengers

„Gewitter"

ENGEL, OTTO
Prof., * 27.12.1866 in Erbach/Odenwald, † 30.1.1949 in Glücksburg
Der 1908 zum Professor der Münchener Kunstakademie ernannte Kunstmaler gilt als einer der Wegbereiter für eine avantgardistisch-moderne Malerei in Deutschland. Er war neben Ludwig Dettmann, Fritz Klimsch, Max Liebermann und Curt Herrmann 1898 eines der Gründungsmitglieder der „Berliner Secession", welche sich die Abkehr von der akademischen Malerei auf die Fahne geschrieben hatte. Engel hing dieser emanzipatorischen Künstlerbewegung jedoch nicht lange Zeit an. Ihn charakterisierten später die malerischen Ergebnisse seiner Sommerbesuche auf der Nordseeinsel Föhr, die sich ohne weiteres wie in Meyers Lexikon von 1937 zusammenfassen lassen: „Malt Nordseelandschaften und junge Frauen in friesischer Volkstracht." Durch einen pastosen Farbauftrag gelang es Engel, Augenblicksstimmungen spontan einzufangen und diese in ihrer Flüchtigkeit mit malerischen Mitteln selbst zu dokumentieren. Otto Engel wurde 1941 mit der Goethe-Medaille für Kunst und Wissenschaft ausgezeichnet, was der „Lübecker Generalanzeiger" kommentierte: „Ein Maler der Nordmark."

Otto Engel

Otto Engelhardt-Kyffhäuser

„Oberjäger Becker"

„Einmarsch in Riga"

ENGELHARDT-KYFFHÄUSER, OTTO
* 5.1.1884 in Artern am Kyffhäuser,
† 7.6.1965 in Göttingen

Der Namenszusatz Kyffhäuser geht auf das nahe bei dem Geburtsort des Malers und Kunsterziehers liegende Mittelgebirge zurück. Er erhielt seine Ausbildung an den Kunstakademien von Kassel, Berlin und Weimar. Seine Arbeiten wurden 1914 im Kunstverein Darmstadt ausgestellt. Im Ersten Weltkrieg dienste er als Oberfeldjäger im Reserve-Jägerbataillon 4 und Kriegsmaler der kämpfenden Truppe. Ab 1919 wirkte er für 20 Jahre in Görlitz, wurde Studienrat an der dortigen Luisenschule (heute: Joliot-Curie-Gymnasium) und wurde durch zahlreiche Federzeichnungen, Radierungen und Gemälde bekannt. 1928 wurden in der Aula der Luisenschule mehrere von ihm geschaffene Wandbilder im Rahmen einer Feierstunde enthüllt. Er wurde Mitglied der NSDAP und der SS, fertigte zahlreiche Kriegsbilder und porträtierte diverse zeitgenössische Politiker. Im Januar 1940 wurden zahlreiche seiner Werke in der Ausstellung „Polenfeldzug" vorgestellt. Im selben Monat begleitete Engelhardt-Kyffhäuser auf Wunsch des Reichsführers-SS Heinrich Himmler einen Treck von Volksdeutschen, die aus Galizien und Wolhynien in den Warthegau umgesiedelt wurden. Der Künstler dokumentierte diese Reise durch zahlreiche Skizzen und Zeichnungen, die am 30. März 1940 in Berlin ausgestellt und auch in Buchform veröffentlicht wurden. Diese Bilder dienten als Vorlage für den Film „Heimkehr" (1941), der am 31. August 1941 in Venedig uraufgeführt wurde. Trotz der Mitwirkung zahlreicher Stars wie Paula Wessely, Attila Hörbiger oder Carl Raddatz war der Propagandafilm beim Publikum nicht besonders beliebt. Engelhardt-Kyffhäuser beteiligte sich sehr erfolgreich an verschiedenen Ausstellungen wie den Großen Deutschen Kunstausstellungen der Jahre 1938 bis 1944, bei denen insgesamt 23 seiner Werke zu sehen waren, außerdem 1940 bei der Ausstellung „Der große Treck 1940" im Ständehaus Görlitz oder 1944 bei den Ausstellungen „Deutsche Künstler und die SS" in Breslau und Salzburg, wo er seine Bilder „Vor dem Aufbruch", „Treck rollt über die Brücke bei Przemysl" und „Ein Panzerjäger der SS-Pol.-Div." zeigte.

ERLER, ERICH
* 16.12.1870 in Frankenstein,
† 19.6.1946 in Icking

Der Maler der Münchener Schule absolvierte zunächst eine Buchdruckerlehre und wurde anschließend Redakteur in Schweidnitz, wo er auch zeichnerische Dokumentationen zu fertigen hatte. Es entstanden seine Zyklen „Totentanz" und „Die Nibelungen". Während einer Tuberkulosekur im Engadin begann er, mit Tempera zu malen. Später kam er in Breslau in Kontakt zu Künstlerkreisen und ging um 1900 nach München, wo er ein Atelier bezog und Mitglied der Künstlervereinigung „Die Scholle" wurde. Bereits ein Jahr später stellte er mit der „Scholle" seine Arbeiten im Münchner Glaspalast aus, 1902 kaufte die Pinakothek ein Bild von ihm. Mittlerweile war sein Ruhm schon über die Grenzen Deutschlands gedrungen, so daß er fünf Berufungen an Kunstschulen bekam, die er jedoch ablehnte. Im Ersten Weltkrieg diente er als Freiwilliger und verarbeitete seine Fronterlebnisse in den Radierzyklen „Krieg" und „Von der Front". Erler zog sich dann aufs Land nach Icking zurück und arbeitete als Landarbeiter, um das bäuerliche Leben zu erfahren. Meyers Le-

„Blut und Boden"

xikon faßte 1937 sein Werk zusammen: „Ist durch Alpenlandschaften hervorgetreten, aber auch durch Darstellungen aus dem Weltkrieg und monumentale Wandgemälde." Insgesamt elf seiner Werke wurden in den Jahren 1938 bis 1944 auf den Großen Deutschen Kunstausstellungen gezeigt. Nach dem Zweiten Weltkrieg beschlagnahmten die Besatzungsmächte seine Bilder als „nationalsozialistische" Erzeugnisse.

FELDBAUER, MAX
Prof., * 14.2.1869 in Neumarkt/Oberpfalz, † 20.11.1948 in München

Geboren als Sohn des Neumarkter Bürgermeisters, begann der Künstler seine Malausbildung in München an der Kunstgewerbeschule und wechselte später zur privaten Malschule des Ungarn Simon Hollósy, der ihn mit dem Impressionismus vertraut machte. Später studierte er an der Akademie der bildenden Künste, wurde Mitgründer der Künstlergruppe „Die Scholle" und arbeitete an der Zeitung „Die Jugend" mit, für die er rund 250 Arbeiten lieferte. 1908 wechselte er von „Der Scholle" zur „Secession München" und war 1916 einer der Mitgründer der „Münchener Neuen Secession". Er lehrte von 1901 bis 1915 an der Damenakademie des Münchner Künstlerinnenvereins und leitete von 1912 bis 1922 eine Malschule in Mitterndorf bei Dachau, wo er sich später nach Studienreisen in die Bretagne, die Schweiz, nach Helgoland, Tirol und Italien niederließ. 1916 wurde er Lehrer an der Kunstgewerbeschule Dresden, 1918 Professor an der dortigen Akademie für bildende Künste, deren Präsident er später wurde. Nach dem NS-Regierungsantritt wurde Feldbauer zeitweise mit einem Ausstellungsverbot seiner Werke belegt. Er zog sich dann nach München zurück, wo er 1944 durch die Alliierten ausgebombt wurde; danach verlegte er seinen Wohnsitz nach Oberschneiding, wo er bis zu seinem Tode lebte. Sein bayerischderber Habitus fand auch in seinen Bildern seinen Niederschlag, er malte vorwiegend Soldaten- und Pferdebilder, bäuerliche Szenen und derbe Frauenakte. 1944 wurde Max Feldbauer mit der Goethe-Medaille für Kunst und Wissenschaft ausgezeichnet.

FRITZ, GEORG
* 26.6.1884 in Dresden,
† 1967 in Mitterfels

Der bekannte Architekturmaler und Radierer studierte zunächst bei seinem Vater Max Fritz, später an der Akademie der Künste in Berlin und erweiterte seine Kenntnisse durch Studienreisen in die Bretagne, nach Paris und Italien. Der Künstler schuf im Auftrag der Reichshauptstadt Berlin die graphische Folge „Mark Brandenburg"; die 30 Radierungen zeigen unter anderem die Schlösser in Berlin, Küstrin, Köpenick, Dobrilugk, Sorau, Schwedt und Wiesenburg, den Park von Sanssouci, Ansichten aus Alt-Döbern, Brandenburg, Jüterbog, Mittenwalde, Schwedt sowie Landschaftsbilder. Die

Feldbauers Frau Elise, Porträt von 1908

Radierungskonvolute wurden als Ehrengeschenke verwendet, Exemplare gingen beispielsweise an die Stadt Boston (1930) und die Pariser Sorbonne (1931). Auf der Großen Deutschen Kunstausstellung von 1942 war Georg Fritz mit vier Werken vertreten. Der Künstler lebte und arbeitete bis 1943 in Berlin und danach bis zu seinem Tode in Niederbayern.

GERWIN, FRANZ
*** 9.6.1891 in Lünen,
† 28.3.1960 in Bochum**

Der Maler studierte an der Kunstgewerbeschule Dortmund und leitete ab 1936 in Dortmund „Das Haus der

„Großbaustelle der OT am Atlantik"

Kunst", das 1941 in „Haus der bildenden Künste" umbenannt wurde. Sein Oeuvre enthält vorwiegend Motive aus Technik und Industrie, Wehrbauten sowie Landschaftssujets und bäuerliche Szenen. Adolf Hitler kaufte 1938 sein Bild „Kokerei". In den Jahren 1935 bis 1944 beteiligte sich der Künstler an der jährlich in Dortmund stattfindenden Großen Westfälischen Kunstausstellung und war in den Jahren 1938 bis 1944 auch bei den Großen Deutschen Kunstausstellungen mit insgesamt 30 Werken vertreten, darunter „Reichswerke Hermann Göring" (1940) und „Zerstörte Kokerei bei Dnjepropetrowsk" (1943). Bei der Ausstellung „Kunst und Technik", die 1942 in Dortmund stattfand, war er mit mehr als 30 Exponaten vertreten. Von seiner Heimatstadt Lünen wurde Franz Gerwin im Jahre 1999 durch Benennung einer Straße nach seinem Namen geehrt.

GRAF, OSKAR
**Prof., * 26.12.1873 in Freiburg,
† 22.2.1958 in Bad Boll**

Nach seinem Studium an der Akademie der bildenden Künste in München ging der Künstler 1894 nach Paris und wurde Schüler des bekannten Historienmalers Fernand Cormon. Im Jahre 1901 erhielt Graf je eine Goldmedaille für graphische Künste sowie für Malerei. 1909 führte er mit seiner Ehefrau, der Malerin Cäcilie Graf-Pfaff, die Ausstellung „Japan und Ostasien in der Kunst" durch, im selben Jahr wurde Graf zum Professor ernannt. Er war Mitglied der „Secession" und saß in der Jury des Münchner Vereins für Originalradierung und hatte regelmäßig Ausstellungen im Münchner Glaspalast. Der Maler, der vorwiegend Industriedarstellungen schuf, wurde 1927 Professor für Freihandzeichnen an der Technischen Hochschule München. Bei den Großen Deutschen Kunstausstellungen waren von 1937 bis 1944 insgesamt 31 seiner Werke zu sehen, darunter die Bilder „Felsenwelt in der Sächsischen Schweiz" und „Holledauer Brücke bei Ingolstadt" (beide 1939). Im Jahre 1943 wurde Oskar Graf mit der Goethe-Medaille für Kunst und Wissenschaft ausgezeichnet.

Oskar Graf

GULBRANNSSON, OLAF
*** 26.5.1873 in Christiana/Norwegen,
† 18.9.1958 Schererhof/Tegernsee**

Der Sohn eines Buchdruckers verdankte seine internationale Bekanntheit weitgehend seiner Tätigkeit als Zeichner der Satirezeitschrift „Simplicissimus". Er besuchte von 1885 bis 1893 die Königliche Kunst- und Handwerksschule in Christiana, veröffentlichte ab 1890 sporadisch politische Karikaturen in norwegischen Satirezeitschriften und zeichnete erste Buchillustrationen. Nachdem er um die Jahrhundertwende einige Zeit in Paris an der Académie Colarossi studiert hatte, folgte er 1902 einer Einladung des „Simplicissimus"-Verlegers Albert Langen und ging nach München, um an der Zeitung mitzuarbeiten. Seine ersten Karikaturen erschienen hier im Dezember 1902 und machten ihn schnell bekannt, so daß er mehrere Gestaltungsaufträge in Münchener Theatern erhielt. Er wurde 1914 Mitglied der „Secession" und schloß Freundschaften mit verschiedenen Künstlern wie Max Liebermann, Paul Wegener und Heinrich Zille. 1916 wurde der Künstler zum Militär eingezogen und später beim „Propagandadienst" des Auswärtigen Amtes eingesetzt. Nach dem Ersten Weltkrieg ging er nach München zurück und erhielt durch Vermittlung Max Liebermanns ein staatliches Atelier. 1925 wurde er Ehrenmitglied der Akademie der bildenden Künste und Professor an der der Akademie angegliederten Königlichen Kunstgewerbeschule München. 1929 wurde er Professor an der Akademie der bildenden Künste. Während er vor 1933 mit bissigen Karikaturen gegen die Nationalsozialisten hervorgetreten war, paßte Gulbransson sich nach der NS-Regierungsübernahme den neuen politischen Verhältnissen in Deutschland an. Auf die Kritik wegen seiner Haltung durch Freunde und Bekannte und den Vorwurf, er sei ein Kollaborateur, entgegnete er: „Ich bin eigentlich kein politischer Zeichner. Ich zeichne das Motiv, das ich zwischen die Finger bekomme." Bis zum Zweiten Weltkrieg erschienen weitere Publikationen des Künstlers, und in den Kriegsjahren schuf er viele Karikaturen gegen die Feindstaaten Deutschlands, besonders oft karikierte er den britischen Premierminister Winston Churchill. Auf den Großen Deutschen Kunstausstellungen war Gulbransson in den Jahren 1937, 1938 und 1941 bis 1943 mit insgesamt sechs Werken vertreten. Im Jahre 1943 erhielt er die Goethe-Medaille für Kunst und Wissenschaft mit der Begründung: „Seit Kriegsbeginn hat er seine Kunst ausschließlich in den Dienst des Großdeutschen Freiheitskampfes gestellt und sich mit seinen politischen Zeichnungen einen beim Feind gefürchteten Namen gemacht." 1944 wurde dem Künstler der Kulturpreis des Staates Norwegen für sein Lebenswerk verliehen. Nach dem Zweiten Weltkrieg zog er sich auf seinen Landsitz am Tegernsee zurück und arbeitete dort weiter, beispielsweise am „Simpl", der Nachfolgezeitschrift des 1944 eingestellten „Simplicissimus", sowie an diversen Illustrationen und Publikationen. 1955 wurde ihm der Förderpreis im Bereich bildende Kunst der Landeshauptstadt München verliehen, 1958 der Joseph-E.-Drexel-Preis durch die Stadt Nürnberg. Olaf Gulbransson verstarb nach einem Schlaganfall.

Olaf Gulbrannsson

Karikatur Gulbrannssons von Hendrik Ibbsen

Grab von Olaf Gulbrannsson

HAGEMANN, OSKAR
*** 12.10.1888 in Holubkau/Böhmen,
† 18.8.1984 in Karlsruhe**

Der vor allem auf Porträts spezialisierte Maler wurde als Sohn eines Zellstoff-Fabrikanten geboren und erhielt ersten Zeichen- und Malunterricht bei dem Maler und Graphiker Ivo Puhonny. 1906 begann er sein Studium an der Kunstakademie Karlsruhe und war von 1908 bis 1912 Meisterschüler von Wilhelm Trübner. Danach lebte der Künstler mit seiner Ehefrau zeitweise in Berlin und im Spessart, bis er im Oktober 1920 nach Karlsruhe übersiedelte und später in Karlsruhe-Durlach ein Haus baute. Sein erstes Bild wurde 1910 auf der Baden-Badener Kunstausstellung gezeigt; das Werk „Weinprobe" wurde daraufhin vom Wallraf-Richartz-Museum in Köln erworben. Noch im selben Jahr wurde ein weiteres Werk, das Bild „Raucher", vom Glaspalast in München angekauft. Nachfolgend fertigte Hagemann zahlreiche Porträts, unter anderem im Jahre 1920 von dem Essener Oberbürgermeister Wilhelm Holle, von General Erich Ludendorff und Generalfeldmarschall Paul von Hindenburg. Auf den Großen Deutschen Kunstausstellungen waren von 1937 bis 1944 insgesamt 23 seiner Werke zu sehen. Von 1942 bis 1945 hatte der Künstler einen Lehrauftrag für Porträtmalerei an der Kunstakademie Karlsruhe. Durch die alliierten Bombenangriffe wurde im Zweiten Weltkrieg sein Atelier zerstört, so daß Hagemann sich einige Jahre an den Bodensee zurückzog. 1951 kehrte Oskar Hagemann nach Karlsruhe zurück und bezog ein Künstlerhaus am Turmberg.

„Thetis"

Hans Happ

„Ein Abendlied"

HAPP, HANS
*** 5.11.1899 in Kempten,
† 1992 in Dreieich**

Der Künstler studierte 1920 bis 1923 an der Akademie der bildenden Künste in München und lebte seit 1933 in Frankfurt am Main. Während des Zweiten Weltkrieges hielt er Kurse im Städel ab, für eine Kirche in Frankfurt schnitzte hat er einen lebensgroßen Ignatius von Loyola. Bei einem vom Vatikan ausgeschriebenen Wettbewerb gewann er in den 1940er Jahren einen bedeutenden Preis. Von seinen Werken wurde vor allem das Gemälde „Die Lichtträgerin" bekannt: Man sieht zwei Mädchenfiguren, die in den dunklen Hintergrund hineinkomponiert sind. Das Bild atmet Stille, denn der geringste Windhauch würde die kleine Flamme auslöschen, die die Lichtträgerin vor sich her trägt und mit ihrer Hand schützt. Ihre Gefährtin schaut aus dem Bild hinaus, sie scheint auf etwas außerhalb des Bildes zu achten. In der Hand hält sie eine Geige. Die Farben des Bildes bilden einen Dreiklang aus mattem Gold, Blau und Sandelholzbraun. Die Anmut der beiden Gestalten läßt uns nachsinnen und froh werden. Das Gemälde erinnert an solche der alten Niederländer. Auf den Großen Deutschen Kunstausstellung 1938 bis 1944 war Happ mit insgesamt 17 Werken vertreten, darunter die Bilder „Ein Abendlied" und „Damenbildnis" (beide 1939). Nachdem seine Frankfurter Wohnung samt Atelier durch alliierte Bombardements zerstört worden war, übersiedelte Happ im Juni 1944 in die osthessische Kleinstadt Schlitz; im August 1956 siedelte er dann nach Dreieich über. In Schlitz erteilte Hans Happ in einem Atelier für Bildweberei Unterricht für Weberlehrlinge. Für das erste Trachtenfest nach dem Zweiten Weltkrieg schuf er verschiedene Figuren und Modelle, seine Schlitzer Burgen sind noch heute in Gebrauch. Für die Seifenindustrie fertigte er einen großen Schwan und für die Limnologische Fluß-Station Schlitz des Max-Planck-Instituts für Limnologie einen großen Fisch. Das Hessische Puppenmuseum ehrte den Künstler im Jahr 2004 mit der Ausstellung „Schlange, Panther, Vogel, Pferd (Mechanische Spielfiguren von Hans Happ)".

TER HELL, WILLY
Prof., * 2.12.1883 in Norden/Ostfriesland, † 1.7.1947 in Hofgeismar

Der Landschaftsmaler studierte bei den Malern Heinrich Harder und Eugen Bracht und lebte seit 1910 freischaffend in Berlin. Im Jahre 1906 erhielt er den Auftrag zur Ausmalung der Vorhalle im Neuen Rathaus Berlin-Schöneberg und nahm seither regelmäßig an der Großen Berliner Kunstausstellung teil. Im Jahre 1913 gewann er mit seinen Arbeiten eine goldene Medaille sowohl in Berlin wie auch in München. Der Künstler war später Mitglied des „Kampfbundes für Deutsche Kultur" und der NSDAP. Bei den Großen Deutschen Kunstausstellungen waren von 1937 bis 1944 insgesamt 29 seiner Werke zu sehen, darunter 1943 das Ölbild „Sommerabend über der Heide im Wartheland". Reichsführer-SS Heinrich Himmler und Außenminister Joachim von Ribbentrop kauften eine größere Anzahl seiner Werke. Trotz der bestehenden Titelsperre verlieh Adolf Hitler dem Künstler am 1. Juli 1943 den Professorentitel.

Willy ter Hell

HERRMANN, PAUL
Prof., * 5.2.1864 in München, † 1.5.1946 in Berlin

Der Maler und Graphiker wuchs als Neffe des einflußreichen Münchener Dichters Paul Heyse in dessen literarischem Kreis auf. Entgegen dem Rat seines Onkels studierte er jedoch nicht Architektur, sondern nahm heimlich Malstunden und wurde Schüler von Max Ebersberger und Ferdinand Barth. Herrmann malte anschließend Panoramen und erneuerte in Bayern und Schwaben Fresken. Auf Empfehlung des Herausgebers des erfolgreichen amerikanischen Satiremagazins „Puck" ging er in die USA und malte dort dekorative Arbeiten in New York sowie Chicago. Er übersiedelte 1895 nach Paris, war dort unter anderem mit Oscar Wilde befreundet und nahm auf Anraten von Arsène Alexandre den Namen Henri Héran an, um die Verwechslung mit dem Elsässer Maler Herman Paul zu vermeiden. Danach war der Künstler vor allem in Berlin tätig. Als Maler hatte er eine Vorliebe für die gediegene, sorgfältige Technik der älteren Pariser Schule und schuf hauptsächlich dekorative Wand- und Deckenbilder, beispielsweise in den Berliner Hotels „Adlon" und „Eden". Auf den Großen Deutschen Kunstausstellungen der Jahre 1937 sowie 1940 bis 1944 war Herrmann mit insgesamt 16 Objekten vertreten, darunter das Aquarell „Feier des 9. November an der Feldherrnhalle in München" (1941). Trotz seines hohen Alters arbeitete er ausschließlich für Albert Speer und wurde 1944 auf dessen Antrag hin von Adolf Hitler trotz Titelsperre zum Professor ernannt.

Paul Hermann

Selbstporträt

HEYMANN, RICHARD
* 1900, † 1973

Der Maler und Designer war auf den Großen Deutschen Kunstausstellungen der Jahre 1938 bis 1944 mit insgesamt 17 Werken vertreten, darunter „Glückliche Mütter" (1943). Dieses Ölgemälde auf Leinwand hatte Hitler beeindruckt, und er war stark am Erwerb des Werkes interessiert, doch Heymann

„Friedliche Stunde"

hielt das Bild verborgen in der Hoffnung, daß Hitler sich am Ende seines Besuches nicht mehr an das Bild erinnern würde. Heymann wollte dieses Gemälde nicht hergeben, da der freundliche junge Knabe rechts unten im Bild der Sohn der Familie eines Freundes war. Heymann verschenkte 1967 dieses Bild an diese Familie und bestätigte schriftlich die Identität des Buben. Richard Heymann beteiligte sich auch bei der Ausstellung „Deutsche Künstler und die SS", welche der Reichsführer-SS und das Ergänzungsamt des Hauptamtes der SS Anfang 1944 in Breslau durchführen ließen.

HEMMING, WALTER
*** 11.6.1894 in Düsseldorf,
† 27.12.1979 in Brilon**

Der Kunstmaler unternahm nach Abschluß seines Studiums an der Kunstakademie Düsseldorf ausgedehnte Studienreisen in zahlreiche Länder. Mit seinem traditionell akademischen Malstil schuf er Bilder aus der Schwerindustrie, Hafenansichten und Schiffswerften, aber auch Ansichten von Köln, Düsseldorf und Brilon. Bei den Großen Deutschen Kunstausstellungen der Jahre 1938 bis 1944 waren insgesamt zehn seiner Werke zu besichtigen. Nachdem alliierte Bombardements 1942 seine Düsseldorfer Wohnung zerstört hatten, übersiedelte der Künstler nach Brilon. Die historische Stadtansicht, die Walter Hemming anläßlich des 750. Gründungsjubiläums der Stadt anfertigte, ist eines seiner bekanntesten Bilder.

„Die Heimat schafft"

HILZ, SEPP
**Prof., * 22.10.1906 in Bad Aibling,
† 30.9.1976 in Willing**

Der Sohn eines Malers und Kirchenrestaurators absolvierte zunächst eine Lehre in der Werkstatt seines Vaters und in den Jahren 1921 bis 1927 verschiedene Kurse in München; er malte für regionale Ausstellungen und kopierte flämische Meister. Nach seiner Heirat kehrte er nach Bad Aibling zurück, arbeitete wieder in der väterlichen Werkstatt und machte seit 1930 durch eigene Werke im Stile Wilhelm Leibls auf sich aufmerksam. Hilz war einer der Lieblingsmaler Adolf Hitlers, der 1938 sein Bild „Nach Feierabend" für 10.000 Reichsmark erwarb und ihm 1939 für Grundstückskauf und Bau eines Hauses nebst Atelier 100.000 Reichsmark als Schenkung zukommen ließ. Auf den Großen Deutschen Kunstausstellungen der Jahre 1938 bis 1944 zeigte der Künstler insgesamt 22 Bilder, darunter das Bild eines nackten Bauernmädchens mit dem Titel „Bäuerliche Venus". Der damalige Kunstbetrachter (und spätere „Stern"-Herausgeber) Henri Nannen schrieb im Juli 1939 in Heinrich Hoffmanns Monatsschrift „Kunst dem Volk": „Wir stehen nicht an, dieses Bild als eine künstlerische Verkörpe-

Sepp Hilz

rung des nordischen Schönheitsideals anzusehen." Am 1. Juli 1943 ernannte Adolf Hitler den Künstler trotz bestehender Titelsperre zum Professor. Nach dem Zweiten Weltkrieg wirkte Hilz als Restaurator in kriegsbeschädigten Kirchen und wandte sich in seinem kreativen Schaffen vermehrt religiösen Themen zu. Als vermeinlich „nationalsozialistischer" Künstler vermochte er nicht mehr recht Fuß zu fassen. Als er sich 1951 an einer Ausstellung in München beteiligte, wäre diese beinahe an öffentlichen Protesten gegen ihn gescheitert und letztlich nur durch das Beharren des bayerischen Bildungsministers durchgeführt. Sepp Hilz gab schließlich im Jahre 1956 resignierend das Malen auf.

HOECK, WALTER
*** 13.6.1885 in Holzminden,
† 12.2.1956 in Eglofs/Allgäu**
Nachdem der Maler zunächst ab 1902 die Kunstschule in München besucht hatte, studierte er ab 1903 an der Akademie der bildenden Künste in Berlin, unter anderem bei Lovis Corinth. Später studierte er einige Zeit an der Münchener Akademie Bildhauerei bei Adolf von Hildebrand und ging 1911 wieder nach Berlin zurück. Hoeck diente als Soldat im Ersten Weltkrieg, zuletzt als Reserveoffizier; 1920 übersiedelte er nach Braunschweig und fand dort bis zu seinem Tode seine künstlerische Heimat. Im Januar 1932 wurde Hoeck Mitglied der NSDAP, in der er auch aktiv mitarbeitete. Von 1933 bis 1934 war er Vorsitzender des Reichskartells der Bildenden Künste im Gau Niedersachsen, Bezirksgruppe Braunschweig. Im Jahre 1935 wurde er für Braunschweig Vertrauensmann der Reichskammer der Bildenden Künste, Landesstelle Niedersachsen. In den Jahren 1937 bis 1940 nahm er an zahlreichen Gau-Kunstausstellungen sowie an Jahresausstellungen des Braunschweiger Künstlerbundes teil. Bei den Großen Deutschen Kunstausstellungen von 1937 bis 1940 und 1944 war er mit insgesamt fünf Werken vertreten. Hoeck wurde 1942 als Würdigung seiner Zeichnung „Marsch durch Frankreich", die eine marschierende Gruppe von acht Wehrmachtsoldaten zeigt, mit dem Kunstpreis der Stadt Braunschweig ausgezeichnet. Ab Ende 1944 wurde Hoeck als Reserveoffizier eingezogen und als Führer eines Volkssturm-Bataillons eingesetzt. Nach dem Zweiten Weltkrieg arbeitete er weiter als Maler in Braunschweig. Eines seine bekanntesten Bilder ist „Der Brand von Braunschweig". Dieses Bild thematisiert das verheerende Flächenbombardement der britischen Royal Air Force am 15. Oktober 1944 auf zivile Ziele in Braunschweig, das rund 90 Prozent der mittelalterlich geprägten Innenstadt zerstörte und Tausende Todesopfer forderte. Walter Hoeck inszenierte den Brand als apokalyptisches Inferno, das in seiner Zerstörungskraft eine eigene Ästhetik entwickelt. Im dargestellten Flammenmeer sind nur einige wenige, dafür aber charakteristische Bezugs- und Identifikationspunkte der Stadt zu erkennen, beispielsweise die Türme der Andreaskirche und des Doms. Für das kollektive Gedächtnis Braunschweigs stellt dieses Gemälde die Inkarnation der Zerstörung der Stadt dar.

HOFFMANN, LUDWIG VON
Prof. Dr. phil. h.c., * 17.8.1861 in Darmstadt, † 23.8.1945 in Pillnitz bei Dresden
Der Sohn eines hessischen Staatsministers und Geheime Hofrat studierte ab 1883 an der Akademie der bildenden Künste Dresden, wechselte später an die Kunstakademie Karlsruhe und ging 1889 an die Académie Julian in Paris, wo er durch französische Künstler beeinflußt wurde. Ab 1890 wirkte Hofmann als freischaffender Künstler in Berlin und gehörte mit Max Klinger und Max Liebermann zur „Gruppe der Elf". Von 1894 bis 1900 begab er sich

„Bäuerlicher Soldatenkopf"

Ludwig von Hofmann

„Mädchenakt"

„Reiter am Strand"

auf mehrere Studienreisen und war lange in Rom und in seiner Villa in Fiesole. 1903 wurde er Professor an der Großherzoglichen Kunstschule in Weimar, wo er mit vielen Vertretern der künstlerischen und literarischen Avantgarde verkehrte und zu einem der Vorreiter von Harry Graf Kesslers Bewegung „Neues Weimar" wurde. Im Jahre 1916 übernahm Hofmann eine Professur an der Kunstakademie Dresden im Fach Monumentalmalerei. In dieser Zeit gestaltete er den Lesesaal der Deutschen Bücherei in Leipzig aus und schuf Illustrationen für bedeutende Werke der Dichtkunst wie die „Odyssee"-Übersetzung von Leopold Ziegler oder Gerhard Hauptmanns „Hirtenlied". Nach dem Ersten Weltkrieg wurde es ruhiger um Ludwig von Hofmann, mehr und mehr verschwand er aus dem Blick der Öffentlichkeit. 1937 wurden einige seiner Werke als „entartet" angeprangert, andere fanden sich weiterhin in Ausstellungen. „Auf persönlichen Wunsch des Führers" wurde er 1941 mit der Goethe-Medaille für Kunst und Wissenschaft ausgezeichnet. In seinen Werken aus mehr als 60 Schaffensjahren fließen Elemente des Symbolismus mit dem Jugendstil zusammen, aber seine dekorativ-idealistische Figurenmalerei zeigt auch Einflüsse anderer künstlerischer Bewegungen seiner Zeit vom Historismus bis zur Neuen Sachlichkeit.

HOMMEL, CONRAD
**Prof., * 16.2.1883 in Mainz,
† 11.11.1971 in Sielbeck**

Der Spätimpressionist war seit 1906 Schüler von Jean-Paul Laurens in Paris und studierte ab Oktober 1909 an der Akademie der bildenden Künste in München in der Malklasse von Hugo von Habermann. Er wurde Mitglied der „Secession", später sogar Präsident dieser Künstlervereinigung. Berühmt wurde der Maler vor allem durch seine Porträts führender Unternehmer wie Max Grundig und Herbert Quandt, hochrangiger Politiker wie Paul von Hindenburg, Hermann Göring, Dr. Joseph Goebbels und Adolf Hitler sowie anderer bedeutender Zeitgenossen wie Friedrich Ebert und Albert Einstein. Hommel verkehrte gesellschaftlich eng mit Dr. Goebbels, der beispielsweise am 11. April 1936 in sein Tagebuch schrieb: „Nachmittags viel Besuch: Hommel, die Dannhoff, Jannings und Klöpfers." Und am 1. August 1936: „Kleine Bootsfahrt mit Prof. Hommel und Erika Dannhof." Adolf Hitler erwarb 1938 Hommels Goebbels-Porträt; ein Jahr später wurde der Künstler Leiter einer Malklasse an der Akademie für bildende Künste Berlin. Auf den Großen Deutschen Kunstausstellungen wurden in den Jahren 1937 bis 1944 insgesamt 19 Werke Hommels gezeigt, darunter die Bilder „Generalfeldmarschall von Mackensen" und „Reichsminister Dr. Schacht" (beide 1937) sowie „Reichsjägermeister Hermann Göring"

„Der Führer"

(1939, Göring mit erlegtem Hirsch). Kunstbetrachter Henri Nannen konstatierte in der Zeitschrift „Die Kunst für Alle" zu Hommels Werken: „Eindringlich und malerisch gepflegt." Hommel porträtierte auch Adolf Hitler mehrmals, etwa 1942 mit dem Bild „Der Führer auf dem Feldherrnhügel", ebenso wie Albert Speer als Architekt und als Reichsminister.

JUNGHANNS, JULIUS PAUL
**Prof., * 8.6.1876 in Wien,
† 3.4.1958 in Düsseldorf**

Der besonders als Tiermaler international berühmte Künstler absolvierte

„Im Wolkenschatten"

zunächst 1895 eine Ausbildung zum Lithographen und begann ein Jahr später sein Studium an der Kunstakademie Dresden, das er 1899 an der Kunstakademie München bei dem Tiermaler Heinrich von Zügel bis 1904 fortsetzte. In diesem Jahr wurde er auf Vorschlag seines Lehrers Zügel im Alter von 28 Jahren als Leiter der Meisterklasse für Tier- und Freilichtmalerei an die Kunstakademie Düsseldorf berufen, wo er zwei Jahre später zum Professor ernannt wurde und bis 1945 lehrte. Auf den Großen Deutschen Kunstausstellungen war Junghanns in den Jahren 1937 bis 1944 mit insgesamt 31 Werken vertreten, darunter „Eifelziegen" (1939) sowie „Der lustige Schimmel" (1941). Laut Alfred Rosenbergs Periodikum „Die Kunst im Deutschen Reich" war es „der Führer selbst […], der bei der denkwürdigen Eröffnung des Hauses der Deutschen Kunst im Jahre 1937 Prof. Junghanns und seine Kunst an den Platz stellte, den er ihm sogleich zuerkannte". Der Künstler wurde im Jahre 1941 mit der Goethe-Medaille für Kunst und Wissenschaft ausgezeichnet mit der Begründung, „Der beste Tiermaler Deutschlands" zu sein; 1943 wurde er Vizepräsident der Reichskammer der bildenden Künste. Aufgrund seines traditionellen Malstils – er selbst bezeichnete sich als „Pictor antiquus" (Alter Maler) – genoß Junghanns die Wertschätzung der nationalsozialistischen Kunstpolitiker, was bis heute die Rezeption seiner Schaffens prägt – wie es bei ganzen Scharen anderer Künstler aller Gattungen jener Zeit in analoger Weise gilt. Junghanns erlebte, nachdem bereits 1941 sein jüngster Sohn Rudolf gefallen war, den Zusammenbruch 1945 auch als schwere persönliche Krise, so daß er vier Jahre im Marienhospital von Erwitte verbringen mußte. Erst 1949 konnte er nach Düsseldorf zurückkehren und ein neues Atelier einrichten, in dem er bis zu seinem Tode arbeitete.

Julius Paul Junghanns

HÖNICH, HEINRICH
* 5.10.1873 in Nieder-Hanichen/Sudetenland, † 5.9.1957 in Gstadt/Chiemsee

Der böhmische Buchillustrator, Gebrauchsgraphiker und Plakatmaler erlernte zunächst in Reichenberg die Lithographie und studierte dann an den Kunstakademien in Dresden und Prag. Ab 1906 lebte und arbeitete er in München als freischaffender Künstler. Im Ersten Weltkrieg diente er als Kriegsmaler im Auftrag des Kriegspressequartiers. Er schuf die Mappen „Von der Galizischen Front", „Von Cattaro bis Scutari" und „An der Tiroler Front". 1919 veröffentlichte er seine „Oden an die Natur". Er malte zwar auch Figurenbilder und Land-

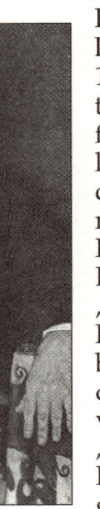

Heinrich Hönich

schaften, war aber primär Radierer und wird oft als offener Realist und heimlicher Phantast charakterisiert. 1928 wurde er Professor für Graphik an der Akademie der bildenden Künste in Prag, später deren Direktor. Er war Mitarbeiter der Zeitschrift für Dichtung, Theater, Musik, Bildende Kunst und Angewandte Kunst „Der Kunstwart". Bei der Großen Deutschen Kunstausstellung des Jahres 1937 war er mit zwei Werken vertreten. Auch Heinrich Hönich wurde 1945 Opfer der Vertreibung der Deutschen aus der Tschechoslowakei, die mit Plünderungen, Vergewaltigungen, Mord und Totschlag einherging. Der gewaltsame Vertreibung, die von den Tschechen euphemistisch „odsun" (deutsch: Abtransport oder Abschiebung) genannt wird, kostete rund 250.000 Deutsche das Leben. Heinrich Hönich mußte zwar sein gesamtes Werk in Prag zurücklassen, erreichte aber lebend westdeutschen Boden und unternahm am Chiemsee einen Neubeginn.

„Alter Turm"

KASPAR, HERMANN
Prof., *19.4.1904 in Regensburg, † 2.8.1986 in Lindau

Der Meisterschüler von Carl Johann Becker-Gundahl an der Akademie der bildenden Künste München war im Dritten Reich und auch in der Bundesrepublik Deutschland ein renommierter Maler und Hochschullehrer. Im Jahre 1935 gewann er den ersten Preis für den Mosaikfries an den Emporenwänden im Kongreß-Saal des Deutschen Museums in München und stieß damit in die Prominenz der deutschen Kunstszene vor. Er galt als Spezialist für Mosaike, vor allem für Hakenkreuzmäander wie etwa an der Decke des Säulenganges am Haus der Deutschen Kunst sowie am Tribünenbau auf dem Reichsparteitagsgelände in Nürnberg. Zusammen mit dem Bildhauer Richard Knecht war er für die Gesamtgestaltung der Aufmärsche und Festumzüge in München zum Tag der Deutschen Kunst der Jahre 1937 und 1938 verantwortlich und hatte beim Defilee der Festwagen den Ehrenplatz neben Adolf Hitler. Bei den Großen Deutschen Kunstausstellungen war er in den Jahren 1937, 1938, 1940 und 1944 mit insgesamt fünf Werken vertreten. 1938 erhielt er an der Münchener Kunstakademie die Professur für monumentale Malerei, im selben Jahr erhielt er von seinem engen Freund Albert Speer den Auftrag für große Mosaikflächen, Intarsienarbeiten für den Schreibtisch Adolf Hitlers und anderen Inneneinrichtungen für die Neue Reichskanzlei in Berlin. Kaspar schrieb im September 1939 in der Zeitschrift „Die Kunst im Deut-

„Jägergruppe"

schen Reich": „Wie der autoritäre Staat unabhängig sein muß von den Rücksichten auf belanglose Einzelinteressen und einem höheren Ideal dient, so muß auch die monumentale Malerei [...] frei sein von ihren Zufälligkeiten." Nach dem Krieg wurde der Künstler von der US-Militärregierung aus der Akademie entlassen, konnte aber 1957 auf seinen Lehrstuhl zurückkehren und erhielt auch wieder zahlreiche öffentliche Aufträge, beispielsweise für den Entwurf des Staatswappen-Gobelins im Senatssaal des Bayerischen Landtages oder die Ausgestaltung diverser Kirchen. Er blieb bis drei Jahre über die generelle Altersgrenze hinaus auf seinem Lehrstuhl und ging 1972 in den Ruhestand. Zu seinem Spätwerk gehören etwa die Innengestaltung des Rathauses der Stadt Aschaffenburg und der Deckenschmuck der Wallfahrtskirche in Beratzhausen.

schen Kunstausstellungen von 1938 bis 1942 und 1944 war er mit insgesamt 96 Werken vertreten. Im Jahre 1941 wurde er mit der Goethe-Medaille für Kunst und Wissenschaft ausgezeichnet.

„Um Ostern"

KEMPF-HARTENKAMPF, GOTTLIEB THEODOR EDLER VON
* 23.6.1871 in Wien,
† 17.3.1964 in Achrain/Tirol

Der Sohn eines Mittelschulrektors erhielt seine künstlerische Ausbildung an der Wiener Akademie sowie durch Studienaufenthalte in Rom und Paris. In der französischen Hauptstadt nahm er die Sichtweise des Impressionismus auf, die in seinem Werk mit dem österreichischen Stimmungsimpressionismus und dem Wiener Jugendstil verschmolz. In seiner Wiener Periode entstanden vorwiegend Porträts und Stadtlandschaften, jedoch auch Bilder nach antiken Themen und Märchenstoffen. Zudem war der Künstler auch in großem Umfang als Gebrauchsgraphiker tätig. Er übersiedelte 1939 nach Kitzbühel, wo er die zweite Hälfte seines Malerlebens verbrachte, und widmete sich nun insbesondere der religiösen Malerei sowie der Stadt- und Berglandschaft, die er in Ölbildern und koloristisch meisterhaften Aquarellen festhielt. Bei den Großen Deut-

KITZIG, ALFRED
* 9.7.1902 in Ahlen,
† 15.10.1964 in Kreuth

Der bekannte Maler und Graphiker begann seine künstlerische Ausbildung an der Kunstgewerbeschule Dortmund und setzte sie als Schüler und Meisterschüler mit eigenem Atelier an den Vereinigten Staatsschulen für freie und angewandte Kunst in Berlin fort. Sein Werk wurde wesentlich durch Käthe Kollwitz geprägt. Mit seinen Radierungen machte er sich schnell einen Namen über die Grenzen Berlins hinaus bis in die Kunstmetropolen der Welt. Nachdem sein Atelier im Zuge der alliierten Bombardements zerstört worden war, ging der Künstler wieder in seine Heimatstadt zurück. Er war auf den Großen Deutschen Kunstausstellungen der Jahre 1937, 1938 und 1940 bis 1944 mit insgesamt 15 Werken vertreten. Sein Oeuvre behandelt vor allem realistisch dargestellte bodenständige und volkstümliche Themen, beispielsweise aus der Berufswelt des Bauern und des Bergmannes. Der hervorragende künst-

Porträt-Tafel am Kitzig-Brunnen in Ahlen

lerische Ruf Kitzigs gründete sich außerdem auf seine graphischen Umsetzungen literarischer Stoffe, wie etwa die Illustrationen zu Goethes „Faust", Rainer Maria Rilkes „Stundenbuch" und Oscar Wildes „Zuchthausballade" eindrücklich belegen.

KLEIN, RICHARD
**Prof., * 7.1.1890 in München,
† 31.7.1967 in Weßling/Oberbayern**
Zunächst arbeitete der Künstler nach dem Besuch einer Fachschule für Bildhauerei und Stuckhandwerk als Stukkateur. 1908 nahm er sein Studium an der Akademie der bildenden Künste München auf und arbeitete ab 1917 im eigenen Atelier in München; 1919 wurde er Mitglied der Künstlervereinigung „Münchener Secession", an deren Ausstellungen er bereits seit 1915 teilnahm. Im Jahre 1935 wurde Klein zum Direktor der Staatsschule für angewandte Kunst ernannt, später auch zum Professor; 1936 wurde der Reichskultursenator zudem Präsidialrat der Reichskammer der bildenden Künste. Ab 1937 war er Herausgeber, später Mitherausgeber der Zeitschrift „Die Kunst im Dritten Reich". Klein schuf meist Skulpturen in Bronze und Terrakotta, Gemälde in Öl sowie Radierungen; ein Schwerpunkt seines Schaffens waren ab 1933 nationalsozialistische Embleme, Orden und Siegtrophäen, die ihm den Beinamen „Plaketten-Klein" einbrachten. Dr. Goebbels' Tagebuch enthält zum 3. Juni 1937 den Eintrag: „Klein hat einen wunderbaren Orden für den großen Nationalpreis geschaffen. Auch der Führer ist nun zufrieden damit." Der Künstler entwarf mehrere Briefmarken, darunter die jährlich zum Pferderennen um das „Braune Band" herausgegebenen Sondermarken sowie die Dauermarken mit dem Porträt Hitlers. Auf den Großen Deutschen Kunstausstellungen im Haus der Deutschen Kunst wurden insgesamt 63 Arbeiten von Richard Klein gezeigt.

„Badende"

„Die Ruhe"

KLINKERT, WALTER
* 12.12.1901 in Berlin, † 19.1.1959 ebd.
Der Künstler war ein Schüler des böhmischen Malers und Graphikers Emil Orlik und lehrte 1939 an der Staatlichen Kunstschule Berlin. Auf den Großen Deutschen Kunstausstellungen war er in den Jahren 1937 bis 1941 mit insgesamt 13 Exponaten vertreten, darunter die Bilder „Die Donau bei Melk" und „Mühlbach".

KOCH-GOTHA, FRIEDRICH
*** 5.1.1877 in Eberstädt bei Gotha,
† 16.5.1956 in Rostock**
Geboren unter dem Namen Friedrich Koch, studierte der Sohn eines Gutsinspektors von 1895 bis 1899 Malerei an der Hochschule für Graphik und Buchkunst in Leipzig und an der Kunstakademie Karlsruhe. Anschließend arbeitete er in Berlin als freischaffender Illustrator und Pressezeichner, 1904 wurde er ständiger Mitarbeiter der „Berliner Illustrirten Zeitung", arbeitete aber fallweise auch für die Zeitschriften „Lustige Blätter" sowie „Die Woche" und avancierte zum beliebtesten Zeichner und Karikaturisten Deutschlands. Der Theater- und Kunstkritiker Paul Fechter: „Ihn kannte damals buchstäblich jeder." Um sich von den zahlreichen Künstlern gleichen Namens abzuheben, fügte er in dieser Zeit seinem Namen den Zusatz „Gotha" hinzu und kommentierte dies mit der ironischen Bemerkung: „Es

Werke von Koch-Gotha

Bildnis Prof. Wynands

„Mein Sohn Arend"

gibt viele Köche, aber nur einen Koch-Gotha!" Das bis heute bekannteste Werk des Künstlers dürfte „Die Häschenschule" sein, eine Geschichte von Albert Sixtus, mit der 1924 seine Karriere als Kinderbuchautor und -illustrator begann. Als er nach der nationalsozialistischen Regierungsübernahme für Propagandazwecke eingespannt werden sollte, zog sich der berühmte Zeichner aus der Pressearbeit zurück. Im Zuge der alliierten Bombardements wurde 1943 auch die Berliner Wohnung von Koch-Gotha zerstört, wobei nahezu alle seiner Zeichnungen vernichtet wurden; daraufhin zog der Künstler in sein Haus nach Althagen (heute ein Ortsteil von Ahrenshoop). Nach dem Zweiten Weltkrieg zeichnete er wieder für verschiedene Zeitungen, unter anderem die Satirezeitung „Frischer Wind", den späteren „Eulenspiegel".

KURSELL, OTTO VON
Prof., * 28.11.1884 in St. Petersburg,
† 30.8.1967 in München
Nachdem er als Meisterschüler Franz von Stucks bekanntgeworden war, erwarb sich der deutschbaltische Maler und Graphiker bald einen Ruf als Porträtmaler. Im Ersten Weltkrieg kämpfte Kursell als Leutnant in der russischen Infanterie, 1918 arbeitete er in der Pressestelle des deutschen Armeeoberkommandos in Riga, übersiedelte dann nach München und wurde 1921 deutscher Staatsbürger. In diesen Jahren beteiligte er sich an rechten und antikommunistischen Bewegungen und veröffentlichte Karikaturen über Politiker, Sowjetagitatoren und Kommunisten. Über Alfred Rosenberg lernte er den Verleger und Hitler-Mentor Dietrich Eckart kennen, der ihn für seine Zeitschrift „Auf gut Deutsch" anwarb. Kursell trat 1922 in die NSDAP ein sowie ein Jahr später in die SA; am 9. November 1923 war er Teilnehmer am Hitler-Putsch. Später erlangte er politische und publizistische Bedeutung in NS-Organisationen bzw. NS-Organen: Von 1931 bis 1935 war er Geschäftsführer des „Kampfbundes für Deutsche Kultur" in Groß-Berlin, Schriftleiter der „Deutschen Kulturwacht" und Redakteur des „Völkischen Beobachters". 1933 wurde er Referent der Kunstabteilung im Preußischen Kulturministerium sowie Professor der Staatlichen Hochschule für bildende Künste in Berlin-Charlottenburg. Der kulturpolitische Multifunktionär war außerdem bis 1936 Mitglied des Präsidialrates der Reichskammer der bildenden Künste, wurde 1934 zum Abteilungsleiter im Reichsministerium für Wissenschaft, Erziehung und Volksbildung ernannt und am 30. Januar 1936 zum SS-Obersturmbannführer befördert. Seit 1938 war Kursell Mitglied des Reichstages, später wurde er SA-Standartenführer und Ende 1944 zum SA-Oberführer beför-

Der "Blutorden" der NSDAP

dert. Er war Inhaber höchster Auszeichnungen wie etwa des „Ehrenzeichens des 9. November 1923" („Blutorden") und des Goldenen Parteiabzeichens der NSDAP. Nach dem Kriege wurde Kursell von der Sowjetmacht verhaftet und blieb bis 1950 unter unmenschlichen Bedingungen in sowjetischen Speziallagern inhaftiert; in derartigen Lagern kamen Zehntausende zu Tode. Nach seiner Entlassung lebte Otto von Kursell zurückgezogen in Bayern.

LIEBERMANN, ERNST
* 9.5.1869 in Langemüß/Thüringen,
† 11.2.1960 in Beuerberg/Oberbayern

Der Maler und Graphiker wurde von 1890 bis 1893 an der Berliner Akademie der Künste ausgebildet und begab sich anschließend auf Studienreisen durch Deutschland sowie nach Frankreich und Italien. Danach arbeitete er in Langemüß und ab 1897 in München als Illustrator. 1904 wirkte er als Buchillustrator bei der Ausgabe von „Grimms Märchen – Illustriert im Jugendstil" des Verlages Josef Scholz mit und war 1907 auch einer der Illustratoren der Anthologie „Kindersang – Heimatklang". Das 1925 erschienene Märchenbuch „Der Wolkenkönig" von Albert Sixtus schmückten mehrere ganzseitige Illustrationen von Liebermann. Später betätigte er sich in München als Landschafts- und Städtemaler und schuf auch Wandgemälde. Seine impressionistischen Bilder, meist Porträts, Akte und Landschaften, waren vorwiegend in warmen Erdfarben mit romantischem Einschlag gehalten. Seine gegenständliche Kunst und seine Aktbilder kamen dem geltenden Zeitgeschmack im Dritten Reich entgegen. In den Großen Deutschen Kunstausstellungen der Jahre 1937 bis 1942

„Der Tod von Antwerpen"

und 1944 waren insgesamt 20 Exponate von Liebermann zu sehen. Seine Bilder befinden sich heute in zahlreichen Museen und erzielen hohe Preise.

LIESEGANG, HELMUTH
Prof., * 18.7.1858 in Duisburg,
† 31.7.1945 in Leipzig

Der Sohn eines Geheimen Regierungsrates und Gymnasialdirektors wuchs in Kleve auf und zeigte schon früh seine künstlerische Begabung. Nach seiner Ausbildung an der Düsseldorfer Kunstakademie ging er auf längere Studienreisen; in Paris studierte er die modernen Franzosen, insbesondere die Schule von Fontainebleau. Anregungen holte er sich auch in Belgien und Holland, in Katwijk begegnete er Max Liebermann, zu seinen Freunden zählte unter anderem sein Malerkollege Olof Jernberg.

Porträt Helmuth Liesegangs durch den Maler Max Stern

Helmut Liesegang kam von seinen Reisen als fertiger Meister in die Heimat zurück und wurde schnell bekannt. Er war Mitglied im Künstlerverein „Malkasten" (1888 bis 1945) und Mitglied des Deutschen Künstlerbundes sowie des Vereins Düsseldorfer Künstler. Sein 60. Geburtstag wurde in zahlreichen deutschen Zeitungen und Zeitschriften Deutschlands gewürdigt. Er erschloß mit seinem Schaffen die niederrheinische Landschaft in ihrer ganzen Schönheit, seine Gemälde gehören heute noch zu den begehrtesten unseres Landes. Er wurde auf großen internationalen Ausstellungen mit Medaillen ausgezeichnet und erhielt im Jahre 1900 ein Ehrendiplom in Paris, weitere Auszeichnungen in London und Chicago. Bei den Großen Deutschen Kunstausstellungen von 1943 und 1944 wurde jeweils ein Bild von

I. – Alle übrigen – Bildende Kunst: Maler

ihm ausgestellt. 1943 wurde ihm mit der Begründung „Bahnbrecher für die niederrheinische Landschaftskunst" zu sein, die Goethe-Medaille für Kunst und Wissenschaft verliehen, außerdem der Cornelius-Preis, die Preußische Goldene Staatsmedaille und die Österreichische Staatsmedaille. Während des Krieges mußte er Düsseldorf wegen der Bombardierungen verlassen und fand in Leipzig Aufnahme.

LÖHNER, RUDOLF
*** 22.7.1890 in Zuckmantel/Mähren,
† 15.2.1971 in Dresden**

Von 1908 bis 1911 studierte Löhner an der Akademie der bildenden Künste Dresden, zuletzt als Meisterschüler des bedeutenden Bildhauers Georg Wrba. Anschließend war er hauptsächlich als Tierplastiker tätig, unter anderem fertigte er Tierfiguren für die Porzellanmanufaktur Meißen und Tierstatuen für den Dresdener Zoo sowie den Rosengarten. Um das Jahr 1910 war der Künstler ein sehr häufiger Gast in der „Villa Shatterhand" des Schriftstellers Karl May. 1923 wurde der Künstler mit dem Großen Sächsischen Staatspreis ausgezeichnet, im selben Jahr wurde er Mitglied der Künstlervereinigung Dresden. 1926 beteiligte sich Löhner an der Internationalen Kunstausstellung in Dresden, 1941 an einer Ausstellung in Leipzig. In der Großen Deutschen Kunstausstellung von 1944 waren drei Exponate Löhners zu sehen. 1947 trat er der Dresdener Künstlergruppe „Das Ufer – Gruppe 1947" als Mitglied bei. Im Jahre 1950 schuf er figürliche Statuen und Sandsteinreliefs für

Skulptur „Bär" im Dresdner Rosengarten

das Kaufhaus am Dresdener Altmarkt. Einige Beispiele seiner Werke: „Nilpferd" (Bronze um 1924 im Museum der bildenden Künste Leipzig), „Gehörnte Ziege" (Bronze auf Muschelkalksockel vor 1943), „Trabende Elchkuh" (Bronze um 1953).

MACKENSEN, FRITZ
**Prof. Dr. h.c., * 8.4.1866 in Greene/
Braunschweig, † 12.5.1953 in Bremen**

Der Künstler studierte ab 1884 zusammen mit Otto Modersohn und Fritz Overbeck an der Düsseldorfer Kunstakademie, 1888/89 bei Friedrich August von Kaulbach und Wilhelm von Diez an der Münchner Kunstakademie. Schon 1884 entdeckte er das niedersächsische Moordorf Worpswede mit seiner Landschaft und seiner bäuerlichen Bevölkerung für seine Arbeit, verbrachte dort die Sommermonate und zog einige befreundete Künstler nach, bis 1889 unter anderem auch von ihm die Künstlerkolonie Worpswede gegründet wurde. Er lebte von 1895 bis 1904 ständig in Worpswede und unterrichtete hier Künstler wie Paula Modersohn-Becker, Georg Harms-Rüstringen und Clara Westhoff. Später übernahm er eine Professur an der Kunsthochschule Weimar, deren Direktor er 1910 wurde. 1918 kehrte Mackensen nach Worpswede zurück. Er war Mitglied im Wehrverband „Stahlhelm, Bund der Frontsoldaten" und engagierte sich auch publizistisch für diesen. Von 1933 bis 1935 war er mit Aufbau und Leitung der Nordischen Kunsthochschule in Bremen beauftragt. 1937 trat er in die NSDAP ein, auf der Großen Deutschen Kunstausstellung war im selben Jahr sein Bild „Gottesdienst im Moor" zu sehen. Der Künstler wurde im Jahre 1941 mit der

Statue Löhners von Martin Andersen Nexö

Fritz Mackensen

„Der Säugling"

Goethe-Medaille für Kunst und Wissenschaft ausgezeichnet. 1942 tat er als 76jähriger im Range eines Majors Dienst in der Propaganda-Ersatzabteilung im besetzten Nordfrankreich und malte dort See- und Strandbilder. Das Werk Mackensens wurde maßgeblich durch Julius Langbehns programmatische Schrift „Rembrandt als Erzieher" beeinflußt. Um die Jahrhundertwende wandte sich der Künstler einer idealisierenden Malerei in der Tradition des 19. Jahrhunderts zu, in seiner Spätzeit schuf er vor allem Porträts, die sich am Realismus früherer Jahre orientieren.

MEDIZ, KARL
* 4.6.1868 in Wien,
† 11.1.1945 in Dresden
Der Sohn eines Kaufmanns wuchs bei seiner Tante in Retz auf und absolvierte 1882 bis 1885 eine Lehre in der Gemischtwarenhandlung seines Onkels. Nachdem der Maler Friedrich von Amerling ihm künstlerisches Talent bescheinigt hatte, studierte Mediz an der Akademie der bildenden Künste in Wien (bei Siegmund L'Allemand und Christian Griepenkerl), in München (bei Paul Wagner und Alexander Demetrius Goltz) sowie ein Jahr an der Privatakademie Julian in Paris. Er lernte seine Frau 1888 in der Künstlerkolonie Dachau kennen. Nach der Heirat lebte das Ehepaar in ärmlichen Verhältnissen im Wiener Ortsteil Hernals. Obwohl die Maler Fritz von Uhde und Franz von Lenbach sowie der Schriftsteller Ludwig Hevesi die Arbeiten von Mediz lobten, konnte er sich in Wien nicht durchsetzen. 1892 unternahm er eine Studienreise nach Tolcsva/Ungarn; ein Gönner finanzierte ihm im Oktober einen Italienaufenthalt. Ab 1894 hielt er sich häufig in Dresden auf, wo er bald als Porträtist geschätzt wurde. Daneben entstanden Blumenbilder, heroische Gebirgs- und Adriastrandgemälde sowie monumentale Historienbilder. 1902 bis 1912 war er Mitglied der Wiener Künstlervereinigung „Hagenbund"; 1902 wurde er dort zur Ausstellung seiner Werke eingeladen, im folgenden Jahr wurde eine Kollektivausstellung zusammen mit Werken seiner Frau durchgeführt. Es folgten Ausstellungen in Dresden (1904), Berlin (1905, 1906) und Rom (1911). Nach dem Tod seiner Frau im Jahr 1908 wandte sich Mediz fast ausschließlich der Graphik zu. Nach 1975 wurde der 1.180 Exponate umfassende Nachlaß des Künstlerehepaars vom Gerhart-Hauptmann-Haus in Radebeul der Republik Österreich übergeben.

MÜLLER, RICHARD
Prof., * 28.7.1874 in Tschirnitz/Böhmen, † 7.5.1954 in Dresden
Als 14jähriger wurde Müller von einem Meißner Porzellanmaler animiert, sich sich an der Malschule der Königlich-Sächsischen Pozellanmanufaktur Meißen zu bewerben und wurde dort sofort angenommen. Im Jahre 1890 ging der junge Künstler auf eigene Faust und ohne das geforderte Mindestalter erreicht zu haben nach Dresden und wurde tatsächlich an der Kunstakademie Dresden angenommen. Auf Anregung des Malers und Bildhauers Max Klinger befaßte er sich mit Radiertechniken und erhielt 1896 für seine Radierung „Adam und Eva" den mit 6.000 Goldmark dotier-

„Küste"

Richard Müller

ten Großen Rompreis. Im Jahr 1900 wurde Müller zum Professor an der Dresdener Kunstakademie ernannt. 1932 wurde er Mitglied der NSDAP und 1933 zum Rektor der Hochschule befördert; noch im selben Jahr entließ er den Akademielehrer Otto Dix und organisierte die Ausstellung „Spiegelbilder des Verfalls in der Kunst" im Lichthof des Dresdener Rathauses. Müller wurde allerdings schon zwei Jahre später von dem sächsischen Kultusminister Wilhelm Hartnacke von dem Rektorenposten entfernt und aus der NSDAP ausgeschlossen, da er als Denunziant galt. Trotzdem wurde er als Kunstmaler nach wie vor hochgeschätzt und war auf den Großen Deutschen Kunstausstellungen mit insgesamt 19 Werken vertreten, darunter 1939 mit der Bleistiftzeichnung „Adolf Hitlers Geburtshaus".

MODERSOHN, CHRISTIAN
* 13.10.1916 in Bremen,
† 24.12.2009 ebd.

Der aus einer Malerfamilie stammende Künstler begann 1934 ein Studium an der Nordischen Kunsthochschule und setzte es in den Jahren 1936 bis 1940 an der Akademie der bildenden Künste in München fort. Er wurde 1939 zum Kriegsdienst eingezogen und war bis 1943 Soldat, konnte aber 1940 ein Akademiesemester absolvieren. Viele Aquarelle und Zeichnungen bezeugen nachhaltig den unvergeßlichen Eindruck, den das Kriegsgeschehen, die russische Landschaft und die menschlichen Begegnungen in ihm hinterlassen haben. Nachdem er bei Stalingrad schwer verwundet worden war, kehrte er ins Allgäu zurück, wo er bereits einen Teil seiner Jugend in einem Haus seines Vaters verbracht hatte. Von 1947 bis 1957 baute er hier zusammen mit seiner Mutter eine Galerie auf dem Gailenberg auf, in der Ausstellungen, Lesungen und Konzerte stattfanden. Nach dem Tod seiner Mutter übernahm Modersohn 1951 die Galerie. Später verkaufte er das Haus und übersiedelte 1957 mit seiner Familie nach Fischerhude, wo er in der Bredenau ein Atelierhaus baute. In den 1970er bis 1990er Jahren schuf Modersohn großartige Darstellungen dieser Landschaft. Er bevorzugte von Jugend an das Aquarell, eine Technik, die eine hohe handwerkliche Fertigkeit voraussetzt und keine technischen Fehler verzeiht. Wie kaum ein anderer Maler

„Flucht aus Stalingrad"

seiner Generation entwickelte er diese Technik zu wahrer Meisterschaft. Er stand in der dritten Generation der Malerdynastie Modersohn, sein Sohn Heinrich setzt diese Tradition fort. Das malerische Werk Christian Modersohns zeugt von der Liebe zur Schöpfung und zum Menschen. Neben einer Reihe einfühlsamer Porträts schuf er eine Fülle von Landschaftsaquarellen, welche die Stimmungen und Schwingungen des Landstrichs der Wümmeniederung einfangen. Sein Werk wurde zu seinem 85. Geburtstag mit dem Bundesverdienstkreuz 1. Klasse gewürdigt.

MÜLLER-WISCHIN, ANTON
Prof., * 30.8.1865 in Weißenborn bei Ulm, † 24.7 1949 in Marquartstein im Chiemgau

Nachdem Anton Müller 1883 in Freising das Lehrerexamen abgelegt hatte, war er bis 1907 als Pädagoge tätig. Der Münchener Malerfürst Franz von Lenbach erkannte jedoch seine künstlerische Begabung und drängte ihn: „Ich rede keinem zu, Maler zu werden, aber Ihnen rate ich, hängen Sie den Volksschullehrer an den Nagel und werden Sie Maler." Dieser Aufforderung folgte Müller, ging auf Studienreisen und bildete sich autodidaktisch in der Münchener Pinakothek, in Galerien und Ateliers und nahm privaten Zeichenunterricht. Er hängte seinem Namen den Mädchennamen seiner Frau Mathilde Wischin an und baute sich in Marquartstein ein Haus, in dem er fortan arbeitete. Er setzte sich mit der zeitgenössische Kunst, aber auch mit den alten Meistern auseinander und entfaltete mit enormer ästhetischer Schaffenskraft ein Oeuvre von großem Umfang und breiter Vielseitigkeit, das auch seine verdiente Anerkennung fand: Er wurde mit der Lenbach-Medaille ausgezeichnet, 1925 zum Professor ernannt und erhielt 1942 die Goethe-Medaille für Kunst und Wissenschaft. Regelmäßig wurden seine Werke in der Münchener Künstlergenossenschaft, im Glaspalast, im Kunstverein und in Berlin ausgestellt. Bekannt wurde der Künstler vor allem durch einige Porträts und seine Landschaften und Blumenstilleben, die sehr populär waren. In den Großen Deutschen Kunstausstellungen waren insgesamt 49 seiner Werke zu sehen, Hitler selbst kaufte einige seiner Bilder. Müller-Wischin, ein aus der Tradition kommender Moderner, der sich trotz aller Etabliertheit jede Offenheit bewahrte, brachte das seltene Kunststück zustande, sowohl zu den Arrivierten seiner Zeit zu gehören und dennoch immer weiter neue Bereiche der Farbgebung und Bildfindung auszuprobieren, vorbehaltlos sich den Formen und der Farbe anzuvertrauen.

„Südfrüchte"

PADUA, PAUL MATHIAS
* 15.11.1903 in Salzburg, † 22.8.1981 in Tegernsee

Der Sohn eines Bauern meldete sich als Fünfzehnjähriger am Ende des Ersten Weltkrieges freiwillig zum Kriegs-

„Der 10. Mai 1940"

dienst und nahm danach an den Kämpfen des Freikorps Epp teil. Später bildete er sich in München autodidaktisch als Maler aus, wobei ihn das Werk Wilhelm Leibls stark beeinflußte, und wurde bald durch seine Porträts, Stilleben, seine weiblichen Akte und seine allegorisch und mythologisch geprägte Malerei bekannt. Ab 1922 stellte er seine Werke im Münchner Glaspalast aus und erhielt 1928 den Georg-Schicht-Preis, zwei Jahre später den Albrecht-Dürer-Preis der Stadt Nürnberg. Aufgrund eines Stipendiums konnte er 1931 eine ausgedehnte Studienreise nach Frankreich, England, Italien, Ungarn und Rumänien unternehmen. Im Dritten Reich fand er vor allem mit seinen bäuerlichen Kompositionen, seinen Porträts und Kriegsmalereien großen Anklang. Auf den Großen Deutschen Kunstausstellungen wurden insgesamt 23 seiner Gemälde gezeigt, darunter „Leda mit dem Schwan" (1939), „Der Führer spricht" (1940) und „Der 10. Mai 1940" (1941), ein Gemälde, das den Beginn des Westfeldzuges festhält. Es zeigt einen Rheinübergang von 15 großen, teils rudernden, geduckten Soldaten im Schlauchboot, aus denen der gebieterisch erhabene Leutnant als Führer mit ausgestrecktem, halb entblößtem Arm als Rufer für die Nachkommen inmitten der Gefahr szenisch herausragt. Padua berichtete 1965: „Als ich das beim Rheinübergang skizzierte, wurde ich verwundet; ich ließ mir dann ein paar Pioniere kommen und habe das Bild in München, in der Pienzenauerstraße, gemalt." 1941 wurde der Künstler im offiziellen Ausstellungstext als „Künder des Volksmythos" vorgestellt. Er erhielt 1937 den Lenbach-Preis für sein Porträt des Intendanten Clemens Krauß, 1938 den Preis für das schönste Kinderporträt und wirkte ab 1939 vorwiegend als Kriegsmaler. Nach dem Kriege ließ er sich in Rottach-Egern am Tegernsee nieder und setzte seine Laufbahn erfolgreich als Porträtmaler fort. Im Laufe der Jahre porträtierte er unter anderem folgende Persönlichkeiten: Franz Lehár, Richard Strauss, Paul Lincke, Emil Jannings, Berta Krupp, Benito Mussolini, Hans Pfitzner, Herbert von Karajan, Gerhart Hauptmann, Otto Hahn, Hermann Oberth, Helmut Horten, Friedrich Flick, André Francois-Poncet, Josef Ertl, Franz Josef Strauß. Paul Padua verstarb an den Folgen eines Hirnschlages.

PETERSEN, WALTER
Prof., * 6.4.1862 in Burg/Wupper,
† 1950 in Düsseldorf

Dem Sohn eines Pfarrers, der sich bereits in der Kaiserzeit einen Namen gemacht hatte, saßen mehrere Personen von historischer Bedeutung Modell, unter anderem Bismarck, Ludendorff, Hindenburg und Hitler (der ihm zwei Hindenburg-Porträts abkaufte und bei dem der Maler mehrmals zu Gast war). Petersen besuchte ab 1880 die Kunstakademie Düsseldorf und verzeichnete im Laufe der folgenden Jahre, unterbrochen von Reisen durch Nordamerika und ganz Europa, eine erstaunliche Popularität, zunächst wegen seiner Wandmalereien, dann wegen seiner zahllosen Porträts. Die zeitgenössische Kunstkritik feierte den sehr erfolgreichen Künstler als Damenmaler, der im Zentrum der rheinischen Kunst, in Düsseldorf, lebte und altjapanische Farbholzschnitte sammelte. Auf den Großen Deutschen Kunstausstellungen war er in den Jahren 1938 und 1939 mit insgesamt vier Werken vertreten, darunter „Generalfeldmarschall von Hindenburg" (1939). Walter Petersen wurde 1942 mit der Goethe-Medaille für Kunst und Wissenschaft ausgezeichnet.

Paul Mathias Padua

„Der Führer spricht"

„Bismarck"

PFUHLE, FRITZ
**Prof., * 5.3.1878 in Berlin,
† 11.12.1969 in Hamburg**

Der Maler und Lithograph war Schüler des vom Impressionismus stark beeinflußten Malers und Hochschullehrers Carl Bantzer und unterrichtete später an der Kunstgewerbeschule in Berlin-Charlottenburg. Ab 1910 lebte er in Danzig und war dort die unbestrittene Leitfigur der Malereiszene. Hier unterrichtete er auch als Professor für Freihandzeichnen an der Technischen Hochschule Danzig. Auf der Großen Deutschen Kunstausstellung von 1938 wurde ein Werk von ihm gezeigt. Pfuhle gehörte zu den nicht kriegsdienstverpflichteten Hochschulangehörigen, die im Januar 1945 auf das Schiff „Deutschland" evakuiert wurden. Begleitet wurde er von seiner Ehefrau Irene Pfuhle sowie seinen Töchtern Elisabeth Roggemann, geb. Pfuhle, und Gesa Pfuhle. Der einzige Sohn der Familie, Christian Pfuhle, erhielt am 14. Januar 1945 einen Marschbefehl und ist wahrscheinlich bei den Kämpfen im Raum Lodz gefallen. Trotz allgemeinen Fluchtverbots erhielt die Familie Pfuhle einen Marschbefehl, der ihnen nicht nur die lebensrettende Evakuierung, sondern sogar die Ausstellung von Lebensmittelkarten am Ankunftsort ermöglichte. Sie erreichten am 4. Februar 1945 Kiel, von dort gelangten sie weiter nach Nörten-Hardenberg, wo sie vom Grafen Hardenberg aufgenommen wurden. Auf Schloß Hardenberg verbrachten sie das Kriegsende und die ersten Nachkriegsjahre. Fritz Pfuhle wirkte später als Hochschullehrer in Hamburg.

„Tochter"

PLONTKE, PAUL
**Prof., * 18.6.1884 in Breslau,
† 29.3.1966 in Erlangen**

Der wegen seiner vorwiegend religiösen Bilder auch „schlesischer Madonnenmaler" genannte Künstler studierte bis 1902 bei Eduard Kaempffer in Breslau, anschließend unter anderem bei Carl Bantzer, Hermann Prell und Willy Jaeckel. Er entwarf im Auftrag des Kölner Schokoladenfabrikanten Ludwig Stollwerck Sammelbilder für Stollwerck-Sammelalben, etwa die Serie „Die Mäuschen" für das Sammelalbum No. 12 von 1911. Im selben Jahr machte der Künstler eine Studienreise nach Florenz, arbeitete anschließend in Berlin und diente von 1914 bis 1918 als Soldat im Ersten Weltkrieg; 1915/16 war er graphischer Mitarbeiter der Kriegszeitung der IV. Armee. Ab 1921 wirkte er als Lehrer an den Vereinigten Kunstschulen für freie und angewandte Kunst in Berlin. Im Dritten Reich war Plontke ein gefragter Künstler. Auf der Großen Deutschen Kunstausstellung 1939 im Münchener Haus der Deutschen Kunst war er mit dem Bild „Schlesisches Bauernmädchen" vertreten, 1944 wurde bei der Ausstellung „Deutsche Künstler und die SS" in Breslau sein Bild „Deutsche Ernte" gezeigt. In den Wirren der Kriegsendphase 1945 wurden viele seiner Werke zerstört. Paul Plontke lebte nach der Vertreibung in Erlangen.

PFANNSCHMIDT, ERNST
**Prof., * 11.3.1868 in Berlin,
† 28.9.1949 in Bebersdorf/Thüringen**

Der Sohn eines Malers war zunächst dessen Schüler und studierte von 1885 bis 1890 an der Berliner Akademie sowie von 1890 bis 1895 an der Kunstakademie Düsseldorf. Die Jahre von 1898 bis 1906 verbrachte er in Italien und übersiedelte dann nach Berlin, wo er 1912 eine Professur an der Berliner Akademie erhielt und 1915 Mitglied der Preußischen Akademie der Künste wurde. Der Künstler betätigte sich insbesondere als Kirchenmaler, Historienmaler und Illustrator, er schuf Altarbilder und Mosaikentwürfe für Gotteshäuser in diversen Städten, darunter Kiel, Berlin und Rom. Seine von der Firma Puhl & Wagner in Mosaik

Ernst Pfannschmidt

ausgeführten Lünettenbilder in der Himmelfahrtskirche Jerusalems sind noch heute zu besichtigen. 1933 gewann er den Wettbewerb für die Ausmalung des großen Festsaales im Schöneberger Rathaus, 1934 übernahm er die Leitung einer Meisterklasse. Auf den Großen Deutschen Kunstausstellungen der Jahre 1937 und 1939 war er mit insgesamt drei Werken vertreten. Das Reichsministerium für Volksaufklärung und Propaganda urteilte anläßlich des 75. Geburtstages von Ernst Pfannschmidt: „Ausgezeichnete Bildnisse des Führers."

PHILIPPI, PETER
Prof., * 30.3.1866 in Trier, † 17.8.1945 in Rothenburg ob der Tauber

Der Künstler studierte 1884 bis 1890 an der Düsseldorfer Kunstakademie, zuletzt als Meisterschüler Eduard von Gebhardts. Er war Mitglied der Allgemeinen Deutschen Kunstgenossenschaft sowie 1898 bis 1905 Mitglied der Künstlervereinigung „Malkasten". 1906 übersiedelte der Maler nach Rothenburg ob der Tauber und war ab 1910 außerordentliches Mitglied der Düsseldorfer Akademie. Im Jahre 1923 war er einer der Mitgründer des Rothenburger Künstlerbundes und wurde 1926 zum Professor ernannt. Auf den Großen Deutschen Kunstausstellungen von 1937 bis 1939 und 1941 bis 1943 waren insgesamt 48 seiner Werke ausgestellt, darunter 1943 „Fränkischer Bauer" sowie „Im Hausflur". Im Jahre 1941 wurde Peter Philippi mit der Goethe-Medaille für Kunst und Wissenschaft ausgezeichnet.

PUCHINGER, ERWIN
* 31.7.1877 in Wien, † 17.6.1944 ebd.

Der aus einer österreichischen Offiziers- und Beamtenfamilie stammende Künstler besuchte von 1892 bis 1901 die Kunstgewerbeschule des Österreichischen Museums für Kunst und Industrie, war ab 1896 Schüler des Kunstprofessors Franz Matsch und bildete sich in London und Paris weiter. Ab 1901 war er Lehrer der Graphischen Lehr- und Versuchsanstalt in Wien, wurde 1933 dort Leiter der Abteilung für farbige graphische Kompositionen und ging 1936 in den Ruhestand. Er schuf hauptsächlich Berglandschaften und Szenen aus dem bäuerlichen Leben sowie Plakate – im Ersten Weltkrieg unter anderem für die Kriegsanleihe – und gestaltete Bucheinbände, Ehrendiplome und Briefmarken. Eines seiner Werke wurde für den österreichischen Pavillon der Weltausstellung in Paris im Jahre 1900 ausgewählt. Auf den Großen Deutschen Kunstausstellungen 1938 bis 1944 war er mit insgesamt 23 Werken vertreten, 1939 beispielsweise mit dem Bild „Osttiroler Standschützen-Kommandanten". Adolf Hitler kaufte drei Bilder von Erwin Puchinger.

„Brunnenplatz im Bergdorf"

RHEIN, FRITZ
* 20.3.1873 in Stettin, † 30.6.1948 in Streckenhorst/Westfalen

Fritz Rhein studierte an den Kunstakademien in Kassel und München. Im Jahre 1899 erhielt er den Rom-Preis der Berliner Akademie der Künste. Er war Mitglied der Künstlervereinigungen „Münchener Secession" und „Freie Secession Berlin" (letztere hatte sich 1914 von der Vereinigung „Berliner Secession" abgespalten, ihr Ehrenpräsident war Max Liebermann). Rhein arbeitete während des Ersten Weltkrieges an der „Kriegszeit" mit, das neben dem Nachfolgeblatt „Der Bildermann" zu den bedeutendsten Künstlerflugblättern des Ersten Weltkrieges gehörte. Der Künstler war im wesentlichen Landschafts- und Porträtmaler und lehrte in Berlin. Auf den Großen Deutschen Kunstausstellungen der Jahre 1937 bis 1943 war er mit insgesamt 16 Werken vertreten, darunter 1942 das Porträt „Generalfeldmarschall von Mackensen". Fritz Rhein wurde 1943 mit der Goethe-Medaille für Kunst und Wissenschaft ausgezeichnet mit der Begründung: „Einer der besten Bildnismaler der Zeit."

SAMBERGER, LEO
* 14.8.1861 in Ingolstadt,
† 8.4.1949 in München

Der Sohn eines Musikprofessors studierte an der Akademie der bildenden Künste in München und arbeitete dort ab 1888 in verschiedenen eigenen Ateliers. 1892 war er einer der Mitgründer der „Münchener Secession". Während des Zweiten Weltkrieges übersiedelte er wegen der alliierten Bombardements auf München nach Geitau und kehrte 1948 in die Landeshauptstadt zurück, wo er ein Jahr später an einer verschleppten Grippe mit Lungenentzündung verstarb. Der durch Franz von Lenbach beeinflußte Künstler trat insbesondere als Heiligen- und Porträtmaler hervor, er schuf unter anderem Bildnisse der Münchener Prominenz, wie etwa Staatsminister Adolf Wagner, und seine Porträts der Päpste Benedikt XV. und Pius XI. gehören zu den berühmtesten dieser Art. Außer seinen Ölgemälden ist seine Serie von Kohlezeichnungen Münchener Künstler von Bedeutung. Im Dritten Reich gehörte er zu den Mitunterzeichnern der „Erklärung des Deutschen Künstlerbundes 1933" gegen den „Kunstbolschewismus", die im „Völkischen Be-

Leo Samberger

obachter" abgedruckt wurde. Diese Erklärung richtete sich gegen die Künstler Emil Nolde, Karl Schmitt-Rottluff, Ludwig Mies van der Rohe und Paul Klee sowie die Künstlergruppe „Die Brücke" und gegen „die Leute, die die künstlerischen Schrittmacher der zersetzenden kommunistischen Revolution gewesen sind und dabei stärkste und nachdrückliche Förderung vom marxistischen Staat, dem Logen- und Judentum erfahren haben". Auf den Großen Deutschen Kunstausstellungen der Jahre 1937 bis 1943 waren insgesamt 20 seiner Werke zu sehen, darunter 1940 das Ölbildnis „Reichsstatthalter General Ritter von Epp". Leo Samberger wurde 1941 mit der Goethe-Medaille für Kunst und Wissenschaft ausgezeichnet.

SAUTER, WILHELM
* 1.8.1896 in Bruchsal,
† 27.6.1948 in Göppingen

Nach seiner Schulausbildung besuchte der Künstler das Lehrerseminar in Heidelberg, um Zeichenlehrer zu werden. Während des Ersten Weltkrieges diente er ab 1915 als Soldat beim Infanterieregiment Nr. 169 und kämpfte ab April 1916 an der Somme, wo er bei einem Granateinschlag verschüttet wurde und einen Gehörschaden erlitt. Seine späteren Werke nehmen zum großen Teil Bezug auf seine Fronterlebnisse. Nach seiner Genesung arbeitete er ab 1917 als Volksschullehrer in Bruchsal. Von 1918 bis 1920 studierte er an der Badischen Landeskunstschule, anschließend war er an diversen Schulen tätig, bis er auf Vermittlung des Malers Hans Thoma eine Anstellung beim Karlsruher Kunstverein fand. Sauter arbeitete nicht nur als Maler und Zeichner, sondern verwendete auch die Technik der Radierung; in den Jahren 1924 bis 1927 schuf er beispielsweise sechs Kaltnadelradierungen als Illustration zu Grimmelshausens Roman „Der Abentheuerliche Simplicissimus Teutsch". Er fertigte

„Der ewige Musketier"

zahlreiche Porträts und Landschaftsbilder sowie immer wieder Darstellungen von Frontsoldaten in verschiedenen Situationen. Im Dritten Reich war Sauter ein sehr angesehener Künstler, der an vielen bedeutenden Kunstausstellungen teilnahm. Von 1941 bis 1945 wirkte er als Meisterlehrer an der Hochschule der bildenden Künste in Karlsruhe. Bei den Großen Deutschen Kunstausstellungen waren von 1938 bis 1944 insgesamt neun seiner Werke zu sehen, darunter 1939 das Bild „Die badischen Leibgrenadiere bei Cambrai 1917".

SCHMITZ-WIEDENBRÜCK, HANS
Prof., * 3.1.1907 in Lippstadt,
† 7.12.1944 in Düsseldorf

Der westfälische Bauern- und Kirchenmaler Hans Schmitz, der als Künstler den Namenszusatz Schmitz-Wiedenbrück führte, wurde insbesondere durch sein 1941 entstandenes Triptychon „Arbeiter, Bauern und Soldaten" sowie das Ölgemälde „Kämpfendes Volk" bekannt, das 1942 auf der Großen Deutschen Kunstausstellung gezeigt wurde. Der Künstler trat 1923 als Lehrling in das Atelier des Wiedenbrücker Kunst- und Kirchenmalers Heinrich Repke ein und wurde später für lange Zeit dessen Mitarbeiter. Schmitz entwickelte sich in den 1920er und 1930er Jahren zu einem überragenden Kunst- und Kirchenmaler, der sehr viele sakrale Arbeiten und Kirchenkunst schuf. Die Genremotive von Schmitz-Wiedenbrück, die er aus seiner westfälischen Heimat entlehnte, zeigen eine große Menschenfreundlichkeit und Porträttreue. Im nationalsozialistischen Kunstbetrieb konnte der Künstler sich sehr erfolgreich etablieren. Hans Schmitz-Wiedenbrück wurde 1939 mit dem großen Staatspreis ausgezeichnet und 1940 mit 33 Jahren zum Professor an die Kunstakademie in Düsseldorf berufen.

„Kämpfendes Volk"

SCHRAMM-ZITTAU, RUDOLF
Prof., * 1.3.1874 in Zittau,
† 4.6.1950 in Ehrwald/Tirol

Geboren unter dem Namen Rudolf Schramm, studierte der spätimpressionistische Städte- und Tierbildmaler Mitte der 1890er Jahre an der Großherzoglichen Kunstschule in Karlsruhe sowie an der Kunstakademie München. Den Namenszusatz Zittau wählte der Künstler, um seine Verbundenheit mit seiner Heimatstadt zu demonstrieren. Er wurde schon bald ein erfolgreicher Tiermaler, erhielt 1900 eine Auszeichnung auf der Pariser Weltausstellung und gewann ein Jahr später bei der 2. Biennale eine Goldmedaille mit seinem Bild „Hahnenkampf". Er arbeitete bis 1934 in München und ging dann an die Dresdener Akademie der bildenden Künste, um eine Professur für Tiermalerei zu übernehmen. Auf den Großen Deutschen Kunstausstellungen 1937 bis 1940 sowie 1942 bis 1944 war er mit insgesamt zwölf Objekten vertreten, darunter sein Bild „Hühnerfütterung" (1939). Reichsminister Dr. Goebbels ließ dem Künstler zu dessen 70. Geburtstag ein Geldgeschenk in Höhe von 10.000 Reichsmark zukommen. Werke von Rudolf Schramm-Zittau befinden sich in mehreren deutschen Museen sowie in den Museen von Buenos Aires, Chicago, Johannesburg, Boston und Venedig.

„Rast"

SCHREIBER, RICHARD
* 16.9.1904 in Hindenburg/Oberschlesien, † 1963

Der Maler, Graphiker und Illustrator studierte in Bonn Kunstgeschichte, ging dann nach Paris, wo er Schüler des Malers Othon Friesz wurde, der zu den bedeutenden Vertretern der Modernen Malerei und des Fauvismus gehörte. Schreiber war außerdem in Italien, Nordafrika und Spanien tätig und ging 1932 nach Düsseldorf, wo er von 1946 bis 1948 eine Lehrtätigkeit an der Kunstakademie Düsseldorf ausübte. Auf den Großen Deutschen Kunstausstellungen von 1940 sowie 1942 bis 1944 war der Künstler mit insgesamt elf Werken vertreten, darunter die Ölbilder „Gen Engeland" (1942) und „Nach der Geleitzugschlacht" (1943). Das Oberkommando der Wehrmacht beurteilte die Bilder von Richard Schreiber am 13. November 1942: „Besonders gute und propagandistische Arbeiten."

„Nach der Geleitzugschlacht"

SCHUSTER-WOLDAN, RAFFAEL
Prof., * 7.1.1870 in Striegau/Schlesien, † 11.12.1951 in Garmisch-Partenkirchen

Geboren als Sohn eines Amtsgerichtsrates unter dem Namen Raffael Schuster, verwendete der Künstler später den Namenszusatz Woldan, unter dem sein Vater als Schriftsteller publiziert hatte. Der Künstler studierte an der Münchener Kunstakademie und anschließend in Frankfurt am Main bei dem Historien-, Porträt-, Genre- und Landschaftsmaler Frank Kirchbach. Ab 1893 lebte er wieder in München, unternahm aber ausgedehnte Reisen nach Italien und nach Spanien. Ab 1900 wirkte er in Berlin und war von 1911 bis 1920 als Lehrer an der Kompositionsklasse der Akademie tätig. 1907 erhielt er seinen ersten großen Staatsauftrag, und zwar die Decken- und Wandbilder mit großfigurigen Kompositionen für den Sitzungssaal des Reichstages zu malen. Sehr populär machten ihn auch seine Frauenporträts, und er wurde über die Jahrzehnte ein begehrter Gesellschaftsmaler. Auf den Großen Deutschen Kunstausstellungen wurden in den Jahren 1938 bis 1944 insgesamt 55 Werke von Schuster-Woldan gezeigt, 1941 bekam er dort eine Sonderausstellung mit 28 Werken, darunter das Ölbild „Hindenburg und Ludendorff". Für das Reichsministerium für Volksaufklärung und Propaganda war Raffael Schuster-Woldan der „berufenste Schilderer vornehmer, edler Weiblichkeit".

„Mädchen mit Blumenkorb"

SPIEGEL, FERDINAND
Prof., * 4.7.1879 in Würzburg, † 4.2.1950 ebd.

Der Landschaftsmaler und Schüler von Wilhelm von Diez war zunächst in München Mitarbeiter der Zeitschriften „Simplicissimus" und „Jugend". 1918 wurde er Professor an der Akademie der bildenden Künste, ging 1924 nach Berlin und lehrte dort an den Vereinten Staatsschulen für freie und angewandte Kunst. In dieser Zeit schuf er Bilder mit großen, markigen Bauerngestalten sowie zahlreiche Soldatenbildnisse. Als Vertreter einer national-traditionalistischen Stilrichtung hatte er im Dritten Reich großen Erfolg, nach seinen Entwürfen gab die Deutsche Reichspost 1934 die Serie „Berufsstände" mit neun Werten und ein Jahr später die Serie zur „Schütz-, Bach- und Händelfeier" mit drei Werten heraus. 1934 veranlaß-

„Luftlandetruppe, Panzerjäger H.M."

te der Leiter des Außenpolitischen Amtes der NSDAP Alfred Rosenberg eine Ausstellung der Werke Spiegels, darunter das Bild „Durnholzer Almhirt". Auf den Großen Deutschen Kunstausstellungen von 1937, 1938, 1940, 1941, 1943 und 1944 war der Künstler mit insgesamt 35 Werken vertreten, darunter 1941 elf Fliegerbilder und 1943 elf Bilder über die Organisation Todt. Die Zeitschrift „Die Kunst im Deutschen Reich" lobte Spiegels Arbeit im Oktober 1941: „Prachtvolle Brustbilder von Soldaten."

STASSEN, FRANZ
Prof., * 12.2.1869 in Hanau,
† 18.4.1949 in Berlin
Der Künstler besuchte von 1886 bis 1892 die Hochschule für bildende Künste in Berlin. Während er zunächst noch naturalistisch orientiert war, wandte er sich später dem Jugendstil zu. Bis 1908 wirkte Stassen insbesondere als Buchillustrator; außer seinen rund 100 Buchillustrationen schuf er etwa 50 Exlibris und 25 Postkartenmotive, außerdem fertigte er im Auftrag des Schokoladenfabrikanten Ludwig Stollwerck 1908 Entwürfe für Stollwerck-Sammelbilder. In dieser Zeit hatte er auch Kontakt zum Bayreuther Wagner-Kreis, schloß enge Freundschaft mit Siegfried Wagner und schuf Mappen zu Wagner-Werken, beispielsweise für „Das Rheingold" und „Der Ring des Nibelungen". Nachdem 1913 Stassens Ehefrau verstorben war, lebte er mit einem Lebensgefährten zusammen und bekannte sich damit zu seiner Homosexualität. 1930 trat er in die NSDAP

Von Stassen gezeichnete Urkunde für die Bayreuther Festspiele

ein. Für die alte Reichskanzlei suchte Adolf Hitler persönlich aus 36 Aquarellen Stassens vier Bildmotive aus dem Sagenkreis der „Edda" aus. Anläßlich seines 50. Geburtstages ernannte Hitler den Maler zum Professor. Nach dem Zweiten Weltkrieg investierte der Künstler seine Lebenskraft vor allem dafür, seine während des Krieges zerstörten Werke zu ersetzen; bis zu seinem Tode arbeitete er an seiner vierten Illustrations-Suite zu Goethes „Faust".

STEPPES, EDMUND
*** 11.7.1873 in Burghausen,**
† 9.12.1968 in Deggendorf
Der national-traditionelle Landschaftsmaler besuchte in München die private Malerschule von Heinrich Knirr und begann im Herbst 1892 sein Studium an der Akademie der bildenden Künste. Im Sommer 1893 hatte der junge Künstler eine erfolgreiche Ausstellung im Münchener Kunstverein. Etwa ab der Jahrhundertwende wurde der Künstler immer bekannter, er bekam Kontakt zum Wagner-Kreis und unterhielt nach dem Ersten Weltkrieg Verbindungen zu deutschnationalen Kreisen, Monarchisten, Weltkriegsveteranen und Rechtsnationalen. Über Dietrich Eckhart lernte er Adolf Hitler kennen. Im Januar 1932 trat er in die NSDAP ein, wobei neben seiner nationalen Grundeinstellung auch seine Hoffnung mitbestimmend war, dadurch seine Existenz als Künstler zu sichern. Im Jahre 1937 kaufte Hitler für 10.000 Reichsmark sein Bild „Jurabach im Frühlingsschmuck", und auf den Großen Deutschen Kunstausstellungen wurden insgesamt 24 Werke Steppes' gezeigt, darunter „Herbstmorgen am Staffelsee" (1939). 1943 wurde er mit der Goethe-Medaille für Kunst und Wissenschaft ausgezeichnet. Seine Arbeit konnte er nach dem Zweiten Weltkrieg nahtlos fortsetzen. 1950 wurde er Mitglied der Münchener Künstlergenossenschaft und beteiligte sich an deren Ausstellungen im

„Paladine des Pan"

Haus der Kunst. 1953 erhielt Edmund Steppes vom Bundespräsidenten Theodor Heuss „In Anerkennung der um Staat und Volk erworbenen besonderen Verdienste" das Verdienstkreuz am Bande des Verdienstordens der Bundesrepublik Deutschland.

STORCH, KARL
Prof., * 28.1.1864 in Bad Segeberg, † 11.2.1954 ebd.

Während seines Studiums an der Akademie der Künste in Berlin verdiente der Künstler seinen Lebensunterhalt als Illustrator für Zeitschriften und Bücher sowie als Lehrer an einer Kunstschule. 1920 folgte er einem Ruf als Professor an die Königsberger Kunstakademie und lehrte dort bis 1928. Im Dritten Reich war Storch ein hochangesehener Maler, beteiligte sich allerdings kaum noch an Kunstausstellungen und war – im Gegensatz zu seinem gleichnamigen Sohn – auch nicht auf den Großen Deutschen Kunstausstellungen vertreten. Auch er entwarf für den Kölner Schokoladenfabrikanten Ludwig Stollwerck Bilder für dessen Sammel-Alben, etwa die Serie „Die Befreiung Ostpreußens durch Hindenburg". 1944 wurde ihm die Goethe-Medaille für Kunst und Wissenschaft verliehen, nachdem diese Auszeichnung zunächst wegen fehlender NSDAP-Mitgliedschaft nicht erfolgen sollte. Nach der Bombardierung Königsbergs flüchtete der Maler zurück in seinen Geburtsort. Noch kurz vor seinem Tode wurde Karl Storch das Bundesverdienstkreuz verliehen.

Karl Storch

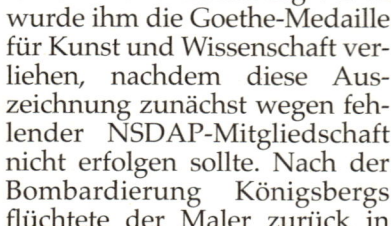

„Norddeutsche Landschaft"

THÖNY, EDUARD
Prof., * 9.2.1866 in Brixen, † 26.7.1950 in Holzhausen

Der Sohn eines Holzschnitzers studierte an der Akademie der bildenden Künste in München und bildete sich zum Zeichner und Maler aus. Als Karikaturist der 1896 in München gegründeten Zeitschrift „Simplicissimus", für die er von 1897 bis 1944 rund 2.500 Blätter entwarf und gestaltete, wurde er sehr bekannt. Auf den Arbeiten stellte er treffend die zeitgenössische Gesellschaft und das Militär dar. Die Satire offenbarte sich häufig erst zusammen mit den beigeschriebenen Kommentaren. Eduard Thönys Kunst allein war vorzügliche Genremalerei. Er war mit seinen Künstlerkollegen Ludwig Thoma und Rudolf Wilke eng befreundet und unternahm mit ihnen im Jahre 1904 eine ausgedehnte Reise ans Mittelmeer, auf ihrem Weg lagen Marseille, Algier, Tunis, Neapel und Rom. Während des Ersten Weltkrieges diente Thöny von Juli 1915 bis Kriegsende als Kriegsmaler im k.u.k. Kriegspressequartier. Auf den Großen Deutschen Kunstausstellungen der Jahre 1937 bis 1943 war der Künstler mit insgesamt 41 Werken vertreten, darunter die Ölbilder „Westwallarbeiter" (1940) und „Waffen-SS im Einsatz" (1943). 1938 ernannte Hitler den Künstler zum Professor. Zu Eduard Thönys 75. Geburtstag schrieb die Zeitschrift „Die Kunst im Deutschen Reich": „Es gibt wohl wenige Zeichner der neuen Zeit, die so meisterhaft wie er einen Soldaten, zumal einen Kavalleristen, bis auf den letzten Sattelknopf getreu wiederzugeben imstande sind."

„Waffen-SS im Einsatz"

TIEBERT, HERMANN
* 31.1.1895 in Koblenz,
† 15.5.1978 in Isny

Ab 1913 studierte der Künstler an der Kunstgewerbeschule Karlsruhe, ab 1914 an der Kunstakademie Karlsruhe, die zu dieser Zeit der Maler Hans Thoma leitete. In den Jahren 1918/19 war Tiebert Meisterschüler von Heinrich Wilhelm Trübner, der stilistisch dem Realismus, Naturalismus und im Spätwerk dem Impressionismus folgte. 1919 wurden Tieberts Werke in der Karlsruher Galerie Moos ausgestellt; 1921 übersiedelte er nach Ried bei Isny im Allgäu. In den Jahren 1927 bis 1943 beteiligte er sich an zahlreichen Ausstellungen in ganz Deutschland, und bei den Großen Deutschen Kunstausstellungen der Jahre 1937 bis 1942 und 1944 waren insgesamt 16 seiner Werke zu sehen, darunter „Bregenzwälderin" (1939). Im Jahre 1943 lehnte der Künstler das Angebot einer Professur in Dresden ab und blieb im Allgäu. Von 1949 bis 1967 beteiligte sich Hermann Tiebert an Kunstausstellungen in der Region.

TRIEBSCH, FRANZ
Prof., * 14.3.1870 in Berlin,
† 16.12.1956 ebd.

Triebsch studierte an der Akademie der Künste in Berlin und war dort Schüler des Porträtmalers Max Koner. Er unternahm Studienreisen nach Italien und Südamerika. 1899 erhielt er den Großen Staatspreis. Seit Anfang des 20. Jahrhunderts war er vorwiegend als Porträtmaler tätig, er malte beispielsweise 1922 ein Porträt von Hindenburg, und im Dritten Reich entstanden zahlreiche Hitlerbildnisse und Porträts anderer führender Politiker. Bei den Großen Deutschen Kunstausstellungen von 1937 sowie 1939 bis 1942 waren insgesamt acht seiner Werke zu sehen. Franz Triebsch wurde am 30. Januar 1938 mit dem Titel Professor und zu seinem 70. Geburtstag im März 1940 mit der Goethe-Medaille für Kunst und Wissenschaft ausgezeichnet.

„Alfred von Schlieffen"

UHL, HANS
Prof., * 21.4.1897 in Frankfurt am Main,
† nach 1954

Der Künstler besuchte die Städel-Schule (heute: Staatliche Hochschule für Bildende Künste) in Frankfurt am Main und wirkte später als Maler und Graphiker (vor allem Lithographie) sowie als Entwurfzeichner für Kunstgewerbe und Glasmalerei in Berlin. Künstlerisch ist Uhl dem gemäßigten Expressionismus zuzuordnen. Er war zunächst auf Glasmalerei spezialisiert und entwarf beispielsweise die Glasfenster für die Reichshauptbank Berlin (Grundsteinlegung 5. Mai 1934) und die Fenster der Kreuzkirche der evangelischen Kirchengemeinde Mahlsdorf/Berlin. Die Kirche wurde 1935 gebaut und am 26. Januar 1936 eingeweiht. Die Fenster wurden von der Mahlsdorfer Kunstglaserei Peschel ausgeführt und zeigen auf der Südseite die vier Evangelisten, im Altarraum die Geburt und Auferstehung Jesu Christi. Die Fenster auf der Ostseite zeigen Männer der Kirche, die mit ihrem Leben und Wirken für Grundsäulen christlichen Lebens stehen: Martin Luther, Johann Hinrich Wichern, Paul Gerhardt. Hans Uhl war ein typischer Industriemaler. Es gelang ihm, 1920 vom Berliner Maschinen- und Lokomotivbau-Unternehmen Borsig für verschiedene Gemälde unter Vertrag genommen zu werden. Uhl war eng befreundet mit dem auf Exlibris spezialisierten Graphiker Michel Fingesten und deren gemeinsamen Kunstdrucker S. Malz. Gegenseitige Einflüsse Fingestens und Uhls sind in deren Werk unverkennbar.

„Fachgenossen"

VOLLBEHR, ERNST
* 25.3.1876 in Kiel, † 13.5.1960 in Krumpendorf am Wörthersee

Ernst Vollbehr

Der Reiseschriftsteller, Maler und Illustrator begann 1892 eine Lehre bei dem Hoftheatermaler H. Wilbrandt in Schwerin und wechselte aus Geldnot später in eine handwerkliche Malerlehre. Anschließend studierte er Kunst in Dresden, Berlin, Paris und Rom. Auf Expeditionsreisen nach Albanien und Brasilien entwickelte er sich zum Reisemaler, zwischen 1909 und 1914 bereiste er zu künstlerischen Studienzwecken die vier deutschen Schutzgebiete Kamerun, Togo, Deutsch-Ostafrika und Deutsch-Südwestafrika. Im Ersten Weltkrieg war Vollbehr als Kriegsmaler an der Front eingesetzt, wo er neben 75 Erd- und 28 Luftpanoramen der Schlachtfelder noch Hunderte von Zeichnungen und Gemälden schuf. In den 1920er Jahren malte er vorwiegend Landschaftsbilder, unter anderem in den Alpen vom Flugzeug und Zeppelin aus. 1927/28 unternahm er eine Malreise nach Sumatra, Borneo, Java und den Molukken, 1930 bis 1933 folgte eine weitere Malreise nach Ceylon, Indien, Burma, China, Hawaii, Algerien und Kalifornien. Durch seine Landschafts- und Kriegsgemälde berühmt geworden, malte er nach 1933 im Staatsauftrag Bilder von den Reichsparteitagen und den Olympiaanlagen in Berlin, im Auftrag des Generalinspektors für das deutsche Straßenwesen Dr. Fritz Todt entstanden zahlreiche Gemälde vom Bau der Reichsautobahnen. Adolf Hitler schätzte den Künstler und genehmigte trotz bestehender Aufnahmesperre im Juni 1933 persönlich den Beitritt Vollbehrs in die NSDAP. In den Kriegsjahren 1939 bis 1942 arbeitete Vollbehr erneut als Kriegsmaler in Frankreich, Polen, Rußland, Rumänien, Griechenland und Norwegen, mußte dann jedoch krankheitsbedingt nach Berlin zurückkehren. Bis 1950 malte er dann meist Landschaftsbilder in Schleswig-Holstein.

„Saarbogen"

WINTER, BERNHARD
Prof., * 14.3.1871 in Neuenbrok/Oldenburg, † 6.8.1964 in Oldenburg

Der Maler studierte von 1887 bis 1891 an der Dresdener Kunstakademie. Aufgrund von „herausragenden künstlerischen Leistungen" wurde ihm 1903 der Professorentitel verliehen, womit er der jüngste Professor und erste Maler mit diesem Titel in der Geschichte der Stadt Oldenburg war. Winter malte meist ländliche Bilder über das bäuerliche Leben der Region Oldenburg wie „Bauernhochzeit aus alter Zeit", „Bauernhochzeit", „Bauerntanz", „Bereitung des Flachses". Mit seinen Werken wollte er das Leben und Arbeiten der bäuerlichen Bevölkerung in Zeiten des wirtschaftlichen und gesellschaftlichen Wandels dokumentieren und bewahren. Für seine großflächigen Gemälde wurde er mehrfach mit Goldmedaillen auf Kunstausstellungen geehrt, beispielsweise 1896 in München, 1898 in Berlin, 1899 in Dresden und 1901 in Oldenburg. Der Maler schuf aber auch zahlreiche Porträts, Bilder von historischen Ereignissen und Genreszenen. Er galt vor allem vor dem Ersten Weltkrieg als Szenemaler der Oldenburger Bürgerschaft und erzielte für seine Werke hohe Preise. Vollbehr machte sich auch einen Namen als Buchillustrator, Graphiker und Fotograf. 1941 wurde er mit der Goethe-Medaille für Kunst und Wis-

Bernhard Winter

senschaft ausgezeichnet, 1956 fand eine Sonderausstellung seiner Werke im Kunstverein Oldenburg statt. Viele seiner Arbeiten, seine Besitztümer und Sammlungen sowie sein Nachlaß befinden sich im Stadtmuseum Oldenburg, wo auch eine umfangreiche Ausstellung über Bernhard Winter gezeigt wird.

WISSEL, ADOLF
Prof., * 19.4.1894 in Velber bei Hannover, † 17.11.1973 ebd.
Der aus einer Bauernfamilie stammende Künstler begann seine Ausbildung an der Kunstgewerbeschule Hannover, an der er von 1911 bis 1914 Kurse belegte. Im Ersten Weltkrieg diente Wissel als Soldat und schloß sein Studium in den Jahren 1922 bis 1924 an der Kasseler Kunstakademie ab. Er

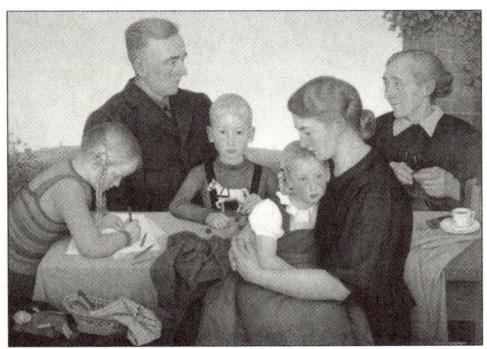

„Kalenberger Bauernfamilie"

ließ sich in seiner Heimatstadt nieder und erlangte in den nächsten Jahren bereits lokale Anerkennung. Der von der Neuen Sachlichkeit beeinflußte Künstler schuf Porträts, Figuren- und Gruppenbilder und schilderte das niedersächsische Volksleben, er fertigte ein Porträt von Wilhelm Raabe für die Wilhelm-Raabe-Schule in Hannover sowie Porträts von Wilhelm und Alexander von Humboldt für die Humboldt-Schule, außerdem Wandmalereien für die Landesbank und das Rathaus in Hannover sowie die Räume des niedersächsischen Kultusministeriums. Auf den Großen Deutschen Kunstausstellungen war er von 1937 bis 1944 mit 21 Werken vertreten. Adolf Hitler ernannte ihn am 30. Januar 1938 zum Professor. Vor allem sein 1938/39 entstandenes Werk „Kalenberger Bauernfamilie" wurde oft ausgestellt und reproduziert. Adolf Wissel wirkte auch nach dem Zweiten Weltkrieg weiterhin in Velber.

Adolf Wissel

Architekten

BAUMGARTEN, PAUL
Prof., * 25.6.1873 in Schwedt an der Oder, † 26.2.1946 in Berlin
Baumgarten studierte 1898 bis 1901 Architektur und arbeitete anschließend vor allem im Wohnungsbau. Im Ersten Weltkrieg wurde er als Leiter der Bautenprüfstelle des Kriegsamtes im Kriegsministerium dienstverpflichtet. 1918 wurde ihm der Professorentitel verliehen. Der spätere „Theaterbaumeister Großdeutschlands" war unter anderem der Architekt der Villa Max Liebermanns (1909) und der Villa Minoux (1914), in der 1942 die sogenannte Wannseekonferenz stattfand. Außerdem fungierte Baumgarten im Dritten Reich als Hausarchitekt des Reichsministeriums für Volksaufklärung und Propaganda und war neben Albert Speer, Paul Ludwig Troost, German Bestelmeyer, Hermann Giesler und Leonhard Gall einer der bevorzugten Architekten Adolf Hitlers. Seine Arbeit im Dritten Reich begann 1934 mit dem Auftrag, die Deutsche Oper in Berlin-Charlottenburg umzubauen. Ab 1935 war er Mitglied im Reichskultursenat, ab 1936 Mitglied der Berliner Bauakademie. Er verlegte seinen Schwerpunkt auf den Bau, Umbau und die Sanierung von Theatern. Er zeichnete 1935 für den Umbau der Städtischen Oper Berlin, 1937 für den Umbau der Wohnung des Reichsministers Dr. Goebbels verantwortlich sowie für die Erneuerung des Admiralspalastes und des Schiller- und Metropoltheaters.

1939 wurde unter seiner Leitung Schloß Bellevue im Berliner Tiergarten zum Gästehaus des Deutschen Reiches umgebaut, 1941 das Reichsgautheater Posen renoviert. Im Dritten Reich erhielt er hohe Auszeichnungen wie 1941 den Titel eines Reichskultursenators und 1943 die Goethe-Medaille für Kunst und Wissenschaft. Sein als „Bollwerk der Deutschen Kunst" errichtetes Gautheater Saarpfalz in Saarbrücken fiel im Juli 1942 einem britischen Luftangriff zum Opfer. Baumgarten sollte auch als Architekt eines Opernhauses bei den Bauten für die „Führerstadt" Linz mitwirken und für Hitlers Geburtsstadt Braunau ein Theater bauen. Laut Speer war das für 2.000 Besucher konzipierte Opernhaus in Linz als zentraler und repräsentativster Bau des geplanten Opernplatzes das persönliche Lieblingsprojekt Hitlers, der Baumgarten 1944 eine Dotation von 100.000 Reichsmark zukommen ließ. Paul Baumgarten darf nicht verwechselt werden mit dem gleichnamigen Architekten (1900–1984), der in den Jahrzehnten nach dem Zweiten Weltkrieg in West-Berlin markante Gebäude baute und den Wiederaufbau der Kriegsruine des Berliner Reichstages zum Parlamentsgebäude vornahm.

Die Max-Liebermann-Villa

BIEBER, OSWALD
**Prof., * 6.9.1876 in Pockau,
† 31.8.1955 in München**
Der im Bauhandwerk und als Architekt ausgebildete Bieber kam im Jahre 1900 nach München, arbeitete sechs Jahre im Stadtbauamt und beteiligte sich in dieser Zeit an vielen Architekturwettbewerben. Von 1906 bis 1911 arbeitete er als künstlerischer Mitarbeiter im Büro von Georg Meister und machte sich nach einem Wettbewerbserfolg gemeinsam mit dem Architekten Wilhelm Hollweck in München selbständig; das Büro bestand bis 1930. Im Ersten Weltkrieg diente Bieber als Soldat. 1918 wurde er zum Professor ernannt, 1922 zum Ehrenmitglied der Bayerischen Akademie der bildenden Künste, nach deren Neugründung im Jahre 1951 wurde er ordentliches Mitglied. Im Dritten Reich war Bieber Präsidialrat der Reichskammer der bildenden Künste und Vertrauensarchitekt des Generalbaurats der „Hauptstadt der Bewegung" München. Zu seinen bekanntesten Bauten gehört das Haus des Deutschen Rechts in München, erbaut in den Jahren 1936 bis 1939 und Sitz der Akademie für Deutsches Recht; es war Teil des Umbaus Münchens zur „Hauptstadt der Bewegung" unter der Leitung von Hermann Giesler. Nach dem Zweiten Weltkrieg war Bieber mit Wiederaufbauarbeiten am Deutschen Museum und an verschiedenen Münchener Kirchen beauftragt. Weitere Bauten von ihm in München sind beispielsweise der Neptunbrunnen, das Parkcafé und der Pavillon am Alten Botanischen Garten, Stachus (1937) im Rahmen der Nachfolgebauten des 1931 abgebrannten Glaspalastes und die Kaserne der SS-Standarte „Deutschland" (1934 bis 1938). Nach ihm ist der Oswald-Bieber-Weg in München-Pasing benannt.

Haus des Deutschen Rechts

BLUME, FRIEDRICH
*** 31.3.1896 in Hamburg,
† 5.6.1970 in Düsseldorf**
Weitere Lebensdaten des Architekten konnten nicht ermittelt werden, lediglich folgendes: Schon in der Weimarer Republik und im Dritten Reich arbeitete Blume als Wohnhausarchitekt. So errichtete er in Berlin-Zehlendorf Wohn- und Mietshäuser. Die alliierten Flächenbombardements im Zweiten Weltkrieg vernichteten millionenhaft städtischen Wohnraum, weshalb Blume aufgrund seiner Erfahrung und Fachwissen auf diesem Gebiet als unersetzlich galt. Er war nach dem Krieg u.a. der Architekt des 1953/54 erbauten

Verwaltungsgebäude von Siemens in Berlin

Hauses Friedrich-Lau-Straße 16–20, Golzheim. Es stellt ein frühes Beispiel für den Bau von großen Wohnhäusern mit Eigentumswohnungen dar. Individualität der Grundrisse für Ein- und Fünfraumwohnungen: „Wie beim Haus Brehmstraße 9/11 wurden auch hier die Grundrisse individuell den Anforderungen der Erwerber angepaßt. Dieser Bautyp war damals noch relativ jung. Seine Entwicklung basiert auf dem Wohnungseigentumsgesetz von 1951. Die Wohnungsgröße schwankt zwischen Einraumwohnungen und Fünfzimmerwohnungen. In einer Würdigung wurde diese Zusammensetzung 1956 als soziologisch interessant und richtungweisend bezeichnet." Das Gebäude ist ein Beispiel für moderne Wohnarchitektur in verkehrstechnisch erschlossenen Gebieten, so ist dem Bauwerk auf der Nordseite eine Tiefgarage mit 46 Stellplätzen vorgelagert, wobei in dem Rampenbauwerk Ladenlokale eingebaut wurden: „Die Verbindung von Wohnhaus und Tiefgarage ist für die damalige Zeit durchaus fortschrittlich."

BREUHAUS, FRITZ
**Prof., * 9.2.1883 in Solingen,
† 2.12.1960 in Köln**

Der Sohn eines Dentisten arbeitete ab 1905 als Architekt, häufig selbständig, aber zeitweise auch in Büropartnerschaften mit anderen Architekten. Am Ersten Weltkrieg nahm Breuhaus von 1914 bis 1918 teil, zuletzt im Range eines Feldwebels. 1920 ging er nach Köln und war dort im Siedlungsbau tätig, dann erstellte er ab 1922 bis 1927 in Düsseldorf gemeinsam mit Heinrich Roskotten viele Industriebauten. Neben seiner Architektentätigkeit beschäftigte er sich auch mit Inneneinrichtung und Gebrauchsdesign; er gestaltete Objekte wie Bestecke, Lampen, Tapeten und luxuriösen Hausrat, zum Teil für bekannte Hersteller wie den WK-Verband und die Württembergische Metallwarenfabrik (WMF). In der zweiten Hälfte der 1920er Jahre entwarf Breuhaus verstärkt großzügige Wohnhäuser für großbürgerliche Auftraggeber, auch für das Ausland: zwischen 1927 und 1957 betreute er Projekte in der Schweiz sowie in Südeuropa und Südamerika, in den 1930er Jahren auch in der Türkei. Zu seinem Renommee trugen auch seine Inneneinrichtungen für die 1. Klasse des Ozeandampfers „Bremen" und des Zeppelin-Luftschiffes LZ 129 „Hindenburg" erheblich bei; im Zusammenhang mit dem Ausbau der „Bremen" wurde ihm auch der Professorentitel verliehen, ein Lehramt an einer staatlichen Schule hat er jedoch nie ausgeübt. 1931 ging Breuhaus nach Berlin, wo er aufgrund gesellschaftlicher Kontakte und seiner früheren prestigeträchtigen Projekte schnell Fuß fassen konnte. Außerdem gründete er 1933 die private Kunstschule „Contempora", an der außer ihm und einigen bekannten Künstlern und Designern auch sein damaliger Mitarbeiter Cäsar F. Pinnau lehrte, der später einer der prominentesten Architekten und Schiffsdesigner Deutschlands wurde. Breuhaus erhielt aufgrund seines internationalen Ansehens auch im Dritten Reich verschiedene Aufträge von staatlichen oder staatsnahen Stellen. Allerdings resultierte der weitaus größte Teil seiner Werke nach 1933 aus Aufträgen von Privatleuten oder Wirtschaftsunternehmen. Gelegentlich beteiligte sich der Architekt auch an öf-

Fritz Breuhaus

fentlichen Wettbewerben, beispielsweise für ein Gauforum in Frankfurt an der Oder (1937/38), allerdings wurde sein Entwurf von Albert Speer ausdrücklich als „nicht monumental genug" abgelehnt. Im Jahre 1941 zog Breuhaus sich aus Berlin in die Provinz zurück und war bis nach dem Kriegsende nicht mehr berufstätig. Ab 1947 ging Breuhaus ins Rheinland und knüpfte dort an seine früheren Erfolge an. Dies gelang ihm nicht zuletzt deshalb, weil er als „unbelastet" galt, obwohl er noch im April 1942 in die NSDAP eingetreten war. Er wurde wieder ein gefragter Architekt und erstellte zahlreiche Landhäuser für wohlhabende Bauherren.

BRINKMANN, WOLDEMAR
Prof., * 12.3.1890 in Hamburg,
† 31.12.1959 ebd.
Brinkmann studierte an der Kunstgewerbeschule Hamburg und war Meisterschüler und Mitarbeiter von Paul Ludwig Troost in München. Anfang der 1930er Jahre machte er sich selbständig, spezialisierte sich auf Innenarchitektur und bekam verschiedene Aufträge für die Innenausstattung von Schiffen, beispielsweise vom Norddeutschen Lloyd sowie von der Deutschen Arbeitsfront für die KdF-Schiffe „Wilhelm Gustloff" und „Robert Ley". Brinkmann war mit der Innenausstattung des deutschen Pavillons für die Pariser Weltausstellung von 1937 beauftragt und wurde hierfür mit dem Grand Prix ausgezeichnet. Anläßlich des Geburtstages von Adolf Hitler wurde er 1937 mit dem Professorentitel ausgezeichnet und zum Präsidialrat der Reichskammer der bildenden Künste sowie ein Jahr später zum Reichskultursenator ernannt. Brinkmann plante auf der Basis eines Entwurfes von Hitler ein monumentales Opernhaus in München und bekam 1938 auch den Auftrag für die Gestaltung der Ausstellungshallen der Internationalen Automobil- und Motorradausstellung in Berlin. Außerdem zeichnete er für die Geschäftsführung der Ersten Großen Architekturausstellung in München verantwortlich. In den Kriegsjahren plante der Architekt, der als „Künstler im Kriegseinsatz" galt, in seinem Münchener Atelier weitere öffentliche Bauten. Nach dem Zweiten Weltkrieg übersiedelte er wieder nach Hamburg.

DUSTMANN, HANNS
* 25.5.1902 in Herford-Diebrock,
† 26.4.1979 in Düsseldorf
Nach dem Studium in München und Hannover, wo er seinen Abschluß als Diplom-Ingenieur machte, arbeitete der Architekt 1928/29 im Preußischen Hochschulneubauamt Hannover und wurde anschließend Mitarbeiter von Walter Gropius in Berlin sowie im Reichsbankbaubüro. Ab 1935 war er beim Kulturamt der Reichsjugendführung der NSDAP tätig und wurde 1937 Chefarchitekt des Kulturamtes und der Bauabteilung der Hitler-Jugend. Im Jahre 1939 ernannte Reichsjugendführer Baldur von Schirach ihn zum „Reichsarchitekten der Hitler-Jugend". Von 1938 bis 1943 arbeitete Dustmann im Büro Albert Speers an den Stadtplanungen für den Umbau Berlins und Wiens; von 1940 bis 1942 war er Baureferent für die Umgestaltung Wiens und damit Baldur von Schirach verantwortlich, 1941 avancierte er zu einem der „Beauftragten Architekten des Generalbauinspektors für die

Blick in das KdF-Schiff „Robert Ley"

Reichshauptstadt". In den letzten Kriegsjahren wurde er Dozent an der Technischen Hochschule Berlin und 1944 Mitglied in Albert Speers Arbeitsstab für den Wiederaufbau bombenzerstörter Städte; einige Monate vor dem Kriegsende erhielt er den Auftrag für die Wiederaufbauplanung von Düsseldorf, das stark zerstört war. Nach Kriegsende war Dustmann Inhaber von Architekturbüros in Bielefeld und Düsseldorf und vorwiegend mit der Planung von Banken und Bürobauten betraut. Er bekam 1951 auch den Auftrag für die Planung des Hauptquartiers der Britischen Rheinarmee, allerdings wurde der Bau schließlich nicht realisiert. Einige Beispiele seiner Bauwerke: das Café Kranzler in Berlin (1957/58), das RWE-Hochhaus in Essen (1961), die Wohnsiedlung Hustadt (1965 bis 1968) und das Sparkassen-Hochhaus in Dortmund (1968/69).

Theater am Alten Markt in Bielefeld

FAHRENKAMP, EMIL
Prof., * 8.11.1885 in Aachen, † 24.5.1966 in Breitscheid bei Ratingen

Nach einer überwiegend praktischen Ausbildung kam der Architekt nach Düsseldorf und arbeitete von 1909 bis 1912 im Büro seines schon zu dieser Zeit berühmten Berufkollegen Wilhelm Kreis. Ab 1911 wirkte Fahrenkamp als Assistent, später als Hilfslehrer an der Kunstgewerbeschule Düsseldorf. Im Zuge der Integration der Architekturabteilung der Kunstgewerbeschule im Jahre 1920 in die Kunstakademie Düsseldorf wurden Fahrenkamp und seine Kollegen zu Professoren der Akademie. Im Verlaufe der 1920er Jahre avancierte er zu einem der prominentesten Architekten Deutschlands. In seinen Bauwerken nahm er zeitgenössische Tendenzen wie die expressionistische Architektur und das „Neue Bauen" auf und setzte sie ausgleichend um, behielt dabei jedoch traditionelle Grundkonzeptionen bei. 1925 entwarf er den Bau eines der ersten Hochhäuser auf der Basis einer Stahlskelettkonstruktion am Vorplatz des Aachener Hauptbahnhofs. Der Bau wurde in Fachkreisen wie auch in der Öffentlichkeit als Sensation aufgenommen, steht heute unter Denkmalschutz und wird als „Haus Grenzwacht" von der Stadtverwaltung Aachen genutzt. Noch bekannter dürfte das von ihm entworfene „Shell-Haus" sein, das in den Jahren 1930 bis 1932 in Berlin erbaut wurde. Im Dritten Reich blieb er einer der bedeutenden Architekten Deutschlands. Am 19. August 1934 gehörte er zu den Unterzeichnern des Aufrufs der Kulturschaffenden zur Vereinigung des Reichskanzler- und Reichspräsidentenamtes in der Person Adolf Hitlers: „Wir glauben an diesen Führer, der unseren heißen Wunsch nach Eintracht erfüllt hat." 1937 schuf er das Ehrenmal „Blutzeugen der Bewegung" in Essen, 1938 entwarf er den Adolf-Hitler-Platz in Solingen und 1939 war er der Architekt der Hermann-Göring-Meisterschule in Kronenburg; später war er Beauftragter für die Planungen der Filmstadt Babelsberg. 1937 übernahm Fahrenkamp die Leitung der Düsseldorfer Kunstakademie. Er verstand sich und seine Arbeit als unpolitisch, konnte aber vermutlich nur wegen seiner engen Kontakte zu Hermann Göring und Dr. Joseph Goebbels bestehen. Nach 1945 galt er wegen seiner Positionen im Dritten Reich als nicht mehr tragbar und zog sich weitgehend aus dem öffentlichen Leben zurück, er blieb allerdings bis zu seinem Tode ein vielbeschäftigter Architekt.

FICK, RODERICH
Prof., * 16.11.1886 in Würzburg, † 13.7.1955 in München

Der Sohn eines Augenarztes studierte ab 1907 Architektur in München, folgte

Emil Fahrenkamp

Hochhausbau am Aachener Hauptbahnhof

Roderich Fick

dem Rat seines Professors Theodor Fischer, auf Abschlußexamen und Diplomarbeit zugunsten der unmittelbaren Berufsaufnahme zu verzichten und wirkte ab 1910 als freischaffender Architekt. Neben dieser Tätigkeit entwickelte er eine „selbsttätig messende Druck- und Saugpumpe" und stellte diese Konstruktion auf der Internationalen Hygieneausstellung in Dresden im Jahre 1911 vor. Im Jahre 1912 erfüllte er sich einen Jugendtraum: Nachdem er sich durch entsprechende Studien vorbereitet und im Herbst 1911 als Teilnehmer einer von Alfred de Quervain geleiteten schweizerischen Expedition zur Durchquerung Grönlands qualifiziert hatte, durchquerten Fick und die anderen Teilnehmer als zweite Expedition nach derjenigen von Fridtjof Nansen im Jahre 1888 Grönland von Ilulissat im Westen nach Ammassalik im Osten. Da er nach seiner Rückkehr kaum Aufträge als Architekt bekam, ging Fick 1914 in den Kolonialdienst des deutschen Schutzgebietes Kamerun. Er wurde dort nach Ausbruch des Ersten Weltkrieges als Leutnant der Reserve zur deutschen Schutztruppe einberufen, später in Spanien interniert und kehrte erst 1919 zu seinen Eltern zurück. Er ließ sich in Herrsching-Mühlfeld nieder und gründete mit Rudolf Menzel ein Architekturbüro sowie eine Bootswerft und betätigte sich auch im Segelflugzeugbau. In den 1920er Jahren bekam er zunehmend größere Bauaufträge und wurde ein arrivierter Architekt. 1933 begann Fick nach Siedlungsbauten in München mit Entwurfsarbeiten für seinen ersten größeren Auftrag in München, dem „Haus der Deutschen Ärzte". Der in unmittelbarer Nähe zum „Braunen Haus" liegende Bau erregte Adolf Hitlers Aufmerksamkeit. Fick wurde nach der Eröffnungsfeier des Ärztehauses zu Hitler ins „Braune Haus" bestellt und erhielt sogleich den Auftrag zur Planung einer Siedlung für den Führerstab in München-Pullach sowie für Bauten auf dem Obersalzberg. Damit begann seine steile Karriere als Stararchitekt im Dritten Reich. 1936 erhielt er eine Professur an der Technischen Hochschule in München, ein Jahr später trat er in die NSDAP ein. Seit 1936 war Fick einer der wichtigsten Architekten des Deutschen Reiches und der meistbeschäftigte Baumeister auf dem Obersalzberg. Dort realisierte er zahlreiche Projekte wie etwa die Villa Bormann, das Kehlsteinhaus, die SS-Kaserne und die erforderlichen Infrastrukturanlagen. Am 25. März 1939 wurde er zum „Reichsbaurat für die Stadt Linz an der Donau" berufen und war in dieser Funktion Hitler direkt unterstellt. Fick führte das Stadtplanungskonzept des Stadtbauamtes Linz fort und gab ihm als Generalbebauungsplan im März 1943 seine endgültige Form und Rechtsverbindlichkeit. Ziel dieser Planung war die Vergrößerung der Stadt für eine vervierfachte Einwohnerzahl mit repräsentativ ausgebauten Stadtzentren. Von seinen Großprojekten kamen jedoch lediglich die im Zusammenhang mit der neuen Nibelungenbrücke erforderliche stadtseitige Brückenkopfbebauung, das Hotel „Donauhof" und das Verwaltungsgebäude des Wasserstraßenamtes zur Ausführung. Nach dem Zweiten Weltkrieg wurde Fick als Hochschullehrer suspendiert; im Entnazifizierungsverfahren wurde er 1946 zunächst in die Gruppe II der Belasteten als „Nutznießer" eingestuft, später in die Gruppe III als „Minderbelasteter" und schließlich 1948 als „Mitläufer" in Gruppe IV. Am 17. Februar 1949 wurde Fick zwar wieder als ordentlicher Professor in das Beamtenverhältnis aufgenommen, zugleich aber in den Ruhestand versetzt. Bis zu seinem Tode war Roderich Fick weiterhin als Architekt tätig, seine letzten großen Arbeiten waren die Planung des Kraftwerkes Jochenstein bei Passau sowie die evangelische Kirche in Herrsching.

Das Kehlsteinhaus am Obersalzberg

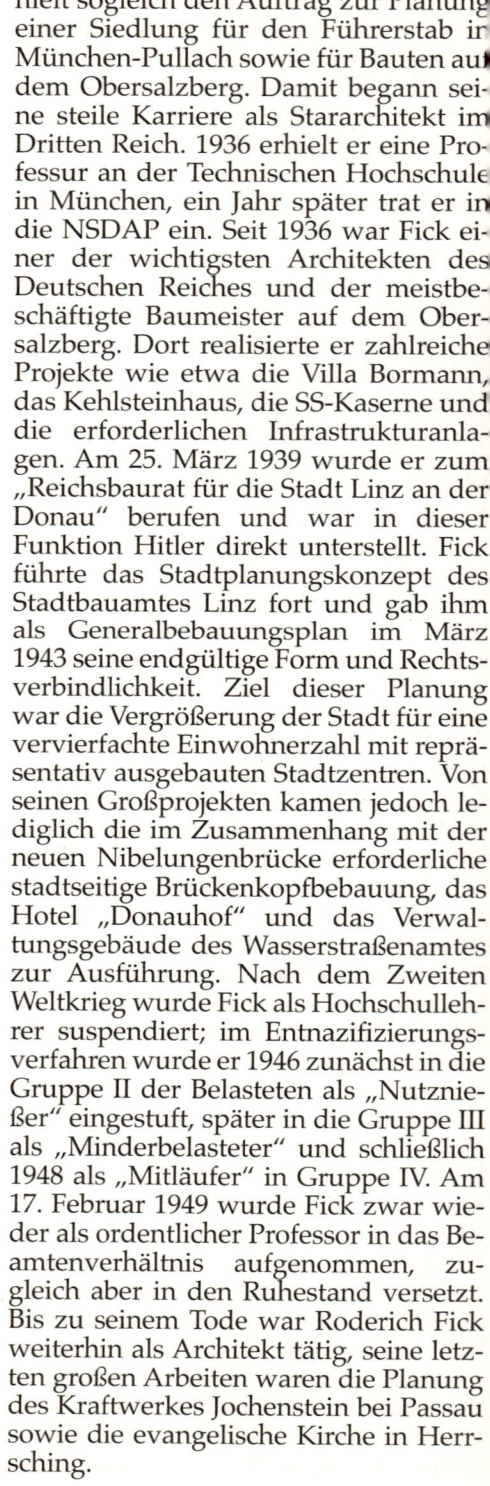

Friedhofskapelle in Herrsching

Gebäude am Hauptplatz in Linz

I. – Alle übrigen – Bildende Kunst: Architekten

FISCHER, KARL JOHANN
Lebensdaten des Architekten konnten nicht ermittelt werden, lediglich folgendes: Der Regierungsbaumeister war zeitweise Vorsitzender des Bundes Deutscher Architekten, wurde 1933 Vorstandsmitglied im Deutschen Werkbund und 1934 Landesgruppenführer dieses Bundes. Fischer war Mitglied der NSDAP und Mitarbeiter des Parteiorgans „Völkischer Beobachter". Zusammen mit Paul Hofer war er verantwortlicher Architekt des Großprojektes „Reichszeugmeisterei der NSDAP": Adolf Hitler beauftragte 1928 die Führung der SA mit dem Aufbau einer Zeugmeisterei in München, die als zentrale Versorgungsstelle den Bedarf an Uniformen, Uniformteilen und anderen Ausrüstungsgegenständen sicherstellen sollte. 1934 erwarb die NSDAP das Betriebsgelände der früheren Wagen- und Maschinenfabrik Gebr. Beißbarth OHG. Die Münchner Architekten Hofer und Fischer wurden mit der Bauplanung des Hauptgebäudes für die Reichszeugmeisterei beauftragt und entwarfen den monumentalen Bau als eines der deutschlandweit ersten Gebäude in Stahlskelettbauweise. Baubeginn war 1935, die Fertigstellung 1937. Nach dem Zweiten Weltkrieg übernahmen die US-Streitkräfte das Gebäude mit der späteren Nummer 7 der McGraw-Kaserne. Seit dem Abzug der US-Truppen aus dem Standort in den 1990er Jahren wird das Gebäude als Außenstelle des Polizeipräsidiums München genutzt.

FREESE, HANS
Prof., * 2.7.1889 in Oldenburg, † 13.1.1953 in Berlin
Nach dem Studium der Architektur in München, Dresden und Berlin war Freese Mitte der 1920er Jahre als Stadtbaurat in Düsseldorf tätig; 1927 wurde er zum Professor an die Technische Hochschule Karlsruhe berufen und lehrte dort Entwerfen und Städtebau. Im Jahre 1929 wechselte er auf einen Lehrstuhl an der Technischen Hochschule Dresden und ab 1941 lehrte er Entwurf und Perspektive an der Technischen Hochschule Berlin-Charlottenburg. Freese schuf in Düsseldorf 1925 das Rheinstadion und 1926 verschiedene Gebäude für die „Große Ausstellung Düsseldorf für Gesundheitspflege, soziale Fürsorge und Leibesübungen"; in Heidelberg entstand 1928 bis 1930 das heutige Max-Planck-Institut für medizinische Forschung. Das bekannteste seiner Bauwerke ist das Atelier des Bildhauers Arno Breker in Berlin, das in den Jahren 1939 bis 1942 errichtet wurde. Ab 1943 baute Freese im Auftrag des Generalbauinspektors für die Reichshauptstadt das Arbeiterlager 75/76 in Berlin-Niederschönweide; in den dortigen Baracken befindet sich heute das Dokumentations- und Begegnungszentrum zur NS-Zwangsarbeit. Im letzten Kriegsjahr wurde er Mitglied in Albert Speers Arbeitsstab für den Wiederaufbau bombenzerstörter Städte. Von 1949 bis 1950 wirkte Freese als Rektor der Technischen Hochschule Berlin, anschließend übernahm er die Leitung des neu gegründeten Instituts für Krankenhausbau an dieser Hochschule. Die letzte größere Bauplanung des Architekten war diejenige für das Auswärtige Amt in Bonn, der Bau war seinerzeit der größte Verwaltungskomplex Deutschlands.

Das von Freese entworfene Atelier Arno Brekers in Berlin

FRICK, KURT
Prof., * 16.11.1884 in Königsberg/Pr., † 17.6.1963 in Bad Reichenhall
Die Wurzeln seiner Familie, die im 17. Jahrhundert nach Ostpreußen auswanderte, liegen in Ostfriesland. Der aus einfachen Verhältnissen stammende Frick begann nach einer Maurerlehre das Studium an der Höheren Staatlichen Lehranstalt für Hoch- und Tiefbau in Königsberg und wurde später in Berlin Schüler des Architekten Hermann Muthesius, eines einflußreichen

Kurt Frick

Theoretikers der modernen Architektur und des Industrial Designs, der ihn stark förderte. 1908/09 leistete er seinen Militärdienst als Einjährig-Freiwilliger im Artillerie-Regiment von Lingger in seiner Heimatstadt ab. Durch Vermittlung von Muthesius wurde Frick in die Gartenstadt Hellerau bei Dresden berufen, wo er für den Stadtteil Dresden-Seidnitz verantwortlich zeichnete. Ab 1912 arbeitete Frick als selbständiger Architekt. Bei Ausbruch des Ersten Weltkrieges meldete er sich als Kriegsfreiwilliger, wurde aber ein Jahr später wegen eines schweren Nervenleidens als dienstunfähig entlassen. Nach Kriegsende wurde Frick Bezirksarchitekt des Staatlichen Bauberatungsamtes Stallupönen-Schirwindt und hatte maßgeblichen Anteil am Wiederaufbau der im Krieg von den Russen teilweise verwüsteten Provinz Ostpreußen, insbesondere der stark zerstörten Stadt Schirwindt. Ab 1919 arbeitete er als freier Architekt in Königsberg, 1931 wurde er Mitglied im „Kampfbund der Deutschen Architekten und Ingenieure", einer Abteilung des „Kampfbundes für Deutsche Kultur". Nach der nationalsozialistischen Regierungsübernahme wurde Frick Leiter der Landesstelle Ostpreußen der Reichskammer der bildenden Künste und war damit zuständig für sämtliche staatlichen Bauvorhaben in Ostpreußen. Ebenfalls 1933 wurde er Leiter des Staatlichen Meisterateliers der bildenden Künste an der Kunstakademie Königsberg und zum Professor ernannt. Im Januar 1945 flüchtete Kurt Frick nach Bayern und wurde hier ab 1946 als Landbaumeister angestellt.

Das Alhambra in Königsberg

GUTSCHOW, KONSTANTY
Prof., * 10.12.1902 in Hamburg, † 8.6.1978 ebd.

Sein Architekturstudium begann Gutschow 1921 in Danzig, ging aber bald an die Technische Hochschule Stuttgart und arbeitete schon während des Studiums im Büro von Fritz Höger. Nach seinem Diplomabschluß war er in diversen Büros sowie in der Hochbaudirektion Hamburg tätig, 1928 legte er die zweite Staatsprüfung als Regierungsbaumeister ab und eröffnete ein Jahr später ein eigenes Architekturbüro. Wegen der Weltwirtschaftskrise blieben Aufträge aus, so daß er sich nur mit Gutachten für die Reichsforschungsgesellschaft für Wirtschaftlichkeit im Bau- und Wohnungswesen e.V. über Wasser halten konnte. 1933 trat er in die SA ein, beteiligte sich an einem Hamburger Kleinwohnbauprojekt und profilierte sich als Architekt mit großem organisatorischem Talent. Er wurde zum Hamburger Vertrauensarchitekten der obersten Bauleitung der Reichsautobahn ernannt und war in dieser Funktion unter anderem für die Brückenbauten der Reichsautobahn in dem Abschnitt Hamburg–Lübeck zuständig. 1937 wurde er zum Wettbewerb für die Gestaltung des nördlichen Elbufers von Hamburg eingeladen und gewann diesen aufgrund einer persönlichen Entscheidung Hitlers. Der Hamburger Gauleiter ernannte Gutschow 1939 zum „Architekten des Elbufers", 1941 zum „Architekten für die Neugestaltung der Hansestadt Hamburg". Gutschow erarbeitete nun ein Entwicklungskonzept für den Großraum Hamburg, das wegen der 1937 durchgeführten Staatsgebietsreform dringend erforderlich war. Er beschäftigte in dieser Zeit zahlreiche Hamburger Architekten mit Planungsaufträgen für einzelne Stadtbereiche und entwarf in diesem Zusammenhang 1941 den Generalbebauungsplan für den Aus-

Konstanty Gutschow

bau Hamburgs zur „Führerstadt" mit 250 Meter hohem Gau-Hochhaus, Volkshalle, Elbhochbrücke und Hafenvergrößerung. Diese Maßnahmen wurden allerdings im weiteren Kriegsverlauf zurückgestellt. 1941 wurde er Leiter des Amtes für kriegswichtigen Einsatz mit der Zuständigkeit für die Organisation der Trümmerräumung, Luftschutzmaßnahmen, Beschaffung von Ersatzwohnraum. Wegen der großen Zerstörungen in Hamburg aufgrund der alliierten Bombardements entwarf Gutschow mit seinem Stab bis 1944 einen neuen Generalbebauungsplan mit der Grundintention einer organischen Stadtentwicklung entlang der Elbe. Ende 1943 wurde er Mitglied in Albert Speers Arbeitsstab für den Wiederaufbau bombenzerstörter Städte und zuständig für die Wiederaufbauplanungen der Städte Hamburg, Wilhelmshaven und Kassel. Nach Kriegsende führte er für Hamburg diese Planungen fort, allerdings wurde sein Vertrag mit der Stadt Hamburg aus politischen Gründen von der britischen Militärregierung zum Jahresende 1945 gekündigt. Im Zuge seiner Entnazifizierung wurde er 1949 mit dem Verbot belegt, für öffentliche Auftraggeber tätig zu werden. Obwohl sein Generalbebauungsplan von 1944 als Grundlage für die weiteren Planungen der Hansestadt Hamburg fungierte, wurde Gutschow selbst gemieden. Über persönliche Kontakte bekam er jedoch zahlreiche Aufträge in Hannover und Düsseldorf und nahm im Zuge von Wettbewerben maßgeblichen Einfluß auf den deutschen Nachkriegsstädtebau im Sinne einer organischen Stadtlandschaft. Seine früheren Mitarbeiter verbreiteten bei der Realisierung ihrer öffentlichen Aufträge die städtebaulichen Planungsansätze Gutschows. Auf Betreiben seines Kollegen Friedrich Tamms verlieh die Landesregierung von Nordrhein-Westfalen Konstanty Gutschow im Jahre 1964 als Rehabilitierung den Professorentitel.

HAIGER, ERNST
Prof., * 10.6.1874 in Mülheim an der Ruhr, † 15.3.1952 in Wiesbaden

Schon in seinen ersten Berufsjahren wurde Haiger ein erfolgreicher Architekt. Seine zusammen mit seinem Büropartner Henry Helbig erarbeiteten Entwürfe für Villen und eine Zimmereinrichtung erregten bei der Münchener Glaspalast-Ausstellung von 1898 einiges Aufsehen. Ab 1905 arbeitete er für die Münchener Vereinigten Werkstätten für Kunst im Handwerk, 1920 wurde ihm zusammen mit Rudolf Alexander Schröder und Paul Ludwig Troost die Reorganisation dieser Einrichtung übertragen. 1917 ernannte der bayerische König ihn zum Professor. Nach dem Ersten Weltkrieg hatte Haiger mit einem deutlichen Auftragseinbruch zu kämpfen, und seine wirtschaftliche Lage verbesserte sich erst nach 1933 deutlich. Er war bereits 1932 in die NDSAP eingetreten und erhielt nun einige Aufträge im Rahmen der vorgesehenen Umgestaltung Mün-

Ernst Haiger um 1910

Villa de Osa in Berg am Starnberger See

chens, unter anderem für den Bau des Kasinos im „Führerbau" am Königsplatz und Bar sowie Bierstube im Haus der Deutschen Kunst. 1938 fertigte er den Entwurf für den Umbau des deutschen Pavillons der Biennale von Venedig. Nach dem Zweiten Weltkrieg gründete Ernst Haiger kein eigenes Büro mehr und plante lediglich noch einige kleinere Bauten.

HÄRTER, WILHELM
Prof. Dr.-Ing. e.h., * 1880, † 1963

Der Architekt war 1929 Stadtbaumeister in Mannheim und wurde am 3. Januar 1953 von der Technischen Universität Braunschweig ehrenhalber zum Dr.-Ing. erhoben. Er war längere Zeit für die gemeinnützige Baugenossenschaft „Mainspitze" in Ginsheim-Gustavsburg tätig: zwischen 1913 und 1915 als Architekt für den Bau der ersten Häuser der Genossenschaft im dortigen Baugebiet Pestalozzistraße, Hermann-Löns-Allee, Wilhelm-Leuschner-Straße und Gustav-Adolf-Straße, so daß „eine Siedlung wie aus einem Guß im heimatlichen Stil" entstand. Nach dem Ersten Weltkrieg setzte die Bautätigkeit der Baugenossenschaft in den 1920er Jahren wieder ein und „erneut war es Architekt Wilhelm Härter, der bis zum Jahr 1938 mit seiner Formensprache das Erscheinungsbild der Gebäude prägte". Härter war außerdem von 1924 bis 1936 Aufsichtsratsvorsitzender der Baugenossenschaft „Mainspitze".

Entwurf für eine Autobahnbrücke über die Elbe in Hamburg

HENTRICH, HELMUT
Prof. Dr., * 17.6.1905 in Krefeld, † 8.2.2001 in Düsseldorf

Der Sohn eines Oberbaurates, der insbesondere durch seine imposanten Hochhausbauten der 1960er und 1970er Jahre bekannt wurde, begann nach seiner 1928 mit Auszeichnung abgelegten Diplomprüfung ein Referendariat und arbeitete als Bauleiter beim Umbau der Andreaskirche in der Düsseldorfer Altstadt. 1929 gewann er für seinen Entwurf einer Hochschule für Tanzkunst den begehrten Schinkel-Preis und promovierte an der Technischen Hochschule Wien mit einer auf diesem Entwurf basierenden Arbeit über modernes Tanztheater. Danach legte er in Deutschland die zweite Staatsprüfung zum Regierungsbaumeister ab, machte sich mit einem eigenen Büro selbständig und konnte sich in den folgenden Jahren mit Wettbewerbserfolgen und Wohnhausbauten in Düsseldorf etablieren. Später wurde Hentrich Mitarbeiter im Arbeitsstab des Generalbauinspektors für die Reichshauptstadt Berlin Albert Speer, der ihn später auch in seinen Arbeitsstab für den Wiederaufbau bombenzerstörter Städte aufnahm; hier arbeitete Hentrich unter anderem an Planungen für seine Geburtsstadt Krefeld. Er schrieb in seinen 1995 erschienen Erinnerungen über seine Arbeiten im Dritten Reich: „Die interessante Arbeit an diesen Bauten war immer nur sachbezogen und nie von politischen Aspekten gefärbt." In der Nachkriegszeit war auch Hentrich in den sogenannten Düsseldorfer Architektenstreit involviert: Der 1949 gegründete Architektenring Düsseldorf warf dem Leiter des Düsseldorfer Stadtplanungsamtes Friedrich Tamms vor, ehemals hochgestellte Berufskollegen aus dem Stab des Generalbauinspektors – Julius Schulte-Frohlinde, Konstanty Gutschow, Rudolf Wolters und eben auch Hentrich – zu protegieren. Beim Architektenring Düsseldorf handelte es sich um eine Vereinigung junger Düsseldorfer Architekten, die sich zum Ziel gesetzt hatte, ein vermeintliches Netzwerk „nationalsozialistischer Entscheidungsträger", das sie in Düsseldorf an der Macht wähnten, öffentlich zu machen und dagegen vorzugehen. Der Architektenring schrieb beispielsweise in einer Denkschrift: „Tatsächlich wird Düsseldorf zu einem Zentrum der ehemaligen Nazi-Prominenz." Hentrich – der als ehrenamtliches Mitglied im Kulturausschuß der Stadt Düsseldorf fungierte – konnte sich trotz dieser überzogenen und undifferenzierten

Helmut Hentrich

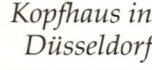

Kopfhaus in Düsseldorf

Anwürfe an den Wiederaufbauplanungen für Düsseldorf beteiligen, er prägte mit seinen Bauwerken, meist repräsentative Banken und Bürobauten, das moderne Erscheinungsbild der Innenstadt. Sein Architekturbüro wurde wegen wechselnder Partner mehrmals umfirmiert, im Jahre 1959 um sechs Partner erweitert und in HPP Hentrich-Petschnigg & Partner umbenannt. Dieses Büro gewann zahlreiche Wettbewerbe und wurde eines der größten Architekturbüros der Nachkriegszeit, das sich besonders auf Verwaltungsbauten spezialisierte und in 13 Städten insgesamt mehr als 40 Hochhäuser baute, beispielsweise: 1949/50 das Bankhaus Trinkaus in Düsseldorf (Albert Speer kommentierte 1955 dieses Bauwerk: „Das Bankhaus Trinkaus, von Hentrich entworfen, der einst zu meinen Architekten gehörte; mit den vierkantigen, durch Glasflächen ausgefachten Doppelsäulen erinnert der Bau an die für Berlin geplante OKW-Fassade."), 1958 bis 1960 das BAT-Hochhaus in Hamburg, 1994/95 den Eurotower in Frankfurt am Main.

N.N.
(handschriftlich ergänzter Name, unlesbar)

HEUSER, HANS
* 22.8.1904 in Düsseldorf, † 3.9.1953 ebd.
Seine Ausbildung absolvierte Heuser bei den Architekten Tietmann & Haake in Düsseldorf. Er besuchte die Kunstgewerbeschule und unternahm Studienreisen nach Holland, Belgien, Frankreich, Spanien, Italien, Irland, England und Schweden. Ab 1930 war er als freier Architekt tätig, ab 1934 arbeitete er bis zu seinem Tode in einer Bürogemeinschaft mit seinem Berufskollegen Helmut Hentrich zusammen. Einige seiner Bauwerke: Feuerwehrschule Hilden, Wiederherstellung Stiftsgebäude Düsseldorf-Kaiserswerth, Deichtor in Orsoy und Hotel Bierhoff.

HÖNIG, EUGEN
Prof., * 9.3.1873 in Kaiserslautern, † 24.6.1945
Der Sohn eines Möbelfabrikanten machte sich nach seinem Studium an der Technischen Hochschule München gemeinsam mit dem Architekten Karl Söldner selbständig. 1896/97 war er Lehrer an der Baugewerkeschule Augsburg, von 1906 bis 1913 Professor an der Bauschule in München und von 1910 bis 1912 Vorsitzender des Münchener Architekten- und Ingenieur-Vereins (MAIV). Hönig baute diverse Geschäftshäuser in München. 1931 trat er in den „Kampfbund für Deutsche Kultur" ein, am 23. März 1933 wurde er zum letzten Vorsitzenden des Bundes Deutscher Architekten (BDA) gewählt, welcher sich unter Hönig zur Mitarbeit am „Werk des nationalen Aufbaus" verpflichtete. Der BDA wurde in die Reichskammer der bildenden Künste überführt, dessen Präsident im November 1933 Hönig wurde; er legte im Dezember 1936 sein Amt nieder, blieb jedoch Präsidialrat und Reichskultursenator. Eugen Hönig schrieb 1934 in einer Kunst-Fachzeitschrift: „Der jahrtausendalte Traum aller wahrhaft deutschen Männer nach einem einigen Deutschen Reich mit einigem Wollen ist Wirklichkeit geworden. Die gewaltige Willenskraft und gläubige Zuversicht eines einzigen Mannes, den Gott unserem Volke in der Zeit seiner tiefsten Erniedrigung geschenkt hat, hat dieses Wunder vollbracht."

HANSEN, HERMANN
Lebensdaten des Architekten konnten nicht ermittelt werden.

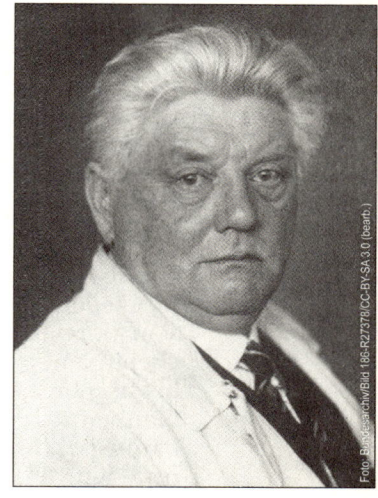

Eugen Hönig

Wilhelm Jost

JOST, WILHELM
Prof., * 2.11.1874 in Darmstadt, † 6.6.1944 in Halle/Saale

Nach dem Studium der Architektur an der Technischen Hochschule Darmstadt und dem mit Auszeichnung bestandenen 2. Staatsexamen war Jost zunächst als Regierungsbaumeister in der staatlichen Bauverwaltung des Großherzogtums Hessen tätig, zuerst in Gießen und ab 1901 in Friedberg. Von dort aus betreute er die zahlreichen Neubauten der großherzoglich hessischen Kurverwaltung in Bad Nauheim. 1912 ließ er sich als Kreisbauinspektor nach Worms versetzen und wurde noch im selben Jahr als Stadtbaurat nach Halle/Saale berufen, dieses Amt hatte Wilhelm Jost bis zu seiner Pensionierung im Jahre 1939 inne.

KLOTZ, CLEMENS
Prof., * 31.5.1886 in Köln, † 18.8.1969 ebd.

Der Sohn eines Buchhändlers begann mit vierzehn Jahren eine praktische Ausbildung in dem Atelier des Kölner Architekten Heinrich Band und setzte sie im Büro des ehemaligen Stadtbauinspektors Carl Moritz fort. Nach erster Berufstätigkeit im renommierten Dresdener Büro Lossow & Kühne wurde er Erster Entwurfsarchitekt im Dresdener Büro Schilling & Graebner und gründete 1910/11 mit Josef Reuß in seiner Heimatstadt das Büro Klotz & Reuß, das vorwiegend Wohnungsbauprojekte, Ein- und Zweifamilienhäuser, aber auch mehrgeschossige Wohn- sowie Geschäfts- und Bürobauten plante und ausführte. In den 1920er Jahren wurde Klotz Vertreter einer regionale Bautraditionen aufgreifenden Spielart moderner Architektur. In dieser Zeit führte er sein Büro gemeinsam mit seinem Bruder Viktor Klotz, später führte er eine Büropartnerschaft mit dem Regierungsbaumeister Joseph Fieth. Nach 1933 wurde Clemens Klotz vom Leiter der Deutschen Arbeitsfront (DAF) Dr. Robert Ley zum „beauftragten Architekten der Reichsleitung für die Errichtung der Schulungsbauten der NSDAP und der DAF" und 1938 zusätzlich zum „Vertrauensarchitekten der DAF" ernannt. Klotz fertigte unter anderem die Entwürfe für das KdF-Seebad Prora auf Rügen und die Ordensburgen Vogelsang und Crössinsee. Adolf Hitler ernannte ihn am 31. Mai 1936 zum Professor, bald darauf wurde Klotz in die Preußische Akademie der Künste aufgenommen. Auf der Zweiten Deutschen Architekturausstellung im Münchener Haus der Deutschen Kunst war Klotz 1938/39 mit einem Entwurf für die Adolf-Hitler-Schule Waldbröl vertreten.

Clemens Klotz

Der in den folgenden Jahren stetig schwindende Einfluß Robert Leys wirkte sich auch auf Klotz aus, beispielsweise wurde er für die Wiederaufbauplanungen deutscher Städte nicht berücksichtigt. Nach dem Zweiten Weltkrieg konnte Clemens Klotz sich im Baugeschehen kaum mehr beteiligen, da seine an den Planungsstandards des Dritten Reiches orientierten Entwürfe kaum noch gefragt wurden.

Ordensburg Vogelsang

KRÜGER, WALTER
*** 1888, † 1971**

Sein Architekturstudium absolvierte Krüger (zeitweise zusammen mit seinem Bruder Johannes) von 1907 bis 1911 an der Technischen Hochschule Berlin-Charlottenburg. Hier machte er sein Diplom und legte später sein

Staatsexamen ab. Danach gründete das Brüderpaar ein gemeinsames Büro in Berlin, beide waren auch Mitglied im Bund Deutscher Architekten. Einige ihrer Bauwerke: Abstimmungs-Denkmal in Allenstein/Ostpreußen (1925), Tannenberg-Denkmal bei Hohenstein/Ostpreußen (1926/27), Freibad Plötzensee in Berlin-Wedding (1926 bis 1928), Holtzendorff-Garage (Großgarage mit Tankstelle) in Berlin-Charlottenburg (1928/29), Luftkriegsschule in Dresden-Klotzsche (1935 bis 1938) und Spanische Botschaft in Berlin-Tiergarten (1938 bis 1943). Nach dem Zweiten Weltkrieg führten die Brüder Krüger zahlreiche Wiederherstellungen eigener und von anderen Architekten entworfener Gebäude durch, beispielsweise den Wiederaufbau der evangelischen Erlöserkirche in Berlin-Moabit (bis 1958) und den Umbau der evangelischen Königin-Luise-Kirche in Berlin-Waidmannslust (1960/61).

KRÜGER, JOHANNES
* 23.11.1890 in Berlin, † 7.5.1975 ebd.
Sein Architekturstudium absolvierte Krüger (zeitweise zusammen mit seinem Bruder Walter) von 1907 bis 1911 an der Technischen Hochschule Berlin-Charlottenburg. Nach dem bestandenen zweiten Staatsexamen wurde er zum Regierungsbaumeister ernannt. Die Brüder führten später in ihrem gemeinsamen Architekturbüro zahlreiche Bauten aus.

LIESER, KARL
Prof., * 2.12.1901 in Wiesbaden, † 18.3.1990 ebd.
Der Sohn eines Architekten trat 1933 in die NSDAP und die SA ein und war ein Vertrauter des Gauleiters von Hessen-Nassau und Reichsstatthalters des Volksstaates Hessen Jakob Sprenger. Privatdozent Lieser nannte in einer Rede am 26. Mai 1933 die Architekturfakultät der Technischen Hochschule Darmstadt „unfähig und verjudet", worauf der Rektor den Senat einberief, der Lieser am 30. Mai die Lehrbefugnis entzog und seine fristlose Entlassung beantragte. Daraufhin wurde die Hochschule geschlossen. Am 1. Juni besetzten Studenten die Räume, und im nahen Herrngarten hielt sich ein SA-Sturmtrupp bereit. Lieser wurde durch den Gauleiter rehabilitiert, was den Anfang einer kometenhaften Hochschulkarriere markierte. Die Zusammensetzung des Lehrkörpers wurde nun auf Grundlage des „Gesetzes zur Wiederherstellung des Berufsbeamtentums" völlig umgestaltet. Lieser avancierte 1934 zum außerordentlichen Professor für Städtebau an der Technischen Hochschule Darmstadt und war dort Leiter der Dozentenschaft. 1935 wurde er Dozentenbundführer, 1936 Gaudozentenbundführer von Hessen-Nassau und Landesleiter Hessen-Nassau der Reichskammer der bildenden Künste. Im Jahre 1937 ernannte man Lieser zum ordentlichen Professor, und er übernahm das Amt des Rektors der Technischen Hochschule Darmstadt. 1945 wurde er aus seinen öffentlichen Ämtern entlassen und wirkte danach als freischaffender Architekt in Darmstadt; er war beispielsweise der Architekt des 1959 bis 1961 errichteten Henninger Turm, des 119,5 Meter hohen Getreidesilos der Henninger-Bräu AG.

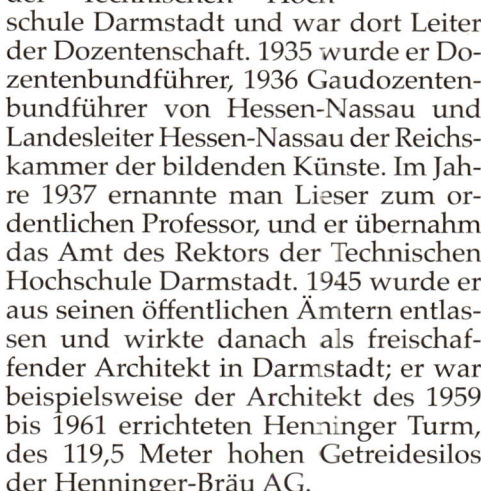

Henninger Turm

MÄNICKE, KURT
* 1896, † 1990
Weitere Lebensdaten des Architekten konnten nicht ermittelt werden, lediglich folgendes: Er entwarf für den Oberbürgermeister von Leipzig Bruno Freyberg von 1941 bis 1945 einen Generalbebauungsplan mit utopischen Visionen für eine völlige Umgestaltung des Leipziger Stadtgebietes.

MÜNZER, ADOLF*
* 5.12.1870 in Pleß/Oberschlesien,
† 24.1.1953 in Landsberg/Lech

Der Maler und Graphiker bekam ab 1886 eine Ausbildung bei einem Breslauer Dekorationsmaler und besuchte anschließend die Kunst- und Gewerbeschule Breslau, ab 1894 die Akademie der bildenden Künste München. Nach abgeleistetem Militärdienst trat er in die Malklasse von Paul Hoecker ein, der sich vorwiegend der Freilichtmalerei widmete. Im Jahre 1898 gewann Münzer ein Preisausschreiben von Ludwig Stollwerck für Entwürfe von Sammelbildern. Münzer war 1899 Mitgründer der Künstlergruppe „Die Scholle" und stellte als Mitglied dieser Gruppe seine Werke im Münchener Glaspalast aus. 1908 bis 1932 hatte Münzer ein Lehramt an der Kunstakademie Düsseldorf inne. Um 1910 gestaltete er die Wand- und Deckengemälde im Plenarsitzungssaal des Regierungspräsidiums Düsseldorf. 1915 arbeitete er als Kriegsmaler an der Front und meldete sich 1917 als Kriegsfreiwilliger, kam jedoch nicht mehr zum Einsatz. 1938 übersiedelte Münzer mit seiner Familie nach Holzhausen am Ammersee. Seine Graphiken brachten einen erzählenden Stil zum Ausdruck, bekannt wurden insbesondere seine Märchenillustrationen für den Verlag Scholz in Mainz.

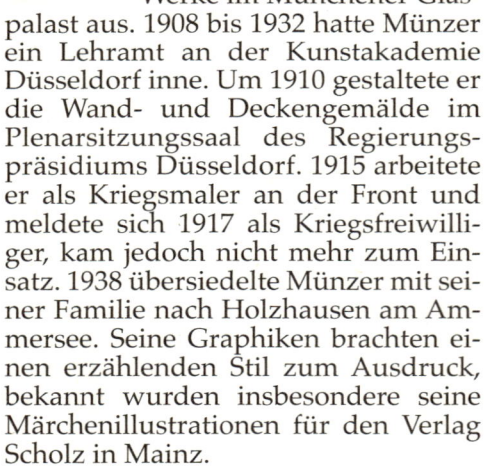

Adolf Münzer

NEUFERT, ERNST
Prof., * 15.3.1900 in Freyburg/Unstrut,
† 23.2.1986 Bugnaux/Schweiz

Der Architekt wurde neben seiner Lehrtätigkeit und Mitgliedschaft in diversen Normungsgremien vor allem durch sein Buch „Bauentwurfslehre" bekannt. Er war 1919 einer der ersten Studenten am noch jungen Bauhaus in Weimar. Später arbeitete er in leitender Funktion unter Walter Gropius in einem der renommiertesten Architekturbüros Deutschlands, unter anderem in enger Zusammenarbeit mit Gropius an den neuen Bauhaus-Bauten und den Meisterhäusern für Wassily Kandinsky, Paul Klee und Georg Muche in Dessau. Ab 1926 lehrte er in Weimar als Professor für Planung an der Bauhochschule (der Nachfolgeeinrichtung des Bauhauses). Nachdem die NS-Regierung die Bauhochschule geschlossen hatte, arbeitete er an der privaten Kunstschule von Johannes Itten in Berlin. Er hatte schon früh die Chancen und Risiken der Rationalisierungsmöglichkeiten im Bauwesen analysiert, ebenso wie den Bedarf an normativen Grundlagen. Von 1934 bis 1944 war Neufert der Hausarchitekt der Vereinigten Lausitzer Glaswerke, erstellte das Direktorenhaus Dr. Kindt, übernahm Planung und Bauleitung von Siedlungen, Bürohäusern und Fabrikanlagen in Weißwasser, Tschernitz und Kamenz. Im Rahmen dieser Tätigkeiten entstand auch sein Buch „Bauentwurfslehre. Handbuch für den Baufachmann, Bauherren, Lehrenden und Lernenden", das bis heute als Standardwerk gilt und in 18 Sprachen übersetzt wurde. 1936 trug Neufert sich mit Auswanderungsplänen, blieb jedoch schließlich wegen des enormen Erfolges seiner „Bauent-

Ernst Neufert

Hotel Nassauer Hof in Wiesbaden

---

* Obwohl kein Architekt, ist der Maler Adolf Münzer – offenbar versehentlich – fälschlich in dieser Rubrik in der Gottbegnadeten-Liste aufgeführt.

wurfslehre" in Deutschland. Er behielt seinen von Funktionalismus und Rationalismus geprägten Architekturstil bei und paßte sich nicht den im Dritten Reich herrschenden Architekturideen an. Dies wurde für nicht repräsentative Bauten, insbesondere Industriebauten ohne weiteres akzeptiert, da Neufert hierdurch eine rationale Fertigung von Industriekomplexen versprach. Albert Speer sah das gewaltige Potential im Schaffen Neuferts und beauftragte diesen, das industrielle Bauwesen zu rationalisieren und mit Hilfe von durchgreifenden Normen in Kooperation mit Großunternehmen die Fertigung von Wohnraum und industriellen Anlagen zu beschleunigen. In diesem Zusammenhang entstand die Bau-Ordnungs-Lehre. Neufert war ein seitens der NS-Regierung geschätzter und geförderter Kopf, er wurde 1943 Reichsbeauftragter für Baunormung und 1944 Mitarbeiter in Albert Speers Arbeitsstab für den Wiederaufbau bombenzerstörter Städte. Nach dem Zweiten Weltkrieg wurde Neufert 1945 als Professor für Baukunst an die Technische Hochschule Darmstadt berufen. 1953 gründete er in Darmstadt ein eigenes Architekturbüro und war lange Jahre ein vielbeschäftigter und erfolgreicher Architekt.

NORKAUER, FRITZ
**Prof., * 26.6.1887 in Minden,
† 4.5.1976 ebd.**
Der Architekt gründete nach seinem Studium zusammen mit Theo Lechner (1883–1975) ein Architekturbüro, das seit den 1920er Jahren bei zahlreichen Wettbewerben prämiert wurde, beispielsweise für das Walchenseekraftwerk und den Münchener Flughafen am Oberwiesenfeld. Für München entwickelte das Architekten-Duo Wohnungsbauprojekte wie die GEWOFAG-Siedlung in Neuharlaching. Norkauer folgte 1930 einem Ruf auf einen Lehrstuhl an der Hochschule für Baukunst in Weimar, an der er bis 1936 lehrte. Anschließend realisierte er als freischaffender Architekt vorwiegend Werksgebäude, Wohnblöcke an der Prinzregentenstraße sowie städtische Grundschulen. Norkauer war auch der Architekt des Rasthauses am Chiemsee, das die erste große Raststätte der Reichsautobahnen war. Sie liegt an der heutigen BAB 8, der Chiemsee-Autobahn, zwischen München und Salzburg in Bernau, Landkreis Rosenheim unmittelbar am Südufer des Chiemsees. Das Rasthaus wurde am 27. August 1937 mit 520 Sitzplätzen eröffnet. 1942 wurde das Projekt fertiggestellt, jedoch nur noch als Lazarett genutzt. Fritz Norkauer orientierte sich bei dem Projekt an den großen Chiemgauer Höfen mit ihren flach geneigten Satteldächern. Von 1945 bis 2002 wurde der Komplex von den US-Streitkräften als Erholungszentrum genutzt. Das unter Denkmalschutz stehende Gebäude dient seit 2012 nach Umbau als Fachklinik für Psychosomatik unter dem Namen Medical Park Chiemseeblick.

OFFENBERG, GERHARD
**Prof., * 22.11.1897 in Erwitte,
† 22.11.1987 in Mainz**
Nachdem er am Ersten Weltkrieg teilgenommen hatte, studierte Offenberg bis 1925 Architektur an der Technischen Hochschule Darmstadt, absolvierte ein Praktikum bei dem Architekten Theodor Merrill in Köln und wirkte von 1925 bis 1928 als Assistent von Paul Schmitthenner in Stuttgart. 1928 bis 1930 arbeitete er im Berliner Baubüro der Siemens AG unter Hans Hertlein, danach war er wegen der Weltwirtschaftskrise arbeitslos und lebte in Arnsberg. 1933 erhielt er einen Lehrauftrag als Vertreter des einflußreichen Hochschullehrers und Stadtplaners Heinz Wetzel in Stuttgart und wurde dann als Städtischer Baudirektor nach Bremen berufen, wo er bis 1942 wirkte und die Architektur in Bremen wesentlich prägte; unter

Brunnenstele in der GEWOFAG-Siedlung in München

Autobahn-Rasthaus am Chiemsee

seiner Verantwortung entstand 1939 die Westbrücke über die Weser. 1942 erfolgte die Berufung Offenbergs zum Leiter der Hochschule für Baukunst und bildende Künste Weimar; in dieser Zeit leitete er auch den Arbeitskreis Baugestaltung Thüringen. 1948 übernahm er die Position des Referenten für Städtebau und Landesplanung bei der Landesregierung von Rheinland Pfalz und wurde Städtebaureferent im rheinlandpfälzischen Ministerium für Finanzen und Wiederaufbau, wo er bis zum Ministerialdirigenten aufstieg. Während dieser Zeit beteiligte er sich auch an großen Wettbewerben, beispielsweise in Bonn (Auswärtiges Amt, Beethovenhalle), Köln (Domumgebung), Kassel (Stadttheater), Bremen (Marktplatz) und Pirmasens (Messe). Von 1960 bis 1967 war Offenberg Chefarchitekt der Bauabteilung des Volksbundes Deutsche Kriegsgräberfürsorge.

PAUL, BRUNO
* 19.1.1874 in Seifhennersdorf in der Lausitz, † 17.8.1968 in Berlin

Nach dem Abitur kam Paul zuerst dem Wunsch seines Vaters nach und besuchte das Friedrichstädter Lehrerseminar in Dresden. Als er endlich seinen Vater von seinem künstlerischen Talent überzeugt hatte, konnte er von 1892 bis 1894 an der Kunstakademie Dresden Malerei studieren und setzte danach seine Ausbildung an der Akademie der bildenden Künste in München bei dem Maler und Gründungsmitglied der „Münchener Secession" Paul Hoecker fort, wo er selbst 1897 als Mitgründer der Vereinigten Werkstätten für Kunst im Handwerk in Erscheinung trat. Gleichzeitig erschienen in der satirischen Wochenzeitschrift „Simplicissimus" erste Zeichnungen von Paul. 1900 errang er auf der Weltausstellung in Paris Goldmedaillen. Im Jahre 1906 begann er seine langjährige Lehrtätigkeit an der Unterrichtsanstalt des Kunstgewerbemuseums in Berlin, 1910 übernahm er die künstlerische Leitung der deutschen Abteilung auf der Weltausstellung in Brüssel; 1919 wurde Paul Mitglied der Preußischen Akademie der Künste, 1924 wurde er zum Direktor der Vereinigten Staatsschulen für freie und angewandte Kunst in Berlin berufen. Mittlerweile hatte er bereits ein umfangreiches Werk nicht nur als Architekt, sondern auch als Innenarchitekt, Designer und Karikaturist vorzuweisen. Er hatte Hunderte von Karikaturen für den „Simplicissimus" geschaffen, kostspielige Luxusmöbel sowie typisierte Möbel für die industrielle Fertigung entworfen und wurde Hausarchitekt der Reederei Norddeutscher Lloyd, für die er mehrere Luxusliner ausstattete. Mit dem Haus Westend hatte Paul 1907 in Berlin seine erste Arbeitsprobe abgeliefert, in seinem Architekturbüro arbeitete 1907/08 Ludwig Mies van der Rohe, der später als einer der bedeutendsten Architekten der Moderne in die Geschichte einging. Paul unterhielt zusammen mit seinem Schwager Franz Weber ein Baubüro in Köln, das seine Projekte im Westen Deutschlands betreute. Weil darunter mehrfach repräsentative Landhäuser und Villen waren, hatte er bald den Ruf eines Architekten der Gesellschaft. Seine Bauten spiegeln seine Nähe zur Architekturströmung der „Neuen Sachlichkeit" wider und sind Zeugnis dafür, daß Bruno Paul ein Wegbereiter der modernen Zweckarchitektur war. Kurz vor der nationalsozialistischen Regierungsübernahme legte Paul sein Amt als Direktor der Vereinigten Staatsschulen für freie und angewandte Kunst nieder, im November wurde er aus seinen Funktionen bei den Vereinigten Staatsschulen für freie und angewandte Kunst entlassen, er konnte allerdings als Mitglied der Reichskammer der bildenden Künste weiterarbeiten und ein Architekturbüro in Berlin führen. 1935 schuf er für den Möbelfabrikanten und Sozialreformer Karl Schmidt-Hellerau das Anbaumöbelprogramm „Die wachsende Woh-

Bruno Paul

Haus Westend

nung", das noch bis etwa 1958 in den Deutschen Werkstätten Hellerau produziert wurde. 1937 wurde Bruno Paul aus der Preußischen Akademie der Künste ausgeschlossen. Trotzdem nannte ihn Meyers Lexikon (1940) einen „der stärksten Vorkämpfer des modernen Kunstgewerbes". Nach 1945 wirkte er zunächst in Frankfurt am Main und in Hanau und gründete dann 1951 ein Büro, das hauptsächlich Ingenieur- und Brückenbauprojekte bearbeitete. Nachdem 1955 seitens der Akademie der Künste seine Rehabilitierung erfolgt war, siedelte er 1957 nach Berlin über, wo er seinen Lebensabend verbrachte. Seine bedeutenden Leistungen waren bereits anläßlich seines 80. Geburtstages 1954 mit dem Großen Verdienstkreuz der Bundesrepublik Deutschland gewürdigt worden.

PINNAU, CÄSAR
* 9.8.1906 in Hamburg,
† 29.11.1988 ebd.

Pinnau, der als Sohn einer alteingesessenen Handwerkerfamilie geboren wurde, absolvierte nach der Schulausbildung im Passmannschen Institut ab 1921 eine Tischlerlehre in der väterlichen Werkstatt, danach arbeitete er als Tischlergeselle in seiner Heimatstadt und in Berlin. 1927 begann er mit dem Studium der Architektur und Innenarchitektur an der Berliner Kunstgewerbeschule, wechselte aber noch im selben Jahr nach München zur Staatlichen Hochschule für angewandte Kunst, wo auch der Bildhauer Josef Wackerle zu seinen Lehrern zählte. 1930 wurde er Mitarbeiter im Architekturbüro von Fritz August Breuhaus de Groot, zuerst bis 1932 in Düsseldorf, dann in Berlin. In diesen Jahren entwarf er hauptsächlich Repräsentationsvillen und Inneneinrichtungen, aber auch den Passagiertrakt des Luftschiffes LZ 129 „Hindenburg", dessen Klarheit und Zweckgebundenheit überzeugte. Die besondere Arbeitsqualität Pinnaus erregte auch die Aufmerksamkeit von Albert Speer, dem damaligen Generalbauinspektor für die Reichshauptstadt. Dieser vergab an den jungen Architekten, der sich mittlerweile selbständig gemacht hatte, zahlreiche Aufträge, beispielsweise die Renovierung des Reichspräsidentenpalais anläßlich des Staatsbesuchs von Mussolini, 1938 die Innengestaltung der Neuen Reichskanzlei und die Planung von Bauten für das Projekt Nord-Süd-Achse in Berlin Anfang der 1940er Jahre. 1944 wurde Pinnau von Speer in den Arbeitsstab für den Wiederaufbau bombenzerstörter Städte berufen. Seine Tätigkeit während des Dritten Reiches wurde Pinnau nach Ende des Zweiten Weltkrieges regelmäßig kritisch vorgehalten und brachte ihm viel Anfeindung ein, er blieb umstritten und galt weithin als „Naziarchitekt par excellence". Der Architekturtheoretiker Hartmut Frank trat der pauschalen Verurteilung Pinnaus mit klaren Worten entgegen und bemängelte das Fehlen eines differenzierten Umgangs; er konstatierte, daß eine kritische Würdigung Pinnaus Architektur immer noch aussteht und warnte vor der unbedachten Zurückweisung von Pinnaus gesamten Werk aufgrund seiner Berufstätigkeit im Dritten Reich. Nach 1945 gründete Cäsar Pinnau Architekturbüros in Frankurt am Main sowie Hamburg und konnte an seine erfolgreiche Zeit bei Breuhaus de Groot anknüpfen; er baute für eine wohlhabende Klientel Wohnhäuser und Villen oder übernahm deren Umbau und Ausstattung. Zahlreiche Villen an Alster und Elbe

Speisesaal im Luftschiff „Hindenburg"

Cäsar Pinnau

Olympic Tower in New York

Pinnaus Grab auf dem Ohlsdorfer Friedhof in Hamburg

sowie im Ausland zeigen noch heute neben seinem Bemühen um landschaftliche Einbindung durch Aufnahme lokaler historischer Bauformen und Materialien auch die für einen Teil seines Schaffens typische Variation klassizistischer und konservativer Idealtypen. Pinnau betätigte sich zunehmend auch im Bau von Industrie- und Verwaltungsgebäuden, wobei er sich bei der Gestaltung von den jeweiligen sachlichen Funktionsabläufen leiten ließ, wie zum Beispiel gut an dem 1959 fertiggestellten Verwaltungsbau der Reederei Hamburg-Süd an der Ost-West-Straße mit seiner gläsernen, gerasterten Vorhangfassade zu erkennen ist. Ein weiteres Betätigungsfeld fand Pinnau in den Jahren 1950 bis 1961 in der Innenausstattung zahlreicher größerer Schiffe. Mehrfach übernahm er entsprechende Aufträge auch für den griechischen Reeder Aristoteles Onassis, außerdem legte er für diesen 1975 erste Entwürfe des späteren „Olympic Tower" in New York vor.

PUTLITZ, ERICH ZU
* 1.2.1892 in Brahlstorf,
† 28.1.1945 in Hamburg

Erich zu Putlitz

Nach dem Besuch der Grundschule in Magdeburg durchlief zu Putlitz ab 1898 eine Steinmetzlehre und beteiligte sich an Restaurierungsarbeiten am Magdeburger Dom. 1908/09 besuchte er die Magdeburger Kunstgewerbe- und Handwerkerschule und arbeitete 1912/13 als Techniker bei den Marmorwerken in Kiefersfelden/Österreich, um danach ein Jahr als Assistent und Bühnenbildner am Düsseldorfer Schauspielhaus zu wirken. 1914 fertigte er einen Architekturentwurf für einen Anbau des Düsseldorfer Schauspielhauses, dies ist der älteste bekannte Entwurf aus seiner Hand. Im Ersten Weltkrieg diente er bis 1917 bei den Marinefliegern und war in Dresden stationiert. Von 1919 bis 1921 arbeitete zu Putlitz als Angestellter im Dresdener Architekturbüro Lossow & Kühne und beteiligte sich nebenberuflich an einigen internationalen Architekturwettbewerben, wobei er mehrfach Preisträger wurde. Es folgte ein zweijähriger Bulgarien-Aufenthalt, wo er in Sofia mehrere Bauprojekte realisierte, kehrte 1924 aber nach Deutschland zurück und wurde wegen seiner internationalen Erfolge im Hamburger Architekturbüro Klophaus und Schoch angestellt und später dort Partner. Aufgrund des Erfolges bei der Teilnahme am Wettbewerb für den Völkerbundpalast in Genf firmierte das Büro nunmehr unter der Bezeichnung „Architektengemeinschaft Klophaus, Schoch, zu Putlitz". Wegen der Weltwirtschaftskrise mußte die Architektengemeinschaft fast allen Angestellten kündigen und konnte das Büro nur in personell erheblich reduzierter Form weiterführen. 1933 bis 1945 firmierte die Architektengemeinschaft nach dem Austritt von Klophaus unter „Architektengemeinschaft zu Putlitz, Schoch", zu Putlitz wurde Mitglied der Reichskulturkammer und der NSDAP. Im Dritten Reich beteiligte sich zu Putlitz mehrfach erfolgreich an Ausschreibungen für Staats- und Parteibauten und konnte immer wieder mit spektakulären Wettbewerbserfolgen brillieren. Als Architekt mußte zu Putlitz sich in dieser Zeit nicht verbiegen, da sich seine Architekturauffassung mit den propagierten Stilen gut vertrug, so daß er seine Architektursprache auch nach 1933 nicht änderte. Deutliche Veränderungen sind lediglich bei den Hamburger Siedlungsbauten des Büros zu erkennen, die sich in ihrer unspektakulären, normgerechten Erscheinung der neuen Konvention und den veränderten regelnden Gestaltungsvorgaben anpaßten. Am 7. Februar 1937 lehnte zu Putlitz das Angebot des Stralsunder Oberbürgermeisters Dr. Werner Stoll ab, dort städtischer Baurat zu werden. Er nahm im April 1937 bei der Berliner Ausstellung „Gebt mir vier Jahre Zeit" mit den Modellen der Akademie der Reichsjugendfüh-

Ehrenhalle der HJ-Akademie in Braunschweig

rung und der Festhalle auf Rügen teil, im Januar 1938 folgte die Teilnahme an der ersten Architekturausstellung im Haus der Deutschen Kunst, ebenfalls mit den beiden Modellen. Ab 1944 führten zu Putlitz und Schoch wegen der Ausbombung ihres Büros die Arbeit in ihren Privathäusern weiter.

REITTER, OTTO
*** 20.10.1896 in Salzburg,
† 25.11.1958 ebd.**
Reitter ging nach dem Besuch der Realschule in Salzburg 1914 gleich zum Militär, zuerst leistete er als Einjährig-Freiwilliger im k.u.k. Feldkanonenregiment Nr. 8 in der Gegend von Rovetero seinen Dienst, um dann ab 1915 bis Kriegsende als Artillerie- und Fliegeroffizier zu dienen. 1918 absolvierte er eine viermonatige Holzfachschulausbildung in Hallein und studierte 1919/20 Architektur an der Wiener Kunstgewerbeschule bei dem Bühnenbildner und Architekten Oskar Strand, der zusammen mit Josef Frank die sogenannte Wiener Schule der Architektur prägte. Danach setzte Reitter sein Studium in München an der Kunstgewerbeschule fort, wo er sich mit seinem Kommilitonen Hermann Giesler anfreundete, der 1938 von Adolf Hitler zum Professor und zum Generalbaurat für die Neugestaltung der „Hauptstadt der Bewegung" München ernannt wurde. 1921/22 erkrankte Reitter schwer an Tuberkulose und Morbus Bechterew, so daß er nach Salzburg zurückkehren mußte. Dort heiratete er und hatte mit seiner Ehefrau Herta geb. Peyrer-Heimstätt vier Kinder, von denen eines kurz nach der Geburt verstarb. Fortan arbeitete er in der Tapezierer-Werkstatt seines Vaters, bis seine Tuberkulose erneut ausbrach, wodurch er seine drei Kinder ansteckte. Sodann wirkte er als selbständiger Architekt und übernahm vorwiegend die Innenausstattung bekannter Salzburger Gaststätten sowie Entwürfe für Kleinwohnhäuser. Von 1938 bis 1945 arbeitete Reitter in einer Arbeitsgemeinschaft mit Otto Strohmayr, deren Büro sich in Salzburg befand. Das Büro erhielt folgende Aufträge des Reichsstatthalters und Gauleiters von Salzburg Friedrich Rainer: Umbau des Schlosses Kleßheim, Entwürfe für ein Festspielhaus einer Gauanlage auf dem Imberg (Kapuzinerberg) sowie ein Hotel auf dem Bürgelstein, Ausstattung der Gauschulungsburg Hohenwerfen, Entwürfe für den Mirabell- und Makartplatz. Nach 1945 schuf Reitter meist Entwürfe für Kleinwohnhäuser sowie die Innenausstattung für bekannte Salzburger Gaststätten.

Schloß Kleßheim wurde von Otto Reitter umgebaut.

RIMPL, HERBERT
Prof. Dr., * 25.1.1902 in Malmitz/ Schlesien, † 2.6.1978 in Wiesbaden
Rimpl besuchte das Realgymnasium im böhmischen Kaaden und begann anschließend im Jahre 1922 das Architekturstudium an der Technischen Hochschule München, das er 1926 erfolgreich abschloß. Anschließend arbeitete er etwa ein Jahr bei der Rhein-Main-Donau AG, um danach zur Oberpostdirektion Augsburg in die Hochbauverwaltung zu wechseln. Im Mai 1929 übernahm Rimpl für den Kölner Dombaumeister Dominikus Böhm die Leitung von dessen Zweigbüro im oberschlesischen Hindenburg, wo Böhm nach einem Gutachten für das Kamillianer-Kloster mehrere große Aufträge erhalten hatte. Rimpl betreute außer dem Kloster und der dortigen Provinzialbank ab 1930 den Bau der St. Josef-Kirche, die 1932 fertiggestellt wurde. Da weitere Aufträge ausblieben, mußte Böhm sein Zweigbüro wieder schließen, weshalb Rimpl sich nun als selbständiger Architekt versuchte. 1934 erhielt er nach einem Wettbewerbserfolg den Auftrag für den Bau des neuen Heinkel-Flugzeugwerkes in Rostock-Marienehe sowie für das Zweigwerk in Oranienburg, womit er zum wichtigsten Industriebauarchitekten des Dritten Reiches

Herbert Rimpl

aufstieg. Aufgrund der engen Kontakte der Heinkel-Werke zum Reichsluftfahrtministerium wurde Hermann Göring, der unter anderem auch „Reichsbeauftragter für den Vierjahresplan" war, auf Rimpl aufmerksam und vergab 1937 an diesen den Auftrag zum Aufbau der Hermann-Göring-Stahlwerke samt zugehöriger Werkssiedlungen im heutigen Salzgitter; geplant war die Verhüttung von Eisenerz in 32 Hochöfen, bis zum Kriegsende waren zwölf fertiggestellt. Das Unternehmen war 1944 mit 228 Betrieben der größte europäische Stahlkonzern. Im Jahre 1940, als Rimpl mit einer Arbeit über die städtebauliche Entwicklung der Stadt Eger promoviert wurde, übernahm er noch die Funktion als Baudirektor der Montanblock-Baustab GmbH und war nun auch zuständig für den europaweiten Bau von Industrie- und Wohnanlagen, beispielsweise in Linz, Steyr und Treysen für die Alpine Montan, die Krupp-Werke in Breslau oder CASA Aeronautica Madrid; zeitweise arbeiteten in seinem Büro an die 700 Mitarbeiter. Rimpl wurde von Albert Speer 1942 zum Leiter der Prüfstelle für Großbauvorhaben ernannt und auch in dessen Wiederaufbaustab aufgenommen, wo er Planungen für Friedrichshafen, Remscheid und Wuppertal erarbeitete. Im Jahre 1943 verlieh Adolf Hitler dem exponierten Baumanager den Professoren-Titel. Nach dem Kriege eröffnete Rimpl wieder ein Architekturbüro, mit welchem ihm schnell der Aufstieg zu einem der wichtigsten Architekten Wiesbadens gelang und das er bis zu seinem Tode selber führte. 1948 wurde er im Entnazifizierungsverfahren als „unbelastet" eingestuft. In den folgenden Jahren war er vorwiegend im Verwaltungsbau sowie im Sakralbau tätig. Mit seiner auf dem Neuen Bauen der 1920er und auf Tendenzen der Baurationalisierung der 1930er Jahre basierenden Architekturauffassung konnte Herbert Rimpl das Bauwesen unseres Landes maßgeblich prägen.

Hochofen der Hermann-Göring-Werke in Salzgitter

ROSSKOTTEN, HEINRICH
Dr. h.c., * 29.5.1886 in Dortmund, † 5.6.1972 in Düsseldorf

Nach dem Architekturstudium an den technischen Hochschulen von München und Berlin-Charlottenburg begann Rosskotten seinen Berufsweg in der Preußischen Staatsbauverwaltung und ging 1913 als Regierungsbaumeister in den Reichsdienst. Im Ersten Weltkrieg trug er im Preußischen Kriegsministerium die Verantwortung für den Luftschiff- und Flughallenbau. Nachdem er 1920 in die Reichsbauverwaltung berufen worden war, leitete er im Auftrag des Auswärtigen Amtes den Bau von Gebäuden in verschiedenen Ländern. Ab 1921 ging er schrittweise den Weg in die Selbständigkeit und unterhielt in Düsseldorf als Partner ein gemeinsames Büro mit Fritz August Breuhaus, das einige Zechenbauten und -siedlungen für die Rheinisch-Westfälische Montanindustrie plante und baute. Er blieb aber formal im Staatsdienst, aus welchem er dann 1923 mit der Amtsbezeichnung Regierungsbaurat ausschied. Von 1928 bis 1947 bildete Rosskotten eine Bürogemeinschaft mit Karl Wach, der später eine Professur für Architektur an der Kunstakademie Düsseldorf übernahm. Zeitweise war Rosskotten als Lehrer an der Kunstgewerbeschule Prag tätig. Von 1947 an arbeitete er allein, bis er dann ab 1958 mit den Architekten Prof. Edgar Tritthart und Josef Clemens ein erfolgreiches Büro führte. Außerdem fungierte Heinrich Rosskotten von 1948 bis 1952 als erster Vorsitzender der Landesgruppe Nordrhein-Westfalen des Bundes Deutscher Architekten und damit als Präsidiumsmitglied dieses Bundesverbandes. Die Rheinisch-Westfaelische Technische Hochschule Aachen verlieh Rosskotten 1953 die Ehrendoktorwürde.

Allianzgebäude in Köln

ROTH, WERRY
* 17.5.1885 in Berlin, † 3.1.1958 ebd.

Lebensdaten waren kaum zu ermitteln, lediglich folgendes: Roth war spezialisiert auf Theaterbauten und

Das Dessauer Theater

baute beispielsweise 1938 das Dessauer Theater, damals mit 1.250 Sitzplätzen die größte Bühne nördlich der Alpen. Er wurde 1944 Landesleiter der Berliner Reichskammer der bildenden Künste. Er war nach dem Zweiten Weltkrieg Mitautor des Kommentars zum Vertragsrecht und zur Gebührenordnung für Architekten, der mehrere Auflagen erlebte. Beispiele seiner Bauten in Berlin: St.-Johanniskirche, die nach Kriegszerstörungen 1952 bis 1957 wieder aufgebaut wurde, Architekten: Otto Bartning und Werry Roth; Hochhaus des Bausenators, das 1952 bis 1955 auf einem Kleingartengelände gebaut wurde (18 Geschosse, Höhe 62 Meter), Architekten: Werry Roth mit Richard von Schuberth, heute Sitz der Senatsverwaltung für Stadtentwicklung und Umwelt.

RUFF, FRANZ
**Prof., * 1906 in Straubing,
† 1979 in Prien am Chiemsee**

Ruff wurde als Sohn des Architekten Ludwig Ruff geboren, studierte ebenfalls Architektur und übernahm danach überwiegend Aufträge nationalsozialistischer Entscheidungsträger. 1932 baute er das sogenannte „Braune Haus" in München und 1935 direkt daneben das Gauhaus Franken, in dem regelmäßig Gauleiter Julius Streicher abstieg. 1936/37 plante Ruff einen Erweiterungsbau für das Hotel Deutscher Hof, in dem Hitler residierte, wenn er Nürnberg besuchte. Hier entstand auch Ruffs größtes Bauprojekt, die von 1937 bis 1939 erbaute SS-Kaserne. Als sein Vater starb, übernahm Franz Ruff auch dessen Großbauprojekt, die Kongreßhalle auf dem Reichsparteitagsgelände in Nürnberg. Nachfolger seines Vaters war er bereits 1934 als Dozent an der Staatsschule für angewandte Kunst in Nürnberg geworden, an welcher er bis Kriegsende wirkte; nach deren Umwandlung zur Kunstakademie 1940 wurde Franz Ruff dort Professor. Seine steile Architektenkarriere resultierte wesentlich aus seiner engen Beziehung zu Hitler, der ihn häufig in seinem Atelier aufsuchte und mit ihm die Bauprojekte Kongreßhalle und SS-Kaserne diskutierte. Für Julius Streicher baute Ruff ab 1937 den Pleikershof, einen achsensymmetrischen Dreiseithof monumentalen Ausmaßes im sogenannten Heimatschutzstil. Ruff gehörte gemeinsam mit seinem Vater sowie Paul Ludwig Troost und Albert Speer zu den bekanntesten Architekten des Dritten Reichs, die mit ihren stilbildenden Repräsentationsbauten diese Epoche prägten. Nach dem Ende des Zweiten Weltkrieges wurde Ruff in seinem Entnazifizierungsverfahren als „Mitläufer" eingestuft und arbeitete weiter als Architekt, unter anderem schuf er die Tribüne des Fußballstadions des 1. FC Nürnberg.

Franz Ruff

Westliches Gebäude des Pleikershofs

Nürnberger Kongreßhalle heute

SCHMIDT, ERHARD

Lebensdaten konnten nicht ermittelt werden, lediglich folgendes: am 10. März 1941 wurde ihm das Recht verliehen, sich „Beauftragter Architekt des Generalbauinspektors" zu nennen. Er wohnte und wirkte in Berlin, die Akten des Bundesarchivs nennen als seine Bauprojekte Schauspielhaus, Großkino, Varieté und Operettentheater am Platz um den Triumphbogen.

SCHMITTHENNER, PAUL
Prof. Dr. h.c., * 15.12.1884 in Lauterburg/Elsaß, † 11.11.1972 in München

Der spätere Architekt des Heimatschutzstils und Hochschullehrer besuchte das humanistische Gymnasium Schlettstadt und studierte anschließend von 1902 bis 1907 Architektur an den Technischen Hochschulen Karlsruhe und München. Seine erste Anstellung fand er im Hochbauamt von Colmar/Elsaß, 1909 wechselte er in das Büro des Architekten und bedeutenden Jugendstilkünstlers Richard Riemerschmidt, um dann im Jahre 1911 erstmals als selbständiger Architekt zu arbeiten. Er wirkte nun als leitender Architekt der Gartenstadt Carlowitz in Breslau. Ab 1913 war er bis 1918 als städtebaulicher Planer für die Gartenstädte in Forstfeld bei Kassel, Plaue bei Brandenburg und Staaken tätig, allerdings kriegsbedingt unterbrochen durch Kriegsdienst und Dienst beim Chef der Zivilverwaltung zur Organisation der Kurland-Schau. Die Fachwelt konnte er bei seiner Gartenstadt-Tätigkeit besonders durch die hohe Qualität der räumlichen Anlage und der Hausformen überzeugen. Schmitthenner wurde auch durch zahlreiche Publikationen über die „deutsche Volkswohnung" bekannt, die zwar preiswert, aber trotzdem qualitätsvoll und mit handwerklich gut gestaltetem Mobiliar ausgestattet sein sollte; außerdem ließ er in seine Schriften auch bodenreformerische Aspekte mit einfließen. 1918 wurde er als Professor für Baukonstruktion und Entwerfen an die Technische Hochschule Stuttgart berufen, wo er bis 1945 lehrte. 1928 war er Mitbegründer der Architektenvereinigung „Der Block", die von konservativen Berufskollegen als Gegenpol zu der 1924 von Vertretern der Moderne ins Leben gerufenen Architektenvereinigung „Der Ring" gedacht war. Im Jahre 1931 erhob ihn die Technische Hochschule Dresden zum Ehrendoktor, außerdem wurde er Mitglied der Preußischen Akademie der Künste Berlin und der Akademie der bildenden Künste Wien sowie der Kunstakademie München. 1932 veröffentlichte Schmitthenner sein Buch „Das deutsche Wohnhaus". Nach seinem Eintritt in die NSDAP wurde er auf einen Lehrstuhl an der Technischen Hochschule Berlin-Charlottendorf berufen und sollte die Staatshochschule für Kunst sowie das Referat für Kunsterziehung im Reichsministerium leiten. Er wies das Angebot allerdings ab und geriet in Opposition zur NSDAP. 1941 erregte er Aufsehen mit seinem Vortrag „Das sanfte Gesetz in der Kunst, in Sonderheit in der Baukunst", da er sich damit gegen die gängige Monumentalarchitektur wandte. Meyers Lexikon attestierte ihm 1942, daß er sich „stets an das Bodenständige der deutschen Bauweise" gehalten habe. Nachdem 1944 sowohl die Technische Hochschule Stuttgart als auch sein privates Hochhaus ausgebombt worden waren, zog er in einen Seitenflügel des Schlosses Kilchberg bei Tübingen und hielt dort seine Vorlesungen ab. Nach Kriegsende wurde er auf Veranlassung der amerikanischen Militärregierung als Hochschullehrer entlassen; obwohl im Spruchkammerverfahren als „Entlasteter" rehabilitiert, scheiterte die erstrebte Rückkehr auf seine Professur. In den Folgejahren wurde Schmitthenner für sein Schaffen jedoch hoch geehrt: 1949 wurde er Mitglied der Bayerischen Akademie der Schönen Künste, 1952 wurde ihm die Ehrenbürgerschaft seines Wohn-

Paul Schmitthenner

ortes Kilchberg bei Tübingen und der Orden Pour le Mérite verliehen, 1954 machte man ihn zum Ehrenmitglied der Deutschen Akademie für Städtebau und Landesplanung, 1955 wurde er Ehrendoktor der Technischen Hochschule Dresden, und 1964 verlieh man ihm das Große Verdienstkreuz mit Stern der Bundesrepublik Deutschland. Als ihn ein schweres Augenleiden traf, siedelte er zu seinem Sohn nach München über, wo er schließlich erblindet im hohen Alter von 87 Jahren verstarb.

SCHULTE-FROHLINDE, JULIUS
Prof., * 26.5.1894 in Bremen,
† 20.11.1968 in Düsseldorf

Nach dem Abitur studierte Schulte-Frohlinde zuerst in München, dann in Stuttgart Architektur. Da er als Soldat am Ersten Weltkrieg teilnahm, konnte er sein Studium erst nach Kriegsende abschließen und arbeitete danach als Assistent bei seinem bisherigen Hochschullehrer Paul Bonatz und in dessen Architekturbüro. Etwa ab 1925 wirkte Schulte-Frohlinde unter dem Kölner Stadtbaudirektor Adolf Abel im dortigen Hochbauamt, wo er 1928 unter anderem am Entwurf der Staatenhalle der Pressa-Ausstellung beteiligt war, die mit ihrer monumentalisierenden Backstein-Architektur einen konservativen Kontrapunkt zu den auch in Köln wachsenden Tendenzen des Neuen Bauens setzte. 1929 wurde Schulte-Frohlinde als städtischer Baurat nach Nürnberg verpflichtet, wo er kommunale Bauten wie das Pathologische Institut oder das Gaswerk entwarf. Durch seine dienstliche Position kam es über die Planung des Reichsparteitagsgeländes ab 1933 auch zu Kontakten mit Albert Speer. Auf dessen Empfehlung wurde Schulte-Frohlinde 1934 stellvertretender Leiter des Amtes „Schönheit der Arbeit der Deutschen Arbeitsfront (DAF)" und baute dort eine Bauabteilung auf, deren Leitung er 1936 übernahm. Zu seinen Aufgaben gehörten Bauten wie etwa die NS-Schulungsburgen Erwitte und Saßnitz, DAF-Verwaltungsgebäude aber auch Ausstellungen oder die Planung des Kraft durch Freude-Seebades in Prora auf Rügen. Später wurde der Wohnungs- und Wohnsiedlungsbau zu seiner zentralen Aufgabe; er entwarf zum Beispiel die Mustersiedlung Mascherode, die in Braunschweig entstand und mit ihrer Mischung von Siedlerstellen, Einfamilien- und Reihenhäusern und deren Gliederung um einen zentralen Platz auf traditionelle Dorfanlagen zurückblicken läßt und damit „exemplarisch das politische Ideal der Bindung an die heimatliche Scholle architektonisch formuliert". Schulte-Frohlinde forcierte auch die Rationalisierung des Wohnungsbaus und ließ Konstruktionsblätter fertigen, die mit Grundrißtypen und Musterfassaden als Schablone weiterer Siedlungen gedacht waren, außerdem meldete er sich auch häufig mit Fachpublikationen zu Wort, kurz: Schulte-Frohlinde prägte das Bauen im Dritten Reich ganz erheblich und gehörte zweifelsfrei zu dessen führenden Architekten. 1943 ernannte Adolf Hitler ihn zum Professor der Technischen Hochschule München.
Nachdem der Star-Architekt von 1939 bis 1943 (zuletzt als Major) bei der Luftwaffe am Zweiten Weltkrieg teilgenommen hatte, übernahm er in München den Lehrstuhl des am 30. Juni 1942 verstorbenen Ordinarius German Bestelmeyer, den er jedoch nach 1945 politisch bedingt räumen mußte. Albert Speer holte ihn als Berater in seinen Arbeitsstab für den Wiederaufbau bombenzerstörter Städte, wo er die Planung für den Wiederaufbau von Bonn übernahm. Nach 1945 ging

Julius Schulte-Frohlinde

Festhalle der Schulungsburg Erwitte

Altstadtrathaus in Düsseldorf

Schulte-Frohlinde zurück in seine Heimatstadt Bremen, wo er erfolgreich als freier Architekt arbeitete, auch den Vorsitz der Ortsgruppe des Bundes Deutscher Architekten übernahm und mit den verschiedensten Bauten einen erheblichen Anteil am Wiederaufbau Bremens hatte. Später wurde er auf Empfehlung seines Berufskollegen Friedrich Tamms, den er aus dem Wiederaufbaustab Speers kannte, als Leiter des städtischen Hochbauamtes nach Düsseldorf gerufen, was unter der dortigen Architektenschaft und in der Öffentlichkeit zu erheblichen Widerständen führte, weil man ihm seine Berufstätigkeit im Dritten Reich und seine konservative Baugesinnung vorwarf. Schulte-Frohlinde blieb jedoch trotzdem bis zur Erreichung des Pensionsalters in seiner Leitungsfunktion und prägte durch die von ihm verantworteten öffentlichen Bauten das Bild der Stadt. Nach seiner Pensionierung kehrte er zurück nach Bremen. Schulte-Frohlinde ist mit seinen traditionalistisch gestimmten Bauwerken ein charakteristischer Vertreter der konservativen Weiterentwicklung der seit Beginn des 20. Jahrhunderts einsetzenden Reformtendenzen.

SEIFERT, ALWIN
**Prof., * 31.5.1890 in München,
† 27.2.1972 in Dießen am Ammersee**

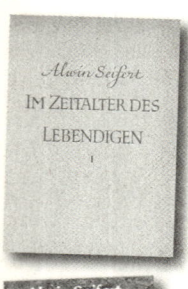

Der als Sohn eines Bautechnikers geborene Seifert studierte nach einer Maurerlehre ab 1909 Architektur an der Technischen Hochschule München und arbeitete nach dem Diplom im Jahre 1913 einige Zeit als Hochschulassistent. Da es damals den Studiengang der Landschaftsarchitektur noch nicht gab, bildete er sich autodidaktisch zum Landschaftsarchitekten aus und arbeitete als freier Garten- und Bauarchitekt. Nach dem Ersten Weltkrieg war er ehrenamtliches Mitglied im Bauausschuß des Bayerischen Landesvereins für Heimatschutz. Durch seine 1934 erfolgte Berufung zum Berater für Fragen der landwirtschaftlichen Eingliederung beim Autobahnbau knüpfte er engere Kontakte zu nationalsozialistischen Entscheidungsträgern und versuchte daher, bei diesen seinen Einfluß zugunsten von Natur- und Landschaftsschutz geltend zu machen. In diesem Zusammenhang veröffentlichte er auch Artikel, wie etwa in seiner Schrift „Die Versteppung Deutschlands", in der er die Schaffung eines Generalinspekturs für das deutsche Wasserwesen mit entsprechendem Forschungsinstitut forderte. Seifert wurde wegen Verunglimpfung des Reichsarbeitsdienstes angeklagt, konnte sich aber trotzdem weiterhin erfolgreich für alternative Wasserbaumethoden einsetzen. Im Jahre 1936 wurde er Lehrbeauftragter für Gartengestaltung und

Alwin Seifert

landwirtschaftliches Bauwesen an der Technischen Hochschule München und übte diese Tätigkeit bis 1944 aus; seine Ernennung zum Professor erfolgte am 20. April 1938. Geraume Zeit vorher war er bereits in den Stab des Generalinspektors für das Straßenbauwesen Dr. Fritz Todt berufen worden und wurde am 31. Mai 1940 zum Reichslandschaftsanwalt des Generalinspekturs für das deutsche Straßenwesen ernannt. Als einflußreicher Berater Todts sorgte er maßgeblich dafür, daß die obersten Bauleitungen der Reichsautobahnen jeweils einen eigenen Landschaftsanwalt bekamen, der bereits in die Vorplanung der Autobahnen eingebunden wurde und die Belange des Natur- und Landschaftsschutzes effizient einbringen konnte. Seifert selbst berief Landschaftsarchitekten, Pflanzensoziologen und Naturschützer, um seine bahnbrechenden Vorstellungen optimieren zu können. Er sorgte unter anderem dafür, daß die künftigen Autobahntrassen nach dem Konzept der potentiellen na-

Reichsautobahn – möglichst harmonisch eingebettet in die Landschaft

türlichen Vegetation des Pflanzensoziologen Reinhold Tüxen kartiert wurden; diese Maßnahme sollte als Basis für eine naturgemäße Bepflanzung dienen. Weitere Strömungen, die Seifert bei seiner Arbeit in den Vordergrund stellte, waren der naturnahe Wasserbau und der biologisch-dynamische Landbau, wodurch er zu einem der Gründerväter der Ingenieurbiologie wurde. Nach dem Zweiten Weltkrieg wurde er in seinem Entnazifizierungsverfahren zuerst als „Mitläufer", in einem Berufungsverfahren als „Widerständler" eingestuft. Er wurde auf den Lehrstuhl für Landschaftspflege, Landschaftsgestaltung sowie Straßen- und Wasserbau an der Technischen Hochschule München berufen und fungierte von 1958 bis 1963 als Bundesleiter des Bundes Naturschutz in Bayern, unter dessen maßgeblicher Beteiligung später der Bund für Umwelt und Naturschutz Deutschland (BUND) gegründet wurde. Sein Schaffen wurde durch die Ehrenmitgliedschaft der Universität Innsbruck, 1960 mit dem Fritz-Schumacher-Preis der Universität Hannover und 1961 mit der Verleihung des Großen Bundesverdienstkreuzes geehrt. Der Landschaftsgestalter und Naturschützer Alwin Seifert hinterließ mit seinem umfassenden Gesamtwerk wegweisende Grundlagen für die Ökologiebewegung und den ökologischen Landbau.

SEEGER, HERMANN
Prof. Dr.-Ing. habil.
Lebensdaten konnten nicht ermittelt werden, lediglich folgendes: Der Architekt wurde 1941 mit der Aufstokkung der Technischen Hochschule Berlin beauftragt.

STROHMAYR, OTTO
* 21.7.1900 in Hallein/Salzburg,
† 25.4.1945 in Au bei Hallein
Der Sohn eines städtischen Rechnungsbeamten und späteren Amtsdirektors absolvierte die vierjährige Baufachschule in der Salzburger Fachgewerbeschule, die er am 14. Februar 1920 mit der Reifeprüfung abschloß. Ab Oktober 1923 ging er nach Wien an die Akademie der bildenden Künste, wo er bis Juli 1926 Architektur studierte. Kurzzeitig arbeitete er in dem Büro des Frankfurter Architekten Ernst Balser, kehrte aber im Sommer 1928 nach Salzburg zurück und übernahm den Auftrag für den Umbau der dortigen Zipfer-Bierhalle. Vermutlich wegen der schlechten Auftragslage in Salzburg ging er im Herbst 1929 wieder nach Wien und arbeitete bei einer Baufirma. Strohmayr besuchte als außerordentlicher Hörer die Technische Hochschule und legte am 20. Juni 1930 die Prüfung in Verfassungs- und Verwaltungsrecht ab, was die Voraussetzung für die Zulassung als Zivilarchitekt war. Am 26. Juli bestand er die Prüfung in Betriebswirtschaft. Am 2. Februar 1931 erhielt er vom Amt der Wiener Landesregierung die Zulassung als Zivilarchitekt. Bereits im Herbst 1930 hatte er den Auftrag für den Umbau der Kirche Seeham erhalten, diese Arbeiten schloß er zur vollsten Zufriedenheit seiner Auftraggeber bis Mai 1932 ab. Ein schöner Erfolg war für ihn sein preisgekrönter Entwurf für ein Siedlungshaus in der Salzburger Siedlungsausstellung von 1933, in der Folge arbeitete er als selbständiger Architekt in Salzburg. Mit dem Österreich-Anschluß begann im März 1938 für Strohmayr

Das Zipfer-Bierhaus in Salzburg heute

eine steile Karriere als Architekt. Am 1. Juli 1938 wurde er mit der Mitgliedsnummer A23704 bzw. M28698 in die Reichskammer der bildenden Künste eingeschrieben. In den Jahren darauf folgte die Registrierung in der Fachgruppe der Architekten, in der Genossenschaft der bildenden Künstler Salzburgs sowie in der Fachgruppe der Maler und Graphiker. Die mit Otto Reitter für den Wettbewerb der Berliner Hochschulstadt 1937 eingegangene Bürogemeinschaft schien zu fruchten und schuf die besten Voraussetzungen für den ersten Regierungsauftrag: Die Ausschmückung der Stadt für den Einzug Hitlers. Im März 1939 wurde Strohmayr zum Siedlungsplaner für den gesamten Gau Salzburg ernannt. Strohmayrs Ziel, mit Planungen großer Bauaufgaben betraut zu werden, war damit erreicht, und für ihn bot sich nun die Möglichkeit, eigenverantwortlich und unabhängig große Bauten zu planen, was nicht nur eine Fülle an Arbeit bedeutete, sondern vor allem ein hohes Ansehen brachte. Einen Rückschlag seines beruflichen Aufstiegs erlitt Strohmayr im Herbst 1943. Seine „uk"-Stellung konnte nicht länger beibehalten werden, und er wurde am 13. September 1943 zur Wehrmacht, in die Kaserne nach Lochau (Vorarlberg), als Kraftfahrer einberufen. Auch nun hielt er den Kontakt zu seinem Büro in Salzburg, um damit die Planungen weiterzuführen. Im Dezember 1943 wandte sich Strohmayr mit einem Schreiben persönlich an Hermann Giesler, daß er wohl als Kraftfahrer nicht richtig eingesetzt und er bemüht sei, innerhalb der Organisation Todt ein Tätigkeitsfeld zu finden. Dies gelang ihm schließlich auch, so daß er Mai 1944 als Soldat ausschied und schließlich als Mitarbeiter in die Organisation Todt übernommen wurde. Sein Einsatzort war Schloß Fürstenstein in Schlesien, das im Rahmen des „Projektes Riese" als Lager-, Aufenthalts- und Führungsort höherer und höchster Führungsstäbe ausgebaut wurde. Die Bauarbeiten begannen im Jahr 1943, wobei neben dem Umbau sowie der Neugestaltung des Schlosses noch eine riesige Bunkeranlage zu bauen war. Die Arbeiten waren im Februar 1945 abgeschlossen, und Strohmayr kehrte von Schlesien in seine Heimat zurück. Er wurde für die Sonderbaumaßnahme Obersalzberg eingesetzt und bekam von Giesler im April den mit einer „Dringlichkeitsbestätigung" versehenen Auftrag „für die Luftschutzsonderbaumaßnahmen Obersalzberg Gummidichtungen für Gastüren zu beschaffen", die im Rahmen des Notprogramms durchgeführt wurden. Kurz darauf, am 25. April 1945, starb Strohmayr auf dem Weg nach Hallein bei einem Bombenangriff. In seiner Todesanzeige stand: „Schmerzerfüllt geben wir die traurige Nachricht, daß mein lieber guter Mann, unser unvergeßlicher Sohn, Bruder, Schwager und Onkel Diplom-Architekt Otto Strohmayr im 45. Lebensjahr dem Terrorangriff am 25. April 1945 in Au bei Hallein zum Opfer gefallen ist."

TAMMS, FRIEDRICH
Prof., * 4.11.1904 in Schwerin,
† 4.7.1980 in Düsseldorf
Nach dem Besuch des Realgymnasiums studierte Tamms ab 1923 Architektur in München und wechselte 1926 zusammen mit seinem Kommilitonen Albert Speer an die Technische Hochschule Berlin-Charlottenburg. Nach seinem Studienabschluß arbeitete er einige Zeit im Berliner Brückenbauamt. Sein Studienfreund Speer beschäftigte ihn bei seinem ersten großen Auftrag, der Berliner Reichskanzlei. Im selben Jahr wurde er durch Vermittlung von Paul Bonatz für die Brückengestaltung neuer Reichsautobahnen tätig und 1935 zum beratenden Architekten bei der Organisation Todt berufen, wo er für Brücken und Bauten an Reichsautobahnen zuständig zeichnete. Gleichzeitig war Tamms auch Mitarbeiter des Generalbauinspektors für die Reichshauptstadt Speer und

Schloß Fürstenstein

fertigte hier mehrere Entwürfe für Großbauten des geplanten Ausbaus von Berlin. Während des Zweiten Weltkrieges war er ebenfalls für die Organisation Todt tätig und entwarf für Berlin, Hamburg und Wien acht Flakbunker für die Flugabwehr. Durch seine wichtigen Aufträge sowie durch publizistische Beiträge wie etwa „Das Große in der Baukunst" zählt er zu den führenden Architekten im Deutschen Reich. Durch Hitler wurde Tamms 1942 zum Professor für Entwerfen von Hochbauten an der Technischen Hochschule Berlin ernannt; 1943 holte Speer ihn in seinen Arbeitsstab für den Wiederaufbau bombenzerstörter Städte, und er plante in dieser Funktion für die Städte Aachen und Lübeck. Nach Kriegsende siedelte er zunächst nach Gartow bei Hannover über, um dort die Planungen für Lübeck fortzuführen. Seine Bemühungen, auf seinen Berliner Lehrstuhl zurückzukehren, scheiterte aus politischen Gründen ebenso wie die von Paul Bonatz angeregte Berufung als Stadtbaurat im türkischen Ankara, da er hierfür nicht die erforderliche Ausreisegenehmigung erhielt. Statt dessen wurde er als Leiter des Stadtplanungsamtes nach Düsseldorf gerufen, wo er maßgeblich am Wiederaufbau der Stadt mitarbeitete und 1948/49 einen Aufbauplan erarbeitete, der in der Öffentlichkeit hohe Anerkennung fand und 1950 beschlossen wurde. Wegen seines im Dritten Reich aufgebauten Beziehungsgeflechts, das er auch in seiner jetzigen Position pflegte, indem er befreundete Architekten förderte und beispielsweise die Berufung von Julius Schulte-Frohlinde als Hochbauamtsleiter massiv förderte, wurde er immer wieder angegriffen. Diese Berufung eskalierte zu dem sogenannten Düsseldorfer Architekturstreit, als Schulte-Frohlinde das neue Rathaus Düsseldorfs in beton konservativer Manier entwarf. Die Stadt entwickelte sich allerdings unter der Ägide Friedrich Tamms zu einem Zentrum der Nachkriegsmoderne und zum Tummelplatz modernistischen Städtebaus. Neben den städtebaulichen Arbeiten Tamms prägen besonders die von ihm entworfenen Brücken das Bild der Stadt. Seit 1954 war er städtischer Beigeordneter für Stadt- und Landesplanung, seit 1960 Dezernent für das gesamte Bauwesen Düsseldorfs. Als am 1. Dezember 1969 seine Dienstzeit endete, ließ er sich als freischaffender Planer nieder. 1970 wurde Friedrich Tamms mit dem Großen Bundesverdienstkreuz ausgezeichnet.

Friedrich Tamms

Flakturm in Wien

Bundesverdienstkreuz 1. Klasse

TESSENOW, HEINRICH
Prof., * 7.4.1876 in Rostock,
† 1.11.1950 in Berlin

Nach Mittelschule und einer Lehre arbeitete Tessenow zuerst in der Zimmereiwerkstatt seines Vaters, ging auf eine Baugewerkschule und studierte danach Architektur an der Technischen Hochschule München. Als er sein Studium abgeschlossen hatte, nahm er eine Lehrtätigkeit an verschiedenen Baugewerkschulen auf, bis er von 1909 bis 1911 als Assistent bei seinem ehemaligen Hochschullehrer Martin Dülfers an der Technischen Hochschule Dresden arbeitete. Danach wirkte er wieder als Lehrer, und zwar an den Deutschen Werkstätten Hellerau, der Gewerbeschule in Trier sowie der Kunstgewerbeschule Wien. 1920 erreichte ihn die Berufung als Professor der Akademie der Künste Dresden, ab 1926 wechselte er auf einen Lehrstuhl der Technischen Hochschule Berlin; hier lehrte er bis 1941 und war auch der Lehrer von Albert Speer. 1934 wur-

Heinrich Tessenow

de er Leiter einer Meisterklasse an den Vereinigten Staatsschulen für freie und angewandte Kunst. Nach dem Zweiten Weltkrieg kehrte Tessenow als Hochschullehrer an die Technische Universität Berlin zurück. Er zählte zu den wichtigsten Vertretern der Reformarchitektur und suchte den „Urtyp des Hauses"; zu diesem Zweck reduzierte er seine Bauten auf glatte Flächen und geometrische Grundformen. Insoweit näherte er sich dem Rationalismus an und beeinflußte den Architekturtheoretiker Le Corbusier und den bekannten Vertreter des Neuen Bauens Bruno Taut, der Tessenow einmal den „Vorreiter der Wohnhausbaureform" nannte. Die Reformierung des Wohnungsbaus war sein Herzensanliegen, wovon viele Gartenstadtentwürfe, Wohnhäuser und Schulen Zeugnis ablegen. Seine Entwürfe waren von schlichter Sachlichkeit geprägt, die Einbettung kostengünstiger Siedlerhäuser in einen kleinen Nutzgarten war ihm wichtig. Sein bekanntestes Bauwerk ist das Festspielhaus in Hellerau bei Dresden (auch als „Bildungsanstalt Jaques-Dalcroze" bekannt). In Berlin, Dresden-Hellerau, Magdeburg, Rostock und Trier sind mehrere Straßen und Wege nach ihm benannt. Zum Gedenken an den großen Architekten, Baumeister und Hochschullehrer wird seit 1963 alljährlich die Heinrich-Tessenow-Medaille an europäische Persönlichkeiten verliehen, „die Hervorragendes in der architektonischen, handwerklichen und industriellen Formgebung und in der Erziehung zu Wohn- und Baukultur geleistet haben, oder deren Wirken dem vielseitigen Lebenswerk Heinrich Tessenows entspricht".

Festspielhaus Hellerau

Grab von Heinrich Tessenow

demie der bildenden Künste in Wien. 1907 bildete Theiss mit Hans Jaksch eine sehr erfolgreiche Bürogemeinschaft, die 54 Jahre anhielt und in der Theiss primär für die Entwürfe und sein Partner für Organisation und Ausführung verantwortlich zeichneten. Während Jaksch als Soldat am Ersten Weltkrieg teilnahm und zeitweise in Kriegsgefangenschaft geriet, führte Theiss weiter ihr Büro und konnte Großaufträge wie etwa die Fliegerkaserne in der Wiener Neustadt abwickeln. Auch nach dem Ersten Weltkrieg blieb ihr Büro sehr erfolgreich, unter anderem planten und realisierten die beiden Architekten kommunale Bauten für das „rote" Wien; Theiss wurde außerdem 1919 Professor an der Technischen Hochschule Wien. Theiss und Jaksch begrüßten den Österreich-Anschluß von 1938 und traten beide in die NSDAP ein. Zu dieser Zeit befaßten sie sich auch mit Industrieanlagen der Molkereiwirtschaft. 1945 wurde Theiss wegen seiner NSDAP-Mitgliedschaft kurz der Technischen Hochschule Wien verwiesen, konnte aber schon Ende 1945 seine Lehrtätigkeit wieder aufnehmen. Auch danach konnten Theiss und sein Kollege sich mit ihrem Büro wieder erfolgreich etablieren, ein Beleg für ihre berufliche Qualifikation, auf die man über alle Regimewechsel des 20. Jahrhunderts hinweg in Deutschland und Österreich nicht verzichten konnte.

Siegfried Theiss

THEISS, SIEGFRIED
Prof. Dr. phil., * 12.11.1882 in Preßburg, † 24.1.1963 in Wien
Der als Sohn eines Mittelschullehrers geborene Theiss studierte von 1901 bis 1906 Architektur an der Technischen Hochschule und 1906/07 an der Aka-

TIEDJE, WILHELM
Prof., * 7.7.1897 in Hannover, † 29.3.1987
Tiedje studierte zuerst an der Technischen Hochschule Hannover und wechselte dann an die Technische Hochschule Stuttgart, wo er 1922 bei

Paul Bonatz sein Diplom machte. Anschließend blieb er noch drei Jahre als Assistent von Paul Schmitthenner an dieser Hochschule. Von 1925 bis 1931 arbeitete Tiedje im Hochbauamt der Stadt Köln, wo er die Entwurfsabteilung leitete, um dann als Professor zur Technischen Hochschule Stuttgart zurückzukehren. Ab 1937 arbeitet er als Mitarbeiter des Generalinspektors für das deutsche Straßenwesen an Brückenbauprojekten der Reichsautobahnen mit und wurde 1940 zum Gebietsarchitekten dieser Behörde ernannt; er entwarf unter anderem die Rheinbrücke Maximiliansau bei Karlsruhe. Nach dem Zweiten Weltkrieg konnte er seine Lehrtätigkeit fortsetzen, 1951 wechselte er aus der Architektur- in die Bauingenieurabteilung der Technischen Hochschule Stuttgart, an der er lehrte, bis er 1965 emeritiert wurde. Sein erfolgreiches Berufsleben wurde 1969 mit der Verleihung der Heinrich-Tessenow-Medaille und 1978 mit dem Verdienstkreuz 1. Klasse der Bundesrepublik Deutschland gewürdigt. Einige Beispiele seiner bekannteren Bauwerke: Kraftwerk Aitrach (1952), Stephanus-Kirche in Stuttgart-Giebel (1956–1958), Kirche in Eschental (1958–1960), Wiederaufbau des Wilhelmspalais in Stuttgart (1961–1965) oder Kurhaus in Bad Mergentheim (1964).

Glaustal-Viadukt (1960)

Haus Schwerthof in Köln

Architekturbüro von Peter Behrens und als Assistent für den Architekten und Hochschullehrer Carl Hocheder an der Technischen Universität München. Anschließend ließ er sich als freier Architekt in München nieder. 1913 trat er dem Deutschen Werkbund bei, der für eine sich vom Jugendstil emanzipierende Reformarchitektur stand. 1919 wurde er auf den Lehrstuhl für Bürgerliche Baukunst und Städtebau der Technischen Hochschule Aachen berufen, hier gab er wichtige Impulse sowohl für das Design von Möbeln als auch für den Städtebau. Einige seiner wichtigeren Bauten, die in der Weimarer Republik entstanden: Kongreß-Garage, Aachen (1924), Martin-Luther-Kirche, Ulm (1926–1928). 1937 trat Veil in die NSDAP ein und baute mehrere Heime der Hitler-Jugend in der Eifel (Lammersdorf, Mützenich, Schleiden), 1944 wurde er Gaubeauftragter für die Gestaltung deutscher Kriegsfriedhöfe, wurde im selben Jahr emeritiert und übersiedelte nach Ulm. Hier war er nach 1945 im baukünstlerischen Beirat der Stadt Ulm tätig.

VEIL, THEODOR
Prof., * 24.6.1879 in Mercara in Südindien, † 23.10.1965 in Ulm
Veil wurde als Sohn eines Missionars geboren und verbrachte den größten Teil seiner Jugend in Süddeutschland. Er studierte Architektur an der Technischen Hochschule München und machte dort 1903 sein Diplom. Danach arbeitete er im Stadtbauamt München, im

WACH, KARL
Prof., * 7.1.1878 in Höchst am Main, † 21.6.1952 in Düsseldorf
Wach absolvierte sein Architekturstudium an der Technischen Hochschule Hannover und legte 1905 die Diplom-Prüfung ab. Seine ersten beruflichen Stationen sind unbekannt, etwa um 1912 kam er nach Düsseldorf, wo er an

Düsseldorfer Matthäi-Kirche

der Kunstakademie Düsseldorf wirkte, ab 1918 als Professor. Spätestens seit 1919 war er Mitglied im Bund Deutscher Architekten. Von 1928 bis 1947 führte er eine Bürogemeinschaft mit Heinrich Rosskotten. In den 1920er und frühen 1930er Jahren gehörte er zu den Vertretern des Neuen Bauens in Düsseldorf. Eine kleine Auswahl seiner Entwürfe und Bauten: Gebäude der Neuen Kunstakademie Düsseldorf (1913), Verwaltungsgebäude der Phoenix A.G., Düsseldorf (1926/27), Bauten für die Plattbergschächte I/II des Steinkohlenbergwerkes Rheinland, Repelen (1928/30), Stahlskelettkirche Matthäi, Düsseldorf (1930/31), Wettbewerbsentwurf für den Neubau einer Reichsführerschule der NSDAP, München (1934), Verwaltungsgebäude Robert Zapp, Düsseldorf (1940/41).

WETZEL, HEINZ
**Prof., * 19.10.1882 in Tübingen,
† 14.6.1945 in Göppingen**

Wetzel war ab 1919 Leiter des Stuttgarter Stadterweiterungsamtes, erhielt 1925 einen Ruf als Professor für Städtebau und Siedlungswesen an die Technische Hochschule Stuttgart, wo er bis 1945 lehrte. Noch in seinen letzten Lebensjahren konnte er die nationalsozialistischen Wohnungsbauplanungen beeinflussen. Sowohl er selbst als auch einige seiner Schüler hatten als Planer für das Reichsheimstättenamt erheblichen Einfluß auf die Gestaltung der Siedlungen, die im Dritten Reich meist Rüstungsarbeiter nahe den Waffenfabriken aufnehmen sollten. So entstand unter der Federführung des Wetzel-Schülers Helmut Erdle zum Beispiel ein Großteil der Siedlungen in Nordtirol, welche für die Südtiroler entstanden, die sich infolge des Hitler-Mussolini-Abkommens im Jahre 1939 zur Auswanderung entschlossen hatten. Mit diesen Siedlungen konnte Erdle einen architekturhistorisch bemerkenswerten Wohnungsbau realisieren. Die von Wetzel in Fachzeitschriften publizierten Mustersiedlungen sollten als Vorbilder dienen, da sie die faktisch industriell massenproduzierten Wohneinheiten mit einer Aura heimeliger Geschlossenheit versahen. Dieses von Wetzel forcierte Wohnungsbauprinzip gewann gegenüber dem innerhalb der Planungslandschaft des Dritten Reiches konkurrierenden monumentalen Städtebau Albert Speers immer mehr Durchsetzungskraft und konnte sich von seinen Anfängen im Dritten Reich bis zum Wiederaufbau nach dem Zweiten Weltkrieg behaupten.

Erzengel Michael im Ulmer Münster nach Entwurf von Wetzel

Wetzel war ein einflußreicher Hochschullehrer und Stadtplaner, der mit Paul Bonatz und Paul Schmitthenner als einer der prägenden Architekturköpfe der Technischen Hochschule Stuttgart gilt. Auf seinem Lehrstuhl für Städtebau und Siedlungswesen beeinflußte er zwischen 1925 und 1945 insbesondere die Studentengeneration, die das Baugeschehen in der jungen Bundesrepublik der 1940er bis 1960er Jahre dominieren sollte.

WIEPKING-JÜRGENSMANN, HEINRICH
**Prof., * 23.3.1891 in Hannover,
† 17.6.1973 in Osnabrück**

Den Namenszusatz Jürgensmann, der auf seine Ehefrau Helene Jürgensmann zurückgeht, verwendete er nur bis 1945. Der Landschaftsarchitekt und Hochschullehrer Wiepking lernte von 1907 bis 1909 in der Stadtgärtnerei Hannover. Wie er selbst angab, folgten dann 1910/11 Studien in England und Frankreich. 1912 begann Wiepking das Studium der Architektur an der Technischen Hochschule Hannover, brach dieses aber wieder ab und begann mit finanzieller Unterstützung seines Vaters ein Volontariat bei dem renommierten Gartenbauunternehmer Jacob Ochs in Hamburg und war dort von 1912 bis 1922 Mitarbeiter. 1922 etablierte er sich als freier Architekt für Garten- und Städtebau in Berlin, später in Köln. 1934 erhielt Wiepking die Professur für Garten- und Landschaftsgestaltung an der Friedrich-Wilhelms-Universität Berlin. Diese Berufung ist vermutlich auf den Referenten Konrad Meyer zurückzuführen, der 1934 als Referent im Preußischen Kultusministerium maßgeblich an dem Berufungsverfahren beteiligt war. Wiepking war 1936 an der Landschaftsgestaltung des Olympischen Dorfes in Dallgow-Döberitz beteiligt. 1941 machte der Reichsführer SS Heinrich Himmler ihn zum „Sonderbeauftragten des Reichskommissars für die Festigung deutschen Volkstums (RKF)". In dieser Funktion war Wiepking für die Landschaftsgestaltung und Landschaftspflege der Ostgebiete zuständig und entwickelte Pläne einer Wehrlandschaft, in der aus strategischen Gründen Schutzpflanzungen angelegt werden sollten, die selbst für Panzer ein unüberwindbares Hindernis darstellten; Flüsse sollten eine Feind- und eine Freundseite erhalten, das heißt Ufer, die einerseits eine offene, andererseits eine Deckung bietende Seite bilden. In diese Wehrlandschaft sollten sodann die von Himmler geforderten und straff organisierten Wehrdörfer eingebettet werden, in denen „vollwertige Volksgenossen" siedeln. Nach dem Zweiten Weltkrieg eröffnete Wiepking 1947 einen provisorischen Lehrbetrieb in Sarstedt, der 1948 in den formalen Betrieb der Hochschule für Gartenbau und Landeskultur überging, welche 1952 als Fakultät IV für Gartenbau und Landeskultur der Technischen Hochschule Hannover zugeschlagen wurde; hier wurde er Ordinarius für Landespflege, Garten- und Landschaftsgestaltung und ging 1958 – vielfach geehrt – in den Ruhestand. 1959 wurde er mit dem Bundesverdienstkreuz ausgezeichnet.

Gebrauchsgraphiker und Entwerfer

BIBROWICZ, WANDA
* 3.6.1878 in Grätz/Westpreußen,
† 2.7.1954 in Dresden

Die als Tochter des Brauerei- und Grundbesitzers Stanislaw Bibrowicz geborene Wanda Bibrowicz bewies schon als Kind künstlerische Interessen und Begabung. 1896 ging sie auf die Breslauer Königliche Kunst- und Gewerbeschule, um die Porträtmalerei zu erlernen und wurde Schülerin des als Maler und Bildwirker tätigen Künstlers und dortigen Professors Max Wislicenus. Im Jahre 1904 übernahm sie die Leitung der neueingerichteten Webwerkstatt der Kunst- und Gewerbeschule, wozu sie in Berlin und München einschlägige Studien aufnahm. 1911 verließ die Textilkünstlerin die Schule und gründete in Schreiberhau im Riesengebirge eine Kunstweberei, in der sie als Selbständige bis 1919 wirkte. Sodann übersiedelte sie nach Dresden und gründete dort zusammen mit ihrem ehemaligen Lehrer Wislicenus im Neuen Schloß Pillnitz die Werkstätten für Bildwirkerei. Ab 1931 leitete Bibrowicz eine Webklasse an der Dresdener Akademie für Kunstgewerbe (spätere Staatliche Schule der Handwerksmeister). Nach dem Zweiten Weltkrieg bekam sie kaum noch Aufträge und mußte ihre letzten Jahre in Armut verbringen. Etwa 1950 heiratete sie den siebzehn Jahre älteren, seit 1948 verwitweten Max Wislicenus, mit dem sie seit Jahrzehnten eine enge persönliche Beziehung verband. Das Werk der Malerin und Textilkünstlerin entspringt größtenteils den Kunstrichtungen des Jugendstils und des Art Déco. Neben ihren ersten eigenen Tapisserien mit vorwiegend Tier- und Pflanzenmotiven, die sie ab 1904/05 schuf, entstanden außer kleineren Werken auch großformatige Auftragsarbeiten zur Ausschmückung öffentlicher Repräsen-

Gedenktafel für Bibrowicz in Breslau

tationsräume. Von ihrem Zyklus von zwölf Teppichen für das Ratzeburger Kreishaus sind noch mindestens vier vorhanden.

DORFNER, OTTO
Prof., * 13.6.1885 in Kirchheim unter Teck, † 3.8.1955 in Weimar

Nach der Schulausbildung begann Dorfner 1899 eine Buchbinderlehre, die er 1902 abschloß; danach war er sechs Jahre in verschiedenen Buchbindereien tätig, um 1908 vor der Handwerkskammer in Meiningen die Meisterprüfung abzulegen. Er setzte seine Studien fort, um dann seine Kenntnisse und Fertigkeiten in der Kunst-Klasse der Berliner Buchbinder-Fachschule bei den Lehrern Paul Kersten (Buchbinder und Fachautor) und Ludwig Sütterlin (Graphiker und Schöpfer der Sütterlinschriften) zu vervollkommnen. Mit fünfundzwanzig Jahren wurde der Buchbindermeister 1910 als Lehrer an die Großherzogliche Kunstgewerbeschule in Weimar berufen, deren Leitung damals der Architekt und Designer Henry van de Velde innehatte. 1914 wurde Dorfner auf der Internationalen Weltausstellung für Buchgewerbe und Graphik sowohl für Arbeiten seiner Schüler als auch mit der Goldenen Medaille für seine eigenen Arbeiten ausgezeichnet. 1919 führte er seine Lehrtätigkeit im neugegründeten Weimarer Bauhaus fort, gründete dann aber 1922 in seinem eigenen Haus eine private Fachschule für kunstgewerbliche Buchbinderei, in der er einen Stil entwickelte, der als Linienstil bezeichnet wird. 1926 wurde er als Professor für Graphik und Schriftgestaltung an die Hochschule für Baukunst und Handwerk berufen. 1928 übernahm er den Vorsitz des Bundes Meister der Einbandkunst. 1930 erweiterte er seine private Lehranstalt und führte dort die maschinelle Buchbindertechnik ein. 1932 wurde er zum Direktor der Staatsschule für Handwerk und angewandte Kunst in der Weimarer Handwerkerschule berufen. Außer seiner Lehrtätigkeit wirkte er aber immer noch künstlerisch, beispielsweise schuf er Einbände für Harry Graf Kesslers Weimarer „Cranach-Presse" sowie für die Ehrengaben der Stadt Weimar und Thüringens an Adolf Hitler und Dr. Joseph Goebbels. 1936 wurde er mit dem Kunst- und Literaturpreis der Stadt Jena ausgezeichnet, 1937 erhielt er auf der Internationalen Weltausstellung in Paris den Grand Prix und 1940 wurde ihm der Gutenberg-Ring der Stadt Leipzig verliehen. Nach dem Zweiten Weltkrieg wandte Dorfner sich besonders Goethes „Faust" zu und beschloß, auch im Hinblick auf das anstehende Goethe-Jubiläum im Jahre 1949 (200. Geburtstag des Dichters), sämtliche seit 1790 erschienenen „Faust"-Ausgaben mit seinen Einbänden zu versehen; außerdem schuf er Einbände für die 143bändige Weimarer Ausgabe von Goethes Werk.

Faust-Einband Dorfners

DRESCHER, ARNO
Prof., * 17.3.1882 in Auerbach/Vogtland, † 1.6.1971 in Braunschweig

Geboren als Sohn des Schriften- und Dekorationsmalers Carl Gustav Drescher, wurde der spätere Graphiker, Maler und Typograph schon früh an die Malerei herangeführt. Nach erfolgreich abgelegtem Abitur im Jahre 1902 bestand er kurz darauf die Schulamtskandidatenprüfung und erhielt dadurch gemäß Schulgesetz von 1873 die Berechtigung, als Hilfslehrer zu wirken. Drescher unterrichtete danach rund zwei Jahre in Ortmannsdorf und legte im November 1904 mit gutem Erfolg eine weitere Prüfung am Seminar Auerbach ab, die Zugangsvoraussetzung für die dauerhafte Anstellung als Volksschullehrer war. Er beendete seine Lehrtätigkeit allerdings schon ein Jahr später, um an der Dresdener Akademie für Kunstgewerbe zu studieren. Zeitgleich neben dem Kunststudium bereitete sich Drescher an der Königlichen Zeichenschule in Dresden auf den Abschluß als Fachlehrer für Zeichnen vor. Die entsprechende Prüfung legte er 1907 mit der Note „vorzüglich" ab. Noch während seiner Studien gab er Abendkurse und bildete Kunstlehrer aus; der Maler und Bildhauer Professor Richard Guhr nahm Drescher als Meisterschüler an. 1911 heiratete er Elise Goller, die Tochter seines Dozenten Professor Josef Goller, mit der er fünf Kinder hatte. Danach arbeitete er als Zeichenlehrer und als freischaffender Künstler, 1916 eröffnete er sein eigenes Atelier im Dresdener Stadtteil Blasewitz. 1920 wurde Drescher zum Professor für Freie, Künstlerische und Gebrauchsgraphik an der Akademie für Kunstgewerbe berufen. Ab 1921 stellte er seine graphischen Arbeiten zusammen mit so berühmten Künstlern wie Erich Heckel, Karl Hofer, Oskar Kokoschka, Max Liebermann, Emil Nolde, Max Pechstein, Christian Rohlfs und anderen aus. Im Jahre 1940 wurde er zum stellvertretenden Direktor, 1942 zum Direktor der Staatlichen Akademie für graphische Künste und Buchgewerbe in Leipzig berufen. Durch einen alliierten Bombenangriff wurde 1943 sein Leipziger Atelier und damit der Großteil seiner Arbeiten der letzten Jahrzehnte zerstört. Nach 1945 wirkte Drescher in Leipzig als freiberuflicher Graphiker, Maler und Typograph, ab 1952 führte er zahlreiche Ausstellungen in der DDR und der BRD durch. Im Jahre 1960 zog er zu seiner Tochter nach Braunschweig, wo er seinen Lebensabend verbrachte. Für die breite Öffentlichkeit sichtbare Entwürfe Dreschers zeigten sich in Banknoten, Briefmarken, Plakaten und Firmenlogos wie beispielsweise der Kühlerfigur der Automarke Audi oder dem Logo der Hachez-Schokolade.

Ausstellungsplakat von Arno Drescher

ENDERS, LUDWIG
Prof., * 14.3.1889 in Offenbach, † 1956 ebd.

Der Künstler Enders war in erster Linie als Graphiker und Industriedesigner, aber auch als Buchkünstler und Kostümzeichner tätig und lehrte als Professor an den Technischen Lehranstalten in Offenbach am Main (heute Hochschule für Gestaltung). In Offenbach hatte er auch sein Atelier, wo er Industrie- und Graphikdesignarbeiten ausführte, beispielsweise für die Ledermanufaktur Karl Seeger oder Weinetiketten für die Graphische Anstalt Wilhelm Gerstung.

GRETSCH, HERMANN
Dr.-Ing., * 17.11.1895 in Augsburg, † 29.5.1950 in Stuttgart

Gretsch stammte aus einer Radolfzeller Handwerkerfamilie, die dort seit dem Ende des Mittelalters eine Lohngerberei betrieb. Gretsch besuchte in Ludwigsburg die Oberrealschule und ging als Siebzehnjähriger auf eine Italienreise mit dem Wunsch, Maler zu werden, meldete sich jedoch bei Ausbruch des Ersten Weltkrieges als Freiwilliger zum Militär. Trotz umfangreicher Mal- und Zeichenstudien während dieser Zeit änderte er seinen ursprünglichen Berufswunsch und entschied sich nach Kriegsende, Architektur zu studieren. Nachdem er 1922 das Studium mit einem „guten" Diplom abgeschlossen hatte, studierte er noch drei weitere Semester an der Kunstgewerbeschule Stuttgart, wo er neben dem Architekturstudium 1921 begonnen hatte, Graphik und Keramik zu studieren. 1923 bestand er die Gesellenprüfung als Keramiker und ließ sich sodann als freier Architekt in Stuttgart nieder, wo er sich in den folgenden Jahren mehrfach erfolgreich an Wettbewerben für Plakate, Verpackungen, Firmenzeichen, Kriegsdenkmäler und Architektur beteiligte. Mitte 1923 nahm er eine Stelle als Gewerbehilfslehrer in Stuttgart an, legte die Dienst-

Service 1382

Hermann Gretsch

prüfung für das höhere Lehramt an Gewerbeschulen ab und wurde 1928 Gewerbeschulrat. 1929 wurde er als Referent zum Württembergischen Landesgewerbeamt berufen, im Februar 1930 wurde er als Baurat in den Staatsdienst des Landesgewerbeamtes übernommen, avancierte 1931 zum Leiter des Landesgewerbemuseums Stuttgart und wurde Mitglied in einer ganzen Reihe von Ausschüssen künstlerischer und gewerblicher Organisationen. Mit seinem Service „1382", das er 1931 für die Porzellanfabrik Arzberg schuf, eröffnete sich ihm eine fruchtbare Zusammenarbeit mit der Industrie. 1925 hatte Gretsch eine Dissertation zum Thema der „technischen Merkmale der süddeutschen Fayence-Fabriken" bei Paul Schmitthenner an der technischen Hochschule in Stuttgart gefertigt (Rigorosum 1928) und danach das Buch „Fayencefabrik in Crailsheim" geschrieben, das in Fachkreisen hohe Anerkennung fand. 1925 war er auch in den Deutschen Werkbund eingetreten, der Kunst, Handwerk und Industrie aus ihrem vorindustriellen Konkurrenzverhältnis zu einer gemeinsamen Verantwortung gegenüber neuen Lebensformen führen wollte. In diesen Jahren entstanden auch Gretschs erste Porzellanentwürfe, Möbel, Geräte und privat gebaute Häuser. Als er 1927 auf Wunsch des Architekten und Designers Peter Behrens in dessen Haus in der berühmen Weißenhofsiedlung (eine damals radikal moderne und architektonisch für das 20. Jahrhundert richtungsweisende Anlage) drei Räume möblierte, hatte Gretsch den Durchbruch als Innenarchitekt geschafft. 1932 wurde er in den Vorstand des Deutschen Werkbundes gewählt. Durch seinen Eintritt in die NSDAP am 1. Mai 1933 eröffnete sich ihm eine steile Karriere in öffentlichen Ämtern und die Handlungsfreiheit in seinen künstlerischen Entfaltungsmöglichkeiten. In den 1930er Jahren konnte Gretsch durch zahlreiche Ausstellungen seine Sicht von handwerklicher Tradition und moderner industrieller Gestaltung veröffentlichen, beispielsweise in den Ausstellungen „Hausrat des Siedlers" (1934), „Reiseandenken" (1937), „Alte und neue Eßbestecke" (1939) oder „Bäuerliches Wohnen" (1940). Gretsch muß als typischer „Werkbund-Arbeiter" gelten, da er den Marktwert eines Produkts genauso wie dessen künstlerische Form berücksichtigte. Mit den Termini „Angemessenheit" und „Atmosphäre" beschrieb er die gute Form eines Gebrauchsgegenstandes, die zeitgemäß sein sollte und somit verkäuflich und nicht nur künstlerisch oder avantgardistisch. Unter seiner Leitung erhielt das Landesgewerbemuseum Stuttgart im Dritten Reich eine wachsende Vorbildfunktion für den gesamten süddeutschen Raum. Im Laufe der 1930er Jahre wurden ihm zahlreiche bedeutende Posten übertragen. Allein im ersten Halbjahr 1935 wurde er zum Oberregierungsrat befördert sowie zum Landesleiter der Reichskammer der bildenden Künste, er wurde Vorsitzender des Bundes deutscher Entwerfer und mit Zustimmung von Reichsminister Dr. Joseph Goebbels in den Aufnahmeausschuß der Reichskammer der bildenden Künste berufen. Auch danach übernahm Gretsch immer mehr Ämter und Positionen, von denen hier nur eine Auswahl genannt werden kann: 1936 Mitglied der Akademie für Bauforschung und Reichskommissar mit der Aufgabe, die VI. Triennale in Mailand zu organisieren, 1937 Leiter des Referats für Handwerkskultur in der Deutschen Arbeitsfront, Gau Württemberg-Hohenzollern. Da er immer weitere wichtige Aufgaben übernahm, wurde er 1940 vom Waffendienst befreit. 1943 erfolgte seine Beförderung zum Regierungsdirektor und die Berufung in den Aufsichtsrat der Porzellanfabrik Kahla.

1944 wurde Gretsch wegen staatsfeindlicher Äußerungen vor dem NS-Dozentenbund angeklagt und aus der NSDAP ausgeschlossen. Bis Kriegsende konnte er sich der Festnahme durch die Gestapo entziehen. Danach wurde er auf Veranlassung der amerikanischen Kommandantur aus allen staatlichen Ämtern entlassen, allerdings wurde er 1948 im Entnazifizierungsverfahren als „entlastet" eingestuft. Hermann Gretsch, der wegweisende Innenarchitekt und Keramiker, verstarb – nicht einmal fünfundfünfzigjährig – nach längerer Krankheit in Stuttgart.

HADANK, OSKAR HERMANN WERNER
Prof., * 17.8.1889 in Berlin,
† 17.5.1965 in Hamburg
Hadank beschäftigte sich ab 1907 mit der Disziplin des Designs, wobei er kein Anhänger der Moderne war, sondern es vorzog, gemäß dem klassischen Stil zu arbeiten. Unter anderem schuf er vor allem Entwürfe für Verpackungen, Etiketten und Warenzeichen. Nach der NS-Regierungsübernahme konnte er ohne Einschränkungen weiterarbeiten, zumal seine einflußreichen Förderer wie etwa der Industrielle Hans Neuerburg ihn sehr schätzten. Die Design-Zeitschrift „Gebrauchsgraphik" widmete Hadank zu dessen fünfzigsten Geburtstag im Jahre 1939 eine Sonderausgabe. Der auf Graphikdesign spezialisierte amerikanische Herausgeber, Autor und Journalist Steven Hiller stellte bezüglich des völlig unpolitischen Künstlers Hadank fest, dieser „stand den Mitläufern der sogenannten Volkstradition fern, die der NS-Gleichschaltungspolitik und der kulturellen Standardisierung der Design-Ästhetik blind folgten". Auch wenn Hadank kein Innovator war wie seine Zeitgenossen Lucian Bernhard und Jan Tschichold, die als Designer der Neuen Sachlichkeit beziehungsweise als Wortführer der Neuen Typographie gelten, so war er doch ab 1919 ein einflußreicher Professor des Graphik- und Werbedesigns an der Vereinigten Staatsschule für freie und angewandte Kunst in Berlin.

HAMPEL, PAUL
Prof., * 8.4.1874 in Ohlau/Schlesien,
† 1955 Bad Tölz (nach anderen Angaben: 1952)
Der Maler und Schriftkünstler Hampel studierte an der Breslauer Königlichen Kunst- und Gewerbeschule (ab 1911: Staatliche Akademie für Kunst und Kunstgewerbe), wurde später dort Professor, baute 1910 die buchgewerbliche Abteilung auf und übernahm deren Leitung. Sein künstlerischer Schwerpunkt lag in Schriftkunst und Heraldik sowie in der Gestaltung von Kirchenräumen und Gedenkstätten.

HOHLWEIN, LUDWIG
* 27.7.1874 in Wiesbaden,
† 15.9.1949 in Berchtesgaden
Der Maler und stilbildende Vertreter der Reklamekunst Hohlwein studierte Architektur an der Technischen Hochschule München und fertigte während dieser Zeit Illustrationen für die Zeitungen des Akademischen Architektenvereins. Nach Abschluß des Studiums und Studienreisen nach London und Paris arbeitete er in München als Innenarchitekt und entwarf die Ausstattung für das Hotel Continental und verschiedene Ozeandampfer. 1901 heiratete er Leoni Dörr, mit der er zwei Kinder hatte. Ab 1904 war er regelmäßig im Münchner Glaspalast mit seinen Graphiken, Aquarellen und Temperagemälden vertreten, 1905 nahm er mit Tierbildern an der Berliner Großen Kunstausstellung teil und war Preisträger eines von den Unternehmern Ludwig Stollwerck und Otto Henkell ausgeschriebenen Wettbewerbes für Gemeinschaftswerbung. Der bedeutende Plakatkünstler war überaus produktiv, und sein Gesamtwerk umfaßte 1924

Design-Zeitschrift „Gebrauchsgraphik"

Ludwig Hohlwein

rund 1.000 Titel. Hohlwein entwickelte schnell seinen eigenen, vor allem von den Themen Jagd, Landschaft und Technik geprägten Stil, wobei er regelmäßig dramatisch auf wirkungsvollen Hell-Dunkel- und Vordergrund-Hintergrund-Kontrasten aufbaute. Das eigentliche Objekt wird auf farbige Punkte und Flächen reduziert, und erst durch die Darstellung der Gesamtfläche rückt der Körper in den Fokus des Betrachters und erhält seine Gestalt. Die Liste seiner Auftraggeber liest sich wie ein Who's who der deutschen Wirtschaft. Er arbeitete für die Firmen Audi, Bahlsen, BMW, Daimler Benz, Erdal, Ernemann, Görtz Schuhe, Kaffee Hag, Kulmbacher, Leitz, Lufthansa, Märklin, M.A.N., Pelikan, Henkel („Persil"), Pfaff, Reemtsma, Sulima, Zeiss (Jena). Viele seiner Plakate, die zu den Klassikern deutscher Werbung gehören, sind noch heute nahezu unverändert in Gebrauch; als Beispiel sei das Plakat des Tierparks Hellabrunn genannt, das in seiner heutigen Form seit 1912 existiert und vom Tierpark regelmäßig wieder als Werbemittel aufgelegt wird, oder der Franziskanermönch in brauner Kutte, der dem Reisenden im Münchener Hauptbahnhof einladend zuprostet und noch heute der Hauptwerbeträger der Franziskaner Brauerei ist. Hohlwein hatte bereits vor der nationalsozialistischen Regierungsübernahme zahlreiche Arbeiten für die NSDAP angefertigt. In den folgenden Jahren prägte er ähnlich wie Hitlers Leibphotograph Heinrich Hoffmann das visuelle Erscheinungsbild des Dritten Reiches, beispielsweise durch seine Werke für die Olympischen Spiele von 1936. Auf den Großen Deutschen Kunstausstellungen im Münchner Haus der Deutschen Kunst war er in den Jahren 1938 bis 1944 mit insgesamt 17 Zeichnungen vertreten. Nach 1945 wurde er im Zuge der Entnazifizierung als „belastet" eingestuft und erhielt bis Februar 1946 Berufsverbot; danach wirkte er bis zu seinem Tode als Gebrauchsgraphiker in Berchtesgaden.

KLIMT, MARGARETE
Prof., * 3.12.1892 in Wien,
† 7.5.1988 ebd.
Klimt studierte Innenarchitektur bei dem Architekten und Kulturpublizisten Adolf Loos, der als einer der Wegbereiter der modernen Architektur gilt. 1916 legte sie die Meisterprüfung als Damenschneiderin ab. Im Jahre 1927 wurde sie künstlerische Leiterin der Modeklasse an der Frankfurter Städelschule. Der Frankfurter Oberbürgermeister Friedrich Krebs plante kurz nach seinem Amtsantritt am 13. März 1933 die Einrichtung eines städtischen Modeamtes, um aus Frankfurt eine Stadt der deutschen Mode zu machen und übertrug der mittlerweile bereits als Koryphäe ihres Fachs bekannten Klimt zusätzlich zu ihrer Lehrtätigkeit die Leitung des nunmehr reichsweit einzigen Modeamtes, allerdings auch deswegen, weil die Künstlerin von mehreren Hochschulen umworben wurde und sie von einer Abwanderung abgehalten werden sollte. Das Amt wurde 1934 eröffnet und hatte den Auftrag, eine spezifisch deutsche Mode mit primär in Deutschland hergestellten Stoffen zu kreieren, um von der französischen Mode unabhängig, trotzdem international konkurrenzfähig zu werden und den Export anzukurbeln. Klimt, die mittlerweile den Professorentitel trug, reiste des öfteren ins Ausland, um sich über die neuesten internationalen Modeentwicklungen zu informieren, unter anderem besuchte sie auch das Stoffdruckatelier der Malerin Sonja Delaunay, um sich dort künstlerische Anregungen zu holen. Margarete Klimt ging bei ihrer Arbeit

Margarete Klimt

von einem neuen weiblichen Körperideal aus, das sich von der wenig körperbetonten, androgynen Frauenbekleidung der 1920er Jahre deutlich abhob, dem ovalen Akt. Darunter verstand sie „einen weiblich gewölbten, langgestreckten Körper" und rekurrierte insoweit auf die „griechische Statue [als] Ideal für den modernen Frauenakt". Dieses Oval bezog sich auf die Partie zwischen Hals und den Knien, so daß ihre Frauenkleider besonders die Körperzone hervorheben und den „hohen, zusammengehaltenen Busen" wie auch die „hoch angesetzte Rundung unterhalb der Taille" betonen sollte. Während des Zweiten Weltkrieges konnte das Modeamt trotz kriegsbedingten Stoffmangels mit Hilfe ausländischer Stoffe bis 1943 weiterarbeiten, aber 1944 mußte es schließen. Margarete Klimt verzog nach Wien, hier wurde sie 1947 künstlerische Leiterin des Modereferats beim Wirtschaftsförderungsinstitut der Wiener Handelskammer.

KÖRNER, MAX
**Prof., * 18.9.1887 in Reutlingen,
† 21.6.1963 in Nürnberg**
Nachdem er in der Werkstatt seines Vaters ab 1901 eine Lehre als Holzbildhauer absolviert hatte, studierte Körner ab 1904 an der Königlichen Lehr- und Versuchswerkstätte in Stuttgart unter anderem bei dem Maler und Bildhauer Otto Pankok sowie dem Maler, Innenarchitekt und Plakat- und Buchkünstler Johann Vincenz Cissarz. Ab 1913 war Körner als Lehrer für Graphik und Buchgewerbe an der Kunstgewerbeschule Stuttgart angestellt und wurde 1921 als Professor an die Akademie der bildenden Künste in Nürnberg berufen, wo er die Meisterklasse für Angewandte Graphik leitete. Von 1945 bis 1948 übernahm er die kommissarische Leitung der Akademie. Zu seinen Schülern gehörten so bekannte Maler wie Richard Lindner oder Dore Meyer-Vax. 1953 wurde Max Körner mit dem Kulturpreis der Stadt Nürnberg, 1958 mit dem Verdienstkreuz 1. Klasse der Bundesrepublik Deutschland ausgezeichnet.

KWITSCHALA
Lebensdaten konnten nicht ermittelt werden.

LOHSE, MAX
Lebensdaten konnten nicht ermittelt werden.

MAHLAU, ALFRED
**Prof., * 21.6.1894 in Berlin,
† 22.1.1967 in Hamburg**
Mahlau entwickelte sich besonders aufgrund der Förderung des Lübecker Museumsdirektors Carl Georg Heise zu einem gut beschäftigten Gebrauchsgraphiker und erledigte Aufträge für fast alle bedeutenden Firmen der Region Lübeck, so etwa die Verpackung des Niederegger-Marzipans oder den Außenauftritt der Lübeck-Büchener-Eisenbahn. Er arbeitete aber auch für öffentliche Institutionen und schuf beispielsweise 1921 das Notgeld der Hansestadt Lübeck oder das bedeutende und kontrovers diskutierte Plakat für die Nordische Woche Lübecks im selben Jahr. Im Jahre 1926 plante und organisierte Mahlau den historischen Festzug anläßlich der 700-Jahrfeier zur Reichsfreiheit Lübecks mit szenischen Darbietungen aus der Stadtgeschichte. Während des Dritten Reichs blieb er Graphiker der Nordischen Gesellschaft, schuf im Zeitraum von 1934 bis 1939 für die Kunstweberin Alen Müller-Hellwig mehr als 70 Entwürfe für Bildteppiche und fertigte auch den Entwurf für die Briefmarke 800 Jahre Lübeck (1943). 1946 wurde er als Professor an die Hochschule für Bildende Künste Hamburg berufen und hatte hier so berühmte Schüler wie etwa den Zeichner und Graphiker Horst Janssen, den Autor und Karikaturisten Peter Neugebauer oder den später als

Alfred Mahlau

Totentanz-Fenster

vielseitigen Humoristen bundesweit bekannten Viktor (Vicco) von Bülow. Das vielseitige Schaffen Alfred Mahlaus wurde vor allem durch Entwürfe für Werbung, Buchumschläge und Intarsien geprägt, der Künstler schuf aber auch Werke in vielen anderen Bereichen, so gestaltete er etwa nach dem Zweiten Weltkrieg die Totentanz-Fenster der Lübecker Marienkirche. Er wurde 1962 mit dem Edwin-Scharff-Preis der Freien und Hansestadt Hamburg ausgezeichnet.

MARGGRAFF, GERHARD
* 1.4.1892 in Dubrow, † ? (nach 1956)

Weitere Lebensdaten konnten nicht ermittelt werden, lediglich folgendes: Der Maler und Gebrauchsgraphiker Marggraff lebte und arbeitete bis 1945 in Berlin, danach war er in Kochel am See ansässig; seine Schaffenszeit kann auf den Zeitraum 1907 bis 1956 eingegrenzt werden. Er schuf mehrere Schriftarten und fertigte Werbeentwürfe für führende Unternehmen verschiedener Industriezweige im In- und Ausland, zum Beispiel für Film, Theater, Fasching, Milch, Kaffee, Leichtathletik, Schiffe, Herren- und Damenkonfektion, Lederwaren.

Wandteppiche „Der Baum" (oben) und „Schwertlilie" (unten)

MÜLLER-HELLWIG, ALEN
* 7.1.1901 in Lauenburg/Pommern, † 9.12.1993 in Lübeck

Die Kunst der Stickerei und Handweberei erlernte die Kunstweberin Müller an den Kunstgewerbeschulen in Hamburg und München, die entsprechenden Meisterprüfungen bestand sie 1925 und 1928; ihre 1926 in Lübeck eröffnete Werkstatt führte sie bis 1990. Ihren ersten großen Erfolg hatte sie 1927, als sie den Bildteppich „Der Baum" im Leipziger Grassi-Museum vorstellte, bei dem sie nur ungefärbte Schafwolle verwendet hatte und das eigentliche Bild allein durch die natürlichen Schattierungen und das Material der ungefärbten und teilweise ungewaschenen Wolle entstand. Daraufhin erhielt Müller Einladungen zu allen großen Ausstellungen, die das deutsche Kunsthandwerk im Ausland durchführte. In ihrem Stil spiegelte sich der Gedanke des Bauhauses wider. Die bedeutenden Vertreter der Moderne, der Architekt Mies van der Rohe und die Designerin Lilly Reich bestellten bei der Kunstweberin ab 1929 eine Serie einfarbiger, handgeknüpfter Schafwoll-Teppiche für verschiedene Bauten im Ausland und den Ausstellungspavillon des Deutschen Reiches auf der Weltausstellung von 1929 in Barcelona. 1931 wurde ihre künstlerische Arbeit mit dem Ehrenpreis der Stadt Berlin gewürdigt, auf der Weltausstellung in Paris, zu der sie ebenso wie zu der Weltausstellung 1933 in Chicago eingeladen worden war, erhielt sie eine Goldmedaille. 1932 gehörte sie als einzige Frau zu den Gründungsmitgliedern der Künstlervereinigung Werkgruppe Lübeck. Im Zeitraum von 1934 bis 1939 schuf sie einen Zyklus von 70 Teppichen nach Motiven des Malers und Graphikers Alfred Mahlau, die vor allem im Auftrag des Reichsluftfahrtministeriums, aber auch für Kommunen und Privatleute entstanden. In ihrer Werkstatt beschäftigte sie 1935 drei Gesellen, vier Lehrlinge, zwei Angestellte, drei ungelernte Arbeiterinnen, neun Heimarbeiter und zwei Praktikantinnen; die Werkstatt, in der zehn Webstühle standen, umfaßte eine Wollwäscherei, eine Spinnerei mit neun Spinnrädern, einen Büro- und Verkaufsraum sowie einen Ausstellungsraum. 1937 heiratete Müller den Geigenbauer Günther Hellwig und führte fortan den Doppelnamen. Ab 1939 schuf Müller-Hellwig nach eigenen Entwürfen eine Serie von Wandteppichen mit Pflanzenmotiven wie etwa 1940 den Wandbehang Fingerhutwiese. Im März 1942 fand im Reichsmuseum Amsterdam eine große Ausstellung unter dem Titel „Neuzeitliche Wandteppiche nach Entwürfen von Alfred Mahlau und Alen Müller-Hellwig, Lübeck. Stoffe und Stikkereien: Alfred Mahlau, Lübeck. Kartons zu Wandteppichen aus der Werkstatt Alen Müller-Hellwig" statt. Nach 1945 erweiterte Müller-Hellwig ihre Arbeit auch auf Textilien für den täglichen Gebrauch und beschäftigte damit viele Frauen, vorwiegend aus dem Osten Deutschlands, beispielsweise Spinnerinnen aus Ostpreußen. Als später die industrielle Produktion derartiger Textilien wieder angelaufen war, stellte sie nur noch dekorative Stücke und Fußbodenteppiche her. 1954 wurde ihr Werk mit dem Kunstpreis des Landes Schleswig-Holstein gewürdigt. Als Müller-Hellwig sich zur Ruhe setzte, übernahm ihre letzte Auszubildende Ruth Löbe die Werkstatt.

RIEMER, WALTER
* 1896, † 1942

Weitere Lebensdaten konnten nicht ermittelt werden, lediglich folgendes: Riemer war ein Gebrauchsgraphiker, der vor allem Marken, Plakate, Reklame und Verpackungen fertigte und insbesondere in den 1920er Jahren viel beschäftigt war. Er war Mitglied des Bundes Deutscher Gebrauchsgraphiker. 1928 war er Preisträger eines vom Reichsausschuß der deutschen Landwirtschaft ausgeschriebenen Wettbewerbes zur Förderung des Milchverbrauchs. Die Fünf-Reichsmark-Banknote von 1942 wurde von Riemer entworfen.

SCHAEFER, EDMUND
* 9.6.1880 in Bremen,
† 24.11.1959 in Unterwössen

Nach seiner Ausbildung an den Kunstgewerbeschulen in Stuttgart und München war Schaefer Schüler der Maler Friedrich von Keller in Stuttgart sowie Carl Ludwig Bantzer in Dresden. Um 1909 wurde Schaefer Lehrer an der Akademie in Kassel, hatte seinen Wohnsitz allerdings meist in Worpswede. 1913 wurde er als Lehrer an die Kunstgewerbeschule in Charlottenburg gerufen und dort 1921 zum Professor ernannt; er verblieb an dieser Wirkungsstätte auch nachdem diese 1924 in die Vereinigten Staatsschulen für freie und angewandte Kunst eingegliedert wurde. Nach dem Zweiten Weltkrieg übersiedelte der Graphiker und Maler nach Agg bei Marquartstein in Oberbayern, wo er bis zu seinem Tode lebte und arbeitete. Sein Oeuvre teilt sich im wesentlichen in den graphischen Teil seines Schaffens bis etwa 1945 und den malerischen Teil danach. Die bekanntesten seiner Lithographien finden sich in der Mappe „Alt-Bremen" von 1909, bei den Holzstichen ist die um 1920 entstandene Serie „Erzählungen aus dem Orient" zu nennen. Nach dem Zweiten Weltkrieg widmete sich seine malerische Formensprache meist religiösen Themen und südlichen Landschaften.

SCHNEIDLER, ERNST
Prof., * 14.2.1882 in Berlin,
† 7.1.1956 in Gundelfingen

Nach dem Studium der Architektur an der Düsseldorfer Kunstgewerbeschule bei Peter Behrens, der als führender Vertreter des modernen Industriedesigns gilt, und dem Graphiker und Schriftentwerfer Helmuth Ehmcke, arbeitete Schneidler ab 1905 als Lehrer in Solingen. 1909 übersiedelte er nach Barmen und nahm später als Soldat am Ersten Weltkrieg teil. 1920 wurde er als Professor und Leiter der Fachabteilung für graphische Künste und Buchgewerbe an die Württembergische Staatliche Kunstgewerbeschule berufen, wo er 1921 die Juniperus-Presse gründete. Schneidlers 1925 begonnenes und 1934 fertiggestelltes Hauptwerk ist eine Sammlung von Studienblättern, an der verschiedene Fachlehrer der Kunstgewerbeschule mitarbeiteten. Sie kam nach dem Zweiten Weltkrieg in vier nach Sachgebieten geordneten Halbleinenkassetten mit etwa 60 unvollständigen Exemplaren in den Handel (Titel: „Der Wassermann: Studienblätter über Forschungen im Bereiche des Schreibens und des Schriftentwurfes, des Setzens, der Bildgestaltung, der Bildwiedergabe

Ernst Schneidler

> Die Schrift **Zentenar-Fraktur** wurde von Ernst Schneidler zwischen 1937 und 1939 anläßlich eines Wettbewerbs zum hundertjährigen Bestehen der Bauerschen Schriftgießerei entworfen.

und des Druckens"); es sind nur fünf vollständige Exemplare erhalten. Obwohl er NSDAP-Mitglied gewesen war, erhielt der Graphiker und Schriftkünstler 1946 die Lehrerlaubnis an der Stuttgarter Staatlichen Akademie der bildenden Künste. Auf eigenen Antrag wurde er 1948 in den Ruhestand versetzt, führte aber den Unterricht bis zur Klärung seiner Nachfolge (1949 durch die Berufung von Walter Brudi und Eugen Funk) weiter. Der Hochschulprofessor, der als Begründer der sogenannten Stuttgarter Schule im Bereich graphischer Gestaltung gilt, verstarb bei einem Treppensturz in seinem eigenen Haus im Januar 1956; er hinterließ ein reichhaltiges malerisches und kalligraphisches Werk sowie mehrere von ihm entwickelte Schriftarten wie beispielsweise Schneidler-Schwabacher oder Zentenar-Fraktur.

SIMONS, ANNA
Prof., * 8.6.1871 in Mönchengladbach, † 2.4.1951 in Prien/Chiemsee

Die Schriftkünstlerin erhielt ihre Ausbildung in South Kensington/England am Royal College of Art, wo sie verschiedene kunstgewerbliche Fächer studierte. Dort wurde sie Schülerin des Kalligraphen Edward Johnston, der maßgeblichen Einfluß auf die Entwicklung der Kalligraphie und Typographie des 20. Jahrhunderts hatte, und dessen Stil sie übernahm. Eine besondere Spezialität von Simons wurde die Vergoldung von Buch- und Urkundenschmuck. 1905 vertrat sie Johnston bei den neuen Schriftkursen, die an der Kunstgewerbeschule Düsseldorfs eingerichtet wurden; ähnliche Kurse gab sie danach auch an anderen deutschen Kunsthochschulen. 1912 erreichte sie auf dem Kongreß für Kunsterziehung in Dresden eine Signalwirkung für die Kalligraphie in Deutschland, indem sie die von England ausgehenden innovativen Strömungen vorstellte. 1914 erhielt die Künstlerin einen Ruf als Lehrerin an die Münchener Akademie für angewandte Kunst, wo sie einige bedeutende Kalligrapher wie etwa den Architekten und Designer Peter Behrens unterrichtete und inspirierte. Sie hatte Professuren in Bayern und Preußen und war Ehrenmitglied der Society of Skribes and Illuminators und der englischen Society of Women Artists. Unter ihren bekanntesten Werken finden sich viele Urkunden, darunter für die Weltausstellungen in Turin 1908 und Brüssel 1910 und die Ehrenbürgerurkunde der Stadt München für Adolf Hitler, aber auch Initialen, Überschriften und Wandsprüche wie beispielsweise im Züricher Kunstgewerbemuseum.

Anna Simons

SPITZENPFEIL, LORENZ
*** 3.7.1874 in Michelau,
† 13.4.1945 in Kulmbach**

Nach Absolvierung des Lehrerseminars war Spitzenpfeil einige Zeit als Lehrkraft im Raum Bayreuth und Nürnberg tätig. Wegen eines Kehlkopfleidens, das ihn beim Sprechen erheblich behinderte, mußte er diesen Beruf aufgeben und besuchte dann die Kunstgewerbeschule in Nürnberg. 1904 siedelte er mit seiner Ehefrau nach Kulmbach über und wirkte hier als freischaffender Künstler und Graphiker; er schuf beispielsweise das Logo der mittlerweile stillgelegten Kulmbacher Spinnerei. Als Schicksalsschlag empfand Spitzenpfeil die Ablehnung seiner Doktorarbeit über die Frage der Bauproportionen. Zu diesem Thema machte er schon als Zwanzigjähriger von sich reden: Als 1894 in Kulmbach die neue katholische Kirche fertiggestellt wurde, war die Öffentlichkeit der Meinung, sie dominiere das Stadtbild stärker als die evangelisch-lutherische Petrikirche, so daß man den Plan zu einer deutlichen Aufstockung der Petrikirche faßte. Daraufhin nahm Spitzenpfeil zahlreiche Vermessungen vor und konnte nachweisen, daß der vorhandene Baukörper der Petrikirche genau den Proportionen des Goldenen

Schnittes entsprach; daraufhin wurde von einer Aufstockung Abstand genommen. Das künstlerische Werk von Spitzenpfeil wurde im Dritten Reich durch die Verleihung der Goethe-Medaille für Kunst und Wissenschaft gewürdigt. Als im April 1945 amerikanische Soldaten in Kulmbach einrückten, ertränkte sich der Künstler im Main.

TIEMANN, WALTER
Dr. h.c., * 29.1.1876 in Delitzsch, † 17.9.1951 in Leipzig

Tiemann begann 1894 nach dem Besuch des Königlichen Gymnasiums in Leipzig sein Studium an der Königlichen Akademie und Kunstgewerbeschule, zwei Jahre später wechselte er nach Dresden, gefolgt von einem Studienaufenthalt in Paris. Im Jahre 1903 wurde er als Lehrer für die Meisterklasse der Fächer Buchgewerbe, freie und angewandte Graphik sowie Illustration nach Leipzig berufen. 1907 gründete er mit seinem Jugendfreund Carl Ernst Poeschel die Janus-Presse, die erste deutsche Privatpresse, für die Tiemann auch die Janus-Pressen-Schrift entwarf. 1920 wurde er zum Direktor der Königlichen Akademie für graphische Künste und Buchgewerbe berufen, zu seinem fünfzigsten Geburtstag erhielt er im Jahre 1926 die Ehrendoktorwürde der Leipziger Universität. Der grundsätzliche Konflikt, der in den 1920er Jahren zwischen den Vertretern der etablierten Typographie und der jüngeren Generation des Faches ausbrach, und den Tiemann besonders mit Jan Tschichold, einem der führenden Vertreter der Neuen Typographie, auszufechten hatte, belastete ihn schwer. 1940 ging er in den vorläufigen Ruhestand, übernahm aber nach Ende des Zweiten Weltkrieges nochmals kommissarisch einige Monate die Leitung der Akademie bis Februar 1946. Zu dem umfangreichen Werk des Buchkünstlers, Graphikers, Illustrators, Typographen und Schriftgestalters gehört auch die Entwicklung von vielen neuen Schriftarten, wie beispielsweise Tiemann-Mediäval, Kleist-Fraktur oder Daphnis. Seine Buchgestaltungen veranschaulichen den Übergang vom floral geprägten Jugendstil-Buch hin zum typographisch weitgehend schmucklosen Buch, wie es heute in der Regel vorgelegt wird.

Walter Tiemann

THALMANN, MAX
* 13.8.1890 in Rudolstadt/Thüringen, † 21.9.1944 in Jena

Nach einer Buchbinderlehre ging Thalmann 1909 an die Großherzoglich-Sächsische Kunstgewerbeschule Weimar und wurde Schüler des Architekten und Designers Henry van de Velde; er beschäftigte sich außerdem als Schüler des Leiters der dortigen Buchbindeabteilung mit dem künstlerischen Bucheinband. 1911 legte er die Meisterprüfung ab und studierte bis 1913 an der Königlichen Akademie für graphische Künste und Buchgewerbe in Leipzig. Danach kehrte er nach Weimar zurück und arbeitete als Assistent von van de Velde. Da er als kriegsuntauglich eingestuft wurde, setzte er während des Ersten Weltkrieges seine Studien in Weimar an der Hochschule für bildende Kunst fort, zuletzt als Meisterschüler des Malers und Graphikers Walter Klemm. Nach einem Semester als „Jungmeister" am Weimarer Bauhaus machte er sich selbständig, arbeitete aber daneben bis etwa 1922 als Illustrator und Buchgestalter für den Weimarer Bruno Wollbrück Verlag. Im Winterhalbjahr 1923/24 brach er zu einer großen Amerikareise auf, die er 1925 im graphischen Zyklus „Amerika

Max Thalmann

Aus der Mappe „Amerika"

Die Schrift **Kleist-Fraktur** entwarf Walter Tiemann zwischen 1926 und 1928. Sie gehört seitdem zum Standard-Kanon der gebrochenen Schriften.

im Holzschnitt" verarbeitete. Wie dieser Zyklus ist Thalmanns Hauptwerk zwischen den beiden Weltkriegen entstanden, nach 1945 wurde der Künstler so gut wie vergessen. Thalmann, dessen letzte Ausstellung 1926 im Landesmuseum Weimar stattfand, hat einen bedeutenden Beitrag zur spätexpressionistischen Landschaftsdarstellung geleistet und mit seinen Mappenwerken „Passion" (1921) und „Der Dom" (1923) für Aufsehen gesorgt. Sein bedeutendstes Werk bleibt jedoch der bereits genannte Zyklus „Amerika im Holzschnitt" im Stil der Neuen Sachlichkeit. Thalmann mußte aus existenziellen Gründen seine künstlerische Laufbahn abbrechen und war fortan als Buchgestalter für den Eugen Diederichs Verlag in Jena tätig, bei dem er bis zu seinem frühen Tod fast die gesamte Verlagsproduktion gestaltete.

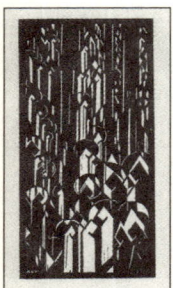

Aus der Mappe „Der Dom"

WAGULA, HANS
Prof., * 13.7.1894 in Graz,
† 25.2.1964 ebd.
Wagula begann sein Studium der Malerei vor dem Ersten Weltkrieg an der Landeskunstschule Graz, das er für einen längeren Amerikaaufenthalt unterbrach; nach 1918 setzte er sein Studium in München fort. In Berlin war er danach eine Zeitlang Schüler des US-amerikanischen Künstlers Alexander Archipenko, der zu den Wegbereitern der modernen Bildhauerei gehörte. Nachdem Wagula nach Graz zurückgekehrt war und dort 1923 zu den Mitgründern der Künstlervereinigung Sezession Graz gehört hatte, verlegte er sich immer mehr auf Graphik und Plakatkunst. Auf diesem Gebiet feierte er große Erfolge und erhielt im Laufe der Zeit an die siebzig Preise. In den 1930er Jahren wandte er sich der Filmarbeit zu, und Wagula-Filme waren bald ein Begriff; so ist sein Schaffen als Graphiker, Landschaftsmaler und Filmschöpfer eng mit der neueren Kulturgeschichte der Steiermark verbunden. 1938 wurde Wagula der Titel Professor verliehen.

Komponisten

DAVID, JOHANN NEPOMUK
Prof., * 30.11.1895 in Eferding/Oberösterreich, † 22.12.1977 in Stuttgart
Zunächst wirkte David von 1915 bis 1924 als Volksschullehrer, studierte gleichzeitig aber ab 1921 an der Musikakademie Wien und übernahm 1922 für zwei Jahre die musikalische Leitung der Linzer Kunststelle. Während seiner weiteren Volksschullehrertätigkeit von 1925 bis 1934 leitete er ab 1926 den von ihm gegründeten Bach-Chor bis 1934 und wirkte ab 1930 als Organist an der evangelischen Christuskirche in Wels. Ab 1934 war David dann bis 1945 Lehrer für Theorie und Komposition und Leiter der Kantoreien am Landeskonservatorium, 1942 wurde er zu dessen kommissarischen Direktor ernannt. Am 7. November 1942 wurde in der Feierstunde zur Gründung der Deutsch-Japanischen Gesellschaft am Leipziger Völkerschlachtdenkmal seine Motette für Chor und Bläser „Wer seinem Volke so die Treue hält" (nach dem

Johann Nepomuk David

Hitler-Wort „Wer seinem Volk so die Treue hält, der soll selbst in Treue nie vergessen werden.") aufgeführt. Nach dem schweren Bombardement der alliierten Bomber auf Leipzig am 3./4. Dezember 1943 leitete der Künstler die Evakuierung der Musikhochschule nach Crimmitschau in Sachsen und sorgte dafür, daß bis zu den Abschlußprüfungen im August 1944 der Studienbetrieb unter schwierigsten Bedingungen aufrechterhalten werden konnte. Nach 1945 stand David auf der Schwarzen Liste der US-Militärregierung, konnte aber trotzdem von 1945 bis 1948 als Lehrer am Mozarteum in Salzburg und ab 1948 bis 1963 als Professor für Theorie und Komposition an der Musikhochschule Stuttgart wirken. Er erhielt 1949 in Weimar den Liszt-Preis, 1951 den Musikpreis der Stadt Wien, 1953 in Lübeck den Buxtehude-Preis und den Österreichischen Staatspreis für Musik, 1963 in Hamburg den Bach-Preis und 1966 den Mozartpreis der Goethestiftung Basel. 1977 zunächst in Stuttgart beigesetzt, wurde der Leichnam 1978 dann in ein Ehrengrab auf dem Wiener Zentralfriedhof überführt.

EGK, WERNER
* 17.5.1901 in Auchsesheim,
† 10.7.1983 in Inning an Ammersee

Geboren unter dem Namen Werner Joseph Mayer ließ der Komponist 1937 seinen Namen offiziell in Egk ändern. Der Vertreter des deutschen Neoklassizismus und des modernen Musiktheaters, der gelegentlich auch „Komponist des Wiederaufbaus" genannt wurde, studierte in Frankfurt am Main und später bei Carl Orff in München Komposition und Dirigieren. Zunächst arbeitete er für den Bayerischen Rundfunk und begann hier auch 1935 als Gastdirigent seine Laufbahn als Orchesterleiter, die er als Kapellmeister an der Staatsoper Unter den Linden ab 1936 bis 1940 in Berlin fortsetzte. Egk vertonte 1933 das von Kurt Eggers geschrieben Festspiel „Job, der Deutsche". 1936 erhielt er eine olympische Goldmedaille für sein Werk „Olympische Festmusik". Im November 1938 wurde seine Oper „Peer Gynt" uraufgeführt. Reichsminister Dr. Joseph Goebbels hielt in seinem Tagebuch am 1. Februar 1939 fest: „Abends mit dem Führer in der Staatsoper. Werner Egk ‚Peer Gynt'. Wir gehen beide mit starkem Argwohn hin. […] Egk ist ein ganz großes, originales Talent. Geht eigene und auch eigenwillige Wege. Knüpft an niemanden und nichts an. Aber er kann Musik machen. Ich bin ganz begeistert und der Führer auch. Eine Neuentdeckung für uns beide. Den Namen muß man sich merken. Der Junge ist erst 37 Jahre alt. Und seine Musik trägt ein ganz eigenes starkes Gepräge." Dr. Goebbels ehrte den Komponisten zu den Reichsmusiktagen 1939 in Düsseldorf durch einen Kompositionsauftrag über 10.000 Reichsmark. 1941 übernahm die Stadt Frankfurt am Main die Schirmherrschaft über sein künstlerisches Schaffen. Egk äußerte sich am 14. Februar 1943 im „Völkischen Beobachter" über den Nationalsozialismus: „Nun, die Politik hat sich bemüht, den Nihilismus auszurotten, nicht nur in der Malerei, der Plastik, der Baukunst und der Literatur, sondern auch in der Musik, und man sieht daran, daß die Kunst und die Politik wohl etwas miteinander zu tun haben." Die Spruchkammer erklärte ihn in seinem Entnazifizierungsverfahren am 17. Oktober 1947 für „nicht betroffen". Egk wirkte von 1949 bis 1952 als Direktor der Musikhochschule Berlin und war von 1950 bis 1972 Präsident des Deutschen Komponistenverbandes, dann dessen Ehrenpräsident. Er wurde 1949 Mitglied und später Vorsitzender des Aufsichtsrats der GEMA, von 1969 bis 1971 war er Präsident des Deutschen Musikrats. Der Komponist wurde vielfach geehrt und ausgezeichnet, unter anderem wurde er 1967 Ehrenbürger von Auchsesheim und 1969 Mitglied des Ausschusses für kulturelle Angelegenheiten der bundesdeutschen UNESCO-Kommission. 1970 wurde ihm das Große Verdienstkreuz der Bundesrepublik Deutsch-

Werner Egk

Briefmarke zum 100. Geburtstag

land mit Stern verliehen und er war Mitglied der Bayerischen Akademie der Künste, der Akademie der Künste Berlin sowie der Akademie der Künste der DDR.

FROMMEL, GERHARD
**Prof., * 7.8.1906 in Karlsruhe,
† 22.6.1984 in Filderstadt**

Der Sohn eines Theologieprofessors erlernte früh das Violin- und Klavierspiel und studierte bei Hermann Grabner, Hans Pfitzner, dessen Meisterschüler er war, Karl Böhm und Sigfrid Grundeis. 1929 legte er das Examen als Kompositions- und Theorielehrer ab. Anschließend unterrichtete er bis 1932 an der Folkwang-Hochschule in Essen, danach am Hoch'schen Konservatorium in Frankfurt am Main. 1933 wurde er Mitglied der NSDAP. 1935 war er einer der Gründer des Arbeitskreises für neue Musik und stellte dort auch Werke offiziell verpönter Komponisten wie Igor Strawinsky und Béla Bartok sowie den als „Halbjuden" eingestuften Günter Raphael vor. Zu Beginn des Zweiten Weltkrieges wurde der Künstler zur Wehrmacht einberufen und nahm 1940 am Frankreichfeldzug teil. Nachdem er im August 1940 aus dem Kriegsdienst entlassen worden war, zog man ihn im Herbst 1941 wieder ein und versetzte ihn an die Heeresmusikschule nach Frankfurt am Main, wo er Tonsatz unterrichtete und einige Werke für Militärmusiker schrieb. Diese Kompositionen wurden, gefördert von der Kreispropagandaleitung der NSDAP, in einem Großkonzert der Heeresmusikschule uraufgeführt und im Februar 1943 in der Zeitschrift „Die Musik" positiv beurteilt: „[...] die mit machtvollem Aufgebot von Orgel, Chor und Orchester mit symphonischen Mitteln in einem zündenden Siegeshymnus ausklingt und die gesteckten Ziele bereits weitgehend erreicht". Frommels größter Erfolg war die Uraufführung seiner Symphonie in E-Dur, op. 13, am 8. November 1942 durch die Berliner Philharmoniker unter der Leitung von Wilhelm Furtwängler. Nach dem Zweiten Weltkrieg wirkte Frommel als Kompositionslehrer an den Musikhochschulen in Trossingen und Heidelberg, ab 1956 in Stuttgart und schließlich als Professor in Frankfurt am Main. Ab Ende der 1950er Jahre war er Vorsitzender der Sektion Baden-Württemberg des Deutschen Komponistenverbandes, Delegierter im Rundfunkrat des Süddeutschen Rundfunks und Dirigent des Stuttgarter Orchestervereins. Außer seinem kompositorischen Schaffen war er auch fachpublizistisch tätig und veröffentlichte Aufsätze über Bellini, Bruckner, Fauré, Puccini, Strawinski und Wagner. Der Komponist, Musikpädagoge und Musikschriftsteller setzte sich beruflich vor allem im Dritten Reich durch; seit den 1950er Jahren konnte er sich als Komponist nicht mehr etablieren, seine 1962 geschriebene Oper „Der Technokrat" ist bis heute nicht uraufgeführt. Gerhard Frommel komponierte daher seit 1962 nicht mehr mit der Begründung: „Lieber verstumme ich, als mich einem mir nicht gemäßen Zug der Zeit anzupassen."

Gerhard Frommel

GENZMER, HARALD
**Prof., * 9.2.1909 in Blumenthal,
† 16.12.2007 in München**

Der aus einer Gelehrtenfamilie stammende Künstler erlernte früh das Klavier- und Orgelspiel und studierte von 1928 bis 1934 an der Berliner Hochschule für Musik bei Paul Hindemith und dem Musikwissenschaftler Curt Sachs. Anschließend wirkte er als Lehrer am Klindworth-Scharwenka-Konservatorium in Berlin sowie als Studienleiter an der Oper Breslau und ab 1938 an der Volksmusikschule in Berlin-Neukölln. Bei den Olympischen Spielen von 1936 erhielt Genzmer eine Bronzemedaille in der Kategorie Solo-

und Chorgesang für sein Stück „Der Läufer". Seinen Militärdienst leistete er als Klarinettist und bei Lazarettkonzerten. Am 26. April 1940 wurde seine vom Reichsluftfahrtsministerium in Auftrag gegebene Musik für Luftwaffenorchester in Berlin uraufgeführt, am 28. Oktober 1940 erfolgte die Uraufführung seines Konzerts für Trautonium (ein von Dr. Goebbels gefördertes elektronisches Instrument für die Thingspiele) und Orchester. 1942 erhielt er einen Staatszuschuß von 2.000 Reichsmark vom Reichsministerium für Volksaufklärung und Propaganda, und am 6. März 1943 wurde seine Konzertsuite vom Stabsmusikkorps des SS-Führungshauptamts uraufgeführt. Nach 1945 stand der Komponist auf der Schwarzen Liste der US-Militärregierung, ab 1946 wirkte er als Professor für Komposition und stellvertretender Direktor der neugegründeten Hochschule für Musik Freiburg. Von 1956 bis 1975 lehrte er an der Akademie für Tonkunst in München. Harald Genzmer komponierte bis in sein Todesjahr; seine „3. Symphonie für großes Orchester", die er als Auftragsarbeit für die Münchener Philharmoniker in den Jahren 1983 bis 1986 geschaffen hatte, wurde 1986 unter der Leitung von Sergiu Celibidache uraufgeführt.

GERSTER, OTTMAR
Prof., * 29.6.1897 in Braunfels, † 31.8.1969 in Leipzig
Der Sohn eines Nervenarztes studierte ab 1913 am Hoch'schen Konservatorium in Frankfurt am Main, wo er auch Paul Hindemith kennenlernte. Sein Studium konnte er erst 1920 abschließen, da er von 1916 bis 1918 zum Kriegsdienst eingezogen wurde. Ab 1921 wirkte er im Frankfurter Symphonieorchester, zunächst als Konzertmeister, später als Bratschist. Er schloß sich in diesen Jahren der Arbeiterbewegung an und betreute Arbeitergesangvereine. Von 1927 bis 1947 war Gerster Dozent für Violine, Viola, Kammermusik, Musiktheorie und Komposition an der Folkwang-Hochschule in Essen. 1939 wurde er für kurze Zeit als Straßenbausoldat eingezogen, 1940 komponierte und textete er das Lied der Essener Straßenbau-Kompanien: „Deutschland, sollst neu uns erblühen, Deutschland, dir gilt unser Mühen, dir ja sei alle Zeit unser ganzes Sein geweiht." 1941 wurde Gersters Oper „Die Hexe von Passau" in Düsseldorf uraufgeführt, weitere Aufführungen folgten in Bremen, Magdeburg, Essen und Liegnitz. Für diese Oper wurde er im selben Jahr mit dem Robert-Schumann-Preis der Stadt Düsseldorf ausgezeichnet. 1943 erhielt er durch die Reichsstelle für Musikbearbeitung einen mit 50.000 Reichsmark verbundenen staatlichen Auftrag zur Komposition seiner Oper „Rappelkopf" (später: „Das verzauberte Ich"). Nach 1945 stand er auf der Schwarzen Liste der US-Militärregierung, doch er konnte noch als Dozent in Essen arbeiten und wurde auch Leiter der Volkschöre Essen und Werden. 1947 ging er nach Weimar und wurde Kulturbeauftragter der sowjetischen Militäradministration und zugleich Professor für Komposition an der Musikhochschule sowie von 1948 bis 1951 deren Direktor. 1952 ging er als Lehrer für Komposition an die Musikhochschule Leipzig, wo er bis zu seiner Emeritierung im Jahre 1962 blieb. Ottmar Gerster wurde vielfach geehrt, beispielsweise mit dem Nationalpreis der DDR 2. Klasse für Kunst und Literatur (1951), dem Vaterländischen Verdienstorden in Silber (1962) und dem Nationalpreis der DDR 1. Klasse für Kunst und Literatur (1967).

Schallplatte mit „Die Hexe von Passau"

Grab Gersters in Leipzig

HESSENBERG, KURT
Prof., *17.8.1908 in Frankfurt am Main, † 17.6.1994 ebd.

Kurt Hessenberg

Seinen ersten Musikunterricht erhielt der Sohn eines Rechtsanwaltes 1917 am Hoch'schen Konservatorium in Frankfurt am Main. Nach dem Abitur studierte er von 1927 bis 1931 am Landeskonservatorium Leipzig Komposition und Klavier, und 1933 folgte er einem Ruf an das Hoch'sche Konservatorium (die spätere Musikhochschule) und wirkte dort als Theorielehrer. 1940 wurde Hessenberg durch Reichsminister Dr. Joseph Goebbels mit dem Nationalen Musikpreis ausgezeichnet; 1942 trat der Komponist in die NSDAP ein. Nach dem Zweiten Weltkrieg stand er auf der Schwarzen Liste der US-Militärregierung, blieb aber trotzdem weiterhin Kompositionslehrer an der Musikhochschule Frankfurt. 1949 komponierte er als Reminiszenz an seinen Urgroßvater Heinrich Hoffmann, den Autor des „Struwwelpeter", die „Struwwelpeterkantate"; er war auch Gründungs- und Vorstandsmitglied der Heinrich-Hoffmann-Gesellschaft. 1951 fiel der Robert-Schumann-Preis der Stadt Düsseldorf an ihn, 1953 übernahm er die Professur für Komposition an der Musikhochschule Frankfurt, an der er bis zu seiner Emeritierung lehrte. Kurt Hessenberg gehört zu den wichtigsten Vertretern der evangelischen Kirchenmusik des 20. Jahrhunderts und regte mit Zeitgenossen wie Hugo Distler oder Ernst Pepping eine grundlegende Erneuerung der evangelischen Kirchenmusik an.

HÖFFER, PAUL
Prof., * 21.12.1895 in Barmen, † 31.8.1949 in Berlin

Der Sohn eines Schulrektors studierte zunächst an der Kölner Musikhochschule, muße sein Studium aber wegen seiner Einberufung als Soldat im Ersten Weltkrieg unterbrechen und setzte es 1920 an der Musikhochschule Berlin fort. Ab 1923 wirkte er dort selbst als Klavierlehrer und wurde 1933 zum Professor ernannt. Die NS-Kulturgemeinde setzte ihn 1935 auf ihre „Liste der Kulturbolschewisten". Er erhielt allerdings trotzdem ein Jahr später von Reichsminister Dr. Joseph Goebbels bei den Olympischen Spielen eine Goldmedaille für sein Chorwerk „Olympischer Schwur". Während Höffer vom Amt Rosenberg als „atonaler Komponist" bezeichnet wurde, hielt Dr. Goebbels seine Hand über ihn und protegierte ihn; im Jahre 1939 erhielt der Künstler für einen Kompositionsauftrag des Reichsministers 5.000 Reichsmark. 1944 komponierte Höffer im Auftrag der Dr. Goebbels unterstellten Reichsstelle für Musikbearbeitungen das Oratorium „Mysterium der Liebe". Obwohl er nach Kriegsende auf der Schwarzen Liste der US-Militärregierung stand, wurde er Leiter des Musikinstituts für Ausländer, an dem auch Sergiu Celibidache unterrichtete. Im Jahre 1948 wurde Paul Höffer zum Direktor der Musikhochschule Berlin ernannt. An den ein Jahr später Verstorbenen erinnert eine Gedenktafel am Berliner Olympia-Stadion.

HÖLLER, KARL
Prof., * 25.7.1907 in Bamberg, † 14.4.1987 in Hausham

Der Sohn eines Dom-Organisten und Königlichen Musikdirektors studierte am Würzburger Staatskonservatorium Komposition und Orgel und besuchte daneben musikwissenschaftliche und kunstgeschichtliche Vorlesungen an der dortigen Universität. 1927 ging er nach München an die Akademie für Tonkunst, um dort weiterzustudieren und sich zum professionellen Organisten und Dirigenten ausbilden zu lassen. Nach Ablegung der entsprechenden Prüfungen studierte er noch als Meisterschüler weiter. Mit dem 1931 erhaltenen Felix-Mottl-Preis begann Höllers Aufstieg zu einem der erfolgreichsten Komponisten seiner Zeit. Direkt im Anschluß an sein Studium wurde er 1933 Dozent für Harmonielehre, Orgel und

Korrepetition an der Akademie für Tonkunst. 1937 ging er an das Hoch'sche Konservatorium und lehrte dort Komposition, Dirigieren und Orgel, ein Jahr später wechselte er an die Staatliche Hochschule für Musik nach Frankfurt am Main, an der er bis 1945 wirkte. Im Juli 1940 wurde er von Dr. Joseph Goebbels mit dem Nationalen Musikpreis ausgezeichnet. Kurz nach seinem Eintritt in die NSDAP wurde Höller außerordentlicher Professor. Obwohl Adolf Hitler und andere NS-Entscheidungsträger ihn als „atonalen Musiker" ablehnten, konnte er weiter sehr erfolgreich arbeiten. In den letzten Kriegsjahren widmete sich der Komponist vorrangig der Arbeit an seiner großen Symphonie in cis-Moll (op. 40), die 1950 vom Hamburgischen Staatsorchester uraufgeführt und vom Kritiker der Zeitung „Die Welt" als eine Synthese aus „Bruckner und Jazz, Überschwang und Askese" gepriesen wurde. Nach dem Zweiten Weltkrieg war Höller sehr produktiv und schuf zahlreiche seiner besten

Karl Höller

Aufführung von „Schneider Wibbel"

Werke; 1949 wurde er als Professor an die Münchener Musikhochschule berufen und übernahm die Meisterklasse für Komposition. 1954 wählte man ihn zum Präsidenten der Hochschule, in dieser Leitungsfunktion blieb er bis zu seiner Emeritierung im Jahre 1972. Karl Höller wurde mehrfach ausgezeichnet, so etwa 1967 mit dem Großen Bundesverdienstkreuz und 1974 mit dem Großen Bundesverdienstkreuz mit Stern.

LOTHAR, MARK
* 23.5.1902 in Berlin,
† 6.4.1985 in München
Geboren unter dem Namen Lothar Hundertmark, studierte der Sohn eines Geheimen Rechnungsrates in Berlin und München; er wurde bald als Liedbegleiter berühmter Sänger wie Corry Nera, Erna Berger und später Hermann Prey bekannt. Er war Mitglied im „Kampfbund für Deutsche Kultur" und wurde 1933 von Max Reinhardt als Musiksachverständiger an das Deutsche Theater nach Berlin berufen, ein Jahr später durch Gustaf Gründgens als musikalischer Leiter an das Preußische Staatstheater. Mehrfach erhielt der Komponist auch Aufträge der Reichsminister Dr. Goebbels unterstellten Reichsstelle für Musikbearbeitungen. Lothar schuf mehrere sehr erfolgreiche Opern, seinen ersten großen Erfolg hatte er 1928 mit der humorvollen Spiel-Oper „Tyll", die auch bei ihrer Wiederaufführung im Jahre 1984 Publikum und Kritiker begeisterte, weitere Opern-Erfolge wie „Münchhausen" (1933), „Schneider Wibbel" (1938) und „Momo und die Zeitdiebe" (1978) schlossen sich an. Ebenfalls erfolgreich arbeitete der Künstler als Komponist von Bühnenmusiken, Filmmusiken (1941 schuf er beispielsweise die Musik für den Film „Friedemann Bach") und Liedern nach Texten von Hermann Löns, Joachim Ringelnatz und Christian Morgenstern. Nach dem Zweiten Weltkrieg arbeitete Mark Lothar bis 1955 als Leiter des Musikwesens des Bayerischen Staatsschauspiels in München, danach wirkte er freischaffend. 1963 schrieb er dem Musikwis-

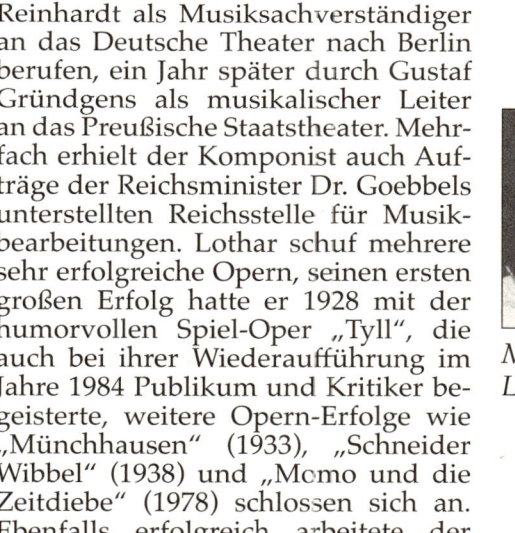

Mark Lothar

Lothars Grab

senschaftler Prieberg auf dessen Nachfrage: „[…] teile ich Ihnen mit, daß ich nicht zu den politisch Verfolgten der Jahre 1933–1945 gehörte. Ich war zwar kein Parteimitglied, habe aber in den betreffenden Jahren nicht unter einem Aufführungsverbot meiner Werke zu leiden gehabt. Da ich einen jüdischen Verleger und einen halbjüdischen Textdichter hatte, wurden mir in den ersten Jahren einige Ungelegenheiten gemacht. Über diese Dinge kann ich Ihnen jedoch nichts Genaueres berichten, da im November 1943 meine gesamte Habe und damit auch meine Korrespondenz in Berlin vernichtet wurde".

MARX, JOSEPH
Prof. Dr. phil., * 11.5.1882 in Graz, † 3.9.1964 ebd.
Schon als Kind erhielt Marx Musikunterricht durch seine Mutter, später wurde er an Johann Buwas berühmter Klavierschule unterrichtet und entwickelte sich hier zu einem virtuosen Pianisten; er erlernte autodidaktisch das Cello- und Geigespiel. Auf Wunsch seines Vaters studierte er zunächst Rechtswissenschaft, wechselte aber bald zu Philosophie und Kunstgeschichte. Schließlich brach er mit seiner Familie, begann mit 26 Jahren eine rege Kompositionstätigkeit und komponierte binnen vier Jahren ungefähr 120 seiner insgesamt 150 Lieder. Nach der Veröffentlichung mehrerer musiktheoretischer Essays nahm Marx 1914 eine Professur für Musiktheorie an der Wiener Musikakademie ein. Zuvor hatte er auf der Basis einer empirischen Studie mit rund 8.000 Einzelversuchen mit musikalisch unterschiedlich geschulten Testpersonen zwei komplexe Dissertationen über Klangpsychologie und das Wesen der Tonalität vorgelegt. 1922 wurde er Direktor der Akademie, von 1924 bis 1927 fungierte er als Rektor der auf seine Initiative hin gegründeten ersten Hochschule für Musik. Marx wirkte auch als Kulturressortleiter, Musikkritiker und Essayist für Musikjournale und Zeitungen in Wien. Bis zu seinem Tode im Jahre 1964 war Joseph Marx Präsident und Ehrenvorsitzender vieler bedeutender Institutionen und Vereinigungen der österreichischen Musik. Der auch international angesehene Marx hatte sich nach dem Zweiten Weltkrieg um den Wiederaufbau des mitteleuropäischen und insbesondere des österreichischen Musiklebens verdient gemacht. In langen Jahren als Professor der Wiener Akademie für Musik und darstellende Kunst war er wohl der begehrteste Musikpädagoge des 20. Jahrhunderts; er bildete fast 1.300 Studenten aus. In den letzten Jahrzehnten seines Lebens galt der Künstler aufgrund seines Rufes als konservative Vaterfigur der tonalen Musik Österreichs als unumstrittene Autorität des Wiener Musiklebens. Seine umfassende Wertschätzung endete jedoch mit seinem Tode, es begann eine Kampagne, die ihn in die Nähe zum Nationalsozialismus rücken sollte. Er hatte sich für die „Rettung der untergehenden Musikkultur", wie er es bezeichnete, eingesetzt und im Rahmen dessen einige Reden über die Musik im Dritten Reich gehalten. Dieser Sachverhalt und die Tatsache, daß er weder emigrierte noch protestierte und in den 1950er Jahren eine heute kaum noch vorstellbare Autorität im Wiener Musikleben ausgeübt hatte, machten ihn zur umstrittenen Figur in den Debatten der Nachkriegszeit. Er wurde politisch verdächtigt und als „NS-Funktionär" diffamiert. Nach seinem Tod verschwand der Großteil seiner bis dahin häufig gespielten Werke – ebenso wie die Musik vieler seiner tonalen Zeitgenossen – aus den Konzertsälen. Die 2006 in Wien gegründete Joseph-Marx-Gesellschaft will an die musikalische Vielseitigkeit von Joseph Marx erinnern und seine vergessenen sowie unentdeckten Werke in die Konzertsäle bringen.

Joseph Marx

Joseph-Marx-Gesellschaft

MÜLLER, GOTTFRIED
* 8.6.1914 in Dresden,
† 3.5.1993 in Nürnberg

Der Sohn eines Oberlandeskirchenrates und Posaunenmeisters studierte schon als Schüler beim Dresdener Kirchenmusikdirektor Bernhard Pfannstiehl, dann ein Jahr an der Universität in Edinburgh, und 1932 wurde er von Karl Straube in Leipzig im Orgelspiel unterrichtet. In diesem Jahr führte auch Fritz Busch den „90. Psalm für Soli, Chor und Orchester" des jungen Komponisten auf, und bald darauf wurden seine „Variationen und Fuge über das Volkslied ‚Morgenrot'" op. 2 beim Internationalen Musikfest in Venedig uraufgeführt. Zum 1. Mai 1933 wurde Müller Mitglied der NSDAP und wirkte fortan als Komponist ohne pädagogische Funktion. Ein Jahr später lehnte er einen Ruf als Lehrer am Konservatorium Leipzig ab. 1934 bewilligte der Dresdener Oberbürgermeister ihm einen Ehrensold und zeichnete ihn 1937 für sein Opus 4 mit dem Kunstpreis der Stadt Dresden aus. Dr. Joseph Goebbels machte am 2. Mai 1937 seine Tagebucheintragung über die vorausgegangene 1. Mai-Feier: „Die Kundgebung selbst ist sehr schön. Das Heldenrequiem von Gottfried Müller macht tiefen Eindruck. Müller selbst ist ein netter Kerl, fast der junge Schubert. Der Führer ist ganz gerührt, als er ihn sieht, und nimmt ihn in seinen Schutz. Vielleicht ist das der kommende Mann in der Musik." Müller hatte 1935 seinen Wehrdienst zunächst angetreten, war allerdings nach der Aufführung seiner „Morgenrot-Variationen" op. 2 bei der Jahrestagung der Reichskulturkammer 1936 durch Weisung Hitlers vom zweiten Wehrdienstjahr befreit worden. Von 1942 bis 1945 wirkte der Komponist als Dozent für Tonsatz an der Hochschule für Musik in Leipzig, 1944 wurde Müllers fünfsätziges symphonisches Chorwerk „Führerworte" op. 7 auf Texte Adolf Hitlers unter der Leitung Karl Elmendorffs in Dresden uraufgeführt. Nach dem Zweiten Weltkrieg wurde Müller zunächst Kantor in Glaubitz bei Riesa, 1952 Kirchenmusiker in Berlin-Hermsdorf, und schließlich war er von 1961 bis 1979 als Kompositionslehrer am Meistersinger-Konservatorium in Nürnberg tätig.

Gottfried Müller

ORFF, CARL
Prof. Dr. h.c., * 10.7.1895 in München,
† 29.3.1982 ebd.

Orff war bereits als Kind hochmusikalisch und erhielt früh Klavier-, Cello- und Orgelunterricht. Von 1913 bis 1914 studierte er an der Königlichen Akademie der Tonkunst in München und widmete sich außerdem der Musikpädagogik. Nachdem er 1914 einige Zeit Kriegsdienst geleistet hatte, war er bis 1919 Kapellmeister in München, Mannheim und Darmstadt. 1924 gründete er mit Dorothee Günther die Günther-Schule München – Ausbildungsstätte vom Bund für freie und angewandte Bewegung e.V. und übernahm bis 1938 die Leitung der Musikabteilung der Schule. Er wurde auch Dirigent des Bach-Vereins und behielt diese Funktion bis 1933. 1936 komponierte er als Auftragsarbeit seinen „Olympischen Reigen", der zum Eröffnungsfestspiel der Olympischen Spiele in Berlin aufgeführt wurde (Orff wiederholte dies für die Olympiade 1972 in München, für die er den „Gruß der Jugend" komponierte). 1937 wurde in Frankfurt am Main sein Hauptwerk, zugleich sein bekanntestes Werk, die szenische Kantate „Carmina Burana" uraufgeführt, die auf Texten einer Liederhandschrift des Klosters Benediktbeuern aus dem 13. Jahrhundert ba-

Carl Orff

Sonderbriefmarke zum 100. Geburtstag Orffs 1995

siert. Eine zeitgenössische Kritik resümierte: „Diese Kantate ist ausdrucksmäßig ein Hohelied auf die Kraft ungebrochener Lebensinstinkte und musikalisch ein Zeugnis für die unzerstörbare, immer wieder hervorbrechende Macht der Volksweise, ihrer Melodik und ihrer rhythmischen Gewalt. Wenn das deutsche Musikschaffen der Gegenwart schon ein derartiges Werk herausstellen kann, dann brauchen wir wohl keine Sorge zu haben, daß die allgemeine Sehnsucht nach ‚volksverbundener Kunst' unerfüllt bleibt." 1939 komponierte er im Auftrag der Stadt Frankfurt eine „Ersatzmusik" zu Shakespeares „Ein Sommernachtstraum", da Felix Mendelssohns Musik nicht mehr aufgeführt werden durfte. Nach 1945 setzte die US-Militärregierung ihn auf ihre Schwarze Liste, bei der Entnazifizierung wurde er als „Mitläufer" eingestuft. Der Künstler konnte seinen Beruf wieder ausüben und nahm neben seiner kompositorischen Arbeit auch Führungspositionen in diversen musikalischen Einrichtungen ein, beispielsweise 1950 bis 1960 als Professor für Komposition und Leiter einer Meisterklasse an der Akademie der Tonkunst in München, ab 1961 als Leiter des Orff-Institutes in Salzburg.

Orff-Institut in Salzburg

PEPPING, ERNST
Prof. Dr. h.c., * 12.9.1901 in Duisburg, † 1.2.1981 in Berlin

Der Sohn eines Werkmeisters studierte nach einer Ausbildung zum Lehrer von 1922 bis 1926 das Fach Komposition an der Hochschule für Musik in Berlin. Bis 1928 komponierte er meist instrumentale Werke und erhielt hierfür den Kompositionspreis der Felix-Mendelssohn-Bartholdy-Stiftung. Seine 1929 in Duisburg aufgeführte „Choralsuite" wurde sehr positiv aufgenommen und war sein erster größerer Erfolg. 1934 folgte Pepping einem Angebot als Lehrer für Harmonielehre, Partiturspiel und Kontrapunkt an der Evangelischen Kirchenmusikschule des Johannes-Stiftes in Berlin-Spandau, wo er bis zu seinem Tode lebte. Außerdem war er von 1935 bis 1938 an der Hochschule für Musik als Dozent tätig. Er verfügte seit Beginn des Zweiten Weltkrieges über eine „uk"-Stellung. Nach Kriegsende wirkte er von 1947 bis 1968 als Professor an der Hochschule für Musik (später: Universität der Künste) in den Fächern Kirchenmusik und Komposition. Pepping wurde vielfach geehrt, wie beispielsweise durch den Musikpreis Berlin im Jahre 1948 oder das Ehrendoktorat der Freien Universität im Jahre 1962. 1968 zog Ernst Pepping sich aus dem aktiven Musikleben zurück. Er gilt als einer der bedeutendsten Erneuerer der evangelischen Kirchenmusik. Meyers Lexikon führte ihn schon 1940 als einen „Hauptvertreter der neuen evangelischen Kirchenmusik". Er schrieb neben Orchester- und Kammermusik vorwiegend geistliche Werke für Chor, darunter A-capella-Messen, Motetten und Choräle, etwa das „Spandauer Chorbuch".

Ernst Pepping

TRAPP, MAX
Prof., * 1.11.1887 in Berlin, † 31.5.1971 ebd.

Nach Abschluß seines Studiums war Trapp zunächst ohne Anstellung und trat daher als Pianist auf, 1920 wurde er als Dozent an die Berliner Musikhochschule berufen und 1926 zum Professor ernannt. Er leitete zudem in Dortmund von 1926 bis 1930 eine Meisterklasse für Komposition am Städtischen Konservatorium. 1932 wurde der Künstler Mitglied der NSDAP sowie Obmann der Gruppe Musik im „Kampfbund für Deutsche Kultur". 1933 war er Vorstandsmitglied des Allgemeinen Deutschen Musikvereins, der sich 1936 auflöste. 1934 wurde er Ehrenvorsitzender im Arbeitskreis nationalsozialistischer Komponisten und in die Preußische Akademie der Künste aufgenommen. 1936 gab er seine

Professur an der Berliner Musikhochschule auf und war dann bis 1945 Leiter einer Meisterklasse für Komposition an der Preußischen Akademie der Künste. Die Aufgabe seiner Professur war nicht freiwillig, sondern resultierte aus der amourösen Affäre des Komponisten mit einer Schülerin, der Ehefrau des Referenten der Reichskulturkammer Walter Owens.

Max Trapp

Zunächst sollte die Affäre, die bereits Wellen geschlagen hatte, stillschweigend zu den Akten gelegt werden. Dr. Joseph Goebbels hielt hierzu am 2. November 1935 in seinem Tagebuch fest: „Führer will Max Trapp nicht ganz fallenlassen. Owens Wut soll ihn nicht vernichten. Wo kommen wir hin, wenn Bettgeheimnisse zu politischen Aktionen werden!" Da allerdings später die Angelegenheit an die Öffentlichkeit kam, sollte Trapp gezwungen werden, selbst um seine Entlassung aus dem Dienst zu bitten. Als er dies kategorisch ablehnte, wurde ihm schließlich fristlos gekündigt und er als „Notlösung" zum Leiter der Meisterklasse an der Preußischen Akademie der Künste bestellt. Am 29. Mai 1938 wurde beim Abschlußkonzert der ersten Reichsmusiktage in Düsseldorf sein Konzert für Cello und Orchester aufgeführt. 1939 wurde er durch Dr. Goebbels ausgezeichnet, was dieser in seinem Tagebuch am 6. Juli folgendermaßen festhielt: „Träger des diesjährigen Nationalpreises für Musik empfangen. Meistens junge Künstler und Prof. Trapp, der den großen Kompositionspreis erhält." Nach dem Zweiten Weltkrieg lehrte Max Trapp von 1950 bis 1953 am Städtischen Konservatorium Berlin.

WALTER, FRIED
*** 19.12.1907 in Ottendorf-Krilla bei Dresden, † 8.4.1996 in Berlin**
Der als Walter Emil Schmidt Geborene war Sohn eines Volksschullehrers und erlernte in der Jugend die Instrumente Klavier, Cello, Orgel und Waldhorn und wurde als Siebzehnjähriger als Theorie- und Dirigierschüler an der Dresdener Oper angenommen. Nach seiner Ausbildung wurde er Volontär am Landestheater Gotha, anschließend ging er an das Reußisch-Fürstliche Theater in Gera; wegen der Weltwirtschaftskrise muße er 1929 diese Stellung aufgeben. Später bekam er ein Stipendium und wurde Schüler Arnold Schönbergs an der Akademie der Künste in Berlin. Nach der Ausbildung bei Schönberg, dessen Zwölftonmusik Walter kategorisch ablehnte, arbeitete der Künstler als Musiker in Kabaretts, Varietés und sogar im Zirkus, außerdem war er Klavierbegleiter verschiedener Vokalensembles, beispielsweise der „Comedian Harmonists". Nach seiner Heirat mit einer holländischen Kabarettistin lebte er einige Zeit in Holland, erhielt aber als Deutscher keine Aufträge. 1938 komponierte er die Oper „Königin Elisabeth", die 1939 mit großem Erfolg an der Königlichen Oper in Stockholm unter Anwesenheit des schwedischen Königs uraufgeführt wurde. Aufgrund dieses Erfolges wurde er in Deutschland mit einem neuen Bühnenwerk beauftragt und vom Militärdienst zurückgestellt; seine Oper „Andreas Wolfius" wurde 1940 an der Berliner Staatsoper uraufgeführt. 1943 dirigierte Fried Walter in Prag persönlich sein Ballett „Cleopatra", im selben Jahr erhielt er von der Reichsstelle für Musikbearbeitung einen Staatsauftrag über 15.000 Reichsmark für die Komposition der heiteren Oper „In Teufels Küche". Da er als „unbelastet" eingestuft wurde, konnte Walter sofort nach dem Kriege als Korrepetitor und Konzertpianist an der Berliner Staatsoper arbeiten. Ab 1947 wurde er Mitarbeiter

Fried Walter

des Radiosenders RIAS, gründete das RIAS-Unterhaltungsorchester und wirkte beim RIAS 25 Jahre als Dirigent, Arrangeur und Programmgestalter. Seine letzte Oper „Die fünf Bräute" wurde erst zwei Jahre nach dem Tode von Fried Walter unter der musikalischen Leitung von Franns Wilfried Promnitz uraufgeführt.

ZILCHER, HERMANN
Prof. Dr. med. h.c.,
* 16.8.1881 in Frankfurt am Main,
† 1.1.1948 in Würzburg

Hermann Zilcher

Zilcher studierte ab 1897 am Hoch'schen Konservatorium in Frankfurt am Main Klavier, Kontrapunkt und Formenlehre sowie Komposition; beim Studienabschluß erhielt er den Mozart-Preis seiner Heimatstadt. 1901 übersiedelte er nach Berlin und faßte dort beruflich schnell Fuß, insbesondere als Begleiter von Sängern und Instrumentalisten. Durch seine Konzertreisen in Europa und die USA wurde er auch international bekannt. 1905 wurde er Klavierlehrer am Hoch'schen Konservatorium, 1908 erhielt er eine Klavierprofessur und 1916 eine Kompositionsprofessur an der Akademie der Tonkunst in München. Im Jahre 1920 wurde er Direktor des Bayerischen Staatskonservatoriums in Würzburg. Für seine dort erworbenen Verdienste wurde er 1924 von der bayerischen Staatsregierung zum Geheimen Regierungsrat und von der Medizinischen Fakultät der Universität Würzburg zum Ehrendoktor ernannt. Ab Ende der 1920er Jahre hatte Zilcher zunehmende Verpflichtungen als Gastdirigent verschiedener Orchester. Nach der nationalsozialistischen Regierungsübernahme wurde er Mitglied im „Kampfbund für Deutsche Kultur" und komponierte eine Kantate im Sinne der neuen politischen Richtung „Gebet der Jugend" (op. 75), die im November 1935 im Rundfunk ausgestrahlt und in einer Pressemitteilung angekündigt wurde: „Das Gedicht dieses kleinen Chorwerkes ist eine Huldigung an Führer und Reich." Am 14. September 1945 wurde der Komponist aufgrund einer anonymen Denunziation zu seiner Tätigkeit im Dritten Reich von der US-Militärverwaltung als Direktor des Würzburger Konservatoriums abgesetzt und zu Holzfällerarbeiten herangezogen, bei denen er sich an den Händen verletzte. Aufgrund eines ärztlichen Attests wurde der Künstler dann von diesen Arbeiten freigestellt. Hermann Zilcher, der 1947 noch eine fünfte Synphonie komponiert hatte, verstarb unerwartet an Herzschwäche. Der verdiente Künstler wurde mehrfach ausgezeichnet, beispielsweise 1937 mit dem Mainfränkischen Kulturpreis und 1942 mit der Goethe-Medaille für Kunst und Wissenschaft.

Goethe-Medaille für Kunst und Wissenschaft

Dirigenten

ABENDROTH, HERMANN
Prof., * 19.1.1883 in Frankfurt am Main, † 29.5.1956 in Jena

Der Sohn eines Buchhändlers gehörte zu den wichtigsten Orchesterleitern des 20. Jahrhunderts und wurde gelegentlich als „Furtwängler der DDR" tituliert. Er war seit 1905 Musikdirektor in Lübeck, seit 1911 in Essen und wirkte in der Zeit von 1915 bis 1934 als Chef-Dirigent des Gürzenich-Orchesters und des dazu gehörigen Gürzenich-Chores in Köln. Im Jahre 1918 wurde er vom Kölner Oberbürgermeister Dr. Konrad Adenauer zum Generalmusikdirektor von Köln ernannt, 1919 übernahm er die Professur für Dirigieren an der Staatlichen Hochschule für Musik in Köln und – gemeinsam mit Walter Braunfels – die Leitung dieser Hochschule, welche sie zu einem der modernsten Konservatorien Deutschlands ausbauten. Seine zahlreichen Gastspiele führten ihn in diverse deutsche Städte sowie unter anderem nach Moskau, Leningrad, England und Holland. Im Dritten Reich leitete er von 1933 bis 1945 die Fachschaft Musikerzieher und Chorleiter in der Reichsmusikkammer und wurde Mitglied ihres Verwaltungsausschusses. Er dirigierte am 21. März 1933 das Gürzenich-Orchester zur „Feier der nationalen Erhebung", bekam aber wegen seiner Unterstützung für jüdische Kollegen und seiner Tourneen in die Sowjetunion Schwierigkeiten mit dem Gauleiter von Köln-Aachen Josef Grohé; auch seitens der SA wurde erheblicher Druck ausgeübt, bis er schließlich 1934 entlassen wurde. Doch schon bald darauf wurde er Gewandhaus-Kapellmeister in Leipzig, nachdem der dortige Oberbürgermeister Carl Friedrich Goerdeler ihn als „wirklich deutschen und national empfindenden Kapellmeister" angepriesen hatte. Im Mai 1937 trat der Dirigent in die NSDAP ein, nachdem er dies früher trotz verschiedener Aufforderungen abgelehnt hatte. Den Österreich-Anschluß begrüßte Abendroth mit den Worten: „In der Musik gab es niemals eine Trennung zwischen Deutschland und Österreich. Daß die Zusammengehörigkeit dank der einzigartigen Tat des Führers nunmehr auch politisch vollzogen ist, dafür wird gerade die deutsche Musikerschaft dem Führer Dank wissen." Nachdem er wegen seiner NSDAP-Mitgliedschaft am 5. November 1945 sein Leipziger Amt verloren hatte, äußerte er sich einige Tage darauf folgendermaßen: „Ich habe nie ein Parteibuch gehabt, habe nie an Parteiversammlungen teilgenommen, mich auch sonst in der Partei in keiner Weise betätigt und habe nie außer den üblichen, den Mitgliedern auferlegte Spenden, der NSDAP einen Sonderbetrag zukommen lassen. Ich bin also nur nominelles zahlendes Mitglied und habe zu der Weltanschauung des Dritten Reiches mich immer nur ablehnend verhalten. Mein ganzes Interesse hat stets und einzig und allein meinen beruflichen und künstlerischen Aufgaben gegolten." 1945 wurde er musikalischer Oberleiter des Deutschen Nationaltheaters und damit der Staatskapelle Weimar, ab 1947 als Generalmusikdirektor. Das Personalprüfungsamt des Ministeriums des Inneren des Landes Thüringen stufte ihn 1948 als „nicht belastet" ein. 1949 wurde Abendroth Leiter des Rundfunk-Symphonieorchesters Leipzig und 1953 des Rundfunk-Symphonieorchesters Berlin. Im Jahre 1949 trat er in die Blockpartei NDPD ein und wurde im selben Jahr Mitglied des Deutschen Volkskongresses, 1949 und 1950 gehörte er als Mitglied der Provisorischen Volkskammer an sowie von 1950 bis 1954 dem Kulturbund der ersten Volkskammer der DDR; 1951 erfolgte seine Aufnahme in die Staatliche Kommission für Kunstangelegenheiten.

Hermann Abendroth

Eröffnung der Provisorischen Volkskammer 1949

BÖHM, KARL
Prof. Dr. jur., * 28.8.1894 in Graz, † 14.8.1981 in Salzburg
Zunächst studierte der Dirigent Rechtswissenschaften mit anschließender Promotion, studierte dann jedoch am Wiener und Grazer Konservatorium Klavier und Musiktheorie und begann seine Di-

rigentenkarriere 1917 in seiner Heimatstadt Graz. Nachdem er 1921 nach München an die Bayerische Staatsoper berufen worden war, wurde er am 9. November 1923 Augenzeuge des Hitler-Putsches, über den er berichtete: „Plötzlich hallten Schüsse über den Platz, wir eilten zum Fenster. [...] Unter ungeheurer Aufregung erlebten wir den Abtransport der Verwundeten, sahen Blut, das für die Idee vergossen wurde, die siegreich geworden ist." Böhm wurde 1927 Generalmusikdirektor in Darmstadt, ab 1931 wirkte er in der gleichen Funktion in Hamburg, und 1934 wurde er durch „Entscheidung des Führers" als Direktor der Semper-Oper nach Dresden verpflichtet. Diese Stellung bekleidete Böhm bis 1943, als er zum Direktor der Wiener Staatsoper berufen wurde. Nach dem Österreich-Anschluß dirigierte Böhm im Wiener Konzerthaus die Wiener Symphoniker beim „ersten festlichen Konzert im neuen Deutschen Reich", begrüßte das Publikum mit dem Hitlergruß und ließ zur Einleitung das Horst-Wessel-Lied spielen. Zur Volksabstimmung über den Österreich-Anschluß schrieb er im April 1938: „Wer dieser Tat des Führers nicht mit einem hundertprozentigen ‚Ja' zustimmt, verdient nicht, den Ehrennamen Deutscher zu tragen." Nach dem Zweiten Weltkrieg wurde Böhm durch die alliierten Besatzungsbehörden seines Amtes als Direktor der Wiener Staatsoper enthoben und mit einem zweijährigen Auftrittsverbot belegt. Böhm erinnerte sich an diese Zwangsmaßnahme später: „Wie ich so dastand [...] begannen wirklich die Leidensstationen." Von 1950 bis 1953 war Böhm als musikalischer Oberleiter am Teatro Colón in Buenos Aires tätig. Nach dem Ende der Besatzungszeit wurde der Dirigent im Jahre 1955 ein zweites Mal zum Direktor der Wiener Staatsoper bestellt. Weil ihm vorgeworfen wurde, er sei in Wien zu wenig präsent, und weil es Protestkundgebungen während der von ihm dirigierten Vorstellungen gab, legte Böhm schließlich sein Amt bereits im Jahre 1956 nieder; Herbert von Karajan wurde sein Nachfolger. Seit den 1960er Jahren trat er jedoch wieder als Dirigent in der Wiener Staatsoper auf. Seine letzte Premiere leitete der Künstler mit „Die Entführung aus dem Serail" im Jahre 1979, ein Jahr später dirigierte er bei einer Tournee des Ensembles der Wiener Staatsoper in Japan, und im Frühjahr 1981 fanden seine letzten öffentlichen Auftritte statt, als er in der Staatsoper die Aufführungen von Mozarts „Le nozze di Figaro" leitete. Den Termin für sein ursprünglich geplantes Abschiedskonzert zur Wiedereröffnung der Alten Oper in Frankfurt am Main erlebte Karl Böhm nicht mehr.

Karl Böhm

Wiener Staatsoper

ELMENDORFF, KARL
* 25.10.1891 in Düsseldorf,
† 21.10.1962 in Hofheim/Taunus

Der Sohn eines Kaufmanns studierte zunächst Altphilologie, Germanistik und Zahnheilkunde, danach Musikwissenschaften und Gesang an der Kölner Musikhochschule; 1913 bis 1916 war er Schüler der Dirigenten Hermann Abendroth und Fritz Steinbach. Anschließend wirkte er als Kapellmeister in Düsseldorf, Mainz, Hagen und Aachen, bis er von 1925 bis 1931 als Erster Kapellmeister an die Staatsoper München verpflichtet wurde. 1927 bis 1942 war er als Dirigent bei den Bayreuther Festspielen tätig. Anfang der 1930er Jahren war er Chefdirigent in Kassel, ab 1932 am Nassauischen Landestheater, und 1935 erhielt er die Berufung als Generalmusikdirektor an das Nationaltheater Mannheim. Nach Einladungen als Gastdirigent an die Berliner Staatsoper trat Elmendorff 1937 in die NSDAP ein. Am 20. April 1938 wurde er von Adolf Hitler zum Staatskapellmeister ernannt. Ab 1939 bis 1942 war er ständiger Dirigent an der Berliner Staatsoper. Am 1. März 1941 gab er mit „Die Walküre" im besetzten Paris ein Gastspiel. Sei-

I. – Alle übrigen – Musik: Dirigenten

Karl Elmendorff

nen Karrierehöhepunkt erlebte er 1942, als er gemäß „dem Wunsche des Führers" Generalmusikdirektor der Sächsischen Staatskapelle Dresden wurde. Nachdem er 1947 von der Spruchkammer Mannheim im Entnazifizierungsverfahren entlastet worden war, übernahm er von 1948 bis 1951 die musikalische Oberleitung am Staatstheater Kassel, anschließend wurde er bis 1955 Chefdirigent am Staatstheater Wiesbaden und danach Musikberater des Wiesbadener Magistrates. Im Jahre 1956 wurde er mit der Goethe-Plakette des Landes Hessen ausgezeichnet. In seinen letzten Lebensjahren wirkte Karl Elmendorff als Gastdirigent.

HEGER, ROBERT
Prof., * 19.8.1886 in Straßburg,
† 14.1.1978 in München
Nach Abschluß seines Studiums wirkte Heger zunächst als Cellist, seine erste Stelle als Kapellmeister bekam er 1907 in seiner Heimatstadt, weitere Stationen waren Ulm, Barmen und 1911 die Volksoper Wien. 1913 wurde er als Chef an das Opernhaus Nürnberg berufen, wo er auch die Philharmonischen Konzerte leitete. 1920 wurde er Erster Kapellmeister am Nationaltheater München, ab 1925 wirkte er acht Jahre an der Wiener Staatsoper. 1933 wurde Heger als ständiger Dirigent an die Berliner Lindenoper verpflichtet. Die Uraufführung seiner Oper „Der verlorene Sohn" kommentierte der Künstler mit den Worten: „Das Thema will dartun, daß sich der Mensch nicht zu lösen vermag vom Lande und Volk, das ihn gebar." 1937 trat er in die NSDAP ein, am 6. Dezember 1940 leitete er mit dem Großen Orchester des Deutschlandsenders die Musik zur Uraufführungsfeier des Films „Bismarck" im Berliner UFA-Palast in Anwesenheit von Reichsminister Dr. Joseph Goebbels, dem Chef der Reichskanzlei Hanns Heinrich Lammers und Reichsjustizminister Franz Gürtner. Seine Karriere konnte Heger nach dem Zweiten Weltkrieg bruchlos weiterführen, er wurde 1945 an die Städtische Oper Berlin verpflichtet, kehrte 1950 als Erster Staatskapellmeister nach München zurück und übernahm dort bis 1954 auch die Leitung der Hochschule für Musik und Theater. Robert Heger erhielt für sein Schaffen mehrfach hohe Auszeichnungen, beispielsweise 1956 das Große Bundesverdienstkreuz, 1959 den Bayerischen Verdienstorden und 1967 das Österreichische Ehrenkreuz für Wissenschaft und Kunst 1. Klasse.

JOCHUM, EUGEN
Prof., * 1. 11.1902 in Babenhausen/Allgäu, † 26.3.1987 in München
Der Sohn eines Oberlehrers gab am 16. März 1926 mit den Münchener Philharmonikern sein erfolgreiches Dirigentendebüt mit Bruckners 7. Symphonie. Besonders Bruckner sollte seinen weiteren Berufsweg bestimmen. Jochum wurde einer der bekanntesten Interpreten Brucknerscher Werke. Erste Engagements als Kapellmeister führten Jochum nach Mönchengladbach, an das Opernhaus Kiel (1927 bis 1929), nach Lübeck und an das Nationaltheater Mannheim. Den Posten eines Generalmusikdirektors hatte er 1930 bis 1932 am Theater Duisburg und bei den Duisburger Symphonikern sowie 1932 bis 1934 bei der Städtischen Oper Berlin. Außerdem war er musikalischer Leiter der Sendung „Funkstunde", dirigierte die Berliner Philharmoniker und war von 1934 bis 1949 Generalmusikdirektor der Hamburgischen Staatsoper und Leiter des

Robert Heger

Das Österreichische Ehrenkreuz

Eugen Jochum

Philharmonischen Orchesters. Im Dritten Reich trat er mehrfach bei Parteiveranstaltungen auf, dirigierte am 17. August 1934 anläßlich des Hitler-Besuches in Hamburg und am 15. Januar 1935 „in Anbetracht der nationalen Bedeutung" am Tag der Saar-Abstimmung ein Konzert der Berliner Philharmoniker. Außerdem dirigierte er im Juni 1935 bei der Festveranstaltung zur zweiten Reichs-Theaterfestwoche, die als „Symbol des Kulturwillens der deutschen Nation und ihres Führers" galt. 1936 wurde Jochum von Adolf Hitler zum Staatskapellmeister ernannt und dirigierte für die Deutsche Arbeitsfront im ersten KDF-Konzert die Münchener Philharmoniker. Am 3. Oktober 1940 gab er ein Gastspiel im besetzten Oslo in Anwesenheit von Reichskommissar Josef Terboven und des späteren norwegischen Ministerpräsidenten Vidkun Quisling, im Dezember 1940 hatte Jochum einen Auftritt im Film „Wunschkonzert". 1943 war er Gastdirigent eines Sonderkonzerts in Litzmannstadt, worüber die „Litzmannstädter Zeitung" am 11. Mai 1943 schrieb: „Durch Veranstaltungen dieser Art [...] wachsen die Kräfte der Abwehr in einer teilweise noch fremden Umwelt, werden neue Kräfte, die wir für die Eindeutschung dieser Stadt einsetzen müssen, lebendig." 1949 gründete Jochum das Symphonieorchester des Bayerischen Rundfunks, das er bis 1961 leitete und zu einem der führenden Orchester Deutschlands formte. Neben dieser Tätigkeit teilte er sich mit Bernard Haitink die Führung des Concertgebouw-Orchesters in Amsterdam, mit dem er 1961 eine größere Konzertreise durch die USA unternahm. Ab 1969 hatte er die künstlerische Leitung der Bamberger Symphoniker, die ihn später zu ihrem Ehrendirigenten ernannten. In den 1960er und 1970er Jahren zählte Eugen Jochum zu den bedeutendsten und bekanntesten Dirigenten und wurde von den führenden Orchestern der Welt verpflichtet.

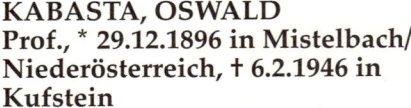

Concertgebouw

KABASTA, OSWALD
Prof., * 29.12.1896 in Mistelbach/ Niederösterreich, † 6.2.1946 in Kufstein

Der Dirigent und Komponist war nach seinem Studium zunächst als Musiklehrer tätig und erhielt dann eine Stelle als Kapellmeister in Wiener Neustadt. 1926 wurde er in Graz Direktor des Städtischen Orchesters, 1928 Generalmusikdirektor. 1931 wurde er Leiter des Orchesters des Österreichischen Rundfunks und übernahm auch die Leitung der Dirigentenklasse an der Wiener Musikakademie. 1934 wurde er Chefdirigent der Wiener Symphoniker, formte das Orchester neu und unternahm mit ihm Tourneen nach Italien und England. 1938 wurde Kabasta zum Chefdirigenten der Münchener Philharmoniker berufen, mit denen er während des Zweiten Weltkrieges zahlreiche Tourneen unternahm. Mit diesem Orchester arbeitete er bis August 1944 zusammen, als die „Tonhalle", in der es seit 1895 spielte, durch alliierte Bombardements zerstört wurde. Am 15. Juli 1939, zum „Tag der Deutschen Kunst", wurde der Künstler von Hitler mit dem Titel Professor ausgezeichnet. Nach dem Kriege wurde Kabasta ein Berufsverbot erteilt, weil man ihm fälschlicherweise vorwarf, er sei bereits 1932 in die NSDAP eingetreten, während er tatsächlich erst nach dem Österreich-Anschluß im Jahre 1938 der Partei beitrat. An diesem Berufsverbot zerbrach Oswald Kabasta, er beging Suizid.

Oswald Kabasta

KARAJAN, HERBERT VON
* 5.4.1908 in Salzburg,
† 16.7.1989 in Anif/Salzburg

Herbert von Karajan zirka 1940

Der Künstler zählt zu den bedeutendsten und bekanntesten Orchesterleitern des 20. Jahrhunderts, arbeitete mit zahlreichen angesehenen Symphonieorchestern, wirkte an den wichtigen Opernhäusern und veröffentlichte viele Einspielungen klassischer Musik. Seinen ersten öffentlichen Auftritt hatte er am 22. Januar 1929 mit dem Mozarteum-Orchester in Salzburg, 1930 wurde er Erster Kapellmeister am Stadttheater Ulm sowie im dortigen Philharmonischen Orchester. In einem Brief an seine Eltern bezüglich seiner etwaigen Bewerbung um eine Dirigentenstelle an der Wiener Volksoper meinte er 1934: „Mich selbst in Verbindung damit zu bringen, denke ich nicht. Bisher war es ja doch nur ein Vorstadttheater, ohne Namen, außerdem wird das gesamte Palästina dort gesammelt sein." 1935 wurde er in Aachen der jüngste Generalmusikdirektor des Deutschen Reiches. Sein Karrieredurchbruch war am 30. September 1938 sein Debüt in der Berliner Staatsoper mit Beethovens „Fidelio" und sein Dirigat am 21. Oktober von Wagners „Tristan und Isolde". Henriette von Schirach, Gattin des Reichsjugendführers Baldur von Schirach, berichtete: „Magda [Goebbels] versäumte kein Konzert des jungen Herbert von Karajan." In der Folge wurde er Dirigent der Staatskapelle Berlin, anläßlich seines 50. Geburtstages ernannte Hitler ihn zum Staatskapellmeister. Karajan verscherzte sich die Gunst Hitlers, als er – was dieser ihm als Überheblichkeit auslegte – „Die Meistersinger von Nürnberg" am 2. Juni 1939 auswendig dirigierte, dann auch noch falsche Einsätze gab und die Vorstellung mit dem Fallen des Vorhanges unterbrochen werden mußte. Am 1. Dezember 1940 hatte er einen Auftritt im 50. „Wunschkonzert für die Wehrmacht", eine regelmäßige Radiosendung, bei der Soldaten Musikwünsche äußern konnten und in der bekannte Persönlichkeiten aus Musik, Film und Kabarett häufig zu Gast waren. Dr. Joseph Goebbels schrieb ins Tagebuch: „Aufmarsch der Prominenten: Leander, Serrano, Karajan und viele andere." Am 1. Mai 1941 gab Karajan mit der Staatsoper ein Gastspiel im besetzten Paris und inszenierte Wagners „Tristan und Isolde". Nachdem er am 18. Februar 1945 in Berlin noch ein letztes Konzert gegeben hatte, flüchtete er aus der von den Russen bedrohten Stadt nach Italien und wartete am Comer See auf das Kriegsende. Bereits im Januar 1946 gab der Dirigent wieder ein erstes Konzert in Wien und konnte danach, abgesehen von einem – bald wieder aufgehobenen – Berufsverbot durch die sowjetische Besatzungsmacht, seine Karriere fortsetzen. 1948 debütierte er an der Mailänder Scala und war dort bis 1968 ständiger Gast als Dirigent und Regisseur. 1951 dirigierte er erstmals auf den Bayreuther Festspielen, kehrte aber nach 1952 nicht mehr nach Bayreuth zurück, weil er Wieland Wagners Regiestil mit seiner Auffassung für unvereinbar hielt. 1955 wurde er Chefdirigent der Berliner Philharmoniker sowie 1956 zusätzlich Chefdirigent der Wiener Staatsoper und entwickelte sich in den folgenden Jahrzehnten zum Star der

Berliner Staatsoper

Herbert von Karajan 1972

5-Euro-Gedenkmünze zu Karajans 100. Geburtstag

Hans Knappertsbusch

Kriegsverdienstkreuz 2. Klasse

Musikszene in aller Welt. Das „Deutsche Bühnen-Jahrbuch" pries den Künstler zum 60. Geburtstag in fast schon byzantinistischer Manier: „Hellster Fixstern am musikalischen Himmel."

KNAPPERTSBUSCH, HANS
Prof., * 12.3.1888 in Elberfeld, † 25.10.1965 in München

Die ersten Stationen des Sohnes eines Spirituosenfabrikanten als Kapellmeister waren ab 1909 Mülheim an der Ruhr, Bochum, Elberfeld und Leipzig. Sein musikalischer Interpretationsstil wurde besonders geprägt durch seine während dieser Zeit absolvierte Assistenz in Bayreuth bei dem Festspielleiter Siegfried Wagner und dem Wagner-Dirigenten Hans Richter. 1919 wurde er an der Dessauer Hofoper Deutschlands jüngster Generalmusikdirektor, 1922 Leiter der Bayerischen Staatsoper in München und der Akademiekonzerte im Odeon. 1924 wurde er zum Professor ernannt. Im April 1933 war er der Verfasser des Protests von Honoratioren der Richard-Wagner-Stadt München gegen Thomas Manns Schrift „Leiden und Größe Richard Wagners": „Wir lassen uns solche Herabsetzung unseres großen deutschen Musikgenies von keinem Menschen gefallen." Im Februar 1936 wurde Knappertsbusch zwangspensioniert wegen Äußerungen bei einem Gastspiel in Holland (der Attaché der Deutschen Gesandtschaft Den Haag hatte ihn denunziert, „kein Freund des neuen Deutschland" zu sein) im November 1935. Am 2. März 1936 schrieb der Dirigent an Ministerialrat Rainer Schlösser, den Präsidenten der Reichstheaterkammer: „Es ist mir ein grauenhafter Gedanke, aus meinem Vaterland zu sollen, wobei ich gerade in Wien doch wohl rettungslos wieder, wie im Anfang meiner Münchener Zeit – das wissen Sie ja doch selber – dem Judengesindel preisgegeben sein würde!" Knappertsbusch wurde 1936 kommissarischer Leiter, 1938 Direktor der Wiener Staatsoper. Bei den Salzburger Festspielen, bei denen er 1929 debütiert hatte, wirkte er ab 1937 wieder mit, und ebenfalls seit 1937 dirigierte er bis zu seinem Tode viele Male die Wiener Philharmoniker. Trotz seines gespannten Verhältnisses zu den Nationalsozialisten beteiligte er sich zuweilen auch an NS-nahen Veranstaltungen, wie etwa zwei Konzerten zur Feier von Hitlers Geburtstag 1943 und 1944. Am 30. Januar 1943 wurde ihm von Hitler das Kriegsverdienstkreuz 2. Klasse verliehen. Sechs Wochen nach Errichtung des Generalgouvernements dirigierte er im Februar 1940 die Wiener Philharmoniker im besetzten Krakau, am 12. September 1941 trat er mit den Berliner Philharmonikern – am Tag der Eröffnung der Ausstellung „Germanenerbe im Weichselraum" – erneut in Krakau auf. Nach dem Krieg übernahm er 1945 zunächst wieder das Amt des Generalmusikdirektors der Bayerischen Staatsoper, bekleidete es allerdings nicht allzu lange: Bedingt durch seine berufliche Betätigung während des Dritten Reiches verhängten die Amerikaner im Herbst 1945 ein Berufsverbot über ihn, welches jedoch Anfang 1947 – von diesen als Irrtum erkannt – mit entsprechenden Entschuldigungen wieder zurückgenommen wurde. Nach seiner Rehabilitierung nahm Knappertsbusch keine feste Stelle mehr an. Die Schwerpunkte seines Wirkens waren von da an München, Wien und ab 1951 Bayreuth. Als Domizil wählte er nach dem Kriege zunächst Bayreuth, dann München. Hans Knappertsbusch verstarb an den Folgen eines Oberschenkelhalsbruches.

KEILBERTH, JOSEPH
* 19.4.1908 in Karlsruhe, † 20.7.1968 in München

Der Sohn eines Solocellisten der Badischen Hofkapelle Karlsruhe begann seine Berufslaufbahn 1925 am

Joseph Keilberth

Badischen Staatstheater in Karlsruhe als Korrepetitor, bevor er zum Kapellmeister ernannt wurde. 1935 setzte er sich bei der Ausschreibung der Stelle des Generalmusikdirektors gegen seinen Mitbewerber Herbert von Karajan durch. Keilberth führte noch im Januar 1939 mit dem Karlsruher Orchester ein Werk des bei den Nationalsozialisten verpönten und als „Kulturbolschewist" bezeichneten Igor Strawinski auf. Der Dirigent wurde 1940 von Dr. Joseph Goebbels zum Generalmusikdirektor des Deutschen Philharmonischen Orchesters in Prag bestellt. Goebbels notierte am 8. November des Jahres in sein Tagebuch: „Morgens Sudetendeutsches Orchester angehört. Es ist doch unter Keilberth schon recht gut geworden." Er leitete das Orchester bei rund 400 Auftritten, und da Keilberth eine „uk"-Stellung für sein Orchester erreichte, bestand es bis in die letzten Kriegstage und gab noch am 1. Mai 1945 in Prag einen Beethoven-Abend. Nach dem Zweiten Weltkrieg wurde der Künstler inhaftiert, mußte Zwangsarbeit leisten und wurde schließlich mit seiner Familie nach Sachsen abgeschoben. Dort wurde Keilberth sofort Oberleiter der Sächsischen Staatskapelle Dresden und hatte diese Position bis 1949 inne. Daneben war er von 1948 bis 1951 als Leitender Kapellmeister der Staatskapelle Berlin tätig. Ab 1950 wirkte er bis zu seinem Tode als Chefdirigent der Bamberger Symphoniker, die nach 1945 in Bamberg aus seinem Prager Orchester hervorgegangen waren. Weiterhin fungierte er von 1951 bis 1959 als Hamburgischer Generalmusikdirektor und Leiter des Philharmonischen Staatsorchesters Hamburg und wechselte anschließend auf den Posten des Bayerischen Generalmusikdirektors an der Bayerischen Staatsoper in München. Joseph Keilberth erlag während der Generalprobe von „Tristan und Isolde" für die Münchner Festspiele einem Herzinfarkt.

KRASSELT, RUDOLF
Prof., * 1.1.1879 in Baden-Baden,
† 12.4.1954 in Andernach
Der aus einer Musikerfamilie stammende Künstler begann seine Karriere als Solocellist des Wiener Hofopernorchesters und der Wiener Philharmoniker unter Gustav Mahler, der Berliner Philharmoniker und in der Spielzeit 1903/04 des Boston Symphony Orchestra. Von 1911 bis 1913 war er Erster Kapellmeister des Opernhauses Kiel und übernahm 1913 als Erster Kapellmeister die Leitung des Deutschen Opernhauses in Berlin-Charlottenburg. Dort führte er auch als Professor eine Kapellmeisterklasse an der Staatlichen Musikhochschule. Er wurde am 1. April 1924 Generalmusikdirektor am Opernhaus Hannover und zu Beginn der neuen Spielzeit 1924/1925 Operndirektor und 1934 Opernintendant. Im Jahre 1943 leitete Krasselt zwecks Kulturpropaganda zum 130. Geburtstag Richard Wagners die Aufführung der „Walküre" an der Großen Oper im besetzten Paris. Im Zuge einer Verleumdungskampagne gegen den Konzertmeister Max Ladscheck wegen angeblicher anti-nationalsozialistischer Äußerungen trat Krasselt vehement für diesen ein und machte sich bei den Nationalsozialisten damit äußerst unbeliebt. Obwohl im In- und Ausland gleichermaßen geschätzt, wurde er im Juli 1943 zwangspensioniert. Nachdem der Dirigent sich in Hannover unter enthusiastischen Ovationen mit Wagners „Walküre" verabschiedet hatte, wurde nur wenige Tage später bei einem alliierten Bomben-

Gebäude des Badischen Staatstheaters in Karlsruhe, 1944 zerstört

Rudolf Krasselt

Das ursprüngliche Opernhaus in Kiel mit dem Rathausturm

angriff das Opernhaus Hannover völlig zerstört. Krasselt konnte nach dem Zweiten Weltkrieg umgehend weiterarbeiten und trat bis 1951 noch viele Male als Gastdirigent im Opernhaus Hannover auf.

KRAUSS, CLEMENS
* 31.3.1893 in Wien,
† 16.5.1954 in Mexiko-Stadt

Der österreichische Dirigent und Theaterleiter, der vor allem als Interpret der Werke seines Freundes Richard Strauss Bekanntheit erlangte, wurde nach seinem Studium 1913 Chordirektor in Brünn. Nach Stationen am Deutschen Theater in Riga (1913 bis 1914), Nürnberg (1915 bis 1916), Stettin (1916 bis 1921) und Graz (1921) wirkte er von 1922 bis 1924 als Dirigent an der Wiener Staatsoper, wo er auch Richard Strauss kennenlernte, mit dem ihn später eine lange Freundschaft verband. 1924 wurde Krauß als Intendant an die Frankfurter Oper berufen, 1929 wurde er Direktor der Wiener Staatsoper. 1935 übernahm er nach dem Weggang Wilhelm Furtwänglers dessen Stelle als Direktor der Staatsoper Berlin. Schon ein Jahr später ging er an die Staatsoper München und wurde dort 1937 Generalmusikdirektor und hatte bis 1940 die Intendanz inne. Im Juni 1939 dirigierte er bei der Kundgebung der Reichstheaterkammer in der Wiener Staatsoper in Anwesenheit von Reichsminister Dr. Goebbels. Dieser übertrug ihm 1941 die Leitung der Salzburger Festspiele. Am 2. Februar 1943 gab Krauß mit seiner Gattin, der Sängerin Viorica Ursuleac, einen Liederabend im besetzten Krakau, die „Krakauer Zeitung" berichtete und druckte ein Foto des Empfangs bei Generalgouverneur Dr. Hans Frank ab. Goebbels notierte am 23. September 1943 in seinem Tagebuch: „Der Führer hält Clemens Krauß für den besten Operndirektor." Auch am 8. Mai 1944 hielt Dr. Goebbels eine Einschätzung über Krauß fest: „Er ist zwar ein unsympathischer Geselle, aber von Musik versteht er etwas." Nach dem Krieg hatte der Dirigent zunächst Berufsverbot, ab 1947 dirigierte er jedoch wieder regelmäßig an der Wiener Staatsoper, bei den Wiener Philharmonikern und den Bayreuther Festspielen. Clemens Krauß verstarb während einer Gastspielreise.

SCHMIDT-ISSERSTEDT, HANS
Dr. phil., * 5.5.1900 in Berlin,
† 28.5.1973 in Holm/Holstein

Nach dem Studium der Musikwissenschaften mit anschließender Promotion studierte der Kaufmannssohn zunächst Komposition, wechselte dann aber zum Fach Dirigieren. 1928 bis 1931 war er Dirigent an der Oper Rostock, 1931 bis 1933 an der Oper des Hessischen Landestheaters. 1933 wurde er in Darmstadt fristlos entlassen und fand erst nach einem Jahr eine Anstellung an der Deutschen Musikbühne, einer Wanderbühne des „Kampfbundes für Deutsche Kultur". 1935 wurde der Dirigent nach einem weiteren Jahr der Arbeitslosigkeit Erster Kapellmeister an der Hamburgischen Staatsoper, im selben Jahr ließ er sich von seiner jüdischen Ehefrau, mit der er seit dem 4. Juni 1927 verheiratet war und zwei Kinder hatte, scheiden. 1938 wurde er anläßlich von Adolf Hitlers Geburtstag zum Staatskapellmeister ernannt. 1943 avancierte er zum Operndirektor des Deutschen Opernhauses Berlin, das mit 2.000 Plätzen eines der größten Opernhäuser der Welt war. Nach dem Zweiten Weltkrieg konnte Schmidt-Isserstedt seine Karriere bruchlos fortsetzen. Mit Schreiben vom 29. April 1948 bescheinigte ihm die Militärregierung, daß er im Hinblick auf den Nationalsozialismus unbelastet sei. Vom britischen Militär wurde er schon 1945 beauftragt, das Hamburger Rundfunk-Musikwesen zu reorganisieren. Er gründete noch im selben Jahr das NDR-Symphonieorchester, das er bis 1971 leitete.

Clemens Krauß

Stern auf der Musikmeile in Wien

Hans Schmidt-Isserstedt

Außerdem stand er 1955 bis 1964 an der Spitze des Königlichen Philharmonischen Orchesters in Stockholm und leitete nebenbei zahlreiche Konzerte in der Covent Garden Opera und an der Bayerischen Staatsoper. Hans Schmidt-Isserstedt galt als Spezialist der deutschen Musik des 19. Jahrhunderts (insbesondere Ludwig van Beethoven und Johannes Brahms), setzte sich aber auch für die Werke seiner Zeitgenossen Béla Bartok, Igor Strawinski, Paul Hindemith und Bernhard Kaun ein.

SCHMITZ, PAUL
* 16.4.1898 in Hamburg,
† 6.2.1992 in Kassel

Nach dem Studium der Fächer Klavier, Komposition und Dirigieren wirkte Schmitz, der als Soldat am Ersten Weltkrieg teilnahm, zunächst als Kapellmeister am Stadttheater Trier, am Nationaltheater Weimar und am Landestheater Stuttgart, bis er 1927 Erster Kapellmeister an der Bayerischen Staatsoper in München wurde. 1933 wurde der Künstler Generalmusikdirektor der Städtischen Bühnen Leipzig, 1937 trat er in die NSDAP ein und 1941 übernahm er zusätzlich die Funktion als Dirigent des Gewandhaus-Kammerorchesters. Am 7. November 1942 leitete Schmitz beim Festakt zur Gründung der Zweigstelle Leipzig der Deutsch-Japanischen Gesellschaft das Gewandhausorchester mit dem Vorspiel zu den „Meistersingern" von Wagner zum Auftakt der Festreden von Oberbürgermeister Alfred Freyberg und des japanischen Botschafters Hiroshi Oshimas. Die „Leipziger Neuesten Nachrichten" berichteten in der Ausgabe vom 8. November: „Nach Minuten des Zurückfindens ergreift Leipzigs Oberbürgermeister, Ministerpräsident a.D. Freyberg, das Wort zu bedeutungsvollen Ausführungen, in denen er die Mission der Achsenmächte in diesem Kriege klar herausmeißelt und dann auf den Zweck und die Ziele der Gründung der Leipziger Zweigstelle der Deutsch-Japanischen Gesellschaft zu sprechen kommt. Wenn heute in Leipzig eine Zweigstelle dieser Gesellschaft gegründet werde, so solle das der Ausdruck der sich vertiefenden Freundschaft zweier Völker sein, die in einem heroischen Kampf gegen den gemeinsamen Feind stehen. Der Oberbürgermeister begrüßt den Botschafter Japans als besonderen Freund des nationalsozialistischen Deutschland, der als Soldat die deutschen Leistungen der letzten neun Jahre richtig zu beurteilen verstehe." Nach Ende des Zweiten Weltkrieges verblieb Schmitz bis 1951 in gleicher Funktion in Leipzig, anschließend wurde er musikalischer Oberleiter am Staatstheater Kassel bis 1963 und ging dann in den Ruhestand; er war jedoch gastweise immer wieder tätig, so auch 1964 bis 1973 wieder an der Leipziger Oper.

SCHÜLER, JOHANNES
* 21.6.1894 in Vietz/Neumark,
† 3.10.1966 in Berlin

Nach dem Studium an der Berliner Musikhochschule begann der Sohn eines Kantors seine Karriere als Kapellmeister am Stadttheater Gleiwitz. 1922 ging er an das Theater in Königsberg/Pr. und wechselte von dort 1924 nach Hannover, wo er vier Jahre lang blieb. Schon damals fiel er durch sein Engagement für die zeitgenössische Musik auf und war einer der ersten Dirigenten, die Alban Bergs Oper „Wozzeck" inszenierten. 1928 avancierte Schüler zum Landesmusikdirektor in Oldenburg, 1932 wurde er musikalischer

Gewandhaus Leipzig

Johannes Schüler

Die Berliner Staatsoper Unter den Linden

Oberleiter am Opernhaus Halle. Nach der nationalsozialistischen Regierungsübernahme war er Städtischer Musikdirektor in Essen, bis er 1935 an die Berliner Staatsoper berufen wurde. 1938 ernannte Adolf Hitler ihn zum Staatskapellmeister, ein Jahr später zum Generalintendanten. Am 3. Oktober 1943 gastierte der Künstler mit den Berliner Philharmonikern in Krakau. Einen Tag bevor kriegsbedingt die deutschen Theater geschlossen wurden, dirigierte Schüler am 31. August 1944 die letzte Aufführung der Berliner Staatsoper mit Mozarts „Die Hochzeit des Figaro". Im Jahre 1948 erfolgte unter Schülers Dirigat die erste Berliner Aufführung der Hindemith-Oper „Mathis der Maler", ein Jahr später ging Schüler zum zweiten Mal nach Hannover und wirkte dort bis 1960 als Generalmusikdirektor und Operndirektor des Opernhauses; er blieb aber der Lindenoper als ständiger Gastdirigent verbunden. Das Deutsche Bühnen-Jahrbuch resümierte in seinem Nachruf kurioserweise: „Das Hitler-Regime lehnte ihn ab."

SCHURICHT, CARL
Prof., * 3.7.1880 in Danzig, † 7.1.1967 in Corseaux-sur-Vevey/Schweiz

Der Sohn eines Orgelbauers und Organisten sowie einer polnischen Oratoriensängerin und Pianistin komponierte bereits als Elfjähriger seine ersten Stücke, mit fünfzehn Jahren begann er mit dem Dirigieren. 1902 erhielt er den Kompositionspreis der Kuszynski-Stiftung und ein Stipendium, mit dem er bis 1903 Klavier und Komposition studierte. 1907/08 wirkte er als Operettenkapellmeister am Stadttheater Zwickau. Anschließend war er Dirigent beim Kurorchester Bad Kreuznach und leitete die Oratorien- und Männerchorkonzerte in Goslar. Von 1912 bis 1944 war Schuricht als Musikdirektor (ab 1922 als Generalmusikdirektor) von Wiesbaden tätig und erlangte durch die Interpretation der Werke Gustav Mahlers internationale Reputation. Außerdem war er von 1931 bis 1933 Chefdirigent des Leipziger Symphonieorchesters und 1933/34 künstlerischer Leiter des Philharmonischen Chores Berlin. Er war 1923 beim „Ersten Deutschen Mahlerfest" in Wiesbaden Dirigent, gastierte 1927 beim Saint Louis Symphony Orchestra in den USA und gab im Sommer 1929 Dirigierkurse im Schloß Charlottenburg für das Deutsche Musikinstitut für Ausländer unter dem Protektorat des Preußischen

Kurhaus Wiesbaden

Ministeriums für Wissenschaft, Kunst und Volksbildung. 1934 dirigierte er erstmals die Wiener Philharmoniker, zwischen 1937 und 1944 war er außerdem erster Gastdirigent des Radio-Symphonie-Orchesters Frankfurt. Beim Orchestre National de France gastierte er 1942 und 1943 im besetzten Paris. Am 1. Oktober 1944 wurde der Künstler Chefdirigent der Dresdner Philharmonie, konnte aber wegen vieler zum Kriegsdienst eingezogener Musiker dieses Amt nicht mehr ausüben, übersiedelte Ende 1944 nach Crans-Montana in die Schweiz. Er war in zweiter Ehe mit der Schweizerin Maria Banz verheiratet. Von seiner ersten Frau hatte er sich 1933 scheiden lassen, weil sie als „Nichtarierin" galt, sie aber weiterhin finanziell unterstützt. Er wirkte fortan als Gastdiri-

Carl Schuricht

gent, unter anderem mit dem Concertgebouw-Orchester, dem Orchestre de la Suisse Romande und den Berliner Philharmonikern. Die Beziehung zu den Wiener Philharmonikern, zu deren Ehrendirigenten er 1960 ernannt wurde, pflegte er besonders intensiv. Er trat mit ihnen mehrmals bei den Salzburger Festspielen auf und feierte internationale Erfolge bei Auslandstourneen. 1953 erhielt er das Große Bundesverdienstkreuz der Bundesrepublik Deutschland und wurde Ehrenbürger von Wiesbaden, 1957 ernannte ihn Österreichs Bundespräsident Adolf Schärf zum Professor.

Pianisten

BELTZ, HANS
Prof., * 23. 1.1897 in Bützow/Mecklenburg, † 24.9.1977 in Berlin
Der Sohn eines Organisten studierte in Leipzig Klavier und Musikpädagogik, wirkte ab 1929 als Lehrer an der Akademie für Kirchen- und Schulmusik in Berlin und wurde dort 1934 zum Professor ernannt. Im Dritten Reich gehörte er der Nationalsozialistischen Betriebszellenorganisation an. Der Pianist wurde 1939 zur Wehrmacht eingezogen, allerdings erhielt er eine „uk"-Stellung und nachfolgend Gastspielaufträge des Reichsministeriums für Volksaufklärung und Propaganda. 1940 wurde Beltz mit dem Musikpreis der Reichshauptstadt ausgezeichnet. Am 6. Dezember 1944 meldete sich der Künstler freiwillig zum Volkssturm. Von 1952 bis zu seiner Emeritierung im Jahre 1962 lehrte er als Professor an der Musikhochschule Berlin.

DREWS, HERMANN
Prof., * 19.4.1899 in Pforzheim, † ?
Weitere Lebensdaten konnten nicht ermittelt werden, lediglich folgendes: Der Pianist lehrte an der Hochschule für Musik in Köln. Am 7. Januar 1936 gab er ein Konzert in Berlin.

ERDMANN, EDUARD
Prof., * 5.3.1896 in Wenden/Livland, † 21.6.1958 in Hamburg
Nach Klavierausbildung und musiktheoretischem Unterricht in Riga übersiedelte Erdmann 1914 nach Berlin und studierte dort Klavier. In den 1920er Jahren gehörte der Künstler zur Jury bei den Donaueschinger Kammermusiktagen für zeitgenössische Tonkunst, 1926 spielte er als Solist in dem Eröffnungskonzert der Bauhaus-Konzerte in Dessau. 1925 bis 1935 lehrte er als Professor im Fach Klavier an der Hochschule für Musik in Köln. Nachdem er aus Protest gegen Repressalien gegen jüdische Kollegen von seinem Amt zurücktrat, wurde über seine Werke ein Aufführungsverbot verhängt, worauf er zum 1. Mai 1937 in die NSDAP eintrat und fortan als Pianist wirkte. Am 8. November 1942 spielte er zum Hausmusiktag in der Berliner Singakademie nach der Einführungsrede des Präsidenten der Reichsmusikkammer Peter Raabe „bekannteste Werke der Klavierliteratur" von Bach, Mozart, Beethoven, Weber, Schubert, Schumann und Brahms. Interessant ist ein Brief, den der bekannte Komponist und Dirigent Hans Pfitzner am 9. August 1934 an Eduard Erdmann schrieb: „[…] dagegen spielten Sie jeden atonalen Dreck, der damals Mode war. Nun hat sich die deutsche Welt entschieden nach rechts gedreht, und Sie entdecken plötzlich Ihr Herz für mein Klavierkonzert. Sie können mir nicht verübeln, daß mir dies Bekenntnis einen anderen Eindruck macht, als Sie zu erwarten scheinen. Es steht Ihnen natürlich frei, das Werk, welches ja schon längst der musikalischen Welt durch Veröffentlichung angehört, zu spielen, aber von mir persönlich können Sie nicht mehr annehmen, daß ich mich menschlich für Ihr Verhältnis zu dieser Musik noch irgendwie interessiere. Ich gebe nichts auf künstlerische Bekenntnisse, die von ‚Situationen' abhängig sind". Ab 1950 lehrte Erdmann als Professor an der Hochschule für Musik und Theater

Seite 10

Eduard Erdmann

Erdmanns Grab auf dem Hamburger Friedhof Ohlsdorf

Hamburg. Er setzte sich aktiv für zeitgenössische Werke ein und galt als bedeutender Bach- und Schubert-Interpret. Er komponierte vier Symphonien, ein Klavierkonzert, ein Konzertstück für Klavier und Orchester, weitere Orchesterstücke, kammermusikalische Stücke und Lieder.

GIESEKING, WALTER
**Prof., * 5.11.1895 in Lyon,
† 26.10.1956 in London**

Aufgewachsen an der französischen und italienischen Riviera, erhielt der Pianist seinen ersten geregelten Klavierunterricht am Städtischen Konservatorium Hannover. Nach dem Ersten Weltkrieg erarbeitete er sich in Europa schnell einen Namen als Konzertpianist, später auch in Amerika. 1937 ernannte Adolf Hitler den Künstler zum Professor. Am 24. Mai 1938 trat Gieseking im Zweiten Symphoniekonzert während der ersten Reichsmusiktage in Düsseldorf (bei der auch die nationalsozialistische Ausstellung zur „entarteten Musik" gezeigt wurde) auf. Später spielte er auch im besetzten Paris und in Krakau. Am 30. Januar 1944 wurde ihm das Kriegsverdienstkreuz 2. Klasse verliehen.

Walter Gieseking

1947 wurde der Pianist Professor und Leiter einer Meisterklasse am Saarbrückener Konservatorium, dieses Amt hatte er bis zu seinem Tode inne. 1952 ernannte man ihn zum Ritter der Ehrenlegion. Walter Gieseking wurde sowohl als Mozart-Interpret, besonders aber auch als unvergleichlicher Debussy- und Ravel-Interpret verehrt; er verfügte über eine Delikatesse des Anschlags und einen immensen Klangfarbenreichtum, die ideal für die Werke der französischen Impressionisten waren, gegenüber seinen Beethoven-Interpretationen aber Kritik auf den Plan rief. Gieseking, nach Prägung, Stil und Repertoire viel eher Kosmopolit als Vertreter der deutschen Klavierschule, wurde nach dem Kriegsende 1945 für sein Verbleiben in Deutschland angefeindet, obwohl er nie Mitglied der NSDAP war und an seinem jüdischen Konzertagenten Arthur Bernstein, der auch sein Freund und Trauzeuge war, festgehalten hatte und ihn, obwohl dieser seit 1933 seine Konzession verloren hatte, bis zur Emigration 1937 weiterhin bezahlte und auch noch finanziell unterstützte. Es wurde ihm nach 1945 zeitweise untersagt, öffentlich aufzutreten, worunter er nach Aussage seiner Tochter wegen der erzwungenen Untätigkeit sehr litt. 1947 folgte er einem Ruf als Professor und Leiter einer Meisterklasse an der Hochschule für Musik Saar. Dieses Amt behielt Gieseking bis zu seinem Tod 1956 bei. Trotz der Querelen um seine letztlich wohl unpolitische Person wurde und wird er womöglich in Frankreich und Großbritannien noch höher geschätzt als in Deutschland. Walter Gieseking, der als einer der großen Pianisten des 20. Jahrhunderts gilt, verstarb an den Folgen einer Operation.

NEY, ELLY
**Prof., * 27.9.1882 in Düsseldorf,
† 31.3.1968 in Tutzing**

Die Tochter eines Feldwebels, die besonders als Beethoven-Interpretin Ruhm erlangt hat, war wegen ihrer Einstellung und ihres Verhaltens zum Nationalsozialismus umstritten. Sie wurde bereits als Zehnjährige in die Meisterklasse der Kölner Konservatoriums aufgenommen, gewann als Neunzehnjährige den Mendelssohn-Preis der Stadt Berlin und ein Jahr später in Köln den Ibach-Preis. 1904 wurde sie Lehrerin der Kölner Meisterklasse und gab Konzerte sowie Einführungen für Bonner Schüler in die Musik Beethovens. 1911 heiratete sie den niederländischen Dirigenten und Violinisten Willem van Hoogstraten; die Ehe wurde zwar später geschieden, doch lebten die beiden weiter in einer Lebensgemeinschaft, feierten später zusammen ihre Goldene Hochzeit und sind in einem gemeinsamen Grab bestattet. Ab 1921 lebte die Künstlerin zeitweise in den USA und entwickelte sich hier zur Spezialistin für Beethoven und Brahms; sie gab zahlreiche Konzerte mit Orchestern unter Hoogstratens Leitung in fast allen großen Städten der USA. Ab 1930 kehrte sie wieder nach Europa zurück und gründete mit dem Geiger Wilhelm Stross und dem Cellisten Ludwig Hoelscher das „Elly-Ney-Trio", das in verschiedenen Ländern sehr erfolgreiche Auftritte feierte. Die Klaviervirtuosin begeisterte sich früh für den Nationalsozialismus und Adolf Hitler. In einem Brief an Hoogstraten schrieb sie 1933: „Eben hörte [ich] Hitler 45 Minuten sprechen. Bin tief erschüttert. Eine ungeheure Gewalt. Lies die Rede! […] Das ist Wahrheit einer tief empfindenden und entflammten Menschenseele. Hitler sprach mir aus der Seele über die Kunst. […] Endlich wird es ausgesprochen und wird die Bahn frei." Hitler ernannte sie am 20. April 1937 zur Professorin, und am 1. Mai 1937 wurde sie Mitglied der NSDAP. Für ihre Mitarbeit bei den Olympischen Spielen 1936 verlieh Hitler ihr 1937 eine Erinnerungsmedaille. Sie engagierte sich in einigen nationalsozialistischen Organisationen und gab für diese Konzerte ohne Honorar, war Ehrenmitglied im Bund Deutscher Mädel, hielt Reden an die Jugend und spielte im Kriege in Lazaretten und Krankenhäusern, wofür sie das Kriegsverdienstkreuz 2. Klasse erhielt. Elly Ney stand zweifelsfrei den Nationalsozialisten nahe. In der Fachzeitschrift „Die Musik" schrieb die Pianistin im Februar 1935: „Wie Adolf Hitler immer wieder mit besonderer Eindringlichkeit gesagt hat, erstrebt die nationalsozialistische Bewegung zuallererst eine ganz bestimmte seelische Haltung auf dem Gebiet der Kultur und Kunst. Nicht mehr dem technischen Können, das nur dem akrobatisch-sinnlichen Ausdruck dienstbar ist, wird der Vorzug gegeben, sondern jenen Künstlern, die in ihren Werken und Wiedergaben seelische Tiefe verraten, die in Demut vor ihrer schöpferischen Gabe mit dem Werk ringen und in diesem Kampf die letzten Lebensquellen unseres Wesens zu erschließen suchen." Die Virtuosin, die lange vor 1933 große Erfolge, weltweite Anerkennung und hohen Ruhm erlangte, wäre sicherlich in jedem System beruflich höchst erfolgreich gewesen, hätte auch dort Lehrauftrag und Professorentitel erhalten; allerdings erhielt ihre Karriere im Dritten Reich eine ganz besondere Förderung. Nach 1945 hatte sie die zeittypischen Schwierigkeiten, sie stand auf der Schwarzen Liste der US-Militärregierung, und die Stadt Bonn, deren Ehrenbürgerin sie seit 1927 war, erteilte ihr bis 1952 ein Auftrittsverbot. Trotzdem konnte sie ihre Karriere bald wieder fortsetzen und wurde schnell rehabilitiert: Beispielsweise wurde sie 1952 Ehrenbürgerin von Tutzing, am 6. Februar 1965 gab sie im Kanzlerbungalow für den Hausherrn Ludwig Erhard und ausgewählte Gäste ein Hauskonzert, und zu ihrem 85. Geburtstag gab die Stadt Bonn einen großen Empfang, an dem auch Bundespräsident Heinrich Lübke teilnahm.

Elly Ney

Kriegsverdienstkreuz 2. Klasse

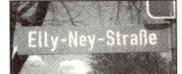

Elly-Ney-Straße in Tutzing

GRUNDEIS, SIGFRID
Prof., * 14.6.1900 in Leipzig,
† 12.2.1953 ebd.

Nach einer Lehre als Harmoniumbauer studierte der Pianist und Klavierpädagoge ab 1918 bei Joseph Pembaur am

Sigfrid Grundeis

Königlichen Konservatorium zu Leipzig und legte 1921 erfolgreich seine Solistenprüfung ab. Als Pembaur seine Lehrtätigkeit nach München verlegte, folgte Grundeis ihm und absolvierte dort ein Jahr später sein Meisterklasse-Examen. Später wurde er dort ebenfalls Hochschullehrer und nahm auch seine Konzerttätigkeit auf. 1930 wurde er zum Professor ernannt, einige Zeit später ging er als Hochschullehrer nach Leipzig zurück. In den 1930er Jahren erreichte der Künstler seinen Karrierehöhepunkt und durch seine ausgedehnten Konzertreisen auch internationale Anerkennung; Fürst Wilhelm von Hohenzollern ernannte ihn 1935 zum Hofpianisten. Nach dem Kriege wurde Grundeis wegen seiner NSDAP-Mitgliedschaft in der damaligen Ostzone vom Dienst suspendiert, einen Eintritt in die KPD hatte er kategorisch abgelehnt. Später wurde er rehabilitiert und übernahm 1947 bis zu seinem Tode eine Professur an der Staatlichen Hochschule für Musik und Theater in Halle/Saale und unterrichtete die Meisterklasse Klavier.

KEMPFF, WILHELM
Prof., * 25.11.1895 in Jüterbog,
† 23.5.1991 in Positano/Italien

Der Sohn eines evangelischen Kantors erhielt seinen ersten Violin- und Klavierunterricht durch seinen Vater und studierte von 1914 bis 1917 an der Berliner Musikhochschule, an der ihm wegen seiner überragenden Leistungen die Abschlußprüfung erlassen wurde. 1918 gab er sein Debüt in der Berliner Philharmonie mit Beethovens 4. Klavierkonzert unter der Leitung von Arthur Nikisch mit den Berliner Philharmonikern. 1924 wurde der Künstler Leiter der Württembergischen Musikhochschule in Stuttgart und übernahm bis 1929 auch eine Meisterklasse für Klavier. 1929 übersiedelte der Pianist nach Potsdam und war 1931 Mitbegründer der Sommerkurse im Potsdamer Marmorpalais gemeinsam mit Max von Schillings, Eugen d'Albert, Edwin Fischer, Eduard Erdmann, Elly Ney und Georg Kulenkampff. Im April 1933 wurde seine komische Oper „Familie Gozzi" im Stadttheater Stettin uraufgeführt, die er dem italienischen Duce Benito Mussolini gewidmet hatte; daraufhin empfing ihn der italienische Regierungschef im November 1938 persönlich. 1940 begann die Zusammenarbeit Kempffs mit Herbert von Karajan, als er in Aachen das Klavierkonzert Nr. 20 d-Moll (Köchelverzeichnis 466) von Mozart interpretierte. 1943 spielte er zusammen mit namhaften Kollegen bei einem Beethoven-Festival in Paris, im selben Jahr war Kempff Gastsolist der Philharmonie des Generalgouvernements in Krakau. 1945 wurde er zum Volkssturm einberufen

Wilhelm Kempf

und am 4. Februar nach Schloß Thurnau in Oberfranken evakuiert. Der Pianist, Organist und Komponist wurde auf seinen Konzertreisen weltweit gefeiert, besonders als Interpret der Klavierwerke von Schumann und Brahms setzte er Maßstäbe. Er gründete 1957 die „Fondazione Orfeo" (heute: Wilhelm-Kempff-Kulturstiftung) im süditalienischen Ort Positano und begründete die Beethoven-Interpretationskurse in der „Casa Orfeo", die Kempff eigens für die Kurse errichtete und bis 1982 alljährlich leitete. Wilhelm Kempff, der zu den profiliertesten Pianisten des 20. Jahrhunderts gehörte, wurde vielfach ausgezeichnet, beispielsweise 1917 mit dem Mendelssohn-Preis, 1933 mit dem Ritterkreuz des Griechischen Erlöserordens, 1959 mit dem Goldenen Verdienstkreuz des japanischen Roten Kreuzes und 1984 mit dem Bayerischen Maximiliansorden für Wissenschaft und Kunst.

KRAUS, ELSE
* 14.9.1899 in Darmstadt,
† 2.8.1978 in Ascona/Schweiz
Die Pianistin wurde 1928 Lehrerin an der Berliner Akademie für Kirchen- und Schulmusik. Sie trat besonders als Interpretin der Werke von Arnold Schönberg in Erscheinung, engagierte sich für die zeitgenössische Musik und führte diese auch öffentlich auf; unter anderem bestritt sie ein ganzes Konzert ausschließlich mit Werken von Schönberg. Dies führte dazu, daß ihr Antrag auf Ernennung zur Professorin 1933 abgelehnt wurde. Durch Erlaß vom 27. März 1934 wurde darüber hinaus ihre Dozentur an der Akademie für Kirchen- und Schulmusik zum 30. September desselben Jahres gekündigt; außerdem wurde sie mit einem Auftrittsverbot belegt. Die Künstlerin erinnerte sich später: „Als ich durch mein Eintreten für zeitgenössische Musik gänzlich unerwünscht war, setzte sich Furtwängler für mich ein, und so konnte ich weiter konzertieren; ich spielte z.B. in Berlin siebenmal mit den Philharmonikern." Das Eintreten von Wilhelm Furtwängler führte dazu, daß die Pianistin bereits am 28. Oktober 1934 schon wieder in der Berliner Philharmonie mit dem d-moll-Konzert von Mozart unter der Leitung von Leo Borchard auftreten konnte. Nebenbei gab sie Privatunterricht, wie eine dreizeilige Kleinanzeige zeigt, die im April 1939 in einer Zeitung erschien: „Else C. Kraus Klaviervirtuosin – Unterricht – Berlin-Charlottenb[ur]g, Lietzenseeufer 9c. Tel. 93 34 48."

HANSEN, CONRAD
Prof., * 24.11.1906 in Lippstadt,
† 22.6.2002 in Hamburg
Der Pianist und bedeutende Klavierpädagoge bekam als Achtjähriger ersten Klavierunterricht und gab bereits zwei Jahre später öffentliche Konzerte. Nach seinem Studium debütierte er 1927 bei den Berliner Philharmonikern unter deren Chefdirigenten Wilhelm Furtwängler. Es folgten weitere Konzerte unter so berühmten Dirigenten wie Eugen Jochum, Willem Mengelberg, Herbert von Karajan und Richard Strauss. 1932 wurde er Leiter einer Meisterklasse am Stern'schen Konservatorium in Berlin, 1941 trat er als Cembalist in dem Musikfilm „Friedemann Bach" auf. Hansen machte sich als Interpret der Werke Ludwig van Beethovens und auch als Musikpädagoge einen Namen und errang weltweiten Ruhm. Er war einer der Gründer der Hochschule für Musik Detmold; sein „Hansen-Trio", in dem er mit dem Violinisten Erich Röhn und dem Cellisten Arthur Troester musizierte, hatte umjubelte Erfolge. An der Hamburger Musikhochschule wurde Hansen 1960 Nachfolger von Eduard Erdmann, Studenten aus aller Welt kamen nach Hamburg und suchten hier den Rat des Pädagogen. Auch an der Musikhochschule Lübeck unterrichtete er später und gab dort bis ins hohe Alter Kurse. Conrad Hansen wurde mit der Johannes-Brahms-Medaille der Hansestadt Hamburg ausgezeichnet, er war Träger des Ehrenrings der Stadt Lippstadt, und im Jahre 2004 wurde die Musikschule von Lippstadt nach ihm benannnt.

PUCHELT, GERHARD
Prof., * 18.2.1913 in Stettin,
† 27.8.1987 in Berlin
Puchelt studierte von 1931 bis 1935 an der Akademie für Kirchen- und Schulmusik sowie an der Universität in Berlin. Anschließend wirkte er als Konzertpianist und begleitete renommierte Sänger bei ihren Auftritten. Am 5. November 1943 hatte er einen Soloauftritt bei dem Beethoven-Abend der Stadt Zwickau „zum Gedenken der Gefallenen der Bewe-

Conrad Hansen

Conrad-Hansen-Musikschule in Lippstadt

Gerhard Puchelt

Bundesverdienstkreuz 1. Klasse

gung". Seine Karriere als Solist und Klaviervirtuose begann 1945 und führte ihn nach Südamerika sowie nach Mittel- und Osteuropa, wo er viele erfolgreiche Konzerte gab. Später wirkte er auch als Kammermusiker gemeinsam mit seiner Tochter, der Violinistin Christiane Erdinger. Außerdem war er von 1949 bis 1978 als Professor für Klavier an der Hochschule für Musik in Berlin-Charlottenburg tätig. 1978 wurde er mit dem Bundesverdienstkreuz 1. Klasse ausgezeichnet. Sein Schüler Rudolf Kratzert, ein bekannter Klavierpädagoge und Pianist, erinnerte sich: „Ich hatte das Glück, in die Klavierklasse bei Gerhard Puchelt in Berlin aufgenommen zu werden. Durch Puchelts in höchstem Maße anregenden Klavierunterricht entdeckte ich so viele interessante Aspekte des Klavierspiels und seiner unvergleichlich reichen Literatur, daß ich meinen ursprünglichen Plan, Komposition und Dirigieren zu studieren, aufgab, um Pianist und Klavierlehrer zu werden. Noch heute zähle ich Gerhard Puchelt, besonders als Interpreten der deutschen Romantik, zu den bedeutendsten Pianisten seiner Zeit."

KWAST-HODAPP, FRIEDA
* 13.8.1880 in Bargen/Schwarzwald,
† 14.9.1949 in Bad Wiessee

Die Pianistin, die seit ihrem siebten Lebensjahr an der Musikschule Karlsruhe ausgebildet und im Jahre 1891 Schülerin ihres späteren Ehemannes James Kwast am Hoch'schen Konservatorium in Frankfurt am Main wurde, erwarb sich rasch Ruhm als Pianistin, wurde 1898 mit dem Mendelssohn-Preis ausgezeichnet und erhielt 1901 den Titel einer großherzoglich-hessischen Kammervirtuosin. Sowohl die Pianistin wie auch James Kwast wurden 1912 mit dem Mecklenburg-Strelitzer Orden für Kunst und Wissenschaft in Gold ausgezeichnet. Später wurde die Künstlerin ebenfalls Lehrerin am Hoch'schen Konservatorium und gehörte zu den ersten Musikern, die nach dem Ersten Weltkrieg wieder in Paris, Brüssel und London auftraten. Ihre zahlreichen Konzertreisen in Deutschland und im Ausland begründeten ihren Ruf als eine der ersten ihres Faches, besonders als Max Reger-Interpretin. 1930 übersiedelte sie nach Heidelberg und gab auf Wunsch ihres zweiten Gatten, des Mannheimer Großindustriellen Otto Krebs, ihre Konzertlaufbahn auf; nach dessen Tod nahm sie jedoch ihre Tätigkeit wieder auf und wirkte in Heidelberg in dem durch sie ins Leben gerufenen Meisterkurs für Pianisten als Lehrerin eines großen Schülerkreises.

RAUCHEISEN, MICHAEL
Prof., * 10.2.1889 in Rain am Lech,
† 27.5.1984 in Beatenberg/Schweiz

Der Sohn eines Glasermeisters studierte von 1903 bis 1906 sowie von 1909 bis 1912 an der Akademie der Tonkunst und spielte schon 1906 die Erste Geige im Orchester der Hofoper und des Prinzregenten-Theaters, agierte außerdem als Bratschist im Münchener Streichquartett und war stellvertretender Organist in St. Michael. 1916 begann er seine ausschließliche Tätigkeit der pianistischen Begleitung und unternahm von 1919 bis 1931 zahlreiche Konzertreisen mit dem Geiger Fritz Kreisler durch Europa und Kanada sowie nach Japan, China und Korea. In Berlin begleitete er zahlreiche namhafte Sänger wie etwa Erna Berger, Elisabeth Schwarzkopf, Leo Slezak, Heinrich Schlusnus oder Helge Roswaenge. Am 27. März 1936 rief Raucheisen in der Zeitschrift „Die Musik-Woche" zur Reichstagswahl auf: „Es wäre gegen das Gebot des Herzens und wider jegliche Vernunft, wenn deutsche Musiker, denen Adolf Hitler nicht nur Schirmherr, sondern auch Freund ist, am 29. März nicht ein freudiges Bekenntnis zu ihrem Führer ablegen wollten." Am 20. April desselben Jahres ernannte Hitler ihn zum Professor. Raucheisen wur-

Frieda Kwast-Hodapp

de 1940 Leiter der Abteilung Kammermusik am Deutschlandsender und 1942 Leiter der Gruppe Musikalische Solisten beim Großdeutschen Rundfunk. Er war mehrfach bei den Abendgesellschaften des Reichsministers Dr. Joseph Goebbels zu Gast und musizierte dort ebenso wie vor Hitler, Hermann Göring, in den Hauskonzerten von Innenminister Dr. Wilhelm Frick, Reichsbankpräsident Dr. Hjalmar Schacht und wurde auch zu den musikalischen Veranstaltungen bei Reichsminister Hans Frank, Reichsminister Franz Gürtner, Joachim von Ribbentrop u.a. aufgefordert. Nach dem Krieg stand der Künstler auf der Schwarzen Liste der US-Militärregierung, hatte wegen seiner Klavierkonzerte vor Nationalsozialisten einige Jahre Berufsverbot und trat auch später selten öffentlich auf. Ab 1950 wirkte er als Musikpädagoge und Liedbegleiter in Berlin, zog sich 1958 nach einer erfolgreichen Tournee mit Elisabeth Schwarzkopf ins Privatleben zurück und übersiedelte in die Schweiz.

Michael Raucheisen

RUMMEL, WALTER
* 19.7.1887 in Berlin,
† 2.5.1953 in Bordeaux/Frankreich

Der Sohn des bekannten britischen Pianisten Franz Rummel und dessen Ehefrau, die die Tochter des Telegrafenerfinders Samuel Morse war, studierte in Washington/USA Klavier und kehrte dann nach Deutschland zurück, um hier weiter Klavier und Komposition zu studieren. 1908 übersiedelte er nach Paris, wo er zum engeren Zirkel um den impressionistischen Komponisten Claude Debussy gehörte. Als Pianist bereiste Rummel erfolgreich ganz Europa und wurde sehr bekannt. Er spezialisierte sich auf Klavierstücke deutscher Komponisten, spielte aber auch Werke von Liszt, Ravel und Heitor Villa-Lobos. Als Freund von Debussy war er ein aktiver Verfechter von dessen Musik und führte zehn seiner Klavierstücke erstmals öffentlich auf. 1912 heiratete der Künstler die französische Pianistin Thérèse Chaigneau und trat 1913 mit ihr zusammen in Recitals für zwei Klaviere auf. Der Pianist von großer kreativer Kraft war ein Bach-Spezialist und bearbeitete mehrere Bach-Kantaten und die Werke der musikalischen Bach-Vorläufer neu. Als Komponist verband Rummel den Charme Debussys mit der romantischen Verträumtheit von Schumann sowie einem starken Einfluß durch Wagner und César Franck. Seine Lieder wurden später sehr populär und unter anderem von Maggie Teyte, John McCormack und noch in den letzten Jahren von Jessye Norman gesungen. Rummel war Inhaber der US-amerikanischen Staatsbürgerschaft, aber im Deutschen Reich offiziell als Volksdeutscher eingestuft. Die Reichsmusikkammer schrieb am 8. September 1944 an das Reichsministerium für Volksaufklärung und Propaganda, Walter Rummel habe „sich aus freiem Entschluß zu Deutschland bekannt und laut Urkunde vom 31.8.44 die deutsche Staatsangehörigkeit erworben. Um die im deutschen kulturpolitischen Interesse liegende Fortsetzung der musikalischen Tätigkeit des R. sicherzustellen, bittet die Reichsmusikkammer, beim Minister zu erwirken, daß R. noch nachträglich in die ‚uk'-Liste für Künstler aufgenommen wird." Rummel trat auch noch nach dem Zweiten Weltkrieg auf und verstarb vermutlich an einem Rückenmarkstumor.

SCHMIDT, ROSL
Prof., * 25.4.1911 in München,
† 19.11.1978 ebd.

Die Künstlerin war schon mit 16 Jahren Organistin der Theatiner Hofkir-

Walter Rummel

Rosl Schmidt

che St. Cajetan und fiel schon dort durch ihre herausragende Musikalität auf. Sie studierte Klavier und Komposition an der Akademie für Tonkunst und erhielt beim Abgang von derselben den Felix-Mottl-Preis. 1937 wurde sie mit dem Berliner Musikpreis, 1939 mit dem Preis des Concours International Eugène Ysaye in Brüssel sowie in Deutschland mit dem Nationalen Musikpreis ausgezeichnet. Die Künstlerin konzertierte von München aus als eine der besten deutschen Pianistinnen im In- und Ausland. Das breite Spektrum ihres Repertoires reichte von Bach bis Chatschaturian und Höller, die Spätromantik war der Angelpunkt ihres Schaffens. Das „Pfitzner-Konzert" hat ihr seit Gieseking niemand mehr nachgespielt. Rosl Schmid lehrte seit 1948 an der Staatlichen Hochschule für Musik in München, wodurch ihre Konzerttätigkeit deutlich eingeschränkt wurde, und leitete eine Meisterklasse für Klavier, die besonders viel auch von Japanern besucht wurde. Der modisch gewordenen Perfektionismus auf Tasten war ihr ein Greuel, sie fühlte sich, wie es in einem Nachruf hieß, fremd in einer Klavierwelt, die sich mehr am Technischen als am Geistigen orientierte. Als Lehrerin verlangte Rosl Schmid sehr viel von ihren Schülern, legte aber diese strengen Maßstäbe auch an sich selbst an.

STADELMANN, LI
* 2.2.1900 in Würzburg,
† 17.1.1993 in Gauting

Die Tochter eines Nervenarztes wirkte ab 1922 als Lehrerin für Cembalo und Klavier an der Akademie für Tonkunst in München. Sie erwarb sich große Verdienste in der kompositorischen Bearbeitung der Barockmusik und war nach 1945 Leiterin der Klasse „Alte Musik" an der Akademie für Tonkunst. Sie war auch als Konzertpianistin tätig und spielte intensiv für in- und ausländische Sender Rundfunkaufnahmen ein.

WOLF, WINFRIED
Prof., * 19.6.1900 in Wien,
† 14.10.1982 ebd.

Der Sohn eines Architekten wirkte nach seiner künstlerischen Ausbildung zunächst freischaffend als Musikpädagoge, Konzertpianist und Komponist in Berlin, dann von 1934 bis 1940 als Professor an der Musikhochschule Berlin. Im Organ der NS-Kulturgemeinde „Die Musik" wurde er im November 1934 in einem Artikel gelobt: „[…] das pianistische Phänomen: Winfried Wolf. Ein nordisch-aktiver Spieler". Im Rechnungsjahr 1938 subventionierte die Auslandsstelle der Reichsmusikkammer zwei Auslandskonzerte Wolfs aus Mitteln des Reichsministeriums für Volksaufklärung und Propaganda mit 2.656,05 Reichsmark. Das Reichssicherheitshauptamt stellte (ohne Datum) über den Künstler fest: „Nachteilige Notierungen (in politischer Hinsicht) liegen nicht vor." Winfried Wolf wirkte ab 1961 als Professor am Mozarteum in Salzburg. Seine kompositorischen Werke umfassen Opern, Orchestervariationen, ein Klavierkonzert, Kammermusik und Lieder sowie die Musik zu dem Film „Bismarck" (1940).

Winfried Wolf

WÜHRER, FRIEDRICH
Prof., *29.6.1900 in Wien,
† 27.12.1975 in Mannheim

Von 1915 bis 1920 studierte der Sohn eines Kommerzialrates an der Musikakademie Wien Klavier, Dirigieren und Musiktheorie und begann anschließend eine Pianistenkarriere, die ihn durch die ganze Welt führte. Sein Interessenschwerpunkt lag in der Musik der Ro-

Friedrich Wührer mit Familie

mantik und Spätromantik; er war eng befreundet mit den Komponisten und Dirigenten Max Reger und Hans Pfitzner, letzterer widmete Wührer „Sechs Studien für das Pianoforte op. 51" (1943). Wührer wirkte ab 1921 als Dozent an der Staatsakademie für Musik in Wien und wurde 1926 zum Professor ernannt. Ab 1934 leitete er eine Meisterklasse an der Musikhochschule Mannheim, ab 1936 ging er an die Nordmark-Schule der Stadt Kiel für Musik, Bewegung und Sprecherziehung, ab 1938 bis 1945 lehrte er an der Reichsmusikhochschule in Wien. Nach dem Krieg lehrte er 1949 bis 1951 am Mozarteum Salzburg, von 1952 bis 1957 wieder an der Musikhochschule Mannheim und von 1955 bis 1968 an der Musikhochschule München. Außerdem gab Friedrich Wührer Meisterkurse an der Internationalen Sommerakademie in Salzburg.

Geiger

BORRIES, SIEGFRIED
Prof., * 10.3.1912 in Münster,
† 12.8.1980 in Berlin

Nach entsprechenden Vorstudien nahm der Violinist ab 1929 sein Studium in der Meisterklasse von Professor Bram Eldering am Konservatorium Köln auf. Am 1. Januar 1933, also im Alter von nur 20 Jahren, berief Wilhelm Furtwängler ihn zum Ersten Konzertmeister der Berliner Philharmoniker; 1936 erhielt er den Musikpreis der Reichshauptstadt und wurde gleichzeitig zum Violinlehrer am Konservatorium Berlin berufen. 1939 wurde der Geiger mit dem Nationalen Musikpreis ausgezeichnet, von 1941 bis 1945 war Borries Sonderkonzertmeister der Staatskapelle Berlin unter Herbert von Karajan. Als Kammermusiker spielte er von 1933 bis 1945 zusammen mit den Philharmoniker-Kollegen Heinrich Breiden (Flöte) und Hans Ahlgrimm (2. Violine) im Trio Borries-Breiden-Ahlgrimm. Zu Weihnachten 1943 flog er mit Reichsminister Albert Speer zu Weihnachtsfeiern für Soldaten und Arbeiter der Organisation Todt nach Nordlappland; Speer hinterließ in seiner Autobiographie ein Stimmungsbild: „In der Morgendämmerung starteten wir mit meiner neuen Maschine, einer viermotorigen ‚Condor' von Focke-Wulf; sie besaß durch eingebaute Reservetanks eine besonders große Reichweite. Der Geiger Siegfried Borries und ein Amateurzauberer, der nach dem Kriege unter dem Namen Kalanag berühmt geworden ist, befanden sich im Flugzeug, denn ich wollte, statt eigene Reden zu halten, den Soldaten und den OT-Arbeitern im Norden eine Weihnachtsfreude bereiten. Im Tiefflug sahen wir uns die Seenketten Finnlands an. […] Mitten im Urwald, weitab vom Enarisee, hatten sich auf einer Lichtung um ein kunstgerecht aufgeschichtetes Holzfeuer, gleichzeitig Wärmequelle und Beleuchtung, lappländische und deutsche Holzfäller versammelt, während Siegfried Borries den Abend mit der berühmten Chaconne aus der Bachschen Partita in d-Moll einleitete." Nach 1945 übernahm Borries die Meisterkurse für Violine an dem neugegründeten Internationalen Musikinstitut Berlin. Außerdem nahm er seine Tätigkeit als Konzertmeister der Philharmoniker wieder auf und wurde Leiter ihrer Kammermusikvereinigung. Ab 1948 lehrte er (seit 1949 als Professor) Violine an der Berliner Mu-

Siegfried Borries

sikhochschule und entwickelte in den folgenden Jahren eine rege Konzerttätigkeit als Solist und Kammermusiker im In- und Ausland.

KULENKAMPFF, GEORG
Prof., * 23.1.1898 in Bremen,
† 4.10.1948 in Schaffhausen/Schweiz

Der Sohn eines Rechtsanwalts war seit 1904 Schüler von Ernst Wendel, dem Chef der Bremer Philharmonie, und debütierte 1912 als Soloviolinist. Anschließend studierte er an der Berliner Musikhochschule und war Konzertmeister des Hochschulorchesters. 1916 wurde er Erster Konzertmeister des Bremer Philharmonischen Orchesters und 1923 Dozent an der Berliner Musikhochschule. In den 1930er und 1940er Jahren war er ein vielbeschäftigter Künstler und avancierte zu einem der bekanntesten deutschen Violinvirtuosen. 1936 wagte

Georg Kulenkampff

Kulenkampff eine Aufführung von Hindemiths Violinsonate, die einen so großen Erfolg hatte, daß die NS-Regierung mit einem offiziellen Verbot der Musik Hindemiths reagierte. Trotz der eindeutigen Vorschriften spielte Kulenkampff bei den klassischen Werken weiter die Kadenzen „nichtarischer" Künstler wie Joseph Joachim oder Fritz Kreisler. Am 26. November 1937 erlebte das Violinkonzert von Robert Schumann mehr als 80 Jahre nach seiner Entstehung seine Uraufführung durch Georg Kulenkampff und die Berliner Philharmoniker unter der Leitung von Karl Böhm. Kulenkampff spielte zahlreiche Ur- und Erstaufführungen, beispielsweise von Werken von Ottorino Resoighi und Jean Sibelius. Im Duo mit Klavier spielte er mit Wilhelm Kempff, Sebastian Peschko, Georg Solti und Wolfgang Rosé, außerdem war er ab 1944 Primarius des Kulenkampff-Quartetts. Seit 1943 hatte er eine Professur für Violine am schweizerischen Konservatorium Luzern inne; nach dem Krieg machte er 1948 Aufnahmen mit dem Schwedischen Radio-Symphonie-Orchester von Alexander Glasunows Violinkonzert. Im Sommer 1948 wollte er wegen seiner stark angegriffenen Gesundheit auf Anraten seines Freundes Wilhelm Furtwängler bei dem schweizerischen Prof. Dr. Paul Niehans (der als Erfinder der Frischzellentherapie gilt) eine Frischzellenkur beginnen. Allerdings wurde ihm, wie der Obduktionsbericht belegt, ein Extrakt aus einem verseuchten Rinderhirn verabreicht, der Kinderlähmung auslöste und somit todesursächlich war.

RÖHN, ERICH
* 16.4.1910 in Groß-Leuthen,
† 1.8.1985 in Hamburg

Der Violinist studierte an der Berliner Musikhochschule, wurde 1934 Erster Konzertmeister der Berliner Philharmoniker und wirkte ab 1945 in gleicher Funktion beim Rundfunk-Symphonieorchester in Hamburg, wo er auch an der Musikhochschule lehrte. Daneben trat er als Solist sowie im Klaviertrio mit Conrad Hansen und Arthur Troester auf. Sein Sohn Professor Andreas Röhn und sein Enkel Daniel Röhn führten die musikalische Familientradition fort: Andreas Röhn wurde Erster Konzertmeister des Symphonieorchesters des Bayerischen Rundfunks und Professor an der Staatlichen Hochschule für Musik in Hamburg, Daniel Röhn ist ein bekannter Violinist und konzertierte mit zahlreichen Orchestern unter namhaften Dirigenten in aller Welt.

SCHNEIDERHAN, WOLFGANG
Prof., * 28.5.1915 in Wien,
† 18.5.2002 ebd.

Der Sohn eines Schauspielers lernte mit zwei Jahren das Notenlesen und stand als gefeiertes Wunderkind bereits mit acht Jahren auf den europäischen Kon-

Wolfgang Schneiderhan

zertpodien. Mit 17 Jahren wurde er Erster Konzertmeister bei den Wiener Symphonikern, und nur fünf Jahre später wechselte er zu den berühmteren Kollegen, den Wiener Philharmonikern, denen er bis 1950 angehörte. 1938 gründete er mit dem Violinisten Otto Strasser, dem Bratschisten Ernst Moravec und dem Cellisten Richard Krotschak das nach ihm benannte Schneiderhan-Quartett, das bis 1951 bestand. Schneiderhan wurde einer der bedeutendsten Violinvirtuosen der Welt. Er leitete ab 1949 als Nachfolger von Georg Kulenkampff die Meisterkurse für Violine beim Internationalen Musikfest Luzern und übernahm die Nachfolge in dessen berühmter Trioformation mit Edwin Fischer und Enrico Mainardi. 1956 war er Gründer (gemeinsam mit Rudolf Baumgartner) des Kammerorchesters „Festival Strings Lucerne". Außerdem lehrte er seit 1938 bis 1951 am Salzburger Mozarteum und seit 1975 als Professor an der Wiener Musikhochschule. Wolfgang Schneiderhan war verheiratet mit der Sopranistin Irmgard Seefried und der Vater der Schauspielerin Mona Seefried, die besonders bekannt wurde durch die Mitwirkung in der seit 2005 ausgestrahlten ARD-Telenovela „Sturm der Liebe". Der ehemalige Generalinspekteur der Bundeswehr General a.D. Wolfgang Schneiderhan ist der Großcousin des Violinisten, sein Bruder Walter (1901 bis 1978) war ebenfalls ein bedeutender Geiger.

SCHÖRNACK, OTTO

Lebensdaten des Geigers konnten nicht ermittelt werden. Denkbar wäre es, daß es sich – wie in zahlreichen anderen Fällen der Gottbegnadeten-Liste – um einen Schreibfehler handelt und der Violinist Otto Schernack gemeint ist. Dieser war einer der ausführenden Musiker bei der Mozartwoche des Deutschen Reiches in Wien, die im Jahre 1941 unter der Schirmherrschaft von Reichsminister Dr. Joseph Goebbels und Reichsleiter Baldur von Schirach vom 28. November bis zum 5. Dezember durchgeführt wurde. Der Violinist wird in dem „Ratgeber für die Besucher der Mozartwoche" im Programm namentlich erwähnt bei einer Veranstaltung „11.00 Uhr: Mittlerer Konzertaussaal, Morgenfeier der HJ". Weitere Lebensdaten konnten für Schernack allerdings auch nicht ermittelt werden.

STROSS, WILHELM
Prof., * 5.11.1907 in Eitorf/Sieg,
† 18.1.1966 in Rottach-Egern

Der Sohn eines Musikdirektors gab schon als Siebenjähriger ein Solokonzert im Garnisonslazarett auf dem Siegburger Michaelsberg und wurde im Alter von zehn Jahren in die Meisterklasse am Kölner Konservatorium aufgenommen; er bekam ein Stipendium an der neugegründeten Staatlichen Musikhochschule Köln und gewann 1928 mit 22 Jahren den renommierten Mendelssohn-Preis. Nachdem er seine künstlerische Ausbildung mit Auszeichnung abgeschlossen hatte, ging er 1930 nach Berlin und wirkte als Konzertmeister des Kammerorchesters von Edwin Fischer. 1932 berief die Pianistin Elly Ney ihn zusammen mit dem Cellisten Ludwig Hoelscher in ihr Elly-Ney-Trio, das große internationale Erfolge feierte. Mit seiner Berufung zum Nachfolger von Felix Berber an die Akademie der Tonkunst in München im Jahre 1934 wurde er Deutschlands jüngster Akademieprofessor. Im selben Jahr gründete er das Stross-Quartett, das rund 30 Jahre lang eine der führenden Kammermusikvereinigungen der Welt war; die weiteren

Wilhelm Stross

Mitglieder seines Quartetts waren der Cellist Rudolf Metzmacher, der Bratschist Valentin Härtl und der Violinist Anton Huber. Das Quartett begleitete 1955 als „Botschafter der Musik" Bundeskanzler Dr. Konrad Adenauer auf seiner historischen Reise in die Sowjetunion, als deren Ergebnis die letzten deutschen Kriegsgefangenen nach Hause geholt wurden. Die Konzerte des Quartetts in Moskau und Leningrad fanden ein begeistertes Echo und mußten mehrfach wiederholt werden. Im Jahre 1941 gründete Stross das nach ihm benannte Kammerorchester und erneuerte mit ihm die barocke Tradition: Es musizierte ohne Taktstockdirigenten im Stehen und wurde von Stross vom ersten Pult aus geleitet. Von 1951 bis 1954 lehrte der Künstler als Professor an der Hochschule für Musik Köln, 1954 übernahm er eine Professur an der Staatlichen Hochschule für Musik München. Durch ihn wurde die Münchener Hochschule eine international ausstrahlende „Geiger-Schmiede", aus der zahlreiche Konzertmeister und Solisten hervorgingen. Außerdem vermittelte er eine Kammermusik-Tradition, die sich auf Joseph Haydn berufen konnte, und auf ihn ging in den 1960er Jahren die Gründung vieler Quartett-Vereinigungen mit bedeutenden Stross-Schülern als Primarii zurück.

STRUB, MAX
**Prof., * 28.9.1900 in Mainz,
† 23.3.1966 in Bad Oeynhausen**

Strub-Quartett 1952 mit Konrad Adenauer

Der bedeutende Geiger und Kammermusiker kam als Sechzehnjähriger am Konservatorium Köln in die Violinklasse von Bram Eldering und gewann bereits 1918 in Berlin den renommierten Mendelssohn-Preis. Zunächst Konzertmeister an der Stuttgarter Oper, wechselte er 1922 in gleicher Funktion an die Staatskapelle Dresden; von 1924 bis 1927 leitete er die Violinklasse an der Staatlichen Musikschule Weimar. Otto Klemperer verpflichtete ihn dann als Konzertmeister der Berliner Staatskapelle; in der Reichshauptstadt hatte Strub von 1934 bis 1945 eine Professur an der Musikhochschule inne und gründete 1936 als Primarius das Strub-Quartett, dessen weitere Mitglieder der Violinist Jost Raba, der Bratschist Walter Trampler und der Cellist Ludwig Hoelscher waren. Das Strub-Quartett galt schon bald als eines der besten Streichquartette Deutschlands und durfte die Hälfte der Gewandhaus-Kammerkonzerte übernehmen.

Max Strub

Außerdem führte es zahlreiche Konzertreisen durch, so etwa eine Tournee im Juni 1943 durch Frankreich in den Städten Bordeaux, Poitiers und Angers. Strub schrieb 1938 in der Schrift „Weimar. Bekenntnis und Tat. Kulturpolitisches Arbeitslager der Reichsjugendführung 1938": „Verantwortungsbewußte Führer wissen, daß nur die größten und erhabensten Schöpfungen es vermögen, die empfangsbereiten, aufgeschlossenen jungen Menschen im tiefsten Kern zu packen und mitzureißen. Die Intensität des Hörens oder besser gesagt Hörenwollens geht in besonderem Maße auch auf die Spieler über und vermag ihre ursprünglichsten Gestaltungskräfte auf eine Weise zu entfalten, die dem Rahmen dieser Gemeinschaftskonzerte ihre ganz eigene Note geben. Der harmonische Dreiklang: Schöpfer, Wiedergebende und Aufnehmende, wie es bei Pfitzner heißt, hier in den Konzerten für die Hitler-Jugend wird ehrfurchtsvoll angeschlagen, und sein Grundton bildet die Basis, auf der die Hüter der deutschen Kunst heranwachsen sollen." 1938 musizierte Strub als Solist bei den nationalsozialistischen Reichsmusiktagen in Düsseldorf und spielte die „Geigenmusik" für Violine und Orchester von Boris Blacher. Nach 1945 wirkte Strub 1947 an der Gründung der Nordwestdeutschen Musikakademie Detmold mit, an der er 1957 eine Professur übernahm. In den 1950er Jahren gründete er ein Trio mit dem Pianisten Hans Richter-Haaser und dem Cellisten Hans Münch-Holland, 1964 war er Gastprofessor beim Internationalen Musikseminar in Weimar.

TASCHNER, GERHARD
Prof., * 25.5.1922 in Jägerndorf/Böhmen, † 21.7.1976 in Berlin
Bereits als Siebenjähriger debütierte Taschner in Prag mit einem Violinkonzert von Mozart. Nach dem Studium in Budapest und Wien wurde er 1939 Konzertmeister am Stadttheater Brünn. 1941 folgte er dem Ruf von Wilhelm Furtwängler und ging als jüngster Erster Konzertmeister zu den Berliner Philharmonikern, außerdem etablierte er sich noch in den Kriegsjahren als gefeierter Solist. Selbst Adolf Hitler war stark an dem jungen Künstler interessiert und stellte ihn 1942 vom Kriegsdienst frei, nachdem das Reichsministerium für Volksaufklärung und Propaganda die Freistellung begründet hatte: „Unser bester Geiger." Dr. Goebbels sprach mit Hitler über Taschner und hielt fest: „Der neue Konzertmeister der Philharmoniker, Taschner, interessiert ihn sehr." Der Künstler gab am 17. Februar 1942 einen Violin-Abend im Gotischen Saal des Instituts für Deutsche Ostarbeit im besetzten Krakau, in der „Krakauer Zeitung" vom 9. Januar 1945 wurden zwei weitere Veranstaltungen Taschners angekündigt. Nach dem Zweiten Weltkrieg wurde der Violinist im Jahre 1950 Professor an der Berliner Musikhochschule, ab 1954 an der Musikhochschule Köln. Er trat bis Anfang der 1960er Jahre bei Konzerten in aller Welt auf, mußte dann jedoch wegen eines Rückenleidens seine Karriere beenden und konzentrierte sich danach auf seine pädagogische Arbeit. Später erkrankte der Künstler psychisch, wurde alkoholabhängig und verstarb an einer Leberzirrhose.

Gerhard Taschner

ZERNICK, HELMUTH
* 15.1.1913 in Potsdam,
† 14.9.1970 in Mutlangen
Der Musiker erhielt 1936 den Musikpreis der Reichshauptstadt Berlin und wurde 1938 Konzertmeister der Berliner Staatsoper. 1941/42 trat er bei Konzerten der Hitler-Jugend auf. Laut der „Litzmannstädter Zeitung" gab er im März 1943 ein Gastspiel beim Städtischen Symphonie-Orchester in Litzmannstadt. Reichsminister Dr. Joseph Goebbels, der Zernick 1940 schon den Nationalen Musikpreis verliehen hatte, notierte am 12. Januar 1944 in seinem Tagebuch: „Ich bin entschlossen, aus diesem jungen Mann einen hervorragenden Geiger zu entwickeln." Helmuth Zernick wurde 1945 Ensemblemitglied der Staatsoper in Ost-Berlin und wechselte 1949 zum Symphonieorchester des NWDR nach Köln.

Cellisten

GRÜMMER, PAUL
* 26.2.1879 in Gera,
† 31.10.1965 in Zug/Schweiz
Der Sohn eines Konzertmeisters studierte am Konservatorium Leipzig, danach war er Mitglied im Orchester der Wiener Staatsoper. Bekannt wurde er auch als Mitglied des Busch-Quartetts, dem er bis 1930 angehörte. Nachdem er von 1926 bis 1933 an der Musikhochschule Köln gelehrt hatte, wurde der Cellist 1933 auf Betreiben des Kampfbundes für Deutsche Kultur als Nachfolger des entlassenen Emanuel Feuermann Lehrer der Mu-

Paul Grümmer

Das Busch-Quartett

sikhochschule Berlin, an der er bis 1940 wirkte; anschließend ging er bis 1945 an die Wiener Musikhochschule. Grümmer schrieb eine Schule für die Viola da Gamba und spielte das Instrument in Ensembles für frühe Musik. Der Cellist gründete 1942 zusammen mit dem Violinisten Váša Příhoda und dem Pianisten Michael Raucheisen das „Meistertrio". 1946 übersiedelte Paul Grümmer in die Schweiz.

HOELSCHER, LUDWIG
**Prof., * 23.8.1907 in Solingen,
† 8.5.1996 in Tutzing**

Der Sohn eines Juweliers studierte das Cellospiel in Köln, München, Leipzig und Berlin. 1930 wurde er mit dem renommierten Mendelssohn-Preis ausgezeichnet. Der Karrieredurchbruch gelang ihm 1932, als Elly Ney zusammen mit ihm und Wilhelm Stross das später berühmte Elly-Ney-Trio gründete. 1936 debütierte Hoelscher mit den Berliner Philharmonikern unter Wilhelm Furtwängler, mit dem er lebenslang eng befreundet war. 1937 wurde der Cellist Professor an der Musikhochschule Berlin und trat danach in die NSDAP ein. Am 29. Mai 1938 war er Solist beim Abschlußkonzert der ersten Reichsmusiktage in Düsseldorf, 1938 trat er auf den Beethoventagen der HJ in Wildbad und beim kulturpolitischen Arbeitslager der Reichsjugendführung in Weimar auf. Ab 1938 lehrte Hoelscher als Professor am Mozarteum in Salzburg, außerdem gab er viele Konzerte vor Industriearbeitern und wurde im „Völkischen Beobachter" am 28. Dezember 1938 entsprechend gewürdigt: „Es gibt wenige Künstler, die sich auf ihrem Höhenflug zu Ruhm und Anerkennung eine solche tätige Liebe und Verbundenheit mit ihrer Heimat bewahrt haben, wie der Solinger Ludwig Hoelscher, ja, es will scheinen, daß die Söhne des Bergischen Landes in besonderem Maße um die Kraftquellen wissen, die ihnen hier in reichem Maße zur Verfügung stehen. Wenn die Klingenstadt Solingen sich heute eines auf breiteste Grundlagen gestellten Musiklebens rühmen darf, so ist dies in erster Linie dem selbstlosen Einsatz von Ludwig Hoelscher zu danken, der sich nicht auf den Konzertsaal beschränkt, sondern zu den arbeitenden Menschen in den Betrieben geht, um ihnen etwas von den Schönheiten der Sprache der Töne zu vermitteln. [...] Zum Lichtfest 1938 spielte er an zwei Tagen in sechs Industriewerken vor 5.000 Arbeitern. Bei Klopp und Henckels, im Adlerwerk, bei Böker und bei der Kronprinz AG erschien er mit seiner Stradivari, überall mit aufgeschlossener Begeisterung begrüßt." In den Kriegsjahren gab er zahlreiche Konzerte in Belgien bei Wanderkonzerten für die Wehrmacht, außerdem trat er in Bukarest, Lemberg, Lublin und Warschau auf. Nach dem Zweiten Weltkrieg konnte Hoelscher seine Karriere ohne größere Schwierigkeiten fortsetzen, von 1954 bis 1972 hatte er eine Professur an der Musikhochschule Stuttgart inne, machte viele erfolgreiche Konzertreisen in alle Welt und erhielt zahlreiche Ehrungen und Auszeichnungen.

Ludwig Hoelscher

MÜNCH-HOLLAND, HANS
**Prof., * 15.1.1899 in Bern,
† 7.12.1971 in Lemgo**

Der Cellist war von 1924 bis 1933 Konzertmeister am Gewandhaus und an der Leipziger Oper. 1933 übernahm er eine Professur in Köln. Im Oktober 1934 übersiedelte Münch-Holland nach Hiddesen und begann im Oktober 1945 mit ersten privaten Unterrichtskursen, die im Zusammenhang mit der Einrichtung der Nordwestdeutschen Musikakademie Detmold quasi Vorarbeiten waren. 1946 wirkte der Musiker bei der offiziellen Gründung der neuen Musikakademie mit, wurde dort Professor und stellvertretender Direktor und hatte diese Funktionen bis 1964 inne.

Mozarteum in Salzburg

STEINER, ADOLF
Prof., * 12.4.1897 in Schwäbisch Hall, † 24.3.1974 in Karlsruhe

Der Musiker begann seine Berufslaufbahn 1926 als Zweiter Solocellist am Deutschen Opernhaus Berlin-Charlottenburg, betätigte sich als Kammermusiker und war bis 1929 Mitglied im Havemann-Quartett. 1930 trat er in die NSDAP ein und wurde Mitglied im Steiner-Quartett, das bei NSDAP-Veranstaltungen auftrat und die Reden von Dr. Joseph Goebbels umrahmte. 1939 erhielt Steiner eine Professur an der Berliner Musikhochschule. Nach 1945 wirkte er weiterhin in Berlin, zunächst ohne öffentliches Amt. Die Entnazifizierungs-Kommission für Kunstschaffende in Berlin versagte ihm noch in der vierten Verhandlung am 7. März 1947 die Entlastung, ließ ihn aber schließlich doch wieder zu. Steiner musizierte unter anderem bei Hauskonzerten von Dr. Ferdinand Friedensburg, dem 2. Bürgermeister von Berlin. Zeitweise war Steiner als Lehrer am Deutschen Auslandinstitut Potsdam tätig, von 1950 bis 1962 lehrte er an der Musikhochschule Köln.

Organisten

HEITMANN, FRITZ
Prof., * 9.5.1891 in Hamburg, † 7.9.1953 in Berlin

Seine erste musikalische Ausbildung bekam der Künstler von seinem Vater, der ebenfalls Organist war. Später besuchte er das Konservatorium für Musik seiner Heimatstadt und schloß seine Ausbildung 1911 am Leipziger Konservatorium ab. Anschließend war er als Organist am Dom in Schleswig tätig und wirkte dann von 1918 bis 1932 in Berlin an der Kaiser-Wilhelm-Gedächtniskirche sowie ab 1919 zugleich an der Sing-Akademie zu Berlin; ab 1932 war er bis zu seinem Tode Domorganist am Berliner Dom. 1923 wurde der bedeutende Bach-Interpret Professor der Staatlichen Akademie für Kirchen- und Schulmusik. Zahlreiche Konzertreisen führten ihn in die USA und durch Europa; der Generalkonsul in Paris berichtete 1943 dem Auswärtigen Amt über Heitmanns Konzertreise im besetzten Frankreich: „Sämtliche Konzerte fanden bei freiem Eintritt statt und waren sehr wesentlich von kirchlichen und weniger bemittelten Kreisen besucht, die als Publikum von unserer kulturpropagandistischen Arbeit sonst nicht allzu stark erfaßt werden."

Fritz Heitmann

RAMIN, GÜNTHER
Prof. Dr. h.c., * 15.10.1898 in Karlsruhe, † 27.2.1956 in Leipzig

Der Sohn eines Pfarrers wurde nach seiner Ausbildung 1920 Lehrer für Orgelspiel am Leipziger Konservatorium und 1932 Professor an der Musikhochschule Berlin; von 1933 bis 1938 war er zugleich Leiter des Gewandhauschores in Leipzig. 1933 trat er als Unterzeichner eines Manifestes in der Zeitschrift „Die Musik" hervor: „Wir bekennen uns zur volkhaften Grundlage aller Kirchenmusik." Zur Trauung von Reichsluftfahrtminister und Oberbefehlshaber der Luftwaffe Hermann Göring mit der Schauspielerin Emmy Sonnemann im Dom zu Berlin durch Reichsbischof Ludwig Müller am 10. April 1935 spielte Ramin die Orgel. Am 9. September 1936 spielte der Künstler auf dem „Reichsparteitag der Ehre" im Kongreß-Saal von Nürnberg die Walcker-Orgel, mit 220 klingenden Stimmen und 16.000 Pfeifen die größte Orgel Europas. Nach dem Kriege war Ramin bis 1951 Dirigent des Gewandhausorchesters in Leipzig, er wurde 1950 mit dem Nationalpreis der DDR ausgezeichnet und 1952 Mitglied der Deutschen Akademie der Künste.

Günther Ramin

Seite 11

Orgel in der Nürnberger Kongreßhalle

Quartette

SCHNEIDERHAN-QUARTETT
Das Schneiderhan-Quartett war ein kammermusikalisches Streichquartett, das während der 13 Jahre seines Bestehens zu den führenden Quartettvereinigungen der Welt gehörte. Es wurde 1938 von dem Violinisten Wolfgang Schneiderhan (siehe S. 222) gegründet, die weiteren Mitglieder des Quartetts waren der Violinist Otto Strasser, der Bratschist Ernst Morawec und der Cellist Richard Krotschak. Schneiderhan lernte mit zwei Jahren das Notenlesen und stand als gefeiertes Wunderkind bereits mit acht Jahren auf den europäischen Konzertpodien. Mit 17 Jahren wurde er Erster Konzertmeister bei den Wiener Symphonikern, und nur fünf Jahre später wechselte er zu den berühmteren Kollegen, den Wiener Philharmonikern. Schneiderhan wurde einer der bedeutendsten Violinvirtuosen der Welt. Er leitete ab 1949 als Nachfolger von Georg Kulenkampff die Meisterkurse für Violine beim Internationalen Musikfest Luzern und übernahm die Nachfolge in dessen berühmter Trioformation mit Edwin Fischer und Enrico Mainardi. 1956 war er Gründer (gemeinsam mit Rudolf Baumgartner) des Kammerorchesters „Festival Strings Lucerne".

Schneiderhan-Quartett

STROSS-QUARTETT
Das Stross-Quartett war seit seiner Gründung im Jahre 1934 rund 30 Jahre eine der führenden Kammermusikvereinigungen der Welt. Sein Gründer war der Violinist Wilhelm Stross (siehe S. 223), der bereits mit 22 Jahren den renommierten Mendelssohn-Preis gewonnen hatte und mit seiner Berufung zum Nachfolger von Felix Berber an die Akademie der Tonkunst in München im Jahre 1934 Deutschlands jüngster Akademieprofessor wurde. Die weiteren Mitglieder seines Quartetts waren der Cellist Rudolf Metzmacher, der Bratschist Valentin Härtl und der Violinist Anton Huber. Das Quartett begleitete 1955 als „Botschafter der Musik" Bundeskanzler Dr. Konrad Adenauer auf seiner historischen Reise in die Sowjetunion, das zur Freilassung der letzten deutschen Kriegsgefangenen führte. Die Konzerte des Quartetts in Moskau und Leningrad fanden ein begeistertes Echo und mußten mehrfach wiederholt werden.

Das Stross-Quartett

STRUB-QUARTETT
Primarius des 1936 gegründeten Strub-Quartetts war der Orchestermusiker und Violinpädagoge Professor Max Strub (siehe S. 224). Dieser war Konzertmeister der Berliner Staatskapelle und hatte von 1934 bis 1945 eine Professur an der Berliner Musikhochschule inne. Die weiteren Quartettmitglieder waren der Violinist Jost Raba, der Bratschist Walter Trampler und der Cellist Ludwig Hoelscher. Das Strub-Quartett galt schon bald als eines der besten Streichquartette Deutschlands und durfte die Hälfte der Gewandhaus-Kammerkonzerte übernehmen. Außerdem führte es zahlreiche Konzertreisen durch, so etwa eine Tournee im Juni 1943 durch Frankreich in den Städten Bordeaux, Poitiers und Angers. Strub schrieb 1938 in der Schrift „Weimar. Bekenntnis und Tat. Kulturpolitisches Arbeitslager der Reichsjugendführung 1938": „Verantwortungsbewußte Führer wissen, daß nur die größten und er-

habensten Schöpfungen es vermögen, die empfangsbereiten, aufgeschlossenen jungen Menschen im tiefsten Kern zu packen und mitzureißen. Die Intensität des Hörens oder besser gesagt Hörenwollens geht in besonderem Maße auch auf die Spieler über und vermag ihre ursprünglichsten Gestaltungskräfte auf eine Weise zu entfalten, die dem Rahmen dieser Gemeinschaftskonzerte ihre ganz eigene Note geben. Der harmonische Dreiklang: Schöpfer, Wiedergebende und Aufnehmende, wie es bei Pfitzner heißt, wird hier in den Konzerten für die Hitler-Jugend ehrfurchtsvoll angeschlagen, und sein Grundton bildet die Basis, auf der die Hüter der deutschen Kunst heranwachsen sollen!"

Konzertsänger

FISCHER, LORE
Prof., * 27.5.1911 in Stuttgart,
† 16.10.1991 in München

Die Altistin studierte an der Stuttgarter Musikhochschule Gesang und Violine und setzte ihre Ausbildung in Köln bei der Sängerin Maria Philippi fort. 1934 gab Lore Fischer ihre ersten Konzerte und wurde als Solistin in Oratorien und Lied-Interpretin bekannt. Sie trat in den Musikzentren Deutschlands und im Ausland auf, so gab sie etwa Konzerte in Paris (1938 und 1941), in Warschau (1933), in Brüssel (1938 und 1939), Amsterdam (1939 und 1941) und unternahm 1956 eine ausgedehnte USA-Tournee. 1942 heiratete sie den Violinisten Rudolf Nel. Mit ihm und dem Komponisten Hermann Reutter gründete sie das Lore-Fischer-Trio, das vor allem Kompositionen der Barockzeit vortrug. Später übernahm sie eine Professur an der Musikhochschule Stuttgart.

HÜSCH, GERHARD
Prof., * 2.2.1901 in Hannover,
† 21.11.1984 in Viehhausen

Der Bariton begann ursprünglich eine Karriere als Schauspieler am Schauspielhaus von Hannover, begann dann jedoch eine Gesangausbildung bei Hans Emge und debütierte 1923 am Stadttheater Osnabrück als Graf Liebenau in der komischen Oper „Waffenschmied" von Albert Lortzing. Nach Engagements am Stadttheater Bremen (1924 bis 1927) und am Opernhaus Köln (1927 bis 1930) ging er nach Berlin an das Deutsche Opernhaus, an dem er bis 1935 wirkte. 1937 folgte er einem Ruf an die Berliner Staatsoper, deren Ensemblemitglied er bis 1944 blieb; er sang dort 1940 in der Uraufführung von Fried Walters Oper „Andreas Wolfius". Er gastierte an vielen großen Operntheatern, wurde jedoch vor allem als Lied-Interpret berühmt und galt bald als einer der bedeutendsten Liedersänger seiner Zeit. Die Wärme und das persönliche Timbre seines Baritons erreichten im lyrischen Opernrepertoire, aber vor allem im Lied-Vortrag, höchste künstlerische Eindringlichkeit. Wegen seiner persönlichen Nähe zu Prominenten der NS-Zeit, beispielsweise zu Rosalind, der Schwester des Reichsjugendführers und Gauleiters von Wien Baldur von Schirach, bekam der Künstler nach dem Krieg Schwierigkeiten mit den Besatzungsmächten, nahm kaum noch an Konzert- und Opernaufführungen teil und konzentrierte sich auf seine Professur an der Münchener Hochschule für Musik. Seine Meisterklassen für Liedinterpretation fanden in der Schweiz, in Großbritannien, in Finnland und auch Japan statt.

KLOSE, MARGARETE
* 6.8.1899 in Berlin, † 14.12.1968 ebd.

Ihre musikalische Ausbildung erhielt die Altistin ab 1920 am Klindworth-Scharwenka-Konservatorium in Berlin. Ihr Debüt gab sie 1927 am Theater Ulm in einer Nebenrolle der Operette „Gräfin Mariza" und erarbeitete sich in den folgenden Jahren bis 1931 am Mannheimer Nationaltheater ein

Gerhard Hüsch

Margarete Klose

breites Repertoire. 1931 berief man sie an die Berliner Staatsoper, an der sie bis 1949 glänzende Erfolge feierte. Anschließend wirkte sie bis 1958 an der Städtischen Oper Berlin und in der Folge bis 1961 wieder an der Berliner Staatsoper. Die Künstlerin verfügte über eine umfangreiche, pastose Altstimme von seltener Spannweite des Ausdrucksvermögens und tiefer Musikalität. Die Sängerin war an den führenden Opernhäusern der Welt zu Gast, unter anderem an der Mailänder Scala, der Covent Garden Opera in London, am Teatro Colón von Buenos Aires und den Opern von San Francisco und Los Angeles. Bei den Bayreuther Festspielen erwies sie sich als große Wagner-Altistin. Im Jahre 1961 zog sich die Kammersängerin und Staatsschauspielerin Margarete Klose von der Bühne zurück und beschränkte sich auf Lehrtätigkeit.

Mailänder Scala

KONETZNI, HILDE
* 21.3.1905 in Wien, † 20.4.1980 ebd.
Die prachtvolle Sopranstimme von einer besonderen Leuchtkraft des Timbres und einer ungewohnten Wärme des Vortrages wurde durch ihre ältere Schwester Anny Konetzni, die ebenfalls Sängerin war, entdeckt und am Konservatorium der Stadt Wien ausgebildet. Die junge Sängerin stand 1929 am Stadttheater Chemnitz als Sieglinde in der „Walküre" (zusammen mit ihrer Schwester Anny) erstmals auf der Bühne. Nach weiteren Studien wirkte sie 1931/32 am Stadttheater Gablonz, dann bis 1935 am Deutschen Theater in Prag und ging schließlich 1936 an die Wiener Staatsoper, der sie mehr als 25 Jahre treu blieb und wo sie eine glanzvolle Karriere, besonders als Strauss-, Wagner- und Verdi-Interpretin erlebte. Seit 1936 wirkte sie auch ständig bei den Salzburger Festspielen mit und gab die Donna Elvira im „Don Giovanni", die Leonore im „Fidelio" sowie (alternierend mit ihrer Schwester Anny) die Marschallin im „Rosenkavalier". Sie gastierte an der Mailänder Scala, der Covent Garden Opera Londons, dem Teatro Colón von Buenos Aires und den bedeutenden deutschen Bühnen. 1937 und 1939 führten sie große Tourneen durch Nordamerika. Ab 1954 wirkte sie neben ihrer Bühnenlaufbahn auch als Gesangspädagogin.

Hilde Konetzni

KRENN, FRITZ
*11.12.1887 in Wien, † 17.7.1964 ebd.
Der Baß-Bariton wurde zunächst Zeichenlehrer und studierte erst dann an der Wiener Musikakademie. Nach seiner Militärdienstzeit während des Ersten Weltkrieges debütierte er 1918 als Alfio in „Cavalleria rusticana" von Pietro Mascagni. Vom 1. September 1919 bis 31. August 1924 und vom 1. September 1937 bis 1958 war der Sänger Mitglied der Wiener Staatsoper (dazwischen Engagements 1924 bis 1927 in Wiesbaden, 1927 bis 1938 in Berlin). Man bewunderte ihn besonders als Ochs im „Rosenkavalier", diese Partie sang er seit 1936 auch als Nachfolger des großen Richard Mayr bei den Salzburger Festspielen. Der Kammersänger gab auch Gastspiele an der Covent Garden Opera in London, an der Mailänder Scala, in Südamerika, Belgien, Holland, Spanien und Frankreich, 1951/52 wirkte er an der Metropolitan Opera in New York. Nach dem Rückzug von der Bühne war er noch einige Jahre als Gesangspädagoge tätig.

Fritz Krenn

LAMMERS, GERDA
* 13.2.1915 in Berlin,
† 28.1.1993 in Kassel

Ihre Ausbildung erhielt die Sängerin in Berlin bei Lula Mysz-Gmeiner und Margaret Schwedler-Lohmann. Nach ihrem Debüt als Konzertsängerin im Jahre 1940 hatte die Sopranistin fünfzehn Jahre lang eine erfolgreiche Karriere als Oratorien- und Liedsängerin. Erst im Jahre 1955 gab sie ihr Bühnendebüt, und zwar bei den Bay-

Gerda Lammers

reuther Festspielen als Ortlinde in der „Walküre". Im selben Jahr wurde sie an das Staatstheater Kassel berufen, das bis zu ihrem Ruhestand ihre künstlerische Heimat blieb. Hier sang sie als Antrittspartie die Marie in Alban Bergs „Wozzeck" und errang wenig später einen sensationellen Erfolg als Elektra in der gleichnamigen Oper von Richard Strauss. Sie entfaltete nun eine glanzvolle Karriere als hochdramatische Sopranistin, wobei man neben der Kraft und Tonfülle ihrer Stimme auch immer wieder ihr grandioses Bühnenspiel hervorhob. Ihre bedeutendsten Leistungen waren neben der Elektra und der Marie im „Wozzeck" auch die Senta im „Fliegenden Holländer", die Isolde im „Tristan" und die Brünnhilde im „Ring"-Zyklus. An der Londoner Covent Garden Opera feierte man sie 1957 als Elektra sowie als Medea in der gleichnamigen Oper von Luigi Cherubini, wobei Gerda Lammers in letzter Minute für die erkrankte Christi Goltz einsprang und einem phänomenalen Erfolg davontrug. 1958 gab sie in der Ingestre Hall in London die Dido in „Dido and Aeneas" von Henry Purcell, 1959 an der Covent Garden Opera die Kundry im „Parsifal". 1962 erntete sie für ihre Elektra Beifallsstürme an der New Yorker Metropolitan Opera. Nach Gastspielen, die sie 1959 und 1967 an der Hamburger Staatsoper gab, hatte Gerda Lammers auch an vielen anderen deutschen Bühnen große Erfolge, aber auch weiterhin als Lied-Interpretin.

LEISNER, EMMI
* 8.8.1885 in Flensburg,
† 11.1.1958 ebd.

Nach dem Studium in Berlin gab die Altistin auch dort ihre ersten Konzert- und Liederabende, die sogleich eine außergewöhnliche Beachtung fanden. Von 1913 bis 1921 war die Künstlerin Ensemblemitglied der Berliner Hofoper, danach gehörte sie der Berliner Volksoper an und wurde 1924/25 an das Deutsche Opernhaus Berlin-Charlottenburg engagiert. Mit ihrer tiefen, hochmusikalischen Stimme, deren dunkler Bronzeton ebenso geschätzt wurde wie die Stilsicherheit ihres Vortrages, galt sie als eine der bedeutendsten Lied-Interpretinnen ihrer Generation und war dazu eine große Bach- und Händel-Sängerin. Bei den Bayreuther Festspielen bewunderte man die Kunst ihres Wagner-Gesanges vor allem in der Partie der Erda. Ihre Konzert- und Liederabende wurden in aller Welt zu gefeierten Höhepunkten im jährlichen Musikleben. Lale Andersen berichtete später von der im April 1942 gemeinsam durchgeführten, von Dr. Joseph Goebbels organisierten Künstlerfahrt zur Truppenbetreuung mit Auftritt in Warschau und charakterisierte die Sängerin folgendermaßen: „Brave braune Legehenne, die in dem Augenblick, in dem sie auf die Bühne flatterte, durch das Timbre und den Adel ihrer Stimme zur Nachtigall wurde." Seit 1939 lebte Emmi Leisner auf der Insel Sylt und verbrachte ihre letzten Jahre als Gesangspädagogin.

Metropolitan Opera

Emmi Leisner

PITZINGER, GERTRUDE
Prof., * 15.8.1904 in Mährisch-Schönberg, † 15.9.1997 in Frankfurt am Main

Gertrude Pitzinger

Die Altistin, die in Olmütz aufwuchs, absolvierte zunächst eine Lehrerausbildung, studierte anschließend an der Wiener Musikakademie und erhielt 1926 ihr Diplom als Musiklehrerin. Sie übersiedelte nach Reichenberg in Böhmen und avancierte in den folgenden Jahren zur vielbewunderten Konzert- und Oratorien-Altistin. Sie gab ihr erstes Konzert in Olmütz, und ihre ausgedehnten Tourneen in Europa und Nordamerika brachten ihr sehr große Erfolge ein; besonders war sie als Bach-Interpretin sowie als Lied-Sängerin geschätzt. Die Künstlerin gab Konzerte in Dänemark, Brüssel, Wien, Italien, Norwegen und Amsterdam, 1937 sang sie unter Wilhelm Furtwängler in London, 1938 an der Carnegie Hall sowie der Town Hall in New York, 1937 und 1941 trat sie in der Prager Konzerthalle auf. Ebenfalls große Erfolge waren ihr bei den Salzburger Festspielen beschieden. 1945 wurde Gertrude Pitzinger aus ihrer böhmischen Heimart vertrieben und lebte zunächst auf einem Landsitz im Schwarzwald. Seit 1959 hatte sie eine Professur an der Frankfurter Musikhochschule inne, setzte allerdings ihre Konzerttätigkeit fort.

RÜNGER, GERTRUDE
* 1899 in Posen, † 11.6.1965 in Berlin

Die Alt-Sopranistin begann ihre Karriere 1922 als Chorsängerin am Theater Stralsund und debütierte 1923 am Stadttheater Erfurt. 1924 bis 1926 ging sie an das Theater Gera, 1926 bis 1928 an das Stadttheater Magdeburg, in der Spielzeit 1928/29 an das Opernhaus Köln und 1929/30 an das Stadttheater Nürnberg. Danach war sie dann bis 1934 an der Wiener Staatsoper engagiert, und 1934 begann ihre Mitgliedschaft im Ensemble der Staatsoper Unter den Linden in Berlin, wo sie bis 1948 sang. Während sie zu Beginn ihrer Karriere Alt-Partien gesungen hatte, wandelte sich später ihre Stimme zum hochdramatischen Sopran. Besonders bei den Salzburger Festspielen feierte sie große Erfolge, dort sang sie 1932/33 die Amme in der „Frau ohne Schatten", 1934 die Klytämnestra in „Elektra" von Richard Strauss und 1938 die Leonore im „Fidelio". 1934 gastierte sie in Amsterdam und im Haag, später auch an der Covent Garden Opera in London, an der Mailänder Scala und an den Staatsopern von Dresden und München. 1936/37 hatte sie ein Engagement an der Metropolitan Opera in New York und sang hier die Brünnhilde in der „Walküre" und in der „Götterdämmerung" sowie Fricka in „Das Rheingold" und die Ortrud in „Lohengrin". Die Künstlerin wirkte auch als Konzertsängerin und war später als Gesangspädagogin in Berlin tätig. Man bewunderte an ihrer Stimme die üppige Fülle der Tongebung sowie die mitreißende Dramatik ihres Vortrages, die vor allem im Wagner-Gesang in den Partien der Brünnhilde, Venus, Isolde und Brangäne zur vollen Geltung kam.

Gertrude Rünger

SCHELLENBERG, ARNO
Prof., * 16.11.1903 in Berlin, † 20.3.1983 in Dresden

Sein Gesangstudium begann der Bariton 1926 an der Akademischen Hochschule für Musik in Berlin, trat aber auch schon zu dieser Zeit öffentlich auf, so etwa 1928 als Hans Heiling in Heinrich Marschners gleichnamiger romantischer Oper. Nach seinem Stu-

Arno Schellenberg

dienabschluß gab er sein Debüt 1929 am Düsseldorfer Opernhaus, in der Spielzeit 1930/31 bekam er ein Engagement an der Oper Köln, 1931/32 trat er als Erster Bariton auf die Bühne des Opernhauses Königsberg und wurde 1932 an die Sächsische Staatsoper Dresden verpflichtet. In den 1930er Jahren wurde er der jüngste Kammersänger Deutschlands und stieg danach zu einem der führenden Künstler der Dresdener Semperoper auf. Nach dem Zweiten Weltkrieg war Schellenberg maßgeblich am Wiederaufbau des Dresdener Musiklebens beteiligt. Bei der ersten Opernaufführung in Dresden nach dem Kriege hatte Schellenberg die Rolle des Grafen Almaviva in Mozarts „Figaros Hochzeit". Er war bis 1949 Mitglied der Semperoper, gab aber auch Gastspiele im Ausland, etwa in Italien und Österreich. Er zog sich 1966 von der Bühne zurück und erhielt eine Professur an der Hochschule für Musik „Carl Maria von Weber" Dresden. Zwei Jahre später ernannte ihn die Sächsische Staatsoper zu ihrem Ehrenmitglied.

STRIENZ, WILHELM
* 2.9.1900 in Stuttgart,
† 10.5.1987 ebd.

Nach einer Ausbildung als kaufmännischer Angestellter absolvierte der Baß-Bariton ein Gesangstudium und debütierte 1922 im Deutschen Opernhaus Berlin als Eremit in Carl Maria von Webers „Der Freischütz". Nachfolgend profilierte sich der Künstler an den Opernhäusern von Wiesbaden, Kaiserslautern und Stuttgart, er interpretierte den Mephisto aus Charles Gounods „Margarete" und Van Bett aus Albert Lortzings „Zar und Zimmermann", aber auch viele Wagner-Partien. Ab 1933 war Strienz Mitglied der Staatsoper Berlin und trat nach der nationalsozialistischen Regierungsübernahme auch der SA bei. 1935 war er der Intepret der Lieder „Flieg, deutsche Fahne, flieg!" und „Deutsch sein, heißt treu sein". Er trat nachfolgend sehr oft im Rundfunk auf und war nach Aussage der Schauspielerin Ilse Werner der „damals wohl beliebteste Sänger". Er trat auch einige Male vor die Filmkamera, beispielsweise als Sänger in „Ewiger Wald", der im Auftrag der Nationalsozialistischen Kulturgemeinde gedreht wurde; in dem Staatsauftragsfilm „Wunschkonzert" sang er den Schlager „Gute Nacht, Mutter" für die Mutter eines gefallenen Musikers und 1942 trat er in dem Staatsauftragsfilm „Fronttheater" auf. Er interpretierte auch die Erfolgsschlager „Tapfere kleine Soldatenfrau" und „Heimat, deine Sterne". Wegen seiner großen Popularität wurde Strienz nach Beginn des Zweiten Weltkrieges aufgefordert, an den Sendungen „Wunschkonzert für die Wehrmacht", Dr. Goebbels' Radiosendung zur Verbindung zwischen den Frontsoldaten und ihren Angehörigen in der Heimat, teilzunehmen. Nach 1945 wurde der Künstler für sein Verhalten im Dritten Reich von den deutschen Rundfunkanstalten boykottiert. Seine Karriere konnte dies aber kaum beeinflussen, er setzte seine Gesangstätigkeit fort, machte erfolgreiche Tourneen und zahlreiche Schallplattenaufnahmen. 1963 zog Wilhelm Strienz sich ins Privatleben zurück.

WATZKE, RUDOLF
* 5.4.1892 in Niemes/Böhmen,
† 18.12.1982 in Wuppertal

Der Sänger debütierte nach mehrjährigem Gesangstudium 1923 am Badischen Landestheater in Karlsruhe. Von 1924 bis 1928 war er Mitglied der

Wilhelm Strienz

Rudolf Watzke

Staatsoper Berlin; in den Jahren 1925/25 und 1928 wirkte er bei den Bayreuther Festspielen mit. Seit 1928 stand er nur noch gelegentlich auf der Bühne und konzentrierte sich primär auf den Konzertgesang. Er wurde sowohl als Solist in Oratorien wie auch als vortrefflicher Lied-Sänger sehr geschätzt und war zudem als Pädagoge tätig. Der Baß-Bariton trat des öfteren bei nationalsozialistischen Veranstaltungen in Erscheinung. Am 28. Mai 1938 trat er anläßlich des Festkonzertes des Berliner Philharmonischen Orchesters auf, das die 9. Symphonie in d-Moll op. 125 Ludwig van Beethovens spielte, und am 29. Mai 1938 im Abschlußkonzert der ersten Reichsmusiktage in Düsseldorf. Nach dem Zweiten Weltkrieg nahm er seinen Wohnsitz in Wuppertal, gab aber noch Konzerte. Er war verheiratet mit der Pianistin Liliana Cristova, die ihn oft bei seinen Liederabenden begleitete. Von 1956 bis 1971 wirkte er als Gesangspädagoge am Dortmunder Konservatorium.

WOLFF, HENNY
Prof., * 3.2.1896 in Köln,
† 29.1.1965 in Hamburg
Die Sopranistin stammte aus einer Musikerfamilie, ihr Vater war ein angesehener Musikkritiker, ihre Mutter eine Konzertsängerin und Gesangspädagogin. Ihre Ausbildung erhielt die junge Sängerin zunächst bei ihrer Mutter und 1906 bis 1912 am Kölner Konservatorium, zuletzt bei dem gefragten Pädagogen Julius von Raatz-Brockmann in Berlin. Ihren ersten öffentlichen Auftritt hatte Henny Wolff im Jahre 1912 bei einem Kölner Gürzenich-Konzert und entwickelte in den Folgejahren eine glanzvolle Karriere in den deutschen Konzertsälen sowie auch im Ausland, die ihr besonders als Bach- und Händel-Interpretin einen Weltruf einbrachte. Auf dem Gebiet des Lied-Gesangs trug sie gern die Kompositionen des Komponisten Hermann Reutter vor, welcher sie auch oft persönlich am Flügel begleitete. Die Künstlerin war speziell auch am zeitgenössischen Musikschaffen interessiert. Sie zeigte sich zwar gelegentlich auf der Opernbühne, doch ihr Schaffensschwerpunkt war eindeutig der Lied-Gesang. Auf ihren Konzertreisen in verschiedene europäische Lieder errang sie wie in Deutschland umjubelte Erfolge. Außerdem wirkte Henny Wolff als verdiente Gesangspädagogin, sie lehrte von 1914 bis 1916 am Bonner Konservatorium, 1922 ging sie nach Berlin, wo sie ebenfalls pädagogisch tätig war; 1950 übernahm sie eine Professur an der Musikhochschule Hamburg, wo sie zahlreiche Schüler ausbildete, die später bedeutende Künstler wurden.

Henny Wolff

Theater

AHLERSMEYER, MATTHIEU
* 29.6.1896 in Köln, † 23.7.1979 in Garmisch-Partenkirchen
Nach seiner Gesangausbildung in Köln debütierte der Sänger 1929 am Stadttheater Möchengladbach als Wolfram im „Tannhäuser", sang 1930/31 an der Kroll-Oper in Berlin und danach von 1931 bis 1934 als Erster Heldenbariton an der Hamburger Staatsoper. Von 1934 bis 1945 wirkte der Künstler an der Dresdener Staatsoper und wirkte hier in der Uraufführung der Oper „Die schweigsame Frau" von Richard Strauss am 24. Juni

Matthieu Ahlersmeyer (links)

1935 sowie 1944 in der Uraufführung der Oper „Hieronymus Jobs" von Joseph Haas mit. Neben seinem Dresdener Engagement war er durch Gastspielverträge mit den Staatsopern von Berlin und Wien verbunden. 1945 wurde Ahlersmeyer an die Hamburger Staatsoper berufen, wo er bis 1962 dem Ensemble angehörte, aber noch bis 1973 gastierte. Er gastierte in Mailand, London, Brüssel und München. Bei den Salzburger Festspielen sang er 1947 in der Uraufführung der Oper „Dantons Tod" von Gottfried von Einem und 1953 bei den Festspielen von Edinburgh die Titelpartie in Hindemiths „Mathis der Maler".

ALBACH-RETTY, ROSA
* 26.12.1874 in Hanau,
† 26.8.1980 in Baden bei Wien

Rosa Albach-Retty

Die aus einer Schauspielerfamilie stammende Künstlerin wurde von ihrem Vater, dem Schauspieler und Regisseur Rudolf Retty, ausgebildet und spielte seit 1890 an Berliner Bühnen, zunächst am Lessing-Theater. 1895 ging sie zu einem Gastspiel nach Wien an das Volkstheater und blieb dort bis 1903, als sie ans Burgtheater verpflichtet wurde, dessen Ehrenmitglied sie 1928 wurde. Hier begann sie mit Boulevardstücken und als Naive und wechselte mit großem Erfolg zur Charakterdarstellerin; 1912 wurde sie die letzte Hofschauspielerin. Die große Mimin nahm 1958 Abschied von der Bühne. Ihr Filmdebüt hatte sie 1930 in „Geld auf der Straße", weitere Streifen waren „Episode" (1935), „Wien 1910" (1942) und „Der Kongreß tanzt" (1955). Sie war die Mutter des Schauspielers Wolf Albach-Retty, ihre Enkelin war die Schauspielerin Romy Schneider. Rosa Albach-Retty erhielt viele Auszeichnungen, unter anderem 1977 das Große silberne Ehrenzeichen für Verdienste um die Republik Österreich.

ALSEN, HERBERT
* 12.10.1906 in Hildesheim,
† 25.10.1978 in Wien

Der Opern-Bassist wollte eigentlich Geiger werden, wechselte aber während seines Musikstudiums an der Berliner Musikakademie in das Fach Gesang, nachdem seine vorzügliche Stimme aufgefallen war. Der Sänger debütierte 1929 am Stadttheater Hagen als Rocco in „Fidelio", anschließend hatte er Engagements am Landestheater Dessau (1930/31) und am Staatstheater Wiesbaden (1931 bis 1934). 1935 gab er so erfolgreich ein Gastspiel an der Wiener Staatsoper als Gurnemanz im „Parsifal", daß er spontan engagiert wurde und bis 1949 Mitglied der Staatsoper blieb. Seit 1936 trat der Künstler bei den Salzburger Festspielen auf, 1937 glänzte er bei den Festspielen von Glyndebourne. Alsen gab Gastspiele an den bedeutenden Bühnen Europas und sang in der Saison 1938/39 an der Metropolitan Opera von New York. Herbert Alsen, dessen Baß-Stimme von ungewöhnlicher Tiefe und Tonfülle war, wurde 1947 zum Kammersänger ernannt. 1959 rief er an seinem Wohnort im Burgenland die Mörbischer Operettenfestspiele ins Leben.

ANDERS, PETER
* 1.7.1908 in Essen,
† 10.9.1954 in Hamburg

Der lyrische Tenor war zunächst als Revisor tätig, nahm ab 1928 Gesangunterricht und debütierte 1932 am Stadttheater Heidelberg. Er hatte Engagements am Landestheater Darmstadt (1933 bis 1935), Opernhaus Köln

Großes silbernes Ehrenzeichen

Herbert Alsen

Seebühne Mörbisch

Peter Anders

(1935/36), Opernhaus Hannover (1937/38), an der Münchener Staatsoper (1938 bis 1940) und Berliner Staatsoper (1940 bis 1948). Nach dem Zweiten Weltkrieg war Anders einer der bekanntesten deutschen Sänger, wirkte an den Opernhäusern von Hamburg und Düsseldorf und war als Gast an den Staatsopern von Wien und Stuttgart sowie der Städtischen Oper Berlin erfolgreich. Seine strahlende und biegsame Tenorstimme, die vom lyrischen Fach herkommend sich zu heldischem Klang ausweitete, zeichnete sich später in den schweren Partien aus wie etwa dem Max im „Freischütz" oder dem Florestan und Walter in den „Meistersingern". Peter Anders verstarb an den Folgen eines Autounfalls.

Raoul Aslan

ASLAN, RAOUL
* 16.10.1886 in Saloniki,
† 17.6.1958 in Litzlberg am Attersee
Der Sohn eines armenischen Großgrundbesitzers ging 1906 als Volontär an das Hamburger Schauspielhaus und nahm Unterricht bei der Tragödin Franziska Ellmenreich. Er bekam später Engagements in St. Pölten, Teplitz-Schönau, Karlsbad, Graz und 1911 bis 1917 am Stuttgarter Hoftheater, wo er große Erfolge feierte. Er ging dann nach Wien und debütierte am 11. August 1917 am Deutschen Volkstheater. 1920 folgte Aslan einem Ruf an das Burgtheater und wirkte dort bis zu seinem Tode. Der Künstler war mit seinem sonoren ausdrucksvollen Organ ein Meister der Sprechtechnik, besaß eine ungewöhnliche Persönlichkeit und war ein hervorragender Darsteller klassischer Helden- und Charakterrollen (beispielsweise Nathan, Geßler, Götz, Orest, Ödipus, Franz Moor). Aslan erbrachte aber auch bemerkenswerte Regieleistungen, etwa mit „Das Salzburger große Welttheater", „Iphigenie auf Tauris" und „Torquato Tasso". 1929 wurde der Künstler als erster zum Kammerschauspieler ernannt. Auch in den Jahren des Dritten Reichs zeigte er offen seine Homosexualität sowie seine ablehnende Haltung gegenüber dem Nationalsozialismus. Nach dem Zweiten Weltkrieg übernahm er die Leitung des Burgtheaters (1945–48). Aslan absolvierte zahlreiche Gastspiele im Ausland und widmete sich auch der Rundfunk- und Filmtätigkeit. Man sah ihn beispielsweise in den Filmen „Das andere Ich" (1918), „Golgatha" (1920), „Yorck" (1931), „Leise flehen meine Lieder" (1933), „Symphonie Wien" (1952) und „Wilhelm Tell" (1956). Das Deutsche Bühnen-Jahrbuch zog in seinem Nachruf das Resümee: „Zweifellos gingen die Eitelkeit und das Herrschenwollen zeitlebens mit Aslans höchst profilierter, aristokratischer und scharf akzentuierender Darstellung nicht immer die glücklichste Verbindung ein."

BALSER, EWALD
Prof., * 5.10.1898 in Wuppertal,
† 17.4.1978 in Wien
Als elftes Kind eines Goldschmiedes geboren, erlernte der Künstler den Beruf eines Graveurs und Ziseleurs, nahm aber 1916 bis 1918 auch Schauspielunterricht. Seine Bühnenkarriere begann er als Statist am Stadttheater Barmen-Elberfeld und wurde hier durch die Theaterdirektorin Louise Dumont entdeckt. Balser spielte dann in Basel (1923/24) und Düsseldorf (1924 bis 1928) und folgte 1928 dem Ruf des Direktors Franz Herterich an das Wiener Burgtheater, wo er als „Faust" debütierte. Balsers tiefes Organ und seine mächtige Statur prädestinierten ihn für die Darstellung von Staatsmännern, Monarchen und großen Kämpfernaturen. Neben seiner Verpflichtung am Burgtheater, dem er bis zu seinem Tode die Treue hielt, spielte er 1929 bis 1931 an der Münchener Kammerspielen unter Otto Falckenberg, von 1933 bis 1944 in Berlin und bei den Salzburger Festspielen. Den Österreich-Anschluß kommentierte er 1938 mit den Worten: „Wer wie ich das neue Deutschland kennt, weiß auch, Österreich geht nun einer

besseren Zukunft entgegen." Ab 1935 erbrachte der Schauspieler auch im Film unvergeßliche Leistungen, beispielsweise in „Rembrandt" (1942), „Der Prozeß" (1948), „Eroica" (1949) und „Sauerbruch – Das war mein Leben" (1954). Ewald Balser wurde mehrfach hochgeehrt, so ernannte man ihn etwa zum Kammerschauspieler, das Land Nordrhein-Westfalen verlieh ihm 1963 den Professorentitel, 1975 wurde er mit dem Großkreuz des Verdienstordens der Bundesrepublik Deutschland ausgezeichnet, 1977 erhielt er das Große silberne Ehrenzeichen für Verdienste um die Republik Österreich.

Ewald Balser

BEILKE, IRMA
Prof., * 24.8.1904 in Berlin,
† 20.12.1989 ebd.
Die Sopranistin und Kammersängerin erhielt ihre künstlerische Ausbildung durch Gertrud Wirthschaft, feierte 1926 ihr Bühnendebüt an der Städtischen Oper Berlin als Brautjungfer im „Freischütz" und wurde daraufhin an dieser Bühne von 1926 bis 1928 beschäftigt, um im Interesse der Weiterbildung von 1928 bis 1930 als Koloratur-Soubrette und lyrischer Koloratursopran ans Stadttheater Oldenburg zu gehen. Weitere Stationen waren Leipzig (1930 bis 1935), die Städtische Oper Berlin (1935 bis 1947) und die Staatsoper Berlin (1947 bis 1949). In den Jahren 1941 bis 1945 war die Sängerin Ensemblemitglied der Wiener Staatsoper und gastierte auch an der Bayerischen Staatsoper in München. Ab 1949 gehörte sie als lyrischer Sopran wieder zum Ensemble des Deutschen Opernhauses in Berlin und avancierte zum gefeierten Publikumsliebling. Im September 1958 gab sie hier als Mimi in Pucinis „La Bohème" ihre Abschiedsvorstellung. Danach lehrte Irma Beilke als Professorin an der Hochschule für Musik. Die Künstlerin spielte auch in dem Film „Das Lied der Wüste" (1939) mit. 1970 erhielt sie das Bundesverdienstkreuz am Bande.

BERGER, ERNA
Prof., * 19.10.1900 in Cossebaude bei Dresden, † 14.6.1990 in Essen
Die Eltern der Koloratursopranistin waren nach dem Ersten Weltkrieg nach Paraguay ausgewandert, wo die Künstlerin als Hauslehrerin arbeitete. 1923 kehrte sie nach Deutschland zurück und ließ ihre Stimme in Dresden ausbilden. 1925 wurde sie an die Dresdener Staatsoper engagiert, wo sie als einer der drei Knaben in der „Zauberflöte" debütierte. An der Städtischen Oper Berlin gab sie 1929 ein Gastspiel in Hans Pfitzners „Christ-Elflein" und sang im selben Jahr bei den Bayreuther Festspielen den Hirtenknaben im „Tannhäuser". Seit 1934 war die Künstlerin Mitglied der Staatsoper Berlin, an der man ihren Koloratursopran von exquisiter musikalischer Schönheit und größter musikalischer Reife sowohl in einem umfangreichen Opern-Repertoire wie auch im Liedgesang mehr als 20 Jahre feierte. Gastspiel- und Konzertreisen trugen ihr in aller Welt den Namen der bedeutendsten deutschen Koloratursopranistin ihrer Generation ein. Sie wurde bei den Salzburger Festspielen ebenso umjubelt wie in den Jahren 1949 bis 1951 an der Metropolitan Opera von New York. 1933 führte sie eine Gastspielreise nach Japan, 1949 nach Australien. Im Jahre 1960 übernahm Erna Berger eine Professur an der Musikhochschule von Hamburg. Das „Deutsche Bühnen-Jahrbuch" würdigte die Sängerin zu ihrem 70. Geburtstag: „Ihre Koloratur war makellos, geschliffen wie ein funkelndes Geschmeide."

Erna Berger

BUCHNER, PAULA
* 15.2.1900 in Wien,
† 10.8.1963 in Berlin

Paula Buchner

Die Schülerin der bekannten Gesangspädagogin Rosa Papier-Paumgartner gab ihr Bühnendebüt 1926 am Stadttheater Reichenberg in Böhmen. Sie sang danach am Stadttheater Graz, am Nationaltheater Mannheim (1934 bis 1936) und an der Stuttgarter Staatsoper (1936/37). 1937 folgte sie einem Ruf an die Staatsoper Berlin, deren Ensemblemitglied sie bis 1952 blieb. Sie galt als vortreffliche hochdramatische Sopranistin und verlegte sich besonders auf die Interpretation von Wagner-Heroinen. 1939 sang sie bei den Bayreuther Festspielen die Kundry im „Parsifal", 1942 die Brünnhilde im „Ring des Nibelungen". Sie trat auch bei den Festspielen von Zoppot auf und gab Gastspiele in Antwerpen, Mailand und Rom. Adolf Hitler ernannte sie anläßlich seines 50. Geburtstages 1939 zur Kammersängerin. Zu ihren großen Rollen außerhalb des Wagner-Repertoires gehörten die Leonore im „Fidelio", die Rezia im „Oberon" von Weber, die Kaiserin der „Frau ohne Schatten" von Richard Strauss, die Titelrolle in der Oper „Ingwelde" von Max von Schillings, die Martha in „Tiefland" von Eugen d'Albert, die Amelia in Verdis „Maskenball", die Elena in der „Sizilianischen Vesper" vom gleichen Meister, die Turandot in Puccinis gleichnamiger Oper, die Marschallin im „Rosenkavalier" und die Ariadne in „Ariadne auf Naxos" von Richard Strauss.

Rudolf Bockelmann

BOCKELMANN, RUDOLF
* 2.4.1892 in Bodenteich in der Lüneburger Heide,
† 9.10.1958 in Dresden

Der Sohn eines Dorfschullehrers wandte sich erst nach Abschluß seines Lehramtsstudiums dem Gesang zu und studierte ab 1920 drei Jahre bei dem Bariton Oskar Laßner. Sein Debüt gab er allerdings schon 1921 an der Leipziger Oper, deren Ensemblemitglied er bis 1926 blieb. Anschließend folgte er einem Ruf als Erster Heldenbariton an die Hamburger Oper, ab 1932 wirkte der Künstler bis 1944 an der Berliner Staatsoper. Bei den Bayreuther Festspielen war er in den Jahren 1928 bis 1942 einer der umjubelten Stars und sang hier einen unvergleichlichen Wotan in der „Walküre" und dem „Rheingold" oder Wanderer im „Siegfried". Bockelmann errang auch bei Gastspielen in vielen Ländern triumphale Erfolge, von 1929 bis 1938 trat er alljährlich an der Londoner Covent Garden Opera auf, 1930/31 an der Oper von Chicago; er gastierte an der Mailänder Scala, an der Grand Opéra von Paris, in Rom, Brüssel, Amsterdam, Wien und München. 1934 wurde er zum Preußischen Kammersänger ernannt, 1937 wurde er Mitglied der NSDAP sowie im Präsidialbeirat der „Kameradschaft der deutschen Künstler" und Obmann der Fachschaft Bühne innerhalb der Reichstheaterkammer. Nach dem Krieg trat der Bariton nochmals an der Hamburger Oper und an kleineren Bühnen auf, außerdem wirkte er bis 1954 in Hamburg als Gesangspädagoge.

BRAUN, HELENA
* 20.3.1903 in Düsseldorf,
† 2.9.1990 in Sonthofen

Die dramatische Sopranistin debütierte nach ihrem in Düsseldorf und Köln absolvierten Gesangstudium 1929 am Stadttheater Koblenz, weitere Bühnenstationen waren das Stadttheater Bielefeld (1931 bis 1933), das Stadttheater Wuppertal 1933/34) und anschließend das Staatstheater Wiesbaden, wo sie bis 1940 blieb. Ab 1940 war die Künstlerin Ensemblemitglied der Münchener Staatsoper, von 1941 bis 1949 war sie zugleich an der Wiener Staatsoper engagiert. 1942 sang Braun bei den Salzburger Festspielen die Gräfin in „Figaros Hochzeit"; sie gab Gastspiele an der New Yorker Metropolitan Opera, der Londoner Covent Garden Opera, der Mailänder Scala, in Monte Carlo, Paris und Rom sowie an den Staatsopern von Berlin, Hamburg und Stuttgart. Man schätzte sie vor allem als Richard-Strauss-Interpretin und in dramatischen, zumal Wagner-Partien. 1959 nahm sie in München als Ortrud im „Lohengrin" von der Bühne Abschied.

CARSTENS, LINA
* 6.12.1892 in Wiesbaden,
† 22.9.1978 in München

Die Schauspielerin begann ihre Bühnenlaufbahn vor dem Ersten Weltkrieg am Hoftheater Karlsruhe. Während des Krieges stieß sie zu dem Kabarett „Retorte" von Joachim Ringelnatz. Seit den 1920er Jahren war sie dann Ensemblemitglied verschiedener bedeutender Theater, beispielsweise der Freien Volksbühne in Berlin und des Bayerischen Staatsschauspiels in München. Sie spielte Nebenrollen im Zarah-Leander-Film „Zu neuen Ufern" (1937), dem Autobahnbau-Film „Mann für Mann" (1939) und dem Operettenfilm „...und die Musik spielt dazu" (1943). Die Künstlerin wurde 1939 zur Staatsschauspielerin und nach 1945 zur Bayerischen Staatsschauspielerin ernannt. Sie setzte ihre Karriere als Charakterdarstellerin fort, spielte auch Rollen im Neuen Deutschen Film und arbeitete für das Fernsehen sowie als Synchronsprecherin. 1972 wurde sie mit dem Filmband in Gold geehrt, 1974 erhielt sie das Große Verdienstkreuz der Bundesrepublik Deutschland, 1976 den Bundesfilmpreis in Gold für ihre Rolle als Altersheimrebellin im Film „Lina Braake".

CEBOTARI, MARIA
* 10.2.1910 in Kischinjow/Rußland,
† 9.6.1949 in Wien

Die Sopranistin schloß sich in jungen Jahren dem Moskauer Künstlertheater an, einer Wanderbühne von Emigranten, die in ihrer Heimat gastierte und heiratete später deren Leiter, den Grafen Alexander Wyrubow. 1929 entschloß sie sich, Sängerin zu werden und erhielt nach kurzem Gesangstudium in Berlin ein Engagement an der Dresdener Staatsoper; hier erlebte sie bis 1943 eine große Karriere und wurde eine der beliebtesten Filmsängerinnen ihrer Generation. Zwischen 1935 und 1942 spielte sie in 24 Filmen, darunter „Mädchen in Weiß" (1936), „Premiere der Butterfly" (1939) und im antikommunistischen Opernstreifen „Starke Herzen" (1939). 1938 trennte sie sich von dem Grafen Wyrubow und heiratete den Filmschauspieler Gustav Diessl. Ihre Gastspiele in Berlin und Wien, in München, Zürich und Bukarest, Mailand und Rom waren umjubelte Erfolge. 1943 folgte sie einem Ruf an die Wiener Staatsoper und war auch hier mit ihrer leuchtenden, ausdrucksvollen Sopranstimme, die sich in einem breiten Bühnen- und Konzertrepertoire bewährte, sehr erfolgreich. 1935 wurde sie mit dem Titel Kammersängerin ausgezeichnet. Sie starb an einem Leberkrebsleiden und wurde auf dem Döblinger Friedhof in Wien neben ihrem 1948 verstorbenen Mann Gustav Diessl beigesetzt.

Filmband in Gold

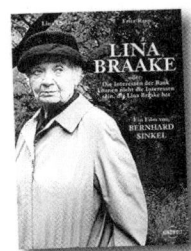

Lina Carstens

Maria Cebotari

Anna Dammann

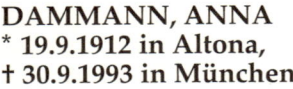

DAMMANN, ANNA
* 19.9.1912 in Altona,
† 30.9.1993 in München

Die Schauspielerin ließ sich ab 1930 zwei Jahre lang von dem Schauspieler Albrecht Schoenhals ausbilden und debütierte 1932 in ihrer Heimatstadt als Brunhild in Friedrich Hebbels „Nibelungen". Im selben Jahr bekam sie ein Engagement in Frankfurt/Oder, und nach weiteren Stationen in Wuppertal, Stuttgart und Düsseldorf gelangte sie schließlich nach Berlin an das Deutsche Theater, das bis 1944 ihre künstlerische Heimat wurde. Nach dem Zweiten Weltkrieg gab die Künstlerin zunächst Gastspiele und Rezitationsabende, war dann einige Zeit bis 1953 Mitglied des Residenz-Theaters in München und arbeitete anschließend wieder als freie Schauspielerin. Die große Bühnendarstellerin spielte sowohl in klassischen als auch modernen Stücken, war eine herausragende Medea in der gleichnamigen Tragödie des Euripides, eine beeindruckende Maria Stuart oder Jungfrau von Orleans und wurde als Königin in Shakespeares „Richard III." ebenso gefeiert wie als Mutter von Hamlet. Sie trat unter anderem neun Jahre lang bei den Hersfelder Festspielen auf und begeisterte hier ihr Publikum in Hoffmannsthals „Jedermann" und in dessen „Salzburger Großes Welttheater". Gelegentlich machte Anna Dammann auch einen Abstecher auf die Leinwand, man sah sie in Veit Harlans „Die Reise nach Tilsit" (1939), in „Gefährtin eines Sommers" (1943) und „Oberarzt Dr. Solm" (1955).

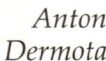

Anton Dermota

DERMOTA, ANTON
Prof., * 4.6.1910 in Kropp/Südsteiermark, † 22.6.1989 in Wien

Der Tenor studierte zunächst Kompositionslehre und Orgelspiel am Laibacher Konservatorium, dann Gesang bei Elisabeth Rado in Wien. Er debütierte 1936 als Don Ottavio im „Don Giovanni" an der Wiener Staatsoper, deren Ensemblemitglied er sein ganzes Leben blieb. Hier hatte er 1937 seinen ersten großen Erfolg als Lenski im „Eugen Onegin", und nur ein Jahr später feierte der Künstler bei den Salzburger Festspielen als Don Ottavio einen sensationellen Erfolg; seitdem trat er hier fast alljährlich auf. Er entwickelte sich gemeinsam mit Erich Kunz, Paul Schöffler, Irmgard Seefried und Elisabeth Schwarzkopf zu einer Hauptstütze des legendären Wiener Mozart-Ensembles. Nach dem Zweiten Weltkrieg wurde Dermota durch Gastspiele international bekannt, er sang an der Londoner Covent Garden Opera und an der Mailänder Scala, in Rom, Neapel und Paris und an der New Yorker Metropolitan Opera. Er wurde wegen seiner ausdrucksvollen, ganz von der Wiener Musikkultur geprägten Tenorstimme vor allem als Mozart-Interpret, aber auch als Lied-Interpret geschätzt; bei seinen Liederabenden wurde er meist durch seine Gattin, die Pianistin Hilde Berger-Weyerwald, begleitet. Er wurde 1946 Kammersänger und 1966 Professor der Lied- und Oratorienklasse der Wiener Musikhochschule.

DIETRICH, ANTONIA
* 8.1.1900 in Wien,
† 21.8.1975 in Dresden

Die Beamtentochter absolvierte 1917 die Schauspielschule des Wiener Burgtheaters und debütierte ein Jahr später am dortigen Komödienhaus, dem sie – mit einer kurzen Unterbrechung – bis zum Tode angehörte. Bis 1921 hatte sie sich schon 30 Rollen erarbeitet, darunter die Luise aus Schillers „Kabale und Liebe" und Hero aus Grillparzers „Des Meeres und der Liebe Wellen". Ihren künstlerischen Durchbruch erlangte die Künstlerin mit Kriemhild aus Hebbels „Die Nibelungen", und sie bildete sich in schöner künstlerischer Linie immer mehr zu einer Darstellerin edler, klassischer Frauengestalten heraus, die hervorragende

Antonia Dietrich

Sprechkunst mit fester, beseelter Darstellungskunst vereinigte. Sie trat wirkungsvoll im klassischen und modernen Lustspiel hervor und spielte die Claire Zachanassian in Dürrenmatts „Der Besuch der alten Dame" und die Elektra in „Iphigenie in Delphi", mit dieser Rolle schrieb die Mimin Bühnengeschichte. 1959 wurde Antonia Dietrich zum Ehrenmitglied des Staatsschauspiels Dresden ernannt. Zum Ende ihrer Karriere beherrschte sie rund 200 Schauspieltexte, die sie bei ausverkauften und umjubelten Soloabenden rezitierte.

DOMGRAF-FASSBAENDER, WILLI
Prof., * 19.2.1897 in Aachen,
† 13.2.1978 in Nürnberg
Der Sänger und Schauspieler studierte in Berlin und Mailand Gesang und debütierte 1922 am Stadttheater Aachen als Graf Almaviva in „Die Hochzeit des Figaro". Er wirkte am Deutschen Opernhaus in Berlin (1923 bis 1925), an der Düsseldorfer Oper (1925 bis 1927) und an der Staatsoper Stuttgart (1927 bis 1930). 1930 folgte der Bariton einem Ruf an die Staatsoper Unter den Linden in Berlin, wo er bis 1948 sang. Nach der Regierungsübernahme der Nationalsozialisten wurde er im Mai 1933 Mitglied der NSDAP. Bei Gastspielen trat er in Österreich, Italien, Frankreich und England hervor. In den Jahren 1934 bis 1939 bewunderte man bei den Festspielen von Glyndebourne seine Kunst des Mozart-Gesanges; auch bei den Salzburger Festspielen wirkte er mit. 1934 übernahm er die Titelrolle im Musikfilm über Carl Maria von Weber „Aufforderung zum Tanz", 1940 trat er neben Heinz Rühmann in „Lauter Liebe" auf. Er war auch mehrfach bei Festabenden des Reichsministers Dr. Joseph Goebbels zu Gast, dieser hielt am 12. November 1941 in seinem Tagebuch fest: „Abends haben wir auch ein paar Gäste. Kammersänger Domgraf-Faßbaender singt uns wunderbare Lieder vor." Ab 1946 fungierte er als Oberspielleiter am Stadttheater Nürnberg, wo er noch gelegentlich als Sänger in Erscheinung trat; 1954 übernahm Willi Domgraf-Fassbaender eine Professur am Meistersinger-Konservatorium.

DORSCH, KÄTHE
* 29.12.1890 in Neumarkt/Oberpfalz,
† 25.12.1957 in Wien
Die Tochter eines Nürnberger Lebkuchenbäckers begann ihre Karriere 1909 als Soubrette am Stadttheater Mainz. Bereits 1913 hatte sie ihre erste kleine Nebenrolle in dem Stummfilm „Wenn die Taxe springt". Sie lernte 1917 den Jagdflieger und späteren Reichsmarschall Hermann Göring kennen und wurde seine „Leutnantsliebe". 1920 hatte sie einen Sensationserfolg als Straßendirne im Stück „Die Flamme" am Berliner Lessing-Theater. Der Theaterkritiker Alfred Kerr kommentierte: „Eine Volksgestalt. Von der Tiefe kommt sie. Kennt keine Furcht der Roheit." Aufgrund dieses Erfolges wandte sich die Künstlerin dem Schauspiel zu und entwickelte sich zu einer der bedeutendsten Darstellerinnen von Mädchen- und Frauenrollen wie beispielsweise das Gretchen, Rose Bernd oder die Nora. Über Hilperts Berliner Volksbühne, das Deutsche Theater und das Berliner Schauspielhaus unter Gründgens kam sie 1927 nach Wien, wo sie 1936 bis 1939 am Deutschen Volkstheater spielte; später wurde sie ans Burgtheater verpflichtet, dem sie bis zu ihrem Tod angehörte. Dorsch schickte Ergebenheitstelegramme an Hitler

Willi Domgraf-Fassbaender

Käthe Dorsch

und versuchte, durch Kontakte zu politischen Entscheidungsträgern bessere Rollen zu erhalten, setzte sich aber auch für Juden und bedrängte und bedürftige Kollegen ein. Die Schauspielerin bot bis 1944 und ab 1946 zahlreiche überragende Leistungen beispielsweise als Elisabeth in „Maria Stuart", als Marguerite Gautier in der „Kameliendame", als Orsina in „Emilia Galotti" und als Frau Wolf im „Biberpelz". Von ihren neun Filmrollen aus der Zeit des Dritten Reiches sind „Eine Frau ohne Bedeutung" (1936), „Mutterliebe" (1939) und „Komödianten" (1941) zu nennen. 1936 wurde Käthe Dorsch zur Staatsschauspielerin ernannt, 1953 erhielt sie den Kunstpreis der Stadt Wien. Sie erregte erhebliches Aufsehen, als sie am 13. April 1956 den Kritiker Hans Weigel öffentlich ohrfeigte.

EBERS, CLARA
Prof., * 26.12.1902 in Karlsruhe,
† 7.2.1997 in Hamburg

Nach ihrer Gesangausbildung bei Eduard Erhard begann die Koloratursopranistin ihre Karriere 1924 als Volontärin am Landestheater Karlsruhe. 1925/26 sang sie am Stadttheater Mönchengladbach, 1926 bis 1928 am Düsseldorfer Opernhaus, 1928 bis 1944 an der Frankfurter Oper. 1937 sang sie das Sopransolo in der Uraufführung von Orffs „Carmina Burana". Ihre reich gebildete Sopranstimme, die auf der Bühne in einem umfassenden Repertoire zur Geltung kam, verschaffte ihr bei ihren Gastspielen an den Staatsopern von Berlin und München, an der Mailänder Scala, in Amsterdam und Brüssel sowie bei den Festspielen von Edinburgh beachtliche Erfolge. Nach dem Zweiten Weltkrieg setzte die Künstlerin ihre Karriere zunächst am Stadttheater Kiel fort, 1946 wurde sie als Erste Sopranistin an die Hamburger Staatsoper berufen, wo sie mehr als 25 Jahre auftrat. Clara Ebers war auch eine gefragte Konzert- und Liedsopranistin, die auf ihren Liederabenden häufig von dem Komponisten und Dirigenten Hans Pfitzner begleitet wurde. Sie zog sich 1965 von der Bühne zurück und lehrte an der Hamburger Musikhochschule. 1978 wurde ihr das Bundesverdienstkreuz 1. Klasse verliehen.

Clara Ebers

ENCK, LIESELOTTE
* 16.7.1918 in Linz,
† 23.1.2007 in München

Zusatz auf der Liste: „Wunsch des Reichsmarschalls"

Die Sopranistin studierte Gesang in Köln und Rom und begann 1939 ihre Bühnenlaufbahn am Staatstheater Braunschweig, an dem sie bis 1941 wirkte. Anschließend war sie bis 1943 am Staatstheater Kassel engagiert und zugleich von 1942 bis 1944 Mitglied der Staatsoper Berlin. In ihren Berliner Jahren war sie Deutschlands jüngste Kammersängerin. Sie feierte auf der Bühne und auch als Liedsängerin große Erfolge. Nach dem Krieg sang sie von 1946 bis 1950 mit einem Gastspielvertrag am Staatstheater Hannover, war 1949 bis 1951 Mitglied der Komischen Oper Berlin, wechselte dann zum Stadttheater Mainz und bekam danach bis 1959 ein Engagement an der Dresdener Staatsoper. Sie gab in der Nachkriegszeit mehrmals Gastspiele an der Wiener Staatsoper, an der Münchener Staatsoper und an der Kroatischen Nationaloper in Zagreb. Sie wurde neben ihrem gesanglichen Talent auch für ihr mitreißendes darstellerisches Können gefeiert, beispielsweise in den Partien der Salome und der Carmen, der Venus im „Tannhäuser" und der Senta im „Fliegenden Holländer".

Lieselotte Enck

EIPPERLE, TRUDE
* 27.1.1908 in Stuttgart,
† 18.10.1997 in Aalen-Unterkochen

Die unvergessene Sängerin des Belcanto begann nach Gesangstudium und Volontariat in Stuttgart ihren Weg einer steilen Bühnenkarriere: 1929 am Staatstheater Wiesbaden, in den 1930er Jahren mit Engagements in Nürnberg, Stuttgart, Köln und München an der dortigen Staatsoper, wo sie bis 1944 sang. Adolf Hitler ernannte sie anläßlich seines 50. Geburtstages 1939 zur Kammersängerin. Die umjubelte Wagner- und Strauss-Interpretin galt besonders auf dem „Grünen Hügel" von Bayreuth und bei den Salzburger Festspielen als Idealbesetzung des lyrischen Soprans. Nach dem Zweiten Weltkrieg ging die Künstlerin als Erste Sopranistin an die Kölner Oper; hier wirkte sie 1948 in der Uraufführung der Oper „Die Verkündigung" von Walter Braunfels mit. 1951 wurde sie Mitglied der Staatsoper Stuttgart; 1965 zog sie sich von der Bühne zurück. Das „Deutsche Bühnen-Jahrbuch" pries Trude Eipperle zum 65. Geburtstag: „Strahlende Reinheit und Anmut ihrer Erscheinung und Interpretation."

Trude Eipperle

EIS, MARIA
* 22.2.1896 in Prag,
† 18.12.1954 in Wien

Erst nach längerer Berufstätigkeit als Angestellte des „Prager Tagblatts", in einer Anwaltskanzlei sowie bei einer Bank absolvierte die Künstlerin eine Schauspielausbildung und erhielt 1918 ihr erstes Engagement an der Neuen Wiener Bühne. Anschließend wirkte sie an der Renaissance-Bühne und den Kammerspielen; damals spielte sie meist junge, moderne, flackernde Frauencharaktere. Nach einigen Tourneen, bei denen sie mit den großen Theaterpersönlichkeiten ihrer Zeit, etwa Paul Wegener, in Kontakt kam, ging sie 1925 bis 1932 nach Hamburg an das Thalia-Theater und an das Deutsche Schauspielhaus, wo ihr der künstlerische Durchbruch zur großen Charakterschauspielerin und Tragödin gelang. 1932 führte sie ihre beeindruckende Karriere am Burgtheater fort, dessen Mitglied sie bis zu ihrem Tode blieb. 1935 reüssierte die Kammerschauspielerin auch als Filmschauspielerin und trat in 23 Streifen auf, darunter „Episode" (1935), „Tanz mit dem Kaiser" (1941), „Pünktchen und Anton" (1953) und „Ewiger Walzer" (1954).

FEHLING, JÜRGEN
* 1.2.1885 in Lübeck,
† 14.6.1968 in Hamburg

Der Enkel des Dichters Emmanuel Geibel stammte aus einer der angesehensten Familien Lübecks und kam erst nach längerem Theologie- und Jurastudium 1909 zum Schauspielunterricht. Er debütierte 1910 in Berlin am Theater am Nollendorfplatz und hatte danach Engagements in Wien. Nach seinem Militärdienst im Ersten Weltkrieg kehrte er nach Berlin zurück, inszenierte bis 1944 mehr als 100 Stücke und avancierte zu einem der bedeutendsten Spielleiter des deutschen Theaters. Obwohl Fehling ein äußerst unbequemer, eruptiver Charakter war, hielt Intendant Gustaf Gründgens an dem genialen Hauptregisseur des Preußischen Staatstheaters fest, da er den unbedingten Willen hatte, sein Haus als „führende Bühne des Reiches" zu präsentieren. 1935 inszenierte Fehling das Stück „Thomas Paine" von Hanns Johst, 1937 Shakespeares „Richard III." mit Werner Krauß in der Titelrolle. Darin zeigte er die Geschichte eines rücksichtslosen politischen Verbrechers, der mit dem brillant gehandhabten Mittel des lügenhaften Wortes, mit Meuchelmord und

Maria Eis

Jürgen Fehling

Verbrechen an die Macht kommt, bis er am Übermaß seiner Untaten zugrunde geht. Eine Aufführung, die vielen Zuschauern – die in dem Titelhelden eine Anspielung auf Reichspropagandaminister Dr. Goebbels sahen – als kühnste Theater-Provokation jener Zeit erschien. Nach dem Krieg schaffte es Fehling nicht mehr, dauerhaft in einem Theater Fuß zu fassen. Er übersiedelte nach München, später nach Hamburg. Seine letzte Premiere fand am 27. September 1952 im Berliner Schiller-Theater statt: Friedrich Schillers „Maria Stuart" mit Joana Maria Gorvin in der Titelrolle und Elisabeth Flickenschildt als Elisabeth. Der manisch-depressive Fehling wurde bis zu seinem Tode klinisch behandelt. Im Nachruf des Deutschen Bühnen-Jahrbuchs stand: „Berufene hielten ihn für den größten Regisseur deutscher Sprache in diesem Jahrhundert."

FUCHS, EUGEN
* 1.4.1893 in Nürnberg,
† 3.3.1971 in Berlin

Eugen Fuchs

Nach seiner Ausbildung am Konservatorium von Nürnberg debütierte der Bariton am dortigen Stadttheater, wo er bis 1920 blieb. Nach Engagements in Saarbrücken, Breslau und am Stadttheater Freiburg folgte er einem Ruf an die Berliner Staatsoper, deren Mitglied er dann mehr als 30 Jahre war. Dort wirkte er unter anderem 1937 in der Uraufführung der Oper „Rembrandt van Rijn" von Paul von Klenau und 1939 in der Uraufführung der Oper „Die Bürger von Calais" von Rudolf Wagner-Régeny mit. Er gab erfolgreiche Gastspiele in Amsterdam, an der Covent Garden Opera in London, an der Grand Opéra in Paris und an den bedeutenden Bühnen des deutschen Sprachraums. 1961 verließ Eugen Fuchs die Bühne und wirkte als Gesangspädagoge. Seine großen Bühnenpartien waren der van Bett in „Zar und Zimmermann", der Baculus in Lortzings „Wildschütz", der Alfonso in „Così fan tutte", der Papageno in der „Zauberflöte", der Kezal in der „Verkauften Braut", der Falstaff in den „Lustigen Weibern von Windsor", vor allem aber der Beckmesser in den „Meistersingern".

FUCHS, MARTA
* 1.1.1898 in Stuttgart,
† 22.9.1974 ebd.

Die Künstlerin ließ ihre Stimme in Stuttgart, München und Mailand ausbilden und begann dann ihre Laufbahn als Konzert-Altistin. 1928 debütierte sie, immer noch als Altistin, am Stadttheater Aachen und sang dann ab 1930 an der Dresdener Staatsoper, wo sich ihre Stimme zum hochdramatischen Sopran wandelte. Seit 1935 war sie gleichzeitig an der Berliner Staatsoper engagiert. 1930 gab sie bei den Salzburger

Martha Fuchs

Festspielen die Annina im „Rosenkavalier", wurde dann aber eine der bedeutendsten Wagner-Sopranistinnen ihrer Generation. Von 1933 bis 1942 stand sie im Mittelpunkt der Bayreuther Festspiele, wo sie als Isolde, Kundry und besonders als Brünnhilde triumphale Erfolge feierte. Mit ihrer voluminösen, dunkel getönten Sopranstimme, deren Ausdrucksintensität im Wagner-Gesang unvergeßliche Leistungen erzielte, zierte sie oft künstlerische Prestigeveranstaltungen. Nach 1945 gab Martha Fuchs nur noch gelegentlich Gastspiele und Konzerte. 1952 zog sie sich von der Bühne zurück. Das „Deutsche Bühnen-Jahrbuch" würdigte sie zum 70. Geburtstag: „Eine denkende Künstlerin, kein bloßer Stimmprotz."

GEORGE, HEINRICH
* 9.10.1893 in Stettin,
† 26.9.1946 in Sachsenhausen

Geboren unter dem Namen Georg Heinrich Schulz begann der Sohn eines Marineoffiziers nach Schulabbruch und Schauspielunterricht 1912 seine Schauspielerkarriere am Sommer-Theater in Kolberg sowie in Neustrelitz. Hier wurde er zum Großherzoglichen Hofschauspieler ernannt, löste den um ein Jahr älteren Hans Albers ab und übernahm dessen Rollen. 1914 zog er als Freiwilliger in den Ersten Weltkrieg, wurde schwer verwundet und kehrte 1917 verwundet zurück. Noch im selben Jahr bekam er ein Engagement am Dresdener Albert-Theater und 1918 am Schauspielhaus in Frankfurt am Main. 1921 wechselte George an das Deutsche Theater in Berlin, 1923 ging er zum Preußischen Staatstheater sowie an die Volksbühne Berlin und gewann durch seine Darstellungskunst kontinuierlich an Renommee. Er beteiligte sich am linken Agitationstheater, trat als Sympathisant der KPD mehrfach als Veranstaltungsredner auf und beteiligte sich 1930 an der Organisation eines von der KPD getragenen Schauspielerstreiks. 1921 hatte er sein Filmdebüt mit einer Nebenrolle in „Lady Hamilton", danach arbeitete er bis zu seinem ersten herausragenden Ufa-Film „Hitlerjunge Quex" im Jahre 1933 in weiteren 39 Spielfilmen mit, darunter „Metropolis" (1926) und „Die Dame mit der Maske" (1928). Mit seiner Darstellung des Franz Biberkopf in der Verfilmung des Romans von Alfred Döblin „Berlin Alexanderplatz" wurde er endgültig einer der größten Schauspieler seiner Generation. Nach der nationalsozialistischen Regierungsübernahme hatte er zuerst einige Schwierigkeiten wegen seiner bisherigen linkspolitischen Aktivitäten, wurde aber bald eine der tragenden Film-Figuren des Dritten Reiches und erhielt auch entsprechende Auszeichnungen wie die Ernennung zum Staatsschauspieler am 30. Januar 1937 und die Bestellung zum Intendanten des Berliner Schiller-Theaters im Jahre 1938. In dieser Funktion nahm er auch Künstler unter Vertrag, die politisch „unerwünscht" waren. Nach „Hitlerjunge Quex" wirkte George noch in mehr als dreißig Filmen mit, darunter so bekannte wie „Der Biberpelz" (1937), „Heimat" (1938), „Das unsterbliche Herz (1939), „Der Postmeister" und „Jud Süß" (1940), „Andreas Schlüter" (1942), „Die Degenhardts" (1944) oder „Kolberg" (1945). Am 14. Mai 1945 wurde George von russischen Offizieren verhaftet und zuerst in Hohenschönhausen, dann im sowjetischen Speziallager Nr. 7 Sachsenhausen inhaftiert. Dort starb der einst massige Mann völlig entkräftet am 25. September 1946 kurz vor seinem 53. Geburtstag vermutlich an einem Hungerödem, wahrscheinlich im Zusammenhang mit den Folgen einer Blinddarmoperation. Der Regisseur Jürgen Fehling rief ihm nach: „Ich habe ihn geliebt wie keinen der lebenden Schauspieler deutscher Zunge." Die Gebeine wurden erst 1994 nach Angaben eines Mithäftlings in einem Waldstück bei Sachsenhausen gefunden und mittels eines DNS-Vergleichs mit seinen Söhnen identifiziert. Sein Ehrengrab der Stadt Berlin befindet sich auf dem Städtischen Friedhof Berlin-Zehlendorf.

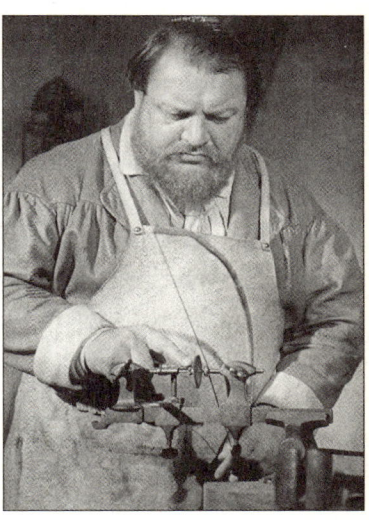

Heinrich George

GREINDL, JOSEF
Prof., * 23.12.1912 in München,
† 16.4.1993 in Wien

Nach dem Studium an der Münchener Musikakademie debütierte der Opernsänger 1936 als Hunding in der „Walküre" am Stadttheater Krefeld. Nachdem er von 1938 bis 1942 am Düssel-

Josef Greindl

dorfer Opernhaus gesungen hatte, wurde er an die Berliner Staatsoper berufen. 1943 hatte der Künstler als Pogner in den „Meistersingern" seinen ersten Auftritt bei der Bayreuther Festspielen. 1948 ging Greindl an die Städtische Oper Berlin, wurde zugleich Ensemblemitglied der Wiener Staatsoper und machte in den folgenden Jahren mit seiner machtvollen, ausdrucksvollen und sowohl im seriösen wie auch im Buffo-Repertoire geschätzten Stimme eine steile internationale Karriere. Er galt als einer der größten Wagner-Sänger seiner Zeit und war auch ein gefeierter und vielseitiger Konzert-Bassist. 1956 wurde er in Berlin zum Kammersänger ernannt, 1958 erhielt er das Bundesverdienstkreuz, 1960 wurde er mit dem Deutschen Kritikerpreis ausgezeichnet und 1974 als Professor an die Wiener Hochschule für Musik berufen.

GRÜNDGENS, GUSTAF
* 22.12.1899 in Düsseldorf,
† 7.10.1963 in Manila

Der Sproß einer alten rheinischen Industriellenfamilie war einer der beliebtesten und bedeutendsten Bühnen- und Filmschauspieler, Regisseure und Theaterleiter im Dritten Reich, in der Nachkriegszeit und der jungen Bundesrepublik. Nach ersten Engagements in der Provinz begann seine Karriere 1923 an den Hamburger Kammerspielen, und schon Ende des Jahrzehntes hatte er am Deutschen Theater in Berlin enormen Erfolg. Als Sensation galt seine Darstellung des Mephisto in Goethes „Faust" (1932). Daß der Schauspieler und Regisseur 1934 vom Preußischen Ministerpräsidenten Hermann Göring zum Intendanten des Staatlichen Schauspielhauses am Gendarmenmarkt berufen wurde, war für viele Theaterkenner eine große Überraschung. Gründgens hatte das Staatstheater noch vor der nationalsozialistischen Regierungsübernahme erobert – als dort debütierender Schauspieler: Im Dezember 1932 spielte er brillant und wirkungssicher, aber auch wirkungssüchtig den Mephisto. Der scharfsichtige Berliner Kritiker Herbert Ihering schrieb: „Er ist Kabarettsänger und Charlys Tante, Kavalier und zierige Dame. Er blitzt und funkelt […] mit lächelndem Snobismus." Gründgens galt auch als Darsteller von dekadenten, wurmstichigen Figuren, gar als Salonkommunist. Seine Homosexualität hat ihm nie geschadet. Seinen Ruf als Filmschauspieler begründete er mit der Rolle des Obergangsters in Fritz Langs erstem Tonfilm „M – Eine Stadt sucht einen Mörder". Seine frühere Sympathie für den Kommunismus tat seiner Karriere im Dritten Reich keinerlei Abbruch, er genoß die Förderung Hermann Görings, der ihn 1936 zum Preußischen Staatsrat ernannte. Das Amt des Generalintendanten der Preußischen Staatstheater hatte er bis 1945 inne. Sein Wirken als Schauspieler, Regisseur und Theaterleiter beschränkte sich nicht auf die Jahre des Dritten Reiches, auch nach 1945 setzte er noch Mabstäbe, dies insbesondere mit einer eigenen „Faust"-Inszenierung, in der er abermals den Mephisto spielte (1957/58), sowie mit der posthumen Uraufführung von Berthold Brechts Schauspiel „Die heilige Johanna der Schlachthöfe" (1959). Gustaf Gründgens starb während einer Weltreise am 7. Oktober 1963 auf den Philippinen an einem drogenbedingten Blutsturz. Er blieb wegen seiner beruflichen Tätigkeit, die er im Dritten Reich unbehelligt fortsetzte, nicht unumstritten. Er befand sich nach der Eroberung Berlins durch die Rote Armee neun Monate lang in sowjetischen Internierungslagern, bevor er 1947 als Intendant des Düssel-

Gründgens als „Orest" in der von Lothar Müthel inszenierten Aufführung von Goethes „Iphigenie" im Berliner Stadttheater

dorfer Schauspielhauses seine Nachkriegskarriere begann. Um die Frage, ob und wie weit sein Verhalten während der Hitlerzeit als Komplizenschaft mit den Nationalsozialisten zu deuten ist, geht es in dem erfolgreichen, wenn auch seinerseits nicht unumstrittenen Film „Mephisto" (1981), der auf einem aus privatrechtlichen Gründen lange Zeit in der Bundesrepublik Deutschland unveröffentlichten Roman des ehemaligen Gründgens-Schwagers und Gründgens-Freundes Klaus Mann beruht.

HARTMANN, PAUL
* 8.1.1889 in Fürth,
† 30.6.1977 in München

Nach einer klassischen Theaterausbildung erhielt der Sohn eines Spielwarenexporteurs 1908 ein Engagement am Stadttheater Zwickau; es folgten Stationen am Bellevue-Theater in Stettin, am Stadttheater Zürich sowie am Deutschen Theater in Berlin, bis er 1917 zum Kriegsdienst eingezogen wurde.

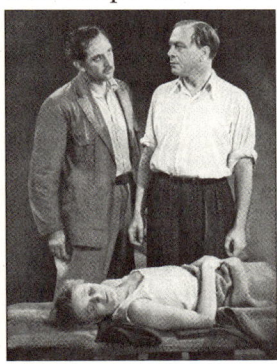

Paul Hartmann

Der Schauspieler ging später nach Wien, wo er 1924 ein Engagement am Theater in der Josefstadt und ein Jahr später am Burgtheater bekam. Zum 1. Januar 1935 folgte er einem Ruf an das Preußische Staatstheater in Berlin; der Schauspieler machte hier bis 1945 eine steile Karriere: unter anderem war er im Kuratorium der Goebbels-Stiftung für Kulturschaffende, im Präsidialbeirat der „Kameradschaft der deutschen Künstler" und wurde 1942 Präsident der Reichstheaterkammer. Im Dritten Reich trat er in 27 Filmen auf, darunter „Pour le Mérite" (1938), „Bismarck" (1940) und „Ich klage an" (1941). Nach einem ihm 1945 auferlegten Auftrittsverbot kehrte der beim Publikum beliebte Künstler im Frühjahr 1948 mit einer „Faust"-Inszenierung in der Titelrolle auf die Bühne zurück und setzte seine Karriere am Theater wie auch auf der Leinwand erfolgreich fort.

HERRMANN, THEO
* 26.1.1902 in Wien,
† 18.2.1977 in Hamburg

Sein Bühnendebüt gab der Sänger 1922 an der Oper von Zagreb als Mephisto im „Faust" von Charles Gounod. Es folgten Engagements am Deutschen Theater in Prag und am Stadttheater Darmstadt. 1934 wurde Herrmann als Erster Bassist an die Hamburger Staatsoper berufen und entwickelte hier in den folgenden 30 Jahren eine glanzvolle Karriere. Er gastierte 1936 an der Covent Garden Opera in London, 1937 und 1938 an der Wiener Staatsoper, 1948 war er am Cambridge Theatre in London zu Gast. Der Künstler sang 1952 bei den Festspielen von Edinburgh den Rocco in „Fidelio", den Ochs im „Rosenkavalier" und den Riedlinger in Hindemiths „Mathis der Maler", außerdem gastierte er an der Mailänder Scala, am Teatro Liceu von Barcelona, an der Wiener Staatsoper, bei den Salzburger Festspielen und an der Oper von Marseille. Der Sänger darf nicht mit dem Tenor-Buffo Theo Herrmann verwechselt werden, der in den 1930er Jahren in Düsseldorf engagiert war. Als Kuriosität gibt es eine Rundfunkaufnahme, bei der die beiden gleichnamigen Künstler ein Duett singen.

Das Teatro Liceu heute

HERRMANN, JOSEF
* 20.4.1903 in Darmstadt,
† 19.11.1955 in Hildesheim

Der Sohn eines Oberlokführers erlernte zunächst das Schlosserhandwerk. Als der Großherzog von Hessen-Darmstadt auf Herrmann aufmerksam wurde, gewährte er diesem ein Stipendium für eine Gesang- und Schauspielausbildung. Nach ersten Auftritten in seiner Heimatstadt folgten Theaterstationen unter anderem in Königsberg, Stettin und Nürnberg, Stuttgart, Mannheim und Karlsruhe; später folgten sogar Auftritte in Mailand, Bordeaux, Marseille, New York und San Francisco. Seinen Karrierehöhepunkt erreichte der Baß-Bariton in Dresden, wo ihm auch der Titel eines Kammersängers verliehen wurde. An der Semper-Oper sang er beispielsweise im „Freischütz", im „Fliegenden Holländer" sowie in „Die Meistersinger von Nürnberg" und in „Der Ring des Nibelungen". Nach dem Zweiten Weltkrieg ging er nach Berlin und sang dort an allen drei Berlin Opernhäusern: der Städtischen Oper in West-Berlin, der Staatsoper Unter den Linden und der Komischen Oper.

Josef Hermann (links)

Werner Hinz (links)

den Hügeln schläft" (1969), „Der Schimmelreiter" (1977). Außerdem wirkte Hinz mehrfach als Filmsynchronsprecher und war ab 1955 wieder in Hamburg am Deutschen Schauspielhaus engagiert. Er wurde mehrfach ausgezeichnet, unter anderem 1974 mit dem Großen Verdienstkreuz der Bundesrepublik Deutschland, 1980 mit der Carl-Zuckmayer-Medaille und 1983 mit der Goldenen Kamera.

HINZ, WERNER
* 18.1.1903 in Berlin,
† 10.2.1985 in Hamburg

Nach dem Studium an der Max-Reinhardt-Schule des Deutschen Theaters gab Hinz 1922 sein Debüt mit Frank Wedekinds Theaterstück „Frühlings Erwachen". 1932 erhielt der Schauspieler ein Engagement am Deutschen Schauspielhaus in Hamburg, 1939 ging er nach Berlin an die Deutsche Volksbühne. Er war des öfteren Gast bei den Abendempfängen von Reichsminister Dr. Goebbels, wie beispielsweise dessen Tagebucheintragung vom 18. Juli 1937 zeigt: „Mit den Schauspielern gesessen. George, Krauß, Hinz. [...] Welch eine amüsante Gesellschaft." Im Film debütierte Werner Hinz 1935 in dem Streifen „Der alte und der junge König" und trat bis 1945 noch in weiteren 16 Filmen auf, darunter „Weiße Sklaven" (1937), „Mein Leben für Irland" (1941) und „Die Entlassung" (1942). Nach 1945 drehte er weitere Filme wie etwa „Das Mädchen vom Moorhof" (1958), „Buddenbrooks" (1959), „Wenn süß das Mondlicht auf

HÖNGEN, ELISABETH
Prof., * 7.12.1906 in Gevelsberg,
† 6.8.1997 in Wien

Bereits mit 15 Jahren trat die Tochter eines Kaufmanns öffentlich als Geigerin auf. Ab 1928 studierte sie in Berlin Germanistik und Musikwissenschaft, anschließend ausübende Musik und Gesang. 1933 bekam sie ihr erstes Engagement in Wuppertal an den Städtischen Bühnen, 1935 wechselte sie zum Opernensemble in Düsseldorf, und 1943 wurde die Sängerin an die Wiener Staatsoper berufen, der sie bis zu ihrem Ruhestand angehörte. Sie wurde 1947 zur Kammersängerin ernannt

Elisabeth Höngen

und leitete ab 1957 vier Jahre eine Opernklasse der Wiener Musikakademie. Sie gastierte von 1939 bis 1944 und von 1951 bis 1953 neben ihrem Wiener Engagement an der Staatsoper München, außerdem war sie 1951/52 Gast an der New Yorker Metropolitan Opera. Man feierte die umfangreiche, schön gebildete Stimme der Künstlerin, deren dramatische Ausdruckskraft und Stilgefühl außerordentlich war, an der Mailänder Scala, an der Covent Garden Opera von London, am Teatro Colón von Buenos Aires, an der Grand Opera von Paris, in Amsterdam, Zürich, Berlin und München. Sie errang triumphale Erfolge auch bei den Salzburger Festspielen, bei den Festspielen von Edinburgh, den Bayreuther Festspielen sowie beim Maggio musicale von Florenz. Der Dirigent Karl Böhm nannte Elisabeth Höngen einmal „die größte Tragödin der Welt".

HOFFMANN, LORE
* 23.8.1911 in Bielefeld,
† 16.2.1996 in Bad Pyrmont
Die lyrische Sopranistin begann ihre Laufbahn 1934 am Opernhaus von Breslau und ging ein Jahr später an die Städtische Oper in Berlin-Charlottenburg, wo sie bis 1944 wirkte. Nach dem Kriege übersiedelte sie nach Hamburg und gastierte an der Staatsoper 1946 als Cherubino in „Figaros Hochzeit" so erfolgreich, daß sie dort ein Engagement bekam und bis 1958 viele Erfolge feierte. Aus ihrem breiten Bühnenrepertoire sind vor allem die Pamina in der „Zauberflöte" und viele andere Mozartpartien, die Eva in Wagners „Meistersinger von Nürnberg" und die Eurydike im „Orpheus" von Gluck hervorzuheben. Lore Hoffmann gastierte an den führenden deutschen Opernbühnen und war auch als Konzertsopranistin aktiv.

HOFFMANN, PAUL
Dr., * 25.3.1902 in Düsseldorf,
† 2.12.1990 in Wien
Der Sohn eines Theaterkritikers studierte Germanistik, Kunstgeschichte und Philosophie und wurde 1924 promoviert. Im selben Jahr debütierte er ohne Schauspielausbildung am Stadttheater Würzburg, spielte 1925 am Stadttheater Aachen, 1926 in Gera und ging schließlich 1927 an das Schauspielhaus Dresden, wo er bis 1946 wirkte. Nach dem Krieg wechselte er zum Württembergischen Staatstheater nach Stuttgart und übernahm 1950 dessen Leitung; von 1952 bis 1957 fungierte er hier als Schauspieldirektor. Er spielte in Stuttgart beispielsweise den General Harras in „Des Teufels General" und die Titelrolle in Pirandellos „Heinrich IV." 1959 ging er nach Wien an das Burgtheater und war 1968 bis 1971 dessen Direktor. Im Film war Hoffmann seit 1936 zu sehen, beispielsweise in dem Operettenfilm „Leichte Muse" (1941), in „Bismarck" (1940) und „Die Entlassung" (1942). Nach 1945 verkörperte er in seinen Streifen hohe Militärpersonen wie in „Der 20. Juli" (1955) und „Hunde, wollt ihr ewig leben" (1959), aber auch Generaldirektoren und andere typische Vertreter der Wirtschaftswunderjahre. Seit den 1960er Jahren arbeitete der Künstler auch viel für das Fernsehen, gelegentlich führte er auch Regie. Paul Hoffmann wurde mehrfach ausgezeichnet, unter anderem mit dem Großen Bundesverdienstkreuz der Bundesrepublik Deutschland (1969), mit dem Grillparzer-Ring (1982) und dem Ehrenring der Stadt Wien.

HOTTER, HANS
Prof., * 19.1.1909 in Offenbach,
† 6.12.2003 in München
Nach dem Studium an der Münchener Musikhochschule debütierte der Baß-Bariton 1930 am Stadttheater von Troppau, ab 1932 sang er am Deutschen Theater in Prag, ab 1934 an der Hamburger Staatsoper und 1937 ging er an die Münchener Staatsoper, wo er in den Uraufführungen von zwei Richard-Strauss-Opern mitwirkte:

Paul Hoffmann

Seite 13

Hans Hotter

1938 als Kommandant im „Friedenstag", 1942 als Olivier in „Capriccio". Dr. Goebbels notierte am 30. Mai 1942 in seinem Tagebuch: „Der kommende große Baritonist [sic] ist Hotter, der augenblicklich in München singt." Hotter war ständiger Gast an den Staatsopern von Wien, Hamburg und Stuttgart und gab Gastspiele an den ersten Opernbühnen der Welt, an der Mailänder Scala, der Covent Garden Opera in London, am Teatro Colón von Buenos Aires, 1950 bis 1954 hatte er an der New Yorker Metropolitan Opera große Erfolge. Seit 1951 wurde er bei den Bayreuther Festspielen wegen seiner machtvollen, dunkel timbrierten Stimme als vorzüglicher Wagner-Interpret gefeiert, namentlich als Wotan und als Fliegender Holländer. Er trat auch bei den Salzburger Festspielen und den Edinburgher Festspielen sehr erfolgreich in Erscheinung und spielte auch in einigen Filmen mit, etwa neben Käthe Dorsch in „Mutterliebe" (1939, Prädikat: staatspolitisch besonders wertvoll) oder in „Brüderlein fein" (1942). Der international renommierte Sänger wurde 1964 zum Professor ernannt.

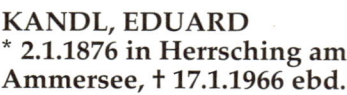

KANDL, EDUARD
* 2.1.1876 in Herrsching am Ammersee, † 17.1.1966 ebd.

Der Baß-Buffo begann seine Bühnenkarriere 1904 am Stadttheater Nürnberg, weitere Theaterstationen waren die Stadttheater von St. Gallen (1905/06) und Kiel (1906 bis 1912); von 1912 bis 1944 wirkte er am Deutschen Opernhaus in Berlin. Der Künstler erlangte internationalen Ruf, insbesondere in Buffo-Rollen der Opern von Lortzing, seine Glanzrolle war der Heiratsvermittler Kezal in Smetanas „Die verkaufte Braut". Kandl gastierte 1929 in Den Haag, 1931 und 1939 an der Wiener Staatsoper und noch 1941 als Beckmesser in den „Meistersingern" in Amsterdam.

Eduard Kandl

KERSTEN, ANNE
* 26.11.1895 in Mannheim,
† 23.2.1982 in München

Die Schauspielerin begann ihre Karriere am Düsseldorfer Schauspielhaus, war dann am Staatstheater Darmstadt engagiert und spielte dort 1923 bis 1925 die Titelrollen der „Lulu" von Alban Berg und der „Heiligen Johanna" von George Bernard Shaw. 1933/34 war sie am Nationaltheater Mannheim verpflichtet, ab 1934 war sie Ensemblemitglied des Bayerischen Staatsschauspiels in München und spielte hier bis ins hohe Alter viele bedeutende Rollen wie beispielsweise die Penthesilea (1942), die Lady Winflete in Shaws „Kapitän Brassbounds Bekehrung" (1954), die Hure in Genets „Die Wände" (1968) und die Claire Zanachassian in Friedrich Dürrenmatts „Der Besuch der alten Dame" (1975). Die Künstlerin war nur in wenigen Filmen zu sehen wie „Lampenfieber" (1960) oder „König Richard III." (1964), und auch im Fernsehen machte sie sich rar. Anne Kersten wurde 1959 mit dem Bayerischen Verdienstorden ausgezeichnet.

Anne Kersten

KLÖPFER, EUGEN
* 10.3.1886 in Talheim,
† 3.3.1950 in Wiesbaden

Der Sohn eines Land- und Gastwirts begann eine Lehre als Holzkaufmann im Geschäft seines Bruders, dem er jedoch wegen seiner Theaterleidenschaft entlief, um Mitglied des Bühnenvereins München zu werden und an verschiedenen Provinzbühnen aufzutreten. Sein erstes Engagement erhielt er in Landshut, danach folgte eine Wanderung über die Bühnen von Ingolstadt, Biel, München, Colmar, Erfurt, Bonn und Frankfurt am Main. Nach dem Ersten Weltkrieg ging der Künstler nach Berlin und spielte dort ab 1920 zunächst am Deutschen Theater, später an diversen anderen Bühnen der Reichshauptstadt. In den 1920er Jahren wirkte er in zahlreichen Stummfilmen mit, seinen Karrierehöhepunkt erreichte er allerdings erst nach der Regierungsübernahme der Nationalsozialisten: Klöpfer wurde Vizepräsident der Reichstheaterkammer, Stellvertretender Präsident der „Kameradschaft der deutschen Künstler", Vorsitzender der Dr. Goebbels-Stiftung „Künstlerdank" sowie im Kuratorium der Goebbels-Stiftung für Kulturschaffende und 1936 Generalintendant der Volksbühne in Berlin. Im Oktober 1936 sprach er beim Empfang zu Goebbels' Geburtstag: „Wir Schauspieler sind von tiefem Dank erfüllt, daß Sie neben Ihrer rastlosen Tätigkeit im Dienst des Vaterlandes noch die hohe Aufgabe erfüllen, den deutschen Bühnenschaffenden den Weg zu weisen, und diesen Weg zu schirmen und zu schützen." Im März 1937 rückte er in den Aufsichtsrat der gerade verstaatlichten UFA ein. Im Dritten Reich spielte Klöpfer in 27 Filmen mit, darunter „Flüchtlinge" (1933, über Wolgadeutsche, die die Sowjetunion verlassen wollen); in „Jud Süß" (1940) verkörperte er den Landschaftskonsulenten Sturm. Seine letzte Filmrolle spielte er neben Hans Albers in dem unvollendet gebliebenen letzten Film des Dritten Reiches „Shiva und die Galgenblume". 1945 wurde der Schauspieler von den Alliierten mit einem Auftrittsverbot belegt; in seinem Entnazifizierungsverfahren wurde er zunächst als „Hauptschuldiger", später als „Mitläufer" eingestuft. 1949 gründete er ein eigenes Ensemble und trat mit diesem in Köln und Neustadt in der Pfalz auf; Eugen Klöpfer verstarb jedoch bereits ein Jahr später an einer Lungenentzündung.

Eugen Klöpfer

KRAUSS, WERNER
* 23.6.1884 in Gestungshausen bei Coburg, † 20.10.1959 in Wien
Seine Ausbildung zum Lehrer brach Krauß ab und und durchzog als Mitglied der Breslauer „Wander-Bühne Wagner" das sächsische Erzgebirge. Mit 24 Jahren bekam er sein erstes festes Engagement am Stadttheater Guben; zahlreiche weitere Theaterstationen folgten, bis er 1913 am Deutschen Theater in München verpflichtet wurde. Hier wirkte er – mit einer kurzen Unterbrechung von 1924 bis 1926, als er dem Staatstheater Berlin angehörte – bis 1931 und kehrte dann bis 1945 an das Staatstheater zurück. Außerdem spielte er 1928/29 und von 1933 bis 1944 am Burgtheater in Wien. Nach dem Krieg wurde Krauß inhaftiert und mußte drei Spruchkammerverfahren über sich ergehen lassen, bis er als „Minderbelasteter" eingestuft und zu einer Sühne von 5.000 Reichsmark verurteilt wurde. Ab 1948 war er wieder am Burgtheater tätig, 1950 wurde er zum Kammerschauspieler ernannt. Krauß, der bereits in der Weimarer Republik ein Bühnen- und Filmstar war, wurde im Dritten Reich einer der bedeutendsten Schauspieler neben Emil Jannings, Heinrich George und Gustaf Gründgens. Zwischen seinem Filmdebüt im Jahre 1919 und dem Aufkommen des Tonfilms wirkte Krauß in nicht weniger als 104 Filmen mit und erwies sich als einer der herausragendsten Darsteller der expressionistischen Ära. Er war der bösartige Dr. Caligari in Roberts Wienes be-

Werner Krauß

rühmtem „Das Cabinet des Dr. Caligari" (1919), spielte die Titelrolle in Friedrich Wilhelm Murnaus „Tartüff" (1925), in Carl Froelichs „Kabale und Liebe" (1921), trat in Jean Renoirs „Nana" (1927) auf und spielte in Gustav Ucickys „Mensch ohne Namen" (1923) sowie in verfilmten Klassikern der Literatur bzw. in historischen Filmen wie „Die Brüder Karamasow" (1921) nach Dostojewkij, Shakespeares „Othello" (1922) und einem Film über das Leben Napoleons. Auf der Bühne glänzte er unter anderen in der Rolle des Agamemnon in der „Orestie" des Aischylos, als der alte Hilse in Hauptmanns „Die Weber" sowie als Schuster Voigt in Zuckmayers berühmtem Stück „Der Hauptmann von Köpenick". Im Dritten Reich wurde er Mitglied des Präsidialrates der Reichstheaterkammer sowie 1934 Preußischer Staatsschauspieler. Er verkehrte in höchsten Kreisen, war zu Gast bei dem österreichischen Bundeskanzler Engelbert Dollfuß, dem italienischen Duce Benito Mussolini, bei Reichsminister Dr. Joseph Goebbels und einen ganzen Tag bei Hitler auf dem Obersalzberg, in Anwesenheit von Hermann Göring, Rudolf Heß und dem Chef der Reichskanzlei, Dr. Hans Heinrich Lammers. Krauß berichtete später über seinen Besuch bei Hitler: „Ich kam hin, zynisch wie ein Pharisäer, und dachte mir: Mir wirst du nichts vorspielen, mein Junge. Aber als ich ihn da im Kreis seiner Nächsten sitzen sah und mit ihnen reden hörte (am Kaffeetisch Rudolf Heß und andere), da wußte ich: Jesus unter den Jüngern." Am bekanntesten wurde der Schauspieler durch den Film „Jud Süß" (1940), in dem er fünf Judenrollen verkörperte, um die gemeinsame Wesenshaltung der Juden hervorzuheben. Wegen der Mitwirkung an diesem Film hatte er von 1945 bis 1948 Auftrittsverbot. Krauß, der später noch oft wegen seiner Haltung im Dritten Reich angefeindet wurde, schrieb über sich selbst: „Meine politische Gesinnung, wie immer sie auch sein möge, pflege ich nicht auf der Bühne zu dokumentieren, sondern ich habe dort meinen Beruf zu erfüllen, respektive die Intentionen eines Dichters dem Publikum zu übermitteln." Selbst während der Kriegszeit schrieb eine Londoner Zeitung am 26. Oktober 1943 anerkennend, Krauß sei „zweifellos der bedeutendste Schauspieler in Nazi-Deutschland". Krauß wurde 1954 mit dem begehrten Ifflandring als „größter deutscher Schauspieler" sowie dem Großen Bundesverdienstkreuz ausgezeichnet. Sein Ehrengrab befindet sich auf dem Wiener Zentralfriedhof.

LAUBENTHAL, HANNSGEORG
* 12.6.1911 in Köln,
† 13.7.1971 in Steinbach (Taunus)

Die ersten Theaterstationen des Schauspielers waren ab 1930 bis 1936 das Künstler-Theater in Frankfurt am Main, das Stadttheater Plauen, das Hessische Landestheater in Darmstadt und in Hamburg das Deutsche Schauspielhaus. Ab 1936 ging der Künstler nach Berlin an das Staatstheater, wo er bis 1944 wirkte. Nach dem Krieg spielte er am Berliner Deutschen Theater sowie am Schloßpark- und Schiller-Theater, danach agierte er an den Städtischen Bühnen in Frankfurt. Man sah Laubenthal zunächst vor allen in klassischen Stücken wie Schillers „Don Carlos", Friedrich Hebbels „Maria Magdalene", als Lucio in Shakespeares „Zweierlei Maß" und als St. Just in Georg Büchners „Dantons Tod". Im Film war er relativ selten

Hannsgeorg Laubenthal

tätig und spielte meist Nebenrollen, etwa in „Der Florentiner Hut" (1939), „Die Rothschilds" (1940) und „Der Untertan (1951).

LEMNITZ, TIANA
Prof., * 26.10.1897 in Metz,
† 5.2.1994 in Berlin
Die Sopranistin wurde nach ihrer Gesangausbildung am Hoch'schen Konservatorium in Frankfurt am Main 1922 vom Stadttheater Aachen engagiert und sang danach im Ensemble des Stadttheaters Hannover und an der Dresdener Oper. Nach der Regierungsübernahme der Nationalsozialisten wurde sie am 1. Mai 1933 Mitglied der NSDAP. 1934 ging sie an die Berliner Staatsoper Unter den Linden und entwickelte sich hier bis 1954 als lyrischer Sopran zum Star; ihre Glanzrollen waren die Eva in Wagners „Meistersingern" und die Agathe in Lortzings „Freischütz". Die von Adolf Hitler geschätzte Künstlerin verkehrte in höchsten Gesellschaftskreisen. Dr. Goebbels notierte am 28. Juli 1942 in seinem Tagebuch: „Am Abend wird in der Wohnung eine schöne Musikstunde veranstaltet, Raucheisen spielt mit seinem Trio, Domgraf-Fassbaender und Tiana Lemnitz singen." Die Sopranistin gab Gastspiele an den bedeutenden Bühnen der Welt, wo sie neben der feinsinnigen, durchgeistigten Art ihres Vortrages auch für die Subtilität ihrer Ausdruckskunst gefeiert wurde. Adolf Hitler ernannte sie 1937 zur Kammersängerin. Tiana Lemnitz trat 1943 in den Spielfilmen „Altes Herz wird wieder jung" sowie „Nacht ohne Abschied" auf;

Tiana Lemnitz

1953 wurde sie Leiterin des Opernstudios der Berliner Staatsoper.

LORENZ, MAX
*** 10.5.1901 in Düsseldorf,**
† 11.1.1975 in Salzburg
Geboren unter dem Namen Max Sülzenfuß, arbeitete der Tenor zunächst in einem Industriebetrieb, ließ dann in Berlin seine Stimme ausbilden und debütierte 1926 an der Dresdener Staatsoper. Von dort wechselte er 1931 an die Berliner Staatsoper und wirkte ab 1933 in Bayreuth, wo man ihn vor allem als Siegfried und Tristan feierte. 1934 erinnerte er sich: „Unvergeßlich wird mir auch jener Abend sein im Hause Wahnfried, da ich im Kreise meiner Kollegen dem Führer gegenüberstand." Dank der Sondergenehmigung von Reichsminister Dr. Goebbels konnte der homosexuelle Sänger seinen Beruf ausüben, obwohl er seit 1932 mit einer „Volljüdin" im Sinne der NS-Rassegesetzgebung verheiratet war; im Mai 1941 erhielt sie das Privileg, daß ihr beim Besuch von Theatern, Hotels und dergleichen die „Rechte einer arischen Frau" zuerkannt wurden. Seine Homosexualität wurde von den Nationalsozialisten zunächst stillschweigend geduldet, als er aber wegen Verstoßes gegen den § 175 StGB vor Gericht gestellt wurde, verlangte Hitler von Winifred Wagner, den Heldentenor zu entlassen. Da die Leiterin der Bayreuther Festspiele diese Aufforderung Hitlers kategorisch ablehnte, akzeptierte dieser schließlich das weitere Wirken von Lorenz. Der Künstler, der an den Opernzentren vieler Länder mit seiner kraftvoll-heldischen Stimme als Wagner-Tenor Weltruhm erlangte, spielte neben Emil Jannings und der Sopranistin Tiana Lemnitz in dem Film „Altes Herz wird wieder jung" (1943) mit. Die Karriere von Max Lorenz dauerte sehr lange, noch 1957 wirkte er bei den Salzburger Festspielen mit und sang noch 1962 an der Wiener Staatsoper.

Max Lorenz

Walther Ludwig

LUDWIG, WALTHER
Prof. Dr. med., * 17.3.1902 in Bad Oeynhausen, † 15.5.1981 in Lahr

Der Kaufmannssohn, der eigentlich Walther Ludewig hieß, studierte Jura und Medizin, nahm aber gleichzeitig Gesangunterricht und debütierte 1928 am Stadttheater Königsberg als lyrischer Tenor. 1929 bis 1932 sang der Künstler am Schweriner Staatstheater und wirkte hier in der Uraufführung der Oper „Friedemann Bach" von Paul Graener in der Titelrolle mit. 1932 wurde Ludwig an die Städtische Oper Berlin verpflichtet, wo er bis 1945 als Erster lyrischer Tenor wirkte. 1935 erregte er bei den Festspielen von Glyndebourne Aufsehen, als er dort den Belmonte in der „Entführung aus dem Serail" und den Tamino in der „Zauberflöte" von Mozart sang. 1937 wurde Ludwig zum Kammersänger ernannt. Er gastierte an der Mailänder Scala, an der Oper von Rom, der Covent Garden Opera in London, am Teatro Liceu von Barcelona und regelmäßig an der Wiener Staatsoper. Auch nach dem Zweiten Weltkrieg feierte er als Mozart-Interpret sowie als Evangelist in den Bach-Passionen glanzvolle Erfolge. Ab 1952 wirkte er als Professor an der Berliner Hochschule für Musik, in seinen letzten Jahren arbeitete er als Sanatoriumsarzt im Schwarzwald. Walther Ludwig wurde 1973 mit dem Verdienstkreuz 1. Klasse der Bundesrepublik Deutschland ausgezeichnet.

Maria Müller

MÜLLER, MARIA
* 29.1.1898 in Theresienstadt, † 13.3.1958 in Bayreuth

Die Sopranistin debütierte 1919 am Stadttheater Linz als Elsa im „Lohengrin", anschließend sang sie am Stadttheater Brünn, am Deutschen Theater von Prag und an der Münchener Staatsoper. 1925 folgte sie einem Ruf an die New Yorker Metropolitan Opera, wo sie bis 1935 vor allem als Wagner-Interpretin auftrat und mit ihrer Sopranstimme von leuchtender Klangtönung und feinsinniger Ausdruckskunst großen Erfolg hatte. 1926 wurde die Künstlerin nach Berlin verpflichtet, erst an die Städtische Oper, später an die Staatsoper. Sie gab Gastspiele in Mailand, Paris, London, Amsterdam und Brüssel, Dresden und Hamburg. 1930 wirkte sie erstmals bei den Bayreuther Festspielen mit, deren Star sie wurde und wo man sie als Elsa und Eva in den „Meistersingern" und als Sieglinde in der „Walküre" bewunderte. Trotz ihres immensen Erfolges war für die Künstlerin etwas anderes ihre schönste Erinnerung: Der Autor Weinschenk hielt in seinem bekannten Buch „Künstler plaudern" (1938) fest: „Wenn man Maria Müller nach dem schönsten Augenblick ihrer Laufbahn fragt, dann erwidert sie mit leuchtenden Augen: ‚Das war der Moment, da ich nach den Bayreuther Meistersingern neben dem Führer sitzen durfte und er in seiner gewinnenden, menschlichen Art mit mir plauderte. Und die tiefste Freude war es für mich, als er einmal in München einen Lieder- und Arienabend von mir besuchte.'" Nach dem Zweiten Weltkrieg trat Maria Müller nur noch einmal, und zwar 1950 an der Städtischen Oper in Berlin auf die Bühne und gab die Elisabeth im „Tannhäuser". Das „Deutsche Bühnen-Jahrbuch" schrieb im Nachruf: „Eine der größten und idealsten Künstlerpersönlichkeiten."

NISSEN, HANS HERMANN
Prof., * 20.5.1893 in Zippnow bei Danzig, † 29.3.1980 in München

Der Bariton studierte ab 1916 Gesang in Berlin und London und gab ab 1920 erste Konzerte. 1924 debütierte er als Opernsänger an der Berliner Volksoper als Kalif in der Oper „Der Barbier von Bagdad" von Peter Cornelius und wurde ein Jahr später an die Bayerische Staatsoper in München berufen, deren Ensemblemitglied er bis 1967 blieb. Gastspiele führten den Künstler, den man besonders als Wagner-Bariton schätzte, an die Londoner Covent Garden Opera, an die Grand Opéra von Paris, an die Königliche Oper von Stockholm, an die Wiener Staatsoper und an die Opern von Brüssel, Antwerpen und Barcelona sowie die Mailänder Scala. 1936 und 1943 wurde er bei den Bayreuther Festspielen als Hans Sachs in den „Meistersingern" gefeiert. Nach dem Zweiten Weltkrieg sang Nissen regelmäßig an der Wiener Staatsoper, unter anderem den Telramund, den Hans Sachs und den Kurwenal in „Tristan und Isolde", aber auch den Sprecher in „Die Zauberflöte" und den Amonasro in „Aida". Hans Hermann Nissen war später als Gesangspädagoge tätig und Professor der Musikhochschule München.

Hans Hermann Nissen

PATZAK, JULIUS
Prof., * 9.4.1898 in Wien,
† 26.1.1974 in Rottach-Egern
Der lyrische Tenor studierte zunächst Kontrapunktik und Kompositionslehre in Wien, war als Kirchenmusiker tätig und schlug erst 1926 autodidaktisch die Sängerlaufbahn ein. Noch im selben Jahr debütierte er als Radames in Verdis „Aida" am Stadttheater Reichenberg, sang in der Spielzeit 1927/28 am Stadttheater Brünn und wurde 1928 an die Münchener Staatsoper verpflichtet, als deren gefeiertes Mitglied er bis 1944 wirkte. Internationale Reputation errang er durch seine Interpretation von Mozart-Partien bei den Münchener Festspielen der 1930er Jahre. Seine musikalisch hervorragend geführte, ausdrucksreiche Tenorstimme setzte der Künstler gleichermaßen im Opernrepertoire wie im Oratorium ein. Neben den Mozart-Partien feierte man ihn als unübertroffenen Titelhelden in Pfitzners „Palestrina". 1945 wurde Patzak an die Wiener Staatsoper berufen, wo er ebenfalls große Erfolge hatte. Nicht zuletzt seine ausgedehnten Gastspielreisen brachten ihm den Ruf eines führenden Tenors seiner Epoche ein. Fast alljährlich hörte man ihn bei den Salzburger Festspielen, im Jahre 1947 sang er hier in der Uraufführung von Gottfried von Einems „Dantons Tod". 1948 wurde er Professor der Wiener Musikakademie, blieb aber weiterhin als Sänger tätig.

PÖLZER, JULIUS
Dr. med. dent., * 9.4.1901 in Admont/ Ober-Steiermark, † 16.2.1972 in Wien
Nach dem Studium der Zahnmedizin wurde man auf die schöne Stimme des Tenors aufmerksam und regte an, die Sängerlaufbahn zu ergreifen, worauf er seine Stimme in Wien ausbilden ließ. Nach ersten Erfolgen am Opernhaus von Breslau kam er 1930 an die Bayerische Staatsoper München, deren gefeierter erster Tenor für das heldische und vor allem für das Wagner-Fach er für mehr als 20 Jahre blieb. 1930 wirkte er hier in der Uraufführung von Julius Weismanns „Gespenstersonate" mit. Sehr erfolgreich war der Künstler auch an der Wiener Staatsoper; hier war er in den Spielzeiten 1933/34, 1937 bis 1942 und 1947/48 in seinen großen Partien zu hören, von 1951 bis 1953 auch an der Wiener Volksoper. Er gab viele Gastspiele an Bühnen von Rang in Deutschland wie im Ausland: 1933 gastierte der Künstler am Opernhaus von Frankfurt am Main, 1935 als Tristan an der Grand Opéra von Paris, 1936 als Parsifal bei den Festspielen von Zoppot, 1942 als Herodes in „Salome" von Richard Strauss an der Staatsoper Berlin. 1947 hörte man ihn am Grand Théâtre Genf; 1949 sang er in einer Aufführung des

Julius Patzak

Julius Pölzer

Ring-Zyklus im Österreichischen Rundfunk den Loge im „Rheingold". Seine großen Partien waren vor allem die Wagner-Heroen: der Siegfried wie der Siegmund im „Nibelungenring", der Titelheld im „Tristan", der Tannhäuser, der Parsifal, der Rienzi. Julius Pölzer, der auch als Konzertsänger in Erscheinung trat, arbeitete nach Abschluß seiner Karriere im Jahr 1947 wieder als Zahnarzt.

PONTO, ERICH
* 14.12.1884 in Lübeck,
† 4.2.1957 in Stuttgart

Erich Ponto

Ponto absolvierte nach dem Abitur ein Pharmaziestudium und arbeitete als Apotheker, bevor er sich 1908 zum Schauspieler ausbilden ließ. Sein erstes Engagement bekam er am Stadttheater Passau, später spielte er in Reichenberg/Böhmen und ab 1947 in Dresden. 1921 trat Ponto in dem Stummfilm „Der Geiger von Meißen" auf, stand aber erst wieder zu Tonfilmzeiten in den 1930er Jahren vor der Kamera. 1928 spielte er in der Uraufführung der „Dreigroschenoper" im Theater am Schiffbauerdamm die Rolle des Bettlerchefs Peachum und wurde als Entdeckung gefeiert. Im Dritten Reich drehte er 41 Filme, darunter „Das Mädchen Johanna" (1935), „Hallo Janine" (1939), „Die Rothschilds" (1940), „Ich klage an" (1941), „Diesel" (1942) und „Die Feuerzangenbowle" (1944). Auch nach dem Krieg arbeitete der Schauspieler intensiv auf der Bühne und vor der Kamera. 1945/46 wurde er Generalintendant am Dresdener Schauspielhaus, 1948 wechselte er zum Württembergischen Staatstheater nach Stuttgart. Er betätigte sich zeitweise auch politisch und kandidierte 1946/47 für die Kommunistische Partei Deutschlands. 1949 spielte er in dem international bekannten Filmklassiker „Der dritte Mann" neben Orson Welles und Joseph Cotten. Der Künstler wurde 1952 zum Württembergischen Staatsschauspieler ernannt, 1956 mit dem Großen Verdienstkreuz des Verdienstordens der Bundesrepublik Deutschland und mit dem Filmband in Silber ausgezeichnet.

PROHASKA, JARO
Prof., * 24.1.1891 in Wien,
† 28.9.1965 in München

Der Helden-Bariton wurde mit sieben Jahren Mitglied der Wiener Sängerknaben und später Alt-Solist dieses Chores. 1907 begann er sein Musikstudium am Wiener Konservatorium und wurde 1909 Chor-Regens an der Kirche St. Thekla. Später nahm er als Soldat am Ersten Weltkrieg teil und geriet 1915 bei Przemysl in russische Gefangenschaft, aus der er erst 1919 zurückkehrte. Nun ließ er an der Wiener Akademie für Musik und darstellende Kunst bis 1922 seine Stimme ausbilden und war danach als Konzert- und Oratoriensänger in Wien tätig. 1922 debütierte er auf der Bühne des Stadttheaters Lübeck, 1925 wechselte er von dort an das Stadttheater Nürnberg, und von 1931 bis 1952 wirkte er als eines der prominentesten Mitglieder der Berliner Staatsoper. 1933 feierte man ihn bei den Festspielen von Bayreuth als Hans Sachs in den „Meistersingern", und bis 1944 trat er dann ständig in Bayreuth auf, vor allem als Wotan im Ring-Zyklus, aber auch als Fliegender Holländer, als Telramund im „Lohengrin", als Amfortas im „Parsifal" und als Kurwenal im „Tristan". Prohaska trat auch bei den Salzburger Festspielen in Erscheinung und gab Gastspiele an den führenden Opernthreatern in Europa und in Südamerika. 1947 wurde er Do-

Jaro Prohaska

zent, 1949 Professor an der Berliner Musikhochschule. 1961 wurde dem Künstler das Bundesverdienstkreuz 1. Klasse verliehen.

RANCZAK, HILDEGARD
* 20.12.1895 in Witkowicz/Mähren,
† 19.2.1987 in Wien

Die Sopranistin wurde am Wiener Konservatorium ausgebildet und debütierte 1918 am Düsseldorfer Opernhaus als Pamina in der „Zauberflöte". 1923 wechselte sie an das Opernhaus Köln und von dort 1926 an die Stuttgarter Staatsoper; 1928 folgte sie einem Ruf an die Münchener Staatsoper, deren Mitglied sie bis 1944 blieb. Sie gab sehr erfolgreiche Gastspiele, vor allem in Den Haag und in Amsterdam, und trat 1936 an der Covent Garden Opera in London als Salome auf, 1937 als Octavian im „Rosenkavalier" an der Grand Opéra von Paris. Die Künstlerin wirkte in den Uraufführungen der Opern „Die Gespenstersonate" (1930) von Julius Weismann und „Capriccio" (1942) von Richard Strauss mit. Ihren letzten Auftritt hatte Hildegard Ranczak 1950 als Carmen in München.

Hildegard Ranczak

REINING, MARIA
* 7.8.1903 in Wien,
† 11.3.1991 in Deggendorf

Die Künstlerin arbeitete zunächst als Angestellte in der Devisenabteilung einer Bank, bevor sie mit 25 Jahren ihre künstlerische Ausbildung beginnen konnte. Ihr Bühnendebüt gab sie 1931 an der Wiener Staatsoper, an der sie bis 1933 Partien aus dem Soubrettenfach sang. Es folgten Engagements am Stadttheater Darmstadt (1933 bis 1935) und an der Münchener Staatsoper (1935 bis 1937), bis sie 1937 an die Wiener Staatsoper zurückkehrte, nun aber als Erste jugendlich-dramatische Sopranistin. Sie hatte in Wien außerordentliche Erfolge und trat ab 1937 auch fast jedes Jahr bei den Salzburger Festspielen auf. In Salzburg sang sie vor allem als Eva in den „Meistersingern", als Marschallin im „Rosenkavalier" sowie als Titelheldin in „Arabella" von Richard Strauss. Dazu sang sie in Salzburg wie an vielen anderen bedeutenden Bühnen ihre Mozart-Partien; sie gastierte in London, Mailand, New York und Chicago und wurde auch als Konzertsopranistin bewundert. Maria Reining war wegen der Leuchtkraft ihres Soprans, ihres feinsinnigen Vortrages und hohen Stilgefühles als Mozart- und Strauss-Interpretin berühmt. Anläßlich seines 50. Geburtstages verlieh Adolf Hitler ihr 1939 den Titel Kammersängerin. Sie wirkte zuletzt als Lehrerin am Mozarteum in Salzburg und war Ehrenmitglied der Wiener Staatsoper.

Maria Reining

REINMAR, HANS
* 11.4.1895 in Wien,
† 7.2.1961 in Berlin

Der Bariton brach sein Architekturstudium ab, studierte in Wien und Mailand Gesang und sammelte dann erste Bühnenerfahrungen am Theater Olmütz in Mähren. Nach Verpflichtungen an den Opernhäusern in Zürich, Dresden und Hamburg kam der Sänger 1928 an das Städtische Opernhaus Berlin und blieb diesem bis zu seinem Tode verbunden. Neben seinem umfangreichen klassischen Repertoire (unter anderem Mozart, Bach und Verdi) wurde der Künstler auch wegen seiner Interpretation zeitgenössischer Musik (unter anderem Hindemith, Weill, von Einem) bewundert. Im Januar 1937 wurde er von Hitler zum Kammersänger ernannt. 1941 spielte

Hans Reinmar

er in dem Zarah-Leander-Film „Der Weg ins Freie" drei Nebenrollen. Er gab Gastspiele an den Bühnen der bedeutenden Opernzentren Europas und wurde 1939 bis 1941 bei den Bayreuther Festspielen als Wagner-Sänger vor allem wegen der Tonfülle und dramatischen Ausdruckskraft seiner Stimme gefeiert. 1945 bis 1947 trat er an der Münchener Staatsoper auf, dann bis 1952 an der Berliner Staatsoper. Von 1952 bis zu seinem plötzlichen Tod war Hans Reinmar wieder gefeiertes Mitglied der Städtischen Oper Berlin.

ROHS, MARTHA
* 2.6.1909 in Saarbrücken,
† 27.7.1963 in Wien

Martha Rohs

Die Altistin debütierte 1932 am Stadttheater Aachen, kam 1934 an die Staatsoper Dresden und wurde zugleich Mitglied der Staatsoper Wien. Von Wien aus führten glanzvolle Gastspiele die Künstlerin mit der dunkel timbrierten, ausdrucksschönen Stimme unter anderem an die Mailänder Scala, an die Covent Garden Opera Londons, die Staatsoper München, nach Paris und Brüssel, Amsterdam und Rom. Sie wurde seit 1938 besonders bei den Salzburger Festspielen für ihre Partien als Octavian im „Rosenkavalier" und als Cherubino in „Figaros Hochzeit" gefeiert. 1949 gab sie in Salzburg nochmals den Sesto in Mozarts „La clemenza di Tito", mußte dann jedoch aus gesundheitlichen Gründen ihre Bühnenkarriere beenden; sie war allerdings gelegentlich noch im Konzertsaal zu hören. Nach ihr ist in Wien-Hietzing seit 2009 der Martha-Rohs-Weg benannt.

Helge Roswaenge

ROSWAENGE, HELGE
* 29.8.1897 in Kopenhagen,
† 19.6.1972 in München

Der dänische Tenor studierte zunächst Chemie, wechselte dann jedoch zur Gesangausbildung, die er in Kopenhagen und Berlin absolvierte. Er sang danach in Konzerten und an Kleinkunstbühnen in Dänemark und debütierte 1921 am Mecklenburgischen Landestheater in Neustrelitz auf der Bühne. Es folgten Zwischenstationen in Altenburg/Thüringen, Basel und Köln, bis der Künstler 1929 an die Berliner Staatsoper berufen wurde und eine steile Karriere begann; seit 1930 war er zugleich Mitglied der Wiener Staatsoper. Obwohl Ausländer, trat er 1933 in die NSDAP ein; 1935 war er Gast bei der Hochzeit des Preußischen Ministerpräsidenten und Oberbefehlshabers der Luftwaffe, General Hermann Göring, mit der Schauspielerin Emmy Sonnemann und trat auf nationalsozialistischen Kulturveranstaltungen auf wie beispielsweise am 1. Dezember 1940 beim 50. Wunschkonzert für die Wehrmacht, einer populären Sendung des Radios zur Verbindung von Soldaten an der Front und ihren Angehörigen in der Heimat. Wie vielen anderen Prominenten warf man auch Roswaenge später eine Nähe zum Nationalsozialismus und zu dessen Entscheidungsträgern vor. Der Tenor, bei dem neben der Tonfülle und -schönheit seiner Stimme auch der Ausdrucksreichtum seines Vortrages und seine bravouröse, oft kühne Stimmführung bewundert wurde, gastierte an vielen Opernzentren Europas wie London, Mailand, Kopenhagen und Stockholm, Brüssel und Amsterdam, München, Hamburg und Dresden. Bei den Salzburger Festspielen, wo man ihn seit 1932 fast jährlich hörte, feierte man ihn als großen Mozart-Interpreten; auch bei den Bayreuther Festspielen trat er auf. Das Kriegsende erlebte er in seiner Berliner Wannseevilla. Als die eindringenden Russen bemerkten, es mit einem Künstler zu tun zu haben, mußte er förmlich um sein Leben singen. Trotzdem wurde er von den Siegern nach Moskau deportiert. Über die Stationen Helsinki und Stockholm kam er zurück nach Dänemark, konnte hier aber beruflich nicht mehr Fuß fassen. Der Sänger lebte seit 1948 in

Wien und gastierte hier auch noch bis 1960 an der Staatsoper und der Volksoper. Zuletzt wirkte Helge Roswaenge als Gesangspädagoge in München.

ROSE, TRAUTE
* 12.2.1904 in Danzig,
† 10.10.1997 in Baden-Baden

Die Künstlerin entstammte der bekannten Berliner Theaterfamilie Rose, debütierte 1936 in dem Film „Heiratsbüro Fortuna" und drehte danach noch einige Filme wie „Ehe in Dosen" (1939), „Krach im Hinterhaus" (1949) und „Bei der blonden Kathrein" (1959); später trat sie auch gelegentlich im Fernsehen auf. In erster Linie wirkte sie jedoch als Sängerin und gehörte in diesem Metier besonders durch ihr regelmäßiges Auftreten im Rundfunk zu den beliebtesten und populärsten Künstlern ihrer Epoche. Sie arbeitete auch viel als Synchronsprecherin und lieh ihre Gesangstimme zahlreichen Filmstars. Nach dem Zweiten Weltkrieg erweiterte sie ihre Bühnen- und Filmkarriere noch durch viele Auftritte als Hörspielsprecherin, etwa im Bayerischen Rundfunk als Ehefrau des Pariser Kriminalkommissars Maigret (dessen Part von Paul Dahlke gesprochen wurde).

Traute Rose

SATTLER, JOACHIM
* 21.8.1899 in Affolterbach/Odenwald, † 15.7.1984 in Erbach

Der Heldentenor wurde durch Siegfried Wagner, den Sohn Richard Wagners und Leiters der Bayreuther Festspiele, entdeckt und danach in Darmstadt ausgebildet. Der Künstler debütierte 1926 am Opernhaus Wuppertal als Claudio in Wagners „Liebesverbot" und wechselte 1929 von dort nach Darmstadt, wo er bis 1937 wirkte. Es folgten Theaterstationen an der Hamburger Staatsoper, ab 1939 an der Semperoper in Dresden und von 1941 bis 1944 an der Wiener Staatsoper. Sattler, der besonders als Heldentenor und bedeutender Wagner-Interpret hervortrat, sang in den Jahren 1928, 1929 und 1931 den Siegfried im Ring-Zyklus bei den Bayreuther Festspielen; außerdem wirkte er 1930 in der „Tannhäuser"-Inszenierung von Siegfried Wagner mit. Joachim Sattler wurde 1969 mit dem Bundesverdienstkreuz 1. Klasse ausgezeichnet.

Joachim Sattler

SCHÖFFLER, PAUL
* 15.9.1897 in Dresden, † 21.11.1977 in Amersham/Großbritannien

Der Heldenbariton studierte am Dresdener Konservatorium Gesang, Klavier- und Violinspiel sowie Musiktheorie und wurde 1925 an die Dresdener Staatsoper verpflichtet. 1937 wurde er von dort an die Wiener Staatsoper berufen, deren Mitglied er mehr als 25 Jahre blieb. Schöffler trat in 42 großen Partien an der Staatsoper auf, allein 103mal als Graf in „Figaros Hochzeit". Außerhalb der Staatsoper war der Sänger in zahlreichen Gastspielen vertreten, so bei den Bayreuther Festspielen 1943–44 als Hans Sachs in „Die Meistersinger von Nürnberg" und 1956 in der Titelrolle des „Fliegenden Holländers". Seine Gastspiele an der Grand Opéra von Paris, an der Covent Garden Opera in London, an der Mailänder Scala, am Teatro Colón von Buenos Aires, an der Oper von Rom sowie den Staatsopern in München und Hamburg brachten ihm triumphale Erfolge ein; bei den Salzburger Festspielen, wo man vor allem seine Kunst des Mozart-Gesangs bewunderte, trat er fast alljährlich auf. Bei den Salzburger Festspielen von 1952 wirkte der Sänger in der Uraufführung der Richard-Strauss-Oper „Die Liebe der Danae" in der Par-

Paul Schöffler

tie des Jupiters mit. 1949 bis 1951 erlebte Schöffler umjubelte Auftritte an der Metropolitan Opera von New York. Seine Karriere dauerte sehr lange, noch im Alter von 65 Jahren trat er auf der Bühne und im Konzertsaal auf. Er fand in einem Ehrengrab auf dem Wiener Zentralfriedhof seine letzte Ruhestätte.

SCHLUSNUS, HEINRICH
* 16.8.1888 in Braubach am Rhein,
† 18.6.1952 in Frankfurt am Main

Heinrich Schlusnus

Zunächst als Postangestellter in Frankfurt am Main tätig, bekam Schlusnus zugleich ersten Gesangsunterricht. Nachdem er im Ersten Weltkrieg an der Front eine schwere Beinverletzung erlitten hatte, entschied er sich für die Laufbahn als Opernsänger und debütierte 1915 an der Hamburger Oper als Heerrufer im „Lohengrin". Anschließend wurde er an das Stadttheater Nürnberg verpflichtet und wechselte 1917 an die Berliner Hofoper, deren Ensemblemitglied der Künstler bis 1945 blieb. Er ließ seine Stimme weiter bei Louis Bachner in Berlin ausbilden und gab dort 1918 im Blüthner-Saal seinen ersten Liederabend. Schon bald galt der Bariton als der bedeutendste deutsche Liedinterpret seiner Generation und begeisterte später in den Großstädten der Welt sein Publikum mehr als 2.000mal durch seinen Lied-Vortrag. Häufig gastierte er an der Wiener Staatsoper sowie an der Londoner Covent Garden Opera, 1927/28 war er an der Oper von Chicago engagiert. 1933 nahm er den in Hildesheim entlassenen jüdischen Kapellmeister Berthold Sander in seine Zehlendorfer Wohnung auf und sang noch am 26. Januar 1934 in einer Rundfunksendung Lieder von Felix Mendelssohn Bartholdy und Gustav Mahler. Trotzdem trat er 1935 auf der Hochzeit von Hermann Göring auf und machte am 29. März 1936 Wahlreklame für Adolf Hitler. 1938 wurde er zum Reichskultursenator ernannt. 1943 empfing der Künstler aus der Hand von Reichsmarschall Hermann Göring die Goethe-Medaille für Kunst und Wissenschaft. 1945 stand der Sänger zunächst auf der Schwarzen Liste der US-amerikanischen Militärregierung, wurde aber von der Spruchkammer in Frankfurt am Main am 28. August 1947 als „nicht betroffen" entnazifiziert. Schlusnus galt als vortrefflicher Verdi-Interpret und im Konzertsaal als Liedersänger von höchstem künstlerischen Rang, dessen Bariton durch eine ganz persönliche, warme Klangtönung gekennzeichnet war. Nach dem Zweiten Weltkrieg trat er noch an der Frankfurter Oper auf und sang hier 1948 als letzte Partie den Rigoletto; seinen letzten Liederabend gab er 1951. Das „Deutsche Bühnen-Jahrbuch" zog in seinem Nachruf das Fazit: „Mit ihm verliert Deutschland seinen bedeutendsten Opern- und Konzertbariton der letzten 30 Jahre."

Goethe-Medaille für Kunst und Wissenschaft

SCHIRP, WILHELM
* 27.7.1906 in Elberfeld,
† 26.12.1974 in Bad Aibling

Seine Ausbildung erhielt der Baß-Bariton am Kölner Konservatorium. 1928 gab er sein Debüt als Baß am Kölner Opernhaus, dessen Ensemblemitglied er bis 1934 blieb. Nach einem Engagement am Stadttheater Mainz in der Spielzeit 1934/35 wirkte er bis 1949 an der Städtischen Oper Berlin. 1938/39 gastierte der Künstler an der Wiener Staatsoper und sang 1938 den Hagen in der „Götterdämmerung" an der Covent Garden Opera in London, weitere Gastspiele gab Schirp in Hamburg, München und Leipzig sowie 1950 am Teatro Liceu in Barcelona als Hans Sachs in den „Meistersingern". 1949 bis 1952 wurde er erneut Mitglied der Kölner

Wilhelm Schirp

Oper und sang hier nun auch Partien für Helden-Bariton, ab 1952 wirkte Wilhelm Schirp an der Staatsoper Stuttgart.

SCHMITT-WALTER, KARL
Prof., * 23.12.1900 in Germersheim, † 14.1.1985 in Bad Kreuth

Der Opern- und Liedsänger begann sein Musikstudium in Nürnberg und setzte es bei dem Meister des Lieder Richard Trunk in München fort. Nach seinem Debüt am Nürnberger Stadttheater im Jahre 1923 war er engagiert am Stadttheater Oberhausen (1924/25), am Landestheater Saarbrücken (1925/26), am Stadttheater Dortmund (1926 bis 1928), am Staatstheater Wiesbaden (1929 bis 1935) und ab 1935 am Deutschen Opernhaus Berlin. Der Künstler gastierte an den Staatsopern von Wien und Hamburg, an der Grand Opéra von Paris, der Covent Garden Opera in London, der New York City Centre Opera sowie in Brüssel, Amsterdam und Barcelona, frenetisch gefeiert wurde er bei den Salzburger Festspielen und beim Holland Festival. Während des Zweiten Weltkrieges sang er in vielen Wehrmacht- und Frontkonzerten; Dr. Goebbels hielt am 28. April 1940 in seinem Tagebuch fest: „Nachmittags Besuch einiger Künstler, die sich besonders um die Truppenbetreuung verdient gemacht haben. Raucheisen, Schmitt-Walter. […] Wir erzählen viel, machen Spaziergang durch den Wald, dort wird von Raucheisen, Schmitt-Walter und Hilde Seipp musiziert." 1941 trat er in dem Zarah Leander-Film „Der Weg ins Freie" als Sänger auf. Die Leander spielte in dem Film eine Opernsängerin. Man bewunderte den Sänger als Beckmesser in den „Meistersingern" bei den Bayreuther Festspielen, als diese nach dem Kriege wieder durchgeführt wurden. Ab 1950 war er Mitglied der Münchener Staatsoper und hatte in der bayerischen Hauptstadt zugleich eine Professur an der Musikhochschule inne. Karl Schmitt-Walter war bayerischer und preußischer Kammersänger, Professor an der Staatlichen Hochschule für Musik in München, Träger des Großen Verdienstkreuzes der Bundesrepublik Deutschland sowie des Bayerischen Verdienstordens. Der König von Dänemark zeichnete ihn mit dem Dannebrogorden aus. Die Bayerische Staatsoper München würdigte sein Schaffen durch Aufnahme eines Gemäldes in ihre Porträtgalerie bedeutender Mitglieder des Hauses, das ihn in der Rolle des Don Giovanni zeigt.

Karl Schmitt-Walter

SCHLÜTER, ERNA
* 5.2.1904 in Oldenburg, † 1.12.1969 in Hamburg

Die Sängerin debütierte als Altistin am Landestheater Oldenburg und ging 1925 an das Stadttheater Mannheim, wo sich ihre Stimme zum hochdramatischen Sopran entwickelte. Als solcher wirkte sie 1930 bis 1940 am Opernhaus Düsseldorf; schon während dieser Zeit hatte sie große Erfolge bei Gastspielen, beispielsweise 1936 am Teatro Liceu von Barcelona. 1940 berief man sie an die Hamburger Staatsoper, deren Mitglied sie bis 1956 blieb; hier sang sie 1947 die Partie der Ellen Orford in der deutschen Erstaufführung von Benjamin Brittens „Peter Grimes". 1946/47 sang sie als erste deutsche Sängerin nach dem Zweiten Weltkrieg an der New Yorker Metropolitan Opera die Brünnhilde in der „Walküre" und die Isolde im „Tristan". Die bedeutendste deutsche hochdramatische Sopranistin ihrer Epoche wurde 1948 auch bei den Salzburger Festspielen als Leonore im „Fidelio" bewundert. Später wirkte Erna Schlüter als Gesangspädagogin. Ein Nachruf charakterisiert ihre Kunst so: „Ihr Sopran, der zwischen strahlender Kraftentfaltung und einem leuchtenden Pianissimo über reiche Differenzierungsfähigkeit verfügte, hatte eigenen Glanz. Ihr Spiel war beseelt von der Kraft zu idealistischem Aufschwung, die sich mit warmer Empfindung mischte."

Erna Schlüter

Düsseldorfer Opernhaus

Liselotte Schreiner

SCHREINER, LISELOTTE
* 19.6.1904 in Prag, † 15.2.1991 in Wien

Die Schauspielerin bekam ihr erstes Engagement 1926 am Landestheater Gotha, nahm dann in Weimar Schauspielunterricht und kam über die Theaterstationen Meiningen, Karlsruhe, Bochum, Wiesbaden und Essen im Jahre 1937 an das Deutsche Schauspielhaus in Hamburg. Dort erarbeitete sie sich einen Ruf als große Tragödin der Gegenwart in den klassischen Rollen der Penthesilea, Sappho, Elektra, Iphigenie, Medea, Calpurnia und Klytämnestra, um nur einige ihrer bedeutendsten Partien zu nennen. Im Jahre 1940 nahm die Künstlerin in einer Grillparzer-Rolle Abschied von Hamburg und ging nach Berlin an die Volksbühne; seit 1943 spielte sie auch am Wiener Burgtheater und wirkte 1954 bei den Bregenzer Festspielen in der „Fledermaus" mit. Sie trat nur ein einziges Mal vor die Kamera, und zwar 1942 für den Streifen „Die goldene Stadt".

Carla Spletter

SPLETTER, CARLA
* 9.11.1911 in Flensburg, † 19.10.1953 in Hamburg

Zusatz auf der Liste: „Wunsch des Reichsmarschalls"

Die Sopranistin begann 1931 ihre Ausbildung am Leipziger Konservatorium und debütierte bereits 1932 am Deutschen Opernhaus in Berlin, wo sie bis 1935 auftrat. Sie folgte dann einem Ruf an die Berliner Staatsoper, deren Ensemblemitglied sie bis 1945 war. Sie gab Gastspiele unter anderem an der Covent Garden Opera in London, an der Wiener Staatsoper, in Holland und an den bedeutenden deutschen Bühnen. 1935 trat sie in der Uraufführung von Eduard Künnekes Operette „Die große Sünderin" auf, 1938 in der Uraufführung von Werner Egks Oper „Peer Gynt". Die Sängerin wirkte auch in insgesamt vier Spielfilmen mit. In der Verfilmung von Friedrich von Flotows „Martha" hatte sie 1936 in der Titelrolle ihren bedeutendsten Filmerfolg. 1945 übersiedelte die Künstlerin nach Hamburg und gastierte vor allem an der dortigen Staatsoper. 1953 spielte Carla Spletter am Stadttheater Essen in der deutschen Erstaufführung von Alban Bergs „Lulu" die Titelrolle; die gleiche Partie sang sie, bereits schwer erkrankt, im Sommer 1953 beim Holland Festival.

STROUX, KARL-HEINZ
* 25.2.1908 in Hamborn, † 2.8.1985 in Düsseldorf

Der Arztsohn studierte in Berlin Geschichte und Philosophie, besuchte aber daneben auch die Schauspielschule an der Volksbühne; hier war er von 1928 bis 1930 Regieassistent und Schauspieler. In den folgenden Jahren wirkte er als Regisseur an diversen Berliner Bühnen sowie in Erfurt und Wuppertal,

Karl-Heinz Stroux (links)

1939 bis 1944 als Regisseur unter Gustaf Gründgens am Staatlichen Schauspielhaus Berlin und als Gastregisseur in Wien am Burgtheater. 1945 eröffnete er die von ihm mitgegründeten Heidelberger Kammerspiele. In der Funktion als Oberspielleiter war er ab 1946 in Darmstadt und Wiesbaden sowie in Berlin am Hebbel-Theater sowie Schiller- und Schloßparktheater tätig. Von 1955 bis 1972 war Karl-Heinz Stroux Generalintendant des Düssledorfer Schauspielhauses, danach arbeitete er als freier Regisseur und Schauspieler. Er führte auch in einigen Spielfilmen Regie, beispielsweise in „Begegnung mit Werther" (1949) und „Das Käthchen von Heilbronn" (1968); in dem Filmklassiker „M – Eine Stadt sucht einen Mörder" (1931) war er einer der Darsteller. Stroux wurde 1972 mit dem Großen Bundesverdienstkreuz mit Stern ausgezeichnet.

SUTHAUS, LUDWIG
* 12.12.1906 in Köln,
† 7.9.1971 in Berlin

Die Stimme des Heldentenors wurde erst während seiner Steinmetzlehre entdeckt. Er studierte von 1925 bis 1928 an der Kölner Musikhochschule und debütierte 1928 am Stadttheater Aachen als Walther in den „Meistersingern von Nürnberg". In Aachen blieb er bis zu seiner Verpflichtung an die Stuttgarter Staatsoper im Jahre 1932; dort wurde er 1941 als „politisch untragbar" entlassen, weil er nicht in die NSDAP eintreten wollte. Er erhielt im selben Jahr noch eine Verpflichtung an die Berliner Staatsoper, deren Mitglied er bis 1948 blieb. Der Künstler trat auch regelmäßig bei den Bayreuther Festspielen auf, nachdem er dort ebenfalls mit den „Meistersingern" debütiert hatte; dort trat er auch als Siegmund und als Loge im Ring-Zyklus in Erscheinung. Im Jahre 1948 wechselte der Sänger von der im Osten Berlins gelegenen Staatsoper in den Westteil der Stadt an die Deutsche Oper Berlin. Seit 1957 war er zugleich an der Wiener Staatsoper engagiert. Außerhalb des Wagner-Repertoires sang er eine Reihe anderer Partien aus dem heldischen Stimmfach. Er absolvierte zahlreiche Gastspiele in der ganzen Welt und gastierte an der San Francisco Opera, an der Covent Garden Opera in London, an der Pariser Grand Opéra von Paris, an der Mailänder Scala, der Staatsoper München, dem Nationaltheater München und der Hamburgischen Staatsoper. In den letzten Lebensjahren des Dirigenten Wilhelm Furtwängler gehörte Suthaus zu dessen bevorzugten Wagner-Interpreten. Seine Sängerkarriere wurde durch einen Autounfall jäh beendet. Das Deutsches Bühnen-Jahrbuch schrieb in seinem Nachruf: „Besaß eine dunkel getönte und zugleich strahlkräftige Stimme." Diese Stimme hatte einen relativ weichen, melancholischen, etwas gaumigen Klang mit einem hohen Maß an Stimmkultur, Intensität und Phrasierungsfähigkeit. Deshalb gilt er bis heute als einer der eindringlichsten Darsteller insbesondere des Tristan.

TAUBMANN, HORST
* 14.2.1912 in Pirna/Sachsen,
† 28.11.1991 in München

Zusatz auf der Liste: „Wunsch v. Reichsl. Bormann" [Wunsch von Reichsleiter Bormann; Martin Bormann (1900–1945), Leiter der Parteikanzlei der NSDAP im Range eines Reichsministers]

Nach dem Studium debütierte der Tenor 1935 als Lyonel in der romantisch-komischen Oper „Martha" von Friedrich von Flotow am Stadttheater Chemnitz. Nach Engagements an der Staatsoper Stuttgart (1935–37) und am Stadttheater Freiburg (1937–40) ging der Sänger 1940 an die Münchener Staatsoper und hatte hier einen ersten großen Erfolg als Lohengrin; am 28. Oktober 1942 sang er den Flamand in der Uraufführung der Richard-Strauss-Oper „Capriccio". Im selben Jahr sowie 1943 trat er als Matteo in „Arabella" von Richard Strauss auf und sang dort am 16. August 1944 in der Generalprobe (zu der nicht mehr realisierten) Uraufführung der Richard-Strauss-Oper „Die Liebe der Danae". Ebenfalls 1944 gastierte Taubmann am Deutschen Theater in den Niederlanden in Den Haag. Nach 1945 gab er Gastspiele in Wien und in München, 1946 bis 1950 war er an der Wiener Volksoper, 1950 bis 1953 am Staatstheater Kassel engagiert. 1947 wirkte er bei den Salzburger Festspielen als Camille in der Uraufführung der Oper „Dantons Tod" von Gottfried von Einem mit. Er trat bis 1955 als Sänger auf, verlor dann jedoch seine Stimme

Ludwig Suthaus

Seite 14

Horst Taubmann

Münchner National-theater

und übernahm eine leitende Funktion bei der Deutschen Grammophon-Gesellschaft.

TESCHEMACHER, MARGARETE
* 3.3.1903 in Köln,
† 19.5.1959 in Bad Wiessee

Margarete Teschemacher

Die Sopranistin entstammte einer rheinischen Theaterfamilie. Als 17jährige sang sie dem Dirigenten und Komponisten Otto Klemperer vor und studierte sodann am Kölner Konservatorium. Noch als Elevin debütierte die Sängerin 1924 mit der Micaela in „Carmen" am Kölner Opernhaus und erhielt daraufhin ihr erstes Engagement als jugendliche Sopranistin in Aachen, wo sie schon alle wichtigen Partien des jugendlich-dramatischen Fachs sang. Es folgten weitere Engagements: 1927/28 am Stadttheater Dortmund, 1928 bis 1931 am Stadttheater Mannheim, 1931 bis 1934 an der Staatsoper Stuttgart. Bereits in Stuttgart gehörte sie zu den erklärten Bühnenlieblingen und wurde zur Kammersängerin ernannt. 1934 wurde sie an die Staatsoper Dresden gerufen und hatte nun auch glänzende internationale Erfolge. Schon 1931 hatte sie bei den Maifestspielen der Londoner Covent Garden-Opera schöne Erfolge als Elsa und Pamina ersungen, die gleichen Partien sang sie bei ihren folgenden Gastspielen in Barcelona, wo sie auch das Sopransolo in Beethovens 9. Symphonie interpretierte. 1934 ging die Sängerin auf eine große Gastreise nach Südamerika, 1935 wurde sie an die Sächsische Staatsoper verpflichtet. Hier blieb sie bis nach dem Zweiten Weltkrieg. Als sie im August 1946 zum ersten Male wieder in der Dresdener Staatsoper auftrat und Verdis Amelia sang, jubelte ihr das Dresdener Publikum zum Beweis ihrer unveränderten Beliebtheit begeistert zu. Am 6. Februar 1939 sowie am 5. Februar 1940 sang die Sopranistin in Konzerten der NS-Freizeitorganisation „Kraft durch Freude". Sie gastierte an der Mailänder Scala, am Teatro Liceu von Barcelona, an der Oper von Chicago und an den Staatsopern von Berlin, Wien und München. Nach dem Zweiten Weltkrieg verband sie von 1947 bis 1952 ein Gastspielvertrag mit der Düsseldorfer Oper. Die Künstlerin, die seit ihrer Heirat mit dem Maler Prof. Richard Panzer in Tegernsee lebte, verstarb 56jährig an einem Schlaganfall.

Semperoper in Dresden

THIMIG, HERMANN
* 3.10.1890 in Wien, † 7.7.1982 ebd.

Der Schauspieler stammte aus einer bekannten Künstlerfamilie: Sein Vater Hugo war Regisseur und Theater- sowie Filmschauspieler und Direktor des Burgtheaters, auch seine Geschwister Helene und Hans Thimig waren Schauspieler, mit denen er sogar mehrmals zusammenarbeitete. Hermann Thimig spielte schon in seiner Jugend in verschiedenen Laienspielgruppen mit. Nach dem Militärdienst debütierte er im Dezember 1910 am Hoftheater Meiningen; dieses Engagement wurde durch seine Einberufung als Soldat im Ersten Weltkrieg unterbrochen. Da er ein Jahr später krankheitsbedingt frontuntauglich wurde, gastierte er in Berlin am

Hermann Thimig

Königlichen Schauspielhaus und spielte dann an der Volksbühne. Der künstlerische Durchbruch gelang ihm 1916 durch den Wechsel in das Max-Reinhardt-Ensemble am Deutschen Theater. Ebenfalls 1916 debütierte er auch als Filmschauspieler in „Die Gräfin Heyers" als Partner von Ossi Oswalda und Henny Porten. Er trat auch in drei Filmen des berühmten Ernst Lubitsch auf, darunter 1921 als schüchterner

Bandit in „Die Bergkatze". Mit dem Aufkommen des Tonfilms spielte Thimig kaum noch Theater, sondern spielte meist in Filmoperetten und Komödien, beispielsweise 1933 im Travestie-Ulk „Viktor und Viktoria". Den filmischen Durchbruch erreichte er 1933 in „Viktoria und ihr Husar"; er spielte in 43 Filmen, davon 34 Hauptrollen wie etwa „Im weißen Rössel" (1936), „Der Prozeß", (1947), „Geheimnisvolle Tiefe" (1948). Erst Mitte der 1930er Jahre spielte er in Wien wieder Theater (1934 bis 1968 am Wiener Burgtheater, auch am Theater in der Josefstadt), meist in Rollen älterer Herren. Derartige Partien spielte er bis in die Nachkriegszeit. Nach dem Österreich-Anschluß 1938 wurde er zum Staatsschauspieler ernannt. Am Burgtheater fand Thimig eine besondere Domäne als dynamischer Darsteller von Nestroy-Rollen, beispielsweise als Zwirn in „Lumpazivagabundus", spielte aber auch überzeugend Klassiker wie Zettel in „Sommernachtstraum", Lanzelot und Alter Gobbo in „Kaufmann von Venedig", Argan in „Der eingebildete Kranke" oder Oronte in „Der Misanthrop". Seine eigenständige Persönlichkeit verband sich mit einem ausgeprägten Ensemblegeist, seine Komikerrollen in klassischen Lustspielen prägten das Burgtheater in seiner Zeit. 1965 wurde er Ehrenmitglied des Burgtheaters, 1969 erhielt er das Filmband in Gold und 1981 den Ehrenring der Stadt Wien. Hermann Thimig ruht in einem ehrenhalber gewidmeten Grab auf dem Sieveringer Friedhof in Wien.

URSELEAC, VIORICA
* 26.3.1894 in Czernowitz,
† 22.10.1985 in Ehrwald/Tirol
Die Opernsängerin im Fach dramatischer Sopran wurde als Tochter eines griechisch-orthodoxen Pfarrers geboren und von 1917 bis 1922 an der Wiener Musikakademie sowie in Berlin von der Opernsängerin und Gesangspädagogin Lilli Lehmann ausgebildet. Sie debütierte 1922 in Agram, dem heutigen Zagreb, in der Rolle der Charlotte im „Werther" von Jules Massenet, wechselte 1923 an die Oper Czernowitz, 1924 an die Volksoper Wien und 1926 an die Frankfurter Oper, wo sie ihren späteren Ehemann, den Dirigenten Clemens Krauß kennenlernte. Dieser begleitete sie bei ihren Liederabenden oft auf dem Flügel oder leitete ihre Auftritte, darunter auch die Uraufführungen von vier Strauss-Opern: „Arabella" (Dresden, 1933), „Friedenstag" (München, 1938), „Capriccio" (München, 1942) und „Die Liebe der Danae" (Salzburg, 1944). Im ersten ihrer zahlreichen Gastspiele in Dresden sang sie 1929 die Madame Butterfly in Puccinis gleichnamiger Oper. 1930 bis 1935 war sie an der Wiener Staatsoper verpflichtet; im April 1935 trat sie bei der Hochzeit des Preußischen Ministerpräsidenten Hermann Göring auf. 1935 bis 1937 war sie an der Staatsoper Berlin und 1937 bis 1944 am Nationaltheater München engagiert; hier setzte sie sich mit Clemens Krauß besonders für die Werke von Richard Strauss ein. Nach 1945 gab sie Gastspiele unter anderem an der Wiener Staatsoper, am Hessischen Staatstheater in Wiesbaden und am Teatro Colón in Buenos Aires. Die Sängerin hat nach eigenen Angaben im Laufe ihrer langen Bühnenkarriere insgesamt 84 Opernrollen interpretiert und 482 Strauss-Abende auf der Bühne gesungen, am häufigsten trat sie als Marschallin in „Der Rosenkavalier" und als Arabella auf. Internationale Anerkennung gewann sie durch ihre Partien der Hauptfiguren in den Opern von Richard Strauss, bei denen ihre lyrisch-dramatische Sopranstimme besonders gut zur Geltung kam; außerdem war sie in Rollen von Verdi und Wagner zu sehen und zu hören. 1933 wurde sie zur österreichischen, 1934 zur preußischen Kammersängerin ernannt. Nach dem Tod ihres Ehemannes im Jahre 1954 zog sie sich von der Bühne zurück; Viorica Ursuleac wirkte ab 1959 als Pädagogin am Salzburger Mozarteum.

Viorica Urseleac

Franz Völker

Festspielhaus in Bayreuth

VÖLKER, FRANZ
**Prof., * 31.3.1899 in Neu-Isenburg,
† 5.12.1965 in Darmstadt**

Der Tenor trat bereits in jungen Jahren solistisch in Konzerten hervor. Zunächst war er als Bankangestellter tätig, privat betätigte er sich als Chorsänger. Clemens Krauß entdeckte die Stimme des jungen Mannes und sorgte dafür, daß sie von dem Gesangspädagogen Alexander Wellig ausgebildet wurde. 1926 debütierte Völker am Opernhaus Frankfurt, dessen Ensemblemitglied er bis 1931 blieb. 1931 ging der Sänger für vier Jahre an die Wiener Staatsoper; er trat 1931 auch erstmals bei den Salzburger Festspielen auf und wurde in den folgenden Jahren bis zum Sommer 1939 in zahlreichen Partien gefeiert, beispielsweise als Ferrando in „Così fan tutte", als Florestan im „Fidelio", als Max im „Freischütz" oder als Kaiser in der „Frau ohne Schatten" von Richard Strauss. Seine größten Erfolge erlebte er jedoch bei den Bayreuther Festspielen, denn in den Jahren 1933 bis 1944 stand er im Mittelpunkt dieser Festspiele, wo man vor allem seinen unvergleichlichen Lohengrin bewunderte. 1934 trat Völker beim ersten Propagandakonzert der SS, Oberabschnitt Süd, in der Tonhalle München auf, dieses SS-Konzert wurde in der Dezemberausgabe der Fachzeitschrift „Die Musik" sehr positiv rezensiert. 1935 folgte er einem Ruf an die Berliner Staatsoper, an der er seit 1933 ständig gastiert hatte und nun bis 1945 blieb. Bei der „Führer"-Geburtstagsfeier im Jahre 1942 trat der Tenor mit den Berliner Philharmonikern auf. Auch seine zahlreichen Gastspiele an den großen Bühnen Europas wie der Mailänder Scala, der Covent Garden Opera in London, der Grand Opéra von Paris oder in Amsterdam, Brüssel, Rom, Hamburg und München bescherten ihm größte Erfolge. Nach Kriegsende ging er bis 1952 an die Münchener Staatsoper, beendete dann seine Bühnenkarriere und wirkte als Pädagoge in Neu-Isenburg, ab 1958 wurde er Professor an der Stuttgarter Musikhochschule. In Franz Völkers Tenor paarten sich die Durchschlagskraft und die Dramatik des heldischen Fachs mit der Modulationsfähigkeit und der Klangschönheit eines lyrischen Tenors.

WALDAU, GUSTAV
*** 27.2.1871 in Piflas/Bayern,
† 25.5.1958 in München**

Geboren unter dem Namen Gustav Freiherr von Rummel als Sproß einer alten Offiziersfamilie wurde der Theater- und Filmschauspieler, der eigentlich Priester werden wollte, dem Wunsch seines Vaters gerecht, kam mit 14 Jahren in das Bayerische Kadettenkorps und wurde anschließend Leutnant im Infanterie-Leibregiment. Später folgte er dann doch seiner künstlerischen Neigung und wurde nach kurzer Ausbildungszeit Schauspieler unter dem Pseudonym Gustav Waldau und debütierte 1897 am Kölner Stadttheater.

Gustav Waldau

Abgesehen von der kurzen Schauspieltätigkeit in Köln, Gastspielreisen nach Amerika und Petersburg sowie Engagements in München und Wien, hielt er seiner heimischen Bühne am Münchener Staatsschauspiel die Treue. Hier entwickelte er sich zu einem der bedeutendsten Darsteller seiner Zeit. Im Dritten Reich spielte er in 63 Filmen mit, darunter das Hans-Albers-Opus „Ein Mann auf Abwegen" und 1943 als alternder Casanova im Ufa-Jubiläumsfilm „Münchhausen". Er wurde unter anderem mit dem Titel Staatsschauspieler und 1941 mit der Goethe-Medaille für Kunst und Wissenschaft ausgezeichnet. Mit zunehmendem Alter wandte er sich besonders der Darstellung humoristischer Bonvivants zu, spielte aber auch als Charakterdarsteller und Komiker viele bedeutende Rollen auf der Bühne wie auch im Film. Nach dem Zweiten Weltkrieg nahm er seine Bühnentätigkeit bald wieder auf und gastierte 1946/47 ständig an verschiedenen Theatern, vorwiegend am Landestheater Innsbruck. Ende 1949 feierte er in Wien sein Goldenes Bühnenjubiläum. Der Künstler war bis ins hohe Lebensalter am Bayerischen Kammerschauspiel und auf Gastspielreisen in Wien tätig. Zu seinen letzten Bühnenschöpfungen gehörte der Chevalier Dumont in Ferdinand Raimunds „Der Verschwender", der Patriarch im „Kleinen Teehaus" und der Astrologe Seni in „Wallensteins Tod". Auch im Film gab er kleinen Rollen edles Profil. Das „Deutsche Bühnen-Jahrbuch" schrieb in seinem Nachruf auf den großen Schauspieler: „Ein Nobelmann und ein Philosoph als ein großer Komödiant." Er wurde mit dem Max-Reinhardt-Ring ausgezeichnet und erhielt 1956 das Bundesverdienstkreuz 1. Klasse.

WEBER, LUDWIG
Prof., * 29.7.1899 in Wien,
† 9.12.1974 ebd.
Der Baß-Bariton wollte zunächst Volksschullehrer werden, studierte aber auch an der Kunstgewerbeschule bei dem Bühnenmaler Alfred Roller. Nachdem seine Stimme im Chor der Wiener Oratorien-Vereinigung entdeckt worden war, studierte er an der Wiener Musikakademie sowie bei dem Tenor und Gesangslehrer Alfred Boruttau. Sein Sängerdebüt gab Weber 1920 an der Wiener Volksoper, der er fünf Jahre lang angehörte. Von 1925 bis 1927 war er erster Bassist am Stadttheater Wuppertal, anschließend bis 1932 am Opernhaus Düsseldorf. Im Jahre 1930 gab er ein Gastspiel am Théâtre des Champs Elysées in Paris in Wagner-Opern unter dem Dirigat von Franz von Hoesslin. In der Spielzeit 1932/33 sang er am Opernhaus Köln und wurde sodann Mitglied der Staatsoper München, in deren Ensemble er bis 1945 blieb. 1937 ernannte Adolf Hitler ihn zum Kammersänger. Nach dem Zweiten Weltkrieg folgte er einem Ruf an die Staatsoper von Wien, wo er seinen Karrierehöhepunkt erreichte und verblieb dort bis zu seiner Pensionierung. Bei den Salzburger Festspielen feierte er große Erfolge, 1951 bis 1956 gehörte er zum Ensemble der Bayreuther Festspiele, zumal er generell als Wagner-Bassist hochgeschätzt war. Auch seine Gastspiele an der Mailänder Scala, an der Londoner Covent Garden Opera, am Teatro Colón von Buenos Aires, in Amsterdam und Brüssel brachten ihm große Erfolge ein, ebenso wie seine Mitwirkung beim Maggio musicale von Florenz. Außerdem glänzte Weber auch als gefeierter Oratorien- und Liedersänger. Ab 1961 lehrte er als Professor am Salzburger Mozarteum. Seine machtvolle, dabei aber musikalisch schön gebildete Stimme wurde als eine der rundesten, wärmsten und wohltönendsten Baßstimmen des 20. Jahrhunderts gefeiert. Seine Glanzrollen fand der Künstler in den Partien des „Parsifal", des Hagen in „Götterdämmerung", als Fasolt in „Das Rheingold", als König Marke in „Tristan und Isolde" (alle von Richard Wagner), als Sarastro in Mozarts „Zauberflöte", in der Titelfigur in Modest Mussorgskis „Boris Godunow" und als Baron Ochs auf Lerchenau in Richard Strauss' „Rosenkavalier".

Ludwig Weber

WEGENER, PAUL
* 11.12.1874 Arnoldsdorf/Westpreußen, † 13.9.1948 in Berlin
Der Schauspieler und Regisseur kam schon früh zum Theaterspiel, sein Jurastudium brach er ab und ging zum Schauspiel. Nach kleineren Engage-

Paul Wegener

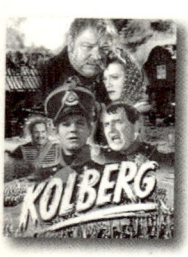

Wegener 1945 als Nathan

ments in Leipzig, Rostock, Aachen und Wiesbaden spielte er mit sehr großem Erfolg in einer der ersten deutschen Aufführungen von Maxim Gorkis „Nachtasyl", worauf Max Reinhardt ihn nach Berlin an sein Theater holte. Hier begann die große Zeit von Paul Wegener zwischen 1906 und 1920 mit Rollen wie Richard III., Macbeth, Othello oder Mephisto. Wegener war ein Filmpionier und hatte durch seinen frühen Einsatz für das neue Medium maßgeblichen Einfluß auf die Akzeptanz des Films als Kunstform. Mit dem (heute verschollenen) Film „Der Golem" von 1914 hatte der Künstler einen durchschlagenden Erfolg und gründete daraufhin eine eigene Filmfirma, was ihn als Schauspieler und Regisseur unabhängig machte. 1920 produzierte er den international gefeierten Filmklassiker „Der Golem, wie er in die Welt kam", im Ersten Weltkrieg hatte er bereits einige phantasievolle Märchenfilme inszeniert. Sein letztes eigenes Regieprojekt der Stummfilmzeit war ein finanzieller Mißerfolg, so daß er fortan nur noch als Darsteller in Produktionen anderer Firmen wirkte. Aufgrund seiner internationalen Erfolge konnte er in Hollywood den Film „Der Magier" drehen. Er trat auch in lukrativen Gastrollen an verschiedenen Berliner Theatern auf und ging auf Tourneen, etwa 1929 nach Südamerika. Im Dritten Reich hatte er zunächst ein Engagement bei Heinrich Georges Schillertheater und wechselte später zu Gustaf Gründgens an die Staatlichen Bühnen Berlins. Seine offen anti-nationalsozialistische Haltung stellte weder für ihn noch für Dr. Goebbels ein Hindernis dar, in ausgesprochen politischen Filmen mitzuspielen, beispielsweise in den Veit-Harlan-Filmen „Der Große König" oder „Kolberg". Nach Kriegsende schützte der bereits über 70jährige ein Dutzend Frauen vor der Vergewaltigung durch russische Besatzungstruppen. Sein Haus hatte sich zu einem Treffpunkt für russische Offiziere entwickelt, mit denen Wegener sich im Erdgeschoß betrank, während die Frauen aus den umliegenden Häusern sich auf seinem Dachboden versteckten. Seine letzte große Rolle spielte Wegener im September 1945 als Nathan in Lessings „Nathan der Weise"; er erlitt bald einen Schwächeanfall und verstarb kurz darauf.

WESSELY, PAULA
* 20.1.1907 in Wien, † 11.5.2000 ebd.

Das große Talent der Künstlerin wurde bereits von einer Lehrerin durch einen Vortrag von Grillparzers Grabrede auf Beethoven erkannt, die sie zur Schauspielerausbildung animierte. Das junge Mädchen absolvierte daraufhin ab 1922 seine Ausbildung in Wien an der Akademie für Musik und darstellende Kunst sowie am Max-Reinhardt-Seminar. Anschließend erhielt sie 1924 ihr erstes Engagement am Deutschen Volkstheater, wechselte 1926 an das Neue Deutsche Theater in Prag, spielte von 1927 bis 1929 wieder in Wien am Deutschen Volkstheater und wirkte schließlich von 1929 bis 1944 am Theater in der Josefstadt. Nachdem sie bei den Salzburger Festspielen 1930 mit der Luise in Schillers „Kabale und Liebe" einen ersten größeren Erfolg feierte, folgte ihr eigentlicher Durchbruch als Tragödin 1932 bei einem Gastspiel am Deutschen Theater Berlin in Gerhard Hauptmanns „Rose Bernd"; dessen Ensemble gehörte sie von 1934 bis 1944 neben ihrer Wiener Tätigkeit an. Beim dortigen Burgtheater, dessen ständiges Mitglied sie 1953 wurde, galt sie bis zu ihrem Rückzug von der Bühne als unbestrittene Grande Dame des Ensembles. Zu breiterer Popularität gelangte die Künstlerin allerdings trotz ihrer großen Theatererfolge erst durch ihr Filmschaffen. Schon in ihrer ersten Rolle in „Maskerade" (1934) erzielte sie einen großen Erfolg. Anläßlich der Volksabstimmung zum Österreich-Anschluß erklärte sie: "Ich freue mich, am 10. April 1938 das Bekenntnis zum großen Volksdeutschen Reich mit Ja ablegen zu können und so die von mir immer betonte Kulturverbundenheit der österreichischen Heimat mit den anderen deutschen Gauen zu bekräftigen." 1941 verkörperte Paula Wessely in dem Film „Heimkehr" von

Paula Wessely in dem Film „Maskerade" von 1934

Gustav Ucicky eine von Polen verfolgte Deutsche. Im „Neuen Wiener Tagblatt" erklärte sie dazu noch vor der Premiere: „Es ist eine hohe und verantwortungsvolle Aufgabe, die mir hier gestellt wurde und die ich doch mit Freude übernommen habe." Sie gehörte während der Kriegszeit mit Gagen von bis zu 150.000 Reichsmark pro Film zu den bestbezahlten Filmstars der deutschen Filmproduktion. Daß sie im Dritten Reich eine hofierte Schauspielerin war, tat ihrer Popularität nach 1945 keinen Abbruch, und sie setzte nach den zwölf Filmrollen, die sie bis 1945 gespielt hatte, in der Nachkriegsära mit zahlreichen Filmen ihre Erfolge fort. Auch im Fernsehen war sie gelegentlich zu Gast. Ihre eigentliche Domäne blieb jedoch die Theaterbühne; sie trat bereits 1946 in Wien wieder als Shen Te in Berthold Brechts „Guter Mensch von Sezuan" auf, und auch in den folgenden Jahrzehnten konnte die vielseitige Darstellerin noch in zahllosen wichtigen Rollen überzeugen. Im Jahre 1985 stand sie in Ferdinand Raimunds „Der Diamant des Geisterkönigs" zum letzten Mal auf der Bühne des Burgtheaters und trat nur noch einige Jahre mit Leseabenden am Wiener Akademietheater auf. Die vielfach ausgezeichnete Schauspielerin war schon zu Lebzeiten eine Legende und wurde in den Nachrufen der Medien als eine der größten deutschen Schauspielerinnen des 20. Jahrhunderts gerühmt.

WITTE, ERICH
* 19.3.1911 in Graudenz/Westpreußen, † 30.6.2008 in Berlin
Der Opernsänger und Regisseur wurde zunächst Schauspieler und Korrepetitor, studierte dann aber am Konservatorium Bremen bei dem Baß-Bariton Philipp Kraus Gesang und gab 1930 sein Bühnendebüt als Nando in „Tiefland" am Bremer Theater. 1931 erhielt er ein Engagement als Schauspieler am Stadttheater Bremerhaven, übernahm aber bald Gesangspartien wie etwa den Jaquino in „Fidelio". 1932 bis 1937 ging er wieder an das Bremer Theater zurück und wechselte dann an das Nassauische Landestheater in Wiesbaden, wo er als Tenor-Buffo reüssierte. 1936/37 gastierte er an der Oper von Monte Carlo, 1938 und 1940 an der Wiener Staatsoper sowie 1938 am Teatro Colón in Buenos Aires. 1938/39 sang der Tenor in 46 Vorstellungen an der New Yorker Metropolitan Opera, beispielsweise den Froh im „Ring des Nibelungen" und den Narr in „Boris Godunow". Von 1940 bis 1942 war er am Opernhaus Breslau engagiert, wo er am 7. Februar 1942 in der Uraufführung von Hans Stiebers Oper „Der Dombaumeister" mitwirkte. Ab 1941 gehörte er zum Ensemble

Schauspielhaus Wiesbaden

Erich Witte

der Berliner Staatsoper, 1943/44 sang er den David in den „Meistersingern von Nürnberg" bei den Bayreuther Festspielen, hier gab er 1952/53 auch den Loge in der Ring-Tetralogie. Nach dem Zweiten Weltkriege konnte Witte in Berlin auf verschiedenen Bühnen große Erfolge feiern, beispielsweise trat er sehr erfolgreich am 4. September 1955 als Junker Stolzing in den „Meistersingern" bei der Eröffnungsvorstellung nach dem Wiederaufbau der Deutschen Staatsoper auf. Hier blieb der auch durch Gastspiele in aller Welt bekannte Heldentenor bis 1960, dann war er bis 1964 Oberspielleiter an der Oper Frankfurt, danach kehrte er wieder an sein Berliner Stammhaus zurück, wo er sich zunehmend auf das Charakterfach verlegte. Seine letzten Auftritte absolvierte er im Alter von mehr als achtzig Jahren.

WITTRISCH, MARCEL
* 1.10.1903 in Antwerpen,
† 3.6.1955 in Stuttgart

Der Sohn eines Pelzhändlers besuchte in Leipzig zunächst die Handelshochschule, wechselte dann aber doch zum Gesangstudium, das er an den Konservatorien von Leipzig und München absolvierte und in Mailand abschloß. Er debütierte 1925 als Titelheld in „Hans Heiling" von Heinrich Marschner, hatte von 1926 bis 1929 ein Engagement am Staatstheater Braunschweig und wurde dann an die Staatsoper Berlin verpflichtet, wo er bis 1944 eine glanzvolle Karriere entwickelte. Im Mai 1931 gab er ein erfolgreiches Gastspiel in London an der Covent Garden Opera als Tamino in der „Zauberflöte"; 1933 sang er erstmals bei den Bayreuther Festspielen. Nachdem er schon einige Male in Filmen Schlager gesungen hatte, ohne auf der Leinwand zu erscheinen, debütierte er 1934 in „Die Stimme der Liebe" vor der Filmkamera. Im folgenden Jahr wurde er zum Kammersänger ernannt. 1937 sang der populäre Tenor den Lohengrin bei den Bayreuther Festspielen; er war auch als Operetten- und als Filmsänger sehr erfolgreich. Nach Kriegsende sang er sehr oft in Flüchtlingslagern, später folgten eigene Arien- und Liederabende im ganzen Bundesgebiet; als Opertenor trat er nur noch selten in Erscheinung. Bald kamen auch wieder die Rufe ins Ausland, und er gab Gastspiele in Bordeaux, Monte Carlo, Paris, Wien. Der Sänger machte eine große Konzertreise durch die Schweiz und im Spätherbst 1954 eine dreimonatige Gastspielreise durch Südamerika. Er beherrschte als ausgesprochener Belcanto-Vertreter alle in das Fach des lyrischen Tenors einschlagenden Partien, doch er bevorzugte Mozart, Puccini und Wagner; auch der Danilo in der „Lustigen Witwe" war ein Glanzstück seines Repertoires.

Marcel Wittrisch

ZIMMERMANN, ERICH
* 29.11.1892 in Meißen,
† 24.2.1968 in Berlin

Nach einer Tätigkeit als Porzellanmaler an der Meißener Porzellan-Manufaktur studierte der Sänger in Dresden Gesang und debütierte 1918 an der Dresdener Staatsoper. Es folgten Engagements in Dortmund, Braunschweig und Leipzig. Von 1925 bis 1931 sang er an der Münchener Staatsoper, 1931 bis 1934 an der Staatsoper Wien und 1934/35 an der Staatsoper Hamburg. 1935 ging er an die Berliner Staatsoper, wo er bis 1944 große Erfolge feierte; auch bei den Bayreuther Festspielen, wo er von 1925 bis 1944 auftrat, war Zimmermann sehr erfolgreich, namentlich als Mime im Ring-Zyklus. Er war seit 1933 NSDAP-Mitglied und wurde von Hitler anläßlich dessen 50. Geburtstages zum Kammersänger ernannt. Der Sänger gastierte an Grand Opéra Paris (1934, 1938, 1941, 1951, 1955), in London an der Covent Garden Opera (1934, 1937 bis 1939 und nochmals 1950), in Brüssel, Amsterdam und auch bei den Salzburger Festspielen. Hier glänzte er 1930 bis

1932 als Basilio in „Figaros Hochzeit", 1931 als Monostatos in der „Zauberflöte" und 1938 als David in den „Meistersingern". Nach dem Zweiten Weltkrieg hatte der Tenor bis 1954 ein Engagement an der Städtischen Oper Berlin, an der er 1955 nochmals gastierte. Er gab Gastspiele an der Staatsoper Dresden (1927), am Opernhaus Zürich (1938) sowie an der Oper Monte Carlo (1937, 1938). Er sang in den Uraufführungen der Opern „Rembrandt van Rijn" (23.1.1937) von Paul von Klenau, „Peer Gynt" von Werner Egk (24.11.1938), „Schneider Wibbel" von Mark Lothar (12.5.1938) und „Schloß Dürande" von Othmar Schoeck (1.4.1943) an der Berliner Staatsoper, an der Städtischen Oper Berlin in der Uraufführung von „Ein preußisches Märchen" von Boris Blacher (23.9.1952). Seine Karriere blieb auch nach dem Zweiten Weltkrieg erfolgreich, er wirkte mit Konzerten und Gastspielen bis Mitte der 1950er Jahre und danach als Pädagoge in Berlin.

Erich Zimmermann

A. Filmliste

Seite 15

Viktor Afritsch

AFRITSCH, VIKTOR
* 23.3.1906 in Graz,
† 9.3.1967 in Berchtesgaden
Der Schauspieler debütierte mit 17 Jahren am Stadttheater Graz und begab sich ein Jahr später auf eine Südamerikatournee mit seinen Künstlerkollegen Alexander Moissi und Max Pallenberg. Ab 1933 wurde er wieder Ensemblemitglied am Stadttheater Graz, später wirkte er bis 1937 am Deutschen Theater in Prag. Dort begann auch seine Filmkarriere, in der er in mehr als 70 Filmen mitwirkte, darunter Streifen wie „Alarmstufe V" und „Kleine Residenz" (1941), „In flagranti" (1943), „Schuß um Mitternacht" (1944), „Die Försterchristel" (1952), „Die Zwillinge vom Zillertal" (1957) und „Das ist die Liebe der Matrosen" (1962).

Wolf Albach-Retty

ALBACH-RETTY, WOLF
* 28.5.1908 in Wien, † 21.2.1967 ebd.
Geboren als Sohn eines k.u.k.-Offiziers und der bekannten Hofschauspielerin Rosa Albach-Retty, bewies der junge Künstler auf der Wiener Akademie für Musik und darstellende Kunst eine derartige Begabung, daß er am Burgtheater sein Debüt geben durfte und dort auch sein erstes Engagement erhielt. Er wurde auch bald für die Salzburger Festspiele verpflichtet, wo der Film auf ihn aufmerksam wurde. Eine erste Stummfilm-Rolle erhielt er 1927. 1932 stand er als Partner von Lilian Harvey in „Zwei Herzen und ein Schlag" vor der Kamera, und die danach folgenden Filme machten ihn rasch zu einem Star, darunter u.a. „Der schwarze Husar" (1932) oder „Liebe muß verstanden sein" (1933). Im Dritten Reich drehte er 41 Filme, beispielsweise erstmals 1934 mit seiner ersten Ehefrau Magda Schneider „G'schichten aus dem Wiener Wald", später „Mutterliebe" (1939, Prädikat: staatspolitisch besonders wertvoll) und „Ein Mann wie Maximilian" (am 13. März 1945 vorletzte Uraufführung im Dritten Reich). Nach dem Krieg spielte Albach-Retty zunächst wieder in Österreich, sein erster Nachkriegsfilm war dort „Ein bezaubernder Schwindler" (1949), und sein erster bundesdeutscher Film war „Gefährliche Gäste" (1949). Weitere Filme mit ihm waren „Die Stimme der Sehnsucht" (1956), „Gefährdetes Mädchen" (1957), „Immer die Radfahrer" (1958), „Hubertusjagd" (1959) und „Die Försterchristl" (1962). Er liegt in einem Ehrengrab auf dem Wiener Zentralfriedhof begraben.

ALBERS, HANS
* 22.9.1891 in Hamburg,
† 24.7.1960 in Kempfenhausen/Bayern
Der Sohn eines Schlachtermeisters erhielt 1911 sein erstes Engagement im sächsischen Kurort Schandau, ging allerdings im selben Jahr noch an das Neue Theater in Frankfurt am Main und 1912 an das Stadttheater Güstrow. Nach der Arbeit auf verschiedenen Wanderbühnen verpflichtete ihn 1914 das Hamburger Thalia-Theater, wo er bereits in größeren Rollen Erfolge verbuchen konnte. 1916 wurde er an der

Hans Albers als „Münchhausen"

Westfront schwer verwundet und dienstuntauglich. Nach längerem Lazarettaufenthalt kam er an das Wiesbadener Residenz-Theater, wo er vor allem in Possen, Lustspielen und Operetten auftrat. Nach Kriegsende wagte er den Sprung nach Berlin, spielte dort an verschiedenen Theatern und übernahm zahlreiche Nebenrollen in Stummfilmen, meist in der Darstellung „halbseidener" Charaktere. Ab Mitte der zwanziger Jahre trat Albers fast jeden Abend in verschiedenen Revuen als Schauspieler, Sänger, Tänzer, Komiker und Artist auf und wurde einer der beliebtesten Stars. 1928 übernahm er ein Engagement am Deutschen Theater und feierte seinen ersten großen Erfolg in einer seriösen Rolle als Kellner Tunichtgut in dem zeitkritischen Stück Ferdinand Bruckners „Verbrecher". 1929 übernahm er in dem ersten deutschen Tonfilm „Die Nacht gehört uns" eine tragende Rolle; mittlerweile hatte er in mehr als 100 Stummfilmen mitgewirkt. 1931 hatte er mit der Titelrolle in dem Stück „Liliom" an der Berliner Volksbühne einen Höhepunkt seiner Theaterkarriere. Nach seiner Nebenrolle im Film „Der Blaue Engel" (1930) gelang ihm der filmische Durchbruch in dem UFA-Film „Sieger" (1932), in dem er das Lied „Hoppla, jetzt komm ich" sang, das zu seinem Markenzeichen wurde. Weitere erfolgreiche Filme mit Hans Albers, welcher der Spitzenverdiener des deutschen Films wurde, waren „Bomben auf Monte Carlo" (1931), „F.P.1 antwortet nicht" und „Quick" (1932), „Der Mann, der Sherlock Holmes war" (1937), „Wasser für Canitoga" (1939), „Carl Peters" (1941), „Große Freiheit Nr. 7" (1944) sowie der wohl berühmteste deutsche Farbfilm „Münchhausen" (1943). Nach dem Zweiten Weltkrieg konnte Hans Albers seine schauspielerische Tätigkeit unmittelbar fortsetzen. Er spielte wieder auf der Theaterbühne (die er seit 1933 gemieden hatte) und begeisterte Kritiker und Publikum erneut mit dem „Liliom" am Berliner Hebbel-Theater und der Darstellung des Makkie Messer in Brechts „Dreigroschenoper". Ab 1947 drehte er auch wieder zahlreiche Filme. Er machte sich auch als Sänger einen Namen. Fast alle von Albers eingespielten Schlager entstammen der Musikbegleitung seiner Filme; insbesondere die Musik zu „Große Freiheit Nr. 7" (1943/1944), „Wasser für Canitoga" (1939) und „F.P.1 antwortet nicht" (1932) verhalf ihm zu Popularität als Sänger. Albers' größter musikalischer Erfolg war seine für „Große Freiheit Nr. 7" aufgenommene, mit einem deutschsprachigen Text von Helmut Käutner versehene Version des alten südamerikanischen Liedes La Paloma. Im Alter von 68 Jahren brach Hans Albers während einer Theateraufführung mit schweren inneren Blutungen zusammen und starb drei Monate später am 24. Juli 1960 in einem Sanatorium in Kempfenhausen am Starnberger See. Er wurde eingeäschert und die Urne auf dem Hauptfriedhof Ohlsdorf in seiner Geburts-

Bundesverdienstkreuz

stadt Hamburg beigesetzt. Bei den Internationalen Filmfestspielen Berlin 1956 wurde Albers mit dem Goldenen Bären (Bester Darsteller) für „Vor Sonnenuntergang" ausgezeichnet. 1960 erhielt Albers das große Bundesverdienstkreuz der Bundesrepublik Deutschland aus der Hand von Bundespräsident Heinrich Lübke.

AMBESSER, AXEL VON
* 22.6.1910 in Hamburg,
† 6.9.1988 in München

Axel von Ambesser

Geboren unter dem Namen Axel Eugen von Oesterreich, wurde der Kaufmannssohn 1930 ohne jeden Schauspielunterricht an die Hamburger Kammerspiele engagiert. Später absolvierte er an Otto Falckenbergs Schule in München doch noch eine Schauspielausbildung und ging 1936 an das Deutsche Theater nach Berlin. Nach einem Engagement am Wiener Theater in der Josefstadt folgte er dem Ruf von Gustaf Gründgens an das Staatstheater in Berlin. In der Reichshauptstadt feierte er als Charmeur, Bonvivant und eleganter Filou große Erfolge auf der Bühne wie auch im Film. Ab 1945 gehörte der Künstler zum Ensemble der Städtischen Bühnen München und war auch hier als Schauspieler und Regisseur sehr erfolgreich. Von seinen zahlreichen Filmen seien erwähnt: „Das Herz der Königin" (1940), „Annelie" (1941), „Frauen sind keine Engel" (1942), „Der brave Soldat Schwejk" (1960), „Kohlhiesels Töchter" (1962) und sein letzter Streifen „Wir hau'n die Pauker in die Pfanne" (1970). 1971 erhielt er den Bayerischen Verdienstorden, 1975 das Bundesverdienstkreuz. 1985 wurde Axel von Ambesser mit dem Filmband in Gold ausgezeichnet.

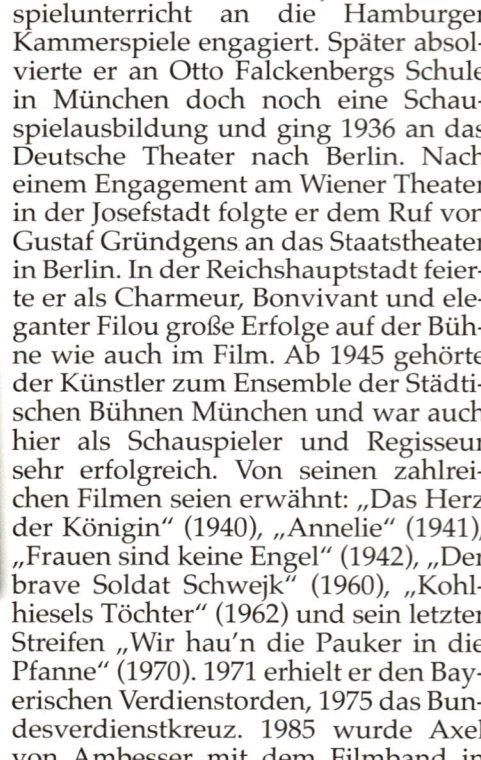

ARNHEIM, VALY
* 8.6.1883 in Waldau/Bernburg,
† 11.11.1950 in Berlin

Valy Arnheim

Geboren unter dem Namen Valentin Appel, erhielt der Schauspieler seine künstlerische Ausbildung bei Theaterdirektor Rieckhoff in Riga und bekam sein erstes Engagement am dortigen Hagenberger Theater. Ab 1910 folgten Theaterstationen in Libau, Bremen und Schaffhausen, in der Spielzeit 1913/14 leitete der Künstler das Cines-Theater in Berlin. Seine Filmkarriere begann der Künstler im Jahre 1917 und verkörperte ab 1918 in einer selbst inszenierten und produzierten Filmfolge erfolgreich den Detektiv Harry Hill. In den 1930er und 1940er Jahren war er noch in zahlreichen Filmen zu sehen, da er jedoch meist nur Nebenrollen bekam, konzentrierte Arnheim sich wieder auf das Theater. Einige Beispiele seiner Filme: „Der Höllenreiter" (1922), „Der Hund von Baskerville (1929), „Bomben auf Monte Carlo" (1931), „Menschen ohne Vaterland" (1937), „Fünf Millionen suchen einen Erben" (1938), „Jud Süß" (1940), „Die goldene Stadt" (1942), „Münchhausen" (1943), „Wozzeck" (1947) und „Rausch einer Nacht" (1951).

AUER, ERNST
* ?, † 10.12.1975

Der österreichische Schauspieler war der Sohn der Schauspielerin Mimi Gstöttner-Auer und des Schauspielers Ludwig Auer, die beide Mitbegründer der Tiroler Theatergruppe „Exl-Bühne" (die mit Volks- und Bauernstücken einen großen Bekanntheitsgrad erreichte) waren und dort auch lange arbeiten. Ernst Auer spielte in den Filmen „Der Meineidbauer" (1941), „Erde" (1947), „Ulli und Marei" (1948), „Veronika, die Magd" (1951), „Der Fall Jägerstätter" (1971, Fernsehfilm) und „Das Wandern ist Herrn Müllers Lust" (1973).

AUER, LUDWIG
* 24.8.1881, † 29.4.1954 in Innsbruck

Der Ehemann der Schauspielerin Mimi Gstöttner-Auer, die wie er Mitbegründer der Tiroler Theatergruppe

Ludwig Auer (rechts)

Karl Bachmann

„Exl-Bühne" (die mit Volks- und Bauernstücken einen großen Bekanntheitsgrad erreichte) war, und Vater des Schauspielers Ernst Auer spielte lange Jahre an dieser Bühne, die im Dritten Reich gefördert wurde. Ludwig Auer spielte aber auch in einigen Filmen mit, beispielsweise in „Die Geierwally" (1940) und „Der Meineidbauer" (1941). Der Künstler wurde 1942 mit dem Ehrenring der Stadt Innsbruck ausgezeichnet. Anläßlich der Feier zum 50jährigen Jubiläum der „Exl-Bühne" inszenierte er Karl Schönherrs Stück „Der Judas von Tirol".

AUER, LEONHARD
Lebensdaten des Schauspielers konnten nicht ermittelt werden, lediglich folgendes: Er gehörte zur Schauspieler-Familie Auer, deren Mitglieder zu den Mitbegründern der Tiroler Theatergruppe „Exl-Bühne" gehörten und dort auch als Darsteller wirkten.

BACHMANN, KARL
* 7.9.1883 in Wien, † 28.4.1958 ebd.
Der Schauspieler wandte sich frühzeitig der Bühne zu, hatte zahlreiche Engagements im deutschsprachigen Raum und kehrte schließlich nach Wien zurück. Hier trat er am Volkstheater, am Theater an der Wien, am Stadttheater und der Scala in Charakterrollen auf, wobei besonders seine Darstellungen in Nestroy-Stücken scharf profiliert waren. Seine beiden Stummfilme waren „Die Czardasfürstin" (1919) und „Freut Euch des Lebens" (1920), in denen er an der Seite des Stummfilmstars Liane Haid spielte. Danach wirkte Bachmann viele Jahre ausschließlich auf der Theaterbühne und trat erst 1934 neben Magda Schneider und Wolf Albach-Retty in „G'schichten aus dem Wienerwald" wieder im Film auf. Die meisten seiner Streifen, in denen er vorwiegend Nebenrollen spielte, entstanden in den 1940er und 1950er Jahren, etwa „Das jüngste Gericht" (1940), „Die kluge Marianne" (1943), „Das vierte Gebot" (1950) und „Abenteuer im Schloß" (1952). Karl Bachmann schrieb auch einige Drehbücher.

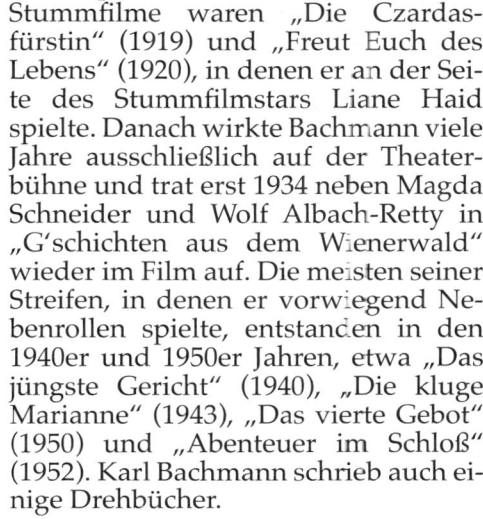

BECHMANN, WALTER
* 13.7.1887 in Blankenburg/Harz,
† 3.5.1967 in Berlin
Geboren unter dem Namen Hubert Freiherr von Mauchenheim, begann Bechmann als junger Schauspieler in Königsberg und wirkte danach vorwiegend an Berliner Bühnen. Ab Mitte der 1930er Jahre war er auch im Filmgeschäft als zuverlässiger Nebendarsteller tätig, angefangen von seinem ersten Streifen „Ein idealer Gatte" (1935) bis zu seinem letzten Film „Die Spur führt nach Berlin" (1952). Dazwischen spielte der Künstler in rund 70 Filmen mit, von denen einige Klassiker des deutschen Tonfilms wurden: „Togger" (1937), „Jud Süß" (1940), „Frauen sind doch bessere Diplomaten" (1941), „Immensee" (1943), „Frau meiner Träume" (1944) und „Der Rat der Götter" (1950).

Walter Bechmann

BENDOW, WILHELM
* 29.9.1884 in Einbeck,
† 29.5.1950 ebd.
Geboren unter dem Namen Wilhelm Boden, begann der Sohn eines Brauereibesitzers seine Karriere an Provinzbühnen, bis er 1906 ein Enga-

Wilhelm Bendow

gement am Berliner Schiller-Theater erhielt. In den 1920er Jahren wurde er auch als Kabarettist populär, insbesondere nachdem er sein eigenes Kabarett „Bendows Bunte Bühne" eröffnet hatte. Er war, meist in winzigen Rollen, in mehr als 100 Streifen zu sehen, die bekannteste wohl als Mann im Mond in dem UFA-Jubiläumsfilm „Münchhausen" (1943). Bendow spielte in zahlreichen Spielfilmen und am Theater hauptsächlich komödiantische Rollen und erlangte zudem durch humoristische Vorträge und Sketche im Rundfunk und auf Sprechplatten Popularität. Der bekannte und beliebte Schauspieler und Komiker zog sich nach einem Unfall 1948 ins Privatleben zurück. Erneute Bekanntheit erlangte Wilhelm Bendow durch den von vielen Humoristen benutzten Sketch „Auf der Rennbahn" mit dem vielzitierten Ausspruch „Wo laufen sie denn?" Eine Tonaufnahme des Sketches wurde 1972 von Vicco von Bülow (Loriot) mit einem Zeichentrickfilm unterlegt.

BERTRAM, GUSTAV
Lebensdaten des Schauspielers konnten nicht ermittelt werden, lediglich folgendes: Er spielte in den acht Filmen mit: „Das Leben geht weiter" (1945), „Der Fall Molander" (1945), „Peter Voß, der Millionendieb" (1946), „Verlobte Leute" (1950), „Wenn abends die Heide träumt" (1952), „Frau Holle" (1954), „Der Struwwelpeter" (1955) und „Dornröschen" (1955).

BIENERT, GERHARD
* 8.1.1898 in Berlin, † 23.12.1986 ebd.
Der Sohn eines Buchhalters meldete sich nach dem Abitur 1916 als Kriegsfreiwilliger und diente als Dragonerleutnant bei der Kavallerie. 1919 nahm er Schauspielunterricht und bekam danach erste Theaterrollen, zunächst als Komparse, ab 1921 als Darsteller an verschiedenen Berliner Bühnen. Ab 1922 wirkte er auch im Stummfilm.

Gerhard Bienert

Mit den Streifen „Der Mann mit dem Laubfrosch" (1928) und „Mutter Krausens Fahrt ins Glück" (1929) schaffte er den endgültigen schauspielerischen Durchbruch. Im Tonfilm spielte er viele Nebenrollen, unter anderem in „Der blaue Engel" (1930), „Morgenrot" (1932) und „Ohm Krüger" (1941). Bis 1945 spielte er in insgesamt 70 Filmen mit. Nach Kriegsende gehörte der Schauspieler zum Ensemble des Deutschen Theaters in Berlin und avancierte – beginnend mit „Affaire Blum" – in vielen DEFA-Filmen und Fernsehproduktionen der DDR zum Star. 1977 erhielt er den Nationalpreis der DDR 2. Klasse für Kunst und Literatur.

BILDT, PAUL
* 19.5.1885 in Berlin, † 13.3.1957 ebd.
Der Sohn eines Gemischtwarenhändlers debütierte 1905 in Hannover, danach bekam er ein Engagement am Schiller-Theater in Berlin, wo er acht Jahre blieb. Er avancierte zu einem der meistbeschäftigten Schauspieler der Stummfilmzeit, führte Regie und wirkte später im Tonfilm auch als Dialogregisseur. Im Dritten Reich konnte er trotz seiner jüdischen Ehefrau unter dem Schutz von Gustaf Gründgens weiter am Preußischen Staatstheater spielen; man sah ihn während des Dritten Reiches in insgesamt 83 Filmen, beispielsweise in „Der Herrscher" (1937), „Ohm Krüger" (1941), „Die Entlassung" (1942), „Opfergang" (1944) und „Kolberg" (1945). Das Ende des Zweiten Weltkriegs erlebten Bildt und seine Tochter Eva im Landhaus von Gustaf Gründgens in Zeesen. Nach der Besetzung des Ortes durch die Rote Armee am 26. April 1945 nahmen beide eine Überdosis Veronal, an der Eva Bildt starb, während Paul Bildts Leben nach tagelangem Koma gerettet werden konnte. Nach seiner Genesung wirkte Bildt unter Gründgens am Düsseldorfer Schauspielhaus sowie ab 1954 bis zu seinem Tode an den Münchener Kammerspielen. Im

Paul Bildt (Mitte)

Nachkriegsfilm konnte der Künstler sich auch wieder etablieren und zahlreiche Rollen übernehmen. Insgesamt wirkte er 150 Filmen mit.

BIRGEL, WILLY
* 19.9.1891 in Köln, † 29.12.1973 in Dübendorf bei Zürich

Der Sohn eines Goldschmieds erhielt wegen seiner herausragenden Leistungen nach der Schauspielausbildung 1914 sein erstes Engagement am Stadttheater Bonn, konnte es aber wegen Einberufung zum Kriegsdienst nicht antreten. Er wurde schwer verwundet und kämpfte bis 1918 an der Westfront. Nach kurzen Engagements in Dessau und Koblenz wurde er 1934 an das Mannheimer Nationaltheater berufen, wo er bis 1934 blieb und sich zum Charakterschauspieler entwickelte. Aufgrund eines Gastspiels, bei dem Birgel in dem Schauspiel „Die Marneschlacht" als Oberstleutnant Hensch eine beeindruckende Leistung ablieferte, machte die UFA ihm ein Rollenangebot für den Film „Ein Mann will nach Deutschland" (1934). Nach diesem erfolgreichen Filmdebüt spielte der Künstler bis 1945 in weiteren 33 Filmen mit, darunter „Verräter" (1936), „Zu neuen Ufern" (1937), das Freikorpsdrama „Menschen ohne Vaterland" (1937), „Der Blaufuchs" (1938), „Hotel Sacher (1939), „Das Herz der Königin (1940) sowie „…reitet für Deutschland" (1941), den Paradefilm Birgels, in dem er die Rolle des Rittmeisters Freiherr von Brenken spielte. Der erfolgreiche und prominente Schauspieler war häufig bei den Empfängen Adolf Hitlers und Dr. Goebbels' zu Gast. Nach dem Zweiten Weltkrieg erschien der Künstler im Mai 1947 wieder auf der Bühne und war in dem Schauspiel „Der Staatsmann und die Kühe" sehr erfolgreich. Er konnte im Theater- wie auch im Filmgeschäft problemlos an seine früheren Erfolge anknüpfen, spielte bedeutende Rollen auf der Bühne und wurde Lehrer an der Folkwangschule für Gestaltung in Essen. Fast 80jährig spielte er 1971 noch die Hauptrolle in der Komödie „Sind wir das nicht alle?" am Theater am Dom in Köln. Birgel trat auch häufig vor die Filmkamera, beispielsweise in Veit Harlans „Sterne über Colombo" und „Die Gefangene des Maharadschas" (beide 1953) und „Liebe kann wie Gift sein" (1958). Er übernahm auch im Fernsehen wichtige Rollen, so etwa in Tschechows „Die Möwe" (1963) und in Max Frischs „Andorra" (1965). Willy Birgel wurde mehrfach ausgezeichnet, unter anderem mit dem Filmband in Gold (1964), dem Bundesfilmpreis (1966) und dem Grillparzer-Ring der Stadt Wien (1972).

Willy Birgel

BLÜMNER, RUDOLF
Dr. phil., * 19.8.1873 in Breslau, † 3.9.1945 in Berlin

Der Professorensohn studierte Jura und arbeitete zunächst im juristischen Staatsdienst, bevor er sich beurlauben ließ und als Schauspieler an das Deutsche Theater in Berlin ging. Später wirkte er in einigen Stummfilmen mit wie „Die Rache des Blutes" (1914), „Der Golem" (1915) und „Sylvester" (1924). Auch einige der Tonfilme, in denen er später auftrat, wurden Filmklassiker, beispielsweise „M – Eine Stadt sucht einen Mörder" (1931) und „Der Hauptmann von Köpenick" (1931). Blümner war auch als Rezitator, Schriftsteller und Dichter tätig. Wegen der jüdischen Abstammung

Rudolf Blümner

seiner Ehefrau wurde der Schauspieler 1934 mit einem Schreib- und Auftrittsverbot belegt. Ab 1938 konnte Blümner wieder in einigen Filmen auftreten, wie z.B. „Die Entlassung" von Wolfgang Liebeneiner oder „Der Erbförster" von Alois Johannes Lippl. 1944 erblindete er und starb nach Kriegsende infolge Hungers an Entkräftung.

BORNTRÄGER, EDUARD
* 22.6.1888 in Wiesbaden,
† 9.3.1958 in Berlin

Eduard Bornträger

Nach dem Studium der Kunst- und Theatergeschichte bekam der Schauspieler 1912 sein erstes Theaterengagement in seiner Heimatstadt, bevor er über weitere Verpflichtungen in Stettin, Frankfurt am Main und Stuttgart schließlich 1930 nach Berlin kam und dort an verschiedenen Bühnen wirkte. Sein Debüt vor der Filmkamera erfolgte Anfang der 1930er Jahre, aber erst einige Jahre später konzentrierte er sich ganz auf die Filmarbeit und wirkte auch in namhaften Streifen mit wie „Das Schloß in Flandern" (1936), „Tanz auf dem Vulkan" und „Es war eine rauschende Ballnacht" (1939), „Friedrich Schiller" (1940), „Diesel" (1942) oder „Träumerei" (1944). Nach 1945 trat Eduard Bornträger nur noch für wenige Filme vor die Kamera.

BRANDT, JULIUS
* 5.3.1873 in Olmütz,
† 26.12.1949 in Wien

Julius Brandt

Der Sohn eines Kapellmeisters gab nach einer Schauspiel- und Gesangausbildung 1890 sein Debüt in Innsbruck. Seine nächsten Theaterstationen waren Klagenfurt, Olmütz, Dresden, Teplitz, Linz, Salzburg und Wien. 1900 spielte er in Hamburg am Deutschen Volkstheater und übernahm die Leitung des Theaters. 1911 ging er als Schauspieler und Oberregisseur des Kabaretts „Hölle" zurück nach Wien und wechselte 1912 an die Residenz-Bühne. Nach seinem Filmeinstand in „Musikantenlene" (1912) ging er nach Deutschland und versuchte sich ohne großen Erfolg in mehreren Filmen als Serien-Krimineller Charly Bill. Danach erhielt er nur noch Klein- und Kleinstrollen und legte deshalb seinen Schwerpunkt wieder auf die Bühnenarbeit. 1937 kehrte der Künstler nach Wien zurück und war in Filmen zu sehen wie „Haydns letzter Besucher" (1939), „Der Weg ins Freie" (1941), „Ewiger Rembrandt" (1942), „Die Frau meiner Träume" (1944) und „Eroica" (1949).

BRAUN, VIKTOR
* 21.7.1899 in Wien, † 6.12.1971 ebd.

Nach Theaterstationen in Brüx/Sudetenland, Innsbruck und Aussig wirkte der Schauspieler am Wiener Burgtheater. Er trat in den Filmen auf „Hotel Sacher" (1939), „Reisebekanntschaft" (1943), „Schrammeln" (1944), „Wiener Walzer" (1951), „Und der Himmel lacht dazu" (1954), „Gasparone" (1956) und „Mädchenjahre einer Königin"

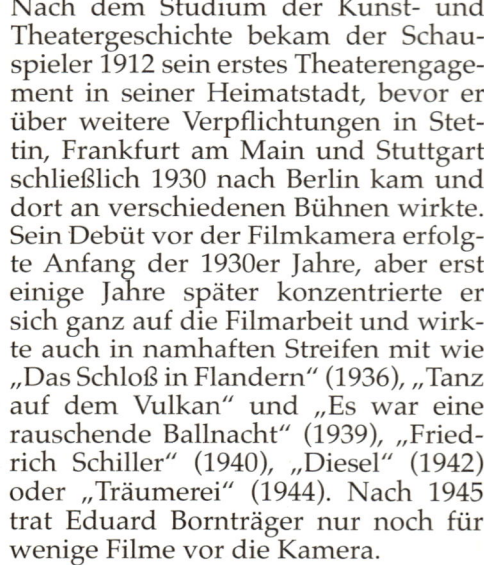

Viktor Braun (links)

(1958). Das „Deutsche Bühnen-Jahrbuch" schrieb in seinem Nachruf: „Hervorragender Charakter- und Chargendarsteller."

BRAUSEWETTER, HANS
* 27.5.1899 in Malaga/Spanien,
† 29.4.1945 in Berlin

Der Arztsohn wuchs in Spanien auf, kam erst 1914 nach Deutschland und

Hans Brausewetter

diente im Ersten Weltkrieg als Fahnenjunker an der Westfront. Nach Kriegsende studierte er einige Zeit Philologie, nahm dann jedoch Schauspielunterricht und gab 1920 sein Debüt am Deutschen Volkstheater in Wien. In den Jahren 1922 bis 1928 sowie 1937 bis 1945 wirkte er am Deutschen Theater in Berlin. Im Film war der Schauspieler erstmals 1922 zu sehen, und in den Folgejahren war er ein vielbeschäftigter Darsteller, allein im Dritten Reich in 54 Streifen. Brausewetter stand für Kassenschlager vor die Kamera wie „Paradies der Junggesellen" (1939), in dem er mit Heinz Rühmann und Josef Sieber den Evergreen „Das kann doch einen Seemann nicht erschüttern" sang, oder auch „Wunschkonzert" (1940), den 26,5 Millionen Besucher sahen. Weitere Filme waren u.a.: „Die verlorene Melodie" (1933), „Die vier Musketiere" (1934), „Susanne im Bade" (1936), „Verklungene Melodie" (1938), „Johannisfeuer" (1939), „Venus vor Gericht" (1941), „Münchhausen" (1943), „Die Fledermaus" (1944). Da der Künstler seine Abneigung gegen den nationalsozialistischen Staat nicht verhehlte, verbrachte er kurze Zeit in einem Konzentrationslager, bis er nach Intervention der Schauspielerin Käthe Haack bei Reichminister Dr. Goebbels entlassen wurde. Hans Brausewetter, der in insgesamt 135 Filmen mitwirkte, wurde nur wenige Tage vor Kriegsende bei den erbitterten Straßenkämpfen in Berlin als Zivilist durch einen Granatsplitter tödlich verletzt. Sein Filmkollege Gustav Fröhlich kommentierte: „Er hat sich oft eine tragische Rolle gewünscht. Aber so eine?"

BREM, BEPPO
* 11.3.1906 in München,
† 5.9.1990 ebd.

Zunächst arbeitete der Schauspieler nach einer Schreinerlehre als Bühnenschreiner, nahm dann wegen seiner Theaterbegeisterung 1925 Schauspielunterricht und erhielt 1927 sein erstes Engagement an der Reichenhaller Bauernbühne; es folgten Verpflichtungen an Bühnen in Ulm, Regensburg, Berlin und München. Im Jahre 1930 erhielt Brem erste Filmangebote. Während er auf der Bühne ein breites Rollenspektrum bearbeitete, war er im Film schnell auf den Typus des grantighumorigen bayerischen „Urviechs" festgelegt. Obwohl er nie ein Filmstar im klassischen Sinne wurde, avancierte er zu einem der meistbeschäftigten deutschen Filmdarsteller, der in mehr als 200 Spielfilmen mitwirkte. Er spielte in „Urlaub auf Ehrenwort" (1937) an der Seite von Carl Raddatz und in „Wasser für Canitoga" (1939) mit Hans Albers, in „Quax, der Bruchpilot" (1941) neben Heinz Rühmann und in „Des Teufels General" (1955) neben Curd Jürgens. Seinem Ansehen als bayerischem Charakterdarsteller taten selbst seine Auftritte in platten Sexfilmen wie „Zwei Bayern in St. Pauli" (1956) oder „Pudelnackt in Oberbayern" (1969) keinen Abbruch. Im Fernsehen sah man ihn zunächst in Ludwig-Thoma-Aufführungen, dann startete der Schauspieler im März 1964 mit der TV-Serie „Die seltsamen Methoden des Franz Josef Wanninger" eine neue Karriere. Als die überaus beliebte Serie nach 112 Folgen eingestellt wurde, spielte er wieder vermehrt Theater. Beppo Brem, der 1983 mit dem Bundesverdienstkreuz 1. Klasse ausgezeichnet wurde, verstarb an Lungenkrebs.

Beppo Brem

BRENNECKE, JOACHIM
* 6.12.1919 in Berlin,
† 6.9.2011 in Vaduz/Liechtenstein

Noch während seiner Ausbildung an der Schauspielschule des Preußischen

Joachim Brennecke

Staatstheaters bekam der Zwanzigjährige 1940 die Hauptrolle in dem Spielfilm „Zwei Welten" und wirkte anschließend bis Kriegsende noch in weiteren Filmen mit wie „U-Boote westwärts!" (1941), „Anschlag auf Baku" (1941) und „Liebesgeschichten" (1943). Er war des öfteren Gast bei den Abendgesellschaften des Reichsministers Dr. Goebbels. Nach dem Krieg betrieb er zunächst eine Sauna in Berlin-Zehlendorf, spielte später am Hebbel-Theater und wirkte bis 1962 auch noch in etlichen Filmen mit, beispielsweise in „Pension Schöller" (1952), „Der Vetter aus Dingsda" (1953) und „Die Wirtin an der Lahn" (1955).

BREUER, SIEGFRIED
* 24.6.1906 in Wien, † 1.2.1954 in Weende bei Göttingen
Der Sohn eines Opernsängers wurde nach seiner Schauspielausbildung mit 19 Jahren an das Deutsche Volkstheater seiner Heimatstadt verpflichtet. Über die Theaterstationen Prag, Aussig und Wien kam er schließlich nach Berlin und stieß gleich mit seinem Debütfilm „Leinen aus Irland" in die erste Reihe der deutschsprachigen Charakterdarsteller vor. Meist spielte er zwiespältige und komplizierte Schurken, die trotzdem durch ihre Eleganz und Liebenswürdigkeit bestachen. Bis 1945 spielte er in 22 Filmen mit wie „Der Postmeister" (1940), „Der Weg ins Freie" (1941), „Venus vor Gericht" (1941) und „Romanze in Moll" (1943). Nach dem Krieg führte er in drei Filmen Regie und spielte weiterhin erfolgreich auf der Bühne und im Film, beispielsweise in dem Klassiker „Der dritte Mann" (1949).

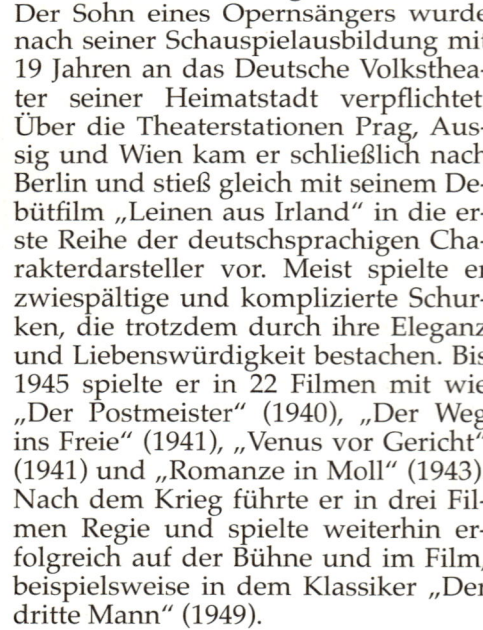

Siegfried Breuer

Egon Brosig

BROSIG, EGON
* 25.10.1889 in Ohlau/Schlesien, † 23.5.1961 in Berlin
Der Sohn eines Brauereibesitzers begann seine Bühnenkarriere in Salzbrunn und Kattowitz, bevor er 1915 nach Berlin kam. In der Reichshauptstadt entwickelte er sich ebenso wie in Hamburg zum sehr beliebten Operettenbuffo und Charakterkomiker. Nach 1945 spielte er an verschiedenen Berliner Bühnen, etwa der Komischen Oper, dem Schiller-Theater, dem Renaissance-Theater und der „Tribüne". Im Film hatte Brosig schon zur Stummfilmzeit gewirkt, mit dem Aufkommen des Tonfilms spielte er Nebenrollen in mehreren Filmen des Sensationsdarstellers Harry Piel sowie unter anderem in den Streifen „Frauen sind doch bessere Diplomaten" (1941), „Das kleine Hofkonzert" (1944) und „Die Frau meiner Träume" (1944). In der Nachkriegszeit war er sowohl im Film wie auch auf im Fernsehen zu sehen.

BURG, C.W.
* 7.7.1885, † 27.9.1957 in München
Weitere Lebensdaten des Schauspielers konnten nicht ermittelt werden, lediglich daß er bei der Synchronisation des amerikanischen Westerns „High Noon" (1952, „Zwölf Uhr mittags") die Synchronregie führte.

CARL, RUDOLF
* 19.6.1899 in Lundenburg/Mähren, † 15.1.1987 in Graz
Der im Kaiserlichen Waisenhaus in Wien aufgewachsene Schauspieler, der später einer der beliebtesten Komiker seiner Zeit wurde, hatte nach der Lehre in einer Eisenwarenhandlung zunächst als Soldat im Ersten Weltkrieg gedient. Danach wurde er Schauspieler und trat bei der Laienbühne „Dilettantenverein Nestroybühne Brünn" auf. Es folgte ein Engagement in Brünn am Deutschen Theater, wo er bald als jugendlicher Charakterkomiker auffiel; 1922 spielte er erstmals eine kleine Rolle in einem Stummfilm. 1934 übernahm er Buffo-rollen im Operettenfach am Theater an der Wien und an der Volksoper

Rudolf Carl

und wirkte daneben intensiv im Filmgeschäft, beispielsweise in den Streifen „Der Kosak und die Nachtigall" (1935), „Hannerl und ihre Liebhaber" (1936), „Kora Terry" (1940), „Ehe man Ehemann wird" (1941), „Alles aus Liebe" (1943) und „Romantische Brautfahrt" (1944). Seine Spezialität war die Verkörperung urkomischer naiver und dümmlicher Charaktere. Er drehte mehr als 200 Filme und wurde auch im Fernsehen in der Serie „Familie Leitner" sehr populär. Rudolf Carl betätigte sich auch als Filmregisseur und als Sänger. Mit dem Schlager „Liebe kleine Schaffnerin" hatte er 1942 beachtlichen Erfolg.

DAHLKE, PAUL
* 12.4.1904 in Groß Streitz/Pommern,
† 23.11.1984 in Salzburg
Der Sohn eines Musikpädagogen und Komponisten bekam 1929 am Lessing- und Künstlertheater in Berlin erste jugendliche Charakterrollen und spielte anschließend auch am Rose-Theater, am Theater in der Stresemannstraße und an der Volksbühne. Von 1933 bis 1944 war er Ensemblemitglied am Deutschen Theater und spielte Rollen jeder Couleur, ernste, heitere, auch komische Rollen, brave Spießbürger genauso wie eiskalte Verbrecher. Der Künstler galt schon bald als bedeutender Charakterdarsteller und wurde 1937 als jüngster seines Fachs mit dem Titel Staatsschauspieler ausgezeichnet. Er fand schnell zum Film, der ihn beim breiten Publikum bekannt und populär machte; von 1934 bis 1944 spielte er in 46 Filmen mit. Reichsminister Dr. Joseph Goebbels war über den jungen Star begeistert und notierte über ein Gastspiel, das Dahlke am 21. Januar 1940 mit „Was ihr wollt" in Posen gab: „Clou des Abends ist Dahlke, der sich selbst übertrifft. [...] Danach ein kleiner, bescheidener Empfang für Partei und Künstler in unserem Schloß." Der Künstler war beispielsweise in den Streifen „Verräter" (1936), „Es war eine rauschende Ballnacht" (1939), „Venus vor Gericht" (1941), „…reitet für Deutschland" (1941), „Kameraden" (1941), „Dr. Crippen an Bord" (1942) und „Romanze in Moll" (1943) zu sehen. Seine steile Theater- und Filmkarriere konnte er nach dem Krieg ungebremst fortsetzen. Ende 1946 ging er an die Münchener Kammerspiele, wo er mehr als 150mal als General Harras in Zuckmayers „Des Teufels General" auf der Bühne stand. Sehr erfolgreich war er auch mit seinen Rollen in George Bernard Shaws „Pygmalion" und Clarence Days „Leben mit Vater" auf den Brettern der Kleinen Komödie. Im Filmgeschäft hatte sich der Schauspieler auch sofort wieder etabliert und spielte beispielsweise in Kassenerfolgen wie „Das fliegende Klassenzimmer" (1954), „Drei Männer im Schnee" (1955), in der Thomas-Mann-Verfilmung „Die Bekenntnisse des Hochstaplers Felix Krull" (1957) und in Veit Harlans Ho-

Paul Dahlke

mosexuellenfilm „Anders als Du und ich (§ 175)" (1957) oder „Die Heiden von Kummerow" (1967). Mit dem Aufkommen des Fernsehens wurde er auch in diesem Medium ein beliebter Star und hatte großen Erfolg, etwa als Rheinschiffer in der Serie „MS Franziska" (1978). Paul Dahlke wurde mehrfach ausgezeichnet, unter anderem mit dem Pommerschen Kulturpreis (1966), dem Filmband in Gold (1974) und dem Großen Bundesverdienstkreuz (1979).

Gerhard Dammann

DAMMANN, GERHARD
* 30.3.1883 in Köln,
† 21.2.1946 in Bad Ischl

Der später kugelrunde Groteskkomiker wurde nach der Schule Akrobat und Artist an Varietébühnen und wirkte in ganz Europa, Afrika und Amerika. Um 1907 kam er zum Film und stand ab 1913 in Berlin regelmäßig vor der Kamera in Streifen wie „Bumke als Bursche" (1913), „Gerhard macht alles" (1924) und „Dirnentragödie" (1927). Von 1917 bis 1925 hatte er seine eigene Filmproduktionsfirma und trat in seinen Filmen als „Gerhard" auf, schrieb die Drehbücher und führte auch Regie. Ab 1925 spielte der Künstler zwei Jahrzehnte in vielen Filmen Chargenrollen als komischer Dicker. Im Dritten Reich war er auch in bekannten Kassenschlagern zu sehen wie „Die göttliche Jette" (1937), „Der Tiger von Eschnapur" (1938), „Quax, der Bruchpilot" (1941), „Hochzeit auf Bärenhof" (1942) und „Nora" (1944).

Karl Dannemann

DANNEMANN, KARL
* 22.3.1896 in Bremen,
† 4.5.1945 in Werder

Zunächst studierte der Künstler an der Bremer Kunstgewerbeschule, um Kunstmaler zu werden, wurde aber 1916 als Soldat eingezogen und kehrte erst 1918 aus Rußland zurück. Er ging 1920 nach Berlin, wurde Meisterschüler von Max Slevogt und war sodann einige Jahre erfolgreich als Kunstmaler tätig. In den 1930er und 1940er Jahren ging Dannemann zum Film und wirkte in mehr als 50 Produktionen mit, beispielsweise „Wasser für Canitoga" (1939), „Achtung! Feind hört mit!" (1940) „Kopf hoch, Johannes" (1941), „Hochzeit auf Bärenhof" (1942), „Die goldene Spinne" (1943) und „Junge Adler" (1944). Um sich der Gefangennahme durch sowjetische Truppen zu entziehen, schied Karl Dannemann durch Freitod aus dem Leben.

DELTGEN, RENÉ
* 30.4.1909 in Esch an der Alzette/ Luxemburg, † 29.1.1979 in Köln

Der Luxemburger bekam ein Stipendium an einer Kölner Schauspielschule und 1929 ein Engagement an den Städtischen Bühnen Köln. Als er in der Uraufführung von Friedrich Forsters „Der Graue" einen großen Erfolg feierte, wurde die Fachwelt auf ihn aufmerksam. Nach einem Engagement in Frankfurt am Main rief Eugen Klöpfer ihn nach Berlin, wo er vornehmlich am Theater in der Saarlandstraße, der Volksbühne und am Schiller-Theater glänzte. Parallel zu seiner Bühnenarbeit lief ununterbrochen auch die Filmarbeit für den Künstler, wobei der Höhepunkt seiner Filmlaufbahn im Dritten Reich lag. Kurz nacheinander drehte er einige Erfolgsfilme wie „Urlaub auf Ehrenwort" (1937), „Kautschuk" (1938), „Kongo Expreß" (1939) und „Die drei Codonas" (1940). 1939 wurde er Staatsschauspieler. Seine Rollen zeigten ihn damals bevorzugt im Fach der harten, brutalen, manchmal auch zynischen und abgefeimten Männer. Später wandelte er sich mehr und mehr zum vielseitigen sensiblen Charakterschauspieler. Nach 1945 arbeitete er vorübergehend in Oberstdorf im Offizierskasino der französischen Truppe als Küchenchef, dann als Pferdedompteur in einem Zirkus. Er konnte sich schließlich nach Konstanz durchschlagen, wo er ein Engagement bekam. Von hier

René Deltgen

kehrte er 1947 nach Köln zurück, wo er erneut große Erfolge feiern konnte. Von 1966 bis 1969 war der Künstler am Schauspielhaus Zürich engagiert, absolvierte daneben aber auch zahlreiche Gastspiele, unter anderem an den Münchner und Hamburger Kammerspielen, am Burgtheater Wien und am Zimmertheater Aachen. Von seinen weiteren Filmarbeiten seien genannt: „Der stumme Gast" (1945), „Zwischen Gestern und Morgen" (1947), „Tromba" (1949), „Torreani" (1951), „Unter den tausend Laternen" (1952), „Königin Luise" (1957), „London ruft Nordpol" (1958), „Der Tiger von Eschnapur" und „Das indische Grabmal" (beide 1959). Größeren Erfolg als im Kino hatte René Deltgen in den 50er- und 60er-Jahren im Radio, mit den Francis-Durbridge-Hörspielen um den Detektiv Paul Temple. In seinen letzten Jahren verlagerte der er seine künstlerische Tätigkeit als freier Schauspieler von der Bühne zunehmend zum Fernsehen, weil ihn Filmangebote immer weniger überzeugen konnten. So spielte Deltgen die Titelfigur in den Edgar-Wallace-Filmen „Der Hexer" (1964) und „Neues vom Hexer" (1965). Im Jahre 1954 wurde er für seine Darstellung eines sowjetischen Geheimdienstoffiziers mit dem Filmband in Gold ausgezeichnet.

DECARLI, BRUNO
*15.3.1877 in Dresden,
† 31.3.1950 in Tiverton/England

Der Sohn des Kammersängers Eduard Decarli (eigentlich Eduard Schmidt) debütierte 1895 in Meiningen, ein Jahr später ging er nach Zürich und kam in den folgenden Jahren über Gera, Dresden und Berlin 1908 an das Stadttheater Leipzig. 1915 folgte er den Ruf Max Reinhardts zurück nach Berlin an das Deutsche Theater und begann ein Jahr später seine Filmkarriere, während der er meist Hauptrollen spielte und neben namhaften Stars vor der Kamera stand. Ab 1923 konzentrierte sich der Künstler wieder auf seine Bühnenarbeit und spielte bis zur allgemeinen Schließung der deutschen Theater zum 1. September 1944 fast ausschließlich am Dresdener Staatstheater. Seine letzte Filmrolle hatte er in „Das Herz der Königin" (1940) an der Seite von Zarah Leander.

Bruno Decarli

DERNBURG, ERNST
Dr. phil., * 4.4.1887 in Halle/Saale,
† 4.7.1960 in Berlin

Nach dem Studium der Literatur- und Theatergeschichte mit anschließender Promotion stand Dernburg 1913 am Königlichen Schauspielhaus in Potsdam in dem Stück „Die Journalisten" von Gustav Freytag erstmals auf der Bühne. Anschließend hatte er Engagements am Stadttheater Posen und am Stadttheater Bremen, 1919 ging er nach Berlin an die Meinhardt-Bernauer-Bühnen. Es folgte für ihn eine Spielzeit an den Münchener Kammerspielen, dann kehrte er nach Berlin zurück und spielte dort an verschiedenen Bühnen. In Stummfilmen war der Künstler bereits seit Ende der 1910er Jahre aufgetreten, in den 1920er bis 1940er Jahren spielte er viele Nebenrollen in Filmen wie „Hanneles Himmelfahrt" (1922), „Das Flötenkonzert von Sanssouci" (1930), „Togger" (1937), „Liebeslegende" (1938), „Stern von Rio" (1940), „Friedemann Bach" (1941) und „Großstadtmelodie" (1943).

Ernst Dernburg

DIEHL, KARL-LUDWIG
* 14.8.1896 in Halle/Saale,
† 8.3.1958 Landhaus Berghof
bei Penzberg/Oberbayern

Der Sohn eines Universitätsprofessors meldete sich 1914 als Oberprimaner

Karl-Ludwig Diehl

freiwillig zur Front. Nach dem Krieg ging er an die Max-Reinhardt-Schule nach Berlin und debütierte bereits nach einigen Monaten am Wiesbadener Staatstheater als Karl-Heinz in „Alt-Heidelberg". 1923 wechselte der junge Künstler an die Kammerspiele in München, 1924 an das dortige Staatstheater. Nach einer längeren Amerikareise bekam er ein Gastspielengagement in Berlin am Lessing-Theater. Nach 1945 wirkte er unter anderem an den Bühnen in Konstanz, der Münchener Kammerspiele sowie des Deutschen Theaters in Göttingen. Durch den Tonfilm wurde der Schauspieler über Deutschlands Grenzen hinaus bekannt. Im Dritten Reich wirkte er in 29 Filmen mit, darunter „Ein Mann will nach Deutschland" (1934) und „Die Entlassung" (1942), außerdem war er Gast im „Wunschkonzert für die Wehrmacht". 1939 wurde er zum Staatsschauspieler ernannt. Neben Hans Albers, Willy Birgel, Johannes Heesters, Carl Raddatz, Heinz Rühmann und Viktor Staal gehörte er zu den prominentesten deutschen Filmdarstellern. Nach dem Zweiten Weltkrieg war er in Streifen zu sehen wie „Geliebtes Leben" (1953), „Mädchenjahre einer Königin" (1954), „Es geschah am 20. Juli" (1955) und „Des Teufels General" (1955).

Gustav Diessl

DIESSL, GUSTAV
* 30.12.1899 in Wien, † 20.3.1948 ebd.

Die ersten Erfahrungen des Schauspielers an Wiener Bühnen wurden 1916 durch seine Einberufung zum Kriegsdienst unterbrochen. Nach der Rückkehr aus der Gefangenschaft wurde er 1919 Mitglied einer Wanderbühne, 1921 bekam er ein Engagement an der Neuen Wiener Bühne, und noch im selben Jahr stand er in „Im Banne der Kralle" zum ersten Mal vor der Kamera. Mitte der 1920er Jahre ging der Künstler nach Berlin, intensivierte seine Filmarbeit und drehte mehrere Filme, wobei er seine einprägsamste Rolle wohl 1929 in dem Hochgebirgsdrama „Die weiße Hölle vom Piz Palü" hatte. Diessl spielte darin einen Akademiker, dessen junge Frau während einer gemeinsamen Kletterpartie in eine Gletscherspalte abstürzt, und der sich später selbst opfert, um einem in Bergnot befindlichen jungen Paar (Leni Riefenstahl, Ernst Petersen) das Leben zu retten. Diessls erster Tonfilm war der Kriegsfilm „Westfront 1918" (1930), und seine Popularität wuchs damit erneut. Er stand mit vielen Stars vor der Kamera und wirkte im Dritten Reich in 27 Filmen mit, darunter „Der Tiger von Eschnapur" und „Das indische Grabmal" (1937/38), „Kautschuk" (1938), der Revuefilm „Der Stern von Rio" (1940), „Menschen im Sturm" (1941) und „Kolberg" (1945). Nach 1945 stand Gustav Diessl nur noch einmal vor der Kamera, nämlich als Ankläger in Georg Wilhelm Pabsts 1947 in Österreich produzierten Film „Der Prozeß", der einen Ritualmord-Prozeß des Jahres 1882 zum Thema hat und sich mit dem Antisemitismus auseinandersetzte.

DOERRY, WALTER
* 18.6.1880 in Wilhelmshaven,
† 24.10.1964 in Hildesheim

Der Schauspieler und Regisseur spielte in elf Filmen mit, beispielsweise in „Lucifer" (1922), „Der Schrecken der Westküste" (1925), „Nocturno" (1934), „Zentrale Rio" (1939) und „Der Kleinstadtpoet" (1940).

DOHM, WILL
* 8.4.1897 in Köln,
† 28.11.1948 in München

Geboren unter dem Namen Wilhelm Dohm, arbeitete der Schauspieler zunächst als Bankangestellter und nahm daneben privaten Schauspielunterricht. 1921 debütierte er in Mühlhausen und bekam anschließend Engagements in Dresden sowie in Aachen, Köln und Stuttgart. 1926 wurde er an die Münchener Kammerspiele verpflichtet und feierte dort große Erfolge. Sein erster Spielfilm war „Unsere Emden" (1926) und er spielte auch in der Tonfilmbearbeitung dieses Streifens „Kreuzer Emden" (1932) mit. Es folgten Filme wie „Bel Ami" (1939), „Sommer, Sonne, Erika" (1939) und „Mein Leben für Irland" (1941). Im Jahr 1939 schrieb er an Adolf Hitler: „Mein Führer! Wir melden uns hocherfreut als die glücklichen Eltern eines kräftigen Jungen, dessen Leben – wie das Unsrige – Ihrem Werk gewidmet sein wird." Im Jahre 1942 wurde der Künstler, der des öfteren bei den Abendgesellschaften von Dr. Goebbels zu Gast war, zum Staatsschauspieler ernannt. In den meisten seiner mehr als 50 Filme verkörperte Dohm komische Charaktere, überzeichnete Sympathieträger und Buffoparts, wie etwa in seiner letzten Rolle als Theaterdirektor Michel Falke in der 1944 gedrehten Operettenadaption „Die Fledermaus".

Will Dohm

DOMBROWSKI, FELIX VON
Lebensdaten des Schauspielers konnten nicht ermittelt werden.

DOMIN, FRIEDRICH
* 15.5.1902 in Beuthen,
† 18.12.1961 in München
Der Schauspieler wollte ursprünglich Maler und Architekt werden, arbeitete eine Zeitlang als Wirtschaftseleve in der Landwirtschaft und besuchte dann die Max-Reinhardt-Schule in Berlin. Er debütierte am Berliner

Friedrich Domin (rechts)

Volkstheater als Lachmann in „Michael Cramer" und spielte danach auf Provinzbühnen. Nach Engagements in Berlin, Zürich und Gera gelangte er schließlich nach Kassel, wo er auch als Bühnenbildner und Regisseur wirkte. Ab 1934 war er bis zu seinem Tode als Schauspieler und Regisseur der Münchener Kammerspiele tätig. 1939 wurde er zum Staatsschauspieler ernannt. Seinen ersten Filmauftritt hatte Domin als Fürst Metternich in „Der unendliche Weg" (1943) und verkörperte auch später immer wieder Persönlichkeiten von herausgehobener Bedeutung wie etwa Hindenburg in „Sauerbruch – Das war mein Leben" (1953), Bismarck in „Ludwig II." (1955) und den Gefängnisdirektor in „Der Hauptmann von Köpenick" (1956).

DUNSKUS, ERICH
* 27.7.1890 in Pillkallen/Ostpreußen,
† 25.11.1967 in Hagen
Nach einer Lehre als Apothekengehilfe wanderte Dunskus 1914 nach Amerika aus, kehrte aber nach Ausbruch des Ersten Weltkrieges zurück und diente bis Kriegsende als Sanitäter an der Westfront. Nach der Schau-

Erich Dunskus

spielausbildung und seinem Debüt am Staatstheater Eisenach folgten Engagements an diversen Bühnen, bis er an das Preußische Staatstheater nach Berlin kam. Nun begann er auch seine Filmtätigkeit und war beispielsweise in folgenden Filmen zu sehen: „Menschen ohne Vaterland" (1937), „Jud Süß" (1940), „Jakko" (1941), „Die große Liebe" (1942), „Die Ratten" (1955), „Nacht fiel über Gotenhafen" (1959) und „Sabine und die 100 Männer" (1960). Erich Dunskus wurde mit dem Bundesverdienstkreuz ausgezeichnet.

ECKARD, MAX
* 25.10.1914 in Kiel, † 6.12.1998

Geboren unter dem Namen Max Eckard Hass, wirkte Eckardt zunächst an Bühnen in Berlin, Hamburg sowie bis 1955 in Düsseldorf unter Gustaf Gründgens, später am Deutschen Schauspielhaus in Hamburg. Sein Filmdebüt erfolgte bereits 1934 in der Komödie „Krach um Jolanthe", allerdings trat er nur selten vor die Kamera, beispielsweise in „Zwei Welten" (1939), in „Träum nicht, Annette" (1950) oder als Valentin in der legendären Verfilmung des „Faust" (1960) durch Gründgens. Im Fernsehen war er dagegen öfter zu sehen, meist in Produktionen von Bühnendramen, aber auch in den Francis-Durbridge-Mehrteilern „Tim Frazer" (1963) und „Der Fall Salinger" (1964), die den Künstler sehr populär machten. Max Eckard war auch vielfach als Synchron- und Hörspielsprecher tätig.

Max Eckard

ECKHOFF, JULIUS E.
Lebensdaten des Schauspielers konnten nicht ermittelt werden, lediglich folgendes: Er spielte in den sieben Filmen mit: „Liebe in Uniform" (1932), „Der Feldherrnhügel" (1932), „Auf eigene Faust" (1936), „Truxa" (1937), „Kleines Bezirksgericht" (1938), „Der Feuerteufel" (1940) und „Heimaterde" (1941).

EGGER-SELL, WILHELM
* 30.11.1901, † 21.10.1946 in Berlin

Der Schauspieler wirkte in 15 Filmen mit, darunter „April, April!" (1935), „Capriccio" (1938), „Robert Koch, der Bekämpfer des Todes" (1939), „Jud Süß" (1940), „Der Flachsacker" (1943) und „Der Majoratsherr" (1943).

EDTHOFER, ANTON
* 18.9.1883 in Wien, † 21.2.1971 ebd.

Seine Schauspielerkarriere begann Edthofer 1904 am „Intimen Theater" seiner Heimatstadt. Weitere Theaterstationen waren das Wiener Volkstheater (1908 bis 1920), in den 1920er Jahren folgte er dem Ruf Max Reinhardts nach Berlin an das Deutsche Theater und von 1929 bis zu seinem Lebensende gehörte der Schauspieler zum Ensemble des Theaters in der Josefstadt. Im Filmgeschäft war er seit 1918, und in den 1920er Jahren hatte er einige größere Filmerfolge. Er spielte zwar später auch in einigen Tonfilmen, sah sich aber primär als Mann der Bühne. Einige seiner Filme: „Das Opfer" (1918), die Ibsen-Verfilmung „Nora" (1923), „Artisten" (1928), „Der träumende Mund" (1932), „Pygmalion" (1935) und „Wiener Mädeln" (1944 gedreht, 1949 uraufgeführt). Edthofer war 1949 der erste Träger des vom Theater in der Josefstadt gestifteten Max-Reinhardt-Rings, 1955 wurde er mit dem Großen Ehrenzeichen für Verdienste um die Republik Österreich ausgezeichnet.

Anton Edthofer

Hans Eggert

EGGERTH, HANS
* 21.1.1893 in Augsburg, † ?

Der Schauspieler hatte unter anderem in der Spielzeit 1924/25 ein Engagement am Hof- und Staatstheater Stuttgart. Er war auch als Autor und Regisseur tätig. Seine Tochter war Sabine Eggerth, die ebenfalls den Schauspielerberuf ergriff.

EHMANN, KARL
* 13.8.1882 in Wien, † 1.11.1967 ebd.

Der Schauspieler gab 1902 sein Bühnendebüt am Stadttheater Olmütz, hatte danach Engagements in Meran, Linz und Graz und wurde 1908 als jugendlicher Charakterdarsteller an das Deutsche Volkstheater in Wien verpflichtet. Hier wirkte er 30 Jahre, bis er einem Ruf an das Deutsche Theater in Berlin folgte. Seinen ersten Filmauftritt hatte er in „Der Unbekannte" (1911) und drehte ab 1917 zahlreiche weitere Stummfilme, wobei der vielseitige Darsteller die verschiedensten Charaktere vom Lakaien bis zum Kaiser verkörpern konnte. Im Zeitraum 1923 bis 1931 konzentrierte sich Ehmann primär auf die Bühnenarbeit und war danach wieder häufig in Nebenrollen auf der Leinwand zu sehen, beispielsweise in „Im weißen Rössl" (1935), „Konzert in Tirol" (1938), „Der Postmeister" (1940), „Späte Liebe" (1943), „Die Kreuzlschreiber" (1950) und „Radetzkymarsch" (1965).

Karl Ehmann

EICHHEIM, JOSEF
* 23.2.1888 in München,
† 13.11.1945 Kloster Gars am Inn

Nach dem Schauspielstudium in Zürich debütierte der Schauspieler am Stadttheater Passau und spielte in Memmingen, Biberach, Lindau und Altenburg. Nach dem Ersten Weltkrieg, in dem er als Soldat diente, bekam er 1919 ein Engagement an den Münchener Kammerspielen, wo er bis 1932 blieb, und wurde ein sehr populärer Darsteller. Im Film trat der Künstler erstmals 1922 in Erscheinung, als er eine Rolle in dem Karl-Valentin-Streifen „Mysterien eines Friseursalons" übernahm. Er spielte danach nur noch in wenigen Stummfilmen und konzentrierte sich eher auf seine Bühnenarbeit, mit dem Aufkommen des Tonfilms verlegte er allerdings seinen Tätigkeitsschwerpunkt auf den Film. Nachdem er zunächst in unterschiedlichen Rollen zu sehen war, entwickelte er sich immer mehr zu einem Volksschauspieler, der seinen bayerischen Humor am besten in Schwänken und Komödien einbrachte, und wurde einer der „Bayern vom Dienst" wie Karl Valentin oder Weiß Ferdl. In den 1930er und 40er Jahren spielte er Nebenrollen in zahlreichen Komödien. Einige der für ihn typischen Filme waren „Bei der blonden Kathrein" (1934), „Narren im Schnee" (1938), „Fasching" (1939), „Das sündige Dorf" (1940), „Liebe ist zollfrei" (1941), „Der verkaufte Großvater" (1942), „Kohlhiesels Töchter" (1943) und „Die falsche Braut" (1944). Nach dem Krieg wurde Eichheim von der amerikanischen Militärpolizei in das Internierungslager Emmering eingeliefert. Aufgrund der unmenschlichen Haftbedingungen zog er sich dort eine Krankheit zu, die zu seinem Tode führte.

Josef Eichheim

Andrews Engelmann

ENGELMANN, ANDREWS
* 23.3.1901 in St. Petersburg,
† 25.2.1992 in Basel

Geboren unter dem Namen Andrej Engelman, floh der deutsch-baltische Schauspieler 1921 aus der Sowjetunion nach Deutschland und setzte in Berlin das in St. Petersburg begonnene Medizinstudium fort. Während der Semesterferien kam er 1924 in Frankreich zu ersten Filmauftritten. 1926 erregte er in dem amerikanischen Spielfilm „Mare Nostrum" Aufsehen als fanatischer deutscher U-Bootkommandant und war fortan auf Schurkenrollen abonniert. 1929 trat er in „Tagebuch einer Verlorenen" erstmals in einem deutschen Film auf. Danach wirkte er bis zum Beginn des Zweiten Weltkrieges weiter im internationalen Film, wo er teilweise auch Hauptrollen übernahm wie in dem britischen Film „Toilers of the Sea" (1936). Im Dritten Reich spielte der Künstler beispielsweise in den Filmen „Wasser für Canitoga" (1939), „Kora Terry" (1940), „Carl Peters" (1941), „GPU" (1942) und „Münchhausen" (1943). Kurz vor Kriegsende setzte er sich aus Prag nach Frankreich ab, übersiedelte 1953 nach Basel und wurde schweizerischer Staatsbürger.

ERHARDT, HERMANN
* 9.1.1903 in Landshut,
† 30.11.1958 in Wien

In den 1920er Jahren spielte Erhardt an diversen Provinzbühnen und kam in den 1930er Jahren zum Schlierseer Bauerntheater. In dieser Zeit bekam er auch seine ersten Filmrollen, meist Bauernschwänke und Lustspiele in alpenländischer Umgebung. 1939 übersiedelte der Schauspieler nach Wien, wo er bis 1954 am Theater in der Josefstadt engagiert war. Seitdem mimte er in meist österreichischen Filmproduktionen Nachbarn, Landwirte oder Respektspersonen. In der amerikanischen Groteske „The Magic Face" (1951) spielte Erhardt ebenso wie in dem Kriegsfilm „Der letzte Akt" (1954) den Reichsmarschall Hermann Göring. Seine einzige Hauptrolle bekam der Künstler in seinem letzten Film „Das heilige Erbe" (1956).

ETLINGER, KARL
* 16.10.1879 in Wien,
† 8.5.1946 in Berlin

Der Schauspieler und Theaterregisseur debütierte 1898 in Wesel und spielte danach unter anderem in Lahr, Frankfurt am Main, Stuttgart und von 1911 bis 1920 in Wien am Residenztheater und an der Volksbühne. In den 1920er Jahren wirkte der Spezialist für volkstümliche Stücke von Johann Nestroy und Ferdinand Raimund erfolgreich in Berlin am Staatstheater, im Kollektiv Deutsches Schauspielertheater, an Max Reinhardts Bühnen sowie den Saltenburg-Bühnen. Sein Filmdebüt gab Etlinger schon Anfang der 1910er Jahre

Karl Etlinger

und trat in der Folge bis 1945 in zahlreichen Nebenrollen vor die Kamera. Im Dritten Reich konnte er seinen Beruf nur mit einer Sondergenehmigung von Reichsminister Dr. Goebbels ausüben, da seine Ehefrau Jüdin war. Man sah ihn beispielsweise in den Filmen „Traumulus" (1935), „Spähtrupp Hallgarten" (1941), „Quax, der Bruchpilot" (1941), „Die große Liebe" (1942), „Der ewige Klang" (1943) „Die Feuerzangenbowle" (1944) und „Philharmoniker" (1944).

ESTERLE, LEOPOLD
* 14.11.1898, † 19.12.1967 in Wien

Der Volksschauspieler gehörte zum Ensemble der vom nationalsozialisti-

Leopold Esterle

schen Staat geförderten „Exl-Bühne". Für die Wochenzeitung „Das Reich" am 29. September 1940 war Esterle „der scharf profilierte Theaterbösewicht". Er spielte in zehn Filmen mit, darunter „Die Geierwally" (1940), „Der Meineidbauer" (1941), „Der ewige Klang" (1943), „Die Magd von Heiligenblut" (1956) und „Sag ja, Mutti" (1958).

EYBNER, RICHARD
Prof., * 17.3.1896 in St. Pölten,
† 20.6.1986 in Wien
Der Sohn des St. Pöltener Bürgermeisters wurde nach dem Besuch der Handelsakademie in Wien zum Kriegsdienst im Ersten Weltkrieg eingezogen und war nach Kriegsende als Bankangestellter und Fremdenführer tätig. Privat versuchte er sich als Schauspieler und debütierte 1926 an der Turnvereinsbühne Korneuburg, ein Jahr später trat er in den Wiener Kabaretts „Femina", „Colosseum" und „Simpl" auf. Er war dabei so erfolgreich, daß er später bei Veranstaltungen in ganz Österreich, Deutschland, der Schweiz und der Tschechoslowakei gastierte. 1929 absolvierte Eybner das Max-Reinhardt-Seminar und spielte anschließend unter Reinhardts Regie am Schloß-Theater Schönbrunn in Shakespeares „Was ihr wollt"; von 1931 bis 1972 gehörte er zum Ensemble des Burgtheaters. Der Schauspieler war eines der ersten und prominentesten Mitglieder der vor 1938 in Österreich illegalen NSDAP, was nach dem Österreich-Anschluß für seine Karriere förderlich war. Der Kammerschauspieler wirkte neben seiner Bühnenarbeit in zahlreichen Filmen mit, beispielsweise in „Lumpacivagabundus" (1936), „13 Stühle" (1938), „Wen die Götter lieben" (1942), „Der weiße Traum" (1943), „Kind der Donau" (1950), „Hallo Dienstmann" (1952), „Sissi" (1955) und „Gustav Adolfs Page" (1960). 1966 wurde er mit der Ehrenmedaille der Bundeshauptstadt Wien in Silber ausgezeichnet. Bestattet wurde er auf dem Döblinger Friedhof in Wien in einem Ehrengrab.

FELDEN, KURT
*10.7.1878 in Kiel,
† 15.9.1947 in Berlin
Der Schauspieler wirkte von 1934 bis 1944 in 21 Spielfilmen mit, darunter „Rosen aus dem Süden" (1934), „Krach im Hinterhaus" (1935), „Boccaccio" (1936), „Robert Koch, der Bekämpfer des Todes" (1939), „Die Entlassung" (1942) und „Große Freiheit Nr. 7" (1944).

FERNAU, RUDOLF
* 7.1.1901 in München,
† 4.11.1985 ebd.
Geboren unter dem Namen Andreas Rudolf Neuberger, debütierte der Bauernsohn 1918 als Don Carlos am Stadttheater Regensburg, wo er sein erstes Engagement erhielt. In der Spielzeit 1922/23 wirkte er als jugendlicher Held an den Kammerspielen in Hamburg, ging anschließend nach Berlin und spielte am Deutschen Theater sowie am Preußischen Staatstheater. Ab 1930 war er elf Jahre am Staatstheater in Stuttgart, wo er 1937 einen großen Erfolg als Hamlet feierte. Nach dem Zweiten Weltkrieg war der Künstler vor allem auf den Bühnen der Staatstheater in Stuttgart und München sowie in Berlin am Schloßpark- und Schiller-Theater zu Haus. 1936 drehte er seinen ersten Film „Verräter". Auch in seinem nächsten Film

Richard Eybner (rechts)

Rudolf Fernau

„Im Namen des Volkes" (1938) spielte er einen dämonischen Mörder. 1941 mimte er in „Kameraden" einen gewissenlosen Verräter, und durch die Rolle als Mörder in dem 1942 gedrehten Melodram „Dr. Crippen an Bord" wurde Fernau zum „faszinierenden Buhmann des deutschen Kinos". Dadurch war der Schauspieler lange auf zwielichtig-dämonische Filmrollen festgelegt und wirkte in Dr. Mabuse- und Edgar-Wallace-Filmen mit. Weitere Filme waren u.a. „Mordprozeß Dr. Jordan" (1949), „Königliche Hoheit" (1953) und „Gestehen Sie, Dr. Corda!" (1958). Ab 1973 war Fernau als freier Schauspieler vor allem in Film und Fernsehen tätig; von seinen zahlreichen Auszeichnungen seien nur genannt das Bundesverdienstkreuz 1. Klasse (1965), später Großes Bundesverdienstkreuz und das Filmband in Gold (1979).

FISCHER, OTTO WILHELM („O.W.")
Prof., * 1.4.1915 in Klosterneuburg/ Niederösterreich, † 29.1.2004 in Lugano

O.W. Fischer

Nach dem Schauspielunterricht am Max-Reinhardt-Seminar spielte sich der Künstler über das Theater in der Josefstadt, die Münchener Kammerspiele und das Deutsche Theater in Wien an das Burgtheater, dessen Mitglied er von 1945 bis 1952 war. Im Dritten Reich war er in „Anton, der Letzte" (1939), „Meine Tochter lebt in Wien" (1940), „Der Meineidbauer" (1941), „Wien 1910" (1942), „Glück unterwegs" (1943) zu sehen sowie in Hauptrollen der unvollendeten Streifen „Shiva und die Galgenblume" sowie „Sag endlich ja" (beide 1945). Nachdem ihm mit der Titelrolle von „Erzherzog Johanns große Liebe" (1950) der entscheidende Durchbruch im Nachkriegsfilm gelungen war, avancierte er zu einem der höchstbezahlten Stars des deutschen Films. Er war der Charmeur vom Dienst, den seine distanzierte Sprechweise und die monologhafte Sprache unverkennbar machten, beispielsweise in „Ludwig II." (1954), „Peter Voß, der Millionendieb" (1958) und „Es muß nicht immer Kaviar sein" (1961). Bis 1988 war er auch immer wieder in Fernsehspielen zu sehen. Sein Wirken wurde 1970 mit der Verleihung des Professorentitels, 1977 mit dem Filmband in Gold, 1996 mit dem Großen Goldenen Ehrenzeichen für Verdienste um die Republik Österreich sowie mit dem Großen Verdienstkreuz der Bundesrepublik Deutschland gewürdigt.

FLINK, HUGO
* 16.8.1879 in Wien,
† 2.5.1947 in Berlin

Der Schauspieler stand bereits mit sechs Jahren erstmals auf einer Bühne. Nach seinem Militärdienst besuchte er ab 1897 die Theaterschule Arnau, ging 1899 nach Berlin und erhielt ein Engagement am Neuen Theater, später auch am Residenz-Theater und am Lustspielhaus. Im Film war er seit 1901 regelmäßig tätig; zunächst spielte er in Hauptrollen neben Stars wie Henny Porten und Asta Nielsen, später wurde er bis 1943 ein vielbeschäftigter Nebendarsteller; danach zog er sich vom Film zurück und agierte nur noch auf der Bühne. In den Filmen des Dritten

Hugo Flink

Reichs war er meist Altersdarsteller in Filmen wie „Fridericus" (1936), „Der Weg ins Freie" (1940), „Die goldene Stadt" (1942), „Romanze in Moll" (1943); sein letzter Film war „Das Bad auf der Tenne" (1943).

FLORATH, ALBERT
* 7.12.1888 in Bielefeld,
† 11.3.1957 in Gaildorf

Die schauspielerische Laufbahn des Künstlers begann um 1908 und führte ihn bald zu den Münchener Kammerspielen; von dort ging er 1922 nach Berlin an das Staatstheater. Hier kam er auch in Kontakt mit Max Reinhardt und Jürgen Fehling, die aus dem Naturtalent den Künstler formten. Als besonderer Höhepunkt dieser Zeit ist

Albert Florath

dessen meisterhafte Interpretation der Titelrolle von Molières unsterblicher Komödie „Der Geizige" in Erinnerung geblieben. Die große Popularität Floraths geht jedoch vor allem auf seine mehr als 200 Filme zurück, von denen er allein im Dritten Reich 96 drehte, beispielsweise „Fünf Millionen suchen einen Erben" (1938), „Die Reise nach Tilsit" (1939), „Friedrich Schiller" und „Jud Süß" (1940), „Der Weg ins Freie" (1941), „Diesel" (1942), „Immensee" (1943) und „Die Feuerzangenbowle" (1944). 1938 wurde er zum Staatsschauspieler ernannt. Nach Kriegsende spielte der Künstler erneut in zahlreichen Streifen mit, etwa in „Frauenarzt Dr. Prätorius" (1949), „Die schöne Müllerin" (1954) und „Ein Herz kehrt heim" (1956). Im Nachruf des Deutschen Bühnen-Jahrbuchs stand: „Die Spannung zwischen der mimischen Phantasie und den schauspielerischen Gaben formte Floraths Persönlichkeit."

FORSTER, RUDOLF
* 30.10.1884 in Gröbming/Steiermark,
† 26.10.1968 in Bad Aussee

Der Künstler spielte nach seiner Ausbildung ab 1903 zunächst an einer Wanderbühne und danach am Theater in der Josefstadt. Von 1915 bis 1918 leistete er Kriegsdienst und begann 1919 seine Filmkarriere in „Goldminen der Großstadt"; dieser Streifen war nur der Anfang einer großen Zahl von Stumm- und Tonfilmen. Parallel zur Filmarbeit hatte Forster von 1920 bis 1932 ein Engagement am Berliner Staatstheater. Sein erster Tonfilm war „Die Dreigroschenoper" (1931), er spielte fortan meist Respektspersonen und Charaktere der gehobenen Stände. Von 1937 bis 1940 ging Forster in die USA, wo er in Hollywood arbeitete und am Broadway auftrat. Über Japan, die Mandschurei und Sibirien kehrte er nach Berlin zurück, bekam ein Engagement am Deutschen Theater, fand Anschluß im Filmgeschäft und wirkte bald wieder in Filmen mit, beispielsweise in „Wien 1910" (1942), „Der gebieterische Ruf" (1943) und „Fahrt ins Glück" (1944). Nach dem Krieg spielte der Künstler an Theatern im deutschsprachigen Raum und in Filmen wie „Im weißen Rössl" (1952), „Liane, das Mädchen aus dem Urwald" (1956) und später in mehreren Kriminalfilmen. 1965 erhielt er das Filmband in Gold.

FORSCH, ROBERT
* 21.11.1870 in Struschau/Russisches Reich, † 8.9.1948 in Berlin

Der Schauspieler begann seine Theaterkarriere 1894 und wirkte in seinen ersten Bühnenjahren vorwiegend in der Provinz, zunächst als Schauspieler und später auch als Dramaturg und

Rudolf Forster

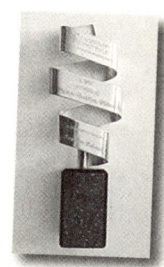
Das Filmband in Gold

Robert Forsch

Regisseur. In den 1920er Jahren arbeitete er meist an Berliner Bühnen, unter anderem am Deutschen Theater und am Renaissance-Theater; er spielte Rollen wie den Klosterbruder in Lessings „Nathan der Weise", den Orgelspieler in Büchners „Woyzeck" und den Wahrsager in Shakespeares „Antonius und Cleopatra". Da er seit Beginn der 1930er Jahre kaum noch Rollen bekam, verdiente sich Forsch mit kleinen Rollen im Film ein Zubrot; er spielte einen Geschäftsmann in „Der höhere Befehl" (1935), einen Passagier in „Am seidenen Faden" (1938) oder einen Gefängnisaufseher in „Schneider Wibbel" (1939). Seine erste große Rolle bekam der Künstler erst 1946, als er im ersten deutschen Nachkriegsfilm „Die Mörder sind unter uns" den Uhrmacher Mondschein spielte.

FRANCK, WALTER
* 18.4.1896 in Hüttensteinach,
† 10.8.1961 in Berlin

Der Sohn eines Porzellanfabrikanten stand mit zwanzig Jahren erstmals auf einer Studentenbühne in München und hatte anschließend Engagements am dortigen Hoftheater, in Nürnberg, Frankfurt am Main und Breslau und nochmals in Nürnberg. 1923 ging er nach Berlin, wo er bis 1949 dem Ensemble des Preußischen Theaters und danach dem des Schiller-Theaters angehörte. Im Film war der Künstler ab 1926 tätig und stellte meist Intriganten, Bösewichter und kalte, harte Persönlichkeiten dar. Walter Franck wirkte im Dritten Reich in 19 Filmen mit, darunter „Der Kaiser von Kalifornien" (1936), „Togger" (1937), „Die Rothschilds" (1940) und „Bismarck" (1940). Nach 1945 drehte er noch einige Filme. 1953 erhielt Franck das Bundesverdienstkreuz und 1956 das Große Verdienstkreuz, 1955 den Berliner Kunstpreis und 1961 den Deutschen Kritikerpreis. Er war Mitglied der Berliner Akademie der Künste. Nach seinem Tode urteilte die Zeitschrift „Theater heute": „Walter Franck schien geschaffen, alle Übeltäter, alle Brunnenvergifter, alle Schubjaks und Teufel der großen Weltliteratur zu spielen. Und er spielte sie ziemlich alle – und er spielte sie grandios."

Walter Franck

FREY, JULIUS
* 12.1.1901 in München,
† 29.11.1948 ebd.

Der Schauspieler trat in zwölf Filmen auf, darunter waren: „IA in Oberbayern" (1937), „Fasching" (1939), „Das sündige Dorf" (1940), „Der ewige Quell" (1940), „Der scheinheilige Florian" (1941), „Komödianten" (1941), „Peterle" (1943), „Der dunkle Tag" (1943), „Der kleine Muck" (1944), „Wo ist Herr Belling?" sowie „Shiva und die Galgenblume" (1945).

FRITSCH, WILLY
* 27.1.1901 in Kattowitz,
† 13.7.1973 in Hamburg

Der Landwirtssohn erhielt sein erstes Engagement am Deutschen Theater in Berlin und wirkte später kurze Zeit am Schauspielhaus Bremen. Seinen ersten Filmauftritt hatte er in „Seine Frau, die Unbekannte" (1923); er schloß dann einen Vertrag mit der UFA und wurde bald einer der beliebtesten Filmdarsteller Deutschlands und „Liebhaber vom Dienst". Seine erfolgreichsten Stummfilme waren „Blitzzug der Liebe" (1925), „Ein Walzertraum" (1925) und „Die Boxerbraut" (1926). Mit dem Tonfilm kamen noch größere Erfolgte für den populären Schauspieler. Seit dem gemeinsamen Film „Die Drei von der Tankstelle" (1930) wurden er und Lilian Harvey das beliebteste Filmliebespaar Deutschlands. Sie spielten auch in „Der Kongreß tanzt" (1931) zusammen. Fritsch rückte in den engeren Kreis um Reichsminister Dr. Goebbels vor, wurde des öfteren zu dessen

Abendgesellschaften eingeladen und traf dort auch mit Adolf Hitler zusammen. Der Künstler spielte im Dritten Reich in 35 Filmen mit wie etwa „Glückskinder" (1936), „Sieben Ohrfeigen" (1937, darin der Erfolgsschlager „Ich tanze mit Dir in den Himmel hinein"), „Frau am Steuer" (1939), „Frauen sind doch bessere Diplomaten" (1941, der erste große UFA-Farbfilm), „Wiener Blut" (1942) und „Junge Adler" (1944). Das Kriegsende brachte für Fritsch eine kurze Spielpause, aber 1947 trat er erstmals wieder im Zirkus Hagenbeck in der Operette „Der Liebesexpreß" auf. Auch zum Film fand er schnell zurück, beispielsweise in „Derby" (1949), „Grün ist die Heide" (1951), „Die Beine von Dolores" (1957), „Hubertusjagd (1959) und „Das hab ich von Papa gelernt" (1964). 1965 erhielt er das Filmband in Gold für langjähriges und hervorragendes Wirken im deutschen Film. Das „Deutsche Bühnen-Jahrbuch" zog in seinem Nachruf auf Willy Fritsch das Fazit: „Filmidol einer ganzen Generation."

Willy Fritsch

FITZ, HANS
* 21.12.1891 in Neustadt an der Orla, † 28.10.1972 in Krailling

Der vielseitige Künstler begann seine Filmkarriere Mitte der 1930er Jahre und war in Streifen zu sehen wie „Schach der Eva" (1934), „Der scheinheilige Florian" (1941), „Mein Schatz ist aus Tirol" (1958) und „Der Ruepp" (1965). Außerdem wirkte er in zahlreichen Hörspielen mit, schrieb einige Theater- und Fernsehstücke in bayerischer Mundart, betätigte sich als Drehbuchautor und war ein Mann der ersten Stunde im deutschen Fernsehen, der mit vielen Größen seiner Zeit zusammenarbeitete.

FÜRBRINGER, ERNST FRITZ
* 27.07.1900 in Braunschweig, † 30.10.1988 in München

Der Fähnrich zur See und Freikorpskämpfer im Baltikum begann 1924 seine Schauspielausbildung, debütierte 1925 in einer Schauspielschüler-Aufführung von Franz Grillparzers „Des Meeres und der Liebe Wellen" in der Rolle des Oberpriesters an den Hamburger Kammerspielen und erhielt dort spontan sein erstes Engagement. 1935 wechselte er zum Bayerischen Staatsschauspiel nach München, wo er bis 1942 wirkte, danach hatte der Künstler bis 1945 einen Hausvertrag mit der Bavaria-Filmkunst. Nach dem Krieg sah man ihn meist an Münchener Bühnen, vor allem bei den Kammerspielen, zu deren Ensemble er 1954 bis 1959 gehörte; ab 1960 war er nur noch als freier Schauspieler tätig. Fürbringer spielte auf der Bühne mit Präzision, Noblesse und feinem Witz viele Heldenrollen in Klassikern, glänzte aber auch als distinguierter Frackträger in zahlreichen Boulevardstücken. Sein Spielfilmdebüt hatte in „Truxa" (1937); auch im Film gab der Schauspieler häufig distinguierte und vornehme Herren, so in „Es leuchten die Sterne" (1938), aber auch zwielichtige und Verbrechertypen wie in „Kameraden" (1941) und „Titanic" (1943). Nach dem Krieg spielte er in Filmen wie „Der Kaplan von San Lorenzo" (1952) und „Der Pauker" (1958) sowie in einigen Edgar-Wallace-Krimis und trat in den 1970er und 1980er Jahren zunehmend auch in Fernsehproduktionen auf, beispielsweise in Serien wie „Wallenstein", „Derrick", „Der Kommissar" und „Die Schwarzwaldklinik".

Hans Fitz

Ernst Fritz Fürbringer

FRANCOIS, HARDY VON
* 7.2.1879 in Potsdam,
† 1956 in Berlin

Geboren unter dem Namen Bernhard Hermann, trat der Intendanzrat eigentlich nur gelegentlich, aus Gefälligkeit und bei bekannten Regisseuren vor die Kamera, beispielsweise in den Streifen „Nosferatu – Eine Symphonie des Grauens" (1921), „Die Nibelungen" (1924), „Ritt in die Freiheit" (1937) und „Silvesternacht am Alexanderplatz" (1939). Nach dem Zweiten Weltkrieg zog er sich aus dem Film- und Theatergeschäft zurück.

FRÖHLICH, GUSTAV
* 21.3.1902 in Hannover,
† 22.12.1987 in Lugano

Als Schauspieler war der Künstler Autodidakt und begann seine Karriere an einer Wanderbühne. 1919 trat er in Celle erstmals öffentlich auf, anschließend hatte er einige Engagements in der Provinz, bis Paul Henckels ihn nach Berlin holte. Dort hatte er an verschiedenen Bühnen große Erfolge im „Zerbrochenen Krug", in Grillparzers „Die Ahnfrau" und als „Prinz von Homburg". Durch seine Rolle in dem Stummfilmklassiker „Metropolis" (1924) wurde Fröhlich schlagartig weltbekannt und mit Rollenangeboten überhäuft. Sein natürlicher Charme, seine Eleganz und sein blendendes Aussehen machten ihn rasch zum Publikumsliebling. Als jugendlicher Held, Liebhaber und Bonvivant war er in den 1930er Jahren neben Willy Fritsch der populärste Schauspieler. Von seinen insgesamt rund 125 Filmen seien genannt: „Der unsterbliche Lump" (1930), „Der Flüchtling aus Chicago" (1934), „Barcarole" (1935), „Herz modern möbliert" (1940), „Der Große König" (1942), „Tolle Nacht" (1943), „Neigungsehe" und „Der große Preis" (1944). Im Gegensatz zu vielen anderen prominenten Berufskollegen wurde Fröhlich nach Beginn des Zweiten Weltkrieges allerdings nicht unabkömmlich gestellt, sondern 1941 für 18 Monate zu einem Posener Landschützen-Regiment einberufen, das er für Dreharbeiten jeweils vorübergehend verlassen durfte. Nach dem Krieg war der Schauspieler vorwiegend am Theater tätig. Bis 1953 gehörte Gustav Fröhlich zum Ensemble des von Gustaf Gründgens geleiteten Düsseldorfer Schauspielhauses. Danach spielte er am Berliner Renaissance-Theater und am Schauspielhaus Zürich. 1956 übersiedelte er in die Schweiz in den Ort Brissago am Lago Maggiore. 1972 wurde er mit der Silbernen Plakette der Stadt Salzburg ausgezeichnet und 1973 von der Bundesrepublik Deutschland mit dem Filmband in Gold. Er spielte bis 1976 regelmäßig Theater und starb 1987 nach einer Operation in Lugano.

Gustav Fröhlich

GEBÜHR, OTTO
* 29.5.1877 in Kettwig,
† 13.3.1954 in Wiesbaden

Der Kaufmannssohn bekam 1896/97 sein erstes Engagement am Görlitzer Stadttheater, anschließend ging er an das Hoftheater Dresden (bis 1908), sodann an das Berliner Lessing-Theater (bis 1912) und das Theater in der Königgrätzer Straße (bis 1914). Am Ersten Weltkrieg nahm der Schauspieler als Freiwilliger im 3. Garde-Feldartillerie-Regiment teil und stieg bis zum Leutnant auf. Im Jahre 1917 stand er in „Der Richter" erstmals vor der Kamera; mit dem Stummfilm „Die Tänzerin Barberina" (1920), in dem er den Preußenkönig Friedrich II. spielt, gelang Gebühr der schauspielerische Durchbruch. Nicht zuletzt durch seine physiognomische Ähnlichkeit mit Friedrich II. war der Schauspieler für die Rolle des Monarchen in 16 Spielfilmen und vielen Bühnenauftritten prädestiniert. So erzielte er etwa mit der Einführung des Tonfilms in „Das Flötenkonzert von Sanssouci" (1930) als König von Preußen einen großen Erfolg. Nach der nationalsozialistischen Regierungsübernahme trat Gebühr auch in politischen und Werbekurzfilmen als Preußenkönig Friedrich II. auf. Es folgten die Spielfilme „Der Choral von Leuthen (1933) und „Fridericus (1936). 1938 wurde Gebühr zum Staatsschauspieler ernannt und stand nun auf dem Höhepunkt seiner Karriere; neben Heinz Rühmann, Hans Albers und Heinrich George war er eine der bestverdienenden und berühmtesten deutschen Schauspielgrößen. Im Streifen „Der Große König" (1942) zeigte Gebühr Friedrich den Großen in seiner schwersten Krise im Siebenjährigen Krieg, die er, von allen Getreuen verlassen, am Ende doch erfolgreich meistert. Gebühr verkörperte in diesem Film wohl am eindrucksvollsten den einsamen und unbeugsamen König, der nur Sieg oder Untergang kennt. Der deutschen Bevölkerung sollten im dritten Jahr des Zweiten Weltkriegs anhand dieser glorreichen Epoche der preußischen Geschichte Pflichterfüllung, Durchhaltewillen, Gehorsam und Mut vor Augen geführt werden, Tugenden, die letztlich zum Sieg Preußens geführt hatten. Aber Gebühr verkörperte auch andere Charaktere, etwa den König von Sachsen in „Bismarck (1940), den distingierten Geheimrat in „Immensee" (1943) oder den weisen Firmenchef in „Die goldene Spinne" (1943). Nach dem Zweiten Weltkrieg wurde der Schauspieler von den Alliierten mit einem Auftrittsverbot belegt, einige seiner Filme wurden indiziert. Nach Abschluß seiner Entnazifizierung kehrte der Künstler 1947 an der Seite Lil Dagovers in Anton Tschechows „Der Kirschgarten" in der Berliner Komödie ans Theater zurück. Bis zu seinem Tod unternahm er noch Gastspielreisen und mimte in einigen Filmen kauzige Gesellen und heiter vergreiste Eigenbrötler. Otto Gebühr starb kurz vor Abschluß der Dreharbeiten zu dem Film „Rosen-Resli" an einem Herzschlag.

Otto Gebühr in seiner Paraderolle als Friedrich der Große

GEHRING, VIKTOR
* 10.1.1889, † 24.4.1978
Der Schauspieler war bereits ein gestandener Theaterschauspieler, als er 1918 sein Filmdebüt mit „Der Jäger von Fall" feierte. In den nächsten Jahren trat er regelmäßig vor die Kamera, beispielsweise in Stummfilmen wie „Der Totenkopf" (1920), „Martin Luther" (1923) und „Der Bund der Drei" (1929). Auch im Tonfilm blieb Gehring erfolgreich und spielte einprägsame Nebenrollen in Filmen wie „Der Tiger" (1930), „Condottieri" (1937), „Ohm Krüger" (1941) und „Der kleine Muck" (1944). Nach dem Krieg trat er nur wenige Male vor die Kamera, etwa in „Die Martinsklause" (1951) und „Die schöne Tölzerin" (1952).

Viktor Gehring

GERASCH, ALFRED
* 17.8.1877 in Berlin, † 12.8.1954 in Wien
Der populäre Theaterschauspieler, der zum exklusiven Kreis der Königlich-

Alfred Gerasch

Kaiserlichen Hofschauspieler gehörte, trat erstmals 1896 in Stettin am Bellevue-Theater auf. 1897 ging er nach Hamburg, 1898 nach Oldenburg und 1899 nach Karlsruhe. Von dort wechselte er 1907 nach Wien und wurde Mitglied des Burgtheaters. Beim Film debütierte er 1920 mit „Die Legende von der heiligen Simplicia" (1920) und „Die Schuld der Lavinia Morland" (1920). In den nächsten Jahren trat er regelmäßig vor die Kamera und agierte in Stummfilmen wie „Sodoms Ende" (1922), „Time is Money" (1923), „Das Geheimnis des Abbé X" (1927) und „Napoleon auf St. Helena" (1929). Im Tonfilm der 1930er Jahre machte Gerasch sich auf der Leinwand rar. Zu seinen bekanntesten Filmen dieser Jahre gehören „Väter und Söhne" (1930), „Der Kongreß tanzt" (1931), „Tannenberg" (1932) und „Fridericus" (1937). Mit dem Ausbruch des Zweiten Weltkrieges endete seine Filmlaufbahn, er trat lediglich noch einmal in dem Film „Die Welt dreht sich verkehrt" (1947) auf.

GERNOT, HERBERT
* 12.9.1895 in Berlin,
† 12.9.1952 in München

Der Schauspieler wirkte nach dem Ersten Weltkrieg auf Bühnen in Bonn, Hamburg und Berlin und spielte auch in einigen Filmen mit, beispielsweise in „Der Große König" (1942), „Altes Herz wird wieder jung" (1943) und „Philharmoniker" (1944). Außerdem spielte er in „Kabinett Fulero" (1940) mit, dem ersten Film im deutschen Fernsehrundfunk mit Musik. Nach dem Kriege arbeitete er am Stadttheater Zürich sowie als Synchronsprecher und Märchenerzähler im Bayerischen Rundfunk.

Herbert Gernot

GLASER, OTTO
* 1890, † 18.7.1956 in Wien

Der österreichische Sänger und Schauspieler wirkte in 14 Filmen mit, beispielsweise „Stürmisch die Nacht" (1931), „Der Postillon von Lonjumeau" (1936), „Hotel Sacher" (1939), „Schrammeln" (1944), „Höllische Liebe" (1949) und „Hochstaplerin der Liebe" (1954).

GIESE, HARRY
* 2.3.1903 in Magdeburg,
† 20.1.1991 in Berlin

Nach seiner Schauspielausbildung kam Giese über die Theaterstationen Mageburg, Meiningen, Aachen und Altona 1933 nach Berlin, wo er am Theater am Nollendorfplatz und am Komödienhaus im Rollenfach des jugendlichen Liebhabers spielte. Als er für diesen Typus zu alt wurde, zog er sich von der Bühne zurück und arbeitete als Synchronsprecher. Als 1940 die Wochenschauen der einzelnen Filmfirmen zur „Deutschen Wochenschau" zusammengefaßt wurden, war es Harry Giese, den Adolf Hitler persönlich als Stimme dieser Einheitswochenschau und damit als „Großdeutschen Sprecher" auswählte. Giese wurde auch als Sprecher in Propagandafilmen eingesetzt, beispielsweise in dem bekannten Film „Der ewige Jude" (1940). Nach dem Krieg wurde er im Entnazifizierungsverfahren als „Mitläufer" eingestuft und arbeitete danach wieder als Synchronsprecher.

Harry Giese

GOETZ, LUTZ
* 12.8.1891 in München,
† 3.10.1958 in Berlin

In der Weimarer Republik sah man den Schauspieler in einigen wenig bekann-

Lutz Goetz

ten Filmen. Im Dritten Reich stand er wesentlich öfter vor der Kamera, z.B. auch in bedeutenden Filmen wie „Pour le Mérite" (1938), „Trenck, der Pandur" (1940) und „Quax, der Bruchpilot" (1941). Im Film „Die Feuerzangenbowle" (1944) spielte er den Geschichtslehrer Dr. Brett und damit den einzigen Pädagogen, vor dem die Schüler Respekt haben. Auch nach dem Zweiten Weltkrieg spielte er in zahlreichen Filmen, beispielsweise „Der Untertan" (1951), „Die Geschichte vom kleinen Muck" (1953) und „Emilia Galotti" (1958).

GÖTZKE, BERNHARD
* 5.6.1884 in Danzig,
† 7.10.1964 in Berlin

Der Schauspieler war anfangs an Theatern in Hagen, Dresden und dann an Max Reinhardts Bühnen in Berlin tätig. Seine Glanzzeit war die Stummfilmära, in der er beeindruckende Vorstellungen in den Klassikern „Der müde Tod" (1921) und „Die Nibelungen" (1924) gab. Er spielte Hauptrollen in dem Sozialdrama

Bernhard Götzke

„Die Verrufenen" (1925) und in dem Alfred-Hitchcock-Streifen „The Mountain Eagle" (1926, Der Bergadler). Im Tonfilm schwand die Bedeutung des Künstlers, und er spielte nur noch Nebenrollen, etwa in „Der Kurier des Zaren" (1936) und „Die Entlassung" (1942).

GONDRELL, ADOLF
* 1.7.1902 in München, † 13.1.1954 ebd.

Der Schauspielersohn begann seine Bühnenkarriere kurz nach dem Ersten Weltkrieg. Populär wurde er in den 1920er Jahren als Conferencier in der von ihm gegründeten „Bonbonniere" am Münchener Platzl, als Kabarettist in Berlin an der „Scala" und beim „Kabarett der Komiker". Er spielte nur in wenigen Filmen mit, etwa in „Venus vor Gericht" (1941) und „Alarmstufe V" (1941). Ab 1945 war der Künstler Mitglied der Münchener Kammerspiele, trat aber auch an anderen Bühnen auf und arbeitete als Synchronsprecher. Adolf Gondrell verstarb an einer Gasvergiftung.

Adolf Gondrell

GRAF, OTTO
* 28.11.1896 in Haina/Thüringen,
† 22.2.1977 in Berlin

Der Sohn eines Landjägermeisters nahm nach einer Banklehre Schauspielunterricht und debütierte 1920 am Stadttheater Mühlhausen in Thüringen. Es folgten Stationen in Gera, Weimar und Hannover, bis Gustaf Gründgens ihn 1934 an das Staatstheater Berlin holte. Hier spielte er bis zur allgemeinen Theaterschließung zum 1. September 1944 als Held, Liebhaber und Bonvivant. Nach dem Krieg wirkte er an diversen Berliner Bühnen sowie an den Hamburger Kammerspielen. Im Film war Graf 35 Jahre lang zu sehen, er spielte in „Nacht der Verwandlung" (1935), „Andreas Schlüter" (1942), „Canaris" (1954), in Veit Harlans Homosexuellen-Film „Anders als Du und ich (§ 175)" (1957)

Otto Graf

und „Die Herren mit der weißen Weste" (1970).

GROSS, WALTER
* 5.2.1904 in Eberswalde,
† 17.5.1989 in Berlin

Der Charakterkomiker debütierte 1926 in der Revue „Von Mund zu Mund" am Großen Berliner Schauspielhaus; es folgten kleinere und größere Rollen an fast allen Berliner Bühnen, wo man sein komisches Talent bald zu nutzen wußte. Gross galt als Berliner Original, der seine Auftritte – er spielte alle Arten von Faktoten, grummelige Mitmenschen mit einem Herzen aus Gold, kleine Angestellte und Verkäufer, verläßliche Kumpel und gute Freunde des Helden – zu kauzig-humoristischen Gemmen gestaltete. Er trat sehr erfolgreich am „Kabarett der Komiker" und im „Tingeltangel" auf, wurde hier aber im Mai 1935 zusammen mit Werner Finck und Günter Lüders wegen einer doppeldeutigen Szene von der Gestapo verhaftet und vom 5. Juni bis zum 1. Juli 1935 in das Konzentrationslager Esterwegen gesteckt und anschließend für anderthalb Jahre mit einem Berufsverbot belegt. Bis Mai 1945 konzentrierte der Künstler sich daher auf seine Filmarbeit, die er bereits 1933 begonnen hatte, und spielte in Filmen wie „Gleisdreieck" (1937), „Familie auf Bestellung" (1939), „Seitensprünge" (1940), „Damals" (1943) und „Quax in Afrika" (1944). Nach 1945 wurde er künstlerischer Leiter des Kabaretts „Die Insulaner" und spielte in Filmklamotten wie „Mikosch rückt ein" (1952) und „Übermut im Salzkammergut" (1963). Ab 1956 wirkte er auch in vielen Fernsehproduktionen mit. Walter Gross wurde 1979 mit dem Bundesverdienstkreuz und 1988 mit dem Filmband in Gold ausgezeichnet.

Walter Gross

GROSSE, ARTUR
Lebensdaten des Schauspielers konnten nicht ermittelt werden.

Artur Grosse

GROSSE, WILHELM
* 1.10.1873 in Wernigerode, † ?

Der Künstler begann als Sänger und Schauspieler seine Laufbahn in Bad Friedrichsroda und kam dann über kleinere Bühnen 1895 an das Residenz-Theater nach Wiesbaden. 1896 wechselte er nach Berlin, später nach München; hier spielte er am Schauspielhaus und am Gärtnerplatz-Theater, war aber auch als Spielleiter und Dramaturg tätig. Später ging Wilhelm Grosse an Bühnen nach Bremen, Straßburg und schließlich wieder nach Berlin.

GÜNTHER, CARL
* 15.11.1885 in Wien,
† 27.6.1951 ebd.

Der Wiener spielte nach seiner Schauspielausbildung in Berlin, Hamburg, München und Dresden. Später hatte er Engagements in Wien am Volkstheater und am Theater in der Josefstadt. Im Film agierte er seit 1920, doch einem größeren Publikum wurde er erst bekannt, als er im Burgtheater als Partner von Olga Tschechowa zu sehen war. Danach spielte er jährlich in mehreren Filmen meist bessergestellte elegante, aber unsympathische Herren. Einige Beispiele seiner Filmstreifen: „Der Staatsanwalt" (1920), „Das gelbe Haus des King Fu" (1931), „Lady Windermeres Fächer" (1935), „Dreizehn Stühle" (1938), „Der Stern von Rio" (1940) „Der große König" (1941), „Romanze in Moll" (1943), „Die Affäre Rödern" (1944), „Der Engel mit der Posaune" (1948) und „Verklungenes Wien" (1951).

Carl Günther

GÜNTHER, EUGEN

Lebensdaten des Schauspielers konnten nicht ermittelt werden, lediglich folgendes: Er spielte von 1921 bis 1953 in 17 Filmen mit, darunter „Kleider machen Leute" (1921), „Glück bei Frauen" (1928), „Durchlaucht, die Wäscherin" (1931), „Sieben Jahre Pech" (1940) und „Ich und meine Frau" (1953).

GÜLSTORFF, MAX
* 23.3.1882 in Tilsit,
† 6.2.1947 in Berlin

Der Schauspieler wirkte nach seiner künstlerischen Ausbildung an verschiedenen Theatern; nach seinem Beginn in Rudolstadt kam er 1908 nach Cottbus an das Neue Stadttheater und wechselte 1911 nach Berlin an das Schiller-Theater. Von dort holte ihn Max Reinhardt 1915 an das Deutsche

Max Gülstorff

Theater. Er spielte später aber auch am Großen Schauspielhaus, am Komödienhaus und an der Volksbühne, vorwiegend in komischen Rollen. 1923 ging der Künstler nach Wien an das Theater in der Josefstadt, wo er nicht nur als Schauspieler, sondern auch als Regisseur arbeitete. Seine 30 Jahre dauernde Filmkarriere startete Gülstorff im Jahre 1916 in „Das unheimliche Haus". Man sah ihn meist in Nebenrollen, in denen er kleinliche Spießer jeder Art, oft überkorrekte Beamte verkörperte. Im Dritten Reich wirkte er in insgesamt 81 Filmen mit, darunter „Kirschen in Nachbars Garten" (1935), „Kapriolen" (1937), „Kleiner Mann – ganz groß!" (1938), „Kitty und die Weltkonferenz" (1939), „Ohm Krüger" (1941), „Der Seniorchef" (1942) und „Wiener Mädeln" (1945).

HALMAY, TIBOR VON
* 20.12.1894 in Nagyszentmiklós/Ungarn, † 3.11.1944 in Budapest

Der ungarische Mime ließ sich nach dem Ersten Weltkrieg als Schauspieler ausbilden und trat anschließend in Budapester Theatern in Operetten auf. In den 1920er Jahren holte Max Reinhardt ihn nach Berlin an seine Bühnen. Nach seinem Filmdebüt im Jahre 1930 trat Halmay regelmäßig in Komödien und Musikfilmen auf, etwa in „Die Försterchristl" (1931), „Rakoczy-Marsch" (1933), „Csibi, der Fratz" (1935), „Ihr Leibhusar" (1938), Frau nach Maß" (1940) und „Orient-Expreß" (1944). Tibor von Halmay wurde gegen Ende des Zweiten Weltkrieges zum Kriegsdienst eingezogen und fiel in den Kämpfen um die ungarische Hauptstadt.

Tibor von Halmay

HANAUER, HANS

Lebensdaten des Schauspielers konnten nicht ermittelt werden, lediglich folgendes: Er spielte in zwölf Filmen mit, beispielsweise in „Standschütze Bruggler" (1936), „Der Jäger von Fall" (1936), „Die Geierwally" (1940), „Die unheimliche Wandlung des Axel Roscher" (1943) und „Der Ochsenkrieg" (1943).

HANNEMANN, KARL
* 4.3.1895 in Freiberg,
† 6.11.1953 in Berlin

Sein Bühnendebüt gab der Sohn eines Theaterdirektors 1914 am Berliner Schiller-Theater, und auch seine weitere Bühnenkarriere lief über die hauptstädtischen Bühnen, darunter das Theater am Schiffbauerdamm und das Deutsche Theater. Beim Film hatte er zunächst nur sporadische Auftritte, doch mit der Regierungsübernahme

Karl Hannemann

der Nationalsozialisten stand er regelmäßig vor der Kamera und drehte in dieser Epoche insgesamt 63 Filme, beispielsweise „Hitlerjunge Quex" (1933), „Die Rothschilds" (1940) und „G.P.U." sowie „Wir machen Musik" (1942). Nach 1945 spielte er in DEFA-Filmen, beendete aber 1949 seine Filmarbeit und konzentrierte sich auf das Theater.

HANFT, KARL
* 24.7.1904 in Wien,
† 2.2.1982 in München

Karl Hanft

Der Staatsschauspieler wurde 1929 Mitglied der Genossenschaft Deutscher Bühnen-Angehöriger und war seit 1939 und auch nach 1945 am Bayerischen Staatsschauspiel engagiert. Seit 1931 spielte er auch in Filmen mit, einige Beispiele: „Stoßtrupp 1917" (1934, Uraufführung in Anwesenheit Adolf Hitlers), „Peterle" (1943), „Das Wirtshaus im Spessart" (1958) und „Das Spukschloß im Spessart" (1960). Karl Hanft wirkte auch als Hörspiel- und Synchronsprecher und arbeitete für das Fernsehen.

HARDY, HERMANN
Lebensdaten des Schauspielers konnten nicht ermittelt werden.

Hermann Hardy

HARPRECHT, BRUNO
* 22.2.1875 in Königsberg/Pr.,
† 11.7.1948 in Berlin

Einer alten Künstlerfamilie entstammend, begann Harprecht seine Karriere 1892 am Hoftheater in Neustrelitz und wirkte anschließend als Schauspieler, Operettensänger und Regisseur an den Bühnen diverser Städte. Er war also schon ein gestandener Schauspieler, als er 1919 erstmals auch beim Film in Erscheinung trat und in den Streifen „Die Siebzehnjährigen" und „Liebe" mitwirkte. 1921 stand er mit Lil Dagover und Werner Krauß in „Das Medium" vor

Bruno Harprecht

der Kamera und zog sich dann für lange Zeit aus dem Filmgeschäft zurück, um erst im Jahre 1937 seine Filmlaufbahn fortzusetzen. In diesem Jahr spielte er in „Streit um den Knaben Jo" und „Ein Volksfeind", bis zu seinem Tode folgten noch fünf weitere Filme.

HARTWIG, KNUT
* 16.9.1891, † 12.2.1977

Der Schauspieler und Synchronsprecher wirkte unter anderem am Oldenburgischen Staatstheater und nach 1945 im Theaterclub des British Centre Berlin. Vor der Kamera debütierte er 1934 in „Glückspilze" und wurde danach ein vielbeschäftigter Nebendarsteller, der in zahlreichen großen Produktionen mitspielte, beispielsweise „Der alte und der junge König" (1935), „Dr. Crippen an Bord" (1942) und „Dr. Semmelweis – Retter der Mütter" (1950). Ab 1948 wirkte er bei vielen Filmsynchronisationen mit.

Knut Hartwig

HASSE, CLEMENS
* 13.4.1908 in Königsberg/Pr.,
† 28.7.1959 in New York

Der Beamtensohn debütierte 1929 am Berliner Staatstheater als Edler von Henstedt in „Das Käthchen von Heilbronn" und wirkte dort bis zur allgemeinen Theaterschließung zum 1. September 1944. Nach dem Krieg spielte er in Berlin am Schiller- und Schloßpark-Theater. Vor die Kamera trat der Schauspieler erstmals in „Ja, treu ist die Soldatenliebe" (1932), danach sah man ihn an der Seite von

Clemens Hasse

Heinz Rühmann in „Der Mann, der Sherlock Holmes war" (1937) sowie in „Die Reise nach Tilsit" (1939), „U-Boote westwärts" (1941) und „Immensee" (1943). Seine Rollen waren meist klein, Hasse verkörperte vornehmlich gute Kumpels, auf die man sich verlassen kann. In der Nachkriegszeit wirkte er beispielsweise in den Streifen „Berliner Ballade" (1948), „Canaris" (1954) und „Meine 99 Bräute" (1958) mit.

HAUBENREISSER, KARL
* 11.11.1903 in Anger-Crottendorf,
† 26.4.1945 in Berlin
Der Schauspieler wirkte von 1927 bis 1931 in Mannheim am National-Theater, hatte in der Spielzeit 1933/34 ein Engagement in Weimar und danach bis 1944 am Staatstheater Berlin. 1933 wurde er Obmann der Genossenschaft Deutscher Bühnen-Angehöriger. 1938 trat er in „Der Tiger von Eschnapur" erstmals vor die Kamera und wirkte danach noch in großen Filmen mit wie „Es war eine rauschende Ballnacht" (1939), „Bismarck" (1940), „Ohm Krüger" (1941) und „G.P.U." (1942). Er kam bei den Kämpfen um die Reichshauptstadt Berlin ums Leben.

HAUPT, ULRICH
* 30.10.1915 in Chicago,
† 22.11.1991 in München
Der Sohn eines Schauspielerehepaares entschied sich spontan für den Beruf seiner Eltern, als er Anfang der 1930er Jahre in Berlin Gustaf Gründgens als Mephisto und Hamlet sah. Sein Bühnendebüt gab er 1936 in Shakespeares „Romeo und Julia" in Danzig. Von 1937 bis 1940 gehörte er dem Ensemble des Bayerischen Staatsschauspiels in München an, dann holte ihn Gründgens nach Berlin, wo er bis 1945 im Ensemble des Berliner Staatstheaters wirkte. Nach dem Krieg lebte Haupt mehrere Jahre in den Vereinigten Staaten und trat dort in einem Tourneetheater auf, kehrte aber 1951 nach Deutschland zurück und spielte unter Gründgens zunächst am Düsseldorfer Schauspielhaus (bis 1955), dann am Deutschen Schauspielhaus in Hamburg (bis 1964). Sein Spielfilmdebüt gab Haupt 1941 neben Henny Porten in „Komödianten" (1941), allerdings blieben seine Ausflüge vor die Filmkamera selten. Er war beispielsweise in den Streifen „Der Engel, der seine Harfe versetzte" (1959), im Jerry-Cotton-Krimi „Die Rechnung eiskalt serviert" (1966) und in Bernhard Wickis Drama „Das Spinnennetz" (1989) zu sehen. Außerdem hatte er zahlreiche Gastauftritte im Fernsehen, etwa in den Serien „Der Alte", „Derrick" und „Der Kommissar".

HAUSER, HEINRICH
* 14.7.1891 in Berg am Laim,
† 18.12.1956 in München
Nach einer kaufmännischen Lehre und einer Gesangsausbildung führte sein erstes Engagement den jungen Künstler an das Neue Münchner Theater, später spielte er auch an Bühnen in Regensburg, Würzburg, Frankfurt am Main und Berlin. Auf der Bühne wie auch im Film spielte er meistens bäuerliche, erdverbundene Rollen. Man sah ihn in Streifen wie „Die Mühle im Schwarzwald" (1934), „Im Schatten des Berges" (1940), „Der Hochtourist" (1942), „Die drei Dorfheiligen" (1949), „Die schöne Tölzerin" (1952) und „Heiraten verboten" (1956).

Ulrich Haupt

HEESTERS, JOHANNES
* 5.12.1903 in Amersfoort in den Niederlanden, † 24.12.2011 in Starnberg

Der Kaufmannssohn absolvierte eine Schauspiel- und Gesangausbildung in Amsterdam und erhielt anschließend erste kleine Rollen. Dann wechselte er als Tenor ins Operettenfach und trat 1934 erstmals an der Volksoper in

Johannes Heesters

Wien auf. Seine große Karriere aber begann in Berlin, wo er ab 1935 an der Komischen Oper, am Metropol-Theater und im Admiralspalast zum erklärten Liebling der Millionenstadt und zum Inbegriff der leichten Muse avancierte. Selbst Adolf Hitler war begeistert und lobte Heesters: „Die ‚Lustige Witwe' ist meine Lieblingsoperette, und Sie sind für mich der beste Danilo." Beim breiten Publikum machte ihn in erster Linie der Film bekannt. Sein Filmdebüt gab der Künstler 1935 in „Die Leuchter des Kaisers". Zum Leinwandstar wurde er durch Rollen in UFA-Produktionen wie „Der Bettelstudent" (1936, mit Marika Rökk) oder „Das Hofkonzert" (1936, mit Martha Eggerth). Im Dritten Reich wirkte er insgesamt in 20 Filmen mit, darunter waren: „Hallo Janine" (1939), „Rosen in Tirol" (1940), „Jenny und der Herr im Frack" (1941), „Großstadtmelodie" (1943) und „Die Fledermaus" (1944,

uraufgeführt 1946). Heesters klagte am 2. Dezember 1942 in einem Brief an Dr. Goebbels, daß er infolge seiner vertraglichen Verpflichtungen am Metropol-Theater jährlich nur einen Film drehen könne: „Es geht mir hierbei nicht um finanzielle Dinge, denn, wie Sie, verehrter Herr Reichsminister, wissen, verdiene ich am Theater mehr als im Film. Ich sehe aber, daß ich für den deutschen Film und den Filmexport sehr viel nutzbringender eingesetzt werden kann als am Theater. […] Ich wäre sehr froh, wenn Sie mich einmal zu einer persönlichen Rücksprache empfangen würden. Heil Hitler! Ihr sehr ergebener Johannes Heesters." Nach dem Krieg setzte Heesters seine Karriere sowohl auf der Bühne wie auch vor der Kamera fort, und seine außerordentliche Beliebtheit beim Publikum war ungebrochen. Den „schier unverwüstlichen Charme", den man ihm bis ins hohe Alter attestierte, stellte er nach dem Krieg in einer Reihe von Filmen erneut unter Beweis, konnte aber an die einstigen Leinwanderfolge nicht mehr anknüpfen. Auch das Fernsehen hatte an seiner phänomenalen Karriere erheblichen Anteil. Er wirkte in vielen Produktionen mit und war begehrter Gast von TV-Shows. Der Grandseigneur der deutschen Theater- und TV-Szene stand noch mit über 100 Jahren auf der Bühne und vor der Kamera. Seine letzte Bühnenrolle spielte er 2010 in Hochhuths „Inselkomödie oder die Lysistrate und die Nato" als ältester aktiver Schauspieler auf dem ganzen Globus. Insgesamt stand er 90 Jahre auf der Bühne und 87 Jahre vor der Kamera.

HEIDMANN, KARL
* 23.9.1889 in Preußisch-Eylau, † 12.2.1946 in Lübeck

Der Sohn eines Landarbeiters studierte in Berlin und München und wurde Schauspieler, Dramaturg und Regisseur in Lübeck. Er war mit der Schauspielerin Clarissa Niemann verheiratet und schrieb eigene Stücke wie die Tragödie „Gott der Esther" (1921) oder die Komödie „Falscher Hase" (1925). Er spielte in Filmen wie „Flitterwochen" (1936), „Robert Koch, der Bekämpfer des Todes" (1939); „Der Sündenbock" (1940) und „Quax, der Bruchpilot" (1941) mit.

HEIM, WILHELM
*** 31.8.1888 in Marburg an der Drau,
† 31.8.1954 in Wien**
Seine Bühnenlaufbahn begann im Marburger Ensemble in Windisch-Feistritz, später wirkte er als Charakterdarsteller in Innsbruck, Pettau, Laibach, Klagenfurt, Teplitz, Ischl, Graz, Wien (am Deutschen Volkstheater), Reichenberg, Prag und schließlich wieder in Wien an der Wiener Bühne, den Kammerspielen und am Burgtheater. Er betätigte sich auch als Regisseur, Bearbeiter und Bühnenschriftsteller.

Wilhelm Heim

Wilhelm Heim war beispielsweise in den Filmen „Geld auf der Straße" (1930), „Brüderlein fein" (1941/42) und „Singende Engel" (1947) zu sehen.

HELLMER, KARL
*** 11.3.1896 in Wien,
† 18.5.1974 in Berlin**
Der Schauspieler debütierte 1921 am Akademie-Theater und gelangte über die Theaterstationen Pilsen, Meißen, Bad Reinerz und Bielitz 1926 nach Berlin, wo er an verschiedenen Bühnen spielte. 1935 erhielt er ein Engagement am Deutschen Theater und wurde vorwiegend als komisch-tragender Charakter eingesetzt. Ähnliche Aufgaben erhielt er auch im Film; er gab hier sein Debüt in „Ich bei Tag und Du bei Nacht" (1932) und war später in Produktionen zu sehen wie „Es war eine rauschende Ballnacht" (1939), „Der Große König" (1941), „Wien 1910" (1942) und „Junge Adler" (1944). Nach 1945 spielte Karl Hellmer zunächst in einigen DEFA-Filmen und setzte dann seine Filmarbeit in Westdeutschland fort. Er war u.a. zu sehen in „Der Hauptmann von Köpenick" (1956) und „Der Greifer" (1957). Dem Staatsschauspieler wurde am 29.9.1971 das Bundesverdienstkreuz 1. Klasse verliehen.

HELGAR, ERIC
*** 8.2.1910 in Regensburg,
† 14.6.1992 in München**
Der Sohn eines Schweizer Opernsängers verdankte seine Filmkarriere vor allem seiner Popularität als jugendlicher Schallplatten- und Rundfunktenor. Sein interessantes und vielseitiges Repertoire wurde durch eine ausdrucksvolle und leicht wiedererkennbare Stimme getragen. Sie reichte vom einfachen Schlager zum Tango bis zu anspruchsvollen Operettenmelodien und mit nicht weniger anspruchsvollen Chansons und Kleinkunsteinspielungen zum Tanzorchester-Swing vom Ende der 1930er und Anfang der 1940er Jahre. Vor der Kamera debütierte er mit „Was Frauen träumen" (1933), und das darin vorgetragenen Lied „Wir wollen Freunde sein für's ganze Leben" wurde ein erfolgreicher Schlager. Bis zum Ende des Zweiten Weltkrieges spielte Helgar noch in weiteren Filmen, beispielsweise in „Potpourri" (1936), „Eine Frau wie Du" (1939), „Friedemann Bach" (1941) und „Romanze in Moll" (1943). In der Nachkriegszeit konnte er seine Karriere fortführen, unter anderem als Fernsehmoderator der Wunschmusiksendung „Auf Ihren Wunsch". Eric Helgar hat weit

Karl Hellmer

Bundesverdienstkreuz 1. Klasse

Eric Helgar

mehr als 1.000 Schallplattenaufnahmen mit vielen führenden deutschen Tanzorchestern eingespielt und zählt damit zu einem der bedeutendsten deutschsprachigen Gesangsinterpreten der Schellackplatten-Ära.

HENCKELS, PAUL
* 9.9.1885 in Hürth/Rheinland,
† 27.5.1967 auf Schloß Hugenpoet bei Kettwig

Paul Henckels

Der Schauspieler begann seine Karriere nach dem Besuch der Hochschule für Bühnenkunst am Düsseldorfer Schauspielhaus und wirkte als Darsteller, Bühnenregisseur und Theaterdirektor. 1936 bekam er ein Engagement am Preußischen Staatstheater in Berlin und blieb hier bis 1945; er war auch einer der Mitbegründer des Schloßpark-Theaters. Sein Filmdebüt hatte er 1923 in „I.N.R.I.", und diesem Streifen sollten in den nächsten Jahrzehnten mehr als 230 weitere folgen. Ein typisches Merkmal seiner Filmrollen waren sein rheinischer Akzent und die Fixierung auf kauzige und schrullige Charaktere, wie etwa in seiner unvergeßlichen Darstellung des Gymnasialprofessors Bömmel in „Die Feuerzangenbowle" (1944). Im Dritten Reich spielte Henckels in 97 Filmen, darunter „Der Maulkorb" (1938), „Der Florentiner Hut" (1939), „Friedrich Schiller" (1940), „Der Große König" (1942) und „Kolberg" (1944). Er war Mitglied der Reichskulturkammer, obwohl er „Halbjude" und seine Ehefrau „Volljüdin" war; möglich war dies nur dank der Sondergenehmigung von Dr. Goebbels. Nach 1945 war der Künstler noch lange Jahre erfolgreich im Filmgeschäft sowie im Fernsehen, etwa in „Die fröhliche Weinrunde" und „Nachsitzen für Erwachsene".

HERM, PAUL
* 2.12.1878 in Hannover,
† 14.4.1945 in Berlin

Der Schauspieler hatte zunächst ein Engagement in Posen, später wirkte er viele Jahre an Berliner Bühnen, beispielsweise an der Volksbühne sowie am Lessing-Theater und Rose-Theater. Er spielte Hauptrollen wie den Karl in „Alt-Heidelberg", den Horatio im „Hamlet", Friedrich I. von Hohenzollern in Ernst von Wildenbruchs „Die Quitzows" und den Praed in George Bernard Shaws „Frau Warrens Gewerbe". Er war der Vater des besonders durch das Fernsehen bekannten Schauspielers Klaus Herm.

HESS, EMIL
* 3.2.1889 in Wald/Schweiz,
† 2.3.1945 in Zürich

Der Schweizer agierte erstmals 1911 an deutschen Tourneebühnen und spielte anschließend bis 1938 am Stuttgarter Staatstheater, lediglich unterbrochen von Gastspielen am Stadttheater Zürich und Stippvisiten in Berlin. Dort stand er in „Herbstzauber" (1918) auch erstmals vor der Kamera. 1938 ging er zur „Komödie" nach Berlin, bekam ein Rollenangebot für den Film und spielte bis 1945 in 22 Filmen mit. Der Schauspieler war meist Edelcharge, etwa schottischer Lord in „Das Herz der Königin" (1939/40), ein Schmied in „Jud Süß" (1940) und Bildhauer in „Die schwedische Nachtigall" (1940/41). Am 25. Februar 1945 setzte Emil Hess sich aus Berlin ab und gelangte unter schwierigsten Umständen in seine Schweizer Heimat, wo er völlig erschöpft kurz darauf verstarb.

HERMANN, JULIUS E.
Lebensdaten des Schauspielers konnten nicht ermittelt werden, lediglich

Julius E. Hermann

folgendes: Er spielte in mindestens 20 Filmen mit, darunter ebenso Stummfilme wie „Das Panzergewölbe" (1926) und „Herkules Maier" (1927), wie später Tonfilme, etwa „Kora Terry" (1940), „Anschlag auf Baku" (1942) und „Das kleine Hofkonzert" (1945).

HÖCKER, OSKAR
* 21.7.1892 in Karlsruhe, † 14.12.1959 in Enzklösterle/Baden-Württemberg

Der Sohn eines Schauspielerehepaares hatte nach seiner künstlerischen Ausbildung Engagements unter anderem in Bremen, Breslau, München, Zürich, Hamburg und Berlin. Dort spielte er an diversen Bühnen wie am Deutschen Theater, Schiller-Theater und an der Volksbühne. Nach 1945 wirkte er am Theater am Nollendorfplatz und im Haus am Waldsee. Im Film war der Schauspieler allein zwischen 1930

Oskar Höcker

und 1945 in mehr als 70 Filmen zu sehen, darunter „Die Dreigroschenoper" (1931), „M – Eine Stadt sucht einen Mörder" (1931), „Geheimzeichen LB 17" (1938), „Ein ganzer Kerl (1939), „Der Seniorchef (1942) und „Freitag, der 13." (1944). Nach dem Krieg sah man ihn in DEFA-Filmen wie „Der Untertan" (1951) oder „Der Fackelträger" (1955).

HÖRBIGER, ATTILA
Prof., * 21.4.1896 in Budapest, † 27.4.1987 in Wien

Der Sohn des Begründers der „Welteislehre" Hanns Hörbiger debütierte 1919 in Wiener Neustadt. Danach hatte er Engagements in diversen Städten wie Stuttgart, Bozen, Wien, Bad Ischl und Prag. Von 1928 bis 1949 war der Schauspieler Ensemblemitglied des Theaters in der Josefstadt, danach bis 1975 des Burgtheaters. Der berühmte Schauspieler verkörperte in den Jahren 1935 bis 1937 und 1947 bis 1951 den Jedermann bei den Salzburger Festspielen. 1985 stand er als Winter in „Der Diamant des Geisterkönigs" zum letzten Mal auf der Bühne. Hörbiger war seit 1933 Mitglied der in Österreich illegalen NSDAP, nach dem Österreich-Anschluß wurde er mit der Mitglieds-Nummer 6.295.909 offiziell in die NSDAP aufgenommen. Hörbiger spielte während des Dritten Reiches in 34 Filmen mit, beispielsweise in „Grenzfeuer" (1939), „Wetterleuchten um Barbara" (1940), „Heimkehr" (1941) „Späte Liebe" (1942) und „Die kluge Marianne" (1943). Nach 1945 sah man ihn in Streifen wie „Der Engel mit der Posaune" (1948), „Der Major und die Stiere" (1955), „Kaiserjäger" (1956) oder „Karl May" (1974). Attila Hörbiger wurde vielfach geehrt, so etwa 1954 mit dem Bundesverdienstkreuz, 1963 mit dem Titel Professor und 1977 mit dem Großen Goldenen Ehrenzeichen für Verdienste um die Republik Österreich. Er war der Bruder des Schauspielers Paul Hörbiger und der Ehemann der Schauspielerin Paula Wessely, ihre gemeinsamen Töchter Elisabeth, Christiane und Maresa wurden ebenfalls Schauspielerinnen.

Attila Hörbiger mit seiner Frau Paula Wessely

HÖRBIGER, PAUL
* 29.4.1894 in Budapest,
† 5.3.1981 in Wien

Der Bruder von Attila Hörbiger begann seine Karriere am Stadttheater Reichenberg in Böhmen, spielte anschließend einige Jahre am Deutschen Theater in Prag und schaffte mit seinem Engagement am Deutschen Theater in Berlin den künstlerischen Durchbruch. Mit seinen Tonfilmen, in denen er den Typus des herzensguten Menschen mit viel Lebenslust verkörperte, wurde er in den 1930er Jahren zu einem der populärsten deutschen Schauspieler. Von 1940 bis 1943 gehörte er zum Ensemble des Wiener Burgtheaters; 1943 trat er bei den Salzburger Festspielen als Papageno in „Die Zauberflöte" auf. Hörbiger stellte sich 1938 nach dem Anschluß Österreichs für den Wahlaufruf der Wiener Künstler zur Volksabstimmung zur Verfügung. Im Dritten Reich wirkte er in 73 Filmen mit, darunter „Unsterblicher Walzer (1939), „Der liebe Augustin" (1940), „Wunschkonzert" (1940), „Die große Liebe" und „Wen die Götter lieben" (1942) sowie „Schrammeln" und „Romantische Brautfahrt" (1944). 1942 wurde Hörbiger zum Staatsschauspieler ernannt. Am 22. Januar 1945 wurde er wegen des Verdachts, den österreichischen Widerstand unterstützt zu haben, verhaftet, am 6. April 1945 aber wieder freigelassen. Im Hinblick auf seine marginale Rolle ist allerdings seine eigene Stilisierung zu einer der Galionsfiguren des österreichischen Widerstandes nicht nachvollziehbar. Nach dem Krieg konnte Hörbiger seine Karriere bruchlos fortsetzen und war besonders in den 1950er Jahren sehr erfolgreich. Zu den bekanntesten Filmen dieser Zeit gehören „Der dritte Mann" (1949), „Hallo Dienstmann" (1952), „Mädchenjahre einer Königin" (1954) und „Charleys Tante" (1956). Seit 1965 war er wieder Mitglied des Burgtheaters und spielte seither auch in vielen Fernsehfilmen mit. Der Künstler wurde u.a. 1964 mit dem Goldenen Ehrenzeichen der Republik Österreich, 1969 mit dem Filmband in Gold für langjähriges und hervorragendes Wirken im deutschen Film und 1974 mit dem Österreichisches Ehrenkreuz für Wissenschaft und Kunst 1. Klasse ausgezeichnet.

Paul Hörbiger (rechts)

HOLT, HANS
* 22.11.1909 in Wien,
† 3.8.2001 in Baden bei Wien

Geboren unter dem Namen Karl Johann Hödl, bekam der Handwerkersohn sein erstes Engagement am Deutschen Volkstheater in Wien; es folgten Verpflichtungen in der Provinz und an der Wiener Scala sowie 1938 am Renaissance-Theater in Berlin. 1940 rief man ihn an das Theater in der Josefstadt, an dem er bis 1988 wirkte. Seine Markenzeichen waren unauffälliger Charme, Galanterie mit feiner Ironie und eine ihn mit zunehmendem Alter umgebende Melancholie des Unzeitgemäßen. Er konnte aber auch seelisch labile und aggressive Charaktere verkörpern und wurde 1964 für seine Darstellung des George in „Wer hat Angst vor Virginia Woolf" mit der Josef-Kainz-Medaille ausgezeichnet. 1935 begann die glanzvolle Filmkarriere des Künstlers, allein bis 1945 spielte er in 34 Filmen mit, darunter „Lumpazivagabundus" (1937), der Revuefilm „Menschen im Varieté" sowie „Mutterliebe" (1939). Bis zum Kriegsende folgten weitere populäre Unterhaltungsfilme wie „Der Postmeister" (1940), „Rosen in Tirol" (1940), „Wen die Götter lieben" (1942), „Schrammeln" (1944) und „Geld ins Haus/Der Millionär" (1945). Sein größter Kinoerfolg der Nachkriegszeit wurde „Die Trapp-Familie" (1956), in dem er als verarmter Baron an der Seite von Ruth Leuwerick mit großer Kinderschar eine erfolgreiche Gesangsgruppe gründete und dann sogar im zweiten Teil, „Die Trapp-Familie in Amerika" (1958), mit Heimatliedgut auch Amerika eroberte. Seit den 1960er Jahren war Hans Holt kaum noch auf der Leinwand, dafür

Hans Holt (links)

hin und wieder im Fernsehen zu erleben, so 1973 in 13 Folgen an der Seite von Marika Rökk in der Familienserie „Die Schöngrubers" sowie 1980 in der ZDF-Reihe „Ich heirate eine Familie". 1987 wurde Hans Holt für sein Wirken im deutschen Film mit dem Filmband in Gold ausgezeichnet.

HOLTEN, WALTER
* 5.3.1897 in Ingolstadt,
† 23.6.1972 in Planegg

Geboren unter dem Namen Walter Regnet, trat der Offizierssohn ab 1922 regelmäßig auf den Theaterbühnen Münchens auf, meist in großen Charakterrollen. 1933 hatte er seinen ersten Auftritt in dem Kinofilm „Roman einer Nacht". Es folgten zahlreiche Nebenrollen wie 1936 im Karl-Valentin-Kurzfilm „Straßenmusik", neben Hans Albers sah man ihn 1938 in „Fahrendes Volk" und 1941 in „Quax, der Bruchpilot" neben Heinz Rühmann. Nach dem Krieg spielte er unter anderem in „Sauerbruch – Das war mein Leben" (1954) mit. Im Fernsehen war

er von 1969 bis 1971 schließlich in der Serie „Königlich Bayerisches Amtsgericht" zu sehen.

HOLSBOER, WILLEM
* 3.8.1905 in Stuttgart,
† 14.6.1959 in München

Der Schauspieler, Regisseur und Intendant absolvierte seine Ausbildung an der Theaterschule Feldern Förster in München und debütierte 1927 in einer Schüleraufführung. Im selben Jahr bekam er sein erstes Engagement bei den Münchener Kammerspielen, wo er später auch Regiearbeiten übernahm. 1938 ging er als Intendant an das Münchener Volkstheater. 1951 wechselte er für ein Jahr zum Deutschen Schauspielhaus nach Hamburg, darauf folgte ein Jahr beim Schauspielhaus Zürich. 1953 kehrte er nach München zurück, um an der Kleinen Komödie zu spielen und zu inszenieren. Sein Spielfilmdebüt gab der Künstler 1931 in „Kameradschaft" und war danach regelmäßig in Nebenrollen auf der Leinwand zu sehen, beispielsweise in „Fahrendes Volk" (1938), „Das Orchestrion" (1939), „Wo ist Herr Belling" (1945), „Manöverball" (1956) und „Gräfin Mariza" (1958).

Willem Holsboer

HOOPTS, FRITZ
* 5.6.1875 in Oldenburg,
† 16.5.1945 ebd.

Der ausgebildete Steuerinspektor kam über Laienspielbühnen sehr spät zum Film. Sein Filmdebüt hatte er 1934 in „Das alte Recht", und bereits in seinem zweiten Film „Krach um Jolanthe" (1934) übernahm er als Knecht Hinnerk und Partner von Carsta Löck eine wichtige Rolle. Danach folgten knapp 30 Filme, beispielsweise „Friesennot" (1935), „Robert und Bertram" (1939), „Ohm Krüger" (1941), „Junge Adler" (1944) und „Kolberg" (1945). Er verstarb an einer Lungenentzündung, die er sich bei Dreharbeiten an der Ostsee zugezogen hatte.

Fritz Hoopts

William Huch

HUCH, WILLIAM
* 28.9.1857 in Braunschweig,
† 27.9.1950 in Berlin

Der Schauspieler trat am Anfang seiner Karriere unter dem Namen Wilhelm Huch auf und spielte unter anderem in Berlin am Deutschen Theater und am Viktoria-Theater. Außerdem wirkte er von 1915 bis 1944 in 29 Filmen mit, beispielsweise in „Arthur Imhoff" (1915), „Die Abenteuer der Marquise von Königsmarck" (1920), „Das Fräulein vom Amt" (1925), „Ein Unsichtbarer geht durch die Stadt" (1933), „Onkel Bräsig" (1936), „Zu neuen Ufern" (1937), „Falstaff in Wien" (1940) und „Die Degenhardts" (1944).

Paul Hubschmid

HUBSCHMID, PAUL
* 20.7.1917 in Aarau/Schweiz,
† 1.1.2002 in Berlin

Der Schweizer absolvierte das Max-Reinhardt-Seminar in Wien und debütierte 1938 am dortigen Deutschen Volkstheater, danach hatte er Engagements am Theater in der Josefstadt und gab Gastspiele in Berlin, Düsseldorf und Frankfurt. Sein Filmdebüt gab der Schauspieler, der zukünftig im Rollenfach „Schöner Mann" agierte, 1938 in der Schweizer Produktion „Füsilier Wipf". Danach spielte er in deutschen Filmen wie „Maria Ilona" (1939), „Altes Herz wird wieder jung" (1943) oder „Das Gesetz der Liebe" (1944). Im Jahre 1948 ging er nach Hollywood und spielte unter dem Pseudonym Paul Christian unter anderem die Hauptrolle neben Maureen O'Hara in „Die schwarzen Teufel von Bagdad" und neben Maria Montez in „Der Dieb von Venedig". 1953 kehrte Hubschmid nach Deutschland zurück, konnte an seine alten Erfolge anknüpfen und agierte in nationalen und internationalen Filmproduktionen. Besonders populär wurde er in der Hauptrolle des Abenteuerfilms „Der Tiger von Eschnapur" (1958) unter der Regie von Fritz Lang sowie dessen Fortsetzung „Das indische Grabmal" (1959). Auch im Fernsehen war er erfolgreich, beispielsweise in dem Durbridge-Mehrteiler „Wie ein Blitz" oder der Serie „Forsthaus Falkenau". 1980 wurde Paul Hubschmid mit dem Filmband in Gold geehrt.

HÜBNER, HERBERT
* 6.2.1889 in Breslau,
† 27.1.1972 in München

Der Sohn eines Apothekers debütierte 1907 im Stadttheater Heidelberg als Leutnant Tissot in „Der Menonit" Ernst von Wildenbruchs und blieb bis 1909 in Heidelberg. Weitere Bühnenstationen waren Alzey, das Düsseldorfer Schauspielhaus, das Intime Theater in Nürnberg sowie die Volks- und Residenzbühne in Wien. Er kämpfte im Ersten Weltkrieg als Freiwilliger und war zuletzt Kompanieführer. Seine Nachkriegsengagements führten ihn nach Leipzig an das Alte Theater, an das Hamburger Thalia-Theater und nach Wien an das Theater in der Josefstadt. 1935 ging er dauerhaft nach Berlin und spielte hier bis 1945 am Großen

Herbert Hübner

Schauspielhaus, am Renaissance-Theater, am Theater am Kurfürstendamm, an der Komödie und am Hebbel-Theater. Lange Jahre gehörte er zu den zuverlässigsten und besten Stützen des Ensembles von Eugen Klöpfers Volksbühne, sich langsam und stetig auf das väterliche Charakterfach spezialisierend. Nach dem Zweiten Weltkrieg spielte der Künstler wieder an diversen Berliner Bühnen, zuletzt wirkte er als freier Schauspieler an vielen Bühnenzentren der Welt, unter anderem in Prag, Amsterdam, Japan, Hamburg, München und Wiesbaden. Hübner war während seiner gesamten Laufbahn auch immer intensiv im Film tätig und wirkte in fast 200 Streifen mit. Im Dritten Reich war er beispielsweise zu sehen in „Der Herrscher" (1937), „Robert und Bertram" (1939), „Die Rothschilds" (1940), „Geheimakte W.B. 1" (1941) und „Junge Adler" (1944). Nach 1945 spielte er zunächst in DEFA-Filmen mit, ab 1950 in westdeutschen Produktionen, darunter „Königliche Hoheit" (1953), „Liane, das Mädchen aus dem Urwald" (1956) und „Soldatensender Calais" (1960). Das „Deutsche Bühnen-Jahrbuch" konstatierte, daß er viele „Durchschnittscharaktere und Offiziersrollen [spielte], die ihm gut anstanden, weil er selber im 1. Weltkrieg Offizier gewesen war."

HÜBNER, BRUNO
* 26.8.1899 in Langenbruck,
† 22.12.1983 in München
Der Schauspieler und Regisseur debütierte nach seinem Kriegsdienst 1919 an der Neuen Wiener Bühne, wo er bis 1922 blieb. Anschließend folgten Engagements am Berliner Lessing-Theater, in Bonn, Karlsruhe, Neuss und Düsseldorf, bis er 1933 nach Berlin zurückkehrte und an der Volksbühne spielte. Von 1934 bis zum Kriegsende wirkte der Künstler am Deutschen Theater und ging dann nach München an die Kammerspiele, später an das Residenz-Theater. Neben seiner Bühnentätigkeit arbeitete Hübner auch als Kabarettist, beispielsweise 1947 an der legendären Münchener „Schaubude". Weiterhin stand er sehr oft vor der Filmkamera und war ab den 1950er Jahren häufig auf der Mattscheibe zu sehen. Hübner wirkte unter anderem in den Streifen mit: „Der Berg ruft" (1937), „Der Fuchs von Glenarvon" (1940), „Der Fall Rainer" (1941), „Wien 1910" (1942), „Küssen ist keine Sünd'" (1950) und „Mit Himbeergeist geht al-

Bruno Hübner (links)

les besser" (1960). Der bayerische Staatsschauspieler wurde 1981 mit dem Filmband in Gold ausgezeichnet.

HUNKELE, HANS
Lebensdaten des Schauspieler konnten nicht ermittelt werden, lediglich folgendes: Er spielte in den Filmen mit: „Spiel auf der Tenne" (1937), „Der Schimmelkrieg in der Holledau" (1937), „Die falsche Braut" (1945), „Der Dorfmonarch" (1950), „Der Jäger von Fall" (1956), „Heiraten verboten" (1957) und „Der Edelweißkönig" (1957).

IMHOFF, FRITZ
* 6.1.1891 in Wien, † 24.2.1961 ebd.
Geboren unter dem Namen Friedrich Jeschke, absolvierte der Künstler ein Gesangstudium und debütierte nach seinem Militärdienst bei den Ulanen am 20. Dezember 1913 mit großem Erfolg in der Operette „Polenblut" an der Bühne von Baden bei Wien. Nach mehreren Theaterstationen kam er 1928 nach Wien, trat dort an fast allen Bühnen auf. Imhoff spielte ab 1933 in 173 Filmen mit. Dort verkörperte der rundliche Charakterkomiker mal grantelnde, mal gemütliche Figuren aller Art, und häufig gab er auch Gesangseinlagen. Er hatte mehr als 16.000 Bühnenauftritte, wirkte in 40 Fernsehstücken und 215 Radiosendungen mit. Imhoff verkörperte Rollen u.a. in „Im

Hans Hunkele

Seite 17

Fritz Imhoff (rechts)

weißen Rößl" (1935), „Opernring" (1936), „Romanze" (1937), „Leinen aus Irland" (1939), „Wiener Blut" (1942) und „Schrammeln" (1944). Nach 1945 sah man ihn in Filmen wie „Wiener Mädeln" (1949), „Wiener Walzer" (1951) und „Das Schloß in Tirol" (1957). Er war aber auch auf der Bühne wieder erfolgreich. Imhoff wurde in einem Ehrengrab auf dem Wiener Zentralfriedhof bestattet.

IRMER, GEORG
Lebensdaten des Schauspielers konnten nicht ermittelt werden, lediglich folgendes: Er spielte in den Filmen mit: „Ich hab mein Herz in Heidelberg verloren" (1926), „Mein Heidelberg, ich kann Dich nicht vergessen" (1927), „Henker, Frauen und Soldaten" (1935), „Diener lassen bitten" (1936), „Venus vor Gericht" (1941), „Anuschka" (1942), „Der dunkle Tag" (1943), „Quax in Afrika" (1947) und „Schneewittchen und die sieben Zwerge" (1961).

Malte Jaeger

JAEGER, MALTE
* 4.7.1911 in Hannover, † 10.1.1991 in Ladelund/Nordfriesland
Der Sohn eines Zeitungsverlegers war zunächst einige Zeit als Journalist und beim Rundfunk tätig, bevor er 1937 sein erstes Engagement am Nordmark-Landestheater in Schleswig erhielt, wo er als Ferdinand in Goethes Trauerspiel „Egmont" debütierte. Von 1939 bis 1945 wirkte er am Staatstheater Berlin, ab 1939 arbeitete er als Sprecher und Kommentator beim Fernseh-Versuchssender Berlin. Seit 1952 agierte er am Theater am Kurfürstendamm und trat gelegentlich auch als Regisseur in Erscheinung. Sein Filmdebüt gab er 1934 in dem Streifen „Die kleinen Verwandten" und war danach unter anderem noch in „Unternehmen Michael" (1937), „Pour le Mérite" (1938), „Legion Condor" (1939), „Wunschkonzert" (1940), „Himmelhunde" (1942) und „Philharmoniker" (1944) zu sehen. Auch nach dem Krieg spielte er in zahlreichen Filmen mit, betätigte sich als Synchronsprecher und war im Fernsehen erfolgreich.

JANNINGS, EMIL
* 23.7.1884 in Rohrschach/Schweiz,
† 2.1.1950 in Strobl/Salzburg
Geboren unter dem Namen Theodor Friedrich Emil Janenz, volontierte der Schauspieler im Jahre 1900 am Stadttheater Görlitz und begab sich in den folgenden Jahren auf eine schauspielerische Wanderschaft an Theater in diversen Städten, bis er 1914 in Berlin am Deutschen Künstlertheater ein Engagement erhielt. 1915 wechselte er zum Deutschen Theater und profilierte sich dort als Charakterdarsteller. Nachdem er bereits einige kleinere Filmrollen übernommen hatte, gelang ihm mit dem Historienfilm „Madame Dubarry" (1918) der filmische Durchbruch, der ihn auch in den USA bekanntmachte. Im selben Jahr hatte er in der Rolle des Dorfrichters Adam in Heinrich von Kleists „Der zerbrochene Krug" am Königlichen Schauspielhaus in Berlin einen seiner herausragenden Bühnenerfolge. Anfang der zwanziger Jahre reüssierte der Künstler vor allem mit Literatur- und Historienfilmen; in Filmen wie „Anna Boleyn" (1920), „Danton" (1921) und „Peter der Gro-

ße" (1922) zeigte er seine großartigen schauspielerischen Leistungen. Aufgrund seiner Filmerfolge bekam Jannings verschiedene Angebote aus den USA; 1927 ging er nach Hollywood, wo er 1928 für seine Leistung in den Filmen „The Way of all Flesh" (1927)

Emil Jannings

und „The Last Command" (1928) als erster Schauspieler der Filmgeschichte den „Oscar" erhielt. (Nach ihm hat bisher kein Deutscher mehr in der Sparte „Bester Hauptdarsteller" den „Oscar" erhalten.) Jannings wurde außerdem mit einem Stern auf dem Hollywood Walk of Fame geehrt. Wegen seiner unzureichenden Englischkenntnisse mußte er mit dem Aufkommen des Tonfilms nach Deutschland zurückkehren und bekam einen Vertrag mit der UFA. 1930 übernahm er seine wohl bekannteste Hauptrolle als Professor Immanuel Rath (respektive „Professor Unrat") neben Marlene Dietrich in dem legendären ersten deutschen Tonfilm „Der Blaue Engel" und avancierte nachfolgend zu einem der bestbezahlten Ufa-Darsteller. Auch im nationalsozialistischen Deutschland feierte er zahlreiche filmische Erfolge, beispielsweise mit „Der alte und der junge König" (1935), „Der Herrscher" (1937), „Robert Koch, der Bekämpfer des Todes" (1939), „Ohm Krüger" (1941) und „Die Entlassung" (1942). In seinem Aufsatz „Bismarck in dieser Zeit" stellte Jannings – indem er ein bekanntes NS-Propagandabild übernahm – Friedrich den Großen und Bismarck als Vorläufer Hitlers dar, nannte die historische Linie „Friedrich der Große – Bismarck – Hitler" und schrieb: „Die Perspektive ist richtig, denn tatsächlich umreißen die drei Namen die gleiche geschichtliche Situation: Ein Mann gegen die Welt!" Einerseits war Jannings zwar einer von Dr. Goebbels' und Adolf Hitlers Lieblingsdarstellern. Obwohl beide von seiner Kunst begeistert waren, standen sie ihm allerdings wegen seiner unklaren politischen Haltung und seines mehrfach als unpatriotisch gewerteten Verhaltens kritisch gegenüber; für Dr. Goebbels war er schlicht „ein Filou und ein Egoist". 1938 erhielt der Künstler den Adlerschild des Deutschen Reiches, 1939 die Goethe-Medaille für Kunst und Wissenschaft und 1940 auf Vorschlag von Dr. Goebbels eine Dotation Adolf Hitlers über 60.000 Reichsmark; 1941 wurde er zum Staatsschauspieler ernannt. Nach dem Zweiten Weltkrieg wurde Emil Jannings von den Alliierten wegen seiner schauspielerischen und unternehmerischen Tätigkeit im Dritten Reich mit einem lebenslangen Berufsverbot belegt. 2011 wurde Jannings für sein schauspielerisches Werk auf dem Boulevard der Stars in Berlin mit einem Stern geehrt.

JANNSEN, WALTER
* 7.2.1887 in Krefeld,
† 1.1.1976 in München

Der Schauspieler und Regisseur begann seine Theaterkarriere 1906 in Frankfurt am Main, danach folgten Theaterstationen in Kassel, München

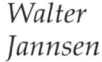

Walter Jannssen

und ab 1919 am Deutschen Theater in Berlin. Ab 1941 wirkte er als Intendant bei den Wiener Kammerspielen und leitete die Marburger Festspiele; seinen letzten Bühnenauftritt hatte der Künstler 1971 in Tschechows „Der Kirschgarten" am Deutschen Schauspielhaus in Hamburg. Seine Filmlaufbahn startete er 1917 in „Die entschleierte Maja", 1921 spielte er neben Lil Dagover in dem Filmklassiker „Der müde Tod". Im Dritten Reich wirkte er in 51 Filmen mit, darunter „Der alte und der junge König" (1935), „Ich klage an" (1941) und „Wen die Götter lieben" (1942) Nach 1945 sah man ihn in Filmen wie „Die Sterne lügen nicht" (1951) oder „Hubertusjagd" (1959). Walter Jannsen wurde 1968 mit dem Filmband in Gold ausgezeichnet.

JANSON, VIKTOR
* 25.9.1884 in Riga,
† 29.6.1960 in Berlin

Sein erstes Engagement führte den Schauspieler 1904 an das Hoftheater in Detmold, danach spielte er in Libau, Neiße und Oppeln, wo er auch erstmals Regie führte. 1909 ging er nach Berlin und agierte hier am Neuen Operetten-Theater sowie als Charakterschauspieler am Central- und am Residenz-Theater. Im Film war der Künstler ab 1913 zu sehen und führte bei einigen Streifen auch Regie, beispielsweise bei „Der Mann der Tat" (1919) und „Wien, Du Stadt meiner Träume" (1927). Auch im Tonfilm wirkte er sowohl als Schauspieler, etwa in „Der Weg ins Freie" (1941), wie auch als Regisseur, so in „Wer küßt Madeleine" (1939). Nach dem Krieg konnte Viktor Janson seine Karriere fortsetzen und arbeitete auch als Synchronsprecher.

Viktor Janson

JÖNSSON, CARL-CHRISTIAN
* 3.10.1870 in Hamburg,
† 5.5.1949 in Wembley/England

Der Schauspieler wirkte in Bremen und war langjähriges Mitglied des Deutschen Theaters in Berlin, zuletzt in Chargenrollen. Er spielte beispielsweise die Hauptrollen als Ekdal in Ibsens „Die Wildente", den Oberst in der Militärkomödie „Der Feldherrnhügel" und den Korb in Gustav Freytags Lustspiel „Die Journalisten". Jönsson war unter anderem in den Filmen „Friedrich Schiller" (1922/23), „Die Bacchantin" (1924), „Der junge Graf" (1935), „Mein Sohn, der Herr Minister" (1937) und „Robert Koch, der Bekämpfer des Todes" (1939) zu sehen.

Carl-Christian Jönsson

JUNG, WALTER
* 7.3.1890 in Liegnitz, † 23.9.1950 in Hamburg

Der Schauspieler war Charakterdarsteller unter anderem in Kassel und Heilbronn, zuletzt viele Jahre am Deutschen Schauspielhaus in Hamburg. Einige seiner Hauptrollen waren der Sigismund Sülzheimer im „Weißen Rößl", der Franz in „Onkel Bräsig" und der junge Adlige Karl-Heinz in „Alt-Heidelberg".

Walter Jung

KAISER-HEYL, WILLI
* 4.8.1876 in Frankfurt am Main,
† 2.12.1953 in Berlin

Nach seiner Ausbildung in klassischem Gesang und dramatischer Schauspielkunst am Hoch'schen Konservatorium sowie am Conservatorio Giuseppe Verdi in Mailand gab der Künstler sein Debüt in Pavia. Nach seiner Rückkehr im Jahre 1907 wirkte er am Stadttheater Augsburg als Schauspieler und Opernsänger. Von 1909 bis 1911 arbeitete er an der Volksoper Berlin, danach bis 1914 an der Kurfürstenoper. Seine Filmkarriere begann Kaiser-Heyl in Filmen wie „Die Börsenkönigin" (1916), „Madame Dubarry" (1919) und „Die Opiumhölle" (1921), im Tonfilm spielte er unter anderem in den Streifen „Gold" (1934), „Jud Süß" (1940) und „Karriere in Paris" (1952). Sporadisch gastierte er auch noch als Sänger und betätigte sich als Gesanglehrer.

Willi Kaiser-Heyl

KAMPERS, FRITZ
* 14.7.1891 in München,
† 1.9.1950 in Garmisch-Partenkirchen
Der Sohn eines Hotelbesitzers begann seine Bühnenlaufbahn in seiner Heimatstadt und kehrte nach Stationen in diversen Städten wieder dorthin zurück. Angefangen hatte er als jugendlicher Held und Liebhaber und spielte sich durch alle Rollenfächer hindurch, bis er schließlich mit seinen liebenswerten, humorvollen Charakterrollen großen Erfolg hatte. Seine Filmkarriere begann in den 1920er Jahren, als er in einigen Stummfilmen spielte und gelegentlich auch Regie führte. Zwischen 1933 und 1945 wirkte er in 69 Filmen mit, darunter „Weiße Sklaven" (1936), „Pour le Mérite" und „Urlaub auf Ehrenwort" (1938), „Robert und Bertram" (1939) und „Die Entlassung" (1942). Er war Landesleiter der Reichstheaterkammer im Gau Berlin und wurde 1939 zum Staatsschauspieler ernannt. Seine letzte Filmrolle spielte er in „Die Nacht ohne Sünde" (1950).

Fritz Kampers

KARCHOW, ALBERT
Lebensdaten konnten nicht ermittelt werden, lediglich folgendes: Er wirkte in mehreren Filmen mit, darunter „M – Eine Stadt sucht einen Mörder" (1931), „Amphitryon" (1935), „Der Mann, der Sherlock Holmes war" (1937) und „U-Boote westwärts!" (1940/41). Ab 1950 war er Leiter des Theaters am Kurfürstendamm in Berlin.

Albert Karchow

KARCHOW, ERNST
* 23.9.1892 in Berlin, † 7.10.1953 ebd.
Der am Max-Reinhardt-Seminar in Berlin ausgebildete Künstler spielte seine ersten Rollen am Deutschen Theater und auf einigen Wiener Bühnen. Nach vierjährigem Kriegsdienst erhielt er 1919 ein Engagement an den Städtischen Bühnen in Frankfurt am Main und kehrte 1923 wieder nach Berlin zurück. Später spielte er auch am Lessing- und Hebbel-Theater sowie an der Volksbühne und war ab 1935 auch als Oberspielleiter tätig. 1948/49 war er Intendant der Kammerspiele in Bremen, danach bis 1953 künstlerischer Leiter der Freien Volksbühne Berlin. Der Schauspieler stand seit 1927 immer wieder vor der Kamera, meist in Nebenrollen wie in „Verräter" (1936), „Das Lied der Wüste" (1939) und „Das Leben geht weiter" (1945). Ernst Karchow arbeitete gelegentlich auch als Hörspielsprecher und Regisseur.

Ernst Karchow

KELLER-NEBRI, KURT
* 24.11.1874, † 21.10.1946 in Berlin
Der Künstler wirkte als Sänger und Schauspieler an der Komischen Oper

Kurt Keller-Nebri

in Berlin, am Komödienhaus in Dresden und zuletzt an den Berliner Künstlerbühnen. Er spielte in rund 20 Stumm- und Tonfilmen mit, beispielsweise in „Mary Wood, die Tochter des Sträflings" (1919), „Dämonische Treue" (1921), „Künstlerliebe" (1935), „Rote Orchideen" (1938) und „Bismarck" (1940).

KEMP, PAUL
* 20.5.1896 in Bad Godesberg,
† 13.8.1953 in Bonn

Gegen den Wunsch seiner Eltern ging Kemp nach dem Ersten Weltkrieg zur Schauspielschule in Düsseldorf und erhielt nach zwei Jahren ein Engagement am Stadttheater Remscheid. Danach folgten Verpflichtungen in Düsseldorf und an die Hamburger Kammerspiele, wo er Gustaf Gründgens kennenlernte und sich unter dessen Regie zum vollendeten Komiker entwickelte. Später ging er nach Berlin, wo er zunächst an den Saltenburg-Bühnen und dann an den Reinhardt-Bühnen spielte. Er trat 1931 in der Uraufführung von Zuckmayers „Der Hauptmann von Köpenick" und in Fritz Langs Klassiker „M – Eine Stadt sucht einen Mörder" auf. Im Dritten Reich sah man ihn in 46 Filmen, beispielsweise in der Musikrevue „Amphitryon" (1935) und der Musikkomödie „Capriccio" (1938). Nach 1945 spielte Paul Kemp Tourneetheater und wirkte noch in einigen Filmen mit, wie „Die Dritte von rechts" (1950) und „Engel im Abendkleid" (1951).

Paul Kemp

KEPPLER, HANNES
* 26.10.1915 in Breslau,
† 19.8.1974 in Augsburg

Der Schauspieler, Regisseur und Hörspielsprecher begann seine Bühnenlaufbahn im Jahre 1935 und wirkte zunächst in Hanau, Wunsiedel und Koblenz, bis er ab 1939 Ensemblemitglied der Kammerspiele am Münchener Schauspielhaus wurde. In der Spielzeit 1943/44 wechselte er an das Münchener Volkstheater. Ab 1955 ging Keppler als Schauspieler und Oberspielleiter nach Hof an der Saale und war später am Stadttheater Regensburg und am Theater der Stadt Koblenz in gleicher Funktion tätig. Seit 1939 wirkte der Künstler auch in Spielfilmen mit, darunter „Kampfgeschwader Lützow" (1941), „Zwei in einer großen Stadt" (1942) und „Aufruhr der Herzen" (1944). Nach Kriegsende spielte er u.a. in „Grenzstation 58" (1951) und „Sonne über der Adria" (1954).

Hannes Keppler

KLEBUSCH, FRANZ
* 22.1.1887 in Mannheim,
† 25.5.1951 in Dresden

Klebusch trat ab 1927 als Filmschauspieler in Nebenrollen in Erscheinung. Im Jahr 1929 war er in Berlin am Theater in der Königgrätzer Straße beschäftigt und spielte die Rolle des Tangua im Theaterstück „Winnetou, der rote Gentleman" nach einem Roman von Karl May. Der Schauspieler wirkte in knapp 30 Filmen mit, beispielsweise in „Ein Mordsmädel"

Franz Klebusch

(1927), „Polnische Wirtschaft" (1928), „Trenck" (1932), „So ein Flegel" (1943), „Fridericus" (1936), „Jud Süß" (1940) und „Der Verteidiger hat das Wort" (1944).

KERSCHER, LUDWIG
* 18.8.1912, † nach 1960 in München
Der Schauspieler faßte Mitte der 1930er Jahre Fuß im Filmgeschäft und spielte 1936 in seinem ersten Film „Standschütze Bruggler" mit. Es folgten die Streifen „Die Jugendsünde" (1936), „Spiel auf der Tenne" (1937), „Grenzfeuer" (1939) und „Der arme Millionär" (1939). Seine aufstrebende Karriere setzte er in den folgenden vier Filmen fort: „Das Abenteuer geht weiter" (1940), „Der Feuerteufel" (1940), „Liebesschule" (1940) und „Im Schatten des Berges" (1940). Seine vielversprechende Filmlaufbahn wurde durch die Einberufung zum Wehrdienst beendet; danach verliert sich die Spur von Kerscher. Er geriet wohl in sowjetische Gefangenschaft und verstarb später an den Folgen der russischen Lagerhaft in München.

KLEIN-ROGGE, RUDOLF
* 24.11.1885 in Köln,
† 30.4.1955 in Wetzelsdorf/Steiermark
Der Sohn eines Kriegsgerichtsrates studierte Kunstgeschichte und besuchte gleichzeitig die Schauspielschule. Nach mehreren Theaterstationen ging er nach Berlin, arbeitete am Lessing-Theater und inszenierte auch eigene Stücke. Er spielte in den Stummfilmklassikern „Dr. Mabuse, der Spieler" (1922), „Die Nibelungen" (1923) und „Metropolis" (1926) sowie in einer langen Reihe anderer Streifen. Im Dritten Reich trat er für 41 Filme vor die Kamera, unter anderem „Das Hofkonzert" (1936), „Der Herrscher" (1937), „Das Herz der Königin" (1940), „Kora Terry" (1940) und „Hochzeit auf Bärenhof" (1942). Nach dem Krieg arbeitete Klein-Rogge vor allem als Theaterregisseur in Graz.

KLINGER, PAUL
* 14.6.1907 in Essen,
† 14.11.1971 in München
Geboren unter dem Namen Paul Klinksik, studierte der Schauspieler zunächst Theaterwissenschaften und bekam 1929 sein erstes Engagement in Koblenz. Nach einigen Theaterstationen in der Provinz wurde er 1933 nach Berlin an das Deutsche Theater geholt, erhielt gleichzeitig einen Filmvertrag und startete eine glanzvolle Karriere. Seine großen Filme waren „Fridericus" (1936), „Spähtrupp Hallgarten" (1941), „Die goldene Stadt" (1942), „Immensee" (1943) und „Zirkus Renz" (1943). Nach dem Krieg war „Ehe im Schatten" (1947) sein größter Erfolg, aber auch mit „Pünktchen und Anton" (1953) und der „Immenhof"-Trilogie (1955 bis 1957) errang er große Popularität. In den 1960er Jahren, als die Talfahrt des deutschen Films begann, wechselte Klinger zum Fernsehen, wo er zunächst als Bösewicht in dem Durbridge-Mehrteiler „Tim Frazer" (1963) reüssierte und in vielen weiteren Rollen erfolgreich war. In den 1950er- und 1960er-Jahren zählte Paul Klinger schließlich zu den meistbeschäftigten Synchronsprechern in Deutschland. Er sprach viele bekannte Schauspieler wie Robert Taylor, Charlton Heston, Jean Marais, Jean Gabin, Cary Grant, Karl Malden, William Holden oder Tyrone Power. Deutschland würdigte Paul Klinger 2007 zu seinem 100. Geburtstag mit der Herausgabe einer Sonderbriefmarke.

KLIX, RUDOLF
* 14.3.1881 in Berlin, † 8.4.1955 ebd.
Der Schauspieler agierte lange Jahre an verschiedenen Berliner Bühnen, zu-

Rudolf Klein-Rogge

Paul Klinger

Rudolf Klix

letzt am Deutschen Theater und am Theater am Schiffbauerdamm. 1919 trat er erstmals vor die Kamera und spielte in den folgenden Jahrzehnten in Filmen wie „Freie Liebe" (1919), „Die Kronzeugin" (1937), „Heimat" (1938) und „Pole Poppenspäler" (1954). Nach 1945 stand er außerdem auf den Bühnen des Theaters am Schiffbauerdamm, des Deutschen Theaters sowie des Maxim-Gorki-Theaters.

KLIPSTEIN, ERNST VON
* 3.2.1908 in Posen,
† 22.11.1993 in Hamburg

Der Schauspieler und Synchronsprecher gab 1925 sein Debüt am Landestheater Darmstadt als Leon in Grillparzers „Weh dem, der lügt". Weitere Theaterstationen waren in Regensburg, Meiningen, Bochum, Köln, Kassel, Frankfurt am Main und Leipzig, wobei er meist im Bühnenfach des Charakterhelden und -liebhabers wirkte. Bis Kriegsende spielte er in zahlreichen UFA-Produktionen meist markante Nebenrollen, die dem damaligen Ideal des Landjunkers und des preußischen Offiziers nahekamen. Sein Filmdebüt erfolgte in „Flucht ins Dunkel" (1939), danach trat er in Streifen auf wie „Aufruhr in Damaskus" (1939, die Filmwerbung sprach vom „heroischen Kampf gegen die Macht englischen Blutgeldes an der arabisch-syrischen Front 1918"), „Legion Condor" (1939), „Stukas" (1941), „Hochzeit auf Bärenhof" (1942), „Besatzung Dora" (1943) und „Das alte Lied" (1945). In den Nachkriegsjahren spielte der Künstler nicht mehr in vielen Filmen mit, trat aber statt dessen vermehrt in aufwendigen Fernsehproduktionen auf wie etwa der Fallada-Verfilmung „Bauern, Bomben und Bonzen" (1973) oder den Kempowski-Verfilmungen „Tadellöser & Wolff" (1975) und „Ein Kapitel für sich" (1979).

Ernst von Klipstein

KNEIDINGER, KARL-RUDOLF
* 30.8.1882 in Wien, † 14.4.1952 ebd.

Weitere Lebensdaten des Schauspielers konnten nicht ermittelt werden, lediglich folgendes: Er war der Vater der Schauspielerin Lola Urban-Kneidinger. Er spielte u.a. mit in den Filmen „Eva" (1938), „Eine kleine Nachtmusik" (1940) und „Liebe ist zollfrei" (1941).

KNUTH, GUSTAV
* 7.7.1901 in Braunschweig,
† 1.2.1987 in Küsnacht/Schweiz

Der Sohn eines Eisenbahnschaffners nahm Schauspielunterricht bei dem Hofschauspieler Casimir Paris und debütierte 1918 am Stadttheater Hildesheim. Nach Engagements in Hamburg, Basel und Altona ging er ab der Spielzeit 1936/37 an das Preußische Staatstheater nach Berlin; nach dem Krieg spielte er bis 1949 wieder in Hamburg und danach beim Schauspielhaus Zürich. Der Künstler verkörperte fast alle Rollen des klassischen Theaters, den Großinquisitor in Schillers „Don Carlos", den Jago in „Othello", den Karl Moor in „Die Räuber" und die Titelrolle in Büchners „Dantons Tod". 1935, dem Jahr seiner Ernennung zum Staatsschauspieler, gab Knuth sein Debüt vor der Kamera in „Der Ammenkönig". Bis 1945 folgten weitere 17 Streifen, darunter das Reichsautobahn-Opus „Mann für Mann" (1939), der Zarah-Leander-Film „Das Lied der Wüste" (1939) und der Hans-Albers-Film „Große Freiheit Nr. 7" (1944). Bis 1982 war er in gut 150 Film- und Fernsehrollen zu sehen und spielte meist volkstümliche, gutmütige Charaktere wie etwa den bodenstän-

Gustav Knuth

digen Vater Herzog Max in Bayern der Kaiserin Elisabeth in der „Sissi-Trilogie" (1955–57) mit Romy und Magda Schneider, den sympathischen Tierarzt Dr. Karl Hofer in der Serie „Alle meine Tiere" (1962) oder Carlo, den Chef der Zirkustruppe in „Salto Mortale" (1969 bis 1972). 1962 erhielt der überaus populäre Schauspieler den Ernst-Lubitsch-Preis, 1967, 1968 und 1980 das Goldene Bambi und 1974 das Filmband in Gold.

KÖCK, EDUARD
* 26.2.1882 in Innsbruck,
† 3.11.1961 in Natters/Tirol

Der Sohn eines Hauptmanns der Pustertaler Landesschützen war 1902 Mitgründer der „Exl-Bühne" und war bis zu deren Auflösung im Jahre 1955 deren Oberspielleiter. Lange Jahre blieb der Künstler ausschließlich an dieses Volkstheater gebunden. Nachdem er in wenigen Stummfilmen mitgewirkt hatte, schaffte er den Durchbruch in dem Film „Der verlorene Sohn" (1934), in dem er den besorgten Vater von Luis Trenker spielte. Danach war er noch in vielen Heimatfilmen zu sehen wie „Die Geierwally" (1940), „Wien 1910" (1942) und „Die singenden Engel von Tirol" (1958). Das „Deutsche Bühnen-Jahrbuch" schrieb im Nachruf: „Ein Vollblutschauspieler."

Eduard Köck

KOLIN, NIKOLAS
* 7.5.1878 in Petersburg,
† Juli 1966 in Nyack/New York, USA

Der russische Schauspieler, der in der Zarenzeit am Künstler-Theater in Moskau gespielt hatte, emigrierte in den Wirren der Oktoberrevolution zunächst nach Frankreich und bekam einige Filmrollen; seine erste Rolle in einem deutschen Film übernahm er in „Geheimnisse des Orients" (1928). Seit Mitte der 1930er Jahre lebte er in München und wurde ein häufig eingesetzter Nebendarsteller, so in dem Streifen „Patrioten" (1937), über den Dr. Goebbels befand: „Ganz klar und nationalsozialistisch in der Tendenz." Auch nach 1945 trat Kolin noch in zahlreichen deutschen Filmen auf, etwa in „Lockende Sterne" (1952) und „Sauerbruch – Das war mein Leben" (1954). Er übersiedelte 1955 in die USA.

Nikolas Kolin

KOWA, VIKTOR DE
* 8.3.1904 in Hohkirch bei Görlitz,
† 8.4.1973 in Berlin

Geboren unter dem Namen Viktor Kowarzik, meldete sich der Sohn eines Gutsbesitzers nach dem Ersten Weltkrieg bei Erich Ponto als Schauspielschüler an und debütierte später am Waldtheater Schland. Nach zweijähriger Spielzeit am Dresdener Staatstheater folgten Stationen an den Bühnen von Lübeck, Frankfurt am Main, Hamburg und schließlich an den Reinhardt-Bühnen in Berlin. Der Künstler spielte zwar auch Klassiker, später aber meist zähneblitzende Bonvivants und Herzensbrecher im Frack und verkörperte den ewig jungen Charmeur ungezählter Boulevard-Komödien. Seine erste Filmrolle spielte er zur Stummfilmzeit in „Der Herzensdieb" (1927) und wurde dann eine der bedeutendsten Persönlichkeiten der Filmkomödie. Er war NSDAP-Mitglied und führte Regie bei dem NS-Jugendfilm „Kopf hoch, Johannes!" (1941). Der Streifen zeigt, wie der bindungslose, umherstreifende Junge Johannes auf einer Napola-Schule zu Disziplin, Gehorsam und Dienst an der Gemeinschaft erzogen wird. Dieses Thema stimmte de Kowa euphorisch: „Die Aufgabe, ein Abbild zu schaffen von dem Leben dieser jungen

Viktor de Kowa

Generation, dieser zukünftigen Führerschaft Großdeutschlands – das ist eine Arbeit, für die man sich ehrlich und ohne Vorbehalte begeistern kann." Allerdings war Reichsminister Dr. Goebbels, der sich für das Thema des Films interessierte, von der Regieleistung de Kowas enttäuscht. De Kowas offenkundige Unterstützung und Sympathie für bestimmte Ziele der NS-Politik hatte nach dem Krieg für ihn keine nachteiligen Folgen, er konnte seine Karriere bruchlos fortführen. Er war bis 1950 Intendant der Berliner Tribüne, 1956 bis 1962 Mitglied des Wiener Burgtheaters und hatte in etlichen Filmen großen Erfolg, beispielsweise in dem vor Kriegsende gedrehten „Peter Voß, der Millionendieb" (1946), „Des Teufels General" (1955), „Es muß nicht immer Kaviar sein" (1961) und „Das Haus in Montevideo" (1963). Viktor de Kowa war auch auf der Mattscheibe zu sehen und als Synchronsprecher in mehreren ausländischen Filmen zu hören. Viktor de Kowa wurde mehrfach mit hohen Auszeichnungen geehrt, unter anderem 1961 mit dem Verdienstkreuz 1. Klasse des Verdienstordens der Bundesrepublik Deutschland und 1972 mit dem Großen Verdienstkreuz des Verdienstordens der Bundesrepublik Deutschland. Er ruht auf dem Friedhof Heerstraße in einem Ehrengrab der Stadt Berlin neben seiner zweiten Frau, der Japanerin Michiko Tanaka.

KÖRNER, LOTHAR
* 16.5.1883, † 6.3.1961 in Berlin
Der Schauspieler wirkte in zehn Filmen mit, darunter „Der Student von Prag" (1913), „Pour le Mérite" (1938), „Legion Condor" (1939) und „Friedrich Schiller – Der Triumph eines Genies" (1940).

KRATZER, HANS
* ?, † Juni 1968
Der Schauspieler spielte in den Filmen „Speckbacher" (1913), „Die Geierwally" (1940), „Der Meineidbauer" (1941), „Anuschka" (1942), „Der ewige Klang" (1943), „Melusine" (1944) und „Ulli und Marei" (1948). Bei dem Spielfilm „Hans Röckle und der Teufel" (uraufgeführt 1974) zeichnete Kratzer für Drehbuch und Regie verantwortlich.

KUHLMANN, CARL
* 25.4.1899 in Bremen,
† 18.7.1962 in Berlin
Nach einer Kaufmannslehre und zweijähriger Tätigkeit als Manegeschauspieler in einem Zirkus begann der Künstler seine lange Karriere auf den großen deutschen Bühnen, meist in Hamburg und Berlin, aber auch am Schauspielhaus Zürich. Sein Filmdebüt gab er in „La Habanera" (1937), danach folgten noch 24 Spielfilme, in

Carl Kuhlmann

denen er mitwirkte. In „Die Rothschildts" (1940) spielte Kuhlmann den Nathan Rothschild. Weitere Filme Kuhlmanns waren etwa „Frauen sind doch bessere Diplomaten" (1941), „Wien 1910" (1942), „Nora" (1944), „Krach im Hinterhaus" (1949) und „Der rote Hahn" (1962).

LANG, MICHL
* 16.1.1899 in Kempten,
† 21.12.1979 in München
Der Volksschauspieler schlug sich zunächst als Käser, Stallknecht sowie Kellner durch und leistete ab 1917

Michl Lang

Kriegsdienst bei der bayerischen Feldartillerie. Im Sommer 1919 debütierte er auf der „Bayernbühne", einem Volkstheater in Bad Reichenhall. Seit den 1940er Jahren fand er am Münchener Volkstheater und an der Schaubühne „Platzl" seine künstlerische Heimat. Der legendäre Bühnenleiter Weiß Ferdl bestimmte Lang zu seinem Nachfolger, und dieser leitete später 22 Jahre die Geschicke des Hauses, spielte alle gängigen Rollen und schrieb diverse Einakter. Der Künstler trat seit den 1930er Jahren auch in zahlreichen Filmen auf wie „Die Pfingstorgel" (1939), „Die keusche Sünderin" (1943), „Wo der Wildbach rauscht" (1956) und „Der verkaufte Großvater" (1967). Der künstlerische Durchbruch gelang ihm mit seinen „Brumml-G'schichten" (1947 bis 1953) an der Seite von Liesl Karlstadt im Bayerischen Rundfunk, danach war er lange Jahre als Mitglied des „Komödienstadels" sehr erfolgreich.

LEDEBUR, LEOPOLD VON
* 18.5.1876 in Berlin, † 22.8.1955 auf Gut Bockhorn bei Wankendorf
Der Staatsschauspieler aus dem Geschlecht der Freiherren von Ledebur war Jurist und bekam als 30jähriger sein erstes Engagement am Berliner Lustspielhaus, später wirkte er als Charakterdarsteller am Staatlichen Schauspielhaus in Berlin. 1916 debütierte er vor der Filmkamera und verkörperte in seiner ersten bedeutenden Rolle in der Opernadaption „Carmen" den Stierkämpfer Escamillo. Der Künstler stellte fast 40 Jahre meist respektgebietende Figuren dar wie Minister, Direktoren, Generäle und Rittergutsbesitzer. Im Dritten Reich wirkte er in Filmen mit wie „Der alte und der junge König" (1935), „Bismarck" (1940), „Ich klage an" (1941), „Münchhausen" (1943) und „Shiva und die Galgenblume" (1945).

Leopold von Ledebur

LEGAL, ERNST
* 2.5.1881 in Schlieben/Sachsen, † 29.6.1955 in Berlin
Der Sohn eines Apothekers hatte schon einige Zeit als Statist am Neuen Theater in Leipzig gewirkt, bis er sich 1901 ganz der Bühne zuwandte, eine Schauspielausbildung absolvierte und danach über Wander- und Provinzbühnen nach Berlin kam. Dort arbeitete er sich am Berliner Staatstheater vom Chargenspieler über den Regisseur bis zum stellvertretenden Intendanten empor. In den späteren Jahren wurde er Leiter von diversen bedeutenden Theatern, 1945 Intendant der Deutschen Staatsoper in Ost-Berlin; am 24. März 1950 wurde er per Staatsakt Gründungsmitglied und Sekretär der Ost-Berliner Akademie der Künste. Neben der Bühnenarbeit hatte sich Legal ab 1920 auch dem Film gewidmet und in zahlreichen Streifen mitgespielt, etwa in dem Kulturfilm mit Spielhandlung „Altgermanische Bauernkultur" (1934, im Auftrag des Reichsbauernführers mit SA-Männern als Komparsen gedreht) und in den Filmen „Traumulus" (1935), „Die Reise nach Tilsit" (1939), „Jakko" (1941), „Andreas Schlüter" (1942) „Immensee" (1943) und „Die Degenhardts" (1944).

Ernst Legal

LEIBELT, HANS
* 11.3.1885 in Volkmarsdorf bei Leipzig, † 3.12.1974 in München
Der Sohn eines Lehrers hatte seine ersten Engagements am Stadttheater Eisenach, in Eschwege und ab 1905

Hans Leibelt

am Schauspielhaus Leipzig. 1920 ging der Künstler nach Darmstadt, 1923 holte Otto Falckenberg ihn an die Kammerspiele nach München, und 1925 wurde er nach Berlin gerufen, wo er an den verschiedensten Bühnen und unter den bekanntesten Regisseuren seiner Zeit spielte. Seine größten Erfolge feierte der Künstler am Staatstheater, 1934 wurde er Staatsschauspieler. Nach dem Ersten Weltkrieg stand er als freier Schauspieler auf den Brettern der meisten großen Berliner Bühnen, zeitweise wirkte er am Hamburger Kabarett der Komiker. Der Mime war auch im Film sehr gefragt; nachdem er 1922 in den „Mysterien eines Frisiersalons" erstmals vor der Kamera gestanden hatte, folgten etliche Filme, in denen er Nebenrollen spielte. Allein im Dritten Reich stand er für 80 Streifen vor der Kamera, darunter der U-Boot-Film „Morgenrot" (1933), in dem der symptomatische Satz fällt: „Zu leben verstehen wir Deutschen vielleicht schlecht, aber sterben können wir fabelhaft." Weitere Filme waren u.a. „Kapriolen" (1937), „Carl Peters" (1941), „Titanic" (1943) und „Die Feuerzangenbowle" (1944). Hans Leibelt wurde 1962 mit dem Filmband in Gold und 1963 mit dem Verdienstkreuz 1. Klasse des Verdienstordens der Bundesrepublik Deutschland ausgezeichnet.

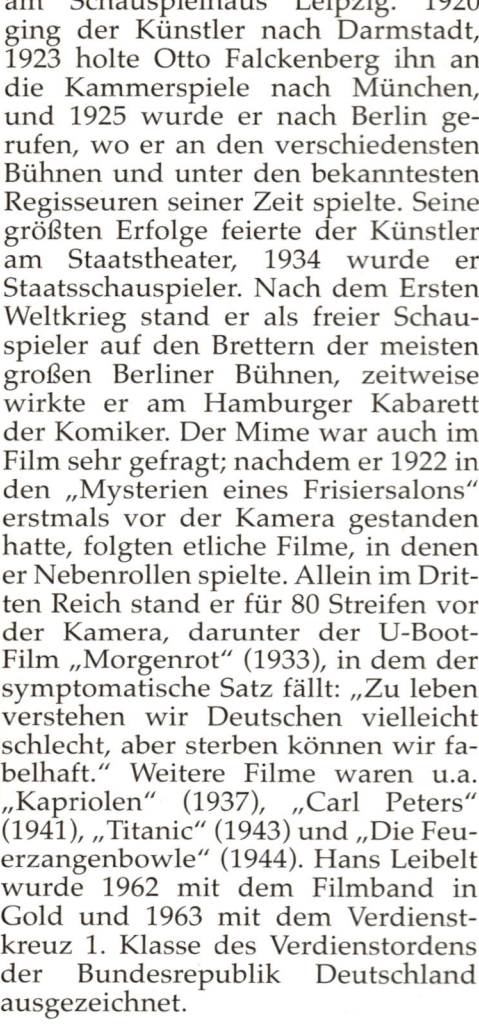

LIECK, WALTER
* 13.6.1906 in Berlin, † 21.11.1944 ebd.

Walter Lieck

Der aus einer Schauspielerfamilie stammende Künstler bekam sein erstes Engagement 1928 in seiner Heimatstadt am Theater am Schiffbauerdamm. Populär wurde er auch als Mitglied des Kabaretts „Tingeltangel", mußte aber 1934 wegen dieser Tätigkeit zwei Monate in das Konzentrationslager Esterwegen. Nachfolgend wurde er mehrfach mit einem Auftrittsverbot belegt, zumal er auch mit einer sogenannten Halbjüdin verheiratet war und es ablehnte, sich scheiden zu lassen. Lieck bekam aber trotzdem bis 1944 zahlreiche Filmrollen, beispielsweise in den Streifen „Robert und Bertram" (1939), „Quax, der Bruchpilot" (1941), „Schicksal" (1942), „Münchhausen" (1943) und „Hundstage" (1944). Filme nach seinen Drehbüchern kamen nach dem Krieg in die Kinos, so etwa „Ein toller Tag" (1945) und „Heimlich, still und leise" (1953). Lieck verstarb an einer Blutvergiftung.

LIEDTKE, HARRY
* 12.10.1882 in Königsberg/Pr.,
† 28.4.1945 in Pieskow

Nach einer kaufmännischen Ausbildung begann der Schauspieler seine Laufbahn an Provinztheatern und ging später an das Deutsche Theater in Berlin. Der Publikumsliebling wurde schon 1912 zum Film geholt und spielte unter anderem in den bekannten Stummfilmen „Die Kameliendame"

Harry Liedtke

(1917), „Carmen" (1918) und „Der moderne Casanova" (1929), zeitweise drehte er auch in Hollywood. Mit dem Aufkommen des Tonfilms zog der Künstler sich zunächst einige Zeit ins Privatleben zurück, trat aber später auch in einigen Tonfilmen auf. Seine wichtigsten Streifen waren „Liebe in Uniform" (1933), „Es leuchten die Sterne" (1938), „Sophienlund" (1943) und „Das Konzert" (1944). Er wurde zusammen mit seiner Ehefrau, der Schauspielerin Christa Tordy, die er vor der drohenden Vergewaltigung schützen wollte, von Rotarmisten ermordet.

LIEWEHR, FRED
Prof., * 17.6.1909 in Neutitschein/Mähren, † 19.7.1993 in Wien

Nach dem Besuch des Max-Reinhardt-Seminars in Wien wurde der Schauspieler 1931 als Eleve am Theater in der Josefstadt engagiert und spielte ab 1933 am Burgtheater sowie gleichzeitig an der Wiener Volksoper. Ab 1935 trat er auch in etlichen Filmen auf, beispielsweise in „Unsterblicher Walzer" (1939), „Wiener Blut" (1942), „Wiener Mädeln" (1949), „Don Carlos" (1961) und „Der Unbestechliche" (1984). Der Kammerschauspieler und Professor am Max-Reinhardt-Seminar war 1979/80 Intendant der Burgenländischen Festspiele. Liewehr wurde in einem Ehrengrab auf dem Wiener Südwestfriedhof bestattet.

Fred Liewehr

LINGEN, THEO
* 10.6.1903 in Hannover, † 10.11.1978 in Wien

Der Sohn eines Justizrates wurde unter dem Namen Theodor Schmitz geboren und spielte bereits am Schülertheater des Goethegymnasiums in Hannover. Eine seiner Bühnenpartnerinnen war dort Gretha von Jeinsen, die spätere erste Ehefrau des Schriftstellers Ernst Jünger. Er debütierte als 18jähriger an der „Schauburg" seiner Heimatstadt. 1922 spielte er am Residenztheater Hannover und kam über diverse weitere Theaterstationen schließlich 1929 nach Berlin. Hier wirkte er an mehreren Bühnen, zuletzt von 1936 bis 1944 am Staatstheater. Nach dem Krieg wurde der Schauspieler österreichischer Staatsbürger, übersiedelte nach Wien und wurde Mitglied des Burgtheaters, gastierte aber immer wieder auch an bundesdeutschen Bühnen. Schon früh erwarb er sich den Ruf eines superben Charakterkomikers, dessen virtuos-marionettenhafte Pointenarbeit immer wieder bewundert wurde. Berühmte Rollen Lingens waren der Malvolio in Shakespeares „Was ihr wollt", der Wehrhahn in Hauptmanns „Biberpelz" oder der Riccaut in Lessings „Minna von Barnhelm". Dem breiten Publikum wurde der Künstler jedoch vor allem als Filmkomiker bekannt. Insgesamt wirkte er in über 200 Filmen mit, darunter viele billige Filmklamotten, obwohl er trotz aller Klischierung nie ein billiger Filmkomiker war: „Lingens Näseln und Hüsteln, seine gestische Wendigkeit, die allerdings einer inneren Eleganz entsprach, sein vielsagendes Schweigen, seine stets pfiffige Miene – all das verlieh den Kammerdienern, Postboten, Heiratsschwindlern, Erbonkeln, Pechvögeln, die er darstellte, unwiderstehlich liebenswürdige Gegenwart." (FAZ) Im Dritten Reich trat der Schauspieler in 96 Filmen vor die Kamera, unter anderem in „Das Testament des Dr. Mabuse" (1933), „Im weißen Rößl" (1935), „Der Tiger von Eschnapur" (1938), „Rosen in Tirol" (1940), „Sieben Jahre Pech" (1941) und „Sieben Jahre Glück" (1942). Nach dem Krieg spielte

Theo Lingen (Mitte)

er in Streifen wie „Heidi" (1952), „Opernball" (1956), „Pension Schöller" (1960) und „Die Lümmel von der ersten Bank" (1968). Im Fernsehen der 1960er und 1970er Jahre war Theo Lingen ebenfalls häufig zu sehen.

LINKMANN, LUDWIG
* 16.6.1902 in Gießen, † 12.6.1963 ebd.

Ludwig Linkmann

Der Charakterkomiker hatte von 1927 bis 1931 ein Engagement am Stadttheater Gießen, war dann zwei Jahre am Reußischen Theater Gera, wechselte dann bis 1938 zum Hessischen Landestheater in Darmstadt und agierte bis 1944 in Berlin an der Volksbühne. Nach dem Krieg spielte er von 1947 bis 1953 am Schauspielhaus in Düsseldorf und wechselte dann nach Hamburg an das Deutsche Schauspielhaus; hier war er als Dorfrichter Adam in „Der zerbrochene Krug", als Isolani in „Wallensteins Tod" und als Orgon in „Tartuffe" zu sehen. Zum Film war Linkmann im Jahre 1939 gekommen, als er eine Rolle in „Kornblumenblau" übernahm. Weitere seiner Filme waren „Der Strom" (1942), „Der Fall Molander" (1945), „Hanussen" (1955), „Der eiserne Gustav" (1958) und „Golden Boy" (1962).

Eduard Loibner

LOIBNER, EDUARD
* 26.4.1888 in Linz an der Donau, † 21.8.1963 in Wien

Der Schauspieler wirkte als Charakterdarsteller in Bielitz, St. Pölten, Klagenfurt, Linz und in Wien am Raimund-Theater, Deutschen Volkstheater sowie am Theater in der Josefstadt. Von 1941 bis 1945 war er Ensemblemitglied des Volkstheaters in München. Er wirkte in dem Film „Premiere" (1937) und „Der Hofrat Geiger" (1947) mit.

Emil Lohkamp

LOHKAMP, EMIL
* 30.12.1902 in Witten, † 4.3.1993 in Hamburg

Der Schauspieler war mit seiner Berufskollegin Freca-Renate Bortfeldt verheiratet, die wie er lange Jahre Ensemblemitglied des Hamburger Thalia-Theaters war. Er spielte in den Filmen „Hans Westmar" (1933), „Träumerei" (1944), „Solistin Anna Alt" (1945), Der große Fall (1949) sowie in den Fernsehfilmen „Mord in Frankfurt" (1968) und „Graf Öderland" (1968) mit.

LOMMEL, LUDWIG-MANFRED
* 10.1.1891 in Jauer/Niederschlesien, † 19.9.1962 in Bad Nauheim

Der Sohn eines Tuchfabrikanten debütierte während eines Volontariats für den väterlichen Betrieb im Prince-Theatre in Shanklin auf der Isle of Wight. Im Ersten Weltkrieg kämpfte er als Offizier, danach wurde er Weinvertreter, wandte sich dann aber wieder der Schauspielerei zu. Im Laufe der Zeit wurde er sehr bekannt und beliebt durch seine Solotourneen und im Rundfunk durch seine humoristischen Vorträge mit Stimmparodien und zahlreiche Couplets. Er produzierte mehrere erfolgreiche, heute verschollene Filme, verkaufte

Ludwig-Manfred Lommel

hohe Stückzahlen der Schallplatten mit seinen humoristischen Beiträgen und wurde einer der populärsten Rundfunkkomiker im Dritten Reich. Zu dieser Zeit trat er auch im Theater auf und war selbst zeitweise Theaterleiter. Er wirkte auch in einigen Filmen mit, beispielsweise in „Paul und Pauline" (1936), „Hahn im Korb" (1937) und „Die Christel von der Post" (1956). Auch nach 1945 war Lommel im Rundfunk erfolgreich und wurde vielfach ausgezeichnet, unter anderem 1956 mit dem Bundesverdienstkreuz 1. Klasse.

LOOS, THEODOR
* 18.5.1883 in Zwingenberg,
† 27.6.1954 in Stuttgart

Der Schauspieler stand zunächst auf Bühnen in Danzig und Frankfurt am Main und agierte von 1912 bis 1945 in Berlin am Lessing-Theater, am Preußischen Staatstheater und am Deutschen Theater. Er stieg zu einem der vielseitigsten Darsteller und einem der besten Sprecher der deutschen Bühne auf und war auch ein langgedienter Filmschauspieler. Schon 1912 trat er in dem Streifen „Das goldene Bett" auf und spielte in vielen Stummfilmen neben bedeutenden Stars, darunter Klassiker wie Fritz Langs „Die Nibelungen" (1923) und „Metropolis" (1926). Doch erst im Tonfilm konnte er seine wahre Qualität ausspielen, wie die Filme „Verräter" (1936), „Der Herrscher" (1937), „Jud Süß" (1940), „Rembrandt" (1942) und „Philharmoniker" (1944) belegen. Loos machte sich in den Kriegsjahren in der Truppenbetreuung verdient, ab 1942 wurde er Leiter der Gruppe „Künstlerische Wortsendungen" beim Großdeutschen Rundfunk. Außerdem war er Treuhänder der Goebbels-Stiftung „Künstlerdank", Präsidialbeirat der „Kameradschaft der deutschen Künstler" und der Reichsfilmkammer. 1937 ernannte Adolf Hitler den Künstler zum Staatsschauspieler. Nach dem Zweiten Weltkrieg wurde Loos Mitglied des Schauspielhauses Tübingen-Reutlingen, ab 1949 wirkte er am Württembergischen Staatstheater in Stuttgart. Wenige Monate nach der Auszeichnung mit dem Großen Verdienstkreuz des Verdienstordens der Bundesrepublik Deutschland im Januar 1954 verstarb Loos.

Theodor Loos mit Lil Dagover

LOSKARN, FRANZ
* 3.5.1890 in München,
† 23.4.1978 ebd.

Der ausgebildete Goldschmied debütierte nach vierjährigem Kriegsdienst im Herbst 1918 in Ingolstadt und entwickelte sich zu einem typischen bayerischen Volksschauspieler; er trat in München unter anderem am Volkstheater und bei den Kammerspielen auf, vorübergehend war er Oberspielleiter der Konrad-Dreher-Bühne. Vor der Filmkamera stand der Künstler ab 1927 in vielen Nebenrollen, etwa in „Der Jäger von Fall" (1936), „Das sündige Dorf" (1940), „Blutsbrüderschaft" (1941), „Die Geierwally" (1956) und „Der Attentäter" (1969).

Franz Loskarn

LORENZ, GEORG
* ?, † 2.12.1947 in München

Weitere Lebensdaten des Schauspielers konnten nicht ermittelt werden, lediglich folgendes: Er spielte u.a. in „Wien 1910" (1943) – einer Filmbiographie über die letzten drei Tage im Leben des Wiener Bürgermeisters Dr. Karl Lueger – und „Schrammeln" (1944) mit.

LUCAS, CURT
* 20.1.1888 in Golzow bei Lebus,
† 12.9.1960 in Berlin

Der Schauspieler, der ab 1933 am Staatlichen Schauspielhaus in Berlin engagiert war, gehörte besonders in den 1930er und 1940er Jahren zu den regelmäßig beschäftigten Nebendarstellern. Seine bekanntesten Filme sind „Schuß im Morgengrauen" (1932), „Gold" (1934), „Bismarck" (1940), „Ich klage an" (uraufgeführt am 29. August 1941, der Streifen erhielt das Prädikat künstlerisch beson-

Curt Lucas

ders wertvoll sowie volksbildend). Nach 1945 wirkte Curt Lucas nur noch selten in Filmen mit, beispielsweise in „Briefträger Müller" (1953) und „Ein Mädchen aus Flandern" (1956).

LÜDERS, GÜNTHER
* 5.3.1905 in Lübeck,
† 1.3.1975 in Düsseldorf

Der Sohn eines Reeders und Kaufmanns wurde nach der Schauspielausbildung Mitglied der Wanderbühne des Städtebund-Theaters, anschließend hatte er Engagements in Lübeck, Dessau und Frankfurt am Main. 1934 ging er nach Berlin und agierte auf den dortigen Bühnen, beispielsweise am „Tingeltangel" und an der „Katakombe"; von 1947 bis 1954 agierte er unter Gründgens am Schauspielhaus Düsseldorf. Ab 1934 stand er häufig in kleineren Filmrollen vor der Kamera, etwa in „Der Etappenhase" (1937), „Schneider Wibbel" (1939), „Wunschkonzert" (1940) und „Große Freiheit Nr. 7" (1944), in der Filmgroteske „Frau Luna" (1941) spielte Lüders eine Hauptrolle. Der Schauspieler, der auch Regie führte und als Interpret der Gedichte von Ringelnatz, Morgenstern und Wilhelm Busch in Erscheinung trat, war einer der gefragtesten Theatermimen seiner Zeit.

Günther Lüders

LUDWIG, RICHARD
* 2.3.1881, † nach 1960

Er spielte in 42 Filmen mit, darunter „Killemann hat'n Klaps" (1919), „Lottchens Heirat" (1920), „Armer kleiner Pierrot" (1920), „Der Herr Impresario" (1921), „Freie Bahn dem Tüchtigen" (1921), „Das kommt von der Liebe" (1921), „Hotel zum Goldenen Engel" (1922), „Gestörte Flitterwochen" (1923), „Götz von Berlichingen zubenannt mit der Eisernen Hand" (1925), „Barcarole" (1935), „Bel Ami" (1939), „Carl Peters" (1941) und „Der ewige Klang" (1943).

Richard Ludwig

LUKSCHY, WOLFGANG
* 19.10.1905 in Berlin, † 10.7.1983 ebd.

Wolfgang Lukschy

Aus finanziellen Gründen konnte der Künstler erst nach einigen Berufsjahren als Chemigraph seinen Wunschberuf ergreifen. Nach der Schauspielausbildung debütierte er 1928 an der Berliner Volksbühne und absolvierte dann die übliche Schauspielerwanderschaft über kleinere und größere Bühnen. Von 1939 bis 1945 wirkte er am Berliner Schiller-Theater; nach Kriegsende trat Lukschy nur noch zu Gastspielen auf die Bühne; im Laufe seiner Karriere wandelte er sich vom jugendlichen Helden zum Charakterdarsteller. Parallel zu seiner Bühnenlaufbahn durchlief er auch eine stattliche Filmkarriere, seine erste große Rolle hatte er in „Zwischen Himmel und Erde" (1942), und er spielte an der Seite von Marika Rökk in dem großen UFA-Farbfilm „Die Frau meiner Träume" (1944), der einer der größten Revueerfolge der 1940er Jahre wurde. Nach dem Zweiten Weltkrieg war er in Filmen zu sehen wie „Emil und die Detektive" (1954), „Die Deutschmeister" (1955), „Die Zürcher Verlobung" (1957) und „Die nackte Gräfin" (1970). Wolfgang Lukschy arbeitete auch erfolgreich in Funk und Fernsehen sowie als Synchronsprecher. Er lieh vielen bekannten US-Kollegen seine Stimme, darunter John Wayne, James Mason, Walter Matthau und Gregory Peck.

MAACK, ALFRED
* 5.4.1882 in Hamburg,
† 14.2.1961 in Berlin

Der Schauspieler begann seine Bühnenlaufbahn 1902 am Hamburger Tivoli-Theater, wo er bis 1934 wirkte. In den folgenden Jahren arbeitete er auch als Regisseur am Schiller-Theater in Altona, an der Hamburger Volksoper sowie in Altona am Theater des Westens. 1934 ging er nach Berlin an das Theater am Nollendorfplatz, wechselte bald an das Lessing-Theater und debütierte 1937 in dem Militärschwank „Der Etappenhase" vor der Kamera. Bis 1958 spielte er dann noch zahlreiche Kleinst- und Nebenrollen in Filmen wie „Robert und Bertram" (1939), „Junge Adler" (1943/44), „Die Degenhardts" (1944), „Leuchtfeuer" (1954) und „Meine Frau macht Musik" (1958).

Alfred Maack

MARIAN, FERDINAND
* 14.8.1902 in Wien,
† 9.8.1946 in Durneck/Oberbayern

Als Ferdinand Haschkowetz geboren, lernte der Sohn eines Opernsängers schon früh die Welt kennen, die sein Lebensinhalt werden sollte. Er arbeitete zunächst als Charge, dann als Schauspieler an Theatern in Graz, Trier, Mönchengladbach, Aachen, Hamburg und München; 1938 ging er nach Berlin an das Deutsche Theater und hatte hier ein Jahr später als Jago im „Othello" seinen größten Erfolg. Vor der Kamera stand er seit 1933 und wurde besonders durch die Filme „Die Stimme des Herzens" (1937) und „La Habanera" (1938) an der Seite von Zarah Leander der deutsche Frauenschwarm der 1930er Jahre. Im Dritten Reich wirkte er in 21 Filmen mit, beispielsweise in „Der Fuchs von Glenarvon" (1940) und, nachdem er sich erfolglos gegen die Übernahme der Rolle gesträubt hatte, als Titelfigur in „Jud Süß" (1940). Ein Filmkritiker schrieb in der Wochenzeitung „Das Reich": „Die Größe dieser schauspielerischen Leistung ist, daß die Figur des Süß die düsteren Züge der Dämonie trägt." Wegen dieser Rolle wurde er nach Kriegsende von den Siegern mit Berufsverbot belegt. 1941 wurde er in „Ohm Krüger" erneut in einem propagandistisch gefärbten Erfolgsfilm besetzt. Bis Kriegsende war Marian dann in Unterhaltungsfilmen wie „Münchhausen" (1943) und „In flagranti" (1943) zu sehen, des weiteren in dem Melodram „Romanze in Moll" (1943). Ferdinand Marian starb an den Folgen eines Autounfalls.

MAHNCKE, GUSTAV
* 7.8.1886 in Rostock,
† 28.1.1952 in Berlin

Bis 1943 wirkte der Schauspieler und Regisseur an den Städtischen Bühnen in Litzmannstadt, die unter anderem geschlossene Vorstellungen für Wehrmacht, Polizei und NS-Organisationen gaben. Ab 1934 übernahm er Filmaufgaben, meistens Nebenrollen, so etwa in „Gern hab' ich die Frau'n geküßt" (1935), „Allotria" (1936), „Der Biberpelz" (1937) und „Brand im Ozean" (1939). Nach dem Krieg war Gustav Mahncke am Deutschen Theater in Berlin als Schauspieler und Spielleiter engagiert; er verstarb an einem Schlaganfall.

MANNING, PHILIPP
Dr. phil., * 23.11.1869 in London,
† 9.4.1951 in Thiengen

Der britisch-deutsche Schauspieler und Intendant wuchs in Deutschland auf und studierte in Berlin und Freiburg, wo er auch promoviert wurde. Danach ging er zum Stadttheater Straßburg und übernahm erste kleine Rollen. Es folgten Theaterstationen in mehreren Städten, bis der Künstler auf Max Reinhardts Empfehlung hin an

Ferdinand Marian

Gustav Mahncke

Philipp Manning

die Münchener Kammerspiele verpflichtet wurde, wo er zusammen mit Frank Wedekind dessen Stücke inszenierte. 1915 erhielt Manning die deutsche Einbürgerung. 1918 wurde er für drei Jahre zum Intendanten des Neuen Staatstheaters in Stralsund gewählt, und in den folgenden Jahren entdeckte der Künstler für sich die Möglichkeiten des Stummfilms und später des Tonfilms und wirkte in zahlreichen Streifen mit. Einige Beispiele: „Das alte Gesetz" (1923), „Der Turm des Schweigens" (1925), „Stadt Anatol" (1936) und „Carl Peters" (1941). Neben der Filmarbeit spielte Manning weiterhin auf den Berliner Bühnen des Deutschen Theaters und ab 1933 am Staatstheater.

MARR, HANS
* **22.7.1878 in Breslau,**
† **30.3.1949 in Wien**

Geboren unter dem Namen Johann Richter, unterbrach der Künstler sein Studium der Kunstgeschichte, um Schauspielunterricht zu nehmen. Sodann gab er 1897 sein Debüt am Königlichen Schauspielhaus in Berlin und spielte danach an den Bühnen von Gotha, Görlitz, Breslau, Graz, Köln und am Lessing-Theater in Berlin. Von hier wurde er 1914 nach Wien an das Burgtheater geholt, dem er – von einer kurzen Unterbrechung abgesehen – bis zu seinem Tod angehörte. Er war in erster Linie Heldendarsteller und spielte gern in Stücken von Gerhart Hauptmann, mit dem ihn eine Freundschaft verband. Seit 1913 stand der Schauspieler vor der Kamera und glänzte auch hier in Charakterrollen wie die des Moses in dem Monumentalfilm „Die Sklavenkönigin" (1927) oder des Wilhelm Tell (1924 und noch einmal in der Tonfilmfassung von 1934).

Hans Marr

MATTHIAS, KARL
Lebensdaten des Schauspielers konnten nicht ermittelt werden.

MATTHIES, OTTO
* **4.10.1899 in Baruth,**
† **3.3.1979 in Berlin**

Matthies erhielt seine künstlerische Ausbildung von 1917 bis 1919 an der Marie Seebach Schule in Berlin. Nach Stationen in Görlitz und Brünn kam er nach Berlin, wo er bis zuletzt spielte. Der Schauspieler hatte in der Zeit von 1937 bis 1973 Rollen in mehr als 40 Filmen, in denen er ein klassisches Chargendarsteller-Dasein fristete. Matthies spielte die gesamte Palette kleiner bis winziger Nebenrollen: Kellner, Referendare, Lieferanten, Kleinganoven, Bäcker, Bauern und Polizeiwachtmeister. Zu seinen Filmen zählen „Der Mustergatte" (1937), „Der Maulkorb" (1938), „Das andere Ich" (1941), „Shiva und die Galgenblume" (1945), „Affaire Blum" (1948), „Der Stern von Afrika" (1957), „Freddy unter fremden Sternen" (1959) und „Der Prozeß Carl von O." (1964). Außerdem trat er in mehreren Fernsehfilmen und -serien in Erscheinung, beispielsweise in „Pension Spreewitz" (1964), „Tommy Tulpe" (1969) und „Drüben bei Lehmanns" (1973). Otto Matthies arbeitete auch in mehreren ausländischen Filmen als Synchronsprecher.

MAURER, FRIEDRICH
* **17.4.1901 in Mannheim,**
† **2.3.1980 in München**

Der Sohn eines Fabrikarbeiters debütierte 1924 in Frankfurt am Main und arbeitete dann in Koblenz, Riga, Königsberg und Leipzig. Von 1940 bis 1951 wirkte der Charakterdarsteller, der als „fein ziselierender Episodenspieler dekadenter und charakterlich fluktuierender Figuren" beschrieben wurde, am Deutschen Theater in Berlin, anschließend am Schiller- und Schloßpark-Theater. Von dort ging der Schauspieler 1960 zu den Bayerischen Staatsschauspielen nach München. Beim Film war er seit 1938 aktiv, man sah ihn in „Die unheimlichen

Friedrich Maurer

Wünsche" (1938), „Mein Leben für Irland" (1940) und „Das kleine Hofkonzert" (1944); nach 1945 spielte er in DEFA-Filmen wie „Das kalte Herz" und „Der Untertan" (1951), später in Film und Fernsehen der Bundesrepublik. Friedrich Maurer wurde 1958 mit dem Bundesverdienstkreuz ausgezeichnet.

MAYERHOFER, FERDINAND
* 9.4.1881 in Graz, † 6.6.1960 in Wien

Der ausgebildete Buchbinder stieß nach seinem Schauspielunterricht bei dem Schauspieler Julius Grevenberg mit 17 Jahren zum Theater und erhielt 1899 sein erstes Engagement. Über die Bühnen mehrerer Städte kam er 1907 nach Wien an das Theater in der Josefstadt. Später spielte er am Wiener Carl-Theater und wechselte 1919 an das Burgtheater, an dem er bis 1960 als Charakterkomiker wirkte. 1929 wurde er zum Kammerschauspieler ernannt. Auf der Leinwand sah man den Schauspieler im Zeitraum von 1921 bis 1957 beispielsweise in Filmen wie „Die Stadt ohne Juden" (1924), „Konfetti" (1936), „Dreizehn Stühle" (1938), „Wen die Götter lieben" (1942), „Der Verschwender" (1953) und „Ober, zahlen!" (1957).

Ferdinand Mayerhofer

MIKULSKI, KURT
* 15.10.1882 in Hamburg, † 25.5.1958 in Berlin

Der Schauspieler wirkte bis zum Ausbruch des Ersten Weltkrieges vornehmlich in Wien, danach in Berlin, unter anderem am Deutschen Theater und am Theater am Schiffbauerdamm. Er spielte in einigen Stummfilmen und reüssierte im Tonfilm mit „Abenteuer eines jungen Herrn in Polen" (1934). Er war danach in bekannten Filmen zu sehen wie „Rote Orchideen" (1938), „Robert und Bertram" (1939), „Ich klage an" (1941), „Die Entlassung" (1942) oder „Damals" (1943); nach 1945 arbeitete Kurt Mikulski in der DDR und spielte im dortigen Fernsehen und in DEFA-Filmen, beispielsweise „Semmelweis – Retter der Mütter" (1950) und „Das Beil von Wandsbek" (1951).

MEISEL, KURT
* 18.8.1912 in Wien, † 4.4.1994 ebd.

Bei den Münchener Kammerspielen debütierte der Schauspieler 1933 in Shakespeares „Wie es Euch gefällt" und erhielt anschließend erste Charakterrollen. Über ein Engagement in Leipzig (1934 bis 1936) kam er an das Berliner Staatstheater, an dem er durch Gustaf Gründgens und Jürgen Fehling künstlerisch geprägt wurde. Nach 1945 spielte der Künstler zehn Jahre lang meist an Berliner Bühnen, hatte aber auch Teilverträge mit Wiener Theatern und den Münchener Kammerspielen. Ab 1960 wirkte er als Schauspieler und Oberspielleiter des Bayerischen Staatsschauspiels in München, 1964 ging er nach Wien und wurde Oberregisseur und stellvertretender Direktor am Burgtheater, 1970 Intendant des Bayerischen Staatsschauspiels. Der Film war für Meisel ebenfalls ein wichtiges Wirkungsfeld. Er stand in dem Bauernlustspiel „Der Ehestreik" (1936) erstmals vor der Kamera und wurde im Laufe seiner langen, erfolgreichen Leinwandkarriere zunehmend auf das Rollenfach des

Kurt Meisel

verführerisch-verschlagenen Schurken festgelegt. In den späten 1940er und vor allem in den 1950er Jahren führte er häufig auch Regie. Meisel war beispielsweise in folgenden Filmen zu sehen: „Die göttliche Jette" (1937), „Nanon" (1938), „Der Weg ins Freie" (1941), „Der Große König" (1942, Dr. Goebbels stellte begeistert fest: „Der Film wird zum politischen Erziehungsmittel erster Klasse."), „Die goldene Stadt" (1942) und „Kolberg" (1944). Nach dem Krieg spielte er z.B. in „Die Spur führt nach Berlin" (1952), „Emil und die Detektive" (1954) und „Der veruntreute Himmel" (1958). 1952 erhielt Meisel den Berliner Kunstpreis, 1975 den Bayerischen Verdienstorden, ein Jahr später die Ludwig-Thoma-Medaille. 1979 wurden seine Leistungen von der Stadt Wien mit der Ehrenmedaille in Gold gewürdigt. Zu seinen Ehren wurde vom „Verein der Freunde des Bayerischen Staatsschauspiels" 1997 der Kurt-Meisel-Preis gestiftet. Er wurde in einem Ehrengrab auf dem Wiener Zentralfriedhof bestattet.

Seite 18

MIERENDORFF, HANS
* 30.6.1882 in Rostock,
† 26.12.1955 in Eutin

Der Sohn eines Großhändlers ließ sich nach einer Buchhändlerlehre zum Schauspieler ausbilden und begann am Hoftheater Schwerin; nach Stationen in Halle, Hamburg und Breslau spielte er an verschiedenen Bühnen der Reichshauptstadt. Sein Filmdebüt feierte er 1911 in dem Henny-Porten-Film „Das Adoptivkind", im selben Jahr spielte er neben Asta Nielsen in „Der fremde Vogel". Er wurde 1919 in dem Achtteiler „Die Herrin der Welt" ein Serienstar. Ebenfalls 1919 gründete er die „Lucifer-Film GmbH" und spielte in eigener Produktion in Abenteuer- und Kriminalfilmen. Im Tonfilm konnte er sich nicht etablieren, spielte nur Nebenrollen und zog sich 1945 ganz aus dem Filmgeschäft zurück. Im Dritten Reich spielte er unter anderem in dem Werbefilm für Nationalpolitische Erziehungsanstalten „Kopf Hoch, Johannes!" und dem Hitlerjugend-Film „Jakko" (beide 1941) mit. Hans Mierendorff wirkte in mehr als 100 Filmen mit.

Hans Mierendorff

MEYERINCK, HUBERT VON
* 23.8.1896 in Potsdam,
† 13.5.1971 in Hamburg

Der aus einer preußischen Offiziersfamilie stammende Schauspieler war wegen eines Lungenleidens vom Kriegsdienst freigestellt und debütierte 1917 als Leutnant von Hagen in dem Stück „Kolberg" am Königlichen Schauspielhaus Berlin. Er spielte danach bis 1945 an verschiedenen renommierten Bühnen der Reichshauptstadt sowie neben Marlene Dietrich im Kabarett „Schall und Rauch".

Hubert von Meyerinck

Nach dem Kriege wirkte er unter anderem auf den Bühnen in Göttingen, München und Wuppertal, ab 1966 am Hamburger Thalia-Theater. Gleich in seinen ersten Filmen wurde er auf den Typ des aalglatten eleganten Bösewichts oder Offiziers a.D. festgelegt und avancierte zu einem der meistbeschäftigten Filmdarsteller der Nachkriegszeit, der in mehr als 275 Streifen mitspielte, u.a. in „Ball im Savoy" (1955), „Der tolle Bomberg" (1957), „Die Abenteuer des Grafen Bobby" (1961) und „Neues vom Hexer" (1965). Im Dritten Reich war er in Filmen zu sehen wie „Henker, Frauen und Soldaten" (1935), „Bel Ami" (1939), „Die Rothschilds" (1940), „Venus vor Gericht" (1941), „Diesel" (1942) und „Münchhausen" (1943).

1968 wurde Hubert von Meyerinck mit dem Filmband in Gold ausgezeichnet, 1994 ehrte Berlin ihn mit der Benennung des Meyerinck-Platzes in Charlottenburg.

MINETTI, BERNHARD
**Prof., * 26.1.1905 in Kiel,
† 12.10.1998 in Berlin**

Der Architektensohn debütierte 1927 am Reussischen Theater Gera. Zum Star wurde er ab 1928 in Darmstadt, wo er sich in Rollen wie Hamlet und Don Carlos das große klassische Repertoire erschloß. Parallel zu seiner Arbeit am Preußischen Staatstheater, wo er bis 1944 Paraderollen wie Faust, Robespierre und Wallenstein spielte, wirkte der Künstler ab 1930 auch im Film, unter anderem in „Der Mörder Dmitri Karamasow" (1930) und „Berlin Alexanderplatz" (1931) mit. Zu Hitlers Geburtstag am 20. April 1933 spielte er als Darsteller in der Uraufführung von Hanns Johsts Staatsschauspiel „Schlageter", das der Dichter „Adolf Hitler in liebender Verehrung" gewidmet hatte. 1935 trat er in Mussolinis Theaterstück „Hundert Tage" auf. Zwischen 1934 und 1945 wirkte er in 17 Filmen mit, darunter „Henker, Frauen und Soldaten" (1935), „Fridericus" (1936), „Am seidenen Faden" (1938), „Die Rothschilds" (1940) und „Tiefland" (1940/44). Nach dem Krieg ging Minetti zunächst nach Kiel, wo er auch als Schauspieldirektor arbeitete. Weitere Stationen folgten in Hamburg, Frankfurt am Main und Düsseldorf, bis er sich wieder zunehmend auf die Berliner Bühnen konzentrierte. In den 1970er Jahren begann seine staunenswerte Alterskarriere mit Stücken von Thomas Bernhard und in den 1980er Jahren durch die Arbeit mit Regisseuren wie Peter Zadek, Claus Peymann und Hans Neuenfels. Sein Schaffen wurde 1978 mit dem Großen Bundesverdienstkreuz, 1986 mit der Verleihung des Titels Professor gewürdigt. Bernhard Minetti, den die Kritik als „biologisch-künstlerisches Wunder" feierte, stand noch mit 91 Jahren auf der Bühne.

Bernhard Minetti (rechts)

MOOG, HEINZ
***28.6.1908 in Frankfurt am Main,
† 9.5.1989 in Wien**

Der Polizistensohn bekam privaten Schauspielunterricht, der am Hoch'schen Konservatorium seiner Heimatstadt vertieft wurde. 1927 debütierte er am Frankfurter Künstler-Theater für Rhein und Main, bekam nach mehreren Bühnenstationen ein Engagement an der Volksbühne in Berlin und hatte hier als König Rudolf II. im Grillparzer-Stück „Ein Bruderzwist im Hause Habsburg" einen derartigen Sensationserfolg, daß er ein Engagement am Wiener Burgtheater bekam. 1943 hatte der Schauspieler sein Filmdebüt in „Lache Bajazzo" und spielte danach noch in vielen nationalen und internationalen Film- und Fernsehproduktionen mit. Insgesamt agierte Heinz Moog in mehr als 500 Bühnen- und rund 75 Filmrollen.

Heinz Moog

MORVILIUS, KARL
***21.11.1883 in Germersheim,
† 2.6.1960 in Berlin**

Der Schauspieler trat nach seinem Filmdebüt in „Das Teehaus zu den zehn Lotusblumen" (1919) noch in zahlreichen Streifen auf, darunter „Ein Lied geht um die Welt" (1933), „Inkognito" (1936), „Erbschaftstaumel" (1937), „Die Entlassung" (1942) und „Großstadtmelodie" (1942/43).

Karl Morvilius

MOSER, HANS
* 6.8.1880 in Wien, † 19.6.1964 ebd.

Der Sohn eines Bildhauers wurde unter dem Namen Johann Julier geboren und wirkte zunächst auf Wanderbühnen, Varietés und Provinzbühnen, bis er 1911 erste Erfolge mit jüdischen Jargonpossen an der Wiener Kleinkunstbühne „Budapester Orpheumgesellschaft" hatte. Im Ersten Weltkrieg diente er an der Isonzo-Front bei den Deutschmeistern und lenkte seine Kameraden mit Späßen so vortrefflich vom grausamen Kriegsalltag ab, daß er von nun an seine Zukunft im komi-

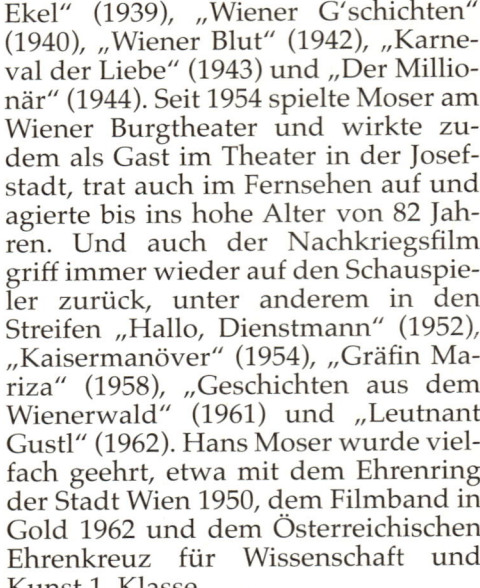

Hans Moser (rechts)

schen Fach sah. Seine Erfolge als Komiker wurden so bekannt, daß Max Reinhardt ihn an das Theater in der Josefstadt und an das Berliner Deutsche Theater holte. Der Künstler spielte oft an einem Abend an drei verschiedenen Plätzen, vom vornehmsten Theater bis zum Varieté und Brettl. Er spielte in Klassikern, in Volksstücken und in Possen. Auch im Film reüssierte er schnell in zahlreichen komischen Rollen als Obernuschler und hatte in seinen Kellner-, Dienstmanns-, Portiers- und sonstigen Rollen große Erfolge. Obwohl mit einer Jüdin verheiratet, konnte er seine Karriere im Dritten Reich ungebrochen fortsetzen. Besonders erfolgreich waren beispielsweise die Filme „Der Himmel auf Erden" (1935), „Burgtheater" (1936), „Die Fledermaus" (1937), „Dreizehn Stühle" (1938), „Das Ekel" (1939), „Wiener G'schichten" (1940), „Wiener Blut" (1942), „Karneval der Liebe" (1943) und „Der Millionär" (1944). Seit 1954 spielte Moser am Wiener Burgtheater und wirkte zudem als Gast im Theater in der Josefstadt, trat auch im Fernsehen auf und agierte bis ins hohe Alter von 82 Jahren. Und auch der Nachkriegsfilm griff immer wieder auf den Schauspieler zurück, unter anderem in den Streifen „Hallo, Dienstmann" (1952), „Kaisermanöver" (1954), „Gräfin Mariza" (1958), „Geschichten aus dem Wienerwald" (1961) und „Leutnant Gustl" (1962). Hans Moser wurde vielfach geehrt, etwa mit dem Ehrenring der Stadt Wien 1950, dem Filmband in Gold 1962 und dem Österreichischen Ehrenkreuz für Wissenschaft und Kunst 1. Klasse.

MÜLLER-GRAF, KURT
* 9.8.1913 in Karlsruhe, † 10.8.2013 ebd.

Der Staatsschauspieler begann seine Theaterlaufbahn 1930 als Statist bei den Volksschauspielen Ötigheim. Danach war er am Staatstheater Karlsruhe, am Bayerischen Staatsschauspiel, am Schauspielhaus Zürich, am Nationaltheater Mannheim und am Wiener Burgtheater verpflichtet. Mit „Komödianten" (1941) feierte er sein Filmdebüt, bis Kriegsende machte er das Dutzend seiner Filme noch voll. Danach war er weiterhin als Bühnendarsteller an verschiedenen Theatern sehr erfolgreich. 1979 gründete er in Ettlingen die Schloßfestspiele und war zwölf Jahre lang deren Intendant,

Kurt Müller-Graf

später Ehrenintendant. Müller-Graf wurde mit der Ehrenbürgerwürde der Stadt Ettlingen und dem Bundesverdienstkreuz 1. Klasse ausgezeichnet.

MÜNCH, ARNIM
* 13.1.1903 in Dortmund,
† 2.10.1957 in Berlin

Nach der Schauspielausbildung und ersten Theaterstationen in Dortmund und Mönchengladbach kam Münch nach Berlin, wo er unter anderem an der Rotter-Bühne, dem Metropol-Theater, der „Plaza" und am Theater am Admiralspalast auftrat. Sein Filmdebüt erfolgte in „Stradivari" (1935). Danach folgten spannende Agentenfilme wie etwa „Achtung! Feind hört mit!" (1940), aber auch leichte Unterhaltungsfilme wie „Leichte Muse" oder „Quax der Bruchpilot" (1941) und „Ein schöner Tag" (1944). Nach dem Zweiten Weltkrieg arbeitete Arnim Münch hauptsächlich im Rundfunk, jedoch auch als Synchronsprecher und im Fernsehen.

NADHERNY, ERNST
* 28.12.1885 in Wien, † 24.2.1966 ebd.

Der Schauspieler entstammte dem Freiherrengeschlecht Nádherný, er studierte zunächst Jura, diente im Ersten Weltkrieg als Soldat und schied als Leutnant der Artillerie aus. In den 1920er Jahren versuchte er sich als Theaterschauspieler und Operettensänger; seine erste Filmrolle bekam er in „Tagebuch der Geliebten" (1935) und spielte bis 1945 noch in weiteren neun Filmen mit, darunter „Leinen aus Irland" (1939), „Hotel Sacher" (1939) und „Schrammeln" (1949). 1942 kehrte der Künstler nach Wien zurück, um Direktor am Wiener Bürgertheater zu werden. Nach 1953 spielte er noch in einigen Filmen mit, beispielsweise neben Romy Schneider in „Mädchenjahre einer Königin" (1954).

NETTO, HADRIAN
* 6.6.1885 in Leipzig,
† 12.11.1948 in Berlin

Bevor er 1920 Schauspieler wurde, hatte er Staatsrecht studiert, im Ersten Weltkrieg gekämpft, es bis zum Rittmeister gebracht und war schriftstellerisch tätig gewesen. 1920 debütierte er in Berlin an der Tribüne, ein Jahr später ging er an Trude Hesterbergs Kabarett Wilde Bühne. In den folgenden Jahren spielte er am Kleinen Theater sowie am Berliner Theater. In den 1930er Jahren konzentrierte sich der Künstler auf seine Filmarbeit und spielte bis 1945 in 29 Filmen mit, darunter „Mein Sohn, der Herr Minister" (1937), für Reichsminister Dr. Goebbels „eine geistvolle Verhöhnung des Parlamentarismus", „Pour le Mérite" (1938) und „Zwei Welten" (1940).

Hadrian Netto

NEUGEBAUER, ALFRED
Prof., * 27.12.1888 in Wien,
† 14.9.1957 ebd.

Der Offizier geriet im Ersten Weltkrieg in russische Kriegsgefangenschaft und kam mit 38 Jahren an das Theater in der Josefstadt, wo er bis 1946 eine Vielzahl von Charakter- und Nebenrollen spielte. Nachdem er 1930 für den Tonfilm entdeckt worden war, spielte er auch in diesem Metier viele Rollen, beispielsweise in „Der König lächelt – Paris lacht" (1936), „Der Postmeister" (1940), „Dreimal Hochzeit" (1941), „Wen die Götter lieben" (1942) und „Die kluge Marianne" (1943). Nach dem Zweiten Weltkrieg kam Alfred Neugebauer an das Burgtheater, wo er bis zu seinem Tode beschäftigt blieb, arbeitete beim Rundfunk und als Professor an der Akademie für Musik und darstellende Kunst.

Alfred Neugebauer

NICKLISCH, FRANZ
* 8.3.1906 in Hasserode,
† 6.12.1975 in Berlin

Sein Debüt gab der Künstler 1928 am Landestheater Halle in der Rolle des

Franz Nicklisch

Gyges in Friedrich Hebbels „Gyges und sein Ring". Es folgten Engagements in Halle und Thale, danach spielte er in Berlin am Staatstheater, Deutschen Theater, Schloßpark- und Schiller-Theater, wo er zunächst den jugendlichen Helden und Liebhaber gab und später auch Charakterrollen verkörperte. 1971 wurde er zum Staatsschauspieler ernannt. Im Film gab der Schauspieler 1931 sein Debüt im Musikfilm „Der Kongreß tanzt", es folgten kleinere und größere Rollen bis Ende der 1960er Jahre, etwa in „Der eiserne Gustav" (1958, neben Heinz Rühmann) und „Emil und die Detektive" (1964). Franz Nicklisch übernahm auch viele Rollen als Synchronsprecher.

NIELSEN, HANS
* 30.11.1911 in Hamburg,
† 13.10.1965 in Berlin
Der Schauspieler debütierte 1932 an den Hamburger Kammerspielen, seine nächsten Engagements führten ihn nach Augsburg, Kiel und Leipzig, danach an verschiedene Berliner Bühnen. In Leipzig erhielt er seine erste Filmrolle in „Daphne und der Diplomat" (1937) und spielte danach in bekannten Filmen wie „Trenck, der Pandur" (1940) und „Der Große König" (1942). Auch nach dem Zweiten Weltkrieg arbeitete Nielsen bei wichtigen Filmen mit, beispielsweise „In jenen Tagen" (1947), „Nachtwache" (1949) und „Kriegsgericht" (1959). Neben der Filmarbeit stand Hans Nielsen kontinuierlich auch auf der Bühne, zuerst im eigenen Kabarett, danach bei den Münchener Kammerspielen und der Kleinen Komödie, in Düsseldorf und am Renaissance-Theater in Berlin. Seit 1948 arbeitete Nielsen zudem umfangreich in der Synchronisation und lieh seine Stimme berühmten Schauspielkollegen wie James Stewart, Rex Harrison, Cary Grant und Orson Welles. Er verstarb im Alter von 54 Jahren an Leukämie.

Hans Nielsen

OFFENBACH, JOSEF
* 28.12.1904 in Offenbach,
† 15.10.1971 in Darmstadt
Geboren unter dem Namen Josef Ziegler, wurde der Sattlergeselle für das Theater entdeckt, als er in einer Laienspielschar auftrat. Er debütierte nach entsprechender Ausbildung 1927 in Offenbach und bekam in der Folge Engagements an einer Reihe kleinerer Bühnen, bis ihm der Sprung ans Mannheimer National-Theater gelang. Ab 1943 bekam er erste kleinere Filmrollen, etwa im Liebesfilm „Reise in die Vergangenheit" oder in „Orient-Expreß" (1944), bis zum Ende

Josef Offenbach

seiner Laufbahn sollten es insgesamt mehr als 130 werden. Nach dem Zweiten Weltkrieg war der Künstler lange Zeit am Deutschen Schauspielhaus in Hamburg engagiert. 1966 ging er für zwei Jahre an die Städtischen Bühnen Frankfurt und arbeitete danach als freier Schauspieler. Er spielte in vielen Filmen mit, so in „Königin Luise" (1957), „Der Schinderhannes" (1958) oder „Via Mala" (1961). Ab 1955 trat Josef Offenbach auch zunehmend im Fernsehen auf, wo er besonders als Vater Scholz in der Serie „Die Unverbesserlichen" (1965 bis 1969) sehr populär wurde. Offenbach war ebenfalls als Hörspiel-Regisseur aktiv. Das „Deutsche Bühnen-Jahrbuch" schrieb über seine Kunst: „Verhaltene, stets ganz menschliche Komik."

OERTZEN, JASPAR VON
* 2.1.1912 in Schwerin,
† 22.4.2008 in München

Jaspar von Oertzen

Der Sohn eines Landgerichtsrates studierte Theaterwissenschaften und Kunstgeschichte und gab 1934 sein Spielfilmdebüt in „Krach um Jolanthe", vier Jahre später spielte er in „Altes Herz geht auf die Reise" mit und danach trat er in mehreren großen UFA-Produktionen auf. Meist verkörperte er in Nebenrollen historische Gestalten wie den Prinzen Friedrich Karl von Preußen in „Bismarck" (1940), den Rittmeister Joachim Bernhard von Prittwitz in „Der Große König" (1942) und den Prinzen Louis Ferdinand in „Kolberg" (1945). Nach 1945 trat von Oertzen seltener vor die Kamera, wirkte aber desto häufiger bei Fernsehproduktionen mit. 1980 war er Gründungsmitglied der Öko-Partei „Die Grünen".

OLDEN, HANS
* 30.6.1892 in Wien, † 19.1.1975 in Franzhausen/Niederösterreich

Geboren unter dem Namen Josef Brandl, nahm der Künstler nach seinem Maschinenbau-Studium Schauspielunterricht und verdiente seinen Lebensunterhalt als Sänger und Heurigenunterhalter. Er debütierte 1911 in Hermannstadt, hatte Engagements in Karlsbad, Teplitz-Schönau, Graz und Prag und ging 1928 an das Wiener Volkstheater, wo er auch nach dem Kriege blieb. Sein Spielfilmdebüt hatte er 1931 in „Die großzügige Liebe", im Dritten Reich spielte er in Filmen wie „Brillanten" (1937) und „Leinen aus Irland" (1939), nach 1945 beispielsweise „Das doppelte Lottchen" (1950) und „Drei Männer im Schnee" (1955).

OTT, JUSTUS
* 1885 in Bremerhaven,
† 22.3.1958 in Bremen

Der Künstler stand seit 1904 auf der Bühne und wirkte zuerst als Statist und Chorist, Sänger und Tänzer. Seit 1909 war er Mitglied des Opernhauses Bremen, ab 1920 des dortigen Schauspielhauses. In fünf Jahrzehnten spielte er in etwa 200 Rollen, teilweise in Filmen, beispielsweise in „Die Rache des Bastards" (1919), „Ein Mann mit Grundsätzen?" (1943), „Große Freiheit Nr. 7" (1944) und „Sensation in San Remo" (1951).

PASCH, REGINALD
* 10.10.1883 in Wolgast,
† 2.8.1965 in Berlin

Der Sohn eines Kapitäns debütierte 1902 am Neuen Stadttheater von Ratibor und spielte danach auf den Bühnen verschiedener deutscher Städte; ab 1909 wirkte er in Berlin am Theater am Nollendorfplatz, am Theater des Westens und am Metropol-Theater, wobei er meist jugendliche Helden in Operetten verkörperte. 1921 ging er nach New York und trat am Broadway im Englischen Theater auf, 1930 bekam er ein Angebot aus Hollywood und spielte dort Nebenrollen in einigen Filmen. 1936 lernte er Luis Trenker bei den Dreharbeiten zum Film „Der Kaiser von Kalifornien" kennen und kehrte mit ihm nach Deutschland zurück. Danach wirkte er in fast allen Filmen von Trenker mit; insgesamt trat Reginald Pasch in rund 40 Stumm- und Tonfilmen auf, unter anderem in „Der Feuerteufel" (1939), „Spähtrupp Hallgarten" (1941), „Der Große König" (1942), „Spion für Deutschland" (1956) und „Der Schatz der Azteken" (1965).

Hans Olden

Reginald Pasch

Hellmuth Passarge

PASSARGE, HELLMUTH
* 4.11.1894 in Königsberg/Pr.,
† 1945, eventuell in Berlin
Der gebürtige Ostpreuße trat ab 1919 am Stadttheater Königsberg auf, danach an ostdeutschen Provinzbühnen. Anfang der 1930er Jahre kam er nach Berlin und spielte seit Ende 1931 im Film zahlreiche Nebenrollen wie Chauffeur, Briefträger, Polizist, Matrose, Soldat, Arbeiter oder Verkäufer. Er war beispielsweise in folgenden Streifen zu sehen: „Liebe, Tod und Teufel" (1934), „Verräter" (1936), „Pour le Mérite" (1938), „Jud Süß" (1940) und „Die Fahrt ins Glück" (1944). In den Wirren des Kriegsendes verliert sich die Spur dieses klassischen Kleindarstellers, möglicherweise fiel Hellmuth Passarge in den letzten Kriegstagen.

PAULSEN, HARALD
* 26.8.1895 in Elmshorn,
† 4.8.1954 in Hamburg
Sein erstes Engagement bekam der Schauspieler am Stadttheater Altona, wegen Einberufung zum Kriegsdienst mußte er es im Jahre 1914 unterbrechen und blieb bis 1917 Soldat. Danach schlug er sich als Kleindarsteller und Stepptänzer durch, bis Max Reinhardt ihn 1922 ans Deutsche Theater nach Berlin rief, wo er als Bonvivant, Komiker, Couplesänger und Tänzer auf der Bühne stand. Er wirkte insgesamt in rund 20 Stumm- und 90 Tonfilmen mit, etwa in „Traumulus" (1935), „Bismarck" (1940), „Die goldene Spinne" (1943), „Die Dame in Schwarz" (1951) und „Die schöne Müllerin" (1954). Während er vor 1933 politisch unauffällig war, begrüßte er den Regierungsantritt der Nationalsozialisten. Am „Tag der nationalen Arbeit" am 1. Mai 1933 marschierte er der Schauspielerfachschaft mit der Hakenkreuzfahne voran. Harald Paulsen war auch als Regisseur tätig, nach dem Zweiten Weltkrieg spielte er auf Hamburger Bühnen sowie in einigen Filmen. Mit 59 Jahren erlag er einem Schlaganfall.

Harald Paulsen

PAULY, EDGAR
* 9.1.1880 in Verden,
† 3.11.1951 in Berlin
Nach achtjähriger Tätigkeit bei der Eisenbahn debütierte der Schauspieler 1905 in Gießen und erhielt 1907 in Iserlohn sein erstes Engagement. Danach spielte er in Gießen, Bielefeld, Lübeck, Chemnitz und 1916/17 am Fronttheater im französischen Laon. Weitere Bühnenstationen waren nach dem Ersten Weltkrieg das Stadttheater Riga und das Metropol-Theater in Berlin. Hier entdeckte ihn Fritz Lang als Filmschauspieler und gab ihm einige Rollen. Zu Tonfilmzeiten spielte er beispielsweise in den Filmen „M – Eine Stadt sucht einen Mörder" (1931), „Barcarole" (1935), „Titanic" (1943), „Opfergang" (1944) und „Der Untertan" (1951). Edgar Pauly verstarb nach einer Premiere in seiner Garderobe an einem Herzschlag.

Edgar Pauly

PETERHANS, JOSEF
* 4.12.1882 in Achern, † 1960 in Berlin
Nach langen Theaterjahren in der Provinz und in Berlin, die ohne viel Resonanz geblieben waren, erhielt der Schauspieler 1917 seine erste Filmrolle in „Und wenn ich lieb'..." Zuerst bekam er noch Hauptrollen und

Josef Peterhans

spielte etwa 1918 in zwei Filmen den Partner der amerikanischen Leinwanddiva Fern Andra, doch dann wurden seine Rollen immer kleiner, und im Tonfilm schrumpften seine Mitwirkung auf Chargenformat: Er war ein Förster in „Viktoria" (1935), ein Inder in „Der Tiger von Eschnapur" (1937), ein Abgeordneter in „Pour le Mérite" (1938), ein Polizist in „Frau Luna" (1941) und ein General in „Der Große König" (1942). Auch auf der Bühne fand Josef Peterhans kaum noch Beschäftigung, so daß er zur Bestreitung seines Lebensunterhaltes seit den 1930er Jahren oft als Synchronsprecher arbeitete.

PETERMANN, FRIEDRICH
Lebensdaten des Schauspielers konnten nicht ermittelt werden, lediglich folgendes: Er spielte u.a. in den Filmen mit: „Pour le Mérite" (1938), „Kornblumenblau" (1939), „Jud Süß" (1940), „Leichte Muse" (1941), „Die Sache mit Styx" (1942), „Träumerei" (1944), „Der Mann, dem man den Namen stahl" (1944), „Große Freiheit Nr. 7" (1944), „Das kleine Hofkonzert" (1945) und „Die Brüder Noltenius" (1945).

PETERSEN, PETER
Prof., * 18.11.1876 in Hamburg,
† 11.3.1956 in Wien
Geboren unter dem Namen Max Johann Heinrich Paulsen, gab der Schauspieler mit 18 Jahren sein Debüt in Rastatt. Nach Stationen in Konstanz, Bern, Weimar und Berlin ging er nach Wien und war hier 25 Jahre Mitglied des Burgtheaters. 1923 wurde er zum Hofrat ernannt. Er beendete seine Theaterarbeit und lehrte nun bis 1947 an der Akademie für Musik und darstellende Kunst. 1934 trat er auch erstmals vor die Kamera, als er an der Seite von Paula Wessely den Film „Maskerade" drehte. Es folgten noch einige Filme, die meisten davon im Dritten Reich, darunter „Die ewige Maske" (1935), „Der Herrscher" (1937) und „Heimkehr" (1941). Er verkörperte meist machtvolle Honoratioren und

Peter Petersen

respekteinflößende Entscheidungsträger bzw. Patriarchen. Als er 1945 zur Bühne zurückkehrte und sich auf seine Arbeit am Burgtheater konzentrierte, zog er sich aus dem Filmgeschäft zurück.

PFAUDLER, FRANZ
* 29.6.1893 in Wien, † 5.5.1956 ebd.
Nach dem Besuch der Akademie für Musik und darstellende Kunst in Wien bekam der Schauspieler sein erstes Engagement am Stadttheater Landshut, es folgten Verpflichtungen nach Darmstadt und Königsberg. Von 1935 bis 1945 gehörte er zum Deutschen Theater in Berlin, und ab 1939 spielte er in Wien am Theater in der Josefstadt. Nach seinem Filmdebüt in „Mein Leben für Maria Isabell" (1935) spielte er noch in insgesamt 17 Filmen mit, beispielsweise in „Eine kleine Nachtmusik" (1939), „Der Postmeister" (1940), „Schrammeln" (1944), „Shiva und die Galgenblume" (1945), „Eroica" (1949) und „Die Geierwally" (1956).

Franz Pfaudler

PIEL, HARRY
* 12.7.1892 in Düsseldorf,
† 27.3.1963 in München
Der Schauspieler und Sensationsdarsteller, genannt „Tarzan vom Rhein",

Harry Piel

kam 1911 während seiner Flugausbildung in Paris in Kontakt zum Filmgeschäft und begann ein Jahr später als Kameramann, Filmregisseur und -schauspieler selbständig zu arbeiten. Seine Spezialität wurde der Sensationsfilm, zu vielen Filmen schrieb er auch das Drehbuch. Anfang 1935 brachte er seinen 100. Sensationsfilm heraus; zu seinen wichtigsten Filmen zählen beispielsweise „Der Verächter des Todes" (1920), „Bobby geht los" (1931), „Sprung in den Abgrund" (1933), „Der Herr der Welt" (1934), „Die Welt ohne Maske" (1934), „Der Dschungel ruft" (1936), „Menschen, Tiere, Sensationen" (1938), „Der unmögliche Herr Pitt" (1938) und „Panik" (1943). Im Dritten Reich trat er in elf Filmen auf und führte bei zwölf Aktionsfilmen Regie. Er war seit 1933 Mitglied der NSDAP sowie förderndes Mitglied der SS. Am 26. März 1940 erklärte er im NSDAP-Zentralorgan „Völkischer Beobachter" auf die Meldung einer Budapester Zeitung, er sei als Oberstleutnant in den französischen Generalstab eingetreten: „Man möge sich darauf verlassen, daß ich wie jeder anständige Deutsche lieber bei meinem Führer die bescheidenste Rolle spiele als die selbst eines Generals in der französischen Armee." Harry Piel war zweifellos ein bedeutender Filmpionier, er ging als erster deutscher Filmmann in die Berge und drehte auf der Zugspitze; auch war er der erste Deutsche, der Außenaufnahmen im Ausland machte. Unzählige Male hat er als Hauptdarsteller seiner von ihm verfaßten Filme mit dem Leben gespielt, sei es bei reinen Todesfahrten auf dem Motorrad, sei es bei halsbrecherischen Kletter- und Turnereien, besonders aber bei seiner Arbeit mit Raubtieren und Großwild, Elefanten und anderem gefährlichen Getier. Er arbeitete so gut wie nie mit einem Double und wurde mehrfach schwer verletzt. Für eine ganze Generation war er der Inbegriff des Abenteuerlichen, des Wagemuts und der tollkühnen Sensationen auf der Filmleinwand. Seine Filme eroberten sich in den Jahren zwischen den Weltkriegen die Welt; nach 1939 wurden sie im Ausland zeitweilig verboten. Nach dem Zusammenbruch wurde Harry Piel mit sechs Monaten Haft und fünf Jahren Berufsverbot belegt. Nach seiner Entnazifizierung hatte er nur noch mäßigen Erfolg, so daß er sich nach seinem Film „Gesprengte Gitter" (1953) aus dem Filmgeschäft zurückzog.

PINEGGER, ROLF
* 25.3.1873 in Landsberg,
† 18.10.1957 in München

Seine erste Rolle spielte der gelernte Schreiner mit 19 Jahren am Stadttheater Budweis und agierte danach einige Zeit auf verschiedenen deutschen Provinzbühnen. 1907 kam er an das Volkstheater München, dessen Ensemblemitglied er bis zu seinem Tode blieb; hier wurde er zu einem sehr populären Charakterdarsteller und Volksschauspieler.

Rolf Pinegger

Beim Film wurde er oft in Produktionen mit alpenländischem Hintergrund eingesetzt, insbesondere bei Ludwig-Ganghofer-Adaptionen, und spielte Nebenrollen wie Förster, Bürgermeister und andere Autoritätspersonen. Er trat beispielsweise in den Filmen „Waldrausch" (1939), „Die Geierwally" (1940) und „Der Geigenmacher von Mittenwald" (1950) auf.

PLATEN, KARL
* 6.3.1877 in Halle/Saale,
† 4.7.1952 in Weimar

Seine künstlerische Laufbahn begann der Schauspieler mit 19 Jahren, er spielte zunächst am Kieler Stadttheater und erhielt danach Engagements in Gera, Görlitz, Frankfurt an der Oder und Bielefeld. Um 1906 wechselte er nach Berlin, wo er sich bald einen Namen machte, unter anderem auf den Bühnen des Central-Theaters, Metropol-Theaters, des Theaters am Schiffbauerdamm sowie des Theaters am Nollendorfplatz. Seine Filmkarriere begann der Künstler schon vor dem Ersten Weltkrieg, er wurde einer der meistbeschäftigten Darsteller der deutschen Stummfilmzeit und war – meist in Nebenrollen – in mehr als 100 Stummfilmen zu sehen. Platen arbeitete mit den renommiertesten Regisseuren dieser Zeit zusammen und spielt in Filmen wie „Madame Dubarry" (1919), „Der müde Tod" (1921) und „Asphalt" (1929). In der Tonfilmära konnte er seine Karriere problemlos fortsetzen und wirkt in rund 100 Tonfilmen mit. Nach dem Zusammenbruch von 1945 zog Karl Platen sich ins Privatleben zurück.

Karl Platen

PLEDATH, WERNER
* 26.4.1898 in Berlin, † 5.12.1965 ebd.

Nach dem Besuch der Schauspielschule spielte Pledath an vielen Theatern der Reichshauptstadt, so am Deutschen Theater, Hebbel-Theater und an der Schaubühne am Hallesches Ufer. Während der Stummfilmzeit trat er nur gelegentlich vor die Kamera, hatte zwar mit „Revolte im Erziehungshaus" (1928) einen Sensationserfolg, wurde jedoch erst beim Tonfilm zu einem vielbeschäftigten Darsteller. Besonders bekannt wurde er durch den Streifen „Gassenhauer" (1933). Er spielte häufig gutsituierte Herren, Direktoren und Manager und Generale. Bekanntere seiner Filme sind „Weiße Sklaven" (1937), „Der Gouverneur" (1939), „Achtung! Feind hört mit! (1940), „Ohm Krüger" (1941) und „Ich klage an" (1941). Nach dem Zweiten Weltkrieg spielte er lange als Charakterdarsteller am Deutschen Theater und arbeitete für das DDR-Fernsehen und die DEFA. Nach dem Bau der Mauer beschränkte Werner Pledath sich auf gelegentliche Auftritte auf West-Berliner Bühnen.

Werner Pledath

PONGRATZ, ALFRED
* 29.9.1900 in München,
† 4.10.1977 ebd.

Der Schauspieler und Charakterkomiker absolvierte eine Drogistenausbildung und wurde von Karl Valentin ermuntert, Schauspieler zu werden. Nach zwei Jahren Schauspielunterricht debütierte er 1930 in Haydns Oper „Die Welt auf dem Mond" in München am Theater im Goethesaal. Danach spielte er an verschiedenen Bühnen Münchens, bis er ab 1939 auch vor die Kamera trat und meist in Märchen- und Heimatfilmen oder volkstümlichen Komödien spielte wie „Der verkaufte Großvater" (1942), „Im weißen Rößl" (1952) und „Zwerg Nase" (1953). Später trat der Künstler auch oft im Fernsehen auf und arbeitete viel im Hörfunk. So spielte Pongratz Gastrollen in Fernsehserien wie „Funkstreife Isar 12" oder in „Königlich Bayerisches Amtsgericht" und wirkte in zahlreichen von der ARD aufgezeichneten Theaterinszenierungen des Komödienstadels mit. Alfred Pongratz starb bei Dreharbeiten an einem Herzinfarkt.

Alfred Pongratz

Klaus Pohl

POHL, KLAUS
* 1.11.1883 in Wien, † 28.11.1958 in Garsten/Oberösterreich
Nach dem Studium an der Technischen Hochschule und der Kunstakademie entschied sich der Kaufmannssohn für die Schauspielerei, stand ab 1908 auf der Bühne und bekam später Engagements in Landshut, München, Salzburg und Berlin. Er trat sowohl in vielen Stumm- wie auch später in Tonfilmen auf. In den 1930er und 1940er Jahren agierte er als Nebendarsteller in Filmen wie „Die Rothschilds" (1940), „...reitet für Deutschland" (1941), „Andreas Schlüter" (1942), „Unter den Brücken" (1945), danach „Im weißen Rößl" (1952), „Das sündige Dorf" (1954) und „Der Major und die Stiere" (1955, sein letzter Film).

Anton Pointner

POINTNER, ANTON
* 8.12.1894 in Salzburg,
† 8.9.1949 in Hintersee/Bayern
Der Schauspieler absolvierte nach seinem ersten Engagement, das er 1907 in Lahr erhielt, weitere Stationen seiner Laufbahn in Pilsen, Düsseldorf, Brünn, Wien und Berlin, wo er am Lessing-Theater und Staatstheater in Rollen wie Hamlet, Melchtal in „Wilhelm Tell" und Prinz Karl-Heinz in „Alt-Heidelberg" wirkte. Einen ersten Filmauftritt hatte er 1914 in „Halbwelt", doch erst in den 1920er Jahren und 1930er Jahren spielte er regelmäßig in vielen Streifen, darunter namhafte Werke wie „Erdgeist" (1923), „Geschlecht in Fesseln" (1928), „Lumpacivagabundus" (1936) und „Fridericus" (1936). In den Kriegsjahren agierte Pointner in „Meine Tochter lebt in Wien" (1940), „...reitet für Deutschland" (1941) und „Einmal der liebe Herrgott sein" (1942).

PRACK, RUDOLF
* 2.8.1905 in Wien, † 2.12.1981 ebd.
Der Schauspieler ergriff zunächst den Beruf eines Bankangestellten, finanzierte damit seine Schauspielausbildung und spielte danach am Theater in der Josefstadt. Vor der Filmkamera debütierte er 1937 in „Florentine", danach trat er bis Kriegsende noch in einigen Streifen auf wie „Spähtrupp Hallgarten" (1941), „Die goldene Stadt" (1942), „Der ewige Klang" (1943) und „Orientexpreß" (1944). Zum Filmstar wurde Prack jedoch erst in den 1950er Jahren mit den Filmen „Schwarzwaldmädel" (1950) und „Grün ist die Heide" (1951). Später trat er auch im Fernsehen auf, beispielsweise in der Serie „Landarzt Dr. Brock" (1967 bis 1969); zuletzt war er in Syberbergs Filmbiographie „Karl May" (1974) zu sehen.

Rudolf Prack

PRÖCKL, ERNST
* 21.6.1888 in Wien, † 4.12.1957 ebd.
Der Schauspieler und Regisseur erhielt sein erstes Engagement am Stadttheater Mainz und kam über das Königliche Schauspielhaus Dresden und das Schauspielhaus Frankfurt am Main nach Berlin, wo er an mehreren Bühnen spielte. Es folgten Verpflichtungen nach Wien an das Volkstheater und die „Insel", bis er ans Burgtheater gerufen wurde. Pröckl spielte in knapp 70 Filmen mit, darunter „Kaiserwalzer" (1933), „Frau Sixta" (1938), „Pünktchen und Anton" (1953) und „Die Försterliesel" (1956). Neben seiner Schauspielertätigkeit arbeitete der Künstler auch als Hörfunksprecher.

Ernst Pröckl

PÜTTJER, GUSTAV
* 15.5.1886 in Altona,
† 11.8.1959 in Berlin

Der Raubtierdompteur reiste mehrere Jahre mit dem Zirkus Hagenbeck durch Europa, dann wurde er Schauspieler und stand meist in Mundartstücken auf der Bühne. 1920 kam er über Gelsenkirchen nach Berlin, wo ihm später eine kleine Filmrolle angeboten wurde. Ab 1928 wurde er ein gut beschäftigter Klein- und Nebendarsteller, der vorwiegend den einfachen Mann aus dem Volke verkörperte. Einige seiner Filme sind „Artisten" (1935), „Eine Nacht im Mai" (1938), „Aufruhr in Damaskus" (1939), „U-Boote westwärts! (1941), „Fronttheater" (1942), „Großstadtmelodie" (1943), „Schicksal am Strom" (1944) und „Frühlingsmelodie" (1945). Nach 1945 agierte er in Filmen der DEFA und spielte in Berlin am Neuen Lustspielhaus des Westens sowie in Bertolt Brechts Berliner Ensemble.

Gustav Püttjer

Carl Raddatz

RADDATZ, CARL
* 13.12.1912 in Mannheim,
† 19.5.2004 in Berlin

Nach seiner Schauspielausbildung bei Willy Birgel debütierte der Künstler 1931 am Mannheimer Nationaltheater, ab 1933 spielte er in Aachen, danach in Darmstadt und Bremen. Nach dem Krieg wirkte er am Deutschen Theater in Göttingen, seit 1956 in Berlin am Schiller- und Schloßpark-Theater, wo er vor allem in Zuckmayer-Stücken seine Zuschauer begeisterte. In „Urlaub auf Ehrenwort" (1937) gab Raddatz sein Filmdebüt, bis 1945 folgten weitere 19 Filme, darunter der Staatsauftragsfilm „Wunschkonzert" (1940), der zur Festigung der Verbindung von Front und Heimat dienen sollte, „Stukas" (1941), „Immensee" (1943) und „Opfergang" (1944). Nach Kriegsende spielte er u.a in „Unter den Brücken" (1945), „In jenen Tagen" (1947), „Gabriela" (1950) und „Das Mädchen Marion" (1956). In den 1960er Jahren machte der Schauspieler sich im Filmgeschäft mangels entsprechender Rollenangebote etwas rarer, und 1975 zog er sich nach der Fallada-Verfilmung „Jeder stirbt für sich allein" völlig aus der Filmszene zurück. Die Popularität des Mimen geht auch auf seine Fernsehrollen zurück, die er seit den 1970er Jahren übernahm, beispielsweise die Rolle als alter Konsul Buddenbrook in der Thomas-Mann-Verfilmung „Buddenbrooks" (1979). 1963 wurde er zum Berliner Staatsschauspieler ernannt, 1972 zum Ehrenmitglied der Staatlichen Bühnen. In den 1950er Jahren synchronisierte er auch ausländische Filmproduktionen. Raddatz lieh dabei unter anderem Humphrey Bogart, Robert Taylor und Lee Marvin seine Stimme. 1972 wurde ihm das Verdienstkreuz 1. Klasse der Bundesrepublik Deutschland verliehen, 1979 für sein Lebenswerk das Filmband in Gold.

REHKOPF, PAUL
* 21.5.1872 in Braunschweig,
† 27.6.1949 in Berlin

Der Schauspieler debütierte 1891 in Rostock und spielte danach in Basel, Zürich, Posen, Mainz, Breslau und Wiesbaden sowie ab 1917 in Berlin an

Paul Rehkopf

diversen Theatern. Ab 1917 war Paul Rehkopf in sehr vielen Filmrollen zu sehen, wobei er in oft nur kurzen Auftritten scharf gezeichnete Neben- und Randfiguren aller Art verkörperte. Im Dritten Reich trat er für 63 Filme vor die Kamera, unter anderem im Freikorps-Film „Henker, Frauen und Soldaten" (1935), „Die göttliche Jette" (1937), „Ohm Krüger" (1941), „Jakko" (1941) und „Großstadtmelodie" (1943).

REITHOFER, JOSEF
* 15.10.1883 in Wien,
† 11.11.1950 in Berlin

Josef Reithofer

Geboren unter dem Namen Josef Kießlich, bekam Reithofer sein erstes Engagement am Flora-Theater in Köln, danach spielte er auf Bühnen in Colmar, Flensburg, und Regensburg, 1910 am Münchener Volkstheater und bald darauf bei Berliner Theatern. Seit er 1917 in Wien seine erste Filmrolle erhielt, verwendete er den Namen Josef Reithofer. Bis zu seinem Tode trat er in vielen Filmen auf, etwa in „Der Berg ruft" (1938), „Die goldene Stadt" (1942) und „Eva im Frack" (uraufgeführt 1951).

RICHTER, PAUL
* 1.4.1895 in Wien, † 30.12.1961 ebd.

Paul Richter

Nach der Ausbildung am Staatlichen Konservatorium in Wien trat der Künstler unter anderem in Mannheim, an den Wiener Jarno-Bühnen und am Stadttheater auf, danach war er im Ersten Weltkrieg Freiwilliger bei den Kaiserjägern. Nach dem Krieg arbeitete der Schauspieler fast ausschließlich im Filmgeschäft, wobei er zuerst den Herzensbrecher, Lebemann oder kämpferischen Helden gab, in späteren Jahren mehr den Gutsherren, Aristokraten oder Offizier darstellte. Seine bekannteste Rolle dürfte die des Siegfried in Fritz Langs Monumental-Stummfilm „Die Nibelungen" (1924) sein. Im Dritten Reich war er an 27 Filmproduktionen beteiligt, darunter „Waldrausch" (1939), „Der laufende Berg" (1941) und „Der Ochsenkrieg" (1943). Ansonsten spielte er vor und nach 1945 weitgehend Heimatfilme.

RIEDMÜLLER, JULIUS
* 27.5.1888, † Oktober 1962

Der Schauspieler war beispielsweise in den Filmen zu sehen: „Wenn der weiße Flieder wieder blüht" (1929), „Der Außenseiter" (1935), „Die große und die kleine Welt" (1936), „Panik" (1943), „Der kleine Muck" (1944) und „Gesprengte Gitter" (1953). Riedmüller war Obmann der Genossenschaft deutscher Bühnenangehöriger und hatte in einer gutachterlichen Stellungnahme zu einem Prozeß wegen politisch motivierter Entlassung, den Erika Mann (die Tochter des Literatur-Nobelpreisträgers Thomas Mann) im Spätsommer 1932 vor dem Arbeitsgericht Ingolstadt führte, deren Standpunkt und die von ihr geltend gemachten Ansprüche bestätigt.

ROTMUND, ERNST
* 26.11.1886 in Thorn/Westpreußen,
† 2.3.1955 in München

Der Schauspieler hatte seit 1904 ein Engagement am Deutschen Theater in Berlin und agierte bis 1944 an vielen anderen Berliner Bühnen, unterbrochen nur von Engagements am Schauspielhaus Düsseldorf und am Neuen Schauspielhaus in Königsberg. Im Film war der Künstler schon in den 1920er Jahren in Erscheinung getreten, aber erst mit Beginn der Tonfilmära wurde er ein vielbeschäftigter Nebendarsteller vor der Kamera. Er spielte im Dritten Reich auch in eini-

Ernst Rotmund

gen politischen Filmen mit, saß auf der anderen Seite jedoch wegen Verstoßes gegen den § 175 StGB kurze Zeit im KZ Lichtenburg ein. Seine bekanntesten Filme waren etwa „Hitlerjunge Quex" (1933), „La Habanera" (1937), „Wasser für Canitoga" sowie „Hallo Janine" (1939), „Hochzeit auf Bärenhof" (1942), „Aufruhr im Paradies" (1950) und „Zwerg Nase" (1953). Nach dem Krieg setzte er seine Karriere vor der Kamera fort und war bei den Münchner Kammerspielen engagiert.

ROHRINGER, NORBERT
* 9.7.1927 in Wien,
† 30.7.2009 in Hamburg

Bereits im Alter von neun Jahren gab der Wiener Kinderstar sein Filmdebüt in „Seine Tochter ist der Peter" (1936), doch die Szenen mit ihm wurden herausgeschnitten, somit erschien er erstmals in dem Streifen „Anton, der Letzte" (1939) neben Hans Moser auf der Leinwand. Bis 1945 wirkte er in zwölf weiteren Filmen mit, darunter „Jakko" (1941), „Mein Leben für Irland" (1941) und „Die Hochstaplerin" (1944). Nach dem Krieg beendete er seine Filmkarriere, spielte als Pianist in Jazzgruppen, studierte Musik und lebte später in Hamburg.

Norbert Rohringer

ROMANOWSKY, RICHARD
* 21.4.1883 in Wien,
† 22.7.1968 in Steyr

Der gebürtige Wiener begann seine Schauspielerlaufbahn 1905 in Czernowitz. In den folgenden Jahren war er an verschiedenen Provinzbühnen tätig sowie am Deutschen Theater in Prag, wo er mehr als zwölf Jahre engagiert war. Von hier holte ihn Max Reinhardt an das Theater in der Josefstadt, dem er auch nach 1945 angehörte. Wie im Theater wurde Romanowsky im Film meist als komische Figur eingesetzt und spielte Randpersonen, deren Unbeholfenheit besonders durch ihr gleichzeitig übertriebenes Auftrumpfen belustigend wirkte. Im Dritten Reich spielte er in 26 Filmen mit, etwa in „Liebling der Matrosen" (1938) und „Casanova heiratet" (1940). Anläßlich seines 75. Geburtstages 1958 wurde er mit der Ehrenmedaille der Bundeshauptstadt Wien geehrt.

Richard Romanowsky

ROSE, WILLI
* 4.2.1902 in Berlin, † 15.6.1978 ebd.

Der Sohn eines Gastwirts und Theaterdirektors spielte zuerst beim Rose-Theater seines Vaters und ging mit 34 Jahren zum Film, wo er in „Allotria" (1936) eine seiner ersten kleinen Rollen bekam. Mit Streifen wie „Die göttliche Jette" (1937), „Pour le Mérite" (1938, für Adolf Hitler „der bisher beste Film der Zeitgeschichte") und „…reitet für Deutschland" (1941) wurde er bekannt und populär. Auch in seiner Nachkriegskarriere bekam der Künstler meist keine Hauptrollen, war aber in vielen Filmen in Nebenrollen zu sehen, beispielsweise in „Der Hauptmann von Köpenick" (1956) und „Der eiserne Gustav" (1958). Willi Rose wurde nicht zuletzt auch durch Schlager und Gassenhauer bekannt wie „Wir versaufen unser Oma ihr klein Häuschen", „Puppchen, Du bist mein Augenstern" oder „Ausgerechnet Bananen".

Erinnerungstafel für Willi Rose in Berlin

RÜHMANN, HEINZ
Prof., * 7.3.1902 in Essen,
† 3.10.1994 in Berg am Starnberger See

Der Künstler verließ mit 17 Jahren das Gymnasium und meldete sich in München als Schauspielschüler an. Er debütierte 1920 als jugendlicher Liebhaber am Lobe-Theater in Breslau und entdeckte am Residenz-Theater in Hannover (1921/22) seine komische Begabung. Er durchlief weitere Theaterstationen in Bremen, am Münche-

Heinz Rühmann

ner Schauspielhaus und bei den Münchener Kammerspielen, hier förderte der berühmte Otto Falckenberg ihn als „Komiker von höchsten Graden". Von 1927 bis 1937 spielte er abwechselnd am Deutschen Theater Berlin, an den Münchener Kammerspielen und im Münchener Volkstheater; von 1938 bis 1943 war er am Preußischen Staatstheater engagiert. 1940 wurde er zum Staatsschauspieler ernannt. Rühmann hatte zwar schon in Stummfilmen mitgespielt, der Durchbruch zum Filmstar gelang ihm allerdings erst in dem Tonfilm „Die Drei von der Tankstelle" (1930). Danach entwickelte sich der Schauspieler zu einem der meistbeschäftigten und höchstbezahlten Darsteller des deutschen Films und zur „Inkarnation des schüchtern-lausbübischen kleinen Mannes, der es durch Pfiffigkeit und Frechheiten zu etwas bringt". Er feierte einen großen Filmerfolg nach dem anderen, genannt seien nur „So ein Flegel" (1934), „Der Mustergatte" (1937), „Quax, der Bruchpilot" (1941) und „Die Feuerzangen-

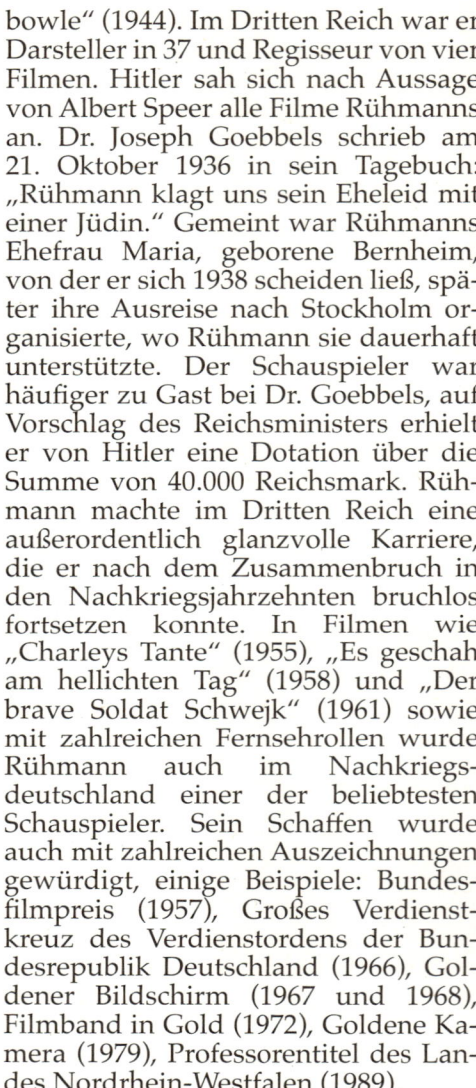

bowle" (1944). Im Dritten Reich war er Darsteller in 37 und Regisseur von vier Filmen. Hitler sah sich nach Aussage von Albert Speer alle Filme Rühmanns an. Dr. Joseph Goebbels schrieb am 21. Oktober 1936 in sein Tagebuch: „Rühmann klagt uns sein Eheleid mit einer Jüdin." Gemeint war Rühmanns Ehefrau Maria, geborene Bernheim, von der er sich 1938 scheiden ließ, später ihre Ausreise nach Stockholm organisierte, wo Rühmann sie dauerhaft unterstützte. Der Schauspieler war häufiger zu Gast bei Dr. Goebbels, auf Vorschlag des Reichsministers erhielt er von Hitler eine Dotation über die Summe von 40.000 Reichsmark. Rühmann machte im Dritten Reich eine außerordentlich glanzvolle Karriere, die er nach dem Zusammenbruch in den Nachkriegsjahrzehnten bruchlos fortsetzen konnte. In Filmen wie „Charleys Tante" (1955), „Es geschah am hellichten Tag" (1958) und „Der brave Soldat Schwejk" (1961) sowie mit zahlreichen Fernsehrollen wurde Rühmann auch im Nachkriegsdeutschland einer der beliebtesten Schauspieler. Sein Schaffen wurde auch mit zahlreichen Auszeichnungen gewürdigt, einige Beispiele: Bundesfilmpreis (1957), Großes Verdienstkreuz des Verdienstordens der Bundesrepublik Deutschland (1966), Goldener Bildschirm (1967 und 1968), Filmband in Gold (1972), Goldene Kamera (1979), Professorentitel des Landes Nordrhein-Westfalen (1989).

SABO, OSCAR
* 29.8.1881 in Wien,
† 2.5.1969 in Berlin

Der Schauspieler wurde durch Max Reinhardt an das Berliner Theater geholt und wirkte dort vor allem in Possen und Operetten mit, wobei er auch als Sänger in Erscheinung trat. Sein Filmdebüt gab er 1910 als Hauptdarsteller in einem der ersten österreichischen Spielfilme „Die böse Schwiegermutter"; einige weitere Stummfilme folgten. Den

Oscar Sabo

Durchbruch schaffte der Künstler jedoch erst im Tonfilm, in dem er sich bald als beliebter Nebendarsteller etablierte und in bekannten Produktionen agierte wie „Der Läufer von Marathon" (1933), „Die göttliche Jette" (1937), „Der Gasmann" (1941) und „Neigungsehe" (1944). Nach dem Krieg spielte er nur noch in wenigen Filmen mit, zuletzt in „Solang noch untern Linden" (1958). Das „Deutsche Bühnen-Jahrbuch" schrieb zu seinem 80. Geburtstag: „Etwa 300 Rollen in Stumm- und Tonfilmen […] wobei er allein annähernd fünfzigmal einen Portier darstellte."

SAINT-GERMAIN, ANDRÉ
* 3.5.1887 in Paris, † 6.1.1973 in Berlin

Nach dem Ersten Weltkrieg begann der Franzose, der eigentlich André Charles Eugène Obrecht hieß, seine künstlerische Karriere unter dem Pseudonym André Saint-Germain als Schauspieler an Berliner Bühnen. Mit Beginn des Tonfilmzeitalters wurde Saint-Germain auch vor die Kamera geholt und übernahm in seinem Debüt, G.W. Pabsts Meisterwerk „Westfront 1918", eine kleine Rolle als französischer Soldat. Danach wirkte er in weiteren 26 deutschen Streifen mit, darunter „Allotria" (1936), „Der Mustergatte" (1937), „Kolberg" (1945) und „Der eiserne Gustav" (1958).

SALFNER, HEINZ
* 31.12.1877 in München, † 13.10.1945 in Berlin

Nachdem er 1899 in Liegnitz sein Schauspieldebüt gegeben hatte, erhielt der Schauspieler 1900 ein Engagement in Zwickau, 1901 am Hoftheater München, wo er die Titelfigur von Ibsens „Peer Gynt" spielte. Es folgten Theaterstationen in Leipzig sowie an verschiedenen Berliner Bühnen, vor allem am Neuen Schauspielhaus. Ab 1914 erhielt er die Titelrolle in Honoré de Balzacs „Oberst Chabert" und wurde in den folgenden Jahren ein vielbeschäftigter Nebendarsteller, der oft Väter- und Ehemännerrollen spielte. Besonders nennenswerte Streifen, in denen er auftrat, sind beispielsweise „Luther – Ein Film der deutschen Reformation" (1928), „Hans Westmar" (1933), „Togger" (1937), „Der Große König" (1942) und „Die Fledermaus" (1944).

Heinz Salfner

SAMBOR, GOTTLIEB
* 14.4.1897 in Warschau, † 1971 in Argentinien

Der polnische Schauspieler wurde unter dem Namen Boguslaw Samborski geboren und hatte bis zur Besetzung Polens im Herbst 1939 bereits eine unspektakulär verlaufene Theater- und Filmlaufbahn absolviert; bis zu diesem Zeitpunkt hatte er in 25 Streifen fast ausschließlich Nebenrollen gespielt. Anders als die meisten seiner polnischen Berufskollegen entschied er sich zur Zusammenarbeit mit den Deutschen und erhielt daraufhin sporadisch Rollen in deutschen Filmproduktionen. In seinem ersten deutschen Film „Heimkehr" (1941) spielte er noch eine Nebenrolle, doch in den beiden folgenden Filmen, in denen er unter seinem germanisierten Namen Gottlieb Sambor auftrat, hatte er bereits Hauptrollen: In dem Streifen „Am Ende der Welt" (1943) spielte er neben Brigitte Horney und Attila Hörbiger die tragende Rolle des Stefan Grabowski, in „Shiva und die Galgenblume" (1945) verkörperte der Pole mit dem Maler und Geldfälscher Graf Gortschakoff den Gegenspieler von Hans Albers. 1946 entzog sich Gottlieb Sam-

Gottlieb Sambor

Ernst Sattler

Otto Sauter-Sarto

SATTLER, ERNST
* 14.10.1887 in München,
† 3.1.1974 in Berlin

Nach dem Studium der Philologie und Schauspielunterricht spielte der Künstler, der eigentlich Ernst Roth hieß, seine ersten Rollen auf Bühnen in München, Graz und Zürich, später in Berlin, Nürnberg, Hamburg und Frankfurt. Von 1935 bis 1944 war er Ensemblemitglied an der Volksbühne in Berlin. Sein Filmdebüt hatte er bereits 1917 in „Wer küßt mich?", ein weiterer Stummfilm folgte 1921 mit dem Streifen „Strandgut der Leidenschaft", dann war das Filmzwischenspiel vorerst beendet, bis er Mitte der 1930er im Filmgeschäft richtig Fuß faßte. Zu seinen bekannteren Filmen bis Kriegsende gehören unter anderem „Schlußakkord" (1936), „Bal paré" (1940), „Über alles in der Welt" (1941) und „Damals" (1943). Sattler war Obmann der Reichstheaterkammer an der Berliner Volksbühne; er spielte auch in den sogenannten Vorbehaltsfilmen „Pour le Mérite" (1938) und „Ich klage an" (1941), die heutzutage nur unter rigiden Voraussetzungen aufgeführt werden dürfen. Der Künstler setzte seine Karriere nach dem Krieg auf der Bühne wie auch vor der Kamera fort. 1958 wurde er mit dem Bundesverdienstkreuz ausgezeichnet.

SAUTER-SARTO, OTTO
* 29.4.1889 in München,
† 19.1.1958 in Berlin

Geboren unter dem Namen Otto Sauter, bekam der Schauspieler nach seiner Ausbildung sein erstes Engagement am Stadttheater Speyer, danach kamen Stationen in Elberfeld und Berlin. Ersten Stummfilmauftritten in „Leute ohne Kinder" (1920), „Der böse Geist Lumpaci Vagabundus" (1922) und „Katharina Knie" (1929) folgten zahlreicher werdende Filmauftritte in den 1930er Jahren, etwa in „Fridericus" (1936), „Nanu, Sie kennen Korff noch nicht?" (1938) und „Liebesschule" (1940). Seine Karriere bekam einen deutlichen Knick, als der verheiratete, zweifache Familienvater 1940 wegen Verstoßes gegen § 175 StGB zu einer Strafe von 400 Reichsmark verurteilt wurde. Er verließ Berlin und spielte bis Kriegsende nur noch Theater. Auch nach 1945 hatte Sauter-Sarto erhebliche Schwierigkeiten, Filmrollen oder Engagements zu bekommen.

SEDLMEIER, CASPAR
* 23.11.1881 in München,
† 25.3.1948 in Traunstein

Der Künstler debütierte 1901 als Balletteleve am Hof- und National-Theater in München, wechselte aber bald in das Schauspielfach über. 1941 feierte er seine 45jährige Zugehörigkeit zum Ensemble des Staatstheaters München. Sedlmeier spielte unter anderem in

Caspar Sedlmeier

den Filmen mit: „Menschen am Sonntag" (1930), „Der Stolz der 3. Kompanie" (1932), „Du bist mein Glück" (1936), „Der Hund von Baskerville" (1937), „Alarm auf Station III" (1937) und „Wiener Mädeln" (1944).

SEIFERT, KURT
* 4.7.1903 in Essen,
† 3.12.1950 in Berlin

Bereits mit 16 Jahren schlug der Realschüler die Bühnenlaufbahn ein und debütierte als Staatsminister von

Kurt Seifert

Haugk in der Studentenromanze „Alt-Heidelberg". Es folgten Bühnenstationen unter anderem in Luxemburg, Hannover und Magdeburg; zeitweise wirkte er nicht nur als Sänger und Schauspieler, sondern auch als Oberspielleiter. 1932 ging der junge Künstler nach Berlin und konzentrierte sich auf die Filmarbeit. Bis zu seinem frühen Tode wirkte er mit Episodenrollen, meist kauzig-originelle und humorige, lebensnahe Typen, in zahlreichen Unterhaltungsfilmen mit wie „Glückskinder" (1936), „Sergeant Berry" (1938), „Krach im Vorderhaus" (1941), „Wir machen Musik" (1942) und „Schwarzwaldmädel" (1950). Das „Deutsche Bühnen-Jahrbuch" resümierte in seinem Nachruf: „Als ‚Juxbaron' tobte er, wer weiß wie oft, unwiderstehlich über die Bühne."

SIEBER, JOSEF
* 28.4.1900 in Witten,
† 3.12.1962 in Hamburg

Nach einer Maurerlehre und siebenjähriger Fahrt bei der Handelsmarine debütierte der Künstler 1923 als Baß-Bariton in Hagen, wechselte aber kurz darauf ins Schauspielfach. Nach einigen Engagements kam er 1933 nach Berlin und gehörte dort bis 1945 der Volksbühne an; er spielte viele Charakterrollen und wurde 1938 zum Staatsschauspieler ernannt. Ab 1934 war er auch im Filmgeschäft tätig und spielte insgesamt in mehr als 60 Spielfilmen mit, teilweise mit Gesangseinlagen. Die bekannteste dürfte das Lied „Das kann doch einen Seemann nicht erschüttern" sein, das er mit Hans Brausewetter und Heinz Rühmann in „Paradies der Junggesellen" (1939) schmetterte. Weitere Filme von ihm waren u.a.: „Ein Mann will nach Deutschland" (1934), „Menschen ohne Vaterland" (1937), „Wasser für Canitoga" (1939), „Wunschkonzert" (1940) und „Die goldene Spinne" (1943). In der Nachkriegszeit war Josef Sieber weiterhin ein erfolgreicher Schauspieler auf der Bühne ebenso wie auf der Leinwand, in Hörfunk und Fernsehen war er ebenfalls viel beschäftigt.

SIEDEL, ERHARD
* 1.11.1895 in Röhrsdorf,
† 16.11.1979 in der Schweiz

Die Bühnenkarriere des Schauspielers begann 1915 im Dresdener Albert-Theater, danach wurde er nach Berlin an die Volksbühne und ans Deutsche Theater verpflichtet. Später wirkte er als Oberspielleiter in Leipzig, in Wien am Deutschen Volkstheater, in München am Bayerischen Staatsschauspiel sowie in Zürich. Parallel dazu entwickelte sich ab den 1930er Jahren seine Filmkarriere, in der er oft skurrile Rollen spielte. Er wirkte u.a. mit in „Venus vor Gericht" (1941), „Kleine Residenz" (1942), „Liebesheirat" (1949) und „Eine Frau mit Herz" (1951). Ab 1954 spielte er in Berlin auf den Bühnen des Schiller-Theaters und des Schloßpark-Theaters, zudem war Erhard Siedel für den Rundfunk sowie als Bühnenautor tätig.

SIMA, OSKAR
* 31.7.1896 in Hohenau/Niederösterreich, † 24.6.1969 ebd.

Nach Schauspielausbildung und Militärdienst wurde der Schauspieler 1919 an das Deutsche Theater in Prag verpflichtet, später an das Deutsche Volkstheater in Wien. Seine erste Filmrolle übernahm er 1921 und spielte danach bis in die späten 1960er Jahre in

Josef Sieber

Erhard Siedel

Seite 19

Oskar Sima

mehr als 300 Streifen, so daß er in vielen Jahren der meistbeschäftigste deutsche Filmschauspieler war. Im Dritten Reich drehte er rund 85 Filme, vornehmlich Possen, Heimat- und Schlagerfilme. Einige davon waren: „Schwarzer Jäger Johanna" (1934), „Königswalzer" (1935), „Glückskinder (1936), „Fünf Millionen suchen einen Erben" (1938), „Sieben Jahre Pech" (1940), „Wetterleuchten um Barbara" (1941) und „Kohlhiesels Töchter" (1943). 1938 gehörte Oskar Sima zu den Künstlern, die sich unter dem Motto „Wir wollen sein ein einzig Volk von Brüdern" zur „Wiedervereinigung Österreichs mit dem Reich" freudig äußerten, wobei er namentlich Adolf Hitler „von ganzem Herzen" dankte. In der Nachkriegszeit wirkte er in Filmen mit wie „Csardas der Herzen" (1950), „Grün ist die Heide" (1951), „Kaiserwalzer" (1953), „Die Försterbuben" (1955) oder „Lügen haben hübsche Beine" (1956). 1968 zog Oskar Sima sich ins Privatleben zurück und widmete sich der Pferdezucht. 1969 wurde er mit dem Filmband in Gold ausgezeichnet. Im Jahr 1997 wurde in Wien Donaustadt (22. Bezirk) die Oskar-Sima-Gasse nach ihm benannt.

Karl Skraub

SKRAUB, KARL
*** 21.7.1898 in Atzgersdorf/Wien,
† 2.10.1958 in München**
Im Dritten Reich trat der Schauspieler in 31 Filmen vor die Kamera, darunter der Revuefilm „Premiere" (1937, mit Zarah Leander), „Leinen aus Irland" (1939) und „Paracelsus" (1943). Außerdem spielte er in dieser Zeit am „Deutschen Volkstheater der Deutschen Arbeitsfront" in Wien. Nach 1945 wirkte er in Filmen mit wie „Auf der Alm, da gibt´s koa Sünd" (1950), „Geh, mach Dein Fensterl auf" (1953) und „Der Schäfer von Trutzberg" (1958). Das „Deutsche Bühnen-Jahrbuch" würdigte ihn im Nachruf: „Ein wirklicher Volksschauspieler."

SLEZAK, LEO
*** 18.8.1873 in Mährisch-Schönberg,
† 1.6.1946 in Rottach-Egern**
Zunächst arbeitete der Offizierssohn als Gärtner, Maschinenschlosser und Pflaumenmusvertreter, bis seine phänomenale Stimme vom Tenor Adolf Robinson entdeckt und ausgebildet wurde. Der junge Sänger debütierte 1896 am Stadttheater Brünn so erfolgreich, daß er ein Engagement an der Königlichen Oper in Berlin bekam. Nach einer Zwischenstation in Breslau kam er 1901 an die Staatsoper Wien, deren Mitglied

Leo Slezak

er bis 1926 blieb. Später sang er an den größten Bühnen der Welt, in Paris, London, New York, Philadelphia, Rom und Berlin. Am 1. September 1934 nahm er als Othello im Alter von 60 Jahren seinen Bühnenabschied. Obwohl der Künstler mit einer „Volljüdin" verheiratet war, schätzte Adolf Hitler ihn sehr. Ab 1934 wurde Leo Slezak ein beliebter Filmdarsteller meist komischer, durch die groteskernste Wucht seiner Erscheinung wirkender Rollen. Er spielte unter anderem in den Operettenstreifen „Die blonde Carmen" (1935) und „Rosen in Tirol" (1940), in „Gasparone" (1937), „Es war eine rauschende Ballnacht" (1939), „Operette" (1940) sowie im UFA-Jubiläumsfilm „Münchhausen" (1943).

SÖHNKER, HANS
*** 11.10.1903 in Kiel,
† 20.4.1981 in Berlin**
Nach absolvierter Schauspielausbildung debütierte der Künstler 1923 am Kieler Stadttheater als Zedlitz in

"Traumulus". Es folgten Engagements in Frankfurt am Main, Danzig, Baden-Baden, Chemnitz, Bremen und schließlich in Berlin am Renaissance-Theater und Hebbel-Theater. Vor der Kamera debütierte er 1933 als Zarewitsch in der Verfilmung der gleichnamigen Lehár-Operette und spielte bis 1945 in weiteren 42 Filmen mit, etwa in „Der Mustergatte" (1937), „Blutsbrüderschaft" (1941), „Liebespremiere" (1943) und „Große Freiheit Nr. 7" (1944). Auch nach Kriegsende fand der Künstler schnell wieder Anschluß im Filmgeschäft und spielte erfolgreich in zahlreichen Filmen wie „Geliebter Lügner" (1950), „Wenn wir alle Engel wären" (1956) und „Die Fastnachtsbeichte" (1960). Später wurde er auch ein beliebter Fernsehstar und begeisterte sein Publikum in Serien wie „Forellenhof" (1965) oder „Salto Mortale" (1968); daneben stand er auch immer wieder auf der Bühne, oft in Boulevardkomödien von Oscar Wilde und Bernard Shaw. 1968 wurde Hans Söhnker zum Staatsschauspieler ernannt, 1977 mit dem Filmband in Gold ausgezeichnet.

Hans Söhnker

SPEELMANS, HERMANN
* 14.8.1902 in Uerdingen,
† 9.2.1960 in Berlin

Der Schauspieler hatte bereits ein bewegtes Lebens als Student, Schiffsheizer, Bergmann und Preisringer hinter sich, als er 1927 sein erstes Theaterengagement erhielt. 1928 ging er nach Berlin an das Renaissance-Theater, 1930 an die „Tribüne". In dieser Zeit kam er auch zum Film und drehte im Dritten Reich 34 Streifen, darunter „Hitlerjunge Quex" (1933) und „Mann für Mann" (1939). Er wurde häufig als „ganzer Kerl" und guter Kumpel eingesetzt, manchmal als Ganove, oft aber als Freund des eigentlichen Helden wie 1943 als Christian Kuchenreutter in „Münchhausen". Wegen der Alkoholsucht des Künstlers notierte Reichsminister Dr. Goebbels am 20. März 1940 in sein Tagebuch: „Er trinkt zuviel, aber ich will ihm noch eine Chance geben." Hermann Speelmans spielte auch nach Kriegsende in einigen Filmen mit, konnte sich aber nicht von der Droge Alkohol lösen und verstarb unter tragischen Umständen kurz vor Abschluß eines Vertrages mit der DEFA.

SCHAFHEITLIN, FRANZ
* 9.8.1895 in Berlin,
† 6.2.1980 in Pullach

Sein Debüt gab der Schauspieler 1920 in Osnabrück, danach spielte er auf Bühnen in Halberstadt, Stuttgart, Zürich, Wien und schließlich in Berlin. Seinen ersten Filmauftritt hatte der Künstler 1927 in dem Stummfilm „Die Frauengasse von Algier", dem die Streifen „Napoleon auf St. Helena" (1929) und „Die wunderbare Lüge der Nina Petrowna" (1929) folgten. In den 1930er Jahren spielte er unter anderem in „Der Hexer" (1932), „Die ewige Maske" (1936) und „Das unsterbliche Herz" (1939). Auch während der Kriegsjahre stand er oft vor der Kamera, so etwa in „Der Große König" (1942), „Titanic" (1943) und „Opfergang" (1944). Nach dem Krieg setzte er seine Karriere ungebrochen fort und trat in Filmen auf wie „Dr. Holl" (1951), „Nachtschwester Ingeborg" (1958) oder „Die Zwillinge vom Immenhof" (1974). Außerdem griff auch immer wieder das Fernsehen auf den Schauspieler zurück u.a. in der Serie „Raumpatrouille Orion". 1970 erhielt er für langjähriges hervorragendes Wirken im deutschen Film das Filmband in Gold.

Hermann Speelmans

Franz Schafheitlin

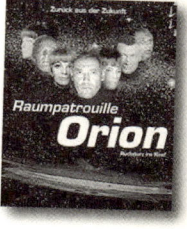

Hans Hermann Schaufuß

SCHAUFUSS, HANS HERMANN
* 13.7.1893 in Leipzig,
† 30.1.1982 in München

Der aus einer Komödiantenfamilie stammende Künstler erhielt seine Ausbildung in der Truppe seines Vaters und debütierte 1910 am Sommertheater von Mayen. In den nächsten Jahren hatte er Engagements in Trier, Bad Wildungen, Würzburg und Hamburg, bis er nach Berlin ging und dort an den wichtigen Bühnen wie dem Deutschen Theater oder dem Schiller-Theater spielte. Die Theaterstationen des Schauspielers waren nach 1945 unter anderem das Berliner Hebbel-Theater sowie Residenz-Theater und Staatstheater in Stuttgart. Außerdem trat er auch in Kabaretts auf. Seine Filmkarriere begann Anfang der 1920er Jahre noch in der Stummfilmzeit, allein im Dritten Reich spielte er in rund 60 Filmen, wobei er meist nur Nebenrollen verkörperte. Beispiele für seine Filme sind der Abenteuerfilm „Flüchtlinge" (1933) über Wolgadeutsche, die nach Deutschland wollen, „Das Hofkonzert" (1936), „Kongo-Expreß" (1939), „Wunschkonzert" (1940) oder „Ohm Krüger" (1941), über den Dr. Goebbels begeistert urteilte: „Ein Film zum Rasendwerden!" Auch nach dem Krieg wirkte Schaufuß in vielen Filmen mit, so in „Königliche Hoheit" (1953), „Der Meineidbauer" (1956) und „Der Edelweißkönig" (1975). Außerdem spielte er in einigen Folgen der Krimiserien „Der Kommissar" und „Derrick" mit.

SCHAUFUSS, PETER-TIMM
* 9.11.1923 in Berlin,
† 1983 in München

Der Sohn des renommierten Bühnen- und Filmschauspielers Hans Hermann Schaufuß wurde zunächst als Kabarettist bekannt. Nach dem Zweiten Weltkrieg wirkte er in verschiedenen Programmen der Münchner Lach- und Schießgesellschaft mit. Außerdem spielte er viele Rollen in Film- und Fernsehproduktionen, beispielsweise in „Zugvögel" (1947, neben Marianne Hoppe und René Deltgen) und „Flug in Gefahr" (1964, neben Hanns Lothar); Peter-Timm Schaufuß arbeitete zudem als Hörspiel- und Synchronsprecher.

Peter-Timm Schaufuß

SCHEU, JUST
* 22.2.1903 in Mainz,
† 8.8.1956 in Bad Mergentheim

Erst nach Abschluß seines Philosophiestudiums in Frankfurt am Main ging der Schauspieler zum Theater. Anfängerjahren in Eisenach und Erfurt folgten Engagements in Halle, Cottbus, Bremerhaven und Kiel, bis Gustaf Gründgens ihn nach Berlin an das Preußische Staatstheater holte, wo der Künstler bis 1945 blieb. In Berlin begann das Multitalent auch zu schreiben, Schlager zu komponieren und konnte im Film seine Fähigkeiten als Schauspieler, Drehbuchautor und Komponist unter Beweis stellen. Er trat beispielsweise in folgenden Filmen auf: „Die gläserne Kugel" (1937), „Ich klage an" (1941), „Die große Liebe" (1942) und „Titanic" (1943), dessen Aufführung von Reichsminister Dr. Goebbels angesichts der Kriegslage verboten wurde. Nach 1945 war der Künstler ein bekannter Autor und Sprecher des Nordwestdeutschen Rundfunks. Justus Scheu verstarb völlig überraschend an den Folgen einer Blinddarmoperation.

Just Scheu

SCHIESKE, ALFRED
* 6.9.1908 in Stuttgart,
† 14.7.1970 in Berlin

Künstlerisch ausgebildet wurde der Schauspieler von der schwäbischen

Legende Willy Reichert und debütierte am Landestheater Stuttgart. Nach Stationen in Heidelberg, Esslingen und Bochum kam er 1940 an das Berliner Staatstheater. Nach Kriegsende sah man ihn zuerst in Köln, bis er 1947 nach Berlin zurückkehrte und bis 1950 am Theater am Schiffbauerdamm wirkte; danach war er an diversen Berliner Bühnen sowie in Düsseldorf, Recklinghausen und Jagsthausen. Auf der Leinwand war der Schauspieler erstmals 1941 in „Friedmann Bach" zu sehen. Es folgten Filme wie „Damals" (1943), „Affaire Blum" (1948) und „Kinder, Mütter und ein General" (1955). Im Fernsehen profilierte er sich in Literaturverfilmungen wie „Wer einmal aus dem Blechnapf frißt" (1961) oder „Jeder stirbt für sich allein" (1962). Alfred Schieske war ein Erzkomödiant und vitaler Menschendarsteller, den man mit Heinrich George und Paul Wegener vergleicht.

Alfred Schieske

SCHLETTOW, HANS ADALBERT VON
* 11.6.1888 in Frankfurt,
† 30.4.1945 in Berlin

Geboren unter dem Namen Hans Adalbert Droescher, bekam der Schauspieler sein erstes Engagement am Schauspielhaus seiner Heimatstadt, später spielte er in Mannheim und Berlin. In der Stummfilmzeit wirkte er bei einigen Produktionen mit, die zu den wichtigsten der Filmgeschichte gehören, etwa „Die Nibelungen" (1924). 1940 verkörperte er den Winnetou-Gegenspieler Santer bei den Karl-May-Spielen in Werder. Von seinen rund 150 Filmen entstanden 59 im Dritten Reich, darunter „Flüchtlinge" (1933), „Die Geierwally" (1940), „Heimaterde" (1941) und „Die Kreuzlschreiber" (1944). Hans von Schlettow kam während der Schlacht um Berlin ums Leben.

SCHMIDT, WILHELM
Prof. * 26.12.1891 in Dresden,
† 26.3.1963 in Wien

Nach seiner Schauspielausbildung war der Künstler von 1911 bis 1914 in Graz und von 1914 bis 1963 am Burgtheater in Wien engagiert. Seit 1919 kamen diverse Angebote vom (zumeist österreichischen) Film hinzu, dennoch blieb Wilhelm Schmidt stets in erster Linie ein Theaterschauspieler. In seiner Wahlheimat erhielt er für seine Leistungen am Theater einige Auszeichnungen, so etwa die Ernennung zum Professor und zum Kammerschauspieler. Zu seinen wenigen Filmen gehören „Hochzeitsreise zu dritt" (1939), „Reisebekanntschaft" (1943) und „Der Prozeß" (1948).

SCHNELL, GEORG HEINRICH
* 11.4.1878 in Tschifu/China,
† 31.3.1951 in Berlin

Der Sohn eines Lieferanten der chinesischen Armee arbeitete zunächst im Kolonialdienst, als Holzfäller in Florida und beteiligte sich 1900 an der Niederschlagung des Boxeraufstandes in China. 1903 erhielt der Schauspieler sein erstes Engagement am Stadttheater Elbing, später spielte er unter anderem in Straßburg und München, danach war er Soldat im Ersten Weltkrieg. Ab 1919 war er Schauspieler in Berlin und spielte in vielen Klassikern der 1920er bis 1940er Jahre mit; insgesamt stand er für rund 80 Filme vor der Kamera, u.a. in „Alarm in Peking" (1937), „Der unmögliche Herr Pitt" (1938), „Carl Peters" (1941) und „Die Feuerzangenbowle" (1944).

Hans Adalbert von Schlettow

Georg Heinrich Schnell

SCHÖNBÖCK, KARL
* 4.2.1909 in Wien,
† 24.3.2001 in München

Der Sohn eines Schiffsoberinspektors der Donau-Dampfschiffahrtsgesellschaft debütierte 1930 am Stadttheater Meißen und war danach an Bühnen in Hannover, Salzburg, Königsberg, Bonn sowie diversen Berliner Bühnen engagiert, wobei er vorwiegend in Komödien, Konversationsstücken und aufgrund seiner Gesangausbildung auch in musikalischen Lustspielen spielte. 1936 bekam er seine erste Filmrolle als graumelierter englischer Lord in „Das Mädchen Irene". Die weltläufigen Herren der Salons und wackeren britischen Gents waren von nun an sein Fach. Schlank und hochgewachsen, mit charakteristischem Schnurrbart verkörperte der Künstler smarte Tenöre („Blaufuchs", 1938; „Casanova heiratet", 1940), Kaiser Franz Josef von Österreich („Bismarck", 1940), fesche Leutnants („Der siebente Junge", 1941) und Kapellmeister („Der Verteidiger hat das Wort", 1944). Er zählte, ob in Uniform, Frack oder Flanell, ob als Potentat, Adeliger oder Detektiv zu den beliebtesten Charakterdarstellern des deutschen Films. Nach 1945 spielte er in Filmprodukten wie „Die Försterchristl" (1952), „Das Bad auf der Tenne" (1956), „Blond muß man sein auf Capri" (1961) und „Nicht fummeln, Liebling" (1969). Auf der Bühne konzentrierte er sich, ohne sich fest an ein Ensemble zu binden, auf das Repertoire der leichten, angenehmen Unterhaltung und des geistreichen Boulevards. Auch im Fernsehen konnte man den Schauspieler regelmäßig sehen, etwa in den Serien „Das Erbe der Guldenburgs" oder „Die Verbrechen des Professor Capellari". Karl Schönböck wurde 1979 mit dem Bundesverdienstkreuz 1. Klasse der Bundesrepublik Deutschland, 1979 mit dem Filmband in Gold und 1989 mit dem Österreichischen Ehrenkreuz für Wissenschaft und Kunst 1. Klasse geehrt.

Karl Schönböck

SCHÖNEMANN, FRANZ
* 25.5.1880 in Hamburg,
† 2.3.1960 in Berlin

Der Schauspieler trat für verschiedene Unterhaltungsfilme sowohl in der Stummfilmzeit wie auch in der Tonfilmära vor die Kamera, beispielsweise in „Die Firma heiratet" (1914), „Landstraße und Großstadt" (1921), „Schüsse an der Grenze" (1933), „Fahrendes Volk" (1938) und „Zwischen Hamburg und Haiti" (1940).

Franz Schönemann

SCHOTT, WERNER
* 20.11.1891 in Berlin, † 6.9.1965 ebd.

Seine künstlerische Laufbahn begann der Schauspieler 1910 am Deutschen Theater in Berlin, 1913 folgte ein Engagement an der Volksbühne, und 1915 wechselte er an das Burgtheater in Wien. Hier wirkte er fast 30 Jahre, bis er gegen Ende des Zweiten Weltkrieges Ensemblemitglied der Kammerspiele des Deutschen Theaters wurde. Der Schwerpunkt seiner Filmkarriere lag in den 1930er und der ersten Hälfte der 1940er Jahre. Er trat in Filmen auf wie „Tanz auf dem Vulkan" (1938), „Krach im Vorderhaus" (1941) und „Die Affäre Roedern" (1944). Nach 1945 widmete er sich ausschließlich der Bühnenarbeit am Schloßpark-

Werner Schott

und Schiller-Theater in Berlin. Erst ab 1950 spielte Werner Schott wieder in einigen wenigen Filmen mit.

SCHRÖDER, ARTHUR
* 20.11.1892 in Groß-Borstel bei Hamburg, † 4.2.1986 in Berlin

Der Banklehrling debütierte ohne Schauspielausbildung 1910 am Stadttheater Harburg, anschließend hatte er Engagements in Göttingen, Bremen und Hamburg; ab 1923 wirkte er an Berliner Bühnen. Nach dem Zweiten Weltkrieg setzte er seine Karriere am Deutschen Theater, Schiller- und Hebbel-Theater fort, arbeitete aber auch als Hörfunk- und Synchronsprecher.

Arthur Schröder

Im Filmgeschäft war der Künstler bereits seit ersten Stummfilmen, in denen er während des Ersten Weltkrieges auftrat. Nach längerer Filmabstinenz avancierte er in den 1930er Jahren zu einem vielbeschäftigten Nebendarsteller. Arthur Schröder wirkte mit in Filmen wie „Hans Westmar" (1933), „Der Etappenhase" (1937), „Robert und Bertram" (1939) und „Diesel" (1942), nach 1945 in „Der Untertan" (1951), „Canaris" (1954) und „Freddy, die Gitarre und das Meer" (1959). 1958 wurde ihm das Bundesverdienstkreuz verliehen.

SCHREIBER, KARL LUDWIG
* 25.11.1910 in Hanau, † April 1961 in Berlin

Nach dem Studium der Theaterwissenschaften ließ sich der Künstler bei Ilka Grünzweig ausbilden und debütierte anschließend in St. Gallen. Später war er auf Bühnen in Leipzig und Berlin zu sehen, leistete von 1940 bis 1943 Kriegsdienst und spielte danach auf Berliner Bühnen, 1945 bis 1949 am Hebbel-Theater und an der Komödie. Im Film reüssierte er 1933 mit der Titelrolle in „Abel mit der Mundharmonika" und spielte noch einige bedeutende Rollen, wurde aber zunehmend seltener eingesetzt. Karl Ludwig Schreiber schied durch Freitod aus dem Leben.

SCHRÖDER-SCHROMM, FRANZ WILHELM
* 31.5.1879 in Frankfurt am Main, † 10.5.1956 in Berlin

Sein erstes Engagement erhielt Schröder-Schromm im Jahre 1900 in Hamburg, es folgten Stationen in Hannover, Bremen, Frankfurt am Main und München, wo er am Bayerischen Staatstheater spielte. 1922 ging er nach Berlin, arbeitete hauptsächlich beim Film und spielte in zahlreichen Nebenrollen meist höhergestellte Figuren wie Ärzte, Richter und Professoren. Er war in Streifen zu sehen wie „Togger" (1937), „Robert und Bertram" (1939), „Spähtrupp Hallgarten" (1941), „Der unendliche Weg" (1943). Nach dem Zweiten Weltkrieg verlegte der Künstler seinen beruflichen Schwerpunkt wieder auf seine Theaterarbeit und trat nur noch selten vor die Kamera. Das „Deutsche Bühnen-Jahrbuch" urteilte in seinem Nachruf: „Darsteller liebenswürdiger Schwerenöter."

SCHROTH, HEINRICH
* 21.3.1871 in Pirmasens, † 13.1.1945 in Berlin

Der Schauspieler hatte schon eine längere Theaterkarriere hinter sich, als er während des Ersten Weltkrieges erstmals vor die Kamera trat und mit Hauptrollen reüssierte. Er spielte im Laufe der Jahre in sehr vielen Filmen meist als Kleindarsteller mit. Im Dritten Reich trat er in Streifen auf wie dem Militärspionagefilm „Verräter",

Karl Ludwig Schreiber

Franz Wilhelm Schröder-Schromm

Heinrich Schroth

der auf dem NSDAP-Reichsparteitag am 9. September 1936 uraufgeführt wurde, außerdem in „Preußische Liebesgeschichte" (1938), „Kora Terry" und „Jud Süß" (1940), „Ohm Krüger" und „Friedemann Bach (1941) sowie in „Großstadtmelodie" (1943).

SCHROTH, CARL-HEINZ
* 29.6.1902 in Innsbruck,
† 19.7.1989 in München

Der aus einer Schauspielerfamilie stammende Künstler bekam 1922 sein erstes Engagement in Frankfurt an der Oder, spätere Verpflichtungen führten ihn nach einigen Wanderjahren an die Hamburger Kammerspiele und das Theater in der Josefstadt in Wien, von wo er 1942 nach Berlin an das Deutsche Theater ging; ab 1948 war der Schauspieler am Hamburger Thalia-Theater engagiert. Anfang der 1930er Jahre wurde er für den Film entdeckt, spielte im Klassiker „Der Kongreß tanzt" (1931) und danach bis 1945 noch in zehn Streifen, darunter „Gauner im Frack" (1937) und „Frech und verliebt" (1944). Auch später trat er noch mehrfach vor die Kamera und führte ab 1953 auch Regie, doch zum Star wurde er durch das Fernsehen. Auch hier übernahm er Regiearbeiten und schauspielerte in diversen Serien, beispielsweise „Alle Hunde lieben Theobald" (1969/70) oder „Jakob und Adele" (1982 bis 1989). Sein trockener Humor und die muntere Lebensweisheit, die er versprühte, machten ihn zum Publikumsliebling. Im April 1989 stand er in Berlin letztmals vor der Kamera. Die Ausstrahlung seines 1988 fertiggestellten Fernsehfilms „Seine beste Rolle", in dem er einen alternden Schauspieler verkörpert, hat Carl-Heinz Schroth nicht mehr erlebt.

Carl-Heinz Schroth

SCHULTES, BERTL
* 13.12.1881 in München,
† 10.3.1964 ebd.

Der Schauspieler stand in einem Zeitraum von fast vierzig Jahren vor und hinter der Kamera; seine erste Rolle spielte er in „Der Wilderer" (1918), und seinen letzten Filmauftritt hatte er in dem Streifen „Zwei Bayern im Urwald" (1957). Bertl Schultes gehörte in den frühen 1920er Jahren zu einer Künstlergruppe, die in der exotischen Landschaft Indiens mit Maharadschas, Tigern und Urwäldern faszinierende Filme für das deutsche Publikum drehen wollten. Er ging als Regieassistent und Dolmetscher 1924 mit dem Regisseur Franz Osten und den Kameramännern der Filmproduktionsfirma Emelka, Willi Kiermeier und Josef Wirsching, nach Indien und drehte dort die deutsch-indische Koproduktion „Die Leuchte Asiens" (Prem Sanyas, 1925), einen Film über Gautama Buddha.

SCHULTES, MAX

Lebensdaten des Schauspielers konnte nicht ermittelt werden, lediglich folgendes: Er spielte in den Filmen mit „Die Jugendsünde" (1936), „Heimat, Deine Sterne" (1951) und „Die Alm an der Grenze" (1951). 1963 wurde der Künstler mit dem Schwabinger Kunstpreis ausgezeichnet.

SCHWEIZER, ARMIN
* 28.4.1892 in Zürich, † 8.10.1968 ebd.

Der gelernte Koch debütierte 1911 an den Max-Reinhardt-Bühnen in Berlin und spielte hier in den nächsten drei Jahrzehnten am Deutschen Theater, an der Volksbühne, am Rose-Theater und am Deutschen Künstlertheater. 1944 ging er in seine Heimat und nahm ein Engagement am Schauspielhaus Zürich an. Sein bevorzugter Rollentyp war der Luftikus, später der komische Alte. Ab den 1930er Jahren wirkte er in mehr als 70 Filmen in Deutschland und der Schweiz mit. Zu seinen bekanntesten Filmen bis 1945 zählen unter anderem „Stradivari" (1935), „August der Starke" (1936), „Der Berg ruft" (1938), „Tanz mit dem

Armin Schweizer

Kaiser" (1941), „Münchhausen" (1943) und „Marie-Louise" (1944). Vor allem in den 1950er Jahren spielte er in einigen populären Schweizer Filmen mit wie „Heidi" (1952), „Polizischt Wäkkerli" (1955), „Bäckerei Zürrer" (1957) oder „Wildwest im Emmenthal" (1958).

SCHWIND, WOLFGANG VON
* 4.7.1879 in Elbogen/Sudeten,
† 19.4.1949 in Wien
Der Enkel des Malers Moritz von Schwind ließ sich von dem Hofschauspieler Otto König in der Schauspielkunst und von dem Kantor der jüdischen Gemeinde in Brünn zum Sänger ausbilden. Am Stadttheater Brünn begann er auch seine Bühnenlaufbahn, setzte diese an der Hofoper Berlin und ab 1911 am Hoftheater Karlsruhe erfolgreich fort. Während des

Wolfgang von Schwind

Ersten Weltkrieges ging er nach Spanien und betätigte sich als Sekretär eines ägyptischen Prinzen, als Kaninchenzüchter, Gemüsebauer und Maultiertreiber. 1920 kehrte er nach Deutschland zurück, fand Anschluß beim Film und wirkte mehr als zwei Jahrzehnte als Nebendarsteller in zahlreichen Produktionen mit, beispielsweise in „Musik im Blut" (1934), „Intermezzo" (1936), „Trenck, der Pandur" (1940) und „U-Boote westwärts!" (1941). Wolfgang von Schwind starb später in ärmlichen Verhältnissen.

STAUDTE, FRITZ
* 19.4.1883 in Siproh/Sumatra, † 1958
Der Schauspieler, Drehbuchautor und Buchhändler war der Vater von Wolfgang Staudte, einem der wichtigsten deutschen Regisseure der Nachkriegszeit. Er selbst trat beispielsweise in den Filmen „Wenn der junge Wein blüht" (1943) und „Der Untertan" (1951) auf. Er schrieb zusammen mit seinem Sohn die Drehbücher für „Die Mörder sind unter uns" (1946), „Rotation" (1949) und „Der Untertan" (1951).

Fritz Staudte

STEIN, ALFRED
* um 1903, † nach 1968
Der Sänger und Schauspieler gab sein Debüt vermutlich 1930 in Cottbus, danach wirkte er in Königsberg/Pr., Bromberg sowie 1943 bis 1968 in Nürnberg. Er wirkte in Filmen mit wie „Spiel im Sommerwind" (1939), „Immer nur Du" (1941) und „Philharmoniker" (1944).

Alfred Stein

STEIN, FRANZ
* 29.7.1880 in Köln,
† 12.2.1958 in Berlin
Der Künstler war bereits ein gestandener Theaterschauspieler, als er 1927 seine erste Filmrolle in „Der Katzensteg" bekam; danach spielte er in vielen, teilweise bedeutenden Filmen mit, beispielsweise in „M – eine Stadt sucht einen Mörder" (1931) und „Das Testament des Dr. Mabuse" (1933). Er war auch Darsteller in dem Film „Friesennot" (1935), der im offiziellen Filmprogramm der NSDAP und bei der Hitler-Jugend verwendet wurde. Der Schauspieler wirkte noch in zahlreichen namhaften Filmen mit, etwa in „La Habanera" (1937) sowie „Es war eine rauschende Ballnacht" (1939), „Kleider machen Leute" (1940) und spielte

Franz Stein

in dem UFA-Jubiläumsfilm „Münchhausen" (1943) den Leibjäger Rösemeyer. Auch nach dem Krieg stand Franz Stein noch ununterbrochen auf der Bühne, unter anderem neben Hildegard Knef im Schloßpark-Theater.

STERNBERG, HANS
* 3.7.1878 in Lübeck,
† 13.5.1948 in Berlin

Er begann seine Bühnenkarriere am Großherzoglichen Hoftheater zu Oldenburg und spielte dann in Bremerhaven, Metz, Litzmannstadt, Leipzig und Hamburg, bis der Schauspieler einem Ruf nach Berlin an das Kleine Theater nachkam. Bis zu seinem Lebensende wirkte er in der Reichshauptstadt, unter anderem auch am Lessing-Theater, am Deutschen Künstler-Theater, an der „Komödie" und an der Bühne der Jugend. Parallel zu seiner Bühnenarbeit trat er von 1918 bis 1946 immer wieder in Filmen auf, teilweise in Klassikern wie „Der müde Tod" (1921) und „Dr. Mabuse, der Spieler" (1921/22), im Dritten Reich in bekannten Filmen wie „Wunschkonzert" (1940), „Der Große König" (1942) und „Die goldene Stadt" (1942).

Hans Sternberg

Viktor Staal mit Zarah Leander in „Die große Liebe"

STAAL, VIKTOR
* 17.2.1909 in Frankenstadt/Mähren,
† 4.6.1982 in München

Der Fabrikantensohn brach seine Ingenieurausbildung ab und nahm in Wien Schauspielunterricht. Danach hatte er Engagements in Troppau, Gablonz, Reichenberg und schließlich am Wiener Volkstheater. Nachdem sein Debütfilm „Dogonoo Tonka" (1936) ein Erfolg wurde, bekam er einen Vertrag und war zehn Jahre lang ausschließlich im Film tätig; neben Willy Birgel und Willy Fritsch wurde er einer der beliebtesten deutschen Filmstars. In dieser Zeit entstanden unter anderem die Filme „Capriccio" (1938), „Heimaterde" (1941) und „Via Mala" (1945). Im komerziell sehr erfolgreichen Streifen „Die große Liebe" (1942) stand er an der Seite von Zarah Leander. Beide galten seitdem als Filmtraumpaar der deutschen Kriegsgeneration. Durch den Zusammenbruch 1945 verlor der Künstler sein ganzes Vermögen und begann wieder, Theater zu spielen, zuerst am Berliner Theater am Schiffbauerdamm, ab 1947 als freier Schauspieler. Er spielte auch in zahlreichen Filmen wie „Verführte Hände" (1949), „Der letzte Schuß" (1951) oder „Die Sklavenkarawane" (1958). In den 1960er Jahren arbeitete er wiederholt auch fürs Fernsehen, z.B. in der bekannten Serie „Landarzt Dr. Brock".

STIEBNER, HANS
* 19.11.1898 in Vetschau,
† 27.3.1958 in Baden-Baden

Der Schauspieler und Regisseur debütierte 1920 am Braunschweiger Landestheater und ging 1925 an die Hamburger Kammerspiele, wo er auch als Regisseur eingesetzt wurde. Ab 1933 spielte er in Berlin am Staatstheater, Schiller-Theater und Schloßpark-Theater, nach dem Krieg wirkte er vor allem an der „Komödie", am Kaba-

Hans Stiebner

rett der Komiker, am Theater am Nollendorfplatz sowie an der „Tribüne". Im Film war der Künstler ab 1934 als Nebendarsteller zu sehen, meist mit Figuren wie Kellner, Köche, Gauner oder Gastwirte. Einige seiner Filme waren „Die Rothschilds" (1940), „GPU" (1942), „Das Bad auf der Tenne" (1943) und „Romanze in Moll" (1943). Nach dem Krieg wirkte er u.a. in „Schwarze Augen" (1951), „Ave Maria (1953) und „Die Ratten" (1955). Er arbeitete auch im Fernsehen und für den Südwestfunk als Hörspielregisseur. Das „Deutsche Bühnen-Jahrbuch" resümierte in seinem Nachruf auf Hans Stiebner: „Immer gab der knapp mittelgroße, aber schwergewichtige Mann […] eine runde Charakterskizze."

STIMMEL, ERNST
Dr., * 23.3.1891 in Hamburg,
† 28.3.1978 in Reichenau

Ernst Stimmel

Vor seiner Filmkarriere studierte der Schauspieler und wurde mit einer philosophischen Dissertation promoviert. Ab den frühen 1930er Jahren wirkte er dann bis 1945 in zahlreichen Filmproduktionen mit wie „Hahn im Korb" (1937), „Jud Süß" (1940), „Die Rothschilds" (1940), „Kampfgeschwader Lützow" (1941), „Der Gasmann" (1941) oder „Zirkus Renz" (1943). Außer seiner Filmtätigkeit schrieb Ernst Stimmel auch Bühnenstücke und Hörspiele. 1939 veröffentlichte er eine deutschsprachige Nachdichtung der „Balladen" von François Villon.

STORM, OTTO
* 1874, † 1950

Geboren unter dem Namen Otto Strejcek, spielte er nach vielen Berufsjahren als Theaterschauspieler 1916 als Graf Alfons von Rehlen seine erste Stummfilmrolle in „Die Tragödie auf Schloß Rottersheim". Anschließend wirkte er in den Filmen „Das schwindende Herz" (1917) sowie „Der Mann mit der Maske" (1917) mit, konzentrierte sich danach jedoch ausschließlich auf seine Theaterarbeit und trat erst 1936 wieder vor die Kamera. Bis 1944 sah man Otto Storm noch in einigen weiteren Filmen, darunter „Die Leuchter des Kaisers" (1936), „Hannerl und ihre Liebhaber" (1936, mit Hans Moser und Olga Tschechowa), „Der Mann, von dem man spricht" (1937, mit Heinz Rühmann, Hans Moser und Theo Lingen) und „Reisebekanntschaft" (1943, mit Hans Moser und Elfriede Datzig).

Otto Storm

STOECKEL, OTTO
* 6.8.1873 in Buttelstedt/Thüringen,
† 17.11.1958 in Berlin

Der Schauspieler absolvierte zunächst ein Lehrerseminar und besuchte dann den Schauspielunterricht am Hoftheater Weimar sowie privat bei Dagobert Neuffer. Anschließend spielte er an Bühnen in Hanau, Darmstadt, Freiburg, München, Düsseldorf, Leipzig, Dresden und am Deutschen Theater in New York. Von 1933 bis zu seinem Tode agierte er auf Berliner Bühnen. Er hatte schon einige Rollen in Stummfilmen übernommen, doch erst zur Tonfilmzeit wurde er ein gefragter Nebendarsteller. Einige seiner Filme: „Der streitbare Herr Kickel" (1933), „Fahrendes Volk" (1938), „Bismarck" (1940) und „Hundstage" (1944). Nach dem Zweiten Weltkrieg arbeitete er vorwiegend als Synchron- und Hörspielsprecher.

Otto Stoeckel

STOCK, WERNER
* 20.10.1903 in Sangerhausen,
† 30.4.1972 in Berlin

Der Künstler gab erst nach dem Abschluß seines Studiums der Germanistik, Philosophie und Theaterwissen-

Werner Stock

schaften sein Bühnendebüt an der Württembergischen Volksbühne in Stuttgart. Nach Engagements in Kassel und Berlin kam er Anfang der 1930er Jahre ins Filmgeschäft und spielte in zahlreichen Filmen, darunter „Rivalen der Luft" (1934), „Tanz auf dem Vulkan" (1938), „Peter Voß, der Millionendieb" (1946), „U 47 – Kapitänleutnant Prien" (1958), „Rheinsberg" (1967) und „Die gefälschte Göttin" (1971). 1946 wurde Werner Stock künstlerischer Leiter am Mecklenburgischen Staatstheater Schwerin, arbeitete dort auch als Regisseur und stand immer wieder selbst auf der Bühne.

TAUBE, ROBERT
* 15.3.1880 in Riga,
† 18.8.1964 in Berlin
Der Theater- und Filmschauspieler debütierte 1903 in Offenburg und wurde 1917 nach einigen Engagements in anderen Städten an die Städtischen Bühnen Frankfurt verpflichtet; ab 1939 trat der Künstler in Berlin am Deutschen Theater auf. Neben seiner Bühnenarbeit war er in den 1920er Jahren in ersten Stummfilmen aufgetreten und spielte in der Tonfilmära ebenfalls vor der Kamera, etwa in „Das leichte Mädchen" (1941), „Andreas Schlüter" (1942) oder „Die blauen Schwerter" (1949). Ab den späten 1950er Jahren übernahm Robert Taube auch Rollen im Fernsehen.

Robert Taube

TESSEN, ROBERT
* 22.11.1915 in Graz,
† 13.3.2002 in Zürich
Sein Debüt gab der Künstler 1936 an den Städtischen Bühnen Graz als Leon in Franz Grillparzers „Weh dem, der lügt". Es folgten bis 1944 Engagements in Bremen und Nürnberg. Nach dem Zweiten Weltkrieg gehörte er bis 1951 in Wien zum Ensemble des Theaters „Die Insel" und ging dann bis 1954 an das Stadttheater Luzern; auch danach spielte er meist an Schweizer Bühnen. Seine Filmkarriere begann in den frühen 1940er Jahren, er spielte beispielsweise in „Sophienlund" (1943), „Der Fall Molander" (1945), „Quax in Afrika" (1947) und „Anna Göldin, letzte Hexe" (1991). Robert Tessen arbeitete auch viel in Hörfunk und Fernsehen.

TIEDTKE, JAKOB
* 23.6.1875 in Berlin, † 30.6.1960 ebd.
Seine Schauspielausbildung erhielt der Künstler in Berlin an der Seebach-Schule des Königlichen Schauspielhauses und ging anschließend an das Preußische Hoftheater; es folgten Stationen an teilweise renommierten Theatern, bis er 1933 nach Berlin an die Volksbühne wechselte.

Jakob Tiedtke

Nach dem Zweiten Weltkrieg arbeitete er als Schauspieler in München, Berlin und Hamburg, wo am 28.10.1949 zu Ehren seines 50jährigen Bühnenjubiläums am Thalia-Theater die Komödie „Der gute Onkel Jan" von Eaydeau mit dem Jubilar in der Titelrolle erstaufgeführt wurde. Beim Film reüssierte er 1918, als er von der Ufa-Filmgesellschaft einen Vertrag bis 1925 bekam und in rund 200 Filmen vor allem als Interpret komischer Rollen und im Fach des älteren Bonvivants zu einem bekannten und populären Darsteller wurde. Er spielte in so erfolgreichen Streifen wie „Das Flötenkonzert von Sanssouci" (1930), „Der Doppelgänger" (1934), „Das unsterbliche Herz" (1939), „Jud Süß" (1940), „Der Weg ins Freie" (1941) und „Die Frau meiner Träume" (1944). Der Berliner Humor, die Berliner Unerschütterlichkeit prägten den Charakter Jakob Tiedtkes und seinen Charaktertyp auf der Bühne; er war ein stiller Komiker, dem das Herz mehr galt als die Pointe.

TOLLEN, OTZ
* 9.4.1882 in Berlin, † 19.7.1965 ebd.
Der junge Schauspieler debütierte am 29. September 1906 in „Ein Sommernachtstraum" am Stadttheater Konstanz, später spielte er an Bühnen in St. Gallen, Basel und Nürnberg und trat 1912 erstmals in seiner Heimatstadt auf. Im selben Jahr debütierte er auch vor der Kamera in „In der Tiefe des Schachtes". Von Anfang 1915 bis 1918 diente er als Soldat im Ersten Weltkrieg, danach setzte er seine Bühnen- und Filmarbeit fort. 1935 wurde er erstmals in einem Tonfilm eingesetzt und spielte danach meist nur kleinere Rollen. Einige seiner Filmtitel lauten: „Unternehmen Michael" (1937), „Pour le Mérite" (1938), „Stukas" (1941) und „Besatzung Dora" (1943). Nach dem Zweiten Weltkrieg arbeitete Otz Tollen auch beim RIAS und WDR.

TRESSLER, OTTO
*** 13.4.1871 in Stuttgart,
† 27.4.1965 in Wien**
Der Sohn eines Buchhändlers wurde unter dem Namen Otto Mayer geboren, arbeitete zunächst als Buchhändlergehilfe und wurde 1892 Schauspieler am Hoftheater in Stuttgart. Nach kurzer Zwischenstation am Deutschen Volkstheater in Wien war er schließlich von 1896 bis 1961 Ensemblemitglied am Burgtheater, wo er insgesamt 600 Rollen spielte und auch als Regisseur wirkte. Ab 1914 bis 1960 trat der Künstler auch vor die Kamera; 1939 spielte er etwa in dem Streifen „Leinen aus Irland". Otto Tressler erfuhr zahlreiche hohe Ehrungen, beispielsweise wurde er 1902 zum Hofschauspieler, 1935 zum Hofrat und 1938 zum Staatsschauspieler ernannt, ihm wurde 1937 der Ehrenring der Stadt Wien und 1941 die Goethe-Medaille für Kunst und Wissenschaft sowie 1942 das Goldene Treudienst-Ehrenzeichen verliehen. Tressler spielte u.a. mit in „Prinzessin Sissy" (1938), „Wien 1910" (1942), „Die Zaubergeige" (1944), „Maria Theresia" (1951) und in der „Sissi-Trilogie" (1954–56). Er ruht in einer ehrenhalber gewidmeten Grabstelle auf dem Döblinger Friedhof in Wien. Das „Deutsche Bühnen-Jahrbuch" resümierte in seinem Nachruf: „Zum Wiener Opernball gehörte er wie die Walzerseligkeit des Johann Strauß."

Otto Tressler

TROJAN, ALEXANDER
* 30.3.1914 in Wien, † 19.9.1992 ebd.
Geboren unter dem Namen Alexander Takacs, spielte der Künstler zunächst Kinderrollen und war bis 1929 der Kinderstar am Burgtheater in Wien. Nach der Schulausbildung spielte er an einigen Provinztheatern, kehrte 1938 an das Burgtheater zurück und debütierte als Lucius in Shakespeares „Julius Caesar". Er spielte in 53 Schauspieljahren über 200 klassische und moderne Rollen, überwiegend des Charakterfaches. Der Kammerschauspieler war nur in relativ wenigen Filmen zu sehen, beispielsweise „Das Siegel Gottes" (1949) und „Die Strauß-Dynastie" (1991). Er unternahm noch in vorgerücktem Alter Tourneen durch Deutschland und Österreich und hielt Lesungen aus Werken der Weltliteratur.

Alexander Trojan

TROXBÖMKER, HEINRICH
*** 28.9.1900 in Essen,
† 23.1.1969 in Düsseldorf**
Der Schauspieler, Regisseur und Hörspielsprecher hatte bis 1944 Engagements in Bremen sowie am Deutschen Theater in Berlin. Nach 1945 wirkte er als Oberspielleiter in Konstanz, Göttingen, Frankfurt und Darmstadt. Der Künstler spielte auch in zahlreichen Filmen mit, meist in Nebenrollen, beispielsweise in „Nanette" (1940), „Men-

Heinrich Troxbömker

schen im Sturm" (1941), „GPU" (1942), „Der verzauberte Tag" (1944) oder „Fahrt ins Glück" (1948).

TRUTZ, WOLF
* 12.1.1887 in Chemnitz,
† 4.1.1951 in Berlin

Der Künstler hatte Engagements am Staatlichen Schauspielhaus und am Deutschen Theater in Berlin, später auch am Preußischen Staatstheater unter Gustaf Gründgens. Seine Filmkarriere begann mit einer Nebenrolle in dem berühmten Streifen „M – Eine Stadt sucht einen Mörder" (1931). Auch in seinen übrigen Filmen mußte Wolf Trutz sich auf Nebenrollen beschränken, beispielsweise in „Kapriolen" (1937), „Tanz auf dem Vulkan" (1938), „Zwei in einer großen Stadt" (1941), „Eine kleine Sommermelodie" (1943) und „Meine Herren Söhne" (1944).

ULLMER, FRIEDRICH
* 27.3.1877 in München,
† 26.4.1952 in Traunstein

Zunächst studierte der Schauspieler Jura und war einige Jahre als Rechtsanwalt tätig. 1908 begann er seine künstlerische Karriere beim Bayerischen Staatstheater in München; hier spielte er seine großen Rollen wie den Faust, Mephisto, Ödipus, Macbeth oder Florian Geyer. Von 1920 bis in die 1940er Jahre war er in einer langen Reihe von Filmen zu sehen, darunter so bekannte Streifen wie „Der Tunnel" (1933), „Der alte und der junge König" (1935), „Der Berg ruft" (1937), „Ein Mann auf Abwegen" (1939), „Der Herr im Haus" (1940) und „Ohm Krüger" (1941). Friedrich Ullmer betätigte sich auch schriftstellerisch mit Monographien und Essays.

Friedrich Ullmer

VALBERG, ROBERT
* 28.4.1884 in Wien, † 15.10.1955 ebd.
Nach seinem Theaterdebüt, das er 1902 am Stadttheater Troppau gab, agierte der Schauspieler in Salzburg sowie auf verschiedenen Wiener Bühnen. Nach dem Österreich-Anschluß wurde er Landesleiter der Reichstheaterkammer und Kulturbeirat der Stadt Wien, 1941 Oberspielleiter am Stadttheater und später Direktor des Bürger-Theaters. Nach 1945 war er im Theater in der Josefstadt zu sehen. Beim Film stand der Schauspieler bereits seit 1914 vor der Kamera und wirkte danach noch in vielen Stummfilmen mit. In der Tonfilmzeit bekam er zunächst kaum Rollen, erst ab Mitte der 1930er Jahre wurde Robert Valberg wieder öfter eingesetzt, etwa in „Opernring" (1936), „Prinzessin Sissy" (1938), „Hotel Sacher" (1939), „Sieben Jahre Pech" (1940), „Maria Theresia" (1951) und „Hab ich nur Deine Liebe" (1953).

VOGELSANG, GEORG
* 2.5.1883 in München,
† 21.12.1952 in Schliersee

Der bayerische Volksschauspieler stand seit 1903 meist auf Bauernbühnen, beispielsweise beim Schlierseer Bauerntheater und trat mit dessen Ensemble Anfang der 1920er Jahre in Dramen, Lustspielen und Volksstücken auch vor die Kamera. Ab 1938 begann Vogelsang, regelmäßig als Filmschauspieler zu arbeiten und spielte meist knorrig-kauzige, bodenständige Typen wie den Großknecht in „Der ewige Quell" (1939) oder den Rosenbauer Nicodemus in „Die Geierwally" (1940). Er war außerdem in „Quax, der Bruchpilot" (1941), „Der Ochsenkrieg" (1942) und „Via Mala" (1945)

Georg Vogelsang

zu sehen. Der erfolgreiche Filmdarsteller blieb aber bis zu seinem Tod dem Schlierseer Bauerntheater verbunden.

WÄSCHER, ARIBERT
* 1.12.1895 in Flensburg,
† 14.12.1961 in Berlin

Der Künstler wirkte sein Leben lang an Berliner Bühnen und war einer der stärksten Charakterdarsteller Deutschlands. 1919 debütierte er am Kleinen Theater, und seine Laufbahn führte ihn dann ans Deutsche Theater (1920–1923), weiter ans Lustspielhaus (1923–1924), an die Volksbühne (1924–1925), und über die Barnowsky-Bühnen (1925–1926) schließlich ans Staatstheater, dem er bis 1945 treu blieb. Nach dem Zweiten Weltkrieg gehörte er von 1946 bis 1950 dem Ensemble des Deutschen Theaters in Berlin an, außerdem hat er von 1947 bis 1948 am Renaissancetheater gespielt. Seit 1950 trat Wäscher unter Barlog am Schloß-Theater und seit 1951 am Schiller-Theater auf. Seine erste Filmrolle spielte er in dem Stummfilm „Der Friedhof der Lebenden" (1921), gefolgt von weiteren Produktionen, die ihn zu einem populären Nebendarsteller werden ließen. Mit dem Tonfilm und seiner Mitwirkung in Filmklassikern wie „Amphitryon" (1935) gelang ihm der endgültige Durchbruch zum Star. Unnachahmlich war seine Rolle als betrogener Ehemann in „Es war eine rauschende Ballnacht" (1939) an der Seite von Zarah Leander. Wäscher spielte u.a. auch in „Frauen sind doch bessere Diplomaten" (1941), „Anschlag auf Baku" (1942) und „Berliner Ballade" (1948). Er blieb bis Mitte der 1950er Jahre ein gefragter Filmdarsteller. 1955 wurde Aribert Wäscher mit dem Bundesverdienstkreuz 1. Klasse ausgezeichnet.

Aribert Wäscher

WALDEMAR, RICHARD
* 3.5.1869 in Wien, † 27.12.1946 ebd.

Geboren unter dem Namen Richard Kramer, arbeitete der Schauspieler zunächst bei der Eisenbahn und debütierte nach der Theaterschule im Jahre 1890 in Troppau. Nach Engagements in Wiesbaden und München wirkte er ab 1893 an den Bühnen seiner Geburtsstadt, zuerst vorwiegend im ernsten Fach, später mehr in komischen Rollen. Er arbeitete auch als Hörfunksprecher. Neben seiner Bühnenlaufbahn betätigte sich der Künstler auch im Film, etwa in den Streifen „Walzerkönig" (1913) und „Der Ballettherzog" (1926), und später in Tonfilmen wie „Lumpenkavaliere" (1932), „Die ganze Welt dreht sich um Liebe" (1935) und „Hotel Sacher" (1939). Waldemar erhielt den Ehrenring der Stadt Wien 1939. Zum Andenken an den großen Mimen wurde in Wien ein Park nach ihm benannt.

Richard Waldemar

WALDOW, ERNST
* 22.8.1893 in Berlin,
† 5.6.1964 in Hamburg

Geboren unter dem Namen Ernst de Wolff, gab der Schauspielersohn 1913 sein Debüt am Lessing-Theater in Berlin. Danach wirkte er an verschiedenen Bühnen, unter anderem neben Hans Albers am Kurtheater auf Helgoland, bis er 1934 auch wieder in seiner Heimatstadt am Lessing-Theater spielte und mit dem Stück „Wenn der Hahn kräht" einen immensen Erfolg feierte. Danach verließ er die Bühne und arbeitete nur noch für den Film. Bereits 1916 hatte er in „Rübezahls Hochzeit" vor der Kamera gestanden und in vier

Ernst Waldow

weiteren Stummfilmen mitgewirkt, jedoch erst in der Tonfilmära wurde er wirklich erfolgreich. Zwischen 1935 und 1945 spielte er in 66 Filmen mit, darunter die Ehe- und Provinzkomödie „Wenn wir alle Engel wären" (1936), dem Spionage-Film „Achtung! Feind hört mit!" (1940), dem Kriminalfilm „Dr. Crippen an Bord" (1942) und dem Drama „Nora" (1944). Nach dem Krieg war Ernst Waldow in Streifen zu sehen wie „Schwarzwaldmädel" (1950), „Der Weibertausch" (1952), „Der Himmel ist nie ausverkauft" (1955) oder „Der letzte Fußgänger" (1960).

WALTH, BORWIN
Lebensdaten des Schauspielers konnte nicht ermittelt werden, lediglich folgendes: Er spielte in 18 Filmen mit, darunter „Die rollende Kugel" (1927), „Frau im Mond" (1928/29), „M – Eine Stadt sucht einen Mörder" (1931), „Boccaccio" (1936), „Die göttliche Jette" (1937), „Der Gouverneur" (1939), „Die Entlassung" (1942) und „Das kleine Hofkonzert" (1944).

Borwin Walth

WARTAN, ARUTH
* 26. 6.1880 in Nachitschewan/ Rußland, † 14.4.1945 in Berlin
Der Bergbauingenieur, Schauspieler und Filmproduzent stieß erst nach einer abenteuerlichen Lebensphase zur Schauspielerei. Um die Jahrhundertwende war er zeitweise in Japan, studierte dann Schiffbau an der Universität von St. Petersburg, wechselte im Zuge der gescheiterten Revolution von 1905 von der russischen Hauptstadt an die sächsische Bergakademie Freiberg. 1906 unterbrach er sein Studium, ging auf eine Studienreise nach Südamerika, schloß nach seiner Rückkehr 1909 sein Studium ab und arbeitete dann für die Firma Krupp. Ab 1915 wechselte Wartan zum Film und spielte 1916 in Filmen wie „Die Börsenkönigin" und „Der Sultan von Jahore". Bald bekam er große Rollen und spielte an der Seite von Stars wie Pola Negri und Asta Nielsen. Später beteiligte er sich als Koproduzent an der Herstellung seiner eigenen Filme. Nach und nach wurden seine Rollen kleiner, und zuletzt wurde er fast nur noch in Filmen von Harry Piel sowie in Inszenierungen von Herbert Selpin eingesetzt. Einige seiner Filmtitel lauten: „Durch die Wüste" (1935), „Der Feuerteufel" (1939), „Geheimakte WB 1" (1941) und „Große Freiheit Nr. 7" (1944). Kurz vor Ende des Zweiten Weltkrieges verstarb Aruth Wartan an einem Schlaganfall.

Aruth Wartan

WASCHATKO, HANS
* 12.4.1877 in Wien, † 15.11.1948 ebd.
Seine Bühnenkarriere begann der Schauspieler 1904 in Meran/Südtirol, in den folgenden Jahren spielte er an den Bühnen diverser Städte, ab 1920 vor allem in Berlin und Wien. In Berlin hatte er auch sein Kinodebüt und spielte fortan eine Fülle von Klein- und Kleinstrollen. Allein im Dritten Reich war er in mehr als 70 Streifen zu sehen und damit einer der bestbeschäftigten Schauspieler Deutschlands. Er spielte in bekannten Filmen wie „Ich war Jack Mortimer" (1935), „Zu neuen Ufern" (1937), „Bismarck" (1940), „Die goldene Spinne" (1943) und „Umwege zu Dir" (1944). Nach dem Zweiten Weltkrieg hatte Hans Waschatko nur noch drei Filmauftritte, in „Der weite Weg" (1946) und „Arlberg-Expreß" sowie „Lambert fühlt sich bedroht" (1948); er verstarb bei einem Verkehrsunfall.

Hans Waschatko

WEBER, FRANZ
*** 24.3.1888 in Haspe,
† 10.8.1962 in Berlin**
Nach seinem Debüt am Deutschen Schauspielhaus in Hamburg am 1. Februar 1907 wechselte der Schauspieler 1908 an das dortige Volks-Schauspielhaus, daneben spielte er auch am Thalia-Theater. Nach weiteren Theaterstationen kam er schließlich 1926 zum Staatstheater in Berlin, 1945 bis 1950 wirkte er am Deutschen Theater, danach am Schloßpark-Theater. Während er schon zur Stummfilmzeit einige Filmauftritte gehabt hatte, wurde der Künstler erst mit dem Tonfilm ein gefragter Nebendarsteller, der meist ehrenwerte Herren, häufig Adlige wie den Fürsten von Ligne in „Münchhausen" (1943) verkörperte. Im Dritten Reich spielte Franz Weber in 81 Filmen, darunter der antibritische Streifen „Der Fuchs von Glenarvon" (1940; Dr. Goebbels: „Sehr gut für unsere Propaganda zu gebrauchen!"), „Kopf hoch, Johannes!" (1941), „Weiße Wäsche" (1942), „Das Bad auf der Tenne" (1943) und „Es lebe die Liebe" (1944).

Franz Weber

WENCK, EDUARD
*** 1.1.1894 in Karlsruhe,
† 16.5.1954 in Berlin**
Der Schauspieler war ein sehr beliebter Nebendarsteller, der in den 1930er und 1940er Jahren in vielen bedeutenden Streifen auftrat. Seine bekanntesten Filme sind „Ein Volksfeind" (1937), „Menschen, Tiere, Sensationen" (1938), „Die Reise nach Tilsit" (1939), „Jud Süß" (1940), „…reitet für Deutschland" (1941) und „Peter Voß, der Millionendieb" (1945). Nach 1945 konnte Eduard Wenck nicht mehr an seine alten Erfolge anknüpfen und wirkte nur noch in wenigen Filmen mit.

Eduard Wenck

WENCK, EWALD
*** 28.12.1891 in Berlin, † 30.4.1981 ebd.**
Mit seinem Filmdebüt, das der Künstler 1919 in dem Stummfilm „Margots Freier" (1919) gab, begann eine bis in die 1980er Jahre reichende Karriere, die viele Meilensteine des deutschen Films beinhaltete. Seinen eigentlichen Durchbruch schaffte Wenck erst im Tonfilm mit namhaften Produktionen wie „Viktor und Viktoria" (1933), „Amphitryon" (1935), „Der Gasmann" (1941), „Münchhausen" (1943) und „Die Feuerzangenbowle" (1944). In der Nachkriegszeit setzte er seine Karriere bruchlos fort und spielte in vielen Unterhaltungsfilmen, wie etwa „Emil und die Detektive" (1954), „Charleys Tante" (1956) und „Schloß Gripsholm" (1963). Neben seiner Filmarbeit wirkte Ewald Wenck auch auf der Theaterbühne, im Kabarett und als Rundfunkmoderator.

Ewald Wenck

WERNER, WALTER
*** 11.4.1883 in Görlitz,
† 8.1.1956 in Berlin**
Der Mime begann seine Laufbahn in der Provinz und gelangte nach dem Ersten Weltkrieg nach Berlin auf die Bühne des Deutschen Theaters, wo er bis zur allgemeinen Theaterschließung zum 1. September 1944 blieb. Nach dem Krieg wirkte er vorwiegend am Schiller- und Schloßpark-Theater. Seine Filmkarriere begann in den 1920er Jahren und führte zu einer Reihe von mehr als 70 Filmen, beispielsweise „Danton" (1931), „Traumulus" (1935), „Tanz auf dem Vulkan" (1938), „Jud Süß" (1940), „Ohm Krüger" (1941), „Herzkönig" (1947) und „Frucht ohne Liebe"

Walter Werner

(1955). Walter Werner arbeitete auch in mehr als 60 Filmen als Synchronsprecher.

WERNICKE, OTTO
* 30.9.1893 in Osterode/Harz,
† 7.11.1965 in München

Bereits mit 16 Jahren stand der Künstler auf der Bühne des Augustenkeller-Theaters in Erfurt, anschließend spielte er in Eisenach. Am Ersten Weltkrieg nahm er als Soldat teil, danach setzte er seine Karriere zunächst in Bonn und München, dann 1930 in Berlin am Deutschen Theater und ab 1941 unter Gründgens am Preußischen Staatstheater fort. Der breiteren Öffentlichkeit wurde der Schauspieler vor allem durch seine mehr als 100 Filme bekannt, darunter „M – Eine Stadt sucht einen Mörder" (1931), „Das Testament des Dr. Mabuse" (1933), „Friedemann Bach" (1941), „Der Seniorchef" (1942), „Kolberg" (1945), „Lang ist der Weg" (1948) und „Der Hauptmann von Köpenick" (1956).

Otto Wernicke

WERY, CARL
* 7.8.1897 in Trostberg/Chiemgau,
† 14.3.1975 in München

Geboren unter dem Namen Carl Wery de Lemans, arbeitete der Künstler zunächst in einer Holzfirma, zuletzt als deren Direktor. Ein Jugendfreund, der als Schauspieler am Stadttheater Bielefeld verpflichtet war, machte Wery auf die vakante Stelle eines „schweren Helden" aufmerksam. Dieser bewarb sich und stand bald als Faust auf der Bühne; nach weiteren Engagements in Münster und Berlin wurde er 1934 an die Münchener Kammerspiele gerufen, wo er bis 1948 blieb. 1933 begann Wery seine Filmkarriere in „Keinen Tag ohne Dich", worauf mehr als 60 weitere Rollen folgten, unter anderem in den Filmen „Wasser für Canitoga" (1939), „Venus vor Gericht" (1941), „Kleine Residenz" (1942), „Via Mala" (1944), „Heidi" (1952), „Die Christel von der Post" (1956) und „Lausbubengeschichten" (1964). Das „Deutsche Bühnen-Jahrbuch" schrieb zu Carl Werys 65. Geburtstag: „Besonders gern spielt er skurrile, derbe Volkstypen."

Carl Wery

WESTERMEIER, PAUL
* 9.7.1892 in Berlin, † 17.10.1972 ebd.

Sein erstes Theaterengagement erhielt der Schauspieler im Jahre 1909 in Stralsund, dem weitere in Plauen, Magdeburg, Hamburg, Bremen und Berlin folgten. Er debütierte 1915 in „Sondi hat Pech" und bekam nun regelmäßig Filmangebote. Oft stellte er den typischen Berliner dar und typisierte den Kleinbürger. Im Dritten Reich trat er in namhaften Produktionen auf wie im U-Boot-Drama aus dem Ersten Weltkrieg „Morgenrot" (am 2.2.1933 in Gegenwart Hitlers uraufgeführt), „Fridericus" (1936), „Casanova heiratet" (1940) und „Familie Buchholz" (1943). Auch nach dem Krieg wirkte Paul Westermeier noch in vielen Filmen mit, etwa in „Kaiserwalzer" (1953), „Sauerbruch – Das war mein Leben" (1954) und „Des Teufels General" (1955).

Paul Westermeier

WIEMAN, MATHIAS
* 23.6.1902 in Osnabrück,
† 3.12.1969 in Zürich

Der Juristensohn studierte zunächst vier Semester Philosophie, zog dann aber zwei Jahre mit einer Wanderbühne und besuchte anschließend die Max-Reinhardt-Schule in Berlin, wo er am Deutschen Theater sein erstes Engagement erhielt. Er entwickelte sich

Mathias Wieman

hier, an anderen Berliner Bühnen und in diversen Stummfilmen zu einem sehr beliebten Darsteller, der später aber besonders durch seine Tonfilme populär wurde wie „Das blaue Licht" (1932), „Der Schimmelreiter" (1934) oder „Ich klage an" (1941). Der Künstler verkehrte im Umkreis von Reichsminister Dr. Goebbels und proklamierte 1937 auf dem Kongreß der Reichsfilmkammer den Wunsch, „jenen soldatischen Vorbildern unserer frühen Jahre nachzufolgen, wie Soldaten der Kunst, dienend der höchsten Idee, auf die uns der Satz des Führers vereidigt hat, welcher lautet: ‚Die Kunst ist eine erhabene und zum Fanatismus verpflichtende Mission.'" In späteren Jahren trat er weniger als Schauspieler, sondern primär als Rezitator klassischer Dichtung in Erscheinung und wirkte während schwerer Kriegsjahre als Sprecher der sonntäglichen Funksendung „Unser Schatzkästlein". Nach dem Krieg gab er viele Lesungen in Kriegsgefangenen- und Flüchtlingslagern, später wirkte er auch wieder in Filmen mit, so u.a. in „Wenn eine Frau liebt" (1950), „Königliche Hoheit" (1953) und „Wetterleuchten um Maria" (1957). Außerdem trat er am Theater auf und arbeitete im Rundfunk.

WIDMANN, PETER
Lebensdaten des Schauspielers konnten nicht ermittelt werden, lediglich folgendes: Er spielte in den Filmen mit „Der kleine Grenzverkehr" (1943), „Die schwarze Robe" (1944), „Der Puppenspieler" (1945) und „Der Mann im Sattel" (1945).

WILMSEN, MAX
* 26.8.1885 in Krefeld, † 29.5.1953 in Brandenburg an der Havel

Der Sänger und Schauspieler debütierte 1908 im böhmischen Eger, ging 1910 nach Berlin an das Schiller-Theater und wirkte danach an weiteren bedeutenden Bühnen der Hauptstadt. Vor der Kamera stand er schon zu Stummfilmzeiten, wurde aber erst im Tonfilm ein wirklich populärer Darsteller. Bis zum Kriegsende hatte er in insgesamt weit über 50 Spielfilmen mitgespielt, darunter „Lachende Erben" (1933), „Heinz im Mond" (1934), „Die Reise nach Tilsit" (1939) und „Solistin Anna Alt" (1944). Später brach seine Karriere ein, und Max Wilmsen hatte größte Mühe, weitere Rollen zu bekommen.

Max Wilmsen

WINTERSTEIN, EDUARD VON
* 1.8.1871 in Wien, † 22.7.1961 ebd.

Geboren unter dem Namen Eduard Freiherr von Wangenheim spielte der Künstler nach seinem Debüt im Jahre 1889 am Fürstlichen Theater in Gera zunächst an kleineren Bühnen. 1895 ging er nach Berlin, wo er an verschiedenen bedeutenden Bühnen und ab 1905 schließlich am Deutschen Theater wirkte, bis Heinrich George ihn 1938 an das Schiller-Theater berief. Der beliebte Schauspieler, der in vielen Charakterrollen beeindruckte, trat ab 1913 auch vor die Kamera und wurde schnell zur Idealbesetzung von energischen Respektspersonen wie Generälen, Gutsherren und Richtern. Er spielte insgesamt in mehr als 160 Filmen, im Dritten Reich allein in 65 Streifen, darunter auch der U-Boot-Film „Morgenrot" (1933), „Napoleon ist an allem schuld" (1938), „Rembrandt" (1942) und „Philharmoniker" (1944). Nach 1945 blieb er als Theater- und Filmschauspieler ebenfalls erfolgreich. So spielte er u.a. in „Der Untertan" (1951) und „Emilia Galotti" (1958). Das Wirken Eduard von Wintersteins ist mit der deutschen Theatergeschichte des 20. Jahrhunderts

Eduard von Winterstein

eng verbunden, wobei er sich seine größten Verdienste als Darsteller von Rollen aus Theaterstücken Lessings erworben hat.

Wastl Witt

WITT, WASTL
* 20.7.1882 in Hausham/Oberbayern,
† 22.12.1955 in München

Der Volksschauspieler wirkte anfangs als Laiendarsteller an verschiedenen Bühnen, vor allem dem Bayerischen Bauerntheater in Bad Reichenhall. Im Ersten Weltkrieg engagierte er sich an Fronttheatern. Später agierte er in vielen Filmen mit meist bayerischem Hintergrund. 1935 wurde er zum Staatsschauspieler ernannt. Er spielte z.B. in den Filmen „SA-Mann Brand" (1933), „Das sündige Dorf" (1940) und „Königskinder" (1950). Das „Deutsches Bühnen-Jahrbuch" schrieb im Nachruf: „Einzigartiger Gestalter bäuerlicher und kleinbürgerlicher Menschen bajuwarischer Prägung." In München-Blumenau trägt eine Straße seinen Namen.

Heinz Woester

WOESTER, HEINZ
* 7.6.1901 in Zürich,
† 7.10.1970 in Ehrwald/Tirol

Zunächst arbeitete der Schauspieler als Korrespondent in Amsterdam. Nach seiner Schauspielausbildung debütierte er 1925 am Staatstheater Dresden, von dieser Bühne wechselte er 1935 zum Burgtheater in Wien. Nach dem Krieg war er am Schauspielhaus Zürich tätig. Seine filmische Laufbahn begann erst 1940 mit der Rolle des Prof. Dr. Eichgraber in „Operette"; im darauf folgenden Jahr faßte er Fuß beim Schweizer Film und drehte noch einige Streifen, darunter „Palace Hotel" (1952) und „Nathan der Weise" (1964).

Heinrich Zerres

ZERRES, HEINRICH
Lebensdaten des Schauspielers konnten nicht ermittelt werden.

ZESCH-BALLOT, HANS
* 20.5.1896 in Dresden,
† 1.9.1972 in München

Geboren unter dem Namen Hans Georg Ziesche, gab der Künstler sein Schauspielerdebüt 1919 am Hoftheater Dessau. Später hatte er Engagements an den Bühnen von Berlin, Wien, München und Hamburg. Im Jahre 1930 trat er in dem Film „Dolly macht Karriere" erstmals vor die Kamera; danach folgten zahlreiche Filme, beispielsweise als Gestapo-Beamter in dem Militärspionagefilm „Ein Mann will nach Deutschland", der am 9. September 1936 auf dem NSDAP-Parteitag uraufgeführt wurde. Auch nach dem Zweiten Weltkrieg spielte er

Hans Zesch-Ballot

viele Filmrollen, etwa in „Der 20. Juli" (1955) und „Dr Crippen lebt" (1958); hinzu kamen einige Auftritte im Fernsehen.

ZIEGEL, ERICH
* 26.8.1876 in Schwerin a.d. Warthe,
† 30.11.1950 in München

Nach einer abgebrochenen Buchhändlerlehre ging der Schauspieler mit 18 Jahren an das Theater in Meiningen, später hatte er Engagements in Lübeck und Breslau. 1911 gründete der Künstler die Münchener Kammerspiele, deren Leiter er bis 1916 war. Anschließend wechselte er als Regisseur nach Hamburg und gründete dort die Hamburger Kammerspiele, die unter seiner Leitung bald zu einem führenden Theaterzentrum wurden. Ab 1926 bis 1928 übernahm er noch die Leitung des Deutschen Schauspielhauses Hamburg und 1932 bis 1934 die des Thalia-Theaters. 1934 wechselte er wegen seiner jü-

Erich Ziegel

dischen Ehefrau nach Wien, wurde jedoch von Gustaf Gründgens als Schauspieler, Regisseur und Dramaturg an das Preußische Staatstheater geholt. Im Film war der Schauspieler bereits seit 1920 sporadisch aufgetreten und erhielt ab Mitte der 1930er Jahre regelmäßig Filmrollen, so etwa in „Moskau–Shanghai" (1936), „Zu neuen Ufern" (1937), „Der Berg ruft" (1938), „Jenny und der Herr im Frack" (1941) und „Damals" (1943). In der Nachkriegszeit trat er nur noch selten vor die Kamera. Im Hamburger Stadtteil Steilshoop ist der Erich-Ziegel-Ring nach ihm benannt.

AGOSTINI, HERTA
Lebensdaten der Schauspielerin konnten nicht ermittelt werden, lediglich folgendes: Sie spielte in der Literaturverfilmung „Der Meineidbauer" (1941) mit und war Ensemblemitglied der „Exl-Bühne" in Tirol. Bei der „Exl-Bühne" handelte es sich um eine Theatergruppe, die mit der Aufführung von Volks- und Bauernstücken sowohl in Österreich als auch im Ausland Bekanntheit erlangte. Sie propagierte bereits lange vor dem Österreich-Anschluß die Vereinigung der Alpenrepublik mit dem Deutschen Reich und beteiligte sich 1938 anläßlich der Volksabstimmung an einem Aufruf „Künstler bekennen sich zur Heimkehr ins Reich".

AICHBICHLER, THEA
* 21.8.1889 in München, † 25.6.1957 ebd.
Die Schauspielerin begann ihre Karriere 1934 in dem Film „Bei der blonden Kathrein", bis 1943 folgten weitere 13 Filme, darunter „Der Jäger von Fall" (1936), „Frau Sixta" (1938) und „Peterle" (1943). Nach dem Krieg wirkte sie in vielen weiteren Streifen mit, etwa in „So sind die Frauen" (1950), im Kinderfilm „Die goldene Gans" (1953) und „Schloß Hubertus" (1954). In den 1950er Jahren war Thea Aichbichler auch als Hörspielsprecherin tätig.

ALPEN, JUTTA VON
* 26.6.1921, † nach 1963
Die Künstlerin spielte unter anderem in folgenden Filmen mit: „Immer nur Du!" (1941), „Damals" (1943), „Sommernächte" (1944) und „Der grüne Salon" (1944). Das Wochenmagazin „Der Spiegel" brachte am 12. Februar 1949 folgende Meldung: „Jutta von Alpen, die Film-Tochter von Zarah Leander in ‚Damals', bekam ein Angebot einer indischen Filmgesellschaft, die moderne europäische Themen verfilmen will. Der indische Produzent hatte Jutta von Alpen in ihrem dritten Film „Der grüne Salon" gesehen und fand die Schauspielerin in Rothenburg an der Fulda. Seit 1945 trat sie in vielen Klavierkonzerten in den Westzonen auf."

ANDERGAST, MARIA
* 4.6.1912 in Brunnthal/Bayern, † 14.2.1995 in Wien
Die Künstlerin, die unter dem Namen Maria Pitzer geboren wurde, debütierte in Aussig und kam nach weiteren Engagements in Prag und Berlin 1939 an das Theater in der Josefstadt. Luis Trenker hatte sie schon 1933 für den Film entdeckt und ihr eine Rolle in „Der verlorene Sohn" (1934) gegeben. Nach diesem vielversprechenden Debüt feierte die Schauspielerin in mehr als 50 weiteren Streifen große Erfolge, z. B. in „Hochzeitsreise zu dritt" (1939), „So ein Früchtchen" (1942) und „...und die Musik spielt dazu" (1943); in den Nachkriegsjahren etwa in den Streifen „Hofrat Geiger" (1947), „Der alte Sün-

Seite 21

Filmplakat mit Thea Aichbichler

Jutta von Alpen

Maria Andergast

der" (1951) und „Kaiserball" (1956). Zur großen Popularität von Maria Andergast trugen auch ihre Lieder- und Chansonabende wesentlich bei. Sie ruht in einem ehrenhalber gewidmeten Grab auf dem Wiener Zentralfriedhof.

Johanna Arnstaedt

ARNSTAEDT, JOHANNA („HANSI")
* 8.12.1878 in Dresden,
† 8.5.1945 in Berlin

Die Schauspielerin, die zunächst Engagements an den Königlichen Schauspielen in Wiesbaden und Berlin hatte, war schon viele Jahre erfolgreich an deutschen Bühnen tätig, bevor sie im Filmgeschäft Fuß faßte. Sie wirkte 1913 in dem Dreiteiler „Der Film der Königin Luise", dem erst zehn Jahre später ihr nächster Streifen folgte. In den 1930er Jahren trat die Künstlerin regelmäßig vor die Filmkamera. Zu ihren frühen Tonfilmen gehören beispielsweise „Dolly macht Karriere" (1930), „Der wahre Jakob" (1931), „Der Bettelstudent" (1931), „Der tolle Bomberg" (1932) und „Der Feldherrnhügel" (1932). In ihren letzten Lebensjahren agierte sie in „Ich klage an" (1941), „Annelie" (1941) und „Tolle Nacht" (1943). Als die deutsche Wehrmacht kapitulieren mußte, beging Hansi Arnstaedt Suizid.

AUER, MIMI
* 7.4.1886 in Innsbruck,
† 11.11.1977 ebd.

Die Künstlerin gehörte gemeinsam mit ihrem Vater Hans Gstöttner, ihren Schwestern Anna und Pepi sowie ihrem Schwager Ferdinand Exl zu den Gründungsmitgliedern der „Exl-Bühne". Bei der ersten Aufführung dieser Bühne, einer Inszenierung von Ludwig Anzengrubers „Pfarrer von Kirchfeld" im Österreichischen Hof, spielte Mimi Auer die Rolle des Wirtssohnes Hans. Sie übernahm später auch Filmrollen wie etwa in „Millionenerbschaft" (1937), „Die Geierwally (1940) oder „Ulli und Marei" (1944).

Viktoria von Ballasko

AULINGER, ELISE
* 11.12.1881 in München,
† 12.2.1965 ebd.

Die Künstlerin gehörte zu den populärsten bayrischen Volksschauspielerinnen, die auch beim Film eine gewichtige Rolle spielte. Sie debütierte 1903 am Münchner Volkstheater und wechselte später an die Münchner Kammerspiele, wo sie das Publikum mit einprägsamen Rollen, die von Komödien bis zu klassischen Stücken reichten, begeisterte. Ihr Filmdebüt hatte sie 1921 in „Ein Fest auf Hederlevhuus" und es folgten weitere Stummfilme, aber ihre ausdrucksstarke Präsenz kam erst im Tonfilm richtig zum Tragen. Die Schauspielerin war in Filmen wie „Ehestreik" (1935), „Der Feuerteufel" (1940) und „Der kleine Muck" (1944) zu sehen. Nach Kriegsende setzte sie ihre Karriere bis in die 1950er Jahre fort, unter anderem in „Die Sterne lügen nicht" (1950), „Der letzte Schuß" (1951) und „Das sündige Dorf" (1954).

Elise Aulinger

BALLASKO, VIKTORIA VON
* 24.1.1909 in Wien,
† 10.5.1976 in Berlin

Mit 20 Jahren debütierte die Schauspielerin in Bern in dem Stück „Arm wie eine Kirchenmaus", danach spielte sie in Chemnitz, Breslau, Wien, München und Stuttgart, bis sie Mitte der 1930er Jahre nach Berlin kam. Hier wirkte sie neben ihrer Bühnentätigkeit als Rundfunk- und Synchronsprecherin. 1936 debütierte sie in Luis Trenkers Film „Der Kaiser von Kalifornien" und spielte bis 1945 in rund 20 Filmen mit, darunter „Mann für Mann" (1939) und „Heimaterde" (1941). Nach Kriegsende arbeitete die Künstlerin zunächst wieder als Rundfunk- und Synchronsprecherin und trat Ende der 1940er Jahre wieder vor die Kamera, konnte aber an ihre alten Erfolge nicht anknüpfen.

BANG, ELLEN
* 16.5.1906, † nach 1959
Erstmals trat die Künstlerin im Jahre 1934 in dem Film „Jungfrau gegen Mönch" in Erscheinung. In ihren folgenden rund 30 Filmen übernahm sie meist größere Nebenrollen, unter anderem in „Zu neuen Ufern" (1937), „Machin" (1939) und „Um neun kommt Harald" (1944). Nach dem Zweiten Weltkrieg trat sie nur noch einmal vor der Kamera, in „Die Frau von gestern Nacht" (1950).

BECKER, SIGRID
Lebensdaten der Schauspielerin konnten nicht ermittelt werden, lediglich folgendes: Sie spielte mindestens in den Filmen „Der Weg ins Freie" (1941), „Hochzeit auf Bärenhof" (1942) und „Familie Buchholz" (1944) mit.

BENCKHOFF, FRIEDA („FITA")
* 1.11.1901 in Dortmund,
† 26.10.1967 in München
Nach ihrem Bühnendebüt im Jahre 1925, das sie am Stadttheater Dortmund feierte, folgten Engagements in Lübeck, Düsseldorf und Breslau. Anschließend ging die Schauspielerin an die Kammerspiele Wien und trat hier neben Käthe Gold und Hans Moser in „Essig und Öl" auf; bei dieser Gelegenheit wurde sie für den Film entdeckt und hatte gleich einen großen Erfolg in „Amphitryon" (1935). Weitere Höhepunkte ihrer Karriere folgten mit „Kapriolen" (1937), „Lauter Lügen" (1938), „Opernball" (1939) und „Immer nur Du" (1941). Nach dem Kriegsende ging sie ans Thalia-Theater nach Hamburg und spielte auch sehr erfolgreich auf Bühnen in Berlin und München, genauso wie ab 1948 vor der Filmkamera. Zu ihren bekanntesten Nachkriegsstreifen gehören beispielsweise „Der Biberpelz" (1949), „Die Diebin von Bagdad" (1952) und „Wenn der Vater mit dem Sohne" (1955). Seit den späten 1950er Jahren zog sich Fita Benkhoff sukzessive aus dem Berufsleben zurück.

Frieda Benckhoff

BENNEFELD, KATJA
Lebensdaten der Schauspielerin konnten nicht ermittelt werden, lediglich folgendes: Obwohl sie in immerhin rund 20 Filmen mitwirkte, war der Schauspielerin nur eine kurze Karriere beschieden, die sich im wesentlichen in den 1930er Jahren abspielte. Der Einstieg war für sie der Streifen „Unmögliche Liebe" (1932), später folgten bekanntere Filme wie etwa „Das Mädchen Johanna" (1935), „Der Tiger von Eschnapur" (1938), „Wasser für Canitoga" (1938) und „Brand im Ozean" (1939). Mit dem Ausbruch des Zweiten Weltkrieges zog sich Katja Bennefeld aus der Filmbranche zurück.

BERBIG, GRETE
Lebensdaten der Schauspielerin konnten nicht ermittelt werden.

BERGER, MARGOT
Lebensdaten der Schauspielerin konnten nicht ermittelt werden, lediglich folgendes: Sie war mit dem Schauspieler, Hörspiel- und Synchronsprecher Anton Reimer verheiratet. Margot Berger spielte von 1941 bis 1944 in acht Filmen mit, darunter „Der verkaufte Großvater" (1942), „Peterle" (1943) und „Die heimlichen Bräute" (1944).

BETKE, LOTTE
* 5.11.1905 in Hamburg,
† 25.7.2008 in Siegburg
Nach dem Besuch der Hamburger Schauspielschule debütierte die Künst-

Ellen Bang

lerin am Thalia-Theater, hatte Engagements in Bielefeld, Mannheim und Nürnberg, bis sie 1931 nach Berlin an das Preußische Staatstheater wechselte. Sie arbeitete im Ensemble von Gustaf Gründgens und spielte 1936 dann unter der Regie von Jürgen Fehling ihre wohl wichtigste Rolle als Lady Anna in Shakespeares „Richard III." Sie zog sich bald darauf aus familiären Gründen sukzessive aus dem Theaterleben zurück und widmete sich der Schriftstellerei. Betke schrieb zwei Theaterstücke, zwanzig Bücher (Erzählungen, Romane, phantastische Geschichten, Märchen und Sagen) und über fünfzig Hörspiele. Ab 1962 arbeitete sie als Lektorin beim Südfunk Stuttgart. 1990 wurde sie mit dem Verdienstkreuz am Bande der Bundesrepublik Deutschland ausgezeichnet.

BLUTH, EVA
Lebensdaten der Schauspielerin konnten nicht ermittelt werden, lediglich folgendes: Sie spielte 1941 in dem Film „Ich klage an" und 1943 in „Großstadtmelodie" mit. Dieser Film ist historisch von Bedeutung, weil er als letzter Kinostreifen authentische Aufnahmen vom bis dahin noch weitgehend unzerstörten Berlin zeigt

Gertrud Boll

BOLL, GERTRUD
Lebensdaten der Schauspielerin konnten nicht ermittelt werden, lediglich folgendes: Sie spielte von 1933 bis 1954 in 17 Filmen mit, darunter „Der Jäger aus Kurpfalz" (1933), „Vier Mädel und ein Mann" (1936), „Die gute Sieben" (1940) und „Der Fall Dr. Wagner" (1954).

Paula Braend

BRAEND, PAULA
* 6.8.1905 in Starnberg,
† 4.10.1989 in München
Geboren unter dem Namen Paula Braendlein, erhielt die Bankierstochter nach ihrer Tanz- und Schauspielausbildung 1939 ihr erstes Engagement in Wien, es folgten Verpflichtungen am Staatstheater Schwerin, Theater Gera und Hamburger Staatstheater, nach dem Krieg war sie bis 1948 Ensemblemitglied der Münchener Kammerspiele. Fortan arbeitete sie freischaffend an verschiedenen Theatern, bis 1984 vorwiegend am Bayerischen Staatsschauspiel in München. Im Film trat sie erstmals im Jahre 1944 auf, als sie in dem Drama „Aufruhr der Herzen" eine kleine Rolle als junge Frau auf einem Fest spielte. In späteren Jahren entwickelte Paula Braend sich zur Volksschauspielerin und zeigte ihr Talent noch in vielen Filmen sowie Fernsehsendungen, beispielsweise in Folgen der Kriminalserien „Der Kommissar" oder „Derrick", in zahlreichen Vorstellungen des „Komödienstadels" sowie mehrfach als Amalie Wiesmeier in der populären Serie „Königlich Bayerisches Amtsgericht".

BREIDERHOFF, GISELA
Lebensdaten der Schauspielerin konnten nicht ermittelt werden, lediglich folgendes: Sie spielte in den Filmen „Der Weg ins Freie" (1941), „Das Leben geht weiter" (1945), „Beate" (1948) und „Der Biberpelz" (1949) mit.

BRINK, ELGA
* 2.4.1905 in Berlin,
† 28.10.1985 in Hamburg
Geboren unter dem Namen Elisabeth Frey, trat die Schauspielerin ab 1920 regelmäßig vor die Kamera. Zuerst im Stummfilm, beispielsweise in „Quo Vadis?" (1924) neben dem berühmten Emil Jannings, mit dem Aufkommen des Tonfilms in Streifen wie „Kriminalreporter Holm" (1932), „Heimatland" (1939), „Quax, der Bruchpilot" (1941, neben Heinz Rühmann) und „Semmelweis – Retter der Mütter" (1950). 1951 zog Elga Brink sich ins Privatleben zurück.

Elga Brink

BROCK, EVA MARIA
* 11.7.1899 in Berlin, † ?
Weitere Lebensdaten der Schauspielerin waren nicht zu ermitteln, lediglich folgendes: Sie trat in dem Film „Liebling der Götter" (1960) neben Hannelore Schroth, Peter van Eyck und Willy Fritsch auf.

BRUCK, ÄNNE
*** 23.8.1907 in Hamburg,
† 13.12.1978 in München**
Ihre schauspielerische Laufbahn begann die Künstlerin im Jahre 1936 in „Rolf hat ein Geheimnis"; sie spielte bis Kriegsende noch in einigen Streifen mit, etwa in „Johannisfeuer" (1939) und „Der Mann, dem man den Namen stahl" (1944). In dem Skandalfilm „Die Sünderin" (1951) verkörperte sie die Mutter der Hauptdarstellerin Hildegard Knef. Ab den späteren 1950er Jahren spielte sie des öfteren auch im Fernsehen, beispielsweise in „Krach im Hinterhaus" (1963) und „Graf Yoster gibt sich die Ehre" (1968). Zudem sprach sie zahlreiche Rollen in Hörspielproduktionen.

BUCHARDT, RUTH
* ?, † 1999
Nach ihrem Filmdebüt in „Das Herz der Königin" (1940) spielte die Künstlerin bis 1945 noch in elf weiteren bekannten Filmen mit wie „Immer nur Du" (1941), „Akrobat schö-ö-ö-n" (1943) und „Der große Fall" (1944, uraufgeführt erst 1949). Nach Kriegsende trat Ruth Buchardt nicht mehr vor die Filmkamera.

BUKOWICZ, ANTONIA („TONI") VON
*** 13.1.1882 in Budapest,
† 2.11.1970 in Wien**
Die Beamtentochter agierte als Theaterschauspielerin auf vielen bedeutenden Bühnen, beispielsweise in Wien, Prag, Zürich, Stuttgart, Berlin, Rom, Amsterdam und München. Sie trat auch vor die Kamera und war hier seit den 1930er Jahren bis Anfang der 1960er Jahre erfolgreich in Filmen wie „Endstation" (1935), „Kongo-Expreß" (1939), „Carl Peters" (1941), „An der schönen blauen Donau" (1954) und „Glocken läuten überall" (1960).

Ruth Buchardt

BURG, MONIKA
* 7.5.1918 in Wien, † 17.3.2008 in Mâcon in Burgund/Frankreich
Geboren unter dem Namen Paulette von Suchan (nach anderen Quellen als Paulette Koller), verwendete die Schauspielerin im Laufe ihrer Karriere mehrere Künstlernamen, unter anderem für ihre Tätigkeit in Deutschland den Namen Monika Burg, nach dem Zweiten Weltkrieg firmierte sie in französischen und belgischen Filmen unter Claude Farrell. Sie debütierte in dem Streifen „Der Kleinstadtpoet" (1940). Es folgten u.a. „Immer nur Du" (1941), „Zwei in einer großen Stadt" (1942) und „Titanic" (1943). Nach dem Krieg setzte sie ihr Filmschaffen in Frankreich und Belgien fort, trat dann in den 1950er Jahren auch wieder in Deutschland auf und drehte hier bis 1970 noch zahlreiche Filme, etwa „Die Drei von der Tankstelle" (1955), „Der schräge Otto" (1956) und „Das Geheimnis der Schwarzen Witwe" (1963).

Monika Burg

BURG, URSULA
*** 3.2.1919 in Hamburg,
† 23.2.1996 in München**
Die Tochter eines Schauspielerehepaares trat in die Fußstapfen ihrer Eltern und wurde nach ihrer Schauspielausbildung in Göttingen engagiert, wo sie die Titelrolle im „Käthchen von Heilbronn", die Julia in „Romeo und Julia" und die Luise in „Kabale und Liebe" verkörperte. Ihre weiteren Theaterstationen waren Magdeburg, Berlin, Bremen und Hamburg, bis sie 1949 nach Berlin an das Deutsche Theater ge-

Ursula Burg

rufen wurde, wo die Presse ihr „bestechende Leistungen" attestierte. 1950/51 begann ihre Filmkarriere mit „Die Sonnenbrucks", bis 1961 folgten noch einige Filme. Nach dem Bau der Berliner Mauer ging Ursula Burg nach Gelsenkirchen und beendete bald darauf in Nürnberg ihre Laufbahn, um allenfalls noch sporadisch im Hörfunk und Fernsehen zu arbeiten.

CLAUS, RUTH
Lebensdaten der Schauspielerin konnten nicht ermittelt werden, lediglich folgendes: Sie spielte eine Nebenrolle in dem erfolgreichen Farbfilm „Drei Mädels vom Rhein" des Regisseurs Georg Jacoby, der in Deutschland am 25. November 1955 uraufgeführt wurde.

COMPLOYER, VERA
* 16.8.1896 in Klagenfurt,
† 6.4.1969 in Salzburg

Vera Comployer

Geboren unter dem Namen Vera Comployer, gab die Schauspielerin 1915 ihr Theaterdebüt in Graz und war anschließend an verschiedenen österreichischen und deutschen Bühnen verpflichtet, darunter das Stadttheater Innsbruck, das Münchener Volkstheater und das Neue Schauspielhaus in Königsberg. Ab 1937 hatte sie Engagements an Berliner Bühnen, wurde für den Film entdeckt und avancierte zur vielbeschäftigten Nebendarstellerin in rund 40 Filmen. Sie wirkte u.a. mit in „Opernball" (1939), „Wunschkonzert" (1940) und „Großstadtmelodie" (1943). Nach 1945 folgten Filme wie „Heimatland" (1955), „Das Wirtshaus im Spessart" (1958) und „Der Weibsteufel" (1966). Außerdem war sie bis 1965 meist beim Salzburger Landestheater engagiert.

Friedl Czepa

CZEPA, FRIEDL
* 3.9.1898 in Amstetten,
† 22.6.1973 in Wien

Nach einer Berufstätigkeit als Bankangestellte, Kindergärtnerin und Röntgenschwester nahm die Künstlerin Tanz- und Schauspielunterricht und wurde 1931 an das Theater in der Josefstadt verpflichtet, später auch nach München und Frankfurt am Main. Im Filmgeschäft debütierte sie in „Alles für die Firma" (1934) und wurde schnell eine beliebe Darstellerin sowohl in Haupt- wie auch in wichtigen Nebenrollen, z.B. in Filmen wie „Adresse unbekannt" (1938), „Anuschka" (1941) und „Die goldene Fessel" (1944). Den „Anschluß" Österreichs 1938 kommentierte sie mit den Worten: „Es ist geschafft. Wir danken aus übervollem Herzen unserem geliebten Führer." Von 1940 bis 1945 war sie Direktorin des Wiener Stadttheaters. Nach dem Zweiten Weltkrieg erhielt sie zunächst ein Berufsverbot, konnte aber bald wieder auf den Bühnen von Wien, München und Berlin glänzen. Während die Zahl ihrer Filmaufträge zurückging, bekam sie im Fernsehen eine neue Aufgabe und wurde als Mama Leitner in der Serie „Familie Leitner" nochmals populär.

DAGOVER, LIL
* 30.9.1887 in Madiun/Java,
† 23.1.1980 in Geiselgasteig

Geboren als Maria Antonia Sieglinde Martha Seubert, kam die Schauspielerin 1920 zum Film und spielte seitdem in einer Vielzahl von Streifen tragende Rollen und wurde mit ihrem geistvollen Charme und ihrem kultivierten Habitus die große Dame des deutschen Kinos. Zunächst wirkte sie in Stummfilmen mit wie „Das Kabinett des Dr. Caligari" (1920), „Der müde Tod" (1922) oder „Luise Millerin" (1922). Zur Bühne kam sie durch Max Reinhardt, der ihr bei den Salzburger Festspielen 1931 die Rolle der Schönheit in Hoffmannsthals „Großem Welttheater" übertrug. In den nächsten Jahrzehnten trat sie an den Berlin Bühnen mit außerordentlichem Erfolg und gefeiert von ihrem Publikum auf. Die Liste ihrer Tonfilme ist fast unabsehbar, eine kleine Auswahl: „Der Kon-

Lil Dagover mit Theodor Loos

greß tanzt" (1931), „Johannisnacht" (1933), „Das Schönheitsfleckchen" (1936), „Bismarck" (1940), „Wien 1910" (1942), „Musik in Salzburg" (1944), „Königliche Hoheit" (1953), „Schloß Hubertus" (1955, Bundesfilmpreis für diese Leistung), „Kronprinz Rudolfs letzte Liebe" (1956), „Die Buddenbrooks" (1959), „Die seltsame Gräfin" (1961) und „Geschichten aus dem Wienerwald" (1978). Man sah Lil Dagover in all diesen Jahren auch immer wieder in großen Rollen auf der Bühne. Fast ebenso lang wie die Liste ihrer Filme ist diejenige der Ehrungen, die ihr zuteil wurden, beispielsweise: Ernennung zur Staatsschauspielerin (1937), Kriegsverdienstkreuz 2. Klasse (1944, für jahrelange Einsätze in Fronttheatern), Filmband in Gold (1962), Großes Verdienstkreuz des Verdienstordens der Bundesrepublik Deutschland (1967).

DANKER, GERDA
* 29.2.1924
Die Schauspielerin führte auch den Namen Danker-Rittau und war verheiratet mit dem Schauspieler und Regisseur Günther Rittau. Sie spielte unter anderem in den Filmen „Ohm Krüger" (1941) und „Eine alltägliche Geschichte" (Uraufführung 1948) mit.

DATHE, EDITH
Lebensdaten der Schauspielerin konnten nicht ermittelt werden, lediglich folgendes: Sie spielte in den Filmen „Der Weg nach Shanghai" (1936) sowie „Land der Liebe" (1937) mit.

DATZIG, ELFRIEDE
* 26.7.1922 in Wien, † 27.1.1946 in Ramsau
Mit nur 15 Jahren debütierte die Schauspielerin in der Rolle einer Studentin im Lustspiel „Finale". Sie wurde danach schnell eine populäre Darstellerin und spielte noch in einigen bemerkenswerten Streifen mit, etwa in „Die unruhigen Mädchen" (1938), „Hotel Sacher" (1940), „Der ewige Klang" (1943) und „Sieben Briefe" (1944). Elfriede Datzig wurde auf tragische Weise aus ihrem jungen Leben gerissen, als sie im Zuge einer Lungen- und Rippenfellentzündung mit Penizillin behandelt wurde und infolge einer allergischen Reaktion auf dieses Medikament verstarb.

Elfriede Datzig

DAUDERT, CHARLOTTE
* 27.12.1913 in Königsberg/Pr., † 19.1.1961 in Monte Carlo
Nach kurzer Berufstätigkeit als Journalistin und Modezeichnerin kam die Künstlerin eher zufällig zum Theater, zuerst am Schauspielhaus Königsberg, später in Berlin, wo sie auch im Kabarett „Die Katakombe" auftrat. Sie debütierte in „Die Czardasfürstin" (1934) vor der Kamera und drehte noch rund 70 weitere Filme, darunter „Die klugen Frauen" (1935), „Kitty und die Weltkonferenz" (1939), „Besatzung Dora" (1943), „Klettermaxe" (1952) und „Heidemelodie" (1956). Sie verstarb 1961 an einer Blutkrankheit.

Charlotte Daudert

Marina von Ditmar

Rosl Dorena

Inge Drexel

Käthe Dyckhoff

DITMAR, MARINA VON
* 30.10.1904 in St. Petersburg, † 3.9.2014 in Bad Kissingen
Nach der Ausbildung durch die Schauspielerin Ilka Grünzweig wirkte die Künstlerin an Bühnen in Leipzig, Berlin und Konstanz, seit 1934 in Bremen und ab 1945 an der Kleinen Komödie in München. Ihre Filmkarriere begann Mitte der 1930er Jahre mit „Die Czardasfürstin" (1934) und setzte sich mit bekannten Streifen wie „Pour le Mérite" (1938), „Stukas" (1941) und „Münchhausen" (1943, neben Hans Albers) fort. Nach Kriegsende spielte Marina von Ditmar nur noch in wenigen Filmen und zog sich Anfang der 1950er Jahre ins Privatleben zurück.

DORENA, ROSL
Lebensdaten der Schauspielerin konnten nicht ermittelt werden, lediglich folgendes: Sie wirkte in vielen Filmen mit, beispielsweise in „Mutterliebe" (1939), „Die kluge Marianne" (1943), „Der gebieterische Ruf" (1944), „Kind der Donau" (1950), „Der Priester und das Mädchen" (1958) und „Die Angst des Tormanns beim Elfmeter" (1972). Außerdem war Rosl Dorena oft auf der Mattscheibe zu sehen, etwa in „G'schichten aus dem Wienerwald" (1961), „Der Musterknabe" (1963) und in der Serie „Wenn der Vater mit dem Sohne" (1971).

DREWS, BERTHA
* 19.11.1901 in Berlin, † 10.4.1987 ebd.
Ursprünglich wollte die Professorentochter Opernsängerin werden und besuchte zwei Jahre die Berliner Hochschule für Musik, ging dann jedoch an Max Reinhardts Schauspielschule am Deutschen Theater. Sie debütierte 1925 in Stuttgart als Lady Mortimer in Shakespeares „Heinrich IV." Es folgte ein Engagement an den Münchener Kammerspielen, und 1931 ging sie an die Berliner Volksbühne, wo sie als Partnerin von Hans Albers in „Liliom" großen Erfolg hatte. 1932 heiratete sie den großen Schauspieler Heinrich George und wechselte 1938 an dessen Schiller-Theater. Die Künstlerin war auch nach dem Krieg auf verschiedenen Theaterbühnen sehr erfolgreich. Im Filmgeschäft hinterließ sie ebenfalls deutliche Spuren, seit 1933 stand sie bis Ende der 1970er Jahre immer wieder vor der Kamera. Unter ihren knapp 40 Filmen waren unter anderem

Bertha Drews

„Hitlerjunge Quex" (1933), „Der Kaiser von Kalifornien" (1936), „Urlaub auf Ehrenwort" (1937), „Heimkehr" (1941), „Der große Schatten" (1942), „Ave Maria" (1953), „Es geschah am hellichten Tag" (1958), „Die Fastnachtsbeichte" (1960) „Nebelmörder" (1964) und „Die Blechtrommel" (1979). Als exemplarische Beispiele ihrer zahlreichen Ehrungen seien genannt: Ernennung zur Staatsschauspielerin (1963), das Bundesverdienstkreuz 1. Klasse sowie das Filmband in Gold (beides 1981).

DREXEL, INGE
Lebensdaten der Schauspielerin konnten nicht ermittelt werden, lediglich folgendes: Sie spielte in zahlreichen Filmen mit, beispielsweise in „Die Goldene Stadt" (1942), „Die Frau meiner Träume" (1944), „Kolberg" (1945), „Die Blume von Hawaii" (1953) und „… und die Liebe lacht dazu" (1957).

DYCKHOFF, KÄTHE
* 1913, † 2001
Die Karriere der Filmschauspielerin dauerte lediglich zehn Jahre: Sie debütierte 1941 in „Illusion", war dann bis 1945 noch in neun Filmen – darunter „Immensee" (1943) und „Neigungs-

II. – Filmliste (Frauen)

ehe" (1944) – zu sehen und trat letztmals 1951 für den Streifen „K – Das Haus des Schweigens" vor die Kamera.

ECKARD, LIESL
* 18.6.1880, † 28.12.1967
Die Künstlerin spielte von 1933 bis 1958 in gut 20 Filmen mit, darunter „Wenn Männer kochen" (1933), „Und Du mein Schatz fährst mit" (1937), „Menschen, Tiere, Sensationen" (1938), „Großstadtmelodie" (1943) und „Emilia Galotti" (1958).

ELSTER, ELSE
* 22.2.1910 in Danzig,
† 28.3.1998 in Günzburg
Noch vor dem Abschluß ihrer Ausbildung bei der Schauspielerin Ilka Grünzweig erhielt die Künstlerin im Jahre 1930 die Hauptrolle in dem Film „Die blonde Nachtigall". Nach einigen kleineren Rollen wirkte sie 1932 gleich in acht Filmen mit und debütierte auch am Theater, wo sie in den folgenden Jahren auf der Bühne eine Vielzahl von Rollen verkörperte. Bis Anfang der 1940er Jahre agierte die Schauspielerin in bekannten Filmen wie „Krach im Hinterhaus" (1935), „Hallo, Janine!" (1939) und „Jud Süß" (1940). Nach dem Krieg trat Else Elster nur noch einmal für den Film „Nichts als Zufälle" (1949) vor die Kamera. Neben ihrer Schauspielkarriere betätigte sie sich auch als Kabarettistin und Sängerin.

Else Elster

ENGL, OLGA
* 30.5.1871 in Prag, † 21.9.1946 in Berlin
Nach ihrem Theaterdebüt im Jahre 1887 am Deutschen Theater in Prag agierte die Schauspielerin an diversen Theatern, ab 1897 in Hannover am Deutschen Theater. Nach ihrem Filmdebüt in „Das Adoptivkind" (1911) avancierte sie in zahlreichen Rollen zu einer der Grand Dames des deutschen Stummfilms. Zur Tonfilmzeit wurden ihre Filmauftritte seltener, zuletzt spielte sie in „Bel Ami" (1939), „Dr. Crippen an Bord" (1942) und „Das alte Lied" (1945).

ENGLISCH, LUCIE
* 8.2.1902 in Baden bei Wien,
† 12.10.1965 in Erlangen
Die Künstlerin debütierte schon mit 14 Jahren am Kur-Theater ihrer Heimatstadt, spielte bald danach an verschiedenen Theatern im Ausland und kam dann über Bühnen in Wien und Frankfurt am Main nach Berlin, wo sie am Lustspiel-Theater und am Theater in der Behrensstraße große Erfolge errang. Am populärsten machten sie jedoch ihre mehr als 100 Rollen in Filmen wie „Die Nacht gehört uns" (1929), „Der falsche Fuffziger (1935), „So ein Früchtchen" (1942), „Schwarzwaldmädel" (1950) und in zahlreichen weiteren Komödien und Heimatfilmen.

EULER, LUCIE
* 8.7.1877 in Frankfurt am Main,
† 14.4.1956 in Berlin
Die Schauspielerin wirkte zunächst an Theatern in Wiesbaden, London, St. Louis und Philadelphia, bis sie schließlich an Berliner Bühnen wie dem Hebbel-Theater und der „Komödie" ihre künstlerische Heimat fand. Ab 1930 bekam sie Nebenrollen in vielen Filmen, zum Beispiel „Herz ist Trumpf" (1934), „Nanon" (1938) oder in dem Nachkriegsfilm „Der fröhliche Weinberg" (1952).

EWALD, JOHANNA
* 15.2.1885 in Dresden,
† 27.1.1961 in Berlin
Nachdem sie bereits im Kindesalter auf Varietébühnen agiert hatte, wurde die Schauspielerin in späteren Jahren auf verschiedenen Berliner Bühnen bekannt. Im Film debütierte sie bereits 1897 in Os-

Olga Engl

Lucie Englisch

Lucie Euler

Johanna Ewald

Gertrud Eysoldt

Anna Exl

Ilse Exl

kar Messters Lustspiel „Gestörtes Rendez-Vous". Den Höhepunkt ihrer Karriere erreichte sie in den 1920er Jahren, im Tonfilm bekam sie später noch kleinere und größere Nebenrollen in Filmen wie „Wenn die Soldaten…" (1931), „Schützenkönig wird der Felix" (1934) und „Die Frau meiner Träume (1944)".

EYSOLDT, GERTRUD
* 30.11.1870 in Pirna,
† 6.1.1955 in Ohlstadt
Die Kaufmannstochter debütierte 1890 am Hoftheater München und wurde in den folgenden Jahren eine angesehene Darstellerin. Max Reinhardt entdeckte in ihr eine große, wahrhafte Schauspielerin und verpflichtete sie auf Lebenszeit an sein Deutsches Theater. Von 1920 bis 1922 war sie auch Direktorin des Kleinen Schauspielhauses in Berlin. Beim Film debütierte sie 1923 mit den Streifen „Das brennende Geheimnis" und „Der verlorene Schuh", danach drehte sie noch einige Filme und konzentrierte sich ab 1928 ausschließlich auf ihre Theaterarbeit. Erst 1941 trat sie für den Film „… reitet für Deutschland" wieder vor die Kamera; danach folgten lediglich noch zwei weitere Filmrollen.

EXL, ANNA
* 3.8.1882, † 15.11.1969 in Innsbruck
Die Künstlerin gehörte gemeinsam mit ihrem Vater Hans Gstöttner, ihren Schwestern Mimi und Pepi sowie ihrem Ehemann Ferdinand Exl zu den Gründungsmitgliedern der „Exl-Bühne". Ab 1941 übernahm sie zeitweise die Leitung der „Exl-Bühne", an der sie lange Jahre selbst spielte. Sie wirkte auch in einigen Filmen mit, etwa „Die Todesbraut" (1913), „Die Geierwally" (1940) und „Die singenden Engel von Tirol" (1958).

EXL, ILSE
* 26.11.1907 in Innsbruck, † 8.7.1956 ebd.
Die Tochter von Ferdinand Exl, des Mitgründers und Leiters der „Exl-Bühne", stand bereits mit 13 Jahren auf der Bühne ihres Vaters und hatte hier ihre größten Erfolge, beispielsweise als Vroni im „Meineidbauer" und als Horlacherlies im „G'wissenswurm" von Ludwig Anzengruber. Sie trat auch in einigen Filmen auf, etwa in „Der Meineidbauer" (1941), „Ulli und Marei" (1948) und „Was das Herz befiehlt" (1951). Ilse Exl übernahm 1942 die Leitung der „Exl-Bühne" und machte sie durch Gastspielreisen und Rundfunkauftritte weithin bekannt.

FEILER, HERTHA
* 3.8.1916 in Wien,
† 2.11.1970 in München
Nach der Schauspielausbildung in Wien und einem Engagement an der Wiener Scala debütierte die Künstlerin 1937 im Film „Liebling der Matrosen". Dies war der Auftakt zu einer langen Karriere mit vielen Filmen, beispielsweise „Lauter Lügen" (1938), den ihr späterer Ehemann Heinz Rühmann inszenierte, oder „Kleider machen Leute" (1940), „Quax in Afrika" (1944), „Pünktchen und Anton" (1953) und „Charleys Tante" (1955). Außer ihrer Filmarbeit wirkte die Schauspielerin nach 1945 in München auf der Theaterbühne sowie auf Gastspielreisen. Als „Vierteljüdin" im Sinne der sogenannten Nürnberger Gesetze konnte Feiler im Dritten Reich nur aufgrund einer Sondergenehmigung arbeiten.

Hertha Feiler

FILATOFF, WALLY
Lebensdaten der Schauspielerin konnten nicht ermittelt werden, lediglich folgendes: Sie spielte in einer Nebenrolle in „Der Herr der Welt" (1934, Regie: Harry Piel) mit.

FINKENZELLER, HELI
* 17.11.1914 in München,
† 14.1.1991 ebd.

Nach einjähriger Schauspielausbildung erhielt die Künstlerin 1930 ihr erstes Bühnenengagement an den Münchener Kammerspielen. Ihre weiteren Theaterstationen gingen über verschiedene Berliner und Münchener

Heli Finkenzeller

Bühnen. Bekannt und populär wurde die Künstlerin allerdings in erster Linie durch ihre rege Filmarbeit, die sie 1935 in „Der Ehestreik" begann. Durch Filme wie „Boccaccio" (1936), „Opernball" (1939), „Kohlhiesels Töchter" (1943) und „Münchnerinnen" (1945) wurde sie zu einem großen Star; insgesamt stand sie in rund 40 Filmen vor der Kamera. Seit den 1960er Jahren trat die Mimin auf in vielen Fernsehserie auf, etwa in „Unser Pauker" (1965), „Meine Schwiegersöhne und ich" (1969), „Der Kommissar", „Das Traumschiff" (1981), „Der Gerichtsvollzieher" (1981). Ihre Karriere beschrieb sie mit den Worten: „Es gibt keine unwichtigen Rollen."

FISCHER, THEA
Lebensdaten der Schauspielerin konnten nicht ermittelt werden, lediglich folgendes: Sie trat in den Filmen „Das Mädchen vom Moorhof" (1935), „Die Gesangsstunde" (1935), „Der Dschungel ruft" (1936), „Was tun, Sybille?" (1938), „Capriccio" (1938) und „Der Vierte kommt nicht" (1939) auf.

FÖDA, HILDE
* 15.12.1918 in Wien,
† 31.8.2004 in Los Angeles

Die Schauspielerin war unter anderem in den beiden Filmen „Dschainah, das Mädchen aus dem Tanzhaus" (1935) und „Wiener Mädeln" (Uraufführung 1949) zu sehen.

FÜRSTENBERG, ILSE
* 12.12.1907 in Berlin,
† 16.12.1976 in Basel

Die Künstlerin erhielt 1926 ihr erstes Engagement am Nationaltheater Mannheim, nach einer Zwischenstation in Konstanz spielte sie an den bedeutenderen Berliner Bühnen. Gleich ihre ersten Filme „Der Blaue Engel" (1930), „M – eine Stadt sucht einen Mörder" (1931), „Der Hauptmann von Köpenick" (1931) und „Unheimliche Geschichten" (1932) gehörten zu den ganz großen Produktionen. Ab Mitte der 1930er Jahre wurden ihre Rollen größer, und sie überzeugte beispielsweise in „Krach im Hinterhaus" (1935) oder „Urlaub auf Ehrenwort" (1938); es folgten noch zahlreiche erfolgreiche Filme, wie „Ich klage an" (1941), „Die große Liebe" (1942), „Münchhausen" (1943) und „Große Freiheit Nr. 7" (1944). Ilse Fürstenberg war später auch als Synchronsprecherin tätig und zog sich um 1970 ins Privatleben zurück.

Ilse Fürstenberg

GENSCHOW, EVA
Lebensdaten der Schauspielerin konnten nicht ermittelt werden, lediglich folgendes: Sie spielte in den Filmen „Unter heißem Himmel" (1936), „Zu neuen Ufern" (1937), „Der Mustergatte" (1937), „Die göttliche Jette" (1937) und „Einmal wird' ich Dir gefallen" (1938).

GERHART, ELFRIEDE („ELFE")
* 10.7.1919 in Wien,
† 9.11.2007 in Grundlsee/Steiermark

Ausgebildet wurde die Künstlerin am Max-Reinhardt-Seminar in Wien in den

Elfriede Gerhart

Fächern Bildhauerei und Keramik. Ihr erstes Theaterengagement bekam sie an der Wiener Scala, später wirkte sie auch am Renaissance-Theater, am Theater in der Josefstadt sowie an den Wiener Kammerspielen. In München wurde sie Ensemblemitglied am Staatstheater. Im Filmgeschäft wirkte sie seit den 1930er Jahren bis Anfang der 1970er Jahre; im Fernsehen trat sie beispielsweise in den Serien „Oberinspektor Marek" (1964) und „Hallo – Hotel Sacher … Portier" (1974) auf. Sie war mit dem Schauspieler Paul Dahlke verheiratet.

Lilli Gericke

GERICKE, LILLI
Lebensdaten der Schauspielerin konnten nicht ermittelt werden.

GLÖCKNER-KRAMER, JOSEFINE („PEPI")
* 17.1.1874 in Berlin,
† 9.3.1954 in Wien

Die Volksschauspielerin und Soubrette wurde als Tochter einer Schauspielerin und eines populären Komikers geboren und stand schon mit 15 Jahren auf der Theaterbühne. Ihr erstes Engagement führte sie an das Deutsche Theater in Budapest, danach spielte sie in Dresden (1890), Berlin (1891) und ab 1892 in Wien am Deutschen Volkstheater, an dem sie bis zu ihrem Tode blieb. Ab 1917 wirkte die Künstlerin in Stummfilmen, später auch in vielen Tonfilmen, beispielsweise „Dreizehn Stühle" (1938), „Wen die Götter lieben" (1942) oder „Ein Blick zurück" (1944). Pepi Glöckner-Kramer stand fast bis zu ihrem 80. Lebensjahr auf der Bühne und vor der Kamera, ihr letzter Streifen war „Die fünf Karnickel" (1953).

Josefine Glöckner-Kramer

GOLD, KÄTHE
* 11.2.1907 in Wien, † 11.10.1997 ebd.

Die Künstlerin, die mit ihrer legendären Sprechkunst eine der großen Schauspielerinnen des 20. Jahrhun-

Käthe Gold

derts werden sollte, debütierte 1926 als Bianca in „Der Widerspenstigen Zähmung" und bekam ein erstes Engagement am Stadttheater Bern. Über das Breslauer Lobe-Theater und die Münchener Kammerspiele kam sie nach Berlin und blieb hier bis zur Schließung der deutschen Theater zum 1. September 1944. In Berlin erreichte die Schauspielerin ihren künstlerischen Durchbruch und feierte große Erfolge am Staatstheater, etwa als Ophelia in Shakespeares „Hamlet" und als Nora in Ibsens „Nora oder ein Puppenheim". Ihre Karriere setzte sie an den Bühnen in Zürich und in Wien nach dem Kriege fort. Sie machte auch vor der Filmkamera eine große Karriere, die mit „Amphitryon – Aus den Wolken kommt das Glück" (1935) begann und fast 50 Jahre andauerte, allerdings konnte die Leinwand nicht den Reichtum und das Gewicht ihrer Kunst kongenial wiedergeben. Ab 1962 sah man die preußische Staatsschauspielerin und österreichische Kammerschauspielerin Käthe Gold sporadisch auch im Fernsehen, etwa in den Serien „Der Kommissar" und „Derrick".

GRABLEY, URSULA
* 8.12.1908 in Woltersdorf bei Berlin,
† 6.4.1977 in Brilon

Die Schauspielerin begann als Balletttänzerin an der Laban-Schule und ging später an die Kammerspiele in Hamburg, wo sie den Schauspieler Viktor de Kowa kennenlernte; die beiden heirateten und gingen 1928 gemeinsam an die Volksbühne in Berlin. Hier agierte die Künstlerin erfolgreich auch an diversen anderen Bühnen. Sie debütierte 1929 im Stummfilm „Katharina Knie" und spielte sich ab 1930 in gut 40 Tonfilmen in die Herzen ihres Publikums. Weitere Filma waren z.B.

Ursula Grabley

„Der schwarze Husar" (1932), „Ritt in die Freiheit" (1936) und „Der arme Millionär" (1939). Als sie wegen einer Auseinandersetzung mit Reichsminister Dr. Goebbels von 1939 bis 1944 Filmverbot erhielt, wandte sie sich wieder dem Theater zu. Ab 1944 konnte sie ihre Filmkarriere fortsetzen und erhielt vor allem in den 1950er Jahren regelmäßige Engagements. Ursula Grabley spielte aber weiterhin auch auf der Theaterbühne und unternahm viele Gastspielreisen, in den 1960er Jahren kamen noch einige Fernsehverpflichtungen dazu. Sie verstarb während einer Theatertournee an den Folgen eines Schlaganfalls.

GRETHE, HILDEGARD
* 1899, † 26.12.1961 in Berlin

Hildegard Grethe

Hildegard Grethe stand seit Ende des Ersten Weltkriegs auf der Bühne. In den 1920er Jahren wirkte sie u.a. im Hamburger Thalia-Theater und und im Ostpreußischen Landestheater in Königsberg. In den 1930er Jahren hatte sie Engagements u.a. in Erfurt, Breslau und Braunschweig. Sie ging 1939 nach Berlin und spielte seit der Zeit bis 1959 in 21 Filmen mit, darunter „Robert Koch, der Bekämpfer des Todes" (1939), „Friedrich Schiller, der Triumph eines Genies" (1940), „Die Entlassung" (1942), „Eine alltägliche Geschichte" (1948) und „Unser Wunderland bei Nacht" (1959). Hildegard Grethe war eine der ersten Schauspielerinnen, die sich nach dem Krieg dem Fernsehen zuwandten. Bereits im ersten vollständigen Sendejahr 1953 ist sie dort aktiv gewesen. Auf der Bühne stand sie zu diesem Zeitpunkt kaum mehr, nachzuweisen ist lediglich ein Festengagement an Berlins „Tribüne" in der Spielzeit 1951/52.

HAACK, KÄTHE
* 11.8.1897 in Berlin, † 5.5.1986 ebd.

Nach einem kurzen Engagement in Göttingen ging die Künstlerin nach Berlin und spielte dort sehr erfolgreich an verschiedenen Bühnen. In dem Einakter „Tobby" machte sie endgültig Furore und spielte diese Figur mehr als 150mal. 1935 wurde sie von Gustaf Gründgens an das Staatstheater verpflichtet, wo sie bis zur allgemeinen Theaterschließung zum 1. September 1944 wirkte. Nachdem sie bereits zur Stummfilmzeit eine erfolgreiche Filmkarriere gemacht hatte, gelang ihr der Übergang in den Tonfilm reibungslos, und sie wurde auch in diesem Metier ein Star. Sie spielte beispielsweise in „Der Herrscher" (1937), in dem staatspolitisch besonders wertvollen Film „Bismarck" (1940) und in dem UFA-Jubiläumsfilm „Münchhausen" (1943). Auch nach dem Zweiten Weltkrieg blieb sie sehr erfolgreich, 1967 wurde sie zur Berliner Staatsschauspielerin ernannt und erhielt 1973 das Filmband in Gold. Das Deutsche Bühnenjahrbuch schrieb in seinem Nachruf: „Sie konnte komisch sein, ohne derb zu werden."

Käthe Haack

HAAGEN, MARGARETE
* 29.11.1889 in Nürnberg,
† 19.11.1966 in München

Margarete Haagen

Ihr Theaterdebüt gab die Schauspielerin im Jahre 1907, wirkte anschließend am Nürnberger Stadttheater und kam über mehrere weitere Stationen schließlich nach München, wo sie von 1930 bis 1939 Ensemblemitglied des Volkstheaters war. Im Film trat die Künstlerin erstmals 1939 in dem Kurzfilm „Der Briefträger" auf, konnte ein Jahr später mit der Rolle in „Das sündige Dorf" im Spielfilm Fuß fassen und verkörperte schließlich in mehr als 100 Filmen stets die

gutmütige, liebenswürdige und witzige ältere Dame. Großen schauspielerischen Erfolg erlebte sie 1958 als Protagonistin und Urgroßmutter in „Ihr 106. Geburtstag" und in der Rolle der „Oma Jantzen" in der „Immenhof-Trilogie" (1955, 1956, 1957).

HAGEN, HERTA VON
*** 20.2.1876 in Agram,
† 2.6.1962 in München**
Bekannt wurde die Schauspielerin vor allem durch ihre Theaterarbeit. Ihr Filmschaffen begann mit „Gustls Seitensprung" (1915), dem die Streifen „Dämon Liebe" und „Kaiserin Elisabeth von Österreich" (beide 1920) folgten. In den 1930er und 1940er Jahren wirkte sie beispielsweise in den Filmen „Eine kleine Nachtmusik" (1939) und „Jenny und der Herr im Frack" (1941) mit. Nach dem Zweiten Weltkrieg war sie in „Das doppelte Lottchen" (1950) und „08/15 – In der Heimat" (1955) zu sehen.

HAHNE, WALTRAUT
Lebensdaten der Schauspielerin konnten nicht ermittelt werden, lediglich folgendes: Sie spielte in dem Film „Das Leben ruft" (1944) mit.

HARDT, KARIN
*** 28.4.1910 in Altona,
† 5.3.1992 in Berlin**
Die Kaufmannstochter erhielt nach ihrer Schauspielausbildung Engagements in Mönchengladbach, Rheydt und Altenburg und gab 1931 ihr Filmdebüt in „Vater geht auf Reisen". Sie trat danach in bekannten Filmen auf wie „Ein gewisser Herr Gran" (1933) und „Menschen vom Varieté" (1939). Während des Zweiten Weltkrieges und in der Nachkriegszeit erhielt die Schauspielerin weniger Filmangebote. Ab den 1960er Jahren erschien sie des öfteren im Fernsehen, etwa in „Der Forellenhof" (1965) und als Haushälterin Käti in der Serie „Die Schwarzwaldklinik"

Marte Harell

Karin Hardt

(1985/86). 1983 erhielt sie das Filmband in Gold für langjähriges und hervorragendes Wirken im deutschen Film.

HARELL, MARTE
* 4.1.1907 in Wien, † 12.3.1996 ebd.
Geboren unter dem Namen Martha Schömig, besuchte die Schauspielerin zunächst das Max-Reinhardt-Seminar in Wien und erhielt dann ein Engagement am Theater in der Josefstadt; danach spielte sie an zahlreichen österreichischen und deutschen Bühnen. Als sie in Berlin am Deutschen Theater auftrat, entdeckte sie der Regisseur Geza von Bolvary und gab ihr eine Rolle in „Opernball" (1939). Der Film wurde ein Überraschungserfolg und ebnete der Schauspielerin den Weg zum Filmstar der 1940er und 1950er Jahre. Sie überzeugte Kritiker und Publikum mit ihren Darstellungen, beispielsweise in „Brüderlein fein" (1941), „Die heimliche Gräfin" (1942), „Frauen sind keine Engel" (1943) oder „Die Fledermaus" (1945). Nach dem Krieg widmete sich Marte Harell neben ihrer Filmarbeit wieder verstärkt dem Theater. 1985 erhielt sie das Filmband in Gold für langjähriges und hervorragendes Wirken im deutschen Film.

HATHEYER, HEIDEMARIE
*** 8.4.1918 in Villach,
† 11.5.1990 in Zollikon**
Die unter dem Namen Heide Marie Pia Nechansky geborene Künstlerin hatte 1936 in der Operette „Axel vor der Himmelstür" einen ersten Erfolg, spielte 1936/37 am Theater an der Wien und wurde dann an die Münchener Kammerspiele verpflichtet. 1938 debütierte sie in „Der Berg ruft" auf der Leinwand; 1940 feierte sie ihren größten Filmerfolg in „Die Geierwally". Nach dem Zweiten Weltkrieg wurde sie für ihre Rolle der unheilbar kranken Hanna Heyt in dem Sterbehilfe-Film „Ich klage an" (1941) mit einem Filmverbot belegt und spielte daher wieder regelmäßig auf

der Theaterbühne. Von 1955 bis 1983 war die Künstlerin ständiges Mitglied am Zürcher Schauspielhaus. Sie spielte bei Gustaf Gründgens in Düsseldorf und Hamburg, von 1960 bis 1968 am Wiener Burgtheater. Sie konnte bis in die 1980er Jahre an ihre Bühnen- und Filmerfolge vor 1945 anknüpfen und war ab etwa 1960 auch oft auf der Mattscheibe zu sehen. 1990 spielte Heidemarie Hatheyer ihre letzte Rolle in der ZDF-Serie „Diese Drombuschs"; sie mimte hier auf eindrucksvolle Weise die resolute Karussellbesitzerin Herma Hohenscheid. Ausgezeichnet wurde die Schauspielerin mit der Wiener Josef-Kainz-Medaille und dem österreichischen Grillparzer-Ring sowie mit der Ernennung zur Staatsschauspielerin durch den Berliner Senat; sie erhielt 1984 das Filmband in Gold für „langjähriges und hervorragendes Wirken im deutschen Film".

Heidemarie Hatheyer

HAUFF, ANGELIKA
* 15.12.1922 in Wien, † 3.12.1983 ebd.

Geboren unter dem Namen Alice Paula Marie Suchanek, trat die Künstlerin seit ihrem fünften Lebensjahr als Ballettänzerin an der Wiener Staatsoper auf und wurde dort mit achtzehn Jahren Solotänzerin. Gleichzeitig hatte sie eine Schauspielschule besucht und erhielt in Salzburg ihr erstes Engagement. Anfang der 1940er Jahre wurde sie für den Film entdeckt und hatte mit dem Streifen „Zirkus Renz" (1943) größeren Erfolg. 1947 wurde die Schauspielerin von einer argentinischen Filmgesellschaft engagiert und drehte im Amazonasgebiet den in ganz Südamerika viel beachteten Streifen „Fremde Welt". Als die deutsche Filmproduktion wieder anlief, kehrte Angelika Hauff nach Deutschland zurück und spielte bis Ende der 1970er Jahre in vielen Filmen mit, etwa in „Das Geheimnis der roten Katze" (1948, mit Heinz Rühmann), im Zirkusfilm „Tromba" (1949, mit René Deltgen), in „Kaiserwalzer" (1953) und „Das Fräulein von Scuderie" (1955).

Angelika Hauff

HEIBERG, KIRSTEN
* 25.4.1912 in Kragerö/Norwegen,
† 2.3.1976 in Oslo

Anläßlich ihres Englisch-Studiums in Oxford absolvierte die Künstlerin dort auch eine Schauspielausbildung und debütierte 1929 am Theater in Bergen. Anschließend trat sie in zahlreichen Revuen und Theaterstücken in Oslo und Bergen auf, daneben wirkte sie in drei norwegischen und drei schwedischen Filmen mit. Ihr deutschsprachiges Debüt hatte sie 1937 im Theater an der Wien, wo sie den Komponisten Franz Grothe kennenlernte, den sie 1938 heiratete. 1938 übernahm die Künstlerin die Rolle der Fiffi in „Napoleon ist an allem schuld", weitere erfolgreiche Filme folgten, darunter „Alarm auf Station III" (1939) und „Achtung! Feind hört mit!" (1940). Grothe schrieb ihr mehrere Chansons und Filmmusiken für ihre ausdrucksstarke Altstimme auf den Leib. Wegen ihrer kritischen Äußerungen über die deutsche Besetzung ihrer Heimat erhielt sie zwei Jahre Auftrittsverbot. Danach erhielt sie u.a. Rollen in „Die goldene Spinne" (1943) und „Philharmoniker" (1944). Nach Kriegsende trat sie noch in einigen Filmen auf, etwa in „Amico" (1949) oder „Bei Dir war es immer so schön" (1954). Ab 1955 ging Kirsten Heiberg in ihre Heimat zurück, spielte am Theater und arbeitete für Hörfunk und Fernsehen.

Kirsten Heiberg

Elisabeth Hellwig

Margarethe Henning-Roth

Ruth Hellberg

HELLWIG, ELISABETH („LISA")
* 9.5.1898 in Hamburg,
† 6.12.1992 in München
Die Künstlerin gab 1919 am Deutschen Schauspielhaus ihr Debüt in Friedrich Hebbels „Judith" und spielte danach an verschiedenen Theatern in Küstrin, Aussig, Marienbad, Dresden, Breslau, Berlin und Leipzig, bis sie an die Münchener Kammerspiele kam. Ihren ersten Filmauftritt hatte sie in „La Habanera" (1937, neben Zarah Leander), dem bis Ende der 1980er Jahre viele weitere folgten; die meisten davon nach 1945, darunter „Wir Wunderkinder" (1958) oder „Der Engel, der seine Harfe versetzte" (1959). Ab den 1960er Jahren trat Lisa Hellwig auch im Fernsehen auf, etwa in den Serien „Das Kriminalmuseum", „Der Kommissar", „Tatort" oder „Die Schwarzwaldklinik" (1984).

HELLBERG, RUTH
* 2.11.1906 in Berlin,
† 26.4.2001 in Feldafing
Geboren unter dem Namen Ruth Holl, debütierte die Schauspielerin 1923 am Landestheater Meiningen, wurde danach an verschiedenen Theatern verpflichtet und spielte von 1938 bis 1945 am Berliner Staatstheater unter Gustaf Gründgens. Beim Film debütierte sie mit „Was wissen denn Männer" (1932) und trat bis 1945 auch in bekannteren Filmen auf wie „Bismarck" oder „Der Postmeister" (beide 1940). Nach dem Zweiten Weltkrieg trat Ruth Hellberg nur noch selten vor die Kamera, sondern konzentrierte sich auf ihre Theaterarbeit.

HELMKE, ERIKA
* 15.4.1906 in Berlin,
† 26.11.2002 in Ottawa/Kanada
Ihren ersten Filmauftritt hatte die Künstlerin 1932 neben Jenny Jugo in „Fünf von der Jazzband". Danach war sie noch in 20 Spielfilmen zu sehen, beispielsweise „Das Meer ruft" (1933, neben Heinrich George) oder „Der Gasmann" (1941, neben Heinz Rühmann). Nach 1945 trat sie nur noch einmal vor die Kamera, in „Stadtmeier und Landmeier" (1948, neben Erik Ode). Erika Helmcke arbeitete auch als Synchronsprecherin und wanderte später nach Kanada aus.

HELMCKE, ELLEN
Lebensdaten der Schauspielerin konnten nicht ermittelt werden, lediglich folgendes: Sie trat in den Filmen „Schloß Vogelöd" (1936) und „Am Abend auf der Heide" (1941) auf.

HENNING-ROTH, MARGARETHE
* 11.6.1899 in München, † nach 1961
Die Schauspielerin wirkte von 1936 bis 1956 in Film und Fernsehen. Belegt ist ihre Mitwirkung in acht Filmen, darunter „Komödianten" (1941) und der Märchenfilm „Tischlein deck dich" (1956), in dem sie eine hinterhältige Wirtin spielt.

HERKING, URSULA
* 28.01.1912 in Dessau,
† 17.11.1975 in München
Geboren als Tochter eines Schauspielers und Regisseurs und der gefeierten Kammersängerin Lilly Herking, schloß die Künstlerin 1930 ihre Schauspielausbildung in Berlin ab und spielte einige Jahre an verschiedenen Theatern, trat aber auch erfolgreich im Kabaretts auf, unter anderem in Werner Fincks „Katakombe". Ab 1933 spielte die Künstlerin mehr als 120 Filmrollen, wobei sie vorwiegend als Trampel, heulseliges Dienstmädchen oder schusselige Sekretärin eingesetzt

Ursula Herking

Erika Helmke

wurde. Einige ihrer bekannteren Filme waren „Familie auf Bestellung" (1939), „Kora Terry" (1940), „Frauen sind doch bessere Diplomaten" (1941), „Akrobat schö-ö-ö-n" (1943) und „Peter Voß, der Millionendieb" (1946). Nach dem Krieg setzte sie ihre Laufbahn vor Film- und Fernsehkamera sowie auf Theater- und Kabarettbühne erfolgreich fort. 1956 gehörte sie zur ersten Generation der Münchner Lach- und Schießgesellschaft und trat im Düsseldorfer „Kom(m)ödchen" sowie in Berliner Kabaretts auf. Ursula Herking verstarb an den Folgen eines Herzinfarkts.

HIELSCHER, MARGOT
* 29.9.1919 in Berlin,
† 20.8.2017 in München

Nach dem Besuch der Berliner Textil- und Modeschule wurde die Schauspielerin während ihrer Arbeit als Kostümberaterin der UFA von Heinz Rühmann für den Film entdeckt. In dem Streifen „Das Herz der Königin" trat sie 1940 an der Seite der berühmten Zarah Leander zum ersten Mal auf. Sie spielte fortan zahlreiche Filmrollen und hatte besonders als Partnerin von Curd Jürgens in „Frauen sind keine Engel" (1943) großen Erfolg. Den Durchbruch als Filmstar schaffte sie in ihrem ersten, autobiographisch gefärbten Nachkriegsfilm „Hallo, Fräulein" (1949). 1945 begann sie eine zweite Karriere, als die Amerikaner sie für eine Show engagierten, und als fraternisierende Schlagersängerin der ersten Stunde wurde sie ein Begriff. Sie bestritt mit der 34 Mann-Kapelle „Gene Hammers" zahlreiche Tourneen und wirkte im Rundfunk sowie Konzerten mit. Fortan hatte ihre gesangliche Karriere Vorrang, beim Film gab sie häufig nur Gesangseinlagen. In den Jahren 1957 und 1958 vertrat Margot Hielscher die Bundesrepublik beim Eurovision Song Contest. Ab Mitte der 1960er Jahre war die Künstlerin zunehmend auch im Fernsehen präsent. In ihre Sendung „Zu Gast bei Margot Hielscher" kamen etwa 700 Prominente, beispielsweise Werner von Braun, Franz Beckenbauer oder Leonard Bernstein. Nachdem sie sich 1994 endgültig vom Filmgeschäft zurückgezogen hatte, ist sie in den letzten Jahren vor allem im Theater zu sehen. Für ihr Werk, das rund 60 Filme und knapp 200 Fernsehproduktionen umfaßt, wurde sie vielfach geehrt, unter anderem 1978 mit dem Bundesverdienstkreuz 1. Klasse und 1985 mit dem Filmband in Gold.

Margot Hielscher

HILDEBRAND, HILDE
* 10.9.1897 in Hannover,
† 27.5.1976 in Berlin

Ihr Theaterdebüt hatte die Schauspielerin im Jahre 1914; nach dem Ersten Weltkrieg wurde sie ein gefeierter Revuestar und hatte Ende der 1920er Jahre auf den Berliner Bühnen viel Erfolg. Sie wirkte in einigen Stummfilmen mit, hatte aber erst mit ihren Tonfilmen der 1930er Jahre wirklichen Erfolg, beispielsweise in „Viktor und Viktoria" (1933), „Tanz auf dem Vulkan" (1938), „Bel Ami" (1939) oder „Große Freiheit Nr. 7" (1944). Nach dem Krieg trat die Künstlerin wieder mehr als Charakterdarstellerin auf den Bühnen in Hamburg, München und Berlin in Erscheinung. Sie drehte noch einige Filme und wirkte in vielen Fernsehproduktionen mit. Hilde Hildebrand wurde 1964 mit dem Filmband in Gold ausgezeichnet.

Hilde Hildebrand

HILLEN, ELLEN
* 1910, † ?

Die Schauspielerin wirkte zunächst an verschiedenen Berliner Bühnen wie der Komischen Oper und dem Theater in der Behrensstraße. Vor der Kamera debütierte sie 1932 als Zofe in „Drei von der Kavallerie", und auch in den folgenden Jahrzehnten ihrer Karriere verkörperte sie immer wieder Dienstmädchen und andere Hausangestellte, so etwa in den Streifen „Gordian, der Tyrann" (1937), „Ehe in Dosen" (1939) und „Eine kleine Nachtmusik" (1940). Neben ihrer Filmarbeit stand Ellen Hillen immer auch auf der Bühne, beispielsweise neben Agnes Windeck in „Drei blaue Augen" (1940) und 1947 im Ensemble des Theaters am Kurfürstendamm.

HIMBOLDT, KARIN
* 8.2.1920 in München,
† 1.12.2005 in Basel

Ihr Filmdebüt hatte sie im Jahre 1940 in „Falschmünzer". Da entdeckte Heinz Rühmann die junge Schauspielerin und gab ihr die weibliche Hauptrolle in seinem Film „Quax, der Bruchpilot" (1941). Er ermöglichte ihr weitere Rollen an seiner Seite, zum Beispiel in ihrem bekanntesten Film „Die Feuerzangenbowle" (1944), in dem sie die attraktive Tochter des Schuldirektors gab. Des weiteren trat sie in „Der Seniorchef" (1942), „Tierarzt Dr. Flimmen" (1944) und „Quax in Afrika" (1945) auf. Nach dem Zweiten Weltkrieg konnte sie an ihre alten Erfolge nicht recht anknüpfen und spielte nur noch in wenigen Streifen mit, darunter „Verführte Hände" (1949) und „Ober, zahlen!" (1957).

Karin Himboldt

HÖFLICH, LUCIE
Prof., * 20.2.1883 in Hannover,
† 9.10.1956 in Berlin

Geboren unter dem Namen Lucie von Holwede, begann die Künstlerin 1899 ihre Laufbahn in Bromberg, ging nach Nürnberg an das „Intime Theater", anschließend an das Neue Theater in Berlin und wurde schließlich in Wien am Raimund-Theater engagiert. Sie hatte hier überaus großen Erfolg und stieg unter Max Reinhardts Regie zu einem Stern des Deutschen Theaters in Berlin auf. Im Jahre 1913 gab die Schauspielerin ihr Filmdebüt in „Gendarm Möbius" und war dann über Jahrzehnte in wichtigen Rollen zu sehen; allerdings dominierte sie im Filmgeschäft nicht annähernd so wie auf der Theaterbühne. Sie war auch in vielen bekannten Filmen des Dritten Reiches zu sehen, etwa in „Fridericus" (1936), „Der Berg ruft" (1937), „Robert Koch, der Bekämpfer des Todes" (1939), „Ohm Krüger" (1941) und „Altes Herz wird wieder jung" (1942). 1937 wurde ihr der Titel Staatsschauspielerin verliehen. Nach dem Zweiten Weltkrieg leitete sie einige Jahre das Staatstheater Schwerin, wo sie auch zur Professorin ernannt wurde; später wirkte sie wieder an verschiedenen Berliner Bühnen. Lucie Höflich war Mitglied des ersten Volksrates der sowjetischen Besatzungszone; 1953 wurde sie mit dem Bundesverdienstkreuz ausgezeichnet. Ihre letzte Ruhe fand sie in einem Ehrengrab der Stadt Berlin.

Lucie Höflich

HÖHN, CAROLA
* 30.1.1910 in Geestemünde,
† 8.11.2005 in Gründwald

Geboren unter dem Namen Karoline Höhn, wurde die Künstlerin zu dem deutschen Star, dessen Filmschaffen sich über den Zeitraum von 71 Jahren erstreckte. Ihr erster Film „Aus dem Tagebuch eines Junggesellen" hatte im Januar 1929 Premiere, ihr letzter im Oktober 2000. Den Durchbruch schaffte sie mit dem Streifen „Ferien vom Ich" (1934), und dies war der Auftakt zu einer langen Reihe erfolgreicher Filmrollen für die Schauspielerin. Darunter waren „Fridericus" (1936), „Wir tanzen um die Welt" (1939), „Kollege kommt gleich" (1943), „Der Fall Rabanser" (1950), „Viktor und Viktoria" (1957) und „Schloß Königswald" (1988). Im Jahr 1928 hatte sie ihr Bühnendebüt

Carola Höhn

und spielte am Schloßpark-Theater in Berlin. Sie blieb neben ihrer Filmtätigkeit auch zeitlebens dem Theater treu, arbeitete aber auch als Synchronsprecherin und für das Fernsehen, etwa in der Krimiserie „Derrick" (1977, 1979, 1980) oder in der Reihe „Praxis Bülowbogen" (1987 bis 1996).

HOESSLIN, MARIA VON
Lebensdaten der Schauspielerin konnten nicht ermittelt werden, lediglich folgendes: Sie spielte in den sieben Filmen mit: „Donauschiffer" (1939/40), „Wir machen Musik" (1942), „Meine Freundin Josefine" (1942), „Gabriele Dambrone" (1943), „Das Leben geht weiter" (1944/45), „Das Tor zum Frieden" (1950/51), „Du bist die Richtige" (1954).

HOFER-PITTSCHAU, HILDA
* 1.3.1873, † 1961
Die Künstlerin war mit dem Schauspieler Ernst Pittschau verheiratet. Sie wirkte primär als Theaterschauspielerin und trat nur in wenigen Filmen auf, beispielsweise in „Der Vetter aus Dingsda" (1934) und „Drei Mäderl um Schubert" (1936).

HOFFMANN, IRMGARD
* 19.11.1911 in Córdoba/Argentinien
Weitere Lebensdaten konnten nicht ermittelt werden, lediglich folgendes: Die Schauspielerin spielte in folgenden Filmen mit: „Meiseken" (1937), „Der Lachdoktor" (1937), „Liebelei und Liebe" (1938), „Drei Väter um Anna" (1939), „Der Sündenbock" (1940), „Hochzeitsnacht" (1941), „Großstadtmelodie" (1943) und „Immer wenn es Nacht wird" (1961).

HOHORST, LUISE
* 2.6.1884 in Moskau,
† 30.1.1950 in München
Die Charakterdarstellerin und Kammerschauspielerin am Münchener Hof-Theater (1912 bis 1940) zeichnete sich besonders später im Fach hintergründiger älterer Frauen aus. 1943 wurde sie während einer Eisenbahnfahrt durch einen alliierten Bombenangriff so schwer verwundet daß ihr rechtes Bein amputiert werden mußte. Sie trat sowohl in Stumm- wie auch in Tonfilmen vor die Kamera, beispielsweise in „Die Nacht mit dem Kaiser" (1936), „Befreite Hände" (1939) oder „Die schwarze Robe (1944)".

HOLST, MARIA
* 2.4.1917 in Wien,
† 8.10.1980 in Salzburg
Die Künstlerin debütierte in Zürich und spielte 1935 bis 1937 in Linz und Brünn. Aufgrund ihrer Erfolge wurde man in Wien auf sie aufmerksam und holte sie in ihre Heimatstadt zurück. Hier spielte sie an verschiedenen Bühnen – nur unterbrochen von einem kurzen Zwischenspiel 1939 in Berlin –, zuletzt am Burgtheater. Ihr Filmdebüt hatte sie in „Lumpacivagabundus" (1937), und durch ihre Rolle in dem Welterfolg „Operette" (1940) rückte sie schlagartig in die erste Reihe der bekanntesten Schauspieler. Weiterer Filme waren „Wiener Blut" (1942) und „Hundstage" (1944). Sie stand bis Ende der 1950er Jahre vor der Kamera, unter anderem in „Grün ist die Heide" (1951), „Kaiserwalzer" (1953) und „Die Trapp-Familie" (1956).

Maria Holst

HOLTZ, ANNEMARIE
* 9.3.1899 in Rostock, † 26.6.1987
Nach ihrer Schauspielausbildung bekam die Künstlerin ihr erstes Engagement am Bayerischen Staatstheater, danach spielt sie bis 1937 am Hamburger Schauspielhaus und ging sodann nach Berlin an das Staatstheater. Ihre erste Filmrolle bekam sie erst mit 39 Jahren im Streifen „Capriccio" (1938), bis 1968 folgten u.a. „Mann für Mann" (1939), „Hauptsache glücklich" (1941), „Meine Herren Söhne" (1945)

Annemarie Holtz

und „Rosenmontag" (1955). Nach dem Krieg stand sie wieder auf Theaterbühnen in München und Berlin und arbeitete auch für Hörfunk, Fernsehen und als Synchronsprecherin.

HOLZMANN, OLGA („OLLY")
* 31.10.1916 in Wien,
† August 1995 in London

In dem Spionagefilm „Hotel Sacher" gab die vielseitige Künstlerin 1939 ihr Filmdebüt und wirkte danach noch in weiteren 15 Filmen mit, wobei sie meist wegen ihres ausgeprägten Temperaments, ihrer sprudelnder Lebensfreude und ihrem Wiener Charme auf den Typ des „Wiener Mädels" festgelegt wurde. In Erinnerung geblieben ist sie nicht zuletzt wegen ihrer Hauptrolle in dem Eisrevuefilm „Der weiße Traum" (1943). In diesem Streifen konnte die ehemalige Landesmeisterin im Eiskunstlauf auch ihr sportliches Können zeigen.

Olga Holzmann

HOLZSCHUH, LIZZI
* 3.1.1908 in Wien, † 23.7.1979 ebd.

Ihre erste Filmrolle erhielt die Schauspielerin mit 24 Jahren in „Lumpenkavaliere" (1932), erzielte dann als Verkäuferin Mizzi in „Die Töchter Ihrer Exzellenz" (1934) den künstlerischen Durchbruch und avancierte zu einer der beliebtesten Darstellerinnen. Sie spielte weiterhin in „Der Himmel auf Erden" (1935), „Zauber der Bohème" (1937) und „Wiener Mädeln" (Uraufführung 1949). Nach 1945 konnte sie allerdings an ihre früheren Erfolge nicht anknüpfen und stand nur noch wenige Male vor der Filmkamera.

Lizzi Holzschuh

HOPPE, MARIANNE
* 26.4.1909 in Rostock,
† 23.10.2002 in Siegsdorf

Der beliebte UFA-Filmstar, der bis heute als eine der bedeutendsten Theaterschauspielerinnen des 20.Jahrhunderts gilt, stand anfangs in Berlin, Frankfurt am Main und München auf der Bühne. Sie wurde fast über Nacht durch ihre Rolle in der Literaturverfilmung „Der Schimmelreiter" (1934) berühmt, galt fortan als Inbegriff des norddeutsch-herben Landmädchens und gehörte zur Kultur-Elite des Dritten Reiches. Sie trat u.a. in folgenden Filmen auf: „Schwarzer Jäger Johanna" (1935), „Der Schritt vom Wege" (1939) und „Romanze in Moll" (1943). Gustaf Gründgens holte den Star nach Berlin, wo sie 1936 heirateten. Die Künstlerin, die gleichermaßen auf der Theaterbühne wie auch im Film eine steile Karriere machte, konnte ihre Erfolge nach 1945 bruchlos fortführen und wurde dazu noch im Fernsehen ein vielbeschäftigter Publikumsliebling. Marianne Hoppe wurde für ihre einzigartige Darstellungskunst vielfach geehrt, beispielsweise mit dem Großen Verdienstkreuz des Verdienstordens der Bundesrepublik Deutschland (1975), der Goldenen Kamera (1981 und 2000) und dem Bayerischen Maximiliansorden für Wissenschaft und Kunst (1986).

Marianne Hoppe

HORESCHOWSKY, MELANIE
* 26.11.1901 in Wien,
† 13.2.1983 in München

Nach dem Besuch der Akademie für Musik und darstellende Kunst in Wien debütierte die Schauspielerin 1925 an den Münchener Kammerspielen in „Der Raub der Sabinerinnen". Nach Engagements in Dresden und an diversen Wiener Bühnen wurde sie 1931 an das Burgtheater verpflichtet und erhielt 1934 in „Der verlorene Sohn" ihre erste Filmrolle. Bis 1975 folgten rund weitere 40 Filme, in denen sie mitwirkte. Nach Kriegsende setzte Melanie Horeschowsky auch ihre Theaterarbeit erfolgreich fort und arbeitete später in einigen Fernsehproduktionen mit.

HORNEY, BRIGITTE
* 29.3.1911 in Berlin,
† 27.7.1988 in Hamburg

Brigitte Horney

Nach dem Besuch der Berliner Ilka Grüning Schauspielschule erhielt die Künstlerin bereits 1930 den Reinhardt-Preis als beste Schauspielerin und gab ihr Filmdebüt in „Abschied"; anschließend hatte sie einige Theaterengagements. 1934 wurde die Künstlerin in der Rolle des Mädchens Rubby in dem Streifen „Liebe, Tod und Teufel" und mit dem darin mit ihrer ausdrucksstarken Stimme vorgetragenen Lied „So oder so ist das Leben…" über Nacht ein Star. In den folgenden Jahren hatte sie in weiteren unvergessenen Filmrollen großen Erfolg, beispielsweise in „Der grüne Domino" (1935), „Verklungene Melodie" (1938), „Eine Frau wie Du" (1939), „Illusion" (1941) und „Münchhausen" (1943). Nach 1945 wirkte sie vorwiegend am Theater, spielte aber auch wieder in einigen Filmen mit. Ihre dritte Karriere begann im Fernsehen in den späten 1950er Jahren und dauerte bis zu ihrem Tode an, als sie während der Dreharbeiten zur Serie „Das Erbe der Guldenburgs" an Kreislaufversagen verstarb.

HUBER, AUGUSTE („GUSTI")
* 27.7.1914 in Wien,
† 12.7.1993 in New York City

Nach ihrem Theaterdebüt in Zürich spielte sie später in Wien am Volkstheater, am Theater in der Josefstadt und schließlich am Burgtheater. 1935 hatte die Künstlerin ihr Filmdebüt in „Tanzmusik" als Auftakt zu einer zehnjährigen erfolgreichen Filmkarriere mit insgesamt 20 Filmen bis 1945, darunter z.B. „Der Mann, von dem man spricht" (1937), „Kleiner Mann – ganz groß" (1938) und „Jenny und der Herr im Frack" (1941). Später heiratete sie einen amerikanischen Offizier, ging mit diesem in die USA und setzte dort ihre Karriere im Fernsehen fort.

JAECKEL, ANTONI
* 5.9.1876 in Berlin, † 26.12.1960 ebd.

Nach dem Besuch einer Höheren Töchterschule und anschließendem Schauspielunterricht bekam die junge Schauspielerin im Jahre 1900 in ihrer Heimatstadt ein Engagement am Neuen Theater, es folgten ab 1902 Verpflichtungen nach Hagen, Brieg, Detmold und weiteren Städten. Ab 1916 begann ihre Filmkarriere, die sie in der Tonfilmära und nach dem Zweiten Weltkrieg bei der DEFA fortsetzen konnte.

JAHNEN, MARGOT

Lebensdaten der Schauspielerin konnten nicht ermittelt werden, lediglich folgendes: Sie wirkte mindestens in den zwei Filmen „Eine alltägliche Geschichte" (Komödie aus dem Jahr 1945, deutsche Erstaufführung am 26.11.1948) und „Glück muß man haben" (Musikfilm unter der Regie von Theo Lingen aus dem Jahre 1945, deutsche Erstaufführung im Jahre 1950) mit.

JANSEN, HILDE

Lebensdaten der Schauspielerin konnten nicht ermittelt werden, lediglich folgendes: Die Künstlerin, die 1939 in dem Streifen „Gold in New Frisco" vor der Kamera debütiert hatte, war nur wenige Jahre als Filmschauspielerin aktiv. Die 1940er Jahre stellten den Höhepunkt ihres filmischen Schaffens dar, und sie agierte beispielsweise in den Filmen „Das große Spiel" (1942, ein Fußballfilm mit René Deltgen und Gustav Knuth), „Die Degenhardts" (1944, mit dem großen Heinrich George) und „Das seltsame Fräulein Sylvia" (1945, mit Ilse Werner, Paul Henkels und Paul Hubschmid).

Auguste Huber

Seite 23

Antoni Jaeckel

JÖKEN-KÖNIG, KÄTE
* 24.10.1905 in Naumburg/Saale,
† 27.9.1968 in Berlin

Erste Rollen spielte die Schauspielerin und Operettensängerin nach ihrer künstlerischen Ausbildung als Soubrette am Nationaltheater Mannheim. Seit 1926 sah man sie an diversen Bühnen und Kabaretts in Berlin. Ab Mitte der 1930er bis Ende der 1960er Jahre wirkte sie, meist in Nebenrollen, in mehr als 50 Filmproduktionen mit, darunter „Flucht ins Dunkel" (1939), „Jud Süß" (1940), „Ohm Krüger" (1941), der Historienfilm „Der Große König" und der Kriminalfilm „Dr. Crippen an Bord" (1942), „Ein Mann mit Grundsätzen?" (1943), „Das Leben geht weiter" (1945) und „Die Mörder sind unter uns" (1946). 1957/58 erhielt Käte Jöken-König nochmals ein Engagement an der Berliner Operettenbühne „Atrium", außerdem war sie mehrere Male auch als Hörspielsprecherin tätig.

JUGO, JENNY
* 14.6.1904 in Mürzzuschlag/Steiermark, † 30.9.2001 in Königsdorf/Oberbayern

Im Alter von 16 Jahren heiratete die Künstlerin den Schauspieler Erno Jugo und ging 1922 mit ihm nach Berlin. 1924 nahm die UFA sie unter Vertrag und gab ihr zahlreiche Hauptrollen in Stummfilmen, etwa 1927 in der Carl-Sternheim-Verfilmung „Die Hose". Mit dem Aufkommen des Tonfilms bekam Jenny Jugo Schauspielunterricht und bald auch entsprechende Tonfilmrollen; ihre ersten größeren Erfolge waren „Wer nimmt die Liebe ernst?" (1930) und „Ein Lied für Dich" (1933). Anschließend dreht sie elf Filme mit dem Regisseur Erich Engel und eroberte bis Anfang der 1940er Jahre durch ihr burschikoses Wesen und jugendlichen Charme die Herzen ihrer Zuschauer. Dazu zählen „Allotria" (1936), „Es leuchten die Sterne" (1938) und „Unser Fräulein Doktor" (1940). Eine Glanzrolle war für Jenny Jugo in „Pygmalion" die Eliza Doolittle, die sie neben Gustaf Gründgens verkörpern durfte. Nach dem Zweiten Weltkrieg konnte sie nicht an ihre alten Erfolge anknüpfen und zog sich nach nur zwei neuen Filmen auf ihren Bauernhof zurück.

Thea Kämer

Franziska Kinz

Jenny Jugo

KÄMER, THEA
Lebensdaten der Schauspielerin konnten nicht ermittelt werden, lediglich folgendes: Sie wirkte mindestens in den beiden Spielfilmen „Leichte Muse" (1941) und „Wenn die Sonne wieder scheint" (1943) mit.

KINZ, FRANZISKA
* 21.2.1897 in Kufstein,
† 26.4.1980 in Meran

Die Künstlerin, die sowohl als Sängerin wie auch als Schauspielerin gleichermaßen erfolgreich war, studierte 1924 Schauspiel und erhielt noch im selben Jahr ein Engagement am Staatstheater München; später folgten Engagements in Darmstadt, Berlin, Wien und wieder in München. Ihr Filmdebüt gab sie mit „Das Tagebuch einer Verlorenen" (1929) noch in einem Stummfilm, ihr erster Tonfilm folgte mit „Väter und Söhne" (1930) unmittelbar darauf. In den 1930er Jahren agierte sie noch in bekannteren Filmen wie „Hitlerjunge Quex" (1933), „Wilhelm Tell" (1934), „Standschütze Bruggler" (1936) und „Frau Sixta" (1938). In den Kriegsjahren spielte sie nur in wenigen Filmen, nach 1945 war sie jedoch wieder sehr erfolgreich im Filmgeschäft. Sie war u.a. zu sehen in „Moselfahrt aus Liebeskummer" (1953), „Anastasia, die letzte Zarentochter" (1956) und „Der Schleier fiel" (1960). Sie gab auch zahlreiche Funkgastspiele, vor allem im Bayerischen Rundfunk und im Südwestfunk.

KLEIN, WALTRAUT
Lebensdaten der Schauspielerin konnten nicht ermittelt werden.

KLOKOW, TIL
* 13.2.1908 in Koblenz,
† 14.9.1970 in München

Til Klokow

Geboren unter dem Namen Ottilie Klokow und aufgewachsen in den USA, kehrte die Künstlerin 1920 nach Deutschland zurück und wurde hier später als Schauspielerin ausgebildet. Seit Mitte der 1920er Jahre trat sie auf verschiedene Berliner Theaterbühnen und erhielt ab Anfang der 1930er Jahre erste Filmrollen, beispielsweise in „Danton" (1931, neben Gustaf Gründgens). Bekannt wurde sie allerdings weniger durch die relativ wenigen Filme, die unter ihrer Mitwirkung entstanden, sondern durch ihre ebenfalls in den 1930er Jahren aufgenommene Synchronisationstätigkeit. Sie lieh US-Filmstars wie beispielsweise Claudette Colbert, Rita Hayworth, Katharine Hepburn und Barbara Stanwyck ihre Stimme. Für den Riefenstahl-Film „Tiefland" synchronisierte sie die Schauspielerin Maria Koppenhöfer, da diese bei Fertigstellung des Films 1953/54 bereits verstorben war. Ihren letzten Filmauftritt hatte Til Klokow in dem Ruth Leuwerik-Film „Die Trapp-Familie in Amerika" (1958).

KNOTECK, JOHANNA („HANSI")
* 2.3.1914 in Wien, † 23.2.2014 in Eggstätt/Oberbayern

Die Wienerin trat mit 14 Jahren in eine bekannte Ballettschule ihrer Heimatstadt ein und studierte anschließend auf der Wiener Akademie für Musik und darstellende Kunst. Sie gab in Marienbad ihr Bühnendebüt in „Junge Liebe". Später wurde sie an das Leipziger Alte Theater verpflichtet und konnte hier in dem Stück „Der junge Baron Neuhaus" einen bemerkenswerten Erfolg feiern. Ihr Filmdebüt erfolgte 1934 mit einer Hauptrolle in der Ludwig Ganghofer-Verfilmung „Schloß Hubertus". Ihren Durchbruch erlebte sie mit „Der Zigeunerbaron" (1935), und bis Kriegsende stand sie noch einige Male vor der Kamera. Ihre bekanntesten Filme waren „Der Mann, der Sherlock Holmes war" (1937), „Das sündige Dorf" (1940), „Venus vor Gericht" (1941) sowie „Das war mein Leben" (1944). Nach 1945 spielte sie weitgehend Rollen in Heimatfilmen wie „Grenzstation 58" (1950), „Der Jagerloisl vom Tegernsee" (1951) oder „Der Pfarrer von Kirchfeld" (1955). In dem Film „Der Jäger von Fall" (1974) stand Hansi Knoteck letztmals vor der Kamera.

Johanna Knoteck

KOCH, LOTTE
* 9.3.1913 in Brüssel,
† 7.5.2013 in Unterhaching

Nach dem Besuch der Hochschule für Bühnenkunst in Düsseldorf erhielt die Künstlerin 1931 ihr erstes Theaterengagement in Heidelberg. Anschließend hatte sie Verpflichtungen am Schauspielhaus Zürich (1935/36), am Volks-Theater Wien (1938/39) und an den Hamburger Kammerspielen, wobei sie vorwiegend klassische Heldinnenrollen spielte. Ihr Filmdebüt gab sie zwar schon 1936 in „Lumpacivagabundus", aber regelmäßige Filmauftritte hatte sie erst ab 1940, beispielsweise in „Das Herz der Königin" (1940, neben Zarah Leander) oder in „Friedemann Bach" (1941, neben Gustaf Gründgens). Nach dem Zweiten Weltkrieg konnte sie ihre Karriere nur einige Jahre fortsetzen, ihr letzter Film war „Käpt'n Bay-Bay" (1953, neben Hans Albers). Danach zog sich Lotte Koch ins Privatleben zurück, nur 1971 übernahm sie noch einmal eine Gastrolle in der Fernsehserie „Motiv aus Liebe".

Lotte Koch

KONRADI, INGE
Prof., * 27.7.1924 in Wien,
† 4.2.2002 ebd.

Während des Zweiten Weltkrieges besuchte die Schauspielerin das Max-Reinhardt-Seminar in Wien, erhielt anschlie-

Inge Konradi

Dora Komar

ßend ein Engagement am Deutschen Volkstheater und spielte nun Stücke wie „Minna von Barnhelm", „Die heilige Johanna" oder „Der Diamant des Geisterkönigs". Nach dem Krieg blieb sie zunächst am Volkstheater und wechselte 1951 zum Burgtheater, wo sie lebenslang blieb und dessen Ehrenmitglied sie 1992 wurde; 1994 erhielt sie den Professorentitel. Ihre Filmlaufbahn begann erst mit „Triumph der Liebe" (1947); bis zum Jahre 2000 wirkte sie nur in 15 Filmen mit, da sie ihr Leben primär dem Theater gewidmet hatte. Die geniale Schauspielerin und Grand Dame prägte gemeinsam mit Josef Meinrad einen besonderen Nestroy-Stil am Burgtheater. Sie ruht in einem Ehrengrab auf dem Wiener Zentralfriedhof.

KÖRBER, HILDE
**Prof., * 3.7.1906 in Wien,
† 31.5.1969 in Berlin**

Hilde Körber

Die Künstlerin debütierte mit elf Jahren als Fackelträgerin in „Macbeth" am Burgtheater. Nach ihrer Schauspielausbildung in den Jahren 1920 bis 1922 hatte sie Engagements in Oldenburg, Stuttgart und Zürich und ab 1924 in Berlin. Hier wurde sie am Renaissance-Theater als Dienstmädchen Lucy in „Krankheit der Jugend" bekannt; danach war sie auch am Schiller-Theater sowie am Staatstheater verpflichtet. Ab Mitte der 1930er Jahre trat die Schauspielerin auch vor die Filmkamera und wurde eine vielbeschäftigte Nebendarstellerin in teilweise noch heute bekannten Filmen wie „Mein Sohn, der Herr Minister" (1937), „Ohm Krüger" (1941), „Der Große König" (1942) oder „Via Mala" (1944, Uraufführung 1948). Nach Kriegsende setzte Hilde Körber ihre erfolgreiche Karriere mit rund 20 Filmen fort, später sah man sie gelegentlich im Fernsehen. Sie leitete seit 1951 die Max-Reinhardt-Schule für Schauspiel in Berlin, 1965 wurde sie zur Professorin ernannt. Ihre Ehrengrab-

Liane Kopf

stätte befindet sich auf dem Waldfriedhof Dahlem.

KOMAR, DORA
*** 18.4.1914 in Wien,
† 21.11.2006 in Lissabon**

Geboren unter dem Namen Dora Komarek, wirkte die Künstlerin bereits früh im Kinderballett der Wiener Staatsoper mit, bevor sie dort 1933 ihr Debüt als Profitänzerin gab. Da sie auch eine Gesangausbildung absolviert hatte, setzte man sie zwei Jahre später auch als Sängerin an der Staatsoper ein. Hier wirkte sie dann bis zur Schließung der deutschen Theater am 1. September 1944 und brillierte unter anderem in „Die Hochzeit des Figaro", „Die Zauberflöte" und „Die Entführung aus dem Serail". Parallel zu ihrer Bühnenarbeit sah man sie auch in einigen Filmen; sie hatte in dem Kassenschlager „Operette" (1940) ein sehr erfolgreiches Debüt neben Willi Forst, es folgten zwei Streifen als Partnerin von Johannes Heesters, und in ihrem letzten Film vor Kriegsende, „Wiener Mädeln" (1945), spielte sie nochmals an der Seite von Willi Forst. 1946 wanderte die Künstlerin nach Rio de Janeiro aus und setzte dort ihre Karriere als Sängerin fort. 1970 kehrte Dora Komar nach Österreich zurück und verbrachte hier und zeitweise in Portugal ihren Lebensabend.

KOPF, LIANE
* 15.12.1904 in München, † ?

Die Künstlerin wurde an der Schauspielschule König in München ausgebildet und war seit 1931 Ensemblemitglied des Bayerischen Staatsschauspiels. Sie glänzte besonders als Darstellerin in Bauerndramen und Dialektstükken, spielte aber auch klassische Rollen wie die Franziska in „Minna von Barnhelm" oder die Aase in „Peer Gynt". Vor die Filmkamera trat sie beispielsweise in den Streifen „Mit dir durch dick und dünn" (1933), „Waldfrieden" (1936) oder „Die See ruft" (1942).

KOPPENHÖFER, MARIA
* 11.12.1901 in Stuttgart,
† 29.11.1948 in Heidelberg

Nach ihrer Ausbildung durch die Schauspielerin Emmy Remold debütierte die junge Künstlerin in ihrer Heimatstadt. Anschließend bekam sie Engagements in München sowie Köln, ging 1925 nach Berlin an das Deutsche Theater und ein Jahr später an das Preußische Staatstheater; hier wurde sie 1943 zur Staatsschauspielerin ernannt. Vor der Kamera stand Maria Koppenhöfer seit 1931. Nachdem sie auf der Bühne vorwiegend klassische Frauengestalten verkörpert hatte, legte man sie im Filmgeschäft bald auf das Mütterfach fest. Sie wirkte in rund 40 Spielfilmen mit, beispielsweise in „Friesennot" (1935), in dem Luis Trenker-Streifen „Der Berg ruft" (1937), „Johannisfeuer" (1939), „Das Herz der Königin" sowie „Bismarck" (1940) und in „Tiefland" (1940 bis 1944). Nach dem Zweiten Weltkrieg trat die Künstlerin nicht mehr im Film, sondern nur noch auf der Bühne in Erscheinung.

KRAHL, HILDE
* 10.1.1917 in Brod/Kroatien,
† 28.6.1999 in Wien

Der amtliche Name der Schauspielerin lautete Kolačný. Sie studierte nach dem Abitur 1935 zunächst an der Wiener Musikakademie, wechselte dann jedoch zur Schauspielschule Lamberg-Offer und bestand dort 1936 die Abschlußprüfung. Noch im selben Jahr debütierte sie an der Wiener Kleinkunstbühne „Literatur am Naschmarkt"

Hilde Krahl

und wirkte darauf am Raimund-Theater, an der Wiener Scala sowie am Theater in der Josefstadt, dessen Ensemblemitglied sie bis 1966 blieb. Von 1938 bis 1944 hatte sie auch ein Engagement am Deutschen Theater in Berlin. Ihr Debüt-Film war 1936 „Die Puppenfee", dem weitere Streifen folgten, von denen die Puschkin-Verfilmung „Der Postmeister" (1940) am erfolgreichsten war; hier trat sie an der Seite von Heinrich George als dessen Filmtochter Dunja auf. Ihre Karriere blieb auch nach Kriegsende erfolgreich, sie spielte viele Filmhauptrollen, hatte zahlreiche Theaterengagements und trat später auch in Fernsehserien wie „Derrick" oder „Die liebe Familie" auf. Hilde Krahl wurde vielfach geehrt, beispielsweise 1961 und 1980 mit dem Filmband in Gold und 1983 mit dem Großen Verdienstkreuz des Verdienstordens der Bundesrepublik Deutschland.

Maria Koppenhöfer

KREYSLER, DORIT
* 15.12.1909 in Mödling,
† 16.12.1999 in Graz

Geboren unter dem Namen Dorothea Kreisler, stand sie nach ihrem Schauspiel- und Tanzunterricht erstmals in einer „Jedermann"-Aufführung in Böhmen auf der Bühne; später ging sie nach St. Gallen, wo sie vorwiegend heitere Rollen spielte. Bei ihrem Filmdebüt sprang sie in „Freut Euch des Lebens" (1934) für eine erkrankte Schauspielerin ein und bekam danach sogleich weitere Rollen. Bekanntere Filme, in denen sie mitwirkte: „Wiener Blut" (1940), „Karneval der Liebe" (1943) und „Die Fledermaus" (1946). In den 1950er Jahren bekam sie meist nur Nebenrollen und konzentrierte sich ab 1957 primär auf ihre Theaterarbeit.

Dorit Kreysler

KÜNDINGER, ELSE
* 5.5.1885 in Mannheim, † ?

Die Künstlerin spielte zunächst kleine Rollen in Berlin am Deutschen Theater und war in der Zeit von 1911 bis 1925 Mitglied der Kammerspiele München. Später wirkte sie auch in Wien, Hamburg sowie wieder in München am Schauspielhaus. Else Kündinger wirkte seit 1916 bis 1945 in insgesamt 15

Else Kündiger

Stumm- und Tonfilmproduktionen mit, beispielsweise in den Streifen „Spiel auf der Tenne" (1937, mit Heli Finkenzeller und Joe Stöckel) und „Der Herr im Haus" (1940, mit Hans Moser und Maria Andergast).

KUNIG-RINACH, MARTHA
* 1.4.1899 in München,
† 24.3.1993 ebd.
Die Schauspielerin und Sängerin debütierte mit 17 Jahren am Münchener Residenztheater, spielte von 1938 bis 1944 am Volkstheater und ging dann an das Staatstheater am Gärtnerplatz, wo sie viele Jahre als sehr beliebtes Ensemblemitglied meist in komischen Rollen wirkte. Als Filmschauspielerin trat sie nur in relativ wenigen Filmen in Erscheinung, beispielsweise in „Standschütze Bruggler" (1936), „Berg der Liebe" (1951) oder „Das schreckliche Mädchen" (1990). Martha Kunig-Rinach wirkte auch in Hörfunk und Fernsehen, etwa in der Fernsehserie „Königlich Bayerisches Amtsgericht" (1969).

KUPFER, MARGARETHE
* 10.4.1881 in Freystadt/Schlesien,
† 11.5.1953 in Berlin
Die aus einer Schauspielerfamilie stammende Künstlerin debütierte 1900 in Berlin am Nascha-Butze-Theater, dem späteren Theater am Schiffbauerdamm, ohne je eine Schauspielausbildung genossen zu haben. Kurz darauf machte sie eine Tournee in die Niederlande und trat auch am Irving Place Theatre in New York auf. Später gehörte sie lange zum Ensemble des Deutschen Theaters in Berlin. In der Zeit von 1917 bis 1951 trat sie in mehr als 150 Stumm- und Tonfilmen auf, wobei sie meist in Nebenrollen Tanten, Mütter, Haushälterinnen oder Wirtinnen spielte, da sie etwa füllig gebaut war. Einige ihrer bekannteren Filme waren „Der Kongreß tanzt" (1931), „Das Veilchen vom Potsdamer Platz" (1936), „Krach im Vorderhaus" (1941) oder „Vier Treppen rechts" (1950). 1952 wurde sie mit dem Nationalpreis der DDR ausgezeichnet.

KUSSEROW, INGEBORG VON
* 28.1.1919 in Wollstein,
† 14.4.2014 in Hove/Sussex
Die aus einem ostelbischen Adelsgeschlecht stammende Schauspielerin erhielt schon in Kindesjahren eine Tanz- und Ballettausbildung. In den frühen 1930er Jahren begann ihre Theaterkarriere an diversen Berliner Theatern; ihr Filmdebüt gab sie 1936 in dem Streifen „Das Hofkonzert", bis 1945 wirkte sie in rund 20 Spielfilmen mit. 1947 verließ sie mit ihrem Ehemann Percy Graf Welsburg, den sie 1941 geheiratet hatte, Deutschland und ließ sich in Großbritannien nieder, wo sie sich als Polin ausgab und unter dem Namen Ingeborg Wells ihre Filmkarriere einige Zeit fortsetzte. 1949 veröffentlichte sie ihr vielbelächeltes Buch „I was Hitler's Mickey-Mouse" (Ich war Hitlers Mickey-Mouse). Darin schilderte sie die „Erfahrungen einer berühmten Künstlerin im Dritten Reich".

LALSKY, GERTRUDE DE
* 27.1.1878 in Danzig,
† 16.9.1958 in Berlin
Bereits 1899 ging die Künstlerin mit der Theatertruppe von Léon Resemann auf eine große Tournee und trat auch in New York auf. Ab 1900 gehörte sie zum Ensemble des Krefelder Stadttheaters, es folgten Engagements an Bühnen in Dresden, Wien, Hamburg und Frankfurt am Main, ab 1923 vornehmlich in Berlin, unter anderem am Künstler-Theater, am Renaissance-Theater, am Komödienhaus und am Plaza-Theater. 1920 debütierte sie im Stummfilmdrama „Hypnose-Sklaven fremden Willens" (1920) und spielte anschließend oft Hauptrollen; im Tonfilm konnte sie sich ebenfalls erfolg-

Ingeborg von Kusserow

Margarethe Kupfer

Gertrude de Lalsky

reich behaupten und trat beispielsweise in „Hans Westmar" (1933), „Heimat" (neben Zarah Leander, 1938) und „Die beiden Schwestern" (neben Erich Ponto, 1943) auf. Im Nachkriegsfilm konnte Gertrude de Lalsky nicht mehr Fuß fassen.

LANG, CHARLOTTE („LOTTE")
* 11.1.1900 in Wien, † 13.2.1985 ebd.

Zunächst absolvierte die Künstlerin eine Ausbildung zur Lehrerin, nahm dann Schauspielunterricht und kam nach einem Engagement bei den Münchener Kammerspielen 1932 zurück nach Wien an das Volkstheater und Raimund-Theater. Schließlich wurde sie zum Josefstädter Theater verpflichtet, wo sie in mehr als 50 Rollen meist die „Urwienerin" verkörperte. Bald wurde sie auch vom Film entdeckt, debütierte 1932 in „Die Zwei vom Südexpreß" vor der Kamera und feierte wie auch auf der Bühne große Erfolge in insgesamt rund 70 Filmen bis Anfang der 1960er Jahre, darunter waren „Der weiße Traum" (1943), „Orientexpreß" (1944), „Jetzt schlägt's 13" (1950) und „Der veruntreute Himmel" (1958). Danach war sie auch im Fernsehen präsent. Ihr ehrenhalber gewidmetes Grab befindet sich auf dem Wiener Zentralfriedhof.

LEHMANN, TRUDE

Lebensdaten der Schauspielerin konnten nicht ermittelt werden, lediglich folgendes: Sie spielte in mindestens 14 Spielfilmen mit, angefangen mit „Die Todesmaske" (1920) über „Viktor und Viktoria" (1933) bis zu „Ein Polterabend" (1955).

LIMBURG, OLGA
* 5.4.1881 in Düsseldorf,
† 7.3.1970 in Berlin

Mit einem Engagement am Stadttheater Posen begann 1901 die künstlerische Laufbahn der Schauspielerin, anschließend spielte sie an Berliner Bühnen, etwa am Metropol-Theater und am Theater am Kurfürstendamm. Ab 1907 war sie auch eine begehrte Nebendarstellerin des Stummfilms, sie debütierte hier in den ersten Filmen wie etwa „Fest der Handwerker" (1907). Ihren großen Erfolg konnte sie in der Tonfilmära fortsetzen, und bis in die später 1950er Jahre wirkte sie in mehr als 160 Filmen mit, wobei sie meist Tanten, Nachbarinnen, Haushälterinnen und andere Frauen von nebenan mimte. Einige ihrer bekannteren Filme: „Schwarzwaldmädel" (1933), „Die göttliche Jette" (1937), „Hurra! Ich bin Papa!", „Die Entlassung" (1942), „Es geht nicht ohne Gisela" (1951) und „Herr über Leben und Tod" (1955).

LINDNER, AMANDA
* 7.7.1868 in Leipzig,
† 18.4.1951 in Berlin

Die Künstlerin debütierte am Hoftheater Coburg und ging 1886 für zehn Jahre an das Hoftheater Meiningen, anschließend wirkte sie bis 1911 in Berlin am Königlichen Schauspielhaus. Später machte sie sich am Deutschen Theater einen Namen als große Schauspielerin. Nachdem sie bereits 1919 in dem Streifen „Eine unbedeutende Frau" vor der Kamera debütiert hatte, machte sie im vorgerückten Alter von mehr als sechzig Jahren eine zweite, wenn auch kurze Karriere im Film. 1932 verkörperte sie in der Komödie „Ich bei Tag und Du bei Nacht" die energische Witwe Cornelia Seidenbast und spielte sich damit im Grunde selbst: eine in die Jahre gekommene Hofschauspielerin, die in und mit den alten Erinnerungen lebt. Es folgten ein Engagement im patriotischen Tirol-Drama „Der Rebell" (1932) von Luis Trenker und weitere sechs Filme. Ihre letzten Jahre verbrachte Amanda Lindner verarmt in einem Berliner Altenheim, finanziell unterstützt vom Meininger Theater.

Olga Limburg

Charlotte Lang

Trude Lehmann

Amanda Lindner

Inge List

LIST, INGE
* 14.8.1917 in Salzburg,
† Oktober 2003 in den USA

Ihr Bühnendebüt gab die Schauspielerin am Theater in der Josefstadt in Wien, wo sie auch für den Film entdeckt wurde. Mitte der 1930er Jahre begann ihre erfolgreiche, aber kurze Karriere; zu ihren frühen Filmen gehörten „Großfürstin Alexandra" (1933), „Ich liebe alle Frauen" (1935) und „13 Stühle" (1938). Nach Ausbruch des Zweiten Weltkrieges folgten nur noch wenige Rollen. Nach Kriegsende filmte sie nicht mehr und ging 1949 in die USA.

Bruni Löbel

LÖBEL, BRUNI
* 20.12.1920 in Chemnitz,
† 27.9.2006 in Mühldorf am Inn

Obwohl die Schauspielerin die Aufnahmeprüfung an der Schauspielschule nicht bestand, hielt sie an ihrem Berufswunsch fest und erhielt 1935 auch ihre erste Rolle am Chemnitzer Stadttheater in Molières „Der eingebildete Kranke". Sie nahm später privaten Schauspielunterricht, übersiedelte gegen den Willen ihrer Eltern nach München und arbeitete dort zeitweise als Sekretärin. 1939 erhielt sie ein Rollenangebot der UFA in dem Operettenfilm „Heimatland". Von nun an spielte sie sowohl Film-, als auch Bühnenrollen. 1943 gelang ihr in neben Paul Klinger und Paul Wegener in „Wenn die Sonne wieder scheint" der Durchbruch. Der Erfolg blieb ihr auch in der Nachkriegszeit treu, sie feierte große Bühnen- und Kinoerfolge und wurde auch eine sehr populäre Fernsehdarstellerin. Sie gab meist den resolut-liebenswürdigen Frauentyp und spielte zunächst Mutter-, später Großmutterrollen. Vielen Zuschauern blieb sie aus den Fernsehserien „Polizeiinspektion 1", „Ich heirate eine Familie" oder „Forsthaus Falkenau" in Erinnerung. Sie stand aber auch regelmäßig noch auf der Theaterbühne, so etwa 2003 als Tante Abby in „Arsen und Spitzenhäubchen" in der Komödie im Bayrischen Hof in München. 1993 wurde Bruni Löbel mit der Goldenen Kamera und 1998 mit dem Bundesverdienstkreuz ausgezeichnet.

LÖCK, CARSTA
* 28.12.1902 in Deezbüll/Nordfriesland, † 19.10.1993 in Berlin

Schon während der Schulzeit nahm die Künstlerin Schauspielunterricht, mußte aber auf Wunsch ihres Vaters zunächst einen „bürgerlichen" Beruf ergreifen, bis sie 1930 endlich ihr Theaterdebüt geben konnte. Sie arbeitete danach erfolgreich an mehreren Theatern, konzentrierte sich aber im wesentlichen auf ihre parallel laufende Filmkarriere. Ihr Debüt vor der Kamera fand 1933 in dem Film „Wenn am Sonntagabend die Dorfmusik spielt" statt. Durch die folgenden Filme wurde sie einem breiten Publikum bekannt, ihre bekannteren Filme dieser Zeit waren beispielsweise „Onkel Bräsig" (1936), „Ihr Privatsekretär" (1940), „Besatzung Dora" (1943) oder „Freitag, der 13." (1944). Im Nachkriegsfilm wurde sie durch ihr resolutes Auftreten in einprägsamen Nebenrollen sehr populär. In den 1960er Jahren neigte sich ihre Filmkarriere dem Ende zu. 1989 wurde sie mit dem Filmband in Gold geehrt.

Carsta Löck

LOJA, MARIA
* 12.2.1890 in Hamburg,
† 3.1.1953 in Berlin

Geboren unter dem Namen Henny Anna Maria Hinsch, wirkte die Schauspielerin an den Hamburger Kammerspielen und lange Jahre an diversen Berliner Theatern, zuletzt am Theater am Schiffbauerdamm. Ihre Filmkarriere startete sie im Jahre 1934 mit den fünf Filmen „Die Medaille", „Die Finanzen des Großherzogs", „Abenteuer im Südexpreß", „La Paloma" und „Ihr größter Erfolg". Es folgten noch rund 35 Filme, davon sechs nach dem Zweiten Weltkrieg. In ihren letzten Jahren wirkte sie auch als Hörspielsprecherin sowie als Schauspielpädagogin.

LOSSEN, LINA
* 7.10.1878 in Dresden,
† 30.1.1959 in Berlin
Ihr Bühnendebüt gab die Schauspielerin 1898 am Stadttheater Düsseldorf, es folgten Engagements in Karlsruhe (1899 bis 1902), Chemnitz (1902/03), Köln (1903 bis 1905) und am Hoftheater München (1905 bis 1910). Anschließend wirkte sie bis 1922 am Lessing-Theater in Berlin und nachfolgend bis 1945 am Staatstheater Berlin. Wichtige Rollen waren für Lina Lossen unter anderem die Hortense in Grabbes „Napoleon oder die hundert Tage" (1922), die Herzogin von Friedland im „Wallenstein" (1924) oder die Frau Alving in „Gespenster" (1928). Ihr Filmdebüt gab die Schauspielerin 1919 im Zweiteiler „Peer Gynt", danach spielte sie bis 1945 vorwiegend Nebenrollen. Nach 1945 gab Lina Lossen nur noch Bühnengastspiele.

LUBER, HELENE
* 3.4.1914 in München
Vor der Kamera war die Künstlerin nur sporadisch zu Gast, denn sie konzentrierte ihr Schaffen primär auf die Bühnentätigkeit. Ihr Filmdebüt gab sie mit „Grüß mir die Lore noch einmal" (1934), danach spielte sie bis 1940 noch in sechs deutschen Filmen mit. In den Kriegsjahren trat sie in einigen italienischen Produktionen auf wie „La famiglia Brambilla in vacanza" (1941) und „In cerce di felicità" (1944). Nach dem Zweiten Weltkrieg kehrte sie nach Deutschland zurück und agierte noch in einigen Filmen; letztmals stand Helene Luber in „Die spanische Fliege" (1955) vor der Kamera und widmete sich dann dem Theater.

LUDWIG, MARLISE
* 1.3.1886, † 13.3.1982 in Berlin
Die Tochter eines Schauspielers wählte den zweiten Vornamen ihres Vaters als Künstlernamen. Sie debütierte 1908 auf der Bühne in Bochum und wechselte dann bald nach Berlin, wo sie bis 1941 an verschiedenen Bühnen verpflichtet war. Von 1932 trat sie bis 1945 immer wieder vor die Kamera, beispielsweise in dem Revuefilm „Hallo, Janine" (1939) oder „Großstadtmelodie" (1943). Nach Kriegsende agierte sie in einigen frühen DEFA-Filmen, so auch in dem ersten deutschen Nachkriegsfilm „Die Mörder sind unter uns" (1946). Später wurde sie auch als bedeutende Schauspiellehrerin bekannt, die viele spätere Prominente ausbildete wie etwa Horst Buchholz, Cornelia Froboess, Brigitte Grothum, Dieter Hallervorden, Edith Hancke, Gottfried John, Harald Juhnke, Klaus Kinski, Günter Pfitzmann, Vera Tschechowa, Klausjürgen Wussow.

LÜSEBRINK, KARIN
* 6.9.1908, † nach 1961
Die intensivste Schaffenszeit der Schauspielerin lag in den 1930er Jahren, in denen sie als Nebendarstellerin in vielen bekannten Filmen mitwirkte. Ihre Karriere begann mit „Die Czardasfürstin" (1934) und setzte sich mit „Ehestreik" (1935), „Ich liebe alle Frauen" (1935), „Die Unbekannte" (1936), „Truxa" (1937) und „Hurra, ich bin Papa!" (1938) erfolgreich fort. Nach 1945 trat sie nur wenige Male vor die Kamera. Insgesamt spielte sie in rund 35 Filmen mit.

MALCHIN, EDELWEISS
* 5.11.1923 in Berlin, † 15.11.1983 ebd.
Das Leben der Schauspielerin liegt teilweise im Dunkeln. Seit Anfang der 1940er Jahre ist sie als Theaterschauspielerin, allerdings ohne ein festes Engagement nachzuweisen. Ihr Filmdebüt gab sie Ende 1942 in einer sehr kleinen Rolle des Films „Gabriele Dambrone" als Lehrmädchen Pauline. Bis Kriegsende stand sie noch

Helene Luber

Edelweiß Malchin

Leni Marenbach

Christl Mardayn

Elisabeth Markus

mehrfach mit etwas größeren Nebenrollen vor der Kamera. 1948 setzte sie ihre Filmarbeit mit einer Hauptrolle in dem DEFA-Problemfilm „...und wenn's nur einer wär'" fort, in der sie eine Schauspielerin gab. Die späteren Rollen der Künstlerin waren wieder kleiner. Ein Theaterengagement bekam Edelweiß Malchin auch nach dem Zweiten Weltkrieg nicht, sondern lediglich Stückverträge und Gastspiele, beispielsweise am Berliner Renaissance-Theater als Zimmermädchen in „Das süße Geheimnis". 1960 zog sie sich ins Privatleben zurück.

MARDAYN, CHRISTL
Prof., * 8.12.1896 in Wien,
† 24.7.1971 ebd.

Die Wienerin besuchte die Opernklasse der Musikakademie und debütierte 1918 an der Volksoper. 1921 wurde sie an das Raimund- und 1921 an das Carl-Theater, später an das Theater an der Wien engagiert. Sie entwickelte sich zu einer gefeierten Opern- und Operettensoubrette, bis Max Reinhardt sie verpflichtete. Sie spielte sodann an Reinhardts Bühnen in Wien und Berlin, später am Theater in der Josefstadt sowie am Volks-Theater und wurde dank ihres Charmes und Talents eine der populärsten Künstlerinnen Wiens. Ab 1931 wirkte sie zudem noch mit großem Erfolg in mehreren Spielfilmen – oft mit Gesangseinlagen – mit, zum Beispiel in den Streifen „Im weißen Rößl" (1935), „Der Florentiner Hut" (1939) oder „Romantische Brautfahrt" (1943). Nach dem Zweiten Weltkrieg war Christl Mardayn auf der Bühne noch sehr erfolgreich, im Film wurde sie nur noch selten eingesetzt. 1957 wurde ihr das Goldene Ehrenzeichen für Verdienste um die Republik Österreich und 1962 der Titel Professor verliehen. Sie erhielt ein ehrenhalber gewidmetes Grab auf dem Wiener Zentralfriedhof.

MARENBACH, LENI
* 20.12.1907 in Essen,
† 26.1.1984 in Berlin

Bereits mit 16 Jahren debütierte die Schauspielerin am Schauspielhaus Essen, es folgten drei Jahre später Stationen am Schauspielhaus Zürich, in Darmstadt, in Wien am Theater in der Josefstadt und an den Münchener Kammerspielen. Seit Mitte der 1930er stand sie regelmäßig vor der Filmkamera und erlangte besonders durch ihre drei Filme an der Seite von Heinz Rühmann große Popularität: „Wenn wir alle Engel wären" (1936), „Der Mustergatte" (1937) und „Fünf Millionen suchen einen Erben" (1938). Die beliebte Künstlerin überzeugte besonders durch ihre natürliche Ausstrahlung und wirkte bis Kriegsende in rund 20 Filmen mit; danach trat sie nur noch selten vor die Film- und später die Fernsehkamera und spielte verstärkt Theater.

MARKUS, ELISABETH
* 15.12.1895 in Weikersdorf/Niederösterreich, † 19.1.1970 in Wien

Nach ihrer Ausbildung am Deutschen Volkstheater in Wien verdiente sich die junge Schauspielerin ihre Sporen beim Theater an verschiedenen Wiener Bühnen. Erst in den 1920er Jahren trat sie vor die Filmkamera, zunächst in Stummfilmen wie „Unter der Knute des Schicksals" oder „Der Meineidbauer" (1926), später auch in Tonfilmen wie beispielsweise „Ein Stern fällt vom Himmel" (1934), „Die Wirtin zum Weißen Rößl" (1943) oder „Ruf an das Gewissen" (1944, aufgeführt erst 1949). Sie blieb aber immer auch der Theaterbühne treu, später unterrichtete sie am Max-Reinhardt-Seminar und arbeitete als Hörspielsprecherin sowie in einigen Fernsehproduktionen. Ihre letzte Filmrolle spielte Elisabeth Markus in „Graf Bobby, der Schrecken des Wilden Westens" (1966).

MARKUS, WINIFRED ("WINNIE")
* 16.5.1921 in Prag,
† 8.3.2002 in München

Winifred Markus

Nach dem Besuch der Ballettschule wurde die Künstlerin mit sechzehn Jahren am Wiener Max-Reinhardt-Seminar aufgenommen und dort zwei Jahre lang ausgebildet. 1939 debütierte sie als Elfe in Shakespeares „Sommernachtstraum" am Theater in der Josefstadt, an dem sie bis 1945 wirkte. Ebenfalls im Jahre 1939 hatte sie ihr Filmdebüt als naives Roserl in „Mutterliebe", schon kurz darauf bekam sie eine Hauptrolle in „Brand im Ozean". Später drehte sie bis Kriegsende bei der UFA rund 25 Filme, beispielsweise „Die Geierwally" (1940), „Der verkaufte Großvater" (1941) und „Wen die Götter lieben" (1942). Nach dem Zweiten Weltkrieg spielte sie im deutschen Nachkriegsfilm eine wichtige Rolle und setzte ihre Karriere fort, bis sie aus familiären Gründen Ende der 1950er Jahre längere Zeit pausierte. In dieser Zeit trat sie u.a. in den Filmen „Kaiserwalzer" (1953), „Kronprinz Rudolfs letzte Liebe" (1955) und „Das Mädchen Marion" (1956) auf. Ab 1980 feierte sie ein gelungenes Comeback, trat erfolgreich auf der Bühne wie auch im Fernsehen auf und wirkte noch in einigen Filmen mit. Winnie Markus wurde 1986 mit dem Filmband in Gold und 1988 mit dem Bundesverdienstkreuz ausgezeichnet.

MAYEN, HERTA
* 19.6.1922 in Wien, † 10.7.2015 ebd.

Die Tänzerin und Schauspielerin wurde unter dem Namen Herta Mayer geboren und erhielt seit ihrer frühen Kindheit Ballett- und Gesangunterricht. Die Künstlerin debütierte mit fünfzehn Jahren an der Revuebühne „Femina", trat später im „Etablissement Ronacher" und auf der Bühne des Wiener Stadttheaters auf. Sie ging 1938 nach Berlin, wo sie zunächst im Kabarett der Komiker und später als Schauspielerin und Sängerin an verschiedenen Bühnen wirkte. Ab 1939 spielte sie in einigen Filmen mit, teilweise mit Tanz- oder Gesangseinlagen, darunter „Hotel Sacher" (1939), „Hab mich lieb" (1942) und „Glück bei Frauen" (1944). 1951 trat sie in „Frühling auf dem Eis" ein letztes Mal vor die Kamera. 1953 bis 1955 spielte sie an der Deutschen Bühne von Buenos Aires und kehrte dann nach Wien zurück, um fortan meist an der Löwinger-Bühne zu agieren.

MAYERHOFER, ELFIE
* 15.3.1917 in Marburg an der Drau,
† 26.12.1992 in Maria-Enzersdorf/Niederösterreich

Nach einem Musik- und Gesangstudium hatte die Künstlerin, die später von Presse und Publikum „Wiener Nachtigall" genannt wurde, ihr Theaterdebüt am Jugendtheater München. Später spielte sie auch an Bühnen in Zürich, Wien, an der Staatsoper München sowie an diversen Berliner Theatern, wo schließlich Filmverantwortliche auf sie aufmerksam wurden und ihr erste Filmrollen gaben. Die erste größere Rolle hatte die Künstlerin in „Frauen für Golden Hill" (1938), es folgten weitere Filme wie etwa „Wir bitten zum Tanz" (1941), „Meine Frau Theresa" (1942) oder „Wiener Melodien" (1947). Da ihre Wohnung von alliierten Bombenangriffen zerstört worden war, ging sie 1945 nach Wien und konnte hier sowohl ihre Film- wie auch Theaterkarriere erfolgreich fortsetzen. Ihr Schaffen wurde mit vielen Auszeichnungen gewürdigt, so etwa 1975 mit dem Goldenen Ehrenzeichen für Verdienste um das Land Wien; im selben Jahr wurde sie auch in Monaco zur „bedeutendsten und beliebtesten Strauß-Interpretin der Gegenwart" gewählt. Ihre ehrenhalber gewidmete Grabstelle befindet sich auf dem Grinzinger Friedhof in Wien.

Elfie Mayerhofer

Else von Moellendorf

MOELLENDORF, ELSE VON
* 29.12.1913 in München,
† 28.7.1982 in Lübeck

Die Tochter eines Schauspielers und Regisseurs verkörperte schon im Kindesalter 1925 im ersten deutschen Kurztonfilm „Das Mädchen mit den Schwefelhölzern" die Titelfigur. Nach Abschluß ihrer Schauspielausbildung erhielt sie 1930 in Berlin ein Engagement am Metropol-Theater und spielte auch an anderen Berliner Bühnen, beispielsweise Hauptrollen in Märcheninszenierungen wie „Peterchens Mondfahrt" und „Rotkäppchen". Mit Beginn der 1930er Jahre begann ihre eigentliche Filmkarriere, in deren Verlauf sie in knapp 30 Produktionen mitwirkte, so in „Napoleon ist an allem schuld" (1938), „Der Fuchs von Glenarvon" (1940), aber auch als Partnerin von Heinz Rühmann in „Ich vertraue Dir meine Frau an" (1943). Nach Kriegsende spielte sie noch in einigen Streifen, zog sich aber Anfang der 1950er Jahre ins Privatleben zurück.

Lola Müthel

MEYENDORFF, IRENE VON
* 6.6.1916 in Reval, † 28.9.2001 King's Somborne/Hampshire

Die aus einer deutsch-baltischen Adelsfamilie stammende gebürtige Irene Freiin von Meyendorff flüchtete mit ihrer Familie in den Wirren der russischen Oktoberrevolution nach Bremen. Während eines Volontariats als Cutterin bei der UFA wurde sie für den Film entdeckt und erhielt sofort eine Hauptrolle in „Die letzten Vier von Santa Cruz" (1935/36). Die Künstlerin ließ sich sodann als Theaterschauspielerin ausbilden und stieg danach zu einem populären und vielbeschäftigten Filmstar auf. Sie wirkte u.a. mit in „Verräter" (1936), „Wir tanzen um die Welt" (1939), „Opfergang" (1942) und „Philharmoniker" (1944). Unvergessen ist ihre Darstellung der Preußenkönigin Luise im Film „Kolberg" (1945). Bis 1968 spielte sie in weiteren Filmen mit, verlegte nach dem Zweiten Weltkrieg aber den Schwerpunkt ihres Schaffens auf die Theaterbühne. 1988 erhielt sie das Filmband in Gold für langjähriges und hervorragendes Wirken im deutschen Film.

Irene von Meyendorf

MÜLLER, THEODOLINDE
Lebensdaten der Schauspielerin konnten nicht ermittelt werden, lediglich folgendes: Sie spielte von 1936 bis 1952 in zehn Spielfilmen mit, darunter „Weiberregiment" (1936, mit Oskar Sima und Heli Finkenzeller), „Fahrendes Volk" (1937/38, mit Hans Albers und Camilla Horn) und „Im Schatten des Berges" (1940, mit Attila Hörbiger und Hansi Knoteck).

MÜTHEL, LOLA
* 9.3.1919 in Darmstadt,
† 11.12.2011 in Gräfelfing

Geboren als Tochter einer Operettensängerin und eines Regisseurs, lag die Berufswahl nahe. Nach der Ausbildung an der Staatlichen Schauspielbühne Berlin wurde die Künstlerin Ende der 1930er Jahre von Gustaf Gründgens entdeckt, und so stand sie mit 17 Jahren als seine Partnerin auf der Bühne, die für sie immer der Lebensmittelpunkt sein sollte. Die Mimin hat in ihren mehr als 60 Bühnenjahren und in mehr als 200 Rollen die deutsche Theaterlandschaft wesentlich mitgeprägt. Die wandlungsfähige und ausdrucksstarke Schauspielerin wirkte seit Ende der 1930er Jahre auch in zahlreichen Kino- und später in Fernsehfilmen mit; außerdem war sie sehr intensiv als Hörspielsprecherin tätig. In dem Streifen „Spiel im Sommerwind" (1939) stand sie erstmals vor der Kamera, es folgten u.a. die Filme „Achtung! Feind hört mit! (1940), „Der Große König" (1942) und „Hotel Adlon" (1955). Mit einer kleinen Rolle in der Fernsehserie „Der Alte" verabschiedete sich Lola Müthel 2005 aus dem Showgeschäft.

NEUPERT, HERTHA
Lebensdaten der Schauspielerin konnten nicht ermittelt werden, lediglich folgendes: Sie spielte mindestens in den drei Spielfilmen „Die fremde Frau" (1939), „Alarm auf Station III" (1939) und „Der Gasmann" (1941, neben Heinz Rühmann und Anny Ondra) mit.

NICOLETTI, SUSI
Prof., * 3.9.1918 in München,
† 5.6.2005 in Wien

Geboren unter dem Namen Susanne Habersack, stand die Künstlerin schon ab ihrem 13. Lebensjahr als Tänzerin bei den Münchener Kammerspielen auf der Bühne, nur zwei Jahre später wurde sie Solotänzerin an der Münchener Opernbühne. Anfang der 1930er Jahre ging sie zur Kabarettgruppe „Die weißblaue Drehorgel" und machte gleichzeitig eine Schauspielausbildung. Von 1936 bis 1940 war sie Ensemblemitglied der Städtischen Bühnen Nürnberg, danach wirkte sie an verschiedenen Wiener Bühnen. Nachdem sie 1939 ihr Filmdebüt in „Mutterliebe" gegeben hatte, wurde sie in den 1940er und 1950er Jahren durch ihre rege Filmtätigkeit sehr populär; sie drehte insgesamt 94 Kino- und 84 Fernsehfilme. Dazu zählen z.B. „Hallo Dienstmann" (1952), „An der schönen blauen Donau" (1955) und „Ein Stern fällt vom Himmel" (1961). Außerdem arbeitete Susi Nicoletti auch als Tanz- und Schauspielpädagogin, von 1954 bis 1989 war sie ordentliche Professorin am Wiener Max-Reinhardt-Seminar. Sie erhielt zahlreiche Auszeichnungen, darunter 1997 den „Nestroy-Ring" und 2005 das „Goldene Ehrenzeichen der Stadt Wien".

Susi Nicoletti

OBER, GERTI
* 20.7.1907, † 2.6.1987 in Berlin

Die Schauspielerin begann ihre erfolgreiche Filmkarriere 1931 mit ihren Rollen in den Streifen „Zweierlei Moral", „Der verjüngte Adolar" sowie „Kadetten" und wirkte bis Anfang der 1940er Jahre in gut 30 weiteren Produktionen mit. Nach dem Film „Jenny und der Herr im Frack" (1941) zog sie sich aus dem Filmgeschäft zurück.

PERRY, IDA
* 16.2.1877 in Berlin,
† 21.6.1966 ebd.

Die Schauspielerin absolvierte zunächst eine Gesangausbildung, debütierte im Jahre 1897 und bekam anschließend Engagements als Sängerin und Schauspielerin in Berlin am Apollo-Theater, am Thalia-Theater und am Metropol-Theater. Später spielte sie auch an anderen Berliner Theatern und in den 1930er und 1940er Jahren vorwiegend am Theater am Nollendorfplatz. Nach 1945 trat sie vor allem an der Bühne der Jugend und am Berliner Residenz-Theater auf. Ihr Filmdebüt hatte die Künstlerin bereits im Jahre 1912; danach folgten zahlreiche weitere Stummfilme sowie ab den 1930er Jahren auch viele Tonfilme, in denen sie meist in Nebenrollen auftrat, darunter „Rasputin, Dämon der Frauen" (1930), „Elisabeth von Österreich" (1931), „Ein Lied geht um die Welt" (1933) und „Wenn ein Mädel Hochzeit macht" (1935). Danach folgte für Ida Perry eine lange Filmpause, aus der sie in den Nachkriegsjahren nur für zwei Filmrollen vor die Kamera zurückkehrte.

PETRI, ILSE
* 20.3.1918 in Göttingen,
† 3.2.2018 in München

Die Künstlerin absolvierte zunächst eine zweijährige Schauspielausbildung und ließ sich sodann noch vier Jahre als Sängerin ausbilden. Sie knüpfte noch vor ihrem Bühnendebüt mit Hilfe der bekannten Schauspie-

Seite 24

Gerti Ober

Ida Perry

Ilse Petri

lerin Camilla Horn erste Kontakte zum Filmgeschäft, wurde nach einem erfolgreichen Test im April 1935 sofort vor die Kamera geholt und spielte in diesem Jahr bereits in vier Filmen mit; bis 1945 folgten 19 weitere Filme, darunter auch „Bel Ami" (1939), „Altes Herz wird wieder jung" (1943) und „Die Degenhardts" (1944). Bald nach ihrem Filmdebüt bekam sie auch erste Theaterangebote und übernahm Rollen an Berliner Bühnen, darunter die Volksbühne, das Theater am Schiffbauerdamm und das „Kabarett der Komiker". Nach dem Krieg drehte Ilse Petri zwar noch mehrere Filme und arbeitete auch für das Fernsehen, im wesentlichen konzentrierte sie sich aber auf ihre Bühnenarbeit, meist in Berliner Theatern.

PFLUGER, PAULA
* 24.8.1914 in Ulm, † 29.8.1990 in Wien

Paula Pfluger

Die Schauspielerin debütierte noch zur Stummfilmzeit und spielte in einigen der letzten Stummfilme überhaupt mit, beispielsweise in „Das Mädchenschiff" (1929) mit Margot Landa und Attila Hörbiger. Der Schwerpunkt ihrer Tätigkeit lag allerdings klar im Bereich des Theaters, so daß sie in den 1930er Jahren nur in wenigen Filmen mitwirkte. In den Kriegs- und Nachkriegsjahren sah man Paula Pfluger in Nebenrollen wie in „Krambambuli" (1940) mit Rudolf Prack, „Schrammeln" (1944) mit Hans Moser, Paul Hörbiger und Marte Harell und „Kaiser Josef und die Bahnwärterstochter" (1963) mit Hans Moser, Hans Holt und Inge Konradi.

PLESSOW, ELLEN
* 12.1.1891 in Oldenburg, † 2.9.1967 in Berlin

Geboren als Tochter eines Apothekers unter dem Namen Helene Penning, absolvierte die Künstlerin ihre Schauspielausbildung und debütierte 1910 in Mainz am Deutschen Theater. Im folgenden Jahr ging sie nach Berlin, um dort Theater zu spielen; seit den 1920er Jahren wirkte sie in meist komischen oder skurrilen Rollen auch im Film mit. Auch nach dem Zweiten Weltkrieg stand die Schauspielerin noch für mindestens 20 Streifen wieder vor der Kamera der DEFA und spielte meist ältere Damen. Ihre bekanntesten Filme waren die Literaturverfilmung „Corinna Schmidt", der Märchenfilm „Das tapfere Schneiderlein" und die Lessing-Verfilmung „Emilia Galotti".

PORTEN, HENNY
* 7.1.1890 in Magdeburg, † 15.10.1960 in Berlin

Da ihr Vater als Opernsänger eine eigene Theatergruppe leitete, hatte die

Henny Porten

Künstlerin von klein auf engste Verbindungen zur Bühne. Schon 1907 kam sie zum Film, und von 1912 bis 1921 war sie vertraglich mit dem Filmpionier Oskar Messter verbunden, nachdem sie 1911 mit dem Stummfilm „Die unglückliche Liebe einer Blinden" großen Erfolg gehabt hatte. In kurzer Zeit reüssierte sie zu dem führenden Filmstar in Deutschland. Ihre künstlerisch anspruchsvollste Rolle spielte sie 1919 in „Rose Bernd", und mit ihrer Doppelrolle in „Kohlhiesels Töchter" (1939) war ihr sogar Weltruhm beschieden. Obwohl sie dem Tonfilm zunächst ablehnend gegenüberstand, spielte sie 1930 doch in „Skandal um Eva" mit. Danach folgte bis 1943 eine ganze Reihe von Filmen, bis es aus politischen Gründen still um sie wurde (ihr Ehemann galt als „Halbjude"). 1944 wurde das Ehepaar ausgebombt und verließ Berlin. 1946 fand sie in Ratzeburg eine neue Heimat. Henny Porten ging erfolgreich auf Gastspielreisen und spielte auch wieder Theater; im Februar 1950 trat sie in dem Lustspiel „Absender unbekannt" erstmals nach Kriegsende auch wieder vor die Kamera. Da sie in Westdeutschland nur kleine Rollen angeboten bekam, schloß sie mit der sowjetzonalen DEFA einen Vertrag und wirkte noch in den Filmen „Carola Lamberti" (1954), „Das Fräulein von Scuderi" (1955) und „Das gab's nur einmal" (1958) mit. Im Mai 1960 wurde ihr das Große Bundesverdienstkreuz verliehen.

PÜNKÖSDY, AUGUSTE
* 28.8.1890 in Wien, † 1.10.1967 ebd.
Die österreichische Schauspielerin begann ihre Bühnenarbeit 1913 an der Volksbühne in Wien, ein Jahr später ging sie nach Berlin zum Deutschen Theater und blieb hier Ensemblemitglied bis 1921, als sie in Wien Mitglied des Burgtheaters wurde. Sie spielte in einigen Stummfilmen mit und trat ab Mitte der 1930er Jahre auch im Tonfilm auf, mehrmals in Wiener Filmen. Wie als Köchin in „Konfetti" (1936), als Kaiserin in „Der liebe Augustin" (1940) oder in „Wien 1910" (1942) spielte sie in gut 30 Filmen stets Nebenrollen mit verschiedenster Ausprägung.

RAHL, MADY
* 3.1.1915 in Berlin,
† 29.8.2009 in München
Geboren unter dem Namen Edith Gertrud Meta Raschke, verließ die Schauspielerin noch vor der mittleren Reife die Schule und bekam sofort am Alten Theater in Leipzig ein Engagement. Nach kleineren Rollen wurde sie durch den Film Truxa (1937) einem größeren Publikum bekannt. Sie spielte in populären Vorkriegsfilmen wie „Zweimal zwei im Himmelbett" (1937), „Zu neuen Ufern" (1937) und „Eine Nacht im Mai" (1938). Es folgte bis Kriegsende noch eine Reihe von Filmrollen, und auch in der Nachkriegszeit setzte sich die Karriere von Mady Rahl uneingeschränkt fort. Bekanntere Filme aus den 1950er Jahren waren beispielsweise „Haie und kleine Fische" (1957), „Der Greifer" (1958) oder „Immer die Radfahrer" (1958). Auch auf der Theaterbühne feierte sie große Erfolge, so begeisterte sie in München monatelang ihr Publikum als „Ehrbare Dirne" oder als „Blauer Engel" und in vielen weiteren wichtigen Bühnenrollen. Das Zentrum ihrer Tätigkeit lag aber mehr und mehr beim Film- und später auch Fernsehschaffen. Selbst als sie sich Ende der 1970 Jahre sukzessive zurückzog, war sie doch sporadisch immer wieder einmal auf dem Bildschirm zu sehen, so etwa in „Die Wicherts von nebenan" (1986) oder zuletzt in der Krimiserie „Polizeiruf 110" (2004).

Mady Rahl

RAUSCH, LOTTE
* 24.5.1911 in Köln,
† 11.3.1995 in Offenbach
Die Schauspielerin, die unter dem Namen Charlotte Bach geboren worden war, besuchte in ihrer Heimatstadt Köln zwei Jahre lang die Schauspielschule. 1931 debütierte sie am Städtischen Schauspielhaus Köln. Zwei Jahre später ging sie nach Berlin und spielte dort an verschiedenen Theatern, zuerst an der „Komödie". Ihre Filmkarriere begann quasi parallel zu ihrer Bühnenarbeit, in weniger als 25 Jahren spielte sie tragende Nebenrollen in mehr als 60 Kinoproduktionen, nach 1945 sah man sie vorwiegend in Mutterrollen. Später wirkte sie auch im Hörfunk, ab Mitte der 1950er Jahre kamen immer mehr Fernsehaufgaben

Lotte Rausch

Anneliese Reinhold

hinzu. Ihre bekannteste Rolle auf dem Bildschirm war zweifelsfrei die Mutter in der Erfolgsserie „Familie Schölermann", die über 111 Folgen lief. In den 1960er Jahren sah man des öfteren Fernsehaufzeichnungen aus dem Millowitsch-Theater, in denen Lotte Rausch oft die weibliche Hauptrolle spielte, wie in „Das rote Tuch" (1966) oder „Der ungläubige Thomas" (1967).

REIGBERT, CLAIRE
* 7.10.1887 in Kiel,
† 1.6.1957 in München

Die Schauspielerin wurde von dem renommierten Schauspielerlehrer Friedrich Carl Pepper ausgebildet und begann 1914 ihre künstlerische Laufbahn. 1916 erhielt sie ihr erstes Engagement in Berlin an der Tourneebühne „Berliner Künstler-Theater". In den darauf folgenden zwanzig Jahren reihte sich für sie mit ihren Charakterrollen Erfolg an Erfolg, sei es am Lessing-Theater, am Schauspielhaus, am Theater am Nollendorfplatz, am Theater am Schiffbauerdamm oder am Komödienhaus. Ihre Filmkarriere begann etwa zur gleichen Zeit wie ihre Bühnenlaufbahn, nämlich 1915 mit dem Streifen „Der Strumpf", allerdings stand sie erst ab Mitte der 1930er Jahre regelmäßig vor der Kamera, z.B. in „Heimat" (1938), „U-Boote westwärts!" (1940) und „Die goldene Spinne" (1943). Die stämmige und pausbäckige Künstlerin war auf der Bühne wie vor der Kamera auf fröhliche, mütterliche Typen und einfache Frauen aus dem Volk abonniert. Sie arbeitete auch als Synchronsprecherin und für den Rundfunk.

Gabriele Reismüller

REINWALD, GRETE
* 25.5.1902 in Stuttgart,
† 4.5.1983 in München

Die Filmschauspielerin betätigte sich schon in ihrer Kindheit künstlerisch: Sie tanzte im Kinderballett des Berliner Theaters und stand als Kindermodell für Postkarten vor der Kamera. In den

Grete Reinwald

Jahren des Ersten Weltkrieges trat sie im Leipziger Kristall-Palast sowie in Berlin am Palast-Theater am Zoo auf. Ihr Filmdebüt gab sie 1913 zusammen mit ihren Geschwistern Otto und Hanni in „Ein Sommernachtstraum in unserer Zeit". Ab 1919 gab sie in zahlreichen Stummfilmen leidenschaftlich verliebte Frauen oder treue Gattinnen. In den späteren Tonfilmen sah man sie meist als Nebendarstellerin. Nach dem Zweiten Weltkrieg spielte sie nur noch in wenigen Spielfilmen mit; insgesamt sah man sie in rund 80 Stumm- oder Tonfilmen.

REINHOLD, ANNELIESE
* 5.1.1917 in Meran/Tirol,
† 6.1.2007 in Oldenburg

Die unter dem Namen Anneliese Reineke geborene Schauspielerin war von 1938 bis 1943 Tänzerin am Staatstheater Kassel. 1939 spielte sie an der Volksbühne Berlin in Heinrich von Kleists „Amphytrion" und 1941 in der Komödie „Die Schmetterlingsschlacht". In Filmen sah man sie anfangs nur als Formationstänzerin, und erst 1940 erhielt sie eine größere Rolle als Artistin und Partnerin von René Deltgen in dem Zirkusfilm „Die drei Codonas". Bis Kriegsende wirkte sie noch in vier Filmen mit, und in der Nachkriegszeit erhielt sie weitere wichtige Rollen, zuletzt 1950 in „König für eine Nacht". Danach heiratete sie den Regisseur dieses Films, Paul May, und zog sich aus dem Filmgeschäft zurück.

REISMÜLLER, GABRIELE
* 30.11.1920 in Degerndorf,
† 24.11.1969 in München

Nach dem Schauspielunterricht am Staatstheater München debütierte die Schauspielerin hier auch. Später wurde sie nach Erfurt verpflichtet. Nach Kriegsende hatte sie bis 1950 ein Engagement am Staatstheater Stuttgart, danach bis 1952 am Deutschen Theater Göttingen und anschließend bis 1955 an der „Komödie" in Basel. Später gab sie Gastspiele in Frankfurt und Köln. Ihre Filmarbeit begann 1941 und führte sie auch zu größeren Rollen, zumeist in Komödien; ihre erste Hauptrolle spielte sie 1944 in dem Lustspiel „Die keusche Sünderin". In den 1960er Jahren wurde es stiller um sie. Gabriele Reismüller ging mit nicht einmal 49 Jahren in den Freitod.

RESCHKE, ETHEL
* 24.4.1911 in Lauenburg/Hinterpommern, † 5.6.1992 in Berlin

Entgegen dem Wunsch ihrer Eltern wurde die Künstlerin nicht Kindergärtnerin, sondern nahm Schauspielunterricht und begann 1931 ihre Karriere in dem UFA-Film „Mädchen in Uniform". Aufgrund dieser Rolle bekam sie auch ein Bühnenengagement in Nürnberg und schaffte den Durchbruch in diesem Metier durch ihre Rolle in Brechts „Dreigroschenoper". In Berlin spielte sie an den Theatern am Schiffbauerdamm und am Kurfürstendamm. In den Kriegsjahren spielte sie mehrfach an Fronttheatern. Sie wurde lange Jahre die Tourneepartnerin des Parodisten Ludwig-Manfred Lommel und ging schließlich ganz zum Kabarett über. Auch im Rundfunk trat sie in Kabarettsendungen sowie in literarischen Revuen auf. Sie arbeitete aber immer wieder beim Film und wirkte in rund 50 Streifen mit, beispielsweise in „Romanze in Moll" (1943) „Große Freiheit Nr. 7" (1944) oder „Der Hauptmann von Köpenick" (1956). Seit Anfang der 1960er Jahre spielte Ethel Reschke auch in vielen Fernsehproduktionen mit.

REVAL, ELSE
* 14.6.1893 in Berlin, † 25.1.1978 ebd.

Geboren unter dem Namen Else Langer, war die Künstlerin zunächst als Tänzerin tätig, wandelte sich dann ab 1914 zur Schauspielerin und trat an verschiedenen Berliner Theaterbühnen auf. Ihren ersten Filmauftritt hatte sie 1919 in „Diskretion", und ab Mitte der 1920er Jahre trat sie regelmäßig in Stummfilmen auf. Die 1930er Jahre waren das arbeitsintensivste Jahrzehnt ihrer Karriere, in dieser Phase spielte sie in vielen populären Produktionen mit wie „Das Kabinett des Dr. Larifari" (1931), „Ein Mann will nach Deutschland" (1934), „Stadt Anatol" (1936) oder „Ein ganzer Kerl" (1939). Auch in den Kriegsjahren und der Nachkriegszeit war sie gut beschäftigt, in den 1950er Jahren folgten noch einige kleinere Rollen in großen Produktionen, beispielsweise „Grün ist die Heide" (1951), „Emil und die Detektive" (1954) oder „Der Greifer" (1958). Von 1955 bis 1958 arbeitete Else Reval in Karlsruhe am Badischen Staatstheater und ging danach zum Hansa-Theater zurück nach Berlin, wo sie ihre letzten Vorstellungen gab.

RICHARD, FRIDA
* 1.11.1873 in Wien, † 12.9.1946 in Salzburg

Geboren unter dem Namen Friederike Raithel, trat die Tochter eines Schauspielers in die Fußstapfen ihres Vaters und nahm Schauspielunterricht bei Max Reinhardt und Fritz Richard, der 1898 ihr Ehemann wurde. Danach arbeitete sie jedoch zunächst als Englischlehrerin und trat erst ab 1908 auf die Berliner Bühnen, nachdem sie 1905 zu ihrem Mann in die Reichshauptstadt gezogen war. Sie arbeitete nicht nur in Berlin, sondern auch in Wien an den Max Reinhardt unterstehenden Theatern, zudem spielte sie erfolgreich bei den Salzburger Festspielen. In der Stummfilmzeit wurde sie eine vielbeschäftigte Filmschauspielerin, die aufgrund ihrer charaktervollen Ausstrahlung von vielen großen Regisseuren engagiert wurde. 1932 siedelte sie nach Salzburg um, und es folgten zahlreiche Engagements in Tonfilmen, in denen man ihre Ausdruckskraft schätzte, beispielsweise in „Der Postmeister" (1940), „Aufruhr im Damenstift" (1941), „Die goldene Stadt" (1942) oder in dem Leni Riefenstahl-Film „Tiefland" (1945).

Else Reval

Ethel Reschke

Leni Riefenstahl dreht beim Reichsparteitag 1934 den Film „Triumph des Willens"

RICHTER, TUTTI
* 10.2.1918 in Altona

Die Schauspielerin war die Schülerin von Alexander Richter (den sie später heiratete) und Paul Wegener. Sie debütierte 1943 am Schauspielhaus Lemberg als Tante Agathe in „Hochzeitsreise ohne Mann" und wirkte meist in komischen Rollen in Lemberg sowie am Volkstheater Hamburg.

RIEFENSTAHL, LENI
* 22.8.1902 in Berlin, † 8.9.2003 in Pöcking/Starnberger See

Die berühmte Künstlerin hatte ihre Karriere als Ausdruckstänzerin begonnen, erlernte aber nach einem Unfall die Filmtechnik und wurde erfolgreiche Schauspielerin. Sie war u.a. zu sehen in den Filmen „Der heilige Berg" (1926), „Der große Sprung" (1927), „Die weiße Hölle vom Piz Palü" (1929) und „SOS Eisberg" (1933). 1932 schaffte sie mit ihrem Film „Das blaue Licht" den Durchbruch als Regisseurin. Ihre bald darauf folgende Begegnung mit Adolf Hitler kann man ohne weiteres schicksalhaft nennen, denn berühmt wurde sie danach vor allem durch ihre Filme über die Reichsparteitage der Nationalsozialisten in Nürnberg „Sieg des Glaubens" (1933) und „Triumph des Willens" (1934) sowie ihren zweiteiligen Film über die Olympiade von 1936, die ihr später bar jeder Kenntnis immer wieder als reine Propagandafilme vorgehalten wurden und der Künstlerin den Ruf als eines der prominentesten Beispiele „für die Verführbarkeit des Künstlers durch die politische Macht in Deutschland" einbrachten. „Triumph des Willens" wurde mit dem Deutschen Filmpreis sowie der Goldmedaille in Venedig ausgezeichnet und erhielt 1937 bei der Pariser Weltausstellung den Internationalen Großen Preis. Rückblickend wurde der Film, der sich eines vielfältigen Bilder-Rhythmus, spezieller Kameraeinstellungen sowie ungewöhnlicher Schnitte bediente und die Ausdruckskraft von nationalsozialistischen Symbolen durch Licht- und Musikeffekte zusätzlich betonte, als einer der bekanntesten und wirkungsvollsten Filme überhaupt eingeschätzt. Sie selbst beharrte immer darauf, daß dieser Film ein reines Kunstwerk sei, der kein antisemitisches Wort enthalte und berief sich auf die Reinheit ihrer ästhetischen Ideale; nach dem Krieg habe

Leni Riefenstahl

man ihre Filme mit einer politischen Brille gesehen. Ihr letzter Film war „Tiefland" (1940 bis 1942 gedreht und erst 1954 aufgeführt). Die Tatsache, daß für die Dreharbeiten 60 Zigeuner aus Konzentrationslagern rekrutiert und angeblich nicht entlohnt worden seien, sorgte später noch für anhaltende Diskussionen. Die Künstlerin gab später an, daß sie alle Komparsen, die in dem Film mitgewirkt hätten, nach Kriegsende wiedergesehen habe und keinem einzigen etwas geschehen sei. Nicht zuletzt wegen der ständigen Angriffe gegen sie begann Leni Riefenstahl eine zweite Karriere als Fotografin und arbeitete insoweit zunächst in Afrika und bei dem sudanesischen Nuba-Stamm. Ihre Arbeiten erhielten gute Kritiken und waren sehr erfolgreich. 1972 absolvierte sie eine Tauchausbildung und produzierte später verschiedene Bildbände aus der Welt der tropischen Meere. Bei den Olympischen Spielen von 1972 war sie als Fotografin akkreditiert, und bei den Olympischen Spielen von Montreal war sie 1976 Ehrengast des IOC. Im Sheibu-Museum in Tokio fand 1980 eine Ausstellung ihrer Nuba-Fotos statt, später folgten weitere Ausstellungen mit Fotos aus ihrem Gesamtwerk mit sehr großem Erfolg. Trotz ihres hohen Alters arbeitete Leni Riefenstahl, die in den 1990er Jahren noch Mitglied der Umweltschutzorganisation „Greenpeace" geworden war und sich für die Bewahrung der Meeresnatur einsetzte, an der Fertigstellung ihres ersten Unterwasserfilms, der pünktlich zu ihrem 100. Geburtstag im August 2002 im Fernsehen ausgestrahlt wurde.

RITTER, CHARLOTTE
Lebensdaten der Schauspielerin konnten nicht ermittelt werden, lediglich folgendes: Sie spielte in den Filmen „Allzuviel ist ungesund" (1938), „Die seltsamen Abenteuer des Herrn Fridolin B." (1947/48), „Quartett zu fünft" (1949) und „Bürgermeister Anna" (1950) mit.

RIED, MARINA
* 9.7.1921 in Moskau,
† 26.3.1989 in Jesteburg
Die deutsch-russische Marina Rschewskaja war Nichte der Schauspielerin Olga Tschechowa, kam im Kindesalter nach Deutschland und erhielt später eine Schauspiel-, Gesang- und Ballettausbildung. Anschließend bekam sie unter dem Namen Ried einige Engagements an Berliner Bühnen und Kabaretts, und es dauerte nicht lange, bis auch Filmverantwortliche auf die attraktive Künstlerin aufmerksam wurden. Ihr Leinwanddebüt gab sie 1940 mit einem winzigen Part in der Komödie „Die rote Mühle". Es folgten u.a. „Die große Nummer" (1942), „Die schöne Müllerin" (1954) und „Witwer mit fünf Töchtern" (1957). Sie wirkte insgesamt in mehr als 30 Filmen mit.

Marina Ried

RÖKK, MARIKA
* 3.11.1913 in Kairo,
† 16.5.2004 in Baden bei Wien
Bereits als Achtjährige trat die Künstlerin in einem Kinderballett an der Budapester Oper auf und gelangte nach einem Paris-Aufenthalt nach Amerika, wo sie als Mitglied einer Revue-Truppe viele Gastspiele gab und als „Königin der Pirouette" gefeiert wurde. 1933 debütierte sie in Budapest vor der Filmkamera und wurde bald darauf von der UFA engagiert. Innerhalb kurzer Zeit wurde sie als temperamentvolle Tänzerin, Sängerin und Schauspielerin zu einem der populärsten UFA-Stars. Sie wirkte in vielen Produktionen als Hauptdarstellerin mit, beispielsweise in „Gasparone" (1937), „Es war eine rauschende Ballnacht" (1939), „Kora Terry" (1940) oder in dem ersten deutschen Farbfilm „Frauen sind doch bessere Diplomaten" (1941). Auch ihre Schlager trugen wesentlich zu ihrer Beliebtheit bei, etwa „Für ei-

Marika Rökk

ne Nacht voller Seligkeit" (1940). Nach dem Krieg feierte sie ein glänzendes Comeback, sie spielte wieder in zahlreichen Filmen und Musicals, hatte eigene Fernsehshows und trat auf der Bühne auf. Sie wurde für ihr Schaffen vielfach ausgezeichnet, so war sie etwa 1948 die erste Preisträgerin des „Bambi", erhielt 1981 das Filmband in Gold und 1987 den Bayerischen Filmpreis.

Annie Rosar

ROSAR, ANNIE
* 17.5.1888 in Wien, † 6.8.1963 ebd.
Obwohl sie aus einfachsten Verhältnissen stammte, konnte die Künstlerin das Frauenerwerbsgymnasium besuchen und ging anschließend nach Mailand und Wien auf die Akademie für darstellende Kunst. Sie debütierte 1910 am Lustspiel-Theater und spielte 1912 die hochdramatische Liebhaberin in Calderons „Circe" am Münchener Künstlertheater. Einige Monate später ging sie an das Münchener Schauspielhaus und spielte hier Charakterrollen, beispielsweise in „Rose Bernd", „Traumspiel" oder „Maria Stuart"; außerdem gab sie Rezitationsabende. 1925 bis 1938 war sie am Theater in der Josefstadt verpflichtet, wo sie vorwiegend Rollen aus modernen Gesellschaftsstücken verkörperte. Seit 1930 spielte sie auch vor der Kamera, insgesamt in über 200 Rollen, darunter „Mutterliebe" (1939), „Die goldene Stadt" (1942) und „Reisebekanntschaft" (1943). Sie setzte nach 1945 ihre erfolgreiche Karriere fort und konnte ihre Popularität durch ihre Arbeit in Hörfunk und Fernsehen noch steigern. 1958 wurde sie zur Volksschauspielerin ernannt und erhielt 1961 einen „Bambi" für Verdienste um den deutschen Film.

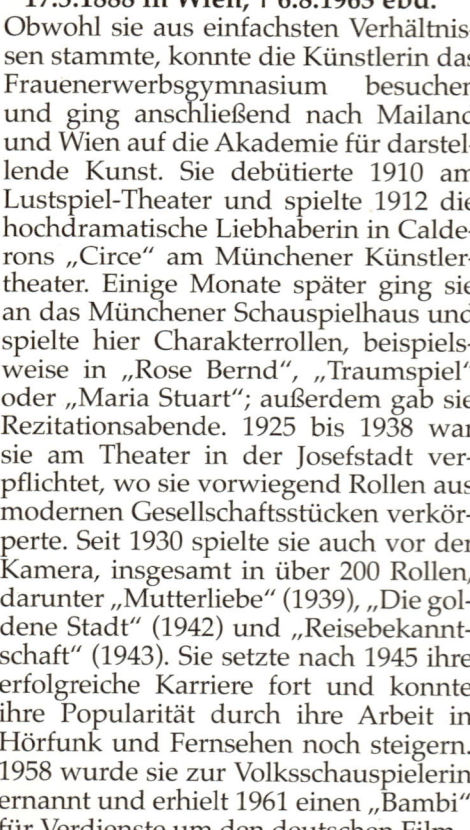

Carla Rust

Lu Säuberlich

RUBACH, MARIA
Lebensdaten der Schauspielerin konnten nicht ermittelt werden, lediglich folgendes: Sie wirkte mindestens in den zwei Filmen „Das Leben geht weiter" und „Vier Treppen rechts" (beide 1944/45) mit.

RÜTS, ELISABETH VON
Lebensdaten der Schauspielerin konnten nicht ermittelt werden, lediglich folgendes: Sie wirkte in rund 30 Spielfilmen mit, darunter „Kaiserwalzer" (1932), „Ein idealer Gatte" (1935), „Robert Koch, der Bekämpfer des Todes" (1939) und „Stern von Rio" (1939/40).

RUST, CARLA
* 15.9.1908 in Burgdamm,
† 27.12.1977 in Bad Hindelang
Die Schauspielerin debütierte 1928 am Stadttheater Mainz, erhielt 1930 ein Engagement am Schauspielhaus Nürnberg, wechselte 1933 nach Dresden und wirkte ab 1935 in Berlin am Theater am Schiffbauerdamm. Vor der Filmkamera debütierte sie noch im selben Jahr und wirkte dann bis Kriegsende in knapp 20 weiteren Filmen mit, darunter „Madame Bovary" (1937), „Robert und Bertram" (1939) und „Der Verteidiger hat das Wort" (1943). Nach dem Krieg bekam sie kaum noch Filmangebote und spielte nur noch in wenigen Streifen mit.

SACHSE, MARGARETHE
Lebensdaten der Schauspielerin konnten nicht ermittelt werden, lediglich folgendes: Sie spielte in knapp 20 Filmen mit, angefangen von „Flucht vor Blond" (1928) bis zum Streifen „Das Hochzeitshotel" (1944). Bekanntere Filme mit der Künstlerin waren beispielsweise „Emil und die Detektive" (1931), „La Paloma. Ein Lied der Kameradschaft" (1934) oder „U-Boote westwärts" (1941).

SÄUBERLICH, LU
* 9.11.1911 in Osterholz bei Bremen,
† 5.8.1976 in Berlin
Nach ihrer in Frankfurt am Main absolvierten Schauspielausbildung bekam die Künstlerin hier auch ihr erstes Engagement. Nach Stationen in Stettin

und in Berlin an der „Komödie" holte Heinrich George sie an sein Schiller-Theater, wo sie besonders als Renate in Max Halbes „Jugend" unter der Regie von Jürgen Fehling gefeiert wurde. Auch nach dem Krieg blieb die Künstlerin dem Theater verbunden, sie spielte 25 Jahre am Schiller- und am Schloß-Theater, wobei sie Chargen- und Charakterrollen spielte. Ihr Spielfilmdebüt gab sie 1945 in „Das Mädchen Juanita" und spielte auch später immer wieder in Film- und Fernsehproduktionen. Daneben arbeitete sie auch lange Jahre als Synchronsprecherin.

SEECK, ADELHEID
* 3.11.1912 in Berlin,
† 17.2.1973 in Stuttgart
Nach ihrer Schauspielausbildung erhielt die Künstlerin ein Engagement in Bunzlau/Niederschlesien. Durch Zufall wurde Gustaf Gründgens auf sie aufmerksam und holte sie 1940 ans Berliner Staatstheater, wo sie bis 1944 vornehmlich als Salondame in Erscheinung trat. Nach 1945 trat sie in Heidelberg und Hamburg auf, bis sie 1948 an das Düsseldorfer Schauspielhaus zu Gustaf Gründgens ging und hier sehr erfolgreich in Rollen wie der Stella in Calderons „Das Leben ist Traum", als Hetäre in Dürrenmatts „Ein Engel kommt nach Babylon" oder als Bertha von Bruneck in Schillers „Wilhelm Tell" agierte. Ihr Filmdebüt hatte Adelheid Seeck im Jahre 1941 und wirkte auch in diesem Metier sehr erfolgreich; bekanntere ihrer Filme waren beispielsweise „Tierarzt Dr. Vlimmen" (1944), „Teufel in Seide" (1956), für den sie das Filmband in Silber bekam, oder „Mein Freund Harvey" (1970).

SEIDLER, ALMA
* 8.6.1899 in Leoben/Steiermark,
† 8.12.1977 in Wien
Geboren als Tochter des kaiserlichen Ministerpräsidenten Ernst Seidler von Feuchtenegg, wirkte die Schauspielerin ab 1918 fast ausschließlich in Wien am Burgtheater, wo sie bis zu ihrem Tode in zahlreichen Haupt- und Nebenrollen zu sehen war, beispielsweise in „Käthchen von Heilbronn" (1927), als Hannele in Gerhart Hauptmanns „Hanneles Himmelfahrt" (1935) und noch 1975 in einer Aufführung von „Die Vögel". Nach 1945 startete sie auch eine Filmkarriere in nahezu 30 Spielfilmen, darunter „Reich mir die Hand, mein Leben" (1955), „Skandal in Ischl" (1957) und „Der brave Soldat Schwejk" (1960). Sie gehörte zu den bedeutendsten Burgschauspielerinnen ihrer Zeit und spielte klassische und moderne, komische und tragische Rollen mit großer Ausdruckskraft und Wandlungsfähigkeit.

Adelheid Seeck

SEIPP, HILDE
* 28.10.1909 in Berlin,
† 4.11.1999 in Lilienthal bei Bremen
Die Künstlerin begann ihre Karriere als Sängerin in Musikrevuen in den 1930er Jahren, ihren ersten großen Erfolg erzielte sie in der Revue „Ein Kuß reist um die Welt" mit Rudolf Platte und Aribert Moog. In Kontakt mit dem Filmgeschäft kam sie erstmals, als sie der Schauspielerin Pola Negri ihre Stimme für die Gesangpartien im Film „Mazurka" (1935) lieh. Im selben Jahr folgte ein kleiner Auftritt von Hilde Seipp in dem Erfolgsfilm „Amphytrion"; danach wirkte sie nur noch in relativ wenigen Filmproduktionen mit, da sie den Schwerpunkt ihres Schaffens auf ihre Gesangskarriere legte. Einige Filmbeispiele: „Togger" (1937), „Es lebe die Liebe" (1944) oder „Die Sterne lügen nicht" (1950).

Hilde Seipp

SELLMER, ERNA
* 19.6.1905 in Hamburg,
† 13.5.1983 in München
Die Künstlerin erlernte das Schauspielhandwerk an der Hochschule für Musik und bei Ilka Grünzweig in Berlin. Sie gab ihr Debüt 1929 an der

Erna Sellmer

„Grünen Bühne" in Thale, erhielt 1930 ein Engagement am Stadttheater Osnabrück und anschließend am Stadttheater Augsburg. Von 1937 bis 1940 wirkte sie an den Münchener Kammerspielen, danach bis 1944 am Deutschen Theater und weiteren Berliner Bühnen. Sie spielte Rollen wie die Mutter Henschel in Hauptmanns „Fuhrmann Henschel", Mutter Wolfen in „Der Biberpelz" oder die Kupplerin in „Maß für Maß". Seit 1939 wirkte sie aber auch in mehr als 50 Spielfilmen mit, beispielsweise „Große Freiheit Nr. 7" (1944), „Die Mörder sind unter uns" (1946) und „Landarzt Dr. Brock" (1967). Außerdem stand sie vor der Fernsehkamera, etwa in der Krimi-Serie „Tatort" oder im Mehrteiler „Jauche und Levkojen", und arbeitete als Synchronsprecherin.

SERDA, JULIA
* 6.4.1875 in Wien,
† 3.11.1965 in Dresden

Julia Serda

Nach Gesangs- und Schauspielunterricht am Konservatorium Wien begann die Künstlerin ihre Laufbahn als Theaterschauspielerin 1895 in Breslau und war anschließend drei Jahre in Königsberg tätig. 1899 ging sie an das Dresdener Hoftheater, 1902 spielte sie erstmals in Berlin, und 1907 debütierte sie am Wiener Burgtheater. Anschließend sah man sie bis 1914 an den Meinhard-Bernauer-Bühnen in Berlin, danach bis 1921 in Hamburg am Deutschen Schauspielhaus. In diesen Jahren spielte Julia Serda in den Rollenfächern der Naiven und Sentimentalen, etwa in „Die Jüdin von Toledo", als Heimchen in „Johannisfeuer" von Hermann Sudermann oder als Leonore in „Die Verschwörung des Fiesco zu Genua". Ab 1920 trat sie auch vor die Kamera und spielte insgesamt bis Ende des Zweiten Weltkrieges in rund 100 Filmen mit, meist nur in Nebenrollen. Beispiele sind „Lady Hamilton" (1921), „Der Juxbaron" (1927), „Maskerade" (1934) und „Rosen in Tirol" (1940). Nach dem Tod ihres Ehemannes im Jahre 1943 lebte sie zurückgezogen und war nur gelegentlich noch bei Gastspielen zu sehen.

SERVAES, DAGNY
* 10.3.1894 in Berlin,
† 10.7.1961 in Wien

Die Tochter des Schriftstellers Franz Servaes erhielt ihre Schauspielausbildung an der Wiener Akademie für Musik und Darstellende Kunst und ging 1912 an das Hoftheater Meiningen, ab 1913 hatte sie Engagements an Berliner Bühnen wie dem Deutschen Theater, Lessing-Theater und Staatstheater. 1916 debütierte sie vor der Kamera und spielte sich in den nachfolgenden Filmen nach vorn, mehrmals als Partnerin von Emil Jannings, beispielsweise 1921 in dem Monumentalfilm „Das Weib des Pharao". Als danach ihre Filmrollen kleiner wurden, konzentrierte sie sich wieder mehr auf die Bühnenarbeit und ging mit Max Reinhardts Ensemble von 1926 bis 1928 auf eine Gastspielreise durch die USA. Im Tonfilm bekam Dagny Servaes nur noch Nebenrollen, spielte aber noch in relativ vielen Filmen mit. Dazu zählen: „Nanon" (1938), „Sensationsprozeß Casilla" (1939) und „Die kluge Marianne" (1943). Die Schauspielerin, die seit 1936 in Wien lebte, spielte 1938 bis 1948 am Theater in der Josefstadt und 1950 zeitweise am Volkstheater. Ab 1952 gehörte sie zum Ensemble des Burgtheaters.

SERVI, HELLI
* 29.9.1923 in Wien, † 13.10.1990 ebd.

Helli Servi

Die Tochter eines Gymnasialprofessors stand bereits als Kind 1932 auf der Bühne des Burgtheaters und trat am Theater in der Josefstadt 1933 in Carl Zuckmayers „Kakadu-Kakada" auf. Ihre künstlerische Ausbildung begann sie im Alter von fünfzehn Jahren am Max-Reinhardt-Seminar. Später ging sie nach Berlin und spielte im Fach der Munteren und Naiven auf der Bühne der Deutschen Theaters in Berlin und danach ähnliche Rollen in Wien am Theater in der Josefstadt. Ab 1940 spielte sie entsprechende Rollen auch vor der Kamera, meist in typischen Wiener Filmen, darunter „Schrammeln" (1943), „Hofrat Geiger" (1947) und „Kind der Donau" (1950). Als ab 1956 die Filmangebote zurückgingen, konzentrierte sie sich auf ihre Arbeit am Theater in der Josefstadt und spielte hier nunmehr vorwiegend komische Rollen. Außerdem ging sie mehrmals auf Tournee und arbeitete auch als Hörspielsprecherin im Rundfunk.

SESSAK, HILDE
* 27.7.1915 in Berlin, † 17.4.2003 ebd.
Die Künstlerin, die eigentlich Hilde Czeszack hieß, debütierte nach ihrer Schauspielausbildung 1934 am Stadttheater Guben, ging dann ans Leipziger Schauspielhaus und spielte schließlich in Berlin. 1935 begann sie auch mit der Filmarbeit, oft in Nebenrollen als übertrieben selbstbewußte Frau, die schließlich aber zur Freude des Publikums doch noch das Nachsehen hatte wie beispielsweise in „Die Feuerzangenbowle" (1944). Weitere Filme waren u.a. „Kleider machen Leute" (1940), „Quax, der Bruchpilot" (1941) und „Fünftausend Mark Belohnung" (1942). Die Schauspielerin setzte nach Kriegsende ihre Karriere sowohl im Film wie auch auf der Theaterbühne bis Ende der 1960er Jahre erfolgreich fort. Sie wirkte in mehr als 65 Filmen mit, zuletzt sah man sie in der Fernsehserie „Ich heirate eine Familie" (1987).

SIMSON, MARIANNE
* 29.7.1920 in Berlin,
† 15.7.1992 in Füssen
Die Schauspielerin wurde 1935 Mitglied im „Bund Deutscher Mädel". Nach einer Ausbildung im Klassischen Tanz erhielt sie 1935 ein Engagement als Tänzerin in Berlin am Nollendorf-Theater. 1936 wechselte sie ans Deutsche Opernhaus und kam 1939 als Tänzerin an das Staatstheater unter Gustaf Gründgens. Im selben Jahr spielte sie das Schneewittchen in „Schneewittchen und die sieben Zwerge". Ihre bekannteste Rolle dürfte die der Frau im Mond in „Münchhausen" (1943) sein. Im Mai 1945 wurde Marianne Simson zusammen mit ihren Eltern unter dem Vorwurf, Mitarbeiter der Gestapo zu sein, von den Sowjets festgenommen und verbrachte mehrere Jahre in Lagerhaft; 1950 wurde sie zu acht Jahren Zuchthaus verurteilt und 1952 amnestiert. 1953 wurde die Künstlerin an die Württembergische Landesbühne Esslingen und an das Theater „Die Insel" in Karlsruhe verpflichtet; später spielte sie noch in Oldenburg. 1971 übernahm sie die Leitung des Projektes Freiwilliges Soziales Jahr im Paritätischen Wohlfahrtsverband Schwaben-Allgäu.

SKALA, KLARAMARIA
* 30.1.1921 in Wien,
† 27.6.2006 in Füssen
Nach dem Studium der Theaterwissenschaften und der Kunstgeschichte debütierte die Künstlerin 1940 in ihrer Heimatstadt und war dort anschließend an verschiedenen Bühnen tätig. Von 1946 bis 1948 wirkte sie am Theater der Stephansspieler und von 1947 bis 1949 am Theater „Die Insel"; 1952 übersiedelte sie nach Berlin und spielte sowohl im Ost- wie auch im Westteil der Stadt am Deutschen Theater über das Renaissance-Theater bis zum Theater am Kurfürstendamm. Ab 1942 arbeitete die Schauspielerin auch im Filmgeschäft, beispielsweise unter der Regie von Willi Forst in dem wirtschaftlich sehr erfolgreichen Operettenfilm „Wiener Blut". Später spielte sie in der DEFA-Produktion „Karriere in Paris" (1951) oder der Heinz-Ehrhardt-Komödie „Willi wird das Kind schon schaukeln" (1971). Dazu kam eine ganze Reihe von Gastrollen in Fernsehproduktionen und ihre Tätigkeit als Synchronsprecherin.

Hilde Sessak

Marianne Simson

SÖDERBAUM, KRISTINA
* 5.9.1912 in Stockholm,
† 12.2.2011 in Hitzacker

Die Künstlerin war die Tochter des Präsidenten der Königlichen Schwedischen Akademie der Wissenschaften und kam nach Berlin, um dort Kunstgeschichte zu studieren, nahm aber auch Schauspielunterricht. Eher zufällig kam sie zu einer Rolle in dem Film „Onkel Bräsig" (1936), und ein Jahr später holte Veit Harlan sie für seinen Film „Jugend", der sehr erfolgreich wurde. Im folgenden Jahr heirateten die beiden. Die Künstlerin machte eine große Karriere an der Seite ihres Mannes und wurde eine der erfolgreichsten Schauspielerinnen des Dritten Reiches. Einige ihrer bekanntesten Filme waren „Verwehte Spuren" (1938), „Das unsterbliche Herz" (1939), „Jud Süß" (1940), „Immensee" (1943), „Opfergang" (1944) und „Kolberg" (1945). In den Nachkriegsjahren trat die Künstlerin zunächst auf der Bühne in Erscheinung; Filmangebote aus dem Ausland lehnte sie ab, solange ihr Mann mit einem Berufsverbot beleg war. Nach der Rehabilitierung von Veit Harlan trat

Charlotte Schellhorn

Kristina Söderbaum

das Paar ab 1950 wieder mit Filmen an die Öffentlichkeit, genannt seien beispielsweise „Unsterbliche Geliebte" (1950), „Sterne über Colombo" (1953) oder „Ich werde Dich auf Händen tragen" (1958), ihr letzter Film mit Harlan. Nach Harlans Tod im Jahre 1964 zog Kristina Söderbaum sich zeitweise aus dem Filmgeschäft zurück und baute sich eine Existenz als Fotografin auf. Erst ab 1974 spielte sie wieder in einigen Filmen mit, ihre letzte Rolle hatte sie in Carlo Quinterios Film „Night Train to Venice" (1993).

SCHELLHORN, CHARLOTTE
* 1922, † 1945

Die junge Schauspielerin hatte 1937 ihre ersten Rollen in „Condottieri" und „Der Lachdoktor", es folgten die Filme „Was tun, Sybille?" (1938) und „Wer küßt Madeleine?" (1939). Während der Kriegsjahre spielte sie weitere, aber meist kleine Rollen, etwa in „Eine kleine Nachtmusik" (1940), „Links der Isar, rechts der Spree" (1940) oder in den Filmen „Der Kreuzlschreiber" (1944) sowie „Das Mädchen Juanita" (1945), die aber erst in den Nachkriegsjahren (1950 und 1952) aufgeführt wurden. Charlotte Schellhorn beging 1945 Suizid mittels Schlaftabletten.

SCHNEIDER, MAGDA
* 17.5.1909 in Augsburg,
† 30.7.1996 in Schönau/Königssee

Die Künstlerin arbeitete zunächst als Stenotypistin in einer Getreidehandlung, ehe sie für eine Gesangausbildung an das Augsburger Konservatorium für Musik und Theater ging und Ballettunterricht am Stadttheater Augsburg nahm. Schon vor Beendigung dieser Ausbildung erhielt sie ein Engagement als zweite Soubrette am Theater Ingolstadt, anschließend war sie am Theater Augsburg, um dann nach München an das Theater am Gärtnerplatz zu wechseln. Hier sang sie als Partnerin von Richard Tauber unter anderem die Rolle der Prinzessin Mi in „Das Land des Lächelns". Sie gastierte auch am

Magda Schneider

Theater an der Wien und war bis 1933 in Wien am Theater in der Josefstadt engagiert. 1931 debütierte sie vor der Filmkamera in „Zwei in einem Auto" und begann damit eine steile Filmkarriere in rund 70 Streifen. Ihre bedeutendste Rolle war wohl die Christine in der Filmversion von Schnitzlers „Liebelei" (1932/33). Weitere Filme, in denen sie mitwirkte, waren z.B. „Der Weg des Herzens" (1936), „Liebeskomödie" (1942) und „Die heimlichen Bräute" (1944). Nach dem Zweiten Weltkrieg tingelte Magda Schneider zunächst durch Nachtclubs und fand erst 1950 mit ihrer Mitwirkung in dem Streifen „Die Sterne lügen nicht" vor die Kamera zurück. Besonders wichtig war ihr aber auch die Karriere ihrer Tochter Rosemarie („Romy"), die sie intensiv betreute und mit der sie häufig gemeinsam vor der Kamera stand, erstmals 1953 in „Wenn der weiße Flieder wieder blüht" und dann in der „Sissy-Trilogie" (1954, 1955, 1956). Anfang der 1960er Jahre wurde es stiller um die Künstlerin, und nachdem sie 1968/69 noch einmal auf Wunsch des Regisseurs Hermann Leitner für die Filme „Drei Frauen im Haus" und „Vier Frauen im Haus" vor die Kamera getreten war, zog sich Magda Schneider ins Privatleben zurück. Sie wurde 1982 mit dem Filmband in Gold ausgezeichnet.

SCHNEIDER, TINE
Lebensdaten der Schauspielerin konnten nicht ermittelt werden, lediglich folgendes: Sie spielte in 16 Spielfilmen mit, beginnend 1934 in dem Streifen „Was bin ich ohne Dich" bis zu dem Film „Die schwarze Robe" aus dem Jahre 1943/44.

SCHÖN, MARGARETHE
* 7.4.1895 in Magdeburg,
† 26.12.1985 in Berlin
Die Künstlerin erhielt privaten Schauspielunterricht und debütierte 1912 in Freienwalde. Es folgten Engagements am Stadttheater Bromberg, ab 1915 am Deutschen Theater Hannover und von 1918 bis 1945 am Staatstheater Berlin. Ab 1918 spielte sie auch in Spielfilmen und erhielt 1924 die Rolle der Kriemhild in Fritz Langs Monumentalfilm „Die Nibelungen". Obwohl sie noch in vielen Filmen mitwirkte, erhielt sie eine solch bedeutende Aufgabe nicht mehr. 1944 konnte man sie in „Die Feuerzangenbowle" als Gattin des Schuldirektors sehen. Nach dem Zweiten Weltkrieg arbeitete sie auch im Hörfunk, allerdings kaum im Fernsehen. Ab 1948 gastierte sie bis 1950 mehrfach in DEFA-Filmen, so etwa in der Film-Biographie „Semmelweis – Retter der Mütter" (1950). Margarethe Schön wurde 1968 mit dem Filmband in Gold ausgezeichnet.

SCHÖNBORN, LILLI
* 31.3.1898 in Berlin, † 4.5.1987 ebd.
Die Künstlerin erlernte ihr Handwerk unter anderem bei dem Schauspieler Ludwig Hartau, begann 1918 ihre Laufbahn an der Volksbühne Berlin und hatte ab 1924 weitere Engagements am Stadttheater Eisenach, am Stadttheater Riga, erneut an der Volksbühne Berlin und 1930/31 an der Piscator-Bühne. Im Filmgeschäft wirkte sie ab 1924 und war hier auf Rollen von robusten, proletarisch wirkenden Berlinerinnen abonniert. Diesem Typ entsprach sie auch in den Produktionen des Tonfilms bis in die Nachkriegszeit. Sie spielte etwa in „Krach im Hinterhaus" (1935), „Pour le Mérite" (1938), „GPU" (1942), „Das Leben geht weiter" (1945) oder „Affaire Blum" (1948). In ihren letzten Jahrzehnten arbeitete sie vorwiegend für das Fernsehen und trat auch wieder auf den Berliner Theaterbühnen auf.

SCHREITER, IRMINGARD
* 10.6.1919, † 2014
Der Schauspielerin war nur eine relativ kurze Karriere in den 1930er und 1940er Jahren beschieden. Sie spielte beispielsweise in dem Liebesfilm „Liebe kann

Margarethe Schön

Lilli Schönborn

Tine Schneider

lügen" (1937), in den Komödien „Altes Herz wird wieder jung" (1943) und „Ein fröhliches Haus" (1944) mit. Größere Bekanntheit gewann sie durch ihre Rolle der Erika von Rüdnitz in dem Streifen „Familie Buchholz" und in der Fortsetzung „Neigungsehen" (1944). Nach dem Zweiten Weltkrieg trat Irmingard Schreiter nicht mehr vor die Filmkamera.

SCHROTH, HANNELORE
*** 10.1.1922 in Berlin,
† 7.7.1987 in München**

Hannelore Schroth

Die Tochter des Schauspielerehepaares Heinrich Schroth und Käthe Haack durchlief bis 1938 eine Schauspielausbildung in Lausanne, sie war schon als Kind gemeinsam mit ihrer Mutter aufgetreten. Bereits 1938 hatte sie in dem Film „Spiel im Sonnenwind" großen Erfolg. Sie spielte jedoch trotz intensiver Synchronisations-, Film- und Fernseharbeit auch sehr oft auf der Bühne und hatte Engagements in Wien, Düsseldorf, Hamburg, Berlin und München. Sie wurde für ihre Bühnenarbeit 1969 mit dem Großen Bad-Hersfeld-Preis und für ihre Filmarbeit 1980 mit dem Filmband in Gold ausgezeichnet. Bekanntere Filme mit der Schauspielerin sind etwa „Friedrich Schiller – Triumph eines Genies" (1940), „Unter den Brücken" (1945), „Der Hauptmann von Köpenick" (1956), „Polizeirevier Davidswache" (1964) oder der Tatort-Krimi „Peggy hat Angst" (1982).

SCHULTZ, CHARLOTTE
* 1899, † 1946

Charlotte Schultz

Die Künstlerin sammelte bereits zur Stummfilmzeit erste Erfahrungen im Filmgeschäft und drehte einige Filme, beispielsweise „Die Liebe des Van Royk" (1918), „Die Nackten" (1919) oder „Der Absturz" (1923). Nach einer längeren Filmpause trat sie erst wieder zur Tonfilmzeit vor die Kamera und spielte bis zu ihrem frühen Tod noch in rund 20 weiteren Filmen mit, darunter „Ein Mann will nach Deutschland" (1934), „Robert Koch, der Bekämpfer des Todes" (1939), „Jud Süß" (1940) und „Die Entlassung" (1942).

SCHULTZ, VERA
Lebensdaten der Schauspielerin konnten nicht ermittelt werden.

SPALKE, GERTRUD
* 1890 in Berlin, † 1962

Ihre ersten Engagements bekam die Schauspielerin auf den Bühnen in Dresden und Berlin, wo sie unter anderem die Titelrolle in Georg Büchners „Leonce und Lena" spielte. Nach 1945 war sie vorwiegend in München tätig. Vor Film- und Fernsehkamera trat die Künstlerin nur relativ selten. Allerdings arbeitete sie sehr viel als Hörfunk- und Synchronsprecherin und lieh ausländischen Charakterdarstellerinnen wie Margaret Rutherford oder Gladys Cooper ihre Stimme.

STADLER, MARIA
* 26.5.1905, † 5.12.1985

Maria Stadler

Die Volksschauspielerin bekam ihre ersten Filmrollen bei der UFA und wirkte in volkstümlichen Komödien und Heimatfilmen mit; diesem Genre blieb sie auch in zahlreichen Nachkriegsfilmen treu. Ende der 1960er Jahre sah man sie in einigen Streifen des sogenannten „Neuen Deutschen Films", etwa in „Jagdszenen aus Niederbayern". Den Höhepunkt ihrer Popularität verdankte Maria Stadler den Fernsehrollen, in denen sie gegen Ende ihrer Karriere auftrat, beispielsweise in den Serien „Königlich Bayerisches Amtsgericht" (1969 bis 1971) und „Meister Eder und sein Pumuckl" (1982).

STEINSIECK, ANNEMARIE
* 21.9.1889 in Berlin, † 29.8.1977 ebd.

Nach ihrer Schauspielausbildung bei dem Schauspieler Arthur Kraußneck

Annemarie Steinsieck

debütierte die Künstlerin 1906 in Bielefeld. Im folgenden Jahr wurde sie an die Königlichen Schauspiele in Berlin verpflichtet und spielte bis 1919 an verschiedenen Berliner Bühnen, unter anderem als Julia in „Romeo und Julia" und als Gretchen im „Faust". 1919 wechselte sie für rund zehn Jahre an das Wiener Volkstheater, in dieser Zeit übernahm sie auch ihre ersten Stummfilmrollen. Nach ihrer Rückkehr in die Reichshauptstadt spielte sie wieder an verschiedenen Berliner Bühnen, bis im Januar 1944 alliierte Bomber ihr Theater zerbombten. Neben ihrer Bühnentätigkeit agierte sie fast alljährlich vor der Filmkamera. Nach dem Zweiten Weltkrieg waren Filmrollen für Annemarie Steinsieck eine seltene Ausnahme, sie konzentrierte sich nahezu ausschließlich auf ihre Bühnenarbeit an der „Tribüne" und am Theater am Kurfürstendamm. Geblieben sind rund 40 Filme, in denen sie auftrat, darunter „Ariane" (1930), „Die göttliche Jette" (1937), „Kora Terry" (1940) und „Die Zaubergeige" (1944).

STELZER, MIMI
* 13.12.1900 in Wien, † 14.6.1957 ebd.
Die Künstlerin begann ihre Karriere sowohl als Schauspielerin wie auch als Sopranistin am Wiener Lustspiel-Theater und konzentrierte sich auf das Fach der Soubrette. Entsprechende Rollen übernahm sie auch am Theater an der Wien und am Gärtnerplatz-Theater in München. Nach dem Zweiten Weltkrieg war sie in den Jahren 1948 bis 1950 und 1952 bis 1957 am Raimund-Theater in Wien verpflichtet. Ihr Bühnenrepertoire umfaßte viele Soubrettenpartien in Operetten und Musicals. Neben ihrer Bühnenarbeit spielte sie von 1938 bis 1955 in 14 Filmen mit, darunter „13 Stühle" (1938), „Der Postmeister" (1940) und „An der schönen blauen Donau" (1955).

STOBRAWA, RENÉE
* 13.10.1897 in Dresden,
† 16.8.1971 in Tegernsee
Die Schauspielerin und Drehbuchautorin wurde unter dem Namen Renate Stobrawa geboren. Nach dem Besuch des Oberlyzeums nahm sie Schauspielunterricht und debütierte 1919 am Düsseldorfer Schauspielhaus. Danach spielte sie in Frankfurt am Main und schließlich in Berlin, zunächst an der Krolloper, ab 1934 an der Volksbühne. 1930 gründete sie ein Märchentheater, dessen Leitung sie übernahm. Seit Mitte der 1930er Jahre stand sie auch in kleineren bis mittelgroßen Rollen vor der Kamera. Sie war u.a. zu sehen in „Der Maulkorb" (1938), „Der Schritt vom Wege" (1939), „Kopf hoch, Johannes!" (1941) und „Die Degenhardts" (1944). Daneben spielte sie weiterhin auf der Bühne und feierte 1947 einen Erfolg als Frau John in dem Stück „Die Ratten". In den 1950er Jahren spielte sie in Märchenfilmen, die ihr Ehemann Fritz Genschow produzierte und bei denen sie am Drehbuch mitarbeitete.

STOLZ, HILDE VON
* 8.7.1903 in Schäßburg/Siebenbürgen, † 16.12.1973 in Berlin
Die Offizierstochter besuchte das Max-Reinhardt-Seminar in Wien und debütierte an den dortigen Kammerspielen. Danach spielte sie an diversen Wiener Theatern sowie am Berliner Theater am Schiffbauerdamm. Im Film debütierte sie 1928 unter dem Pseudonym Helen Steels, und bereits in ihrem zweiten Streifen bekam sie eine Hauptrolle in „Don Juan in der Mädchenschule". Die Schauspielerin, die ab 1933 unter ihrem echten Namen auftrat, bekam trotz ihres großen Talents später meist nur Nebenrollen, oft verkörperte sie Damen der Gesellschaft

Mimi Stelzer

Renée Stobrawa

Seite 25

Hilde von Stolz

oder Femmes fatales wie die Schauspielerin Lydia Link in „Traumulus" (1935). Während des Zweiten Weltkrieges spielte sie u.a. in „Der Weg ins Freie" (1941), „Fronttheater" (1942), „Münchhausen" (1943) und „Es lebe die Liebe" (1944). Danach sah man sie nur noch selten als Filmschauspielerin.

TABODY, CLARA
*** 12.1.1915 in Rákospalota/Ungarn,
† 6.8.1986 in Mailand**

Clara Tabody

Geboren unter dem Namen Ida Thurmayer, absolvierte die Künstlerin eine Ausbildung als Tänzerin und danach als Schauspielerin in Budapest. Hier hatte sie erste Erfolge in der Operette „Kadettenliebe". Ihre eigentliche Karriere begann erst in den 1930er Jahren in Deutschland, wo sie 1936 eine kleine Rolle in „Unter heißem Himmel" spielte. Ab 1937 wirkte sie mehrere Jahre am Berliner Metropoltheater als Tanzsoubrette und tanzte in Operetten und Revuen. Mit ihren Schlagern „Ja, das Temp'rament" und „Die Juliska aus Budapest" landete sie 1937 große Erfolge. In der Filmversion der Operette „Maske in Blau" von Fred Raymond spielte sie neben Wolf Albach-Retty und Hans Moser als Gitta und schaffte damit den Durchbruch. Während des Krieges siedelte sie wegen ihrer Heirat mit dem Italiener Angelo Formenti an die italienische Riviera über. In den 1950er Jahren kehrte sie sporadisch an Berliner Bühnen zurück.

TETZLAFF, TONI
*** 13.3.1871 in Mainz,
† 16.12.1947 in Berlin**

Toni Tetzlaff

Die Tochter eines Schauspielers und Regisseurs debütierte im Alter von sechzehn Jahren in Salzburg, anschließend folgten Engagements am Hoftheater Kassel, Hoftheater Stuttgart und am Kaiserlichen Theater in St. Petersburg. Ab 1895 war sie am Stadttheater Hamburg und später an Berliner Bühnen verpflichtet. Ihre Filmkarriere startete während des Ersten Weltkrieges, auch wenn sie zunächst nur Nebenrollen spielte. Ende der 1920er Jahre erhielt sie fallweise auch größere Rollen wie 1927 in „Sein größter Bluff" mit Harry Piel und 1930 „Hans in allen Gassen" als Mutter des Hauptdarstellers Hans Albers. Ihre Karriere klang nach dem Zweiten Weltkrieg mit Bühnenauftritten an der Berliner Bühne der Jugend aus. Insgesamt spielte Toni Tetzlaff in gut 70 Filmen mit.

THELLMANN, ERIKA VON
*** 31.8.1902 in Leutschau/Slowakei,
† 27.10.1988 in Calw**

Nach einer kurzen Ausbildungszeit bekam die junge Schauspielerin am Landestheater Stuttgart ihr erstes Engagement und hatte 1919 als Rautendelein in Gerhart Hauptmannns „Versunkene Glocke" ihren ersten Erfolg. 1920 wurde sie an das Deutsche Theater in Berlin verpflichtet und wurde dort als Soubrette bekannt. Der große Durchbruch gelang ihr als Buffopartnerin Herman Thimigs

Erika von Thellmann

in der Oscar-Strauß-Operette „Die törichte Jungfrau". Sie gastierte in ganz Deutschland und 1928 in New York. Obwohl die Schauspielerin bereits früh im Stummfilm in Erscheinung trat, wurde sie erst in fortgeschrittenem Alter in vielen Nebenrollen zu einer bekannten Persönlichkeit des deutschen Spielfilms. Mit rund 160 Filmrollen gehörte sie zu den meistbeschäftigten deutschsprachigen Schauspielern. Daneben spielte sie regelmäßig am Theater; später wirkte sie auch in Fernsehfilmen mit. Einige Filme, in denen sie mitwirkte, waren „Weiberregiment" (1936), „Carl Peters" (1941), „Königskinder" (1949), „Der brave Soldat Schwejk" (1960) und „Willi wird das Kind schon schaukeln" (1971).

THIES, DOROTHEA
*17.5.1898 in Nakel bei Posen, † 1973

Nach ihrer Ausbildung bei Max Reinhardt spielte die Schauspielerin nach dem Ersten Weltkrieg zunächst an einigen Provinzbühnen, etwa am Stadttheater Bamberg. Ihr Debüt vor der Kamera gab sie 1932 in „Skandal in der Parkstraße". Sie spielte meist nur in kleinen Nebenrollen, lediglich in den Filmen „Anna und Elisabeth" (1933), „April, April!" (1935) und „Sommernächte" (1944) hatte sie etwas bedeutendere Rollen. Ab 1948 bis 1952 war sie am Hebbel-Theater verpflichtet, danach an der „Vaganten-Bühne", und ab 1961 war sie am Theater am Kurfürstendamm engagiert. Außerdem gab sie Gastspiele und spielte ab 1962 auch im Fernsehen. Ihr letztes Engagement hatte sie an der Berliner Gastspielbühne „Kleines Ensemble".

TILDEN, JANE
* 16.11.1910 in Aussig,
† 27.08.2002 in Kitzbühel

Geboren wurde die Schauspielerin mit dem Namen Marianne Tuch, den Künstlernamen Jane Tilden nahm sie aus Bewunderung für den in den 1920er Jahren berühmten Tennisspieler „Big Bill" Tilden an. Gegen den Widerstand ihres Vaters entschied sie sich für die Schauspielerei, absolvierte ein Gesangs- und Tanzstudium und debütierte Anfang der 1930er Jahre in ihrer Heimatstadt in dem Stück „Coeur Bube" von Jacques Natanson. Danach hatte sie mehrere Engagements an Provinzbühnen und Bühnen in Prag sowie Hamburg und schließlich 1934 am Wiener Volkstheater, aber noch im selben Jahr ging sie zu Max Reinhardt an das Theater in der Josefstadt, wo sie bis 1944 spielte. Ihr Filmdebüt hatte die Künstlerin 1936 im Film „Konfetti". Während des Krieges hielt sie sich in der Schweiz auf, spielte aber bis 1945 Nebenrollen in 14 Filmen, darunter „Ein Leben lang" (1940) und „Hauptsache glücklich" (1943). Nach 1945 gab sie bis Ende der 1960er Jahre vor allem Gastspiele, von 1957 bis 1978 gehörte sie zum Ensemble des Wiener Burgtheaters; außerdem machte sie Tourneen durch ganz Deutschland und viele andere Länder. In späteren Jahren trat sie auch vermehrt im Fernsehen auf, als Beispiel seien nur die Serien „Der Forellenhof", „Derrick", oder „Diese Drombuschs" genannt. 2001 erhielt sie das Österreichische Ehrenkreuz für Wissenschaft und Kunst 1. Klasse.

TOELLE, CAROLA
* 2.4.1892 in Berlin, † 28.1.1958 ebd.

Als junge Schauspielerin kam Toelle 1916 an das Deutsche Theater in Berlin und spielte ab 1917 auch im Film. 1923 beendete sie ihre filmische Arbeit und widmete sich ausschließlich dem Theater. Sie stand als freischaffende Künstlerin auf den Bühnen des Deutschen Künstlertheaters und des Deutschen Theaters in Berlin sowie des „Kleinen Hauses" der Städtischen Bühnen Frankfurt. Während der Jahre des Zweiten Weltkrieges nahm sie noch einige Filmnebenrollen an, so in „Hochzeit auf Bärenhof" (1942) und „Immensee" (1943). Nach 1945 arbeitete sie beim Staatsschauspiel Dresden und ab 1951 am Renaissance-Theater in Berlin.

TORNEGG, HELLA
* 31.12.1878 in Berlin, † nach 1945

Geboren unter dem Namen Hella Rieffel, erhielt die Künstlerin eine Ausbildung als Schauspielerin und Sängerin und betrat die Welt der Bühne im Jahre 1900. In jungen Jahren trat sie als Hella Thornegg auf, später verzichtete sie auf das „h" in dem Nachnamen. Eine ihrer frühen Bühnenstationen war Frankfurt/Oder, dann ging sie noch vor dem Ersten Weltkrieg nach Berlin und trat an verschiedenen Theatern, beispielsweise am Luisen-Theater auf.

Dorothea Thies

Carola Toelle

Jane Tilden

Hella Tornegg

Sie fand auch später meist nur Engagements an kleineren Bühnen wie dem Volkstheater Neue Welt und dem Plaza-Theater. Ihre Filmarbeit begann während des Ersten Weltkrieges, sie spielte generell einfache Frauen aus dem Volk, Ehefrauen und Mütter. Von 1920 bis zu Beginn der Tonfilmära trat sie filmisch kaum mehr in Erscheinung, erst dann verkörperte die Künstlerin durchgehend Chargen aller Couleur. Sie trat u.a. auf in den Filmen „Husarenliebe" (1932), „Inkognito" (1936), „Dr. Crippen an Bord" (1942) und „Träumerei" (1944). In den Nachkriegswirren verlor sich 1945 die Spur der Schauspielerin.

TREFF, ALICE
* 4.6.1906 in Berlin, † 8.2.2003 ebd.

Alice Treff

Geboren als Tochter des Kammermusikers Paul Treff, absolvierte die Schauspielerin und Synchronsprecherin nach dem Besuch der Handelsschule die Ausbildung an der Max Reinhardt-Schule in Berlin. Anschließend wurde sie an verschiedene Theater in Darmstadt, Bremen, München, Wien, Berlin und Hamburg verpflichtet, spielte fast das gesamte klassische und moderne Repertoire und glänzte besonders in Stücken von Jean Giraudoux, Edward Albee, William Douglas Home und Carl Sternheim. Ihr Spielfilmdebüt gab sie 1932 in „Peter Voß, der Millionendieb". Dies war der Auftakt zu einer langen Karriere, die zur Mitwirkung in mehr als 150 Film- und Fernsehproduktionen führte. Sie spielte zusammen mit berühmten Schauspielern wie etwa mit Heinrich George in „Sensationsprozeß Casilla" (1939), mit O.E. Hasse in „Canaris" (1954) oder mit Horst Buchholz in „Bekenntnisse des Hochstaplers Felix Krull" (1957). Im Fernsehen wurde sie unter anderem durch ihre Rollen in der Serie „Jauche und Levkojen" und durch zahlreiche Auftritte in Krimiserien wie „Der Kommissar", „Derrick", „Ein Fall für zwei" und „Praxis Bülowbogen" populär.

TSCHECHOWA, OLGA
* 26.4.1897 in Alexandropol/ Kaukasus, † 9.3.1980 in München

Olga Tschechowa

Geboren unter dem Namen Olga von Knipper-Dolling, zu deren Verwandten mütterlicherseits der Schriftsteller Anton Tschechow gehörte, verlebte die Schauspielerin ihre Kindheit und Jugend in Moskau und Petersburg. Die Wirren nach der Russischen Revolution verschlugen sie 1921 nach Berlin, wo sie sich anfangs als Presse- und Plakatzeichnerin durchschlug. 1922 spielte sie in ihrem ersten Stummfilm und schaffte schon 1923 den Durchbruch mit der Titelrolle in Ibsens „Nora", dem zahlreiche weitere Filme folgten. 1925 gab sie in Berlin ihr Bühnendebüt am Renaissance-Theater und bekam danach zahlreiche Filmangebote. Sie filmte in Paris, Prag, Italien, Wien und ging für ein halbes Jahr nach Hollywood. Wegen ihrer Theaterarbeit kehrte sie jedoch nach Berlin zurück. Ihre Stummfilmerfolge konnte sie auch in der Tonfilmära fortsetzen, in der sie bald auf das Rollenfach der rassig-verruchten großen Dame festgelegt wurde. Auch nach dem Zweiten Weltkrieg arbeitete die Künstlerin noch erfolgreich auf der Bühne und vor der Kamera, ab 1955 zog sie sich dann sukzessive zurück. Ihr Wirken wurde 1962 mit dem Filmband in Gold sowie 1972 mit dem Großen Bundesverdienstkreuz des Verdienstordens der Bundesrepublik Deutschland gewürdigt.

UHLEN, GISELA
* 16.5.1919 in Leipzig,
† 16.1.2007 in Köln

Die Schauspielerin bekam schon im Alter von fünf Jahren Tanzunterricht und legte 1934 vorzeitig die Abschlußprüfung als Tänzerin ab. Sodann ging sie auf die Schauspielschule, die sie 1936 erfolgreich abschloß. Sie debütierte in Bochum und spielte dort die Hauptrollen in „Käthchen von Heilbronn" und „Der zerbrochene Krug". Im Sommer 1936 gab sie in dem UFA-Film „Annemarie" ihr Spielfilmdebüt, ein Jahr später holte Heinrich George sie nach Berlin an sein Schiller-Theater, wo sie bis 1944 Ensemblemitglied blieb. Fortan gab sie neben ihrer Theaterarbeit ständig Gastspiele im In- und Ausland und stand regelmäßig auch vor der Kamera, beispielsweise 1938 in dem berühmten Gründgens-Streifen „Tanz auf dem Vulkan" oder 1941 in „Ohm Krüger" an der Seite vom Emil Jannings. Nach Kriegsende setzte sie ihre Karriere nahtlos fort und stand in zahlreichen Städten auf namhaften Bühnen sowie regelmäßig vor der Film- oder Fernsehkamera. Das Lebenswerk der Schauspielerin, die zwar durch den Film berühmt wurde, deren große Leidenschaft aber immer das Theater war, umfaßt rund 60 Filme, viele Fernsehproduktionen und weit über 100 Bühnenrollen.

Gisela Uhlen

UHLIG, ANNELIESE
* 27.8.1918 in Essen,
† 17.6.2017 in Santa Cruz
Während ihres Schauspielunterrichtes an der Reimann-Akademie in Berlin wurde die Künstlerin von der bedeutenden Theaterschauspielerin Thea Harbou entdeckt. 1937 debütierte sie in dem Film „Stimme des Blutes", und ein Jahr später gab sie im Schiller-Theater in Calderons „Richter von Zalamea" ihr Bühnedebüt und ging – zusammen mit Heinrich George – mit dem Stück auf Europatournee. Durch weitere erfolgreiche Filme gehörte sie bald zur Spitze der jungen deutschen Schauspieler.

Man konnte sie u.a. sehen in „Blutsbrüderschaft" (1940), „Der Majoratsherr" (1944) und „Solistin Anna Alt" (1945). Ab 1940 trat sie in Holland, Frankreich, Polen und in der UdSSR an Fronttheatern auf. Wegen persönlicher Differenzen mit Reichsminister Dr. Goebbels ging sie 1942 nach Italien und spielte dort in italienischen Filmen. 1943 wurde sie Dolmetscherin für die Familie Mussolini in Deutschland, 1944 kriegsdienstverpflichtet und kehrte nach Berlin zurück. Nach dem Krieg war sie zunächst als Produzentin und Regisseurin für den US-Special Service in Salzburg tätig, anschließend bis 1947 als Auslandskorrespondentin. Nach ihrer Heirat mit dem amerikanischen Hauptmann Douglas Byron Tucker übersiedelte sie 1948 nach Amerika und war journalistisch und schriftstellerisch tätig. Seit Anfang der 1950er Jahre kam sie sporadisch zu Filmaufnahmen nach Deutschland und übernahm auch immer wieder Fernsehrollen, etwa in „Der Winter, der ein Sommer war" (1976) und zuletzt in Rosamunde Pilcher-Verfilmungen wie „Wechselspiel der Liebe" (1995) und „Coming Home" (1998).

ULLRICH, LUISE
* 31.10.1911 in Wien,
† 21.1.1985 in München
Nachdem die Künstlerin die höhere Schule absolviert hatte, besuchte sie in Wien die Akademie für Musik und Darstellende Kunst und trat 1926 erstmals im Wiener Volkstheater auf. Anschließend spielte sie in Berlin am Lessing-Theater sowie an der Volksbühne; 1931/32 und 1935/36 gehörte sie zum Ensemble des Berliner Staatstheaters, trat aber auch am Deutschen Theater auf. Durch ihre zunehmende Populari-

Anneliese Uhlig

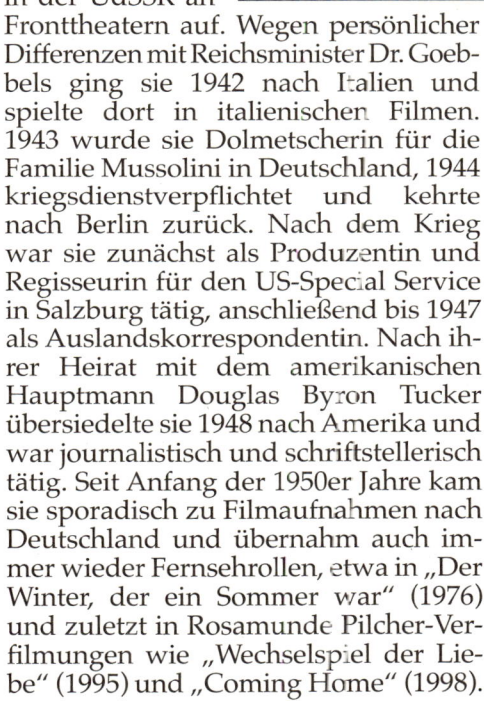

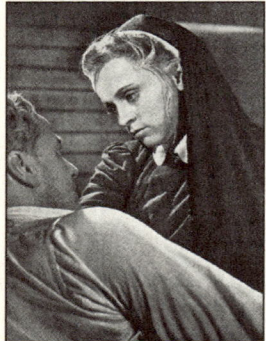

Luise Ullrich

tät kam sie bald auch zum Film: 1932 verpflichtete Luis Trenker sie für seinen Film „Der Rebell". Bis 1945 folgten weitere 19 Filme, darunter „Liebelei" (1933), „Versprich mir nichts!" (1937), „Annelie" (1941) und „Nora" (1944). Im Jahre 1941 wurde die Künstlerin auf der „Biennale" in Venedig als beste Schauspielerin mit dem Volpi-Pokal ausgezeichnet. Nach dem Zweiten Weltkrieg spielte sie vorwiegend an Münchener Bühnen und trat ab Anfang der 1950er bis in die 1960er Jahre auch oft wieder vor die Filmkamera; außerdem spielte sie in vielen Fernsehproduktionen mit, beispielsweise in der Fassbinder-Serie „8 Stunden sind kein Tag" oder in der Krimi-Serie „Der Kommissar". Seit ihrem Abschied vom Film war sie immer wieder auf der Theaterbühne zu sehen, etwa 1983 mit Johannes Heesters in „Gigi" am Münchner Gärtnerplatztheater. 1963 erhielt sie für ihre Verdienste um den deutschen Film den „Bambi", 1973 das Bundesverdienstkreuz 1. Klasse und 1979 das Filmband in Gold.

Ursula Voß

VOSS, URSULA
* 7.3.1926 in Soldin/Brandenburg
Die Schauspielerin wirkte ab 1940 am Theater in Kassel, danach an verschiedenen Berliner Bühnen. Nach dem Zweiten Weltkrieg arbeitete sie beim amerikanischen Rundfunk und Fernsehen. Um 1970 lebte sie in Berlin.

Elsa Wagner

WAGNER, ELSA
* 24.1.1881 in Reval,
† 17.8.1975 in Berlin
Nach ihrer schauspielerischen Ausbildung, die sie in Petersburg erhielt, debütierte die Künstlerin 1901 dort bei der deutschsprachigen „Novitätenbühne" und bereiste mit dieser Wanderbühne das damalige Ost- und Westpreußen. Anschließend spielte sie an Bühnen in Heidelberg und Plauen, von 1907 bis 1911 war sie am Residenz-Theater Hannover und sodann bis 1921 in Berlin am Deutschen Theater engagiert. Danach wirkte sie bis zum Ende des Zweiten Weltkrieges am Staatstheater Berlin, ging dann erneut an das Deutsche Theater und spielte ab 1951 am Schiller-Theater sowie am Schloßpark-Theater. Elsa Wagner verkörperte auf der Bühne meist Nebenrollen wie die Amme in „Faust", die Aase in „Peer Gynt" oder die Haushälterin in „Die Verbannten" von James Joyce. Auch vor der Filmkamera spielte sie in rund 140 Spielfilmen zahlreiche Nebenrollen, beispielsweise in „Der Student von Prag" (1935), „Unternehmen Michael" (1937), „Der große Schatten" (1942), „Die Zaubergeige" (1944), „Ännchen von Tharau" (1954), „Das Spukschloß im Spessart" (1960) und „Unser Willi ist der Beste" (1971). Ihr Schaffen wurde 1954 mit dem Bundesverdienstkreuz, 1959 mit dem Kunstpreis der Stadt Berlin und 1971 mit der Ernst-Reuter-Plakette in Silber ausgezeichnet.

WALDMÜLLER, LIZZI
* 25.5.1904 in Knittelfeld/Steiermark,
† 8.4.1945 in Wien
Geboren als Tochter des Direktors eines Wandertheaters, spielte die Künstlerin nach einem Gesang- und Schauspielstudium an diversen Bühnen in Österreich und ging schließlich nach Deutschland, wo sie in Operetten auftrat, unter anderem auch mit ihrem Ehemann Max Hansen. In

Lizzi Waldmüller

ihren ersten Filmen spielt Lizzi Waldmüller nicht allzu erfolgreich in Nebenrollen; erst mit dem Film „Bel Ami"

(1939), in dem sie auch den Hit „Du hast Glück bei den Frau'n, Bel Ami" sang, schaffte sie den Durchbruch und empfahl sich gleichzeitig für weitere Musik- und Revuefilme, darunter „Traummusik" (1940), „Die Nacht in Venedig" (1942) und „Es lebe die Liebe" (1944). Noch kurz vor Ende des Zweiten Weltkrieges fiel sie einem alliierten Bombenangriff auf Wien zum Opfer.

WANGEL, HEDWIG
* 23.9.1875 in Berlin, † 9.3.1961 Lohe-Föhrden/Kreis Rendsburg

Die Tochter eines Musikverlegers begann ihre Karriere in Berlin als Statistin und Volontärin bei Max Grube am Königlichen Schauspielhaus. Ihre weiteren Stationen waren Provinzbühnen sowie verschiedene Berliner Bühnen, und erst 1906 erreichte sie ihr künstlerisches Ziel, ein Engagement am Deutschen Theater. Hier wurde sie unter Max Reinhardt eine der profiliertesten Charakterdarstellerinnen Deutschlands; Gastspielkreisen führten sie durch ganz Europa. Ab 1909 verließ sie die Bühne und widmete sich ausschließlich sozialfürsorgerischer Arbeit für straffällig gewordene Frauen. Ab 1924 spielte sie wieder Theater, um zugunsten ihrer Hedwig Wangel-Hilfe e.V. eine Fachschule für strafentlassene Mädchen finanzieren zu können. In dieser Zeit begann auch ihre Filmkarriere, während der sie in mehr als 60 Filmen mitwirkte, darunter bekannte Streifen wie „Fahrendes Volk" (1938), „Ohm Krüger" (1941) und „Die Feuerzangenbowle" (1944). Von 1935 bis 1944 war sie bei den Münchener Kammerspielen engagiert. In der Nachkriegszeit gastierte Hedwig Wangel an Theatern in München und Berlin.

WEBER, GERHILD
* 3.5.1918, † 7.11.1996

Die Schauspielerin debütierte mit 19 Jahren und erhielt ihr erstes festes Engagement 1938 am Stadttheater Greifswald. 1940 folgte sie einem Ruf nach Berlin an das Deutsche Theater; im selben Jahr debütierte sie vor der Filmkamera mit der weiblichen Hauptrolle in dem Reiterdrama „...reitet für Deutschland" als Partnerin von Wiliy Birgel. In ihrer kurzen Filmkarriere spielte sie nur noch in vier weiteren Filmen mit. Nach Kriegsende konnte Gerhild Weber sich nicht mehr recht im Theaterbetrieb etablieren und absolvierte meist nur noch Gastspiele; in den 1950er Jahren fand sie Beschäftigung beim NWDR. 1968 trat sie noch einmal vor die Kamera und spielte mit Inge Meysel und Josef Offenbach in dem Fernsehfilm „Die Unverbesserlichen und ihre Sorgen".

WEBELHORST, MELANIE
* 15.9.1895 in Langnau/Schweiz, † nach 1956

Die Schauspielerin und Synchronsprecherin besuchte von 1910 bis 1912 in Berlin die Schauspielschule des Deutschen Theaters und nahm gleichzeitig privaten Schauspielunterricht. Sie debütierte 1912 als Homunculus in Goethes „Faust II" am Deutschen Theater, wo sie bis 1914 spielte. Es folgten Stationen unter anderem bei den Münchener Kammerspielen, dem Münchener Volkstheater und dem Stadttheater Hof. Im Laufe langer Bühnenjahre spielte die Künstlerin ein äußerst breites Spektrum von Rollen, das vom jugendlichen Charakterfach bis zu Mutterrollen reichte. Seit den späten 1930er Jahren wirkte sie auch in Spielfilmen mit, so etwa in den Komödien „Spiel auf der Tenne" (1937) und „Der verkaufte Großvater" (1941) sowie in weiteren Komödien mit den bayerischen Volksschauspielern Beppo Brem und Joe Stöckel. Parallel zur Bühnen- und Filmarbeit arbeitete Melanie Webelhorst auch als Rundfunk- und Synchronsprecherin. Für den Reichssender München verfaßte sie 18 Hörspiele der Serie „Märchen für alle".

Gerhild Weber

Hedwig Wangel (rechts)

Melanie Webelhorst

WEISER, GRETE
* 27.2.1903 in Hannover,
† 2.10.1970 bei Bad Tölz

Geboren unter dem Namen Grethe Nowka, begann die Schauspielerin ihre Laufbahn in ihrer späteren Wahlheimat Berlin. Sie spielte Theater an der Volksbühne, verschrieb sich dann dem Kabarett „Charlott" und kehrte schließlich zur Bühne zurück. Längere Zeit wirkte sie am Kurfürstendamm-Theater und wurde zum Publikumsliebling. Seit dem Film „Escapade" (1933) reihte sie Erfolg an Erfolg und entwickelte sich zu einer der beliebtesten deutschen Schauspielerinnen, die insgesamt in mehr als 100 Filmen mitwirkte. Der künstlerische Durchbruch gelang ihr 1937 in „Die göttliche Jette", als sie eine junge Sängerin spielte, die sich mit gesundem Selbstbewußtsein und „Berliner Schnauze" behauptet und zum gefeierten Star aufsteigt. Weitere Filme mit ihr waren: „Die große Liebe" (1942), „Die Frau meiner Träume" (1944) und „Das alte Lied" (1945). Neben der Filmarbeit spielte der Star aber auch viel Theater. Nach dem Krieg wohnte sie in Hamburg und spielte an den Kammerspielen, bis sie 1954 nach Berlin übersiedelte und dort weiter Theater spielte. In späteren Jahren trat Grethe Weiser weniger im Film als im Fernsehen auf, oft in heiteren Stücken, etwa in „Der Haustyrann" (1959), „Ach, Egon!" (1961) und „Ferien vom Ich" (1963). 1968 wurde ihr das Verdienstkreuz des Verdienstordens der Bundesrepublik Deutschland verliehen. Die auch privat sehr beliebte Künstlerin verstarb bei einem Autounfall.

Grete Weiser

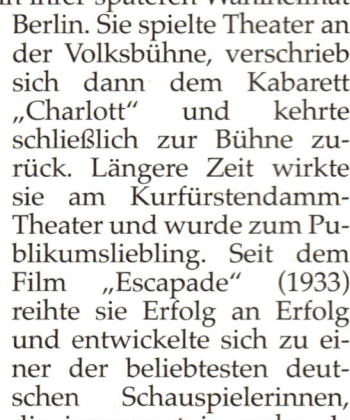

Lotte Werkmeister

Hilde Weissner

WEISSNER, HILDE
Prof., * 3.7.1909 in Stettin,
† 30.5.1987 in Braunau am Inn

Geboren unter dem Namen Hildegard Weißbrodt, erhielt die Künstlerin ab 1927 Schauspielunterricht in Hamburg und debütierte 1929 in Altona am Schiller-Theater. Danach bekam sie ein zweijähriges Engagement am Deutschen Schauspielhaus Hamburg, 1932 trat sie am Deutschen Theater Prag auf und spielte im Mai 1933 in Berlin am Schiller-Theater. Gustaf Gründgens holte sie dann an die Preußischen Staatstheater, wo sie bis 1939 wirkte. Gründgens verschaffte ihr auch die weibliche Hauptrolle in „Die Finanzen des Großherzogs" (1934). Dem Streifen folgten weitere 27 UFA-Filme, in denen Hilde Weissner meist die große Salondame gab. Genau wie im Film hatte sie jedoch auch auf der Theaterbühne große Erfolge und spielte Rollen wie die Thusnelda in Kleists „Die Hermannsschlacht" (1934), die Gräfin Terzky in Schillers „Wallenstein" (1936) oder die Helena in Gründgens' „Faust II"-Inszenierung (1940). 1946 ging sie nach Berlin und spielte in Victor de Kowas „Tribüne" 120mal in dem Stück „Was den Damen gefällt", 1949 übernahm sie in „Tromba" auch wieder eine Filmrolle. Es folgten noch einige Filmrollen, und sie spielte auf Bühnen in Berlin, Bad Hersfeld oder bei Tourneetheatern, außerdem arbeitete sie für Rundfunk und Fernsehen. 1962 wurde sie als außerordentliche Professorin und Leiterin des Schauspielseminars an das Salzburger Mozarteum berufen, wo sie bis zu ihrer Emeritierung im Jahre 1977 tätig war.

WERKMEISTER, LOTTE
* 26.12.1885 in Berlin,
† 15.07.1970 in Bergholz-Rehbrücke

Die Chansonnière, Kabarettistin und Filmschauspielerin sammelte als Chorschülerin in Magdeburg erste Bühnenerfahrung. Sie sang früh Couplets und Operettenmelodien und hatte ab 1917 erste kleinere Auftritte in Stummfilmen. In den 1920er Jahren spielte sie in Revuen und trat in Varietés und Kabaretts auf, etwa im „Kabarett der Komiker". Populär wurde Lotte Werkmeister allerdings erst als Gesangskomikerin mit den deftigen Couplets aus dem Milieu von Heinrich Zille. Hier servierte sie dann ihre Typen, schnoddrig, witzig, warmherzig, die Hauswartsfrau Kabutzke oder die Blumenfrau vom Potsdamer Platz, alles Figuren, die sie knapp und präzise skizzierte, und denen das Publikum später in jenen Tonfilmen wieder begegnete, in denen sie oft nur mit kurzen Sequenzen ihre hohe und pointierte Kunst zeigen konnte, beispielsweise „Ein ausgekochter Junge" (1931), „Das Veilchen vom Potsdamer Platz" (1937), „Das himmelblaue Abendkleid" (1940) oder „Wir machen Musik" (1941). Nach dem Zweiten Weltkrieg setzte Lotte Werkmeister ihre Kabarettkarriere in dem 1945 gegründeten „Berliner Kammerbrettl" am S-Bahnhof Ostkreuz fort.

Ilse Werner

WERNER, ILSE
*** 11.7.1921 in Batavia/Java,
† 8.8.2005 in Lübeck**

Geboren unter dem Namen Ilse Still, konnte die Schauspielerin wegen der beruflichen Versetzung ihres Vaters nach Wien von 1936 bis 1937 am dortigen Max-Reinhardt-Seminar studieren; hier nahm sie auch den Künstlernamen Werner an. Die Künstlerin debütierte in Dauthendeys „Glück" am Theater in der Josefstadt und wurde prompt von der UFA nach Berlin geholt, wo sie 1938 ihre erste Filmrolle in „Die unruhigen Mädchen" spielte. Damit gelang ihr sofort der Durchbruch, der sie zu einer der beliebtesten deutschen Filmdarstellerinnen machte. Ihre Stärke lag in den leichten, unterhaltsamen Rollen oder in der Darstellung des singenden und pfeifenden Schlagerstars, wie etwa die Streifen „Wunschkonzert" (1940), „Die schwedische Nachtigall" (1941), „Wir machen Musik" (1942), „Münchhausen" (1943) oder „Große Freiheit Nr. 7" (1944) zeigen. In den Kriegsjahren waren viele ihrer Schlager wie „Sing ein Lied, wenn du mal traurig bist", „So wird's nie wieder sein" (1941), „Wir machen Musik", „Mein Herz hat heut' Premiere" (1942) in aller Munde. Während des Krieges moderierte sie für den Fernsehsender Paul Nipkow die ein- bis zweimal wöchentlich live aus dem Kuppelsaal des Berliner Reichssportfeldes übertragene populäre Fernsehshow „Wir senden Frohsinn – wir spenden Freude". Nach dem Krieg setzte sie ihre Filmkarriere fort und ging nach eigenen Fernsehshows mit dem Programm „Ein Abend mit Pfiff" auf Tournee und arbeitete auch immer wieder vor der Kamera. Ilse Werner fungierte als Synchronsprecherin für internationale Filmstars wie Maureen O'Hara, Rita Hayworth oder Olivia de Havilland. Sie wurde mit dem Bundesverdienstkreuz 1. Klasse (1981), dem Filmband in Gold (1986) sowie dem Bundesfilmpreis in Gold (1991) ausgezeichnet.

WIECK, DOROTHEA
*** 3.1.1908 in Davos,
† 19.2.1986 in Berlin**

Die Schauspielerin erhielt mit 15 Jahren Schauspielunterricht und bekam bereits ein Jahr später ein Engagement

Dorothea Wieck

am Theater in der Josephstadt, wo sie erste Rollen spielte. Otto Falckenberg holte sie nach München an die Kammerspiele, wo sie unter anderem als Julchen im „Schinderhannes" auftrat. In München wurde sie für den Film entdeckt und debütierte 1926 in „Heimliche Sünder". Bekannt wurde sie 1931 in dem Streifen „Mädchen in Uniform". Dorothea Wieck spielte in rund 50 Spielfilmen und hatte in den 1930er Jahren große Erfolge, wie etwa „Der Student von Prag" (1935), „Kopf hoch, Johannes!" (1941) und „Andreas Schlüter" (1942). Nach dem Zweiten Weltkrieg spielte sie meist nur noch Theater und übernahm im Film lediglich Nebenrollen. Anfang der 1960er Jahre zog sie sich fast völlig aus dem Filmgeschäft zurück. Ihre letzte Rolle spielte sie 1969 in der Folge „Toter Herr im Regen" aus der TV-Serie „Der Kommissar".

Schülern zählten bekannte Namen wie etwa Hans Joachim Kulenkampff oder Klaus Schwarzkopf. Sie spielte u.a. in den Filmen „Der Weg ins Freie" (1941), „Die große Liebe" (1942) und „Damals" (1943). Nach dem Zweiten Weltkrieg sah man sie in zahlreichen Fernsehrollen, beispielsweise in der RIAS-Serie „Günter Neumann und seine Insulaner", aber auch in vielen Kriminalfilmen. In Edgar Wallace-Krimis war sie häufig als schrullige Alte besetzt. Besonders populär wurde sie durch die Rolle als Oma Köpke in der Fernsehreihe „Die Unverbesserlichen". Mit ihrer prägnanten und einprägsamen Stimme arbeitete sie häufig als Synchron- und Hörspielsprecherin. Noch 1974 stand sie mit ihrem ehemaligen Schüler Hans Joachim Kuhlenkampff zusammen auf der Bühne des Berliner „Theaters des Westens".

Gisela Wilke

WILKE, GISELA
* 30.6.1882 in Olbernhau/Sachsen,
† 25.9.1958 in Wien

Die Künstlerin spielte bereits im Alter von sechs Jahren am Deutschen Theater in Berlin und gastierte mit neun Jahren mit dem „Meininger Ensemble" in New York. Im Jahre 1900 wurde sie von der Schauspielerin und Sängerin Marie Geistinger an das Wiener Burgtheater empfohlen, wo sie dann bis 1952 wirkte. 1912 wurde sie zur Hofschauspielerin ernannt, 1935 wurde sie Ehrenmitglied des Burgtheaters.

Agnes Windeck

WINDECK, AGNES
* 27.3.1888 in Hamburg,
† 28.9.1975 in Berlin

Die Schauspielerin begann ihre Laufbahn in Hamburg und hatte danach Engagements in Hannover und Berlin. Nach ihrer Heirat zog sie sich 1915 ins Privatleben zurück und kehrte erst 1938 als Lehrerin an der Schauspielschule des Deutschen Theaters in Berlin in ihren Beruf zurück; zu ihren

WINDISCH, HELLA HERTHA
Lebensdaten der Schauspielerin konnten nicht ermittelt werden, lediglich folgendes: Die Schauspielerin übte ihren Beruf nach dem Zweiten Weltkrieg in der DDR aus. Sie war Ensemblemitglied des Kabaretts „Leipziger Pfeffermühle" und trat beispielsweise am 21. März 1954 im Weißen Saal der Kongreßhalle von Leipzig auf. In diesem Jahr spielte sie auch in dem Fernsehfilm „Der Weg ins Leben" und 1960 in dem Fernsehfilm „Die Talente"; am 18. Dezember 1960 spielte die Künstlerin im Fernsehen die Mrs. Chatterley in der Gaunerkomödie „Das krumme Gewerbe", am 13. Juni 1961 in der Fernseherzählung „Matthes und der Bürgermeister" die Rolle der Kischkebäuerin.

WINTER, CLAIRE
* 31.12.1900, † ?

Die Schauspielerin hatte nacheinander Engagements in Gleiwitz/Oberschlesien (1922/23), Barmen-Elberfeld (1924 bis 1927), Mannheim (1927/28), Frankfurt am Main (1928 bis 1938) und danach bis Kriegsende in Berlin und nach dem Zweiten Weltkrieg in Bad Reichenhall. Seit 1938 war sie mit dem Regisseur Fritz Peter Buch verheiratet, der ihr das Stück „Ein ganzer Kerl" auf den Leib schrieb; das Stück wurde am Alten Schauspielhaus in Bremen uraufgeführt. 1939 spielte sie in dem Film „Drei Unteroffiziere" mit.

WITTHAUER, CHARLOTTE
* 18.0.1915 in Breslau,
† 6.5.1980 in Tutzing

Nach der Schauspielausbildung an der Max-Reinhardt-Schule des Deutschen Theaters Berlin bekam die Schauspielerin 1932 am Stadttheater Oberhausen ein Engagement und debütierte hier. Danach war sie am Stadttheater Rostock und am Landestheater Braunschweig verpflichtet, ab 1936 bis 1944 beim Berliner Staatstheater. Nach 1945 spielte sie am Deutschen Schauspielhaus in Hamburg sowie an der Kleinen Komödie in München. Ihr Spielfilmdebüt gab sie 1931 im Drama „Mädchen in Uniform", später folgten überwiegend Nebenrollen. Neben ihrer schauspielerischen Tätigkeit arbeitete die Künstlerin als Hörfunk- sowie als Synchronsprecherin. Bekanntere Filme, in denen sie mitwirkte, sind „Hans Sonnenstössers Höllenfahrt" (1934, mit Gustaf Gründgens, Theo Lingen, Lola Müthel) oder die Komödie „Du kannst mir viel erzählen" (1949, mit Heinz Rühmann, Elfriede Kuzmany, Grethe Weiser). In späteren Jahren spielte sie auch in Fernsehproduktionen.

WOIWODE, LINA
* 1886 in Langenzersdorf bei Wien,
† 17.9.1971

Vermutlich debütierte die Schauspielerin in Linz und hatte dort bis 1905 ein Engagement. Die folgenden Verpflichtungen führten sie 1905/06 nach Klagenfurt, 1907 bis 1912 nach München an das Theater am Gärtnerplatz, 1912 bis 1914 an das dortige Schauspielhaus, danach bis 1922 zum Volkstheater Wien, nach Zürich und Berlin. Von 1929 bis 1938 spielte sie in Wien am Theater in der Josefstadt und von 1933 bis 1936 auch am Raimundtheater. Sie gastierte mehrmals am Stadttheater Brünn und spielte seit 1931 auch in Spielfilmen, darunter „Don Juan" (1919), „Die verschwundene Frau" (1937) und „Wiener Mädeln" (uraufgeführt 1949).

WOLLE, GERTRUD
* 11.3.1891 in Urbis/Elsaß,
† 5.7.1952 in München

Nach zweijähriger Tätigkeit als Kindermädchen ging Wolle in Berlin auf die Schauspielschule und debütierte 1916 an das Deutsche Theater in Goethes Faust. Die Schauspielerin wurde auf der Bühne wie auch im Film schnell auf den Typ der ältlichen skurrilen Frauenzimmers festgelegt. In ihren zahlreichen Filmen trat sie in meist kurzen Auftritten als schrill-lächerliche Person in der Rolle einer Sekretärin, Lehrerin, Heimleiterin oder Nachbarin auf. Durch ihre mit den Jahren zunehmende Filmarbeit sah man sie kaum noch auf der Bühne. Sie spielte u.a. in „Morgenrot" (1933), „Stadt Anatol" (1936), „Robert Koch, der Bekämpfer des Todes" (1939) und „Das Ferienkind" (1943). In der filmlosen Zeit nach 1945 trat sie wieder vermehrt am Theater auf, beispielsweise am Stadttheater Passau. Später konzentrierte sie sich wieder bis zu ihrem Tode auf die Filmarbeit.

WÜRTZ, ANNELIESE
* 4.8.1900 in Lübeck, † April 1981 ebd.

Nach dem Schauspielunterricht spielte die Künstlerin erste Rollen an Theatern in Osnabrück, Leipzig und Dresden. Anschließend ging sie nach Berlin und spielte an der „Komödie", am Hebbel-Theater sowie am Schiller-

Lina Woiwode

Charlotte Witthauer

Anneliese Würtz

Theater. Außerdem wirkte die Schauspielerin in vielen Rundfunk- und Fernsehproduktionen und vielen Kinofilmen mit, etwa 1944 in dem berühmten Streifen „Die Feuerzangenbowle". Ihre letzte Rolle in einem Kinofilm spielte sie 1978 in „Der Pfingstausflug". Sie arbeitete auch als Synchronsprecherin und seit den 1960er Jahren in verschiedenen Fernsehserien, beispielsweise „Das Kriminalmuseum" oder „Drüben bei Lehmanns".

WÜST, IDA
* 3.1.1884 in Wiesbaden,
† 4.11.1958 in Berlin
Nach der in Frankfurt am Main absolvierten Schauspielschule debütierte die Schauspielerin in einem Lustspiel

Ida Wüst (rechts)

als Kadett. Anschließend ging sie zunächst für das klassische Fach nach Colmar, Bromberg und andere kleinere Bühnen. Am Theater Leipzig entdeckte sie dann der bekannte Theaterleiter Otto Brahm und holte sie nach Berlin an das Lessing-Theater, an dem sie große Erfolge erlebte. Ihren ersten Erfolg vor der Kamera hatte die Künstlerin 1922/23 im vierteiligen Stummfilm „Tragödie der Liebe". Es folgten weitere Stummfilme, und auch im Tonfilm hatte sie große Erfolge; oft spielte sie die alte Schachtel, die schrullige Tante, die mondäne Diva oder die wunderliche Großmutter. Sie spielte diesen Typ Frau, der sich beim Kinopublikum jahrzehntelang äußerst großer Beliebtheit erfreute, in mehr als 130 Filmen, blieb aber immer der Bühne treu. Sie trat z.B. in folgenden Streifen auf: „Bomben auf Monte Carlo" (1931), „Der Bettelstudent" (1936), „Wunschkonzert" (1940) und „Roter Mohn" (1956).

WURM, GISA
* 8.10.1885 in Winzendorf/Niederösterreich, † 10.8.1957 in Wien
Der Taufname der Künstlerin lautete Gisela; sie spielte nach dem Schauspielunterricht auf den Bühnen von Kattowitz, Wiesbaden, Krefeld und Breslau und ging 1923 nach Wien. Hier trat sie zunächst im Theater und Kabarett „Die Hölle" auf, bis sie 1925 ein Engagement am Theater in der Josefstadt erhielt. Sie spielte in einigen Stummfilmen mit und wirkte bis 1945 in 25 Tonfilmen mit, beispielsweise in „Unsterbliche Melodien" (1936), „Aufruhr im Damenstift" (1941) und den Hans Moser-Filmen „Das Ferienkind" und „Schwarz auf Weiß" (1943). Nach dem Zweiten Weltkrieg war sie an den Wiener Kammerspielen verpflichtet.

ZIEGLER, HERMINE
* 26.3.1884 in Bayern, † nach 1961
Die Schauspielerin und Sängerin debütierte vermutlich 1914, sie war 1917 bis 1930 am Theater Trier, gastierte 1929/30 in Karlsruhe, 1930/31 in Frankfurt/Oder und war von 1931 bis 1937 am Nationaltheater Mannheim verpflichtet. In der Spielzeit 1938/39 gastierte sie in Leipzig und von 1942 bis 1944 in Prag am Deutschen Theater. Von 1947 bis 1954 hatte sie ein Engagement an den Städtischen Bühnen Köln, wohin sie 1961 zurückkehrte. Außerdem trat sie 1961 bei den Lui-

Hermine Ziegler

senburg-Festspielen in Wunsiedel auf. Die Künstlerin stand auch des öfteren vor der Filmkamera, beispielsweise in „Der Gasmann" (1941, mit Heinz Rühmann, Anny Ondra und Will Dohm) und „Die Fledermaus" (1946 mit Johannes Heesters und Willy Fritsch) mit. Außerdem wirkte sie in einigen Rundfunkhörspielen mit.

ZIEGLER, MARTHA
* 20.3.1899 in Darmstadt,
† 2.12.1957 ebd.

Martha Ziegler

Nach dem Besuch der Frankfurter Schauspielschule spielte die Künstlerin an den Bühnen von Basel, Düsseldorf, Hamburg, Frankfurt am Main und schließlich am Schiller-Theater in Berlin. 1930 gab sie ihr Filmdebüt in dem Streifen „Abschied" und wirkte dann bis 1945 noch in weiteren 30 Spielfilmen mit, darunter „Friesennot" (1934), „Karussell" (1937) und „Aufruhr im Damenstift" (1941). Nach 1945 trat sie nur noch einmal vor die Kamera, und zwar 1949 in „Mordprozeß Dr. Jordan". Auf der Theaterbühne war sie jedoch noch in mehreren Gastspielen zu sehen.

ZIEMANN, SONJA
* 8.2.1926 in Eichwalde bei Berlin
Der deutsche Kinostar der 1950er Jahre war neben Maria Schell und Ruth Leuwerik das größte Zugpferd des bundesdeutschen Films der Adenauer-Ära. Sie erhielt bereits mit 15 Jahren 1941 ihr erstes Bühnenengagement, debütierte auch im selben Jahr vor der Filmkamera und spielte bis zum Ende des Zweiten Weltkrieges in vielen Jungmädchenrollen, darunter „Ein Windstoß" (1941), „Geliebter Schatz" (1943) und „Hundstage" (1944). Nach Kriegsende trat sie zunächst auf Berliner Vorstadtbühnen auf und kam schließlich an das Metropol-Theater, wo sie bis 1949 als erste Soubrette in Operetten ihr Publikum begeisterte. Dann startete ihre steile Karriere als Top-Star des bundesdeutschen Films in „Schwarzwaldmädel" (1950) sowie in „Grün ist die Heide" (1951) und spielte noch zahlreiche Rollen, meist in Heimatfilmen und Komödien. Einige waren „Die sieben Kleider der Katrin" (1954), „Kaiserball" (1956), „Hunde, wollt ihr ewig leben?" (1958) und „Ihr schönster Tag" (1961). Ende der 1960er Jahre neigte sich ihre Filmkarriere dem Ende zu, worauf sie an die Bühne zurückkehrte. Sie gewann zweimal einen Bambi (1950 und 1990) und wurde 1984 mit dem Filmband in Gold ausgezeichnet.

Sonja Ziemann

ZÖTSCH, ANNA
Lebensdaten konnten nicht ermittelt werden.

B. Rundfunkliste

Seite 26

Dirigenten

KRETZSCHMAR, CURT
* 23.12.1894 in Dresden,
† 3.12.1973 in Hamburg
Der Dirigent war nach seiner Ausbildung bis 1935 Kapellmeister und Chordirektor am Opernhaus Frankfurt, es folgte ein Engagement als Kapellmeister beim Reichssender Leipzig. Seit 1. Februar 1932 war Zaun NSDAP-Mitglied, obwohl er 1928 bis 1933 auch Mitglied der Freimaurerloge „Carl zum Lindenberg" war; außerdem war er zeitweise gleichzeitig Mitglied der SPD wie der NSDAP. Nachdem er 1940 in Berlin die musikalische Oberleitung des „Theaters des Volkes" übernommen hatte, wechselte er später als erster Kapellmeister des Deutschen Theaters in das besetzte Oslo. Zwar wurde ihm 1941 wegen Alkoholproblemen die Entlassung angedroht, doch Dr. Goebbels schützte ihn und ordnete die Verlängerung seines Vertrages an. Nach Kriegsende lebte er freischaffend in Reit im Winkel und wurde 1947 als erster Kapellmeister der Bayerischen Staatsoperette München engagiert. Curt Kretzschmar verlebte seinen Ruhestand in Hamburg.

Blick in das „Theater des Volkes" in Berlin

MICHALSKI, CARL
* 18.01.1911 in Bochum,
† 11.12.1998 in Bad Wiessee
Der Künstler arbeitete einige Zeit als Kapellmeister, Komponist und Leiter einer Tanzkapelle in München, wo er 1935 Kapellmeister und Leiter der Abteilung Unterhaltungsmusik am Reichssender München wurde. Ab 1938 wirkte er als erster Kapellmeister der Bayerischen Staatsoperette am Gärtnerplatz. Er wurde 1944 zur Wehrmacht einberufen und geriet in sowjetische Kriegsgefangenschaft. Nach 1945 stand Michalski auf der „Schwarzen Liste" der US-Militärregierung. 1946 wurde er zum Leiter der Operette am Opernhaus Köln berufen, ging dann von 1952 bis 1957 wieder nach München an das Gärtnerplatz-Theater und blieb dann nach seiner Berufung zum Kapellmeister und Leiter der Abteilung Leichte Muse beim Bayerischen Rundfunk bis zu seiner Zurruhesetzung an diesem Hause.

ROSBAUD, HANS
* 22.7.1895 in Graz,
† 29.12.1962 in Lugano
Seine Mutter, eine gute Pianistin, führte den Dirigenten, Komponisten und Pianisten schon früh an die Musik heran und erteilte ihm Klavierunterricht. Nach dem Besuch des „Hoch'schen Konservatoriums" in Frankfurt, an dem er Komposition und Klavier studierte, wurde er 1920 als Direktor an die Städtische Musikschule Mainz berufen, bis man ihn 1929 als ersten Kapellmeister des neu gegründeten Frankfurter Rundfunk-Symphonie-Orchesters engagierte. Ab 1937 wirkte Rosbaud dann vier Jahre als Generalmusikdirektor in Münster. 1941 wurde er Leiter der Fachschaft Dirigenten der

Hans Rosbaud

Reichsmusikkammer. Im Anschluß an seine dreijährige Phase als Leiter der Straßburger Philharmoniker waren die Münchner Philharmoniker, das Symphonie-Orchester Baden-Baden und das Tonhalle-Orchester Zürich weitere Lebensabschnitte des Dirigenten. Nach 1950 war der Dirigent als Leiter des Symphonieorchesters des Südwestfunks maßgeblich an der Wiederbelebung der Donaueschinger Musiktage beteiligt. Rosbaud war der erste große „Radio-Dirigent", der es seit 1929 verstanden hatte, die Chancen und Möglichkeiten des neuen Mediums Radio auszuschöpfen. Abgesehen von seinen exzellenten künstlerischen Qualitäten war er auch pädagogisch engagiert und erklärte dem Radiopublikum etwa die Musikinstrumente und versuchte, zeitgenössische Musik „sendefähig" aufzubereiten, so daß neben den klassischen Werken auch diejenigen von Hindemith, Krenek, Penderecki, Strawinski und Schönberg zu seiner täglichen Arbeit gehörten.

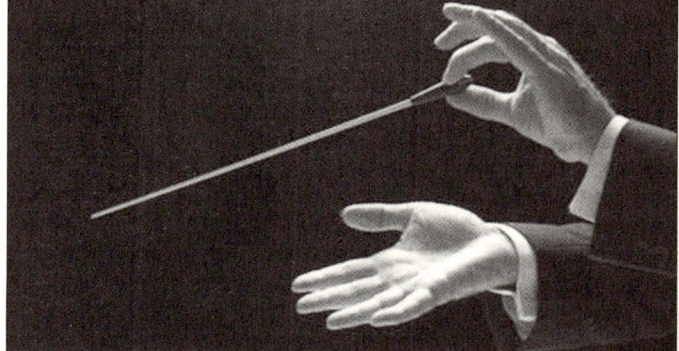

SCHMIDT-BOELCKE, WERNER
* 28.7.1903 in Warnemünde,
† 6.11.1985 in Gauting

Der Komponist und Kapellmeister wurde als Sohn eines Konzertpianisten unter dem Namen Werner Schmidt geboren, den Zusatz Boelcke übernahm er später nach dem Namen des zweiten Ehemannes seiner Mutter. Er erhielt schon früh Klavierunterricht und besuchte ab 1920 in Berlin das „Stern'sche Konservatorium". Nach Abschluß des Studiums engagierte ihn der erfolgreiche Filmkomponist Willy Schmidt-Gentner als zweiten Dirigenten. 1928 wurde Schmidt-Boelcke Chefdirigent aller Kinos der Münchener Filmfirma „Emelka" und dirigierte bei rund 50 Filmen im Berliner Capitol-Lichtspielhaus bei Stummfilmvorführungen; im selben Jahr dirigierte er im „Vox-Haus" erstmals für den Rundfunk, und ein Jahr später schuf er die Musik für den ersten deutschen Tonfilm „Dich hab' ich geliebt". Ab 1934 fungierte er als erster Kapellmeister am Metropoltheater, zu dem ab 1939 auch der Admiralspalast gehörte. Er verhalf vielen Operetten zum Erfolg, etwa 1937 Fred Raymonds „Maske in Blau". Als er nach der allgemeinen Theaterschließung am 1. September 1944 zum Reichsrundfunk Berlin verpflichtet wurde, begann er auch wieder Filmmusiken zu komponieren. 1945/46 war er bei Radio Hamburg für die Unterhaltungsmusik zuständig, 1947 wurde er Dirigent und Leiter des Rundfunkorchesters des Senders Radio München; hier blieb er bis zu seiner Pensionierung im Jahre 1968. Werner Schmidt-Boelcke wurde 1974 mit dem Bundesverdienstkreuz am Bande und 1980 mit dem Filmband in Gold geehrt.

Werner Schmidt-Boelcke

ZAUN, FRITZ
Prof., * 19.6.1893 in Köln,
† 17.1.1966 in Düsseldorf

Der Sohn eines Oberingenieurs studierte in Köln und Bonn Musik- und Theaterwissenschaft, Philosophie und Literatur. 1929 wurde er erster Kapellmeister am Opernhaus Köln und 1933 auch Vertreter des Intendanten. In der Spielzeit 1935/36 erhielt der Dirigent den (nur dort gültigen) Titel Generalmusikdirektor. 1939/40 wurde er nach Berlin an die Dietrich-Eckart-Bühne gerufen und leitete gleichzeitig das Städtische Orchester – ehemals Landesorchester Gau Berlin. Zum 20. April 1942 wurde Zaun von Hitler zum Generalmusikdirektor ernannt, allerdings wurde ihm im Juni 1944 auf Verlangen von Reichsminister Dr. Goebbels gekündigt. Er ging dann bis 1945 nach Zagreb, wo er Opernchef und Chefdirigent der Zagreber Philharmonie wurde und den Professorentitel erhielt. Nach Kriegsende beteiligte er sich maßgeblich am Wiederaufbau der Grazer Oper und gab Gastspiele in ganz Europa und Südamerika. Er war in den 1960er und 1970er Jahren mitverantwortlich für das künstlerische Niveau der Düsseldorfer Deutschen Oper am Rhein. Fritz Zaun führte sein letztes Dirigat in Düsseldorf bei einer Aufführung des „Fliegenden Holländers".

1934 freischaffend als Cembalist, Organist und Pianist für den Rundfunk sowie als Dirigent in Vaihingen und Rohr. Ab 1937 wirkte er wieder in Stuttgart. Er trat am 1. Mai 1933 in die NSDAP ein und war Leiter der Kreismusikerschaft Stuttgart; 1943 bis 1945 hatte er die Landesleitung der Reichsmusikkammer im Gau Württemberg inne. Wegen Bombenschadens übersiedelte der Künstler während des Krieges nach Göppingen, wo er als Privatmusikerzieher arbeitete. Im Oktober 1945 gab er in Göppingen erste Kirchenkonzerte, ab 1950 lebte er in Stuttgart-Wangen und seinen Ruhestand verbrachte er in Rommelshausen.

Geiger

RICHARTZ, PAUL
Lebensdaten des Geigers konnten nicht ermittelt werden, lediglich sein Auftritt bei der Veranstaltung „Das Zeitgenössische Musikfest" am 15. Januar 1941, als das Städtische Orchester Berlin unter dem Dirigat von Fritz Zaun erstmals Ottmar Gersters Violinkonzert spielte. Solist auf der Violine war Paul Richartz.

SÄNGER, BRUNO
Lebensdaten des Geigers konnten nicht ermittelt werden.

SCHRÖDER, WILHELM
Lebensdaten des Geigers konnten nicht ermittelt werden.

Weitere Instrumental-Solisten

ALBRECHT, KURT
* 1.11.1895 in Ricklingen,
† 23.2.1971 in Rommelshausen
Der Sohn eines Pfarrers wirkte von 1928 bis 1930 als Kinokapellmeister in Stuttgart, danach arbeitete er bis

ALEX, JOSEF AUGUST („JOE")
* 23.2.1895 in Recht/Malmedy,
† 1973 in Berlin
Der Unterhaltungsmusiker wurde als Sohn eines Oberzollsekretärs geboren. In den 1920er und 1930er Jahren war der Künstler in Berlin sehr produktiv, er textete und komponierte (weitgehend unter dem Pseudonym Herbert Sand) insgesamt 509 bei der GEMA registrierte Titel. In den 1930er Jahren spielte er verschiedene Titel für Schallplattenfirmen ein. 1935 wurde er musikalischer Leiter der Firma „Tempo", bei anderen Firmen fungierte er als Musiker und Orchesterleiter. Er schrieb auch Filmmusiken, so etwa 1930 für „Die große Sehnsucht". Viele seiner Kompositionen, die volkstümliche Musik, Polkas und Seemannslieder umfaßten, wurden auf Schallplatte gepreßt. Seit 1936 leitete er seine Kapelle „Joe Alex und seine Solisten", spielte aber auch noch als Gastsolist in bekannten Orchestern wie dem „Jazzorchester Kurt Widmann". Nach dem Zweiten Weltkrieg übersiedelte er nach Kaldenkirchen und war auch dort wieder vielfältig tätig, er war Chorleiter, komponierte 1947 eine „Messe in E-Dur" für gemischten Chor oder spielte bei

Tanzveranstaltungen in Kaldenkirchen und Umgebung. 1951 ging der Künstler wieder nach Berlin zurück und konnte sich dort wieder etablieren, er spielte in Kapellen, und in einer deutschen Wochenschau war er Anfang der 1950er Jahre mit seinem Akkordeon zu sehen.

DÖMPKE, FRED
Lebensdaten des Musikers konnten nicht ermittelt werden. Der Hamburger spielte Guitarre, Bandoneon und Viola. Bereits mit 13 Jahren stand er als Bandonion-Solist auf der Bühne, und mit 18 Jahren absolvierte er das erste Engagement in einer 7 Mann-Kapelle. Er spielte dann in Berlin im Tanzorchester von Oskar Joost und gab dort mit dem Bandoneonvirtuosen „das herrlichste Bandoneon-Duett, wie es wohl kaum in dieser Qualität in Deutschland zum zweiten Mal zu finden ist".

FIJAL, FRANZ
(auch: Fijal-Lipinsky oder Fijal-Lipinski)
Lebensdaten des Gitarristen konnten nicht ermittelt werden, lediglich folgendes: Es handelt sich um einen jüdischen Musiker, der nur mit der von Dr. Goebbels erteilten Sondergenehmigung seinen Beruf ausüben konnte. Nach dem Zweiten Weltkrieg spielte er in verschiedenen Jazz- und Swingbands, beispielsweise: „Detlev Lais und Fritz Schulz-Reichel mit ihren Rhythmikern" (Januar 1947), „Großes RBT-Orchester" (Radio Berlin Tanzorchester, Januar 1947), „Erwin Lehn mit seinem Rhythmikern" (Juni 1947), „Tanzkapelle des Berliner Rundfunks" (auch unter dem Namen: „Swingkapelle des Berliner Rundfunks", 1947/48).

FRANZ, ERNST
Lebensdaten konnten nicht ermittelt werden.

FRIEDRICH, WERNER
Lebensdaten konnten nicht ermittelt werden.

NEL, RUDOLF
* **30.7.1908 in Berlin, † ?**
Der Bratschist und Klavierbegleiter hatte niederländische Wurzeln, studierte in den Niederlanden und an der Berliner Musikhochschule. 1928 wurde er in Berlin erster Solobratschist am Deutschen Opernhaus und unterrichtete auch am Städtischen Konservatorium. Er heiratete 1942 die Altistin Lore Fischer, mit welcher er und Hermann Reutter 1944 das bekannte „Lore-Fischer-Trio" gründeten. 1949 wurde er als Solobratschist vom Bayerischen Rundfunk München verpflichtet. Rudolf Nel ging auch als Solist auf Konzertreisen.

SCHITTENHELM, HERMANN
* **10.9.1893 bei Oberndorf am Neckar, † 20.2.1979 in St. Ingbert**
Der Meisterspieler und Pionier der Handharmonika-Orchesterbewegung machte zunächst eine Ausbildung zum Feinmechaniker. Das Handharmonika- und Akkordeonspiel erlernte er autodidaktisch und kam so mit der Firma „Hohner" in Kontakt. Deren Direktor Ernst Hohner holte ihn nach dem Ersten Weltkrieg nach Trossingen, wo er zunächst als Instrumentenbauer und bald auch als Akkordeonlehrer tätig war. Daneben trat Schittenhelm als

Erwin Bootz

Solist auf und gründete 1925 ein Akkordeonquintett, aus dem 1927 sein „Hohner-Akkordeon-Orchester" hervorging, das er 40 Jahre lang dirigierte. 1929 sorgte der Künstler für die Uraufführung der ersten künstlerischen Originalkomposition für Akkordeon, die „Sieben Neuen Spielmusiken" von Hugo Herrmann. 1931 wurde Schittenhelm Leiter der neugegründeten „Hohner-Handharmonika-Fachschule", aus der später die Städtische Musikschule Trossingen mit staatlich anerkannter Abschlußprüfung wurde (heute: Hohner-Konservatorium). Hermann Schittenhelm komponierte auch zahlreiche volkstümliche Orchester- und Solowerke wie etwa „Komm Mädel, tanz!", „Schwarzwaldluft" oder die „Ouvertüre in E."

SCHRÖDER, FRITZ
Lebensdaten des Cellisten konnten nicht ermittelt werden. Lediglich die Verleihung des Titels „Kammermusiker" durch Erlaß Adolf Hitlers vom 30. Januar 1938 ist nachweisbar. Schröder wirkte in Berlin.

WANAUSEK, CAMILLO
* 27.1.1906 in Wien, † 1999

Der Flötist erlernte zuerst das Klavierspiel und dann autodidaktisch das Flötenspiel, da er in der von seinem älteren Bruder gegründeten Musikkapelle mitmachen wollte. Er war zeitweise als Kinomusiker tätig und bei verschiedenen Ensembles engagiert, von 1928 bis 1933 beim Kurorchester Hofgastein. Ab 1934 war er bis zu seiner Pensionierung im Jahre 1971 bei den Wiener Symphonikern als Soloflötist verpflichtet. Er trat auch viele Male als Solist auf und gab Unterricht am Wiener Konservatorium.

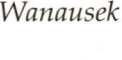

Camillo Wanausek

ZEBE, ERNST
Lebensdaten konnten nicht ermittelt werden.

Pianisten

BOOTZ, ERWIN
* 30.6.1907 in Stettin,
† 27.12.1982 in Hamburg

Der Pianist kam schon in jungen Jahren mit seinem späteren Beruf in Berührung, da seine Eltern eine Musikalienhandlung führten; bereits mit vier Jahren spielte er Klavier. Er besuchte ab 1920 das Loewe-Konservatorium in Stettin und studierte ab 1924 an der Musikhochschule Berlin. 1928 wurde der Unterhaltungskünstler Mitglied der kurz vorher gegründeten „Comedian Harmonists". Als das Ensemble 1938 aufgelöst wurde, ging Bootz als Autor, Orchesterleiter, Komponist und Komiker zum „Kabarett der Komiker". 1942 als Soldat eingezogen, wurde er jedoch in der Truppenbetreuung und als Rundfunkmoderator beim Reichssender Berlin eingesetzt. Nach Kriegsende wechselte er erfolgreich in die Filmbranche und synchronisierte Zeichentrickfilme, schrieb mehr als 180 Dialogbücher und führte für rund 100 Filme die Dialogregie. 1959 wanderte er nach Kanada aus, wo er einige Fernsehshows moderierte. Er kehrte 1971 nach Deutschland zurück und arbeitete an Theatern in Bochum, Bremen und Berlin. Erwin Bootz trat 1980 zur Eröffnung des Berliner Tempodroms auf.

GRAEF, VIKTOR
Weitere Lebensdaten des Pianisten konnten nicht ermittelt werden, lediglich folgendes: Da das Wiener Konzerthaus und die Wiener Philharmoniker von der zum 1. September 1944 erlassenen reichsweiten „Theatersperre" ausgenommen waren, konnten dort noch Veranstaltungen stattfinden. Viktor Graef begleitete hier die Mezzosopranistin Elisabeth Höngen in den letzten Kriegsmonaten bei mehreren Franz Schubert-Liederabenden auf dem Klavier. Der „Völkische Beobachter" brachte am 14. Februar 1945 eine Kritik

über den letzten Liederabend der Sängerin, der im ungeheizten Mozartsaal des Wiener Konzerthauses stattfand; in dieser Kritik wird auch Viktor Graef als Klavierbegleiter erwähnt.

JÄGER, HERBERT
* 24.4.1902, † ?
Genauere Lebensdaten konnten nicht ermittelt werden, lediglich folgendes: Der Pianist spielte am 26. Januar 1936 in der reichsweit ausgestrahlten Rundfunksendung „Wunschkonzert", die unter dem Motto stand „Sie wünschen – wir spielen, geholfen wird vielen! Vier Stunden Wunschkonzert mit fünf Kapellen, für die Winterhilfe", am Flügel. Beteiligt waren die Kapellen: Musikkorps der „Leibstandarte Adolf Hitler", Musikkorps der Wachttruppe Berlin, Kapelle Otto Dobrindt, Kapelle Hans-Joachim Fierke, Jungherrs Akkordeon-Melodiker und die Chöre der „Leibstandarte Adolf Hitler" sowie der Wachttruppe Berlin. Jäger kann ohne weiteres als Prominenter bezeichnet werden, er hatte im Reichsrundfunk die sehr beliebte tägliche Sendung „Allerlei von 2 bis 3", in der populäre Künstler auftraten und Schallplatten abgespielt wurden. Wenn nun ein Musikstück endete, trat Herbert Jäger in Aktion, indem er an Flügel die Motive des endenden Stückes aufgriff und geschickt improvisierend zum folgenden überleitete, wobei ja Tonartwechsel, also Modulation sowie Anpassung an Charakter und Tempo des folgenden Stückes zu berücksichtigen waren. Gewissermaßen „nahtlos" setzte nach dem Zwischenspiel wieder der Orchesterklang mit dem nächsten Stück ein.

KRAUS, DETLEF
Prof., * 30.11.1919 in Hamburg,
† 7.1.2008 ebd.
Bereits mit sechzehn Jahren gab der Pianist mit Bachs „Wohltemperiertem Klavier" sein erstes Konzert. Der bedeutende Künstler machte sich später mit einem Repertoire von Bach bis zur Spätromantik international einen Namen. 1944 bis 1948 wirkte er als Lehrer an der Schule für Musik und Theater in Hamburg, 1950 bis 1959 am Konservatorium Osnabrück. 1957 nahm er seine Lehrtätigkeit an der Folkwang-Hochschule in Essen auf, wo er 1963 zum Professor ernannt wurde. Er war eine Institution in der Pianistenszene, einer der bedeutendsten Brahms-Interpreten und führte dessen Werk in aller Welt auf. Ab 1982 war er Präsident, später Ehrenpräsident der Johannes-Brahms-Gesellschaft in Hamburg. Detlef Kraus wurde vielfach geehrt und erhielt beispielsweise 1957 und 1959 den „Premio di Positano", 1961 den „Kulturpreis der Stadt Kiel" und 1975 den „Brahms-Preis der Stadt Hamburg".

KUSCHE, LUDWIG
* 31.3.1901 in Mainz,
† 5.9.1982 in München
Der Sohn eines Privatgelehrten wurde nach seinem Studium 1925 als musikalischer Leiter und Pianist an die „Münchner Kammeroper" verpflichtet. 1930 war er einer der Mitgründer des literarischen Kabaretts „Der Zwiebelfisch". Er war seit dem 1. April 1933 NSDAP-Mitglied, im selben Jahr begann er seine Tätigkeit als freischaffender Film- und Rundfunkkomponist in Gräfelfing bei München. Später leitete der Künstler auch Rundfunksendungen. 1942 schrieb er die Musik zu dem Militärdokumentarfilm „Melder durch Beton und Stahl". Nach dem Zweiten Weltkrieg

lebte er als Komponist und Musikschriftsteller in Gauting bei München. 1950 schuf er für den Bayerischen Rundfunk die Sendung „Das Musikaleum", eine Einführung in die Musik- und Kulturgeschichte, die auch andere Sender übernahmen und 1956 ins Fernsehen kam.

NEUMANN, WERNER
Prof. Dr. phil., * 21.1.1905 in Königstein/Sachsen, † 24.4.1991 in Leipzig
Der Musikwissenschaftler studierte Klavier und Musiktheorie am Leipziger Landeskonservatorium sowie Musikwissenschaften, Musikpsychologie und Philosophie an der dortigen Universität; er wurde 1938 mit einer Arbeit über Bachs Kompositionstechnik zum Dr. phil. promoviert. Später wirkte er als Musikpädagoge, Musikkritiker und als Dozent an der Hochschule für Musik in Leipzig. 1950 gründete er das „Bach-Archiv Leipzig", dessen Leitung er auch übernahm. 1954 wurde er zum Professor ernannt. Seit 1952 war Werner Neumann Vorstandsmitglied der Neuen Bach-Gesellschaft sowie seit 1953 Mitherausgeber des Bach-Jahrbuchs.

Bach-Archiv in Leipzig heute

STAMER, FRITZ
Genauere Lebensdaten des Pianisten konnten nicht ermittelt werden, lediglich folgendes: Stamer machte bereits 1923 erste Schallplattenaufnahmen, wobei er unter dem Namen Fred Steamer auftrat. Einige wenige Titel, darunter das von Franz Grothe komponierte „Ich warte auf dich" aus dem Film „Frau meiner Träume" (1944) veröffentlichte Fritz Stamer unter eigenem Namen während der letzten Kriegsmonate. Er war auch als Orchester- und Studiomusiker tätig, unter anderem bei den Tanzkapellen von Otto Stenzel und Ernst Weiland (alias „Bimbo, der Tricktrommler").

WREDENHÖFT, ERWIN
Lebensdaten des Pianisten konnten nicht ermittelt werden.

Sänger

ERB, KARL
Prof., * 13.7.1877 in Ravensburg, † 13.7.1958 ebd.
Nach der Schulausbildung ergriff der Sänger zunächst die Beamtenlaufbahn und wurde Kassierer der Ravensburger Gas- und Wasserwerke. Nachdem der Intendant der Stuttgarter Hofoper seine Stimme entdeckt hatte, debütierte Erb ohne eigentliche Gesangsausbildung 1907 als Evangelimann in der gleichnamigen Oper von Wilhelm Kienzl an der Stuttgarter Hofoper. Es folgte von 1908 bis 1910 ein Engagement am Stadttheater Lübeck, anschließend kehrte Erb bis 1912 wieder an die Stuttgarter Hofoper zurück. 1912 wurde er an die Münchener Hofoper verpflichtet, wo er sehr große Erfolge hatte; hier sang er am 12. Juni 1917 in der Uraufführung von Hans Pfitzners „Palestrina" die Titelrolle, fortan eine seiner Glanzpartien. Von 1921 bis 1931 war er mit der Sopranistin Maria Ivogün verheiratet. Als er 1930 bei einem Unfall schwer verletzt worden war, verlegte der Tenor sich auf den Konzertgesang und wurde ein unvergleichlicher Interpret der Evangelistenpartie in den großen Passionen von Johann Sebastian Bach, die er in den Musikzentren in aller Welt sang. Außerdem war er einer der bedeutendsten Liedersänger seiner Zeit. 1938 wurde Erb der Professorentitel verliehen; nach 1945 galt er als „belastet". Da ihm die Schönheit seiner Stimme ungewöhnlich lange erhalten blieb, hörte man ihn noch nach Vollendung des 70. Lebensjahres im Konzertsaal. Durch die prachtvolle Ausdrucksstärke seines Tenores war die Durchgeistigung seines Vortrages immer wieder Gegenstand der Bewunderung. 1952 wurde Karl Erb mit dem Verdienstkreuz der Bundesrepublik Deutschland ausgezeich-

Karl Erb

net. Sein gesamtes Vermögen vermachte der Künstler seiner Heimatstadt. Bis heute werden aus der „Karl-Erb-Stiftung" junge begabte Musiker gefördert. In Ravensburg erinnert der Karl-Erb-Ring an den großen Sohn der Stadt.

FRIEDRICH, KARL
* 15.1.1905 in Wien, † 8.4.1981 ebd.
Der gelernte Tischler wurde an der Wiener Musikakademie als Sänger ausgebildet und debütierte 1937 an der Wiener Staatsoper, deren Ensemblemitglied er lange Jahre blieb. Später hatte der Tenor auch einen Gastspielvertrag an der Hamburger Staatsoper und war auch bei Auslandsgastspielen erfolgreich; er sang an der Covent Garden Opera in London, 1949 am Teatro San Carlo in Neapel den Erik im „Fliegenden Holländer" und 1950 am Teatro Liceo von Barcelona den Walther in den „Meistersingern". Große Erfolge feierte Friedrich auch bei seinen Gastspielen und Konzerten im deutschen Sprachraum wie etwa bei den Opernfestspielen von Salzburg, außerdem schätzte man ihn als Interpreten klassischer Operetten, die er vor allem an der Wiener Volksoper sang. Er ruht in einem ehrenhalber gewidmetem Grab auf dem Wiener Zentralfriedhof.

HANN, GEORG
* 30.1.1897 in Wien,
† 9.12.1950 in München
Der Baß-Bariton meldete sich im Ersten Weltkrieg als Kriegsfreiwilliger zur österreichischen Armee und wurde 1918 als Leutnant entlassen. Nachdem er sich in verschiedenen Berufen versucht hatte, studierte er an der Wiener Musikakademie und wurde 1927 nach München an die Bayerische Staatsoper engagiert, wo er seine gesamte Karriere erlebte. Hier hatte er genauso wie bei seinen Gastspielen in Wien, Berlin, Brüssel, London, Paris und an der Mailänder Scala größte Erfolge zu verzeichnen. Er trat auch bei den Salzburger Festspielen auf und sang dort 1931 den Pizarro in Beethovens „Fidelio", 1946 den Faninal im „Rosenkavalier" und 1947 den Leporello im „Don Giovanni" sowie den Waldner in „Arabella" von Richard Strauss. Hann war auch als Konzertsänger sehr erfolgreich; sein durchgebildeter, voluminöser Baß gehörte zu den schönsten Stimmen seiner Generation.

Georg Hann

HEIGL, FRANZ
* 15.1.1901 in Blumenau an der Wild,
† nach 1965
Heigl war Unterhaltungskünstler, Schauspieler und Sänger. Seine Wirkungsorte waren Bad Reichenhall, Berlin, Hamburg, Steyr, Überlingen und Wien. Er spielte in mindestens acht Filmen mit: „Ich tanke, Herr Franke" (1934), „Abenteuer in der Karnevalsnacht" (1935), „Der Dorfbarbier" (1939), „Falstaff in Wien" (1940), „Liebesgeschichten" (1943), „Der große Fall" (1949), „Nina" (1956), „Leider lauter Lügen" (Fernsehfilm, 1965).

KATONA, JULIUS
* 17.1.1902 in Klausenburg/
Siebenbürgen, † 14.3.1977 in Berlin
Der Sänger studierte in Wien und debütierte 1930 als Bariton am Stadttheater Ulm. Er studierte jedoch ein zweites Mal in Berlin, da er erkannt hatte, daß er eine Tenorstimme besaß, und startete eine zweite Karriere als Tenor am Stadttheater Lübeck. Danach war er in Essen, Wiesbaden und Nürnberg verpflichtet. Große Erfolge hatte er in den Jahren 1947 bis 1961, als er Ensemblemitglied am Deutschen Opern-

Julius Katona

haus Berlin war. 1962 wechselte er an die Städtische Oper Berlin und trat hier wie auch bei Gastspielen noch im Alter von 70 Jahren auf. Er sang insbesondere die großen Tenor-Partien von Mozart, den Rudolf in „La Bohème", den Turiddu in „Cavalleria rusticana", den José in „Carmen" und viele weitere Rollen. Große Erfolge hatte er aber auch als Operettensänger, vor allem im Berliner Admiralspalast, aber auch in Hamburg, München und Stuttgart. Immer wieder gab der Kammersänger auch Gastspiele und Konzerte in seiner siebenbürgischen Heimat. So sang er beispielsweise 1967 in Klausenburg den Don Ottavio im „Don Giovanni" und den Lenski in „Eugen Onegin".

KURZ, ERNST
Lebensdaten des Baritons konnten nicht ermittelt werden.

LUTZ, RAYMUND
Lebensdaten konnten nicht ermittelt werden.

NIESSNER, TONI
Prof., * 8.7.1914 in Prag,
† 18.11.1986 in Wien
Der Tenor, Wienerliedsänger und Schauspieler studierte Musikwissenschaft (abgebrochen) und Gesang in Prag. Nach Gastspielen an deutschen Theaterbühnen debütierte er 1935 am Johann-Strauß-Theater (Wien IV). Er interpretierte unter anderem Werke von Paul Abraham und Franz Lehár. Dabei hat er mit namhaften Klassik-Künstlern wie Franz Lehár oder Anton Dermota zusammengearbeitet. Es sind noch zahlreiche Aufnahmen von Nießner im Handel erhältlich, beispielsweise von Auftritten mit Chor und Orchester der Wiener Volksoper. Für den Rundfunk moderierte er in Zusammenarbeit mit K. Grell die Sendereihen „Wiener Sang – Wiener Klang" und „Der tönende Operettenführer". Nießner wurde ausgezeichnet mit dem Österreichischen Ehrenkreuz für Wissenschaft und Kunst sowie dem Goldenen Verdienstzeichen des Landes Wien.

RÖHLING, OSKAR
* 1900 in Mannheim,
† 3.6.1966 in Kiel
Der Tenor wurde erst nach langen Berufsjahren als Fotograf zum Sänger ausgebildet und debütierte sodann 1937 am Stadttheater Bonn als Radames in „Aida"; hier blieb er bis 1939 Ensemblemitglied. Er wechselte 1940/41 an das Theater von Aussig und war von 1941 bis 1944 an der Volksoper Wien engagiert; hier trat er beispielsweise in den Partien des Turiddu in „Cavalleria rusticana", des Manrico im „Troubadour" und des Cavaradossi in „Tosca" auf. Nach dem Zweiten Weltkrieg lebte der Sänger bis 1948 in Berlin und gastierte unter anderem an der Städtischen Oper und der Staatsoper. Er sang hier vor allem Partien aus dem heldischen Repertoire wie den Erik im „Fliegenden Holländer", den Siegmund in der „Walküre", den Kalaf in „Turandot" oder den Pedro in „Tiefland" von Eugen d'Albert und den Tambourmajor im „Wozzeck" von Alban Berg. 1958 trat Röhling in Kiel als Palestrina in der gleichnamigen Oper von Hans Pfitzner von der Bühne ab und war dort nur noch gastweise in Charakterpartien zu sehen. Oskar Röhling war mit der Sopranistin Anni Assion verheiratet, die lange Jahre mit ihm zusammen in Kiel engagiert war.

SCHIER, FRANZ
* 25.2.1909 in Wien, † 14.1.1954 ebd.
Der Schlager- und Wienerliedsänger, der auch Schauspieler und Heurigenwirt war, studierte Gesang an der Wiener Musikakademie. In den 1920er Jahren wurde er ein bekannter Schlagersänger, der vorwiegend mit Charly Gaudriot und dessen Jazzkapelle und in zahlreichen Sendungen der „Radio

Toni Nießner

Verkehrs AG" (Vorläuferin des Österreichischen Rundfunks) auftrat. Im Jahre 1928 eröffnete Schier im Wiener Vorort Nußdorf ein später beliebtes und prominentes Heurigenlokal, in dem er seine Gäste mit Wienerliedern unterhielt. 1932 gewann er einen Lieder- und Jazzwettbewerb; er spielte auch in einigen Filmen mit. „Schier Franzl", wie er auch gerufen wurde, verstarb an den Folgen einer Blinddarmoperation.

THOMALLA, GEORG
* 14.2.1915 in Kattowitz,
† 25.8.1999 in Starnberg

Der Schauspieler und Volkssänger absolvierte zunächst eine Lehre als Koch. Zur Bühne kam er erst 1932, als ihm sein Bruder, ein Operettentenor, eine kleine Rolle in der Operette „Das Land des Lächelns" vermittelte. Er tingelte über mehrere Bühnen, bis man auf ihn aufmerksam wurde und er an die Boulevardbühnen Berlins und zum Film kam; er spielte am Theater des Volkes, am Nollendorftheater, Schloßparktheater, an der „Komödie" sowie am Theater am Kurfürstendamm. 1939 trat er neben Ilse Werner in dem Film „Ihr erstes Erlebnis" auf und konnte danach in weiteren Filmen Kostproben seines komödiantischen Talents zeigen wie etwa in „Wir machen Musik" (1942) und „Peter Voß, der Millionendieb" (1945). Im Zweiten Weltkrieg diente Thomalla bei der Luftwaffe, wurde jedoch als Chargenkomiker immer wieder für Filmaufnahmen freigestellt. Seine große Karriere entwickelte sich erst in den Nachkriegsjahren. Er wirkte am „Kabarett der Komiker", und im Jahre 1951 wurde er durch den Film „Fanfaren der Liebe" endgültig zum Star. Es folgten zahlreiche Filme, und man schrieb über ihn: „Nach 1945 entwickelte sich Thomalla bald zum Parade-Spaßvogel der bundesdeutschen Filmklamotte." In den 1970er Jahren arbeitete Thomalla verstärkt auf der Bühne und im Fernsehen, wo er anspruchsvollere Rollen als im Kino spielen konnte. Große Erfolge hatte er mit der 1969 gestarteten TV-Serie „Komische Geschichten mit Georg Thomalla", die 1984 von der ARD wieder aufgenommen wurde. Seit 1973 stand er in München, Hamburg, Wien und Berlin mehr als 900mal in Curt Flatows Boulevardkomödie „Der Mann, der sich nicht traut" auf der Bühne. Georg Thomalla wirkte in mehr als 120 Spielfilmen mit; zu den Wurzeln seiner langen Karriere, in der er auch als Sänger aufgetreten war, kehrte er 1958 zurück, als er in der Vorentscheidung zum „Grand Prix Eurovision de la Chanson" antrat. Thomalla war auch als Synchronsprecher gefragt, er lieh seine Stimme den US-Schauspielern Jack Lemmon, Danny Kaye, Peter Sellers und Bob Hope. Er wurde vielfach geehrt, beispielsweise mit dem Goldenen Bildschirm (1972), dem Filmband in Gold (1984) und dem Verdienstkreuz 1. Klasse des Verdienstordens der Bundesrepublik Deutschland (1985).

Georg Thomalla

Filmband in Gold

Sängerinnen

ANDERGAST, LIESL
* 17.11.1905, † 6.4.1980

Weitere Lebensdaten der Sängerin und Schauspielerin waren nicht zu ermitteln, lediglich folgendes: Sie war die Schwester der erfolgreichen Schauspielerin Maria Andergast und verwendete auch die Namen Lisl Andergast und Elisabeth Andergast-Steiner. Sie verlor später ihre Singstimme und spielte unter anderem die Ehefrau des Wiener Oberkommissars Marek (Fritz Eckhardt) in der TV-Serie „Tatort". Sie trat unter anderem in einigen Filmen auf: „Arlbergexpreß" (1948), „Der prämierte Leberfleck" (1948) und „Das Kamel geht durch das Nadelöhr" (TV-Spielfilm).

Liesl Andergast

BÜHLER, LILLY
Lebensdaten der Sängerin konnten nicht ermittelt werden.

DÖDERLEIN, INGEBORG
* 1911, † ?

Ingeborg Döderlein

Weitere Lebensdaten der Operettensängerin und Schauspielerin konnten nicht ermittelt werden, lediglich folgendes: Die Künstlerin war die Ehefrau des Musikverlegers und Schlagerkomponisten Ralph Maria Siegel und Mutter des Musikproduzenten und Schlagerkomponisten Ralph Siegel, einer der prägenden Figuren des deutschen Schlagers. Mit 18 seiner Kompositionen nahm er am Finale des Grand Prix Eurovision de la Chanson, heute Eurovision Song Contest teil.

GERHOLD, TONI
Lebensdaten der Sopranistin und Soubrette konnten nicht ermittelt werden.

HAIN, MAGDA
* 19.12.1920 in Gleiwitz/Schlesien, † 13.3.1998 in Regensburg

Magda Hain

Die Schlagersängerin arbeitete zunächst als Stenotypistin bei Siemens, dann entdeckte sie der Komponist Gerhard Winkler, als sie 1942 bei einem Kameradschaftsabend von Soldaten auf Heimaturlaub als Hobbysängerin auftrat. Bereits am nächsten Tag unterzeichnete sie einen Exklusivvertrag mit Winkler und hatte wenig später schon einen Plattenvertrag bei der Firma Odeon. Exakt an ihrem 22. Geburtstag gab sie ihr erstes Rundfunkkonzert und erzielte bei den Zuhörern eine enorme Resonanz; von da an war sie eine gefragte Musikerin, und Winkler schrieb zahlreiche Hits für sie. Die beiden waren während des Zweiten Weltkrieges ständig im Rahmen der Truppenbetreuung unterwegs. Nach dem Krieg sang sie in der Operette „Schwarzwaldmädel" im Berliner Rundfunk, sie arbeitete als Synchronsprecherin und wurde 1948 Rundfunksängerin bei Radio Bremen. 1952 beendete die Künstlerin aus familiären Gründen ihre Karriere. Nur 1964 hatte sie noch einmal einen großen Auftritt in der ZDF-Sendung „Das Leben ist die größte Schau". Dann wurde es immer still um sie, bis sie krank und verarmt in einem Regensburger Altenheim verstarb.

HOFEN, MARGIT
Lebensdaten der Sängerin konnten nicht ermittelt werden.

JUNGKIND, LISA
* 26.7.1911 in Hamburg
Nach ihrer Ausbildung zur Sängerin trat die Sopranistin erstmals 1932 in der Rolle der Maria von Magdala in „Die toten Augen" von Eugen d'Albert auf die Bühne der Schiller-Oper in Hamburg. Im folgenden Jahr wurde sie an das Stadttheater Hamburg, die spätere Staatsoper, verpflichtet, wo sie bis 1950 Ensemblemitglied blieb. Sie sang 1936 in der deutschen Erstaufführung der Urfassung des „Boris Godunow" von Modest Mussorgski und 1938 in der Uraufführung der Oper „Das Brandmal" von Vittorio Giannini. Die Sängerin war auch nach 1950 noch oft auf Hamburger Bühnen zu hören, vor allem am Hamburger Operettenhaus. Sie bevorzugte das lyrische Repertoire mit Partien wie der Pamina in der „Zauberflöte", der Agnes im „Armen Heinrich" von Hans Pfitzner, der Mimi in Puccinis „La Bohème", der Liu in „Turandot", der Nedda im „Bajazzo" und der Wellgunde im „Nibelungenring"; dazu kamen noch zahlreiche Rollen aus dem Gebiet der Operette.

MACHA, ELSE
Lebensdaten der Sopranistin konnten nicht ermittelt werden, lediglich fol-

gendes: Am 14. Januar 1943 sang die Sopranistin bei einem Konzert des Gausymphonieorchesters Niederdonau unter dem Dirigat von Max Schönherr im Sparkassensaal der Wiener Neustadt. Anfang April 1949 begann unter dem Protektorat der Johann-Strauss-Gesellschaft in Basel eine Wiener Tournee, die unter dem Motto „Hundert Jahre Strauss" durch alle bedeutenden Städte der Schweiz führte. Dabei traten verschiedene Künstler der Wiener Staatsoper auf, unter anderem auch Else Macha. 1942 wirkte sie als Anita in der Operette „Giuditta" von Franz Lehár mit, deren Rundfunkaufnahme immer noch im Handel erhältlich ist. Sie trat 1959 als Kordula in der Operette „Lang, lang ist's her" von Robert Stolz auf. Auch diese Rundfunkaufnahme ist im Handel erhältlich.

MÜHLENBECK, MARGARETE
* 26.8.1919 in Schwerin, † 1988

Zunächst studierte die Sopranistin Klavierspiel bei dem deutsch-baltischen Musikpädagogen Richard Rössler, wechselte dann jedoch an die Berliner Musikhochschule und studierte Gesang bei dem Konzertsänger Paul Lohmann. 1943 debütierte sie am Schweriner Staatstheater als Gilda im „Rigoletto". Sie sang dort bis 1944 und setzte ihre Karriere 1947 am Stadttheater Augsburg fort. 1949 wechselte sie für eine Spielzeit an das Stadttheater Kiel, wurde anschließend bis 1953 vom Stadttheater Aachen verpflichtet und wirkte dann bis 1960 am Opernhaus Dortmund. Bekannt wurde sie durch Gastspiele, Konzert- und Rundfunkauftritte. Sie sang auf der Bühne viele Partien aus dem Koloraturfach: die Konstanze in der „Entführung aus dem Serail" und die Königin der Nacht in der „Zauberflöte", die Zerline im „Don Giovanni" und die Rosina im „Barbier von Sevilla", die Frau Fluth in den „Lustigen Weibern von Windsor" und die Musetta in „La Bohème", die Philine in „Mignon" von Ambroise Thomas und die Zerbinetta in „Ariadne auf Naxos" von Richard Strauss und viele weitere einschlägige Partien.

OTTMANN, OLGA
* 18.9.1876 in Wien, † ?

Nach ihrer Gesangausbildung debütierte die Sopranistin in Hall in Tirol, sang 1893 in Bad Ischl/Oberösterreich, anschließend in Marienbad und erhielt 1895 ein Engagement in Wien am Theater an der Wien. Hier hatte sie bei ihrem ersten Auftritt als Pauline in der Operette „Waldmeister" von Johann Strauss ihren ersten großen Erfolg und sang hier auch am 5. Januar 1898 die Angèle in der Uraufführung von Richard Heubergers Operette „Der Opernball". Ihre Wiener Erfolge konnte sie bei ihren Gastspielen an den führenden deutschen und österreichischen Operettentheatern wiederholen. 1899 folgte sie einem Ruf an die traditionsreiche Wiener Hofoper und sang die Rosalinde in der „Fledermaus". In der Spielzeit 1912/13 trat sie am Hauptstadt-Operettentheater in Amsterdam auf. Die Sopranistin, die mit dem Dirigenten Alexander Stefanides verheiratet war, brillierte in Partien wie der Saffi im „Zigeunerbaron" von Johann Strauss, der Laura in Carl Millöckers „Bettelstudenten" und in den Titelrollen der Jacques Offenbach-Operetten „La belle Hélène", „Die Großherzogin von Gerolstein" oder auch als Boulotte in „Barbe-Bleue".

SCHÖNBERG-LESCHETITZKY, EVA

Lebensdaten der Sängerin konnten nicht ermittelt werden außer der Tatsache, daß sie die Ehefrau des Violinisten, Arrangeurs und bekannten Kapellmeisters Walter Leschetitzky (* 15.12.1909 in Biglie/Kroatien, † 26.4.1989 in Salzburg) war. Die bei-

Wiener Hofoper

den traten auch zusammen als Gastmusiker für die die Formation „Charlie and his Orchestra" auf, eine Bigband, die im Zweiten Weltkrieg für deutsche Propagandazwecke zusammengestellt worden war.

SCHÖRG, GRETL
* 17.1.1914 in Wien,
† 4.1.2006 in Wien

Die gelernte Stenotypistin beteiligte sich mit 23 Jahren an einem Schönheitswettbewerb, den sie gewann. Verschiedene Künstleragenturen wurden auf die frisch gekürte „Donau-Königin" aufmerksam und sie bekam erste Theaterrollen an Wiener Bühnen. Als sie für eine plötzlich erkrankte Kollegin spontan in dem Singspiel „Das Dreimäderlhaus" einsprang, entdeckte man auch ihre musikalische Begabung und ihre schöne Sopranstimme. In den 1940er Jahren wechselte sie nach Berlin und fand am Metropol-Theater, wo sie in Soubrettenrollen brillierte, ein begeistertes Publikum. Sie wirkte hier auch bei den Uraufführungen der Operetten „Frauen im Metropol" von Ludwig Schmidseder und „Hochzeitsnacht im Paradies" von Friedrich Schröder (1942) mit. Außerdem übernahm sie erste kleinere Filmrollen wie in „Herr Sanders lebt gefährlich" (1943). Der große Erfolg stellte sich für die Künstlerin erst nach dem Zweiten Weltkrieg ein, und zwar mit Filmen wie „Märchen vom Glück" (1949) neben O.W. Fischer, in „Schwarzwaldmädel" mit Paul Hörbiger und Rudolf Prack (1950) oder in „Gruß und Kuß aus der Wachau" (1950). Sie spielte die Partnerin von Johannes Heesters in dem Musikfilm „Hab' ich nur deine Liebe" (1953) und war auch in „Bel Ami" (1955) neben ihm zu sehen. Gretl Schörg stand noch bis 1971 vor der Kamera, beispielsweise in der Filmklamotte „Die tollen Tanten schlagen zu" mit Rudi Carrell und Theo Lingen, danach lebte sie zurückgezogen in ihrer Geburtsstadt. 2004 wurde sie mit dem Österreichischen Ehrenkreuz für Wissenschaft und Kunst geehrt.

Gretl Schörg

SEDELMAYR, BETTY
* 4.12.1904 in München, † Juni 2004

Die unter dem Namen Barbara Sedlmayr geborene Schauspielerin und Operettensängerin absolvierte eine Gesangsausbildung und spielte anschließend erste Rollen am Theater am Gärtnerplatz in München. Anschließend wirkte sie in Bamberg, danach als Soubrette am Volkstheater München und schließlich in Berlin am Rose-Theater sowie am Plaza und an der Komödie. Ab 1934 trat sie auch in verschiedenen Produktionen für kleinere Rollen vor die Filmkamera, beispielsweise in den Filmen „Der Student von Prag" (1935), „Der Jäger von Fall" (1936) oder „Der Sündenbock" (1949). In der Nachkriegszeit arbeitete die Künstlerin bei den Rundfunksendern RIAS Berlin, Nordwestdeutscher Rundfunk und Bayerischer Rundfunk; außerdem gab sie immer wieder Theatergastspiele. 1974 trat sie erstmals im Fernsehen auf, als sie in der Fernsehfassung der Franz Lehár-Operette „Das Land des Lächelns" von Arthur Maria Rabenalt neben René Kollo und Dagmar Koller die Generalin spielte. Betty Sedlmayr war die Ehefrau des Schauspielers und Operettensängers Hermann Mayer-Falkow.

TOPITZ-FEILER, JETTY
Lebensdaten der Sopranistin konnten nicht ermittelt werden.

WULF, MARTINA
* 30.4.1907 in Hamburg, † 28.11.1982

Die Sopranistin debütierte nach ihrem Studium 1927 an der Hamburger Volksoper, von der sie im nächsten Jahr an die Hamburger Staatsoper berufen wurde, deren Ensemblemitglied sie bis 1953 blieb; bis 1955 trat sie dort noch als Gast auf. Sie erlangte beim

Hamburger Publikum eine außerordentliche Beliebtheit und brillierte besonders auf dem Fachgebiet der Soubrette durch ihren technisch vortrefflich durchgebildeten Koloratursopran und die Gewandheit ihres Bühnenspiels. Sie sang sehr viele Partien, etwa die Blondchen in der „Entführung aus dem Serail", die Despina in „Cosi fan tutte" oder die Adele in der „Fledermaus". Sie feierte auch als Konzertsängerin und ebenso bei Gastspielen auf den großen deutschen Bühnen wichtige Erfolge. Bei einer Zeitungsumfrage wurde Martina Wulf 1951 als populärste Frau Hamburgs gewählt.

N.N.
(handschriftlich ergänzter Name, unleserlich)

Arrangeure

FOX, FRANK
* 25.7.1902 in Bistritz/Mähren,
† 27.11.1965 in München
Geboren wurde der Kapellmeister und Filmkomponist unter dem Namen Franz Fux. Nach dem Studium an der Akademie für Musik und darstellende Kunst in Wien war Fox ab 1919 international als Kapellmeister tätig. Er gründete ein Tanzorchester, mit dem er im „Wiener Café am Graben" und am Scala-Theater auftrat; er spielte mit seiner „Florida-Band" auch in Karlsbad und Zürich. Ab 1928 war er als Kapellmeister am Deutschen Volkstheater Wien verpflichtet. Ab 1930 war Fox meist als Filmkomponist tätig, er schrieb die Musik für den ersten österreichischen Tonfilm „In der Theateragentur" (1930) und auch für den ersten österreichischen Nachkriegsfilm „Der weite Weg" (1946). 1938 ging Fox – nun wieder unter seinem Geburtsnamen Fux – als Kapellmeister an das Berliner Metropol-Theater, arbeitete aber weiterhin auch als Filmkomponist, etwa für „Sonntagskinder" (1941) oder „Drei tolle Mädels" (1942). Nach Kriegsende wirkte er auch für den Rundfunk sowie das Kabarett „Simpl" und komponierte Operetten, Schlagermusik und Wienerlieder. 1949 siedelte der Künstler nach München über.

HARTMANN, WALTER
* 13.5.1927 in Neukirch/Lausitz
Der Saxofonist und Arrangeur studierte von 1941 bis 1944 am Konservatorium Dresden. Ab 1946 spielte er bei den „Dresdner Tanzsymphonikern", mit den „Berliner All Stars" und den „Elb Meadow Ramblers". Er war bei der Dresdner Staatskapelle, der Philharmonie und dem Orchester der Staatsoperette engagiert. Der Musiker war Autor des „Studienführers für Saxophon" und Lehrbeauftragter an der Dresdener Musikhochschule „Carl Maria von Weber".

HILDEBRAND, ERNST
* 23.2.1918 in Hagen,
† 31.7.1986 in Neusatz
Der Musiker und Komponist erhielt bereits mit sechs Jahren Violin- und Klavierunterricht. Von 1934 bis 1937 studierte er an der Musikakademie Lüdenscheid Oboe, Englischhorn, Klavier und Musiktheorie, und 1941 begann er sein Studium in Berlin an der Staatlichen Hochschule für Musik in den Fächern Komposition und Dirigieren. Parallel zum Studium spielte er als Oboist bei den Berliner Philharmonikern und im Berliner Rundfunkorchester sowie als Pianist im Kleinen Rundfunk-Unterhaltungsorchester. Im Jahre 1944 legte er sein Examen als Dirigent und Kapellmeister ab. Seine erste größere Komposi-

Berliner Philharmoniker

tion für Blasorchester stammt aus dem Jahre 1944 „Variationen über das Lied ,Wohlauf Kameraden aufs Pferd…'" wurde mit dem Luftwaffenmusikkorps der Wehrmacht im Februar 1944 für das Radio eingespielt. 1946 wurde er Theaterkapellmeister in Düsseldorf, 1950/51 am Städtischen Theater Flensburg. 1955 bis 1959 wirkte er als Komponist für verschiedene Rundfunkanstalten und machte 1956 und 1957 als Chorleiter in Wiesbaden mehrere Aufnahmen für den Hessischen Rundfunk. Für seine Werke erhielt er mehrere Preise und Auszeichnungen. 1983 ging Ernst Hildebrand in den Ruhestand und widmete sich der Komposition von Blasmusikwerken im Stil modischer Popularmusik.

KNAUER, KARL
Dr. phil., * 27.2.1885 in Wien,
† ? (seit dem 8. Mai 1945 verschollen)
Dr. Knauer wirkte in Berlin als Komponist und Dirigent, außerdem arbeitete er als musikalischer Gestalter von Beiträgen des „Deutschlandsenders". Er schuf vor allem Unterhaltungsmusik.

KÜMMEL GEN. WALDEN, ERICH
* 24.10.1906 in Nowawes
bei Potsdam, † 18.2.1960 in
Siebenlehn/Sachsen
Der Kapellmeister war Schüler des Komponisten und Gründers des ersten deutschen Saxophon-Orchesters Gustav Bumcke; wohnhaft in Babelsberg, wirkte Kümmel als Bearbeiter in Nowawes. Er schuf seine Werke unter dem Pseudonym Erik (von) Walden, meist Unterhaltungsmusik und Bearbeitungen für Orchester und Salonorchester. Er war NSDAP-Mitglied seit 1. Mai 1933.

STEINKOPF, HANNS
* 17.1.1901 in Darmstadt, † 8.3.1972
in Las Palmas/Gran Canaria
Der Kapellmeister und Arrangeur arbeitete in Kassel, ab 1932 in Berlin und

Hanns Steinkopf

hier ab 1935/36 am Deutschen Theater; später war er beim Reichsrundfunk angestellt. 1944 verlangte der Leiter der Musikabteilung im Reichsministerium für Volksaufklärung und Propaganda Dr. Heinz Drewes die „uk"-Stellung von Steinkopf, weil Mangel an Arrangeuren herrschte. Steinkopf war im übrigen seit dem 1. Dezember 1931 Mitglied der NSDAP, wurde allerdings vorübergehend ausgeschlossen (die Gründe hierfür konnten nicht ermittelt werden). Steinkopf schuf unter anderem Schauspielmusik, etwa zu „Der böse Peter" sowie zum heiteren Traumspiel „Firmian und Christine" (1934) und „Ein Mann an der Wende" von Otto Rombach (1935), eine „Fiedelpolka" für Orchester (1937) und eine „Kleine Barocksuite" für Kammerorchester (1937).

BUDDE, KURT
* 5.12.1894 in Wuppertal-Barmen,
† 1971
Budde begann nach Absolvierung des Gymnasiums sein Musikstudium in Berlin, 1912/13 beim Dirigenten Robert Heger (Theorie) und danach 1913/14 beim Komponisten Robert Kahn (Komposition). Nachdem er von 1914 bis 1918 am Ersten Weltkrieg teilgenommen hatte, nahm er in seiner Heimatstadt Wuppertal-Barmen eine Stellung als Kapellmeister an. Weitere Stationen seines Berufslebens waren

Berlin, Hagen, Nürnberg und Oberhausen, wo er außer als Kapellmeister auch als Dirigent, Komponist und Musikpädagoge wirkte. In den 1950er Jahren verlor sich seine Spur.

FISCHER, ERNST
* 10.4.1900 in Magdeburg,
† 10.7.1975 in Locarno

Seine musikalische Ausbildung erhielt Fischer von 1916 bis 1922 am Hoch'schen Konservatorium in Frankfurt sowie am Stern'schen Konservatorium in Berlin. Seine komponistischen Arbeiten decken ein breites Spektrum ab, das von Klavierwerken, Orchestersuiten und Operetten bis zu Filmmusik und Chansons reicht; besonderen Erfolg hatten allerdings seine Beiträge zur gehobenen Unterhaltungsmusik. Großen internationalen Erfolg erzielte Fischer mit seiner 1936 geschriebenen Suite in vier Sätzen „Südlich der Alpen", worauf weitere sehr erfolgreiche Werke folgten.

FISCHER, MARTIN
Dr., * 20.2.1906, † ?

Fischer war Organist und Chorleiter, Lebensdaten konnten kaum ermittelt werden. Anläßlich einer „Stunde der Nation" des Ostmarkenrundfunks am 2. März 1934 wirkte Fischer bei Hindemiths „Konzert für Orgel und Kammerorchester" als Solist mit. Zum „Händelfest" bei den Berliner Kunstwochen bot das Berliner Philharmonische Orchester am 31. Mai 1935 unter anderem das „Orgelkonzert D-moll" von Händel, das Fischer an der Orgel begleitete.

GUTZEIT, ERICH
* 10.10.1898 in Berlin, † 24.5.1973 ebd.

Gutzeit war nach seiner musikalischen Ausbildung als Komponist und Kapellmeister in Berlin tätig. Während des Zweiten Weltkrieges leitete er bedeutende Chöre wie den der Staatsoper sowie der Deutschen Oper Berlin; zeitweise war er Angehöriger der Luftwaffe. Er wirkte auch nach Kriegsende weiterhin in Berlin, von 1958 bis zum Eintritt in den Ruhestand war er Leiter des Philharmonischen Blasorchesters.

JENSON, WALTER
* 19.12.1902 in Berlin,
† 19.12.1952 ebd.

Jenson wurde als Sohn des Kunstmalers Wilhelm Jenson geboren und studierte nach seiner Schulzeit die Fächer Kompositions- und Harmonielehre am Stern'schen Konservatorium in Berlin. Als Musiker konzentrierte Jenson sich auf die Trompete und arbeitete außerdem als Arrangeur mit verschiedenen Textern, den Sängerinnen Gloria Astor, Evelyn Künneke und Rita Paul sowie den Sängern Bully Buhlan, Peter Cornehlsen, Bernd Golonsky, Peter Rebhuhn und Werner Schöne zusammen. Ab 1947 wirkte er als Arrangeur für das Radio Berlin Tanzorchester unter der Leitung von Horst Kudritzki und Erwin Lehn und das Orchester Kurt Widmann. im Jahre 1950 gründete Jenson sein eigenes Orchester. Sein früher Tod ging auf eine während des Spartakusaufstandes im Januar 1919 erlittene Verletzung zurück.

LP-Aufnahme des Orchesters von Walter Jenson

KUDRITZKI, HORST
* 30.1.1911 in Königsberg/Pr.,
† 2.7.1970 in Berlin

Kudritzki studierte nach dem Besuch des Realgymnasiums in Berlin am Stern'schen Konservatorium bei den Komponisten Alexander von Fielitz und Paul Graener die Fächer Dirigieren, Instrumentationslehre, Komposition und Musikgeschichte. Nach seinem Abschluß an der Musikhochschule wirkte er zunächst bei den Schallplattenfirmen Elektrola, Odeon und Telefunken als Pianist und Arrangeur. 1936 wechselte er als freier Mitarbeiter zum Reichrundfunk und arbeitete hier als Arrangeur, Komponist, Dirigent und Pianist. Von 1938 bis 1944 war Kudritzki an der Berliner Scala als Arrangeur und Komponist tätig und wurde hier als „Swing-Experte" bekannt. Außerdem arrangierte er ab 1941 Unterhaltungsmusik für das Deutsche Tanz- und Unterhaltungsorchester. Ab 1946 übernahm er von Michael Jary die Leitung des Radio Berlin Tanzorchesters,

Radio Berlin Tanzorchester

einer Big Band, die swingorientierte Tanzmusik spielte. Als das Orchester sich im Mai 1950 auflöste, wurde Kudritzki Lektor des Wiener Bohème-Verlages. Nebenberuflich arbeite er weiter als Dirigent, Komponist und Arrangeur für verschiedene Rundfunkorchester und Schallplattenfirmen.

LACHNER, WILLI
* 3.8.1895 in München,
† 6.12.1955 in Berlin
Lachner arbeitete die meiste Zeit seines Berufslebens als Dirigent in Berlin. Er wirkte dort 1933/34 als 1. Kapellmeister am Deutschen Künstlertheater sowie ab 1935 an der „Komödie". Nachdem er 1937 ohne Engagement war, wurde er 1938 Kapellmeister an der „Komödie" und am Theater am Kurfürstendamm, 1942/43 zusätzlich noch Kapellmeister am Neuen Lustspielhaus. Während des Zweiten Weltkrieges wurde Lachner zeitweise zur Wehrmacht einberufen. Auch nach 1945 blieb Berlin sein Lebensmittelpunkt.

MAUSZ, ERWIN
* 20.4.1899 in Köln, † 2.5.1969 ebd.
Nach Abschluß seiner Ausbildung wirkte Mausz als Dirigent in Berlin-Pankow, ab 1933 ging er als Bearbeiter und Kapellmeister zum Reichssender Köln. 1937 kehrte er nach Berlin zurück und übernahm den Posten als Kapellmeister am Deutschen Theater Berlin, den er bis 1945 innehatte. Ab der Spielzeit 1938/39 wurde er gleichzeitig Dirigent am Theater der Josephsstadt in Wien sowie 1939 bis 1941 bei den Salzburger Festspielen und den Festwochen im Burgtheater Wien. Die Schwerpunkte seiner Werke lagen in Unterhaltungs- und Hörspielmusik sowie bei der Volksliedkantate. Nach Kriegsende arbeitete Mausz bei verschiedenen Rundfunkanstalten.

MÜCK, FRANZ
* 3.10.1898 in Wien,
† 3.11.1957 in Bad Reichenhall
Mück verdiente sich sein Musikstudium auch mit dem Klavierspiel in einem Caféhaus. Ab 1920 betätigte er sich kompositorisch und wurde auf die Jazzmusik aufmerksam. Um 1930 stieß er zum Unterhaltungsorchester von Oskar Joost, dessen Mitglied er zehn Jahre blieb. Mücks Kompositionen wurden in dieser Zeit auch von anderen Kapellen gespielt. Als Joost im Januar 1940 zur Wehrmacht einberufen wurde, löste sich seine Band auf, worauf Mück nunmehr seinen Lebensunterhalt als freischaffender Arrangeur und Studiomusiker verdiente. Ab 1942 wurde er Mitglied im Deutschen Tanz- und Unterhaltungsorchester, schrieb aber auch Arrangements für Lutz Templin und dessen Band „Charlie & His Orchestra". Nach 1945 spielte Mück als Jazzpianist in verschiedenen

US-Clubs, später verlegte er seine Tätigkeit als Komponist und Pianist nach Salzburg und Bad Reichenhall.

PACHERNEGG, ALOIS
Prof., * 21.4.1892 in Irdning/ Steiermark, † 13.8.1964 in Wien
Der als Sohn eines Gutsbesitzers geborene Pachernegg machte seine ersten musikalischen Erfahrungen als Sängerknabe im Stift Admont. Von 1906 bis 1913 besuchte er die Schule des Musikvereins für Steiermark in Graz, wo er bei dem Dirigenten und Komponisten Roderich Mojsisovics von Mojsvár Dirigieren und Musiktheorie sowie Violoncello und Klavier studierte. Danach wirkte er bis 1927 als Städtischer Direktor des Musikvereins in Leoben, ging dann als Dirigent des Ufa-Filmorchesters nach Berlin und betätigte sich dort auch als Musiklehrer und Komponist. 1935 wechselte er als freischaffender Komponist, Musikpädagoge und Gastdirigent nach Wien, wo er auch sein weiteres Berufsleben verbrachte. Nach 1945 erhielt Pachernegg den Professorentitel und wurde zum Dirigenten des Großen Unterhaltungsorchesters des Österreichischen Rundfunks berufen.

SATOW, KARL
* 1907, † 1966
Satow wirkte vorwiegend als Komponist und Arrangeur. Weitere Lebensdaten konnten nicht ermittelt werden.

STEIMEL, ADOLF
* 12.10.1907 in Berlin, † 12.8.1962 ebd.
Steimel arbeitete Mitte der 1930er Jahre für die Orchester von Billy Bartholomew und Michael Jary. 1939 gründete er als Studioorchester sein Organum-Tanzorchester, mit dem er bis 1944 für Odeon Platten aufnahm. Mit seinem Studioensemble entstanden eine Reihe von Filmliedern wie „Bei Dir war es immer so schön" aus der Musikkomödie „Anita und der Teufel" von 1941. Er begleitete zahlreiche Interpreten wie Ilse Werner, Horst Winter oder Rudi Schuricke. Steimels Orchester galt in den 1930er und 40er Jahren als hervorragendes swingorientiertes Tanzorchester mit ausgezeichneten Solisten. In der Nachkriegszeit betätigte er sich vor allem als Filmkomponist. Neben „Wir Machen Musik" komponierte Steimel eine Reihe von Songs wie „Ich hab Dich, und Du hast mich", „Mein Herz hat heut' Premiere" (für Ilse Werner), „Alo-Ahé" (für Willy Schneider), „Junger Mann aus gutem Hause" (für Fritz Schulz-Reichel), „Wann wirst du wieder bei mir sein" und „Die Männer sind schon die Liebe wert". Bereits im Vorfeld der Uraufführung des Films von „Wir machen Musik" 1942 hatte das „Podium der Unterhaltungsmusik" darauf hingewiesen, daß der „als geschickter Arrangeur" bekannte Komponist Adolf Steimel die musikalische Leitung übernommen habe, den wiederum der „Film-Kurier" mit folgenden Worten zitierte: „Wir haben die Gelegenheit mal voll beim Schopf gepackt, einen deutschen modernen Musikfilm zu machen." 1949 wurde Steimels Schlager „Ich träume oft, ich säße auf dem Mond" aufgrund des vom Zentralkomitee der KPdSU gefaßten Beschlusses gegen „Formalismus" und für einen „neuen sozialistischen Schaffensstil" von den DDR-Behörden wegen „Weltfluchttendenzen" verboten. Steimels Musik findet noch heute zahlreiche Liebhaber und Käufer der Tonträger mit seiner Musik. Im Deutschlandradio Kultur wurden in der Sendung „Fundstücke" noch am 22.10.2010 zahlreiche Stücke gespielt, die er komponiert oder bearbeitet hatte.

STEINBRECHER, ALEXANDER
* 16.6.1910 in Brünn, † 6.4.1982 in Wien
Sein Musikstudium absolvierte Steinbrecher nach dem Abitur auf dem Pra-

Alois Pachernegg

Adolf Steimel

Alexander Steinbrecher

ger Konservatorium Musik bei dem Komponisten Josef Suk. Danach arbeitete er einige Jahre in einem Musikverlag und schrieb nebenberuflich seine ersten Lieder, Schlager und Bühnenwerke. In den 1930er Jahren stellte sich mehr und mehr der Erfolg seiner Arbeit ein; 1936 schrieb er gemeinsam mit dem Schriftsteller und Theaterkritiker Hans Weigel das Lustspiel mit Musik „Der Schneider im Schloß", 1939 folgte die Alt-Wiener Posse mit Gesang „Die Gigerl'n von Wien", 1940 die Operette „Brillanten aus Wien" und 1941 das musikalische Lustspiel „Theres und die Hoheit". Seinen größten Erfolg bescherte ihm 1942 die Burleske „Meine Nichte Susanne". Die 1939 mit der Schauspielerin Jane Tilden geschlossene Ehe wurde später geschieden. 1944 wurde Steinbrecher zur Wehrmacht eingezogen; nach 1945 arbeitete er als Komponist für den Rundfunk in Salzburg, später wurde er Kapellmeister am Wiener Burgtheater und schrieb Schauspielmusiken für volkstümliche Lustspiele. Der Komponist, der auch als Pianist, Bearbeiter und Musikverleger tätig war, feierte besonders mit seinen Operetten, Schlagern und populären Wienerliedern große Erfolge.

STOLZENWALD, FRANZ
* 17.9.1899 in Rixdorf bei Berlin,
† 29.8.1969 in Berlin
Stolzenwald war Schüler des Komponisten Richard Robert. Nach Abschluß seiner Ausbildung betätigte er sich als Bearbeiter und Unterhaltungskomponist ausschließlich in Berlin.

WEILLE, BERNHARD DE (BENNY)
* 6.3.1915 in Lübeck,
† 17.12.1977 auf Sylt
De Weille studierte unter anderem in den Niederlanden, wo er auch in verschiedenen Bands als Swingklarinettist mitspielte. Nach Abschluß seines Studiums ging er 1938 nach Berlin und wurde Mitglied in Teddy Stauffers Orchester „Teddy And His Band"; Stauffer galt zu dieser Zeit schon als Deutschlands „Swing-König". Ab 1940 nahm de Weille mit verschiedenen Orchestern Schallplatten auf, zeitweise führte er selbst ein Barmusik-Trio und war auch Klarinettist in der Big Band „Charlie & His Orchestra". Nach 1945 arbeitete de Weille zuerst für den Hessischen Rundfunk, dann beim Nordwestdeutschen Rundfunk und wurde später Produktionsleiter der Plattenfirma Polydor. Er gründete sein eigenes Tanzorchester und nahm zusammen mit bekannten Künstlern wie etwa Lale Andersen, Margot Hielscher oder Heinz Erhardt viele Platten auf, die teilweise zum Klassiker wurden und heute noch gehandelt werden.

WICKE, FRITZ
Lebensdaten konnten nicht ermittelt werden. Der von der Reichsmusikkammer herausgegebene „Deutsche Musikerkalender" verzeichnet Wicke als Dirigierlehrer am Konservatorium Berlin.

Kopisten

THON, FRANZ, SEN.
* 26.2.1884, † ?
Thon war ein Komponist, Arrangeur und Virtuose der „Singenden Säge" (eine sogenannte Schrotsäge, eine große Säge aus Stahl, deren breites Sägeblatt durch Anschlag mit einem Klöppel oder Streichen mit einem Violinbogen zum Klingen gebracht wird). Vater des Klarinettisten, Saxophonisten, Dirigenten und Orchesterleiters Franz Thon jun.; weitere Lebensdaten konnten nicht ermittelt werden.

Sprecher

ASSMANN, ROBERT
Lebensdaten konnten nicht ermittelt werden. Assmann war nach 1945 als

Synchronsprecher tätig, so etwa bei der von der „Phönix Film GmbH Berlin" durchgeführten Synchronisierung des britischen Films „Caesar und Cleopatra" aus dem Jahre 1946; Assmann synchronisierte den Part des Schauspielers Ernest Thesiger in der Rolle des Theodotus. Außerdem wirkte Assmann als Sprecher in vielen Hörspielen von Plattenfirmen der DDR mit, meist bei der Inszenierung von Märchen.

KLATT, HERBERT
* 16.9.1909 in Graudenz/Westpreußen, † Januar 1945 in Berlin
Der Schauspieler spielte beispielsweise in dem Kriegsfilm „U-Boote westwärts!" (1941), in dem Sportfilm „Das große Spiel" (1942) sowie in dem bekannten Historienfilm „Kolberg" des Regisseurs Veit Harlan, der am 30. Januar 1945 gleichzeitig in Berlin und der umkämpften Atlantikfestung La Rochelle uraufgeführt wurde.

REICHEL, KARL-HEINZ
Lebensdaten konnten nicht ermittelt werden, lediglich folgende Filme, in denen der Schauspieler mitwirkte: „Blutsbrüderschaft" (1941), „Akrobat Schööön!", „Nacht ohne Abschied" und „Leichtes Blut" (1943), „Das Hochzeitshotel" (1944).

Autoren und Sprecher für aktuelle Sendungen (Zeitspiegel, Vorträge usw.)

N.N.
(handschriftlich ergänzter Name, unleserlich)

GRAF, ULRICH
Prof. Dr., *6.2.1908 in Wolgast, † 11.9.1954 in Düsseldorf
Graf studierte ab 1926 an TH und Universität Berlin die Fächer Mathematik, Philosophie und Physik (Dipl.-Ing. 1931; I. Staatsexamen für das höhere Lehramt in Mathematik und Physik 1931; Dr.-Ing. 1932; II. Staatsexamen 1933). Ab 1934 war er Assistent an der TH Berlin und wurde dort habilitiert. 1938 erhielt er einen Ruf als außerordentlicher Professor an die TH Danzig, wo er ein Jahr später ordentlicher Professor wurde und bis 1945 die Leitung der Institute für Geometrie und Geodäsie übernahm. Während dieser Zeit veröffentlichte Prof. Graf zahlreiche Fach- und Lehrbücher sowie Raumbildbücher und sein Werk „Kabarett der Mathematik". Nachdem er 1945 kriegsbedingt seine Familie und seinen Besitz verloren hatte, begann für ihn ein berufliches Wanderleben. Durch einen Lehrauftrag der Technischen Akademie Wuppertal zur Großzahlenforschung verlegte Graf seine Haupttätigkeit auf die mathematische Statistik, veröffentlichte zahlreiche Schriften und Bücher über moderne statistische Verfahren und erwarb sich den Ruf als einer der führenden Wissenschaftler in diesem Spezialgebiet.

GRAUPNER, HEINZ
Dr. med.
Lebensdaten konnten nicht ermittelt werden, lediglich folgendes: Der Arzt, bekannte medizinische Publizist und Ullstein-Journalist Dr. Graupner betätigte sich sehr produktiv als Herausgeber und mit dem Schreiben von biologischen und medizinischen Bücher sowie von Lebensratgebern, als Beispiele seien nur genannt „Das Tierleben" (1935), „Elixiere des Lebens: Von Hormonen und Vitaminen" (1939), „Kleine Haarkunde" (1942), „Die Frau und ihre Krankheiten" (1949), „Lebst Du richtig? Von der Hygiene des Alltags" (1951), „Das Elternbuch: Ein Schlüssel zur Kinderwelt" (1955), „Wer heilt, hat recht: Alte Weisheit und neues Wissen" (1958).

HEINITZ, WILHELM
Prof. Dr., * 9.12.1883 in Altona,
† 31.3.1963 in Hamburg
Heinitz wurde als Fagottist ausgebildet und war eine Zeitlang als solcher tätig. 1915 übernahm er eine Stelle am Phonetischen Laboratorium in Hamburg und studierte dort Musikwissenschaften. Nach seiner 1920 erfolgten Promotion wurde er 1931 mit der Schrift „Strukturprobleme in primitiver Musik" habilitiert. Danach leitete Prof. Graf an der Universität Hamburg bis 1949 die Forschungsabteilung für vergleichende Musikwissenschaft.

NEBHUT, ERNST
* 28.6.1890 in Grünberg (Hessen),
† 1974
Der Schriftsteller schrieb auch Drehbücher und komponierte Musik für Kinofilme; insoweit wirkte er zum Beispiel bei folgenden Streifen mit: „Männerwirtschaft" (1940/41), „Freitag der 13." (1944) sowie bei elf weiteren Filmen der 1950er und 1960er Jahre. Anfangs war er auch Hausautor des 1971 gegründeten Volkstheaters Frankfurt, dem er den ersten großen Erfolg bescherte, indem er Liesl Christ mit dem Volksmusical „Zur scheene Fraa" die Titelrolle auf den Leib schrieb.

OBERG, ILSE
Dr.
Lebensdaten konnten nicht ermittelt werden.

SCHAAF, PAUL
Dr., * 1897, † ?
Weitere Lebensdaten konnten nicht ermittelt werden, lediglich folgendes: Schaaf war als Schriftsteller, Herausgeber und Redakteur tätig. Insgesamt wurden 37 Arbeiten von ihm veröffentlicht wie etwa die Bücher „Robert Koch und Emil von Behring: Ursprung und Geist einer Forschung" (1944) oder „Gengenbach: Vergangenheit und Gegenwart" (1960).

WERNER, WALTER
* 22.01.1922 in Vachdorf,
† 6.8.1995 in Untermaßfeld
Der junge Künstler machte später als freier Schriftsteller in der DDR eine steile Karriere, wurde später dort einer der profiliertesten Naturlyriker und erhielt den Heinrich-Heine-Preis des Ministeriums für Kultur der DDR sowie den Nationalpreis der DDR 2. Klasse für Kunst und Literatur (1965 bzw. 1982).

Chöre

**OPERNCHOR
VON 48 MITGLIEDERN BEIM REICHSSENDER BERLIN**
Als Vorläufer dieses Chores wurde 1925 auf Initiative des niederländischen Opernsängers Cornelis Bronsgeest der Berliner Funkchor gegründet, die künstlerische Leitung übernahm Hugo Rüdel. Der Chor, der mit bekannten Dirigenten zusammenarbeitete, wurde im Juni 1933 in Chor des Reichssenders Berlin umbenannt und die künstlerische Leitung nun von Heinzkarl Weigl übernommen. Am 15. September 1943 wurde der Chor aufgelöst, im Mai 1945 nahm er seine Arbeit unter dem Namen Berliner Solistenvereinigung wieder auf. Im Jahre 1973 erfolgte die Fusion der Solistenvereinigung mit dem 1948 gegründeten Großen Chor des Berliner Rundfunks zum neuen Rundfunkchor Berlin, der heute zu den herausragenden Chören der Welt gehört.

**OPERNCHOR
VON 48 MITGLIEDERN BEIM REICHSSENDER WIEN**
Der renommierte Wiener Rundfunkchor wurde nach der Wiedervereini-

Berliner Oper

gung des Deutschen Reiches mit Österreich im Jahre 1938 gegründet, die Chorleitung übernahm der Dirigent und Komponist Rudolf Pehm. 1945 löste der Wiener Rundfunkchor sich auf.

SINGGEMEINSCHAFT RUDOLF LAMY, BERLIN (19 FRAUEN, 13 MÄNNER)

Die Singgemeinschaft Rudolf Lamy wurde 1934 von dem Sänger, Musikpädagogen und Dirigenten Rudolf Lamy (* 15.10.1905, † 2.3.1962) gegründet, als deren Leiter er fortan fungierte. Die Singgemeinschaft erwarb sich wegen ihres hohen Gesangsniveaus schnell einen guten Namen. Rudolf Lamy wurde noch durch zahlreiche andere musikalische Projekte und Chorgründungen bekannt.

C. Komponisten für Film und Funk und Begleiter für Funk und Konzert

Seite 29

Komponisten

BOCHMANN, WERNER
* 17.5.1900 in Meerane/Sachsen,
† 3.6.1993 in Schliersee

Der Komponist absolvierte die Oberrealschule in Meerane und studierte danach ab 1919 zunächst Chemie an der Technischen Hochschule Dresden, wechselte danach aber zum Studiengang Musik und studierte bei den Komponisten Joseph Gustav Mraczek und Franz Schreker. Darauf folgte eine Europa-Tournee als Pianist im Folklore-Ensemble „Orchestra tipukta" des Argentiniers José Soler, anschließend wirkte er als Korrepetitor in Dresden und Berlin. Die ersten Kompositionen des jungen Künstlers wurden von deutschen Musikverlegern abgelehnt, aber dann vom Amerikaner Irving Berlin verlegt. Bochmanns erstes veröffentlichtes Werk war 1929 „I Called to Say Good Night". 1933 wurde er Kapellmeister beim Deutschlandsender und begann gleichzeitig seine Arbeit für die UFA; ab 1934 arbeitete er als freier Komponist und schuf im Laufe der Jahre die Musik für mehr als 120 nationale und internationale Filme, dazu kamen zahlreiche Kompositionen im Bereich der Bühnen-, Tanz- und Unterhaltungsmusik. Bochmann entdeckte unter anderem das Gesangs- und Pfeiftalent der Schauspielerin Ilse Werner. Nach dem Zweiten Weltkrieg setzte ihn die US-Militärregierung auf ihre „Schwarze Liste", er arbeitete weiter als freischaffender Komponist.

Werner Bochmann

1967 erhielt der Künstler das Filmband in Gold, 1984 das Bundesverdienstkreuz 1. Klasse und ein Jahr später den „Paul-Lincke-Ring". Zu seinen bekanntesten Stücken gehören „Heimat deine Sterne" aus dem Film „Quax, der Bruchpilot" (1941) und „Mit Musik geht alles besser" aus dem Streifen „Sophienlund" (1943). Weitere Musikkompositionen waren z.B. „Gute Nacht, Mutter" und „Der Theodor im Fußballtor".

BORGMANN, HANS OTTO
Prof., * 20.10.1901 in Hannover-Linden, † 26.7.1977 in Berlin

Der Filmkomponist spielte bereits in seiner Kindheit Klavier, Orgel und Violine. Schon mit sechzehn Jahren wirkte er an der Schloßkirche von Schloß Gottorf bei Schleswig. Nach dem Besuch des Humanistischen Domgymnasiums Schleswig studierte er von 1920 bis 1922 an der Staatlichen Akademie für Kirchen- und Schulmusik in Berlin, wo er zum Musiklehrer, Organisten, Chorleiter und Kapellmeister ausgebildet wurde. Ab 1923 arbeitete er als Komponist und Kinopianist in Berlin; seine Karriere beim Film begann 1928 bei der UFA. Seither wirkte er dort als Kapellmeister, ab 1931 als Bearbeiter und Assistent, dann wurde er Leiter der Tonfilmproduktion. 1933 komponierte Borgmann die Filmmusik zu dem Film „Hitlerjunge Quex", sein Lied „Unsere Fahne flattert uns voran" wurde zur Hymne der Hitler-Jugend. 1938 wurde er zum Leiter der

II. – Film und Funk – Komponisten

Hans Otto Borgmann

Lothar Brühne

Musikabteilung der Deutschen Filmakademie Berlin und zum Professor ernannt. Weitere Filme mit Musiktitel von ihm waren beispielsweise „Die Reise nach Tilsit" (1939), „Der Große König" (1942), „Opfergang" und „Junge Adler" (1944). Nach dem Zweiten Weltkrieg arbeitete er freischaffend für Film und Rundfunk und komponierte weiterhin Filmmusiken, beispielsweise für „Nürnberg und seine Lehren" (1946), eine Dokumentation über die Nürnberger Prozesse. 1953 wurde er Vorsitzender des Deutschen Komponistenverbandes – Sektion Berlin, 1960 Lehrbeauftragter der Staatlichen Hochschule für Musik und Darstellende Kunst Berlin, 1970 wurde Hans-Otto Borgmann zum Honorarprofessor für Bühnenlied und Chanson ernannt.

BRÜHNE, LOTHAR
* 19.7.1900 in Berlin,
† 12.12.1958 in München

Seine Karriere begann der Filmkomponist als Pianist in Stummfilmorchestern. 1933 schrieb er die Musik zu dem Kurzfilm „Die Goldgrube" des Regisseurs Phil Jutzi, die ihn bekannt und bald zu einem der begehrtesten deutschen Filmkomponisten machte; hauptsächlich schrieb er für die UFA. Seine größten Erfolge hatte er durch die Filmschlager, die er für die Schauspielerin Zarah Leander schrieb wie „Kann denn Liebe Sünde sein?" (aus dem Film „Der Blaufuchs" von 1938) oder „Der Wind hat mir ein Lied erzählt" (aus dem Film „La Habanera", ebenfalls 1938). Von ihm ist auch die Melodie des Liedes „Ich brech' die Herzen der stolzesten Frau'n", das Heinz Rühmann in dem Film „Fünf Millionen suchen einen Erben" (1938) gesungen hat. Künstlerisch bedeutend waren seine Kompositionen zu dem Melodram „Romanze in Moll" (1943), den der Regisseur Helmut Käutner inszenierte. Nach 1945 konnte Lothar Brühne seine Karriere bruchlos fortführen. Er war lange Jahre mit Vera Brühne verheiratet, deren Verurteilung wegen eines Mordfalles in den 1960er Jahren für riesiges Aufsehen sorgte.

BUDER, ERNST ERICH
* 2.9.1896 in Cottbus,
† 21.1.1962 in Berlin

Nach dem Ersten Weltkrieg, in dem der Komponist schwer verwundet worden war, studierte Buder in den Fächern Dirigieren und Komposition an der Berliner Akademischen Hochschule für Musik bei den bedeutenden Komponisten Max Reger, Max Bruch und Engelbert Humperdinck. Nach Abschluß des Studiums wirkte er zunächst in Reichenberg, ab 1930 in Berlin. In den 1930er und 1940er Jahren komponierte er die Musik für zahlreiche Kinofilme sowie für mehr als vierzig Kulturfilme und andere Dokumentationen. Von ihm stammt beispielsweise die Musik zu dem Lied „Soldaten sind immer Soldaten" aus dem Film „Der Westwall" (1935). Das Oeuvre seiner Musik erstreckt sich von der Symphonischen Dichtung bis zur Schlagermusik.

Ernst Erich Buder

DOELLE, FRANZ
* 9.11.1883 in München-Gladbach,
† 15.3.1965 in Leverkusen

Der Komponist absolvierte eine Ausbildung zum Militärkapellmeister und unternahm anschließend mit seinem eigenen Orchester eine Tournee. Ab 1907 war er dann als musikalischer Leiter und Hauskomponist an diversen Berliner Theatern tätig, ab 1914 als Kapellmeister am Apollotheater, Me-

Franz Doelle

tropoltheater und an der Komischen Oper. Anfang der 1930er Jahre erhielt er einen Vertrag bei der UFA als Filmkomponist und dirigierte seine vom UFA-Orchester aufgeführten Werke auch selbst. Einige seiner Kompositionen wurden Ohrwürmer wie etwa „Wenn der weiße Flieder wieder blüht" (1928) oder „An einem Tag im Frühling" (aus dem Film „Viktor und Viktoria" von 1933). Aus seiner Feder stammt auch die Musik zu „Der Unwiderstehliche" für Anny Ondra und Hans Söhnker. Nach Kriegsende lebte und arbeitete Franz Doelle weiterhin in Berlin, zuletzt in Leverkusen. Einige seiner Stücke erlebten durch Neuverfilmungen eine Renaissance wie „Wenn der weiße Flieder wieder blüht" im Jahre 1953 mit Hertha Feiler, Willy Fritsch, Magda Schneider und Romy Schneider den Hauptrollen.

DOSTAL, NICO
* 27.11.1895 in Korneuburg/Niederösterreich, † 27.10.1981 in Salzburg

Der Operetten- und Filmkomponist studierte zunächst Jura an der Universität Wien, entschied sich dann aber zum Wechsel in ein Musikstudium, das er an der Akademie für Kirchenmusik in Klosterneuburg absolvierte. Seinen ersten Erfolg bescherte ihm seine 1913 in Linz uraufgeführte „Große Messe" in D-Dur. Dostal nahm als Soldat am Ersten Weltkrieg teil und wirkte anschließend bis 1924 als Theaterkapellmeister in Innsbruck, Sankt Pölten, Wien, Czernowitz und Salzburg. Er ging nach Wien, wandte sich der Unterhaltungsmusik zu und arbeitete im Musikverlagswesen sowie als Arrangeur für bekannte Künstler wie Franz Lehár, Walter Kollo oder Robert Stolz. Außerdem wirkte er auch noch als Kapellmeister und Komponist. Unter anderem schrieb er die Musik zu dem bekannten Film „Kaiserwalzer" (1933) und hatte im selben Jahr großen Erfolg mit seiner ersten Operette „Clivia". Dostal schrieb noch weitere Operetten, außerdem Filmmusiken und Walzerlieder, aber auch Kirchenmusik und Semper-Melodien. 1942 heiratete er die Opernsängerin Lilly Claus. 1954 siedelte er nach Salzburg über und war weiterhin kompositorisch tätig, beispielsweise entstand hier 1961 das Kammermusical „So macht man Karriere". Sein Schaffen wurde vielfach geehrt, so etwa 1965 mit dem Ehrenzeichen für Wissenschaft und Kunst 1. Klasse der Republik Österreich oder 1972 mit dem Großen Verdienstkreuz der Bundesrepublik Deutschland.

Nico Dostal

EICHHORN, BERNHARD
* 17.4.1904 in Schortewitz, † 6.2.1980 in Miesbach

Nach dem Studium der Musik- und Theaterwissenschaften und dem Besuch der Staatlichen Akademie der Tonkunst in München wirkte der Filmkomponist als Kapellmeister an der Bayerischen Landesbühne, anschließend am Bayerischen Staatstheater und danach an den Münchener Kammerspielen, in der Spielzeit 1931/32 am Theater am Schiffbauerdamm. In der Spielzeit 1933/34 war er als Kapellmeister bei den Städtischen Bühnen München tätig, um dann für zehn Jahre an das Staatstheater Dresden zu gehen. Ab 1940 arbeitete er verstärkt als Filmkomponist, besonders oft für Inszenierungen von Helmut Käutner und Heimatfilme wie die Ludwig-Ganghofer-Adaptionen des Filmproduzenten Peter Ostermayr. Nach Kriegsende kehrte Eichhorn für ein Jahr an die Münchener Kammerspiele zurück, anschließend arbeitete er freischaffend am Tegernsee; neben der Musik für Spielfilme komponierte er auch die Musik für mehrere Dokumentarfilme. 1968 wurde er mit dem Schwabinger Kunstpreis ausgezeichnet. Einige der Filme, für die er Musiken schrieb, waren „Kleider machen Leute" (1940), „Dr. Crippen an Bord" (1942), „Unter den Brücken" (1944) und „Schloß Hubertus" (1954).

EISBRENNER, WERNER
* 2.12.1908 in Berlin,
† 7.11.1981 ebd.

Nachdem er von 1927 bis 1929 an der Staatlichen Musikakademie in Berlin Kirchenmusik und Musikerziehung studiert hatte, arbeitete der junge Komponist als Arrangeur, Dirigent, Kapellmeister und Pianist in Berlin. Besonders erfolgreich war er allerdings als Filmkomponist, so etwa bei den Filmen „Großalarm" (1938), „War es der im 3. Stock?" (1939), „Kennwort Machin" (1939) oder „Kriminalkommissar Eyck" (1940).

Werner Eisbrenner

Am besten blieben wohl seine Melodien aus „Große Freiheit Nr. 7" (1944) in Erinnerung. Er komponierte Violinkonzerte, Orchestermusik sowie das musikalische Lustspiel „Von Hand zu Hand". 1954 wurde Eisbrenner Leiter des Studio-Orchesters Berlin, 1959 Dirigent beim SFB. Er arbeitete auch für Rundfunk und Fernsehen. 1974 wurde er für sein langjähriges und hervorragendes Wirken im deutschen Film mit dem Filmband in Gold ausgezeichnet.

ELIN, HANNS
* 5.12.1901 in Wien, † 27.1.1969 ebd.

Der Name Elin war ein Pseudonym, der offizielle Name des Komponisten und Musikpädagogen lautete Jelinek. Er nahm am Seminar für Komposition mit den Schwerpunkten Kontrapunkt und Harmonielehre teil und studierte danach Anfang der 1920er Jahre an der Akademie für Musik in Wien, wo auch Alban Berg und Arnold Schönberg seine Lehrer waren. Dieses Studium schloß Jelinek jedoch nicht ab, sondern bildete sich autodidaktisch weiter, arbeitete in der modernen Zwölftonmusik und schrieb hierfür das Lehrstück „Ich wär so gern einmal dein kleiner Hampelmann". Er schuf Symphonien, Orchester- und Kammermusik und Klavierstücke, war aber besonders erfolgreich beim Schreiben von Tanzmusik, Wienerliedern und Schlagern. 1960 wurde Hanns Jelinek Lehrer an der Musikakademie Wien. 1947 erhielt er den Preis der Stadt Wien für Musik, 1967 wurde er mit dem Großen Österreichischen Staatspreis für Musik geehrt.

FISCHER, ALBERT
* 23.2.1896 in Salzburg,
† 16.11.1957 in Gräfelfing

Fischer wirkte längere Zeit als Dirigent in Potsdam-Neubabelsberg, dann ab 1933 als Kapellmeister und Bühnenbildner der „Jungen Kampfbühne Berlin" (Freilichttheater im Volkspark Jungfernheide). Der Künstler steht in der Film-Besetzungsliste – Abschnitt Komponisten – des Reichsfilmintendanten für das Produktionsjahr 1944/1945. Nach 1945 lebte er in Salzburg, ab 4. Mai 1955 in München, bis er am 7. November 1955 nach Gräfelfing umsiedelte. Albert Fischer komponierte Oper und Operetten, Symphonien und andere Orchesterstücke, Klavierstücke, Lieder und Filmmusik, etwa für das UFA-Lustspiel „Die Töchter ihrer Exzellenz" (1934).

FISCHER, ERNST
* 10.4.1900 in Magdeburg,
† 10.7.1975 in Locarno

Er absolvierte seine musikalische Ausbildung von 1916 bis 1922 am Hoch'schen Konservatorium in Frankfurt und am Stern'schen Konservatorium in Berlin. Nachdem er ab 1926 als Stummfilmorganist und Verfasser von Kinotheken-Piecen gearbeitet hatte, wurde er hier in den 1930er Jahren als Radiokomponist populär, dessen Stük-

Ernst Fischer

ke auch gerne von Promenaden- und Kurkapellen aufgeführt wurden. In dieser Zeit war er überwiegend als freischaffender Komponist für Film und Rundfunk, als Konzertpianist und Kino-Organist tätig. Den großen, auch internationalen Erfolg erzielte der Komponist 1936 mit der viersätzigen Suite „Südlich der Alpen"; in ihr zeigen sich alle Vorzüge und Talente des Komponisten: eine einfallsreiche, ins Ohr gehende Melodik, eine sowohl klangprächtige wie auch transparente Instrumentation sowie eine zündende Verschmelzung klassischer und moderner Tanzrhythmen und Harmonien. Seit 1946 arbeitete Fischer als freier Mitarbeiter des NWDR/WDR in Köln, ab 1950 als Berater des Verlags Holzschuh in Nußdorf am Bodensee. Seinen Lebensabend verbrachte Ernst Fischer seit 1963 in Ronco bei Ascona. Sein Werk umfaßt unter anderem Unterhaltungsmusik, 21 Orchestersuiten, Konzertstücke für Jazzorchester, Tanzmusik Klavierstücke und Klavierkonzerte.

FRIEDL, FRANZ RENÉ
* 30.5.1892 in Oberkappel/Oberösterreich, † 5.12.1977 in Berlin

Der Sohn eines Böttchers lebte nach seiner Ausbildung als Geiger, Dirigent und Komponist in Berlin, seit 1927 freischaffend. Anfang 1942 wurde der Komponist „Sachbearbeiter für Musik" im Wochenschau-Stab, der für Inhalt und ästhetische Gestaltung der Deutschen Wochenschau verantwortlich zeichnete. Der Wochenschauforscher Hans-Peter Fuhrmann konstatierte, daß dies einen Paradigmenwechsel „zu einer ganz überwiegend symphonischen Musiksynchronisation [herbeiführte], die selbst noch in der Schlußphase des Krieges beibehalten wurde." Nach dem Zweiten Weltkrieg lebte Friedl weiterhin in Berlin. Zu seinem Werk gehören die Musik zu Kultur- und Spielfilmen, wie beispielsweise „Schloß Hubertus" (1934), „Rätsel der Urwaldhölle" (1938) oder „Kamerajagd auf Seehunde" (1939), außerdem Orchesterwerke, Lieder mit Orchester und Tanzmusik.

GROTHE, FRANZ
* 17.9.1908 in Berlin,
† 12.9.1982 in Köln

Der Künstler, der zu einem der populärsten Komponisten und Dirigenten im Deutschland des 20. Jahrhunderts avancieren sollte, stammte aus einer sehr musikgeprägten Familie: Seine Mutter war Konzertsängerin, sein Vater Pianist. So war es für ihn ganz natürlich, schon im Alter von fünf Jahren Violinunterricht zu bekommen, ein Jahr später das Klavierspiel zu erlernen und sich nach der Schulausbildung an der Musikhochschule Berlin zu immatrikulieren. Im Anschluß daran wurde er Pianist und Arrangeur beim „Orchester Dajos Béla". Die ersten größeren Erfolge hatte er, als er während der 1920er Jahre viele Lieder für den berühmten Tenor Richard Tauber schrieb, seine erste Filmmusik fertigte er 1929 für „Die Nacht gehört uns". Bereits 1931 gründete er seinen eigenen Musikverlag „Edition Franz Grothe". Der Künstler trat unmittelbar nach der nationalsozialistischen Regierungsübernahme in die NSDAP ein. Der große Durchbruch gelang ihm, als er mit dem Aufstieg des Tonfilms zum „Hauskomponisten" der UFA wurde. Von 1940 bis 1945 leitete Grothe das Deutsche Rundfunk-Tanzorchester (Berlin), ab 1942 wurde er in der Programmredaktion für die unterhaltenden und künstlerischen Sendungen des Reichsrundfunks Sendegruppenleiter der „Grup-

Franz Grothe

pe Gehobenere Unterhaltungsmusik und Operette". Während des Zweiten Weltkrieges komponierte er außer Filmmusiken auch einige populäre, von der Kriegsrealität inspirierte Lieder, etwa 1941 „Wir werden das Kind schon schaukeln" und 1942 „Wenn unser Berlin auch verdunkelt ist". Nach 1945 musizierte er in amerikanischen Clubs in Bayern. Ab 1950 komponierte er wieder zahlreiche Filmmusiken und schrieb 1956 mit der Instrumentalkomposition „Mitternachts-Blues" seinen größten internationalen Erfolg, der eine Millionenauflage erreichte. Ab 1965 etablierte Grothe sich auch im Fernsehen, beispielsweise als musikalischer Leiter der Unterhaltungssendung „Blauer Bock". 1972 wurde er zudem Aufsichtsratsvorsitzender der Urheberrechtsgesellschaft GEMA. Franz Grothe schrieb zwischen 1929 und 1969 die Musik zu rund 170 Filmen. Sein Œuvre kennzeichnet auch Musik wienerischer und ungarischer Art und swingender Jazz. Bis 1945 vertonte er bereits 71 Filme und nach dem Zweiten Weltkrieg konnte er diese Serie fortsetzen. Für sein Werk wurde er vielfach ausgezeichnet, so mit dem „Paul-Lincke-Ring" (1966), dem Filmband in Gold (1975) oder dem Großen Verdienstkreuz der Bundesrepublik Deutschland.

HENTZSCHEL, GEORG
* 23.12.1907 in Berlin, † 13.4.1992

Der Künstler wirkte nach seiner musikalischen Ausbildung als Kapellmeister und Komponist in Berlin. Ab 1928 arbeitete er auch als Mitarbeiter der Berliner Funkstunde des Reichssenders Berlin, später als Assistent des Dirigenten und Komponisten Theo Makkeben bei der Tonfilmproduktion und ab 1936 freischaffend in Zusammenarbeit mit dem Regisseur Josef von Baky. 1942 wurde Hentzschel Gruppenleiter „Leichte Tanz- und Unterhaltungsmusik" in der Programmredaktion für die unterhaltenden und künstlerischen Sendungen des Reichsrundfunks. Ein kleines Schlaglicht aus seiner Arbeit (Auszug aus dem Protokoll der Programmsitzung am 2. Oktober 1944): „Herr Hent[z]schel besprach beim Minister auch die Fragen der ‚schrägen Musik'. Er lobte unsere Produktion in dieser Art von Musik. Der Minister ist überzeugt, daß es die Musik der Zukunft ist. Die vorgeführten Stücke fanden alle seine Genehmigung bis auf ein Stück. Wir wollen den Mut besitzen und zweimal eine halbe Stunde – Beginn am kommenden Sonnabend, nachmittags 17.30–18.00 Uhr – solche Musik unter dem Titel ‚Moderne deutsche Unterhaltungsmusik' senden." Nach dem Zweiten Weltkrieg wirkte Georg Hentzschel in Köln, zeitweilig war er im WDR Leiter des Klassischen Unterhaltungsorchesters.

JARY, MICHAEL
* 24.9.1906 in Laurahütte bei Kattowitz, † 12.7.1988 in München

Als Sohn eines Werkmeisters unter dem Namen Maximilian Michael Andreas Jarczyk geboren, sollte der Komponist eigentlich Priester werden. Er konnte sich aber mit seinem Berufswunsch durchsetzen und wurde an der Musikhochschule Berlin als Komponist ausgebildet, unter anderem war er dort Schüler von Paul Hindemith und Arnold Schönberg. 1928/29 war er Theaterkapellmeister in Neiße und Beuthen. 1933 wurde er aus dem Bereich der ernsten Musik verdrängt, denn seine Kompositionen im Stil von Kurt Weill und Paul Hindemith wurden von den nationalsozialistischen Kulturoffiziellen als „intellektuelles, bolschewistisches Musikgestammle eines polnischen Juden" bezeichnet. Jary komponierte daher unter verschiedenen Pseudonymen, zu-

Michael Jary

letzt als Michael Jary, Tanzmusik und arbeitete als Kinopianist und Kapellmeister in Musikcafés und Tanzdielen. Ab 1935 wirkte er auch als Arrangeur und Filmkomponist und stand bei Terra-Film und UFA unter Vertrag. 1937 gelang ihm mit der Musik für den Film „Die große und die kleine Welt" der Durchbruch, es folgte sein sehr populärer Evergreen „Das kann doch einen Seemann nicht erschüttern" aus dem Film „Das Paradies der Junggesellen" (1939). Er machte mit seinen Kompositionen spätere Stars wie Rosita Serrano, Marika Rökk und Evelyn Künneke weltbekannt und schrieb für Zarah Leander die Spitzentitel „Davon geht die Welt nicht unter" oder „Ich weiß, es wird einmal ein Wunder gescheh'n" aus dem Film „Die große Liebe" (1942). Nach 1945 gründete er einen Musikverlag und 1953 die Michael-Jary-Filmproduktion, die er bis 1964 leitete. Auch einige Hits gelangen ihm noch, etwa „Das machen nur die Beine von Dolores" (1951) oder „Wir wollen niemals auseinandergeh'n" (1960). Michael Jary wurde vielfach geehrt: „Paul-Lincke-Ring" der Stadt Goslar (1977), Filmband in Gold (1980), Bundesverdienstkreuz 1. Klasse (1987).

KATTNIGG, RUDOLF
Prof., * 9.4.1895 in Treffen/Kärnten, † 2.9.1955 in Klagenfurt

Der Sohn eines Medizinalrates studierte Komposition an der Wiener Staatsakademie für Musik und darstellende Kunst. Direkt im Anschluß an sein Studium wurde er an seiner Ausbildungsstätte zum Professor berufen; im Jahre 1928 übernahm er den Posten des Direktors am Innsbrucker Konservatoriums sowie gleichzeitig die Leitung des dortigen Symphonieorchesters; zeitweise hatte er Engagements in Wien und Zürich. Nachdem er 1934 in Innsbruck entlassen worden war, ging Kattnigg auf Vermittlung der Reichsmusikkammer nach Berlin und wurde Pianist beim Reichsrundfunk.

Rudolf Kattnigg

Nach dem Österreich-Anschluß stellte er einen Antrag auf NSDAP-Mitgliedschaft, daraufhin wurde rückwirkend zum 1. Mai 1933 mit der entsprechend niedrigen Mitgliedsnummer 1.620.971 aufgenommen. 1939 siedelte er nach Wien über, wo er Dirigent an der Wiener Staatsoper und bei den Wiener Symphonikern wurde. Sein Werk umfaßt neben verschiedenen Filmmusiken auch Ballette, Lieder, Operetten, Symphonien sowie Werke für Chor und Orchester. Typisches Kennzeichen seiner Kompositionen ist die Instrumentation sowie die Verarbeitung von Melodien, Liedern und Volksweisen seiner Heimat. Nach dem Zweiten Weltkrieg lebte er als freischaffender Dirigent und Komponist.

KREUDER, PETER
* 18.8.1905 in Aachen, † 28.6.1981 in Salzburg

Der Musiker begann seine Karriere bereits sechsjährig mit einem Mozart-Konzert in Köln. Sein Studium absolvierte er in München, Berlin und Hamburg. Erstmals trat er 1930 mit der Mu-

Peter Kreuder

sik für den Film „Hinter den Roten Mauern von Lichterfelde" in Erscheinung; der Durchbruch gelang ihm ebenfalls 1930 mit seinen Arrangements und der Zwischenmusik für den UFA-Klassiker „Der blaue Engel". Kreuder trat bereits 1932 der NSDAP bei, verließ sie jedoch im Jahre 1934 wieder. Im Dritten Reich schrieb er rund 35 Filmmusiken und wirkte in einigen Streifen auch als Darsteller mit, zum Beispiel in „Opernball" (1939). Sehr erfolgreich war er mit seinem Schlager „Musik, Musik, Musik", der jedoch eher mit der ersten Zeile des Refrains „Ich brauche keine Millionen" in Erinnerung blieb; bemerkenswert ist in diesem Zusammenhang, daß diese Melodie 35 Jahre später als Titelsong der amerikanischen Puppen-Fernsehserie „Muppet Show" wiederkehrte. Der Künstler ging 1939 nach Schweden, kehrt aber 1941 auf Intervention der Reichsregierung nach Deutschland zurückkehren. Er fiel 1943 in Ungnade, weil er sich weigerte, in dem von alliierten Bombenangriffen besonders bedrohten Rheinland aufzutreten. Auch nach dem Zweiten Weltkrieg setzte Kreuder seine erfolgreiche Karriere fort, er schrieb Musicals für Zarah Leander und Johannes Heesters und ging mit der Sängerin Josephine Baker auf eine weltumspannende Tournee. Zeitweise übersiedelte er nach Buenos Aires und wurde später Leiter der Bühnenmusik im Großen Haus des Stadttheaters Düsseldorf. Sein Gesamtwerk umfaßt mehr als 4.000 Musikstücke, Opern, Operetten und Musicals. Das letzte Musical „Lola Montez" von Peter Kreuder wurde mehr als zwanzig Jahre nach seinem Tode 2003 uraufgeführt.

KÜNNEKE, EDUARD
* 27.1.1885 in Emmerich,
† 27.10.1953 in Berlin

Der Musiker absolvierte 1903 bis 1905 das Studium der Musikwissenschaft und der Literaturgeschichte in Berlin, besuchte dann eine Meisterklasse bei dem Komponisten und Dirigenten Max Bruch und war danach bis 1909 als Korrepetitor und Chorleiter am Neuen Operettentheater am Schiffbauerdamm. Anschließend wurde er Kapellmeister am Deutschen Theater, wo er unter anderem die Bühnenmusik für die Inszenierung des „Faust II" komponierte. Später wirkte er längere Zeit als Militärmusiker, nach Ende des Ersten Weltkrieges wurde er Theaterkapellmeister in Berlin und komponierte in den folgenden Jahren unterhaltende Musik aller Genres. Am 1. Mai 1933 wurde Künneke Mitglied der NSDAP, aus der er jedoch ein Jahr später wegen „nichtarischer Versippung" ausgeschlossen wurde (seine Ehefrau, die Sopranistin Katharina Garden, galt als „nichtarisch"). Nur aufgrund der von Reichsminister Dr. Goebbels erteilten Sondergenehmigung konnte er weiter seinem Beruf nachgehen und weitere Operetten, Märsche und Filmmusiken schreiben; er war Mitglied des Führerrates des Berufsstandes der deutschen Komponisten und des Verwaltungsausschusses der Reichsmusikkammer. Sein Werk umfaßt vor allem Operetten, wovon die bekannteste wohl „Der Vetter aus Dingsda" sein dürfte, er schuf auch mehrere Ouvertüren und Opern. Außer mehr als 35 Filmmusiken schrieb der Künstler noch zahlreiche Schlager, die zum Teil durch seine Tochter, die Schauspielerin und Chansonsängerin Evelyn Künneke bekanntgemacht wurden.

Eduard Künneke

LEUX, LEO
* 7.3.1893 in München,
† 8.9.1951 in Berlin

Der Künstler wurde unter dem offiziellen Namen Gottlieb Wilhelm Leucks geboren. Nach Teilnahme am Ersten Weltkrieg arbeitete er in verschiedenen Städten Deutschlands, bis er durch seine Arbeit am Berliner Theater am Kurfürstendamm bekannter wurde. Er trat auch in einigen Stummfilmen in Nebenrollen auf, beispielsweise in „Der Diener des Herrn Baron" (1919), „Die lila Hölle" (1920) und „Das sonnige Märchen vom Glück" (1924). Einen ersten großen Erfolg brachte ihm seine 1927 komponierte Revue „Gruß an alle", die ebenso wie seine Schlagermelodien das Interesse der Filmbranche weckte. Seine erste Filmmusik schuf er 1930 für die Komödie „Susanne macht Ordnung", es folgten weitere Begleitmusiken wie etwa für den Kriminalfilm „Truxa" (1937) oder „Mein Sohn, der Herr Minister" (1937). Nach dem Zweiten Weltkrieg ließ er sich in Charlottenburg nieder und verstarb nach der Fertigstellung seiner letzten Filmmusik zu „Torreani".

LÖHR, HANNS
* 28.5.1892 in Braunschweig,
† 8.3.1982 ebd.

Hanns Löhr

Der Komponist wuchs in einer musikalischen Familie auf, sein Vater spielte Geige und trat regelmäßig in kleinerem Rahmen öffentlich auf. Aus finanziellen Gründen mußte der Knabe jedoch auf eine musikalische Ausbildung verzichten und eine Malerlehre absolvieren; er kam aber durch familiäre Förderung an eine Musikschule, wo er gute Leistungen zeigte. Als er 1929 erstmals seine Kompositionen veröffentlichte, hatte er einigen Erfolg sowohl beim Publikum als auch in den professionellen Kritiken. Doch bald wechselte er von seinen ursprünglichen, im Jazzstil geschriebenen Stücken zur konzertanten Unterhaltungsmusik. Er veröffentlichte in den 1930er Jahren mehrere sehr erfolgreiche Walzer und landete schließlich seinen großen Erfolg mit dem Konzertwalzer „Im schönen Tal der Isar", der für ihn den künstlerischen Durchbruch bedeutete. Fortan widmete er sich ausschließlich dem Komponieren, außerdem trat er bis in die 1960er Jahre gelegentlich ans Dirigentenpult. Während des Zweiten Weltkrieges vertonte Löhr einige Wilhelm-Busch-Gedichte. Nach 1945 komponierte er weiterhin mit Erfolg, die deutschen Radiostationen spielten nach wie vor seine bekanntesten Werke. Sein Gesamtwerk umfaßt Walzer, Ouvertüren, Serenaden, Polkas, Märsche, Humoresken, Lieder und anderes. Das aktuellste Werkverzeichnis führt mehr als hundert Titel auf (ohne die Arbeiten für Chöre, Mundharmonika-Spielgruppen und Akkordeon-Orchester).

MACKEBEN, THEO
* 5.1.1897 in Preußisch Stargard/Westpreußen, † 10.1.1953 in Berlin

Der Komponist, Dirigent und Pianist studierte nach seinem Abitur von 1916 bis 1920 an der Hochschule für Musik Köln sowie am Konservatorium Warschau. Anschließend wirkte er als Konzertpianist und wechselte dann nach Berlin, wo er für den Rundfunk arbeitete, im „Café Größenwahn" die Kabarettistin und Chansonnière Rosa Valetti am Klavier begleitete und auch als Mitglied des Tanzorchesters von Barnabás von Géczy im Hotel Esplanade spielte. Außerdem war er Bühnenkapellmeister der Volksbühne und später erster Kapellmeister des Staatlichen Schauspielhauses. Ende August 1928 dirigierte Mackeben die Uraufführung der „Dreigroschenoper" im Theater am Schiffbauerdamm, es folgten Bearbeitungen wie „Madame Dubarry" oder „Liliom". Im Dritten Reich schrieb der Komponist Musik zu einer Reihe von sehr populären Filmen wie „Patrioten" (1937), „Ohm Krüger" (1941) und „Germanin" (1943). Nach dem Zweiten

Theo Mackeben

Weltkrieg wirkte er ab 1946 zwei Jahre als musikalischer Leiter am Berliner Metropol-Theater. Theo Mackeben schuf ein umfangreiches Werk, darunter Filmmusiken zu mehr als 55 Filmen, aus dem vor allem populäre Schlager wie „Komm auf die Schaukel, Louise" (aus „Liliom", 1932) oder „Nur nicht aus Liebe weinen" (aus dem Film „Es war eine rauschende Ballnacht", 1939) in Erinnerung bleiben.

MATTES, WILLY
* 4.1.1916 in Wien,
† 30.7.2002 in Salzburg

Der Musikschriftsteller, Arrangeur und Komponist besuchte nach dem 1935 abgelegten Abitur die Dirigentenklasse in Wien und wirkte anschließend von 1937 bis 1939 als Theaterkapellmeister in Oldenburg und Leipzig. Danach wirkte er bei den Filmproduzenten UFA und Tobis als Komponist und Arrangeur. Von 1944 bis 1951 hatte er ein Engagement als Dirigent in Stockholm beim Sveriges Radio, ging dann zum Bayerischen Rundfunk nach München und arbeitete ab 1964 beim Süddeutschen Rundfunk in Stuttgart. Hier erfolgte auch die Uraufführung seines Konzertstückes für Klavier und Orchester „Swedish Rapsody", das 1966 in dem amerikanischen Film „Madame X" verwendet wurde. Ab 1975 fungierte Mattes als Abteilungsleiter für Unterhaltungsmusik beim Berliner RIAS und stand seit 1981 beim Norddeutschen Rundfunk in Hannover als Gastdirigent unter Vertrag. Die Schauspielerin und „Tatort-Kommissarin" Eva Mattes ist seine Tochter.

Willy Mattes

MELICHAR, ALOIS
* 18.4.1896 in Wien,
† 9.4.1976 in München

Geboren als Sohn eines Kapellmeisters spielte er schon als Zwölfjähriger in dessen Kapelle als Violinist mit. Nachdem er ein Landlehrerseminar besucht hatte, ging er von 1916 bis 1920 an die Wiener Musikakademie und studierte Kontrapunkt. 1920 bis 1923 vervollkommnete er seine Kenntnisse in Komposition an der Berliner Musikhochschule, anschließend arbeitete er als Orchesterdirigent, Musiklehrer und Chorleiter in den Sowjetrepubliken Aserbaidschan, Armenien, Turkestan und Georgien. Nach seiner Rückkehr nach Deutschland wirkte Melichar zeitweise als Pianist in Kinos, Bars und Hotels, bis er Musikredakteur der „Deutschen Allgemeinen Zeitung" wurde. 1927 erhielt er bis 1933 ein Engagement als erster Dirigent und musikalischer Leiter der Deutschen Grammophon-Gesellschaft, 1934 wurde er Dirigent der Berliner Philharmoniker und 1935 Kapellmeister des Theaters der Jugend. Seit 1933 war er auch für den Film tätig und komponierte erfolgreich Filmmusiken, etwa für „Der Walzerkrieg" (1933) und während des Zweiten Weltkrieges u.a. auch für die Filme „Mein leben für Irland" (1941), „Anschlag auf Baku" (1942), „Die Zaubergeige" und „Philharmoniker" (1944). 1946 bis 1949 war Melichar Leiter der Abteilung Ernste Musik beim Wiener Sender „Rotweißrot", danach freischaffend in München.

Alois Melichar

NICK, EDMUND
Prof. Dr. jur., * 22.9.1891 in Reichenberg, † 11.4.1974 in Geretsried

Von 1910 bis 1915 studierte der Komponist Jura in Wien und Graz, gleichzeitig aber auch an der Wiener Musikakademie und am Dresdner Konservatorium; 1918 wurde er an der Universität Graz zum Dr. jur. promoviert. 1921 wurde er Kapellmeister der Breslauer Schauspielbühnen, und 1924 übernahm er die künstlerische Leitung der Schlesischen Funkstunde Breslau. 1933 wurde er wegen zunächst wegen seiner Gattin, der Konzertsängerin Käte Jaenicke, entlassen. Als belegt wurde, daß sie nur „Halbjüdin" war, erhielt Nick aus dem Reichsministerium für Volksaufklärung und Propaganda eine Sondergenehmigung

Edmund Nick

und konnte weiterarbeiten. Bis 1935 betätigte er sich als musikalischer Leiter des Kabaretts „Die Katakombe" in Berlin, von 1936 bis 1940 war er musikalischer Leiter des Theaters des Volkes. Nick erhielt Aufträge für die Komposition einer Vielzahl von Ufa-Filmen, zuletzt 1944 für „Eine Frau für drei Tage". Von 1942 bis 1952 hatte er eine Professur an der Münchner Musikhochschule. 1945 bis 1947 arbeitete Nick als Musikkritiker der „Neuen Zeitung" in München, anschließend war er bis 1949 Leiter der Bayerischen Staatsoperette und im Zeitraum von 1952 bis 1957 dann der Hauptabteilung Musik beim WDR. Danach wurde er Musikkritiker der „Welt", ab 1962 bis 1973 bei der „Süddeutschen Zeitung". 1957 zeichnete man Edmund Nick mit dem Großen Bundesverdienstkreuz aus.

PAUSPERTL, KARL
* 18.10.1897 in Plevlje/Serbien,
† 7.4.1963 in Wien
Eigentlich lautete sein Name Karl Pauspertl von Drachenthal. Der Offizierssohn studierte Philosophie und Musik an der Wiener Musikakademie. Von 1916 bis 1918 war er Militärmusiker und Leiter der Kapelle des k.u.k. Infanterieregiments Nr. 57, anschließend Repetitor an der Wiener Staatsoper, erster Kapellmeister am Burgtheater und Theaterkapellmeister in Troppau. In die Geschichte der Militärmusik ging der Künstler vor allem als letzter Kapellmeister der Regimentsmusik des Infanterieregiments „Hoch- und Deutschmeister" in Wien ein. Er stand im September 1944 auf der Film-Besetzungsliste – Komponisten – des Reichsfilmintendanten für das Produktionsjahr 1944/45. 1946 wurde er Dirigent des Landessymphonieorchesters Niederösterreich. Pauspertls Werk umfaßt Filmmusik, Charakterstücke für Blasorchester, Bearbeitungen von Operetten und die Suite „Im deutschen Märchenwald".

Karl Pauspertl

RICHARTZ, WILLY
Dr. jur., * 25.9.1900 in Köln,
† 8.8.1972 in Bad Tölz
Parallel zum Studium der Rechtswissenschaften mit anschließender Promotion in Köln studierte der Komponist und Dirigent Musik am Kölner Konservatorium. Er arbeitete als Kapellmeister an Theatern in München sowie Berlin und bis 1933 beim Bayerischen Rundfunk in München. Im Dritten Reich fungierte Richartz als Abteilungsleiter für künstlerische Programmfragen in der Reichssendeleitung und Leiter des Radio Berlin Tanzorchesters. Nach dem Zweiten Weltkrieg wurde er neben Werner Egk Gründer des Deutschen Komponistenverbandes und war bis 1964 dessen Vizepräsident, außerdem Mitglied des GEMA-Aufsichtsrats. Als Komponist schuf Willy Richartz vor allem Orchesterwerke, Vokalmusik, Unterhaltungs- und Filmmusik.

RIXNER, JOSEF („JOE")
* 1.5.1902 in München,
† 25.6.1973 in Garmisch-Partenkirchen
Der Musiker bildete sich als Komponist weitgehend autodidaktisch aus und erhielt außerdem Klavier und Violinunterricht. Von 1919 bis 1934 war er als Geiger, Bratschist und Pianist tätig, bis er nach Berlin ging und dort als freischaffender Komponist und Dirigent arbeitete. 1944 übersiedelte er nach Garmisch-Partenkirchen, wo er bis zu seinem Tode lebte. Er schuf vor allem Unterhaltungsmusik wie Chöre, Lieder, Tänze, Charakterstücke, Operetten und Revuemusik. Noch heute sind Rixners Werke in der Blas- und Unterhaltungsmusik sehr beliebt.

SCHLEMM, GUSTAV ADOLF
* 17.6.1902 in Gießen,
† 12.7.1987 in Wetzlar
Nach einer kaufmännischen Lehre studierte der Musiker von 1918 bis 1923 Musik am Hoch'schen Konservatorium in Frankfurt am Main. Es folgte ein kur-

zes Engagement am Opernhaus Königsberg, 1924 ging er als Dirigent an das Theater der Stadt Münster und war von 1929 bis 1931 Städtischer Musikdirektor in Herford. Dann ging Schlemm als Leiter der Staatskapelle und des Landestheaters Meiningen nach Meiningen und wurde hier nach der nationalsozialistischen Regierungsübernahme entlassen, weil er Stücke jüdischer Komponisten spielte und politisch nicht genehme Solisten engagierte. Bis 1935 mußte er sich mit Gelegenheitsarbeiten für Berliner Rundfunksender durchschlagen, bis er 1935 ein zweijähriges Engagement als erster Kapellmeister des Reichssenders Hamburg erhielt. Ab 1937 widmete er sich verstärkt seinem kompositorischen Schaffen und wurde einer der führenden Dirigenten beim Fernsehsender Paul Nipkow, woraus sich eine Phase als Filmkomponist entwickelte. Nach 1945 lebte er in Wetzlar und Greifenstein, gründete und leitete die Wetzlarer Singakademie, ging 1953 für kurze Zeit nach Berlin und wurde 1956/57 erster Kapellmeister und Musikalischer Oberleiter des Stadttheaters Hildesheim. Später arbeitete er wieder freischaffend in Wetzlar. 1970 wurde Schlemm das Bundesverdienstkreuz 1. Klasse verliehen.

SCHMIDT-GENTNER, WILLY
* 6.4.1894 in Neustadt am Rennsteig,
† 12.2.1964 in Wien
Der Künstler spielte schon in seiner Kindheit auf der Geige und nahm Unterricht in Kompositionslehre. Nach dem Ersten Weltkrieg arbeitete er als Steuerbeamter in der Revision für Kinos. Über einen seiner Prüflinge kam er zu einer Anstellung als Kapellmeister bei Filmvorführungen. Aus dieser Tätigkeit entwickelte sich seine zunehmend rege Komposition von Filmmusik, die 1922 mit einer ersten Filmmusik für einen Stummfilm begann und in seinen produktivsten Zeiten später bis zu zehn Filmmusiken im Jahr führte, darunter auch Klassiker und Meisterwerke der deutschsprachigen Filmgeschichte. Nachdem er in der Stummfilmzeit schon einige Filmvertonungen geschaffen hatte, wurde er mit dem Anbruch der Tonfilmära noch gefragter als Filmkomponist. Er bearbeitete meist Komödien und musikalische Romanzen, aber sporadisch auch immer wieder dramatische Stoffe mit politischem Hintergrund wie etwa den Film „Wien 1910" (1943) oder „Spionage" (1955) über den k.u.k.-Spion Oberst Redl. Im Dritten Reich wurde Schmidt-Gentner im Mai 1933 Mitglied der NSDAP, aber bereits 1934 wieder aus der Mitgliederliste gestrichen. 1933 war er nach Wien gegangen, um dort ausnahmsweise bei zwei Filmen Regie zu führen: „Die Pompadour" (1935) und „Der Weg des Herzens" (1936). Nach dem Österreich-Anschluß avancierte der Künstler zum „Haus-Komponisten" der Produktionsfirma „Wien-Film", für die er sowohl Komödien wie auch einige politische Filme wie „Heimkehr" (1941) oder „Das Herz muß schweigen" (1944) vertonte. Teilweise arbeitete er aber auch bei gehobenen Inszenierungen mit, wie etwa „Der Postmeister" (1940) oder „Wiener Mädeln" (1944/1945). Nach Kriegsende blieb er in Wien ansässig und komponierte weiter erfolgreich die Musiken für zahlreiche Heimat- und Musikfilme, bis er sich 1955 ins Privatleben zurückzog.

Willy Schmidt-Gentner

SCHRÖDER, FRIEDRICH
*6.8.1910 in Näfels/Schweiz,
† 25.9.1972 in Berlin
Der in Stuttgart aufgewachsene Komponist studierte nach dem Abitur ab 1927 in Münster und an der Berliner Musikhochschule bis 1933 Musikgeschichte und Kirchenmusik. In dieser Zeit bekam er Kontakt mit Peter Kreuder und arbeitete für diesen als Arrangeur bei Filmmusiken mit. 1934/35 war er als Korrepetitor, dann bis 1937 als zweiter Kapellmeister am Metropol-Theater. Im Jahre 1936 komponierte Schröder erste eigene Schlager und ab 1937 erste eigene Filmmusiken, er arbei-

Friedrich Schröder

tete gleichzeitig aber auch für das Orchester „Die Goldene Sieben". Später war er für den Film tätig und komponierte Operetten, etwa „Hochzeitsnacht im Paradies" (1942), eine Oper und zahlreiche Musikstücke. 1942 wurde er zur Wehrmacht einberufen, jedoch ein Jahr später als Arrangeur für das Deutsche Tanz- und Unterhaltungsorchester freigestellt. Nach dem Zweiten Weltkrieg arbeitete er als freischaffender Komponist in Berlin, bis er 1948 Leiter der Musikabteilung im gerade gegründeten RIAS Berlin wurde. Jahre 1955 war er der erste Preisträger des „Paul-Lincke-Rings". 1957 avancierte er zum musikalischen Leiter des Bertelsmann Schallplattenringes, später arbeitete er verstärkt als Musikproduzent. Einer seiner unvergessenen Evergreens ist „Ich tanze mit dir in den Himmel hinein" aus dem Film „Sieben Ohrfeigen" (1937).

SCHULTZE, NORBERT
* 26.1.1911 in Braunschweig,
† 14.10.2002 in Bad Tölz

Der Komponist und Dirigent wurde als Sohn eines Mediziners und Klinikleiters unter dem Namen Norbert Arnold Wilhelm Richard Schultze geboren. Bei seinen Kompositionen nutzte er auch die Pseudonyme Frank Norbert, Peter Kornfeld und Henri Iversen. Nach dem Abitur studierte er in Köln und München Klavier, Dirigieren, Komponieren sowie Musik- und Theaterwissenschaft. In München trat er ab 1931 unter dem Pseudonym Frank Norbert als Mitglied und Komponist des Studentenkabaretts „Die vier Nachrichter" in Erscheinung. Von 1932 war er als Korrepetitor, Chordirektor und Opernkapellmeister in Heidelberg tätig, 1933/34 am Landestheater Darmstadt, im Sommer 1934 als Kapellmeister am Münchener Volkstheater. 1935 wurde er als Assistent des künstlerischen Leiters bei Telefunken in Berlin engagiert, wo er auch Aufnahmeleiter wurde. Ab 1937 wirkte er als freischaffender Komponist für Bühne und Film. Im Dritten Reich lieferte er eine Reihe von Kompositionen für moderne Soldatenlieder oder auch für den Historienfilm „Kolberg". Im Auftrag von Rweichsminister Dr. Joseph Goebbels vertonte er Stücke wie „Von Finnland bis zum Schwarzen Meer" (in dessen Refrain die Textzeile „Führer, befiehl, wir folgen dir" vorkommt), das „Lied der Panzergruppe Kleist", „Panzer rollen in Afrika vor" oder „Bomben auf Engeland". Deswegen wurde er später als „Nazi-Propagandist" diffamiert, wozu er nur lakonisch feststellte: „Wissen Sie, ich war damals im besten Soldatenalter. So um die 30. Für mich war die Alternative: komponieren oder krepieren. Da habe ich mich für ersteres entschieden." Der mit Abstand größte Erfolg Schultzes war sein Lied „Lili Marleen", das er 1938 zu dem gleichnamigen Gedicht von Hans Leip schrieb und von dem – zunächst mit einem männlichen Interpreten – kaum Platten verkauft wurden. Erst als der deutsche Soldatensender Belgrad 1941 die Aufnahme mit Lale Andersen mehrmals zum Programmschluß aufgelegt hatte, begann der Siegeszug dieses Weltbestsellers, der die innere Stimmung der Soldaten auf beiden Seiten der Fronten traf. Nach Kriegsende erhielt Schultze zunächst Berufsverbot und arbeitete daher als Gartenarbeiter und Notenkopist, wurde dann von der Spruchkammer Hamburg im Entnazifizierungsverfahren als „Mitläufer" eingestuft und bekam wieder eine Arbeitserlaubnis. 1952 gründete er einen eigenen Musikverlag mit Bühnenvertrieb in Hamburg.

WAGNER, OTTO
* 22.8.1924 in Dehlitz an der Saale,
† 30.4.1999 in Leipzig

Der bekannte Leipziger Komponist, Dirigent und Pädagoge studierte nach privatem Unterricht auf Orgel und Klavier in Leipzig und Berlin Flöte, Klavier, Dirigieren und Komposition, unter anderem bei dem damaligen Luftwaffen-Obermusikinspizienten Prof. Hans Felix Husadel, der den Grundstein für die klar konzipierten und klanglich feinsinnigen Instrumentationen seines Studenten legte. Wagner wirkte als Flötist an den Theatern von Weißenfels und Bernburg und trat 1958 ein langjähriges Engagement im Orchester der Musikalischen Komödie in Leipzig an. Als 1950 in Leipzig das Rundfunkblasorchester gegründet wurde, zählte seine „Tarantella" mit zu den ersten Produktionen. Seither verbanden ihn enge Kontakte zu diesem Spitzenensemble. Im Rundfunkblasorchester hatte Wagner einen Klangkörper gefunden, der seine Vorstellungen von gehobener Unterhaltungsmusik richtungweisend zu gestalten verstand. Neben Eigenkompositionen entstanden Hunderte von Be-arbeitungen sowie ganze Blasmusik-Editionsreihen in den Leipziger Musikverlagen Friedrich Hofmeister und Harth. Der Flötist Wagner war aber auch als Orchesterleiter aktiv. So gründete er mit Kollegen der Städtischen Bühnen Leipzig ein großes Blasorchester und leitete ab 1967 lange das Betriebsblasorchester des Braunkohle-kombinats Bitterfeld, das unter ihm zu einem der besten Amateurorchester der DDR wurde. In seinen letzten Lebensjahren gab er sein Wissen und Können in vielen Lehrgängen im In- und Ausland weiter, wirkte in der Ausbildung von Amateurblasorchestern, organisierte Konzerte und betätigte sich musikpublizistisch. Der Ewoton-Musikverlag gab als erster Blasmusikverlag der alten Bundesländer einen Großteil der Kompositionen und Arrangements Wagners neu im Druck heraus, und es entstand eine langjährige Zusammenarbeit, aus der über 50 Neuerscheinungen hervorgingen.

WINDT, HERBERT
* 15.9.1894 in Senftenberg,
† 22.11.1965 in Deisenhofen/Bayern
Der zu den bedeutendsten Filmkomponisten des Dritten Reiches gehörende Künstler wurde als Sohn eines Hoteliers geboren und nicht zuletzt durch seine Zusammenarbeit mit Leni Riefenstahl bei deren Filmen bekannt, etwa bei „Triumph des Willens". Windt studierte am Stern'schen Konservatorium in Berlin, mußte dieses Studium jedoch wegen seiner Einberufung im Ersten Weltkrieg unterbrechen. Aufgrund einer schweren Verwundung verbrachte er zwei Jahre im Lazarett, wo er mit dem Komponieren von Kammermusik begann. Mit einem Stipendium der Reichsregierung konnte er seine Oper „Andromache" schaffen, die 1932 uraufgeführt wurde; ein im Publikum sitzender UFA-Filmproduzent wurde so auf Windts Musik aufmerksam und vermittelte ihm den Auftrag, die Musik zu dem UFA-Film „Morgenrot" zu schreiben, einem U-Boot-Drama, das im Ersten Weltkrieg spielte; der in der Weimarer Republik produzierte Film wurde kurz nach der NS-Regierungsübernahme am 2. Februar 1933 uraufgeführt. Die „Zeitschrift für Musik" schrieb im März 1933 über die Musik „zu dem ausgezeichneten vaterländischen Film": „Die musikalische Illustration einzelner Szenen und die kunstvolle Verwendung patriotischer Weisen verdient ebenso warmes Interesse wie die Ouvertüre, die die Hauptthemen des Filmes ‚Morgenrot, leuchtest mir…' und das Lied vom guten Kameraden in polyphoner Verarbeitung und gewählten Harmonien aufnimmt." Dies war der Auftakt zu einer sehr erfolgreichen Karriere Windts, der nun für zahlreiche Filme die Musik schuf, wie beispielsweise für „Der Sieg des Glaubens" (1933), „Olympia" (1938), „Friedrich Schiller – Triumph eines Genies" (1940), „Paracelsus" (1943), „Tiefland" (1954) oder „Hunde, wollt ihr ewig leben?" (1958). Windt wurde im Entnazifizierungsverfahren als „entlastet" eingestuft; er lebte und arbeitete danach in München.

ZELLER, WOLFGANG
* 12.9.1893 in Biesenrode/Südharz,
† 11.1.1967 in Berlin
Der Sohn eines Pastors bekam bereits als Achtjähriger Violinunterricht und

Wolfgang Zeller

komponierte schon während seiner Schulzeit; nach dem Abitur wurde er in München von dem Geigenvirtuosen Felix Berger sowie in Berlin vom Komponisten Jean Paul Ertel ausgebildet. Von 1914 bis 1918 nahm Zeller als Soldat am Ersten Weltkrieg teil. Nach Kriegsende schuf er größere Kompositionen für Orchester sowie Kammermusik und Lieder, er wurde als Geiger im Orchester der Berliner Volksbühne engagiert und wirkte dort von 1921 bis 1936 Komponist und Dirigent der Schauspielmusik. Danach war er in erster Linie freischaffend für Bühne und Film tätig. Zur Filmmusik war der Künstler durch die Scherenschnitt-Künstlerin Lotte Reiniger gekommen, für deren 1926 uraufgeführten stummen Animationsfilm „Die Abenteuer des Prinzen Achmed" er die Musik geschrieben hatte. Nach einigen weiteren Aufträgen für den Film gehörte Windt zu den gefragtesten Filmkomponisten Deutschlands. Allein während des Dritten Reiches schrieb er zwölf Filmmusiken, darunter für so bekannte Streifen wie „Der alte und der junge König" (1935), „Robert Koch, der Bekämpfer des Todes" (1939), „Jud Süß" (1940) oder „Immensee" (1943). Nach dem Zweiten Weltkrieg arbeitete der Komponist zwar weiter im Metier der Filmmusik und schuf beispielsweise die Musik für Bernhard Grzimeks Dokumentarfilm „Serengeti darf nicht sterben" (1959), wirkte aber seit 1945 hauptberuflich in Berlin als Erster Kapellmeister der Komödie und des Theaters am Kurfürstendamm.

Begleiter

DORFMÜLLER, FRANZ
* 17.4.1887 in Regensburg,
† 8.7.1974 in München
Der Musikforscher und -schriftsteller, Pianist und Klavierlehrer wirkte hauptsächlich in München, Regensburg, Nürnberg und Philadelphia (Pennsylvania, USA). Der damals als Hochschullehrer wirkende Künstler gründete 1927 zusammen mit dem Komponisten Fritz Büchtger und dem jungen Pianisten Udo Dammert die „Vereinigung für zeitgenössische Musik".

HALLASCH, FRANZ
Dr.
Lebensdaten konnten nicht ermittelt werden, lediglich folgendes: Dr. Hallasch war Pianist und Dirigent. Ausweislich des Organigramms der „Deutschen Stunde in Bayern G.m.b.H." vom 1. Januar 1927 war Hallasch damals Leiter des dortigen Rundfunkchores (damals 16 Mitglieder), der quasi Vorläufer des Chors des Bayerischen Rundfunks (mit derzeit rund 50 Mitgliedern) war. Die „Deutsche Stunde in Bayern G.m.b.H." wurde zum 1. Januar 1931 in „Bayerischer Rundfunk G.m.b.H., München" umbenannt. Zum 1. April 1934 erfolgte die Umwandlung in eine Filiale der Reichs-Rundfunk-Gesellschaft mbH unter dem Namen Reichssender München. Franz Hallasch fungierte zeitweise auch als Begleiter des aus Norwegen stammenden Ivar Andresen, der ein Baß von Weltruf war. Es sind auch heute noch verschiedene CDs erhältlich, auf denen Hallasch verschiedene Künstler als Pianist begleitet, so etwa eine Produktion des Deutschen Rundfunkarchivs, die auch eine einschlägige Aufnahme des Reichssender Berlin vom 16. November 1942 enthält.

JÄGER, RICHARD
Lebensdaten konnten nicht ermittelt werden, lediglich folgende Filme, an denen der Komponist und Drehbuchautor mitwirkte: „Den mystiske Fremmede" (Drehbuch, 1914 Dänemark), „Cigaretpigen" (Drehbuch, 1915 Dänemark), „Hannemann, ach Hannemann" (Drehbuch und Fimmusik, 1919), „Wenn die Liebe nicht wär'…" (Drehbuch und Filmmusik, 1920), „Sechzehn Töchter und kein Papa" (Drehbuch, 1928), „Stürmisch die Nacht" (Drehbuch, 1931).

SCHULTZE, SIEGFRIED
* 12.9.1897 in Eisselbitten/Ostpreußen, † 30.12.1989

Der Pianist erhielt seine Ausbildung bei dem bedeutenden Klavierpädagogen und Pianisten Karl Heinrich Barth in Berlin. Danach war er von 1920 bis in den Zweiten Weltkrieg hinein ein nicht nur in Deutschland allgegenwärtiger Pianist. Wer seinen Namen heute überhaupt noch kennt, verbindet ihn nurmehr mit seiner Rolle als Partner von Bronislaw Hubermann und Georg Kulenkampff. Seine weltumspannende Solistenlaufbahn indessen ist total in Vergessenheit geraten. In der „Wiener Zeitung" vom 2. August 1935 findet sich auf Seite 8 folgende zeittypische Notiz: „Der deutsche Pianist Siegfried Schulze, der seit zwölf Jahren [den aus polnisch-jüdischer Familie stammenden, der Verf.] Bronislaw Huberman auf seinen internationalen Konzertreisen begleitet, erhielt dieser Tage von der Reichsmusikkammer die Aufforderung, die künstlerische Verbindung zu lösen." Siegfried Schultze wanderte Anfang der 1950er Jahre in die USA aus und verbrachte seinen Lebensabend in der Kleinstadt Ukiah in Kalifornien, nördlich von San Francisco, wo er im Alter von 92 Jahren verstarb.

Siegfried Schultze

SEIDLER-WINKLER, BRUNO
* 18.7.1880 in Berlin, † 19.10.1960 ebd.

Der Dirigent und Arrangeur wurde als Sohn eines Musikers geboren, zeigte bereits in seiner Jugend starke musikalische Interessen und wurde am Stern'schen Konservatorium am Klavier von Ernst Jedliczka ausgebildet. In den 1890er Jahren wurde er künstlerischer Aufnahmeleiter der deutschen Edison-Gesellschaft und lernte hier die junge Technik der Schallaufzeichnung kennen und beherrschen. Diese Kenntnisse und Fähigkeiten kamen ihm zugute, als er 1903 künstlerischer Direktor der neu gegründeten Firma Deutsche Grammophon wurde. Er war für die Aufnahmen der Opernensembles von Berlin, Dresden, München und Wien zuständig und organisierte die erforderliche Infrastruktur für die Aufnahmen und arrangierte die notwendige Technik. Außerdem war er in der Zeit von 1903 bis 1932 auch als Dirigent tätig, von 1923 bis 1925 als Orchesterleiter in Chicago und dirigierte von 1926 bis September 1932 als Vorgänger des bedeutenden Eugen Jochum das Rundfunk-Symphonieorchester der „Funk-Stunde-Berlin". Im übrigen begleitete er auch Aufnahmen bekannter Sänger und Instrumentalisten auf dem Klavier. Seit den frühen 1930er Jahren war er an der Berliner Hochschule für Musik in der Ausbildung des künstlerischen Nachwuchses für die musikalische Gestaltung des Rundfunkprogramms zuständig. Für die berühmten „Comedian Harmonists" wirkte er Mitte der 1930er Jahre als Arrangeur. Er verfügte über ein breites Repertoire, das von der klassischen Musik bis zur Unterhaltungsmusik mit Operetten, Chansons und Schlagern reichte; beispielsweise stammt das Arrangement der Aufnahme des Liedes „Lili Marleen" mit Lale Andersen aus dem Jahr 1939 von ihm, und er leitete auch das die Aufnahme begleitende Instrumental-Ensemble. Sein Aufnahmeantrag in die NSDAP wurde 1938 wegen seiner früheren Freimaurertätigkeit und Logenmitgliedschaft abgelehnt. Nach 1945 wirkte Bruno Seidler-Winkler als Gesangspädagoge, kurz vor seinem Tod wurde er mit dem Bundesverdienstkreuz ausgezeichnet.

Bruno Seidler-Winkler

Orchester und Kapellen

Seite 31

Kulturorchester für Funk-, Film- und Konzerteinsatz

BAYERISCHE STAATSKAPELLE MÜNCHEN

Die Bayerische Staatskapelle München (auch Bayerisches Staatsorchester oder Bayerische Staatsoper) ging aus einem der ältesten Orchester Deutschlands hervor. Seine Keimzellen lassen sich bis in das Jahr 1523 zurückverfolgen, als die Leitung der Münchener Kantorei von dem Komponisten Ludwig Senfl übernommen wurde. Der erste berühmte Leiter der Münchener Hofmusik und damit der Hofkapelle war Orlando di Lasso, der 1563 offiziell angestellt wurde. Nachdem das Orchester lange Zeit vorwiegend Kirchenmusik spielte, fand 1653 mit Giovanni Battista Maccionis „L'Arpa festante" erstmals eine Opernaufführung in Münchens Residenz statt. Im Jahre 1762 wurde der Begriff des Orchesters eingeführt. Im Jahre 1811 wurde die Musikalische Akademie gegründet, die aus Mitgliedern des Hoforchesters bestand. Noch während der Regierungszeit von König Maximilian I. (* 1756, König von 1806–1825) beinhaltete der Dienst des Hoforchesters die musikalischen Aufgabenbereiche Kirche, Tafel, Kammer und Theater. Die Regierungszeit König Ludwigs II. (* 1845, König von 1864–1886) ist eng mit dem Namen Richard Wagners verknüpft. Am 10. Juni 1865 dirigierte der Hofkapellmeister Hans von Bülow die Uraufführung von „Tristan und Isolde", am 21. Juni 1868 die der „Meistersinger von Nürnberg". Es folgten am 22. September 1869 und am 26. Juni 1870 die Uraufführungen von „Das Rheingold" und „Die Walküre". Nachdem Hermann Levi von 1872 bis 1896 Generalmusikdirektor war, haben seitdem die bedeutendsten Dirigenten ihrer Zeit von Richard Strauss, Hans Knappertsbusch, Clemens Krauß bis zu Georg Solti, Joseph Keilberth und Wolfgang Sawallisch dem Orchester als Chef vorgestanden. Das Bayerische Staatsorchester ist das einzige Orchester Münchens, das in Oper und Konzert Dienst tut. Unter seinen Gastdirigenten fehlt kein berühmter Name der internationalen Spitzenklasse.

BERLINER PHILHARMONISCHES ORCHESTER

Das Berliner Philharmonische Orchester (heute: Berliner Philharmoniker) gilt als eines der führenden Ensembles der Welt. Seine Wurzeln liegen im 19. Jahrhundert, als der Dirigent Johann Ernst Benjamin Bilse 1867 ein Orchester aufbaute, das mit seinen sogenannten Bilse-Konzerten schnell populär wurde. Wegen interner Querelen gründeten 54 Orchestermitglieder am 1. Mai 1882 ein eigenes Orchester, das von den Musikern eigenverantwortlich geführt und verwaltet werden sollte. Die Chefdirigenten des neuen Orchesters waren bisher Ludwig von Brenner (1882–1887), Hans von Bülow (1887–1892), Arthur Nikisch (1895–1922), Wilhelm Furtwängler (1922–

1945), Leo Borchard (Mai–August 1945), Sergiu Celibidache (1945–1952), Wilhelm Furtwängler (1952–1954), Herbert von Karajan (1954–1989), Claudio Abbado (1989–2002) und Simon Rattle (seit 2002). Wilhelm Furtwängler, der die führende Dirigentenpersönlichkeit der ersten Hälfte des 20. Jahrhunderts war, führte das Berliner Philharmonische Orchester zur Weltgeltung, und unter seiner Leitung wurden zahlreiche Werke berühmter Komponisten uraufgeführt. Nach der nationalsozialistischen Regierungsübernahme übernahm das Deutsche Reich die finanzielle Sicherung des Orchesters; 1935 wurde die Stelle eines Intendanten geschaffen. Im Jahre 1952 übernahm das Land Berlin das Berliner Philharmonische Orchester, und Furtwängler erhielt einen Vertrag als Chefdirigent auf Lebenszeit. Nach seinem Tode wurde Herbert von Karajan sein Nachfolger, welcher die führende Dirigentenpersönlichkeit der zweiten Hälfte des 20. Jahrhunderts war und das Ensemble 34 Jahre lang führte.

BRUCKNER-ORCHESTER LINZ

Das Bruckner-Orchester Linz kann auf eine zweihundertjährige Geschichte und Tradition zurückblicken und hat sich im Laufe der Zeit zu einem der führenden Klangkörper Europas entwickelt. Der ständigen Auseinandersetzung mit dem symphonischen Werk Anton Bruckners verdankt das Bruckner-Orchester Linz eine einzigartige Stellung in der musikalischen Welt, wobei diese musikalische Botschaft nicht allein durch den Namen des Orchesters transportiert wird. Der Namensgeber Anton Bruckner war ein oberösterreichischer Komponist, dessen Symphonien zum Fundament des Repertoires des Bruckner-Orchester Linz gehören. Nach dem Österreich-Anschluß 1938 wurde der Klangkörper ein Reichsgauorchester. Heute betreut das Bruckner-Orchester Linz nicht nur die musikalischen Produktionen des Linzer Landestheaters, sondern ist auch das Konzertorchester Oberösterreichs.

Furtwängler dirigiert ein Konzert der Berliner Philharmoniker im AEG-Werk

DEUTSCHES PHILHARMONISCHES ORCHESTER PRAG

Die Frühgeschichte des Deutschen Philharmonischen Orchesters Prag begann, als am 21. April 1783 das Prager Ständetheater seine Pforten öffnete; es existierte auch nach Ende der k.u.k. Monarchie und wurde nach der Besetzung Prags am 15. März 1939 im Reichsprotektorat Böhmen und Mähren weitergeführt. Der Dirigent Josef Keilberth wurde 1940 von Dr. Goebbels auf Empfehlung Wilhelm Furtwänglers zum Generalmusikdirektor des Deutschen Philharmonischen Orchesters in Prag bestellt, und Goebbels stellte am 8. November des Jahres in seinem Tagebuch fest: „Morgens Sudetendeutsches Orchester angehört. Es ist doch unter Keilberth schon recht gut geworden." Keilberth leitete das Orchester bei rund 400 Auftritten, Musik von erst durch die Nationalsozialisten geförderten Komponisten fand Eingang in etwa 20 Programme. Da es Keilberth gelang, für die Mitglieder des Prager Klangkörpers eine „u.k."-Stellung zu erreichen, was die Einberufung der Musiker verhinderte, bestand das Orchester bis in die letzten Tage des Zweiten Weltkrieges und gab noch am 1. Mai 1945 einen Beethoven-Abend in Prag. Die für den 5. Mai 1945 angesetzte Orchesterprobe mußte Keilberth wegen deutschfeindlicher Ausschreitungen in Prag absagen und leitete damit die Auflösung des Ensembles ein. Teile seines Orchesters fanden bei den neu gegründeten Bamberger Symphonikern, die am 16. März 1946 unter Leitung von Bertil Wetzelsberger ihr Debüt gaben, ihre neue berufliche Heimat.

Konzert des Gewandhausorchesters Leipzig

LEIPZIGER GEWANDHAUSORCHESTER

Die Wurzeln des Leipziger Gewandhausorchesters gehen bis in das Jahr 1479 zurück, als die Stadtväter für die musikalische Begleitung von Festen, Gottesdiensten und Theateraufführungen Kunstpfeifer (später Stadtpfeifer) anstellten. Im Jahre 1743 finanzierten 16 Leipziger Kaufleute 16 Musiker – darunter auch Stadtpfeifer – zur Gründung der musikalischen Gesellschaft „Leipziger Concert", deren erstes Konzert am 11. März 1743 stattfand. Somit gilt das Leipziger Gewandhausorchester als erstes nicht-höfisches, sondern dem Bürgertum entwachsenes Konzertorchester im deutschsprachigen Raum. 1780/81 wurde der Dachboden des Gewandhauses Leipzig (des Messehauses der Tuchwarenhändler) zu einem Konzertsaal umgebaut, wo im November 1781 das erste Gewandhauskonzert stattfand. Nachdem das Orchester 1840 als Stadtorchester anerkannt worden war, fungierte es als Leipziger Opernorchester, als Konzertorchester und als kirchenmusikalisches Orchester, das beispielsweise auch den Thomaner-Chor begleitete. Leipzig verdankt seinen Ruf als Musikstadt zum großen Teil seinem Gewandhausorchester. Es übernahm die Uraufführung vieler bedeutender musikalischer Werke, und im alten Gewandhaus traten berühmte Solisten auf, etwa Wolfgang Amadeus Mozart, Robert Schumann, Carl Maria von Weber, Franz Liszt, Richard Wagner und Johannes Brahms. Das Neue Gewandhaus, das für seine vorzügliche Akustik berühmt ist, bezog das Gewandhausorchester im Jahre 1884, es wurde durch alliierte Bomben 1943 getroffen und brannte aus. Hier wirkten unter anderem Peter Tschaikowski, Edvard Grieg, Richard Strauss und Anton Bruckner. Nach der Einweihung des neuen Konzerthauses im Jahre 1981 hat das Leipziger Gewandhausorchester dort seinen ständigen Sitz.

PHILHARMONISCHES STAATSORCHESTER HAMBURG

Das Philharmonische Staatsorchester Hamburg (heute Philharmoniker Hamburg) prägt den Klang der Hansestadt seit mehr als 180 Jahren. Am 9. November 1828 wurde das Orchester unter dem Namen Philharmonische Gesellschaft als „Verein zur Aufführung von Winterkonzerten" gegründet und war bald ein Treffpunkt bedeutender Künstler wie Clara Schumann, Hans von Bülow und Johannes Brahms. 1896 wurde mit Unterstützung des Hamburger Senats der „Verein Hamburgischer Musikfreunde" gegründet, um durch sowohl private wie auch öffentliche Gelder ein saisonunabhängiges ständiges Symphonieorchester zu schaffen. Im Jahre 1934 wurden das Philharmonische Orchester und das Stadttheater-Orchester zu einem Klangkörper zusammengefaßt, der den Namen Philharmonisches Staatsorchester erhielt und nicht nur für die Philharmonischen Konzerte, sondern auch für die Oper zuständig war; die Leitung übernahm bis 1949 Eugen Jochum.

PREUSSISCHE STAATSKAPELLE BERLIN

Die Staatskapelle Berlin gehört mit ihrer seit dem 16. Jahrhundert bestehenden Tradition zu den ältesten Orchestern der Welt. Gegründet von Kurfürst Joachim II. von Brandenburg (* 1505, Kurfürst von 1535–1571) als Hofkapelle, wurde sie erstmals in einer Kapellordnung von 1570 urkundlich erwähnt. Während sie zunächst als kurbrandenburgische Hofkapelle ausschließlich dem musikalischen Dienst bei Hofe verpflichtet war, erhielt das Ensemble seit der Eröffnung der Königlichen Hofoper (später: Staatsoper unter den Linden) durch Friedrich den Großen (* 1712, König von 1740–1786) im Jahre 1742 einen erweiterten Wirkungskreis und war nicht nur Hoforchester, sondern gleichzeitig Konzert- und Opernorchester. Den Opernbetrieb sowie die seit 1842 regulär stattfindenden Konzertreihen des Orchesters wurden von berühmten Musikerpersönlichkeiten geleitet, als exemplarische Beispiele seien genannt: Gaspare Spontini, Felix Mendelssohn Bartholdy, Giacomo Meyerbeer, Felix von Weingartner, Richard Strauss, Erich Kleiber, Wilhelm Furtwängler und Herbert von Karajan. Während des Dritten Reiches wurde das Ensemble als Preußische Staatskapelle Berlin geführt. Auch heute noch nimmt das Orchester einen zentralen Platz im Berliner Musikleben ein und hat bei seinen zahlreichen Gastspielen in aller Welt immer wieder seine internationale Bedeutung bewiesen.

SÄCHSISCHE STAATSKAPELLE DRESDEN

Die Sächsische Staatskapelle Dresden ist eines der traditionsreichsten Orchester der Welt. Sie wurde am 22. September 1548 durch Kurfürst Moritz von Sachsen (* 1521, Herzog seit 1541, Kurfürst von 1547–1553) als Dresdener Hofkapelle unter dem Namen „Cantorei" gegründet und gilt als einziges noch existierendes Orchester, das über mehr als viereinhalb Jahrhunderte hinweg ununterbrochen musiziert hat und außerdem stets zu den führenden Klangkörpern der verschiedenen Epochen gehörte. Exquisite Kapellmeister und herausragende Instrumentalisten haben die einstige Hof- und heutige Sächsische Staatskapelle seit ihrer Gründung geprägt. Ihre lange Geschichte weist eine Vielzahl bedeutender Ereignisse auf, von denen nur einige wenige genannt seien: 1627 wurde von der Sächsischen Staatskapelle die Oper „Dafne" von Heinrich Schütz uraufgeführt, 1667 wurde das erste Dresdener Opernhaus am Taschenberg eröffnet, 1719 erfolgte die Eröffnung des

Sächsische Staatskapelle Dresden

Pöppelmannschen Opernhauses am Zwinger, 1736 wurde Johann Sebastian Bach „Compositeur bey der Königl. Hof Capelle", von 1843 bis 1849 wirkte Richard Wagner als Kapellmeister des Klangkörpers, 1878 wurde das zweite Opernhaus von Gottfried Semper eröffnet (sein erster Dresdner Theaterbau war 1869 durch Brand zerstört worden); 1934 bis 1943 wirkte Karl Böhm als Generalmusikdirektor und dieser bekannte später: „Neun Jahre war ich Leiter der Sächsischen Staatskapelle – es waren die schönsten und bedeutungsvollsten meines Lebens." Seine Verpflichtung nach einem souveränen, ebenso beseelten wie passionierten „Tristan"-Probedirigat erwies sich als Glücksfall für die Fortsetzung der künstlerischen Höhenlinie des Instituts. Am 31. August 1944 fand die letzte Vorstellung in der Semperoper statt, am 13. Februar 1945 wurden bei den großen alliierten Bombengriffen auch alle Spielstätten der Dresdner Theater zerstört, und die Sächsische Staatskapelle wurde nach Bad Brambach und Bad Elster evakuiert. 1948 wurde zum 400jährigen Jubiläum der Sächsischen Staatskapelle das wiederaufgebaute Schauspielhaus als Großes Haus der Staatstheater Dresden eröffnet. 1951 fand die erste Requiem-Aufführung der Sächsischen Staatskapelle zum Gedenken an die Zerstörung Dresdens statt. 1985 wurde die wiederaufgebaute Semper-Oper am 40. Jahrestag ihrer Zerstörung am 13. Februar 1945 eröffnet.

WIENER PHILHARMONISCHES ORCHESTER

Unter der Bezeichnung „Philharmonische Academie" fand am 28. März 1842 unter der Leitung von Otto Nicolai das erste Konzert der Wiener Philharmoniker statt. Das Ensemble bestand aus Mitgliedern des Orchesters der k.k. Hofoper in Wien, womit sich zum ersten Mal Berufsmusiker zu einem festen Konzertorchester zusammenschlossen. Bis 1933 wählte das Orchester jedes Jahr einen Dirigenten, der in der laufenden Saison alle Abonnementskonzerte dirigierte. Ab 1933 wurden verschiedene renommierte Gastdirigenten für die Konzerte und Tourneen verpflichtet, etwa Wilhelm Furtwängler, der von 1933 bis 1945 und 1947 bis 1954 quasi als

Wiener Philharmonisches Orchester

Hauptdirigent fungierte. Nach dem Österreich-Anschluß 1938 behielt das Orchester zwar seine Selbständigkeit, wurde aber der Aufsicht des Reichsministers für Volksaufklärung und Propaganda unterstellt. Alle Beschlüsse des Orchesters unterlagen der Bestätigung durch Dr. Goebbels, um rechtswirksam zu werden. Auch Adolf Hitler und Dr. Goebbels waren begeistert über die musikalische Qualität des Wiener Philharmonischen Orchesters, die Heinz Tietjen, die graue Eminenz des damaligen Berliner Kulturbetriebes, anläßlich einer Wiener „Lohengrin"-Aufführung am 23. Juni 1938 folgendermaßen beschrieb: „Es war für mich ein stolzes bayreuthisches Erlebnis zu spüren, wie das Orchester den feinsten Regungen lyrischer Verhaltenheiten, wie der musikdramatischen Linienführung des größten deutschen Komponisten in absolutem Miterleben folgte. Die Wiener Philharmoniker sind das große Geschenk der Ostmark an das Großdeutsche Reich in der Kunst. Heil Hitler!" Nach dem Kriegsende nahmen die Wiener Philharmoniker ihre Tätigkeit unmittelbar wieder auf und sind heute noch eines der führenden Orchester der Welt.

Große Rundfunkorchester

GROSSES BERLINER RUNDFUNKORCHESTER

Das Große Berliner Rundfunkorchester ging auf die erstmals am 29. Oktober 1923 gesendete musikalische „Funk-Stunde Berlin" zurück, die zunächst nur von dem vielseitigen Musiker Otto Urack bestritten wurde, der mit wechselnden Musikern zusammenspielte. Eine symphonische Besetzung erfolgte erst mit der Gründung des Berliner Funk-Orchesters am 18. Juni 1925; ein professioneller Beginn war durch die Übernahme von Musikern des früheren Orchesters der Deutschen Volksoper im Theater des Westens gewährleistet. Während des Dritten Reiches arbeitete der Klangkörper als Großes Berliner Rundfunkorchester, der am 18. Mai 1945 das erste Nachkriegskonzert im zerbombten Berlin gab. Später fungierte es als Symphonieorchester des DDR-Rundfunks. Es gehört nun der 1994 gegründeten Rundfunk Orchester und Chöre GmbH an, einem Verbund vier hauptstädtischer Rundfunkklangkörper, der vom Deutschlandradio, der Bundesrepublik Deutschland, dem Land Berlin und dem Rundfunk Berlin-Brandenburg getragen wird.

GROSSES HAMBURGER RUNDFUNKORCHESTER

Der Hamburger Rundfunksender wurde 1924 von Hans Bodenstedt ins Leben gerufen, und 1928 gründete man innerhalb des Senders ein Rundfunk-Orchester, das NORAG-Orchester (NORAG = Nordische Rundfunk A.G.), welches von dem Dirigenten José Eibenschütz geleitete wurde. Mit Wirkung zum 1. Januar 1933 wurde die NORAG umfirmiert in Norddeutsche Rundfunk G.m.b.H., und nach der nationalsozialistischen Regierungsübernahme wurde daraus ab 1. April 1934 der Reichssender Hamburg. Ab diesem Zeitpunkt hieß das Orchester des Senders Großes Hamburger Rundfunkorchester. Nach dem Zweiten Weltkrieg erhielt der Dirigent Hans Schmidt-Isserstedt von den Britischen Besatzungsbehörden den Auftrag, aus den ehemaligen Mitgliedern des Großen Hamburger Rundfunkorchesters ein neues Orchester zu formen, das sich in Aufbau und Organisation an dem Vorbild des Londoner BBC Symphony Orchestra zu orientieren hatte. Da die Musiker weit verstreut und teilweise in alliierten Lagern inhaftiert waren, dauerte es rund ein halbes Jahr, bis das neue Orchester im November 1945 mit dem weltberühmten Geiger Yehudi Menuhin als Solisten unter dem Namen NDR Symphonieorchester sein erstes Konzert geben konnte.

GROSSES MÜNCHENER RUNDFUNKORCHESTER

Der Bayerische Rundfunk, der von 1924 bis 1930 noch „Deutsche Stunde in Bayern" hieß, verfügte schon 1924 über ein großes Rundfunk-Orchester von rund 60 Musikern. Diesem Klangkörper, aus dem später das Große Münchener Rundfunkorchester wurde, war vor allem das symphonische Repertoire zugedacht, es betätigte sich aber durchaus auch auf dem Gebiet der leichten Muse; geleitet wurde es zunächst von Franz Adam, später bis 1942 von Hans Adolf Winter. Hinzu kamen im Lauf der Zeit diverse kleinere Ensembles, die das weite Feld der unterhaltenden Instrumentalmusik abdeckten, nämlich eine Tanzkapelle, das Rundfunktrio und ab 1930 vor allem das Kleine Funkorchester (das teilweise auch unter dem Namen „Funkkapelle" auftrat). Der bayerische Sender wurde ab 1. April 1934 zum Reichssender München. Im Sommer 1933 hatte Gerhart von Westerman, Leiter der Musikabteilung, dafür plädiert, „dem Großen Rundfunkorchester ein wenig von der Popularität [zu] verschaffen, die das Kleine Funkorchester seit langem genießt", indem man „demnächst z.B. Beethovens Schlachten-Symphonie mit zwei SA-Kapellen als Hilfstruppen herausbringen" wolle. Auch während des Zweiten Weltkrieges versuchte man, die Klangkörper so lange wie möglich in einer spielfähigen Größe zu erhalten. Spätestens ab 1943 wurden Musiker anderer Sender zur Ergänzung des Rundfunkorchesters hinzugezogen; zuletzt spielte diese Gruppierung allerdings in der Kongreßhalle in Bayreuth, da in München keine adäquaten Räumlichkeiten mehr zur Verfügung standen. Nachdem am 30. April 1945 das Münchener Funkhaus an die US-Armee übergeben wurde, begann am 26. September 1945 mit der Verpflichtung von 20 als „politisch unbelastet" geltenden Musikern der Aufbau des neuen bayerischen Rundfunk-Orchesters.

GROSSES FRANKFURTER RUNDFUNKORCHESTER

Nach der Gründung des Senders Radio Frankfurt am 1. April 1924 spielten bereits einige Musiker unter der Leitung von Reinhold Mertens unmittelbar im Studio. Dies war die Keimzelle des später fest angestellten Orchesters, das am 1. Oktober 1929 unter dem Ersten Kapellmeister Hans Rosbaud mit dem Namen Frankfurter Rundfunk-Symphonie-Orchester offiziell gegründet wurde. Nachdem der Sender 1934 zum Reichssender Frankfurt wurde, wurde das Orchester ebenfalls umbenannt und hieß nun Großes Frankfurter Rundfunkorchester. Als Rosbaud sich 1937 in die musikalische Provinz nach Münster zurückzog, wurde mit Otto Frickhoeffer ein neuer Chefdirigent berufen, der gleichzeitig Leiter der Musikabteilung des Senders war. Nach dem Krieg nahm der Sender als „Radio Frankfurt, Sender der Amerikanischen Militärregierung" den Sendebetrieb wieder auf, das Orchester erhielt am 17. Oktober 1950 den Namen Symphonie-Orchester des Hessischen Rundfunks; es wurde noch zweimal umbenannt: Seit 11. Juli 1971 arbeitete es als Radio-Symphonie-Orchester Frankfurt und ab 2005 heißt der Klangkörper hr-Symphonieorchester.

Unterhaltungsorchester für Funk, Film und Konzert

BERLINER UNTERHALTUNGS-ORCHESTER (BISHER BUND)

Das Berliner Unterhaltungsorchester wurde zunächst von Otto Dobrindt (1886–1963) geleitet, der seit 1925 unter zahlreichen Pseudonymen eigene Musikproduktionen in verschiedenen Stilrichtungen aufgenommen hatte. Sein Orchester Otto Dobrindt begleitete viele UFA-Stars bei Platteneinspielungen, beispielsweise Zarah Leander, Willy Fritsch, Lilian Harvey und Hans Albers. 1935 übernahm Dobrindt die Leitung des Unterhaltungsorchesters beim Deutschlandsender, dem als Leiter dann im Jahre 1942 der Arrangeur, Dirigent, Komponist und Pianist Hans Bund (1898–1982) folgte. Dieser hatte nach seinem Studium in Köln, Frankfurt und Berlin in den frühen 1930er Jahren das Hans-Bund-Jazz-Orchester gegründet, das er als Pianist leitete und für das er die Arrangements schrieb. Mit seinem Ensemble wirkte er in einigen Filmen mit, darunter der Hans-Albers-Film „Der Sieger" (1932). Ende der 1930er Jahre führte Bund das kleine Ensemble „Bund's Piano-Rhythmiker", bis er 1942 Leiter des Orchesters des Deutschlandfunks wurde, das später unter dem Namen Berliner Unterhaltungsorchester spielte.

KÖLNER UNTERHALTUNGS-KAPELLE (LEO EYSOLDT)

Die Kölner Unterhaltungskapelle war die Keimzelle des heutigen WDR Rundfunkorchesters Köln. Dessen Frühgeschichte begann im „Café Germania" auf der Hohen Straße Kölns in den 1920er Jahren. Das Salonorchester des Cafés war unter der Leitung von Leo Eysoldt (1891–1967) eines der besten und populärsten der Domstadt. Das mit 20 Musikern ungewöhnlich große Ensemble spielte, wie der „Kölner Stadt-Anzeiger" 1926 schrieb, auf einem „bemerkenswert anspruchsvollen Niveau" gehobene Unterhaltungsmusik und populäre Musik. Nachdem der 1924 gegründete WDR 1927 von Münster nach Köln umgezogen war, suchte der Intendant Ernst Hardt ein Orchester für leichte Unterhaltung und fand es im „Café Germania". Er engagierte Leo Eysoldt auf der Stelle, und dieser stellte sein Leo-Eysoldt-Orchester zusammen, das als Kölner Unterhaltungskapelle bekannt werden sollte. Später wurde es aufgelöst und Leo Eysoldt zum Bayerischen Rundfunk nach München versetzt.

WIENER UNTERHALTUNGS-ORCHESTER (SCHÖNHERR)
Das Wiener Unterhaltungsorchester wurde ganz wesentlich von dem Dirigenten, Komponisten und Musikschriftsteller Prof. Dr. phil. Max Schönherr (1903–1984) geprägt. Der Sohn eines Militärkapellmeisters war nach seinem Studium an Universität und Konservatorium in Graz erst Contrabassist, später Chordirektor und Kapellmeister am Städtischen Opernhaus. Von 1926 bis 1931 wirkte er in gleicher Funktion an den „Marischka-Bühnen" sowie an der Volksoper in Wien. 1931 übernahm er die Leitung des Großen Rundfunkorchesters des Wiener Senders (zunächst RVAG, dann Reichssender Wien, heute Österreichischer Rundfunk), das er bis zu seiner Pensionierung im Jahre 1968 dirigierte.

Unterhaltungs- und Tanzkapellen für Funk, Film und Konzert

DEUTSCHES TANZ- UND UNTERHALTUNGSORCHESTER
Das Deutsche Tanz- und Unterhaltungsorchester (DTU) war ein Prestigeobjekt von Reichsminister Dr. Joseph Goebbels und Vorzeigeorchester der deutschen Rundfunktanzmusik, das die deutsche Weltgeltung auch auf dem Gebiet der Unterhaltungsmusik sicherstellen sollte und modern arrangierte, Swing-beeinflußte Tanzmusik sowie symphonisch aufbereitete Unterhaltungsmusik spielte. Einerseits galten zwar Jazz und Swing als verpönt und unerwünscht, andererseits sollte durch die beliebte, schwungvoll optimistische Musik dem allgemeinen Zeitgeschmack entsprochen und den Menschen an der Front und in der Heimat Entspannung bereitet werden. Dr. Goebbels beauftragte daher Ende 1941/Anfang 1942 den Film-Komponisten Franz Grothe mit der Gründung eines entsprechenden Orchesters für den Rundfunk. Als sein Stellvertreter wurde Georg Haentzschel, als Assistent Horst Kudritzki bestellt. Das Orchester bestand zunächst aus 38 Musikern, darunter nur ein Ausländer. Die Rekrutierung der besten deutschen Musiker für das DTU lief vorwiegend im 1. Quartal 1942 und war am 1. April abgeschlossen, als die Band zum ersten Mal im Berliner Delphi-Palast probte. Bei den Musikern handelte es sich um bereits sehr bekannte Vertreter der ersten Garde deutscher Unterhaltungsmusik, die auch entsprechend bezahlt wurden; sie erhielten durchschnittlich 1.100 Reichsmark, was der Spitzenvergütung für führende Unterhaltungskünstler im Deutschen Reich entsprach, aber auch den repräsentativen Charakter der Unternehmung widerspiegelte. Zum Vergleich: Ein Facharbeiter erhielt damals monatlich knapp über 200 Reichsmark. Das DTU gab sehr wenige öffentliche Konzerte, denn es war vorwiegend mit Tonband-Aufnahmen beschäftigt, die zu bestimmten Zeiten von sämtlichen Soldaten- und zivilen Sendern ausgestrahlt werden sollten. Später wurde das DTU nach Prag verlegt, wo es bis zum 5. Mai 1945 seine Arbeit fortsetzte, als tschechische Aufständische das dortige Funkhaus stürmten. Einige Musiker kamen dabei ums Leben, andere wurden ein paar Tage später von den Sowjets verhaftet, jedoch der

Seite 32

Mehrzahl der Musiker gelang die Flucht. Sie erreichten nach abenteuerlicher Fahrt in zwei Lastwagen die Westzonen. Viele der Musiker des DTU spielten auch in den Nachkriegsjahren und zu Beginn der 1950er Jahre eine tragende Rolle in der deutschen Unterhaltungsmusik.

KAPELLE ERICH BÖRSCHEL

Erich Börschel (1907–1988) ging nach seinem Studium zunächst als Arrangeur und Pianist zum Reichssender Königsberg und erlebte hier als Orchesterleiter 1945 den Untergang Königsbergs und die Flucht der Bevölkerung mit. Die Programm des Reichssenders Königsberg war in der Regel folgendermaßen strukturiert: Die Nachmittagssendungen bestanden zumeist aus Vorträgen oder Unterrichtsreihen sowie Schallplattenkonzerten; der Abend gehörte dann der Unterhaltung. Dabei wechselte sich klassische oder leichte Musik mit unterhaltenden Wortsendungen ab. Besonders gepflegt wurden die ostdeutschen Dichter und Komponisten. Das Programm des Königsberger Senders war auch deswegen bei den Hörern willkommen, weil es eine kulturelle Brücke zum durch den Korridor abgetrennten Reich bildete und es eine tiefe Verbundenheit mit Ostpreußen gab. Zu den besonders beliebten Künstlern gehörten seit dem Beginn der 1930er Jahre Marion Lindt, das Königsberger „Marjellchen", und später auch die „Kapelle Erich Börschel", dessen „Spatzenkonzert" zu einem der beliebtesten zeitgenössischen Musikstücke avancierte. Börschel leitete von 1946 bis 1962 das Unterhaltungsorchester des Hessischen Rundfunks.

KAPELLE HANS BRÄNDLE

Zu dieser Kapelle konnte lediglich ermittelt werden, daß Hans Brändle z.B. das Tanz- und Unterhaltungsorchester vom Reichssender Frankfurt-Main geleitet hat.

KAPELLE HANS BUSCH

Hans Busch mußte 1927 nach dem Tod seines Vaters sein Musikstudium abbrechen, um seine Familie zu ernähren, und trat als Geigenvirtuose in Bars und Kabaretts in ganz Deutschland auf. Später stellte er ein kleines Tanzorchester zusammen, das in Hamburg im Alster-Pavillon startete und 1933 nach Berlin ging. Dort machte er mit seiner Kapelle schnell Karriere, trat in den besten Tanzlokalen des Deutschen Reiches auf, etwa in München im „Café Luitpold", und zunehmend wurden seine Gastspiele auch im Rundfunk übertragen. In Berlin gastierte Busch in der zweiten Hälfte der 1930er Jahre unter anderem im „Resi", im „Café Wien"

Kapelle Hans Busch

am Kurfürstendamm und in den Hotels „Excelsior" und „Esplanade". Hans Busch hatte sich mit seinen Mannen ganz nach vorne gespielt in der Hierarchie der in Berlin tätigen Tanzorchester. Im Zweiten Weltkrieg konnte Busch sein Tanzorchester halten, wenn auch mit vielen Umbesetzungen. Ende 1942 wurde die „Kapelle Hans Busch" nach Danzig beordert, wo sie bis in die letzten Kriegsmonate am dortigen Rundfunksender tätig war. Nach dem Zweiten Weltkrieg stellte Busch wieder ein Orchester zusammen, und die „Kapelle Busch" spielte 1946 in der ersten Direktübertragung des neu gegründeten RIAS. Doch die Amerikaner erteilten ihm wegen seiner NSDAP-Mitgliedschaft und als „Begünstigtem des Regimes" ein Spielverbot, worauf er in die Ostzone ging und beim Sender Dresden ein Rundfunkorchester aufbaute. Ab 1950 konnte Hans Busch zwar wieder in den westlichen Zonen auftreten, allerdings durchlebte er einige berufliche Tiefpunkte und ging schließlich nach Schweden, wo er eine zweite Karriere als Orchesterleiter und Musikverleger erlebte.

KAPELLE HEINZ BURCZYNSKI
Der Trompeter, Komponist und Kapellleiter Heinz Burzynski (1910–1954) arbeitete als Pianist in diversen Musikgruppen. Ende der 1930er Jahre gründete er seine eigene Kapelle, mit welcher er unter anderem im „Kabarett der Komiker" und im Delphi-Palast in Berlin auftrat. Die „Kapelle Burzynski" wurde während der Kriegsjahre für die Truppenbetreuung eingesetzt.

KAPELLE JAN HOFFMANN
Der Geiger Jan Hoffmann (1909–1950) wurde in Bodebrade in Böhmen geboren. Er kam Ende der 1920er Jahre mit seinem klavierspielenden Bruder Patrik und eigener Musikgruppe nach Hamburg, wo das Orchester unter anderem in der bekannten „Trocadero-Tanzbar" spielte. Nachdem die Brüder Hoffmann lange erfolgreich kreuz und quer durch Deutschland getingelt waren, trennten sie sich im Jahre 1934. Jan Hoffmann übernahm 1938 die Leitung der Tanzkapelle des Reichssenders Hamburg, die auch unter dem Namen „Kapelle Jan Hoffmann" sehr erfolgreich Unterhaltungsmusik spielte.

KAPELLE KARL EISELE
Karl Eisele (1902–1967), der Leiter der gleichnamigen Kapelle beim Reichssender Wien, war bereits als Zwölfjähriger ein ausgezeichneter Organist, studierte an der Wiener Akademie für Musik und darstellende Kunst und arbeitete danach in einem Stummfilmorchester. Ab 1929 war er Organist im Wiener Apollo-Kino, 1933 bis 1938 bei der Wochenschau sowie der Radio Verkehrs AG (der ersten österreichischen Rundfunkgesellschaft) und später beim Reichssender Wien. Karl Eisele schrieb die Musik zu mehr als 150 Kulturfilmen sowie Unterhaltungsmusik wienerischer Prägung.

KAPELLE KURT WIDMANN
Kurt „Kutte" Widmann (1906–1954) war der Leiter der gleichnamigen Kapelle, mit welcher er zwischen 1938 und 1942 regelmäßig im Berliner „Haus Vaterland" auftrat und „Swingjazz" spielte. Er war ursprünglich Schlagzeuger, spielte aber auch Akkordeon und Posaune. Seine Karriere startete er 1933 in Berlin mit einem Quintett im Hotel „Imperator". Mit seinem Swingrepertoire und seinen Stücken wie „Das ist nun mal mein Rhythmus" und „Haben Sie schon mal im Dunkeln geküßt?" wurde er schon bald ein Star. Obwohl man die „Kapelle Kurt Widmann" wegen ihrer als „jüdisch" und „entartet" apostrophierten Musik mehrfach offiziell verwarnte, wurde sie zur Truppenbetreuung eingesetzt. Widmann wurde später zur Wehrmacht eingezogen, jedoch 1944 aus gesundheitlichen Gründen entlassen. Bis Ende 1944 trat er dann erneut mit seiner Kapelle nachts im teilweise zerstörten „Haus Vaterland" auf, das zu dieser Zeit als Wehrmachtheim für durchreisende Soldaten genutzt wurde. Wie der Schriftsteller Walter Kempowski sich erinnerte, spielten Widmann und seine Musiker in den letzten Kriegstagen in einem Nachtkino zwischen den Filmen „phantastischen Jazz, unglaublich gut.

Kapelle Kurt Widmann

Das muß man sich mal vorstellen, so ein Kino, alles vollgequalmt und die Soldaten hatten da ihre Gewehre und ihre Rucksäcke mit drin und schliefen da drin und dann der Jazz da". Kurt Widmanns Leben wurde später mit Viktor de Kowa in der Hauptrolle verfilmt; in „Musik im Blut" (1955), einem von Erik Ode gedrehten Film, spielten unter anderem noch die Sängerin Gitta Lind und Bill Ramsey mit.

Kapelle Lutz Templin

KAPELLE LEO JARITZ

Leo Jaritz (1908–1989) war Trompeter, Jazzmusiker, Komponist und Kapellmeister. Er gründete 1934 ein Tanzorchester und arbeitete viel mit dem Rundfunk zusammen. Bei dem Jazzwettbewerb im Wiener Konzerthaus um das „Goldene Band" gewann seine Kapelle in den Jahren 1935 bis 1937 dreimal in Folge als beste Jazzkapelle. Die „Kapelle Jaritz" gab in der Ballsaison 1938 am Wiener Opernball ihr Debüt und spielte hier für die nächsten Jahrzehnte regelmäßig jede Saison. Leo Jaritz wurde mehrfach ausgezeichnet, unter anderem mit dem Goldenen Verdienstzeichen der Republik Österreich (1966) und mit dem Professorentitel (1974).

KAPELLE LUTZ TEMPLIN

Der Saxophonist, Kapellmeister und Arrangeur Ludwig „Lutz" Templin (1901–1973) war zunächst lange als Geiger in Tanzorchestern tätig und gründete später ein eigenes Orchester, das Ende der 1930er in der Gegend in und um Berlin beheimatet war. Seine besondere Popularität erhielt er jedoch ab 1940 als Leiter der Swing-Band „Charlie and His Orchestra", die im Auftrag des Reichsministeriums für Volksaufklärung und Propaganda amerikanische Jazztitel in von Templin arrangierter Bearbeitung spielte, wobei der Text meist in deutschem Sinne umgeschrieben wurde. Lutz Templin hatte nicht nur die Genehmigung, sondern sogar den Auftrag, die für Deutsche ansonsten verbotenen Feindsender abzuhören, um die dort ausgestrahlte Swingmusik für seine Kapelle möglichst jazzig neu arrangieren zu können. Bei „Charlie and His Orchestra" spielten zahlreiche deutsche und europäische Musiker, die zur damaligen Elite der Jazz- und Unterhaltungsmusik zählten. Die Kapelle wurde 1943 aus dem ständig von alliierten Bombenangriffen bedrohten Berlin nach Stuttgart verlegt. Die Rundfunksendungen mit ihrer Musik wurden in verschiedene Gegenden der Welt ausgestrahlt, darunter Musik, die normalerweise in Deutschland seit spätestens 1935 verpönt war, etwa die Werke jüdischer Komponisten.

KAPELLE RAMBOUR

Emanuel Rambour (1908–1980) war Violinist. Er wurde nach seinem Studium Mitglied im Orchester Bernard Etté, mit dem er 1930 auf eine USA-

Kapelle Rambour

III. – Orchester und Kapellen – Unterhaltungs- und Tanzkapellen

Tournee ging. Er verließ das Orchester dort und blieb für zwei Jahre in den USA. Nach seiner Rückkehr gründete er in Berlin die „Kapelle Rambour", mit der er in diversen Berliner Lokalen spielte, beispielsweise im „Femina" und in der „Villa d'Este". 1933 bekam er mit seiner Kapelle ein Engagement als Hausorchester im Hotel „Kaiserhof". Die „Kapelle Rambour" trat auch als eines der ersten Ensembles 1936 in den beginnenden Fernsehsendungen auf. Nach dem Zweiten Weltkrieg ging Emanuel Rambour nach Garmisch-Partenkirchen, wo er bis 1959 erneut ein Orchester leitete.

KAPELLE WILFRIED KRÜGER

Zur „Kapelle Wilfried Krüger" konnte lediglich ermittelt werden, daß sie zu den Mitwirkenden in der 75. und gleichzeitig letzten Sendung des „Wunschkonzerts für die Wehrmacht"

Kapelle Wilfried Krüger

am 25. Mai 1941 gehörte. Die übrigen musikalisch Gestaltenden waren das Rundfunkorchester des Deutschlandsenders, das Musikkorps des Wachbataillons Berlin, ein Soldatenchor, der Chor des Deutschen Opernhauses sowie der Kinderchor der Emmi Goedel-Dreising. Am Dirigentenpult standen abwechselnd Otto Dobrindt, der Danziger Generalmusikdirektor Karl Tutein, Musikmeister Guido Grosch sowie Barnabas von Geczy, begleitet von seinen Solisten. Außerdem wirkten als Stars Marika Rökk, Loni Heuser und Jupp Hussels mit.

KAPELLE WILLI BUTZ

Zu dieser Kapelle konnten keinerlei Informationen ermittelt werden.

KAPELLE WILLI STEINER

Bei der „Kapelle Willi Steiner" handelte es sich um das Kleine Funkorchester Berlin, das Steiner von 1931 bis 1945 leitete und das während des Zweiten Weltkrieges nach Breslau verlegt wurde. Der Pressedienst des Reichssenders Breslau vom 30. Januar 1941 weist beispielsweise zwei Konzerte der Kapelle aus: „Die ‚Kapelle Willi Steiner' spielt am Sonntag, dem 2. Februar, in der Zeit von 8 Uhr bis 9 Uhr in einem Konzert, das den vielversprechenden Titel ‚Klingende Kleinigkeiten' trägt. Melodien aus den Operetten ‚Wo die Lerche singt' von Franz Lehar und ‚Schwarzer Peter' von Norbert Schulze, Walzer von Josef Strauss und Paul Lincke werden, neben anderen frohen Weisen, den Hörern für eine Stunde eine fröhliche Unterhaltung am Sonntagmorgen bieten. […] Für die Freunde einer guten Tanzmusik bringt der Reichssender Breslau am Mittwoch, dem 5. Februar, von 20.15 bis 22 Uhr einen großen bunten Tanzabend, bei dem das Große Orchester des Reichssenders Breslau unter Ernst Josef Topitz und die ‚Kapelle Willi Steiner' zum Tanze aufspielen. Für die lustigen Plaudereien und heiteren Randbemerkungen wird Bruno Fritz sorgen, der den meisten Rundfunkhörern schon von früheren unterhaltsamen Sendungen bestens bekannt ist." Nach dem Zweiten Weltkrieg wurde Steiners Klangkörper erstmals am 6. Juni 1945 als „Kapelle Steiner" in den Programmfahnen des NDR-Senders erwähnt. Es handelte sich dabei um das Radio-Tanz-Orchester unter der Leitung von Willi Steiner. Das Orchester mit Streichern hatte zeitweise bis 45 Musiker. Aus diesem Orchester entstand später die „NDR-Bigband".

Willi Steiner

IV. Liste der im Rüstungseinsatz tätigen aber für Stunden in Rundfunk und Konzert gelegentlich beschäftigten Künstler

Seite 33

Dirigenten und Chorleiter

LEHMANN, FRITZ
* 17.5.1904 in Mannheim,
† 30.3.1956 in München

Der Sohn eines Lehrers und Organisten wurde bald nach seinem Studium im Jahre 1927 Leiter der Kapellmeisterklasse an der Folkwangschule für Gestaltung in Essen, 1930 Leiter der Musikakademie Hannover und übernahm 1934 mit gerade einmal 30 Jahren die Leitung des neugegründeten Niedersachsenorchesters (später: Niedersächsisches Symphonie-Orchester) und gleichzeitig der Göttinger Händel-Festspiele. 1938 wurde er als Städtischer Musikdirektor und Opernchef nach Wuppertal berufen. Während des Zweiten Weltkrieges gastierte Lehmann von 1941 bis 1943 achtmal im besetzten Paris und sechsmal im besetzten Brüssel. Als zum 1. September 1944 die deutschen Theater schließen mußten, wurde Lehmann für eine Rundfunktätigkeit dienstverpflichtet. 1945 kehrte er auf seinen Posten in Wuppertal zurück, wo er bald Generalmusikdirektor wurde. 1946 wechselte er nach Göttingen und übernahm als Intendant die Leitung von Oper, Ballett und Schauspiel. Eine Zeitlang wirkte er als Gastdirigent, dann leitete er ab 1953 eine Meisterklasse für Dirigieren an der Münchener Hochschule für Musik.

Fritz Lehmann

LUBRICH, FRITZ
Prof., * 29.7.1862 in Bärsdorf/Posen,
† 29.3.1952 in Eberswalde

Der Dirigent und Musikpädagoge wurde als Sohn eines Lehrers und Kantors geboren und wirkte seit 1928 in Sprottau in seinem Beruf. Im Laufe seiner Karriere wurde er Königlicher Musikdirektor und betätigte sich als Dozent für Kirchenmusik sowie als Musikschriftsteller; in der Redaktion des „Schlesischen Blattes für evangelische Kirchenmusik" fungierte er als Musikreferent. Die „Zeitschrift für Musik" meldete 1939 in ihrer Novemberausgabe: „Prof. Fritz Lubrich hat den Konzertwinter im nunmehr wieder deutschen Kattowitz mit der Aufführung von Hans Pfitzners Kantate ‚Von deutscher Seele' eröffnet, jenem Werk, das er bereits in den Zeiten der Bedrängnis Anfang dieses Jahres mit seinen Sängern einstudierte und damals schon zu einer besonders eindrucksvollen Wiedergabe brachte." Nach dem Zweiten Weltkrieg ließ Fritz Lubrich sich in Eberswalde nieder.

LUDWIG, LEOPOLD
Prof., * 12.1.1908 in Witkowitz/Mähren, † 25.4.1979 in Lüneburg

Geboren als Sohn eines technischen Aufsehers, erhielt Ludwig bereits im Alter von sechs Jahren Klavierunterricht und spielte mit zehn Jahren während des Gottesdienstes auf der Orgel. Während des Besuchs des Humanistischen Gymnasiums Wien unterrichtete ihn der Klaviervirtuose und Dirigent Emil von Paur. Nach dem Abitur studierte Ludwig Klavier und Komposition an der Akademie und Hochschule für Musik Wien. Er debütierte 1931 in Opava und hatte bis 1935 weitere Engagements an kleineren deutschen Theatern in der Tschechoslowakei (Gablonz, Troppau, Teplitz-Schönau). 1936 wurde er Generalmusikdirektor am Oldenburger Staatstheater, und 1939 bis 1943 wirkte er als Erster Kapellmeister an der Wiener Staatsoper, 1943 bis 1945 in gleicher Funktion am Deutschen Opernhaus Berlin. Anläßlich des 53. Geburtstags von Adolf Hitler ernannte dieser Ludwig zum Staatskapellmeister. 1946 wurde der Dirigent von einem britischen Militärgericht zu anderthalb Jahren Gefängnis mit Bewährung und 10.000 Reichsmark Geldstrafe verurteilt, weil er sich geweigert hatte, im Fragebogen der britischen Militärregierung seine NSDAP-Zugehörigkeit (Eintritt 1937) anzugeben. Er dirigierte die beiden ersten Berliner Symphonie-Konzerte nach dem Zweiten Weltkrieg, die auf seine Initiative hin veranstaltet wurden. 1951 boten ihm die Städte Frankfurt am Main und Hamburg gleichzeitig die musikalische Leitung ihrer Opernhäuser an, worauf Ludwig nach Hamburg ging und dort bis 1970 als Generalmusikdirektor wirkte. Der überaus vielseitige Dirigent leitete in Hamburg mehr als 1.200 Aufführungen und hatte maßgeblichen Anteil an dem Aufstieg der Hamburgischen Staatsoper zu einem Haus von Weltrang. Ludwig, der auch als Konzertdirigent bekannt war, ging auch zahlreiche Gastverträge ein und dirigierte oft an der Städtischen Oper Berlin und der Wiener Staatsoper. Ab 1958 trat er fast alljährlich an den Opernhäusern von Los Angeles und San Francisco, ab 1970 bis 1972 auch an der New Yorker Metropolitan Opera ans Pult. Seine Konzert- und Operngastspiele führten ihn nach Nord- und Südamerika und durch fast ganz Europa; er arbeitete vielfach auch für Rundfunk und Fernsehen. 1973 mußte er wegen einer schweren Krankheit den Dirigentenstab niederlegen. Bereits 1942 hatte er die Mozart-Medaille der Stadt Wien erhalten, 1958 wurde er mit der Brahms-Medaille der Hansestadt Hamburg ausgezeichnet, und der Senat Hamburgs verlieh ihm 1968 den Professoren-Titel.

MAUERSBERGER, RUDOLF
Prof. Dr. h.c., * 29.1.1889 in Mauersberg/Erzgebirge, † 22.2.1971 in Dresden

Der Komponist und Dirigent, der aus einer alten erzgebirgischen Kantorenfamilie stammte, besuchte von 1902 bis 1907 das Lehrerseminar Annaberg. Dann studierte er von 1909 bis 1912 und nach Teilnahme am Ersten Weltkrieg ab 1919 erneut Musik am Konservatorium Leipzig. Von 1919 bis 1925 arbeitete er als Organist und Dirigent des Aachener Bach-Vereins, danach als Studienrat und Chordirigent in Eisenach an der St.-Georg-Kirche sowie als Landeskirchenmusikwart von Thüringen. Zum 1. Juli 1930 wurde Mauersberger als Kreuzkantor nach Dresden berufen, 1931 erfolgte seine Ernennung zum Kirchenmusikdirektor; Hitler ernannte den Musiker am 20. April 1938 zum Professor. In den Jahren von 1931 bis 1938 reiste er mit dem Kreuzchor vielfach ins Ausland, etwa 1931 nach Holland, 1935 durch Amerika, 1936 durch Osteuropa, 1937 nach Dänemark und Schweden, 1938 folgte die zweite triumphale Amerikareise der „Kruzianer"; außerdem unternahmen Mauersberger und sein Chor zahlreiche Gastkonzerte in ganz Deutschland. Nach Kriegsende führte Mauersberger seine Arbeit als Kreuzkantor in Dresden erfolgreich fort, die zerbombte Kreuzkirche wurde neu aufgebaut und am 13. Februar 1955 wieder eingeweiht. Die „Kruzianer" gewannen schon bald ihre frühere Be-

Briefmarke mit Rudolf Mauersberger

deutung zurück, und ihre erlesene A-capella-Kunst wurde wieder bis ins Ausland bekannt. Mauersberger trat neben seiner Kantoratsaufgabe auch durch zahlreiche Kompositionen hervor. In der DDR war er Mitglied der CDU (Ost), wurde mit dem Ehrendoktor der Humboldt-Universität Berlin und der Universität Marburg und durch verschieden DDR-Orden geehrt.

Geiger

DIENER, HERMANN
Prof., * 25.1.1897 in Rostock,
† 27.1.1955 in Berlin
Diener war zunächst Musikpädagoge und Orchestermusiker in Heidelberg und gründete dort 1924 ein Collegium Musicum. 1928 wurde er von Akademie-Direktor Hans-Joachim Moser, der ihn aus Heidelberg kannte, zum Leiter des Collegium Musicum an der Charlottenburger Akademie in Berlin berufen. Diener zog diese Berufung der gleichzeitigen erfolgten Berufung auf eine Konzertmeisterstelle bei den Berliner Philharmoniker vor; gleichzeitig wurde er Lehrer für Violine und Orchesterschulung an der Charlottenburger Akademie. 1934 wurde er zum Professor ernannt. Die „Braunschweiger Tageszeitung" brachte in ihrer Sonntagsbeilage vom 25. Oktober 1936 unter dem Titel „Hermann Diener, Führer zu Bach" einen Artikel, der unter anderem folgendes ausführte: „Professor Hermann Diener, dessen Name nicht genannt werden kann, ohne sein collegium instrumentale zu erwähnen, ist zwar nicht ein ausgesprochener Musiker der Hitler-Jugend, d.h. er steht nicht organisatorisch in ihren Reihen, ist aber seit Anfang 1935 mit der Musikarbeit und der Musikerziehung der Hitler-Jugend auf das engste verbunden. Die Hitler-Jugend hat ihn schon längst in den Kreis ihrer Gemeinschaft aufgenommen, weil dieser Mann innerlich zu ihr gehört, und weil er ihr ein Wegweiser und Vorbild auf dem Gebiete der Musik geworden ist. Es bleibt sein Verdienst, die nationalsozialistische Jugend mit dem großen Bach, ja sogar mit dessen letzten und höchsten Werken vertraut zu machen." Professor Diener verblieb auch nach dem Zweiten Weltkrieg in Berlin und verstarb an den Folgen eines Verkehrsunfalls.

FREUND, KARL
* 7.2.1904 in Neustadt/Oberschlesien,
† 6.11.1955 in München
Der Violinist war Schüler des Konzertmeisters Gerhard Seitz und gründete mit diesem (Violine) sowie Rudolf Nel (Bratsche) und Hermann von Beckerath (Cello) das „Freund-Quartett". Er lehrte von 1938 bis 1945 an der Berliner Musikhochschule und leitete von 1946 bis 1955 die Meisterklasse für Violine an der Münchener Musikhochschule.

LESSMANN, BERNHARD
* 14.4.1897 in Krefeld
Weitere Lebensdaten des Violinisten konnten nicht ermittelt werden.

NEUSS, MARIA
Lebensdaten konnten nicht ermittelt werden, lediglich folgendes: Die Violinistin, die auch als Geigenlehrerin wirkte, war die Ur-Ur-Enkelin des berühmten Komponisten Anton Dvořák (1841–1904). Sie wurde in Komotau im Sudetenland geboren, rund 70 Kilometer entfernt von dem Geburtsort Dvořáks Mühlhausen. Der Violinist und Mitglied des Präsidialrats der Reichsmusikkammer Gustav Havemann (1882–1960) sollte im Dritten Reich wegen Maria Neuss Schwierigkeiten bekommen. Er mußte aus nicht geklärten Gründen die Reichsmusikkammer verlassen. Eine Version spricht von einem Ausschluß, eine andere von einem ehrenvollen Austritt. Neider hatten ihn u.a. beschuldigt, daß er die Geigerin Maria Neuss protegiere, die eine uneheliche Tochter aus einer früheren Beziehung mit einer Jüdin gewesen sein soll.

QUELING, RIELE
* 30.5.1897 in Krefeld,
† 7.3.1980 in Utrecht

Die bedeutende Violinistin, geboren als Maria Ferdinande Frederika, zunächst genannt Mariele, später Riele, war die Schwester des Reporters und Reiseschriftstellers Hans Queling; ansonsten waren kaum Lebensdaten zu ermitteln außer zwei Kritiken in der „Tübinger Chronik" über zwei Violinabende der Künstlerin im Tübinger Schillersaal; Auszug (27. November 1925): „Die Vorzüge des Werks [gemeint ist Tschaikowskis Violinkonzert, der Verf.], seine Brillanz, seine Verve, seine nicht tiefe, aber auch nicht triviale Kantilene stellte Riele Queling mit all ihrem Feuer und ausgeprägtem rhythmischen Schwung, mit ihrem schönen Ton und ihrer virtuosen Technik erfolgreich heraus." Auszug (9. Mai 1930): „Wieder durfte man sich an der hohen technischen Durchbildung, der starken Musikalität, dem kantablen Ton und dem leidenschaftlichen Temperament der Künstlerin freuen, die Kraft und Anmut ohne Weichlichkeit zu vereinigen weiß. Freilich ist nun, wo das Urteil auf breiterer Basis ruht, auch deutlich geworden, daß das gelegentlich auftauchende Wort von einem ‚weiblichen Busch' (oder gar Joachim) in vollem Umfang nicht gelten kann – es sei denn, man verbindet mit dem ‚weiblich' eo ipso etwas Deminutives!" Riele Queling trat auch am 11. November 1938 bei einem Konzert des Berliner Philharmonischen Orchesters mit Werken von Mozart, Brahms und Schubert als Solistin auf.

RICHTER-STEINER, CHRISTA
* 2.12.1899 in Wien,
† 11.12.1962 in Salzburg

Die Enkelin des Komponisten und Dirigenten Peter Richter studierte an der Wiener Musikakademie und am Prager Konservatorium. Ab 1939 wirkte sie als Pädagogin im Mozarteum; zusammen mit ihrem Ehemann Georg Steiner bildete sie ein Duo, sie spielte auch im Mozarteum und war Konzertmeisterin des Mozarteum Orchesters. Ihr zu Ehren wurde vom Verein der Freunde der Hochschule Mozarteum der „Christa Richter-Steiner Förderungspreis" gestiftet.

SCHÖNFELD, ALICE
Prof., * 1921, † 25.5.2019

Wegen des sehr früh erkennbaren außergewöhnlichen Talents der Geigerin zog ihre Familie aus Marburg an der Drau 1931 nach Berlin, um ihr die bestmögliche musikalische Ausbildung zu ermöglichen. Sie wurde zusammen mit ihrer Schwester Eleonore, die später als bedeutende Cellistin reüssierte, in Berlin ausgebildet. Alice, die ihr Debüt im Alter von zehn Jahren bei einem Auftritt mit den Berliner Philharmonikern erlebte, gehörte schnell zu den führenden Violinistinnen. Nach einer sehr erfolgreichen Karriere in Deutschland emigrierten die Schwestern 1952 nach Los Angeles und wirkten weiter als renommierte Solistinnen und auch sehr erfolgreich als Musikpädagogen. Sie hatten ungezählte Auftritte im Rundfunk und Fernsehen ganz Europas, der USA, Chinas und Australiens und waren als das „Schoenfeld Duo" bekannt. Alice und Eleonore Schönfeld waren ab 1959 Lehrstuhlinhaberinnen der School of Music der University of Southern California; ihre Studenten gehörten wiederholt zu den Preisgewinnern bei nationalen und internationalen Wettbewerben, und viele von ihnen haben bei ihren Soloauftritten mit berühmten Klangkörpern wie der New York Philharmonic, der Los Angeles Philharmonic, dem Royal Concertgebouw Orchestra oder den Wiener Symphonikern ihre Zeichen setzen können. Alice Schönfeld trat im Laufe ihrer Karriere viele Male gemeinsam mit den berühmtesten Dirigenten auf wie beispielsweise Hans Schmidt-Isserstedt, Joseph Keilberth,

Alice Schönfeld mit ihrer Schwester Eleonore

Eugen Jochum, Hans Swarowsky, Ferdinand Leitner, Lawrence Foster and Zubin Mehta, um nur einige wenige zu nennen.

VOIGTLÄNDER, EDITH VON
**Prof., * 8.6.1892 in Weimar,
† 4.7.1978 in Riemerling**
Die Geigerin debütierte schon im Alter von acht Jahren, elfjährig begann sie ihre Ausbildung bei Professor Issay Barmas und gab schon zwei Jahre später ihr erstes Konzert mit den Berliner Philharmonikern. Danach folgten Konzertreisen durch 17 Staaten Europas. 1909 wurde ihr die Goldmedaille für Kunst und Wissenschaft von Coburg-Gotha verliehen. Die Künstlerin machte sich vor allem durch die Interpretation der Werke von Mozart, Beethoven, Brahms sowie von Max Bruch und Hans Pfitzner einen exzellenten Namen. 1940 wurde sie mit dem Musikpreis der Stadt München ausgezeichnet, ab 1946 übernahm sie hier eine Dozentur an der Staatlichen Hochschule für Musik und wurde später auch zur Professorin ernannt. 1961 wurde Edith von Voigtländer für ihr Schaffen mit dem Bayerischen Verdienstorden geehrt.

Verschiedene Instrumental-Solisten

BECKERATH, HERMANN VON
**Prof., * 26.9.1909 in Hamburg,
† 13.7.1964 in München**
Der Cellist wuchs in einem musikalisch geprägten Elternhaus auf, seine Eltern waren die Pianistin Lulu von Beckerath und der Maler Willy von Beckerath. Er lehrte als Professor in München und wirkte als Solocellist unter anderem mit den Münchener Philharmonikern. Er war zeitweise Mitglied im bekannten „Freund-Quartett", spielte bei den Richard-Wagner-Festspielen und ging oft auf Tournee; er interpretierte auch zeitgenössische Musik.

Hermann von Beckerath

DRWENSKI, WALTER
* 1892, † 1956
Der Musiker war Cemballist und Organist in Berlin; er spielte unter anderem als Organist an der Kaiser-Wilhelm-Gedächtniskirche, die bei alliierten Bombenangriffen am 23. November 1943 in Brand geriet und schwer zerstört wurde. Nach dem Zweiten Weltkrieg wirkte Drwenski als Musikpädagoge in Tiengen.

HAMPE, CHARLOTTE
Prof., * 1910, † 1983
Lebensdaten konnten kaum ermittelt werden, lediglich folgendes: Die Bratschistin lehrte als Professorin an der Hochschule der Künste Berlin. In den 1930er Jahren spielte sie die Solobratsche im Kammerorchester Karl Ristenpart; dieses Ensemble von etwa 15 Streichern spielte meist barocke und zeitgenössische Werke im Konzert und für den Rundfunk.

HILPERT, INGE
Lebensdaten konnten nicht ermittelt werden.

LESSEN, INGRID
Lebensdaten konnten nicht ermittelt werden.

SCHECK, GUSTAV
**Prof. Dr., * 22.10.1901 in München,
† 19.4.1984 in Freiburg/Breisgau**
Der Flötist besuchte Gymnasien in München und Freiburg, wo er das Abitur ablegte. Danach folgte sein Musikstudium von 1916 bis 1924 in Freiburg bei den Professoren Richard Röhler (Flöte), Landolt Freiburg (Klavier), bei Joseph Maria Müller-Blattau und Hermann Erpf (Theorie). Anschließend ging er als Flötist zum Städtischen Orchester Freiburg, war 1925/26 mit einem eigenen Kammerorchester am Schauspielhaus Düsseldorf und wech-

selte 1928 als Soloflötist und Kammermusikleiter zum Reichssender Königsberg. 1929 wurde er an die Hamburger Staatsoper berufen. Im Dritten Reich wurde er in die Reichsmusikkammer aufgenommen, obwohl er den erforderlichen Abstammungsnachweis nicht beibringen konnte. Von 1934 bis 1945 lehrte Scheck an der Berliner Musikhochschule, wo er 1942 zum Professor ernannt wurde. Nach dem Zweiten Weltkrieg war er von 1946 bis 1964 Rektor der Hochschule für Musik Freiburg. Gustav Schecks 1975 publiziertes Buch „Die Flöte und ihre Musik" ist bis heute eines der Standardwerke der Literatur über die Querflöte.

N.N.
(handschriftlich ergänzter Name, unleserlich)

Pianisten

DAHLKE, JULIUS
Prof., * 28.6.1891 in Berlin,
† 14.9.1951 in Seefeld/Tirol
Der Beamtensohn wirkte nach seiner Ausbildung als Musikpädagoge und Konzertpianist in Berlin, wo er ab 1924 als Lehrer und seit 1935 als Professor an der Akademie für Kirchen- und Schulmusik arbeitete. Wegen seiner Zugehörigkeit zur Freimaurerloge „Zum Friedensbund" konnte er nicht in die NSDAP eintreten, war aber im Kampfbund für deutsche Kultur sowie der Nationalsozialistischen Betriebszellenorganisation der Hochschule und meldete sich am 6. Dezember 1944 freiwillig zum Volkssturm. Nach 1945 kehrte er an die Musikhochschule zurück.

POSNIAK,
BRONISLAW RITTER VON
* 26.8.1887 in Lemberg,
† 20.4.1953 in Halle
Die Eltern des aus polnischem Adel stammenden Pianisten hatten ursprünglich für ihren Sohn eine Beamtenlaufbahn vorgesehen. Nur weil seine musikalische Begabung immer offensichtlicher wurde, stimmten sie schließlich doch seinem Berufswunsch zu. Zuerst mußte er jedoch eine Handelshochschule absolvieren und dort die Staatsprüfung ablegen. Danach durfte er endlich in Berlin das ersehnte Klavierstudium aufnehmen, das er erfolgreich abschloß. Im Jahre 1915 übernahm der junge Musiker eine Klavierklasse am Breslauer Konservatorium; die schlesische Hauptstadt sollte für die nächsten dreißig Jahre sein Lebensmittelpunkt bleiben. Von 1918 bis 1936 wirkte Posniak am Schlesischen Konservatorium und leitete hier auch die Meisterklasse für Pianisten. In den Jahren 1919 bis 1925 unterrichtete er zusätzlich am „Cieplik-Konservatorium" im oberschlesischen Beuthen, und von 1929 bis 1931 leitete er auch die Meisterklasse am Konservatorium des Polnischen Musikvereins in Lemberg. Posniak beschränkte sich aber nicht nur auf seine intensive pädagogische Arbeit, sondern war auch in großem Umfang solistisch tätig; er trat in Klavierduos auf und unternahm mit seinem „Posniak-Trio", das zu den führenden Kammermusikvereinigungen Europas zählte, viele Konzertreisen in die wichtigen Städte Europas. Der Ausbruch des Zweiten Weltkrieges brachte für ihn manchen Nachteil, da er als „Pole" und damit als „feindlicher Ausländer" betrachtet wurde, obwohl er inzwischen längst die deutsche Staatsbürgerschaft erhalten hatte. Vor allem aber hob man hervor, daß er mit jüdischen Künstlern enge Kontakte hatte und auch gemeinsam mit ihnen auftrat. Er wurde für ein Jahr vom Hoch-

schuldienst suspendiert und durfte für seine Auftritte nicht werben. Am 3. Februar 1945 flüchtete Posniak mit seiner Familie aus Breslau zunächst nach Markranstädt, blieb dann einige Zeit in Leipzig und ging schließlich nach Halle. 1947 wurde er als Professor an die Staatliche Hochschule für Theater und Musik in Halle berufen, außerdem unterrichtete er dort auch am Institut für Musikerziehung der Pädagogischen Fakultät der Martin-Luther-Universität Halle.

PRIEGNITZ, HANS
* 20.10.1913 in Berlin, † 1984

Der Pianist und Cembalist absolvierte seine Ausbildung an der Musikhochschule Berlin, wirkte am Staatstheater Kassel und widmete sich seither der Konzerttätigkeit.

PURRMANN, CHRISTINE
* 1912, † 1993

Christine Purrmann

Weitere Lebensdaten konnten nicht ermittelt werden, lediglich folgendes: Die Tochter des Malers Hans Purrmann wirkte als Pianistin und unternahm zwischen Mai 1940 und Dezember 1943 in Abstimmung mit der Musikabteilung des Reichsministeriums für Volksaufklärung und Propaganda verschiedene Gastspielreisen ins Ausland. Bei einem Konzert der Berliner Philharmoniker unter der Leitung von Otto Matzerath am 22. August 1943 in der Alten Philharmonie spielte die Pianistin das Klavierkonzert Nr. 22 Es-Dur KV 483. Sie führte später (vermutlich durch Heirat) den Namen Sieger-Purrmann.

SCHIRMER, KARL AUGUST
* 1908, † ?

Weitere Lebensdaten konnten nicht ermittelt werden, lediglich folgendes: Der Pianist betätigte sich auch als Veranstalter. Bei der Uraufführung der Suite „Aus den Bergen" des Komponisten Hugo Kaun am 8. November 1938 saß Karl August Schirmer am Klavier. Er hatte eine Tochter mit Namen Ingrid, die sein pianistisches Erbe übernahm. Unter dem Künstlernamen Sylvia Petri trat sie gemeinsam mit ihrem Vater auf. Die „Badische Zeitung" vom 20. Dezember 1960 schrieb: „Karl August Schirmer und Sylvia Petri, Berlin, brachten das schwierige Werk in faszinierender Wiedergabe zum Tönen."

SCHÖNE, HELGA
Lebensdaten konnten nicht ermittelt werden.

SCHUBERT, KURT
Prof., * 19.10.1891 Berlin, † 2./3.5.1945 ebd.

Der spätere Musikpädagoge und Komponist war bis 1907 Schüler seines Vaters, der eine Musikschule leitete, studierte dann Klavier bei Xaver Scharwenka und Komposition bei Friedrich Gernsheim an der Akademie für Kirchen- und Schulmusik in Berlin. 1918 bis 1921 wirkte er als Klavierlehrer am Konservatorium der Musik Klindworth-Scharwenka, das über Jahrzehnte auch international einen Ruf als hervorragende Musikbildungsstätte genoß. Sodann ging Schubert als Dozent an die Berliner Akademie für Kirchen- und Schulmusik, wo er 1922 zum Professor ernannt wurde. Der Künstler gab zahlreiche Klavierwerke heraus und komponierte Kammermusik, symphonische Dichtungen sowie Klavierstücke und schrieb 1931 das Werk „Die Technik des Klavierspiels aus dem Geist des musikalischen Kunstwerks". Kurt Schubert kam wenige Tage vor dem Ende des Zweiten Weltkrieges ums Leben.

VOLKMANN, OTTO
* 12.10.1888 in Gerresheim bei Düsseldorf, † 25.9.1968 in Bonn

Nach dem Besuch des Realgymnasiums in Essen begann der spätere Dirigent und Komponist ein Musikstudium an der Universität Tübingen im Fach Theorie, das er von 1910 bis 1914 in München fortsetzte, wo er zusätzlich noch das Fach Klavier belegte. 1913/14 wurde er Dirigent des Akademischen Gesangvereins Fridericiana in Halle und übernahm von 1920 bis 1924 die Leitung des Reblingschen Gesangvereins Magdeburg sowie der Konzerte des Städtischen Symphonie-Orchesters Magdeburg. 1924 avancierte Volkmann zum Städtischen Musikdirektor und Direktor des Städtischen Konservatoriums sowie des Musikseminars in Osnabrück; in der Spielzeit 1926/27 übernahm er noch die musikalische Oberleitung des Stadttheaters Osnabrück. Im Jahre 1933 wechselte er als Städtischer Generalmusikdirektor nach Duisburg, wo er bis 1945 wirkte. Nach dem Zweiten Weltkrieg ging er als Generalmusikdirektor bis 1958 nach Bonn und leitete hier auch das Musikseminar am Konservatorium. Nach 1958 wirkte Otto Volkmann noch als Gastdirigent.

N.N.
(handschriftlich ergänzter Name, unlesbar)

Quartette

LENZEWSKI-QUARTETT
Das Quartett wurde 1923 von Gustav Lenzewski (* 16.9.1896 Berlin, † 12.12.1988 Frankfurt/Main) gegründet, das sich unter seiner Leitung besonders für die zeitgenössische Musik einsetzte und im Lauf der Zeit in unterschiedlicher Zusammensetzung wirkte. Er hatte Violine und Komposition an der Berliner Hochschule für Musik studiert und wirkte als Konzertmeister in Berlin, Königsberg und Frankfurt. 1953 bis 1964 lehrte er als Professor die Fächer Violine und Kammermusik an der Hochschule für Musik und Darstellende Kunst Frankfurt. Lenzwski trat auch als Komponist, Verfasser musiktheoretischer Schriften und Herausgeber älterer Kompositionen in Erscheinung.

Sänger

BÖHME, KURT
* 5.5.1908 in Dresden,
† 20.12.1989 in München
Der Sänger wollte ursprünglich Kapellmeister werden und erlernte bereits in jungen Jahren Geige, Klavier, Tenorhorn und Trompete. Seine schöne Baß-Stimme fiel auf, als er sechzehn Jahre alt war. Er studierte dann fünf Jahre am Dresdner Konservatorium und verdiente seinen Unterhalt in dieser Zeit als Stehgeiger in einem Café und als Mitglied einer Jazzband. Böhme debütierte am Stadttheater Bautzen in der Doppelrolle des Kaspar und des frommen Eremiten im „Freischütz". Zum 1. April 1930 erhielt er ein Engagement an der Dresdner Staatsoper; hier trat er bis 1949 auf und erhielt von dem Dirigenten Karl Böhm eine entscheidende Förderung. Dieser machte ihn, nachdem er ihn als Mephisto in Gounods Oper „Margarethe" gehört hatte, sofort zum Kammersänger und erhöhte seine Gage erheblich. Böhme machte sich vor allem als Strauss-Interpret einen Namen, zu seiner Paraderolle wurde der Baron Ochs im „Rosenkavalier", den er mehr als 570 Mal verkörperte. Die „FAZ" schrieb: „Mit abgrundtiefen Tönen, dröhnend-polternden Ausbrüchen und jovialer Behäbigkeit, auch bauernschlauem Witz zeichnete er ein pralles Porträt des so triebbestimmten wie durchtriebenen Landedelmanns – ein Schwerenöter von Format." Ab 1950 war Böhme Mitglied der Staatsoper München und ab 1955 gleichzeitig an der Wiener Staatsoper verpflichtet. Große Erfolge zeitigten auch seine Auftritte bei den Salzburger Festspielen. Besonders geschätzt wurde er in den Buffo-Partien seines Stimmfachs sowie im Wagner-Gesang. Gegen Ende

Kurt Böhme

seiner Karriere wirkte er verstärkt als Lehrer junger Talente. 1975 wurde Kurt Böhme mit dem Bundesverdienstkreuz 1. Klasse ausgezeichnet.

DRISSEN, FRED
Prof., * 25.2.1889 in Duisburg,
† 14.12.1968 in Mainz

Fred Drissen

Der Sänger wurde als Sohn eines Eisenbahnschaffners geboren und wirkte als Konzert- und Oratoriensänger sowie als Baß- und Musikpädagoge in Berlin. 1934 wurde er außerordentlicher Lehrer für Gesang an der Berliner Akademie für Kirchen- und Schulmusik; am 30. Januar 1936 wurde er zum Professor ernannt. Während des Zweiten Weltkrieges unternahm Drissen mehrere Konzertreisen an den Westwall, in die Schweiz, nach Belgien und Dänemark, außerdem wirkte er für die Künstler-Kriegseinsatzstelle des Reichsministeriums für Volksaufklärung und Propaganda mehrfach in der Wehrmachtbetreuung. Am 6. Dezember 1944 meldete er sich freiwillig zum Volkssturm. Nach dem Zweiten Weltkrieg lebte er zunächst in Flensburg, wo ihn der Opladener Sänger Werner Flender mit Schreiben vom 28. November 1945 bei der Abteilung Theater und Musik der Britischen Militärregierung in Düsseldorf als „enger Freund Hitlers u. Goebbels'" mit „intimen Beziehungen zu den Nazigrößen" denunzierte. 1949 erhielt Drissen eine Professur an der Musikakademie Detmold als Hauptfachlehrer für Gesang und wechselte 1953 an das Institut für Schul- und Volksmusik. Dieses Institut wurde 1958 in die Musikakademie Detmold eingegliedert, hier arbeitete Drissen nun wieder hauptberuflich.

FASSLER, OTTO
* 5.1.1904 in Graz,
† 28.3.1990 in Wien.

Der Operettenbuffo und Regisseur war an zahlreichen österreichischen und deutschen Bühnen engagiert und wirkte in mehreren Filmen mit, beispielsweise in „Es waren zwei Junggesellen" (1935), „Der arme Millionär" (1939) oder „Wien, du Stadt meiner Träume" (1957). Er wirkte in den 1960er Jahren an der Wiener Staatsoper als Souffleur und Abendspielleiter.

FEHENBERGER, LORENZ
* 24.8.1912 in Feichten/Alz,
† 29.7.1984 in München

Der Tenor und erfolgreiche Konzert- und Oratoriensänger war zunächst Chorknabe im Stift der Basilika des Wallfahrtortes Altötting und studierte später Gesang bei Elisabeth Wolff in München; sein Debüt gab er 1939 am Stadttheater Graz. 1941 bis 1945 war er an der Dresdner Staatsoper engagiert und ging 1946 an die Bayerische Staatsoper München, wo er bis 1977 wirkte. Er sang sehr erfolgreich bei den Salzburger Festspielen und gab

Lorenz Fehenberger

Gastspiele an den großen Opernbühnen in Österreich, der Schweiz, Italien, Belgien und Holland sowie in Skandinavien und Südamerika.

FEHRINGER, FRANZ
* 7.9.1910 in Nußloch bei Heidelberg,
† 15.5.1988 ebd.

Der als Sohn eines Sparkassenrevisors geborene Sänger besuchte nach der Volksschule eine Höhere Handelsschule und absolvierte danach eine kaufmännische Lehre. Nachdem seine hervorragende Stimme in Chorkreisen aufgefallen war, studierte er zwei Jahre an der Badischen Hochschule für

Musik in Karlsruhe, unter anderem auch bei dem holländischen Kammersänger Jan van Gorkom. Der junge Tenor gab 1934 sein Debüt als Konzertsänger in Beethovens 9. Symphonie, sein Bühnendebüt folgte 1935 am Staatstheater Karlsruhe in der Titel-Partie der Händel-Oper „Xerxes". Er verließ Karlsruhe im Jahre 1938, um bis 1944 als Ensemblemitglied des Wiesbadener Staatstheaters zu wirken; hier sah man ihn beispielsweise in der Uraufführung von Fried Walters „Dorfmusik". Nach Kriegsende war er bis 1948 am Nationaltheater Mannheim engagiert. Seine wachsende Bekanntheit verdankte der vielseitige lyrische Tenor jedoch vor allem seinen vielen Auftritten als Rundfunksänger; seit 1945 wirkte er bei mehreren Sendern im In- und Ausland in zahlreichen Opern- und Operettenaufführungen mit und erfreute sich bei den Hörern größter Beliebtheit. Daneben trat er aber immer noch als Lieder- und Konzertsänger auf und war als Pädagoge an der Musikhochschule Mainz und später an der Musikhochschule Mannheim-Heidelberg tätig.

FÜGEL, ALFONS
* 10.8.1912 in Bonlanden/Filderstadt, † 10.10.1960 in Esslingen

Der Tenor absolvierte eine Lehre als Fliesenleger; erst nachdem seine ausdrucksvolle Stimme entdeckt worden war und er dem Intendanten der Münchener Staatsoper Clemens Krauß vorgesungen hatte, studierte er mit einem Stipendium und debütierte 1938 am Stadttheater Ulm. 1940 wurde er an die Münchener Staatsoper verpflichtet, wo er mit seiner lyrischen Tenorstimme große Erfolge feierte und am 28. Oktober 1942 in der Uraufführung der Oper „Capriccio" von Richard Strauss die Partie des italienischen Sängers übernahm. In München blieb Fügel bis 1945, er war einer der vielen Künstler, deren internationale Karriere dadurch verhindert wurde, weil ihr Pflichtbewußtsein sie im Krieg in Deutschland bleiben ließ. Nach 1945 trat er als Konzertsänger auf und gastierte an der Stuttgarter Staatsoper sowie am Stadttheater Ulm. 1950 eröffnete er in Bonlanden in der heutigen Alfons-Fügel-Straße ein Café; der Tenor verstarb während eines Konzertes, als er gerade das „Wolgalied" aus dem „Zarewitsch" sang.

GÖLLNITZ, FRITZ
* 29.3.1897, † 14.5.1965 in Hamburg

Sein erstes Bühnenengagement bekam der Tenor 1930 am Stadttheater Greifswald; nach weiteren Verpflichtungen in Lübeck, Saarbrücken, am Deutschen Theater Prag, am Stadttheater Troppau sowie am Stadttheater Aussig wurde er 1941 an die Hamburger Staatsoper gerufen, wo er bis 1962 sang. Er gehörte in Hamburg zu den beliebtesten Künstlern dieser Bühne und wirkte dort in mehr als 2.500 Opernvorstellungen mit. Seine Spezialisierung auf das Fach des Buffo fand durch seine lebhafte Darstellung eine glückliche Ergänzung. Zu seinen wichtigsten Partien gehörten Rollen wie der Monostatos in der „Zauberflöte", der Kaiser in „Turandot", der Valzacchi im „Rosenkavalier" oder der Basilio in „Figaros Hochzeit".

GONSZAR, RUDOLF
* 14.4.1907 in Berlin, † 19.9.1971 in Frankfurt am Main

Nach dem Gesangstudium an der Musikakademie Berlin wurde der Baß-Bariton 1930 durch den Regisseur und Intendant Carl Ebert im Berliner „Zigeunerkeller" entdeckt, wo er als Sänger und Geiger auftrat. Sodann wurde er bis 1934 an das Deutsche Opernhaus Berlin verpflichtet, danach war er eine Spielzeit bis 1935 am Stadttheater Königsberg engagiert. Es folgte die Verpflichtung an das Frankfurter Opernhaus, wo er bis 1969 wirkte, lediglich unterbrochen durch die Spielzeit

Rudolf Gonszar

1941/42, während der Gonszar an der Wiener Staatsoper sang. Seine Stimme entwickelte sich in den Jahrzehnten seines Schaffens zum Heldenbariton und war namentlich in Wagner-Opern und im italienischen Fach erfolgreich. In Frankfurt war er 1943 in der Uraufführung der Oper „Die Kluge" von Carl Orff als der König zu hören und zu sehen, 1947 übernahm er die Titelpartie in „Mathis der Maler". Seine künstlerischen Fähigkeiten führten ihn an die großen Bühnen im In- und Ausland.

GROH, HERBERT ERNST
* 27.5.1906 in Luzern,
† 29.7.1982 in Norderstedt

Der Schweizer Sänger, der über eine Tenorstimme voll lyrischem Ausdruck und strahlender Pracht der hohen Register verfügte, debütierte nach Studien in Zürich und Mailand 1927 am Stadttheater Darmstadt, danach sang er auf den Opernbühnen von Frankfurt am Main und Köln, um sich dann ganz auf die Operette und seine Auftritte für Rundfunk und Schallplatte zu verlegen. Im Jahre 1930 wurde er als Erster Solist zum Hamburger Sender geholt, ging von dort 1933 zum Deutschlandsender und arbeitete ab 1935 bei allen deutschen Rundfunkstationen. Parallel dazu übte Groh weiter seine Konzerttätigkeit aus; im Jahre 1946 führte ihn gemeinsam mit dem Komponisten und Dirigenten Robert Stolz eine gefeierte Tournee durch nahezu sämtliche europäischen Länder.

Herbert Ernst Groh

HAGER, ROBERT
* 28.9.1898 in Luxemburg, † ?

Nach der in Metz verbrachten Jugend wurde der Bariton 1918 zum Militär einberufen und nahm am Ersten Weltkrieg teil. 1920 bis 1922 studierte er Gesang in München und bekam 1922 sein erstes Engagement am Stadttheater Ulm, ging für die Spielzeit 1923/24 an die Vereinigten Theater Barmen-Elberfeld und wechselte 1925 an die Staatsoper München, wo er bis 1935 in Rollen wie dem Silvio in „Bajazzo", dem Alfio in „Cavalleria rusticana", dem Rigoletto, dem Zaren in „Zar und Zimmermann" oder dem Marcello in „La Bohème" auftrat. Ab 1935 wirkte er am Opernhaus Breslau, 1937/38 am Stadttheater Chemnitz und ab 1938 am Stadttheater Duisburg, wo er sich auf das heldische, insbesondere auf das Wagner-Fach verlegte. In den Jahren 1940 bis 1946 hatte Hager große Erfolge an der Hamburger Staatsoper, 1942 gab er bei den Festspielen Zoppot den Hans Sachs in den „Meistersingern" sowie den Wanderer im „Siegfried". Nach einem Gastspiel, das er 1946 als Scarpia in „Tosca" an der Bayerischen Staatsoper München gab, blieb er diesem Haus bis 1952 verpflichtet. Im Laufe seiner Karriere gab er Gastspiele an den führenden deutschen Opernbühnen und 1943 im Haag, wo er den Sebastiano in „Tiefland" von Eugen d'Albert sang. Neben seinem Bühnenwirken trat er auch oft als angesehener Lieder- und Oratoriensänger hervor. Seinen Lebensabend verbrachte Robert Hager im bayerischen Hechendorf am Pilsensee.

HOFMANN, LUDWIG
* 14.1.1895 in Frankfurt am Main,
† 28.12.1963 ebd.

Der Baß-Sänger wurde in Frankfurt und danach in Mailand ausgebildet, danach debütierte er 1918 am Stadttheater Bamberg; es folgten weitere Verpflichtungen an das Landestheater Dessau (1919/20), Stadttheater Bremen (1920 bis 1925), Staatstheater Wiesbaden (1925 bis 1928), die Städtische Oper Berlin (1928 bis 1932), Staatsoper Berlin (1932 bis 1935) und schließlich ab 1935 an die Staatsoper Wien. Nachdem er 1928 erstmals bei den Bayreuther Festspielen gesungen hatte, übernahm er dort bis 1942 die verschiedenen Wagner-Heroen seines Stimmfachs. Auch bei den Salzburger Festspielen war er sehr erfolgreich, unter anderem als Osmin in Mozarts „Entführung aus dem Serail", als Titelheld in „Figaros Hochzeit" und 1935 unter dem Dirigat von Arturo Toscanini als Marke im „Tristan". Seine umfangreiche, dunkle Baßstimme voll dramatischer Wucht wurde auch bei seinen Gastspielen an den ersten Opernbühnen der Welt gefeiert. Als Adolf Hitler im Nachgang seines 50. Geburtstages im Mai 1939 einige namhafte Vertreter des deutschen Musiklebens durch Titelverleihungen ehrte, wurde Hofmann ebenfalls berücksichtigt und zum Kammersänger ernannt. An der Wiener Staatsoper wirkte er bis 1942; in seinen späteren Berufsjahren lebte Ludwig Hofmann als Pädagoge in Wien.

HÜSCH, OTTO
Lebensdaten konnten nicht ermittelt werden, lediglich folgendes: Der Bariton sang im September 1950 den Grafen Ceprano in der Verdi-Oper „Rigoletto" unter dem Dirigat von Ferenc Fricsay (damaliger Chef-Dirigent des RIAS-Symphonie-Orchesters) neben so bekannten Künstlern wie Rudolf Schock (Herzog), Rita Streich (Gilda) oder Margarete Klose (Maddalena). Wie damals noch weitgehend üblich, wurde nicht in der italienischen Originalsprache, sondern in deutscher Übersetzung gesungen. Diese Referenzaufnahme, die der RIAS mit seinem Chor und Orchester sowie zahlreichen renommierten Gesangssolisten in der Zeit vom 20. bis 30. September 1950 in der Berliner Jesus-Christus-Kirche produzierte, ist seit einiger Zeit auch auf CD erhältlich.

KLARWEIN, FRANZ
* 8.3.1914 in Garmisch/Oberbayern,
† 16.12.1991 in Grünwald
Der lyrische Tenor wurde von Richard Strauss entdeckt, beide waren durch eine lebenslange Freundschaft verbunden; auf Anraten von Strauss studierte Klarwein nach dem Abitur Gesang an den Musikhochschulen von Berlin und Frankfurt/Main. Der junge Sänger debütierte 1937 an der Berliner Volksoper, dessen Ensemblemitglied er bis 1942 blieb. Danach wechselte er zur Bayerischen Staatsoper und sang am 28. Oktober 1942 die Partie des italienischen Sängers in der Uraufführung der Strauss-Oper „Capriccio" und erhielt für seine Leistung frenetischen Applaus. In der Spielzeit 1942/43 sang er bei den Salzburger Festspielen, unter anderem auch das Tenorsolo in Beethovens 9. Symphonie. 1949 sang er in München in der deutschen Erstaufführung von Sutermeisters „Raskolnikoff" die Titelrolle; 1953 gab er ein Gastspiel an der Covent Garden Opera London. In den langen Jahren seines Sängerlebens wandelte sich seine Stimme zum Heldentenor. Er sang beispielsweise 1957 beim „Maggio musicale" von Florenz den Ägisth in „Elektra" von Richard Strauss; im selben Jahr wirkte er in München in der Uraufführung von Hindemiths „Harmonie der Welt" mit. 1977 trat er von der Opernbühne ab.

Franz Klarwein

KNAPP, JOSEF
* 4.3.1906 in Klagenfurt,
† 9.7.2001 in München
Der Bariton trat bereits als Neunzehnjähriger am Stadttheater Innsbruck auf und arbeitete danach 1928/29 als Schauspieler in Klagenfurt. Danach studierte er Gesang am Wiener Konservatorium und debütierte 1933 als Lamoral an der Wiener Staatsoper in der Premiere der Strauss-Oper „Arabella". Nach 1930 war der Sänger auch sehr oft in Opernsendungen des Österreichischen Rundfunks zu hören. 1935 wurde er an die Staatsoper Berlin verpflichtet, 1939 ging er als Spielbariton an die Münchener Staatsoper, dessen Ensemble er mehr als dreißig Jahre angehören sollte. Nach dem Krieg sah ihn auch das Wiener Opernpublikum wieder, wenn er hier bis 1958 mit Gastspielen auftrat, letztmals 1972 an der

Wiener Staatsoper als Zirkusdirektor in Smetanas „Verkaufter Braut". Josef Knapp wurde besonders in Opern von Mozart, Lortzing, Puccini, Richard Strauss und Rossini geschätzt und übernahm ohne weiteres auch kleinere Partien. 1971 zog er sich von der Bühne zurück.

KUNZ, ERICH
* 20.5.1909 in Wien, † 8.9.1995 ebd.

Der Sänger und Filmschauspieler wurde als Sohn einer Opernbaritons geboren, studierte zunächst an der Hochschule für Welthandel in Wien und hatte danach verschiedene Beschäftigungen, bis er 1933 bis 1935 an der Musikakademie Wien seine Gesangsausbildung erhielt. Er debütierte danach am Stadttheater Troppau als Osmin in Mozarts „Entführung aus dem Serail", Engagements am Stadttheater Plauen (1936/37) und am Opernhaus Breslau (1937 bis 1941) folgten. 1941 wurde er an die Wiener Staatsoper berufen, wo er ungewöhnlich populär wurde. Ab 1942 spielte er fast jährlich bei den Salzburger Festspielen und wurde ein gefeierter Mozart-Sänger, beispielsweise in der Titelrolle von „Figaros Hochzeit", als Guglielmo in „Così fan tutte" und natürlich als Papageno in der „Zauberflöte". Nach dem Zweiten Weltkrieg machte Kunz, der seine bedeutendsten Leistungen in den Buffo-Partien seines Stimmfachs erzielte, noch eine formidable internationale Karriere, trat bei den Festspielen von Edinburgh und von Glyndebourne auf, sang an der Mailänder Scala, der Londoner Covent Garden Opera, am Teatro Colón in Buenos Aires und an der New Yorker Metropolitan Opera. Seine Karriere als Filmschauspieler begann 1949 mit einer Rolle in „Höllische Liebe", es folgte 1955 sein Schikaneder in „Mozart" (deutscher Verleihtitel: „Reich mir die Hand, mein Leben"), 1958 der Film „Dreimäderlhaus", 1972 „Der Graf von Luxemburg". Kunz trat zunehmend auch in Fernsehproduktionen auf und begeisterte sein Publikum als Interpret von Wienerliedern. Für sein Schaffen wurde er vielfach geehrt: Ernennung zum Kammersänger (1948), Österreichisches Ehrenkreuz für Wissenschaft und Kunst 1. Klasse (1959), Ehrenmitglied der Wiener Staatsoper (1969), Großes silbernes Ehrenzeichen für Verdienste um die Republik Österreich (1984).

Erich Kunz

N.N.
(handschriftlich ergänzter Name, unlesbar)

MASCHKAN, JOSEPH
Prof., * 4.1.1910 in Hainburg/Niederösterreich, † 11.8.1989 in Baden/Niederösterreich

Der Künstler absolvierte das Lehrerseminar an der Wiener Musikakademie. Er wirkte als Sänger, Chorleiter, Musiklehrer, Gesangslehrer am Max-Reinhardt-Seminar und Professor an der Wiener Musikhochschule. Er wurde nach dem Zweiten Weltkrieg vielen Österreichern u.a. durch seine Engagements am Raimundtheater, am Linzer Landestheater, an der Wiener Kammeroper sowie durch zahlreiche Auftritte in Rundfunk und Fernsehen wohlbekannt. Zudem leitete er drei Männerchöre. In Wien/Floridsdorf wurde 1997 die Maschkangasse nach ihm benannt.

Joseph Maschkan

METZNER, ARNO
* 18.4.1905 in Leipzig, † ?

Weitere Lebensdaten über den Komponisten konnten nicht ermittelt werden.

MEYER-WELFING, HUGO
**Prof., * 25.3.1905 in Hannover,
† 2.11.1969 in Wien**
Der Tenor arbeitete zunächst als Taxifahrer, erst nachdem man seine Stimme eher zufällig entdeckt hatte, wurde er am Konservatorium Hannover ausgebildet. Sein Debüt gab er 1928 am Stadttheater Osnabrück. Nach einem Engagement am Stadttheater Aachen ging der Künstler an das Stadttheater Königsberg und wirkte hier bis 1942. Es folgte die Verpflichtung an die Wiener Volksoper. Der angesehene Konzert- und Oratoriensänger sang auch bei den Salzburger Festspielen. Ab 1945 war er Ensemblemitglied der Wiener Staatsoper, 1956 erhielt Hugo Meyer-Welfing einen Ruf auf eine Professur am Wiener Konservatorium.

Hugo Meyer-Welfing

NISSEN, HANS HEINZ
*** 21.5.1905 in Hamburg-Bergedorf,
† 24.9.1969 in Berlin**
Seine Gesangsausbildung erhielt der Bariton in Hamburg und Berlin. Nachdem er 1932 sein Debüt am Opernhaus Breslau gegeben hatte, ging er ein Jahr später auf eine große Tournee, die ihn durch ganz Deutschland und auch nach Österreich führte. 1934 erhielt er am Deutschen Opernhaus Berlin ein Engagement, wo er sodann mehr als 30 Jahre wirkte, nur unterbrochen von Gastspielen in ganz Westeuropa. An seiner Stammbühne, die nach 1945 ihren Namen in Deutsche Oper Berlin wechselte, gewann der Künstler beim Publikum eine enorme Popularität. Er wirkte neben seinen Bühnenauftritten auch als gesuchter Konzert- und Oratoriensänger und beherrschte ein breites Spektrum, das sich von Mozart über Richard Strauss bis zu zeitgenössischen Komponisten spannte.

OEGGL, GEORG
*** 2.8.1900 in Innsbruck,
† 17.12.1954 in Wien**
Seinen Berufsweg begann der Bariton als Schauspieler an dem Tiroler Dialekt-Theater „Exl-Bühne" in seiner Heimatstadt, mit dem er schon 1910 in der Wiener Volksoper gastierte. Es folgte sein Gesangsstudium in Mailand, danach wirkte er als Chorsänger in München, wo er 1927 als Solist debütierte. Spätere Engagements führten ihn an das Stadttheater Coburg sowie das Stadttheater Würzburg; von 1934 bis 1954 gehörte er zum Ensemble der Wiener Volksoper, ab 1948 war er zugleich Mitglied der Staatsoper Wien. Bekannt wurde Oeggl sowohl als Opernsänger wie auch als Interpret volkstümlicher Lieder; er verstarb auf dem Höhepunkt seiner Karriere. In seinem umfassenden Repertoire lagen seine bedeutendsten Partien in der deutschen Spieloper und italienischen Opern, vor allem von Guiseppe Verdi. Sein ehrenhalber gewidmetes Grab befindet sich auf dem Döblinger Friedhof in Wien.

Georg Oeggl

OSTERTAG, KARL
*** 1.10.1903 in Ulm,
† 26.12.1979 in München**
Nach seiner Ausbildung durch die Pädagogin Anna Henneberg in München debütierte der Sänger 1928 am Landestheater Neustrelitz und wechselte 1930 an das Opernhaus Zürich, 1932 ging er an das Stadttheater Bremen. 1936 erfolgte seine Verpflichtung an die Bayerische Staatsoper München als jugendlicher Heldentenor, wo er mehr als 30 Jahre wirkte und außergewöhnlich populär wurde. Seine Gastspiele führten ihn vor allem nach Wien, Stuttgart, zu den Salzburger Festspielen und an zahlreiche andere Musikzentren in Deutschland und Europa. Neben seinen Bühnenauftritten machte er eine bedeutende Kar-

riere als Konzertsänger. Karl Ostertag, der 1969 von der Bühne abtrat, sang vor allem Partien von Verdi, Puccini, Wagner und Richard Strauss.

SCHEIDL, OTTO
* 23.10.1898 in Vitis/Niederösterreich, † 11.3.1993 in Bremerhaven

Der Tenor wurde in Wien zum Sänger ausgebildet und gab 1924 sein Debüt am dortigen Schloßtheater Schönbrunn. Es folgten Engagements am Stadttheater Bremerhaven (1928 bis 1933) und am Stadttheater Dortmund (1933 bis 1936). Ab 1936 wirkte er in vielen Rollen aus dem Buffo- und Charakterfach am Staatstheater Wiesbaden, beispielsweise als Mime im „Nibelungenring", als David in den „Meistersingern", als Monostatos in der „Zauberflöte", als Veit in „Undine" oder als Goro in „Madame Butterly". Nach 1945 lebte er gastierend in Bremerhaven, war dann dort als Musikpädagoge und Leiter einer Musikschule tätig und wirkte in der Spielzeit 1967/68 noch einmal in einem festen Engagement als Ballettrepetitor am Bremer Stadttheater.

SCHNEIDER, WILLY
* 5.9.1905 in Köln, † 12.1.1989 ebd.

Der Sohn eines Metzgermeisters absolvierte nach der Realschule zunächst eine Lehre als Metzger im väterlichen Betrieb, den er 1927 nach dem Tod seines Vaters übernahm. Auf Anraten eines musikbegeisterten Zahnarztes, der ihn bei seiner Arbeit singen hörte, machte der Bariton eine Gesangausbildung am Kölner Konservatorium bei Prof. Clemens Glettenberg. Sein erstes Engagement erhielt er 1930 als Chor-Bassist beim Westdeutschen Rundfunk, und er lebte ab 1935 als freischaffender Sänger in seiner Heimatstadt. International wurde der Bariton durch seine Rundfunkauftritte bekannt. Er sang etwa in der Sendung „Der frohe Samstagnachmittag", in welcher er bis in die Kriegsjahre hinein im Mittelpunkt stand. Der Schwerpunkt seines Wirkens lag im Vortrag des gehobenen Unterhaltungsliedes, er gastierte auch in Belgien und Österreich, in Rumänien und der Schweiz sowie in Nordamerika, wo er auch in der New Yorker Carnegie Hall auftrat. Er sah sich als Volkssänger und hatte den Beinamen „Der Sänger von Rhein und Wein". Schneider machte bereits 1935 seine erste Schallplatte, die im ersten Jahr schon in für damalige Verhältnisse sensationellen mehr als 300.000 Exemplaren verkauft wurde; er war 1960 weltweit der erste Sänger, der eine Goldene Langspielplatte erhielt. Insgesamt nahm er rund 800 Schallplatten auf, die mit rund 18 Millionen Exemplaren weltweit verkauft wurden. Sein Repertoire umfaßte auch die Operette und volkstümliche Oper. Seine Lebensphilosophie, mit der er seinen alle Moden und Trends überdauernden Erfolg begründete, lautete: „Ich habe mir immer zu eigen gemacht, was ich gesungen habe. Das war keine Masche! Bei allen meinen Liedern bin ich mit dem Herzen dabeigewesen." Zu seinen bekanntesten Liedern gehörten „Man müßte noch mal 20 sein" und „Schütt die Sorgen in ein Gläschen Wein". Schneider trat auch gelegentlich im Film auf und war in einigen Fernsehsendungen wie etwa „Der blaue Bock" sehr erfolgreich. Seine Sängerlaufbahn führte er bis über sein 80. Lebensjahr hinaus fort. 1973 wurde ihm als Botschafter des deutschen Volksliedes das Bundesverdienstkreuz 1. Klasse verliehen, außerdem erhielt Willy Schneider die Ostermann-Medaille, die Hermann-Löns-Medaille und den Weinkulturpreis.

SCHURICKE, RUDI
* 16.3.1913 in Brandenburg an der Havel, † 28.12.1973 in München

Der Sänger und Schauspieler, der die Pseudonyme Michael Hofer und Rudolf Erhard verwendete, wurde als Sohn eines Militärkapellmeisters gebo-

Willy Schneider

ren und wuchs in Königsberg auf, wo er zur Schule ging und eine Drogistenausbildung absolvierte. Dann nahm er Gesang- und Schauspielunterricht. Sein erstes Engagement verdankte er einem Zufall: Als einer der Kardosch-Sänger (einem Ensemble seines Gesanglehrers Istvan Kardos) ausfiel, sprang Schuricke so erfolgreich ein,

Rudi Schuricke

daß er bis zur Emigration von Kardos bei der Gruppe blieb. 1936 gründete er sein Schuricke-Terzett, gleichzeitig sang er aber immer noch bei verschiedenen Orchestern als Refrain-Sänger und sang für Schauspieler, die in Revuefilmen auftraten. In den 1950er Jahren erreicht er seinen Karrierehöhepunkt, als er in seinen Schlagern der deutschen Italiensehnsucht Ausdruck verlieh und mit dem Tangolied „Capri-Fischer" oder den Liedern „O mia bella Napoli", „Frühling in Sorrent" und „Florentinische Nächte" in die Spitzenplätze der Hitparaden vordrang. Mit der aufkommenden Rockmusik zog Schuricke sich langsam von der Schlagerbühne zurück, wurde Hotelier und betrieb einen Waschsalon. 1970 gelang ihm noch einmal ein kurzes Comeback mit dem von James Last geschaffenen Lied „So eine Liebe gibt es einmal nur". Einige Beispiele für die Filme, in denen er als Schauspieler oder Sänger auftrat: „Land der Liebe" (1937, Gesang), „Menschen, Tiere, Sensationen" (1938, Darsteller), „Frau meiner Träume" (1944, Duett mit Marika Rökk) oder „Maharadscha wider Willen" (1950, Darsteller).

SCHWEEBS, HELLMUTH
* 23.2.1897, † 26.8.1951 in Bad Nauheim
Der Baß begann seine Karriere 1923 an den Bühnen in Aschaffenburg (1923 bis 1925), Ulm (1925/26), Volksoper Berlin (1926/27), Stadttheater Cottbus (1927 bis 1933) und Opernhaus Wuppertal (1933/34) und gastierte 1933/34 bereits in Buenos Aires am „Teatro Colón" als Rocco im „Fidelio", als Gurnemanz im „Parsifal" und als Pogner in den „Meistersingern". 1934 wurde er an das Frankfurter Opernhaus berufen und wirkte hier bis zu seinem Tode als erster seriöser und Baß-Buffo. Er sang am 22. Mai 1935 in der Uraufführung der Oper „Die Zaubergeige" von Werner Egk, am 8. Juni 1937 in der Uraufführung der „Carmina Burana" von Carl Orff, am 26. Mai 1936 in der „Doktor Johannes Faust" von Hermann Reutter und am 13. Juli 1942 die Titelpartie in der Uraufführung des „Columbus" von Werner Egk. Er wurde als Sänger und Darsteller geschätzt in Rollen wie dem Leporello im „Don Giovanni", dem Ochs im „Rosenkavalier" und den Baß-Bufforollen in Opern von Lortzing, aber auch im seriösen Stimmfach wie als Hunding in der „Walküre", als König Heinrich im „Lohengrin" und als Sarastro in der „Zauberflöte". Hellmuth Schweebs kam auf tragische Weise bei einem Gastspiel in Bad Nauheim ums Leben, als er einen Unfall auf der Bühne hatte und noch in derselben Nacht verstarb.

Hellmuth Schweebs

TREFFNER, WILLY
* 5.7.1903 in Krakau, † 25.1.1980
Der Tenor studierte zunächst an der Wiener Technischen Hochschule, absolvierte aber gleichzeitig eine Gesangausbildung und begann seine Karriere in Nürnberg in der Spielzeit 1933/34. 1934 bis 1936 sang er am Opernhaus Hannover und danach an der Frankfurter Oper, bis er im Jahre 1937 an die Dresdner Staatsoper berufen wurde, wo er lange Zeit große Erfolge feierte. Er fiel in erster Linie als Interpret der lyrischen Rollen seines Stimmfachs auf wie beispielsweise als Belmonte in Mozarts „Entführung aus dem Serail", dem Tamino in der „Zauberflöte", dem Alfredo in „La Traviata" oder dem Ei-

Willy Treffner

senstein in der „Fledermaus". Er gab Gastspiele in Berlin, Hamburg und Leipzig und war auch als Konzertsänger erfolgreich. Seinen Ruhestand verbrachte er im österreichischen Villach, kehrte aber in den 1960er Jahren gelegentlich noch zu einem Gastspiel nach Dresden zurück.

TROJAN-REGAR, JOSZY
* 1905 in Graz, † ?

Der Sänger wurde unter dem Namen Joszy Regar geboren und hatte zu Beginn seiner Karriere als Tenor seine ersten Engagements an folgenden Häusern: 1928/29 Stadttheater Klagenfurt, 1929/30 Stadttheater Ulm, 1930/31 Theater Sarau, 1932/33 Theater Reichenberg, 1933 bis 1935 Theater Osnabrück, 1935 bis 1937 Theater Regensburg, 1937 bis 1939 Stadttheater Duisburg und 1939/40 Stadttheater Münster. 1940 wurde er an die Bayerische Staatsoper München berufen, wo er bis 1944 wirkte; hier sang er am 28. Oktober 1942 in der Uraufführung der Oper „Capriccio" von Richard Strauss. Seit seiner Heirat mit der Sängerin Annemarie Trojan, die in München am Theater am Gärtnerplatz engagiert war, nannte er sich Trojan-Regar. Nach 1945 gab er noch Gastspiele mit Operetten-Partien, im Opernbereich sang er nun vorwiegend Charakter- und Buffo-Rollen wie etwa den Peter Iwanov in „Zar und Zimmermann" oder den Pang in „Turandot".

Carl de Vogt

VOGT, CARL DE
* 14.9.1885 in Köln,
† 16.2.1970 in Berlin

Der Schauspieler und Sänger erlernte zunächst den Beruf des Schriftsetzers und ging dann auf die Schauspielschule in Köln, wo er neben dem Schauspiel aber auch Gesang und Tanz studierte. Danach war er bis 1908 als Sänger und Schauspieler tätig. Sein erstes Engagement führte ihn an das Stadttheater Mainz, wo er neben Käthe Dorsch auftrat, danach war er in Freiburg und am Königlichen Schauspielhaus Berlin verpflichtet. Am Ersten Weltkrieg nahm de Vogt als Soldat nur von Juli bis Dezember 1915 teil. 1916 erhielt er seine erste Filmrolle in dem Film „Schwert und Herd" und trat danach in weiteren Filmen auf. Bekannt wurde der Schauspieler in dem Fritz-Lang-Film „Die Spinnen" im Jahre 1919. Parallel zu seinem Filmschaffen spielte er am Münchener Prinzregententheater. Er heiratete die Schauspielerin Cläre Lotto, die er 1920 kennengelernt hatte, und spielte in der Folgezeit in sehr vielen Filmen mit ihr zusammen. In den späten 1920er Jahren begann auch seine Karriere als Sänger. Ab 1927 war er an verschiedenen Schlagerproduktionen als Refrainsänger beteiligt sowie als Rezitator in patriotisch gestimmten Melodramen mit Orchesterbegleitung tätig. Im Dritten Reich war er Mitglied in der NSDAP und in verschiedenen Parteiorganisationen. Neben seiner Schauspieltätigkeit wirkte de Vogt auch als Synchronsprecher, im Zweiten Weltkrieg gab er viele Konzerte im Rahmen der Truppenbetreuung. Nach dem Krieg unterlag er wegen seiner NSDAP-Mitgliedschaft zunächst einem Berufsverbot und trat daher nur in kleineren Rollen in der Provinz auf. Im Jahre 1963 spielte er seine letzte Rolle in dem Streifen „Der Würger von Schloß Blackmoor". Seine letzten Lebensjahre verbrachte Carl de Vogt in einem Berliner Altenheim und trat hier zur Freude seiner Mitbewohner gelegentlich als Sänger auf und begleitete sich auf seiner Laute. Sein Filmschaffen ist in mehr als 130 Filmen dokumentiert.

WESSELY, KARL
* 14.8.1908 in Katharein bei Troppau,
† 11.10.1946 in Dresden

Seine Karriere begann der Tenor 1927/28 am Theater Troppau, und er sang dann 1929 bis 1932 am Stadttheater Beuthen. Nun schloß sich bis 1935

Karl Wessely

ein Engagement am Stadttheater Krefeld an, mit dessen Ensemble er 1932/33 im Haag gastierte, unter anderem als Monostatos in der „Zauberflöte". Seit 1936 war Wessely an der Staatsoper Dresden engagiert, wo er bis zu seinem frühen Tode wirkte. Der auch als Schauspieler hochgeschätzte Sänger trat hier mit Rollen wie dem Pedrillo in Mozarts „Entführung aus dem Serail", dem Beppe im „Bajazzo" oder dem Mimi im „Ring-Zyklus" in den Vordergrund.

WILLY, JOHANNES
* 31.5.1896 in Karlsruhe,
† 18.3.1970 ebd.
Weitere Lebensdaten konnten über den auch als Gesanglehrer tätigen Baß-Bariton nicht ermittelt werden.

WINDISCH, LUDWIG
* 1908, † nach 1945
Der Baß-Sänger begann 1932 seine Karriere mit einem Engagement am Stadttheater Augsburg. 1934 ging er an die Deutsche Oper Berlin, zu deren Ensemble er dann bis 1944 gehörte. Er blieb hier in Rollen wie dem Figaro in „Figaros Hochzeit", dem Alberich und dem Fafner im „Nibelungenring", dem Klingsor im „Parsifal", dem Grafen in der heiteren Oper „Schirin und Gertraude" von Paul Graener, dem Dulcamara in Donizettis „Elisir d'amore" oder dem Zuniga in „Carmen" in Erinnerung. Letztmals erwähnt 1945, für die Zeit danach konnten keine Lebensdaten ermittelt werden.

WOLFRAM, KARL
* 13.5.1900 in Berlin,
† Mai 1989 in Düsseldorf
Nach seiner Gesangausbildung an der Musikhochschule Berlin debütierte der Bariton im Jahre 1936 bei einem Konzert. Ein Jahr darauf gewann er einen großen internationalen Wettbewerb in Wien. In der Spielzeit 1937/38 war er am Stadttheater Innsbruck engagiert, danach ging er an die Opernhäuser in Königsberg/Pr. (1938 bis 1941) und Leipzig (1941 bis 1943), bis er schließlich für die Spielzeit 1943/44 am Deutschen Opernhaus Berlin verpflichtet wurde. Von 1946 bis 1951 war Wolfram Ensemblemitglied der Berliner Staatsoper und trat beispielsweise 1950 erfolgreich mit der Partie des Golo in „Pelléas et Mélisande" auf. Seine folgenden Engagements führten ihn an das Opernhaus Düsseldorf (1951 bis 1955), an das Opernhaus Wuppertal (1955 bis 1959), an das Stadttheater Krefeld (1959 bis 1963) und an die Deutsche Gastspieloper (1962 bis 1964). Er gab Gastspiele an allen bedeutenden Opernhäusern Europas und sang ein Repertoire von rund 80 Partien. Gefeiert wurde er insbesondere in den heldischen Partien seines Stimmfachs, als Hans Sachs, als Wotan im „Ring-Zyklus", als Scarpia in „Tosca" oder als Pizarro im „Fidelio". Im Konzertsaal glänzte der Künstler auf den Gebieten des Lied- und des Oratoriengesangs. 1951 sang er beispielsweise bei den Salzburger Festspielen das Baß-Solo in der „Schöpfung", 1952 in Händels „Messias" oder 1957 in einem Konzert mit geistlicher Musik von Mozart. Karl Wolfram war mit der Mezzosopranistin Veronica Peuser verheiratet.

WOCKE, HANS
* 1904 in Köln, † 7.1.1972 in Berlin
Den Grundstein für seine Karriere als Bariton legte Wocke mit dem Engagement beim Westdeutschen Rundfunk Köln, das 1925 begann; hier wurde er

Hans Wocke

durch seine Mitwirkung in zahllosen Konzerten und Opernsendungen schon bald deutschlandweit bekannt und beliebt. 1933 wechselte er zum Stadttheater Bielefeld und später an das Städtische Opernhaus Berlin, wo er eine bedeutende Karriere als lyrischer Bariton machte, verbunden mit einer regen Konzerttätigkeit.

Sängerinnen

BELING, MARIA
* 24.6.1915 in Mannheim, † 1994

Die Opernsoubrette, Zwischenfachsängerin und Schauspielerin wurde als Tochter der Kammersängerin Margarete Beling-Schäfer und des Opernsängers Ernst Oskar Beling geboren und spielte bereits im Alter von vier Jahren verschiedene Kinderrollen auf Oldenburger Bühnen. Sie studierte bei ihrer Mutter sowie bei Else Tuschkau-Huth und Else Zeidler und gab 1931 ihr Bühnendebüt als ausgebildete Sängerin als Tinerl in „Die Kaiserin" am Stadttheater Kiel. In der folgenden Spielzeit wirkte sie als erste Soubrette in Gotha-Oeynhausen, von 1932 bis 1934 in Darmstadt-Gießen, in der Spielzeit 1935/36 am Zentraltheater Dresden, danach bis 1939 an der Hamburger Volksoper und ging 1939 nach Berlin. Hier spielte sie zuerst am Metropoltheater, danach gab sie am Admiralspalast in der „Lustigen Witwe" unter der Leitung von Franz Lehár die Valencienne. Nach dem Zweiten Weltkrieg ging die Sängerin 1946/47 mit dem Army Welfare Service der Britischen Besatzungszone auf Tournee; ab 1951 wirkte sie an der Staatsoperette München. Ihr Spielfilmdebüt gab sie bereits im Jahre 1933 im Liebesfilm „Schwarzwaldmädel" neben Hans Söhnker. Obwohl sie bereits im selben Jahr noch die Hauptrolle in „Stimme der Liebe" und 1934 in „Grüß' mir die Lore noch einmal" übernahm, spielte sie bis 1943 nur in insgesamt acht Filmen mit. Sie arbeitete aber für zahlreiche Filmproduktionen als Synchronsprecherin oder übernahm in deutschsprachigen Filmen die Gesangsparts für Schauspielerkolleginnen. Außerdem war sie erfolgreich und oft im Rundfunk zu hören, wo sie viele Partien für Opern- und Operettenaufnahmen des RIAS und des NWDR sang.

Maria Beling

BOSER, PETRONELLA
Lebensdaten konnten nicht ermittelt werden.

BRIEM, TILLA
Prof., * 31.3.1908 in Morhange/ Lothringen, † 20.7.1980 in Tierberg

Nach der Ausbildung am Konservatorium in Würzburg und Berlin wirkte sie ab 1932 als Konzertsängerin. Als Ensemblemitglied der Berliner Staatsoper sang sie Partien für hochdramatischen Sopran wie die Leonore im „Fidelio" und die Isolde im „Tristan", in der Hauptsache betätigte sie sich jedoch als Konzertsängerin und galt auf diesem Gebiet als eine der bedeutendsten Künstlerinnen ihrer Zeit. In den Musikzentren Deutschlands, der Schweiz, Ungarns und Frankreichs gab sie sehr erfolgreich glanzvolle Konzerte, mit ihren ausdrucksvollen, in der Interpretation stilsicheren Sopran begeisterte sie ihr Publikum. Sie gastierte auch beim „Maggio musicale" in Florenz. 1938 wurde ihr Schaffen mit dem Musikpreis der Stadt Berlin gewürdigt. Nach

Tilla Briem

1945 setzte sie ihre Laufbahn auf der Bühne wie auch auf dem Konzertpodium fort, vor allem am Essener Opernhaus. 1961 erhielt sie den Ruf als Professorin an die Musikhochschule von Hannover.

IV. – Im Rüstungseinsatz – Sängerinnen

BURGHARD, ELISABETH
Lebensdaten konnten nicht ermittelt werden.

BURMEESTER, INGEBORG
* 6.11.1904, † 1995
Weitere Lebensdaten konnten nicht ermittelt werden.

CLAUS-DOSTAL, LILLIE
* 13.6.1905 in Wien,
† 24.8.2000 in Salzburg
Die Sängerin wurde als Tochter des Oberinspektors Albrecht Claus und der bekannten Konzert- und Oratoriensängerin Lilly Claus-Neuroth geboren. Ihre musikalische Ausbildung erhielt sie zuerst durch ihre Mutter, dann an der Wiener Musikakademie durch den Musikpädagogen Gustav Geiringer. Ihre Bühnenkarriere begann 1926 mit einem Engagement am Stadttheater Saarbrücken, 1927 wurde sie an die Wiener Staatsoper verpflichtet, wo sie bis 1931 als Koloratrice große Erfolge feierte. 1932/33 war sie Ensemblemitglied der Wiener Volksoper und gastierte danach bei den Salzburger Festspielen und in verschiedenen deutschen Musikzentren. Ihre großen Bühnenpartien, in denen sie das Publikum neben ihrer Stimmqualität auch durch ihre aparte Erscheinung und ihr temperamentvolles Spiel bezauberte, waren die Konstanze in der „Entführung aus dem Serail", die Pamina in der „Zauberflöte", die Adele in der „Fledermaus" von Johann Strauss und die Titelheldin in „Madame Butterfly". 1942 heiratete sie den Komponisten Nico Dostal, in dessen Stücken sie bereits häufig aufgetreten war. So hatte sie an den Uraufführungen seiner Operetten „Clivia" (23.12.1933 in Berlin), „Prinzessin Nofretete" (1936 in Köln), „Die Flucht ins Glück" (1940 in Stuttgart) und „Manina" (1942 in Berlin) teilgenommen. 1943 zog Lillie Claus-Dostal sich überraschend von der Bühne zurück und lebte fortan in Salzburg.

CUNITZ, MAUD
* 3.4.1911 in London,
† 22.7.1987 in Baldham bei München
Die Tochter deutscher Eltern kam im Alter von drei Jahren nach Nürnberg, studierte später Gesang und Tanz und wurde 1931 Mitglied im Nürnberger Opernchor. Als Solistin debütierte sie 1934 in der Rolle der Agathe in „Der Freischütz" an den Vereinigten Bühnen Gotha-Sondershausen. Es folgten Engagements an den Stadttheatern von Coburg (1936 bis 1938) und Lübeck (1940/41), wo sie in vielen Operetten brillierte. Trotz ihres großen Erfolges ließ sie sich weiterhin von der Sopranistin und Gesangslehrerin Stoja von Millinkovic ausbilden. 1941 bis 1944 wirkte sie an der Stuttgarter Staatsoper, 1945 gastierte sie erfolgreich an der Wiener Staatsoper und war dann dort bis 1950 engagiert. In dieser Zeit feierte sie große Erfolge bei den Salzburger Festspielen als Donna Elvira im „Don Giovanni" und als Octavian im „Rosenkavalier". 1950 wechselte die Sopranistin zur Bayerischen Staatsoper und gab Gastspiele an der Grand Opéra von Paris, in Nizza, Brüssel und Rom, sang 1951 beim „Maggio musicale" von Florenz die Titelrolle in Schumanns „Genoveva" und 1953 an der Londoner Covent Garden Opera die Titelrolle in „Arabella" sowie die Gräfin im „Capriccio". Maud Cunitz wirkte neben ihren Bühnenauftritten noch häufig als Lied- und Konzertsängerin. 1959 wurde ihr Schaffen mit dem Bayerischen Verdienstorden gewürdigt.

EILERS, TINA
* 5.6.1910 in Brünn, † 18.11.1983
Die Schauspielerin wurde unter dem Namen Augustina von Cleve geboren und gab ihr Debüt vor der Kamera im Jahre 1933 in der UFA-Produktion „Die Stimme der Liebe". 1934 spielte sie die weibliche Hauptrolle in der Komödie „Eine Nacht in Venedig", danach wirkte sie aber nur noch in relativ wenigen Filmen mit wie etwa 1936 in

Maud Cunitz

„Boccaccio" oder 1940 unter der Regie von Theo Lingen in der Krimikomödie „Was wird hier gespielt?" Nach dem Zweiten Weltkrieg sah man sie in der Fontane-Verfilmung „Mathilde Möhring" in ihrer letzten Produktion, statt dessen betätigte sie sich umfangreich als Synchronsprecherin und lieh anderen Schauspielerinnen in Film und Fernsehen ihre Stimme, beispielsweise Doris Day in den Filmen „Mein Traum bist du" und „Zaubernächte in Rio" oder Ava Gardner in der Komödie „Venus macht Seitensprung"; in der ab 1975 vom ZDF ausgestrahlten Vorabendserie „Das Haus am Eaton Place" synchronisierte sie Angela Baddeley, die die Köchin „Mrs. Bridges" verkörperte.

ERDMANN, HILDEGARD
* 1905 (?), † ?
Die Sopranistin erhielt ihre Ausbildung als Schülerin von Susanne Holländer am Stern'schen Konservatorium in Berlin; danach wirkte sie als Konzert- und Oratoriensängerin. Den Höhepunkt ihrer Karriere erreichte sie in den Jahren 1935 bis 1939, als sie außer in Berlin auch in anderen deutschen Musikzentren mit zahlreichen Auftritten sehr erfolgreich war. Obwohl sie keinen Auftritt auf der Opernbühne hatte, übernahm sie in einer Schallplattenaufnahme eines Querschnitts durch Humperdincks Märchenoper „Hänsel und Gretel" 1944 die Partien des Sand- und des Taumännchens (Mitschnitt einer Radiosendung). Sie trat nach ihrer Heirat auch unter dem Namen Erdmann-Hartwig auf, hat aber nach dem Zweiten Weltkrieg anscheinend ihre Karriere nicht mehr fortgesetzt.

ELSNER, HANNERL
* 12.2.1911 in Wien, † 5.6.1990 ebd.
Die populäre und beliebte Vertreterin des typischen Wienerliedes hatte im Österreich der 1930er Jahre wegen ihrer Beziehung zum Komponisten Heinrich Strecker politische Schwierigkeiten; Strecker war 1934 Gauobmann und Landeskulturleiter der verbotenen NSDAP und der Nationalsozialistischen Kulturgemeinde Österreichs. Das Künstlerpaar wurde im Mai 1936 verhaftet und floh nach seiner Freilassung ins Deutsche Reich. Die Sängerin trat bald darauf bei einer Julfeier im Berliner Landwehrkasino auf, wo sie – auf der Violine begleitet von Strecker – die Lieder „Wach auf, deutsche Wachau!" und „Heimat" vortrug. Die beiden Künstler machten 1937 gemeinsam eine sehr erfolgreiche Deutschlandtournee. In den nächsten Jahren absolvierte Hannerl Elsner zahlreiche große Auftritte wie etwa im Rahmen des regelmäßig deutschlandweit im Radio übertragenen „Wunschkonzertes" oder am 31. Oktober 1943 bei der Kriegs-Winterhilfs-Veranstaltung „Klassisch und wienerisch" im Großen Saal des Wiener Konzerthauses. Auch nach dem Ende des Zweiten Weltkrieges konnte die Künstlerin ihr Publikum begeistern, wenn sie beispielsweise im bombenzerstörten Wien im „Feuchten Stock" in der Jasomirstraße oberhalb der „Splendid-Bar" auftrat. Hannerl Elsner wurde wegen ihrer Verdienste um das Wienerlied als Ehrenmitglied der Vereinigung von Komponisten, Autoren, Interpreten und Freunden des Wiener Liedes „Das Wiener Lied" aufgenommen.

FISCHER, THERESIA („RES")
* 8.11.1896 in Berlin,
† 5.10.1974 in Stuttgart
Die Altistin verbrachte ihre Jugend im schwäbischen Riedlingen und betätigte sich zuerst im Kunstgewerbe, bis sie an den Konservatorien von Berlin, Prag und Stuttgart studierte und in Berlin von der Opernsängerin und Gesangspädagogin Lilli Lehmann ausgebildet wurde. Sie gab 1927 ihr Debüt am Stadttheater Basel und wirkte dort bis 1935. Danach sang sie bis 1941 am

Theresia Fischer

Frankfurter Opernhaus; das Ensemble ging 1938 auf eine Balkan-Tournee mit Gastspielen in Bukarest, Sofia, Belgrad und Zagreb. 1941 wurde die Sängerin Mitglied der Stuttgarter Staatsoper und sang in diesem Jahr auch am Teatro Comunale Bologna die Erda im „Siegfried"; 1942 wirkte sie bei den Salzburger Festspielen als Marcellina in „Figaros Hochzeit" mit. Ihre große internationale Karriere begann nach dem Zweiten Weltkrieg mit Gastspielen an den Staatsopern von Wien, München, Hamburg, in Amsterdam, Brüssel, an der Mailänder Scala, an der Pariser Grand Opéra und vor allem am Teatro Colón von Buenos Aires. Bei den Salzburger Festspielen von 1949 sang sie die Titelpartie in der Uraufführung von Carl Orffs „Antigonae", 1955 hatte sie mit dem Stuttgarter Ensemble ein Gastspiel in London an der Covent Garden Opera. Ihre Gesangskarriere war von ungewöhnlich langer Dauer; 1959 bis 1961 feierte man sie bei den Bayreuther Festspielen als Mary im „Fliegenden Holländer", bis 1961 sang sie in Stuttgart. 1965 wurde sie zum Ehrenmitglied der Stuttgarter Staatsoper ernannt.

GUILLEAUME, MARGOT
Prof., * 12.1.1910 in Hamburg,
† 25.6.2004 ebd.
Die Sopranistin studierte Musik und Gesang in ihrer Heimatstadt, war danach Chorsängerin am Hamburger Schiller-Theater und debütierte 1933 als Solistin an der Hamburger Staatsoper, wo sie bis 1939 wirkte. 1939/40 wurde sie an das Stadttheater Wilhelmshaven verpflichtet und sodann bis 1944 ans Staatstheater Oldenburg. Sie sang Partien wie die Zerbinetta in „Ariadne auf Naxos", die Rosina im „Barbier von Sevilla", die Mimi in „La Bohème", Leonore im „Troubadour" oder Sophie im „Rosenkavalier". Nach dem Zweiten Weltkrieg wurde sie vom Nordwestdeutschen Rundfunk nach Hamburg verpflichtet und spezialisierte sich vornehmlich auf den Konzertgesang. Auf der Bühne sah man Margot Guilleaume nur noch vereinzelt, meist in Mozart- oder Verdi-Partien. Im Konzertsaal brillierte sie vor allem mit ihrer Interpretation barocker Musik und älterer Oratorienwerke; so trat sie mehrmals bei den Händel-Festspielen in Göttingen auf. Seit 1950 hatte sie eine Professur an der Staatlichen Hochschule für Musik in Hamburg inne.

HAMMER, GUSTA
* 3.4.1896 in Brandenburg a.d. Havel,
† 6.1.1977 in München
Ihre Gesangsausbildung erhielt die Altistin in Berlin. Danach begann sie ihre Bühnenkarriere am Kieler Stadttheater, wurde von 1932 bis 1934 an das Braunschweiger Landestheater verpflichtet und folgte sodann einem Ruf an die Staatsoper Hamburg, wo sie bis 1955 eine glanzvolle Laufbahn als erste Altistin erlebte. Sie gab Gastspiele in Berlin, Dresden, München, Paris und Barcelona und feierte dazu große Erfolge als Konzert- und Oratoriensängerin. Besonders in Partien wie der Klytämnestra in „Elektra" und der Amme in der „Frau ohne Schatten" von Richard Strauss oder der Kundry im „Parsifal" konnte sie ihre groß dimensionierte, dunkle Altstimme von erregend dramatischer Gestaltungskraft glanzvoll einbringen. 1947 sang Gusta Hammer in Hamburg die Rolle der Auntie in der deutschen Uraufführung von Benjamin Brittens „Peter Grimes". Nachdem sie 1957 ihre Bühnenlaufbahn beendet hatte, wirkte sie noch als Konzertsängerin sowie als Musikpädagogin in München.

Margot Guilleaume

Gusta Hammer

HÜNI-MIHASZEK, FELICITAS
* 3.4.1896 in Fünfkirchen/Ungarn,
† 26.3.1976 in München

Die Sopranistin erhielt ihre musikalische Ausbildung durch die Opernsängerin und Gesangspädagogin Rosa Papier-Paumgartner an der Wiener Musikakademie. Sie debütierte 1919 an der Wiener Staatsoper, wo sie bis zu ihrer Berufung nach München im Jahre 1925 wirkte. Danach wurde sie für die nächsten zwei Jahrzehnte die eigentliche Primadonna der Münchener Staatsoper und war auch bei den Salzburger Festspielen sehr erfolgreich, wo sie erstmals 1922 die Fiordiligi in „Così fan tutte" gesungen hatte und in den folgenden Jahren als Konzertsolistin auftrat. In München übernahm die ursprüngliche Koloratursopranistin auch lyrische und sogar dramatische Sopranpartien. Sie begeisterte ihr Publikum durch ihre herrlich gebildete Stimme, deren souveräne Beherrschung der Technik durch die Fülle und den Glanz der Tongebung wie durch die Feinheit der Ausdruckskunst glücklich ergänzt wurde. Sie gab regelmäßige Gastspiele an der Wiener Staatsoper, deren Ensemblemitglied sie 1942 bis 1945 nochmals wurde. Sie war mit dem Schweizer Großindustriellen Alfred Hüni verheiratet. Sie beendete ihre Bühnenlaufbahn 1945 und trat danach nur noch sporadisch bei Konzerten sowie als Pädagogin in Erscheinung.

HOLSTEIN, HILDA
Lebensdaten konnten nicht ermittelt werden.

N.N.
(handschriftlich ergänzter Name, unleserlich)

KALTER, HERMA
* 1904 (?), † ?

Nach ihrer Ausbildung debütierte die Sopranistin 1928 am Opernhaus Breslau und sang hier noch bis 1944. Unter anderem wirkte sie an diesem Haus 1942 in der Uraufführung von Hans Stiebers Oper „Der Dombaumeister" mit. Nach dem Zweiten Weltkrieg wurde sie an das Theater Altenburg in Thüringen verpflichtet und trat hier noch bis in 1950er Jahre hinein auf. Durch Gastspiele an fast allen größeren Bühnen im deutschsprachigen Raum, so etwa 1939 an der Wiener Staatsoper, wurde sie bekannt. Die mit dem Dirigenten Dr. Herbert Lindner verheiratete Herma Kalter hatte in ihrem Bühnenrepertoire vor allem Partien aus dem Koloratur- sowie dem lyrischen Stimmfach, beispielsweise die Susanna in „Figaros Hochzeit", die Frau Fluth in den „Lustigen Weibern von Windsor", die Zdenka in „Arabella", die Nedda im „Bajazzo" oder die Adele in der „Fledermaus".

KERN, ADELE
* 25.11.1901 in München,
† 6.5.1980 ebd.

Die Künstlerin studierte in München, vor allem als Schülerin von Hermine Bosetti, und gab ihr Bühnendebüt bereits 1925 an der Münchener Staatsoper als Olympia in „Hoffmanns Erzählungen". 1926 wechselte sie für eine Spielzeit an die Frankfurter Oper und wurde nach einer Südamerika-Tournee von 1928 bis 1934 Mitglied der Wiener Staatsoper. Ihre Bekanntheit wuchs vor allem durch ihre Auftritte bei den Salzburger Festspielen in den Jahren 1927 bis 1935, wo sie Partien wie die Zerline im „Don Giovanni", die Despina in „Così fan tutte" und die Sophie im „Rosenkavalier" sang. Sie

Adele Kern

gab Gastspiele an der Londoner Covent Garden Opera, der Mailänder Scala, der Oper von Rom und den Staatsopern von Berlin und Wien; großen Erfolg hatte die Sopranistin auch bei einer Ägypten-Tournee. 1937 kehrte sie wieder nach München zurück, wo sie überaus beliebt war. Sie verfügte über einen Koloratursopran von silberheller Klangtönung und ungewöhnlicher Brillanz des Vortrages.

KISSLING-ROTHÄRMEL, MARGARETE
Lebensdaten konnten nicht ermittelt werden.

KLUGE, THEA
Lebensdaten konnten nicht ermittelt werden.

KOEGEL, ILSE
* 27.12.1902 in Charlowitz bei Pilsen,
† 18.9.1979 in Hamburg

Ilse Koegel

Die Sopranistin begann ihre künstlerische Laufbahn am Stadttheater Magdeburg, wechselte von dort zum Leipziger Opernhaus und hatte 1932 bei einem Gastspiel an der Hamburger Staatsoper so großen Erfolg als Mimi in Puccinis „La Bohème", daß sie an dieses Haus engagiert wurde, wo sie bis 1954 eine große Karriere erlebte. Meist sang sie Partien aus dem lyrischen Repertoire, jedoch ebenso Koloratur-Rollen: den Cherubino in „Figaros Hochzeit", die Rosalinde in der „Fledermaus", die Zerline im „Don Giovanni", die Eva in den „Meistersingern" oder den Octavian im „Rosenkavalier". Auch als Konzertsängerin war Ilse Koegel hoch geschätzt.

KONETZNI, ANNY
* 12.2.1902 in Weißkirchen/Serbien, † 6.9.1968 in Wien
Eigentlich unter dem Namen Anny Koneczny geboren (auch Anni Konetzni), wurde die österreichische Opernsängerin am Wiener Konservatorium sowie in Berlin bei dem Sänger und Gesangslehrer Jacques Stückgold ausgebildet. Sie debütierte 1927 als Altistin am Chemnitzer Stadttheater, allerdings wandelte sich nachfolgend ihre Stimme zum hochdramatischen Sopran. Nachdem sie 1931 an die Berliner Staatsoper engagiert worden war, folgte sie 1934 dem Ruf an die Wiener Staatsoper. Sie feierte triumphale Erfolge bei Gastspielen an der Mailänder Scala, an der Oper von Rom, an der Pariser Grand Opéra, in London an der Covent Garden Opera, in Brüssel, Amsterdam und Buenos Aires. 1935 wurde die Künstlerin zur österreichischen Kammersängerin ernannt und gab bei den Salzburger Festspielen die Isolde im „Tristan" unter Toscanini, später, jeweils abwechselnd mit ihrer Schwester, der Sopranistin Hilde Konetzni, die Marschallin im „Rosenkavalier". Für ihre Partie als Titelheldin in „Elektra" von Richard Strauss wurde sie beim „Maggio musicale" in Florenz begeistert gefeiert. Nach dem Anschluß Österreichs 1938 engagierte sie sich wie viele andere Künstler auch im Wahlaufruf „Für Großdeutschland, für den Führer, für die deutsche Kunst stimmt ‚Ja!'". 1954 wurde Anny Konetzni Dozentin an der Wiener Musikakademie. 1955 erlitt sie einen Schlaganfall, von dem sie sich nicht mehr erholte.

KRUISWYK, ANNY VAN
* 14.4.1898 in Wien,
† 20.4.1976 in München
Die Sopranistin wurde als Tochter des Professors an der Königlichen Musik-

akademie in Budapest, Walther v. K. geboren. Sie besuchte in Wien die Volksschule, darauf die Mittelschule in Budapest und studierte dort vier Jahre an der Musikakademie. Auch ihr erstes Engagement erhielt sie in Budapest, wo sie 1926 erstmals die Opernbühne betrat. Danach war sie je ein Jahr an der Oper in Frankfurt und Wiesbaden und im Anschluß daran bis 1931 an der Nürnberger Oper tätig. Seitdem gehörte sie Jahrzehntelang als Kammersängerin der Bayerischen Staatsoper an, wo sie bis Ende der 1950er Jahre eine erfolgreiche Karriere erlebte. Ungeachtet ihres holländischen Namens war sie der Typ jenes blonden Wiener Mädels, den sie in der Rolle der Fiaker-Milli bei der Ballszene der „Arabella" hinreißend gestaltet hat. Bis 1945 blieb sie der hohe Diskant im Münchner Ensemble. Sie war mit einem vielgestaltigen Repertoire im Konzertsaal zu hören und verfügte über einen technisch vorzüglich durchgebildeten, schön timbrierten Koloratursopran und beherrschte ein breites Rollenspektrum der Werke von Donizetti, Mozart, Puccini, Rossini, Richard Strauss und Verdi.

KUPPER, ANNELIES
Prof., * 21.7.1906 in Glatz/Schlesien, † 8.12.1987 in Haar bei München
Nach dem Besuch des Glatzer Oberlyzeums nahm die spätere Sopranistin an der Universität Breslau das Studium der Musikwissenschaft und der Pädagogik auf, legte 1926 das Examen als Musiklehrerin ab und arbeitete als solche von 1929 bis 1935 am Ursulinen-Lyzeum in Breslau. Parallel zu dieser Tätigkeit studierte sie Gesang bei Hedwig Schmitz-Schweicker in Breslau und trat auch als Konzertsängerin auf. 1935 debütierte sie am Opernhaus Breslau als zweiter Knabe in Mozarts „Zauberflöte", was der Beginn einer steilen Karriere zur gefeierten Sängerin war. Nach Stationen bei der Oper Schwerin (1937/38) und dem Nationaltheater Weimar (1938 bis 1940) wurde sie 1940 bis 1945 an die Staatsoper Hamburg verpflichtet und ging dann an die Bayerische Staatsoper in München, wo sie zu den umjubelten Stars der Opernwelt gehörte. Bei den Bayreuther Festspielen sang sie 1944 die Eva in den „Meistersingern" und 1960 die Elsa im „Lohengrin", sie kreierte 1952 bei den Salzburger Festspielen die Titelrolle in der Uraufführung der Oper „Die Liebe der Danae" von Richard Strauss und gab Gastspiele an den führenden Opernhäusern Europas, wo sie für die musikalische Schönheit und die feine Beseelung ihres Vortrages gefeiert wurde. Seit 1937 war sie mit dem Musikkritiker und Pianisten Dr. Joachim Herrmann verheiratet, der sie bei ihren Liederabenden oft am Flügel begleitete. Ab 1956 wirkte sie neben ihren Auftritten auch als Dozentin an der Münchener Musikakademie, 1958 erhielt sie die Professur für die Meisterklasse Gesang an der Hochschule für Musik in München.

LEVKO-ANTOSCH, OLGA
*** 3.2.1903 in Wien, † ?**
Ihre Ausbildung erfolgte im wesentlichen durch Rosa Papier-Paumgartner in Wien. Ihr Bühnendebüt gab die Altistin 1928 am Mainzer Stadttheater mit der Mercedes in „Carmen". 1929 ging sie von Mainz an das Landestheater Dessau und trat danach eine Zeitlang nur bei Gastspielen und Konzerten auf. 1933 wurde sie an das Berliner Plaza-Theater engagiert, wo sie bis 1935 wirkte, um danach wieder ihre Gastiertätigkeit aufzuneh-

Olga Levko-Antosch

men. Von 1937 bis 1944 war sie Ensemblemitglied der Wiener Staatsoper, von 1945 bis 1950 hatte sie ein Gastspiel-Engagement an der Wiener Volksoper, das die Sängerin ab 1954 bis 1961 wieder aufnahm. 1954 wurde sie zur österreichischen Kammersängerin ernannt. Von ihren zahlreichen Partien stechen unter anderem folgende heraus: die Dorabella in „Così fan tutte", die Marcellina in „Figaros Hochzeit", die Witwe Brown in „Zar und Zimmermann" von Albert Lortzing, die Irmentraud im „Waffenschmied", die Marthe im „Faust" von Charles Gounod, die Grimgerde in der „Walküre", der Nicklaus in „Hoffmanns Erzählungen", die Suzuki in „Madame Butterfly", die Hata in der „Verkauften Braut" oder der Orlowsky in der „Fledermaus". Ein ähnlich umfangreiches Repertoire brachte sie auch im Konzertsaal zum Vortrag.

LOOSE, EMMY
* 22.1.1914 in Karbitz/Böhmen,
† 14.10.1987 in Wien
Ihre Ausbildung erhielt die Sopranistin am Prager Konservatorium. 1939 debütierte sie als Blondchen in Mozarts „Die Entführung aus dem Serail" am Staatstheater Hannover. Nach einem Gastspiel 1941 als Ännchen im „Freischütz" an der Wiener Staatsoper wurde sie an dieses Haus engagiert, dessen Ensemblemitglied sie bis zum Ende ihrer Karriere im Jahre 1979 blieb. Sie spezialisierte sich als Mozart-Sängerin und im leichten italienischen Fach und feierte in mehr als 40 Partien große Erfolge. Man konnte sie fast jährlich bei den Salzburger Festspielen bewundern, und sie sang auch bei den Festspielen von Glyndebourne und Florenz vor allem Mozartpartien. Bei den Festspielen von Aix-en-Provence wurde sie als Blondchen, als Zerline im „Don Giovanni" und als Elisetta in „Il matrimonio segreto" des italienischen Opernkomponisten Domenico Cimarosa umjubelt. Emmy Loose gastierte auch an der Mailänder Scala, der Covent Garden Opera in London sowie in Südamerika.

MILINKOVIC, GEORGINE VON
* 7.7.1913 in Prag,
† 26.2.1986 in München
Die kroatische Mezzosopranistin wurde in Agram und Wien ausgebildet und debütierte 1935 in Agram als Erda in der jugoslawischen Uraufführung von Wagners „Rheingold". 1937 bis 1940 war sie am Züricher Stadttheater engagiert, wo sie 1938 die Partie der Gräfin Helfenstein in der Uraufführung von Paul Hindemiths Oper „Mathis der Maler" sang; 1940 wechselte sie an die Bayerische Staatsoper in München. Ihr Auftritt in einer Opernsendung des holländischen Senders „Hilversum" im Jahre 1941 als Kundry im „Parsifal" wurde viel beachtet. 1945 bis 1948 war sie am Opernhaus Prag engagiert, gab aber in dieser Zeit auch Gastspiele in München und Wien. 1948 wurde sie Ensemblemitglied der dortigen Staatsopern. Ab 1951 hatte sie umjubelte Auftritte bei den Bayreuther Festspielen, dort sang sie 1954 bis 1957 die Fricka und die Grimgerde in Wagners „Walküre", weitere bedeutende Wagner-Partien sang sie 1954/55 und 1957 als zweite Norn im „Nibelungenring", 1956/57 als Magdalene in den „Meistersingern" und 1957 als Altsolo im „Parsifal". Große Erfolge feierte Georgine von Milinkovic auch bei den Festspielen von Salzburg und Edinburgh sowie beim Holland Festival und als Gastsängerin der Covent Garden Opera in London; sie glänzte auch als Konzert-Altistin.

MILLRADT, FRÄNZI
* 21.9.1911 in Kiel, † 2003
Geboren als Tochter eines Kieler Bühnenbeleuchters, wuchs der Operettenstar im Theater auf, wurde bald Mitglied der Tanzgruppe, und nach

Emmy Loose

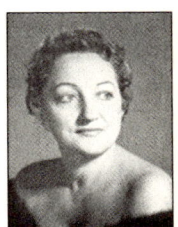
Georgine von Milinkovic

Gesangsstudien debütierte sie 1936 am Stadttheater Bremerhaven. 1937 bis 1939 hatte sie ein Engagement am Theater Saarbrücken, 1939/40 am Opernhaus Zürich und 1940 bis 1948 als erste Operettensängerin am Theater am Gärtnerplatz in München. Sie brachte alle Voraussetzungen für die klassischen Operettenpartien mit: eine blendende, große und schlanke Erscheinung, Eleganz des Auftretens, Präsenz im Dialog und volle Souveränität im Stimmlichen. Adolf Hitler schätzte ihre Hanna Glawari aus „Die lustige Witwe" so sehr, daß er sie 1944 aus dem unter den alliierten Bombardements leidenden München mit ihren Kindern aufs Land in Sicherheit bringen ließ. Nach dem Zweiten Weltkrieg kehrte sie in ihre Heimatstadt zurück, wo ihr Mann eine Musikalienhandlung führte. 1948/49 sowie 1953 bis 1957 hatte sie Engagements am Kieler Theater, ansonsten gastierte sie an den verschiedensten Bühnen mit einer Vielzahl von Operettenpartien, beispielsweise als Demoiselle Cagliari in „Wiener Blut" von Johann Strauss, als Evelyne Valera in Fred Raymonds „Maske in Blau", als Sonja in Franz Lehárs „Zarewitsch" oder in der Titelrolle von Paul Linckes „Frau Luna". Außerdem war sie in zahllosen Radioproduktionen von Operetten mit ihrem Dauerpartner Julius Katona zu hören. Anfang der 1960er Jahre zog Fränzi Millradt sich aus dem Musikleben zurück und ließ sich mit ihrem Mann am Chiemsee nieder.

MIRA, BRIGITTE
* 20.4.1910 in Hamburg,
† 8.3.2005 in Berlin

Die Volksschauspielerin und -komikerin wurde als Tochter des russischen Emigranten und Pianisten Siegfried Mira und dessen Ehefrau Elisabeth geboren und wuchs in Düsseldorf auf, wo sie mit acht Jahren eine Ballett- und Gesangsausbildung begann. Ende der 1920er Jahre debütierte sie als Esmeralda in Bedřich Smetanas „Die verkaufte Braut". Nach ihrem ersten Engagement 1931 als Soubrette in Bremerhaven folgten Gastspiele an verschiedenen deutschsprachigen Bühnen, zum Beispiel am Kieler Stadttheater, wo sie als „Soubrette vom Dienst", wie sie sich selbst nannte, seit 1935 spielte. 1939 wirkte sie in Hamburg bei der Uraufführung von Franz Lehárs Operette „Giuditta" mit. 1941 ging sie nach Berlin zum Theater am Schiffbauerdamm, wo der Conferencier und Kabarettist Willi Schaeffers ihr komisches Talent entdeckte und sie zum Kabarett der Komiker holte. Ihre ersten Auftritte vor der Filmkamera hatte die Künstlerin in „Liese und Miese", einer Kurzfilmreihe, die im Beiprogramm der Deutschen Wochenschau gezeigt wurde. Dabei war Liese – gespielt von Gisela Schlüter – die Gute, die sich unter den erschwerten Kriegsbedingungen richtig verhielt, während „Miese" – gespielt von Mira – alles falsch machte, Feindsender hörte, über knappe Lebensmittel schimpfte und sich mit Spionen einließ. Nach Kriegsende spielte sie an verschiedenen Berliner Theatern und sang in diversen Rollen im Rundfunk, war aber auch auf einigen Kabarettbühnen zu sehen. In den 1950er und 1960er Jahren wirkte sie neben ihrer Bühnentätigkeit in musikalischen Lustspielen und Volksstücken auch in vielen Schlager- und Komödienfilmen mit. 1972 entdeckte sie Rainer Werner Fassbinder am Schauspielhaus Bochum und engagierte sie für seinen Film „Angst essen Seele auf", womit

Brigitte Mira

Brigitte Mira auch als international anerkannte Schauspielerin reüssierte und den Deutschen Filmpreis als beste Darstellerin erhielt. Von den zahlreichen Fernsehauftritten blieb besonders ihre Rolle als Oma Färber in der Vorabendserie „Drei Damen vom Grill" in Erinnerung. 1989 erhielt sie für ihre besonderen Leistungen das Filmband in Gold, es folgten viele weitere Ehrungen wie beispielsweise 1995 das Große Verdienstkreuz oder 2005 der Berliner Bär für ihr Lebenswerk. Ende der 1990er Jahre ging sie zusammen mit Evelyn Künneke und Helen Vita mit dem selbstironischen Chansonabend „Drei alte Schachteln" auf Tournee, später auch mit einem Soloprogramm.

MEINL-WEISE, RITA
Prof., * 14.11.1898 in Libau/Kurland,
† November 1987 in Weimar
Die Sopranistin wurde mit dem Namen Rita Edelmann geboren, besuchte das Lyzeum in Riga und danach die Kunstgewerbeschule Berlin, wo sie Malerei studierte. Danach studierte sie an der Kunstschule Danzig das Fach Photographie, bis sie sich zu einer Gesangsausbildung entschloß, welche sie bei Margarethe Bärwinkel in Berlin sowie bei Anna El-Tour und Guiseppe Carmazzini in Paris absolvierte. Sie debütierte als Konzertsängerin im Jahre 1927 und wurde 1932 bis 1934 an das Stadttheater Münster engagiert. Am 17. Mai 1931 sang sie in München in der Uraufführung von Aloys Hábas Oper „Die Mutter", in deren Partitur ein experimentelles Vierteltonsystem angewandt wird. 1934 bis 1938 wirkte sie am Theater von Königsberg, danach bis 1940 am Breslauer Opernhaus. Den Höhepunkt ihrer Sängerkarriere erreichte sie während ihres Engagements am Leipziger Opernhaus von 1940 bis 1951. Neben diesem Engagement war sie seit 1941 auch der Dresdener Staatsoper verbunden. Ihre erfolgreichsten Bühnenpartien waren etwa die Gräfin in „Figaros Hochzeit", die Pamina in der „Zauberflöte", die Lisa in „Pique Dame" oder die Mimi in „La Bohème". 1942 sang sie in der Leipziger Uraufführung von Franz Petyreks Oper „Der Garten des Paradieses". Sie lehrte seit 1952 als Dozentin, ab 1959 als Professorin an der Musikhochschule Leipzig und zeitweise auch an der Musikhochschule Berlin. In zweiter Ehe war sie mit dem Baß-Bariton Carl Meinl verheiratet.

Rita Meinl-Weise

NENTWIG, KÄTHE
* 1916 in Kreuzburg/Schlesien, † 1993
Die Sopranistin studierte in Breslau und Wien Gesang und debütierte 1939 am Stadttheater Plauen als Königin der Nacht in der „Zauberflöte". Danach folgten Engagements am Stadttheater Wilhelmshaven (1949/41) und am Nationaltheater Weimar (1941/42), danach wurde sie an die Münchener Staatsoper berufen. Hier wirkte sie beispielsweise als Page Oscar in Guiseppe Verdis Oper „Ein Maskenball", als Blondchen in der „Entführung aus dem Serail" sowie als Höhepunkte in ihrem Koloratur-Repertoire die Zerbinetta in „Ariadne auf Naxos", die Despina in „Così fan tutte" oder die Susanna in „Figaros Hochzeit". 1953 absolvierte Käthe Nentwig ein erfolgreiches Gastspiel an der Covent Garden Opera in London als Xanthe in „Die Liebe der Danae" von Richard Strauss. Ab 1957 war sie Ensemblemitglied der Kölner Oper, wo sie auch unter dem Namen Schmitt-Nentwig auftrat.

Käthe Nentwig

NETTESHEIM, KONSTANZE
* 12.10.1900 in Düsseldorf,
† 15.10.1965 in Stuttgart

Konstanze Nettesheim

Ihre Gesangsausbildung erhielt die Sopranistin von Julius Raatz-Brockmann in Berlin. Von 1925 bis 1931 war sie Ensemblemitglied des Düsseldorfer Opernhauses, danach wirkte sie bis 1942 am Deutschen Opernhaus Berlin. Höhepunkte ihres breiten Repertoires waren Partien wie die Agathe im „Freischütz", die Pamina in der „Zauberflöte", die Marie in der „Verkauften Braut", die Mimi in „La Bohème" oder der Octavian im „Rosenkavalier". Die Künstlerin gastierte auch bei den Festspielen in der Waldoper Zoppot. Nach dem Zweiten Weltkrieg trat sie ausschließlich als Konzert- und Oratoriensopranistin in Erscheinung.

NIKOLAIDI, ELENA
* 15.6.1909 in Smyrna/Griechenland,
† 14.11.2002 Santa Fé/USA

Elena Nikolaidi

Die Altistin wurde als Tochter griechischer Eltern geboren und erhielt ihre Gesangsausbildung bei Thanos Mellos, den sie im Jahre 1936 heiratete. 1935 debütierte sie in Athen in einem Konzert des Staatsorchesters unter dem Dirigat des Komponisten und Pianisten Dimitri Mitropoulos. Sie führte ihre Gesangsstudien in Wien fort und debütierte hier im Jahre 1936 als Eboli im „Don Carlos" an der Wiener Staatsoper, wo sie bis 1947 engagiert war. In Wien feierte die Künstlerin große Erfolge, die sich bei den Salzburger Festspielen und Gastspielen an der Covent Garden Opera in London, der Mailänder Scala und der Prager Oper fortsetzten. Auch bei einer Ägypten-Tournee sowie der 1949 durchgeführten großen Tournee durch Nordamerika wurde sie umjubelt. 1950 bis 1956 war sie Mitglied der New Yorker Metropolitan Opera, sie gastierte häufig an den Opern von Chicago, San Francisco und an den führenden Opernbühnen in Südamerika. Seit dem Jahre 1960 lehrte sie Gesang an der Universität in Tallahassee/Florida, im Jahre 1977 unterrichtete sie für Künstler der Housten Grand Opera im selben Fach an der Universität von Houston/Texas.

NONI, ALDA
* 30.4.1916 in Triest,
† 19.5.2011 auf Zypern

Die Sopranistin studierte am Konservatorium von Triest die Fächer Klavierspiel und Gesang und debütierte mit ihrer charmanten, technisch vortrefflich gebildeten Koloraturstimme 1937 in Laibach als Rosine im „Barbier von Sevilla"; danach sang sie meist in Belgrad und Agram. Ab 1941 war sie an der Wiener Staatsoper engagiert, wo sie mit Partien aus Opern von Mozart, Donizetti und Rossini erfolgreich war. Richard Strauss gab ihr die Rolle der Zerbinetta, als 1944 anläßlich seines 80. Geburtstages eine Gala-Aufführung seiner „Ariadne auf Naxos" an der Wiener Oper inszeniert wurde. Nach dem

Alda Noni

Zweiten Weltkrieg begann die sehr erfolgreiche Karriere der Sopranistin in Italien, in erster Linie an der Mailänder Scala, aber auch an den Opern von Rom, Turin und Venedig sowie bei den Festspielen von Florenz und Verona. Im Jahre 1946 sah man sie am Londoner Cambridge Theatre als Norina im „Don Pasquale" neben dem berühmten Bariton Mariano Stabile; 1947 gastierte sie am Teatro Colón in Buenos Aires und trat auch noch an anderen Musikzentren der Welt auf. 1949 sang sie in England bei den Edinburgh Festspielen, in den Jahren 1949 bis 1954 trat Alda Noni beim Glyndebourne Festival auf. 1955, nach der Geburt ihrer Tochter, zog sich Noni weitgehend von der Opernbühne zurück und reduzierte ihre Auftritte. Sie übernahm nur noch einzelne Engagements bei ausgewählten Produktionen. 1958 beendete sie schließlich endgültig ihre Bühnenkarriere.

PREISIG, LILLY
* 1904, † ?
Weitere Lebensdaten der Sopranistin konnten nicht ermittelt werden.

PROSKE, STEFANIE
Lebensdaten konnten nicht ermittelt werden.

REICH, CÄCILIE
* 16.08.1911 in Berlin,
† 30.10.1965 in München
Die Sopranistin erhielt ihre Ausbildung als Opernsängerin an der Musikhochschule Berlin, debütierte 1928 am Stadttheater von Görlitz und wurde dann an das Stadttheater von Bremen und später nach Berlin engagiert, wo sie kleine Partien an der Staatsoper und 1929 bis 1931 an der Kroll-Oper sang. 1932 wurde sie Mitglied der Staatsoper in München, wo sie bis zu ihrem Tode auftrat. Hier sang sie beispielsweise 1934 in der Uraufführung der Oper „Lucedia" von Vittorio Giannini. Zu ihren großen Partien gehörten die Gräfin in „Figaros Hochzeit", die Donna Elvira im „Don Giovanni", die Elsa im „Lohengrin", die Marschallin im „Rosenkavalier" und die Desdemona in Guiseppe Verdis „Othello". 1937 und 1939 gastierte Reich am Teatro Colón in Buenos Aires als Elisabeth im „Tannhäuser" und als Chrysothemis in „Elektra" von Richard Strauss. 1940/41 sang sie bei den Festspielen von Zoppot die Eva in den „Meistersingern". Die auch als Konzertsängerin geschätzte Künstlerin absolvierte noch weitere Gastspiele am Stadttheater von Zürich und an den großen deutschen Bühnen.

REICHELT, ELISABETH
* 7.2.1910 in Coswig bei Dresden,
† 7.5.2001 in Dresden
Die Koloratursopranistin und Kammersängerin wurde an der Musikhochschule von Dresden ausgebildet, unter anderem auch durch Werner Reichelt, den sie später heiratete. 1936 debütierte sie als Sandrina in „La finta giardiniera" von Mozart an der Oper von Düsseldorf. 1939 wurde sie als Nachfolgerin der berühmten Erna Sack an die Staatsoper von Dresden berufen, wo sie bis zum Ende ihrer Karriere im Jahre 1970 wirkte und das gesamte Koloratur-Repertoire von Mozart bis Richard Strauss sang; daneben machte sie eine bedeutende Karriere als Konzert- und Oratoriensopranistin. Besonders beeindruckend war die phänomenale Tonhöhe ihrer Stimme. Reichelt absolvierte zahlreiche erfolgreiche Gastspiele an den Staatsopern von Wien, Berlin, Hamburg, München, Amsterdam und im Haag. Eine noch größere internationale Karriere der Sängerin wurde durch die Kriegsereignisse verhindert.

REICHLIN, FEE VON
* 21.4.1912 in Wiesbaden,
† 24.10.2002 in München
Die spätere Schauspielerin, Operettensängerin und Synchronsprecherin wurde als Felicitas Freiin Reichlin von Meldegg geboren und wirkte bereits in ihrer Kindheit als Tänzerin im Theater mit. Nachdem sie später Unterricht in Tanz, Gesang und Schauspiel genommen hatte, spielte sie über lange Jahre an Bühnen in Berlin, Dresden, München und Prag sowie nach 1945 in Wiesbaden und München. Sie wirkte dabei im Sprechtheater sowie in Revueoperetten, musikalischen Lustspie-

Lilly Preisig

Cäcilie Reich

Seite 36

len und im Berliner Kabarett „Die Insulaner". In den 1950er Jahren hatte sie auch Erfolg als Schlagersängerin. Ihre Filmkarriere begann in den 1930er Jahren in Kurzfilmen des Komikers, Volkssängers und Filmproduzenten Karl Valentin sowie dem Film „Es knallt" (1932). Nach dem Zweiten Weltkrieg konnte man sie noch in einigen wenigen Filmen sehen wie in „Das weiße Abenteuer" (1952) oder „Ferien vom Ich" (1963). Außerdem trat sie mehrfach in Fernsehreihen und -serien auf wie etwa „Tatort", „Der Alte", „Derrick" oder „Ein Heim für Tiere". Weiterhin wirkte Reichlin als Sängerin und Sprecherin in vielen Unterhaltungssendungen des Bayerischen Rundfunks mit und arbeitete auch viel im Synchronstudio. 1987 wurde sie neben fünf anderen Alt-Stars (Marianne Hoppe, Camilla Horn, Carola Höhn, Rose Renée Roth und Marika Rökk) sowie der Bridge-Lehrerin Ortrud von der Recke von dem Filmregisseur Peter Schamoni für die Filmadaption des Romans „Schloß Königswald" von Horst Bienek engagiert, wofür die genannten Hauptdarsteller 1988 mit dem Bayerischen Filmpreis ausgezeichnet wurden.

Fee von Reichlin

RÉTHY, ESTER
* 22.10.1912 in Budapest,
† 28.1.2004 in Wien
Nach der Ausbildung ihrer Stimme in Budapest und Wien debütierte die Sopranistin an der Nationaloper Budapest als Micaela in Bizets „Carmen". 1937 erhielt sie ein Engagement an der Wiener Staatsoper, deren Mitglied sie bis 1949 blieb. Bekannt wurde sie vor allem durch ihre Auftritte bei den Salzburger Festspielen, wo sie 1937 bis 1939 die Susanna in „Figaros Hochzeit" und die Sophie im „Rosenkavalier" sang. Für 1940 war sie bereits an die New Yorker Metropolitan Opera verpflichtet, konnte aber durch die Kriegsereignisse dieses Engagement nicht wahrnehmen. Zwischen 1941 und 1944 war Ester Réthy Mitglied des Ensembles der Budapester Nationaloper. Ab 1948 trat sie vorwiegend an der Wiener Volksoper auf, beispielsweise in den Operetten „Eine Nacht in Venedig" und „Der Zigeunerbaron" von Johann Strauss. 1950 gab sie ein Konzert bei den Salzburger Festspielen, am 14. August 1952 sang sie in der Uraufführung der „Liebe der Danaë" von Richard Strauss. Als Lehrerin war sie ab 1954 am Konservatorium der Stadt Wien, ab 1971 an der Wiener Musikhochschule aktiv. Ihr Sohn Laszló Imre wurde ein bekannter Dirigent.

ROTT, HELENA
* 10.11.1908 in Münster, † 1991
Die Altistin stammte aus einem sehr musikalischen Elternhaus und erhielt ihre Gesangsausbildung an der Musikhochschule in Köln. Etwa um 1934 hatte sie im Rheinland ihr Debüt als Konzertsängerin und war seit 1937 als Erste Altistin am Stadttheater Münster verpflichtet, mit dessen Ensemble sie auch in Holland gastierte. Ab 1940 hatte sie ein Engagement an der Staatsoper Dresden, wo sie bis 1960 eine bedeutende Karriere als Erste Altistin machte. Hier sang sie die Partie der Gräfin Capulet in der Uraufführung der Oper „Romeo und Julia" von Heinrich Sutermeister. Weitere Höhepunkte ihres umfangreichen Repertoires waren die Gräfin in Albert Lortzings „Wildschütz", die Annina im „Rosenkavalier" und die Adelaide in „Arabella" von Richard Strauss. Nach 1960 sang sie in Westdeutschland, beispielsweise 1963 am Stadttheater Oberhausen.

ROKYTA, ERIKA
* 14.7.1899 in Krakau,
† 14.5.1985 in Wien
Die Sängerin wurde als Tochter eines österreichisch-ungarischen Offiziers geboren, der 1916 im Ersten Weltkrieg fiel. Sie verbrachte ihre Jugend in Wien,

wo sie Klavierspiel und Gesang studierte und 1919 ihr Diplom als Musiklehrerin erhielt. In einem Gesangsverein in der Wiener Neustadt wurde ihre aufsehenerregende Stimme entdeckt, die dann durch Hermine Singer-Burian ausgebildet wurde. Die Sopranistin Rokyta gab 1925 ihren ersten Liederabend und begann damit eine große Karriere als Lieder- und Oratoriensängerin. Schnell avancierte sie zu einer der bedeutendsten Konzertsopranistinnen im deutschen Sprachraum, „wobei ihre Stimme einerseits durch eine ungewöhnliche Schönheit in den hohen Lagen, anderseits durch Ausdruckskraft und ihre Tonfülle ausgezeichnet war". Nachdem sie ihren Wohnsitz in Wien genommen hatte, trat sie hier lange Jahre bei den großen Konzertveranstaltungen auf, etwa bei den Bruckner-Festen der Jahre 1936, 1946 und 1949. Sie gab zahlreiche Konzerte in Berlin, Köln und Hamburg, in Paris, Brüssel, Zürich, Basel, Belgrad, Graz oder Danzig. Ihr großes Repertoire reichte von allen klassischen Oratorienwerken Bachs, Händels, Haydns, Mozarts, Beethovens, Brahms', Mendelssohns und Mahlers bis zu zeitgenössischen Komponisten. Von 1948 bis 1952 wirkte sie als Lehrerin am Konservatorium Saarbrücken. Nachdem sie um 1955 ihre aktive Karriere beendet hatte, leitete sie von 1959 bis 1964 eine Liedklasse am Wiener Konservatorium.

RUDOLPH, TRESI
Prof., * 18.8.1911 in Göttingen,
† 22.1.1997 in Hamburg
Nach ihrem Gesangsstudium bei Ernst Grenzebach hatte Tresi Rudolph ihr erstes Engagement in der Spielzeit 1931/32 am Landestheater Sachsen in Döbeln. Danach wurde sie bis 1937 an die Berliner Staatsoper verpflichtet; 1935 sang sie hier zusammen mit Tiana Lemnitz, Helge Roswaenge und Margarethe Arndt-Ober in der Uraufführung von Eduard Künnekes Operette „Die große Sünderin". 1937 wechselte sie zum Deutschen Opernhaus, und im folgenden Jahr wurde der Sopranistin der Titel Kammersängerin verliehen; hier blieb sie bis zur Schließung der deutschen Theater am 1. September 1944. Am Deutschen Opernhaus wie auch später in Hamburg sang sie viele große Partien ihres Stimmfachs und feierte auch bei zahlreichen Gastspielen große Erfolge. Ihren einzigen Filmauftritt hatte sie 1936 in Josef von Bakys Komödie „Intermezzo", in der sie die Lieder „Viva el Torero" und „Für jede Frau gibt's einen Mann auf Erden" sang, die der Komponist vieler bekannter Film- und Bühnenmusiken Theo Mackeben geschrieben hatte. Nach dem Zweiten Weltkrieg wirkte Rudolph von 1949 bis 1957 an der Staatsoper Hamburg. Anfang der 1960er Jahre wanderte sie nach Kolumbien aus und übernahm dort eine Professur an der Musikhochschule von Tolima.

Tresi Rudolph

RUTGERS, ELISABETH
* 1911 in Amsterdam, † ?
Die Sopranistin erhielt ihre Gesangsausbildung am Konservatorium Amsterdam bei Jacoba Dresden-Dhont und Johannes den Hertog, nach 1936 setzte sie diese Ausbildung bei Hermine Singer-Burian fort. Nachdem sie 1937 einen Gesangswettbewerb in Wien gewonnen hatte, erhielt sie 1938 ein Engagement an der Staatsoper Wien, an der sie bis 1950 eine erfolgreiche Karriere aufbaute. Bei den Salzburger Festspielen von 1939 sang sie das Ännchen im „Freischütz", 1941 die Zerline im „Don Giovanni", die Sophie im „Rosenkavalier" von Richard Strauss, und im Jahre 1949 wirkte sie hier nochmals in der Zauberflöte. 1943 gab sie ein Gastspiel an der Wiener Volksoper, 1946 am Opernhaus von Graz. 1948 gab die Künstlerin Liederabende in Amsterdam und im Haag. Sie brillierte besonders in den Partien aus dem Stimmfach der Koloratur-Soubrette: die Susanna in „Figaros Hochzeit", die Papagena der „Zauberflöte", die Marzelline im „Fide-

lio", die Gretel in Engelbert Humperdincks „Hänsel und Gretel" und in den Operettenrollen von Johann Strauss. Nach der Heirat mit dem bulgarischen Flötisten Boris Stojanoff verzog das Ehepaar 1950 nach Bulgarien, wo die Sängerin noch einige Gastspiele an der Nationaloper Sofia gab. Nach Abschluß ihrer auch im Konzertbereich erfolgreichen Karriere war sie noch bis 1975 als Pädagogin in der bulgarischen Hauptstadt tätig.

SACK, ERNA
* 6.2.1898 in Berlin-Spandau,
† 2.3.1972 in Mainz

Nach ihrem Gesangsstudium in Prag und Berlin wurde die Sängerin als Elevin an die Berliner Staatsoper verpflichtet, hier sang sie kleine Alt-Partien. 1930 wechselte sie an das Stadttheater Bielefeld und auch in das Stimmfach des Koloratursoprans. 1932 erhielt sie ein Engagement am Staatstheater Wiesbaden, 1934 am Opernhaus Breslau und 1935 an der Dresdener Staatsoper, wo sie in der Uraufführung von Richard Strauss' „Schweigsamen Frau" die Isotta spielte. Bei den Gastspielen, die sie seit 1933 an der Staatsoper Berlin, in Mailand, London, Paris und Wien, Hamburg, München und bei den Salzburger Festspielen gab, feierte Erna Sack triumphale Erfolge, ebenso bei ihrer glanzvollen Nordamerika-Tournee im Jahre 1936. Im Jahr 1938 übernahm Erna Sack die Hauptrolle in der Operettenverfilmung „Nanon" an der Seite von Johannes Heesters. Während des Zweiten Weltkrieges sang sie vor allem in Schweden, der Schweiz und der Türkei. Nach dem Krieg verlegte sie ihren Wohnsitz nach Kalifornien, ab 1956 lebte sie in Murnau in Oberbayern; seit 1953 gastierte sie auch wieder regelmäßig in Deutschland. Ihre Koloraturstimme war einzigartig und durch ein besonderes Phänomen gekennzeichnet: sie erreichte die unglaubliche Tonhöhe des viergestrichenen C und wurde daher auch die „deutsche Nachtigall" genannt. Ihre Spitzenleistungen lagen naturgemäß in virtuosen Koloratur-Kanzonen und -Liedern.

Erna Sack

SCHEPPAN, HILDE
Prof., * 17.9.1908 Forst/Lausitz,
† 24.9.1970 in Bayreuth

Die Sopranistin erhielt ihre Ausbildung an der Berliner Musikhochschule und bei Erny von Stetten in Berlin. Zuerst sang sie im Chor der Berliner Staatsoper, hatte 1934 ihr Debüt als Solistin am Hessischen Landestheater in Darmstadt und erhielt im selben Jahr auch ein Engagement an der Berliner Staatsoper, wo sie bis 1954 sehr erfolgreich arbeitete. 1936 gastierte sie im Bayreuther Festspielchor; ihre Gastspiele an der Londoner Covent Garden Opera, in Amsterdam, Wien, Hamburg, München und Dresden waren ebenfalls sehr erfolgreich. In den Jahren 1937 bis 1943 trat sie alljährlich bei den Bayreuther Festspielen auf, wo sie für ihre Eva in den „Meistersingern" Bewunderung fand. Am 12. Mai 1938 wirkte sie in der Uraufführung von Mark Lothars „Schneider Wibbel" mit, und am 26. November 1938 sang sie an der Berliner Staatsoper die Partie der Ingrid in der Uraufführung von Werner Egks „Peer Gynt". Nach 1945 übersiedelte Scheppan nach Bayreuth und sang nach der Wiederaufnahme der Festspiele ab 1951 hier noch kleinere Partien. Von 1952 bis 1957 gehörte sie zum Ensemble der Staatsoper Stuttgart; 1957 erhielt Hilde Scheppan eine Professur am Konservatorium Nürnberg.

Hilde Scheppan

SCHILLING, MARTHA
* 1908 (?), † ?

Nachdem sie von Oscar Rees ausgebildet worden war, begann die Sopranistin ab Anfang der 1930er Jahre ihren Berufsweg als Konzertsängerin. Ab 1935 trat sie regelmäßig bei Konzertveranstaltungen in Hamburg auf, ab 1936 hörte man sie in Berlin, ab 1941 in Köln. Sehr erfolgreich war Schilling unter anderem auch 1937 in Bremen, 1941 in Leipzig und 1949 beim Bach-Fest in Ansbach. Sie trug im Konzertsaal ein weitläufiges und sehr vielseitiges Repertoire vor und galt als große Bach-Interpretin. Wenn sie einen ihrer zahlreichen Rundfunkauftritte hatte, sang sie auch Opernarien, eine eigentliche Bühnenkarriere entwickelte sie jedoch nicht. Ihre Karriere klang in den 1950er Jahren aus.

SCHILP, MARIE-LUISE
* 1904, † (?)

Die Altistin Schilp wurde durch den Pädagogen Richard Senff in Düsseldorf ausgebildet und debütierte 1924 als erste Norn in der „Götterdämmerung" am Opernhaus Düsseldorf, wo sie bis 1932 wirkte, um dann bis 1933 an das Stadttheater Cottbus zu gehen. Es folgten Engagements 1933/34 am Deutschen Theater in Prag und 1934/35 am Stadttheater Stettin; danach wirkte sie bis zur Schließung der deutschen Theater am 1. September 1944 als Mitglied des Deutschen Opernhauses Berlin. Sie feierte große Folge, nicht zuletzt auch wegen ihrer ausgeprägten Kunst der Darstellung. 1938 gab sie ein Gastspiel an der Londoner Covent Garden Opera als Magdalene in den „Meistersingern" und als Annina im „Rosenkavalier". Zu ihren Bühnenrollen gehörten unter anderem die Dorabella in „Così fan tutte", die Carmen, die Preziosilla in Verdis „La forza del destino", die Suzuki in „Madame Butterfly" oder der Orlowsky in der „Fledermaus". Große Erfolge waren ihr auch bei Konzerten und ihren Rundfunkauftritten beschieden. Ihre Karriere reichte bis in die Jahre nach dem Zweiten Weltkrieg hinein fort.

SCHMIDT-STEIN, INGEBORG
* 1904, † ?

Die Sopranistin begann ihre Karriere (unter dem Namen Ingeborg Stein) in der Spielzeit 1928/29 am Stadttheater Heidelberg, setzte danach aber ihre Ausbildung fort und trat danach immer wieder als Konzert- und Liedersängerin auf. Sie war 1933 bis 1937 am Stadttheater Magdeburg und 1937 bis 1944 als erste Sopranistin an der Berliner Volksoper engagiert. Hier wirkte sie 1940 als Erophile in der deutschen Erstaufführung der Oper „Der Ring der Mutter" des griechischen Komponisten Manolis Kalomiris mit. Parallel zu ihrem Berliner Engagement hatte sie einen Gastvertrag beim Landestheater Hannover, 1940 sang sie auch als Gast an der Staatsoper Wien. Ihr Metier war vor allem das des Koloratur- und des lyrischen Soprans mit Partien wie der Konstanze in der „Entführung aus dem Serail", der Susanna in „Figaros Hochzeit", der Frau Fluth aus den „Lustigen Weibern von Windsor", der Traviata oder der Norina im „Don Pasquale". Ab Mitte der 1950er Jahre wirkte sie in Hannover als Gesanglehrerin.

SCHOLLWER, EDITH
* 12.2.1904 in Berlin, † 1.10.2002 ebd.

Die Schauspielerin, Sängerin und Kabarettistin hatte ihr Bühnendebüt mit einer Sprechrolle im Berliner Nationaltheater, nahm Gesangsunterricht und erhielt ein Engagement beim Hamburger „Flora-Varieté". Danach machte sie in kurzer Zeit Karriere als Operettensoubrette an der Seite von bekannten Künstlern wie Richard Tauber, Fritzi Massary oder Max Hansen. Ihr Repertoire bestand vor allem aus musikalischen Lustspielen und Operetten von Eduard Künneke, Walter und Willi Kollo, Robert Stolz, Walter Wilhelm

Marie-Luise Schilp

Goetze und Franz Lehár. Ab Mitte der 1920er Jahre trat sie auch im Kabarett auf, beispielsweise im „Kabarett der Komiker", im „Krummen Spiegel", im „Haus Vaterland", in der Stuttgarter „Mausefalle" und im Berliner „Nürnberger Trichter". Außerdem spielte die Künstlerin in Kabarett- und Ausstattungsrevuen, sie nahm in den 1930er Jahren mehrere Schallplatten auf und war in zahlreichen Spielfilmen zu sehen, vorwiegend Komödien und Operettenverfilmungen. Sowohl während des Zweiten Weltkrieges als auch in der Nachkriegszeit war sie in Berlin tätig. Nach 1945 stand Schollwer in populären Volksstücken und Boulevardkomödien im Hebbel-Theater und im Renaissance-Theater auf der Bühne, bis Gustaf Gründgens sie 1947 für die Günter Neumann-Revue „Alles Theater" an das Berliner Kabarett „Ulenspiegel" holte. Sie wirkte später in mehreren Hörfunk-Serien mit und trat, mehr als achtzigjährig, in der ZDF-Serie „Die Wicherts von nebenan" auf.

Edith Schollwer

SCHÜRHOFF, ELSE
* 21.6.1898 in Wuppertal,
† 17.3.1960 in Hamburg

Die Altistin war Schülerin des Sängers Julius von Raatz-Brockmann, wurde zuerst Gesangslehrerin und lehrte bis 1928 als Dozentin an der Akademie für Kirchen- und Schulmusik in Berlin. Dann trat sie als Opernsängerin auf und hatte von 1929 bis 1936 ein Engagement am Opernhaus Hannover, wo sie 1931 an der Uraufführung von Georg Vollerthuns Oper „Der Freikorporal" mitwirkte. 1937 wechselte die Sängerin an die Staatsoper München und ging 1941 an die Staatsoper Wien. Hier blieb sie bis 1953, danach war sie als erste Altistin an der Staatsoper Hamburg tätig, hielt aber durch einen Gastspielvertrag engen Kontakt zu ihrer vorherigen Wirkungsstätte. Gastspiele und Konzertreisen brachten ihr große nationale und internationale Erfolge.

SCHÜTZE, CHARLOTTE
Lebensdaten konnten nicht ermittelt werden.

SCHWARZKOPF, ELISABETH
Prof., * 9.12.1915 in Jarotschin/Posen,
† 3.8.2006 in Schruns/Vorarlberg

Die Sängerin, die eine der schönsten Sopranstimmen ihrer Epoche besaß, wurde an der Musikhochschule Berlin sowie von der berühmten ungarischen Sopranistin Maria Ivogün ausgebildet. 1938 gab sie ihr Bühnendebüt als Blumenmädchen im „Parsifal". Nach ersten Erfolgen in Berlin wurde sie 1944 nach Wien verpflichtet, wo sie in ihrer Antrittsrolle als Zerbinetta in „Ariadne auf Naxos" von Richard Strauss überzeugte. In Wien begann nach 1945 ihre glanzvolle internationale Karriere, wobei sie vom Koloraturfach in das schwierigere lyrische Fach überwechselte. Sie begeisterte alljährlich bei den Salzburger Festspielen ihr Publikum durch die bestechende Kunst ihres Mozart-Gesangs oder als Marschallin im „Rosenkavalier", wurde aber auch durch ihre Konzerte und zehn große Liederabende in Salzburg berühmt. Seit 1948 verband sie ein Gastspielvertrag mit der Londoner Covent Garden Opera, wo man sie als Pamina in der „Zauberflöte", als Mimi in Puccinis „La Bohème" oder als Manon von Massenet hörte. 1951 wurde sie bei den Bayreuther Festspielen als Eva in den „Meistersingern", als Woglinde im „Nibelungenring" und als Solistin in der 9. Symphonie von Beethoven gefeiert. Man huldigte der großen Künstlerin ab 1953 bis 1963 an der Mailänder Scala, wo sie beispielsweise die Marguerite in Gounods

Elisabeth Schwarzkopf

„Faust" oder die Mélisande in „Pelléas und Mélisande" sang. 1951 verlegte sie ihren Wohnsitz nach London, 1953 heiratete sie den Direktor des EMI-Konzerns Walter Legge. 1953 debütierte die Künstlerin in Nordamerika mit einem Liederabend in New York und wurde auch dort, in Chicago und in den Zentren des Musiklebens in aller Welt gefeiert. 1972 trat sie in Brüssel als Marschallin von der Bühne ab, beendete 1975 ihre Konzertkarriere und gab 1979 einen letzten Liederabend in Zürich, wo sie seit dem Tod ihres Ehemannes lebte. Sie wurde auf der ganzen Welt mit Auszeichnungen geehrt, so erhielt sie beispielsweise von der baden-württembergischen Landesregierung 1990 den Professoren-Titel, der schwedische König dekorierte sie 1964 mit dem Orden „Litteris et artibus", 1983 wurde sie in das Kapitel des Ordens „Pour le mérite für Wissenschaft und Künste" gewählt, und die Königin von England erhob sie 1992 zur „Dame of the British Empire".

SEEFRIED, IRMGARD
* 9.10.1919 in Köngetried,
† 24.11.1988 in Wien

Die Sängerin studierte am Leopold-Mozart-Konservatorium in Augsburg sowie in München. Herbert von Karajan holte sie nach Aachen, wo sie seine Schülerin wurde und sich auch unter dem Domkapellmeister Theodor Bernhard Rehmann weiterbildete; sie debütierte dort 1940 als Tempelsängerin in Verdis „Aida". 1943 wurde sie von Karl Böhm nach Wien verpflichtet, wo sie als Antrittsrolle die Eva in den „Meistersingern" gab und rasch eines der führenden Mitglieder des dortigen Mozart-Ensembles wurde. Sie blieb ihr ganzes Leben an der Wiener Staatsoper, trat aber ab 1946 auch regelmäßig bei den Salzburger Festspielen auf und sang an allen bedeutenden Bühnen und bei den wichtigen Festivals der Welt, immer wieder auch unter der Leitung von Herbert von Karajan. Die lyrische Sopranistin erzielte sehr große Erfolge im Konzertsaal und galt als eine der bedeutendsten Liedinterpretinnen ihrer Zeit. Ihre Welterfolge verdankte sie ihrer schön gebildeten und ausdrucksreichen Sopranstimme mit heller, klarer Klangemission und deutlicher, aber nicht überbetonter Diktion. Sie war mit dem Geiger Wolfgang Schneiderhan verheiratet, mit dem sie auch mehrfach gemeinsam im Konzertsaal erschien, und ist die Mutter der Schauspielerin Mona Seefried. Die Sängerin ruht in einem ehrenhalber gewidmeten Grab auf dem Neustifter Friedhof in Wien.

Irmgard Seefried

SOMMERSCHUH, GERDA
* 4.5.1915 in Dresden,
† 10.11.1984 in München

Die Sopranistin debütierte 1937 als Page im „Lohengrin" am Chemnitzer Stadttheater. Ab 1938 war sie an der Stuttgarter Staatsoper verpflichtet, wo sie bis 1942 Partien aus dem Bereich der Soubrette wie auch aus dem lyrischen Fach sang, unter anderem die Zerline im „Don Giovanni", die Blondchen aus der „Entführung aus dem Serail", die Ännchen im „Freischütz", die Nedda im „Bajazzo" und die Regina in Hindemiths „Mathis der Maler". Ab 1942 ging sie an die Bayerische Staatsoper in München, deren Mitglied sie stets blieb. Bei den Salzburger Festspielen sang sie den Cherubino in „Figaros Hochzeit", 1949 sang sie bei den Begräbnisfeierlichkeiten von Richard Strauss auf dessen ausdrücklichen Wunsch hin. Sie gastierte 1952 an der Covent Garden Opera in London als Zdenka in „Arabella" sowie als Semele in die „Die Liebe der Danae" von Richard Strauss. Sie nahm 1969 Abschied von der Bühne und verstarb fünfzehn Jahre später durch einen Autounfall.

Gerda Sommerschuh

SPADA, ANITA
* 1913 in Essen

Lebensdaten konnten kaum ermittelt werden, lediglich folgendes: Es handelt sich hier um den Künstlernamen, den Anneliese Kambeck sich für ihre Arbeit als Sängerin sowie in Kabarett und Varieté zugelegt hatte. Sie war die Ehefrau des Geschäftsführers der Reichskulturkammer Hans Hinkel, der 1942 Leiter der Filmabteilung im Reichsministerium für Volksaufklärung und Propaganda und 1944 Reichsfilmintendant wurde. Die Heirat, an der auch Reichsminister Dr. Goebbels teilnahm, fand 1942 statt. Die blonde Sängerin war offensichtlich Teil der reichen Unterhaltungsszene Berlins. In diesem Zusammenhang gab die zeitgenössische deutsche Zeitung „Der Artist" Mitte Oktober 1935 „bereits Einblick in die Bemühungen um eine glanzvolle Variétékunst in der Reichshauptstadt, wo sich die Scala und die Tiller-Girls, Anita Spada und Trude Hesterberg sowie Johnny Langs ‚Musikal-Mädels' die Bühnen teilten. Verlage wie Bosworth & Co. (Leipzig) warben mit ganzseitigen Anzeigen für englische und amerikanische Tanzmusik, und Erhard Bauschke bot im bekannten ‚Moka Efti' in der Berliner Friedrichstraße Musik von bekannt internationaler Beschwingtheit."

TOLL, MARIA
* 18.6.1899 in Berlin, † ?
Die Sopransängerin debütierte am 30. Oktober 1929 an der Berliner Philharmonie. Weitere Lebensdaten konnten nicht ermittelt werden.

TRÖTSCHEL, ELFRIDE
* 22.12.1913 in Dresden,
† 20.6.1958 in Berlin
Die Sängerin wurde in Dresden unter anderem von Paul Schöffler, Sophie Kuhnau-Bernard und Doris Winkler ausgebildet. 1933 wurde sie durch Karl Böhm an die Dresdener Staatsoper verpflichtet, wo sie bis 1950 als Sopranistin wirkte. Ihre ersten Gastspiele gab sie 1936 in London und Florenz. 1941 wirkte sie bei den Salzburger Festspielen als Barbarina in „Figaros Hochzeit" und einer der drei Knaben in der „Zauberflöte" mit, 1942 beim „Maggio musicale" in Florenz und im selben Jahr am Teatro San Carlo von Neapel. Ab 1947 hatte sie einen Gastspielvertrag mit der Komischen Oper Berlin, und 1950/51 war sie Mitglied der Berliner Staatsoper. Seit 1951 gehörte sie zum Ensemble der Städtischen Oper Berlin. Die Sopranistin, deren Stimme man wegen der Feinheit ihres Vortrages und der Leuchtkraft ihres Timbres schätzte, starb auf dem Höhepunkt ihrer Karriere.

Elfriede Trötschel

TÜSCHER, NATASCHA („NATA")
*13.3.1912 in Bern,
† 28.8.2002 in Zürich
Die Sopranistin studierte am Konservatorium von Bern Klavier und Gesang und wurde in Berlin bei Marie Schulz-Dornburg weiter ausgebildet. Sie debütierte 1937 am Deutschen Opernhaus Berlin als Ramiro in Mozarts „La finta giardiniera" und wirkte dort bis 1940. Wegen ihrer dunkel gefärbten, jedoch zugleich höhensicheren Stimme konnte sie nicht nur Mezzosopranpartien, sondern auch solche aus dem jugendlich-dramatischen Sopranfach übernehmen. Nach dem Zweiten Weltkrieg startete sie eine erfolgreiche Karriere an Schweizer Theatern, 1947 bis 1949 am Theater von St. Gallen und dann bis 1958 am Stadttheater von Bern. Sie gastierte an der Niederländischen Oper Amsterdam, an der Grand Opéra Paris, an der Wiener Staatsoper, der Königlichen Oper Kopenhagen und an vielen anderen Opernhäusern von Rang. Während sie zu Beginn ihrer Laufbahn häufig Hosenrollen spielte, kam später ein breites Repertoire aus Opern und Operetten hinzu. Am 16. Februar 1949 sang sie am Stadttheater von St. Gallen in der Uraufführung der Oper „Die schwarze Spinne" von Heinrich Sutermeister. Zu ihren Erfolgen im Opernfach traten gleichwertige Erfolge im Konzertgesang, wo sie sich als Liedsängerin und auch als Interpretin zeitgenössischer Vokalmusik bewährte. Sie beendete ihre Karriere gegen Ende der 1960er Jahre und lebte fortan in Zürich.

WACKERS, COBA
* 3.4.1909 in Wuppertal,
† 22.10.1985 in Frankfurt am Main

Die Sängerin verbrachte ihre Jugend in Düsseldorf und übernahm bereits während ihres Gesangsstudiums kleinere Partien an der Kölner Oper, wo sie als erste größere Rolle die Nuri in „Tiefland" sang. In der Spielzeit 1931/32 wirkte sie an der Oper in Dortmund, 1932 bis 1934 am Krefelder Stadttheater. Im Jahre 1934 wechselte sie an die Oper von Frankfurt am Main und gehörte hier bis 1964 zu den bekanntesten Künstlern. An dieser Bühne sang die Sopranistin in mehreren Opern-Uraufführungen wie etwa 1936 in Herman Reutters „Doktor Johannes Faust" und 1943 in Carl Orffs „Die Kluge". Ihre Gastspiele in Amsterdam, im Haag, in Berlin oder 1944 an der Dresdener Staatsoper wurden glänzende Erfolge. Die zu erwartende große internationale Karriere wurde durch die Zeitverhältnisse verhindert. Nachdem sie sich 1964 in Frankfurt als Santuzza in der Oper „Cavalleria rusticana" von Pietro Mascagni von der Bühne verabschiedet hatte, wirkte sie seitdem als Pädagogin in Frankfurt.

Coba Wackers

WALDENAU, ELISABETH
* 26.3.1894, † 1983 in München

Die Altistin wirkte in den Jahren 1920 bis 1926 als Opernsängerin in München, sang 1927 am Krefelder Stadttheater und 1928 bis 1930 am Stadttheater Elberfeld-Barmen (Wuppertal). Danach arbeitete sie überwiegend als Konzert- und Rundfunksängerin; mit ihrem weit gespannten Konzert- und Opernrepertoire wirkte sie in vielen Klassiksendungen der deutschen Radiostationen ihrer Zeit mit; 1937 bis 1939 war sie beim Reichssender München verpflichtet. Elisabeth Waldenau gastierte in dieser Zeit auch an den führenden deutschen Bühnen wie der Staatsoper Berlin und am Berliner Deutschen Opernhaus. Nach dem Zweiten Weltkrieg kehrte sie an die Bayerische Staatsoper in München zurück, wo sie zu Beginn ihrer Sängerlaufbahn am 4. Dezember 1920 in der Uraufführung der Oper von Walter Braunfels „Die Vögel" mitgewirkt hatte. In München verbrachte sie auch ihren Lebensabend.

WILLER, LUISE
* 28.12.1888 in Seeshaupt/Bayern,
† 27.4.1970 in München

Die Stimme der Altistin wurde durch den Chordirigenten der Münchener Hofoper Rasbach entdeckt. Ab 1906 war sie Mitglied des Chors dieser Bühne, 1910 bekam sie als erste Solo-Partie den Annius in Mozarts „Titus" übertragen, und nach einiger Zeit galt sie als eine der bedeutendsten Sängerinnen der Münchener Hofoper, wo sie am 12. Juni 1917 auch in der Uraufführung von Hans Pfitzners „Palestrina" im Prinzregententheater mitwirkte. Die Sängerin gastierte auch in Amsterdam und London, in Berlin und Dresden sowie in Stuttgart und Wien. 1930 sang sie bei den Salzburger Festspielen die Klytämnestra in Glucks „Iphigenie in Aulis". Für eine Spielzeit ging Willer 1936 an die Berliner Staatsoper, kehrte aber bereits im folgenden Jahr nach München zurück, wo man sie wegen ihrer voluminösen, musikalisch vortrefflich geführten Altstimme bis 1947 als Mitglied der Staatsoper feierte. Sie verabschiedete sich 1955 als Erda im „Siegfried" von der Bühne und lebte danach in Icking bei München.

WICHERT, ANNEMARIE
Lebensdaten konnten nicht ermittelt werden.

Luise Willer

Kabarettisten

BAHR, BETTY
Lebensdaten konnten nicht ermittelt werden.

FRITZ, BRUNO
* 4.3.1900 in Berlin, † 12.6.1984 ebd.
Über seine ersten Lebensjahrzehnte konnte nichts ermittelt werden. Fritz stand seit den 1930er Jahren auf der Theaterbühne, ab etwa 1934 trat er in Nebenrollen auch im Film auf: 1934 in „Zwei Genies" und „Oberwachtmeister Schwenke", 1935 in „Traumulus", 1936 in „Der müde Theodor", 1937 in „Ruhe ist die erste Bürgerpflicht", 1939 in „Der Florentiner Hut" und „Hurra! Ich bin Papa!" sowie 1941 in „Frau Luna". Später wirkte er im Wehrmachttheater „Berliner Soldatenbühne". In den 1950er und 1960er Jahren spielte Fritz ebenfalls einige Filmnebenrollen, beispielsweise 1950 in „Maharadscha wider Willen", 1952 in „Pension Schöller", 1956 in „Lügen haben hübsche Beine", 1962 in „Tunnel 28" und 1973 in „Die Sabinerinnen". Fritz gehörte 1948 auch zu den Gründungsmitgliedern des Kabaretts „Die Insulaner", dessen Programm zuerst im Hörfunk und später auch im Fernsehen ausgestrahlt wurde. Auch in anderen Fernsehsendungen sowie auf den Boulevardbühnen verkörperte er den typischen Berliner „mit Herz und Schnauze", außerdem wirkte er als Synchronsprecher. Zum 65. Geburtstag würdigte das „Deutsche Bühnen-Jahrbuch" den immer Humor und Mutterwitz versprühenden Künstler mit den Worten: „Urberliner mit goldenem Herzen und flinkem Mundwerk."

Bruno Fritz

HUSSELS, JOSEPH („JUPP")
* 30.1.1901 in Düsseldorf,
† 10.4.1984 in Großenhain
Hussels nahm nach dem Abitur ein Kunststudium auf und bewegte sich in Künstlerkreisen. Durch seine Mitgliedschaft im Künstlerverein „Malkasten" konnte er dort sein Bühnenstück „Die wüste Sahara" aufführen, wodurch der Rundfunk auf ihn aufmerksam wurde. Bald hatte er ein Engagement beim Kölner Sender und trat im Rundfunk als Conferencier mit eigenen mundartlichen Texten und Liedern auf. Durch seine schnell wachsende Popularität erhielt er in den 1930er und 1940er Jahren heiter angelegte Nebenrollen in Unterhaltungsfilmen, Schwänken und Kleinbürger-Possen, sein Filmdebüt gab er 1933 als singender Tippelbruder neben Paul Henckels in „Das lustige Kleeblatt". In der Serie „Tran und Helle" im Vorprogramm der Wochenschau spielte Hussels den klugen Zeitgenossen „Helle", der seinem tumb-bauernschlauen Gegenpart „Tran" – gespielt vom Schauspieler Ludwig Schmitz – die Zeitläufe erklärte und wie man am besten mit den kriegsbedingten Veränderungen wie Lebensmittelmarken, Verdunkelung und Energiesparen umgeht. Neben seiner Filmarbeit arbeitete Hussels weiter für den Rundfunk, wobei sich seine Sendereihe „Guten Morgen, liebe Hörer" besonderer Beliebtheit erfreute. Nach 1945 konnte er wegen seiner Bekanntheit aus den Wochenschauen beruflich zuerst schwer wieder Fuß fassen, allerdings sah man ihn bereits in den 1950er Jahren wieder als rheinische Frohnatur in verschiedenen Filmnebenrollen. Analog zur Serie „Tran und Helle" trat er zusammen mit Walter Gross als „Clever und Schussel" in einer Reihe kurzer Verkehrserziehungsfilme auf, die sich humorvoll mit verschiedenen Straßenverkehrsproblemen befaßte. In den 1960er Jahren sah man Hussels des öfteren in Fernsehübertragungen aus dem Kölner Millowitsch-Theater oder als Stammgast der „Fröhlichen Weinrunde", einer beliebten Gesangs- und Plauderserie, in der die Sängerin Margit Schramm die „Wirtin" und der Sänger Willi Schneider den „Kellermeister" mimten.

Joseph Hussels

NAPP, CARL
* 20.8.1890 in Düsseldorf,
† 21.3.1957 in Berlin-Charlottenburg

Der spätere Humorist, Kabarettist und Schauspieler Napp wurde unter dem Namen Carl Nohé geboren und wirkte seit seinem fünfundzwanzigsten Lebensjahr auf der Theaterbühne, nämlich im Ersten Weltkrieg als Frontschauspieler, im Etappenbereich sowie in Kriegsgefangenenlagern. Nachdem er seit Mitte der 1920er Jahre auf verschiedenen Theaterbühnen Berlins reüssierte hatte, wurde er ab 1931 auch mit eigenen Soloprogrammen in der Reichshauptstadt erfolgreich. Dieser Erfolg steigerte sich während des Dritten Reiches, denn seine humoristischen Auftritte und seine selbst geschriebenen kabarettistischen Miniaturen gefielen den NS-Kulturverantwortlichen. Außer mit seinen Live-Auftritten erreichte Napp sein P u b l i k u m auch über die M e d i e n Schallplatte und Rundfunk sowie über sein 1939

Carl Napp

erschienenes Buch: „Die schönsten Rosinen aus dem Nappkuchen gebacken und serviert von Carl Napp". In den letzten Jahren des Zweiten Weltkrieges und in der Nachkriegszeit trat Napp noch mit kleinen Nebenrollen in einigen Spielfilmen auf, mehrfach mit dem Star Heinz Rühmann.

PRATSCH-KAUFMANN, KURT
* 1.9.1906 in Dresden,
† 24.6.1988 in München

Da Pratsch-Kaufmann als Sohn einer königlichen Hofballett-Tänzerin geboren wurde und so früh mit der Theaterwelt in Berührung kam, beschloß er schon in jungen Jahren, Schauspieler zu werden, und ließ sich vom Schauspieler und Theaterregisseur Otto Bernstein in seiner Heimatstadt ausbilden. Der junge Schauspieler debütierte 1927 am Stadttheater in Landsberg an der Warthe, ab 1933 war er am Stadttheater von Hildesheim und ab 1937 am Münchener Theater am Gärtnerplatz engagiert. Gegen Ende der 1930er Jahre avancierte Pratsch-Kaufmann in Berlin mit meist komischen Nebenrollen in Boulevardkomödien, Musicals, aber auch beim Kabarett zum Publikumsliebling; große Erfolge feierte „Pratsche", wie er auch genannt wurde, als Prinz Orlofsky in der Operette „Die Fledermaus". Nach dem Zweiten Weltkrieg trat Pratsch-Kaufmann in zahlreichen Unterhaltungsfilmen auf, auch hier meist in humorvollen Chargenrollen, 1950 spielte er in der Operettenverfilmung „Schwarzwaldmädel" den Buchhalter Staubig und hatte danach Rollen in „Johannes und die 13 Schönheitsköniginnen" und „Grün ist die Heide" (1951), „Der Vetter aus Dingsda" (1953), „Der Frontgockel" (1955), „Viktor und Viktoria" (1957), „Kindermädchen für Papa gesucht" (1957), „Der letzte Fußgänger" (1959) oder „Was eine Frau im Frühling träumt" (1959), „Immer Ärger mit dem Bett" (1961), „Diesmal muß es Kaviar sein" (1961), „Café Oriental" (1962) und „Die Bekenntnisse eines möblierten Herrn" (1963). Seinen größten Erfolg feierte er 1961 als Doolittle in dem Musical „My Fair Lady", und Ende der 1960er Jahre spielte er mehr als 300mal neben Marika Rökk in dem Musical „Hello Dolly". Nachdem Filmangebote für ihn seltener wurden, betätigte er sich stärker im Fernsehen, wo er beispielsweise als Synchronsprecher agierte und Auftritte in der Serie „Der Forellenhof" oder „Der Kommissar" hatte. Außerdem arbeitete der talentierte Künstler für den Hörfunk, moderierte Rundfunksendungen oder begeisterte sein Publikum als Parodist.

Kurt Pratsch-Kaufmann

REICHERT, WILLI
* 30.8.1896 in Stuttgart, † 8.12.1973 in Mietenkamm (Chiemgau)

Willi Reichert

Als Sohn eines Maschinenmeisters geboren, machte Reichert nach dem Besuch der Realschule eine Ausbildung am Zuckertechnikum in Braunschweig und arbeitete danach als Chemiker in einer Hildesheimer Fabrik. 1915 wurde er als Soldat eingezogen und nahm bis 1918 am Ersten Weltkrieg teil. Später entschloß Reichert sich, den Schauspielerberuf zu ergreifen, ließ sich ab 1920 von dem Schauspieler Max Bing am Stuttgarter Staatstheater ausbilden und debütierte ein Jahr später am Stuttgarter Schauspielhaus. Er spielte dann einige Jahre an kleineren Theatern in verschiedenen Städten sowie am Kabarett in München, kehrte dann aber 1926 an das Stuttgarter Schauspielhaus zurück und wirkte hier bis 1932. Reichert war mittlerweile zum erfahrenen Vortragskünstler mit großem Repertoire gereift und kreierte zusammen mit dem Wiener Charly Wimmer das Komikerduo „Häberle und Pfleiderer", das am 16. Dezember 1931 im Pavillon des Stuttgarter Excelsior-Theaters seine erfolgreiche Premiere feierte. Schon kurz darauf mußte Wimmer wegen eines Unfalls durch den Schauspieler und Komiker Oscar Heiler ersetzt werden. In der neuen Besetzung tourten die schwäbischen Kleinbürger „Häberle und Pfleiderer" nun bis in die 1940er Jahre sehr erfolgreich mit eigenem Programm über die Varietébühnen in ganz Deutschland. In den 1950er und 1960er Jahren erreichte das Duo durch zahlreiche Rundfunk- und Fernsehauftritte sehr große Popularität. Reichert war nach 1945 von dem Regisseur Fitz Kortner an das Theater zurückgeholt worden und wirkte wieder in Stuttgart am Schauspielhaus und der Komödie. Außerdem spielte Reichert in den 1950er Jahren in mehreren Heimat- und Unterhaltungsfilmen und arbeitete in den folgenden Jahren auch verstärkt im Rundfunk sowie in einigen Fernsehserien wie etwa „Schwäbische Geschichten", „Chronik der Familie Nägele" oder „Deutschland, deine Schwaben". Der Künstler, der bereits in den 1930er Jahren mehrere Platten mit Mundartvorträgen besprochen hatte, veröffentlichte auch zahlreiche Bücher und Gedichtbände in schwäbischer Mundart und war als Sänger schwäbischer Lieder bekannt. Im Jahre 1956 wurde er mit dem Großen Bundesverdienstkreuz ausgezeichnet. Der in ganz Deutschland populäre schwäbische Humorist, der sich als „Vierteles-Philosoph" sah, ist mit seiner heiteren Besinnlichkeit als Künstler der leisen Zwischentöne in Erinnerung geblieben. Sein Tod rief ein bundesweites Echo hervor, und zahllose Reichert-Fans sowie viele Prominente bekundeten ihre Trauer.

RICHTER, ROTRAUT
* 15.5.1915 in Berlin, † 1.10.1947 ebd.

Rotraut Richter

Die spätere Bühnen- und Filmschauspielerin zeigte schon während ihrer Schulzeit reges Interesse an der Schauspielerei. Bereits im Alter von sechzehn Jahren nahm sie Sprechunterricht beim Schauspieler Lothar Müthel und besuchte anschließend die Staatliche Schauspielschule in Berlin. Ihr Bühnendebüt hatte sie 1932 in dem Stück „Die Ratten" von Gerhart Hauptmann am Landestheater Darmstadt. Bald darauf spielte die Künstlerin an Berliner Bühnen und gastierte im Kabarett „Die Musenschaukel" von Trude Hesterberg. Für den Film wurde Richter durch den Produzenten Joe May entdeckt, der ihr das Filmdebüt in dem Streifen „Das erste Recht des Kindes" (1932) vermittelte. Es folgten Rollen in „Ganovenehre" (1932) und „Hitlerjunge Quex" (1933), bis die Künstlerin 1935 den entscheidenden Durchbruch mit dem Film „Krach im Hinterhaus" erreichte. Ihr größter Erfolg war jedoch ein Jahr später ihre Rolle in „Das Veilchen vom Potsdamer Platz". Obwohl sie in weiteren Filmen spielte, blieb sie daneben immer auch der Bühne treu; während des Zweiten Weltkrieges ging sie auf Wehrmachttournee und spielte Theater. Auch nach 1945 konnte sie als Charakterdarstellerin wieder auf der Theaterbühne überzeugen, ihr einziger Nachkriegsfilm blieb „Wozzeck" (1947). Ihre vielversprechende Karriere wurde völlig unerwartet beendet, als sie im Alter von 32 Jahren an den Folgen einer Blinddarmoperation verstarb. Ihr Ehrengrab befindet sich auf dem Friedhof Dahlem im Berliner Stadtbezirk Steglitz-Zehlendorf.

VIETZ, UDO
* 19.9.1906 in Stettin,
† 22.9.1965 in Berlin
Weitere Lebensdaten konnten nicht ermittelt werden, nur folgendes: Vietz war ein beliebter Rundfunkhumorist, 1936 hatte er mit dem Schlager „Lachen ist gesund" einen großen Erfolg. Nach dem Zweiten Weltkrieg trat er vielfach im Rundfunk auf, beispielsweise in den Sendungen „UKW West – Die Welle der Freude: Wir spielen – Sie tanzen" (am 25.10.1951, zusammen mit Lonny Kellner, Vera de Luca, Will Höhne, dem Comedian-Quartett sowie dem Kölner Tanz- und Unterhaltungsorchester unter der Leitung von Adalbert Luczkowski), „UKW West – Adalbert Luczkowski bittet zum Tanz" (am 23.5.1951, zusammen mit Margot Friedländer, Vera de Luca, René Carol, Klaus Groß, Willy Schneider, Vico Torriani und dem Comedian-Quartett) oder in dem Hörspiel „Die Geisha" (am 22.6.1956).

Udo Vietz

Sprecher

BETTAC, ULRICH
* 2.5.1897 in Stettin,
† 20.4.1959 in Wien
Bettac absolvierte 1916/17 die Schauspielschule des Deutschen Theaters in Berlin und debütierte danach am Hoftheater in Oldenburg. Nach einem Engagement von 1919 bis 1921 in Frankfurt wechselte er an Berliner Bühnen. Ab 1927 war er Ensemblemitglied des Wiener Burgtheaters. Nach dem Österreich-Anschluß von 1938 wurde Bettac, der zuvor Mitglied der illegalen SA-Brigade 6 gewesen war, stellvertretender Landesleiter der Reichstheaterkammer. Als Lothar Müthel, der als Leiter des Burgtheaters vorgesehen war, einen schweren Autounfall erlitt, sprang Bettac vom 23. August 1938 bis 30. April 1939 als kommissarischer Leiter des Burgtheaters ein. Bettac, der auch als Regisseur wirkte, war nach einigen Stummfilmrollen in den 1920er Jahren im Film nur noch selten zu sehen, allerdings führte er Dialogregie in den Filmen „Die Geliebte von Paris" (1936, unvollendet), „Manege" (1937) und „Die große und die kleine Liebe" (1937). Er selbst übernahm erst in den 1950er Jahren einige kleinere Filmrollen. Bettac, der mit dem Ehrenring des Burgtheaters geehrt wurde, ruht in einem ehrenhalber gewidmeten Grab des Wiener Zentralfriedhofs.

Ulrich Bettac

KLUPP, ROBERT
* 4.12.1891 in Hamburg,
† 30.1.1975 in München
Der Schauspieler, Regisseur und Intendant besuchte nach seiner Schulzeit das Lehrerseminar in Hamburg und nahm 1909 Schauspielunterricht bei dem Schauspieler und Regisseur Julius Brandt. Im selber Jahr noch gab er sein Bühnendebüt am Deutschen Volkstheater in Hamburg. 1911 bekam er ein Engagement am Landestheater Linz und wechselte 1913/14 an das

Wiener Theater in der Josefstadt. Er kämpfte im Ersten Weltkrieg, wurde verwundet und leitete 1918 ein Fronttheater. Ab 1919 gehörte Klupp zum Ensemble des Berliner Theaters in der Königgrätzer Straße, ab 1924 wirkte er am Hessischen Landestheater in Darmstadt, an dem er erstmals die Gelegenheit bekam, auch Regie zu führen. 1928 wurde er als Oberspielleiter an die Städtischen Schauspiele Baden-Baden verpflichtet, dessen Intendant er ab 1930 wurde. Nach der nationalsozialistischen Regierungsübernahme ging er ins elsässische Straßburg und wirkte dort bis 1938 als Direktor des Théâtre municipal de Strasbourg. Nach 1945 spielte Klupp zunächst wieder in Berlin am Hebbel-Theater sowie an der „Tribüne" und übersiedelte dann nach München. Er spielte nun kleine Film- und Fernsehrollen, betätigte sich häufig in den Berliner und Münchener Synchronateliers sowie als Rundfunksprecher.

MÜTHEL, LOTHAR
* 18.2.1896 in Berlin,
† 4.9.1964 in Frankfurt am Main

Müthel wurde unter dem Namen Lothar Max Lütcke geboren. Er absolvierte die Schauspielerausbildung an der Max Reinhardt Schauspielschule in Berlin und erhielt danach ein Engagement am Deutschen Theater, allerdings übernahm er daneben auch schon kleinere Filmrollen, erstmals im Jahre 1915 in dem Streifen „Paragraph 14 B.G.B." Er spielte auch in bedeutenden Stummfilmen mit wie etwa in dem deutschen Horrorfilm „Der Golem, wie er in die Welt kam" (1922), in „Der müde Tod" (1921), einem Film des berühmten Filmregisseurs Fritz Lang, oder in dem Streifen „Faust" (1926), in dem der nicht minder bedeutende Friedrich Wilhelm Murnau die Regie führte. In einem Tonfilm war Müthel nur ein einziges Mal zu sehen und zwar in „Yorck" (1931), in welchem er die Rolle des Carl von Clausewitz spielte. Nach der NS-Regierungsübernahme spielte Müthel den Schlageter im gleichnamigen Stück von Hanns Johst, das anläßlich von Hitlers Geburtstag am 20. April 1933 uraufgeführt wurde. Im Dritten Reich gehörte er dem Präsidialrat der Reichstheaterkammer an. Müthels zweites berufliches Standbein war die Regie, wobei sein Hauptaugenmerk auf dem Theater lag; hier wirkte er unter anderem in München, am Staatstheater Berlin und bei den Salzburger Festspielen. Außerdem fungierte Müthel von 1939 bis 1945 als Direktor des Wiener Burgtheaters, 1941 bis 1945 Generalintendant der Staatsoper in Wien und von 1951 bis 1956 als Schauspieldirektor in Frankfurt, danach bis 1958 Regisseur am Wiener Theater in der Josefstadt. Lothar Müthel war mit der Sängerin Marga Reuter verheiratet. Müthels Tochter Lola Müthel wurde ebenfalls Schauspielerin.

Lothar Müthel

PUCHSTEIN, FRITZ
* 7.10.1893 in Labes/Pommern,
† 31.3.1968 in Wien

Für Puchstein, der als Schauspieler, Regisseur, Kameramann, Produzent und Aufnahmeleiter tätig war, konnten keine weitere Lebensdaten ermittelt werden, außer der Mitwirkung an folgenden Filmen: „Ein Sonntag im Sommer in Wien" (1934), „Eva" (1935), „Premiere" (1937), „Alles für Toni" (1938), „Hotel Sacher", „Ich bin Sebastian Ott", „Hochzeitsreise zu dritt", „Mutterliebe" (1939), „Ein Leben lang" (1940), „Oh, diese Männer" (1941), „Späte Liebe" (1943), „Julia, Du bist zauberhaft" (1962), „An der Donau, wenn der Wein blüht" (1965).

RICHTER, WALTER
* 13.5.1905 in Berlin,
† 26.7.1985 in Wien

Geboren als Sohn eines Kaufmanns, absolvierte Richter in jungen Jahren zuerst ein Volontariat bei der „Deutschen Allgemeinen Zeitung", nahm dann jedoch Schauspielunterricht, unter anderem bei dem Schriftsteller und Schauspieler Ferdinand Gregori. Nach seinem Debüt als Schauspieler trat er auf den Bühnen in Bremerhaven, Gera, Breslau, Köln und Stuttgart auf. Von 1939 bis 1941 hatte Richter ein Engagement an den Städtischen Bühnen in Frankfurt am Main. Als Filmschauspieler war er erstmals 1937 in „Die Warschauer Zitadelle" und 1938 in dem Abenteuerfilm „Kautschuk" zu sehen. 1942 bis 1950 war er am Deutschen Theater Berlin und außerdem von 1942 bis 1945 am Wiener Theater in der Josefstadt tätig. Nach 1945 wirkte Richter eine Zeitlang in Zürich, bis er 1953 nach München ging, wo er zum Staatsschauspieler und Kammerschauspieler avancierte. In den folgenden drei Jahrzehnten spielte er neben seiner Theaterkarriere auch in einer Vielzahl von Kinofilmen. Auch seine umfangreiche Fernseharbeit trug zu einer deutlichen Erhöhung seiner Popularität bei, so etwa durch seinen Auftritt in dem dreiteiligen „Straßenfeger" „Babeck" im Jahre 1968 und besonders durch seine prägnante Rolle als mürrischer Hauptkommissar Paul Trimmel in der ARD-Krimiserie „Tatort" von 1970 bis 1982. Einen weiteren Schwerpunkt seiner künstlerischen Arbeit bildete außerdem seine Arbeit im Synchron- und Hörfunkstudio; er lieh seine Stimme so berühmten Schauspielern wie Spencer Tracy oder Ernest Borgnine und wirkte in zahllosen Hörspielen mit.

RUFFIN, KURT VON
* 28.9.1901 in München,
† 14.11.1996 in Berlin

Der Sohn eines bayerischen Offiziers studierte Gesang bei dem Kammersänger Eugen Robert Weiss und dem Opernsänger Wilhelm Rode und setzte seine Ausbildung ab 1926 am Salzburger „Mozarteum" und später – auf Empfehlung des berühmten Dirigenten Arturo Toscanini – in Mailand fort. Ab 1927 hatte von Ruffin erste Engagements an der Oper in Magdeburg sowie in Mainz und Nürnberg. 1930 wechselte er zum Berliner Metropol-Theater und sang und spielte in diversen Operetten sowie in Revuen am Theater des Westens. Durch diese Arbeit erhielt von Ruffin auch einige Rollen in Operettenfilmen, erstmals im Jahre 1931 in „Die Faschingsfee" oder 1933 in „Schwarzwaldmädel". Seine Homosexualität brachte ihn 1934/35 für neun Monate in das Konzentrationslager Lichtenburg. Nach seiner Entlassung spielte er noch in einigen Filmen mit, bis 1936 ein Filmverbot gegen ihn ausgesprochen wurde. Er stand dann noch auf den Bühnen des Deutschen Theaters und ab 1941 des Theaters am Nollendorfplatz. Aufgrund einer Ausnahmegenehmigung war es ihm 1942 möglich, in der Komödie „Ich vertraue Dir meine Frau an" neben Heinz Rühmann zu spielen. Nach dem Zweiten Weltkrieg stand von Ruffin als Schauspieler und Sänger auf den Berliner Bühnen der Komischen Oper, des Theaters am Kurfürstendamm, des Renaissance-Theaters und ab 1984 der Staatlichen Schauspielbühnen. In Filmen spielte er nur noch gelegentlich mit, so etwa in dem über ihn gedrehten Dokumentarfilm „Stolz und schwul" im Jahre 1991.

WAGNER, KONRAD
* 21.10.1902 in Köln,
† 7.9.1974 in Berlin

Wagner erhielt seine Schauspielausbildung bei dem Regisseur und Theaterintendanten Saladin Schmitt in Bochum, hatte von 1935 bis 1941 ein Engagement am Schauspielhaus Hamburg und spielte danach an verschiedenen Berliner Bühnen, vorwiegend am Hebbel-, Schiller- und Renaissance-Theater. Er wirkte nach dem Zweiten Weltkrieg in vielen Kinofilmen mit, beispielsweise in „Der 20. Juli" (1955), „Ein Mädchen aus Flandern" (1956) oder „Der eiserne Gustav" (1958). Seine beruflichen

Kurt von Ruffin

Schwerpunkte setzte Wagner allerdings als Fernsehspielregisseur und als Synchronsprecher; unter seiner Regie entstanden zum Beispiel „Das heilige Experiment" (1956), „Die respektvolle Dirne" (1957) oder „Aus Gründen der Sicherheit" (1961), und er zeichnete für die Synchronisation von mehr als hundert Filmen verantwortlich. Seine Stimme mit einer sehr charakteristischen Schattierung – zumeist eher gutmütig als hart, eher schwankend als entschlossen, eher verletzlich als abgebrüht – bediente zahlreiche bekannte Schauspieler wie etwa Ernest Borgnine in „Das dreckige Dutzend" (1967) oder Edward G. Robinson in „Soylent Green" (1974).

WOLTERS, EDUARD
Prof., * 9.5.1904 in Wien,
† 22.10.1972 ebd.

Der spätere Schauspieler, Regisseur und Dramaturg Wolters wurde unter dem Namen Vodicka geboren, den er erst im Jahre 1940 änderte. Er war Ehrenmitglied des Burgtheaters und Regisseur bei den Kammerspielen. Von 1943 bis 1945 hatte er einen Lehrauftrag für angewandte Regie an der Akademie der bildenden Künste Wien, gleichzeitig wirkte er auch als Professor am Max-Reinhardt-Seminar. Ab 1965 übernahm Wolters die Funktionen des Generalsekretärs und stellvertretenden Direktors des Burgtheaters. Er ruht in einem ehrenhalber gewidmeten Grab auf dem Döblinger Friedhof in Wien.

Eduard Wolters

Sprecherinnen

BURG, URSULA
* 3.2.1919 in Hamburg,
† 23.2.1996 in München

Die in einer Künstlerfamilie aufgewachsene Burg wurde Mitte der 1930er Jahre an der Schauspielschule des Schauspielhauses Hamburg zur Schauspielerin ausgebildet und erhielt 1936 ihr erstes Engagement in Göttingen. Schon bald wechselte sie nach Magdeburg und wurde 1941 von dem Regisseur Heinz Hilpert nach Berlin ans Deutsche Theater geholt; sie trat allerdings auch an der Freien Volksbühne auf. Der Theaterkritiker Carl Andriessen urteilte, die junge Schauspielerin sei „durch Erscheinung und Haltung zur Salondame prädestiniert. [...] Kühle Überlegung und Überlegenheit, Reserviertheit und kalte Distanz, aber auch herzliche Verständnisinnigkeit, Wärme und Leidenschaft beherrscht sie gleichermaßen". Nach 1945 arbeitete Burg zunächst in Bremen am Künstler-Theater, bis sie 1947 an das Hamburger Schauspielhaus engagiert wurde. 1949 holte der Dramaturg und Regisseur Herbert Ihering sie zurück nach Berlin an das Deutsche Theater, wo ihr Pressestimmen „bestechende Leistungen" attestierten. 1950/51 begann mit dem Film „Die Sonnenbrucks" ein weiteres Kapitel ihrer Karriere, und bis 1971 arbeitete sie in weiteren 15 Filmen mit. Auch im Fernsehen wirkte Ursula Burg seit Mitte der 1950er Jahre, zumeist übernahm sie einprägsame Rollen in Klassiker-Adaptionen. Im Jahre 1961 wurde sie für ihr künstlerisches Schaffen mit dem Kunstpreis am Deutschen Theater geehrt, wo sie nach dem Mauerbau nur noch kurze Zeit spielen konnte. Bald danach wechselte sie nach Gelsenkirchen und schließlich nach Nürnberg, um kurz darauf dort ihre Karriere zu beenden.

ECKARDT, MILENA VON
* 2.7.1912 in Montenegro,
† 23.8.1971 in Liestal/Schweiz

Eckardt wuchs als Tochter eines deutsch-baltischen Diplomaten und einer Französin in Mexiko City auf und erhielt dort nach dem Besuch des Gymnasiums eine Ausbildung als Pianistin. Nachdem sie 1931 bei Max Reinhardt in Berlin zur Schauspielerin ausgebildet worden war, wurde sie an das Berliner Theater in der Stresemannstraße und 1932/33 an das Kleine Schauspielhaus in Hamburg engagiert. Danach ließ sie sich als freischaffende Künstlerin in Berlin nieder und gastierte an verschiedenen Häusern, beispielsweise an der Volksbühne. Von 1939 bis 1941 hatte die Schauspielerin in Berlin wieder feste Engagements am Komödienhaus sowie am Lessing-Theater. 1944 wechselte sie in die Schweiz zum Städtebundtheater Biel-Solothurn, gastierte ab 1947 am Stadttheater Basel und ab 1949 am Schauspielhaus Zürich und in den Jahren 1959 bis 1968 an der Komödie Basel. Außerdem arbeitete die Künstlerin als Schauspiellehrerin und gab Kurse in Rhetorik und Sprechtechnik an den Universitäten Bern und Basel. Vor der Filmkamera stand sie nur in wenigen Streifen: „Andalusische Nächte" (1937/38), „Verwehte Spuren" (1938), „Das unsterbliche Herz" (1938/39), „Der letzte Mann" (1955), „Die Fastnachtsbeichte" (1960) und „Ein ehrenwerter Herr" (1968).

EVANS, KARIN
* 25.9.1907 in Johannesburg/Südafrika, † 1.7.2004 in Berlin
Geboren als Tochter eines britischen Hochschullehrers und einer Deutschen, besuchte Evans ab 1923 das Max-Reinhardt-Seminar in Berlin und ließ sich zur Schauspielerin ausbilden; der berühmte Reinhardt gab ihr eine Rolle in seinem „Jedermann". In den folgenden Jahren spielte die junge Mimin zusammen mit so bedeutenden Schauspielergrößen wie Adele Sandrock, Albert Steinrück, Werner Krauß und dem Weltstar Alexander Moissi. In den 1930er Jahren wurde sie an das Deutsche Theater engagiert und avancierte zum Publikumsliebling. Die berühmte Schauspielerin Tilla Durieux charakterisierte sie einmal etwas überspitzt als „begabte Schauspielerin, die aber nicht alle Tassen im Schrank hat". Sie spielte in den Jahren bis 1967 noch an den Bühnen der Berliner Häuser Komödie am Kurfürstendamm, Tribüne, Renaissance-Theater und Schloßparktheater, außerdem gastierte sie in Wien und Salzburg. Ihre filmische Arbeit hatte sie bereits 1927 mit dem Streifen „Der Kampf des Donald Westhof" aufgenommen und bis Kriegsende mit weiteren neun Filmen fortgesetzt. 1948 nahm sie die Filmarbeit mit „Straßenbekanntschaft" wieder auf, danach folgten nur noch wenige Filme, zuletzt im Jahre 1964 „Fanny Hill". Die beliebte Schauspielerin war seit 1931 mit dem Kunstmaler Prof. Wolf Hoffmann verheiratet, mit dem sie 1946 in die Berliner Künstlerkolonie zog, wo sie 96jährig verstarb.

KOPP-KAYSSLER, MILA
* 20.10.1904 in Wien,
† 14.1.1973 in Stuttgart
Die Tochter eines Beamten studierte an der Wiener Lehrerbildungsanstalt, um zunächst Volksschullehrerin zu werden. Doch sie entschied sich anders, wurde Schauspielerin und debütierte 1923 in Pilsen als Titelheldin in Lessings Trauerspiel „Emilia Galotti". Ein Jahr später wurde sie in Prag engagiert und fand schließlich 1925 in Stuttgart am Staatstheater ihre künstlerische Heimat. Von 1938 bis 1941 wirkte sie an den Kammerspielen in München, danach folgte bis 1944 ihre Verpflichtung an das Berliner Schiller-Theater, an das sie der dortige Intendant, der begnadete Schauspieler Heinrich George gerufen hatte. Ab 1946 stieß sie wieder zum Ensemble des Stuttgarter Staatstheaters, dem sie bis zu ihrem Tode treu blieb. Parallel dazu hatte sie ein Engagement am Deutschen Theater in Göttingen. Bis 1955 trat sie wechselweise in Stuttgart und Göttingen auf, gastierte aber auch an den Münchener Kammerspielen, dem Bayerischen Staatsschauspiel sowie den Berliner Spielstätten Volksbühne und dem Schiller-Theater. Bleibende Eindrücke hinterließen auch die Auftritte der Künstlerin bei den Salzburger Festspielen im Zeitraum 1963 bis 1968. Neben ihrer eindrucksvollen Bühnenkarriere stand sie auch

Karin Evans

Mila Kopp-Kayßler

gelegentlich vor der Filmkamera, so etwa als Ehefrau der Titelfigur (gespielt von Heinrich George) in dem Historienfilm „Andreas Schlüter", oder ab 1956 auch im Fernsehstudio. Seit den Zwanziger Jahren war Mila Kopp mit dem Schauspieler Christian Kayßler (1898–1944), dem Sohn von Friedrich Kayßler, verheiratet und stand mit ihm häufig zusammen auf der Bühne. Ihre Kinder waren Maria und Martin Kayßler, der ebenfalls Schauspieler wurde. In ihren letzten Lebensjahren litt sie an einem schweren Hüftleiden und trat manchmal im Rollstuhl auf. Die FAZ schrieb in ihrem Nachruf: „Sie war eine Schauspielerin von einer stillen, aber ungeheuer intensiven Präsenz. Sie hatte in ihrer kleinen, eher ein wenig untersetzten Gestalt die Kraft zu größten ‚Ausbrüchen', aber sie liebte mehr die leisen, in die Wellen ihres Gefühlsstroms eingebetteten Töne."

LENNARTZ, ELISABETH
* 13.11.1902 in Koblenz,
† 14.5.2001 in Küsnacht/Schweiz

Nachdem sie an einer Frankfurter Schauspielschule ihre Ausbildung erhalten hatte, bekam die neunzehnjährige Schauspielerin 1921 ihr erstes Engagement am Leipziger Schauspielhaus. Bereits zwei Jahre später debütierte sie im Stummfilm „Im Namen des Königs" auch vor der Filmkamera, allerdings blieben Filmrollen während ihrer Karriere eher die Ausnahme; das letzte Mal stand sie als Zeitzeugin für den Dokumentarfilm „Das Leben geht weiter" (2002) vor der Kamera. Elisabeth Lennartz blieb in erster Linie Theatermimin; nachdem sie sich 1927 wegen ihres Engagements am Renaissance-Theater in Berlin niedergelassen hatte, wurde sie noch an verschiedene andere Berliner Bühnen verpflichtet. Die mit dem großen Schauspieler Gustav Knuth verheiratete Künstlerin kümmerte sich nach 1945 in erster Linie um ihren Ehemann und die gemeinsamen Söhne. 1949 ging sie mit Knuth in die Schweiz, wo dieser ein Engagement erhalten hatte. Dort war sie dann nur noch sporadisch auf der Bühne zu sehen.

Elisabeth Lennartz

RIEDEL, RUTH VON
Lebensdaten konnten nicht ermittelt werden.

STAPFF, ILSE
Prof.

Lebensdaten konnten nicht ermittelt werden, lediglich folgendes: Ilse Stapff machte eine Gesangs- und Schauspielausbildung; 1924 wurde sie an der Staatlichen Musikschule in Weimar auf Probe als Lehrerin für das Fach Deklamation eingestellt; im Vorstellungskonzert, das die neuen Lehrkräfte am 10. März 1924 gaben, rezitierte sie eine Novelle von Borrmann sowie Gedichte von Binding und Klabund. Ihre Festanstellung als Lehrkraft erfolgte zum 1. April 1927. Im Laufe der Jahre entwickelte sich die junge Lehrerin zu einer reichsweit bekannten Rezitatorin und Sprecherziehungslehrerin. 1930 erfolgte ihre Heirat mit dem Musikforscher und Dirigenten Heinz Drewes, der im Dritten Reich zum Generalintendanten, Leiter der Musikabteilung im Reichsministerium für Volksaufklärung und Propaganda und Generalmusikdirektor der Reichsmusikkammer avancierte, worauf sie den Namen Stapff-Drewes trug. 1941 erfolgte ihre Ernennung zur Titularprofessorin, 1944 wurde sie ordentliche Professorin. Die Spracherziehungsdozentin, die auch nach Ende des Zweiten Weltkrieges an der Hochschule lehrte, war „überaus beliebt und anerkannt", so daß die aus politischen Gründen vorgenommene Aberkennung ihres Professorentitels zu einigem Aufruhr in der Studentenschaft führte. Im Personalverzeichnis der Hochschule vom 1. Oktober 1948 war sie noch aufgeführt.

N.N.
(handschriftlich ergänzter Name, unlesbar)

Autoren und Sprecher für aktuelle Sendungen (Zeitspiegel, Vorträge usw.)

BRANDT
Dr. med.
Lebensdaten konnten nicht ermittelt werden. Es dürfte sich um Dresdener Landesgewerbearzt Oberregierungsrat Dr. med. Artur Brandt handeln, den Leiter des gewerbeärztlichen Dienstes von Sachsen. Dieser übernahm 1939 die Leitung des sächsischen Forschungsinstituts für Arbeitsmedizin und Gewerbehygiene in Dresden und forcierte von hier aus den Neuaufbau des gewerbeärztlichen Dienstes im Sudetengebiet. Er führte Reihenuntersuchungen bei den Bergleuten zur Erfassung der Silikose (Staublunge) durch und erwarb sich große Verdienste bei der Neudefinition dieser Berufskrankheit und entsprechender neuer Rentenregelungen sowie in der Arbeits- und Betriebsmedizin.

FELINAU, JOSEF PELZ VON
* 24.10.1895 in St. Pölten,
† 15.2.1978 in Berlin
Der spätere Schriftsteller, Schauspieler, Drehbuch- und Hörspielautor stammte aus einer mährischen Familie, sein Großvater war 1879 von Kaiser Franz-Josef I. geadelt worden und trug seither den Namen Josef Pelz Ritter von Felinau. Sein Enkel absolvierte die Wiener Militärakademie und das Konservatorium. Danach diente von Felinau einige Zeit als Deckoffizier in der österreichischen Handelsmarine. Anschließend ging er mit selbstverfaßten dramatischen Gedichten auf Vortragstournee durch Österreich und Deutschland und hatte damit sehr großen Erfolg. Eines der Gedichte war „Der Untergang der ‚Titanic'". Ein melodramatisches Epos, das er in einem Buch bereits 1915 veröffentlicht und dabei vorgegeben hatte, auf einem Rettungsschiff gewesen zu sein, das Überlebende des „Titanic"-Untergangs aufgenommen hatte. Das war ihm später sehr peinlich. Als er 1922 nach Berlin übersiedelte, nannte er sich vorrübergehend Josef Pelz-Felinau, da nach dem Ersten Weltkrieg die Adelstitel in Österreich abgeschafft worden waren. Er trat nun in Kabaretts auf, unter anderem mit Kurt Tucholsky und Erich Kästner, schuf ein Hörspiel, das 1925 gesendet wurde und unternahm Gastspielreisen. Später produzierte er ganze Hörspielserien über berühmte Musiker. 1936 schrieb er das Buch „‚Titanic'. Die Tragödie eines Ozeanriesen", das er 1939, 1944 und 1950 überarbeitete. Die Fassung von 1939 stellte Adolf Hitlers Leibarzt Dr. Theodor Morell als gewieften Schiffsarzt vor; das Buch war sehr erfolgreich und wurde in mehrere Sprachen übersetzt. Nach 1945 schrieb von Felinau vor allem Hörspiele über berühmte Wissenschaftler, Forscher und Entdecker. Er ist auf dem Friedhof Heerstraße in Berlin beerdigt, und im Juni 2004 hat der Senat von Berlin sein Grab in die Ehrengrabliste des Landes Berlin aufgenommen.

Josef Pelz von Felinau

FRIELING, HEINZ
Dr.
Lebensdaten konnten nicht ermittelt werden.

GICKLHORN, JOSEF
Prof. Dr. rer. nat., * 18.7.1891 in Naketendörflas/Egerland,
† 21.11.1957 in Wien
Gicklhorn wurde als Sohn eines Landwirts und Schneidermeisters geboren. Schon in der Kaiser Franz Josef-Staatsrealschule zeigte er herausragende Leistungen; nach bestandener Reifeprüfung studierte er Botanik, Zoologie, Chemie, Physik und Mineralogie.

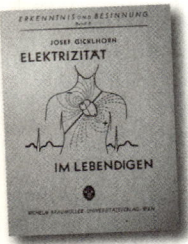

1916 wurde Gicklhorn zum Militärdienst nach Eger eingezogen und kam nach Absolvierung der Offiziersschule zum Fronteinsatz an den Schwerpunkten der Südfront. Nach Kriegsende ging er nach Graz, wo er Renée von Czernin-Dirkenau kennenlernte, die er bald heiratete. 1921 ging das Ehepaar für zwei Jahre nach Agram und übersiedelte 1923 nach Prag, wo Gicklhorn am Zoologischen Institut der Deutschen Universität weiterstudierte und 1926 zum Dr. rer. nat. promoviert und im Dezember 1929 habilitiert wurde. Ab 1935 wirkte er hier als unbesoldeter außerordentlicher Professor, ein Jahr später wurde er besoldeter außerordentlicher Professor für Biologie. 1941 wurde er in den deutschen Staatsdienst übernommen und wurde damit beamteter wirklicher Extraordinarius auf Lebenszeit. Der breiten Öffentlichkeit wurde der Wissenschaftler vor allem durch seine ausgezeichneten volkstümlichen Radiovorträge im Reichssender, im Sender der Besatzungszeit Österreichs Rot-Weiß-Rot und Radio Wien bekannt. In den Nachkriegswirren verlor Gicklhorn seine gesamte Habe und mußte zeitweise in Lagern sein Leben fristen, bis er wieder nach Wien kam; er erhielt die österreichische Staatsbürgerschaft und wurde 1947 zum Honorarprofessor für Geschichte der Naturwissenschaften ernannt und erhielt auch das Promotionsrecht. Der stets hilfsbereite, hochsinnige Lehrer und Naturforscher verstarb nach langer Krankheit im Alter von nur sechsundsechzig Jahren.

HAUSMANN, FRITZ
Lebensdaten konnten nicht ermittelt werden.

KRUG, ERICH
Dr. med., * 1889, † Sommer 1988
Der 1916 promovierte Mediziner Krug, der lange Jahre bis zu seinem Tode auch Chefredakteur der medizinischen Fachzeitschrift „Erfahrungsheilkunde" war, befaßte sich intensiv mit der Erfahrungs- und Naturheilkunde und schrieb unter anderem auch das „Lexikon der Naturheilkunde", das eine spürbare Lücke schloß, da die herkömmlichen medizinischen Wörterbücher die Belange der Erfahrungs- und Naturheilkunde vernachlässigen. Ein weiterer Schwerpunkt seines Schaffens war die Astronomie und Radioastronomie, über welche er zahlreiche Zeitungsbeiträge, populärwissenschaftlicher Artikel und Bücher verfaßt hat, beispielsweise der im „Völkischen Beobachter" vom 11. Juli 1937 abgedruckte Artikel „Planetenüberwachung mit der Federspitze. Das Haus der Zahlen. Ein Gang durch das Astronomische Recheninstitut in Dahlem", der die Arbeit dieses wissenschaftlichen Instituts beschreibt. 1962 erschien sein Buch „Radioastronomie", eine Einführung in die damals noch junge astronomische Disziplin.

MAIER-BODE, FRIEDRICH WILHELM
Prof., * 30.5.1900 in Augsburg, † 12.12.1953 in Bonn
Die Grundlage für sein späteres umfangreiches Werk an landwirtschaftlichen Fachbüchern legte Maier-Bode durch sein Studium der Landwirtschaft von 1918 bis 1921 in München-Weihenstephan. Danach war er einige Jahre lang als Landwirtschaftslehrer tätig, so auch an der Ackerbauschule in Jena-Zwätzen. Bereits mit 26 Jahren wurde ihm die Leitung des Pflanzenschutz-Beratungs- und Verkaufsbüro der Bayer AG in Berlin übertragen, die er bis 1945 innehatte. 1947 wurde der Phytopathologe Ministerialrat im Ministerium für Ernährung, Landwirtschaft und Forsten des Landes Nordrhein-Westfalen in Düsseldorf, wo er bis zum Ministerialdirigenten aufstieg. 1950 wurde Maier-Bode als Ministerialdirektor in das Bundesministerium für Ernährung, Landwirtschaft und For-

sten berufen. Seine exzellente Qualifikation brachte ihm 1950 einen Lehrauftrag für landwirtschaftliches Organisationswesen an der Universität und 1952 den Titel Honorarprofessor ein. Aus seinem Wirken als Autor und Herausgeber landwirtschaftlicher Fachbücher ist seine 1948 erschienene Studie „Die drei Stufen der Düngung" hervorzuheben, die sich historisch-kritisch mit dem Problem der Bodenfruchtbarkeit befaßt. Sein 1950 veröffentlichtes Standardwerk der Phytopathologie „Taschenbuch des Pflanzenarztes" ist 2012 in 57. Auflage erschienen.

MICHAEL, HERBERT
Dr.
Lebensdaten konnten nicht ermittelt werden. Es dürfte sich um den stellvertretenden wissenschaftlichen Direktor des Deutschen Hygiene-Museums in Dresden handeln. Dieser war auch Autor der populärwissenschaftlichen Lebenshilferatgeber „Leitfaden für die Laienhilfe" (1940) und „Das Leben. Der gesunde Mensch und sein schicksalhaftes Werden und Vergehen" (1936). Michael trat neben seiner wissenschaftlichen Arbeit durch Vorträge und Abhaltung von Lehrgängen für den Reichsluftschutzbund in Erscheinung.

PRAGER, GERHARD
* 1.2.1920 in Oberplanitz/Sachsen, † 17.7.1975 in Mainz
Geboren als Sohn eines Obersteigers, besuchte Prager die Fürstlich Schönburgische Oberschule zu Lichtenstein in Sachsen. Nach dem 1938 bestandenen Abitur studierte er in Wien und Köln Theaterwissenschaften. Im Zweiten Weltkrieg diente er bei der Luftwaffe, zuletzt mit dem Dienstgrad des Oberleutnants. 1945/46 arbeitete er als Dramaturg am Stuttgarter Neuen Theater, danach als Mitarbeiter für Radio Stuttgart, Verlagslektor und freier Schriftsteller. 1948 wurde Prager Chefdramaturg und Hörspieldramaturg beim Süddeutschen Rundfunk, 1953 avancierte er zum Chefredakteur der evangelischen Informationsdienste „Kirche und Rundfunk" und „Kirche und Fernsehen" in Bethel bei Bielefeld. Seit 1956 saß Prager im Beirat der Filmbewertungsstelle in Wiesbaden, deren Vorsitzender er später wurde. 1962 wurde er zum Leiter der Hauptabteilung Fernsehspiel und Film beim ZDF berufen, am 27. November 1973 zum Programmdirektor des Senders. Schriftstellerisch trat Prager mit Essays, Lyrik, Novellen und Hörspielen hervor, einige Male arbeitete er auch als Synchronsprecher.

SCHOTT, WERNER
* 20.11.1891 in Berlin, † 6.9.1965 ebd.
Der Schauspieler Schott begann seine Karriere 1910 als jugendlicher Held auf der Bühne des Deutschen Theaters in Berlin; 1913 wechselte er an die Volksbühne, 1915 nach Wien an das Burgtheater. Hier wirkte er bis in die 1940er Jahre und kehrte dann als Ensemblemitglied der Kammerspiele an das Deutsche Theater zurück. Seine Arbeit beim Film begann Schott 1920 in dem Stummfilm „Wie Satan starb", allerdings blieben seine Ausflüge vor die Kamera eher die Ausnahme, bis er in den 1930er und 1940er Jahren als Nebendarsteller vieler Filme auftrat, darunter so erfolgreiche Streifen wie „F.P. 1 antwortet nicht" (1932), „Der alte und der junge König" (1935), „Tanz auf dem Vulkan" (1938), „Robert Koch, der Bekämpfer des Todes" (1939) oder „Der Große König" (1942). Nach dem Zweiten Weltkrieg wirkte Schott vorwiegend auf den Berliner Bühnen des Schloßpark- und Schillertheaters, vor die Filmkamera trat er nur noch gelegentlich, so in „Fünf unter Verdacht" (1950) oder „Der Würger von Schloß Blackmoor" (1963).

Werner Schott

WANDEL, GERHARD
Lebensdaten konnten nicht ermittelt werden.

Seite 38

Schriftsteller

FORSTER, FRIEDRICH
* 11.8.1895 in Bremen, † 1.3.1958 ebd.

Forster wurde unter dem Namen Waldfried Burggraf geboren und erhielt seine Schulausbildung am Landschulheim Schnepfental in Thüringen sowie am Alten Gymnasium in Bremen. Er entdeckte früh sein künstlerisches Interesse und arbeitete als Schauspieler, Dramaturg und Regisseur an verschiedenen süddeutschen Bühnen. Von 1933 bis 1937 wirkte er als Direktor des Bayerischen Staatsschauspiels und Intendant der Bayerischen Landesbühne in München; außerdem war er Mitglied im literarischen Beirat des Filmunternehmens UFA. Im Jahre 1938 zog Forster sich nach Schlehdorf am Kochelsee zurück und widmete sich fortan ausschließlich der dramatischen Dichtung. Er hatte schon 1917 mit seiner literarischen Tätigkeit begonnen und verfaßte rund zwei Dutzend Komödien, Märchen, Schauspiele und Theaterstücke. Sein Gustav-Wasa-Drama „Alle gegen einen, einer für alle!" gestaltet heldisches Leiden und Handeln im Dienste des Vaterlandes zum mahnenden und aufrufenden Sinnbild. Sein bekanntestes Werk, das sich auch international durchsetzte und dem Gerhart Hauptmann Unsterblichkeit weissagte, ist das romantische Jugendstück vom alternden Daniel Defoe „Robinson soll nicht sterben", das ungezählte Aufführungen erlebte.

HOHLBAUM, ROBERT
Dr. phil., * 28.8.1886 in Jägerndorf, † 4.2.1955 in Graz

Der Bibliothekar, Dramatiker und Schriftsteller Hohlbaum empfand seine geographischen und politischen Wurzeln immer als besondere Verpflichtung im Sinne des sogenannten Grenzlanddeutschtums und charakterisierte sich daher als „grenzdeutscher" Schriftsteller. Nach dem Studium der Germanistik in Graz und Wien wurde er 1910 zum Dr. phil. promoviert. Nicht zuletzt wegen seiner burschenschaftlichen Aktivitäten und Kontakte entwickelte er eine ausgeprägt nationale Einstellung im großdeutschen Sinne. Um seine schriftstellerische Tätigkeit finanziell abzusichern, arbeitete Hohlbaum als wissenschaftlicher Bibliothekar in der Wiener Universitätsbibliothek.

Robert Hohlbaum

Im Ersten Weltkrieg diente er als k.u.k.-Offizier bis 1918, engagierte sich danach für die Großdeutsche Volkspartei und wurde einer der führenden Köpfe im rechtsliberalen Literaturbetrieb. Nach der nationalsozialistischen Regierungsübernahme nutzte er seine Verbindungen zu deutschen Amtsträgern, wurde 1937 deutscher Staatsbürger und Leiter der Stadtbibliothek von Duisburg; 1942 übernahm Hohlbaum die Leitung der Landesbibliothek in Weimar. Im Jahre 1944 bekam er wegen eines seiner Werke politische Schwierigkeiten mit der thüringischen Gauleitung, wurde schließlich beurlaubt und arbeitete seither ausschließlich als Schriftsteller. Nach dem Krieg wurden Hohlbaums Werke in der Sowjetischen Besatzungszone und später in der DDR verboten. Der Künstler war gezwungen, sich als Hilfsarbeiter über Wasser zu halten und zog 1951 zurück nach Österreich, wo ihm nur noch wenige Lebensjahre vergönnt waren. Hohlbaum erhielt 1944 den Literaturpreis der Stadt Tropppau und 1951 den Adalbert-Stifter-Preis des Landes Oberösterreich.

KEIENBURG, ERNST
Dr. phil., * 1.1.1893 in Zell (Mosel), † 22.12.1970 Potsdam

Keienburg wurde nach seinem Studium 1921 in Rostock zum Dr. phil. promoviert und wirkte fortan als Gelehrter und Schriftsteller sowie als Film- und Rundfunkautor. 1965 wurde ihm die Ehrengabe der Schillerstiftung Weimar verliehen. Einige Beispiele seiner Werke: „Die Glocke von Hilligenoog und andere Erzählungen" (1936), „Heut scheint die Sonne. Heiteres und Besinnliches von gestern und heute" (1958), „Sturm über den Wipfeln. Erzählungen um Carl Maria von Weber" (1959).

MENZEL, HERYBERT
* 10.8.1906 in Obornik/Posen, † Februar 1945 in Tirschtiegel

Der spätere Dichter und Schriftsteller Menzel wuchs in Tirschtiegel in der Provinz Posen als Sohn eines Postsekretärs und Heimatforschers auf, der auch die Chronik seiner Heimatstadt verfaßte. Menzel besuchte die Gymnasien in Schwiebus und Crossen an der Oder, studierte nach dem Abitur zwei Semester Jura in Breslau und Berlin, brach aber wegen der polnischen Aufstände in Schlesien das Studium ab und kehrte nach Tirschtiegel zurück. Fortan war er schriftstellerisch tätig und beschäftigte sich primär mit der grenzlanddeutschen Problematik und dem Kampf gegen die aufständischen Polen. Menzel charakterisierte sich und sein Werk mit den Worten: „Der Verlust und das Schicksal meiner ostdeutschen Heimat haben mich zu einem kämpferischen Schriftsteller werden lassen. […] Was ich schrieb, war mir immer irgendwie diktiert von den Stimmen meiner Landschaft, von den Stimmen meiner Väter, von dem, was ich selbst zu durchleben hatte." Er trat nach einer Kundgebung Adolf Hitlers im Berliner Sportpalast der NSDAP und der SA bei, wirkte nun als SA-Dichter und schrieb entsprechende Gedichte, Kantaten und Lieder. Nach dem Ausbruch des Zweiten Weltkrieges wurde er zur Wehrmacht einberufen und konnte daher bis 1943 nur noch den Gedichtband „Anders kehren wir wieder" fertigstellen. Menzel fiel im Februar 1945 bei Kämpfen in seiner Heimatstadt.

Herybert Menzel

NASO, ECKART VON
Dr. jur., * 2.6.1888 in Darmstadt, † 13.11.1976 in Frankfurt am Main

Von Naso wurde als Sohn des königlich-preußischen Generalleutnants Ludwig Hartwig genannt von Naso geboren. Nach dem Abitur studierte er in Göttingen, Kiel und Halle/Saale Jura und wurde im Jahre 1912 Rechtsreferendar und auch zum Dr. jur. promoviert. Danach leistete er seinen Wehrdienst bei den „Braunen Husaren" in Ohlau. Am Ersten Weltkriege nahm er ein halbes Jahr als Ordonnanzoffizier und anschließend als Infanterist teil; nach einer Verwundung lag er in einem Stuttgarter Lazarett. Anschließend arbeitete von Naso als Schriftsteller und veröffentlichte in den folgenden Jahrzehnten zahlreiche Novellen, Romane und Schauspiele, schrieb aber auch Drehbücher und Hörspiele. 1919 nahm er seine künstlerische Arbeit als Dramaturg am Staatlichen Schauspielhaus in Berlin auf, wechselte in dieser Funktion 1930/31 zur Krolloper und kehrte danach wieder bis 1945 an das Staatliche Schauspielhaus zurück, wo er auch unter Gustaf Gründgens wirkte. Nach der nationalsozialistischen Regierungsübernahme wurde er NSDAP-Mitglied und unterschrieb mit 87 anderen Schriftstellern das „Gelöbnis treuester Gefolgschaft" gegenüber Adolf Hitler. 1945 geriet von Naso als Offizier in Gefangenschaft, danach lebte er einige Zeit als freier Schriftsteller in Ostholstein und arbeite von 1954 bis 1957 als Chefdramaturg der Städtischen Bühnen Frankfurt. Die folgenden Jahre betätigte er sich als freier Schriftsteller in München und Frankfurt.

Eckart von Naso

STEGUWEIT, HEINZ
* 19.3.1897 in Köln,
† 25.5.1964 in Halver/Westfalen

Heinz Steguweit

Geboren als Sohn eines Ölhändlers, studierte Steguweit, der später auch unter dem Pseudonym Lambert Wendland veröffentlichte, nach dem Besuch des Gymnasiums an einer Handelshochschule. Im Ersten Weltkrieg erlitt er 1916 bei einem Gasangriff eine schwere Verwundung, die ihn ein Jahr das Augenlicht kostete. Danach kehrte er (zu 75 Prozent kriegsbeschädigt) an die Westfront zurück. Nach 1918 arbeitete er bis 1925 bei einer Bank. In dieser Zeit orientierte sich der ursprünglich in der katholischen Jugendbewegung beheimatete Steguweit mehr und mehr an völkischen Kreisen und opponierte gegen die aus dem Versailler Vertrag resultierende alliierte Rheinlandbesetzung. Ab 1925 war er in Köln als freier Schriftsteller tätig und schrieb meist Theaterstücke und heitere Erzählungen, jedoch auch Werke, die schweren Bedingungen von Krieg und die Nachkriegswirren als Erscheinungen darstellen, die den Charakter des Menschen zum Positiven formen. Nach der nationalsozialistischen Regierungsübernahme trat er in die NSDAP ein und unterschrieb mit 87 anderen Schriftstellern das „Gelöbnis treuester Gefolgschaft" gegenüber Adolf Hitler; und in den Werken der folgenden Jahre zeigte sich Steguweit als Chronist der politischen Realitäten. 1933 wurde er kulturpolitischer Redakteur des „Westdeutschen Beobachters", ein Jahr später Landesleiter der Reichsschrifttumskammer des NSDAP-Gaus Köln-Aachen. Nach dem Zweiten Weltkrieg schrieb er im wesentlichen nur noch Kinder- und Jugendbücher, Laienspiele und Firmenfestschriften.

Durch Dr. Hans Erich Schrade, Generalsekretär der Reichskulturkammer und Geschäftsführer der Reichstheaterkammer, veranlaßte Ergänzungen:

BROCK, MAX
* um 1874 in Weimar,
† im Dezember 1948 ebd.

Brock wirkte zuerst als Schauspieler in Oldenburg und Bremen und wechselte später als Charakterdarsteller und Oberspielleiter nach Weimar, wo er Staatsschauspieler und Ehrenmitglied des National-Theaters wurde. Sein Spielplan reichte von Mephisto bis zu Striese, vom tragischen Charakterhelden über das Fach des Intriganten bis zum Komischen Alten.

FISCHER, HANNS
* 26.7.1862 in Dresden,
† 21.8.1952 in Hamburg

Fischer wirkte zu Beginn seiner Schauspielerkarriere als Charakterdarsteller in Lübeck. Der Theaterleiter und Regisseur Otto Brahm lud ihn dann nach Berlin ein, wo er am Neuen Theater sowie am Deutschen Theater spielte und auch in mehreren Uraufführungen von Gerhart Hauptmanns Stücken auftrat. 1904 wechselte Fischer an das Hoftheater in Dresden, 1918/19 wurde er dort Direktor des Schauspielhauses. Dieselbe Funktion übernahm er 1920 am Thalia-Theater in Hamburg, später wechselte er zum Stadttheater Altona und war dort als Spielleiter und Darsteller tätig; 1937 wurde er Ehrenmitglied des Stadttheaters Altona.

Hanns Fischer

HERTERICH, FRANZ
* 3.10.1877 in München,
† 28.10.1966 in Wien

Herterich wurde als Sohn des Akademieprofessors Johann Herterich geboren, begann nach einem in München absolvierten Studium der Kunstgeschichte im Jahre 1900 seine schauspielerische Tätigkeit und wirkte in Leipzig, Berlin, Zürich, New York, Straßburg, München. Ab 1912 war er als Heldendarsteller am Wiener Burgtheater engagiert, wo er 1923 bis 1930 auch Direktor des Hauses wurde. Seit 1920 führte Herterich auch Regie, und verschiedene seiner Inszenierungen gingen in die Theatergeschichte ein. Ab 1932 wirkte er als künstlerischer Leiter des Theaters der Jugend, dann wieder als Oberregisseur und Schauspieler am Burgtheater. Im Zeitraum von 1922 bis 1952 spielte Herterich in einigen Spielfilmen mit, darunter der Film über den Komponisten Wolfgang Amadeus Mozart „Wen die Götter lieben" (1942) und der bekannte Historienfilm „Kolberg" (1945). Nach 1945 übernahm er nochmals bis 1957 die künstlerische Leitung des Theaters der Jugend. Am 29. November 1957 wurde der bedeutende Künstler mit der Ehrenmedaille der Bundeshauptstadt Wien geehrt.

JUNKER, KURT
* um 1875, † 27.2.1953 in Stuttgart
Der Schauspieler Junker war zuerst am Deutschen Theater in Berlin tätig und wechselte dann zum Hof- und späteren Staatstheater in Stuttgart, wo er jahrzehntelang wirkte. Junker spielte auch in Kinofilmen wie zum Beispiel den Fürsten von Metternich in dem Historiendrama „100 Tage" von 1935 (mit Werner Krauß, Gustaf Gründgens).

MARBERG, LILI
Prof., * 9.3.1876 in Grimma, † 1962
Die Schauspielerin, geboren als Tochter eines Oberlehrers, begann ihr Berufsleben nach Absolvierung des Dresdener Konservatoriums in Zwickau und war von 1898 bis 1900 an den Vereinigten Theatern in Elberfeld und Barmen und danach am Thalia-Theater in Hamburg engagiert. 1901 wechselte sie zum Neuen Schauspielhaus in München und war danach am Deutschen Volkstheater in Wien tätig. 1911 wurde Marberg in das Ensemble des Burgtheaters aufgenommen, dem sie bis zu ihrer Zurruhesetzung im Jahre 1950 treu blieb. Der Schriftsteller, Journalist und Theaterkritiker Oskar Maurus Fontana schrieb über die Künstlerin: „Unvergleichlich und meisterlich waren nun, wo ihre Gestalten sich immer mehr vom Geliebtwerden entfernten und sich doch in den Eros festkrallten, ihre Königinnen, ob sie nun die Krone Rußlands oder Englands trugen. Sie reichten sogar bis ins Böse und Nachtdunkle, was ihr früher versagt geblieben war. Verwirrung des ganzen Menschen spielte sie als russische Kaiserin, Ausgesetztsein in die Einsamkeit, Brand des Bluts, das Sichaufbäumen gegen das Schicksal, schrittweisen Verfall – aber noch immer die strenge und harte Willensstärke gegen sich selber, auch im Sturz noch. Es hatte schauerliche Größe, wie sie da ein zerstörtes, von ihren Trieben gehetztes Weib vor uns aufbaute und zugleich auch eine noch immer herrschende Dame." Die vorzügliche Charakterdarstellerin wurde 1936 Ehrenmitglied des Burgtheaters und später mit den Titeln Kammerschauspielerin und Professor geehrt.

Lili Marberg

MEDELSKY, LOTTE
Prof., * 20.5.1880 in Wien,
† 4.12.1960 in Nußdorf am Attersee
Caroline Krauspe wurde als Tochter des Kassierers bei der Wiener Gasgesellschaft Medelsky geboren und war die Nichte des Tischlermeisters Josef Werkmann-Medelsky, dessen Stück „Die Kreuzwegstürmer" am Wiener Raimundtheater uraufgeführt wurde. Sie führte, auch durch Goethes „Lotte in Weimar" stark beeindruckt, schon früh das Pseudonym Lotte Medelsky,

unter dem sie bekannt wurde und das sie ihr ganzes Leben begleitete. Nach dem Besuch des Wiener Konservatoriums für Musik und darstellende Kunst entdeckte sie der Jurist, Schriftsteller und Theaterdirektor Max Eugen Burckhardt für das Burgtheater, an dem sie von 1897 bis zur ihrer Zurruhesetzung im Jahre 1948 wirkte. Schon mit ihrem ersten Auftritt in Ibsens „Wildente" neben Adele Sandrock und Friedrich Mittenwurzer startete Medelsky eine triumphale Laufbahn. Bereits mit 19 Jahren wurde sie zur Hofschauspielerin ernannt, entwickelte sich zur klassischen Sentimentalen, Charakterdarstellerin großen Stils und schließlich zur einzigartigen Mütterspielerin. Immer aber war und blieb sie auf der Bühne Wienerin im eigentlichsten Wortsinn. Ihr Repertoire umfaßte mehr als 200 Rollen, und sie gab zahlreiche Gastspiele in ganz Österreich, Deutschland und der Schweiz; alljährlich wirkte Medelsky bei den Salzburger Festspielen mit. Sie erfuhr zahlreiche Ehrungen: Ehrenmitglied des Burgtheaters (1924), Ritterkreuz 1. Klasse des Österreichischen Verdienstordens (1926), Ehrenring der Stadt Wien sowie Verdienstkreuz für Kunst und Wissenschaft (anläßlich ihres vierzigjährigen Bühnenjubiläums 1937), Professor (1947). Seit dem Jahre 1901 war sie mit dem Schauspieler Eugen Frank (offiziell: Krauspe) verheiratet, mit dem sie zwei Kinder hatte, die ebenfalls den Schauspielerberuf ergriffen. Ihr ehrenhalber gewidmetes Grab befindet sich auf dem Hietzinger Friedhof.

Lotte Medelsky

Emmy Remolt

OTTO, MARTINA
* geb. um 1888, † ?
Weitere Lebensdaten konnten nicht ermittelt werden, lediglich folgendes: Martina Otto (nach ihrer Heirat: Otto-Morgenstern) war 1914 bis 1945 und 1948/49 als Schauspielerin am Stadttheater Leipzig engagiert, außerdem war sie nach dem Organigramm von 1925 der Mitteldeutschen Rundfunk A.G. (später Reichssender Leipzig) Sprecherin in der Literarischen Abteilung.

REMOLT, EMMY
* 18.7.1876 in München,
† 1948 in Göppingen
Die Hof- und Staatsschauspielerin Remolt (auch Remolt-Jessen) wirkte jahrzehntelang am Hof- und späteren Staatstheater in Stuttgart, wo sie 1944 ausschied. Sie führte daneben eine Schauspielschule und bildete zahlreiche, auch später bekannte Schauspieler aus wie etwa Maria Koppenhöfer.

VERDEN, ALICE
* 20.1.1885 in Breslau,
† 31.12.1956 in Bad Tölz
Die Schauspielerin und Sängerin Verden (auch Verden-Herklotz, geb. Brandes) wurde als Tochter des Opernsängers und Theaterdirektors Georg Brandes geboren. Sie wirkte von 1902 bis 1904 in Hanau, 1904 bis 1906 in Köln und war danach bis 1945 Mitglied des Staatstheaters Dresden. In der Saison 1937/38 trat sie auch bei den Festspielen in Heidelberg auf. Als ihre Dresdener Wohnung 1945 zerstört wurde, verzog sie nach Bad Tölz und trat am „Thespis-Karren" auf. Weitere Stationen ihres Berufslebens waren Schauspielhaus und Staatstheater München, Stuttgart, Basel, Luzern, Bern, Baden-Baden und das Staatstheater Wiesbaden. Verden trat in den 1940er und 1950er Jahren auch in verschiedenen Spielfilmen auf und war als Synchronsprecherin tätig.

Alice Verden

Alphabetisches Register aller „Gottbegnadeten"

Abendroth, Hermann 202
Afritsch, Viktor 272
Agostini, Herta 365
Ahlersmeyer, Matthieu 234
Aichbichler, Thea 365
Albach-Retty, Rosa 235
Albach-Retty, Wolf 272
Albers, Hans 273
Albiker, Karl 96
Albrecht, Kurt 426
Alex, Josef August („Joe") 426
Alpen, Jutta von 365
Alsen, Herbert 235
Ambesser, Axel von 274
Andergast, Lisl 432
Andergast, Maria 364
Anders, Peter 235
Andri, Ferdinand 114
Arnheim, Valy 274
Arnstaedt, Johanna („Hansi") 366
Aslan, Raoul 236
Assmann, Robert 442
Auer, Ernst 274
Auer, Leonhard 275
Auer, Ludwig 274
Auer, Mimi 366
Aulinger, Elise 366
Bachmann, Karl 275
Bahr, Betty 512
Ballasko, Viktoria von 366
Balser, Ewald 236
Bang, Ellen 367
Bartning, Ludwig 115
Baumgarten, Paul 151
Bayerische Staatskapelle München 462
Bayerlein, Fritz 115
Bechmann, Walter 275
Becker, Sigrid 367
Beckerath, Hermann von 478
Behn, Fritz 97
Beilke, Irma 237
Beling, Maria 492
Beltz, Hans 213
Benckhoff, Frieda („Fita") 367
Bendow, Wilhelm 275
Bennefeld, Katja 367
Berbig, Grete 367
Bergen, Claus 116
Berger, Erna 237
Berger, Margot 367
Berliner Philharmonisches Orchester 462
Berliner Unterhaltungsorchester (bisher Bund) 468
Bertram, Gustav 276
Betke, Lotte 367
Bettac, Ulrich 515
Bibrowicz, Wanda 181
Bieber, Oswald 152
Bienert, Gerhard 276
Bildt, Paul 276
Birgel, Willy 276
Bischoff, Eduard 117
Bitterlich Hans 97
Bleeker, Bernhard 98
Blume, Friedrich 152
Blümner, Rudolf 277
Blunck, Hans Friedrich 81
Bluth, Eva 368
Bochmann, Werner 446
Bockelmann, Rudolf 238
Böhm, Karl 203
Böhme, Kurt 481
Boll, Gertrud 368
Bootz, Erwin 428
Borgmann, Hans Otto 446
Bornträger, Eduard 278
Borries, Siegfried 221
Boser, Petronella 492
Braend, Paula 368
Brandt 521
Brandt, Julius 278
Braun, Helena 238
Braun, Viktor 278
Brausewetter, Hans 278
Bredow, Gustav Adolf 91
Brehm, Bruno 82
Breiderhoff, Gisela 368
Breker, Arno 50
Breker, Hans 99
Brem, Beppo 279
Brennecke, Joachim 279
Breuer, Siegfried 280
Breuhaus, Fritz 153
Briem, Tilla 492
Brink, Elga 368
Brinkmann, Woldemar 154
Brock, Eva Maria 369
Brock, Max 526
Brosig, Egon 280
Bruck, Änne 369
Bruckner-Orchester Linz 463
Brühne, Lothar 447
Buchardt, Ruth 369
Buchner, Paula 238
Budde, Kurt 438
Buder, Ernst Erich 447
Bühler, Lilly 433
Bukowicz, Antonia („Toni") von 369
Burg, C.W. 280
Burg, Monika 369
Burg, Ursula 369/518
Burghard, Elisabeth 493
Burmeester, Ingeborg 493
Burte, Hermann 83
Carl, Rudolf 280
Carossa, Hans 42
Carstens, Lina 239
Cauer, Ludwig 99
Cebotari, Maria 239
Clarenbach, Max 117
Claus-Dostal, Lillie 493
Claus, Ruth 370
Comployer, Vera 370
Cossmann, Alfred 118
Cunitz, Maud 193
Czepa, Friedl 370
Dachauer, Wilhelm 119
Dagover, Lil 370
Dahlke, Julius 479
Dahlke, Paul 281
Dammann, Anna 240
Dammann, Gerhard 282
Danker, Gerda 371
Dannemann, Karl 282
Dathe, Edith 371
Datzig, Elfriede 371
Daudert, Charlotte 371
David, Johann Nepomuk 192
Decarli, Bruno 283
Deltgen, René 282
Dermota, Anton 240
Dernburg, Ernst 283
Dettmann, Ludwig 119
Deutsches Philharmonisches Orchester Prag 464
Deutsches Tanz- und Unterhaltungsorchester 469
Diehl, Karl-Ludwig 283
Diener, Hermann 476
Diessl, Gustav 284
Dietrich, Antonia 240
Ditmar, Marina von 372
Döderlein, Ingeborg 434
Doelle, Franz 447
Doerry, Walter 284
Dohm, Will 284
Dombrowski, Felix von 284
Domgraf-Fassbaender, Willi 241
Domin, Friedrich 285
Dömpke, Fred 427
Dorena, Rosl 372
Dorfmüller, Franz 460
Dorfner, Otto 182
Dorsch, Käthe 241
Dostal, Nico 448
Drescher, Arno 182
Drews, Bertha 372
Drews, Hermann 213
Drexel, Inge 372
Drissen, Fred 482

Alphabetisches Register aller „Gottbegnadeten"

Drobil, Michael 108
Drwenski, Walter 478
Dunskus, Erich 285
Dustmann, Hanns 154
Dyckhoff, Käthe 372
Ebers, Clara 242
Eckard, Liesl 373
Eckardt, Milena von 518
Eckhard, Max 286
Eckhoff, Julius, E. 286
Ederer, Carl 120
Edthofer, Anton 286
Edzard, Kurt 100
Egger-Sell, Wilhelm 286
Eggerth, Hans 287
Egk, Werner 193
Ehmann, Karl 287
Ehmig, Georg 120
Eichheim, Josef 287
Eichhorn, Bernhard 448
Eilers, Tina 493
Eipperle, Trude 242
Eis, Maria 243
Eisbrenner, Werner 449
Eisenmenger, Rudolf 121
Elin, Hanns 449
Elmendorff, Karl 204
Elsner, Hannerl 494
Elster, Else 373
Enck, Lieselotte 242
Enders, Ludwig 183
Engel, Otto 121
Engelhardt-Kyffhäuser, Otto 122
Engelmann, Andrews 288
Engl, Olga 373
Englisch, Lucie 373
Enseling, Joseph 101
Erb, Karl 430
Erdmann, Eduard 213
Erdmann, Hildegard 494
Erhardt, Hermann 288
Erler, Erich 122
Esser, Max 101
Esterle, Leopold 288
Etlinger, Karl 288
Euler, Lucie 273
Evans, Karin 519
Ewald, Johanna 373
Exl, Anna 374
Exl, Ilse 374
Eybner, Richard 289
Eysoldt, Gertrud 374
Fahrenkamp, Emil 155
Falckenberg, Otto 75
Fassler, Otto 482
Fehenberger, Lorenz 482
Fehling, Jürgen 243
Fehringer, Franz 482
Feiler, Hertha 374
Feldbauer, Max 123

Felden, Kurt 289
Felinau, Josef Pelz von 521
Fernau, Rudolf 289
Fick, Roderich 155
Fijal, Franz 427
Filatoff, Wally 374
Finkenzeller, Heli 375
Fischer, Albert 449
Fischer, Ernst 439/449
Fischer, Hanns 526
Fischer, Karl Johann 156
Fischer, Lore 229
Fischer, Martin 439
Fischer, Otto Wilhelm („O.W.") 290
Fischer, Thea 375
Fischer, Theresia („Res") 494
Fitz, Hans 293
Flickenschildt, Elisabeth 74
Flink, Hugo 290
Florath, Albert 291
Föda, Hilde 375
Forsch, Robert 291
Forster, Friedrich 524
Forster, Rudolf 291
Franck, Walter 292
Francois, Hardy von 294
Franz, Ernst 427
Frass, Wilhelm 102
Freese, Hans 157
Frenssen, Gustav 84
Freund, Karl 476
Frey, Julius 292
Frick, Kurt 157
Friedl, Franz René 450
Friedrich, Werner 427
Friedrich, Karl 431
Frieling, Heinz 521
Fritsch, Willy 292
Fritz, Bruno 512
Fritz, Georg 123
Fröhlich, Gustav 294
Frommel, Gerhard 194
Fuchs, Eugen 244
Fuchs, Marta 244
Fügel, Alfons 483
Fürbringer, Ernst Fritz 293
Fürstenberg, Ilse 375
Furtwängler, Wilhelm 72
Fox, Frank 437
Gall, Leonhard 62
Gebühr, Otto 294
Gehring, Viktor 295
Geibel, Hermann 102
Genschow, Eva 375
Genzmer, Harald 194
George, Heinrich 245
Gerasch, Alfred 295
Gerhart, Elfriede („Elfie") 375
Gerhold, Toni 434
Gericke, Lilli 376

Gernot, Herbert 296
Gerstel, Wilhelm 103
Gerster, Ottmar 195
Gerwin, Franz 124
Gicklhorn, Josef 521
Giese, Harry 296
Gieseking, Walter 214
Giesler, Hermann 64
Glaser, Otto 296
Glöckner-Kramer, Josefine („Pepi") 376
Goetz, Lutz 296
Gold, Käthe 376
Göllnitz, Fritz 483
Gondrell, Adolf 297
Gonszar, Rudolf 483
Götzke, Bernhard 297
Grabley, Ursula 376
Gradl, Hermann 56
Graef, Viktor 428
Graf, Oskar 124
Graf, Otto 297
Graf, Ulrich 442
Graupner, Heinz 443
Graevenitz, Fritz von 103
Greindl, Josef 245
Grethe, Hildegard 377
Gretsch, Hermann 183
Griese, Friedrich 85
Grimm, Hans 86
Groh, Herbert Ernst 484
Gross, Walter 298
Grosse, Artur 298
Grosse, Wilhelm 298
Großes Berliner Rundfunkorchester 467
Großes Frankfurter Rundfunkorchester 468
Großes Hamburger Rundfunkorchester 467
Großes Münchener Rundfunkorchester 467
Grothe, Franz 450
Grümmer, Paul 225
Grundeis, Sigfrid 215
Gründgens, Gustaf 246
Guilleaume, Margot 495
Gulbranssson, Olaf 125
Gülstorff, Max 299
Günther, Carl 298
Günther, Eugen 299
Gutschow, Konstanty 158
Gutzeit, Erich 439
Haack, Käthe 377
Haagen, Margarete 377
Hadank, Oskar Hermann Werner 185
Hagemann, Oskar 125
Hagen, Herta von 378
Hager, Robert 484
Hahn, Hermann 104

Alphabetisches Register aller „Gottbegnadeten"

Hahne, Waltraut 378
Haiger, Ernst 159
Hain, Magda 434
Halbe, Max 88
Hallasch, Franz 460
Halmay, Tibor von 299
Hammer, Gusta 495
Hampe, Charlotte 478
Hampel, Paul 185
Hanauer, Hans 299
Hanft, Karl 300
Hann, Georg 431
Hannemann, Karl 299
Hansen, Conrad 217
Hansen, Hermann 161
Happ, Hans 126
Hardt, Karin 378
Harell, Marte 378
Harprecht, Bruno 300
Härter, Wilhelm 159
Harth, Philipp 105
Hartmann, Paul 247
Hartmann, Walter 437
Hartwig, Knuth 300
Hasse, Clemens 300
Hatheyer, Heidemarie 378
Haubenreisser, Karl 301
Hauff, Angelika 379
Haupt, Ulrich 301
Hauptmann, Gerhart 44
Hauser, Heinrich 301
Hausmann, Fritz 522
Heesters, Johannes 302
Heger, Robert 205
Heiberg, Kirsten 379
Heidmann Karl 302
Heigl, Franz 431
Heim, Wilhelm 303
Heinitz, Wilhelm 444
Heitmann, Fritz 227
Helgar, Eric 303
Hellberg, Ruth 380
Hellmer, Karl 303
Hellwig, Elisabeth („Lisa") 380
Helmcke, Ellen 380
Helmke, Erika 380
Hemming, Walter 128
Henckels, Paul 304
Henning-Roth, Margarethe 380
Hentrich, Helmut 160
Hentzschel, Georg 451
Herking, Ursula 380
Herm, Paul 304
Hermann, Julius E. 304
Herrmann, Josef 247
Herrmann, Paul 127
Herrmann, Theo 247
Herterich, Franz 526
Hess, Emil 304
Hessenberg, Kurt 196
Heuser, Hans 161

Heymann, Richard 127
Hielscher, Margot 381
Hildebrand, Hilde 381
Hildebrand, Ernst 437
Hillen, Ellen 381
Hilpert, Inge 478
Hilz, Sepp 128
Himboldt, Karin 382
Hinz, Werner 248
Höcker, Oskar 305
Hoeck, Walter 129
Hoelscher, Ludwig 226
Hoesslin, Maria von 383
Hofen, Margit 434
Hofer-Pittschau, Hilda 383
Höffer, Paul 196
Hoffmann, Arthur 105
Hoffmann, Irmgard 383
Hoffmann, Lore 249
Hoffmann, Ludwig von 129
Hoffmann, Paul 249
Höflich, Lucie 382
Hofmann, Ludwig 484
Hofmann, Oswald 106
Hohlbaum, Robert 524
Hohlwein, Ludwig 185
Höhn, Carola 382
Hohorst, Luise 383
Höller, Karl 196
Holsboer, Willem 307
Holst, Maria 383
Holstein, Hilda 496
Holt, Hans 306
Holten, Walter 307
Holtz, Annemarie 383
Holzmann, Olga („Olly") 384
Holzschuh, Lizzi 384
Hommel, Conrad 130
Höngen, Elisabeth 248
Hönich, Heinrich 132
Hönig, Eugen 161
Hoopts, Fritz 307
Hoppe, Marianne 384
Hörbiger, Attila 305
Hörbiger, Paul 306
Horeschowsky, Melanie 384
Horney, Brigitte 385
Hotter, Hans 249
Huber, Auguste („Gusti") 385
Hübner, Bruno 309
Hübner, Herbert 308
Hubschmid, Paul 308
Huch, William 308
Hüni-Mihaszek, Felicitas 496
Hunkele, Hans 309
Hüsch, Gerhard 229
Hüsch, Otto 485
Hussels, Joseph (Jupp) 512
Imhoff, Fritz 309
Irmer, Georg 310
Jaeckel, Antoni 385

Jaeger, Malte 310
Jäger, Herbert 429
Jäger, Richard 460
Jahnen, Margot 385
Jannings, Emil 310
Jannsen, Walter 311
Jansen, Hilde 385
Janson, Viktor 312
Janssen, Ulfert 114
Jary, Michael 451
Jenson, Walter 439
Jochum, Eugen 205
Johst, Hanns 47
Jöken-König, Käte 386
Jönsson, Carl-Christian 312
Jost, Wilhelm 162
Jugo, Jenny 386
Jung, Walter 312
Junghanns, Julius Paul 130
Jungkind, Lisa 434
Junker, Kurt 527
Kabasta, Oswald 206
Kaiser-Heyl, Willi 312
Kalter, Herma 496
Kämer, Thea 386
Kampers, Fritz 313
Kampf, Arthur 58
Kandl, Eduard 250
Kapelle Erich Börschel 470
Kapelle Hans Brändle 470
Kapelle Hans Busch 470
Kapelle Heinz Burczynski 471
Kapelle Jan Hoffmann 471
Kapelle Karl Eisele 471
Kapelle Kurt Widmann 471
Kapelle Leo Jaritz 472
Kapelle Lutz Templin 472
Kapelle Rambour 472
Kapelle Wilfried Krüger 473
Kapelle Willi Butz 473
Kapelle Willi Steiner 473
Karajan, Herbert von 207
Karchow, Albert 313
Karchow, Ernst 313
Kaspar, Hermann 132
Kasper, Ludwig 106
Katona, Julius 431
Kattnigg, Rudolf 452
Kayssler, Friedrich 77
Keienburg, Ernst 525
Keilberth, Joseph 208
Keller-Nebri, Kurt 314
Kemp, Paul 314
Kempf-Hartenkampf, Gottlieb
   Theodor Edler von 133
Kempff, Wilhelm 216
Keppler, Hannes 314
Kern, Adele 496
Kerscher, Ludwig 315
Kersten, Anne 250
Kinz, Franziska 386

Kissling-Rothärmel, Margarete 497
Kitzig, Alfred 133
Klarwein, Franz 485
Klatt, Herbert 443
Klebusch, Franz 319
Klein-Rogge, Rudolf 315
Klein, Richard 134
Klein, Waltraut 386
Klimsch, Fritz 55
Klimt, Margarete 186
Klinger, Paul 315
Klinkert, Walter 134
Klipstein, Ernst von 316
Klix, Rudolf 315
Klokow, Til 387
Klöpfer, Eugen 250
Klose, Margarete 229
Klotz, Clemens 162
Kluge, Thea 497
Klupp, Robert 515
Knapp, Josef 485
Knappertsbusch, Hans 208
Knauer, Karl 438
Knecht, Richard 107
Kneidinger, Karl-Rudolf 316
Knoteck, Johanna („Hansi") 387
Knuth, Gustav 316
Koch-Gotha, Friedrich 134
Koch, Lotte 387
Köck, Eduard 317
Koegel, Ilse 497
Kolbe, Georg 53
Kolbenheyer, Erwin Guido 45
Kolin, Nikolas 317
Kölner Unterhaltungskapelle (Leo Eysoldt) 468
Komar, Dora 388
Konetzni, Hilde 230
Konetzni, Anny 497
Konradi, Inge 387
Kopf, Liane 388
Kopp-Kayßler, Mila 519
Koppenhöfer, Maria 389
Körber, Hilde 388
Körner, Hermine 79
Körner, Lothar 318
Körner, Max 187
Kowa, Viktor de 317
Krahl, Hilde 389
Krasselt, Rudolf 209
Kratzer, Hans 318
Kraus, Else 217
Krauß, Clemens 210
Krauß, Werner 251
Kreis, Wilhelm 65
Krenn, Fritz 230
Kretzschmar, Curt 424
Kreuder, Peter 452
Kreysler, Dorit 389
Kriegel, Willy 59

Krug, Erich 522
Krüger, Johannes 163
Krüger, Walter 162
Kruiswyk, Anny van 497
Kudritzki, Horst 439
Kuhlmann, Carl 318
Kulenkampff, Georg 222
Kümmel gen. Walden, Erich 438
Kündinger, Else 389
Kunig-Rinach, Martha 390
Künneke, Eduard 453
Kunz, Erich 486
Kupfer, Margarethe 390
Kupper, Annelies 498
Kursell, Otto von 135
Kurz, Ernst 432
Kusche, Ludwig 429
Kusserow, Ingeborg von 390
Kwast-Hodapp, Frida 218
Kwitschala 187
Lachner, Willi 440
Lalsky, Gertrude de 390
Lammers, Gerda 231
Lang, Charlotte „Lotte" 391
Lang, Michl 318
Laubenthal, Hannsgeorg 352
Ledebur, Leopold von 319
Legal, Ernst 319
Lehmann, Fritz 474
Lehmann, Trude 391
Leibelt, Hans 319
Leipziger Gewandhausorchester 464
Leisner, Emmi 231
Lemnitz, Tiana 253
Lennartz, Elisabeth 520
Lenzewski-Quartett 481
Lessen, Ingrid 478
Lessmann, Bernhard 476
Leux, Leo 453
Levko-Antosch, Olga 498
Liebermann, Ernst 136
Lieck, Walter 320
Liedtke, Harry 320
Liesegang, Helmuth 136
Lieser, Karl 163
Liewehr, Fred 321
Lilienfein, Heinrich 89
Limburg, Olga 391
Lindner, Amanda 391
Lingen, Theo 321
Linkmann, Ludwig 322
List, Inge 392
Löbel, Bruni 392
Löck, Carsta 392
Lohkamp, Emil 322
Löhner, Rudolf 137
Löhr, Hanns 454
Lohse, Max 187
Loibner, Eduard 322
Loja, Maria 392

Lommel, Ludwig-Manfred 322
Loos, Theodor 323
Loose, Emmy 499
Lorenz, Georg 323
Lorenz, Max 253
Loskarn, Franz 323
Lossen, Lina 393
Lothar, Mark 197
Luber, Helene 393
Lubrich, Fritz 474
Lucas, Curt 323
Lüders, Günther 324
Ludwig, Leopold 474
Ludwig, Marlise 393
Ludwig, Richard 324
Ludwig, Walther 254
Lukschy, Wolfgang 324
Lüsebrink, Karin 393
Lutz, Raymund 432
Maack, Alfred 324
Macha, Else 434
Mackeben, Theo 454
Mackensen, Fritz 137
Mahlau, Alfred 187
Mahncke, Gustav 325
Maier-Bode, Friedrich Wilhelm 522
Malchin, Edelweiß 393
Mänicke, Kurt 163
Manning, Philipp 325
Marberg, Lili 527
Mardayn, Christl 394
Marenbach, Leni 394
Marggraff, Gerhard 188
Marian, Ferdinand 325
Markus, Elisabeth 394
Markus, Winifred („Winnie") 395
Marr, Hans 326
Marx, Joseph 198
Maschkan, Josef 486
Mattes, Willy 455
Matthias, Karl 326
Matthies, Otto 326
Mauersberger, Rudolf 475
Maurer, Friedrich 326
Mausz, Erwin 440
Mayen, Herta 395
Mayerhofer, Elfie 395
Mayerhofer, Ferdinand 327
Medelsky, Lotte 527
Mediz, Karl 138
Meinl-Weise, Rita 501
Meisel, Kurt 327
Melichar, Alois 455
Meller, Willy 107
Menzel, Herybert 525
Metzner, Arno 486
Meyendorff, Irene von 396
Meyer-Welfing, Hugo 487
Meyerinck, Hubert von 328

Alphabetisches Register aller „Gottbegnadeten"

Michael, Herbert 523
Michalski, Carl 424
Miegel, Agnes 48
Mierendorff, Hans 328
Mikulski, Kurt 327
Milinkovič, Georgine von 499
Millradt, Fränzi 499
Minetti, Bernhard 329
Mira, Brigitte 500
Modersohn, Christian 139
Moellendorf, Else von 396
Moog, Heinz 329
Morvilius, Karl 329
Moser, Hans 330
Mück, Franz 440
Mühlenbeck, Margarete 435
Müller-Graf, Kurt 330
Müller-Hellwig, Alen 188
Müller-Wischin, Anton 140
Müller, Gottfried 199
Müller, Maria 254
Müller, Richard 138
Müller, Theodolinde 396
Müllner, Josef 108
Münch-Holland, Hans 226
Münch, Arnim 331
Münchhausen, Börries Freiherr von 89
Münzer, Adolf 164
Müthel, Lola 396
Müthel, Lothar 516
Nadherny, Ernst 331
Napp, Carl 513
Naso, Eckart von 525
Nebhut, Ernst 444
Nel, Rudolf 427
Nentwig, Käthe 501
Nettesheim, Konstanze 502
Netto, Hadrian 331
Neufert, Ernst 164
Neugebauer, Alfred 331
Neumann, Werner 430
Neupert, Hertha 397
Neuss, Maria 476
Ney, Elly 214
Nick, Edmund 455
Nicklisch, Franz 331
Nicoletti, Susi 397
Nielsen, Hans 332
Nießner, Toni 432
Nikolaidi, Elena 502
Nissen, Hans Heinz 487
Nissen, Hans Hermann 254
Noni, Alda 502
Norkauer, Fritz 165
Ober, Gerti 397
Oberg, Ilse 444
Oeggl, Georg 487
Oertzen, Jaspar von 333
Offenbach, Josef 332
Offenberg, Gerhard 165

Olden, Hans 333
Opernchor von 48 Mitgliedern beim Reichssender Berlin 444
Opernchor von 48 Mitgliedern beim Reichssender Wien 445
Orff, Carl 199
Ostertag, Karl 487
Ott, Justus 333
Ottmann, Olga 435
Otto, Martina 528
Pachernegg, Alois 441
Padua, Paul 140
Pasch, Reginald 333
Passarge, Hellmuth 334
Patzak, Julius 255
Paul, Bruno 166
Paulsen, Harald 334
Pauly, Edgar 334
Pauspertl, Karl von 456
Peiner, Werner 61
Pepping, Ernst 200
Perry, Ida 397
Peterhans, Josef 334
Petermann, Friedrich 335
Petersen, Peter 335
Petersen, Walter 141
Petri, Ilse 397
Pfannschmidt, Ernst 142
Pfaudler, Franz 335
Pfitzner, Hans 70
Pfluger, Paula 398
Pfuhle, Fritz 141
Philharmonisches Staatsorchester Hamburg 464
Philippi, Peter 143
Piel, Harry 335
Pinegger, Rolf 336
Pinnau, Cäsar 167
Pitzinger, Gertrude 232
Platen, Karl 337
Pledath, Werner 337
Plessow, Ellen 398
Plontke, Paul 142
Pohl, Klaus 338
Pointner, Anton 338
Pölzer, Julius 225
Pongratz, Alfred 337
Ponto, Erich 256
Porten, Henny 398
Posniak, Bronislaw Ritter von 479
Powolny, Michael 109
Prack, Rudolf 338
Prager, Gerhard 523
Pratsch-Kaufmann, Kurt 513
Preisig, Lilly 503
Preußische Staatskapelle Berlin 465
Priegnitz, Hans 480
Pröckl, Ernst 338
Prohaska, Jaro 256

Proske, Stefanie 503
Puchelt, Gerhard 217
Puchinger, Erwin 143
Puchstein, Fritz 516
Pünkösdy, Auguste 399
Purrmann, Christine 480
Putlitz, Erich zu 168
Püttjer, Gustav 339
Queling, Riele 477
Raddatz, Carl 339
Rahl, Mady 399
Ramin, Günther 227
Ranczak, Hildegard 257
Rauch, Ernst-Andreas 109
Raucheisen, Michael 218
Rausch, Lotte 399
Rehkopf, Paul 339
Reich, Cäcilie 503
Reichel, Karl-Heinz 443
Reichelt, Elisabeth 503
Reichert, Willi 514
Reichlin, Fee von 503
Reigbert, Cläre 400
Reinhold, Anneliese 400
Reining, Maria 257
Reinmar, Hans 257
Reinwald, Grete 400
Reismüller, Gabriele 400
Reithofer, Josef 340
Reitter, Otto 169
Remolt, Emmy 528
Reschke, Ethel 401
Réthy, Ester 504
Reval, Else 401
Rhein, Fritz 143
Richard, Frida 401
Richartz, Paul 426
Richartz, Willy 456
Richter-Steiner, Christa 477
Richter, Paul 340
Richter, Rotraut 514
Richter, Tutti 402
Richter, Walter 516
Ried, Marina 403
Riedel, Ruth von 520
Riedmüller, Julius 340
Riefenstahl, Leni 402
Riemer, Walter 189
Rimpl, Herbert 169
Ritter, Charlotte 403
Rixner, Josef („Joe") 456
Röhling, Oscar 432
Röhn, Erich 222
Rohringer, Norbert 341
Rohs, Martha 258
Rökk, Marika 403
Rokyta, Erika 504
Romanowsky, Richard 341
Rosar, Annie 404
Rosbaud, Hans 424
Rose, Traute 259

Rose, Willi 341
Rosskotten, Heinrich 170
Roswaenge, Helge 258
Roth, Werry 171
Rotmund, Ernst 340
Rott, Helena 504
Rubach, Maria 404
Rudolph, Tresi 505
Ruff, Franz 171
Ruffin, Kurt von 517
Rühmann, Heinz 341
Rummel, Walter 219
Rünger, Gertrude 232
Rust, Carla 404
Rutgers, Elisabeth 505
Rüts, Elisabeth von 404
Sabo, Oscar 342
Sachse, Margarethe 404
Sächsische Staatskapelle Dresden 465
Sack, Erna 506
Saint-Germain, André 343
Salfner, Heinz 343
Samberger, Leo 144
Sambor, Gottlieb 343
Sänger, Bruno 426
Satow, Karl 441
Sattler, Ernst 344
Sattler, Joachim 259
Säuberlich, Lu 404
Sauter-Sarto, Otto 344
Sauter, Wilhelm 144
Schaaf, Paul 444
Schaefer, Edmund 189
Schäfer, Wilhelm 90
Schafheitlin, Franz 347
Schaufuß, Hans Hermann 348
Schaufuß, Peter-Timm 348
Scheck, Gustav 478
Scheibe, Richard 109
Scheidl, Otto 488
Schellenberg, Arno 232
Schellhorn, Charlotte 408
Scheppan, Hilde 506
Scheu, Just 348
Scheuernstuhl, Hermann 110
Schier, Franz 432
Schieske, Alfred 348
Schilling, Martha 507
Schilp, Marie-Luise 507
Schirmer, Karl August 480
Schirp, Wilhelm 260
Schittenhelm, Hermann 427
Schlemm, Gustav Adolf 456
Schlettow, Hans Adalbert von 349
Schließler, Otto 111
Schlusnus, Heinrich 260
Schlüter, Erna 261
Schmidt-Boelcke, Werner 425
Schmidt-Gentner, Willy 457
Schmidt-Isserstedt, Hans 210
Schmidt-Stein, Ingeborg 507
Schmidt, Erhard 172
Schmidt, Rosl 219
Schmidt, Wilhelm 349
Schmitt-Walter, Karl 261
Schmitthenner, Paul 172
Schmitz-Wiedenbrück, Hans 145
Schmitz, Paul 211
Schneider, Magda 408
Schneider, Tine 409
Schneider, Willy 488
Schneiderhan-Quartett 228
Schneiderhan, Wolfgang 222
Schneidler, Ernst 189
Schnell, Georg Heinrich 349
Schöffler, Paul 259
Schollwer, Edith 507
Scholz, Wilhelm von 91
Schön, Margarethe 409
Schönberg-Leschetitzky, Eva 435
Schönböck, Karl 350
Schönborn, Lilli 409
Schöne, Helga 480
Schönemann, Franz 350
Schönfeld, Alice 477
Schörg, Gretl 436
Schörnack, Otto 223
Schott, Werner 350/523
Schramm-Zittau, Rudolf 145
Schreiber, Karl Ludwig 351
Schreiber, Richard 146
Schreiner, Liselotte 262
Schreiter, Irmingard 409
Schröder-Schromm, Franz Wilhelm 351
Schröder, Arthur 351
Schröder, Fritz 428
Schröder, Wilhelm 426
Schröder, Friedrich 457
Schroth, Carl-Heinz 352
Schroth, Hannelore 410
Schroth, Heinrich 351
Schubert, Kurt 480
Schüler, Johannes 211
Schulte-Frohlinde, Julius 173
Schultes, Bertl 352
Schultes, Max 352
Schultz, Charlotte 410
Schultz, Vera 410
Schultze-Naumburg, Paul 67
Schultze, Norbert 458
Schultze, Siegfried 461
Schürhoff, Else 508
Schuricht, Carl 212
Schuricke, Rudi 488
Schuster-Woldan, Raffael 146
Schütze, Charlotte 508
Schwarzkopf, Elisabeth 508
Schweebs, Hellmuth 489
Schweizer, Armin 352
Schwind, Wolfgang von 353
Sedelmayr, Betty 436
Sedlmeier, Caspar 344
Seeck, Adelheid 405
Seefried, Irmgard 509
Seeger, Hermann 175
Seidel, Ina 49
Seidler-Winkler, Bruno 461
Seidler, Alma 405
Seifert, Alwin 174
Seifert, Kurt 344
Seipp, Hilde 405
Sellmer, Erna 405
Serda, Julia 406
Servaes, Dagny 406
Servi, Helli 406
Sessak, Hilde 407
Sieber, Josef 345
Siedel, Erhard 345
Sima, Oskar 345
Simons, Anna 190
Simson, Marianne 407
Singgemeinschaft Rudolf Lamy, Berlin (19 Frauen, 13 Männer) 445
Skala, Klaramaria 407
Skraub, Karl 346
Slezak, Leo 346
Söderbaum, Kristina 408
Söhnker, Hans 346
Sommerschuh, Gerda 509
Spada, Anita 509
Spalke, Gertrud 410
Speelmans, Hermann 347
Spiegel, Ferdinand 146
Spitzenpfeil, Lorenz 190
Spletter, Carla 262
Staal, Viktor 354
Stadelmann, Li 220
Stadler, Maria 410
Stamer, Fritz 430
Stapff, Ilse 520
Stassen, Franz 147
Staudte, Fritz 353
Steguweit, Heinz 526
Steimel, Adolf 441
Stein, Alfred 353
Stein, Franz 353
Steinbrecher, Alexander 441
Steiner, Adolf 227
Steinkopf, Hanns 438
Steinsieck, Annemarie 410
Stelzer, Mimi 411
Steppes, Edmund 147
Sternberg, Hans 354
Stiebner, Hans 354
Stimmel, Ernst 355
Stobrawa, Renée 411
Stock, Werner 355

Alphabetisches Register aller „Gottbegnadeten"

Stoeckel, Otto 355
Stolz, Hilde von 411
Stolzenwald, Franz 442
Storch, Karl 148
Storm, Otto 355
Strauß und Torney, Luise („Lulu") von 93
Strauß, Emil 92
Strauss, Richard 69
Strienz, Wilhelm 233
Strohmayr, Otto 175
Stross-Quartett 288
Stross, Wilhelm 223
Stroux, Karl-Heinz 262
Strub-Quartett 228
Strub, Max 224
Suthaus, Ludwig 263
Tabody, Clara 412
Tamms, Friedrich 176
Taschner, Gerhard 225
Taube, Robert 356
Taubmann, Horst 263
ter Hell, Willy 127
Teschemacher, Margarete 264
Tessen, Robert 356
Tessenow, Heinrich 177
Tetzlaff, Toni 412
Thalmann, Max 191
Theiss, Siegfried 178
Thellmann, Erika von 412
Thies, Dorothea 413
Thimig, Hermann 264
Thomalla, Georg 433
Thon, Franz sen. 442
Thöny, Eduard 148
Thorak, Josef 54
Tiebert, Hermann 149
Tiedje, Wilhelm 178
Tiedtke, Jakob 356
Tiemann, Walter 191
Tilden, Jane 413
Toelle, Carola 413
Toll, Maria 510
Tollen, Otz 357
Topitz-Feiler, Jetty 436
Tornegg, Hella 413
Trapp, Max 200
Treff, Alice 414
Treffner, Willy 489
Tressler, Otto 357
Triebsch, Franz 149
Trojan-Regar, Joszy 490
Trojan, Alexander 357
Trötschel, Elfriede 510
Troxbömker, Heinrich 357
Trutz, Wolf 358
Tschechowa, Olga 414
Tüscher, Natascha („Nata") 510
Uhl, Hans 149
Uhlen, Gisela 414
Uhlig, Anneliese 415
Ullmann, Robert 111
Ullmer, Friedrich 358
Ullrich, Luise 415
Urseleac, Viorica 265
Valberg, Robert 358
Veil, Theodor 179
Verden, Alice 528
Vietz, Udo 515
Vogelsang, Georg 358
Vogt, Carl de 490
Voigt-Diederichs, Helene 94
Voigtländer, Edith von 478
Völker, Franz 266
Volkmann, Otto 480
Vollbehr, Ernst 150
Voß, Ursula 416
Wach, Karl 179
Wackerle, Josef 111
Wackers, Coba 511
Wagner, Elsa 416
Wagner, Konrad 517
Wagner, Otto 458
Wagula, Hans 192
Waldau, Gustav 266
Waldemar, Richard 359
Waldenau, Elisabeth 511
Waldmüller, Lizzi 416
Waldow, Ernst 359
Waldschmidt, Arnold 112
Walter, Fried 201
Walth, Borwin 360
Wamper, Adolf 113
Wanausek, Camillo 428
Wandel, Gerhard 523
Wangel, Hedwig 417
Wartan, Aruth 360
Waschatko, Hans 360
Wäscher, Aribert 359
Watzke, Rudolf 233
Webelhorst, Melanie 417
Weber, Franz 361
Weber, Gerhild 417
Weber, Ludwig 267
Wegener, Paul 267
Weille, Bernhard de (Benny) 442
Weinheber, Josef 94
Weiser, Grete 418
Weissner, Hilde 418
Wenck, Eduard 361
Wenck, Ewald 361
Werkmeister, Lotte 418
Werner, Ilse 419
Werner, Walter 361
Werner, Walter 444
Wernicke, Otto 362
Wery, Karl 362
Wessely, Karl 490
Wessely, Paula 268
Westermeier, Paul 362
Wetzel, Heinz 180
Wichert, Annemarie 511
Wicke, Fritz 442
Widmann, Peter 363
Wieck, Dorothea 419
Wieman, Mathias 362
Wiener Philharmonisches Orchester 466
Wiener Unterhaltungsorchester (Schönherr) 469
Wiepking-Jürgensmann, Heinrich 180
Wilke, Gisela 420
Willer, Luise 511
Willy, Johannes 491
Wilmsen, Max 363
Winde, Arthur 113
Windeck, Agnes 420
Windisch, Hella Hertha 420
Windisch, Ludwig 491
Windt, Herbert 459
Winter, Bernhard 150
Winter, Claire 420
Winterstein, Eduard von 363
Wissel, Adolf 151
Witt, Wastl 364
Witte, Erich 269
Witthauer, Charlotte 421
Wittrisch, Marcel 270
Wocke, Hans 491
Woester, Heinz 364
Wolf, Winfried 220
Wolff, Henny 234
Wolfram, Karl 491
Wolle, Gertrud 421
Wolters, Eduard 518
Woiwode, Lina 421
Wredenhöft, Erwin 430
Wührer, Friedrich 220
Wulf, Martina 436
Wurm, Gisa 422
Würtz, Anneliese 421
Wüst, Ida 422
Zaun, Fritz 425
Zebe, Ernst 428
Zeller, Wolfgang 459
Zernick, Helmuth 225
Zerres, Heinrich 364
Zesch-Ballot, Hans 364
Ziegel, Erich 364
Ziegler, Hermine 422
Ziegler, Martha 423
Ziemann, Sonja 423
Zilcher, Hermann 202
Zillich, Heinrich 95
Zimmermann, Erich
Zötsch, Anna

Literaturverzeichnis

Adam, Peter. *Kunst im Dritten Reich*. Übers. v. Renate Winner. Hamburg, 1992.

Backes, Klaus. *Hitler und die bildenden Künste. Kulturverständnis und Kunstpolitik im Dritten Reich*. Köln, 1988.

Bamberger, Richard/Maier-Bruck, Franz. *Österreich Lexikon*. Wien, 1996.

Barbian, Jan-Pieter. *Die Beherrschung der Musen. Kulturpolitik im „Dritten Reich"*. In Sarkowicz, Hans (Hrsg.). *Hitlers Künstler. Die Kultur im Dienst des Nationalsozialismus*. Frankfurt am Main/Leipzig, 2004. S. 40–74.

Bennwitz, Hanspeter. *Interpretenlexikon der Instrumentalmusik*. Bern/München, 1964.

Berger, Ursel. *Georg Kolbe – Leben und Werk. Mit dem Katalog der Kolbe-Plastiken im Georg-Kolbe-Museum*. Berlin, 1990.

Blubacher, Thomas/von Eckardt, Milena. In: Kotte, Andreas (Hrsg.). *Theaterlexikon der Schweiz*. Zürich, 2005. Bd. 1, S. 511 f.

Bothe, Rolf/Föhl, Thomas (Hrsg.). *Aufstieg und Fall der Moderne: Eine Ausstellung der Kunstsammlungen zu Weimar und der Weimar 1999 – Kulturstadt Europas GmbH in Zusammenarbeit mit dem Deutschen Historischen Museum Berlin*. Ostfildern-Ruit, 1999.

Bräutigam, Thomas. *Lexikon der Film- und Fernsehsynchronisation : Stars und Stimmen: wer synchronisiert wen in welchem Film?* 3. verb. und erg. Aufl. Marburg, 2013.

Brantl, Sabine. *Haus der Kunst, München – Ein Ort und seine Geschichte im Nationalsozialismus*. München, 2007.

Burgdorfer, Friedrich. *Das Haus der Deutschen Kunst 1937–1944. Band III: Kriegsmaler*. Kiel, 2013.

Cremer-Thursby, Marc. *Design der dreissiger und vierziger Jahre in Deutschland – Hermann Gretsch. Architekt und Designer (1895–1950)*. Diss. Frankfurt am Main/Berlin/Bern/New York/Paris/Wien, 1996.

Czeike, Felix. *Historisches Lexikon Wien*. Band 1. Wien, 1992.

ders. *Historisches Lexikon Wien*. Band 2. Wien, 1993.

ders. *Historisches Lexikon Wien*. Band 3. Wien, 1994.

ders. *Historisches Lexikon Wien*. Band 4. Wien, 1995.

ders. *Historisches Lexikon Wien*. Band 5. Wien, 1997.

Dahm, Volker. *Künstler als Funktionäre. Das Propagandaministerium und die Reichskulturkammer*. In Sarkowicz, Hans (Hrsg.). *Hitlers Künstler. Die Kultur im Dienst des Nationalsozialismus*. Frankfurt am Main/Leipzig, 2004. S. 75–109.

Dattler, Christian. *100 Jahre Stammersdorfer Männergesangverein 1890–1990. Festschrift*. Wien, 2010.

Davidson, Mortimer G. *Kunst in Deutschland 1933–1945: Eine wissenschaftliche Enzyklopädie der Kunst im Dritten Reich*. 4 Bde. Tübingen, 1988, 1991, 1992, 1995.

Deutsches Wörterbuch von Jacob und Wilhelm Grimm. 16 Bde. in 32 Teilbänden. Leipzig 1854–1961. Quellenverzeichnis Leipzig 1971. Bd. 8, Sp. 1148. http://woerterbuchnetz.de/DWB/?sigle=DWB&mode=Vernetzung&lemid=GG23437 (1.9.13)

Drewniak, Boguslaw. *Das Theater im NS-Staat*. Düsseldorf, 1983.

Drews, Berta. *Heinrich George: Ein Schauspielerleben erzählt von Berta Drews*. Hamburg, 1959.

Durth, Werner. *Deutsche Architekten. Biographische Verflechtungen 1900–1970*. 3. durchgesehene Auflage. Braunschweig/Wiesbaden, 1988.

Egret, Dominique (Hrsg.). *Arno Breker: Ein Leben für das Schöne*. Tübingen, 1996.

Flotzinger, Rudolf. *Österreichisches Musiklexikon*. Wien, 2006.

Fritz, Elisabeth Theresia/Kretschmer, Helmut (Hrsg.). *Wien, Musikgeschichte: Volksmusik und Wienerlied*. Wien, 2006

Fuhrmeister, Christian. *Ikonografie der „Volksgemeinschaft"*. In Thamer, Hans-Ulrich/Erpel, Simone (Hrsg.). *Hitler und die Deutschen. Volksgemeinschaft und Verbrechen*. Dresden, 2010. S. 94.

Generaldirektion der Bayerischen Staatstheater (Hrsg.). *Die Bayerischen Staatstheater. Wagner- und Mozart-Festspiele München 1927.* München, 1927.

Goebbels, Joseph. *Der Führer und die Künste.* In: Adolf Hitler: *Bilder aus dem Leben des Führers.* Bilderdienst Bahrenfeld, 1936. S. 64–71.

ders. *Die Tagebücher von Joseph Goebbels. Sämtliche Fragmente. Teil I Aufzeichnungen 1924–1941, Bd. 1–4.* Herausgegeben von Elke Fröhlich. München, 1987.

ders. *Die Tagebücher von Joseph Goebbels. Teil II Diktate 1941–1945, Bd. 1–15.* Herausgegeben von Elke Fröhlich. München, 1993–1996.

ders. *Vom Werden deutscher Filmkunst.* Band 2. Altona-Bahrenfeld 1935.

ders. *Die Zeit ohne Beispiel.* München, 1941.

Große Deutsche Kunstausstellung 1937 im Haus der Deutschen Kunst zu München – Offizieller Ausstellungskatalog. München, 1937.

Gümbel, Annette. *„Volk ohne Raum" – der Schriftsteller Hans Grimm zwischen nationalkonservativem Denken und völkischer Ideologie,* Darmstadt 2003.

Heiber, Helmut. *Joseph Goebbels.* 3. Aufl. München, 1988.

Heinrich, Anselm. *Brüche und Kontinuitäten. Theater im „Dritten Reich" und in der Bundesrepublik.* In: Zeitgeschichte-online, Dezember 2012, URL: http://www.zeitgeschichte-online.de/themen/brueche-und-kontinuitaeten (21.7.13)

Henck, Herbert. *Hermann Heiß 1897–1966. Nachträge einer Biografie.* Deinstedt, 2009.

Hermanni, Horst. *Von Dorothy Dandridge bis Willy Fritsch: Das Film ABC.* Norderstedt, 2009.

Herzog, Bodo. *Claus Bergen: Leben und Werk.* Gräfelfing vor München, 1987.

Hesse Anja. *Malerei des Nationalsozialismus: Der Maler Werner Peiner (1897–1984).* Diss. Hildesheim/Zürch/New York, 1995.

Hillesheim, Jürgen/Michael, Elisabeth/Hinz, Berthold. *Die Malerei im deutschen Faschismus: Kunst und Konterrevolution.* Frankfurt am Main, 1977.

Hitler, Adolf. *Mein Kampf.* 9. Aufl. 2 Bde. In einem Bd. München, 1941.

Hockerts, Hans Günter/Weber, Hartmut (Hrsg.). *Akten der Reichskanzlei. Regierung Hitler 1933–1945. Band V: 1938.* Bearbeitet von Friedrich Hartmannsgruber. München, 2008.

Höhne, Heinz. *„Gebt mir vier Jahre Zeit" Hitler und die Anfänge des Dritten Reiches.* 2. Aufl. Berlin, 1999.

Holzschuh, Ingrid. *Otto Strohmayr (1900–1945. Hitlers Architekt für die Neugestaltung der Stadt Salzburg im Nationalsozialismus.* Diss. phil. Wien, 2011.

Hruschka, Ole (Hrsg.). *„Halte fest, was dir von allem übrigblieb": 100 Jahre Theater am Kleinen Kiel.* Kiel, 2007.

Huschke, Wolfram. *Zukunft Musik: eine Geschichte der Hochschule für Musik Franz Liszt Weimar.* Wien/Köln/Weimar, 2006.

Jahn, Bruno. *Deutsche Biographische Enzyklopädie der Musik.* Band 1, A–R. München, 2003.

ders. *Deutsche Biographische Enzyklopädie der Musik.* Band 2, S–Z. München, 2003.

Jockwer, Axel. *Unterhaltungsmusik im Dritten Reich.* Diss. phil. Konstanz, 2004.

ders. *Wir machen Musik – Eine Brandrede für die populäre Musik.* Online-Publikationen des Arbeitskreises Studium Populärer Musik. 4. 2006 (Version 16.11.2006). http://geb.uni-giessen.de/geb/volltexte/2008/5303/pdf/Samples5.pdf (09.07.2013)

Karlsch, Rainer/Zeman, Zbynek. *Urangeheimnisse: das Erzgebirge im Brennpunkt der Weltpolitik 1933–1960.* 1. Auf. Berlin, 2002.

Kater, Michael, Hans. *Die mißbrauchte Muse. Musiker im Dritten Reich.* Aus dem Amerikanischen von Maurus Pacher. München/Wien, 1998.

ders. *Gewagtes Spiel. Jazz im Nationalsozialismus.* Aus dem Amerikanischen übersetzt von Bernd Rullkötter. Köln, 1995.

ders. *Jazz in the Culture of Nazi Germany: Different Drummers.* New York, 1992.

Ketter, Helena. *Zum Bild der Frau in der Malerei des Nationalsozialismus. Eine Analyse von Kunstzeitschriften aus der Zeit des Nationalsozialismus.* Berlin/Münster/Wien/Zürich/London, 2002.

Klee, Ernst. *Kulturlexikon zum Dritten Reich. Wer war was vor und nach 1945.* Frankfurt am Main, 2007.

Koch, Hans-Jörg. *Das Wunschkonzert im NS-Rundfunk.* Köln/Weimar/Wien, 2003.

Kosch, Wilhelm. *Deutsches Theater-Lexikon.* Erster Band, A–Hurk. Klagenfurt/Wien, 1953.

ders. *Deutsches Theater-Lexikon.* Zweiter Band, Hurka–Pallenberg. Klagenfurt/Wien, 1960.

ders. *Deutsches Theater-Lexikon.* Dritter Band, Pallenberg–Singer. Bern, 1992.

ders. *Deutsches Theater-Lexikon.* Vierter Band, Singer–Tzschoppe. Bern/München, 1998.

ders. *Deutsches Theater-Lexikon.* Fünfter Band, Uber–Weisbach. Zürich/München, 2004.

ders. *Deutsches Theater-Lexikon.* Sechster Band, Weisbrod–Wolansky. Zürich/München, 2008.

ders. *Deutsches Theater-Lexikon.* Siebter Band, Wolbring–Zysset. Berlin/Boston, 2012.

ders. *Deutsches Theater-Lexikon.* Nachtragsband, Teil 1: A–F. Berlin/Boston, 2013.

Kotte, Andreas (Hrsg.). *Theaterlexikon der Schweiz.* Zürich, 2005.

Kreimeier, Klaus. *Die Ufa-Story: Geschichte eines Filmkonzerns.* München, 1992.

Krockow, Christian Graf von. *Hitler und seine Deutschen.* 3. Aufl. München, 2001.

Kurschat, Ines. *Rehabilitation für Deltgen.* In *woxx magazine* vom 3.1.2003, S. 674.

Kutsch, Karl Josef/Riemens, Leo. *Unvergängliche Stimmen. Kleines Sängerlexikon.* Bern, 1962.

dies. *Unvergängliche Stimmen. Sängerlexikon.* Zweite, neu bearbeitete und erweiterte Auflage. Bern, 1982.

dies. *Großes Sängerlexikon.* 3. erweiterte Aufl. Band 1, Aarden–Davis. München, 1997.

dies. *Großes Sängerlexikon.* 3. erweiterte Aufl. Band 2, Davislim–Hiolski. München, 1997.

dies. *Großes Sängerlexikon.* 3. erweiterte Aufl. Band 3, Hirata–Möwes. München, 1997.

dies. *Großes Sängerlexikon.* 3. erweiterte Aufl. Band 4, Moffo–Seidel. München, 1997.

dies. *Großes Sängerlexikon.* 3. erweiterte Aufl. Band 5, Seideman–Zysset. München, 1997.

dies. *Großes Sängerlexikon.* 3. erweiterte Aufl. Band 6, Ergänzungen. München, 1997.

dies. *Großes Sängerlexikon.* 3. erweiterte Aufl. Band 6, Ergänzungen. München, 2000.

dies. *Großes Sängerlexikon.* 3. erweiterte Aufl. Band 7, Ergänzungen. München, 2002.

dies. *Großes Sängerlexikon.* Vierte, erweiterte und aktualisierte Aufl. Band 2, Castori–Frampoli. München, 2003.

dies. *Großes Sängerlexikon.* Vierte, erweiterte und aktualisierte Aufl. Band 3, Franc–Kaidanoff. München, 2003.

dies. *Großes Sängerlexikon.* Vierte, erweiterte und aktualisierte Aufl. Band 4, Kainz–Menkes. München, 2003.

dies. *Großes Sängerlexikon.* Vierte, erweiterte und aktualisierte Aufl. Band 5, Menni–Rappold. München, 2003.

dies. *Großes Sängerlexikon.* Vierte, erweiterte und aktualisierte Aufl. Band 6, Rasa–Sutton. München, 2003.

dies. *Großes Sängerlexikon.* Vierte, erweiterte und aktualisierte Aufl. Band 7, Suvanny–Zysset. München, 2003.

Lange, Horst H. *Jazz in Deutschland. Die Deutsche Jazz-Chronik bis 1960.* Hildesheim/Zürich/New York, 1996.

Lexikon nationalsozialistischer Dichter: Biographien, Analysen, Bibliographien. Würzburg, 1993.

Lohmann, Gabriele. *Elisabeth Hase. Fotografin für Presse und Werbung. Die 1930er bis 50er Jahre.* Diss. phil. Bochum, 2002. https://www.google.de/search?client=opera&q=elisabeth+hase&sourceid=opera&ie=UTF-8&oe=UTF-8 (4.9.13)

Loiperdinger, Martin (Hrsg.). *Märtyrerlegenden im NS-Film.* Mit Beiträgen von Thomas Arnold, Eike Hennig, Martin Loiperdinger, Uwe Schriefer und Ulrich Schröter. Opladen, 1991.

Luther, Ralf. *Neutestamentliches Wörterbuch. Eine Einführung in Sprache und Sinn der urchristlichen Schriften.* Eibiswald, 2003. http://www.livenet.ch/information/bibel/neutestamentliches_woerterbuch/146199-gnade.html (20.07.13)

Lyle, Wilson. *A Dictionary of PIANISTS.* London, 1985.

Mertin, Andreas. *Gottbegnadet oder Künstlergenie? Zur Geschichte einer Sprachfloskel.* In Tà katoptrizómena - Das Magazin für Kunst | Kultur | Theologie | Asthetik, Heft 74. http://www.theomag.de/74/am371.htm (16.2.2013)

Moeller, Felix. *Der Filmminister: Goebbels und der Film im Dritten Reich.* Berlin, 1998.

ders. „Ich bin Künstler und sonst nichts". In Sarkowicz, Hans (Hrsg.). *Hitlers Künstler. Die Kultur im Dienst des Nationalsozialismus.* Frankfurt am Main/Leipzig, 2004. S. 135–175.

Müller-Mehlis, Reinhard. „Des Kaisers neue Kleider": Der Schwindel der Moderne. München, 2003.

ders. *Die Kunst im Dritten Reich.* München, 1976.

Peters, Ludwig. *Volkslexikon DRITTES REICH. Die Jahre 1933–1945 in Wort und Bild.* Tübingen, 1994.

Petsch, Joachim. *„Unersetzliche Künstler". Malerei und Plastik im „Dritten Reich".* In Sarkowicz, Hans (Hrsg.). *Hitlers Künstler. Die Kultur im Dienst des Nationalsozialismus.* Frankfurt am Main/Leipzig, 2004. S. 245–277.

Peyrer-Heimstätt, Flora. *„Architektur-Utopie? NS-Planungen in Salzburg". Vorgeschichte und Kontext am Beispiel von Otto Reitter.* Magister-Arbeit vorgelegt an der Universität Wien, 2010.

Preiß, Achim. *Der antimoderne Ausstellungsort in Weimar.* In Bothe, Rolf/Föhl, Thomas (Hrsg.). *Aufstieg und Fall der Moderne: Eine Ausstellung der Kunstsammlungen zu Weimar und der Weimar 1999 – Kulturstadt Europas GmbH in Zusammenarbeit mit dem Deutschen Historischen Museum Berlin.* Ostfildern/Ruit, 1999, S. 400–403.

ders. *Die Kunst dem Volke – Die Sammlung Adolf Hitlers.* In Bothe, Rolf/Föhl, Thomas (Hrsg.). *Aufstieg und Fall der Moderne: Eine Ausstellung der Kunstsammlungen zu Weimar und der Weimar 1999 – Kulturstadt Europas GmbH in Zusammenarbeit mit dem Deutschen Historischen Museum Berlin.* Ostfildern/Ruit, 1999, S. 406–417.

Prieberg, Fred. K. *Handbuch deutsche Musiker 1933–1945.* CD-Rom-Lexikon, Kiel 2004.

Raehlmann, Irene. *Arbeitswissenschaft im Nationalsozialismus: Eine wissenschaftssoziologische Analyse.* Wiesbaden, 2005.

Rathkolb, Oliver. *Führertreu und Gottbegnadet. Künstlereliten im Dritten Reich.* Wien, 1991.

Reichel, Peter. *„Bruder Hitler" im deutschen Film.* In Thamer, Hans-Ulrich/Erpel, Simone (Hrsg.). *Hitler und die Deutschen. Volksgemeinschaft und Verbrechen.* Dresden, 2010. S.151.

Rischbieter, Henning. *„Theater in der Nazizeit".* In Sarkowicz, Hans (Hrsg.). *Hitlers Künstler. Die Kultur im Dienst des Nationalsozialismus.* Frankfurt am Main/Leipzig, 2004. S. 212–244.

Rodek, Hanns-Georg/Honig, Piet Hein. *100001. Die Showbusiness-Enzyklopädie des 20. Jahrhunderts.* Villingen-Schwenningen, 1992.

Ronge, Tobias. *Das Bild des Herrschers in Malerei und Grafik des Nationalsozialismus: Eine Untersuchung zur Ikonografie von Führer- und Funktionärsbildern im Dritten Reich.* Berlin/Münster/Wien/Zürich/London, 2011.

Rupp, Heinz/Lang, Carl Ludwig (Hrsg.). *Deutsches Literatur-Lexikon. Achter Band: Hohberg–Kober.* Bern/München, 1981.

Sarkowicz, Hans. *„Bis alles in Scherben fällt..." Schriftsteller im Dienst der NS-Diktatur.* In Sarkowicz, Hans (Hrsg.). *Hitlers Künstler. Die Kultur im Dienst des Nationalsozialismus.* Frankfurt am Main/Leipzig, 2004. S. 176–209.

ders. (Hrsg.). *Hitlers Künstler. Die Kultur im Dienst des Nationalsozialismus.* Frankfurt am Main/Leipzig, 2004.

Schmölders, Claudia. *Hitlers Gesicht.* In Thamer, Hans-Ulrich/Erpel, Simone (Hrsg.). *Hitler und die Deutschen. Volksgemeinschaft und Verbrechen.* Dresden, 2010. S. 37.

Schnabel, Dieter. *Zuweilen muß einer da sein, der gedenkt: Blätter der Erinnerung an Komponisten, Schriftsteller und Theaterleute.* Norderstedt, 2003.

Schneider, Tobias. *Bestseller im Dritten Reich: Ermittlung und Analyse der meistverkauften Romane in Deutschland 1933–1944*, in: Vierteljahrshefte für Zeitgeschichte 1/2004, S. 77–97.

Scholz, Robert. *Architektur und Bildende Kunst 1933–1945.* Preußisch-Oldendorf, 1977.

Schulte, Sabine. *Das Deutsche Hygiene-Museum in Dresden von Wilhelm Kreis. Biographie eines Museums der Weimarer Republik.* Diss. Bonn, 2001.

Schuster, Peter-Klaus. *München – das Verhängnis einer Kunststadt.* In Schuster, Peter-Klaus (Hrsg.). *Nationalsozialismus und „Entartete Kunst": Die „Kunststadt" München 1937.* 5. Aufl. München, 1998. S. 12–36.

ders. (Hrsg.). *Nationalsozialismus und „Entartete Kunst": Die „Kunststadt" München 1937.* 5. Aufl. München, 1998.

Sennefelder, Doris (Hrsg. im Auftrag des Bayerische Rundfunks). *50 Jahre Münchner Rundfunkorchester 1952–2002.* Kassel/Basel/London/New York/Prag, 2001.

Staeck, Klaus (Hrsg.). *Nazi-Kunst ins Museum?* Göttingen, 1988.

Stein, Philipp. *Studien zur Wiener Konzerthausgesellschaft und den Nationalsozialisten*, München, 2006.

Steindorf, Eberhard. *Die Sächsische Staatskapelle Dresden.* Berlin, 1997.

Stock, Karl F./Heilinger, Rudolf/Stock, Marylène. *Personalbibliographien österreichischer Musikerinnen und Musiker.* Band 1: A–Mich. München, 2005; Band 2: Mik–Z München, 2005, Band 3: Register München, 2005.

Stockhorst, Erich. *5000 Köpfe. WER WAR WAS IM 3. REICH*. 3. Aufl. Kiel, 1998.

Thamer, Hans-Ulrich/Erpel, Simone (Hrsg.). *Hitler und die Deutschen. Volksgemeinschaft und Verbrechen*. Dresden, 2010.

Ueberschär, Gerd/Vogel Winfried. *Dienen und Verdienen. Hitlers Geschenke an seine Eliten*. Frankfurt am Main, 2000.

Vollmer, Hans (Hrsg.). *Allgemeines Lexikon der Bildenden Künste des XX. Jahrhunderts*. Zweiter Band: E–I. Leipzig, 1955.

ders. (Hrsg.). *Allgemeines Lexikon der Bildenden Künste des XX. Jahrhunderts*. Dritter Band: K–P. Leipzig, 1956.

Weber, Thomas. *Wer war Adolf Hitler?* In *Frankfurter Allgemeine Zeitung* vom 29.1.2013. http://www.faz.net/aktuell/feuilleton/debatten/ns-forschung-wer-war-adolf-hitler-12043685.html (7.2.2013)

Weinreich, Otto. *Zur Musikwissenschaft 1909–1960. Konzertkritiken 1923–1933 und 1945–1952*. Amsterdam, 1975.

Weißmann, Karlheinz. *Der Weg in den Abgrund: Deutschland unter Hitler 1933–1945*. 2. Neuausgabe, München, 1997.

Weniger, Kay. *Das große Personenlexikon des Films : die Schauspieler, Regisseure, Kameraleute, Produzenten, Komponisten, Drehbuchautoren, Filmarchitekten, Ausstatter, Kostümbildner, Cutter, Tontechniker, Maskenbildner und Special Effects Designer des 20. Jahrhunderts*. 8 Bände. Berlin, 2001.

Wistrich, Robert Solomon. *Ein Wochenende in München: Kunst, Propaganda und Terror im Dritten Reich*. übers. v. Vladimir Delavre. Frankfurt a. M./Leipzig, 1996.

ders. *Wer war wer im Dritten Reich. Anhänger, Mitläufer, Gegner aus Politik, Wirtschaft, Militär, Kunst und Wissenschaft*. München, 1983.

Wölfer, Jürgen. *Jazz in Deutschland. Das Lexikon. Alle Musiker und Plattenfirmen von 1920 bis heute*. Höfen, 2008.

Wulf, Joseph. *Die bildenden Künste im Dritten Reich. Eine Dokumentation*. Frankfurt am Main/Berlin/Wien, 1983.

ders. *Musik im Dritten Reich. Eine Dokumentation*. Gütersloh, 1963.

ders. *Presse und Funk im Dritten Reich. Eine Dokumentation*. Gütersloh, 1964.

ders. *Theater und Film im Dritten Reich. Eine Dokumentation*. Gütersloh, 1964.

Ziegler, Hans Severus. *Wer war Hitler?* Tübingen, 1970.

Zum Tode von Otto Wagner. In Fachmagazin für Blasmusik Clarino, Ausgabe 6/1999, S. 13.

Aus unserem zeitgeschichtlichen Programm

THEODOR KELLENTER
DAS ERBE HITLERS
Fortbestehende Bauwerke, Erfindungen, Gesetze und Verordnungen aus dem Dritten Reich. Ein Lexikon
400 S. – viele s/w. Abb. – geb. im Großformat – € 25,95. – Unter rund 1.000 Stichwörtern handelt der Autor das Erbe des Dritten Reiches ab, das unsere Gegenwart bis heute prägt.

LORENZ PORSCH
DER „MANN DES JAHRHUNDERTS"
Meinungsstreit um Adolf Hitler
416 S. – geb. im Großformat – € 25,95. – Hier werden über 1.500 Einschätzungen über Hitler von Bewunderern und Gegnern aus aller Welt zusammengetragen, viele davon erstmals ins Deutsche übersetzt.

ERICH KERN
REPUBLIK UND REICH
Von Versailles zu Adolf Hitler
352 S. – davon 16 Bildseiten – geb. im Großformat – € 25,95. – Mitreißend und reich an Informationen rollt der Autor die Geschichte der Weimarer Republik auf – von der Matrosenmeuterei 1918 bis zur Reichskanzlerschaft Hitlers 1933.

DER TOD SPRACH POLNISCH
Dokumente polnischer Grausamkeiten an Deutschen 1919–1949
384 S. – viele Abb. – geb. im Großformat – € 29,80. – Mit grausamsten Dokumentarfotos wird die Bilanz des Schreckens belegt, den polnische Fanatiker immer wieder deutschen Zivilisten zufügten.

HELMUT J. FISCHER
IM GEHEIMDIENST DER NSDAP
Als SD-Mitarbeiter im Reichssicherheitshauptamt
320 S. – viele s/w. Abb. – geb. im Großformat – € 25,95. – Der Autor gehörte zu den Mitarbeitern, die ab Kriegsbeginn 1939 der Reichsregierung Stimmungsberichte aus der Bevölkerung lieferten.

SVEN HEDIN
OHNE AUFTRAG IN BERLIN
Begegnungen mit den Mächtigen des Dritten Reiches
288 S. – viele s/w. Abb. – geb. im Großformat – € 25,95. – Der Verfasser, der international geachtete schwedische Tibetforscher, traf zwischen 1935 und 1943 mit der Elite des Deutschen Reiches zusammen.

ARNDT-Verlag, Postfach 3603, D-24035 Kiel

Aus unserem zeitgeschichtlichen Programm

HARTMANN LAUTERBACHER
ALS HJ-FÜHRER UND GAULEITER
Kronzeuge 1923–1945
380 S. – viele s/w. Abb. – geb. im Großformat – € 25,95. Der Autor schildert die „Kampfzeit" im „roten" Braunschweig, den Aufbau der Hitler-Jugend in Köln und seine spätere Arbeit als Gauleiter der NSDAP.

CHRISTA SCHROEDER
ER WAR MEIN CHEF
Aus dem Nachlaß der Sekretärin von Adolf Hitler
416 S. – viele farb. u. s/w. Abb. – geb. im Großformat – € 25,95. – Die Autorin, von 1933 bis 1945 Hitlers Sekretärin, berichtet mit großer Authentizität ihre Erlebnisse aus dem inneren Kreis der Macht des Dritten Reiches.

EMMY GÖRING
AN DER SEITE MEINES MANNES
368 S. – viele s/w. Abb. – geb. im Großformat – € 25,95. In ihren Memoiren schildert die Ehefrau Hermann Görings die Jahre 1932 bis 1946 aus ganz persönlicher Sicht: Görings Rolle bei der Regierungsbildung 1933, sein Verhältnis zu Hitler und anderen NS-Prominenten.

NICOLAUS VON BELOW
ALS HITLERS ADJUTANT 1937–45
448 S. – 32 S. meist farb. Abb. – geb. im Großformat – € 25,95. Als einer der vertrautesten Gesprächspartner Hitlers war der Autor in den Führerhauptquartieren, beim Attentat vom 20. Juli 1944 direkt am Kartentisch sowie in den letzten Stunden im Führerbunker mit dabei.

WILFRED VON OVEN
ERINNERUNGEN AN DIE SA
Chronist und Zeitzeuge 1931–1934
240 S. – davon 32 Bildseiten – geb. im Großformat – € 25,95. – Der Autor, der selbst einem Berliner SA-Sturm angehörte, schildert das aufwühlende Geschehen der „Kampfzeit" der NSDAP aus eigenem Erleben.

WALTER TIESSLER
IM STAB VON RUDOLF HESS
Verbindungsmann zu Dr. Goebbels
288 S. – viele s/w. Abb. – geb. im Großformat – € 25,95. – Die noch nie veröffentlichten Erinnerungen eines Reichsamtsleiters an Personen und Ereignisse im Braunen Haus und im Reichspropagandaministerium.

ARNDT-Verlag, Postfach 3603, D-24035 Kiel

Aus unserem Bildband-Programm

HITLERS BERGHOF 1928–1945
Zeitgeschichte in Farbe
160 S. – durchgängig vierfarbig – geb. im Atlas-Großformat – € 25,95. – Der „Berghof" auf dem Obersalzberg nahm im Dritten Reich eine wichtige Rolle ein: Hier empfing Hitler seine Gäste. Einzigartige Farbfotos vermitteln einen lebendigen Eindruck des Domizils.

AREND VOSSELMAN REICHSAUTOBAHN
Schönheit, Natur, Technik
176 S. – viele farb. u. s./w. Abb. – geb. im Atlas-Großformat – € 25,80. – Pionierleistung, organisatorischer Geniestreich und ästhetische Vollendung: Der Wirkung des „Gesamtkunstwerkes" Reichsautobahn kann sich niemand entziehen. Eine Reichsautobahn-Reise in bisher unveröffentlichten Bildern.

HITLERS NEUE REICHSKANZLEI
„Haus des Großdeutschen Reiches" 1938–1945.
Zeitgeschichte in Farbe
160 S. – durchgängig vierfarbig – geb. im Atlas-Großformat – € 25,95. – Die von Albert Speer erbaute Neue Reichskanzlei war ab 1939 offizieller Amtssitz Adolf Hitlers. Hier fanden Staatsbesuche und Empfänge statt.

V. Ullrich: Reichshauptstadt Berlin

1926–1945 – Zeitgeschichte in Farbe. – Die Reichshauptstadt Berlin unter ihrem Gauleiter Dr. Joseph Goebbels im Dritten Reich: Wir erleben gesellschaftliche und politische Ereignisse wie die Olympischen Spiele 1936, die 1.-Mai-Kundgebungen 1933 und 1939, die Reichskristallnacht im Herbst 1938, eine NSKK-Veranstaltung vor dem Olympiastadion im Januar 1939, die Siegerehrung zum Reichsberufswettkampf 1939, die Rückkehr der Wehrmacht aus Frankreich 1940, die „Heldengedenktage" 1941 bis 1943, die Flak-Bunker im Tiergarten, die Ost-West-Achse unter Tarnnetzen, Hitler im Führerbunker sowie das Schicksal Berlins zum Ende des Krieges. Daneben zeigen die Bildbände faszinierendes Berliner Lokalkolorit mit Farbaufnahmen von Straßenverkehr, Geschäften, Litfaßsäulen, wichtigen Bauwerken, Badevergnügen am Wannsee u.v.m. Jeder Band hat 160 Seiten, ist durchgehend vierfarbig und geb. im Atlas-Großformat.

Band 1: Berlin 1926–1939 € 25,95
Band 2: Berlin 1939–1941 € 25,95
Band 3: Berlin 1941–1945 € 25,95

Alle 3 Bände zusammen: nur € 65,90   Sie sparen € 11,95!

ARNDT-Verlag, Postfach 3603, D-24035 Kiel

Aus unserem Bildband-Programm

Friedrich Burgdorfer
Das Haus der Deutschen Kunst 1937–1944

Kunstgeschichte in Farbe. – Im Jahre 1933 endete die öffentliche Förderung der bisherigen Kunstrichtung, die fortan als dekadent und Kult des Häßlichen beurteilt wurde. Um der erwünschten gegenständlichen Kunst Gewicht zu verleihen, wurde in München ein gewaltiger Museumsbau – das Haus der Deutschen Kunst – errichtet, und ab 1937 wurden dort alljährlich „Große Deutsche Kunstausstellungen" veranstaltet. Die ersten beiden Bände des dreibändig angelegten Werkes zeigen einen Querschnitt der Gemälde aus den Bereichen Bauerntum und Arbeitsleben, Akt, Tiere, Mythologie, Landschaft, Porträt, Geschichte, Stilleben, Partei und SA. Der dritte Band widmet sich im farbigen Bildteil den soldatischen Motiven der Münchner Kunstausstellungen und zeigt Kampfszenen, Waffen und Soldatenporträts.

Band I: Neue deutsche Malerei
160 S. – durchgehend vierfarbig – geb. im Atlas-Großformat – € 25,95.

Band II: Neue deutsche Malerei
160 S. – durchgehend vierfarbig – geb. im Atlas-Großformat – € 25,95.

Band III: Kriegsmaler
160 S. – durchgehend vierfarbig – geb. im Atlas-Großformat – € 25,95.

Gesamtausgabe: Das Haus der Deutschen Kunst
Alle drei Bände zusammen nur € 65,90.
Sie sparen € 11,95!

VIKTOR ULLRICH
REICHSPARTEITAG 1938 GROSSDEUTSCHLAND
Zeitgeschichte in Farbe
160 S. – durchgängig vierfarbig – geb. im Atlas-Großformat – € 25,95. – Die Reichsparteitage waren als Massenveranstaltungen aufgezogen, die Teilnehmer und Betrachter mitreißen sollten. Der Parteitag 1938 ersteht in bisher unveröffentlichten Farbfotos erneut.

RICHARD LOBSIEN
SIEGERTRIBUNAL
Die Nürnberger Prozesse 1945–48. Zeitgeschichte in Farbe
160 S., durchgängig farbig, geb. im Atlas-Großformat – € 25,95. – Beim Anblick der fast zur Unkenntlichkeit abgehungerten Angeklagten wird dem Betrachter bewußt, daß hier nicht persönlich Schuldige vor Gericht standen, sondern das gesamte deutsche Volk.

HEINZ SCHÖN
HITLERS TRAUMSCHIFFE
Die „Kraft durch Freude"-Flotte 1934–1939
160 S. – viele s/w. u. farb. Abb. – geb. im Atlas-Großformat – € 25,95. – Auf den einklassigen Schiffen der NS-Gemeinschaft „Kraft durch Freude" wurden erstmalig See-Erholungsreisen für Arbeiter möglich gemacht.

ARNDT-Verlag, Postfach 3603, D-24035 Kiel